LES 1001 GOLFS
QU'IL FAUT AVOIR JOUÉS DANS SA VIE

SOUS LA DIRECTION DE **JEFF BARR**
PRÉFACE DE **CLAUDE GRANVEAUD-VALLAT**

FLAMMARION

Copyright © 2005 Quintet Publishing Limited
Tous droits réservés
Titre original : *1 001 Golf holes you must play before you die*

Directrice éditoriale : Ruth Patrick
Responsable éditorial : Ian Castello-Cortes
Directeurs artistiques : Roland Codd et Richard Dewing
Designers : Ian Hunt, James Lawrence

Direction de l'édition française : Ghislaine Bavoillot
Traduit de l'anglais par Anne Marcy-Benitez
Adaptation de la maquette : David Fourré

© Éditions Flammarion 2006 pour l'édition française

Numéro de l'édition : FT1433
ISBN : 2-0820-1433-9
Dépôt légal : mars 2006

Imprimé en Chine

SOMMAIRE

Préface 4
Avant-propos 6
Introduction 8
Index des parcours 10
Collaborateurs 14
Comment utiliser *Les 1 001 Greens* 15
Trou 1 16
Trou 2 48
Trou 3 94
Trou 4 144
Trou 5 194
Trou 6 236
Trou 7 280
Trou 8 336
Trou 9 372
Trou 10 424
Trou 11 468
Trou 12 518
Trou 13 554
Trou 14 596
Trou 15 652
Trou 16 708
Trou 17 772
Trou 18 854
Index des architectes 951
Index général . . . .
Crédits photographiques . . . .

PRÉFACE
PAR CLAUDE GRANVEAUD-VALLAT

Non, je n'ai pas l'intention de mourir demain. Vous non plus, je présume ! En tout cas je ne vous le souhaite pas. À raison d'un parcours par semaine, j'espère que nous avons encore de bonnes artères...

Vingt ans que je joue des parcours de golf aux quatre coins du monde. Et beaucoup en France. Jamais je n'aurais eu l'idée de courir la planète pour aller faire une partie de tennis en Californie ou en Afrique du Sud. Eh bien, pour quatre heures de golf, je l'ai fait ! Vous connaissez tout comme moi la magie de sauter dans un avion pour aller taper la balle. Et la fascination d'atterrir à l'autre bout du monde le lendemain matin, d'enfiler un polo, de faire quelques swings d'essai en oubliant les frimas d'un hiver parisien... Je ne me lasse pas de découvrir et redécouvrir des paysages, de voir la brume au lever du jour sur un green couvert de rosée. Jamais deux matins identiques au départ du 1 !

Sans doute à cause des origines de ce jeu, les terres arides écossaises et irlandaises me procurent toujours autant d'émotion. Sous d'autres latitudes, je suis aussi subjugué par un green en île bordé de cocotiers ou un fairway dominé par un sommet enneigé toute l'année. On m'a souvent posé la question : « Quel est votre plus beau parcours ? » S'il pourrait m'être facile d'énumérer certains tracés que je n'ai pas aimés, il m'est absolument impossible de répondre en deux mots à cette question qui paraît pourtant simple. Oserait-on comparer Notre-Dame de Paris aux pyramides égyptiennes ou au Taj Mahal ?

Comme tout joueur, qu'il soit amateur ou numéro un mondial, j'ai mes préférences, probablement liées à mes origines, mais je pense avoir suffisamment de recul pour être capable d'apprécier un tracé moderne au fin fond de l'Oklahoma, tout comme un parcours centenaire au pied des Pyrénées.

Récemment, j'ai eu la chance de rejouer l'*Old Course* de St Andrews. Un beau matin, huit heures dix, départ du 1. Seuls le starter, mes partenaires, mon caddie et les leurs me regardent m'aligner sur un fairway large de plus de cent mètres. J'ai drivé des trous dix fois plus étroits... Mais là, sans raison apparente, une certaine angoisse m'envahit. Pas question de me retourner vers le Royal & Ancient, j'ai trop peur qu'un membre levé tôt me regarde en buvant sa tasse de thé derrière le *bow-window*. Enfin, j'arrive à soulever le club, comme collé au sol tant mes bras me semblent lourds. Mon swing habituel fait le reste et la balle s'envole correctement dans le ciel d'Écosse. Je peux me relâcher, la suite sera plus facile. Je peux me retourner. Un instant, j'imagine Tom Morris là, devant moi... Seraient-ce les vapeurs d'un alcool ambré bu la veille dans un des pubs voisins de ce parcours mythique qui me font délirer ? Non, c'est la seule magie du golf qui me fait rêver. Au-delà de cet endroit exceptionnel et chargé d'Histoire, cette sensation s'est déjà répétée à travers le monde. La magie d'un parcours de golf n'est pas toujours due au patrimoine géographique. La faune fait partie intégrante du parcours, comme ce girafon galopant au bord d'un green sud-africain. Le parcours était rustique, à deux pas de la savane, mais cette image gravée dans ma mémoire lui a donné un charme que je n'aurais jamais soupçonné. Tout comme la présence au petit matin d'un grand et bel ours, en quête d'un bon repas, s'aventurant sur un parcours canadien au pied des Rocheuses.

J'ai souvent eu l'occasion de parler avec des architectes de golf, qui savaient argumenter leur choix de mettre un bunker là ou une pièce d'eau ici. Ces gens sont des visionnaires, ils

CI-DESSUS *Le Cabo Real Golf Club, à Los Cabos, en Basse-Californie, au Mexique, l'un des triomphes de Robert Trent Jones junior.*

savent – du moins les meilleurs – allier l'environnement à la stratégie de jeu. Au fil du temps, la morphologie des parcours a évolué en même temps que la technique et le matériel. Mais le dessin d'un Simpson ou d'un Colt est toujours un challenge subtil pour le plus grand nombre, même si ces messieurs ont travaillé il y a une centaine d'années. Plus près de nous, la mode a été influencée par les architectes américains adeptes du *target golf*. L'eau a inondé le monde du golf. Souvent à outrance. Les bunkers « marguerite » chers à Robert Trent Jones ont fleuri partout où passait le maître, tout comme les ondulations de fairways de Pete Dye, ou les greens dantesques de Tom Fazio. Parfois décriés, toujours commentés, ces tracés ne laissent pas indifférents pour peu qu'ils disposent d'une toile de fond exceptionnelle, à l'image des taches vertes plantées au cœur du désert d'Arizona, ou des fairways plongeant vers l'océan. Face à une telle inflation dans la démesure, que restera-t-il de ces œuvres dans un siècle ?

Nous ne serons pas là pour en parler. Il nous reste déjà trop peu de temps pour aller jouer ces 1 001 greens avant de mourir. Je vais d'ailleurs devoir vous laisser, j'ai un départ tout à l'heure à Pebble Beach ! En tout cas, où que vous jouiez, bonne partie à vous…

Claude Granveaud-Vallat est rédacteur en chef de Golf Magazine.

AVANT-PROPOS
PAR BRADLEY S. KLEIN

Les vrais golfeurs rêvent de deux choses. La première est d'assurer le par ou mieux. La deuxième est de voyager autour du monde pour jouer les trous les plus célèbres de parcours de qualité. L'ouvrage que vous avez entre les mains vous aidera à décider des endroits où jouer si votre vie de golfeur doit être complète.

La plupart des livres de ce genre se concentrent sur les régions les plus à la mode ou sur les parcours que vous ne pouvez vous permettre de manquer. Celui-ci s'intéresse au contraire aux greens les plus passionnants au monde, 1 001 pour être exact, ce qui devrait occuper le plus nomade des golfeurs pendant des décennies. Ayant à ce jour joué 436 de ceux qui sont indiqués ici, je dois peut-être me livrer à ma propre « enquête » avant de mourir. Mais le genre de travail auquel nous, journalistes de golf, nous livrons ne suscite pas une grande compassion parmi les lecteurs.

Je suis heureux de ne pas avoir assisté au processus de sélection grâce auquel Jeff Barr et son équipe de premier ordre ont produit la liste qui suit – travail s'appuyant sur l'expérience personnelle du journaliste ainsi que sur les conseils des experts de golf du monde entier. Comme pour toute compilation de ce type, on pourra argumenter que certains trous auraient dû être inclus, et que d'autres n'y ont pas leur place. Mais, malgré toutes les chamailleries et débats houleux qui risquent de se produire à ce sujet au 19e trou, je suis certain que personne n'aurait pu présenter un meilleur ensemble de 1 001 greens. Et c'est réellement là l'objet de cet exercice – alimenter nos rêves par un jour de pluie ou au milieu de la nuit.

Lire cette liste revient à accéder aux connaissances d'innombrables membres de clubs de golf. Je suis encore parcouru de frissons lorsque je me souviens du moment où j'ai finalement joué le trou n° 4 du National Golf Links of America : après avoir atteint le green avec un fer 5 et réalisé deux putts, j'avais eu les larmes aux yeux en prenant conscience que j'avais finalement joué le plus beau de tous les Redans.

Mais je dois dire que l'émotion me submerge sur le départ du n° 8 de Royal Troon, le « Timbre-poste ». Et aussi juste avant le coup de départ du n° 18 de l'Olympic Club (le parcours de Lake Course), car je sais que c'est là, pendant l'US Open de 1955, que Ben Hogan a perdu de façon tout à fait inattendue face à Jack Fleck. Ce qui rend le choix du club approprié encore plus impératif. Ratez le fairway, comme Hogan, et vous êtes cuit. Placez-y la balle, comme Fleck, et votre vie pourrait changer à jamais.

Il serait plus facile de jouer ces trous avec un esprit clair, sans penser aux tournois qui s'y sont déroulés. Mais après avoir lu ce livre, il sera impossible de poursuivre naïvement, sans avoir en tête le sens de l'histoire et de la tradition qui distingue le golf de tous les autres jeux. Au baseball, on peut assister à un jeu au Yankee Stadium et se souvenir du 61e « home run » de Roger Maris. Mais au golf, on peut jouer le n° 17 de Pebble Beach et imiter le chip de Tom Watson à l'US Open de 1982. Ou on peut jouer jusqu'au n° 18 de Bay Hill et essayer de recréer l'eagle que frappa Robert Gamez en 1990, à 161 m du trou, pour rafler la victoire du PGA Tour, devant Greg Norman.

Malgré l'accent mis sur les meilleurs parcours de golf, ce jeu n'est en réalité qu'un ensemble de très beaux trous. Rares sont ceux qui peuvent réellement visualiser les nuances d'un parcours de 18 trous. Mais devant un trou précis, on peut se faire une image claire de la scène qui est sur le point de se dérouler. On peut voir et ressentir le scénario – coup de départ, approche, green – immédiatement. Et on sait qu'on a partagé cette expérience avec d'innombrables joueurs. C'est maintenant à votre tour d'essayer.

Pas étonnant que même les golfeurs les plus expérimentés aient les jambes en coton en approchant du départ du n° 1 de l'*Old Course* de St Andrews. Le fairway fait 110 m de large, et il n'y a pas un bunker en vue où la balle pourrait atterrir. Mais vous vous tenez là où des générations de golfeurs se sont tenus, et votre tour est venu de vous attaquer au parcours de golf le plus célèbre au monde.

Certains greens méritent de faire partie de cette liste pour toutes sortes de raisons. Ainsi, au New South Wales Golf Club, juste au sud de Sydney, en Australie, le rondelet cinquième fairway signale l'endroit où l'équipage du Capitaine Cook débarqua pour la première fois en 1789. Autre exemple, c'est à l'emplacement du n° 7 du San Francisco Golf Club, un par 3, que s'est tenu le dernier duel légal aux États-Unis.

C'est parfois simplement la beauté naturelle de leur cadre qui rend ces trous dignes d'être joués. Le n° 4 de Banff Springs, dans les Rocheuses canadiennes, un par 3, offre un green protégé par un étang ravissant, les montagnes dominant l'ensemble. À Cruden Bay, en Écosse, le n° 4, un par 3, est entouré de dunes sauvages, la mer du Nord s'écrasant contre la côte juste derrière.

La vrai raison d'être de cette liste est de stimuler l'esprit et de nous aider à comprendre ce qui rend le golf aussi fascinant. La seule règle du trou de golf, c'est que l'endroit où la balle finit sa course doit mesurer 11 cm de diamètre. Tout le reste peut changer – longueur, largeur, décor et altitude varient. Ce qui permet d'obtenir des trous entièrement différents les uns des autres.

La beauté des 1 001 greens qui suivent naît de la façon dont ils diffèrent si extraordinairement et mémorablement les uns des autres. Il n'y a aucune chance de déjà-vu si vous les jouez. Alors rêvez et imprégnez-vous de toutes ces images. Plus vous en saurez sur le trou que vous jouez, plus vous profiterez du moment.

***

Bradley S. Klein est originaire du Connecticut. Il a passé plus de trois décennies à étudier les parcours de golf et a joué au golf dans seize pays répartis sur les cinq continents. Il participe à Golfweek magazine *depuis 1988.*

INTRODUCTION
PAR ROBERT TRENT JONES JUNIOR

Voir une partie de mon œuvre incluse dans une liste des meilleurs greens au monde – à côté des plus grands de la profession – est, bien entendu, profondément gratifiant. Cependant, en tant qu'architecte de golf, je passe moins de temps à contempler ce qui a déjà été réalisé qu'à envisager les défis posés par un projet en cours. Jeune homme, alors que je travaillais avec mon père, les sites étaient principalement choisis parce qu'ils se prêtaient naturellement à un terrain de golf. Aujourd'hui, bien que l'on ait encore parfois le privilège de travailler sur un site de type links classique, comparable à ces bords de mer magiques, où, suppose-t-on, les bergers et pêcheurs écossais inventèrent le golf en tapant sur des cailloux avec des houlettes, il est désormais plus habituel que l'on nous demande de dessiner un parcours à un tel ou tel endroit pour des raisons principalement économiques.

Le Japon, par exemple, qui a adopté le golf avec la même énergie et le même enthousiasme qu'il a montrés à bâtir sa puissance, présentait un ensemble de défis difficiles pour les architectes de golf dans les années 1970 et 1980, époque où ma compagnie y était spécialement active. Plutôt que d'utiliser des sites en bord de mer au sol sablonneux, les promoteurs japonais ont conçu leurs parcours sur des collines et montagnes au terrain escarpé et rocailleux. Au Japon, dans les terres basses où l'on cultive le riz, la terre arable est sacrée. Par conséquent, lorsque les Japonais embrassèrent le golf, on ne trouva assez d'espace pour construire les parcours que sur les montagnes et collines. Ce fut un vrai défi, tant technique qu'artistique.

Aujourd'hui, la conception d'un golf demande imagination, bon sens politique, endurance et détermination. Chaque pays, chaque région a ses propres exigences architecturales, généralement nées des contraintes liés à l'environnement. Notre philosophie architecturale a toujours été d'utiliser les caractéristiques inhérentes au site afin d'accroître les perspectives, plutôt que d'imposer un style externe. Nos parcours possèdent moins une esthétique qu'un «aspect naturel». Tout comme les autres architectes classiques présentés ici, nous faisons correspondre un golf à son site.

Nous étudions celui-ci autant que possible avant de terminer la conception et de démarrer la construction – nous observons la végétation, le climat, l'architecture locale, l'emplacement dans son ensemble, c'est-à-dire le cadre que l'on découvre depuis les aires de départ et autres points du parcours, mais surtout les formes du terrain, le dessin propre au site. Ce sont les renseignements que fournit une carte topographique, et que les architectes utilisent inlassablement pour exploiter au maximum le décor naturel.

Durant le stade de la conception, nous, les architectes, avons de nombreuses images de 18 trous à l'esprit, comparant un concept à un autre, à la recherche de la meilleure solution. Nous nous souvenons des itinéraires projetés – les comparant et décidant du meilleur modèle pour le site en question – tout comme un compositeur se souvient de ses compositions, ou un poète des strophes de ses poèmes.

La capacité de garder à l'esprit le modèle conceptuel d'un ou plusieurs paysages est aussi essentielle pour les architectes de golf que pour les commandants militaires. U.S. Grant, le grand général américain (puis Président des États-Unis) pouvait visualiser un champ de bataille dans son ensemble ainsi que ses divers éléments lorsqu'il commandait des mouvements de troupes au cours d'un affrontement. J'ai toujours pensé qu'il aurait fait un très bon architecte de golf.

Comme tout moyen d'expression artistique, l'architecture golfique passe par des modes, mais les parcours de qualité demeurent intemporels. C'est par exemple sa subtilité qui fait la force et la beauté de l'*Old Course* de Saint Andrews, en Écosse – une série de mystères dont on ne parvient jamais à faire le tour. Les principes architecturaux nous guidant continueront, nous l'espérons, à créer des greens dignes de respect et d'admiration.

Les architectes peuvent utiliser des approches et des principes divers, mais une chose est certaine : ce qui est présenté dans cet ouvrage est une sélection de ce qui se fait de mieux – des instantanés de moments clés sur les parcours clés du monde entier. Pour tous ceux qui appartiennent au monde du golf, à quelque niveau que ce soit, cet ouvrage a pour but d'être source d'inspiration ainsi que de plaisir.

***

Robert Trent Jones Jr est né en 1939 dans le New Jersey. Tout comme son père et son frère, c'est un architecte de golf réputé. Il a créé ou remodelé plus de deux cents parcours au cours de sa carrière et a écrit un ouvrage intitulé Golf by design, *où il expose ses théories.*

INDEX DES PARCOURS

A

Agile (golf d') (parcours sud) :
n° 8, p. 356
Al Badia : n° 5, p. 231 ; n° 18, p. 938
Ala Wai Golf Course : n° 18, p. 922
Aloha : n° 2, p. 68
Alto : n° 7, p. 294
Alwoodley Golf Club : n° 3, p. 138
Apache Stronghold Golf Club :
n° 13, p. 570
Arabella Golf Course : n° 9, p. 403
Arbutus Ridge Golf & Country Club :
n° 18, p. 926
Arcadia Bluffs : n° 9, p. 375
Aronimink Golf Club : n° 1, p. 32
Atlanta Country Club : n° 18, p. 929
Atlantic Beach Golf Course :
n° 4, p. 186
Atlantic Golf Club : n° 11, p. 476
Augusta National Golf Club :
n° 1, p. 40 ; n° 10, p. 434 ; n° 11,
p. 494 ; n° 12, p. 528 ; n° 13, p. 588
Aviara Golf Club : n° 3, p. 103

B

Badlands Golf Club (parcours
Desperados) : n° 9, p. 419
Bald Mountain : n° 11, p. 502 ;
n° 12, p. 542
Bali : n° 16, p. 731
Ballybunion Golf Club (vieux
parcours) : n° 2, p. 64 ;
n° 7, p. 300 ; n° 8, p. 339 ;
n° 11, p. 491
Ballyluffin (Old Links) : n° 5, p. 198
Baltimore Country Club (parcours
est) : n° 6, p. 275 ; n° 14, p. 640
Baltray (Le) : n° 3, p. 136 ;
n° 14, p. 634
Baltusrol Golf Club (parcours du
bas) : n° 3, p. 116 ; n° 4, p. 146 ;
n° 13, p. 585 ; n° 17, p. 842
Balustrol Golf Club (parcours du
haut) : n° 11, p. 503 ; n° 14, p. 613 ;
n° 16, p. 732
Bandon Dunes (parcours Bandon
Dunes) : n° 5, p. 213 ;
n° 10, p. 454 ; n° 16, p. 734
Bandon Dunes (parcours Legends) :
n° 4, p. 166
Banff Springs Golf Course :
n° 4, p. 156 ; n° 15, p. 681
Bangkok : n° 18, p. 939
Barbaroux : n° 17, p. 834
Barsebäck Golf & Country Club
(nouveau parcours) :
n° 12, p. 550 ; n° 17, p. 830
Barton Creek (parcours des
Contreforts de Fazio) : n° 16, p. 751
Bay Harbor Golf Club (parcours
Links) : n° 7, p. 328
Bay Harbor Golf Club (parcours The
Preserve) : n° 2, p. 68
Bay Hill Club & Lodge : n° 6, p. 269 ;
n° 17, p. 805 ; n° 18, p. 890
Bel-Air Country Club : n° 10, p. 448 ;
n° 14, p. 644 ; n° 17, p. 837
Belfair Golf Club (parcours ouest) :
n° 18, p. 920
Benamor : n° 8, p. 339

Berkshire Golf Club (The) :
n° 6, p. 259
Bethpage State Park (parcours
noir) : n° 4, p. 192 ; n° 5, p. 216 ;
n° 10, p. 455 ; n° 11, p. 489 ;
n° 15, p. 670 ; n° 17, p. 806
Big Sky Golf & Country Club :
n° 16, p. 729
Black Diamond Ranch & Country
Club (parcours de la Carrière) :
n° 14, p. 651 ; n° 15, p. 679 ;
n° 16, p. 735
Black Mountain Golf & Country
Club : n° 9, p. 420
Blackhorse Golf Club (parcours
sud) : n° 9, p. 412
Blackwolf Run Golf Club (parcours
de la Rivière) : n° 1, p. 46 ;
n° 5, p. 218 ; n° 9, p. 393
Blackwolf Run Golf Club (parcours
Meadow Valleys) : n° 18, p. 909
Blairgowrie Golf Club (parcours
Rosemount) : n° 17, p. 799
Blue Canyon Country Club
(parcours du Canyon) :
n° 14, p. 791
Boulders (The) (parcours sud) :
n° 5, p. 235
Breckenridge Golf Course (parcours
des Castors) : n° 8, p. 368
Broadmoor Golf Club (The)
(parcours ouest) : n° 13, p. 567 ;
n° 18, p. 948
Brook Hollow Golf Club :
n° 16, p. 713
Brora : n° 17, p. 824
Brown Deer Park Golf Club :
n° 18, p. 931
Brudenell River Golf Course :
n° 10, p. 443
Buenos Aires : n° 9, p. 407
Bulle Rock : n° 18, p. 892
Bukit Pelangi Resort (parcours
de Rainbow Hills) : n° 4, p. 191
Butler National Golf Club :
n° 7, p. 335 ; n° 18, p. 887

C

Cabo del Sol (parcours de l'Océan) :
n° 5, p. 214 ; n° 17, p. 785
Cabo Real : n° 5, p. 211 ; n° 10, p. 463
Camargo Club : n° 5, p. 199 ;
n° 12, p. 540
Canterbury Golf Club : n° 1, p. 26 ;
n° 16, p. 758 ; n° 18, p. 915
Cape Kidnappers : n° 14, p. 629 ;
n° 17, p. 821
Capital Golf Club : n° 7, p. 334 ;
n° 8, p. 347 ; n° 16, p. 717 ; n° 17,
p. 821
Capitol Hill (parcours du Sénateur) :
n° 18, p. 872
Carlow Golf Club : n° 18, p. 934
Carlton Woods : n° 18, p. 939
Carne : n° 17, p. 820
Carnegie Club du château de Skibo :
n° 8, p. 361 ; n° 17, p. 831
Carnoustie Golf Links : n° 3, p. 129 ;
n° 6, p. 270 ; n° 10, p. 436 ;
n° 16, p. 716 ; n° 17, p. 816

Casa de Campo (« Les Dents du
chien ») : n° 7, p. 296 ;
n° 15, p. 678. n° 16, p. 722
Castelconturbia : n° 7, p. 321
Castel Gandolfo : n° 4, p. 178
Castle Pines Golf Club : n° 10, p. 461
Castro Marim : n° 4, p. 193
Cattails Golf Club : n° 10, p. 462
Caves Valley Golf Club : n° 10, p. 457
Celtic Manor (parcours de
Wentwood Hills) : n° 2, p. 86
Challenge de Manele (The) :
n° 12, p. 523
Champions Golf Club (parcours des
Cyprès) : n° 12, p. 526 ;
n° 13, p. 593 ; n° 14, p. 630
Championsgate (parcours
international) : n° 12, p. 536
Chantaco : n° 18, p. 863
Chantilly-Vineuil : n° 18, p. 893
Château Whistler : n° 8, p. 347
Cherokee Run Golf Club :
n° 3, p. 102
Cherry Creek : n° 8, p. 359
Cherry Hills Country Club :
n° 14, p. 638 ; n° 16, p. 749 ;
n° 17, p. 850 ; n° 18, p. 947
Chiberta : n° 18, p. 916
Chicago Golf Club : n° 2, p. 58 ;
n° 10, p. 429 ; n° 12, p. 522
Christchurch Golf Club :
n° 11, p. 472
Chung Shan Hot Springs :
n° 3, p. 114
Cinnamon Hill Ocean Course :
n° 15, p. 661
Clearwater : n° 9, p. 381
Clearwater Bay : n° 4, p. 173 ;
n° 14, p. 628
Club West Golf Club : n° 17, p. 799
Clustered Spires Golf Course :
n° 8, p. 351 ; n° 16, p. 710 ;
n° 18, p. 898
Cobblestone Golf Course :
n° 16, p. 724
Cog Hill Golf Club (parcours
Dubsdread) : n° 16, p. 728
Colleton River Plantation (parcours
Dye) : n° 9, p. 390 ; n° 18, p. 883
Colleton River Plantation (parcours
Nicklaus) : n° 16, p. 747
Colonial Country Club : n° 5, p. 227 ;
n° 13, p. 562 ; n° 18, p. 901
Commonwealth Golf Club :
n° 16, p. 738 ; n° 17, p. 831
Congressional Golf Club (parcours
bleu) : n° 9, p. 415 ; n° 17, p. 812
Copper Creek Golf Club :
n° 10, p. 457
Cordova Bay : n° 11, p. 479
Country Club (The) : n° 3, p. 112 ;
n° 4, p. 176 ; n° 17, p. 832 ;
n° 18, p. 903
Country Club (The) (parcours
Open) : n° 7, p. 282
Country Club de Detroit :
n° 18, p. 866
County Sligo Golf Club : n° 17, p. 810
Coyote Golf Club : n° 12, p. 546
Crans-sur-Sienne : n° 7, p. 322

Creek Club (The) : n° 6, p. 248 ;
n° 11, p. 483
Crooked Stick Golf Club :
n° 6, p. 241 ; n° 13, p. 565 ;
n° 18, p. 917
Crown Colony Country Club :
n° 3, p. 135
Cruden Bay Golf Club : n° 4, p. 154 ;
n° 7, p. 307 ; n° 14, p. 612
Crystal Downs Country Club :
n° 1, p. 22 ; n° 5, p. 226 ;
n° 7, p. 302 ; n° 8, p. 364
Cypress Point Club : n° 15, p. 668 ;
n° 16, p. 712 ; n° 17, p. 811 ;
n° 18, p. 892

D

De Vere Belfry (The) (parcours
Brabazon) : n° 3, p. 137 ;
n° 18, p. 870
Deerhurst (parcours Highlands) :
n° 10, p. 454
Delta Rock Crest Golf Club :
n° 18, p. 943
Desert Dunes Golf Course :
n° 16, p. 758
Desert Forest Golf Club :
n° 7, p. 328 ; n° 13, p. 587
Desert Forest Golf Club (parcours
nord) : n° 16, p. 766
Desert Highlands Golf Club :
n° 1, p. 23 ; n° 17, p. 830
Desert Pines Golf Club : n° 4, p. 171
Desert Mountain Golf Club
(parcours Cochise) : n° 15, p. 706
Desert Mountain Golf Club
(parcours Geronimo) : n° 18, p. 856
Detroit Country Club : n° 10, p. 467
Devil's Paintbrush : n° 13, p. 563
Devil's Pulpit Golf Club : n° 17, p. 829
Dinard (golf de) : n° 6, p. 253
Disney's Osprey Ridge : n° 16, p. 754
Domaine Impérial (golf du) :
n° 4, p. 190
Dooks Golf Club : n° 13, p. 557
Doonbeg : n° 1, p. 46
Doral Resort & Spa : n° 18, p. 861
Double Eagle Golf Club :
n° 7, p. 303 ; n° 17, p. 808
Dragonridge Golf & Country Club :
n° 7, p. 304
Druids Glen : n° 13, p. 576 ;
n° 14, p. 624
Dunbar Golf Club : n° 3, p. 96
Dunes à Kamloops (The) : n° 6, p. 268
Dunes de Maui Lani (The) :
n° 4, p. 193
Dunes Golf & Beach Club (The) :
n° 13, p. 592
Dunes Golf Links (The) : n° 4, p. 180 ;
n° 12, p. 547 ; n° 17, p. 780
Durban Country Club : n° 5, p. 222
Durban Country Club (parcours
du Country Club) : n° 2, p. 50 ;
n° 3, p. 140

E

Eagle Crest Golf Club : n° 16, p. 754
Eagle Point Golf & Country Club :
n° 6, p. 248

Eagle Ranch : n° 16, p. 723
Eaglebrooke : n° 17, p. 852
Eagles Glen (The) : n° 17, p. 781
East Lake Golf Club : n° 18, p. 860
Eastward Ho ! Golf Club : n° 9, p. 387
Edgewood Tahoe Golf Club :
   n° 18, p. 950
Ekwanok Country Club : n° 7, p. 332
El Rincon (golf) : n° 7, p. 292
El Saler : n° 3, p. 142 ; n° 6, p. 265 ;
   n° 17, p. 797
Elie Golf House Club : n° 13, p. 581
Ellerston Golf Course : n° 5, p. 225 ;
   n° 6, p. 240 ; n° 7, p. 321 ;
   n° 9, p. 409 ; n° 10, p. 467 ;
   n° 16, p. 733
Elmbrook Golf Course : n° 4, p. 171
Émirats (golf des) (parcours Majlis) :
   n° 8, p. 358
Enniscrone : n° 10, p. 447
Erinvale Golf Course : n° 17, p. 822
Essex County Club : n° 3, p. 143
Essex County Country Club :
   n° 11, p. 473
Estancia Club (The) : n° 2, p. 80 ;
   n° 17, p. 846
European Club (The) : n° 7, p. 314 ;
   n° 13, p. 594 ; n° 14, p. 600

F

Fairmont Algonquin : n° 12, p. 527 ;
   n° 13, p. 593
Fairmont Jasper Park Lodge Golf
   Course : n° 15, p. 665 ;n° 16, p. 726
Falcon's Fire Golf Club : n° 13, p. 569
Falsterbo : n° 11, p. 480
Fancourt Country Club (parcours
   des Links) : n° 14, p. 625
Fancourt Country Club (parcours
   Montagu) : n° 6, p. 264 ;
   n° 15, p. 669
Firestone Country Club (parcours
   sud) : n° 4, p. 175 ; n° 16, p. 768
Fishers Island Club : n° 4, p. 179 ;
   n° 11, p. 471
Foothills Golf Club : n° 8, p. 371
Forest Highlands Golf Club (parcours
   du Canyon) : n° 9, p. 387 ;
   n° 17, p. 815
Forest Highlands Golf Club (parcours
   de la Prairie) : n° 14, p. 639
Formby Golf Club : n° 5, p. 207
Fortress (The) : n° 5, p. 225 ;
   n° 13, p. 583
Fox Chapel Golf Club : n° 6, p. 243
Fox Hills (parcours du Renard d'or) :
   n° 13, p. 584
Fox Meadow Golf & Country Club :
   n° 18, p. 882
Francfort (golf de) : n° 18, p. 923
Frösakers (parcours ouest) :
   n° 18, p. 875
Fujioka : n° 16, p. 753
Furry Creek Golf Course :
   n° 14, p. 601

G

Gallagher's Canyon : n° 12, p. 553
Gallery de Dove Mountain (The)
   (parcours nord) : n° 9, p. 416
Galloway National Golf Club :
   n° 15, p. 674
Ganton Golf Club : n° 4, p. 150 ;
   n° 7, p. 297 ; n° 16, p. 745

Garda Golf Country Club :
   n° 2, p. 53
Garden City Golf Club : n° 2, p. 54 ;
   n° 10, p. 446 ; n° 11, p. 496
Gary Player Country Club :
   n° 8, p. 360 ; n° 9, p. 418 ;
   n° 18, p. 874
George Golf Club : n° 17, p. 792
Glades Golf Club (The) (parcours
   de la Côte d'Or) : n° 16, p. 752
Glasgow Hills Resort & Golf Club :
   n° 17, p. 851
Glen Abbey Golf Club : n° 11, p. 488 ;
   n° 14, p. 615 ; n° 18, p. 933
Glen Eagles Golf Club (n° 9 du
   parcours rouge) : n° 18, p. 947
Glen Eagles Golf Club (parcours
   bleu) : n° 4, p. 167
Glendower Country Club :
   n° 10, p. 437
Gleneagles Golf Club (parcours de
   la Reine) : n° 14, p. 606
Gleneagles Golf Club (parcours
   du Centenaire de la PGA) :
   n° 16, p. 756
Gleneagles Golf Club (parcours
   du Roi) : n° 5, p. 199
Golden Horseshoe Golf Club
   (parcours doré) : n° 16, p. 718 ;
   n° 17, p. 826
Golf Club (The) : n° 3, p. 101 ; n° 14,
   p. 639 ; n° 16, p. 710
Golf Club d'Oklahoma : n° 11, p. 493
Golf Club d'Uruguay : n° 16, p. 752
Golf Club de Cinco Ranch :
   n° 12, p. 531
Golf Club de Géorgie : n° 11, p. 517
Golf Club du Moon Palace :
   n° 17, p. 802
Golf Club Kennedy Bay (Le) :
   n° 7, p. 319 ; n° 12, p. 536 ;
   n° 15, p. 675 ; n° 16, p. 722
Golf del Sur (parcours Campo
   Norte) : n° 3, p. 120
Golf del Sur (parcours sud) :
   n° 2, p. 51
Golf du Club zur Vahr (Garlstedter
   Heide) : n° 16, p. 726
Golf National (parcours de
   l'Albatros) : n° 15, p. 676 ;
   n° 18, p. 868
Golf National de Laguna (parcours
   classique) : n° 13, p. 568
Golf National de Laguna (parcours
   Masters) : n° 18, p. 911
Gorge Vale Golf Club : n° 15, p. 693
Grand Cypress Resort : n° 1, p. 19
Grand Cypress Resort
   (parcours nord) : n° 7, p. 327
Grand Golf Club : n° 10, p. 460
Grandview Golf Club (parcours
   Mark O'Meara) : n° 2, p. 82
Greenbrier (The) (vieux parcours
   blanc) : n° 1, p. 26
Greenbrier (The) (parcours
   Greenbrier) : n° 2, p. 73
Greystone Golf Club :
   n° 4, p. 148 ; n° 18, p. 863
Greywolf : n° 6, p. 243
Gulf Harbour Country Club :
   n° 16, p. 746 ; n° 17, p. 841
Gullane Golf Club (parcours n° 1) :
   n° 3, p. 131
Gut Lärchenhof : n° 8, p. 346

H

Haig Point Golf Club (parcours
   Calibogue) : n° 14, p. 645
Half Moon Bay Golf Links (parcours
   de l'Océan) : n° 16, p. 739
Half Moon Bay Golf Links (vieux
   parcours) : n° 18, p. 881
Halmstad (parcours Gold) :
   n° 16, p. 719
Hambourg (golf de) (parcours
   Falkenstein) : n° 17, p. 843
Hamilton Golf & Country Club
   (parcours Sud) : n° 2, p. 74
Hapuna Golf Course : n° 15, p. 687
Harbour Town Golf Links :
   n° 15, p. 700 ; n° 17, p. 803 ;
   n° 18, p. 896
Harbour Town Golf Links (parcours
   des Marais salants) : n° 13, p. 564
Harvest Golf Club (The) : n° 18, p. 951
Hazeltine National Golf Club :
   n° 7, p. 335 ; n° 12, p. 535 ;
   n° 16, p. 736
Heathers Club (The) : n° 8, p. 349
Highlands Links Golf Club :
   n° 2, p. 69 ; n° 6, p. 271 ;
   n° 7, p. 330 ; n° 13, p. 569 ;
   n° 15, p. 684 ; n° 17, p. 807
Hills Country Club (The) (parcours
   des Collines) : n° 7, p. 295
Hillside Golf Club : n° 10, p. 427 ;
   n° 11, p. 510
Hirono : n° 15, p. 696
Hollywood Golf Club : n° 7, p. 331
Homestead (The) (parcours des
   Cascades) : n° 5, p. 230 ;
   n° 12, p. 544 ; n° 13, p. 578
Hong Kong (parcours Eden) :
   n° 18, p. 927
Honors Course : n° 9, p. 398 ;
   n° 15, p. 675 ; n° 18, p. 882
Horizons Golf Resort : n° 8, p. 343
Hossegor : n° 9, p. 400
Hôtel-Club de Dorado (parcours est) :
   n° 4, p. 189
Hualalai Golf Club : n° 17, p. 796
Hubblerath (parcours est) :
   n° 7, p. 290
Humewood Golf Club : n° 13, p. 580
Hunter's Station : n° 7, p. 294
Huntsville Golf Club : n° 2, p. 66
Hyatt Regency Coolum Golf Course :
   n° 5, p. 223

I

Indianwood Golf & Country Club
   (nouveau parcours) :
   n° 3, p. 96 ; n° 10, p. 460
Industry Hills (parcours Babe
   Zaharias) : n° 17, p. 796
Interlachen Country Club :
   n° 9, p. 423 ; n° 12, p. 548
Inverness Club : n° 4, p. 162 ;
   n° 7, p. 318 ; n° 18, p. 884

J

Jockey Club (parcours rouge) :
   n° 17, p. 798
Jockey Club Kau Sai Chau
   (parcours nord) : n° 4, p. 182 ;
   n° 14, p. 605
Jupiter Hills Club (parcours des
   Collines) : n° 9, p. 377 ;
   n° 18, p. 907

K

K-Club (parcours sud) : n° 7, p. 332
Kaanapali Golf Course (parcours
   nord) : n° 5, p. 222
Kaitaia Golf Club : n° 14, p. 609
Kananaskis Country Golf Course
   (parcours du mont Kidd) :
   n° 4, p. 148 ; n° 16 ; p. 711
Kapalua Golf Club (parcours
   de la Plantation) : n° 5, p. 232 ;
   n° 18, p. 946
Kasumigaseki (parcours est) :
   n° 10, p. 432
Kauri Cliffs : n° 7, p. 287 ;
   n° 14, p. 608
Kawana (parcours Fuji) :
   n° 13, p. 580 ; n° 15, p. 706
Kemper Lakes Golf Club :
   n° 17, p. 775
Kennemer : n° 1, p. 34
Keystone Ranch (parcours
   du Ranch) : n° 5, p. 196
Kiawah Island (parcours
   de l'Océan) : n° 2, p. 85 ;
   n° 4, p. 170, n° 17, p. 789
King's Challenge : n° 8, p. 371
Kingsbarns Golf Links : n° 15, p. 656
Kingston Heath Golf Club :
   n° 9, p. 383 ; n° 15, p. 667
Killarney Golf & Fishing Club
   (parcours Killeen) : n° 18, p. 873
Killarney Golf & Fishing Club
   (parcours Mahony's Point) :
   n° 18, p. 858
Kilspindie Golf Club : n° 8, p. 343
Kingston Heath Golf Club :
   n° 3, p. 130 ; n° 6, p. 249 ;
   n° 14, p. 643
Kittansett Club (The) : n° 3, p. 109 ;
   n° 16, p. 748
Klub Golf Rimba Irian : n° 14, p. 627
Ko Olina : n° 12, p. 521
Kooyonga Golf Club : n° 2, p. 92

L

La Boulie (golf de) : n° 10, p. 432
La Quinta Resort (parcours de la
   Montagne) : n° 16, p. 719
Lahinch Golf Club : n° 3, p. 124 ;
   n° 5, p. 206 ; n° 6, p. 252
Lake Joseph Golf Club : n° 8, p. 345
Lake Nona Golf Club : n° 7, p. 320 ;
   n° 9, p. 409, n° 15, p. 701
Lakes (The) : n° 11, p. 512
Lakeside Country Club (parcours
   ouest) : n° 18, p. 878
Lakeview Hills (parcours nord) :
   n° 7, p. 313
Lakewood Shores Resort (parcours
   Gailes) : n° 10, p. 461
Las Brisas (golf) : n° 8, p. 366 ;
   n° 11, p. 479
Laurel Springs : n° 11, p. 488
Laurel Valley Golf Club :
   n° 9, p. 385 ; n° 18, p. 934
Legends (The) : n° 18, p. 918
Leslie Park : n° 8, p. 356
Leven Links : n° 18, p. 867
Lindrick Golf Club : n° 18, p. 856
Links à Challendon (The) :
   n° 8, p. 362
Links à Crowbush Cove (The) :
   n° 11, p. 511
Links à Spanish Bay :n° 14, p. 640

Linville Golf Club : n° 3, p. 128
Lionhead Golf & Country Club (parcours Legends) : n° 1, p. 42
Lions (golf des) : n° 4, p. 190
Loch Lomond Golf Club : n° 5, p. 200 ; n° 6, p. 276 ; n° 10, p. 442 ; n° 18, p. 862
Lochinvar Golf Club : n° 9, p. 413
Lookout Mountain Golf Club à Tapatio Cliffs : n° 18, p. 951
Long Cove Club : n° 1, p. 23 ; n° 14, p. 636
Los Angeles Country Club (parcours nord) : n° 11, p. 480 ; n° 14, p. 644 ; n° 16, p. 729
Los Naranjos : n° 18, p. 945
Lyon Oaks : n° 16, p. 755

M
Machrihanish Golf Club : n° 1, p. 36 ; n° 5, p. 215 ; n° 12, p. 548
Maidstone Golf Club : n° 9, p. 392 ; n° 10, p. 439 ; n° 14, p. 598
Maidstone Golf Club (parcours 18 trous) : n° 2, p. 89
Malone Golf Club : n° 15, p. 655
Mangawhai Golf Club : n° 2, p. 61
Manila Southwoods : n° 10, p. 433$
Marriott Forest of Arden (parcours Arden) : n° 18, p. 859
Mauna Kea Golf Club : n° 3, p. 98 ; n° 6, p. 262
Mauna Lani Resort (parcours sud) : n° 7, p. 290 ; n° 15, p. 659
Medinah Country Club (parcours n° 3) : n° 2, p. 55 ; n° 13, p. 566
Méridien Penina (Le) : n° 2, p. 76 ; n° 13, p. 560
Merion Golf Club (parcours est) : n° 11, p. 490 ; n° 16, p. 750 ; n° 18, p. 904
Metacomet Country Club : n° 14, p. 623
Metropolitan Golf Club : n° 15, p. 678
Metrowest Golf Club : n° 9, p. 395
Mid Ocean Club : n° 5, p. 224 ; n° 17, p. 793
Millbrook : n° 5, p. 235
Mill River Golf Course : n° 7, p. 309
Mission Hills Golf Club (parcours de la World Cup) : n° 16, p. 767
Moliets : n° 16, p. 721
Mont Malarayat (golf du) (parcours Makulot) : n° 7, p. 334
Moonah Links (parcours Open) : n° 1, p. 42
Moose Ridge Golf Course : n° 9, p. 374
Monterey Peninsula Country Club (parcours des Dunes) : n° 9, p. 413 ; n° 12, p. 541 ; n° 14, p. 604
Morfontaine : n° 7, p. 306
Mount Juliet Golf Club : n° 3, p. 100 ; n° 13, p. 574 ; n° 18, p. 888
Mowbray Golf Club : n° 15, p. 672
Muirfield Links : n° 1, p. 28 ; n° 9, p. 410 ; n° 13, p. 558 ; n° 18, p. 921
Muirfield Village Golf Club : n° 12, p. 532 ; n° 14, p. 616
Mullingar Golf Club : n° 16, p. 763
Myopia Hunt Club : n° 4, p. 183 ; n° 9, p. 380

N
Nagoya (parcours Wago) : n° 17, p. 776
Nairn Golf Club : n° 5, p. 219
Nantucket Golf Club : n° 7, p. 318 ; n° 18, p. 935
Naruo : n° 10, p. 451
National Golf Club (The) (parcours de l'Océan) : n° 11, p. 477
National Golf Club (The) (parcours Moonah) : n° 2, p. 82 ; n° 3, p. 114 ; n° 4, p. 174 ; n° 5, p. 202 ; n° 11, p. 490 ; n° 15, p. 705
National Golf Club (The) (vieux parcours) : n° 7, p. 295
National Golf Club of Canada (The) : n° 4, p. 186
National Golf Links of America : n° 1, p. 43 ; n° 3, p. 126 ; n° 4, p. 152 ; n° 17, p. 835
Natural (The) : n° 12, p. 545 ; n° 18, p. 869
Navatanee : n° 6, p. 260
NCR Country Club : n° 6, p. 268
New Seabury Resort (parcours de l'Océan) : n° 15, p. 698
New South Wales Golf Club : n° 5, p. 234 ; n° 6, p. 245 ; n° 14, p. 619 ; n° 15, p. 688
New St Andrews Golf Club : n° 18, p. 906
Newcastle Fern Bay Golf Club : n° 6, p. 253 ; n° 7, p. 296 ; n° 10, p. 466
Newport Country Club : n° 9, p. 386 ; n° 14, p. 599
Nicklaus North Golf Course : n° 17, p. 804
Nirwana Bali : n° 7, p. 282
Noordwijkse : n° 8, p. 352
North Berwick (parcours ouest) : n° 7, p. 326 ; n° 9, p. 412 ; n° 13, p. 575 ; n° 15, p. 666

O
Oak Hill Country Club (parcours est) : n° 7, p. 324 ; n° 13, p. 590 ; n° 18, p. 902
Oak Tree Golf Club : n° 4, p. 153 ; n° 13, p. 560 ; n° 16, p. 770
Oakland Hills Country Club (parcours sud) : n° 10, p. 485 ; n° 14, p. 636 ; n° 16, p. 740 ; n° 17, p. 778
Oakmont Country Club : n° 3, p. 118 ; n° 4, p. 188 ; n° 15, p. 703 ; n° 18, p. 928
Ocean Dunes : n° 9, p. 381
Ocean Edge : n° 8, p. 369
Ocean Forest Golf Club : n° 16, p. 744 ; n° 18, p. 919
Ocean Hammock Golf Club : n° 18, p. 916
Ojai Valley Inn and Spa : n° 10, p. 484
Okanagan Golf Club (parcours de l'Ours) : n° 3, p. 125
Old Head Golf Links : n° 17, p. 848
Old Memorial Golf Club : n° 5, p. 229 ; n° 18, p. 866
Old Tabby Links : n° 17, p. 774
Old Warson Country Club : n° 14, p. 634
Olivos : n° 15, p. 704

Olympia Fields Country Club (parcours nord) : n° 3, p. 117 ; n° 14, p. 614
Olympic Club (The) (parcours du Lac) : n° 3, p. 127 ; n° 4, p. 174 ; n° 7, p. 306 ; n° 18, p. 878
Olympic View Golf Club : n° 17, p. 829
Orange County National Golf Center (parcours du Chat courbé) : n° 12, p. 542
Orebro : n° 3, p. 106
Otago Golf Club (The) : n° 11, p. 502
Oxfordshire Golf Club : n° 8, p. 350 ; n° 17, p. 844

P
Pablo Creek : n° 9, p. 389 ; n° 18, p. 869
Painted Desert Golf Club : n° 4, p. 157
Paiute Resort (parcours Sun Mountain) : n° 16, p. 763
Palm Meadows Golf Club : n° 18, p. 952
Palmares : n° 1, p. 37
Paraparaumu Beach Golf Club : n° 13, p. 582 ; n° 17, p. 836
Parque Da Floresta : n° 5, p. 206
Pasatiempo Golf Club : n° 2, p. 80 ; n° 14, p. 621 ; n° 16, p. 742
Peachtree Golf Club : n° 2, p. 90 ; n° 14, p. 607
Pebble Beach Golf Links : n° 7, p. 284 ; n° 8, p. 354 ; n° 9, p. 396 ; n° 17, p. 790 ; n° 18, p. 936
Pelican Hill (parcours Ocean North) : n° 17, p. 846
Pelican Hill (parcours Ocean South) : n° 13, p. 556
Pelican Waters Golf Club : n° 2, p. 59 ; n° 12, p. 534
Penha Longa (parcours Atlantique) : n° 6, p. 274
Peninsula Country Golf Club (parcours sud) : n° 8, p. 366
Pennard Golf Club : n° 16, p. 757
Pete Dye Golf Club : n° 2, p. 59 ; n° 14, p. 618 ; n° 18, p. 872
Pevero : n° 15, p. 694
PGA West (parcours du Stade) : n° 9, p. 404 ; n° 16, p. 767
PGA West (parcours du Nicklaus Tournament) : n° 15, p. 689
Philadelphia Country Club : n° 17, p. 820
Philadephia Cricket Club : n° 9, p. 394
Pierce Lake Golf Club : n° 18, p. 860
Pine Knob : n° 10, p. 449
Pine Needles Lodge & Golf Club : n° 3, p. 107
Pine Valley Golf Club : n° 1, p. 29 ; n° 10, p. 428 ; n° 13, p. 572 ; n° 15, p. 698
Pinehurst (parcours n° 2) : n° 2, p. 78 ; n° 3, p. 115 ; n° 5, p. 228 ; n° 10, p. 464 ; n° 18, p. 899
Pinehurst (parcours n° 4) : n° 14, p. 609
Pinheiros Altos : n° 17, p. 781
Pittsburgh Field Golf Club : n° 12, p. 540
Plainfield Country Club : n° 2, p. 72 ; n° 7, p. 312 ; n° 12, p. 552

Playacar : n° 4, p. 162 ; n° 16, p. 725
Pléneuf-Val-André : n° 11, p. 508
Pohlcat : n° 6, p. 255
Point O'Woods Country Club : n° 9, p. 382
Pont-royal (golf de) : n° 6, p. 257
Port Royal Golf Course : n° 16, p. 720
Portage Lake : n° 3, p. 111
Portmarnock Golf Club : n° 14, p. 622 ; n° 15, p. 658
Portsalon Golf Club : n° 3, p. 128
Prairie Dunes Country Club : n° 1, p. 20 ; n° 2, p. 57 ; n° 8, p. 357
Predator Ridge Golf Resort (parcours Peregrine) : n° 8, p. 365 ; n° 11, p. 498
Presidio Golf Course : n° 4, p. 158
Prestwick Golf Club (vieux parcours) : n° 1, p. 33 ; n° 3, p. 132
Princeville Resort Golf Club (parcours du Prince) : n° 13, p. 581 ; n° 15, p. 692
Puerto Azul : n° 17, p. 792
Pula : n° 11, p. 470
Pumpkin Ridge (parcours du Creux de la sorcière) : n° 5, p. 196 ; n° 6, p. 266 ; n° 14, p. 646
Pumpkin Ridge (parcours de la Crique au fantôme) : n° 12, p. 545

Q
Quaker Ridge Golf Club : n° 6, p. 256 ; n° 11, p. 501 ; n° 12, p. 537
Querce (Le) : n° 1, p. 45
Quinta do Lago : n° 17, p. 838 ; n° 18, p. 895
Quinta da Ria : n° 10, p. 446

R
Rancho La Quinta : n° 18, p. 943
Rajapruek : n° 4, p. 153
Rattle Run Golf Course : n° 8, p. 349
Rattlewood Golf Course : n° 15, p. 683
Raven de South Mountain (The) : n° 5, p. 214
Redtail Golf Club : n° 7, p. 291
Ridgewood Country Club (parcours du milieu) : n° 6, p. 265
Rio Formosa Golf Club :n° 12, p. 546
Rio Secco Golf Club : n° 7, p. 308
Riviera Country Club : n° 4, p. 159 ; n° 10, p. 456 ; n° 18, p. 914
Robinie (golf du) : n° 4, p. 178
Rosslare (vieux parcours) : n° 11, p. 511
Royal Aberdeen : n° 9, p. 399
Royal Adelaide Golf Club : n° 3, p. 120 ; n° 10, p. 484 ; n° 14, p. 620 ; n° 15, p. 702
Royal Antwerp : n° 6, p. 250
Royal Belfast : n° 1, p. 19
Royal Birkdale : n° 6, p. 263 ; n° 9, p. 400 ; n° 12, p. 524 ; n° 15, p. 690 ; n° 18, p. 912
Royal Canberra Golf Club : n° 16, p. 738
Royal County Down : n° 4, p. 160 ; n° 9, p. 388
Royal County Down (parcours de championnat) : n° 3, p. 121
Royal Dar-Es-Salaam (parcours rouge) : n° 9, p. 378
Royal Dornoch : n° 4, p. 180 ; n° 5, p. 208 ; n° 6, p. 244 ; n° 9, p. 420 ; n° 14, p. 610

12

Royal Johannesbourg
(parcours est) : n° 11, p. 497
Royal Liverpool Golf Club : n° 12, p. 541
Royal Liverpool Golf Club (Hoylake) :
n° 1, p. 38 ; n° 7, p. 286 ;
n° 8, p. 370
Royal Lytham & St Annes :
n° 1, p. 18 ; n° 5, p. 203 ; n° 11, p. 513 ;
n° 17, p. 818 ; n° 18, p. 894
Royal Melbourne Golf Club
(parcours est) : n° 1, p. 24 ;
n° 10, p. 466 ; n° 16, p. 721 ;
n° 17, p. 851
Royal Melbourne Golf Club
(parcours ouest) : n° 4, p. 187 ;
n° 5, p. 204 ; n° 6, p. 260 ;
n° 10, p. 447 ; n° 12, p. 549 ;
n° 17, p. 824
Royal Porthcawl Golf Club : n° 2, p. 63
Royal Portrush Golf Club : n° 17, p. 839
Royal Portrush Golf Club (parcours
Dunluce) : n° 13, p. 602
Royal Oaks Country Club : n° 13, p. 571
Royal St David's Golf Club :
n° 15, p. 682
Royal St George's Golf Club :
n° 1, p. 34, n° 4, p. 168 ; n° 10, p. 450 ;
n° 14, p. 650 ; n° 15, p. 680
Royal Troon Golf Club (vieux
parcours) : n° 6, p. 272 ;
n° 7, p. 299 ; n° 8, p. 340 ;
n° 11, p. 486 ; n° 17, p. 782
Royal Woodbine : n° 18, p. 941
Royal Worlington and Newmarket
Golf Club : n° 5, p. 204
Rush Creek : n° 18, p. 944

S

Sahalee Country Club : n° 17, p. 786
Saint-Germain-en-Laye : n° 14, p. 626
Saint-Nom-La-Bretèche : n° 6, p. 254
Saint-Omer : n° 7, p. 331
Salem Country Club : n° 1, p. 32 ;
n° 13, p. 582
Salgados : n° 6, p. 275
San Francisco Golf Club : n° 7, p. 287 ;
n° 9, p. 422 ; n° 10, p. 437
San Lorenzo : n° 6, p. 250 ;
n° 18, p. 889
San Roque (vieux parcours) :
n° 18, p. 880
Sand Hills Golf Club : n° 1, p. 45 ;
n° 7, p. 316 ; n° 17, p. 804
Sankaty Head Golf Club :
n° 10, p. 439
Saucon Valley Country Club
(parcours Grace) : n° 2, p. 79
Saucon Valley Country Club
(vieux parcours) : n° 6, p. 278
Saujana Golf Club (parcours des
Palmiers) : n° 2, p. 56
Scioto Country Club : n° 2, p. 66 ;
n° 8, p. 367 ; n° 17, p. 777
Seignosse : n° 17, p. 814
Seminole Golf Club : n° 4, p. 167 ;
n° 6, p. 258 ; n° 18, p. 877
Séville : n° 3, p. 97
Shadow Creek Golf Club : n° 9, p. 403 ; n° 15, p. 683 ; n° 17, p. 784 ;
n° 18, p. 932
Shan-Shui : n° 15, p. 688
Shaker Hills : n° 3, p. 106
Shenandoah Golf Course :
n° 8, p. 351

Shinnecock Hills Golf Club :
n° 10, p. 444 ; n° 11, p. 482 ;
n° 14, p. 632 ; n° 16, p. 771
Shoal Creek Golf Club :
n° 14, p. 627 ; n° 18, p. 876
Shoreacres Golf Club : n° 11, p. 492 ;
n° 12, p. 526 ; n° 15, p. 703
Siena Golf Club : n° 9, p. 398
Silver Tip Golf Resort : n° 9, p. 406
Singapore Island Country Club
(parcours Bukit) : n° 11, p. 500
Skokie Country Club : n° 10, p. 508
Sleepy Hollow Country Club :
n° 16, p. 714
Somerset Hills Country Club :
n° 12, p. 530 ; n° 15, p. 686
Sonnenalp à Singletree :
n° 15, p. 673
Sotogrande : n° 2, p. 88 ; n° 7, p. 310
Sotogrande (vieux parcours) :
n° 12, p. 553
South Head Golf Course :
n° 10, p. 426
Southern Dunes Golf & Country
Club : n° 11, p. 478
Southern Hills Country Club :
n° 2, p. 81 ; n° 12, p. 538 ;
n° 18, p. 864
Southport & Ainsdale Golf Club :
n° 8, p. 338 ; n° 16, p. 762
Sperone : n° 16, p. 765
Sporting Club Berlin (parcours
Faldo) : n° 11, p. 509
Spring City Golf & Lake Resort
(parcours de la Montagne) :
n° 18, p. 908
Spyglass Hill Golf Club :
n° 1, p. 44 ; n° 2, p. 70 ;
n° 4, p. 170 ; n° 14, p. 648
St Andrews (nouveau parcours) :
n° 10, p. 452
St Andrews (vieux parcours) :
n° 1, p. 30 ; n° 11, p. 474 ;
n° 14, p. 642 ; n° 17, p. 828
St Enodoc Golf Club (parcours
de l'Église) : n° 16, p. 770
St Eugene Mission : n° 9, p. 408
St Eurach : n° 9, p. 402
St George's Golf & Country Club :
n° 7, p. 298
St Leon-Rot (parcours St Leon) :
n° 18, p. 910
St Louis Country Club : n° 3, p. 101 ;
n° 13, p. 586 ; n° 17, p. 810
Stanwich Club : n° 17, p. 852
Stewart Creek : n° 9, p. 383
Stoke Park Golf Club : n° 7, p. 293
Stonebridge Golf Club : n° 11, p. 493
Stonewall Golf Club : n° 17, p. 774
Stonewater Golf Club : n° 13, p. 563
Sun Rivers Golf Resort : n° 2, p. 62
Sunningdale Golf Club :
n° 18, p. 900
Sunningdale Golf Club (vieux
parcours) : n° 5, p. 212 ;
n° 10, p. 438 ; n° 15, p. 663
Swinley Forest : n° 9, p. 391
Sycamore Hills (parcours sud) :
n° 3, p. 136

T

Taboo Golf Course : n° 18, p. 936
Taiheiyo Club Gotemba :
n° 18, p. 942

Tangle Ridge Golf Club : n° 8, p. 362
Terrace Downs : n° 4, p. 155 ;
n° 16, p. 714
Thai Country Club : n° 6, p. 240
Thirteenth Beach Golf Links :
n° 5, p. 211 ; n° 7, p. 292 ;
n° 12, p. 532 ; n° 13, p. 570 ;
n° 16, p. 717
Thoroughbred Golf Club (The) :
n° 2, p. 79
Tiburon (parcours noir) : n° 2, p. 62
Timber Trace : n° 11, p. 496
Tobacco Road Golf Club : n° 13, p. 591
Tomson : n° 7, p. 304
Tong Hwa : n° 7, p. 309
Töreboda : n° 10, p. 426
Torrey Pines (parcours sud) :
n° 3, p. 108 ; n° 12, p. 543
TPC aux Canyons : n° 2, p. 54
TPC aux Woodlands : n° 13, p. 586 ;
n° 17, p. 834
TPC de Boston : n° 2, p. 84
TPC de Sawgrass (parcours du
Stade) : n° 11, p. 506 ; n° 16, p. 759 ;
n° 17, p. 794 ; n° 18, p. 924
TPC de Tampa : n° 17, p. 777
TPC Four Seasons Resort & Club
à Las Colinas : n° 14, p. 614 ;
n° 17, p. 780
Tralee Golf Club (parcours Ailsa) :
n° 17, p. 825
Treetops Resort (parcours Smith
Signature) : n° 15, p. 699
Trickle Creek : n°11, p. 472
Troon Golf & Country Club :
n° 12, p. 534 ; n° 14, p. 624 ;
n° 15, p. 654
Troon North Golf Club (parcours
du Monument) : n° 3, p. 134 ;
n° 11, p. 503 ; n° 18, p. 885
Tryall Club : n° 9, p. 391
Turnberry Golf Club (parcours Ailsa) :
n° 9, p. 384 ; n° 10, p. 440 ;
n° 15, p. 662 ; n° 16, p. 760
Turtle Bay (parcours Palmer) :
n° 17, p. 814

U

Ullna : n° 3, p. 102
Uplands Golf Club : n° 8, p. 348

V

Vail Golf Course : n° 14, p. 630
Valderrama : n° 2, p. 60 ;
n° 4, p. 184 ; n° 15, p. 660 ;
n° 17, p. 853 ; n° 18, p. 886
Vale do Lobo (parcours de l'Océan) :
n° 15, p. 664
Vale do Lobo (parcours royal) :
n° 7, p. 288 ; n° 18, p. 898
Valley Club of Montecito :
n° 8, p. 344
Victoria Golf Club : n° 9, p. 414
Victoria National Golf Club :
n° 18, p. 922
Vila Sol : n° 1, p. 39
Vilamoura (vieux parcours) :
n° 4, p. 158
Villa d'Este (golf de la) :
n° 15, p. 673
Vines Golf & Country Club (The)
(parcours des Lacs) : n° 11, p. 498
Vintage Club (The) (parcours de la
Montagne) : n° 16, p. 730

W

Wade Hampton Golf Club :
n° 17, p. 776 ; n° 18, p. 940
Waialae Country Club : n° 8, p. 342
Waikoloa Beach (parcours
de la Plage) : n° 12, p. 547
Walden on Lake Conroe Golf &
Country Club : n° 11, p. 516
Walnut Lane Golf Club : n° 14, p. 621
Walton Heath (vieux parcours) :
n° 2, p. 67 ; n° 5, p. 220 ; n° 16, p. 764
Wannamoisett Country Club :
n° 3, p. 105 ; n° 7, p. 319 ; n° 12, p. 531
Wasioto Winds Golf Course :
n° 6, p. 246
Waterville Golf Links :
n° 3, p. 125 ; n° 11, p. 514 ;
n° 12, p. 523 ; n° 17, p. 800
Wentworth Club (parcours ouest) :
n° 2, p. 52 ; n° 3, p. 122 ; n° 10, p. 459 ;
n° 16, p. 744 ; n° 17, p. 840
Westchester Country Club
(parcours ouest) : n° 2, p. 76
Western Gailes Golf Club : n° 14, p. 649
Westin La Cantera Golf Club
(parcours Resort) : n° 7, p. 326
Westin Mission Hills Resort
(parcours Pete Dye) : n° 18, p. 926
Whispering Pines : n° 4, p. 183
Whistler Golf Club : n° 15, p. 684 ;
n° 17, p. 779
Whistling Straits : n° 12, p. 520
Whistling Straits (parcours Straits) :
n° 7, p. 283
White Columns Golf Club :
n° 17, p. 784
White Which : n° 10, p. 462 ;
n° 17, p. 788
Wild Coast Sun Country Club :
n° 13, p. 561
Wild Dunes Golf Links (parcours
Links) : n° 17, p. 827 ; n° 18, p. 930
Wildhorse Golf Club : n° 18, p. 901
Wilds Golf Club (The) : n° 6, p. 267
Wilshire Country Club : n° 18, p. 918
Winged Foot Golf Club (parcours
est) : n° 6, p. 242
Winged Foot Golf Club
(parcours ouest) : n° 1, p. 29 ;
n° 10, p. 430 ; n° 18, p. 905
Woburn Golf Club (parcours
du Duc) : n° 3, p. 104
Wolf Creek (parcours est) : n° 3, p. 116
Woodlands Golf Club : n° 7, p. 313 ;
n° 15, p. 697 ; n° 17, p. 788
World Woods (parcours des Landes
de pins) : n° 4, p. 191 ;
n° 14, p. 647 ; n° 15, p. 671
Worplesdon Golf Club : n° 11, p. 504
Worthington Manor Golf Club :
n° 3, p. 110 ; n° 6, p. 238

Y

Yale University Golf Course :
n° 1, p. 20 ; n° 4, p. 172 ;
n° 9, p. 376
Yarra Yarra Golf Club : n° 5, p. 210 ;
n° 9, p. 408 ; n° 11, p. 470
Yeamans Hall Club :
n° 6, p. 239, n° 14, p. 635
Yomiuri Country Club : n° 18, p. 859

Z

Zaudin : n° 17, p. 808

COLLABORATEURS

Jeff Barr a parcouru le monde entier pour découvrir parcours, complexes et, bien sûr, trous de golf. C'est un journaliste primé qui dirige la section voyage de *Golfweek*, l'un des magazines de golf les plus lus d'Amérique. Ses articles ont été publiés dans le *Washington Post*, le *Detroit News*, le *Las Vegas Sun* et de nombreux autres journaux, magazines et sites Internet des États-Unis. *1 001 greens* est son quatrième ouvrage.

Terry Jacoby, ancien éditeur sportif et journaliste aux *Detroit News*, *Sacramento Bee* et *Rochester Democrat and Chronicle*, est aussi l'un des auteurs de *Business Traveler's Guide to Golf* (1999). C'est l'ancien directeur de la rédaction de golfstation.com, un site basé à Dallas, et il a produit divers guides régionaux des parcours de golf, distribués à 100 000 foyers chaque année. Son prochain projet dans le domaine du golf, lié au marketing et aux relations publiques, consiste à promouvoir les parcours du Middle West américain.

Alistair Tait, de Hertfordshire, en Angleterre, fait partie de l'association des journalistes de golf et écrit régulièrement pour *The Guardian*, le *Daily Express*, *The Observer*, le *Sunday Herald*, et de nombreuses autres publications britanniques. C'est aussi le correspondant de *Golfweek* en Europe. Alistair Tait est un arbitre diplômé des Règles du Golf, et appartient au Woburn Golf & Country Club, avec un handicap de 10. Il écrit au sujet du golf depuis l'obtention de son diplôme de l'université de Guelf, en Ontario, au Canada, en 1987. Il a été rédacteur adjoint de *Golf Monthly* et de *Today's Golfer*, deux magazines britanniques.

John Steinbreder a joué sur les meilleurs parcours écossais, irlandais, australiens, marocains et américains – et a écrit à leur sujet. Il a rédigé six ouvrages, et c'est l'un des journalistes principaux de *Golfweek*. Il a interviewé certains des plus grands joueurs et propose régulièrement des récits de voyage liés au sport. Son objectif est de jouer tous les greens présentés dans cet ouvrage.

Kelle Larkin, chroniqueuse de tourisme, a parcouru le globe. Ses destinations comprennent les Caraïbes, l'Europe, l'Amérique du Sud et les États-Unis. Ses sujets d'articles sont consacrés à des parcours tels que le TPC de Sawgrass, le LPGA International, ainsi que d'autres aux Bahamas, au Mexique, à la Jamaïque, en Floride, et à travers les États-Unis. Elle a aussi rédigé un autre ouvrage.

Kevin Adams a été le rédacteur sportif de trois quotidiens, dont le *Island Packet* de Hilton Head Island, en Caroline du Sud, où il couvrait tous les ans le tournoi MCI Heritage se déroulant au Harbour Town Golf Links. Il a couvert plusieurs championnats de golf importants, dont le Masters, l'US Open et la Ryder Cup. Adams est aujourd'hui directeur adjoint de la rédaction de *Golfweek*. Ses articles ont été primés par les éditeurs sportifs de l'Associated Press et par l'association des journalistes de golf d'Amérique.

Beth Ann (Biff) Baldry a obtenu son diplôme de journaliste au Florida Southern College, où elle jouait au golf. Elle a couvert la LPGA, ainsi que le golf amateur et universitaire pour *Golfweek*. Elle récemment joué à Pebble Beach pour la première fois, pour un article dédié à certaines destinations de golf.

Rex Hoggard couvre depuis six ans tous les niveaux de la compétition de golf. Il connaît le golf junior, universitaire, professionnel, amateur et senior. Hoggard a joué et écrit sur des parcours de golf du monde entier, dont les meilleurs des États-Unis, du Mexique, de la République dominicaine et de la Jamaïque. Avant de rejoindre *Golfweek*, il appartenait au service sportif du *Orlando Sentinel*.

Graham Elliott, gaucher et fier de l'être, a joué sur de nombreux parcours classiques, et prévoit d'en découvrir de nombreux autres. Elliott joue au golf depuis l'âge de 6 ans, son handicap est inférieur à 10. Son père est un golfeur habile, son frère est professionnel au Winter Park Country Club, en Floride, et Elliott est rédacteur adjoint de *Golfweek* depuis 5 ans.

COMMENT UTILISER …
LES 1 001 GREENS QU'IL FAUT AVOIR JOUÉS DANS SA VIE

Les 1 001 greens sont organisés en 18 chapitres, par trou, pour que l'on puisse parcourir le livre facilement. Les chapitres sont organisés par par – les renseignements sur les pars 3 sont dans un encadré jaune, les pars 4 dans un vert, et les pars 5 dans un gris.

Cet ouvrage vous permettra de vivre les moments clés de certains des meilleurs terrains de golf du monde entier – pour une infime partie du prix habituel. Il présente un nombre infini de parties virtuelles – chaque fois que l'on se plonge dans le livre, on peut s'élancer sans effort d'un continent à l'autre – où l'on choisit la combinaison de rêve, du trou n° 1 au 18, dont on a envie ce jour-là.

Bien que nous ayons inclus des centaines d'exemples exceptionnels appartenant aux débuts du parcours, on s'apercevra que la dernière partie du livre est proportionnellement plus longue, reflétant l'importance qu'accordent les architectes aux derniers trous. Afin d'aider le lecteur à se retrouver, nous proposons trois index :

- **Index des parcours** *(Page 10)* De A à Z, tous les trous et les parcours de golf de ce livre. Utile si l'on veut rechercher son club préféré – et voir combien de trous sont présentés en un coup d'œil.

- **Index des architectes** *(Page 953)* Pour voir quels parcours conçus par votre architecte préféré sont présentés ici.

- **Index général** *(Page 955)* Tous les renseignements imaginables – ce qui est indiqué ci-dessus, sans oublier les joueurs, les pays et plus encore.

Que vous soyez un golfeur passionné ou non, l'ouvrage que vous avez entre les mains est le parfait compagnon qui vous fera voyager un moment. À chaque nouvelle page, sentez sous vos pieds un départ à la pelouse impeccable, le vent qui souffle dans vos cheveux, ajustez votre grip, et laissez-vous aller !

CI-DESSOUS *Le trou n° 15 du Royal Birkdale.*

Trou ①

Le premier trou de tout parcours de golf, point d'origine de votre partie, donne le ton dès le début à la journée qui s'annonce. Un birdie au n° 1 et tout roule ; un bogey, et vous pataugez dès le départ.

Les architectes de golf le savent, et nombre d'entre eux rendent le n° 1 un tantinet plus aisé que les 17 autres. Le n° 1 n'est ainsi généralement pas l'un des plus difficiles du parcours, mais c'est souvent l'un des plus pittoresques et des plus mémorables, si le terrain le permet.

Que ce soit un joli trou, ou un début de partie tout en douceur, le premier trou est indubitablement l'un des plus importants.

CI-CONTRE *Le premier trou du Greenbrier, à White Sulphur Springs, en Virginie-Occidentale, aux États-Unis.*

N° ❶ ROYAL LYTHAM & ST ANNES

Parcours : Royal Lytham & St Annes

Situé à : St Annes-on-Sea, Lancashire, Angleterre

Trou : n° 1

Longueur : 188 m

Par : 3

Architectes : George Lowe, Harry S. Colt

À savoir : Dès le départ, on s'aperçoit que le Royal Lytham – qui accueille régulièrement le British Open – est le plus original des grands parcours de championnat, car c'est le seul à débuter par un par 3. Il compte aussi deux pars 5 consécutifs, les n° 6 et 7.

L'un des trois pars 3 du Royal Lytham & St Annes : ce n'est pas un début tout en douceur, mais plutôt une mise en garde contre ce qui vous attend, soit énormément de bunkers. Parmi les 197 que compte Royal Lytham, 7 des plus difficiles se trouvent au n° 1 (4 à gauche, 3 à droite). Tony Jacklin déclara un jour que c'était une « terrible pression » pour les grands golfeurs que de débuter par une épreuve aussi courte et diabolique.

On joue le coup de départ le long d'une avenue d'arbres, la ligne de chemin de fer marquant les limites à droite, et la zone de sécurité n'existant quasiment pas. Si l'on n'atteint pas le green, on va inévitablement au-devant des ennuis.

Demandez donc à Grace Park comment les espoirs d'un joueur peuvent être douchés sur ce trou d'ouverture : elle a réalisé 3 coups au-dessus du par au cours des deux derniers tours du British Open féminin de 2003. La pauvre a réalisé un bogey au n° 1 le samedi, puis un double bogey au cours de la dernière partie. Elle a bien géré les 17 trous finaux du dimanche, avec 4 birdies et 13 pars, mais elle a terminé troisième, à deux coups – ceux concédés au n° 1 – d'Annika Sorenstram, qui remporta l'épreuve.

Une terrible pression, vraiment. **KA**

N° ❶ GRAND CYPRESS RESORT

Parcours : Grand Cypress Resort
Situé à : Orlando, Floride, États-Unis
Trou : n° 1
Longueur : 331 m
Par : 4
Architecte : Jack Nicklaus
À savoir : Les cours ne cessent jamais dans les locaux de l'académie de golf de Grand Cypress, alliant les technologies informatiques de pointe et la biomécanique à un enseignement professionnel.

Jack Nicklaus a dessiné ce parcours en hommage à St Andrews, terrain écossais historique. Ses links, pourvus de profonds bunkers et de doubles greens, comprennent nombre de courbes.

Et si le n° 1 n'est pas le plus ardu du parcours, on l'oublie pourtant difficilement. Vous y découvrirez rapidement que Nicklaus a véritablement réussi à importer St Andrews aux États-Unis – et pas sous la forme d'un jeu électronique. Ce parcours s'avère tout à fait jouable.

Depuis le premier départ, on domine un énorme fairway. Sa taille est si importante qu'il sert aussi aux golfeurs terminant leur partie au n° 18 – tout comme à St Andrews. Le fairway mesure entre 135 et 180 m de large et on trouve un hors-limite sur la droite. Un ruisseau coule directement devant le green – tout comme à St Andrews. Celui-ci, comme le fairway, est assez large pour accommoder 2 trous. Les n° 1 et 17 se partagent cette immense surface – tout comme à St Andrews.

Les conditions de jeu sont représentatives des complexes hôteliers de Floride. Parfaites. Et le défi qui vous attend est sans égal – à l'exception de St Andrews. **TJ**

N° ❶ ROYAL BELFAST

Parcours : Royal Belfast
Situé à : Belfast, Irlande du Nord
Trou : n° 1
Longueur : 380 m
Par : 4
Architecte : Harry S. Colt
À savoir : Fondé le 9 novembre 1881, le Royal Belfast Golf Club est le club irlandais le plus ancien, et c'est en suivant son exemple que le jeu s'est développé dans le pays.

Le Royal Belfast Golf Club est l'un des 4 clubs de golf irlandais à être honorés du titre « royal », grâce à la visite du prince de Galles, qui inaugura le parcours en 1885.

Comme sur tous les terrains de golf exceptionnels, la partie débute en grande pompe, avec un premier trou stimulant et éprouvant. Pas de démarrage en douceur ici. On fait appel au meilleur de soi dès le premier départ.

N'oubliez cependant pas de marquer un temps d'arrêt et de méditer. Ce parcours de golf est doté d'une longue histoire. Nombreux sont ceux qui ont déjà foulé son sol.

Les professionnels du club considèrent que le n° 1 est l'un des meilleurs premiers trous du golf irlandais – il mesure 380 m depuis les départs arrière, et c'est un léger dogleg droite. L'intérieur du coude abrite des bunkers, 3 autres protégeant le green. Le fairway s'élève en pente vers celui-ci, qui est probablement le plus difficile du parcours. Un merveilleux début pour une fantastique partie classique de golf irlandais.

Trois séries de départ, ne différant que peu par la longueur, sont offertes. Les plus courts ne sont qu'à 7 m plus avant. **TJ**

Parcours : Prairie Dunes Country Club

Situé à : Hutchinson, Kansas, États-Unis

Trou : n° 1

Longueur : 395 m

Par : 4

Architecte : Perry Maxwell

À savoir : Maxwell pensait que le terrain dicte le parcours et déclara que « l'on devrait trouver le parcours de golf déjà existant sur le terrain et non pas l'importer ». On dit qu'il aurait arpenté les 195 ha du site d'origine pendant des semaines avant de décider où et comment démarrer la construction.

CI-CONTRE *Le Coréen Se Ri Pak frappe son coup de départ sur le n° 1 de Prairie Dunes en juillet 2002.*

N° ❶ PRAIRIE DUNES COUNTRY CLUB

Prairie Dunes ne perd aucun temps à présenter aux joueurs ses fairways étroits et difficiles. Selon la légende, Sam Snead, après un premier coup d'œil au parcours, se serait tourné vers le public pour déclarer : « Bon, les amis, il faudra marcher en file indienne aujourd'hui. »

Surnommé *Casey Lane*, le fairway est non seulement pittoresque mais aussi fort tentant depuis le départ. Donnez libre cours à votre swing, mais souvenez-vous qu'un bon drive ne garantit pas le par. La difficulté de ce trou provient de l'emplacement du drapeau. S'il est sur le devant, vous éviterez de nombreux ennuis. S'il est à l'arrière, vous découvrirez de quoi nous parlons. On trouve aussi des bunkers sur le côté droit du fairway et autour du green. Juste au cas où vous maîtriseriez mal vos fers.

N'oubliez pas qu'il vaut mieux jouer court que long ici. La remarque de Maxwell devant la toile vierge de 195 ha où il allait dessiner son chef-d'œuvre : « Il y a 118 trous ici… il suffit que j'en élimine 100. » Heureusement qu'il a choisi de garder le n° 1. **TJ**

Parcours : Yale University Golf Course

Situé à : New Haven, Connecticut, États-Unis

Trou : n° 1

Longueur : 375 m

Par : 4

Architecte : Charles Blair Macdonald

À savoir : Comment cette parcelle de terrain s'est-elle transformée en parcours de golf ? En 1924, madame Ray Tompkins voulait édifier quelque chose en l'honneur de son mari, et elle fit don à Yale de 283 ha de bois et marécages où l'on construisit le parcours.

N° ❶ YALE UNIVERSITY GOLF COURSE

Le premier trou du parcours de Yale est un par 4 de 375 m, le cinquième par ordre de difficulté. Et donc, comme c'est la règle à Yale, votre talent y sera mis à l'épreuve.

La vue depuis l'aire de départ s'avère intimidante. Il est rare de trouver un coup de départ où l'on joue aussi gros. Le départ domine un étang, le Griest Pond, et on trouve le fairway – on vous le souhaite en tout cas – à 155 m des marques noires.

Un drive puissant est nécessaire afin de franchir le plan d'eau et une bonne portion du fairway. Il permettra aussi d'éviter un deuxième coup aveugle. Le fairway est non seulement éloigné, mais descend aussi en pente vers l'eau. Divers grands arbres bordent ses deux côtés. Ils peuvent bloquer n'importe quel coup en direction d'un green difficile et à 2 niveaux. On découvre aussi, à environ 146 m de ce dernier, un bunker de fairway sur la gauche. Le bas du drapeau étant caché, le deuxième coup s'avère plus long qu'il n'y paraît. Ce vaste green dessine une pente qui sépare son côté gauche, en creux, du droit, sur un plateau plus élevé ; 2 grands bunkers protègent son côté droit et un autre son avant-gauche. **TJ**

N° 1 — CRYSTAL DOWNS COUNTRY CLUB

Parcours : Crystal Downs Country Club

Situé à : Frankfort, Michigan, États-Unis

Trou : n° 1

Longueur : 420 m

Par : 4

Architectes : Alister MacKenzie, Perry Maxwell

À savoir : C'est le premier de 18 trous conçus pour des joueurs qui réfléchissent. Ce parcours est caractérisé sur toute sa longueur par des fairways vallonnés et bordés d'arbres. Le n° 1 rappelle sans douceur ce qui vous attend au-delà, mais la vue, époustouflante, compense un coup de départ angoissant.

Le premier trou du Crystal Downs est bien loin de démarrer en douceur. Sur ces links situés sur un promontoire entre les lacs Michigan et Crystal, ce départ spectaculaire donne un aperçu impressionnant, au milieu de splendides paysages, de ce qu'est le golf dans le Midwest américain.

L'aire de départ surplombe le fairway de 18 m, et le panorama qu'elle offre est légendaire – les golfeurs peuvent, depuis 1929, y contempler les bois épais et majestueux du Michigan.

Le vent qui balaie le lac Michigan apporte une touche exotique – l'atmosphère est ici plus écossaise, et ce trou s'avère plus difficile à jouer que certains des meilleurs parcours de cet État, à l'intérieur des terres.

MacKenzie, pour s'assurer qu'aucun golfeur ne s'y ennuierait, a donné une tournure diabolique à ce trou brillamment conçu, avec sa hauteur et ses bunkers placés en des endroits délicats. De nombreux joueurs s'en éloignent énervés, mais ils ont toujours été mis au défi : le grand-père de l'architecture de golf a donc atteint son but. Le green, au flanc d'une dune, est protégé par 2 bunkers, ce qui promet un dénouement plein de suspense sur ce trou intimidant.

Crystal Downs est un chef-d'œuvre, et le n° 1 en est l'emblème. **KL**

N° ❶ LONG COVE CLUB

Parcours : Long Cove Club
Situé à : Hilton Head Island, Caroline du Sud, États-Unis
Trou : n° 1
Longueur : 387 m
Par : 4
Architecte : Pete Dye
À savoir : Les joueurs du PGA Tour, qui se trouvent dans les environs pour le MCI Heritage chaque année en avril, viennent souvent s'entraîner à Long Cove avant de disputer le tournoi sur le parcours de Harbour Town Golf Links – également conçu par Dye, et où la précision et la maîtrise des coups sont primordiales sur l'aire de départ.

Bien que l'on songe d'abord à Harbour Town lorsqu'on mentionne les parcours de l'île d'Hilton Head, la plupart des joueurs sérieux considèrent Long Cove – un club privé à quelques kilomètres de là seulement – comme celui qui teste le mieux tous les aspects du jeu. C'est un parcours qui exige des coups de départ longs et stratégiques, notamment sur les pars 4 et les pars 5, et l'eau est en jeu sur 12 des 18 trous.

Dye, de façon diabolique, présente ces notions dès le départ, tous les éléments qui font la difficulté de Long Cove étant en évidence dès le n° 1.

Un long dogleg à droite bordé par une dépression naturelle et par une lagune le long du côté droit, la prise de risque est délicieusement récompensée avec le premier drive de la journée. L'espace ne manque pas à gauche, mais c'est sur la droite que se trouvent la trajectoire la plus courte vers le green, ainsi que son meilleur angle d'approche : c'est important parce qu'il est incliné de gauche à droite en direction du plan d'eau.

Long Cove a accueilli le championnat américain mid-amateur en 1991, ainsi que sa version féminine en 2003. À cause du niveau qu'exige le n° 1, les joueurs de ces deux manifestations en match-play qui n'étaient pas en condition dès le départ se sont vite retrouvés à la traîne. **KA**

N° ❶ DESERT HIGHLANDS GOLF CLUB

Parcours : Desert Highlands Golf Club
Situé à : Scottsdale, Arizona, États-Unis
Trou : n° 1
Longueur : 325 m
Par : 4
Architecte : Jack Nicklaus
À savoir : Le Desert Highlands, non content d'être baptisé *Golden Bear*, ou « Ours blond », comme son architecte, est aussi légendaire pour avoir accueilli le premier Skins Game en 1983, lorsque Nicklaus, Arnold Palmer, Gary Player et Tom Watson s'affrontèrent sous le soleil du désert. Cette manifestation, organisée pour la télévision, atteint un niveau d'audience encore plus élevé lorsque Watson accusa Player d'avoir amélioré son lie.

Desert Highlands, juxtaposition de gazon et de sable – le bien et le mal –, démarre en beauté avec un difficile par 4 de 325 m. Depuis la grotte de granit qui abrite le premier départ, les joueurs sont immédiatement frappés par une vue époustouflante sur une vallée au milieu désert.

La peur ne tarde cependant pas à les envahir.

Depuis cette aire de départ, on doit frapper un drive de 180 m, au-dessus d'une zone rocailleuse et désertique, jusqu'au fairway, 38 m en contrebas. On pourra utiliser un fer long, car le fairway rétrécit pour atteindre 23 m de large au niveau de la zone d'arrivée de la balle, où des bunkers parsèment le côté droit. Une erreur dans n'importe quelle direction produira probablement un lie injouable, les deux côtés du fairway étant bordés par un terrain désertique hostile. Tandis que le premier green, dépourvu d'obstacles – eau ou bunkers –, paraît facile d'accès, attention à ne pas choisir un club trop important. On trouve un dénivelé de 7 m juste à l'arrière, et un point de pénalité résulterait inévitablement d'une balle trop longue.

Après être arrivés à destination, les joueurs doivent négocier les mouvements importants du green. Parce que ce tracé est pourvu de greens difficiles, on devrait, avant de se diriger vers le premier départ, s'entraîner un moment sur le parcours d'exercice, un 18 trous conçu par Gary Panks en 1986. **BB**

Parcours : Royal Melbourne Golf Club (parcours est)

Situé à : Black Rock, Victoria, Australie

Trou : n° 1

Longueur : 304 m

Par : 4

Architecte : Alex Russell

À savoir : Alex Russell a construit le légendaire parcours ouest du Royal Melbourne selon les instructions d'Alister MacKenzie, le grand architecte, et fut ensuite chargé de construire le parcours est adjacent, inauguré en 1932. Il n'est donc pas surprenant que ce dernier comprenne autant d'éléments caractéristiques de MacKenzie, que ce soit dans l'utilisation des mouvements de terrain, le placement des bunkers ou l'ajout de vastes greens inclinés. Et le premier trou de ce parcours est un classique.

N° ❶ ROYAL MELBOURNE GOLF CLUB
(PARCOURS EST)

Le drive de départ, sur ce trou court mais traître, doit être frappé droit, mais pas forcément long. Si l'on essaie de trop couper le virage de ce dogleg à droite, la balle trouvera probablement l'immense bunker qui protège ce flanc. Donnez un effet de pull trop important à votre balle de départ, et elle dévalera sûrement la colline, abrupte, pour terminer sa course dans le rough.

Quel que soit le côté choisi, les ennuis guettent, et c'est donc une bonne idée que de vous saisir de votre club le plus fiable. Trouver le fairway ne garantit pas le par, car l'approche peut s'avérer épineuse. Elle nécessite le plus souvent un wedge, que l'on doit frapper avec précision afin que la balle demeure sur un green petit et glissant, protégé par 3 bunkers.

Oui, les membres du Royal Melbourne affirment qu'il est facile de réaliser le par sur ce trou. Mais, préviennent-ils, on peut tout aussi bien terminer avec un double bogey, et très mal démarrer sa partie. **JS**

CI-CONTRE L'Australien Craig Perry sur l'aire de départ du n° 1 du Royal Melbourne en décembre 1998.

À DROITE L'Anglais Paul Casey joue son deuxième coup sur le n° 1 du Royal Melbourne en janvier 2003.

Parcours : The Greenbrier
(vieux parcours blanc)

Situé à : White Sulphur Springs,
Virginie-Occidentale, États-Unis

Trou : n° 1

Longueur : 410 m

Par : 4

Architecte : Charles Blair Macdonald

À savoir : En 1938, Robert Trent Jones, architecte de golf renommé, sélectionna ce n° 1 pour le 18 trous idéal que lui avait demandé le magazine *Town & Country*.

CI-CONTRE *Le premier trou de Greenbrier.*

N° ❶ THE GREENBRIER
(VIEUX PARCOURS BLANC)

Le premier trou du vieux parcours blanc (*Old White Course*) est probablement le plus intéressant du tracé. Ce par 4 de 410 m fut non seulement sélectionné par Robert Trent Jones comme le n° 1 de son « 18 trous idéal », mais de nombreux passionnés de golf l'ont aussi qualifié de chef-d'œuvre.

Il débute devant la véranda du clubhouse, ce qui rend le coup de départ encore plus difficile, car on le joue devant une centaine de visiteurs de l'hôtel qui observent le vol de la balle et jugent votre talent. Ce par 4 exige un premier coup droit, et la marge d'erreur est insignifiante sur ce trou plutôt long. Il se joue en descente jusqu'à un fairway qui dessine immédiatement un coude au milieu de deux hautes rangées d'arbres.

On frappera probablement le coup d'approche avec un fer moyen, et il doit être précis pour réaliser le par. Le green, encadré de bunkers (gauche, droit et au milieu), est vaste pour un parcours aussi ancien. Les mouvements et la vitesse de surface y sont très délicats, quel que soit l'emplacement du drapeau, et tout putt doit être jugé avec une précision parfaite.

C'est un classique parmi les n° 1 et c'était l'un des préférés de l'ancien professionnel du Greenbrier, Sam Snead. **GE**

Parcours : Canterbury Golf Club

Situé à : Beachwood, Ohio, États-Unis

Trou : n° 1

Longueur : 395 m

Par : 4

Architecte : Herbert Strong

À savoir : Canterbury est réputé comme étant difficile à jouer pour les dames. C'est un par 72 pour les hommes et un par 75 pour les femmes. Mais les deux sexes doivent y déployer tout leur talent s'ils veulent triompher de cette épreuve.

N° ❶ CANTERBURY GOLF CLUB

Canterbury, situé à la sortie de Cleveland, offre quelques célèbres trous de fin de parcours, dont les n° 16 et 18. Mais le n° 1 est le plus difficile du tracé.

Bien entendu, ce n'est pas juste. Mais qui a dit que le golf était juste ? On préfère généralement s'échauffer un peu avant d'affronter le plus grand défi du parcours. Mais Canterbury fait partie des golfs qui ne suivent pas les règles générales. C'est ce qui le rend exceptionnel.

La plupart des greens montant d'avant en arrière, y compris au n° 1, placez votre coup d'approche devant le trou. On peut aisément putter depuis l'arrière et se retrouver en dehors du green. Construit en 1992, Canterbury a été classé parmi les 25 meilleurs golfs de l'Ohio. Et il est difficile de démarrer sa partie par un n° 1 de ce genre sur un parcours aussi splendide.

Les membres du club se plaisent à déclarer que, quel que soit le nombre de fois où l'on joue à Canterbury, le parcours présente toujours de nouveaux défis et que les conditions de jeu y sont toujours excellentes. Il a décidément résisté à l'épreuve du temps. **TJ**

Parcours : Muirfield Links
Situé à : Muirfield, Gullane, Écosse
Trou : n° 1
Longueur : 408 m
Par : 4
Architectes : Tom Morris senior, Harry S. Colt, Tom Simpson
À savoir : Contrairement aux country clubs américains, il est rare que les clubs privés britanniques, même ceux où se déroule le British Open, soient complètement fermés aux visiteurs. 8 parcours accueillent ce championnat à tour de rôle, et tant que vous avez les moyens de payer les green fees, vous pouvez en général jouer dans les traces des légendes.

N° ❶

MUIRFIELD LINKS

Il y a une de la magie à se tenir sur le premier départ d'un terrain de golf qui a autant influencé le jeu. Ce parcours n'a pas été conçu par Robert Trent Jones, Jack Nicklaus ou Arnold Palmer. Ce lieu enchanteur a été dessiné pour la première fois en 1744, et en se dirigeant vers le premier départ, on imagine mal ce que l'on pouvait ressentir au même endroit il y a si longtemps.

Mais c'est bien ce qu'essaie de faire tout golfeur. Pendant un bref instant, on songe au passé et on est saisi par le moment présent : « Combien de golfeurs se sont tenus là où je me tiens ? »

Ce parcours n'a pas été conçu avec logiciel, plans et bulldozers. Ces 18 trous sont artisanaux et leur histoire tout simplement irrésistible.

Certains des autres trous de Muirfield sont plus célèbres, mais aucun ne procure un sentiment aussi fort que celui que l'on éprouve, les cheveux au vent, les crampons sur le gazon, sur ce premier départ. Comme sur tous les grands parcours, c'est le coup de foudre dès le n° 1.

Le trou est à 408 m du départ. Étant donné que c'est là votre premier swing de la journée, ce par 4 n'est pas un trou facile. C'est un dogleg à droite et il faudra un coup d'au moins 228 m pour atteindre la pente du green. Mais on n'a pas besoin de taper aussi loin pour trouver le fairway.

Au niveau de la marque des 204 m, on découvre un grand bunker sur le côté gauche du fairway. Essayez de l'éviter. On trouve d'autres bunkers plus bas, du même côté, et un autre presque au milieu, juste avant le green. **TJ**

N° ❶ WINGED FOOT GOLF CLUB (PARCOURS OUEST)

Parcours : Winged Foot Golf Club (parcours ouest)

Situé à : Mamaronek, État de New York, États-Unis

Trou : n° 1

Longueur : 408 m

Par : 4

Architecte : A. W. Tillinghast

À savoir : Le parcours ouest, remodelé par George et Tom Fazio, accueillera son cinquième US Open en 2006.

Début spectaculaire d'un parcours de golf spectaculaire. Et début difficile (c'est le 3e trou par ordre de difficulté) d'un parcours difficile. Certains le qualifient même de n° 1 le plus ardu au monde. La plupart des joueurs seront enchantés d'y réaliser le par – ou même un bogey.

On n'aperçoit pas un seul monticule sur ce tracé, mais c'est sur le green que les ennuis commencent. Il est si coriace que Jack Nicklaus a putté en dehors au cours de l'US Open de 1974. On a du mal à imaginer pareille chose – sauf sur le n° 1 de Winged Foot.

Tillinghast ne disposait pas de la meilleure parcelle de terrain – ce qui rend son œuvre encore plus remarquable. On garde à l'esprit la riche histoire de ce parcours depuis le premier départ jusqu'au green du n° 18. Claude Harmon détient le record des parcours est et ouest avec un score de 61. Celui du parcours ouest est d'autant plus étonnant qu'il n'était pas concentré sur son jeu lorsqu'il l'établit. Il écoutait les résultats du championnat américain de base-ball à la radio tout en progressant sur le parcours.

Comme le n° 1, le parcours est long et difficile. Mais il est aussi très varié – et abonde de moments mémorables – en commençant par le n° 1. **TJ**

N° ❶ PINE VALLEY GOLF CLUB

Parcours : Pine Valley Golf Club

Situé à : Pine Valley, New Jersey, États-Unis

Trou : n° 1

Longueur : 390 m

Par : 4

Architecte : George Crump

À savoir : Le golf de Pine Valley possède le slope et l'index de parcours les plus élevés de tous les États-Unis continentaux pour les joueurs masculins (153 et 74,1 respectivement). Bruce Springsteen est peut-être originaire du New Jersey, mais c'est ce parcours qui est le « Boss » en terme de difficultés.

Rien n'est aisé à Pine Valley. Et le n° 1 n'échappe pas à la règle. C'est le troisième trou du parcours par ordre de difficulté. De fait, 3 des 5 trous les plus difficiles font partie des 7 premiers. On a donc intérêt à se sentir prêt dès que l'on claque le coffre de sa voiture.

À 390 m des départs arrière, le n° 1 ne manque pas de distance. Comme c'est un dogleg à droite, on doit être en pleine possession de son jeu de cible. Si vous ratez le coude, accordez-vous un autre coup pour vous reprendre.

Les ennuis commencent – mais ne se terminent pas – au cours du coup d'approche jusqu'au green. Et avec ses 770 m^2, de quel green il s'agit ! La clé consiste ici à ne pas rater sa cible. Oui, elle est grande, mais qu'on la manque légèrement et les ennuis suivront. Le fairway vire à droite vers ce green en péninsule qui descend à la verticale, de façon spectaculaire – et coûteuse – sur trois côtés.

Le défi est assez simple. Prenez un club de moins, jouez la sécurité et atterrissez devant ce green immense pour suivre de 2 putts. Ou visez l'arrière et prenez le risque de sortir du green. C'est assurément un problème intéressant à affronter dès le départ.

Golf Magazine a placé ce parcours de renommée internationale, construit en 1918, en tête de sa liste des « 100 meilleurs parcours américains ». **TJ**

N° ❶ ST ANDREWS (VIEUX PARCOURS)

Parcours : St Andrews (vieux parours)
Situé à : St Andrews, Écosse
Trou : n° 1
Longueur : 338 m
Par : 4
Architecte : Tom Morris senior

À savoir : Le parcours Balgove de St Andrews, un 9 trous, est essentiellement destiné aux plus jeunes. D'ailleurs, pendant les vacances scolaires, un adulte ne peut jouer le Balgove qu'accompagné d'un enfant !

CI-DESSOUS Le n° 1 de St Andrews.
CI-CONTRE L'Écossais Colin Montgomerie joue son deuxième coup sur le n° 1 de St Andrews, en octobre 2000.

Si vous n'êtes pas parcouru de frissons sur le premier départ du parcours de golf le plus célèbre au monde, c'est que votre cœur s'est arrêté de battre. Pour n'importe quel passionné de golf, historien ou fan, jouer ce trou, c'est réaliser un rêve, et le souvenir du moment prime sur le score que l'on inscrira au final sur sa carte. Foin d'Augusta. Foin de Pebble Beach. Voici la demeure intemporelle du golf. À jamais sacrée. À jamais magique.

Une fois passé le premier moment, bouche bée d'admiration devant le gazon, il est temps de choisir un club. Sortez le driver et laissez-le swinguer. Le fairway du premier trou est assez généreux. Mais il faudra partir légèrement vers la gauche pour éviter le hors-limite sur la droite.

Devant votre balle au milieu du fairway, songez à tous les joueurs qui se sont tenus à ce même endroit. Puis évitez le ruisseau, juste devant le green. Mieux vaut choisir un fer moyen à long. Et n'oubliez pas de prendre le vent en compte. Bon nombre de bons golfeurs ont manqué d'atteindre le green et même le ruisseau du Swilcan Burn après leur premier ou deuxième coup.

Ne vous inquiétez pas si 3 putts sont nécessaires. Vous êtes sur le premier green du célèbre vieux parcours. Prenez votre temps, et savourez le moment. **TJ**

N° ❶ SALEM COUNTRY CLUB

Parcours : Salem Country Club

Situé à : Peabody, Massachusetts, États-Unis

Trou : n° 1

Longueur : 373 m

Par : 4

Architecte : Donald Ross

À savoir : Donald Ross était très occupé lorsqu'en 1925 il construisit le Salem Country Club. De 1919 à 1925, 5 des 7 National Opens se déroulèrent sur des parcours construits par Ross. Pourtant, malgré son emploi du temps très chargé, il n'a pas bâclé le parcours. Le soin dont il fit preuve et l'attention qu'il porta aux détails sont toujours visibles aujourd'hui.

Disposant de 140 ha vallonnés en Nouvelle-Angleterre pour un terrain de golf, Donald Ross savait qu'il pouvait construire quelque chose d'exceptionnel. Maître dans l'art de tracer un parcours et de choisir un emplacement naturel pour ses greens, Salem était pour lui le parfait projet. Et il créa un parcours qui approche de la perfection. Tout commence au n° 1.

On n'oubliera pas de sitôt l'impression ressentie sur son aire de départ. Le trou y présente son défi d'une manière claire et époustouflante. Mais on découvre aussi depuis ce même endroit pourquoi le parcours tout entier est extraordinaire. La vue englobe en effet l'intégralité du tracé.

Avec 4 ensembles de marques de départ allant de 299 m à 373 m, c'est le septième trou par ordre de difficulté selon la carte de parcours. On le considère souvent comme l'un des meilleurs n° 1 des États-Unis.

Un drive solide placé au milieu du fairway ne signifie pas pour autant que votre travail est terminé. Il faudra ensuite affronter 2 bunkers creusés dans une montée à environ 80 m du green. Si vous pouvez placer la balle entre ces derniers, vous devriez pouvoir la faire rouler sur le green. Ne vous préoccupez pas des bunkers de green : il n'y en a pas.

Rentrez la balle et réussissez un birdie. Ratez ce putt et soyez heureux de réaliser le par en 2 putts. Et qui a dit que le golf devait être difficile ? **TJ**

N° ❶ ARONIMINK GOLF CLUB

Parcours : Aronimink Golf Club

Situé à : Newton Square, Pennsylvanie, États-Unis

Trou : n° 1

Longueur : 388 m

Par : 4

Architecte : Donald Ross

À savoir : Les premiers trous de Ross offrent traditionnellement assez d'espace pour le drive, mais les joueurs devront faire preuve de précaution en approchant du green en dénivelé. Toute balle trop courte risque de repartir en arrière et de dévaler un haut mamelon. Si elle est trop longue, les joueurs seront confrontés à une descente glissante.

À quelques pas du départ, une pancarte accueille les joueurs avec une citation de Donald Ross : « J'avais l'intention de réaliser ici mon chef-d'œuvre, mais ce n'est qu'aujourd'hui que je m'aperçois que j'ai construit un parcours encore meilleur que je ne me l'imaginais. » Elle est extraite d'un discours qu'il prononça en 1948, 20 ans après avoir terminé ce tracé, et quelques mois seulement avant sa mort. Ross, bien entendu, évoquait les 6 335 m du parcours tout entier ; ce premier par 4, cependant, représente parfaitement ce chef-d'œuvre.

Même en fonction des normes contemporaines, le n° 1 d'Aronimink peut s'avérer long à 388 m. Suivant le style typique de Ross, les joueurs bénéficient de beaucoup d'espace depuis le départ, avec un seul bunker de fairway à 73 m du green. Ross a plutôt défendu le par avec des bunkers autour du greens, des dépressions naturelles et un green surélevé.

Le trou se joue en montée et un fer moyen à long est nécessaire sur le coup d'approche d'un green à deux niveaux, fortement incliné vers la gauche. Au cours du championnat Senior PGA de 2003, le premier tournoi majeur depuis le championnat PGA de 1962, les joueurs y frappèrent une moyenne de 4,24 coups, très au-dessus du par. **RH**

Parcours : Prestwick Golf Club (vieux parcours)

Situé à : Prestwick, Ayrshire, Écosse

Trou : n° 1

Longueur : 316 m

Par : 4

Architecte : Tom Morris senior

À savoir : C'est à Prestwick qu'est né le British Open, ce qui fait du trou n° 1 du vieux parcours le premier trou jamais joué dans l'histoire de ce championnat.

N° ❶ PRESTWICK GOLF CLUB (VIEUX PARCOURS)

Quelque 24 British Opens se sont déroulés à Prestwick – un 12 trous en 1860, transformé en 18 trous en 1883. Le premier trou, assez court, a gardé la forme originale que lui donna, il y a plus de 140 ans, Tom Morris senior – qui gagna le British Open 4 fois sur ce parcours qu'il avait dessiné.

À cette époque, le premier prix du British Open était une ceinture en marocain rouge, d'une valeur de 25 livres. Quand il l'eut arborée 4 fois, son fils, Tom Morris junior, la remporta à son 3 trois fois de suite. Tout cela à Prestwick, et commençant toujours – parfois dans le bruit – au n° 1. Il indique bien ce qui vous attend sur la majorité du parcours, son aspect un peu négligé lui donnant l'apparence d'un tracé né du terrain, et non « imposé ». C'est un parcours qui reste fidèle à ses origines.

Une voie de chemin de fer borde le côté droit du trou, et un push ou un slice peut finir dans un wagon, en route vers des contrées lointaines. Comme presque tous les fairways de Prestwick, celui du n° 1 est très étroit. Un pull ou un hook peut se terminer dans la bruyère et les ajoncs, la balle demeurant souvent introuvable, et encore moins jouable. Parce que le trou est relativement court et si dangereusement étroit, il est souvent sage d'utiliser un bois de fairway depuis l'aire de départ.

Avec un bon coup de départ, il suffit d'un wedge pour le coup d'approche, mais l'affaire n'est pas encore réglée pour autant. Le green est protégé par un vaste bunker sur le devant, par de la bruyère et des ajoncs à l'arrière et sur la gauche, et par la voie ferrée sur la droite. Le rugissement d'un train peut s'avérer une distraction inhabituelle alors que l'on aligne son putt, et rendre le green ondoyant encore plus difficile à négocier.

Si l'on joue 2 coups purs, on pourra réaliser le par, mais c'est vrai de n'importe quel trou. C'est la marge d'erreur qui fait la différence sur le n° 1 du vieux parcours de Prestwick. Elle est si réduite qu'une erreur amène un bogey… au moins. **JB**

Parcours : Royal St George's Golf Club

Situé à : Sandwich, Kent, Angleterre

Trou : n° 1

Longueur : 403 m

Par : 4

Architectes : Laidlaw Purves, Alister MacKenzie, J.J.F. Pennink

À savoir : Les gens du cru appellent simplement le Royal St George « Sandwich », à cause de la petite ville voisine du même nom. Donc, en arrivant en voiture, dites à votre compagnon que vous vous feriez bien un « petit Sandwich ».

CI-CONTRE *Le Zimbabwéen Nick Price, au départ du n° 1 du Royal St George's, en juillet 2003.*

N° ❶ ROYAL ST GEORGE'S GOLF CLUB

Choisi comme le n° 1 parfait par l'*Atlas mondial du Golf*, le premier trou du Royal St George mesure entre 356 et 403 m (départs de championnat) et c'est le cinquième du parcours par ordre de difficulté. Certains autres sont plus légendaires, y compris les n° 4, 14 et 15, mais celui-ci fait tout de même partie des meilleurs trous d'Angleterre.

Après un drive de 228 m depuis les départs arrière, on sera en excellente position pour le deuxième coup. Nul besoin de frapper aussi long depuis le départ pour réussir le par, mais on sera alors confronté à un deuxième coup de plus de 160 m.

Les risques accompagnent tout le parcours. Le côté droit est presque entièrement bordé des jalons du hors-limite, mais si l'on frappe assez droit, on ne devra pas s'en inquiéter. Le bunker au milieu du fairway, à environ 66 m du drapeau, tracassera tout le monde, comme les 3 autres près du green. Ce dernier, s'il est grand, peut s'avérer délicat.

Les dunes des premiers 9 trous sont les plus grandes et les plus difficiles des parcours du British Open, tandis que les fairways sont célèbres pour la façon dont la balle y rebondit de façon imprévisible, produisant des lies irréguliers. **TJ**

Parcours : golf de Kennemer

Situé à : Zandvoort, Pays-Bas

Trou : n° 1

Longueur : 413 m

Par : 4

Architecte : Harry S. Colt

À savoir : Le golf n'est pas le seul sport faisant la renommée de Zandvoort. Cette station balnéaire a longtemps accueilli le grand prix de Formule un de Hollande, et on y dispute toujours des courses de Formule trois.

N° ❶ GOLF DE KENNEMER

Ce parcours traditionnel hollandais au milieu des dunes, au bord de la mer du Nord, est à moins de 30 km à l'ouest d'Amsterdam et a été dessiné par Harry Shapland Colt, architecte anglais légendaire. Son parcours fut inauguré en 1928 (le club fut fondé à l'origine en 1910), et c'est l'un des plus beaux exemples d'architecture de golf à l'ancienne des Pays-Bas.

Le premier trou de Kennemer est long, mais équitable. Des deux côtés du fairway, des dunes s'affaissent vers le milieu, offrant la possibilité d'atteindre le green en 2 coups après un solide premier coup. C'est au deuxième, cependant, que l'on doit faire attention.

Malgré un green relativement grand et plat, les épais fourrés d'ajoncs qui l'entourent sur les côtés et sur l'arrière présentent de nombreux risques. Ratez votre cible, et vous perdrez probablement votre balle – et au moins un coup, tôt dans la partie. À cause de la proximité de la mer, il est impératif de juger les vents marins correctement et de choisir le bon club.

Kennemer a accueilli plusieurs fois l'Open de Hollande féminin, un tournoi qui fait partie du European Tour féminin. **KA**

N° ❶ **MACHRIHANISH**

Parcours : Machrihanish
Situé à : Campbelltown, Argyll, Écosse
Trou : n° 1
Longueur : 391 m
Par : 4
Architecte : Tom Morris senior
À savoir : Le nom du parcours vient d'un terme écossais, *Machair-an-lomain* – « champ du shinty ». Le shinty était l'ancêtre du golf, joué à l'aide de gros bâtons recourbés à une extrémité, comme les crosses de hockey aujourd'hui. Des parties de shinty, auxquelles assistaient parfois plus de 1 000 spectateurs, se déroulaient là où l'on trouve désormais le n° 1 de Machrihanish.

CI-DESSUS *Mesdames Cochran (à droite) et Quill (à gauche) à Machrihanish en juin 1927.*

Considéré par beaucoup comme le plus beau n° 1 au monde – et présentant indéniablement le plus beau coup de départ de tous les n° 1 –, celui de Machrihanish exige des golfeurs qu'ils se soient échauffés et préparés mentalement dès le départ. Sur la plage, les promeneurs devraient eux aussi être aux aguets, comme l'indique une pancarte proche : « Danger, premier départ en hauteur, prière de s'éloigner. »

On a surnommé ce trou l'« artillerie », pour des raisons évidentes. On doit taper le coup de départ depuis une étroite parcelle de terre presque engloutie par la mer, et la seule chance qu'on ait d'atteindre le green en 2 coups consiste à courageusement frapper son drive au-dessus de la baie de Machrihanish – une salve d'ouverture qui n'est pas pour les timorés. Si tout se passe bien, la balle trouvera le fairway qui descend en pente vers l'océan. Fort heureusement, la plage est considérée comme un obstacle d'eau latéral, et il n'est pas pire d'atterrir ici que dans l'un des bunkers sur la droite.

C'est un début approprié pour un parcours spectaculaire, qui doit une partie de son magnétisme à sa solitude énigmatique, sur la presqu'île de Kintyre. Machrihanish n'est pas facile d'accès – à 3 h de voiture de Glasgow – mais vaut largement le déplacement. On pourrait dire la même chose, bien entendu, du premier trou à lui seul. **KA**

Parcours : Palmares
Situé en : Algarve, Portugal
Trou : n° 1
Longueur : 417 m
Par : 4
Architecte : Frank Pennink
À savoir : Ce parcours offre certains des plus beaux paysages du Portugal, avec une vue panoramique sur la mer et le massif de Monchique au loin.

N° ❶ PALMARES

À 417 m des départs arrière, le n° 1 de Palmares peut paraître long. Ne vous laissez pas duper par la distance. Elle ne joue pas un rôle aussi important qu'il ne le semble tout d'abord sur ce trou. On joue depuis un départ en hauteur jusqu'à un fairway en dogleg à droite. L'astuce consiste à trouver la ligne de jeu dès le départ, et cela vaut peut-être la peine de découvrir ce trou à pied avant de le jouer.

Le coup de départ doit en effet prendre en compte de hauts pins. Depuis le départ, il est impossible d'apercevoir le green, perdu dans le paysage. Mais si l'on joue un bon coup de départ, on sera surpris par le peu qu'il reste à jouer sur le deuxième coup, étant donné la longueur du trou. Pas d'inquiétude si votre départ n'est pas bon. Arrêtez-vous un instant, contemplez la vue sur les trous du bas du parcours, avec la mer au-delà. On n'en trouve pas de plus belle au Portugal. **AT**

Parcours : Royal Liverpool (Hoylake)

Situé à : Hoylake, Merseyside, Angleterre

Trou : n° 1

Longueur : 390 m

Par : 4

Architectes : Robert Chambers, George Morris

À savoir : Le Royal Liverpool est entré dans l'histoire (non, pas grâce aux Beatles) lorsque l'on y a esquissé pour la première fois les règles du statut d'amateur. Donc, si vous ne jouez pas sur un tournoi professionnel, n'acceptez aucun prix qui fût monétaire, ou vous pourriez perdre votre éligibilité d'amateur.

N° ❶ ROYAL LIVERPOOL (HOYLAKE)

On sera heureux d'apprendre que le premier green du Royal Liverpool est le seul dépourvu de bunkers. Ce qui ne rend pas son approche plus facile.

Bienvenue à Hoylake. Prenez le temps de vous échauffer sur le practice, parce que vous avez intérêt à être fin prêt dès le premier départ.

Le n° 1 de Hoylake est un dogleg à droite marqué, virant autour du hors-limite à l'intérieur du fairway. Munissez-vous sur le départ de votre driver et de toute votre assurance, la solution sur ce trou consistant à poser la balle aussi près de l'angle que possible.

Et maintenant, la partie difficile. Environ 174 m séparent cet angle du green. Bien sûr, ceux qui frappent long peuvent réduire la distance à 146 m s'ils se sentent chanceux. Mais souvenez-vous que les piquets du hors-limite vous attendent en contrebas, tout du long du côté droit du fairway.

Surnommé le « parcours », le n° 1 est, selon la carte de score, le cinquième trou le plus difficile de Hoylake. À 16 km au sud-ouest de Liverpool sur la péninsule de Wirral, le Royal Liverpool accueillera le British Open en 2006. **TJ**

CI-CONTRE *Le Danois Thomas Bjorn joue son deuxième coup sur le n° 1 du Royal Liverpool en février 2003.*

À DROITE *Photo du premier match de golf international entre l'Angleterre et l'Écosse au Royal Liverpool, accrochée aux murs du clubhouse.*

FIRST INTERNATIONAL GOLF MATCH ENGLAND v. SCOTLAND - HOYLAKE 1902

N° ❶ VILA SOL

Parcours : Vila Sol

Situé en : Algarve, Portugal

Trou : n° 1

Longueur : 381 m

Par : 4

Architecte : Donald Steel

À savoir : Le n° 1 ouvre la série de premiers trous la plus rude de tout le Portugal. Si vous arrivez à les surmonter, vous aurez la possibilité de bien jouer.

S'il existe un premier trou plus difficile que celui de Vila Sol au Portugal, il reste encore à découvrir. Tout simplement, c'est un trou où la plupart des joueurs sont heureux s'ils arrivent à s'en tirer avec un bogey. En réalité, le n° 1 de Vila Sol ferait un trou final très satisfaisant.

Au premier coup d'œil, il paraît dépourvu de grosses difficultés. Cependant, à cause de la configuration du terrain, on doit faire preuve d'adresse pour arriver à garder la balle sur le fairway. Celui-ci est incliné vers la gauche, et la plupart des balles finissent donc leur course dans le rough, de ce côté-là. Envoyez la balle trop à gauche et de hauts pins peuvent bloquer sa course vers le green. Même si les joueurs arrivent à trouver le côté gauche du fairway, un gros arbre bloque l'approche.

Ceux qui réalisent un fade depuis l'aire de départ pour faire atterrir la balle en douceur sur le côté droit du fairway n'ont pas droit à un deuxième coup plus facile. Un grand bunker protège l'angle droit du green, qui est légèrement en hauteur. Un par ici donne l'impression d'avoir réalisé un birdie. **AT**

N° ❶ AUGUSTA NATIONAL GOLF CLUB

Parcours : Augusta National Golf Club
Situé à : Augusta, Géorgie, États-Unis
Trou : n° 1
Longueur : 365 m
Par : 4
Architectes : Bobby Jones, Alister MacKenzie

À savoir : L'Augusta National constitue l'un des parcours les plus célèbres au monde. C'est particulièrement évident au Japon, où l'on a essayé de le reproduire fidèlement sur plusieurs terrains.

CI-DESSOUS   *Entretien du terrain d'Augusta.*

CI-CONTRE   *Sortie de bunker sur le n° 1 de l'Augusta pour Phil Mickelson en avril 2004.*

Le premier trou de l'Augusta National est à 365 m des départs de « Masters », mais à 333 m seulement des départs des membres. Et pour une bonne raison. Ces derniers ont probablement besoin d'un petit avantage par rapport à ceux qui sont capables de jouer depuis les départs arrière. Mais, quelles que soient les marques de départ, le trou n'est pas facile.

N'oubliez pas, vous jouez à l'Augusta National, et rien ici n'est aisé. Et ce premier trou vous prépare au danger qui guette sur le reste du parcours. Le n° 2 est le plus long (526 m) et le plus difficile. Autrement dit, mieux vaut être prêt en quittant le green du premier trou.

Ce dernier a été rallongé pour le Masters de 2003. Le fairway dessine un virage à droite, avec un grand et profond bunker sur ce côté, à environ 270 m du départ. Attention donc si votre swing est puissant. Si la balle part trop à gauche sur le premier coup, elle peut trouver les arbres, dans la montée. Afin d'éviter ces derniers et le bunker, de nombreux pros choisissent un bois 3. Pourquoi gâcher sa partie dès le premier trou ? Jouez la sécurité. Ce trou exigeant est aussi doté d'un bunker à l'avant-gauche du green.

Le parcours a été légèrement modifié au fil des ans, on a rajouté un peu de rough et certains trous ont été allongés. Mais l'Augusta National correspond toujours à ce qu'il était au départ. Il est resté parfait. Et le n° 1 est l'endroit idéal pour commencer. **TJ**

N° ❶ LIONHEAD GOLF & COUNTRY CLUB (PARCOURS LEGENDS)

Parcours : Lionhead Golf & Country Club (parcours Legends)
Situé à : Brampton, Ontario, Canada
Trou : n° 1
Longueur : 419 m
Par : 4
Architecte : Ted Baker
À savoir : Ce club offre deux 18 trous classés parmi les meilleurs golfs publics canadiens. Le parcours Legends possède le deuxième slope le plus élevé d'Amérique du Nord (153).

Peu de parcours présentent leur trou emblématique dès le n° 1, mais peu d'entre eux peuvent offrir ce genre de départ. Et on s'aperçoit rapidement que les experts du Lionhead savent ce qu'ils font.

C'est un trou spectaculaire. On n'oubliera pas facilement le moment où l'on contemple, depuis l'aire de départ, le fairway à 15 m en contrebas. Placez votre coup de départ à 215 m afin de dépasser l'étang sur la gauche et le bunker de fairway sur la droite. On devra franchir environ 65 m de rivière et quelques zones humides sur le deuxième coup, qui, si on atteint la zone d'arrivée, est de 190 à 150 m de distance du green. Et n'oubliez pas les 4 bunkers qui forment un comité d'accueil devant ce dernier.

Il est plus sage de jouer court si vous atterrissez dans le bunker de fairway. On ne trouve aucune marque des 80 ou 135 m parce qu'elles seraient situées dans la rivière. C'est maintenant que les choses se compliquent. Le green, à 3 niveaux, est très ondoyant et 3 putts sont souvent nécessaires. Bon nombre des greens du Legends sont ardus.

On retrouve la rivière Credit, qui serpente sur tout le parcours. De fait, de nombreux golfeurs l'accusent d'avoir gâché leur carte de score. **TJ**

N° ❶ MOONAH LINKS (PARCOURS OPEN)

Parcours : Moonah Links (parcours Open)
Situé à : Fingal, Victoria, Australie
Trou : n° 1
Longueur : 341 m
Par : 4
Architectes : Peter Thomson, Michael Wolveridge, Ross Perrett
À savoir : Ce par 4 plutôt court du club, qui abrite depuis peu l'Association de golf australienne, offre un départ en beauté sur le premier parcours jamais construit en Australie de façon à pouvoir accueillir le public. Il s'agit aussi du seul parcours conçu afin de recevoir régulièrement l'Open australien.

On ne peut pas voir la mer depuis le premier départ de ce parcours, mais on y sent la brise marine qui souffle souvent sur la péninsule de Mornington, à 90 minutes environ de Melbourne.

La fraîcheur de ce vent et la longueur intimidante du tracé (6 766 m depuis les départs arrière) donnent l'impression distincte que même les meilleurs joueurs devront se démener ici. On est cependant envahi d'un calme soudain en débutant, car le n° 1 de Moonah constitue un départ équitable, présentant en douceur les difficultés à venir.

C'est un dogleg à gauche, doté d'un menaçant bunker guettant sur la gauche du fairway tout drive parti en hook, et, plus loin, d'un arbre, au coin.

Les golfeurs qui placeront leur coup de départ à droite de ces obstacles suivront d'un fer court jusqu'au green, plutôt ample. Mais celui-ci est aussi difficile, perché parmi les *Melaleucas*, des arbres indigènes, et protégé à l'avant par un bunker profond prêt à avaler toute balle déviante. **JS**

N° ❶ NATIONAL GOLF LINKS OF AMERICA

Parcours : National Golf Links of America

Situé à : Southampton, État de New York, États-Unis

Trou : n° 1

Longueur : 299 m

Par : 4

Architecte : Charles Blair Macdonald

À savoir : Le National est un parcours en links, de type écossais, doté de nombreux coups aveugles et de beaucoup, beaucoup de bunkers – 365 en tout. Entouré de tout ce sable, amenez donc une serviette de plage.

Non, ce trou n'est pas très long. Mais la distance n'est pas tout. C'est un facteur presque insignifiant sur ce difficile premier trou du National Golf Links of America. Son fairway n'est pas divisé, mais il pourrait l'être tout autant. Plusieurs choix sont possibles sur l'aire de départ. Choisissez un gros club et placez votre drive sur le côté gauche du fairway, après les bunkers. De là, vous apercevrez le drapeau et le green difficile qui vous attend.

Ou prenez un club moins important, et jouez la sécurité sur le côté droit du fairway. Mais vous ne pourrez pas apercevoir le trou sur le deuxième coup.

C'est maintenant que l'on commence à s'amuser : le premier green du parcours compte parmi les plus coriaces au monde. À cause de ses violents mouvements intérieurs, il est difficile à gérer. Et ne trébuchez pas sur les monticules de 60 cm au milieu du green.

Lorsqu'on commença à y jouer en 1909, le parcours mesurait 5 578 m, pour atteindre 6 126 m à la mort de Macdonald en 1939. Chaque trou a été remodelé d'une façon ou d'une autre. Macdonald aimait le changement, mais certaines choses sont demeurées intactes. C'est toujours un classique. Et le n° 1 prouve qu'une fois le green atteint, il reste beaucoup à faire. **TJ**

N° ❶ SPYGLASS HILL GOLF CLUB

Parcours : Spyglass Hill Golf Club
Situé à : Pebble Beach, Californie, États-Unis
Trou : n° 1
Longueur : 548 m
Par : 5
Architecte : Robert Trent Jones senior
À savoir : Le nom de Spyglass Hill provient de *L'Île au trésor* de Stevenson, publiée en 1883. Selon la légende locale, Stevenson aurait arpenté la région à la recherche d'idées romanesques. L'une des singularités de ce parcours est que ses trous sont baptisés d'après les personnages de *L'Île au trésor*. Le premier trou est simplement nommé *Treasure Island*, l'île au trésor.

Le pin majestueux qui s'élevait sur la gauche du fairway, à environ 135 m du départ, lorsque ce trou fut construit en 1966, a disparu. Mais ce n'est pas parce que cet élément emblématique ne fait plus partie du paysage que l'on doit croire que la tradition et la majesté ont elles aussi disparu du n° 1.

Trois arbres plus petits s'élèvent au même endroit, faisant toujours hésiter les golfeurs à jouer serré pour raccourcir la distance de ce dogleg à gauche. Et les raccourcis sont importants sur un trou qui mesure 548 m. Le premier coup, comme le deuxième des n° 6 à 18, se joue au milieu des bois.

Après 6 ans de préparation, le Spyglass Hill fut inauguré le 11 mars 1966. Les 5 premiers trous serpentent parmi les dunes, en bord de mer, mettant les golfeurs au défi de choisir le chemin le plus sûr. Les 13 trous suivants sont situés au milieu de pins majestueux, et dotés de greens surélevés ainsi que de bunkers et lacs placés de façon stratégique.

Le n° 1 est donc le premier de 5 trous consécutifs où l'on joue un « golf de cible », les dunes constituant de sérieuses pénalités pour les erreurs commises depuis le départ. C'est un très long trou, mais au moins il se joue en descente. Le drive descend une allée bordée d'arbres, mais s'il part trop à droite, il faudra frapper le deuxième coup sous les pins. Et trop à gauche, le rough peut se révéler périlleux. Après le coup de départ, une fois que l'on aura trouvé un endroit d'où l'on puisse accéder au green, il est temps d'examiner celui-ci. On trouve des broussailles et du sable derrière le trou, devant le Pacifique, et 5 énormes bunkers sont situés devant le green. Celui-ci est protégé par un plateau, qui offre aux joueurs une vue splendide mais constitue aussi un rude défi. **JB**

Parcours : Le Querce
Situé à : San Martino, Lazio, Italie
Trou : n° 1
Longueur : 495 m
Par : 5
Architectes : Jim Fazio, George Fazio
À savoir : Le Querce accueille la Fédération italienne de golf, qui y a son centre d'entraînement.

N° ❶ LE QUERCE

Ce parcours, dans une vallée pittoresque au nord de Rome, débute avec le plus difficile des examens de passage. Réussissez cette première épreuve, et, plein d'optimisme, vous envisagerez une bonne partie. Si vous y arrivez tant bien que mal, vous aurez le sentiment que la journée s'annonce longue.

Assurez-vous de vous entraîner au drive avant d'entamer la partie, car les Fazio exigent ici de la précision dès le premier coup de la journée. Des bois denses à droite et un vaste bunker sur le côté droit du fairway font du côté gauche la cible de choix de votre drive.

Le deuxième coup, vers un fairway étroit et sinueux, doit éviter l'eau sur la gauche et des arbres supplémentaires sur la droite, pour permettre une approche courte du green, surélevé. Votre coup de wedge doit lui aussi suivre la trajectoire prévue – trop courte ou trop sur le côté, la balle repartira vers l'un des 3 bunkers placés de façon stratégique autour du green.

Le Querce a accueilli la Coupe mondiale du golf en 1991, où les Suédois Anders Forsbrand et Per-Ulrik Johansson ont dominé la compétition par équipe, tandis que le Gallois Ian Woosnam l'emportait en individuel. **KA**

Parcours : Sand Hills Golf Club
Situé à : Mullen, Nebraska, États-Unis
Trou : n° 1
Longueur : 502 m
Par : 5
Architectes : Bill Coore, Ben Crenshaw
À savoir : Le magazine *Golfweek* a placé ce parcours en links en tête des « 100 meilleurs parcours modernes d'Amérique » de 1997 à 1999.

N° ❶ SAND HILLS GOLF CLUB

Sand Hills débute de façon aussi spectaculaire qu'il se termine. On ne peut rien reprocher non plus à ce qu'on trouve entre ces deux points. Le premier trou vous coupera le souffle. La vue depuis l'aire de départ dominant un fairway qui serpente vous fouettera le sang et vous fera frissonner d'impatience. Elle annonce des moments extraordinaires.

Puis les choses se compliquent. On doit frapper la balle. Depuis ce départ en hauteur, on doit la porter sur 165 ou 180 m pour franchir la broussaille – jolie d'aspect, mais broussaille tout de même, si on y atterrit. Assurez-vous de frapper non seulement long, mais aussi droit. Coore et Crenshaw ont placé des bunkers de fairway des deux côtés de la zone d'arrivée, au cas où votre balle déciderait de partir en slice ou en hook.

Peut-on atteindre le green en 2 coups ? Oui, mais seulement avec le vent dans le dos. La plupart des joueurs utilisent le deuxième coup pour s'approcher de 65 à 90 m du green. Selon le vent et l'emplacement du drapeau, il pourra s'avérer difficile de garder la balle sur ce green en hauteur, incliné d'arrière en avant. Ce trou n'est pas doté d'un handicap pour hommes, mais on peut certainement le qualifier de difficile. **TJ**

Parcours : Blackwolf Run Golf Club (parcours de la Rivière)	
Situé à : Kohler, Wisconsin, États-Unis	
Trou : n° 1	
Longueur : 515 m	
Par : 5	
Architecte : Pete Dye	
À savoir : Surnommé le « Serpent » en raison de ses virages, ce par 5 a présenté de nombreuses difficultés aux meilleures joueuses du monde durant l'US Open féminin de 1998.	

CI-CONTRE   *Le n° 1 du golf de Blackwolf Run.*

N° ❶ BLACKWOLF RUN GOLF CLUB
(PARCOURS DE LA RIVIÈRE)

Sur un parcours bénéficiant d'un slope de 151, l'un des plus élevés du pays, il semble pertinent que cette dure épreuve de golf démarre par un par 5 coriace. Ce n'est pas par hasard qu'on l'a surnommé le « Serpent ».

Avec la rivière Sheboygan à gauche et des ennuis sur la droite, mieux vaut viser le milieu du fairway sur le coup de départ. Si vous ratez ce coup, le côté gauche, même s'il paraît très bien défendu par la rivière, constitue votre deuxième choix. Essayez d'éviter le rough à tout prix.

Alison Nicholas, qui remporta l'US Open féminin de 1997, a déclaré qu'au cours de l'Open de 1998 elle avait frappé un mauvais coup de départ et s'était retrouvée dans des herbes plus hautes qu'elle. Le green, très vaste, est pourvu d'un profil très bas et s'étend de droite à gauche. On devrait l'atteindre en 3 coups, pour avoir la possibilité de réaliser le par, puis passer à la suite. **GE**

Parcours : Doonbeg	
Situé à : Doonbeg, Irlande	
Trou : n° 1	
Longueur : 518 m	
Par : 5	
Architecte : Greg Norman	
À savoir : Greg Norman a dû réaliser des choix difficiles lorsqu'il a conçu ce parcours, car certaines des plus belles parcelles étaient interdites. Pourquoi ? Une minuscule espèce d'escargots, en voie de disparition, fut découverte dans les dunes, et l'on dut donc redessiner le parcours.	

N° ❶ DOONBEG

Greg Norman considère qu'avoir dessiné Doonbeg est une chance, vu le caractère unique du terrain. Et rien n'est plus unique que le premier trou. Le plus difficile est de s'arracher à la contemplation du paysage et de se concentrer sur la petite balle blanche pour ne pas la perdre dans les dunes – ou les bunkers – dès le deuxième coup.

Depuis le départ, on aperçoit des dunes massives et une partie de la plage qui dessine un croissant sur 2,4 km. Si vous évitez les pièges et atteignez le green en toute sécurité au troisième coup, vous aurez démarré en beauté. Ce vaste green est littéralement protégé sur trois côtés par une énorme dune, caractéristique de celles que l'on rencontrera tout au long de la partie.

Bien que relativement nouveau venu, le n° 1 de Doonbeg est déjà salué comme le meilleur premier trou d'Irlande. À 518 m des départs de championnat, à 477 m des marques jaunes et à 403 m des départs féminins, il est considéré comme le troisième trou le plus difficile du parcours.

Ayant ouvert en juillet 2002, Doonbeg a rencontré une réaction mitigée de la part du public. Parmi les plaintes initiales, on comptait un « rough inévitable » et des greens « aux contours qui dépassaient la mesure ». Certains ont même qualifié de « dangereux » les passages entre les trous 5 et 6, 14 et 15, et 17 et 18.

Mais il est difficile de ne pas être impressionné par la façon dont Greg Norman a façonné ce parcours dans un paysage singulier et saisissant. Sa beauté seule en fait une étape mémorable pour tout golfeur. Et tout cela débute au n° 1. **TJ**

Trou ②

Voici l'occasion de continuer sur la lancée d'un n° 1 réussi, ou d'inverser rapidement la tendance au cas où l'on aurait mal joué celui-ci.

Si la nature du terrain le permet, les architectes de golf préfèrent en général orienter les 4 premiers trous selon des directions diverses, afin de permettre aux joueurs de se confronter aux différents sens du vent tôt dans le jeu. Par conséquent, si le terrain le permet, l'orientation du n° 2 varie presque toujours de celle du n° 1.

Pour le golfeur, par jour de vent, cela présente un nouveau défi dans de nouvelles conditions. Par ailleurs, au cours des parties matinales, le soleil peut se révéler un problème, car les architectes évitent en général d'orienter le premier à l'est, face au soleil levant. Cela laisse la possibilité que l'on joue le soleil dans les yeux au n° 2. Joli, peut-être, mais parfois gênant.

CI-CONTRE *Le Zimbabwéen Tony Johnstone joue son deuxième coup sur le n° 2 de Celtic Manor, à Coldra Woods, au pays de Galles.*

N° ❷ DURBAN COUNTRY CLUB
(PARCOURS DU COUNTRY CLUB)

Parcours : Durban Country Club (parcours du Country Club)
Situé à : Durban, Afrique du Sud
Trou : n° 2
Longueur : 161 m
Par : 3
Architectes : George Waterman, Laurie Waters

À savoir : Ce sont ses dunes imposantes qui caractérisent le golf de Durban et le sommet de la plus haute d'entre elles abrite l'aire de départ du n° 2. Estimez-vous heureux si vous réalisez le par ici, mais prenez aussi le temps d'admirer la vue sur l'océan Indien et le paysage de dunes des environs.

CI-DESSOUS *Vue d'oiseau au deuxième trou de Durban.*

La majorité du parcours du Durban Country Club a été construit sur d'anciens marécages, et pourtant, depuis le deuxième départ, haut perché sur une dune, on s'imagine mal cette vie antérieure.

On est là à l'endroit le plus élevé du parcours, avec des buissons sauvages sur la droite et le fairway du n° 17 sur la gauche. On peut aussi apercevoir l'océan Indien, à seulement 90 m de là. Tous ces éléments attirent l'attention alors qu'il faudrait se concentrer sur le coup de départ, qui doit franchir un petit vallon devant le green et éviter les 4 profonds bunkers qui protègent ce dernier.

En fonction du vent, qui souffle habituellement au nord-ouest, le choix du club est primordial. Le coup de départ, en descente, exige en général un club assez court, mais on doit aussi éviter de jouer trop court et d'atterrir dans le vallon.

Les membres décrivent leur club comme un parcours en links avec des arbres, mais le tracé ressemble plus à un parcours boisé américain. D'une histoire riche en championnats, le Durban Country Club a accueilli plus d'Opens d'Afrique du Sud (14) que n'importe quel autre golf. **RH**

N° 2 — GOLF DEL SUR (PARCOURS SUD)

Parcours : golf del Sur (parcours sud)

Situé à : Tenerife, îles Canaries, Espagne

Trou : n° 2

Longueur : 176 m

Par : 3

Architecte : José « Pepe » Gancedo

À savoir : C'est au golf del Sur que le Britannique Karl Woodward a établi 2 records de longueur du drive. Après un premier record de 364 m, il réussit à dépasser, quelques mois plus tard, les légendaires 365 m avec un énorme coup qui fit voler la balle à 373 m.

Son importance historique constitue l'une des caractéristiques les plus importantes du golf del Sur. L'un des plus anciens et des plus prestigieux d'Espagne, il est absolument superbe. Le n° 2 du parcours sud est l'un des nombreux trous remarquables du lieu. C'est un par 3 très pittoresque, offrant un vaste green ondoyant.

Ce dernier est très représentatif du trou, voire du parcours tout entier. La difficulté ne manque pas – à cause d'un immense bunker à l'arrière. Et sa beauté est elle aussi évidente – grâce au même bunker. Rempli de sable noir, il offre l'un des sites les plus uniques au monde.

Et après y avoir crapahuté (ou, avec un peu de chance l'avoir franchi), il reste 16 trous à affronter – et 18 encore après cela si vous jouez le parcours nord. Si c'est le cas, son trou emblématique est le n° 3. Le fairway y est assez dégagé, mais un obstacle d'eau le borde à droite, et au-delà de ce dernier s'étend un ravin à la falaise ocre, tandis qu'à gauche se trouve un autre bunker de sable noir. **TJ**

N° 2 — WENTWORTH CLUB (PARCOURS OUEST)

Parcours : Wentworth Club (parcours ouest)

Situé à : Virginia Water, Surrey, Angleterre

Trou : n° 2

Longueur : 140 m

Par : 3

Architecte : Harry S. Colt

À savoir : La Ryder Cup est née d'un match amical entre Américains et Britanniques qui se déroula à Wentworth en 1926. « Nous devrions le refaire », déclara plus tard Samuel Ryder au bar de Wentworth. Il fit ensuite don d'un trophée et la tradition fut établie, bien que la Ryder Cup n'ait été officiellement disputée à Wentworth qu'en 1953.

CI-DESSOUS ET CI-CONTRE *Deux vues du trou n° 2 de Wentworth.*

Faisant partie des 4 excellents pars 3 du légendaire parcours ouest de Wentworth (aussi surnommé la Route de Birmanie), le n° 2 offre nombre d'obstacles entre le départ et le green. Le coup de départ doit franchir une vallée avant d'atteindre le green, un escarpement en forme de haricot au flanc d'une colline, protégé par un chêne d'Espagne sur la droite ainsi que par 4 profonds bunkers – 2 à gauche et 2 à droite. Les golfeurs doivent prendre garde à l'effet de recul de la balle qui pourrait redescendre la pente raide de la colline lorsque le drapeau est placé sur le devant. Si l'on rate le green, on se retrouvera sans aucun doute en difficulté.

C'est au n° 2 que Gary Player a amorcé en 1965 son époustouflant come-back au cours de la finale du championnat du monde de match-play, qui se déroule tous les ans sur le parcours ouest. À 7 points derrière Tony Lema après 19 trous, Player gagna le n° 2 et finit par l'emporter sur 37 trous, pour le premier de ses 5 titres de ce championnat.

Un autre maître du match-play, Seve Ballesteros, qui remporta aussi 5 fois cette compétition, déclara au sujet du parcours ouest : « La Route de Birmanie est l'un des rares parcours pouvant continuellement sélectionner les meilleurs parmi les meilleurs... Le parcours ouest est, pour moi, l'épreuve suprême. » C'est aussi une description appropriée du n° 2. **KA**

N° ❷ GOLF DE GARDE

Parcours : golf de Garde
Situé à : Soiano del Lago, Italie
Trou : n° 2
Longueur : 146 m
Par : 3
Architectes : Cotton, Penning Steel and Partners

À savoir : Les majestueux panoramas sur Rocca di Manerba et sur le lac de Garde, tout proches, sont l'attraction principale du golf de Garde, mais ce sont ses coups exigeants qui le distinguent des autres golfs. Le n° 2 par exemple, est court, mais un coup de départ extrêmement précis est nécessaire si l'on prétend au birdie.

Situé entre la majestueuse Rocca di Manerba – un haut promontoire dominant la rive ouest du lac de Garde – et les collines de Valtenesi, le golf de Garde est un nouveau venu impressionnant dans une région dominée par l'histoire, et le n° 2, un par 3, illustre parfaitement la façon dont la nouveauté peut parfois paraître vieillie à la perfection.

Il a l'apparence (les azalées en moins) du célèbre n° 12 de l'Augusta National, et donne la même impression, avec son green peu profond, en forme de haricot, et son obstacle d'eau menaçant, juste devant le trou. À 146 m seulement du drapeau, on joue le coup de départ sur un haut promontoire en direction d'un green doté de 2 emplacements de drapeau seulement (sur le devant à gauche, et à l'arrière, à droite). Les joueurs n'auront besoin que d'un fer 8 au maximum pour franchir en toute sécurité le ruisseau qui protège le trou. Cependant, une balle un tant soit peu trop longue amènera un chip difficile, en pente, jusqu'au green qui descend rapidement vers l'eau.

Construit en 1986 par Cotton, Penning Steel and Partners, une équipe britannique, le golf de Garde s'est rapidement transformé en l'un des parcours les mieux notés du continent. Il a accueilli l'Open d'Italie en 1997 et en 2003. **RH**

Parcours : TPC The Canyons

Situé à : Las Vegas, Nevada, États-Unis

Trou : n° 2

Longueur : 179 m

Par : 3

Architecte : Bobby Weed

À savoir : Avec l'aide de Ray Floyd, Bobby Weed a sculpté un terrain de golf au milieu du désert et des canyons, au nord des lumières scintillantes de Las Vegas. Le TPC The Canyons accueille régulièrement l'Invensys Classic du PGA Tour.

N° ❷ TPC THE CANYONS

Quel spectacle ! Le diable d'un côté. Dame Nature dans toute sa splendeur de l'autre. Au loin et au sud, un Las Vegas glamour, avec ses attractions, brille de toutes ses lumières. Détournez le regard, et les montagnes austères et les canyons offrent leur propre spectacle.

La vue depuis le deuxième départ, sur ce par 3 classé septième par ordre de difficulté, est remarquable. On peut choisir parmi plusieurs départs (100 m depuis les marques rouges, 179 m depuis les départs les plus reculés), mais ils sont tous séparés du green par la même chose : le désert.

« Un trou spectaculaire, en descente, rejoint un green flanqué d'un canyon et protégé par un bunker sur la droite », explique Bobby Weed, son architecte. « Ce trou se joue un peu plus court que sa distance ne le laisse penser, et le choix du bon club est donc primordial. »

Il est simplement baptisé les « Canyons ». Et vous comprendrez pourquoi dès que vous approcherez du départ.

Ray Floyd, consultant de Weed, compte ce n° 2 parmi ses favoris, même s'il ajoute rapidement qu'aucun trou n'est réellement « emblématique » sur ce parcours. **TJ**

Parcours : Garden City Golf Club

Situé à : Garden City, État de New York, États-Unis

Trou : n° 2

Longueur : 123 m

Par : 3

Architectes : Devereux Emmet, Walter Travis

À savoir : Donald Ross, architecte renommé, fit l'éloge de ce parcours tout juste inauguré lorsqu'il y disputa l'US Open de 1902. Depuis ce premier championnat, Garden City en a accueilli 5 autres de l'Association de golf américaine.

N° ❷ GARDEN CITY GOLF CLUB

Souvent oublié parmi la multitude de golfs de qualité entourant New York, la simplicité intemporelle de Garden City semble placer ce parcours légèrement au-dessus de bon nombre de ses homologues plus réputés. La sobriété de l'aire de départ du n° 2 et de son long green, par exemple, est la règle plutôt que l'exception sur ce bijou conçu par Walter Travis.

Il est bordé sur la gauche par une ancienne carrière de sable, l'élément naturel le plus marquant du domaine. La plupart des joueurs frappent long et à droite afin d'éviter cette dernière, seulement pour se retrouver dans l'un des bunkers béants derrière le green.

Celui-ci descend en pente de l'avant-droite à l'arrière-gauche et, selon la direction du vent, on doit prendre 2 clubs de plus pour le jouer.

Le club chargea en 1926 l'un de ses membres, Walter Travis, de modifier le tracé du parcours, créé en 1901 par Devereux Emmet. Il ajouta 50 bunkers, remodela les 18 greens et rallongea le tout. Depuis l'US Open de 1902, Garden City a accueilli 5 autres tournois de l'Association de golf américaine, dont la Walker Cup de 1924. **RH**

N° ❷

MEDINAH COUNTRY CLUB
(PARCOURS N° 3)

Parcours : Medinah Country Club (parcours n° 3)

Situé à : Medinah, Illinois, États-Unis

Trou : n° 2

Longueur : 175 m

Par : 3

Architecte : Tom Bendelow

À savoir : Site de nombreux championnats importants, le Country Club de Medinah accueillera sa première Ryder Cup en 2011, et ce dangereux par 3 pourrait s'avérer déterminant tôt dans la partie.

Le Medinah Country Club est réputé pour sa longueur prodigieuse (6 775 m depuis les départs pros) et pour ses étroits fairways bordés de bois épais. Mais l'obstacle le plus important, c'est l'eau plutôt que les arbres.

Le n° 2 est le seul des 4 pars 3 du Medinah qui mesure moins de 180 m, ce que les joueurs auront du mal à croire depuis l'aire de départ qui domine la vaste étendue du lac Kadijah – qu'ils devront franchir.

Le vent constitue un facteur important dans le choix du club. Un vaste bunker, devant le green, à droite, avalera toute balle trop courte, et un autre, à l'arrière à gauche, fera de même pour les balles trop longues. Ceux qui auront la chance de franchir l'eau et d'éviter les fosses seront confrontés à un autre défi : le green est à 2 niveaux, et l'on décidera où placer sa balle en fonction de l'emplacement du drapeau.

Sur un parcours célèbre pour ses nombreux changements et rénovations, le n° 2 est le seul par 3 que Roger Rulevich n'ait pas radicalement modifié avant le championnat de la PGA de 1999. **KA**

N° ❷ **GOLF DE SAUJANA**
(PARCOURS DES PALMIERS)

Parcours : golf de Saujana (parcours des Palmiers)

Situé à : Selangor Darul Ehsan, Malaisie

Trou : n° 2

Longueur : 197 m

Par : 3

Architecte : Ronald Fream

À savoir : Un hôtel 5 étoiles (le Hyatt Regency Saujana) est adjacent au parcours et offre toute une série d'installations. On y trouve aussi une piscine, un practice et une école de golf.

CI-DESSOUS *L'Irlandais Paul McGinley frappe son premier coup sur le n° 2 de Saujana en février 2004.*

CI-CONTRE *Le deuxième trou du golf de Saujana.*

Le club de Saujana offre deux 18 trous spectaculaires. Le parcours des Palmiers, aussi surnommé le « Cobra » à cause de son tracé difficile, mesure 6 003 m depuis les marques bleues et 6 363 m depuis les noires. Le sixième Open de Malaisie senior, le Pharamaton-Saujana, s'y est déroulé en 2004 pour être remporté par l'Australien John Clifford, talonné par le Taiwanais Kuo Chie Hsiung. Le parcours Bunga Raya, surnommé le « Crocodile », est un très beau 18 trous pourvu d'une vaste étendue d'eau et d'une végétation ondoyante qui crée un sentiment d'espace. À 5 852 m, il paraît simple, mais bon nombre de joueurs ont regretté de l'avoir sous-estimé.

Le n° 2 du parcours des Palmiers est aussi retors qu'un cobra. Ce par 3 de 161 m (197 m depuis les marques noires) est classé comme le plus difficile de Malaisie. Il comprend un ravin profond et exige un coup de départ précis pour atteindre l'endroit voulu sur son green à 2 niveaux. Il n'est pas rare de jouer 3 putts sur cette vaste surface extrêmement ondoyante. Le parcours des Palmiers est doté d'un handicap de 75,1 et d'un slope de 142 depuis les départs arrière. **TJ**

N° ❷ PRAIRIE DUNES COUNTRY CLUB

Parcours : Prairie Dunes Country Club

Situé à : Hutchinson, Kansas, États-Unis

Trou : n° 2

Longueur : 147 m

Par : 3

Architecte : Perry Maxwell

À savoir : Durant l'US Open féminin de 2002, le deuxième trou de Prairie Dunes a concédé 40 birdies contre 104 bogeys et 9 doubles bogeys.

Lorsque Perry Maxwell a découvert pour la première fois au cœur de l'Amérique ces 192 ha vallonnés qu'il devait transformer en un chef-d'œuvre unique au monde, il déclara : « Il y a 118 trous ici… il suffit que j'en élimine 100. » Heureusement, le n° 2 ne faisait pas partie des supprimés.

Le plus court des 4 pars 3 de Prairie Dunes possède un green à 2 niveaux, surélevé, placé en biais par rapport à l'aire de départ. Les joueurs doivent donc d'abord choisir leur ligne puis leur club.

On visera peut-être la zone en dessous du trou, mais c'est un pari dangereux. Un diabolique bunker de 4 m protège l'avant du green, sur la droite, et 2 autres menacent à gauche. Mais il y a pire – une balle trop longue amènera de réels ennuis, les herbes tristement célèbres de Prairie Dunes pouvant rendre son lie injouable.

On ne s'attendrait pas à découvrir un magnifique tracé, souvent comparé aux meilleurs des îles Britanniques, dans une petite ville du Kansas. On n'y voit la mer nulle part. Mais le n° 2 est l'une des raisons pour lesquelles Tom Watson, 5 fois vainqueur du British Open, a qualifié Prairie Dunes d'« une touche écossaise au pays d'Oz ». **KA**

N° ❷ CHICAGO GOLF CLUB

Parcours : Chicago Golf Club
Situé à : Wheaton, Illinois, États-Unis
Trou : n° 2
Longueur : 396 m
Par : 3
Architectes : Charles Blair Macdonald, Seth Raynor
À savoir : Le nom du club prête à confusion : il est situé à 50 km à l'ouest de Chicago.

Ce club ultra privé, le plus huppé de Chicago, fut fondé en 1892 et fait partie des 5 clubs fondateurs de l'Association de golf américaine. Son tracé, généralement considéré comme le 18 trous le plus ancien des États-Unis et conçu par Charles Blair Macdonald, fut ouvert au jeu en 1895.

C'était sa première réalisation, et elle fait partie des meilleures. Né à Chicago d'un père écossais et d'une mère canadienne, Macdonald étudia à l'université de St Andrews, en Écosse, pendant les années 1870, et se passionna pour le golf durant son séjour dans le pays où ce jeu vit le jour.

Il n'est pas surprenant qu'il ait tracé le parcours original de Chicago en hommage au vieux parcours de St Andrews. Ce n'est nulle part plus évident que sur le deuxième trou, réplique presque exacte du n° 17 de St Andrews, jusqu'au profond bunker juste avant le green, à gauche.

Il existe quelques différences mineures entre les deux. On ne trouve aucune route sur le n° 2, et, à la place des traverses de chemin de fer du vieux parcours, on trouve ici 3 bunkers à l'intérieur du coude de ce dogleg à droite.

Le protégé de Macdonald, Seth Raynor, a remodelé le parcours en 1923, le faisant passer de 5 669 m à 5 985 m. Il n'a subi aucun changement important depuis. **KA**

N° 2   PETE DYE GOLF CLUB

Parcours : Pete Dye Golf Club

Situé à : Bridgeport, Virginie-Occidentale, États-Unis

Trou : n° 2

Longueur : 398 m

Par : 4

Architecte : Pete Dye

À savoir : Ce parcours unique au monde est dédié au thème de la mine. Les jalons de départ, par exemple, proviennent de la voie ferrée d'une mine de charbon. On l'a construit sur une mine à ciel ouvert, et on retrouve un peu partout divers éléments de cet univers.

Pete Dye fut si impressionné par le terrain de Clarksburg qu'il décida d'offrir son nom au club. « Ces 18 trous comptent parmi les plus passionnants et mémorables jamais conçus sur un parcours », a déclaré Dye, qui a dessiné ce tracé en 1994.

Et si vous pensez qu'il s'agit là d'une affirmation grandiloquente, écoutez plutôt ceci : « Ce parcours est tracé au sein d'un cadre naturel réellement inoubliable. Chaque trou demeure gravé dans la mémoire des joueurs, ce qui constitue peut-être le témoignage le plus important en faveur de n'importe quel golf… Souvenir parfait de chaque coup à la fin de la partie et pour des années à venir… Je suis très fier de ce parcours et je pense qu'il sera reconnu comme l'un des très grands terrains de golf au monde. »

Vous n'oublierez certainement pas le deuxième trou, le plus difficile du terrain, un vrai défi du début à la fin. Le coup de départ doit franchir le ruisseau et le rough avant d'atterrir en sécurité sur le fairway. **TJ**

N° 2   PELICAN WATERS GOLF CLUB

Parcours : Pelican Waters Golf Club (parcours des Palmiers)

Situé à : Golden Beach, Queensland, Australie

Trou : n° 2

Longueur : 315 m

Par : 4

Architectes : Greg Norman, Bob Harrison

À savoir : Situé tout au sud de la spectaculaire côte Sunshine du Queensland, ce tracé a été inauguré en 2000, pour être rapidement considéré comme l'un des meilleurs parcours modernes d'Australie. Il est surtout célèbre pour ses pars 4, et le deuxième trou, ravissant, offrant des choix où la prise de risque est récompensée, est le meilleur de tous.

Situé dans la ravissante ville de Golden Beach, le club Pelican, le premier parcours dessiné par Greg Norman dans cette région de l'Australie, n'est qu'à 1 h de Brisbane. Le n° 2 fait partie de ces courts pars 4 intemporels. L'eau, que l'on doit franchir dès le coup de départ afin d'atteindre le fairway, coule tout du long du côté droit.

Pour atteindre le meilleur endroit d'où frapper le coup d'approche, le drive doit être long, droit, le long de l'eau. Mais plus loin va la balle, et plus on doit franchir d'eau. Inversement, plus on joue la sécurité à gauche, plus le deuxième coup s'avérera difficile.

Après un drive au-dessus de la moyenne, les joueurs n'auront plus qu'à frapper un pitch jusqu'au green en biais, à 3 niveaux différents et défendu sur la gauche par une série de bunkers.

Cette configuration permet au directeur du parcours et à son équipe de placer le drapeau en de nombreux endroits, créant des putts très difficiles pour les joueurs, le par devenant alors un score excellent. **JS**

N° ❷ GOLF DE VALDERRAMA

Parcours : golf de Valderrama
Situé à : Cadix, Andalousie, Espagne
Trou : n° 2
Longueur : 352 m
Par : 4
Architecte : Robert Trent Jones senior
À savoir : En 1997, le club a accueilli la 32ᵉ Ryder Cup, gagnée par l'Europe après une fin de partie palpitante. Valderrama demeure à ce jour le seul club à avoir accueilli cette compétition phare du golf en dehors de ses terres d'accueil traditionnelles, les États-Unis et la Grande-Bretagne.

CI-DESSOUS *Le Danois Thomas Bjorn joue son deuxième coup sur le n° 2 de Valderrama, en octobre 2003.*

CI-CONTRE *Le trou n° 3 de Valderrama.*

Valderrama est réputé pour ses trous de fin de parcours, très exigeants (on ne fait pas mieux que les 2 derniers), mais les 9 premiers peuvent soutenir la comparaison avec n'importe quel autre tracé. El Arbol, le n° 2, est l'un des trous les plus uniques au monde.

Ne vous laissez pas berner par ses 352 m. Ce n'est pas un par 4 facile. Un gros chêne-liège domine le milieu du fairway, dans la zone d'arrivée de la balle. La seule vue de cet énorme obstacle peut vous faire froid dans le dos. Mais il peut aussi vous aider plus que vous gêner. Il suffit d'en faire la cible de votre coup de départ, en frappant légèrement en draw (le chêne-liège est à 236 m des départs arrière). Cela permettra la meilleure approche possible du green, car le fairway dessine une faible pente de droite à gauche.

Si le premier coup part à droite, le deuxième s'avérera au mieux difficile, un bosquet empiétant sur la droite du fairway. De nombreux arbres bordent ses deux côtés et un immense bunker est situé à gauche, devant le green. Si vous avez besoin d'un coup de pouce pour dépasser cet arbre gigantesque, vous pouvez choisir parmi une série de 6 départs. **TJ**

N° ❷ MANGAWHAI GOLF CLUB

Parcours : Mangawhai Golf Club

Situé sur : l'Île du Nord, Nouvelle-Zélande

Trou : n° 2

Longueur : 352 m

Par : 4

Architectes : Harry Dale, Geoff Ashe

À savoir : Le golf de Mangawhai est un 18 trous de championnat, doté d'une piste d'atterrissage pour hélicoptère pour ceux qui aimeraient venir y jouer une rapide partie de golf. Le club laisse aussi entrer ceux qui s'y rendent en voiture.

Mangawhai est une petite station balnéaire retirée, facilement accessible depuis Auckland, nichée entre les eaux cristallines du Pacifique et une campagne vallonnée. Ce 18 trous, jouable par tous temps, en « semi-links » et mesurant 5 440 m, a été construit en 1979 et constitue l'un des meilleurs parcours (et l'un des plus difficiles) de Nouvelle-Zélande. Il fut à un moment désigné comme le plus ardu du pays. Il a peut-être perdu ce titre, mais n'en est certainement pas devenu plus facile pour autant.

Son dirigeant, Dave Barlow, a déclaré au *New Zealand Herald* que le deuxième trou, un par 4 de 385 m depuis les marques bleues, était son préféré. C'est un dogleg à droite, bordé d'un marécage sur la gauche. Ratez le fairway à droite et vous vous retrouvez dans les *Manukas* sur les dunes. Ceux qui frappent long seront tentés de couper l'angle pour attaquer le green en hauteur, dépourvu de bunkers mais présentant divers défis.

Le fairway est assez vaste au niveau de la marque des 134 m, mais il rétrécit en d'autres endroits. Bien que qualifié de difficile, le parcours de Mangawhai est juste. Il présente aussi un bon rapport qualité-prix – pour ceux qui ne s'y rendent pas en hélicoptère. **TJ**

N° ❷ TIBURON (PARCOURS NOIR)

Parcours : Tiburon (parcours noir)
Situé à : Naples, Floride, États-Unis
Trou : n° 2
Longueur : 396 m
Par : 4
Architecte : Greg Norman
À savoir : Greg Norman a dessiné ce parcours pour que l'on y joue dans le style des parcours accueillant le British Open, fermes et rapides. Plutôt que leur rough frustrant, Norman a utilisé des dépressions naturelles combinant un sable durci et des coquillages concassés.

Ce trou remarquable débute par un coup le long d'une descente bordée de pins et donnant l'illusion d'un fairway très étroit. Une fois celle-ci dépassée, le fairway se révèle plus généreux que ce qu'on en apercevait depuis l'aire de départ. « Il est étroit, long, et c'est l'un des trous les plus ravissants que j'aie jamais joués », déclare Corey Schaub, professionnel principal, qui ajoute que c'est ce trou qui l'a décidé à accepter cette position à Tiburon.

Occupant 320 ha, le parcours noir et le parcours doré sont tous deux nichés au milieu de la végétation de Floride, un environnement naturel ravissant. L'absence de rough et le gazon méticuleusement entretenu offrent aux golfeurs une variété de coups exigeants, notamment autour des greens.

Même sans rough, c'est un parcours ardu. Greg Norman, le « Requin », lui a donné du « mordant ». Toujours grand amateur des links du British Open, il a gardé ce style à l'esprit lorsqu'il a dessiné le tracé du Tiburon. Il voulait un parcours ferme et rapide, qui constitue un défi tout en restant juste. Comme ce fut si souvent le cas au cours de sa carrière de joueur, c'est un coup réussi que nous propose Greg Norman. **TJ**

N° ❷ SUN RIVERS GOLF RESORT

Parcours : Sun Rivers Golf Resort
Situé à : Kamloops, Colombie-Britannique, Canada
Trou : n° 2
Longueur : 407 m
Par : 4
Architecte : Graham Cooke
À savoir : En 2003, le magazine *Golf Digest* a désigné le parcours de Sun Rivers comme le « meilleur nouveau parcours » du Canada occidental, et le deuxième du pays.

Sur les coteaux ensoleillés au pied des monts Pierre et Paul, le parcours de championnat du Sun Rivers est l'un des rares « vrais » parcours désertiques du Canada. Et c'est particulièrement évident sur le pittoresque n° 2.

Les experts du club recommandent aux joueurs de ne pas se laisser distraire par la vue – et de l'utiliser plutôt comme cible. Le coup idéal vise l'église au loin. Prenez le clocher pour cible et donnez libre cours à votre swing. Trouvez le fairway et la balle roulera à l'infini, ne laissant plus qu'un fer court jusqu'au green, qui se joue à 9 m de moins que votre métrage. Sur le coup d'approche, attention au vaste bunker sur le devant du green à gauche, et à l'autre, plus petit, à droite. On trouve 4 séries de départs, les plus proches à 285 m.

Sun Rivers représente la quintessence d'un golf exceptionnel, offrant des dénivelés spectaculaires, des buissons de sauge, des dunes naturelles, des bunkers classiques, de larges fairways en agrostide, des greens aux courbes douces, et des vues majestueuses. Ce par 72 possède un index de 73,3 et un slope de 130. **TJ**

Parcours : Royal Porthcawl Golf Club
Situé à : Porthcawl, pays de Galles
Trou : n° 2
Longueur : 415 m
Par : 4
Architecte : Charles Gibson

À savoir : On pourrait considérer ce club comme appartenant à la famille royale. Après que le roi Edouard VII lui a fait l'honneur de lui conférer le statut royal en 1909, le prince de Galles (qui allait devenir le duc de Windsor) visita le club en 1932.

CI-DESSOUS   *Une vue générale du club de Royal Porthcawl.*

N° ❷   ROYAL PORTHCAWL GOLF CLUB

Le club du Royal Porthcawl domine le canal de Bristol sur la côte de Glamorgan, entre Cardiff et Swansea. Les golfeurs ont vue sur la mer depuis chaque trou, et peuvent apprécier des paysages mémorables sur le Somerset et Exmoor au sud, et sur la baie de Swansea et la péninsule de Gower au nord-ouest. Et le golf est à la hauteur du paysage.

Le Royal Porthcawl offre l'un des meilleurs n° 2 au monde. Au départ, une longue frappe permettra de placer la balle sur le côté droit du fairway. À quelle distance ? Entre 210 et 220 m pour plus de sûreté. Le deuxième coup, jusqu'au green, exige concentration et précision. Si vous avez tendance à jouer en draw ou en hook, vous serez hors-limite et bonne chance à vous !

Charles Gibson a conçu le tracé original du Royal Porthcawl, mais diverses modifications ont été apportées depuis – en 1913 par Harry Colt, et en 1933 par Tom Simpson. C. K. Potter, en 1950, et Donal Steel, en 1986, ont aussi procédé à de légers changements. Parmi la liste impressionnante des tournois que le club a accueillis, on compte le championnat amateur (5 fois), les coupes Walker et Curtis, le championnat européen par équipe, le Home Internationals (8 fois), le Trophée Vagliano, le British Open amateur féminin, et le Dunlop Masters. **TJ**

N° ❷ # BALLYBUNION GOLF CLUB
(VIEUX PARCOURS)

Parcours : Ballybunion Golf Club (vieux parcours)

Situé à : Ballybunion, comté de Kerry, Irlande

Trou : n° 2

Longueur : 384 m

Par : 4

Architectes : Tom Simpson, Molly Gourlay

À savoir : Un petit cimetière est situé à droite du premier trou de Ballybunion. Il aurait plus sa place sur le deuxième, un par 4 balayé par le vent qui a vu mourir de nombreux espoirs.

CI-DESSOUS   Le n° 2 de Ballybunion.
CI-CONTRE   Vue aérienne de Ballybunion.

Le deuxième trou de Ballybunion est doté de coups aveugles, de vents presque incessants, de falaises aux vues panoramiques, et d'assez d'herbe sur ses dunes pour tapisser tout le Connecticut. Tout ce qu'on pourrait attendre d'un parcours que Tom Watson, 5 fois vainqueur du British Open, a décrit comme « l'épreuve de golf sur links la plus magnifique au monde ».

Pour être juste, Watson fait peut-être preuve d'un certain parti pris depuis que le club l'a nommé capitaine du millénaire en 2000.

Le défi du deuxième trou de Ballybunion réside dans le coup d'approche. Le fairway est large et dessine un léger dogleg à droite, presque indiscernable. Votre coup de départ devrait viser le côté gauche du fairway pour une meilleure approche possible du green, sur un plateau qui domine le fairway.

Il est protégé par une paire de dunes imposantes et le coup d'approche doit passer entre les deux si l'on veut que la balle ait la moindre chance de trouver le green. Pour accroître encore la difficulté, le vent dominant exige souvent que l'on prenne un ou deux clubs de plus, et le green surélevé est exposé aux éléments, rendant le putt complexe.

Suivant un premier trou assez inoffensif, le deuxième est talonné par un par 3 ardu, de 219 m, avant un parcours relativement aisé jusqu'au n° 6. **RH**

Parcours : Huntsville Golf Club
Situé à : Shaverton, Pennsylvanie, États-Unis
Trou : n° 2
Longueur : 355 m
Par : 4
Architecte : Rees Jones
À savoir : Parce que le sous-sol est ici composé de grès, on a dû dynamiter 49 700 m^3 de roche afin de construire ce parcours au cœur de la campagne boisée de Pennsylvanie.

N° ❷ HUNTSVILLE GOLF CLUB

Ce dogleg à gauche relativement court – avec un dénivelé d'environ 30 m – offre depuis son aire de départ une vue magnifique et effrayante. Elle peut cependant s'avérer trompeuse, amenant certains à essayer de couper l'angle. Ils seront alors confrontés aux ennuis à cause des 4 bunkers sur la gauche d'une zone d'arrivée bordée de nombreux arbres. Le côté droit du fairway est éminemment plus clément, doucement incliné vers le centre et laissant tout de même assez de distance aux golfeurs pour atteindre le green en 2 coups. Les bunkers continuent à border le fairway jusqu'au green, petit et en hauteur, où du sable supplémentaire attend les joueurs, l'obstacle le plus grand guettant sur la gauche, prêt à avaler les coups d'approche déviants.

Bien que Huntsville, construit en 1995, ne soit pas aussi reconnu que certains des parcours plus établis de notre liste, ne vous y méprenez pas. Jones a façonné un chef-d'œuvre dans la campagne vallonnée de Pennsylvanie, près du Poconos. Diverses granges rustiques – on peut apercevoir l'une d'entre elles depuis le départ du n° 2 – et fermes parsèment le parcours, donnant l'impression que ce tracé de Rees Jones est beaucoup plus long qu'en réalité. **KA**

Parcours : Scioto Country Club
Situé à : Columbus, Ohio, États-Unis
Trou : n° 2
Longueur : 418 m
Par : 4
Architecte : Donald Ross
À savoir : Mieux vaut avoir son « golf de cible » à disposition sur ce parcours étroit. Le club a accueilli de nombreux événements majeurs, dont l'US Open de 1926, le championnat PGA de 1950, l'US Amateur de 1968 et l'Open senior de 1986.

N° ❷ SCIOTO COUNTRY CLUB

On éprouve des émotions diverses sur l'aire de départ du n° 2 du Scioto Country Club. On ne peut s'arracher à la contemplation du paysage, parce que sinon, l'on s'expose à découvrir l'immense défi à venir. Mieux vaut par conséquent passer un moment de plus à admirer les maisons anciennes bordant le côté droit du fairway. Elles paraissent souvent plus belles avant qu'on ne frappe son premier coup.

Ce par 4 est un léger dogleg à droite, qui nécessite un fade subtil depuis le départ. Un dénivelé de 18 m sépare le départ du ruisseau, en contrebas, et des arbres bordent le fairway sur la gauche. C'est l'une des nombreuses vues spectaculaires de Scioto. On trouve 2 grands bunkers sur le côté droit à environ 227 m des départs arrière. Mieux vaut n'atterrir dans aucun d'entre eux. D'autres bunkers protègent la droite et la gauche du green.

Ce dernier est très représentatif du style de Donald Ross, incliné et assez plat, si l'on excepte un monticule sur l'arrière, à droite. Estimez-vous heureux si vous y réalisez le par. **TJ**

N° ❷ WALTON HEATH (VIEUX PARCOURS)

Parcours : Walton Heath (vieux parcours)

Situé à : Walton-on-the-Hill, Tadworth, Surrey, Angleterre

Trou : n° 2

Longueur : 418 m

Par : 4

Architecte : Herbert Fowler

À savoir : Le Walton Heath est le seul club au monde dont l'un des capitaines ait été un souverain. En 1935-1936, le prince de Galles est devenu Edward VII alors qu'il y était capitaine des jeux.

Les 2 parcours exceptionnels de Walton Heath dégagent une impression singulière de « links d'arrière-pays ». On remarque leur particularité au premier coup d'œil. Il n'y a que peu d'arbres dont on doive se préoccuper, mais parce que le parcours est aussi dégagé, le vent est très présent. Celui-ci ravage le tracé, desséchant les fairways, rendant les surfaces très dures. La moindre déviation dans le coup de départ et on atterrit dans un rough coriace.

Vraiment, coriace ? Walton Heath est pourvu de plus de bruyère que tout autre parcours en Angleterre. Et ces fleurs adorent engloutir les balles.

Des trous tels que le 5 et le 17 attirent particulièrement l'attention des experts, mais le parcours en compte aussi d'autres excellents. Le deuxième est un dogleg à droite, un par 4 où les ennuis ne manquent pas.

Après un drive d'environ 228 m à partir du départ, vous serez en bonne position pour votre deuxième coup. Mais le fairway devient assez étroit au niveau des 240 m. Après un bon coup de départ, le green ne devrait plus être qu'à 160 m environ.

Ayant accueilli plus de 60 championnats importants, les parcours du club ont reçu la Ryder Cup en 1981, 5 tournois de l'Open européen et 23 championnats de match-play *News of the World*. Parmi ses membres, on a compté Winston Churchill, le prince de Galles et Lloyd George. **TJ**

Parcours : Bay Harbor Golf Club (parcours The Preserve)

Situé à : Bay Harbor, Michigan, États-Unis

Trou : n° 2

Longueur : 310 m

Par : 4

Architecte : Arthur Hills

À savoir : Les 3 tracés de Bay Harbor se marient pour créer le littoral le plus long de tous les parcours américains. Ces trois 9 trous ne se ressemblent absolument pas. The Links est situé sur de hauts promontoires surplombant le lac Michigan. The Quarry est entouré de falaises, tandis que The Preserve est tracé au milieu des bois.

N° ❷ BAY HARBOR GOLF CLUB
(PARCOURS THE PRESERVE)

Arthur Hills a conçu des parcours de premier ordre à travers le monde, mais c'est au Michigan qu'il a le plus construit. Et les golfeurs de cet État américain sont loin de s'en plaindre. Bay Harbor faisait l'objet de conversations parmi eux bien avant son ouverture, et ils ne furent pas déçus lorsque l'on coupa le ruban.

Le magazine *Golfweek* a écrit : « Le Bay Harbor Golf Club est l'un des sites de golf les plus enchanteurs du pays... il offre peut-être les trous les plus variés des États-Unis. » L'un des plus singuliers d'entre eux est le n° 2 du parcours The Preserve. Le départ est en biais par rapport à un fairway qui dessine un L, l'eau bordant son côté droit et entrant parfois en jeu.

Mais gardez votre driver dans votre sac. Le coup de départ devra franchir environ 168 m afin de dépasser l'eau et les marécages. Mais si l'on excède les 223 m, on aura besoin d'une nouvelle balle. Autrement dit, on visera les 190 m, au milieu du fairway. De là, on atteindra le green avec un chip. Le green, que le n° 2 partage avec le n° 17, est légèrement surélevé et protégé sur la gauche par un bunker. Et ne jouez pas trop court, ou votre balle repartirait vers les marécages. **TJ**

Parcours : golf d'Aloha

Situé à : Málaga, Andalousie, Espagne

Trou : n° 2

Longueur : 302 m

Par : 4

Architecte : Javier Arana

À savoir : Court d'après les normes contemporaines, le terrain ondoyant d'Aloha, ainsi que sa batterie d'obstacles d'eau et de greens glissants en font l'un des parcours les plus exigeants du pays. Son ouverture en 1975 a provoqué une flambée dans la construction de golfs en Andalousie.

N° ❷ GOLF D'ALOHA

Sur sa carte de parcours, le golf d'Aloha vante sa « variété, où pas un trou ne ressemble à l'autre. Ni long ni court, parfaitement entretenu ». Le n° 2 appartient plutôt à la première catégorie, mais correspond aussi à la dernière (parfaitement entretenu).

D'aspect immaculé, il se joue sur seulement 302 m, mais paraît beaucoup plus long à cause d'un ensemble d'obstacles, composé d'eau et d'innombrables oliviers. Surnommé *Uresandi*, ce qui, en basque, signifie « beaucoup d'eau », le n° 2 ne manque pas de dangers aquatiques. Un grand lac attend les drives déviants, en contrebas de l'étroit fairway sur la gauche, tandis que 2 étangs plus petits, mais tout aussi punitifs, menacent sur la droite les coups d'approche mal joués.

Comme le reste du parcours, le n° 2 offre un fairway onduleux, presque accidenté, et s'incline légèrement à gauche. Le coup de départ devrait viser le côté gauche. Le green est vaste, compte tenu de la longueur du trou, et, selon l'emplacement du drapeau, une approche au fer court devrait donner aux joueurs la possibilité d'un birdie.

Situé en Andalousie, au sud de l'Espagne, le parcours d'Aloha, conçu par Javier Arana, a ouvert en 1975, et l'on dit que c'est l'étincelle qui a provoqué le boom golfique dans la région. **RH**

N° ❷ HIGHLANDS LINKS

Parcours : Highlands Links
Situé à : Ingonish, Nouvelle-Écosse, Canada
Trou : n° 2
Longueur : 406 m
Par : 4
Architecte : Stanley Thompson
À savoir : Reflétant le patrimoine celte qui abonde dans les montagnes du parc national des Highlands du Cap-Breton, chaque trou est doté d'un nom écossais, indiqué en gaélique et en anglais sur une pancarte.

Au cœur du spectaculaire parc national du Cap-Breton, les Highlands Links sont souvent considérés comme l'un des meilleurs parcours publics du Canada. C'est un vrai trésor national.

Peu de cadres égalent la beauté âpre des 10 000 km^2 de l'île du Cap-Breton, située entre l'Atlantique et le golfe du Saint-Laurent, et bénéficiant de plages, montagnes et vallées époustouflantes. On s'y livre à nombre d'activités de loisirs, pêche au saumon, observation des baleines, randonnée sur le célèbre sentier de Cabot Trail. Mais il est difficile de faire mieux que le golf.

Stanley Thompson, traditionaliste notoire, est demeuré fidèle à ses habitudes sur le n° 2, laissant la nature se charger de la majorité du travail. Et pourquoi pas ? Ce trou en descente présente un dénivelé de 33 m depuis le départ jusqu'au green. De l'imposante aire de départ, jouissant d'une magnifique vue sur la côte, les golfeurs visent un fairway étroit parsemé de monticules et de courbes similaires à ce que l'on trouve sur de nombreux links britanniques. Le green étant dépourvu de bunkers, les joueurs pourront frapper un chip sur le coup d'approche, particulièrement en été.

Rien de compliqué, mais splendide, par son paysage et sa simplicité. **KA**

Parcours : Spyglass Hill Golf Club

Situé à : Pebble Beach, Californie, États-Unis

Trou : n° 2

Longueur : 319 m

Par : 4

Architecte : Robert Trent Jones senior

À savoir : L'Association de golf du nord de la Californie (le NCGA) organise de nombreuses manifestations ici, dont le NCGA Amateur, le NCGA Best Ball et le NCGA Public Links Championship.

N° ❷ SPYGLASS HILL GOLF CLUB

Le nom du n° 2, « Billy Bones », un pirate de *L'Île au Trésor*, sera un indice pour les non-avertis, et les joueurs entendront peut-être des pirates rire au loin pendant qu'ils essaient de conquérir ce trou difficile.

Ou peut-être pas.

Après avoir joué le monstrueux premier trou de Spyglass, qui mesure 548 m, les golfeurs espéraient pourtant un peu de répit une fois arrivés sur l'aire de départ du n° 2. Désolé pour eux : celui-ci est plus court de 228 m, mais ne manque absolument pas de difficultés.

Les ennuis guettent tout autour, d'épaisses plantes grasses avalant malheureusement les coups déviants. Deux coups extrêmement précis sont nécessaires pour atteindre le green, et si vous échappez aux plantes grasses, vous devrez encore affronter l'énorme bunker. De fait, vous verrez en approchant du green que le terme de « bunker » est mérité : il n'existe pas de séparation nette entre le sable et le fairway. Le bunker constitue davantage une vaste zone sablonneuse, sinueuse et créatrice de troubles.

« Ennui » est le mot d'ordre à Spyglass, conçu par Robert Trent Jones senior comme faisant partie du schéma directeur du front de mer à Pebble Beach. S. F. B. Morse, fondateur de la Pebble Beach Company et directeur général de Del Monte Properties, prévoyait de construire une série de parcours le long du littoral de la forêt Del Monte. Il chargea Jones de dessiner un tracé entre Cypress Point et Pebble Beach.

Spyglass Hill est classé parmi les parcours les plus difficiles au monde depuis les départs arrière, avec un index de parcours de 75,3 et un slope de 148. Durant le United States Amateur de 1999, la moyenne générale de coups durant la partie était presque de 80.

Surnommé *The Glass*, « le verre », à la fois comme raccourci de *Spyglass* et en référence à ses greens glissants, Spyglass Hill offre un défi après l'autre. Les joueurs qui y jouent pour la première fois ne tardent pas à découvrir ce qui les attend. Et si le premier trou n'attire pas leur attention, le deuxième, où les ennuis abondent, ne manquera pas de le faire. **JB**

Parcours : Plainfield Country Club

Situé à : Plainfield, New Jersey, États-Unis

Trou : n° 2

Longueur : 409 m

Par : 4

Architecte : Donald Ross

À savoir : Scott Paris, le professionnel principal du club, joue à Plainfield depuis 7 ans mais est toujours plein d'angoisse lorsqu'il aligne son coup d'approche en direction du green du n° 2. « Ce green vous joue des tours. Je me sens toujours mal à l'aise sur ce trou. Et je suis toujours extrêmement soulagé lorsque j'atteins le green en 2 coups. »

N° ❷ PLAINFIELD COUNTRY CLUB

Les membres de longue date du club déclarent que celui-ci s'est doté de ses deux premiers trous en guise de bienvenue. Ce sont respectivement un par 4 de 386 m et un par 4 de 409 m… depuis les marques blanches. « Bienvenue à Plainfield ! »

Ce parcours est ardu. Et le n° 2 en est un parfait exemple. Il pose différents problèmes selon les joueurs. Si votre drive est court ou moyen, un bunker est en jeu sur le fairway à 180 m du départ environ. S'il est long, il faudra se préoccuper de 2 autres bunkers, à gauche du fairway, à environ 260 m.

C'est un trou légèrement en descente, dont le fairway est incliné de droite à gauche. On devra faire atterrir le coup de départ un peu à droite du centre ou jouer un léger fade. À environ 282 m, le fairway commence à descendre en pente, et l'on découvre un bunker de 31 m à environ 75 m du green, ainsi qu'une vaste « zone de chipping », large d'environ 18 m, le long du côté gauche. Essayez d'éviter les deux. Le green, surélevé, incliné de l'arrière-droite jusqu'à l'avant-gauche, est très représentatif du style de Ross.

« Les premiers 20 % de ce green sont trompeurs à cause de la pente, explique Paris. Dans des conditions normales, si la balle y atterrit, elle roulera en arrière et sortira du green. Et il est très aisé de putter en dehors. » **TJ**

N° ❷ THE GREENBRIER
(PARCOURS GREENBRIER)

Parcours : The Greenbrier (parcours Greenbrier)

Situé à : White Sulphur Springs, Virginie-Occidentale, États-Unis

Trou : n° 2

Longueur : 366 m

Par : 4

Architectes : Seth Raynor, George O'Neil

À savoir : Le Greenbrier est le seul parcours de complexe hôtelier au monde qui ait accueilli 2 coupes internationales : la Ryder Cup en 1979 et la Solheim Cup en 1994. Tous les présidents américains jouant au golf se sont rendus au Greenbrier.

Le deuxième trou du Greenbrier est une vraie merveille. Avec les splendides monts Allegheny en toile de fond, on doit y frapper un coup de départ précis en direction d'un fairway bordé d'arbres sur la gauche.

L'eau étant en jeu pour ceux qui frappent long, mieux vaut jouer un coup moyen. Le coup d'approche doit être absolument exact. Bien que l'on utilise pour celui-ci un fer court, on doit faire preuve de prudence.

L'eau protège l'avant-droit du green, tandis que l'on trouve un bunker profond à l'arrière, sur la gauche, et un autre, plus petit, devant à droite. Le green, en forme de cacahouète, est bien gardé. Sa surface ondule, et quel que soit l'emplacement du drapeau, il s'avère difficile. Il a tendance à être rapide et on y frappera facilement 3 putts.

Dans l'ensemble, ce trou exige un coup de départ et un coup d'approche précis, ainsi qu'un maniement patient du putter. Pensez un peu – vous pouvez conquérir le même trou que maîtrisait parfois Sam Snead, le grand maître du golf, qui rejoignit le Greenbrier en 1935 en tant que professionnel principal. Et si vous éprouvez quelques difficultés sur ce trou, l'école de golf Sam Snead est juste au coin. **GE**

N° ❷

HAMILTON GOLF & COUNTRY CLUB (PARCOURS SUD)

Parcours : Hamilton Golf & Country Club (parcours sud)

Situé à : Ancaster, Ontario, Canada

Trou : n° 2

Longueur : 404 m

Par : 4

Architecte : Harry S. Colt

À savoir : Au cours de l'Open du Canada de 2003 – le premier ici depuis 1930 –, ce trou concéda 60 birdies, pour 100 bogeys et 8 doubles bogeys.

CI-DESSOUS   *Le deuxième trou d'Hamilton.*

CI-CONTRE   *Bob Tway embrasse le trophée qu'il vient de remporter à l'issue de l'Open du Canada à Hamilton en septembre 2003.*

Les golfeurs ayant la chance de s'attaquer à l'un des parcours les mieux classés du Canada doivent essayer de conquérir l'un des trous les plus difficiles d'Hamilton dès le début de leur ronde. Ce long dogleg à gauche exigeant un énorme coup dès le départ, leur driver a intérêt à être fin prêt. Un drive de 218 m est nécessaire afin de dépasser le dogleg, de 300 m si l'on veut franchir les bunkers sur la droite. Pour compliquer les choses, le vent dominant fait souvent dévier les balles vers la gauche, où elles atterrissent dans un rough épais.

Si l'on n'arrive pas à atteindre le coude du fairway, on peut aussi jouer pour un bogey. Le green est légèrement élevé, mais on ne doit pas frapper trop long. Une pente abrupte descend vers un obstacle juste au-delà du green.

On a du mal à concevoir qu'autant d'années aient séparé deux visites consécutives, mais l'Open du Canada n'est retourné sur le vénérable tracé d'Hamilton qu'en 2003, après s'y être déroulé en 1930. Le parcours a subi plusieurs changements à cette occasion, dont l'ajout de plusieurs aires de départ afin de le rallonger. Bob Tway l'emporta avec un score final de 272, à 15 coups en dessous du score gagnant de Tommy Armour en 1930. **KA**

N° ❷ LE MÉRIDIEN PENINA

Parcours : Le Méridien Penina
Situé en : Algarve, Portugal
Trou : n° 2
Longueur : 400 m
Par : 4
Architecte : Sir Henry Cotton
À savoir : Construit sur une ancienne rizière, ce parcours a été surélevé de 1 m au cours des dernières années pour éliminer un perpétuel problème de drainage.

Le problème de ce n° 2, c'est qu'il arrive trop tôt dans la partie. On préfère habituellement le n° 14 ou 15 comme trou le plus difficile du parcours, une fois qu'on s'est correctement échauffé. Le fait qu'on doive ici l'affronter dès le n° 2 constitue un certain choc.

C'est un dogleg à gauche, et le coup de départ idéal consiste à frapper en draw autour de l'angle. Ce trou est cependant le cauchemar de ceux qui contrôlent mal ledit crochet, parce que si la balle part trop à gauche, elle rencontrera l'obstacle d'eau qui borde le trou sur toute sa longueur, avec, juste au-delà, la ligne du hors-limite.

Un bon drive est nécessaire si l'on désire atteindre le green. Il est protégé sur le devant par un obstacle d'eau, et après un drive trop court, on devra décider si on veut poser la balle devant celui-ci, ou essayer d'atteindre le green à l'aide d'un fer long ou d'un bois de parcours.

Le green, bombé, ne rend pas le deuxième coup plus facile, et toute balle atterrissant au mauvais endroit sera éjectée de la surface. Il est aussi assez onduleux, ce qui signifie qu'un bogey demeure une réelle possibilité pour ceux qui l'atteignent. **AT**

CI-CONTRE *L'Espagnol Miguel Angel Jimenez joue son coup de départ sur le deuxième trou du Méridien Penina, en avril 2004.*

N° ❷ WESTCHESTER COUNTRY CLUB (PARCOURS OUEST)

Parcours : Westchester Country Club (parcours ouest)
Situé à : Rye, État de New York, États-Unis
Trou : n° 2
Longueur : 402 m
Par : 4
Architecte : Walter Travis
À savoir : Certains des meilleurs golfeurs au monde jouent ce parcours tous les ans à l'occasion du Buick Classic. Le n° 2 se transforme en n° 11 durant cette manifestation.

Le deuxième trou du parcours ouest est long, en descente, et dessine un virage à gauche. Quel que soit votre style de jeu, il est primordial de bien calculer votre coup de départ ici. Vous devrez choisir la cible appropriée, car la balle suivra un dénivelé de plus de 10 m entre le départ et la zone d'arrivée.

La plupart des joueurs évitent le driver afin d'atterrir devant un ruisseau à 205 m de là, espérant suivre d'un coup d'approche, très serré, au fer moyen. Gardez la balle sur le fairway, car le rough est difficile. Le green, lui, est à 3 niveaux et entouré d'arbres des deux côtés, comme sur l'arrière.

Très large, c'est l'un des plus vastes du parcours, et il est incliné de l'avant-gauche vers la droite. Sa surface est l'une des plus ondoyantes du tracé et quelle que soit la position du drapeau, elle sera difficile. Les greens étant toujours tondus ras et s'avérant rapides à Westchester, on devra prendre son temps.

La longueur du deuxième trou, alliée à un coup de départ exigeant, au rough, au coup d'approche et au green ondoyant en font l'un des plus ardus du parcours. **GE**

Parcours : Pinehurst (parcours n° 2)
Situé à : Pinehurst, Caroline du Nord, États-Unis
Trou : n° 2
Longueur : 408 m
Par : 4
Architecte : Donald Ross

À savoir : Demandez à tous les golfeurs ayant joué à Pinehurst ce qui les a marqués sur ce n° 2 et les réponses s'avéreront étonnamment similaires : le green en forme de carapace de tortue. Le coup d'approche doit non seulement trouver le green, mais aussi l'endroit juste.

N° ❷ PINEHURST (PARCOURS N° 2)

Tom Watson a déclaré que le deuxième trou du parcours n° 2 de Pinehurst faisait partie des meilleurs deuxièmes trous au monde. Quel compliment !

Après un premier trou relativement aisé, les choses changent rapidement sur le n° 2. C'est un léger dogleg à droite, où l'on doit viser le centre gauche du fairway sur le coup de départ.

Cette stratégie laisse cependant la possibilité d'atterrir dans l'un des 4 bunkers du côté gauche. Au cas où cela ne vous effraierait pas, n'oubliez pas que le hors-limite se trouve juste au-delà de ces derniers.

Le green lui-même offre plusieurs bonnes positions de drapeau. Si ce dernier est sur le devant, à gauche, et que le coup d'approche est trop court, la balle dévalera hors du green. Celui-ci ne constitue pas une cible facile. Le n° 2 n'est simplement pas un trou aisé, et ne représente pas une journée typique sur les links. C'est le golf tel que l'on devrait le jouer, « l'épreuve de golf de championnat la plus équitable » que Ross ait jamais conçue, pour citer l'architecte lui-même. **TJ**

N° ❷ SAUCON VALLEY COUNTRY CLUB
(PARCOURS GRACE)

Parcours : Saucon Valley Country Club (parcours Grace)

Situé à : Bethlehem, New Jersey, États-Unis

Trou : n° 2

Longueur : 375 m

Par : 4

Architectes : William Gordon, David Gordon

À savoir : Les 3 derniers trous du parcours Grace sont tous de difficiles pars 4, atteignant 397 m ou plus. Tous les fairways sont accompagnés d'arbres et les greens sont petits.

Le Saucon Valley est un country club privé doté de 3 parcours de tout premier ordre pour un total de 54 trous. Choisir le meilleur d'entre eux équivaut à choisir la meilleure chanson des Beatles. Le parcours Grace offre quelques trous exceptionnels. Le n° 14 est un magnifique par 3 et le n° 13 un bon par 4, assez court.

Le n° 1 constitue un bon trou de départ et le n° 18 finit le parcours en beauté. Mais c'est le n° 2 qui se démarque. Légèrement. La clé de ce trou de 375 m réside dans son coup de départ. On aperçoit un bunker de fairway à environ 180 m, le long du côté droit. Si on y atterrit, on devra jouer court et se poser devant le ruisseau qui traverse le fairway, à 80 m environ du green.

On découvre environ 22 m de fairway à gauche de ce bunker. Mais si l'on frappe trop à gauche, on sera confronté à un arbre sur le deuxième coup. Mieux vaut donc viser le fairway. Le green, légèrement surélevé, est très bien protégé par divers bunkers.

Le n° 2 du vieux parcours est l'un des autres trous de premier ordre de Saucon Valley, et les membres du club pourraient aussi sélectionner un « best off » sur le parcours Weyhill. Ce qu'il y a de bien, au golf, c'est que l'on peut jouer 18 trous en même temps, sans être obligé de n'en sélectionner qu'un. **TJ**

N° ❷ THE THOROUGHBRED GOLF CLUB

Parcours : The Thoroughbred Golf Club

Situé à : Rothbury, Michigan, États-Unis

Trou : n° 2

Longueur : 405 m

Par : 4

Architecte : Arthur Hills

À savoir : Le club de Thoroughbred fait partie du ranch Double JJ, dans l'ouest du Michigan. La carte de parcours montre un lac le long du côté gauche du n° 2. C'est en réalité un marécage. Quoi qu'il en soit, on aura besoin d'une nouvelle balle si on y atterrit.

Après avoir fini le premier trou du Throroughbred Golf Club, on s'achemine vers le n° 2. La course se termine généralement par un cri d'enthousiasme, un « magnifique » ou encore un « je vais avoir besoin d'autres balles ».

Arthur Hills a accompli ici des miracles. Et même si certains soutiendront que le n° 18 est le meilleur, nul n'oubliera la découverte du n° 2.

Sur ce trou se jouant sur une distance de 317 à 406 m, on préférera partir des départs arrière. C'est un défi que l'on ne saurait refuser. Le drive, depuis l'aire de départ surélevée, doit franchir une vaste zone marécageuse pour atteindre un fairway descendant en forte pente un peu plus sur la gauche. Si on ne place pas la balle assez haut sur le fairway, elle roulera dans le marécage.

Le deuxième coup est tout aussi important. Votre lie ne sera probablement pas plat. Et certains ne résistent pas à la possibilité de couper l'angle du dogleg pour viser directement le green. Le problème, c'est qu'il faudra dépasser un vaste marécage et un grand arbre, à droite du virage, qui peut aussi entrer en jeu. Le choix le plus intelligent consiste à franchir le haut mamelon en face de vous et à laisser la balle le dévaler, pour suivre d'un chip court jusqu'au green.

Après avoir putté pour le par, retournez-vous pour admirer ce que vous venez d'accomplir. **TJ**

Parcours : Pasatiempo Golf Club

Situé à : Santa Cruz, Californie, États-Unis

Trou : n° 2

Longueur : 402 m

Par : 4

Architecte : Alister MacKenzie

À savoir : Alister MacKenzie vivait tout près du sixième trou, et le Pasatiempo fut l'un des derniers parcours qu'il dessina avant sa mort en 1934 à l'âge de 63 ans.

N° 2   PASATIEMPO GOLF CLUB

Le dixième trou le plus difficile du parcours ne semble pas très ardu depuis l'aire de départ. Mais ne vous laissez pas duper par la vue. Bien que ce soit un trou spacieux permettant un drive généreux, le fairway rétrécit en approchant du green. N'oubliez pas de jouer sur la droite. Et ce jusqu'au drapeau. Avec un fairway incliné de droite à gauche, on pourrait sinon finir dans le difficile rough. Le deuxième coup visera l'ouverture étroite permettant d'accéder au green. D'énormes ennuis (synonymes d'énormes bunkers) guettent des deux côtés de ce dernier. Si possible, placez la balle sur la droite du green.

Un conseil de Geoff Fox, membre du club : « Lorsque le parcours est ferme, faire rouler la balle sur le green depuis le collier droit peut assez bien fonctionner. » Aujourd'hui, le Pasatiempo est reconnu dans le monde du golf comme l'un des 100 meilleurs parcours américains. De tous ceux conçus par MacKenzie, c'est celui qui a le moins changé, les seules modifications concernant l'ajout d'arbres et la réduction du nombre de bunkers.

« Le Pasatiempo est l'un des parcours les plus difficiles que j'aie jamais joués », a déclaré Juli Inkster, star de la LPGA. « Je suis reconnaissante de toute l'expérience que j'y ai engrangée parce que, en comparaison, la plupart des parcours sont du gâteau. » **TJ**

Parcours : The Estancia Club

Situé à : Scottsdale, Arizona, États-Unis

Trou : n° 2

Longueur : 341 m

Par : 4

Architecte : Tom Fazio

À savoir : Le parcours est situé sur le versant nord du Pinnacle Peak, et chaque trou, notamment le n° 2, offre une vue du désert époustouflante. Le service du club est lui aussi excellent.

N° 2   THE ESTANCIA CLUB

Ce trou mettra à l'épreuve les joueurs de tous niveaux. À 341 m, c'est un par 4 plutôt court, mais il n'est pas facile pour autant. Sur ce dogleg à gauche, un coup de départ bien placé est primordial.

Le paysage peut s'y avérer distrayant. Imaginez un fairway d'un vert incroyable au milieu du désert, avec des rochers et des cactus sur la gauche, et le côté droit prêt à recevoir votre balle.

Le deuxième coup est très délicat, selon l'endroit où a atterri la balle. Si elle a trouvé le côté gauche du fairway, on aura affaire à un long bunker sur la gauche du green ainsi qu'à un autre, plus petit, sur sa droite, qui ne devrait cependant pas entrer en jeu. Si vous frappez le deuxième coup depuis le côté droit du fairway, vous aurez seulement affaire à ce dernier bunker, mais ne frappez pas trop long et trop à gauche ou vous trouverez le sable.

Le green est de taille moyenne, on le lit facilement et on y trouve des courbes marquées, tout cela en fonction de l'emplacement du drapeau. Le parcours, tout comme ce trou, est maintenu dans un état immaculé. **GE**

SOUTHERN HILLS COUNTRY CLUB

N° ❷

Parcours : Southern Hills Country Club

Situé à : Tulsa, Oklahoma, États-Unis

Trou : n° 2

Longueur : 428 m

Par : 4

Architecte : Perry Maxwell

À savoir : C'est Waite Phillips, pétrolier, qui, peu après le crash de 1929, fit don du terrain qui abrite désormais le Southern Hills Country Club. Le clubhouse fut construit en 1936. Perry Maxwell, qui dessina les parcours du Colonial et de Prairie Dunes, fut chargé de concevoir celui de Southern Hills.

On trouve plusieurs pars 4 célèbres au Southern Hills Country Club. Le n° 12 est spectaculaire. Et le 18 est l'un des meilleurs derniers trous des États-Unis. Mais ne pensez pas trouver tous ces trésors seulement sur le dernier 9. Le premier 9 de Southern Hills offre des moments intéressants, dont le deuxième trou. Depuis les départs arrière, on contemple les 428 m qui s'étalent jusqu'à la cible visée. Le fairway est un léger dogleg à gauche bordé d'arbres tout du long.

À environ 200 m du départ, un ruisseau le traverse de droite à gauche à un angle de 45°. On trouve aussi des bunkers juste au-delà du ruisseau – on doit frapper un coup de départ d'environ 225 m afin de les dépasser.

Le green n'est pas difficile, mais légèrement surélevé avec 4 bunkers tout autour. Le coup de départ est primordial sur ce trou. On doit le placer loin sur le fairway afin de raccourcir un deuxième long coup jusqu'au green. Comme sur de nombreux trous de Southern Hills, le paysage est mémorable. Nul besoin, donc, de se précipiter jusqu'à ce fameux dernier 9. **TJ**

N° ❷ GRANDVIEW GOLF CLUB
(PARCOURS MARK O'MEARA)

Parcours : Grandview Golf Club (parcours Mark O'Meara)
Situé à : Huntsville, Ontario, Canada
Trou : n° 2
Longueur : 491 m
Par : 5
Architecte : Mark O'Meara
À savoir : Un deuxième 18 trous, conçu par Nancy Lopez et Curtis Strange est prévu pour ce club de golf adjacent au Delta Grandview, un hôtel de 149 chambres à Huntsville.

CI-CONTRE *Mark O'Meara, architecte du parcours du même nom au Grandview, durant le second tour de l'Open du Canada au Royal Montreal en septembre 2001.*

Le parcours Mark O'Meara du club de Grandview a été inauguré en 2001, marquant les débuts d'architecte de la star du PGA Tour. Ce vainqueur du Masters et du British Open de 1998 voulait que son premier tracé soit situé sur «un terrain magnifique», et il a fait un usage exceptionnel du cadre naturel.

Le deuxième trou constitue son chef-d'œuvre à Grandview.

Il est long. Et coriace. Mais «grand» par sa conception, avec une vue superbe depuis le départ. On débute avec un coup de départ exigeant au-dessus d'une butte encadrée d'arbres et de rochers. Le deuxième coup dépasse une descente spectaculaire jusqu'au fairway ondoyant. Et le troisième se joue en montée jusqu'à un green bien défendu.

Si vous réussissez le par ici, vous démarrez votre partie en beauté. Mais ne vous découragez pas après un bogey.

Le parcours d'O'Meara offre des éléments variés. Son paysage est époustouflant. On y découvre de nombreux arbres et des affleurements de granit, et les dénivelés offrent des vues splendides mais des lies inégaux.

Une fois que l'on a quitté le clubhouse, on ne tarde pas à s'enfoncer dans une nature sauvage. Avec un peu de chance, on ne fera que la contempler et on ne devra pas aller y frapper une balle. **TJ**

N° ❷ THE NATIONAL GOLF CLUB
(PARCOURS MOONAH)

Parcours : The National Golf Club (parcours Moonah)
Situé à : Cape Schanck, Victoria, Australie
Trou : n° 2
Longueur : 452 m
Par : 5
Architectes : Greg Norman, Bob Harrison
À savoir : Ce trou est considéré comme le meilleur des pars 5 modernes d'Australie, et débute ce que de nombreux joueurs australiens considèrent comme l'un des meilleurs trios de golf, les n° 2, 3, et 4.

Sur ce par 5 substantiel, les golfeurs doivent frapper leur coup de départ entre deux buttes, jusqu'à une zone d'arrivée onduleuse protégée par 2 bunkers de taille moyenne sur la gauche, et par un autre, imposant, sur la droite. La direction et la force du vent détermineront le coup suivant.

Pour la plupart, c'est un fer moyen visant le centre du fairway, puis un pitch jusqu'au green ; celui-ci est protégé sur l'avant, à droite, par un bunker, qui, d'après les habitués du club, ressemble à celui du n° 17 de St Andrews (et il est tout aussi difficile d'en sortir). Mais le vent du sud souffle en rafales l'été, et comme on joue alors sous le vent, on est souvent tenté d'atteindre le green en 2 coups.

Le trou vire légèrement à droite, après un solide drive, au pied d'une énorme dune. Les joueurs devraient donc placer leur deuxième coup sur le côté gauche du fairway afin de bénéficier d'un meilleur angle d'approche du green. **JS**

N° ❷   TPC DE BOSTON

Parcours : TPC de Boston

Situé à : Morton, Massachusetts, États-Unis

Trou : n° 2

Longueur : 504 m

Par : 5

Architecte : Arnold Palmer

À savoir : C'est au Tournament Players Club de Boston que se déroule le championnat Deutsche Bank. Les bénéfices engrangés au cours du tournoi servent aux actions caritatives de la fondation Tiger Woods.

CI-DESSUS   L'Américain Tiger Woods et son caddie, Steve Williams, examinent le deuxième trou du TPC de Boston en septembre 2001.

Appartenant au célèbre réseau des TPC (clubs de joueurs de tournois), le TPC de Boston a ouvert ses portes en juin 2002, et est instantanément devenu l'un des plus importants de Nouvelle-Angleterre. Il répond à toutes les attentes. Et même plus.

Les experts du TPC de Boston conseillent aux golfeurs de mobiliser toutes leurs forces sur le n° 2. Il faudra frapper 3 coups bien placés afin d'y réaliser un bon score. Que l'on fasse une erreur sur un seul d'entre eux et l'on peut abandonner tout espoir. Ce trou mesurant entre 397 et 504 m, on peut choisir son départ en fonction de son niveau de jeu.

Le coup de départ franchit un petit ruisseau, la zone d'arrivée étant protégée de bunkers sur la droite. Le deuxième coup est court – sinon on termine dans le lac. C'est à vous de voir. Un green à 3 niveaux attend le troisième coup, mais on doit prêter attention à la position du drapeau. Atteignez votre cible et tout va bien. Et si vous la manquez ? « Si on rate, c'est un double bogey irrécupérable », déclarent les habitués.

Le TPC de Boston a obtenu le statut de réserve naturelle Audubon. C'est le 7e parcours du Massachusetts et le 460e au monde à en bénéficier. **TJ**

N° ❷ KIAWAH ISLAND RESORT
(PARCOURS DE L'OCÉAN)

Parcours : Kiawah Island Resort (parcours de l'Océan)

Situé à : Kiawah Island, Caroline du Sud, États-Unis

Trou : n° 2

Longueur : 480 m

Par : 5

Architecte : Pete Dye

À savoir : Avec 10 trous au bord de l'Atlantique et 8 autres serpentant au milieu des dunes et marais salants des environs, le parcours de l'Océan offre un cadre naturel adapté aux links, rappelant les grands parcours écossais.

CI-DESSOUS *Le Gallois Ian Woosnam joue son deuxième coup à Kiawah Island en novembre 2003.*

Le deuxième trou du parcours de l'Océan de Kiawah Island est aussi difficile qu'il est beau. Et on en trouvera peu d'aussi ravissants que celui-ci, au bord de l'Atlantique. Le deuxième fairway, un dogleg à gauche, est l'un des plus intéressants et des plus exigeants du parcours.

Tout drive de plus de 159 m dépassera le marais et atterrira en sécurité sur le fairway. Une fois sur ce tapis épais, on est confronté à une décision capitale : à quelle distance désire-t-on s'approcher du green pour le troisième coup ?

Le premier choix – habituellement le meilleur – consiste à placer la balle avant le marais qui traverse le fairway. Cela sera suivi d'un coup d'environ 127 m, en hauteur, jusqu'au green. La seconde option – celle des joueurs à faible handicap – est de survoler le marais puis de frapper un court wedge jusqu'au green, long mais en creux.

En 2002, Pete Dye a apporté des changements architecturaux à 7 trous sur ce parcours. Sur le n° 2, le second marais traversant le fairway, à environ 100 m du green, a été entouré d'un remblais afin de le rendre plus visible. Cela signifie qu'il est plus difficile de perdre sa balle dans l'eau. **TJ**

Parcours : Celtic Manor (parcours de Wentwood Hills)

Situé à : Coldra Woods, Newport, Gwent, pays de Galles

Trou : n° 2

Longueur : 560 m

Par : 5

Architecte : Robert Trent Jones junior

À savoir : Colin Montgomerie est généralement considéré comme un prétendant sérieux au titre de capitaine de l'équipe européenne pour la Ryder Cup qui se tiendra à Celtic Manor en 2010.

CI-DESSOUS   L'Écossais Andrew Coltart sur le deuxième trou de Celtic Manor, en août 2001.

CI-CONTRE   Le Zimbabwéen Tony Johnstone joue son deuxième coup sur le n° 2 de Celtic Manor, en août 2001.

N° ❷ CELTIC MANOR
(PARCOURS DE WENTWOOD HILLS)

Le complexe de Celtic Manor abrite 3 parcours de golf très différents : Wentwood Hills, Roman Road et Coldra Woods. Ils sont tous 3 très exigeants, d'une qualité exceptionnelle, comme on s'y attendrait d'un lieu d'une telle qualité.

C'est sur le parcours Wentwood Hills, le plus récent des 3, qu'a lieu l'Open du pays de Galles, et que se tiendra la Ryder Cup en 2010. Pour le décrire, les responsables de Celtic Manor évoquent « un soupçon d'Augusta, un soupçon de Floride, et beaucoup de pays de Galles ».

Le n° 2 est assez difficile et très long. La carte de parcours indique 560 m à partir des départs arrière. Ceux qui frappent long ne devraient avoir aucun mal à dépasser les bunkers à l'endroit où le fairway s'élargit.

À cause des bosquets sur la gauche, on sera forcé de viser le centre du fairway. Pour un deuxième coup sans risque, on frappera court pour poser la balle devant les bunkers de fairway. Même pour ceux qui frappent très loin, atteindre le green en 2 coups s'avère presque impossible – sauf si vous vous appelez Tiger.

Le coup d'approche exige une touche légère et précise, car le green est entouré de bunkers et de pentes. Il est aussi incliné de l'arrière vers l'avant. **TJ**

N° ❷   GOLF DE SOTOGRANDE

Parcours : golf de Sotogrande
Situé à : Sotogrande, Cadix, Espagne
Trou : n° 2
Longueur : 472 m
Par : 5
Architecte : Robert Trent Jones senior

À savoir : « Sotogrande » vient du mariage de deux mots espagnols, *soto*, qui désigne un champ en bord de rivière rempli d'arbres et autre végétation, et *grande*, qui signifie grand.

Robert Trent Jones senior a décrit ce parcours comme un champ de bataille : « Les joueurs attaquent le parcours qui doit être défendu par l'architecte. » Et donc, à Sotogrande, la défense est constituée de bunkers et d'obstacles d'eau placés de façon stratégique, ainsi que du tracé lui-même. C'était le premier golf européen de Jones. Pour un coup d'essai, ce fut un coup de maître.

Le n° 2 est un par 5 coriace. Depuis le départ, alignez votre drive sur la droite du bunker de fairway, et jouez votre deuxième coup encore vers la droite car le fairway est incliné vers la gauche. Le troisième coup peut s'avérer le plus important du trou. Il demande énormément de précision pour atteindre un green en creux – on trouve aussi des bunkers en quantité autour du green. Si la balle se pose avant le green, elle dévalera la pente en arrière. Trop longue derrière le drapeau et on sera confronté à un putt en descente très rapide. Le meilleur choix est de poser la balle directement sur le green.

Bien que le parcours possède de larges fairways et très peu de semi-rough, ses lacs, ses greens rapides et les vents puissants de la région en font un réel défi même pour les meilleurs des golfeurs. **TJ**

N° ❷ MAIDSTONE GOLF CLUB
(PARCOURS 18 TROUS)

Parcours : Maidstone Golf Club (parcours 18 trous)

Situé à : East Hampton, État de New York, États-Unis

Trou : n° 2

Longueur : 488 m

Par : 5

Architecte : William H. Tucker

À savoir : Ce club fait partie de la liste des 100 clubs les plus anciens des États-Unis, établie par l'Association de golf américaine.

Le deuxième trou est le plus difficile de ce parcours de niveau international. C'est par la route, qui longe la gauche du fairway et qui constitue un spectacle intimidant, que l'on pourrait atteindre le green le plus rapidement. Mais elle est hors limite et on devra donc faire avancer la balle de manière traditionnelle – avec un club de golf.

Lorsque vous serez arrivé au coup d'approche, essayez de vous placer sur le côté droit du fairway – même si on trouve aussi le hors-limite de ce côté-là. Le green est conçu de telle façon qu'il vaut mieux l'approcher depuis l'extrême droite du fairway. Et la marge d'erreur est réduite lorsqu'on le vise.

Il est disposé en diagonale, de l'avant-droit vers l'arrière-gauche. Et ne soyez pas trop long sur votre approche. Un immense bunker occupe une grande partie du terrain derrière le green. Le trou mesure entre 452 m (marques rouges) et 488 m (marques bleues).

Construit en 1891, le Maidstone Club offre un 18 trous en régulation et un 9 trous compact. *Golf Magazine* a classé ce club privé au troisième rang des « 100 meilleurs parcours américains » en 1999. **TJ**

Parcours : Tralee Golf Club

Situé dans : le comté de Kerry, Irlande

Trou : n° 2

Longueur : 537 m

Par : 5

Architecte : Arnold Palmer

À savoir : Tralee, dont la surface s'est endurcie au fil des ans sous les coups d'une pluie constante, débute avec quelques trous difficiles. On doit mobiliser tout son courage pour viser le green du n° 2, et celui-ci est rapidement suivi par un troisième trou, un par 3 de 183 m, tout aussi difficile.

CI-CONTRE *Le deuxième trou de Tralee.*

N° ❷ TRALEE GOLF CLUB

Besoin d'une bonne raison pour visiter Tralee ? En voici une. Commandez une boisson, installez-vous dans un des fauteuils du bar et contemplez la vue sur l'océan Atlantique et sur la spectaculaire côte de Kerry.

Une autre raison ? Pourquoi pas le golf, un endroit pas désagréable où passer la journée. Et on accède rapidement au n° 2, pour la démarrer en beauté.

Du début à la fin, ce par 5 de 537 m suit la côte et constitue l'un des trous les plus mémorables d'Irlande. Chaque coup sur ce dogleg difficile exige une grande dextérité – si vous pouvez vous arracher à la contemplation du paysage assez longtemps pour prêter attention au golf.

C'est le trou le plus long du parcours. Et n'essayez même pas de prendre des raccourcis ici. Prêtez une attention toute particulière à votre coup d'approche du green, situé sur le « petit angle » au sommet d'une falaise.

Le n° 3, un par 3 où une falaise rocheuse se dresse entre le départ et le green, ainsi que le n° 8, sont les autres temps forts d'un premier 9 rempli de moments mémorables.

Et une fois que vous aurez putté, emparez-vous de votre appareil et retournez-vous vers le drapeau pour le photographier. Avec un peu de chance, vous êtes toujours en possession de la balle avec laquelle vous avez démarré ce trou, et vous pourrez l'encadrer et l'accrocher à côté de la photo. **TJ**

Parcours : Peachtree Golf Club

Situé à : Atlanta, Géorgie, États-Unis

Trou : n° 2

Longueur : 486 m

Par : 5

Architectes : Robert Trent Jones senior, Bob Jones

À savoir : Le club de Peachtree n'a jamais accueilli un US Open ou un championnat de PGA, et c'est bien dommage. Il serait intéressant d'observer la stratégie – et les deuxièmes coups jusqu'au green – des meilleurs professionnels au monde sur le n° 2.

N° ❷ PEACHTREE GOLF CLUB

Peachtree est peut-être célèbre pour ses greens rapides et ses bunkers protecteurs, mais, étonnamment, on ne trouve aucun de ces derniers sur ce que l'on considère généralement comme le meilleur du parcours.

On aurait cependant tort de se laisser duper par cette absence ainsi que par la longueur du trou, plutôt courte selon les normes contemporaines. Le danger se manifeste sous la forme de 2 obstacles aquatiques, qui guettent devant le green – une mare et un ruisseau.

Bien que ceux qui frappent long puissent atteindre le green en 2 coups, ils doivent être d'une précision extrême afin d'y parvenir, la marge d'erreur étant ici inexistante. Le ruisseau coule en diagonale de gauche à droite, en direction du green, puis dessine des méandres sur sa droite. De nombreux deuxièmes (et troisièmes) coups bien frappés peuvent négocier avec la mare, mais ne peuvent conquérir le ruisseau.

Jouer plus court n'est pas non plus chose aisée. Si l'on place la balle devant la mare, il reste toujours 137 m jusqu'au green, et on doit encore affronter ce ruisseau déconcertant.

Robert Trent Jones senior a toujours déclaré que « chaque trou devrait offrir un par difficile, mais un bogey aisé ».

Il a réussi sur tous les plans au n° 2 de Peachtree. **KA**

Parcours : Kooyonga Golf Club

Situé à : Adélaïde, Australie-Méridionale, Australie

Trou : n° 2

Longueur : 451 m

Par : 5

Architecte : H. L. Rymill

À savoir : Rymill se rendait en tram au Royal Adelaide Golf Club, un classique conçu par Alister MacKenzie et dont il était membre, lorsqu'il découvrit en chemin une étendue de marécages et de dunes dont une pancarte annonçait qu'elle était à vendre. Il pensa que cela ferait un site de golf excellent, et après l'avoir achetée, il commença immédiatement à construire ce que l'on considère aujourd'hui comme l'un des meilleurs parcours du pays.

CI-CONTRE *Sortie de bunker pour l'Américain Steve Haskins sur le n° 2 de Kooyonga en février 2003.*

À DROITE *Sortie de bunker pour l'Australien Jarrod Moseley sur le n° 2 de Kooyonga en février 2003.*

N° ❷   KOOYONGA GOLF CLUB

Ce tracé (par 72) débute de la manière la plus inhabituelle qui soit, avec 2 pars 5, et c'est le second d'entre eux qui attire le plus l'attention. Rymill a brillamment intégré son tracé à ce terrain broussailleux, avec des fairways bordés d'arbres et de petits greens fermes. Le n° 2 est en général considéré comme le meilleur du lot. Ne vous laissez pas duper par la carte de parcours qui le classe comme le quinzième par ordre de difficulté ou qui indique qu'on peut atteindre le green en 2 coups, notamment quand souffle le vent.

C'est toujours un trou difficile, exigeant un drive précis et un deuxième coup exact. Quel que soit le club que l'on choisisse sur ce fairway luxuriant, un coup d'approche adroit est primordial sur ce green très rapide. **JS**

Trou ❸

Un parcours de golf ne compte que rarement un par 3 parmi ses deux premiers trous, pour des raisons liées au rythme du jeu. Cela ne signifie pas, bien entendu, que le n° 3 soit obligatoirement un par 3, mais s'il l'est, il sera presque certainement le premier du parcours. On peut citer comme exemple le célèbre n° 3 de Mauna Kea, que l'on joue au-dessus d'une échancrure que dessine le Pacifique dans la grande île d'Hawaï, le n° 3 de Mount Juliet à Thomastown en Irlande et celui d'Örebro à Vintrosa, en Suède.

On peut considérer qu'il fait « lien », pour les joueurs comme pour les architectes. Il relie le début de la partie à l'aspect plus substantiel du challenge. Si c'est un par 3, l'architecte saisit souvent l'opportunité d'unir les deux parcelles de terrain du n° 2 et du n° 4, séparées par une zone plus sauvage et plus étroite, où il construit le n° 3.

CI-CONTRE   *Le troisième trou de l'Essex County Club, à Manchester-by-the-Sea, au Massachusetts.*

N° INDIANWOOD GOLF & COUNTRY CLUB (NOUVEAU PARCOURS)

Parcours : Indianwood Golf & Country Club (nouveau parcours)

Situé à : Lake Orion, Michigan, États-Unis

Trou : n° 3

Longueur : 184 m

Par : 3

Architectes : Bob Cupp, Jerry Pate

À savoir : La boutique du professionnel d'Indianwood vend diverses photographies du parcours. Les responsables du club expliquent que la plus demandée est celle du n° 3 du nouveau parcours.

Il est très important de bien choisir son club sur ce par 3. Et ce n'est pas toujours chose facile. De grands pins peuvent s'avérer épineux sur la droite de l'aire de départ. En effet, ils coupent le vent à cet endroit-là, et il est donc difficile de savoir comment ce dernier soufflera aux environs du green. C'est un élément à prendre en compte lorsque l'on choisit son club. N'oubliez pas non plus que la zone de sécurité se trouve sur la droite.

On ne peut jouer trop court sur ce trou. Des zones humides dangereuses s'étendent devant le green et sur la gauche. Toute balle trop courte rebondit généralement contre le talus sur le devant, jusque dans ces zones humides.

Mieux vaut ne pas jouer trop long non plus. Une pente abrupte s'élève derrière le green, mais ne vous attendez pas à ce qu'elle renvoie la balle sur celui-ci. La balle y demeurera habituellement, vous forçant à frapper un coup difficile, en descente, jusqu'au green. Et on peut aisément le jouer tellement mal que la balle sort pour finir sa course dans la zone humide. Autrement dit, choisissez le bon club. Et faites attention au vent. **TJ**

N° DUNBAR GOLF CLUB

Parcours : Dunbar Golf Club

Situé à : Dunbar, East Lothian, Écosse

Trou : n° 3

Longueur : 158 m

Par : 3

Architecte : Tom Morris senior

À savoir : Ce trou a pour nom Jackson's Pennies, les « Pennies de Jackson ». Pourquoi ? Il y a 80 ans de cela environ, monsieur Jackson, un homme d'affaires retraité, s'asseyait derrière le green et donnait une pièce aux golfeurs qui, selon lui, avaient bien joué le trou.

À 58 km d'Édimbourg, ce parcours de golf occupe le terrain où Oliver Cromwell campa avant la bataille de Dunbar en 1650.

Ces links font partie des plus attrayants de la côte est écossaise, s'étendant sur un terrain étroit le long d'un littoral saisissant. Bien que ce ne soit pas un parcours particulièrement long, lorsque le vent souffle depuis la mer du Nord, ce qui est le plus souvent le cas, Dunbar peut s'avérer l'une des épreuves les plus difficiles du golf écossais.

Le n° 3 ne devrait pas gâter votre partie. Il n'est pas si ardu que cela. Mais le paysage, lui, vous laissera une impression durable. De fait, de nombreux trous de ce parcours produisent cet effet mémorable.

Depuis le départ, on aperçoit la clôture blanche à la limite du parcours, avec le clubhouse blanc derrière. Et la mer du Nord s'étend au-delà. Le parcours couvre 5,8 km de littoral que le regard englobe dans sa totalité depuis le n° 3.

Le trou n'est pas dépourvu de difficultés. 6 bunkers entourent le green, et si vous atterrissez dans l'un d'entre eux, la vue ne vous paraîtra peut-être pas aussi jolie. **TJ**

Parcours : golf de Séville
Situé à : Alcalá de Guadaira, Espagne
Trou : n° 3
Longueur : 140 m
Par : 3
Architecte : José María Olazábal
À savoir : L'Argentin Ricardo González a décroché son troisième titre du European Tour et son second titre espagnol avec un birdie sur le n° 18 du golf de Séville en avril 2004.

N° ❸

GOLF DE SÉVILLE

Parce que Séville est entourée de plaines, le parcours de ce club est plat. Cependant, Olazábal a utilisé beaucoup d'eau et de sable, et planté plus de 12 000 arbres pour le rendre intéressant – et procurer de l'ombre. C'est un très long parcours, pourvu de 2 longs pars 3, 3 doglegs à gauche, 2 doglegs à droite, et 9 lacs ; de nombreux coups se jouent au-dessus de l'eau pour atteindre des drapeaux parfois situés dans des coins très serrés.

Puisque nous parlons d'eau, le n° 3 illustre la façon dont votre carte de parcours peut s'y retrouver. Sur ce par 3 plutôt court – même les départs pros du European Tour n'étaient qu'à 153 m –, c'est le tout ou rien qui règne. Avec une cascade en toile de fond, le green est presque complètement entouré d'eau. On peut se sortir d'affaire sur la droite, mais à peine. Un très grand bunker est situé sur l'avant-gauche, d'autres le sont à l'arrière-gauche d'un green plutôt étroit. On trouve 4 ensembles de marques de départ, sur une aire légèrement surélevée. N'oubliez pas que la hauteur est rare sur ce parcours. C'est l'un des trous les plus pittoresques du terrain. **TJ**

Parcours : Mauna Kea Golf Club
Situé à : Kamuela, Hawaï, États-Unis
Trou : n° 3
Longueur : 192 m
Par : 3
Architecte : Robert Trent Jones senior
À savoir : Le Mauna Kea Golf Club est le premier parcours de la grande île d'Hawaï, où l'on joue sur un désert de lave noire recouvert de terre et de gazon.

N° ❸ MAUNA KEA GOLF CLUB

Les responsables du club de Mauna Kea déclarent que le n° 3, au bord de l'océan, est le trou de golf le plus photographié au monde. Bien que cela soit difficile à prouver, c'est certainement justifié si cela est avéré. Le noir des rochers de lave, le bleu de l'océan et le vert du gazon se marient magnifiquement, sans parler d'un cadre naturel éblouissant pour un trou de golf décisif.

Le coup de départ compte parmi ceux que l'on regrette de ne frapper qu'une seule fois. Même en ayant la chance d'être couronné de succès, leur balle s'élevant au-dessus de la lave et de l'océan avant d'atteindre le green dès le premier essai, certains joueurs ne résistent pas au désir de le rejouer. Le conseil qui suit va au-delà de ceux que l'on vous donne en général pour vous permettre de tirer le maximum de plaisir d'un trou particulier. Essayez de réserver le premier départ de la journée à Mauna Kea et jouez les 2 premiers trous rapidement. Si vous avez la chance de pouvoir vous éloigner du groupe qui vous suit, vous aurez la possibilité de frapper plusieurs coups depuis l'aire de départ du n° 3. Ne comptez que le premier, bien entendu. Mais jouez-en 2 de plus rien que pour le plaisir.

Il est difficile d'imaginer que ce site n'ait été autrefois qu'un vaste champ de lave, un paysage lunaire magnifique en soit, mais n'évoquant absolument pas un trou de golf. Robert Trent Jones senior a fait une réalité de ce rêve, créant une épreuve de golf magnifique et mémorable.

La splendeur de Mauna Kea, avec des montagnes coiffées de neige et un volcan souvent en activité en toile de fond au loin, n'est nulle part plus évidente qu'au n° 3. Pendant que les vagues du Pacifique s'écrasent sur la lave, les joueurs doivent franchir l'océan et atterrir sur un green placé en biais. Selon l'emplacement du drapeau, le trou peut se jouer sur une distance allant de 166 à 214 m, bien que la carte de parcours indique 192 m. Les bunkers sur le devant du green sont en réalité une bénédiction. Avec la zone de sécurité à droite de l'océan, ils représentent le seul répit par rapport à la mer.

La lave est peut-être jolie à contempler, mais elle se révèle moins agréable lorsqu'une balle carambole sur ses rochers noirs avant de plonger dans le Pacifique. **JB**

N° ❸ **MOUNT JULIET GOLF CLUB**

Parcours : Mount Juliet Golf Club

Situé à : Thomastown, comté de Kilkenny, Irlande

Trou : n° 3

Longueur : 166 m

Par : 3

Architecte : Jack Nicklaus

À savoir : Jack Nicklaus avait deux objectifs en tête en concevant ce parcours. Il voulait que ce soit une gageure pour les golfeurs professionnels, mais que le joueur moyen y prenne aussi du plaisir. Grâce aux différents départs offerts, il a atteint ses deux objectifs.

Le parcours de championnat de Mount Juliet a la réputation d' « Augusta européen », et est fréquenté par les professionnels comme par les touristes et les mordus. Bien que l'on y trouve de nombreux trous remarquables, très peu de golfeurs oublieront le n° 3. Depuis le départ surélevé, on découvre une vue superbe sur un green protégé par un ruisseau naturel et par un lac.

On frappera un premier coup d'environ 155 m au-dessus de l'eau ou l'on piochera une nouvelle balle. C'est aussi un trou pourvu d'un segment très difficile. Nicklaus n'a pas perdu de temps à mettre le golfeur au défi. Après un n° 1 plus subtil, le n° 2 exige de la précision. Le troisième trou vous force à mettre les bouchées doubles. Et le quatrième exige la perfection depuis le départ jusqu'au green.

Mount Juliet a accueilli le championnat mondial – sans compter l'American Express Championship en 2002, l'Irish Open de 1993 à 1995, et le match disputé par Fred Couples et Tom Watson en 1998 pour le Shell Wonderful World of Golf. Ce par 72 de 6 584 m comprend des fairways onduleux, dont bon nombre sont dotés d'obstacles d'eau retors et de greens sinueux. **TJ**

Parcours : The Golf Club

Situé à : Nouvelle-Albanie, Ohio, États-Unis

Trou : n° 3

Longueur : 169 m

Par : 3

Architecte : Pete Dye

À savoir : C'est le premier parcours, construit au milieu des années 1960, auquel Pete Dye ait incorporé ses célèbres traverses de chemin de fer.

N° 3   THE GOLF CLUB

Le Golf Club, l'un des premiers tracés de Pete Dye, n'a jamais accueilli un championnat majeur ou une manifestation télévisée, et demeure malheureusement inconnu de nombreux golfeurs. Offrant le plus pur des golfs, il bénéficie d'un cadre naturel au terrain vallonné, aux immenses chênes et au ruisseau cristallin serpentant sur le parcours.

Le n° 3 paraît simple au premier coup d'œil, un étang bordant le côté gauche jusqu'au green, petit et rond. Mais les apparences peuvent être trompeuses. Un immense complexe de bunkers, à plusieurs niveaux, renforcé de plus de 450 traverses de voie ferrée et en grande partie invisible depuis le départ, est situé à gauche et à l'arrière du green. Un bunker d'une profondeur de 3 à 4 m s'enfonce à gauche de ce dernier tandis qu'un autre est placé légèrement au-dessus. Ne vous écartez pas de la généreuse zone d'arrivée à droite du green et vous aurez la possibilité de sauver le par. Que la balle soit trop à gauche, trop courte ou trop longue, et c'est un bogey – ou pire – qui vous attend.

Dye déclare que c'est à Jack Nicklaus que l'on doit tous ces pièges. Il avait tout d'abord placé 4 bunkers ordinaires autour du green, mais Nicklaus, alors jeune, jugea après avoir inspecté le trou en cours de construction qu'il était ennuyeux.

Grâce aux changements apportés par Dye, ce n'est plus le cas. **KA**

Parcours : St Louis Country Club

Situé à : Clayton, Missouri, États-Unis

Trou : n° 3

Longueur : 187 m

Par : 3

Architectes : Charles Blair Macdonald, Seth Raynor

À savoir : L'US Open de 1947, le seul qui se soit déroulé au St Louis Country Club, fut retransmis à la télévision pour la première fois, mais dans la région seulement.

N° 3   ST LOUIS COUNTRY CLUB

La pente qui s'élève depuis l'aire de départ paraît effrayante, alors que les golfeurs ne peuvent même pas apercevoir les longs bunkers de presque 2 m de profondeur qui attendent juste au-delà d'un dénivelé marqué, du côté le plus éloigné du green.

Le n° 3 de St Louis comprend tous les éléments d'un trou de style « Eden » – un faux collier, un green surélevé avec de profonds bunkers dans le talus avant, mais aussi incliné en montée, aux conséquences désastreuses pour toute balle trop longue. Sa longueur, inhabituelle pour un « Eden », ainsi qu'un petit étang situé devant l'aire de départ le rendent encore plus difficile.

L'US Open de 1947, qui s'est déroulé à St Louis, fut remporté par un professionnel du club méconnu, Lew Worsham, qui gâcha ce qui constituait probablement la meilleure chance qu'avait Sam Snead de remporter un Open, titre qui lui échappa toujours. Snead réussit à rentrer la balle depuis une distance de 6 m sur le 72ᵉ trou, entraînant un play-off de 18 trous. Les deux joueurs arrivèrent au dernier trou ex aequo, à deux sous le par, mais cette fois-ci Snead rata un putt de 76 cm pour le par et offrit la victoire à Worsham. Au cours de 17 opens et de 54 parties, Worsham n'atteint un score inférieur à 70 que 2 fois – toujours à St Louis. **KA**

N° ❸ GOLF D'ULLNA

Parcours : golf d'Ullna
Situé à : Rosenkalle, Akersberga, Suède
Trou : n° 3
Longueur : 146 m
Par : 3
Architecte : Sven Tumba
À savoir : Incroyable mais vrai, le n° 3 est le plus facile du parcours d'Ullna, ce qui signifie que l'eau est ici un obstacle plus mental que physique.

Depuis que Pete Dye a créé le légendaire dix-septième trou du TPC de Sawgrass, les architectes du monde entier tentent d'imiter son green en forme d'île. Celui-ci est l'une des meilleures copies, même s'il se trouve bien plus tôt dans la partie et si le trou est plus long de 23 m. Autres différences : l'étendue d'eau devant le green est loin d'être aussi large qu'à Sawgrass, et on a disposé à Ullna un bunker à l'arrière, à droite, plutôt que sur l'avant. On a aussi un peu plus d'espace sur la droite et à l'arrière du green, et on a rajouté un bosquet à l'arrière-droite, qui empêchera peut-être votre balle de rebondir dans le lac d'Ullna.

Diverses manifestations professionnelles majeures se sont déroulées à Ullna, comme le Scandinavian Entreprise Open, l'ancêtre du masters de Scandinavie, ou encore le championnat mondial amateur par équipes de 1988, le HP Ladies European Tour Event et le SAS Invitational, un match exhibition par équipes (pays scandinaves contre le reste du monde) qui opposait des stars telles que Tiger Woods, David Duval, Thomas Bjorn, Colin Montgomerie et Jesper Parnevik, l'enfant du pays. **KA**

N° ❸ CHEROKEE RUN GOLF CLUB

Parcours : Cherokee Run Golf Club
Situé à : Conyers, Géorgie, États-Unis
Trou : n° 3
Longueur : 179 m
Par : 3
Architectes : Arnold Palmer, Ed Seay
À savoir : Le Cherokee Run Golf Club est à 30 minutes à l'est d'Atlanta dans le parc équestre international de Géorgie qui a accueilli les manifestations hippiques et de VTT au cours des jeux Olympiques de 1996.

Arnold Palmer a décrit Cherokee Run comme l'un des « grands parcours de golf au monde ». Et Palmer s'y connaissait un tant soit peu. Diverses marques de départ offrent différents niveaux de difficultés et différentes longueurs : les noires (179 m), les bleues (156 m), les Augusta (128 m) et les bordeaux (100 m). Les marques étant situées sur une colline, plus elles sont éloignées, plus elles sont en hauteur.

Considéré comme le onzième trou le plus difficile du parcours, le n° 3 n'est évidemment pas l'un des plus ardus, mais tout ici dépend du coup de départ. Comme toujours sur les parcours de Palmer, il faut bien le frapper si l'on veut réaliser un bon score. Depuis les départs les plus reculés, on doit porter la balle sur 173 m afin d'atteindre le green. Un énorme bunker sur le devant, à droite, est prêt à avaler toute balle qui partirait dans cette direction.

Derrière le green, on découvre un très beau paysage. Les bunkers sont creusés au milieu des rochers, le sable s'étalant jusqu'aux parois rocheuses. C'est encore plus joli lorsqu'on ne se trouve pas dans la fosse. Le green est difficile, incliné d'avant en arrière. **TJ**

N° ❸ AVIARA GOLF CLUB

Parcours : Aviara Golf Club
Situé à : Carlsbad, Californie, États-Unis
Trou : n° 3
Longueur : 136 m
Par : 3
Architectes : Arnold Palmer, Ed Seay
À savoir : Le golf d'Aviara fait partie de l'hôtel Four Seasons, au nord de San Diego, et domine la lagune de Batquitos à Carlsbad. Entouré de nombreuses fleurs des champs, considéré comme l'un des mieux entretenus de San Diego, ce difficile parcours serpente parmi collines et vallons, au-dessus du Pacifique.

Ce n° 3 ne va gâcher ni votre carte de score ni votre parcours, et il illustre parfaitement pourquoi on considère généralement Aviara comme l'un des golfs les plus ravissants des États-Unis. On trouve 2 cascades sur ce trou – et 2 autres sur le n° 12, un autre par 3.

Le coup de départ sur ce trou de 136 m (et ce depuis les tees de Palmer) doit atterrir sur un green protégé par des obstacles d'eau à l'avant, et par des bunkers à l'arrière. Le sable précède généralement l'eau, mais ce n'est pas le cas ici.

Un petit étang est situé devant le green, à droite, et on découvre de ce même côté un lac dont l'eau s'écoule jusqu'à une petite cascade. C'est un trou facile à jouer. Visez le green puis essayez de rentrer la balle pour un birdie – ou le par. C'est tout ou rien : soit on atteint le green, soit, comme c'est souvent le cas, on doit se saisir d'une nouvelle balle. Prenez tout votre temps. Qui voudrait quitter ce décor ? **TJ**

CI-CONTRE *Coup de départ pour l'Anglais Ian Poulter sur le parcours d'Aviara en avril 2001.*

N° ❸ WOBURN GOLF CLUB
(PARCOURS DU DUC)

Parcours : Woburn Golf Club (parcours du Duc)

Situé à : Milton Keynes, Buckinghamshire, Angleterre

Trou : n° 3

Longueur : 122 m

Par : 3

Architecte : Charles Lawrie

À savoir : Le parcours du Duc fut dessiné par Lawrie en 1974, lorsque le marquis de Tavistock décida d'introduire le golf sur le domaine de Woburn. C'est désormais l'un des 3 parcours de Woburn, rejoint par ceux de la Duchesse et du Marquis, tous classés parmi les 100 meilleurs des îles Britanniques.

CI-DESSOUS ET CI-CONTRE *Deux vues du troisième trou de Woburn.*

Le parcours du Duc de Woburn, considéré comme l'un des plus beaux tracés d'arrière-pays européen, a souvent accueilli le British Masters. Des pins, des bouleaux argentés et des châtaigniers bordent les fairways, et la bruyère, les fougères et les ajoncs ajoutent à la beauté naturelle du parcours – et souvent à sa difficulté.

Le célèbre n° 3, avec un dénivelé de 30 m du départ jusqu'au green, est encadré d'un océan de splendides rhododendrons. Le coup de départ n'est pas long, mais doit être précis, car de grands bunkers protègent, sur la gauche et sur la droite, un green qui monte en forte pente. Les balles dotées d'un effet rétro trop important atteindront peut-être le green, mais redescendront rapidement la pente jusqu'au collier.

Restez donc en dessous du trou à tout prix. Si, jouant au-dessus du drapeau, on rate le plus court des putts, on ne sait pas où s'arrêtera la balle.

Certains des meilleurs professionnels au monde se sont emparés de la couronne du Bristish Masters sur le parcours du Duc, dont Lee Trevino (1985), Seve Ballesteros (1986 et 1991), Mark McNulty (1987), Sandy Lyle (1988), Nick Faldo (1989), Mark James (1990) et Ian Woosnam (1994). **KA**

N° ❸ WANNAMOISETT COUNTRY CLUB

Parcours : Wannamoisett Country Club

Situé à : Rumford, Rhode Island, États-Unis

Trou : n° 3

Longueur : 128 m

Par : 3

Architecte : Donald Ross

À savoir : L'association Donald Ross admire tellement le n° 3 de Wannamoisett qu'elle l'a utilisé comme modèle pour son logo.

Wannamoisett est une merveille rare, un par 69 de moins de 6 130 m sur 42 ha au cœur de la Nouvelle-Angleterre. Ce chef-d'œuvre de Donald Ross – la fierté de l'architecte, dit-on – ne possède qu'un par 5, mais c'est largement suffisant, car les longs pars 4 et les difficiles pars 3 qu'il comporte – dont le n° 3, tant vanté – présentent plus de défis qu'il n'en faut.

Au premier abord, celui-ci paraît offrir un répit bienvenu après les 2 longs et difficiles pars 4 qui débutent le parcours (le premier de 393 m, le second de 434 m). Mais un examen plus approfondi dément cette impression. De fait, le n° 3 n'a rien à envier aux 2 premiers trous, et rares sont les parcours qui présentent un trio d'ouverture aussi exigeant. Ici, 2 profonds bunkers défendent la gauche et l'avant d'un minuscule green, et si l'on essaie de jouer la sécurité à droite, on trouve la pente abrupte de ce dernier, que dévaleront les balles pour se retrouver loin de la surface visée. On considère souvent que les greens dont Ross a doté Wannamoisett constituent le plus bel ensemble au monde.

Le parcours accueille tous les étés le Northeast Amateur, l'un des tournois amateurs masculins les plus prestigieux des États-Unis. **KA**

N° ❸ GOLF D'ÖREBRO

Parcours : golf d'Örebro
Situé à : Örebro, Vintrosa, Suède
Trou : n° 3
Longueur : 156 m
Par : 3
Architecte : Nils Skold
À savoir : Le parcours d'Örebro abritait autrefois des castors, qui s'affairaient particulièrement dans le ruisseau sinueux et dans l'étang près du n° 3. D'où son surnom, *Beaver Hole*, le trou du Castor.

Örebro, à 200 km de Stockholm, est l'une des villes les plus anciennes de Suède. Bien que largement reconstruite après avoir été dévastée par un incendie en 1854, elle abrite toujours un certain nombre d'édifices du Moyen Âge, dont un château du XIIIe siècle, aujourd'hui l'attraction touristique principale de la région.

Le golf d'Örebro, un parcours de bonne réputation doté de nombreuses ondulations, constitue l'un de ses plus beaux trésors, dans une vallée champêtre au pied d'un massif montagneux.

Les golfeurs doivent affronter 2 obstacles d'eau dès le départ du n° 3 – un étang et un ruisseau qui serpente devant le green, avant de s'enrouler sur la gauche et sur l'arrière. 2 grands bunkers sont tapis derrière, prêts à avaler les balles trop longues. Il ne faut donc taper ni court, ni long, ni à gauche. Pour jouer en sécurité, visez la droite, où le terrain s'incline vers le centre du green.

À la grande déception du public qui s'était rassemblé dans l'espoir d'une victoire de l'enfant du pays, la Suédoise Helen Alfredsson perdit derrière l'Italienne Federica Dassu dans une partie de mort subite, durant le Compaq Open de 1996. Cet événement du European Tour féminin est accueilli chaque année, à tour de rôle, par l'un des meilleurs parcours suédois. **KA**

N° ❸ SHAKER HILLS

Parcours : Shaker Hills
Situé à : Harvard, Massachusetts, États-Unis
Trou : n° 3
Longueur : 192 m
Par : 3
Architecte : Brian Silva
À savoir : Shaker Hills, doté de nombreux doglegs aux fairways bordés d'arbres, exige de la précision et de la longueur. Avec ses divers greens ondoyants et en hauteur, variant en taille et en forme, l'autre clé du succès réside ici dans des putts bien maîtrisés.

Shaker Hills est l'un des plus jolis parcours du Massachusetts – dont ne manque pourtant pas cet État où l'on vénère le golf. Le n° 3, un par 3 de 192 m, fait probablement partie des plus beaux 18 trous de Nouvelle-Angleterre.

C'est aussi le trou emblématique de Shaker Hills. Un green large et en creux offre une cible attrayante depuis une aire de départ en hauteur, à 5 niveaux différents. Mais le danger guette partout sur ce trou. Divers bunkers attendent toute balle trop longue, et un petit étang se trouve à gauche du fairway et du green, pour prendre au piège les coups de départ mal alignés. La sélection du club approprié est primordiale ici, et va du bois de parcours polyvalent aux fers moyens.

Mieux vaut partir un peu à droite qu'à gauche. Là, au moins, on ne perdra pas l'usage de sa balle. Après un premier par 4 court, le parcours de Shaker Hills s'allonge rapidement. Le n° 2 est un par 5 de 489 m, le n° 4 un par 4 de 426 m et le n° 5 un par 5 de 554 m. Au milieu se trouve le pittoresque n° 3, présentant ses propres défis. Le n° 8, un par 4 de 380 m, est lui aussi emblématique du parcours. **TJ**

N° ❸ PINE NEEDLES LODGE & GOLF CLUB

Parcours : Pine Needles Lodge & Golf Club

Situé à : Southern Pines, Caroline du Nord, États-Unis

Trou : n° 3

Longueur : 122 m

Par : 3

Architecte : Donald Ross

À savoir : Donald Ross, architecte de golf légendaire, a toujours déclaré qu'un bon trou devait être équitable, concédant un nombre relativement similaire de birdies et de bogeys. Il serait certainement fier du n° 3 de Pine Needles, qui, au cours de l'US Open féminin de 2003, accorda 52 birdies et 53 bogeys.

Ce trou est l'image même de la tranquillité, et n'a virtuellement pas changé depuis l'inauguration du club en 1928. Il peut s'avérer plus difficile qu'il ne paraît. Depuis l'aire de départ, le premier coup, court et légèrement en descente, peut sembler facile, et parce que la plupart des golfeurs joueront un club allant du fer 8 au wedge, ils viseront directement le drapeau. Le green est cependant aussi étroit que profond, pourvu de mouvements subtils et entouré d'un certain nombre d'obstacles, dont 5 bunkers et un petit étang sur l'avant. À cause de sa profondeur, et selon l'emplacement du drapeau, le choix du club peut varier (jusqu'à 2 clubs de plus).

Soyez particulièrement prudent si le drapeau est placé sur le devant. Sinon, vous terminerez dans l'eau ou serez confronté à un putt difficile, en descente. Le plus sage est de viser le centre du green, quelle que soit la position du drapeau.

Oui, le n° 3 concède sa part de birdies, mais on peut y décrocher un bogey ou pire – tout comme le souhaitait Donald Ross. **KA**

CI-CONTRE *L'Australienne Karrie Webb au départ du n° 3 de Pine Needles en mai 1996.*

N° ❸ TORREY PINES (PARCOURS SUD)

Parcours : Torrey Pines (parcours sud)

Situé à : La Jolla, Californie, États-Unis

Trou : n° 3

Longueur : 181 m

Par : 3

Architectes : William F. Bell, Rees Jones (qui l'a remodelé en 2000)

À savoir : Vous risquez d'avoir de la compagnie sur ce trou. Mais ne vous inquiétez pas, elle n'arrivera pas en voiturette. Le n° 3 du parcours sud est l'un des endroits préférés des parapentistes. Il n'est pas rare d'en apercevoir quelques-uns flottant au-dessus du green alors que l'on prépare son coup de départ.

On pourrait planter une pancarte sur le troisième départ du parcours sud de Torrey Pines : « Bienvenue à Torrey Pines, paradis au bord de l'océan. »

Vous y engrangerez toutes sortes de souvenirs, mais c'est le n° 3 qui s'avérera le plus mémorable. On ne regrettera pas le green fee, ne serait-ce que pour apercevoir ce trou. « Spectaculaire » ne suffit pas à décrire sa beauté, et même si on l'a découvert à de très nombreuses reprises en photo, on doit aussi absolument le jouer. Ce par 3 descend fortement en pente jusqu'au green, situé sur une vaste falaise au-dessus de l'océan. Ce spectaculaire précipice produit un coup de départ plein de suspense – essayez de suivre la balle des yeux si vous pouvez vous arracher à la contemplation de l'océan.

Attention aussi à la direction et à la force du vent, imprévisible. C'est souvent une brise vive soufflant de l'océan, qui tourbillonne dans toutes les directions. Sur la gauche guettent un bunker et toutes sortes d'ennuis. Avec un fairway large, mieux vaut viser la droite.

Ne jouez pas trop long cependant. Les falaises et l'océan prendront au piège toute balle dépassant le green. **TJ**

Parcours : The Kittansett Club

Situé à : Marion, Massachusetts, États-Unis

Trou : n° 3

Longueur : 151 m

Par : 3

Architectes : William Flynn, Fred Hood

À savoir : Ce vénérable club du Massachusetts a accueilli la Walker Cup en 1953, les États-Unis l'emportant sur la Grande-Bretagne et l'Irlande par une victoire de 9 à 3.

N° ❸   THE KITTANSETT CLUB

Ce par 3 enchanteur et emblématique, sur la magnifique baie de Buzzards, est en réalité un trou en forme d'île, avec un coup de départ franchissant une étendue d'eau et de sable jusqu'au green, un îlot en hauteur entièrement encerclé de sable. Votre sort dépendra en grande partie du vent qui souffle – obligeant parfois à prendre 4 clubs de plus – et du flux et reflux de la marée. Lorsqu'elle est basse, la balle peut atterrir sur la plage, avec un lie relativement bon permettant aux joueurs de suivre de 2 coups pour réaliser le par. À marée haute, les vagues atteignant le bord du bunker qui entoure le green, elle sera dans l'eau. Si vous avez la chance de trouver le green, vous n'en avez pas encore terminé. Il regorge d'ondulations et peut déconcerter même ceux dont le putt est excellent.

Gil Hanse, architecte, a rénové le parcours à la fin des années 1990, retrouvant de nombreux éléments architecturaux d'origine du Kittansett, notamment en rétablissant des bunkers et en éliminant des centaines d'arbres. **KA**

Parcours : Worthington Manor Golf Club

Situé à : Urbana, Maryland, États-Unis

Trou : n° 3

Longueur : 393 m

Par : 4

Architectes : Ault, Clark et Associés

À savoir : Ne vous fiez pas aux niveaux de difficulté indiqués sur la carte de parcours. Le n° 3 de Worthington Manor est en 2ᵉ place, mais la plupart des joueurs vous diront que c'est le plus difficile. Pourquoi alors n'est-il pas en tête de liste ? Parce que le dernier 9 est jugé plus ardu et que le trou le plus difficile devait donc s'y trouver.

CI-DESSOUS *Le n° 3 de Worthington Manor.*

N° ❸ WORTHINGTON MANOR GOLF CLUB

Ce par 4 de 393 m redéfinit le concept de difficulté. Et si vous songez à atteindre le green en 2 coups, vous feriez mieux de frapper de toutes vos forces dès le départ. Le n° 3 de Worthington Manor exige un drive long et droit. Un long bunker est situé sur le côté droit du fairway, qui débute à environ 180 m des départs arrière.

C'est alors que les choses se compliquent. Le deuxième coup – si vous visez le green en 2 coups – doit absolument franchir une zone sauvage, large d'environ 22 m, à l'avant du green.

Celui-ci constitue aussi un challenge. Protégé par un bunker à droite, il est incliné vers l'arrière avec une bosse au milieu. Un monticule arrêtera les balles trop longues derrière le green. Mais celui-ci descendant en pente devant vous, ce n'est qu'un défi de plus sur ce trou difficile.

Avec un slope variant de 116 à 143, ce chef-d'œuvre du Maryland met à l'épreuve les joueurs de tous niveaux. Ses conditions de jeu s'avèrent toujours excellentes, et c'est l'un des meilleurs parcours de l'État. **TJ**

Parcours : Portage Lake

Situé à : Houghton, Michigan, États-Unis

Trou : n° 3

Longueur : 340 m

Par : 4

Architecte : Bob Newcome

À savoir : Le golf de Portage Lake a été établi en 1902. L'un des plus anciens parcours du Michigan, il fut transféré à la Michigan Technological University en juin 1945. Ce transfert fut organisé par le président du club, Tom Ristell, pour la somme de 1 dollar.

N° 3 PORTAGE LAKE

Ne prêtez aucune attention à la carte de parcours. Bien que ce trou y soit présenté comme le neuvième plus difficile du parcours seulement (les employés de la boutique du club expliquent que la carte n'a pas été mise à jour depuis longtemps), c'est en réalité l'un des plus ardus ici — au cours d'un tournoi, un birdie remportera toujours le trou, dit-on.

Depuis l'aire de départ en hauteur, on a une jolie vue de la rivière qui coule le long d'une grande partie du fairway, sur la droite. Bien que bordé d'arbres à gauche, le fairway est assez dégagé et on ne doit s'y préoccuper d'aucun bunker.

Où est donc la difficulté alors ? Tout est incliné en direction de la rivière. Si la balle n'est pas placée sur le côté gauche du fairway, elle pourra rouler jusque dans le courant. Seul trou un peu en hauteur, le n° 3 débute par un départ surélevé, pour s'élever à nouveau aux environs du green doté de 3 bunkers sur la droite. Il est incliné d'arrière en avant et de gauche à droite, et ne constitue pas un moment facile.

D'autres trous de Portage Lake sont plus longs, mais le n° 3 offre assez de difficultés cachées pour en faire l'un des plus exigeants de ce tracé. **TJ**

N° 3   THE COUNTRY CLUB

Parcours : The Country Club

Situé à : Brookline, Massachusetts, États-Unis

Trou : n° 3

Longueur : 406 m

Par : 4

Architectes : William Campbell, William S. Flynn, Rees Jones

À savoir : Les 3 US Opens s'étant déroulés au Country Club (1913, 1963, 1988) se sont achevés par un play-off. Et les 3 vainqueurs (Francis Oimet, Julius Boros et Curtis Strange) étaient soit en tête, soit *ex aequo* au n° 3 au cours du dernier tour.

CI-DESSOUS   Darren Clarke, d'Irlande du Nord, au Country Club en septembre 1999.

CI-CONTRE   Sortie de bunker pour le Suédois Jesper Parnevik sur le n° 3 du Country Club en septembre 1999.

Fondé en 1882 et reconnu par l'Association de golf américaine comme appartenant aux 100 clubs les plus anciens des États-Unis, le Country Club est ancré dans l'histoire. C'est aussi un bijou qui a résisté à l'épreuve du temps, comme le démontre son accueil, à 4 reprises, de l'US Open et de la Ryder Cup, tapageuse, de 1999. Avec toutes les manifestations de renommée internationale qui s'y déroulent, on a réellement l'impression que le Country Club appartient aux États-Unis tout entiers.

De fait, son importance est soulignée dans l'ouvrage de Richard J. Moss, *The Country Club*. Il y décrit l'émergence du golf comme sport aux États-Unis, ainsi que l'évolution du Country Club. L'histoire commence avec le country club de Brookline. Moss décrit les divers styles architecturaux et éléments des country clubs, explique la façon dont leur architecture reflète leurs fonctions sociales, à commencer par celui de Brookline.

Le Country Club, bien que constituant un monument national, est tout d'abord caractéristique de la Nouvelle-Angleterre. Et le n° 3 – qui se déploie à travers des affleurements rocheux – illustre bien la beauté naturelle du Massachusetts.

C'est un dogleg à droite que l'on vise depuis l'aire de départ. Le green étant invisible depuis cette dernière, la connaissance du terrain constitue un réel avantage. Une fois de plus, les habitants de la Nouvelle-Angleterre sont des privilégiés. Depuis le départ, la zone d'arrivée de la balle est encadrée d'affleurements rocheux et de roughs, et la précision est donc primordiale.

Une fois la balle posée sur le dogleg, on souhaitera peut-être cependant que le green demeure invisible, parce que sa vue donne la chair de poule.

Il est petit, incliné, et extrêmement bien défendu sur tous les côtés. Les bunkers entourent le fairway à partir d'une distance de 45 m environ, et le green est lui aussi encerclé. On ne peut jouer la balle trop courte ni trop longue, trop à gauche ou à droite, sans être confronté au danger. On trouve du sable sur le devant et sur les côtés, tandis que l'arrière est défendu par une route et par un étang.

Histoire, danger et golf de premier ordre s'allient sur ce trou en une délicieuse combinaison. **JB**

N° ❸ THE NATIONAL GOLF CLUB
(PARCOURS MOONAH)

Parcours : The National Golf Club (parcours Moonah)

Situé à : Cape Schanck, Victoria, Australie

Trou : n° 3

Longueur : 396 m

Par : 4

Architectes : Greg Norman, Bob Harrison

À savoir : Le vent souffle fort et souvent autour de Cape Schanck, et constitue l'une des raisons majeures pour laquelle les greens de Moonah sont dégagés sur l'avant, afin de recevoir plus aisément des coups d'approche incisifs, comme sur des links.

Situé dans la campagne vallonnée de la péninsule de Mornington surplombant le détroit de Bass, le parcours Moonah du National Golf Club vaut la peine d'être vu. Le paysage a été façonné par les architectes pour créer le parcours exceptionnel que l'on découvre aujourd'hui, ses ondulations caractéristiques étant particulièrement présentes sur le n° 3.

C'est un léger dogleg à gauche, et mieux vaut placer son drive légèrement à gauche sur le fairway, au-delà d'une série d'ondulations, dans une zone d'arrivée étroite. Si on y arrive, on bénéficiera peut-être d'un rebond favorable qui ajoutera de la distance au coup de départ et raccourcira le coup d'approche qui doit franchir des monticules recouverts de *Melaleucas*, des arbres indigènes. Vous aurez aussi depuis cet endroit une vue dégagée sur le green.

Et c'est une approche difficile de ce green en creux et ondoyant dépourvu de bunkers, mais exigeant un petit jeu avec une précision à la Dave Pelz au cas où l'on manquerait le trou.

Les joueurs manquant d'exactitude seront confrontés à d'intéressantes possibilités de chips et de putts sur ce green tondu de près. **JS**

N° ❸ GOLF DE CHUNG SHAN HOT SPRINGS

Parcours : golf de Chung Shan Hot Springs

Situé à : Zhongshan, Chine

Trou : n° 3

Longueur : 370 m

Par : 4

Architecte : Arnold Palmer

À savoir : Le Chung Shan Hot Springs fut le premier golf chinois inauguré après la révolution culturelle, en 1984.

À moins de 2 h de ferry de Hong Kong, Chung Shan bénéficie d'un cadre paisible en pleine campagne, dans la province de Guangdong.

L'histoire du golf remonte à la fin du XIXe siècle dans la Chine du Sud, lorsque les troupes britanniques importèrent ce jeu. Divers clubs de golf existaient avant que les communistes ne prennent le pouvoir en 1949, mais furent transformés en rizières après que le gouvernement eut rejeté ce « passe-temps occidental décadent ».

Le parcours de Hot Springs, dessiné par Palmer et serpentant parmi les gommiers, les collines recouvertes de lierre et les étangs jonchés de nénuphars, s'adressait aux expatriés américains et britanniques demeurant à Hong Kong. Construit sans le moindre équipement, plus de 300 000 m^3 de terre y furent déplacés entièrement à la main.

Le n° 3 vaut le voyage à lui seul. Le green est caché depuis l'aire de départ sur ce dogleg à gauche, mais lorsqu'on rejoint sa balle après le drive, on découvrira pourquoi ce trou est aussi respecté. Son green plat, légèrement surélevé, est défendu par un canal et par un profond bunker sur le devant, à gauche. Atterrissez trop à gauche du green et vous vous retrouverez dans le hors-limite. Restez sur la droite – à la fois sur le fairway et sur le green. **KA**

N° 3   PINEHURST (PARCOURS N° 2)

Parcours : Pinehurst (parcours n° 2)

Situé à : Pinehurst, Caroline du Nord, États-Unis

Trou : n° 3

Longueur : 311 m

Par : 4

Architecte : Donald Ross

À savoir : Treizième du parcours par ordre de difficulté, bien qu'appartenant à un segment ardu, ce n'est pas l'un des trous les plus difficiles de Pinehurst. Le n° 2 est très exigeant et le n° 5 est le plus difficile de tous. Profitez donc du troisième trou, ou la journée pourrait s'avérer longue.

CI-DESSUS   *Le clubhouse de Pinehurst.*

Donald Ross aime en général donner aux joueurs tout l'espace nécessaire sur le fairway. Il devait être de mauvaise humeur lorsqu'il dessina le n° 3 du parcours n° 2 de Pinehurst.

Le fairway sur ce léger dogleg à droite est d'une étroitesse inhabituelle. Ross vous donne deux choix : jouer la sécurité et viser le devant du bunker sur le côté droit du fairway, loin des 2 bunkers de gauche, ou vous saisir de votre driver et essayer de dépasser tous les bunkers pour suivre d'un court chip vers le green. Les bunkers de gauche ne sont pas aussi éloignés du départ que celui de droite – où le fairway devient vraiment étroit. Et le hors-limite longe le côté gauche.

Votre décision dépend en grande partie de la direction du vent et de sa vitesse – et bien sûr, de la puissance de votre swing. La stratégie la plus sage consiste à jouer court, mais pourquoi jouer le deuxième parcours de Pinehurst si c'est pour jouer la sécurité ? Ross a construit l'un de ses greens caractéristiques, en montée. On trouve quelques bunkers autour du green, dont un grand sur le devant, à droite, et un autre de bonne taille à l'avant-gauche. **TJ**

N° ❸ **WOLF CREEK** (PARCOURS EST)

Parcours : Wolf Creek (parcours est)
Situé à : Ponoka, Alberta, Canada
Trou : n° 3
Longueur : 390 m
Par : 4
Architecte : Rod Whitman
À savoir : Le parcours est de Wolf Creek ne manque pas de bunkers. Le sable ne déplaît donc pas aux responsables, mais on ne trouvera pas le moindre grain sur le n° 3. Ni le long du fairway, ni autour du green. Whitman a dû penser que le trou était assez difficile sans que l'on ait besoin de creuser un bunker ou 2.

Une fois sur l'aire de départ du n° 3, on éprouve des sentiments mêlés. Ce n'est pas réellement le coup de départ le plus difficile que l'on ait jamais frappé, mais il peut s'avérer intimidant quand on le regarde.

Ce très joli par 4, un dogleg à gauche de 390 m depuis les départs arrière, est le plus difficile du parcours. Ce coup de départ intimidant se joue en montée, au-dessus d'un petit ravin. Les experts du club suggèrent un coup de 238 m pour atteindre le virage. Sinon, on atteindra sa cible en 2 coups.

Afin d'éviter le ravin le long du côté gauche du fairway, gardez la balle à droite. On vous aura prévenu.

Les arbres bordent le fairway du départ jusqu'au green – juste au cas où vous auriez du mal à aligner votre jeu. Et le coup d'approche se joue légèrement en descente, jusqu'à un green qu'on ne voit pas. Oui, c'est bien un coup aveugle.

Vous commencez à comprendre pourquoi le sable n'est pas nécessaire sur ce trou ? Le green, un peu incliné, ne fait preuve d'aucune clémence. On s'achemine vers un bon parcours si on réalise un birdie ou même le par. **TJ**

N° ❸ **BALTUSROL GOLF CLUB** (PARCOURS DU BAS)

Parcours : Baltusrol Golf Club (parcours du bas)
Situé à : Springfield, New Jersey, États-Unis
Trou : n° 3
Longueur : 426 m
Par : 4
Architecte : A. W. Tillinghast
À savoir : Le match final de 39 trous entre Jeff Quinney et James Driscoll au cours de l'US Amateur de 2000 devint la finale la plus longue de l'histoire du championnat.

Depuis l'accueil de son premier US Open en 1903, ce parcours de Tillinghast s'est doté d'une histoire riche tout en évoluant avec son temps. Atteignant 6 575 m au fil des ans, le parcours du bas a accueilli un championnat national à chaque décennie du XXe siècle, à l'exception des années 1970.

Le temps et la technologie progressant, Baltusrol s'est amélioré, renforcé, modernisé. Le n° 3, un par 4, est au cœur de cette évolution. Ce long dogleg à gauche se joue sur 426 m, et même s'il est légèrement en descente, c'est un avantage qui ne diminue pas vraiment la difficulté du trou.

Un long drive vers un fairway dégagé, bien que bordé d'arbres, doit être suivi d'un coup d'approche exigeant, en direction d'un green protégé par un ruisseau sur le devant et par 2 profonds bunkers sur la droite.

Une fois sur le green, les joueurs doivent négocier une crête qui le partage d'avant en arrière au milieu, faisant dévier la balle de manière marquée des deux côtés.

Peu de parcours peuvent s'enorgueillir du passé de Baltusrol, riche en championnats. Ce par 70 a accueilli 15 championnats de l'Association de golf américaine, dont 7 US Opens et le championnat PGA de 2005. Seul le Merion Golf Club, en Pennsylvanie, fait mieux (avec 16). **RH**

N° ❸ OLYMPIA FIELDS (PARCOURS NORD)

Parcours : Olympia Fields (parcours nord)

Situé à : Olympia Fields, Illinois, États-Unis

Trou : n° 3

Longueur : 401 m

Par : 4

Architecte : Willie Park junior

À savoir : La carte de parcours de l'Olympia Fields comprend 5 séries de départs, dont ceux de l'US Open. Le n° 3 mesure 401 m depuis les départs de championnat, mais 421 depuis ceux de l'US Open. Les départs réguliers, plus courts, sont à 299 m – une différence non négligeable.

CI-DESSOUS *Tiger Woods sur le troisième trou de l'Olympia Fields en juin 2003.*

Le parcours nord du country club d'Olympia Fields offre 36 trous, souvent exigeants et spectaculaires. Mais on ne trouve pas plus difficile que celui-ci. Se jouant en montée, c'est un léger dogleg à droite où un ruisseau traverse le fairway à environ 256 m des départs de l'US Open.

Le coup de départ est primordial. Il est essentiel de frapper un drive droit, ou « suivant une ligne laser », comme le suggère le site de l'US Open. D'immenses chênes bordent les deux côtés du fairway. À cause du ruisseau et d'un vaste bunker sur la gauche, les golfeurs intelligents conserveront leur driver dans leur sac. Si l'on frappe un bon fer long, il ne restera que 128 m sur le deuxième coup.

Le green relativement peu profond est très incliné sur le côté. Sur le coup d'approche, on juge difficilement l'effet du vent, qui peut causer des ravages dans le jeu de certains golfeurs. Si l'on frappe son deuxième coup en pull ou en push, on trouvera de profonds bunkers en pente, et de sérieux ennuis. Le parcours sud, un autre défi de taille, est splendide, doté de grands et vénérables arbres ainsi que de jolies vues. **TJ**

N° ❸ OAKMONT COUNTRY CLUB

Parcours : Oakmont Country Club

Situé à : Oakmont, Pennsylvanie, États-Unis

Trou : n° 3

Longueur : 388 m

Par : 4

Architectes : Henry et William Fownes

À savoir : Les bunkers en bancs d'église de ce trou, très caractéristiques, sont l'un des éléments architecturaux les plus célèbres dans le domaine du golf.

Les Fownes – Henry, le fondateur du club, et son fils William – ont créé avec Oakmont la cathédrale du golf, en 1903. Il était à l'époque considéré comme le parcours le plus difficile du pays. Cela changea 15 ans plus tard, avec l'inauguration de Pine Valley, mais Oakmont – et ses célèbres bancs d'église étalés sur 0,8 ha entre les fairways du n° 3 et du n° 4 – est toujours un merveilleux lieu de culte de l'histoire légendaire du golf.

William Fownes était fermement convaincu qu'un coup mal frappé devait être pénalisé comme il se doit, et il s'appuyait sur une solide expérience. Il fut le premier capitaine de l'équipe américaine de la Walker Cup, 12 ans après avoir remporté le championnat amateur américain. Devenant ensuite président de l'Association de golf américaine, il était très respecté.

Les bancs d'église sont en réalité 8 langues de terre, recouvertes de gazon et séparées par du sable. En fonction de l'endroit où l'on y atterrit, il sera impossible de faire avancer la balle. Il faut parfois jouer de côté. Dans les cas les plus sérieux, le seul choix est de repartir en arrière. Bien que les bancs d'église constituent les obstacles les plus intimidants du n° 3, on doit aussi se préoccuper d'autres dangers. 3 profonds bunkers pénalisent les joueurs qui dévieraient trop à droite dans l'espoir d'éviter les bancs.

Le green du n° 3 est assez clément, car il est considérablement moins ondoyant que d'autres à Oakmont, mais il est légèrement incliné vers l'arrière, et défendu sur la droite comme sur la gauche par de sévères bunkers.

Les n° 3 et 4 sont les trous emblématiques d'Oakmont, monument historique national. Ce statut n'a cependant pas empêché la direction du club d'apporter certaines modifications. Toutes ces améliorations étaient bien entendu nécessaires. On a éliminé certains arbres en 1999, afin de revenir aux espaces dégagés de 1903 et de restaurer l'intégrité du tracé original. Oakmont a accueilli le championnat amateur américain, le championnat PGA et 7 US Opens. C'est ici que s'est déroulé ce que l'on considère souvent comme le plus beau parcours de tous les temps, un record de 63 établi par le légendaire Johnny Miller au cours de l'US Open de 1973, sur la dernière partie. **JB**

CI-DESSOUS *Arnold Palmer joue son deuxième coup sur le n° 3 d'Oakmont en juin 1994.*

CI-CONTRE *Le troisième trou d'Oakmont.*

Parcours : Royal Adelaide Golf Club

Situé à : Adélaïde, Australie

Trou : n° 3

Longueur : 266 m

Par : 4

Architecte : Alister MacKenzie

À savoir : 9 Opens d'Australie se sont décidés au Royal Adelaide – en 1910, 1923, 1926, 1929, 1932, 1935, 1938, 1962 et la dernière fois en 1998.

N° ❸ ROYAL ADELAIDE GOLF CLUB

Ce trou est un classique. De fait, c'est le seul classique du Royal Adelaide, car c'est le seul qui demeure fidèle au dessin original d'Alister MacKenzie. Certains lui confèrent le titre de meilleur trou du parcours – on y lira ce qu'on voudra (on n'aurait peut-être pas dû toucher au reste).

Et ne demandez pas son avis à Colin Montgomerie. En 1989, il inscrivit un 8 sur sa carte de score (peut-être pense-t-il que ce trou-ci aussi devrait être remodelé).

C'est un trou assez droit, avec un fairway de bonne taille depuis l'aire de départ. Il rétrécit cependant à l'approche du green. Ce dernier est décrit par les gens de la région comme en forme de « gigot ». Il est doté d'une crête oblique sur la droite, d'un monticule sur son côté.

Comme on peut l'imaginer, le green s'avère décisif. On peut rêver eagle en alignant son coup d'approche, mais que l'on atterrisse dans l'herbe épaisse juste en dehors du green, et l'eagle se transforme alors facilement en un score de 7 ou 8.

Le coup d'approche est donc clé. Il peut vous sauver ou vous ruiner, ce dernier cas étant le plus fréquent.

Mais quel plaisir prend-on à jouer la sécurité ? Emparez-vous du club de votre choix et mettez ce trou au défi. C'est pour cela que vous êtes venu. **TJ**

Parcours : golf del Sur (Campo Norte)

Situé à : Tenerife, îles Canaries, Espagne

Trou : n° 3

Longueur : 417 m

Par : 4

Architecte : José « Pepe » Gancedo

À savoir : C'est au golf del Sur en 1995 qu'Ernie Els et Phil Mickelson ont disputé le tournoi du Shell's Wonderful World of Golf.

N° ❸ GOLF DEL SUR (CAMPO NORTE)

Le golf del Sur offre 27 trous au milieu d'un paysage splendide, aux îles Canaries, et le Campo Norte est l'un des trois 9 trous du domaine.

Les îles Canaries sont un archipel volcanique, ayant violemment émergé du fond de l'Atlantique, raison pour laquelle on décrit souvent les îles comme « nées du feu et de la mer ».

Leur histoire n'est nulle part plus en évidence qu'au troisième trou de Campo Norte, dont la beauté et la luxuriance tranchent avec le désert de lave stérile qui borde tout le côté droit et forme l'obstacle principal de ce long par 4.

On évitera à tout prix de frapper le coup de départ en slice, mais le côté gauche n'offre aucune garantie non plus, car des groupes de palmiers y empêchent une approche facile du green, long, étroit, et protégé par d'intimidants bunkers de sable volcanique noir.

Au début des années 1990, le golf del Sur a accueilli l'Open de Tenerife, manifestation remportée 2 fois par José María Olazábal, l'enfant du pays (en 1989 et en 1992). Une autre Espagnole, Raquel Carriedo, a remporté l'Open féminin de Tenerife au golf del Sur, en 2002. **KA**

N° ❸ ROYAL COUNTY DOWN
(PARCOURS DE CHAMPIONNAT)

Parcours : Royal County Down (parcours de championnat)

Situé à : Newcastle, comté de Down, Irlande du Nord

Trou : n° 3

Longueur : 43 m

Par : 4

Architecte : Tom Morris senior

À savoir : On a besoin d'un peu de confiance en soi pour jouer ce parcours. Le Royal County Down présente 5 coups de départ partiellement ou complètement aveugles. Et pour ne rien arranger, on doit frapper plusieurs coups d'approche vers des greens où on ne voit parfois pas le drapeau.

Avant de nous diriger vers le n° 3, voici quelques mots de Tom Watson : « Je conseillerais à toute personne jouant ce magnifique parcours de frapper très droit depuis le départ – écartez-vous des fairways à vos risques et périls ! »

Le Royal County Down, qui accueillera la Walker Cup en 2007, est bien plus qu'une carte postale. C'est un golf à l'ancienne. Traditionnel dans tous les sens du mot. Et apportez tous vos clubs, parce que vous en aurez besoin. Quelques tours dans votre sac ne seront pas les malvenus non plus.

Depuis le départ surélevé, ceux qui frappent court aligneront leur jeu entre les 2 bunkers de fairway. Ceux qui frappent long survoleront la fosse de gauche pour atteindre un plateau, obtenant une excellente trajectoire jusqu'au green. À l'approche de ce dernier, un monticule protège l'avant-gauche et renvoie toute balle trop courte sur la droite. À cause d'un bunker à gauche, on ne sera en sécurité que lorsque le drapeau est placé en haut, sur la droite.

Ce green est l'un des plus rapides du parcours et peut s'avérer difficile à lire. Tout putt de l'avant vers l'arrière partira vers la mer. On trouve difficilement mieux. Coriace. Pittoresque. Impressionnant. **TJ**

N° ❸ WENTWORTH CLUB (PARCOURS OUEST)

Parcours : Wentworth Club (parcours ouest)

Situé à : Virginia Water, Surrey, Angleterre

Trou : n° 3

Longueur : 408 m

Par : 4

Architectes : Harry S. Colt, Charles Alison

À savoir : Au cours des deux dernières (1998-2000) de ses 3 victoires consécutives du Volvo PGA Championship (un record !), Colin Montgomerie a terminé à 35 sous le par sur le parcours ouest de Wentworth – 1 au-dessus du par sur le difficile n° 3 et 36 en dessous sur les 17 autres trous.

Aucun trou de ce parcours, souvent baptisé la Route de Birmanie à cause de sa longueur et de sa difficulté, ne mérite plus ce surnom que le n° 3, le plus difficile du parcours ouest. Dès le départ, on doit jouer un long coup tout en montée, face au vent dominant, et l'on devra s'employer à éviter le bunker au centre du fairway. Afin d'atteindre en 2 coups un green caractéristique, à 3 niveaux, protégé par des bunkers sur la droite comme sur la gauche, on aura besoin d'un fer bien frappé visant l'endroit approprié.

Selon la position du drapeau, la distance entre le premier et le dernier niveau peut atteindre 3 clubs, et même si ces niveaux se sont quelque peu atténués ces dernières années, on a souvent besoin de 3 putts. Il n'y a pas de honte à réaliser un bogey ici, et si l'on assure le par, on aura le sentiment d'avoir accompli un birdie.

Il suffit de consulter les joueurs du championnat mondial de match-play, qui se déroule à Wentworth chaque année. Depuis son inauguration en 1964, les meilleurs professionnels au monde ont réalisé ici 5 fois plus de bogeys que de birdies. **KA**

CI-CONTRE *Le troisième trou de Wentworth.*

À DROITE *Sortie de bunker pour l'Écossais Colin Montgomerie sur le n° 3 de Wentworth, en mai 2004.*

Parcours : Lahinch Golf Club

Situé à : Lahinch, comté de Clare, Irlande

Trou : n° 3

Longueur : 384 m

Par : 4

Architectes : Tom Morris senior, George Gibson, Alister MacKenzie, Martin Hawtree

À savoir : Le vieux parcours de Lahinch accueille depuis ses débuts en 1895 l'Open amateur du sud de l'Irlande, le plus ancien championnat régional du pays. Parmi ses vainqueurs, on compte Padraig Harrington, Darren Clarke et Paul McGinley.

N° ❸ LAHINCH GOLF CLUB

Le n° 3 du Lahinch Golf Club était le n° 4 jusqu'à une rénovation intense, complétée en 2003 par l'architecte Martin Hawtree. Il suit le littoral et sert d'introduction, charmante mais ardue, au légendaire duo où les coups sont aveugles, le Klondyke (n° 4, par 5) et le Dell (n° 5, par 3), vénérés par certains et honnis par de nombreux autres.

On aurait cependant beaucoup de mal à se plaindre du n° 3. Depuis le départ, le terrain s'élève jusqu'au sommet d'une immense dune, que seul un drive bien frappé pourra atteindre. Une fois sur cette hauteur, les joueurs peuvent enfin apercevoir le green, bien situé. Pour le rejoindre, le coup d'approche doit dépasser une zone au terrain accidenté, où les bosses et creux remplacent tout à coup le fairway. Le green, peu profond, présente ses propres difficultés, car il se termine en pente abrupte de tous les côtés et est protégé par un bunker caché sur l'avant-gauche. Les vents changeants provenant de l'Atlantique compliquent encore les choses.

Si vous désirez découvrir un parcours romantique, Lahinch vous comblera : un parcours exceptionnel, un cadre splendide en bord de mer, une histoire riche, les ruines d'un château. On y trouve même un troupeau de chèvres déambulant le long des dunes. **KA**

Parcours : The Okanagan Golf Club (parcours de l'Ours)

Situé à : Kelowna, Colombie-Britannique, Canada

Trou : n° 3

Longueur : 414 m

Par : 4

Architecte : Jack Nicklaus

À savoir : L'Okonagan offre deux 18 trous. Le parcours de la Caille (*Quail Course*) et ses fairways bordés d'arbres se déroulent autour d'une montagne. Le parcours de l'Ours (*Bear Course*), dessiné par Jack Nicklaus, est pourvu de divers trous mémorables, dont le n° 3.

N° ❸ THE OKANAGAN GOLF CLUB (PARCOURS DE L'OURS)

Ce par 4 est emblématique du parcours de l'Ours, à la fois par sa difficulté et ses paysages. L'aire de départ, très surélevée, permet de découvrir la vallée de l'Okonagan ainsi qu'une partie du danger qui guette. C'est le troisième trou le plus difficile du parcours, sa complexité étant indépendante de sa longueur. Jouez-le intelligemment.

Le coup de départ effectue un dénivelé de 30 m jusqu'au fairway, et la descente ne s'arrête pas là. Le fairway, très étroit, est doté d'un gros monticule et d'un hors-limite sur la droite, des arbres et un bunker étant collés au côté gauche. Le deuxième coup se joue aussi en descente, en direction d'un green à 2 niveaux, protégé par un vaste bunker sur le devant, à droite. Les employés de la boutique du club aiment déclarer que « le danger guette à l'arrière, à droite et à gauche ». Le meilleur est encore de trouver le green.

Celui-ci est relativement plat et sans difficulté excessive. La partie délicate consiste à l'atteindre. 4 séries de départs sont offertes, éloignées de 291 m à 414 m. Conçu par la compagnie de Jack Nicklaus et construit en 1998, le parcours de l'Ours est un chef-d'œuvre, un 18 trous de 6 309 m. **TJ**

Parcours : Waterville Golf Club

Situé à : Waterville, comté de Kerry, Irlande

Trou : n° 3

Longueur : 381 m

Par : 4

Architectes : John A. Mulcahy, Eddie Hackett

À savoir : Waterville est réputé pour son histoire et son golf, tous deux exceptionnels. Le 21 mai 1927, Charles A. Lindbergh a survolé Waterville au cours du premier vol sans escale entre New York et Paris. Non, il n'avait pas emporté ses clubs de golf.

N° ❸ WATERVILLE GOLF CLUB

Fondé en 1889, le club de Waterville est l'un des plus anciens des îles Britanniques. Et c'est non seulement l'un des meilleurs d'Irlande, mais aussi du monde entier. Le premier 9 est considéré comme le plus facile, le dernier 9 étant, lui, ardu. Bon, très ardu. Mais cela ne signifie pas que le premier 9 soit dépourvu de défis.

On démarrera relativement en douceur, grâce aux deux premiers trous, même si le n° 2 est le par 4 le plus long du parcours, à 388 m. Le n° 3 vous accueille officiellement à Waterville. Surnommé « Innyside », ce par 4 est le troisième trou le plus difficile du parcours. L'espace est réduit au niveau de la zone d'arrivée de la balle, ainsi d'ailleurs que sur le reste du fairway. On trouve des bunkers des deux côtés et une crique sur la droite. Le coude du dogleg est à environ 45 m avant un green en bordure de crique, protégé par un autre bunker sur la gauche.

C'est tout simplement un splendide trou de golf, qui peut s'avérer particulièrement difficile lorsque le vent se met de la partie.

Le parcours d'origine est un par 72 de 6 583 m (6 035 depuis les départs moyens) en links.

Waterville est si difficile que le dicton prétend : « Quiconque peut vaincre Waterville peut jouer n'importe quel parcours de golf au monde. » **TJ**

N° ❸ NATIONAL GOLF LINKS OF AMERICA

Parcours : National Golf Links of America

Situé à : Southampton, État de New York, États-Unis

Trou : n° 3

Longueur : 389 m

Par : 4

Architecte : Charles Blair Macdonald

À savoir : Ce parcours de style links écossais est un vrai classique, offrant de nombreux dangers. L'eau est en jeu, on y trouve des coups aveugles, et plus de 350 bunkers. Amenez quelques balles supplémentaires...

CI-DESSOUS *Le troisième trou du National Golf Links of America.*

Après deux courts pars 4 (299 et 301 m depuis les départs arrière), le National Golf Links montre ses dents. Le n° 3 est le plus difficile du parcours et mesure entre 345 et 389 m.

Lorsque fut construit ce trou, surnommé les « Alpes », on avait à l'esprit celles de Prestwick. Macdonald a totalement réussi. Difficile de faire plus mémorable que ce chef-d'œuvre. Le coup d'approche doit franchir un grand mamelon recouvert de fétuque jusqu'au green, large de presque 32 m. Si on le manque, il y a un peu d'espace sur le devant. Mais on trouve aussi de grands bunkers des deux côtés du fairway, en route vers le green.

L'un d'entre eux est une plage de sable en forme de V, qui peut se trouver dans votre ligne de jeu vers le green, à 228 m du départ environ. À quel degré ce coup est-il aveugle ? Une fois sur le green, si on se retourne vers le départ, on verra très peu de fairway. Ne vous imaginez pourtant pas avoir terminé parce que vous l'avez atteint. 3 putts (voire 4, nombre redouté) sont fréquents ici. **TJ**

N° ❸ THE OLYMPIC CLUB (PARCOURS DU LAC)

Parcours : The Olympic Club (parcours du Lac)

Situé à : San Francisco, Californie, États-Unis

Trou : n° 3

Longueur : 204 m

Par : 4

Architectes : Willie Watson, Sam Whiting, Robert Trent Jones senior

À savoir : Malgré son nom, on ne trouve aucun obstacle d'eau sur le parcours du Lac (baptisé en l'honneur du lac Merced voisin) et seulement un bunker de fairway.

Bien que les 4 derniers trous de l'Olympic soient craints, le segment le plus difficile du parcours du Lac s'étend peut-être du n° 2 au n° 5, surnommé Earthquake Corner, le coin des tremblements de terre, et qui peut dès le départ gâcher une partie.

Le green en montée du n° 3 est incliné de droite à gauche et protégé de près par des bunkers des deux côtés, exigeant un long coup de départ précis.

Le club a accueilli 4 US Opens (1955, 1966, 1987 et 1998), et est devenu plus ardu en 1953, sous la houlette de Robert Trent Jones senior, en préparation de l'Open de 1955, inoubliable pour la façon surprenante dont Jack Fleck l'emporta sur le grand Ben Hogan. Et le n° 3 joua un rôle primordial dans cette compétition, procurant à Fleck une avance importante tôt dans le play-off. Après qu'Hogan eut habilement frappé un fer 2 depuis le départ pour placer la balle à 1 m du drapeau, Fleck rentra la sienne depuis une distance de plus de 6 m et réalisa un birdie. Abasourdi, Hogan, habituellement imperturbable, manqua son court putt, décrocha, et donna à Fleck l'assurance dont il avait besoin pour ce qui serait sa première victoire professionnelle (parmi 3 seulement au cours de sa carrière). **KA**

Parcours : Portsalon Golf Club

Situé à : Portsalon, Letterkenny, Donegal, Irlande

Trou : n° 3

Longueur : 325 m

Par : 4

Architectes : Dame Nature, Pat Ruddy

À savoir : Ce club de golf est situé dans l'un des plus beaux coins d'Irlande, sur la péninsule Fanad du Lough Swilly, entre la plage de Ballymostocker Bay et le massif de Knockalla. La plage a récemment été élue la deuxième plus belle au monde.

N° ❸ PORTSALON GOLF CLUB

Portsalon faisait autrefois partie des secrets les mieux gardés du golf irlandais. Il n'est toujours pas aussi célèbre que certains des autres joyaux de la verte Erin, mais on commence à en parler.

Ballybunion et Lahinch, deux des parcours irlandais les plus célèbres, étaient plus pittoresques et plus charmants avant que le tourisme golfique ne les découvre. Ce n'est certainement pas pour dire que ce ne sont pas de fabuleux endroits où jouer, mais il est plus difficile d'y réserver. À Portsalon, le charme demeure intact, mais si vous voulez vous y rendre avant que le reste de la planète ne le découvre, n'attendez pas.

Ce par 69 tout juste en dessous de 5 500 m enchante du début à la fin. Le parcours, dépourvu de prétention, offre cependant une merveilleuse partie de golf.

Le n° 3, qui ramène à une époque révolue, illustre de façon splendide pourquoi la magie de Portsalon est désormais de plus en plus reconnue.

Inchangé depuis 1891, ce par 4 se joue en descente le long d'une plage, jusqu'à un green protégé par deux formations rocheuses. Ce n'est pas l'un des plus difficiles, mais certainement l'un des plus pittoresques de ce parcours débordant de beauté naturelle. **TJ**

Parcours : Linville Golf Club

Situé à : Linville, Caroline du Nord, États-Unis

Trou : n° 3

Longueur : 410 m

Par : 4

Architecte : Donald Ross

À savoir : À vue d'oiseau, ce parcours est en forme d'Y irrégulier, une branche longeant le torrent de Grandmother Creek à travers un étroit vallon. L'autre branche, plus longue, s'étend vers le lac Kawana.

N° ❸ LINVILLE GOLF CLUB

On sera peut-être surpris d'apprendre que c'est ici qu'est né le golf en Caroline du Nord : le parcours original de Linville, conçu et construit par la famille McRae en 1895, précède de 3 ans les premiers trous de Pinehurst, plus célèbre. Le parcours McRae fut remplacé en 1924 par un tracé du légendaire Donald Ross et demeure l'un des parcours de montagne les plus respectés du pays.

Dans un État abritant de nombreuses œuvres de Ross – 43 exactement –, Linville compte parmi les 16 ouverts au public. Ce parcours traditionnel, situé dans une vallée au pied de Grandfather Mountain, offre de nombreux dénivelés, divers fairways inclinés et de petits greens rapides.

Le n° 3 est le trou emblématique de Linville, un long par 4 que traverse deux fois un joli torrent rempli de truites. Les golfeurs doivent faire franchir la crête d'une colline à un coup de départ bien frappé afin de rejoindre un vallon. Ils suivront d'un deuxième coup en montée, survolant le torrent avant d'atteindre un petit green dépourvu de bunker, mais ne manquant pas de pente.

Bobby Weed a récemment remodelé le parcours, ajoutant un nouveau système d'irrigation, agrandissant les aires de départ et remplaçant les sentiers ainsi que divers ponts. **KA**

N° ❸ CARNOUSTIE GOLF LINKS

Parcours : Carnoustie Golf Links
Situé à : Carnoustie, Angus, Écosse
Trou : n° 3
Longueur : 312 m
Par : 4
Architectes : Allan Robertson, Tom Morris senior

À savoir : James Braid, qui remporta 5 fois le British Open, fut chargé en 1926 d'apporter toute modification qu'il jugerait nécessaire afin de transformer Carnoustie en parcours de championnat. Il déplaça l'aire de départ du n° 3 jusqu'à son emplacement actuel, en hauteur, au sommet des dunes.

Baptisé *Jockie's Burn* (le « ruisseau de Jockie »), le n° 3 de Carnoustie est le point le plus élevé du parcours, offrant une vue mémorable sur la baie de Carnoustie et la mer du Nord à droite, et sur les links à gauche.

Au cours de son évolution, ce trou a non seulement atteint de nouvelles hauteurs mais s'est aussi transformé en dogleg. C'est désormais l'un des plus trompeurs du parcours – ainsi que l'un des plus enchanteurs.

Selon l'opinion de certains professionnels du club, « si réaliser un bon résultat au n° 2 revient à se bagarrer avec un poids lourd, réaliser le par au n° 3, c'est comme percer un coffre-fort, cela demande de la patience, de la ruse, et des nerfs d'acier ! »

Depuis le départ, une vue assez dégagée vous permet de vous aligner sur une bonne cible. Mais les problèmes vous attendent sur le fairway – 2 bunkers à environ 115 m du green et 2 autres encore à 79 m.

Le green, incliné, est protégé sur le devant par le dangereux Jockie's Burn. La gauche, avec son bunker profond, ne vaut pas beaucoup mieux. Ni la droite d'ailleurs, avec son épaisse végétation. Mieux vaut viser droit.

On trouve 5 ensembles de départs, éloignés de 275 m à 312 m. **TJ**

Parcours : Kingston Heath Golf Club

Situé à : Cheltenham, Victoria, Australie

Trou : n° 3

Longueur : 270 m

Par : 4

Architectes : D. G. Soutar, Alister MacKenzie

À savoir : Ce court dogleg virant légèrement vers la droite est d'une difficulté diabolique qui exige un bois de parcours ou un long fer précis depuis le départ, suivi d'un pitch habile jusqu'à un petit green en hauteur entouré de bunkers ainsi que d'une profonde dépression à l'arrière.

N° ❸

KINGSTON HEATH GOLF CLUB

Peter Thomson, 5 fois vainqueur du British Open, compte Kingston Heath parmi ses parcours préférés, et l'Australien classe ce par 4 parmi les meilleurs trous du parcours. « On ne construit plus de trous de cette longueur », écrit-il dans son histoire du club, regrettant cette évolution et qualifiant le n° 3 de « vrai bijou ».

Oui, le drive peut atteindre le green, particulièrement en ces temps de titane de haute technologie et d'uréthane frappant long. Mais les pénalités sont sévères si on le rate, particulièrement lorsqu'on prend en compte les 2 bunkers sur la gauche du green et les 5 autres constituant le sinistre complexe de droite.

Le green est souvent ferme et rapide, et un coup d'approche, parfait en apparence, qui sort du green par l'arrière ne surprend personne. La longueur du n° 3, ou, plus exactement, son manque de distance, en fait un trou de play-off exceptionnel, où les joueurs sont tentés de frapper leur drive en fade aussi près que possible du green alors qu'un fer 4 frappé sèchement fonctionnerait tout aussi bien. **JS**

N° ❸ GULLANE GOLF CLUB (PARCOURS N° 1)

Parcours : Gullane Golf Club (parcours n° 1)

Situé à : Gullane, East Lothian, Écosse

Trou : n° 3

Longueur : 453 m

Par : 5

Architecte : Willie Park junior

À savoir : L'histoire du golf est longue et haute en couleurs à Gullane. Il est attesté que, dès 1650, des groupes de tisserands de Dirleton et Aberlady, villages des environs, se rencontraient ici pour leur partie de golf annuelle.

Un groupe de fermiers a formé le East Lothian Club en 1859, et c'est à partir de leurs rangs que le Gullane Golf Club a été créé en 1882 sur la rive du Firth of Forth. Le parcours n° 1, le plus difficile des 3 links de Gullane, accueille fréquemment les finales de qualification du British Open.

Les 6 premiers trous de Gullane suivent une ascension vers la colline de Gullane Hill, et vers le n° 7, décrit par Bernard Darwin, journaliste de golf réputé et petit-fils de Charles Darwin, comme « l'un des plus beaux paysages du golf », qui, par temps dégagé, offre un spectaculaire panorama sur les Lammermuir Hills, Bass Rock et, au-delà du Firth of Forth, sur Édimbourg et Fige.

Avant de l'atteindre, on doit cependant dépasser le n° 3, un par 5 droit qui, malgré une légère montée, est sur un terrain si plat que le trou est surnommé *Race Course*, « le trou qu'on joue à toute allure ». Mais ne vous laissez pas duper par ce nom. On doit se méfier des obstacles – une douzaine de bunkers éparpillés le long de l'étroit fairway. Le green surélevé, légèrement incliné de droite à gauche, est protégé par 2 autres profonds bunkers, l'un à gauche et l'autre à l'avant-droit. **KA**

N° 3 — PRESTWICK GOLF CLUB
(VIEUX PARCOURS)

Parcours : Prestwick Golf Club (vieux parcours)
Situé à : Prestwick, Ayrshire, Écosse
Trou : n° 3
Longueur : 440 m
Par : 5
Architecte : Tom Morris senior
À savoir : Prestwick, qui a accueilli le British Amateur une douzaine de fois depuis 1888, est aussi le site de nombreuses autres manifestations professionnelles.

On dit que c'est la compétition qui fait ressortir ce que nous avons de meilleur. C'est le cas dans le domaine des affaires, du golf, et parfois des parcours de golf, comme ici à Prestwick. Situé à 30 minutes au sud-ouest de Glasgow, le Prestwick Golf Club n'est pas le seul digne de considération, mais on peut le comparer aux meilleurs.

Prestwick partage ce segment du littoral d'Ayshire, parfaitement adapté aux terrains de golf, avec Turnberry, Kilmarnock (Barassie), Glasgow Gailes, Western Gailes et Irvine Bogside. De fait, il a des frontières communes avec Royal Troon. Le choix est vaste dans la région, et l'atmosphère détendue et accueillante de Prestwick en fait un excellent choix. Sans oublier son parcours, excellent lui aussi.

Le n° 3 du vieux parcours de Prestwick est un par 5 de 440 m, parfaitement placé dans la partie. On peut s'échauffer au cours des 2 premiers trous pour le « Cardinal », un trou qui n'est pas trop long, mais qui présente de multiples périls depuis le départ jusqu'au green.

On démarre la partie progressivement, avec le *Railway*, un par 4 qui est le neuvième trou le plus difficile du parcours. Suit le « Tunnel », un trou de 152 m, le deuxième le plus facile du terrain. Il vaut tout de même mieux que les golfeurs se soient bien échauffés après ces 2 premières épreuves, car le cardinal est le trou le plus ardu du vieux parcours.

Le n° 3 exige 5 coups d'une précision extrême, et si par chance vous tentez de toucher au but en 4 coups, vous aurez accompli une chose rare. Ce n'est pas la distance qui protège le Cardinal, mais l'eau du Pow, un ruisseau qui borde le trou sur la gauche et que le coup d'approche doit franchir. On fait aussi face lors de chaque coup à des dépressions très gênantes, sans parler des vastes bunkers qui interviennent dès le départ.

Et même si votre balle échappe à l'un des obstacles artificiels, ou au cours d'eau sinueux, les broussailles, ajoncs et autres destinations désagréables attendent les coups incontrôlables.

Le green même est entouré de bunkers, dépressions et ajoncs, et la bonne stratégie consiste donc en 5 coups prudents afin de réaliser le par. Une fois ceci accompli, dirigez-vous vers le trou du « Pont » et reprenez haleine. **JB**

CI-DESSOUS *Le troisième trou de Prestwick.*

CI-CONTRE *Sortie de bunker pour le Gallois Ian Campbell à Prestwick en juin 2001.*

N° ❸ TROON NORTH GOLF CLUB
(PARCOURS DU MONUMENT)

Parcours : Troon North Golf Club (parcours du Monument)

Situé à : Scottsdale, Arizona, États-Unis

Trou : n° 3

Longueur : 515 m

Par : 5

Architectes : Tom Weiskopf, Jay Morrish

À savoir : Ce trou est surnommé le « Monument », tout comme le parcours. Nom emblématique d'un trou emblématique.

Le n° 3 du parcours du Monument de Troon North appartient à une série de pars 5 attirant l'attention. Ce n'est probablement pas le meilleur d'entre eux – titre qui revient au n° 11, la « Selle ». Mais le n° 3, le « Monument » – en l'honneur d'un rocher gigantesque situé sur le tracé –, est une autre révélation.

Sur ce par 5 de 515 m, on doit esquiver le rocher gigantesque ancré au milieu du fairway, à 239 m des départs arrière. Les obstacles ne manquent pas sur ce trou comme sur le parcours, mais ce rocher est le plus célèbre d'entre eux. Au cours de la construction, après avoir tenté, sans succès, de le déplacer, alors que la ville de Scottsdale désirait qu'il reste en place, Tom Weiskopf et Jay Morrish, les architectes, finirent par incorporer cette merveille naturelle à leur dessin. C'est un trou fascinant, où de nombreuses prises de risque sont récompensées.

Le « Monument », appartenant au segment du Troon North qui se trouve dans le désert, au nord de Scottsdale, et s'étendant au milieu des ravins naturels et des contreforts du désert de Sonora au pied de Pinnacle Peak, représente le summum du golf désertique.

Ce par 72, parcours d'origine du club, se déploie sur 6 426 m. Le parcours du Pinnacle, ajouté en 1995, mesure lui 6 441 m. Les deux tracés vous mettront à l'épreuve avec leurs oueds, leurs immenses cactus saguaros, leurs arroyos, leurs achimènes, leurs *Prosopis* et leurs fairways luxuriants, cachés pour certains derrière des rochers, monticules et bunkers. N'oublions pas les greens, spacieux et ondoyants. De nombreuses aires de départ ressemblent, elles, à des piédestaux perchés au-dessus des fairways.

Les défis et les paysages de Troon North sont exquis, et le service excellent. On vous accueille merveilleusement dès votre arrivée au club, et après avoir joué le n° 1 de 406 m et le n° 2, un par 3 de 157 m, le « Monument » et ses plaisirs vous attendent. Après seulement 3 trous, on sait que c'est là une partie de golf exceptionnelle. Ce club, situé sur Dynamite Boulevard, offre une expérience explosive.

Morrish a indiqué, une fois le projet terminé, que le Monument comptait parmi ses parcours préférés. « Troon North est à coup sûr un terrain merveilleux et le parcours du Monument est l'une des commandes les plus agréables que j'aie jamais reçues, déclara-t-il. Les propriétaires nous ont laissé champ libre. Ils voulaient juste que nous les informions une fois que nous en aurions terminé. » **JB**

CI-CONTRE *Le troisième trou de Troon North.*

N° ❸ CROWN COLONY COUNTRY CLUB

Parcours : Crown Colony Country Club

Situé à : Lufkin, Texas, États-Unis

Trou : n° 3

Longueur : 533 m

Par : 5

Architectes : Bruce Devlin, Robert Von Hagge

À savoir : Ce sont les activités de plein air qui comptent à Lufkin, et pas seulement le golf. La ville est située entre les forêts nationales Davy Crockett et Angelina, et on trouve aussi près de là le lac Sam Rayburn, renommé pour sa pêche à la perche et offrant plus de 920 km de rives.

À cause du caractère huppé du Crown Colony Country Club, rares sont les joueurs qui ont la chance de s'aventurer sur ce parcours au milieu du splendide bois de Piney Woods, dans l'est du Texas. Mais il est souvent considéré comme l'un des plus beaux tracés d'un État qui vénère les concepts de grandeur et d'âpreté.

Le n° 3 de Crown Colony répond certainement à ces deux critères. On ne trouve probablement pas trou plus coriace dans tout l'État du Texas. Du début à la fin, ce long par 5 offre du danger en quantité ainsi que la possibilité d'inscrire un par bien mérité sur sa carte de score.

Depuis les départs arrière, le premier coup doit franchir 205 m pour survoler un lac aux contours sinueux que l'on retrouve tout du long du côté gauche du trou, puis qui s'enroule autour de la péninsule du green. Le fairway descend en pente vers l'eau avant de rétrécir aux abords du green. Le coup le plus sage consiste à poser la balle à 128 m, pour préparer le troisième coup en direction du green en forme de L. La marge d'erreur est réduite – en plus de l'eau sur la gauche, le green est aussi protégé par un bunker sur le devant, à droite, qui empêche de jouer la sécurité.

Les cow-boys atteignant ce green en 2 coups sont rares. **KA**

N° ❸ SYCAMORE HILLS (PARCOURS SUD)

Parcours : Sycamore Hills (parcours sud)
Situé à : Macomb, Michigan, États-Unis
Trou : n° 3
Longueur : 434 m
Par : 5
Architecte : Jerry Matthews
À savoir : On a placé une pancarte au niveau du coude de ce dogleg de 434 m, indiquant « 116 m jusqu'à la rivière en suivant la ligne centrale du fairway ». Et assurez-vous d'ajouter à cela 17 m afin de franchir ladite rivière.

Ce club huppé très fréquenté n'est qu'à un coup de sand wedge de Détroit et offre trois 9 trous. Le parcours sud est le plus difficile des trois car il est très boisé et doté de fairways très étroits. Le n° 3, un par 5, illustre parfaitement ces deux caractéristiques.

Dès le départ, il met à l'épreuve les joueurs de tous niveaux. Une fois sur l'aire de départ, on découvre les bois des deux côtés. Frappez à droite et vous ne retrouverez jamais votre balle. Ce ne sera pas le cas à gauche : vous retrouverez peut-être votre balle mais vous le regretterez.

Le coup de départ doit franchir plus de 205 m afin d'atteindre le coude. Et ne songez même pas à rejoindre le green en 2 coups. Réservez vos efforts héroïques à un autre trou.

Selon l'endroit où atterrit le coup de départ, on aura probablement besoin de 119 à 146 m pour franchir la rivière Clinton. Comme si l'étroitesse du fairway et les arbres ne suffisaient pas, Jerry Matthews a décidé d'ajouter une rivière. En réalité, c'est Dame Nature qui s'en est chargée. Matthews se contente de vous obliger à la franchir.

Elle peut entrer en jeu dès le départ si la balle part trop à droite. On trouve 3 bunkers de fairway de l'autre côté de la rivière, vers la droite. 2 autres protègent le vaste green. **TJ**

N° ❸ LE BALTRAY

Parcours : Le Baltray
Situé à : Baltray, Drogheda, comté de Louth, Irlande
Trou : n° 3
Longueur : 497 m
Par : 5
Architecte : Tom Simpson
À savoir : Aussi connu sous le nom de County Louth, le Baltray est considéré comme l'un des meilleurs parcours d'Irlande. Il est situé entre le Royal County Down de Newcastle et Portmarnock au nord de Dublin.

De nombreux parcours de golf – même les meilleurs – subissent des changements au fil des ans. Le Baltray ne déroge pas à cette règle, même si c'est dans une moindre mesure. Et pour une bonne raison. Rien ne mérite vraiment de changer. Et on aperçoit encore des traces du merveilleux travail accompli par Tom Simpson en 1892.

Nul besoin d'aller beaucoup plus loin que le par 5 qu'est le troisième trou. On devine encore le cachet authentique de l'architecte sur ce trou ardu, où la difficulté adopte diverses formes. Il est tout d'abord long, et il faudra se confronter au vent. Puis vient le troisième coup, aveugle, au-dessus d'une bosse. Et finalement, on essaie de poser la balle sur un très petit green.

Avec ses 6 200 m, le parcours présente une longueur considérable, particulièrement lorsqu'on considère les obstacles naturels des links : vents forts et rough important. On se doit de tenir compte de ces deux facteurs, car le score que l'on inscrira sur sa carte en fin de partie en dépend. Dans un article du *Golfers Companion* de 1962, le parcours est décrit comme « un paysage vierge, en bord de mer, avec d'imposantes dunes, un rough assassin, et une série de longs trous qui exigent une frappe puissante ». **TJ**

N° ❸ THE DE VERE BELFRY
(PARCOURS BRABAZON)

Parcours : The De Vere Belfry (parcours Brabazon)

Situé à : Wishaw, Warwickshire, Angleterre

Trou : n° 3

Longueur : 492 m

Par : 5

Architectes : Dave Thomas, Peter Alliss

À savoir : Avant la Ryder Cup de 2001, le n° 3 s'est transformé en dogleg à gauche, un par 5 doté de nouveaux bunkers autour du green. Autrefois par 4 ordinaire, c'est désormais l'un des meilleurs trous du parcours.

Le club du Belfry abrite le parcours du Derby et le parcours national de la PGA.

Atteindre ce trou en 2 coups est difficile mais possible. Un drive le long du fairway sur la gauche, évitant le bunker, vous en donne la possibilité. Si vous atterrissez dans le rough, le bunker ou les arbres, n'y pensez plus.

On doit aussi pouvoir jouer long, l'objectif étant de se retrouver à une distance de 182-210 m du green dès le second coup. Un drive raté n'atteignant même pas la marque des 256 m vous obligera à jouer court avec un fer moyen le coup d'après, puis à un chip jusqu'au green.

Le second coup long jusqu'au green est réservé à ceux qui peuvent compter sur leur bois de parcours. On est en effet confronté à divers problèmes lorsqu'on aligne un coup long : le green est étroit et très incliné, on doit franchir l'eau et éviter un bunker qui pourrait facilement coûter 2 coups. Si cela ne vous fait pas peur, prenez votre élan. Et bonne chance.

On trouve de l'eau en quantité sur ce parcours, y compris sur le n° 3. Présente sur le devant et sur la gauche du green, vous devrez la franchir avant d'atteindre celui-ci. Mieux vaut jouer à droite qu'à gauche sur ce trou. **TJ**

Parcours : Alwoodley Golf Club
Situé à : Leeds, Yorkshire, Angleterre
Trou : n° 3
Longueur : 466 m
Par : 5
Architectes : Harry S. Colt, Alister MacKenzie

À savoir : Alwoodley est le premier parcours qu'ait dessiné Alister MacKenzie, le célèbre architecte. Il fut inauguré en 1907, et c'est l'un des meilleurs parcours d'arrière-pays de Grande-Bretagne.

N° ❸ ALWOODLEY GOLF CLUB

On pourrait dire que le club d'Alwoodley résulte de la rencontre de deux esprits. Plus précisément deux grands esprits du golf, d'environ le même âge, ayant tous deux étudié à Cambridge, qui se sont rencontrés pour parler d'Alwoodley, puis ont collaboré à sa construction.

Alister MacKenzie était le secrétaire du club quand Harry S. Colt – déjà un architecte de golf établi – fut chargé de dessiner le parcours. Mais lorsque Colt et MacKenzie se réunirent pour en discuter, Colt persuada immédiatement MacKenzie de l'aider dans sa tâche. Ce fut le début d'une éminente carrière d'architecte de golf.

MacKenzie abandonna son cabinet de médecin et passa le quart de siècle suivant à dessiner des parcours de golf dans le monde entier. Parmi ses chefs-d'œuvre, on compte l'Augusta National, le Royal Melbourne et le Crystal Downs, mais aucun d'entre eux n'aurait vu le jour sans une conversation convaincante avec un autre diplômé de Cambridge.

Le parcours d'Alwoodley est dessiné sur la lande de Wigton Moor, et est pourvu de souples fairways découpés dans la bruyère, les ajoncs et les buissons. D'une grande beauté naturelle, il est aussi caractérisé par des bunkers placés de façon stratégique et des greens ondoyants.

Et le n° 3 d'Alwoodley, bien que n'étant ni le plus beau, ni même le plus coriace des trous conçus par MacKenzie, demeure pourtant intéressant. En premier lieu, le drive doit franchir le fairway du 16 pour retomber sur celui du n° 3. Il est rare au golf que l'on doive traverser un fairway, et encore plus sur un parcours aussi réputé que celui d'Alwoodley. On trouve le seul obstacle du n° 3, un bunker qui ne pose en réalité pas grande difficulté, à un peu plus de 182 m du départ. Il encadre la zone d'arrivée de la balle, et procure une certaine perspective depuis le départ, mais son effet principal demeure symbolique.

Ne vous laissez pas duper par cette apparente simplicité. C'est un trou subtil rendu plus difficile par le faux sentiment de sécurité qu'il procure. Colt et MacKenzie savaient que le vent prédominant souffle presque toujours dans le dos des golfeurs sur le n° 3, et avec un fairway et son green, inclinés tous les deux, on doit parfaitement placer son deuxième coup pour que le troisième puisse approcher du trou.

Le green du 3 est demeuré inchangé depuis sa conception en 1907. De fait, tous les greens du parcours sont fidèles au dessin original, sauf les 10 et 11 qui ont été légèrement remodelés. **JB**

CI-CONTRE *Deux vues du troisième trou d'Alwoodley.*

Parcours : Durban Country Club (parcours du Country Club)

Situé à : Durban, Natal, Afrique du Sud

Trou : n° 3

Longueur : 469 m

Par : 5

Architectes : George Waterman, Laurie Waters

À savoir : Gary Player a remporté au Durban Country Club le premier de ses 13 Opens d'Afrique du Sud, une manifestation plus ancienne que l'US Open. Il détient aussi le record du parcours, une partie de 64 réalisée en 1969.

N° ❸ DURBAN COUNTRY CLUB
(PARCOURS DU COUNTRY CLUB)

Peu de vues sont aussi effrayantes au golf que celle que l'on découvre depuis l'aire de départ du n° 3 de Durban, surplombant de 18 m une couche verte parsemée de dunes difficile à décrire. L'architecte Tom Doak s'y est essayé, déclarant qu'on avait l'impression « d'observer l'intérieur du canon d'un fusil ». Doak a peut-être exagéré le danger présent, mais légèrement seulement en termes de golf.

Le n° 3 est le trou le plus célèbre du parcours le plus réputé d'Afrique du Sud. Situé dans une vallée, son aspect inégal provient des innombrables dunes occupant le fairway. Le trou est submergé dans la vallée (à l'exception de l'aire de départ), et même s'il suit une ligne droite, lorsqu'on aperçoit toutes les dunes, il est impossible de considérer que ce fairway constitue un chemin rectiligne vers quoi que ce soit.

Un drive placé sur le fairway est absolument essentiel mais ne garantit pas le succès. Oui, on aura alors évité les broussailles épaisses sur la droite et les dunes sur la gauche, mais demeure un bunker qui empiète très subtilement sur le côté gauche du fairway, à l'endroit que devrait atteindre un long frappeur.

On doit ensuite décider de tenter d'atteindre le green en 2 coups ou non. La distance ne dissuade plus les meilleurs joueurs aujourd'hui, mais c'est un coup où la prise de risque est récompensée, l'accent étant mis ici sur la notion de risque. Le green est surélevé, incliné, et si la balle n'atterrit pas en douceur, elle finira probablement sa course sur la dune à l'arrière. Si c'est le cas, le par sera extrêmement difficile.

Le n° 3 de Durban, une épreuve ardue par le temps le plus clément, est encore plus difficile lorsque le vent souffle depuis l'océan – la plupart du temps, comme on l'a déjà deviné.

La riche tradition du golf remonte à des décennies en Afrique du Sud. Ce pays a produit de nombreux champions dont Gary Player et Ernie Els. Mais, parmi tout ce que l'Afrique du Sud a offert au monde du golf, le magnifique n° 3 de Durban est peut-être le plus beau des cadeaux. **JB**

N° ❸ GOLF D'EL SALER

Parcours : golf d'El Saler
Situé à : Olivia, Valence, Espagne
Trou : n° 3
Longueur : 488 m
Par : 5
Architecte : Javier Arana
À savoir : El Saler a accueilli de nombreux Opens d'Espagne et est considéré comme l'un des deux meilleurs terrains de golf d'Europe continentale.

On néglige parfois cette partie du sud-est de l'Espagne à cause de toute l'attention que l'on prête (à juste titre) à la Costa del Sol, plus au sud. Valence ne possède peut-être pas la quantité de parcours de golf dont jouit la Costa del Sol, mais elle compense ce manque par la renommée rayonnante d'El Saler.

Javier Arana prenait le golf très au sérieux, et avait à l'esprit les grandes traditions du jeu lorsqu'il conçut El Saler. Le parcours, qu'il dessina en hommage au jeu écossais, est généralement considéré comme le rival de Valderrama pour le titre de meilleur parcours d'Europe.

Même si ses trous sont disposés en links, il offre aussi un style unique de parcours boisé. De fait, 10 de ses trous traversent la forêt, tandis que les 8 autres sont situés en bord de mer, sur le golfe de Valence.

Le n° 3, un par 5, est l'un de ceux à l'intérieur des terres ; c'est un dogleg à gauche, orienté au nord, au milieu des chênes et des pins. À 488 m, il n'est pas trop long, mais atteindre le green en 2 coups ne va pas de soi. On a tout d'abord besoin d'un solide coup de départ pour atteindre le dogleg. La distance est donc un problème. On doit ensuite faire preuve de précision dès le départ, à cause des bunkers et d'une forêt omniprésente où se glisse le fairway. Ceux qui jouent long peuvent choisir de couper l'angle du dogleg, mais si la balle est trop courte et rate la cible, on abandonnera tout espoir de bon score.

Présumons ici que vous apparteniez au groupe des longs frappeurs, et que vous ayez négocié avec succès le dogleg dès le coup de départ. Il reste toujours entre 219 et 237 m jusqu'au green, protégé par un immense bunker allongé sur le devant et sur la droite, et par un autre plus petit sur la gauche.

Le green, comme le bunker de droite, est allongé, légèrement incliné, en biais par rapport au fairway, ce qui rend l'approche délicate, en particulier si le drapeau est placé sur le devant. Vous pouvez y aller un peu plus fort si le drapeau est à l'arrière – mais assurez-vous de frapper droit, ou la balle atterrira dans le grand bunker.

Offrant périls et un paysage magnifique, le n° 3 d'El Saler force la prise de décisions. La réflexion est indispensable sur ce trou, comme le désirait Javier Arana. **JB**

CI-DESSOUS *Darren Clarke, d'Irlande du Nord, suit du regard son troisième coup sur le n° 3 d'El Saler en avril 2001.*

Parcours : Essex County Club

Situé à : Manchester-by-the-Sea, Massachusetts, États-Unis

Trou : n° 3

Longueur : 568 m

Par : 5

Architecte : Donald Ross

À savoir : On dit que le green du n° 3 d'Essex, qui date de 1893, est l'un des plus anciens d'Amérique sur lesquels on ait joué de façon continue.

N° ❸ ESSEX COUNTY CLUB

Ce trou colossal possède de nombreux éléments qui le font s'apparenter à bien autre chose qu'une simple et longue corvée. De fait, sa longueur ne constitue pas le seul obstacle pour réaliser le par auquel sont confrontés les golfeurs.

Le premier d'entre eux, une « zone de transition » contenant sable, rochers et végétation épaisse, est situé près de la zone d'arrivée de nombreux drives. Il y a aussi un ruisseau sur la gauche et un bunker gargantuesque sur la droite, l'une des fosses de sable placées d'une façon très créative qui brisent la monotonie du long fairway.

On devra jouer 3 coups puissants afin d'atteindre le green en régulation. « En baignoire », il est doté de sa propre défense, notamment d'une dépression de 1 m de profondeur sur l'avant, à gauche, et d'un profond bunker à l'arrière-droite prêt à avaler les balles déviantes.

C'est à juste titre que Ross a particulièrement soigné le club d'Essex. Après avoir été chargé en 1908 de convertir le 9 trous existant en 18 trous de championnat, il vécut sur le parcours pendant 4 ans (1909-1913) dans une maison proche d'un bunker massif traversant les n° 15 et 16. Il termina plusieurs trous chaque année, remaniant et améliorant constamment le tracé. Son œuvre ne fut achevée qu'en 1917. **KA**

Trou ❹

La période d'échauffement est bel et bien terminée une fois le n° 4 atteint. Les golfeurs se sont détendus, assouplis, et savent désormais dans quelle forme ils se trouvent, ce que les architectes prennent en compte lorsqu'ils dessinent les trous.

Ce n'est pas par hasard si les quatrièmes trous font partie des plus exigeants des parcours. Un joueur devrait être prêt à y affronter tous les défis imaginables.

Le n° 4 des Dunes de Maui Lani, à Kahului, à Hawaï, par exemple, est un par 4 de 465 m, le quatrième du parcours et le deuxième du premier 9 par ordre de difficulté. Il suit un par 3, le trou le plus facile du parcours, et ce contraste constitue un défi qu'aucun architecte équitable n'imposerait à un joueur avant que le temps de préparation ne l'ait aguerri.

CI-CONTRE *Le quatrième trou de Banff Springs, dans l'Alberta au Canada.*

N° **4** **BALTUSROL GOLF CLUB**
(PARCOURS DU BAS)

Parcours : Baltusrol Golf Club (parcours du bas)

Situé à : Springfield, New Jersey, États-Unis

Trou : n° 4

Longueur : 177 m

Par : 3

Architecte : A. W. Tillinghast

À savoir : Robert Trent Jones senior a remodelé le parcours du Bas en 1954. Jack Nicklaus, qui remporta l'US Open à Baltusrol en 1967 et en 1980, désigne le n° 4 comme son favori parmi ceux de Jones.

CI-DESSOUS   *Le n° 4 de Baltusrol.*

CI-CONTRE   *Sortie de bunker à Baltusrol en juin 1993 pour l'Américain Dan Forsman.*

Construit à la fin du XIXᵉ siècle sur des terres arables appartenant à Baltus Roll, ce domaine du New Jersey a accueilli 15 championnats nationaux au cours des 100 dernières années. Quelque 7 US Opens et 2 Opens féminins s'y sont déroulés, Jack Nicklaus et Mickey Wright faisant partie des vainqueurs. Durant cette période, le trou n° 4 du parcours du bas fit beaucoup de victimes.

Directement confrontés à un obstacle d'eau, les joueurs ont du mal à goûter le paysage spectaculaire. Un muret de pierre impitoyable sépare cet obstacle du green à double plateau. On ne trouve aucune zone de sécurité entre le green et l'étang : il faut donc faire preuve de précision. La bataille n'est qu'à moitié gagnée une fois que la balle a atterri sur la terre ferme. Les 2 niveaux de ce green peu profond permettent en effet une grande variété d'emplacements pour le drapeau, ainsi que de nombreux putts en dénivelé.

Lorsque Jones remodela ce trou en prévision de l'US Open de 1954, les membres du club le déclarèrent trop difficile. En réponse, l'architecte invita les professionnels et deux membres à jouer avec lui sur ce par 3. Depuis les départs des membres, à 150 m, ces derniers atteignirent le green en régulation. Jouant ce trou pour la première fois, Jones frappa un fer 4, la balle rebondit sur le green et rentra dans le trou. Il se retourna vers ses compagnons et déclara : « Messieurs, ce trou est équitable. Éminemment équitable. » **BB**

> **Parcours :** Kananaskis Country Golf Course (parcours du mont Kidd)
>
> **Situé à :** Alberta, Canada
>
> **Trou :** n° 4
>
> **Longueur :** 180 m
>
> **Par :** 3
>
> **Architecte :** Robert Trent Jones senior
>
> **À savoir :** Les golfeurs découvrent un paysage paradisiaque sur le parcours du mont Kidd, niché au cœur des Rocheuses canadiennes, au Kananaskis Country Golf Course.
>
> CI-CONTRE *Le quatrième trou de Kananaskis.*

N° ❹ KANANASKIS COUNTRY GOLF COURSE (PARCOURS DU MONT KIDD)

À plus de 1 525 m d'altitude, l'air est raréfié et la balle vole donc plus loin lorsqu'on la frappe depuis l'aire de départ de ce n° 4, sauvage et splendide. C'est l'un des 20 trous de ce parcours de 36 où l'eau est en jeu. De vastes greens surélevés rendent ce bijou mémorable. La Kananaskis, rivière sinueuse, le relief déchiqueté des monts Kidd et Lorette constituent la toile de fond spectaculaire de ce must du golf.

L'art avec lequel Robert Trent Jones senior place ses trous de façon stratégique tout en tirant le maximum d'un terrain extraordinaire n'est nulle part plus manifeste que sur le quatrième trou de ce tracé.

Il semble avoir été directement sculpté dans le décor naturel. Il est pourvu d'un coude délicat à négocier, et son green est entouré de 3 bunkers : on a donc intérêt à bien viser.

Ce trou constitue un superbe exemple de golf canadien, dont les contours accidentés nécessitent à la fois un jeu stratégique et de longues goulées d'air frais entre les coups. Le trou étant célèbre pour sa beauté, n'oubliez pas de glisser un appareil photo dans votre sac et d'admirer le paysage tout en déterminant votre stratégie. **KLL**

> **Parcours :** Greystone Golf Club
>
> **Situé à :** White Hall, Maryland, États-Unis
>
> **Trou :** n° 4
>
> **Longueur :** 175 m
>
> **Par :** 3
>
> **Architecte :** Joe Lee
>
> **À savoir :** Ce 18 trous est situé dans une large vallée entourée de fermes de 80 ou 120 ha, et offre de jolies vues des environs. Greystone occupe 86 ha de terrain vallonné, à 20 minutes au nord du périphérique.

N° ❹ GREYSTONE GOLF CLUB

Le parcours s'étend entre de hauts arbres et des zones humides, présentant 42 m de dénivelé, 7 étangs et plus de 80 bunkers.

Les joueurs y étant nombreux, le premier neuf a récemment été modifié afin de permettre une meilleure gestion du parcours durant les périodes de grande fréquentation – les week-ends et les jours de congé.

Ce par 4 est le trou emblématique du parcours. On peut jouer la sécurité, le fairway ne présentant aucun danger à environ 150 m des départs arrière – le golf en comprenant 5 séries, de 96 à 175 m. Mais l'eau borde le côté gauche du green, et l'autre côté n'est pas facile non plus, avec un hors-limite et des arbres, tandis qu'un grand bunker protège son accès sur l'avant comme sur l'arrière. Le green, par ailleurs, comme si souvent à Greystone, peut s'avérer rapide et délicat. Prenez donc un moment de plus pour aligner le putt qui vous apportera un birdie.

Selon le *Baltimore Sun*, Greystone est « l'un des meilleurs parcours du grand Baltimore ». **TJ**

Parcours : Ganton Golf Club

Situé à : Ganton, Yorkshire, Angleterre

Trou : n° 4

Longueur : 371 m

Par : 3

Architectes : Tom Chisolm, Harry Vardon, Ted Ray, James Braid, Harry S. Colt

À savoir : Au cours des 7 ans où il était professionnel à Ganton (1896-1903), Harry Vardon remporta 3 de ses 6 titres du British Open ainsi qu'un US Open.

CI-DESSOUS *L'Américain David Inglis joue sur le quatrième trou de Ganton en septembre 2003.*

N° ❹ **GANTON GOLF CLUB**

Ganton est un parcours réputé pour sa vaste lande, ses ajoncs impénétrables et peut-être par-dessus tout pour ses bunkers profonds et impitoyables. Tous ces éléments entrent en compte sur le long n° 4.

Le coup de départ constitue la partie la plus facile, et la balle devrait facilement trouver le vaste fairway. Mais l'approche est considérablement plus difficile, car on doit franchir un vallon peu profond pour atteindre le plateau où se trouve le green, protégé par des ajoncs sur l'arrière, un bunker sur la droite, et un dénivelé abrupt sur la gauche. On trouve aussi une profonde dépression à l'arrière-droite du green, que les golfeurs devraient s'efforcer d'éviter.

Selon Gary Player, Ganton est le seul parcours à l'intérieur des terres digne de recevoir le British Open. C'est le seul qui ait accueilli 3 fois le British Amateur (1964, 1977 et 1991), la Ryder Cup en 1949, et plus récemment la Curtis Cup (2000) et la Walker Cup (2003). C'est aussi l'un des 3 seuls parcours où se soient déroulées ces 3 compétitions par équipe – les autres étant le Royal Birkdale et Muirfield. **KA**

Parcours : National Golf Links of America

Situé à : Southampton, État de New York, États-Unis

Trou : n° 4

Longueur : 173 m

Par : 3

Architecte : Charles Blair Macdonald

À savoir : Une époustouflante différence de 4,5 m sépare le point le plus élevé du parcours du point le plus bas.

N° ❹ NATIONAL GOLF LINKS OF AMERICA

Le National Golf Links of America abrite certaines des meilleures copies que les États-Unis puissent offrir. On pourrait même dire que Charles Blair Macdonald s'est approprié les dessins d'autres architectes. Mais s'il a directement importé au National l'« Eden » et la « Route » de St Andrews, ainsi que les « Alpes » de Prestwick, il leur a imposé sa touche pour atteindre une grandeur toute personnelle.

Le n° 4 constitue la meilleure de ces imitations, construit en redan, comme le trou du même nom exécuté pour la première fois à la perfection sur le parcours de North Berwick en Écosse. Certes, Macdonald n'a pas inventé ce principe architectural, basé sur les profondes tranchées que l'on utilisait en temps de guerre devant une zone protégée. Mais, comme sur les autres emprunts que l'on trouve ici, Macdonald a compensé son manque d'originalité par son respect pour le dessin original et par son attachement à l'améliorer.

Lorsque le grand architecte en eut terminé et que le National Golf Links of America ouvrit ses portes en 1911, certains déclarèrent que c'était là le meilleur parcours d'Amérique. Il compte toujours aujourd'hui parmi les plus grands du pays. Le quatrième trou en est l'une des raisons principales.

La construction en redan est naturelle sur le n° 4, car le terrain s'y prêtait parfaitement. Depuis le tertre de départ, les joueurs contemplent un green en biais, protégé sur le devant par une immense et dangereuse fosse de sable et entouré de 4 autres bunkers proéminents. On peut conquérir ce trou, mais seulement en faisant preuve de précision.

Une stratégie audacieuse, réservée aux très bons joueurs, consiste à viser directement le drapeau. Il est plus sage de chercher l'arrière-droite du green, mais cela exige tout de même de porter la balle sur 180 m et de frapper un coup précis. Depuis le départ, la vue à elle seule peut inquiéter les joueurs peu sûrs d'eux, mais elle est censée les pousser à la bravade. On trouve une zone de sécurité à droite du green, mais à quoi bon jouer ce merveilleux Redan avec l'idée d'échapper à une vraie bataille ? On vous conseille donc de laisser libre cours à votre swing, mais avec précaution. **JB**

Parcours : club de Rajapruek
Situé à : Bangkok, Thaïlande
Trou : n° 4
Longueur : 195 m
Par : 3
Architectes : Robert Moore, JMP Golf Design
À savoir : Ce sont le roi, les membres de la famille royale et ceux de l'aristocratie qui ont joué au golf en Thaïlande pour la première fois dans les années 1920, sur l'ancien parcours royal d'Hua Hin.
Le pays possède aujourd'hui plus de 200 parcours.

N° 4   CLUB DE RAJAPRUEK

Rajapruek, l'un des clubs de sport les plus huppés de Bangkok, n'est qu'à 20 minutes du centre de cette ville animée, mais on s'imagine dans un autre univers une fois sur le parcours de golf, grâce à son paysage luxuriant et ses hauteurs spectaculaires, rares dans cette partie du monde.

Bien qu'ayant affaire avec un site plat, régulièrement inondé, les architectes ont créé des dénivelés en utilisant des pompes d'assèchement pour abaisser la nappe phréatique et diriger les eaux pluviales vers les canaux environnants, offrant ainsi une vue spectaculaire depuis la majorité du parcours, surélevé de 10 m. Rajapruek se distingue donc des autres parcours de la région, relativement plats.

Le quatrième trou est un long par 3, où un coup de départ solide doit franchir un lac pour atteindre un green incliné de droite à gauche et situé dans un amphithéâtre à la toile de fond très colorée. Un profond bunker s'enroulant autour de son côté gauche, de l'avant jusqu'à l'arrière, on préférera viser le côté droit. Que la balle parte trop à droite cependant, et elle atterrira dans une série de bosses et de creux d'où il sera difficile de réaliser le par. **KA**

Parcours : Oak Tree Golf Club
Situé à : Edmond, Oklahoma, États-Unis
Trou : n° 4
Longueur : 183 m
Par : 3
Architecte : Pete Dye
À savoir : Le club d'Oak Tree propose un 18 trous implacable aux fairways d'agrostide où l'eau entre sérieusement en jeu. Le n° 4 illustre parfaitement la façon dont le coup de départ doit franchir l'eau. D'ailleurs, il est surnommé *Waterloo*.

N° 4   OAK TREE GOLF CLUB

Le coup de départ au-dessus de l'eau caractérise le n° 4 d'Oak Tree. Seuls 9 des 183 m ne se jouent pas au-dessus de l'eau. Ce trou mémorable exige un swing impeccable. Il est primordial de bien viser et la marge d'erreur est très réduite.

Sur les 3 premiers trous, le vent d'Oklahoma complique chaque coup de départ, avant que les bosses et creux ne laissent progressivement la place au magique n° 4.

Le dévers traître du green ainsi que les bunkers placés de façon stratégique sur ce trou énormément photographié mettent les golfeurs à l'épreuve, y compris une fois le green atteint. Les passionnés adorent le défi qu'il représente, et l'architecte y a laissé Dame Nature y déployer toute sa rigueur – le n° 4 ne serait simplement pas le même sans le vent.

Le golf de cible est-il votre fort ? Vous êtes le maître des coups héroïques ? Même si ce n'est pas le cas, vous prendrez plaisir à jouer le n° 4. Êtes-vous prêt à affronter l'un des meilleurs trous sur l'une des créations les plus distinguées de Pete Dye ? C'est un parcours implacable où le périlleux n° 4 montre ses griffes. **KLL**

N° 4   CRUDEN BAY GOLF CLUB

Parcours : Cruden Bay Golf Club

Situé à : Cruden Bay, Aberdeenshire, Écosse

Trou : n° 4

Longueur : 176 m

Par : 3

Architectes : Tom Morris senior (1899), Tom Simpson, Herbert Fowler (1926)

À savoir : On joue au golf autour de Cruden Bay depuis 1791, mais on doit le parcours d'origine à Tom Morris, qui l'a dessiné en 1899. Le 9 trous féminin a été remodelé en 1926 et rebaptisé parcours Saint-Olaf.

CI-DESSOUS ET CI-CONTRE *Deux vues du quatrième trou de Cruden Bay.*

On considère souvent le parcours de Cruden Bay, original et court, comme le plus discret des grands links écossais et le summum de la subtilité. Chaque trou propose diverses cibles, certaines à l'emplacement trompeur. Et pourtant ces cibles, une fois définies, constituent la clé de Cruden Bay.

Celle que l'on vise sur le n° 3 pourrait être une petite bosse herbeuse juste au-delà du green. Cette ligne de jeu survole un profond bunker, le seul du trou, et fait entrer en jeu le hors-limite du côté gauche. Si l'on joue face au vent dominant, on peut songer à viser le côté droit afin d'éviter la profonde dépression herbue qui s'étend de l'aire de départ jusqu'au green. Quelle que soit la cible, on devrait considérer comme une victoire toute balle atteignant le green. Les coups de départ trop courts dévaleront la pente raide sur le devant, qui finit dans une cuvette en dessous du green. Toute balle trop longue obligera à un coup d'approche roulé délicat depuis les dunes.

Le n° 4, baptisé Port Erroll en l'honneur du petit village en bordure du parcours, est situé à un emplacement primordial, où les links bifurquent vers la baie de Cruden, pour 3 trous consécutifs spectaculaires en bord de mer. **RH**

N° ❹ TERRACE DOWNS

Parcours : Terrace Downs

Situé à : Rakaia Gorge, Darfield, Nouvelle-Zélande

Trou : n° 4

Longueur : 174 m

Par : 3

Architectes : David Cox, Sid Puddicombe, Noel Bain, Fin Hobbs

À savoir : Depuis l'aéroport international de Christchurch, on conduit pendant 50 minutes à travers les coteaux de Canterbury avant d'arriver au Terrace Downs High Country Resort, complexe hôtelier et lieu de loisirs unique au monde.

Le n° 4 demeure le préféré de nombreux golfeurs sur ce parcours époustouflant. C'est un par 3 « insolent », exigeant une bonne dose de confiance en soi alliée à un bon fer, pour franchir le lac qui protège le devant du green. Il mesure 174 m depuis les départs arrière, et beaucoup de choses peuvent se produire avant que l'on ne rejoigne le green.

Lorsque le drapeau est placé à l'avant, à gauche, seul un coup très précis s'en approchera.

La stratégie la plus sûre – nous n'avons pas dit intelligente – est de jouer court, sur la droite. Mais la plupart des joueurs préfèrent tenter d'atterrir sur le green. Ce sont ces défis qui rendent le golf aussi intéressant.

On trouve des bunkers à l'arrière et à droite du green, depuis lesquels il peut être difficile d'atteindre ce dernier. Incliné vers l'arrière et vers l'eau, il ne facilite pas les choses.

Selon Jim Webster, rédacteur en chef de *Golf Australia*, « Terrace Downs est captivant, c'est un parcours que l'on peut jouer à longueur de journée ».

Mais n'oubliez pas de vous munir de balles de golf supplémentaires. **TJ**

Parcours : Banff Springs Golf Course

Situé à : Alberta, Canada

Trou : n° 4

Longueur : 175 m

Par : 3

Architecte : Stanley Thompson

À savoir : Banff Springs, inauguré en 1923, fut le premier parcours au monde à coûter plus de 1 million de dollars.

N° ❹   **BANFF SPRINGS GOLF COURSE**

Le n° 4 est baptisé le « Chaudron du diable », et bien que ce nom soit censé évoquer des images de terreur, il semble un peu déplacé. Oui, le danger ne manque pas, mais le paysage des Rocheuses canadiennes sur ce qui constitue peut-être le plus beau trou de golf au monde l'emporte largement. Ce trou peut s'avérer diabolique à jouer, mais il paraît descendre tout droit du paradis.

Les raisons d'en tomber amoureux dès le premier regard ne manquent pas, et plus encore si on l'étudie un moment. Sa beauté est époustouflante, la stratégie nécessaire remarquable, et on s'y fera prendre au piège si on n'y prend garde.

Le green est petit, circulaire, protégé par 6 bunkers et enveloppé d'arbres imposants. En toile de fond, le mont Ruddle s'avère plus majestueux encore que les sapins et les épicéas, et écrase tout de sa présence. Difficile de surpasser les falaises de granit depuis l'aire de départ pour une vue plus impressionnante.

Le départ surplombe de 21 m le green, dont il est séparé par un lac glaciaire étincelant, qui partage son surnom avec le trou. La seule zone de sécurité est à droite du green. Mais même si le coup de départ le trouve, il n'est pas garanti que la balle demeure sèche à cause d'un talus escarpé, sur le devant.

Stanley Thompson, légende canadienne, dessina ce parcours dont le n° 4 ne faisait pas partie à l'origine. Lorsque le lac glaciaire se forma en 1927, Thompson remodela son tracé afin de l'incorporer.

Il a ainsi non seulement rajouté une touche de beauté mais aussi de malice. C'est à une illusion d'optique que sont confrontés les joueurs sur l'aire de départ. Lorsque le drapeau est placé à l'avant du green, les bunkers situés de ce même côté font paraître le green plus proche. Et si le drapeau est à l'arrière, d'autres bunkers placés dans la pente, à l'arrière, le font paraître plus éloigné.

Réflexion faite, avec ces illusions d'optique, bunkers, talus escarpés, dénivelés, sans parler du lac séparant le départ du green, le surnom de « Chaudron du diable » est peut-être mérité. **JB**

CI-CONTRE *Le quatrième trou de Banff Springs.*

N° ❹ PAINTED DESERT GOLF CLUB

Parcours : Painted Desert Golf Club

Situé à : Las Vegas, Nevada, États-Unis

Trou : n° 4

Longueur : 164 m

Par : 3

Architecte : Jay Morrish

À savoir : La direction du Painted Desert entretient une relation d'amour/haine avec le n° 4 de ce parcours. Bien qu'enchanteur et difficile, il ralentit considérablement le jeu. Lorsque les joueurs sont nombreux, on est sûr d'y trouver une file d'attente. Alors faites plaisir au directeur, placez le coup de départ sur le green, rentrez votre birdie, et passez au trou suivant.

C'est ici que tout a commencé, il n'y a pas si longtemps. Painted Desert, construit en 1982, est le premier des parcours du désert de Las Vegas, où l'on construit désormais les parcours de golf plus vite que les casinos.

Ce tracé offre un contraste saisissant entre les zones désertiques et les fairways luxuriants, pour une journée sur les links débordant de beauté et de défis. Les aires de départ et les fairways sont séparés par de la végétation indigène, dont des cactus et du *Prosopis*.

Ce trou est l'un des meilleurs pars 3 de Las Vegas – et le demeurera quel que soit le nombre de nouveaux trous construits dans le futur. Ne vous laissez pas hypnotiser par la fontaine au milieu de l'étang, sur la gauche. Vous aurez besoin de tous vos moyens afin de survivre à ce trou. Le lac, qui s'étend du devant du green au côté gauche n'entre pas en jeu. On trouve un énorme bunker sur la droite, qui s'avère aussi intimidant que le lac.

Le drapeau peut se trouver derrière le bunker ou l'eau. L'avant du green, réduit, débouche sur l'eau sur la droite. On découvre aussi un tout petit bunker (2,5 m de large environ) sur la gauche, et ce n'est pas le pire des endroits où se trouver. Mieux vaut cela que de se retrouver dans l'eau… **KLL**

N° ❹ PRESIDIO GOLF COURSE

Parcours : Presidio Golf Course

Situé à : San Francisco, Californie, États-Unis

Trou : n° 4

Longueur : 128 m

Par : 3

Architecte : Arnold Palmer

À savoir : Toute personne ayant visité San Francisco vous expliquera qu'il peut y faire froid. Si froid même que l'on devrait installer des appareils de chauffage sur le parcours. Non, ce n'est pas une plaisanterie. Le Presidio a installé des souffleries d'air chaud autour du green du n° 4, car les grands arbres qui l'entourent bloquent tout mouvement d'air.

Récemment rénové et ouvert au public sous l'œil vigilant de la compagnie Arnold Palmer Golf Management, ce parcours est situé au cœur de San Francisco. Presidio, « riche en histoire, beauté et possibilités », est un endroit très apprécié, accueillant une moyenne de 80 000 parties par an.

Le n° 4, un par 3 de 128 m où le danger abonde, notamment autour du green, est l'un des trous dont on se souvient généralement.

Depuis le départ, on devra frapper un fade ou une balle très droite sur ce qui constitue le trou le plus photographié du parcours. On comprendra une fois sur le départ pourquoi autant de pellicule a été utilisée ici.

C'est son green, à 15 m de dénivelé, qui rend ce trou mémorable. Il était autrefois beaucoup plus petit, mais c'est désormais le plus grand du tracé, avec 650 m². Les bunkers, eux, représentent environ 370 m². Ce n'est que récemment que ces proportions ont pratiquement été inversées, pour atteindre la taille actuelle du green.

Quelque 6 bunkers encerclent le green – tels des soldats montant la garde. Et il est rare qu'un foursome se présente sans qu'au moins l'un des joueurs ne termine avec du sable dans ses chaussures. **TJ**

N° ❹ GOLF DE VILAMOURA (VIEUX PARCOURS)

Parcours : golf de Vilamoura (vieux parcours)

Situé en : Algarve, Portugal

Trou : n° 4

Longueur : 162 m

Par : 3

Architecte : Frank Pennink

À savoir : Il n'est pas inhabituel de voir des meutes de chiens sauvages parcourir le vieux parcours de Vilamoura.

C'est tout à l'honneur de l'architecte Frank Pennink que ce parcours ait résisté à l'épreuve du temps, alors que bien d'autres sont apparus dans l'Algarve depuis son inauguration en 1969.

On n'y trouve aucune supercherie. Cela s'applique aussi au n° 4. C'est normalement un trou qui n'exige rien de plus qu'un fer court sur le coup de départ, depuis les départs des visiteurs. Si l'on joue depuis les départs arrière, il devient plus éprouvant, exigeant un fer moyen, voire long, face au vent. Le trou est protégé par deux éléments : un obstacle d'eau sur le devant du green et un grand pin parasol se dressant sur sa droite. Si vous ne prenez pas assez de club, vous trouverez l'eau ; avec un fade ou un push, l'arbre entre en jeu.

Le coup idéal est un fade à partir de la limite du coin gauche du green, frappé de gauche à droite jusqu'au cœur de la surface. Ce green surélevé est cependant pourvu de tant de creux subtils que même ceux qui l'atteignent peuvent repartir avec un bogey après 3 putts. **AT**

N° ❹ RIVIERA COUNTRY CLUB

Parcours : Riviera Country Club

Situé à : Pacific Palisades, Californie, États-Unis

Trou : n° 4

Longueur : 216 m

Par : 3

Architecte : George C. Thomas junior

À savoir : Ben Hogan déclara un jour que le n° 4 du Riviera Country Club était le meilleur par 3 au monde. Rares sont ceux qui seraient d'accord aujourd'hui, et certains suggéreraient même que ce n'est pas le meilleur par 3 du Riviera. Mais rendons hommage à Hogan. Le golf ne lui était pas totalement étranger.

Il n'est pas aisé de réaliser un par 3 se distinguant des autres. C'est pourtant ce qu'a réussi ici George Thomas, souvent considéré comme l'un des plus grands architectes de golf de tous les temps.

Dès que l'on pose le pied sur ce parcours, on réalise son caractère exceptionnel. Et après avoir joué l'impressionnant n° 3, en approchant du départ du n° 4, on comprend pourquoi il est aussi célèbre. Bien entendu, si vous arrivez à éviter le grand bunker dont vous ne pouvez détourner le regard, votre plaisir s'en trouvera probablement décuplé.

Regardez la taille de la chose. Reste-t-il assez de sable pour les plages du Pacifique ? « Eh oui, il est grand », déclare l'un des préposés au départ. « Je dirais 7 m de long, sinon plus. Et environ 6 m de large. On peut s'y perdre. »

Ce n'est pas votre plaisir, mais votre score qui s'en trouvera accru si vous y atterrissez. Le plus sage sur ce trou de 216 m, que l'on joue généralement face au vent, consiste à viser la droite du bunker. La balle peut ensuite rouler jusqu'au green. Et même si elle atterrit dans le rough, on suivra d'un chip relativement simple jusqu'au green.

« Le green est très rapide et la balle peut facilement finir sa course en dehors. Il est très roulant de droite à gauche », met en garde le préposé au départ. À gauche. Tout juste la direction de la plage… **TJ**

N° ④ ROYAL COUNTY DOWN

Parcours : Royal County Down

Situé à : Newcastle, comté de Down, Irlande du Nord

Trou : n° 4

Longueur : 193 m

Par : 3

Architecte : Tom Morris senior

À savoir : Les links de County Down sont les premiers où les deux 9 débutent et se terminent au clubhouse. Avant cela, les parcours avaient 9 trous de plus en plus éloignés du clubhouse, et 9 autres trous s'en rapprochant progressivement.

CI-DESSOUS   *L'Australien Ian Stanley sort d'un bunker sur le n° 4 de Royal County Down, en juillet 2000.*

CI-CONTRE   *Le n° 4 de Royal County Down.*

Le quatrième trou de Royal County Down constitue un élément important de ce qui est souvent considéré comme le meilleur premier 9 au monde. La vue, qui embrasse l'horizon depuis les départs arrière à flanc de colline, comprend les splendides et imposants monts Mourne, 10 bunkers, un océan d'ajoncs, et Dundrum Bay, une anse de la mer d'Irlande. C'est l'un des cadres les plus époustouflants, et pourtant les plus paisibles, du monde du golf. C'est aussi là que vous devrez jouer l'un des coups les plus effrayants de votre vie.

Le green même est long et étroit, montant légèrement en pente avec des dénivelés marqués sur les côtés et à l'arrière, laissant aux golfeurs une zone de sécurité plutôt limitée à l'avant. Un tuyau : les putts roulant de l'avant vers l'arrière se dirigeront tout droit vers la mer.

Quels furent les honoraires de Tom Morris senior pour dessiner le parcours de championnat de County Down ? Quatre guinées seulement, soit environ 4,2 livres. Une bonne affaire à tous points de vue, même en 1889, mais particulièrement pour un parcours souvent classé parmi les 3 meilleurs d'Europe, voire du monde entier. **KA**

N° ❹ GOLF DE PLAYACAR

Parcours : golf de Playacar
Situé à : Playa del Carmen, Mexique
Trou : n° 4
Longueur : 312 m
Par : 4
Architecte : Robert von Hagge
À savoir : Playacar et Moon Palace sont distants de 80 km, mais tous deux appartiennent à la compagnie Palace Resorts. Les deux parcours sont reconnus pour leur difficulté et leurs excellentes conditions de jeu.

CI-CONTRE *Deux vues du trou n° 4 du golf de Playacar.*

Ne vous laissez pas duper par la distance, et n'essayez pas de placer votre drive sur le green. C'est simplement impossible. Alors calmez-vous et essayez de l'atteindre en 2 coups, ce qui n'est pas aisé non plus sur ce par 4.

Le coup de départ idéal utilise un fer 6. Nul besoin de frapper de toutes vos forces. Un coup solide, à l'aide d'un fer moyen à long, vous permettra de rejoindre le coude de ce dogleg à gauche, d'où l'on aperçoit le green.

Une fois celui-ci en vue, vous contemplerez le danger qui vous attend. On trouve une longue descente, débutant à environ 82 m d'un green bordé d'un mur sur le devant. Il faudra donc non seulement éviter un lie sur cette pente, mais aussi le mur.

Mais ne jouez pas trop long non plus. Deux obstacles sont placés derrière le green, depuis lesquels il serait difficile de faire le par.

Le green est relativement plat, mais petit. Si vous l'atteignez en 2 coups, vous aurez une réelle possibilité de réaliser un birdie.

Playacar et Moon Palace font partie des 10 meilleurs parcours du Mexique. Que vous choisissiez l'un ou l'autre pour jouer au golf, vous ne pouvez pas vous tromper. **AT**

N° ❹ INVERNESS CLUB

Parcours : Inverness Club
Situé à : Toledo, Ohio, États-Unis
Trou : n° 4
Longueur : 426 m
Par : 4
Architecte : Donald Ross
À savoir : Les aires de départ d'Inverness varient beaucoup les unes des autres. Le n° 4, par exemple, offre 5 séries de marques, depuis les vertes (312 m) jusqu'aux noires (426 m). C'est aussi le troisième trou le plus difficile du parcours.

Inverness a accueilli de nombreux championnats PGA et US Opens, et ses 5 trous finaux constituent ce que l'on appelle la « rangée des assassins ». Mais le premier 9 n'est pas facile non plus. Il suffit pour s'en convaincre d'examiner le n° 4. D'une beauté classique, c'est le premier d'une série d'excellents et longs pars 4, qui se joue généralement face au vent dominant.

Depuis le départ, un drive bien frappé sera suivi d'un coup d'approche, au fer moyen à long, vers un green légèrement en hauteur sur un plateau. Incliné de l'avant-droite vers l'arrière-gauche, il offre diverses positions de drapeau difficiles. Comme on peut le voir, nul besoin d'atteindre le dernier 9 pour s'attirer des ennuis.

Les joueurs de l'US Open de 1931, après avoir effectué une collecte, offrirent une énorme horloge à carillon au club le dernier jour du tournoi. Elle est toujours là, son inscription témoignant des débuts d'une nouvelle ère du golf : « Dieu mesure les hommes à ce qu'ils sont, non à ce qu'ils possèdent, ce vibrant message carillonne, au loin, la voix d'Inverness. » **TJ**

Parcours : Spyglass Hill Golf Club

Situé à : Pebble Beach, Californie, États-Unis

Trou : n° 4

Longueur : 333 m

Par : 4

Architecte : Robert Trent Jones senior

À savoir : Le quatrième green, encerclé de plantes grasses, est, dit-on, le plus photographié du parcours. Spyglass Hill compte parmi les tracés les plus ardus au monde ; depuis ses départs de championnat, il est doté d'un index de 75,3 et d'un slope de 148.

CI-DESSOUS   Le Canadien Mike Weir à Spyglass en février 2003.

CI-CONTRE   Le quatrième trou de Spyglass Hill.

N° ❹   SPYGLASS HILL GOLF CLUB

Le terme de « parcours en links » est tellement galvaudé, voire mal employé, que le mentionner ne signifie plus rien. On qualifie en effet bien des parcours de links, alors qu'en réalité, ce ne sont que des faux.

On trouve bien entendu certaines exceptions. Certains parcours, ou plutôt certains trous, représentent ainsi l'essence même des links – ajoutant foi à l'affirmation selon laquelle un parcours en links est à la fois un objectif et un accomplissement.

Le court par 4 qu'est le n° 4 de Spyglass compte légitimement parmi ceux-ci. C'est ce que Robert Trent Jones senior avait l'intention de réaliser, et c'est une réussite. Les plantes grasses qui bordent les fairways sur des mètres et des mètres ont servi sa cause, tout comme la broussaille et le sable. Comme sur la plupart des plus beaux trous de golf, c'est la nature qui offre le plus de splendeur. L'architecte n'a fait que lui donner un coup de pouce.

C'est un dogleg à gauche, qui descend en douceur vers l'océan, sur la droite du fairway. Le coup de départ le plus sage vise le côté droit, où l'on trouve la zone d'arrivée de la balle la plus large. Mais cela fait entrer en jeu de nombreux obstacles situés devant le green. Si vous en avez le courage, visez le côté gauche, plus étroit, pour obtenir un coup d'approche moins périlleux. Ce n'est pas une question de distance, mais de stratégie. Ce trou exige certains choix. On ne fait pas exploser son drive au n° 4. On prend le temps de réfléchir.

Le green est allongé et en diagonale. Il est aussi très étroit. On ne peut se fier à son aspect accueillant et naturel. Le plus parfait des coups est nécessaire afin de garder la balle sur cette étroite parcelle de gazon. Et parce qu'elle est si longue, y poser la balle ne garantit pas de la rentrer en 2 putts.

Oui, c'est un vrai trou en links, où l'on entend les vagues de l'océan s'écraser juste au-delà du green. Jones a atteint son objectif, mais a aussi accompli autre chose : créer un trou que l'on prend un plaisir fou à jouer. **JB**

Parcours : Bandon Dunes (parcours Legends)

Situé à : Bandon, Oregon, États-Unis

Trou : n° 4

Longueur : 475 m

Par : 4

Architecte : David Mclay Kidd

À savoir : C'est le cadre enchanteur que l'on remarque le plus à Bandon Dunes, mais la vraie merveille du lieu est bien le tracé. Avec ses fairways dégagés et ses greens subtils, Bandon est un parcours éminemment jouable, même sous le plus violent des vents.

N° ❹ BANDON DUNES (PARCOURS LEGENDS)

Le paysage, à Bandon Dunes, est capable d'apaiser et d'effrayer en même temps, d'intriguer et de terrifier. De vastes panoramas océaniques et des dunes imposantes se marient aux obstacles menaçants et au vent incessant dans une symphonie harmonieuse d'aigre-doux.

Depuis l'aire de départ du n° 4, on découvre un champ d'herbes sauvages, avec un fairway vert émeraude au loin. De fait, on ne l'aperçoit même pas depuis les départs arrière. C'est donc le bunker isolé au loin sur la gauche, dans une zone d'arrivée semblant plus vaste qu'elle ne l'est, que l'on visera.

Une fois sur le fairway, le trou vire à droite vers un vaste green en biais, défendu par de profonds bunkers sur l'avant et par le Pacifique à l'arrière. On joue généralement face à la brise océane, pour atteindre le green avec un fer moyen. Le meilleur coup d'approche est bas, roulé, sur le côté droit. Toute balle courte et à droite conviendra, mais on sera confronté à un chip difficile par-dessus un remblais si le drapeau est placé à l'arrière du green, à gauche.

Kidd désirait que ce soit sur le n° 4 que les joueurs découvrent le Pacifique, et quelle introduction est-ce là au segment spectaculaire qui suit le long des falaises, sur les n° 5 et 6 ! Bandon Dunes offre au total 7 trous le long du littoral. **RH**

N° ❹ GLEN EAGLES GOLF CLUB
(PARCOURS BLEU)

Parcours : Glen Eagles Golf Club (parcours bleu)

Situé à : Bolton, Ontario, Canada

Trou : n° 4

Longueur : 398 m

Par : 4

Architecte : René Muylaert

À savoir : Attention à la dame en longue robe blanche accompagnée d'un homme en smoking sur ce par 4 ! Le paysage de celui-ci est tellement enchanteur que c'est devenu un lieu de choix pour les photos de mariage. Mais ne vous attardez pas à admirer les invités – votre attention ferait mieux de rester concentrée sur le trou.

À 20 minutes des quartiers ouest de Toronto, Glen Eagles est un parcours de championnat de 27 trous avec de hautes collines et des vallées qui offrent de superbes panoramas.

Le n° 4, un dogleg ardu de 398 m dont l'aire de départ est surélevée, constitue le trou emblématique du parcours bleu. C'est l'un des plus difficiles de Glen Eagles, particulièrement si l'on joue depuis les départs arrière – car soyons honnêtes, depuis les marques rouges (308 m), ce n'est pas si sorcier.

Le tertre de départ domine le fairway de 7,5 m, et l'on doit franchir un étang. Depuis les départs arrière, il faudra porter la balle sur 180 m pour rejoindre le fairway – et sur encore 27 m pour atteindre le coude.

Un marécage borde le côté gauche du fairway, aussi les membres du clubhouse conseillent-ils de frapper long et droit pour une meilleure approche du green. Ce dernier est doté de 3 dépressions herbeuses et de quelques arbres à l'arrière, ainsi que d'un bunker sur l'avant, à gauche.

Vous ne réaliserez peut-être pas le par, mais vous vous souviendrez certainement de ce green. **TJ**

N° ❹ SEMINOLE GOLF CLUB

Parcours : Seminole Golf Club

Situé à : North Palm Beach, Floride, États-Unis

Trou : n° 4

Longueur : 411 m

Par : 4

Architectes : Peter Thomson, Michael Wolveridge, Ross Perrett

À savoir : La carte de parcours indique 411 m depuis les départs arrière, mais oublie de mentionner le vent. Lorsqu'il souffle depuis l'océan, ce trou enchanteur paraîtra plus long et l'on devra utiliser des clubs plus importants.

Le green de ce par 4 de 411 m constitue le deuxième point le plus élevé du parcours, où l'on peut être fouetté par le vent, notamment en fin de journée. Prenez cet élément en compte au moment de choisir votre club.

Depuis le départ arrière, on devra porter la balle sur une distance de 165 à 180 m au-dessus d'un marais sablonneux, avant de rejoindre le fairway. On peut toujours sortir du sable, mais ce n'est pas très amusant. On découvre aussi un grand bunker sur la gauche, et ceux qui frappent loin devraient noter la présence d'un profond bunker sur la droite, à environ 260 m du départ reculé, pour s'assurer de l'éviter.

Depuis ce bunker, quelque 155 m et un petit vallon vous séparent d'un green surélevé, protégé par 4 ou 5 bunkers, à 35 ou 45 m. Le green monte en pente, avec un « faux » avant-green court, 2 bunkers sur la droite et un autre sur la gauche.

N'oubliez pas cependant de prendre un moment pour admirer la vue depuis le green. Son ascension en vaut la peine. **TJ**

N° ❹ ROYAL ST GEORGE'S GOLF CLUB

Parcours : Royal St George's Golf Club

Situé à : Sandwich, Kent, Angleterre

Trou : n° 4

Longueur : 430 m

Par : 4

Architectes : Laidlaw Purves, Alister MacKenzie, J. J. F. Pennink

À savoir : En 2003, le Royal St George a accueilli le British Open remporté par le vainqueur le plus surprenant de l'histoire du tournoi, lorsque Ben Curtis, peu connu, s'est emparé de la « Claret Jug ».

Le quatrième trou du Royal St George (*Sandwich*, pour les gens du cru) est une épreuve de golf gargantuesque sur l'un des parcours les plus respectés au monde. Sa longueur et ses embûches s'allient pour faire du par un score extrêmement enviable. Seuls les meilleurs golfeurs le considèrent comme un par 4. Ceux dotés d'un handicap moyen devraient, une fois sur le départ, admirer le paysage, jouer le trou comme un par 5 et prendre plaisir au jeu.

Le surnom de la zone d'arrivée à partir du départ, les « Champs élyséens », est censé correspondre au sentiment de paix qui habite le joueur y parvenant. C'est un réel soulagement, en effet, d'avoir survécu au coup de départ, frappé à côté d'un immense bunker. Ajoutez à cela les buissons et la bruyère que la balle doit franchir sur 169 m avant de se poser sur l'étroit fairway, et ce sentiment de paix pourrait devoir attendre encore un moment.

On trouve des bunkers sur la droite, et un autre sur la gauche au niveau des 235 m. Si par hasard vous atterrissiez parallèlement au bunker gauche – l'endroit idéal pour la plupart des joueurs –, vous devriez parcourir encore 173 m jusqu'au green. Même ceux qui frappent la balle à 275 m doivent faire attention. Ils dépasseront les bunkers sans problème, mais on trouve une grande dépression d'environ 32 m dans la zone où leur balle risque d'atterrir.

Le deuxième coup sera au moins un fer moyen, même pour les meilleurs joueurs, et c'est un problème car le green est petit. Si un joueur fait preuve de trop d'enthousiasme sur son coup d'approche, le danger est plus grand encore, car rater le bunker derrière le green, c'est se retrouver dans le hors-limite.

Le Royal St George est un club privé, mais les visiteurs sont bienvenus en semaine et en dehors des vacances. Mieux vaut appeler et réserver pour jouer. Tout terrain ayant accueilli des tournois tels que le British Open, la Walker Cup, le British et l'English Amateur, ainsi que le championnat européen PGA est digne d'être joué et célébré. **JB**

CI-DESSOUS *Le quatrième trou du Royal St George.*

CI-CONTRE *L'un des bunkers problématiques du n° 4 du Royal St George.*

N° ❹ KIAWAH ISLAND RESORT
(PARCOURS DE L'OCÉAN)

Parcours : Kiawah Island Resort (parcours de l'Océan)

Situé à : Kiawah Island, Caroline du Sud, États-Unis

Trou : n° 4

Longueur : 395 m

Par : 4

Architecte : Pete Dye

À savoir : Bien que Pete Dye ait prévu à l'origine de situer le parcours derrière les dunes, sa femme, Alice, suggéra de le surélever afin que l'on puisse y bénéficier d'une vue dégagée sur le littoral de Kiawah.

Ce parcours relativement récent de Pete Dye (1991) a déjà accueilli 3 épreuves professionnelles majeures : la Ryder Cup de 1991, occasion d'une « guerre de bord de mer », et la Coupe du monde de 1997 et 2003. Mais avec ses 18 trous essaimés dans les dunes et offrant une vue dégagée sur l'Atlantique, il est probable que le parcours de l'Océan aurait obtenu des louanges généralisées même si aucun tournoi ne s'y était déroulé.

Dye y est revenu plusieurs fois afin d'adoucir le tracé qui s'était révélé d'une difficulté implacable au cours de la Ryder Cup de 1991. Le traître n° 4, le plus ardu du parcours, a cependant conservé une grande partie de sa rigueur.

Le drive est intimidant, mais le fairway offre plus d'espace à droite qu'il ne le semble depuis le départ. Un coup de départ trop à gauche, cependant, dépassera le fairway pour atterrir dans les marais salants.

Le green est défendu par une dépression naturelle sur le devant, à droite, qui accueillera les balles trop courtes, tandis que les dunes guettent à l'arrière les balles trop longues. La sélection du club, primordiale sur ce trou – et ce parcours –, peut changer en un instant selon le vent marin. **KA**

N° ❹ DESERT PINES GOLF CLUB

Parcours : Desert Pines Golf Club

Situé à : Las Vegas, Nevada, États-Unis

Trou : n° 4

Longueur : 294 m

Par : 4

Architecte : Dye Designs International

À savoir : Las Vegas aime les copies, il suffit d'examiner ses casinos. Où peut-on retrouver au même endroit New York, Paris, un château et une pyramide ? Cette philosophie n'est pas réservée à ses méga-hôtels. Avec plus de 2 000 pins bordant son parcours de championnat, Desert Pines offre l'apparence et l'impression d'un tracé de Caroline. Bienvenue à Pinehurst – dans le désert du Nevada.

Ce court par 4, baptisé *The Narrows*, le « Goulet », mesure 294 m depuis les départs arrière. À droite, de l'eau, avec des pins et le fairway au-delà, qui s'élargit juste après et se termine à environ 53 m du green.

Les experts du clubhouse affirment que l'eau ne devrait pas entrer en jeu ici. Mais tout est dans l'expression : « ne devrait pas », car cela ne se passe pas toujours aussi bien.

Devant le green, le rough est haut, vallonné, et ce n'est vraiment pas l'endroit le plus désirable de Las Vegas.

Le n° 4 appartient ainsi à ces trous où les embûches vous attendent à chaque tournant. Il se révèle cependant réellement aisé si l'on frappe droit depuis le départ. On peut même se permettre de rejoindre le fairway avec un fer. Jouez-le intelligemment et tout ira bien.

Ce parcours de 6 218 m, un par 71, force même les meilleurs des golfeurs à la réflexion. La plupart des fairways y sont étroits et l'eau est très présente. Devant ses trous courts, on sera tenté d'atteindre le green dès le premier coup, alors que la stratégie la plus sage consiste à jouer court et à frapper 2 coups.

Réservez vos paris aux casinos. Sauf si vous vous sentez chanceux. **TJ**

N° ❹ ELMBROOK GOLF COURSE

Parcours : Elmbrook Golf Course

Situé à : Traverse City, Michigan, États-Unis

Trou : n° 4

Longueur : 342 m

Par : 4

Architecte : Verner Nelson

À savoir : Le n° 3 d'Elmbrook est intéressant, non pas en raison de sa difficulté, mais parce qu'on a donné à son green la forme de l'État du Michigan, et que les bunkers qui l'entourent ressemblent, eux, aux Grands Lacs.

Elmbrook, inauguré en 1964, fait partie des golfs publics les plus anciens du Michigan. Situé sur un terrain très vallonné, il offre une vue panoramique sur la baie de Grand Traverse.

Vernon Nelson a conçu ce parcours en 1964, mais a laissé Dame Nature en dicter la plus grande partie. Ici, les bulldozers n'ont pas vraiment remué la terre. Nelson, dont les enfants possèdent encore le parcours, a préféré suivre les mouvements naturels du terrain. Et la Nature s'avère un architecte doué dans le domaine des parcours de golf. Le n° 4 en est un bon exemple.

Ce court par 4 est un dogleg très marqué à droite, avec une aire de départ et un green en hauteur. C'est là qu'on commence à s'amuser. Professionnels et habitués adorent ce trou, car il montre peu d'indulgence.

Le fairway suit un vallon, bordé de monticules jusqu'au green. Frappez un peu à gauche et la pente renverra souvent la balle sur le fairway. Le même phénomène se produit à droite.

On peut aisément atteindre le trou en 2 coups. Ce ne serait pas une mauvaise idée que de laisser votre driver dans le sac et de frapper un fer depuis le départ.

Ce n'est pas le trou le plus difficile du parcours, mais, pour les habitués, c'est l'un des plus intéressants. **TJ**

N° ❹ YALE UNIVERSITY GOLF COURSE

Parcours : Yale University Golf Course

Situé à : New Haven, Connecticut, États-Unis

Trou : n° 4

Longueur : 399 m

Par : 4

Architectes : Charles Blair Macdonald, Seth Raynor

À savoir : Le quatrième trou du parcours de Yale n'est pas une copie exacte du n° 17 de St Andrews, mais les similarités sont indéniables.

Les couloirs de la vénérable université de Yale, accueillant certains des étudiants et professeurs les plus érudits au monde, débordent de vie intellectuelle. Assurément, lorsque l'on évoque Yale, c'est une impression d'intelligence qui s'impose. Mais cette institution a aussi contribué à l'histoire d'une façon moins connue : c'est la première université américaine qui ait construit un parcours de golf de qualité sur son campus.

En 1925, lorsque Charles Blair Macdonald et Seth Raynor unirent leurs talents d'architectes à New Haven, la seule autre à en posséder un était celle de St Andrews, en Écosse. D'autres universités étaient pourvues de golf, mais aucun digne d'accueillir une épreuve de premier plan.

Le parcours de Yale changea tout cela, et il témoigne toujours, 80 ans plus tard, de l'immense virtuosité de ses deux architectes. C'était la collaboration d'un maître et de son protégé, Raynor étant ici le disciple. Et tout comme Raynor imitait de nombreux traits architecturaux de Macdonald, se les appropriant en ajoutant une touche personnelle, le n° 4 de Yale possède lui aussi les caractéristiques de l'un des trous les plus célèbres au monde – le n° 17 de St Andrews, surnommé la « Route ».

Comme sur ce dernier, le danger guette du côté droit du n° 4 de Yale (un abri de chemin de fer à St Andrews, un étang à New Haven), mais plus les joueurs seront prêts à prendre des risques, plus ils seront récompensés sur le coup d'approche. En effet, plus le drive s'approche du côté droit, et plus facilement on accède au green.

Quelque 4 bunkers entourent ce dernier, mais le seul entrant réellement en jeu est situé sur l'avant. Profond, il suffit amplement à protéger le centre du green et rappelle également un bunker similaire à St Andrews. Le green est aussi encadré par un autre bunker sur la droite et 2 sur la gauche, mais seules les balles les plus déviantes devraient y atterrir.

Comme on s'y attendrait, on doit jouer de façon très intelligente à Yale afin de rejoindre le green en 2 coups. Celui-ci est assez simple, et si vous l'atteignez en régulation, vous aurez une bonne chance de réaliser un birdie. Il est assez rare que l'on ait besoin de 3 putts. **JB**

N° ❹ GOLF DE CLEARWATER BAY

Parcours : golf de Clearwater Bay

Situé à : Sai Kung, Nouveaux Territoires, Hong Kong, Chine

Trou : n° 4

Longueur : 370 m

Par : 4

Architectes : T. Sawai, A. Furukawa

À savoir : Le club de Clearwater Bay a accueilli diverses épreuves internationales, dont l'Omega PGA Championship et le Star Alliance Open.

Le Clearwater Bay est à l'Asie ce qu'Augusta National, ou peut-être le parcours n° 2 de Pinehurst est aux États-Unis. C'est, tout simplement, l'un des tracés principaux de Hong Kong, et, au-delà, de tout le continent asiatique. Bien qu'inspiré par les links, il n'adopte pas ce style à 100 %. Les fairways sont étroits, le vent souffle de la mer, les roughs sont traîtres et les greens, difficiles.

Le parcours est divisé en deux 9 distincts. Le premier est au bord de l'océan, tandis que le second se déroule dans les terres. Tous deux offrent une vue époustouflante, l'un sur les vagues qui s'écrasent sur la côte, l'autre sur un paysage de monticules et de fairways verdoyants. Mais où que l'on soit sur le parcours, on bénéficie du spectacle des montagnes.

Le quatrième trou de Clearwater Bay est assez simple, ne comptant pas en réalité parmi les plus difficiles du parcours. Mais un petit détail cependant : on doit frapper un coup au-dessus d'une falaise, situation rare sur n'importe quel golf.

Si vous y arrivez sans problème, le n° 4 est dans la poche. Mais si votre balle n'atterrit pas dans un endroit sûr, vous écoperez d'une pénalité et perdrez le par.

Donc, profitez du paysage. Mais faites attention. **JB**

Parcours : The Olympic Club (parcours du Lac)	
Situé à : San Francisco, Californie, États-Unis	
Trou : n° 4	
Longueur : 400 m	
Par : 4	
Architecte : Sam Whiting	
À savoir : Quel niveau de difficulté doit-on attendre du n° 4 du légendaire Olympic Club ? Selon l'un des experts de la boutique du professionnel, « ce n'est pas une partie de plaisir. L'un de nos trous les plus difficiles. En réalité, les n° 2 à 6 sont si durs que vous aurez peut-être envie de vous contenter de 9 trous ».	

N° ❹ THE OLYMPIC CLUB
(PARCOURS DU LAC)

L'Olympic Club de San Francisco est le club d'athlétisme le plus ancien des États-Unis. Il fut fondé le 6 mai 1860, par 23 jeunes hommes de diverses professions, de celle d'artiste à aventurier.

L'aventure débute réellement sur le quatrième trou, un par 4. La plupart du temps, les golfeurs ne l'emportent pas. Trou le plus difficile du parcours du Lac, ce chef-d'œuvre de 400 m est un dogleg à gauche dont le fairway, incliné vers la droite, descend en pente. Autrement dit, il est incliné par rapport à votre cible, à gauche après le virage.

On trouve 2 bunkers à une distance de 18 à 27 m du green, sur le côté gauche comme sur le côté droit du fairway. Il est très difficile de rejoindre le green, et une fois qu'on l'aura atteint, on se demandera pourquoi on s'est évertué à y arriver aussi vite.

Il est légèrement incliné vers la droite, ce que l'on doit prendre en compte au moment d'aligner son coup d'approche. L'avant-green est aussi incliné. Si la balle atterrit sur ce que l'on appelle le faux green, elle repartira vers le tablier, ou pire, vers le rough.

Ayant accueilli un certain nombre de championnats majeurs, dont 4 US Opens, ce parcours exceptionnel se passe de commentaires. Sans aucun obstacle d'eau en jeu et doté d'un seul bunker de fairway, on ne doit s'y préoccuper que du rough épais et des denses rangées d'arbres. Seuls les membres de ce club très huppé et leurs invités ont le droit de jouer ce parcours impeccablement entretenu. **TJ**

Parcours : The National Golf Club (parcours Moonah)	
Situé à : Cape Schanck, Victoria, Australie	
Trou : n° 4	
Longueur : 406 m	
Par : 4	
Architectes : Greg Norman, Bob Harrison	
À savoir : Ce trou, le plus difficile du parcours, est aussi coriace qu'il est beau. Il est inclus dans toutes les listes des meilleurs – et des plus difficiles – pars 4 modernes d'Australie.	

N° ❹ THE NATIONAL GOLF CLUB
(PARCOURS MOONAH)

Le coup de départ nous ravit ici, car on le joue depuis une grande et haute dune à travers une étroite ouverture dans les *Melaleucas*, en direction d'une zone d'arrivée, sur un plateau abondant en ondulations et bordée de dunes dangereuses des deux côtés.

La distance est cependant primordiale, et même une vue splendide ne peut compenser un drive manquant de puissance. La plupart des golfeurs seront confrontés à un long coup d'approche, qu'ils peuvent rendre plus facile en visant le côté droit du fairway, où ils obtiendront en général un lie plus plat et un angle d'attaque du green plus ouvert, ce dernier étant légèrement surélevé.

Mais on devra aussi s'efforcer de demeurer à droite sur ce coup d'approche, et de tenir particulièrement compte des 2 sinistres bunkers flanquant le green sur la gauche. **JS**

Parcours : Firestone Country Club (parcours sud)

Situé à : Akron, Ohio, États-Unis

Trou : n° 4

Longueur : 430 m

Par : 4

Architectes : Bert Way, Robert Trent Jones senior

À savoir : Deux légendes ont tenté d'améliorer le parcours sud du Firestone. Robert Trent Jones l'a remodelé pour la première fois en 1959, suivi de Jack Nicklaus en 1986.

N° ❹ FIRESTONE COUNTRY CLUB (PARCOURS SUD)

Le légendaire country club de Firestone met depuis longtemps les meilleurs golfeurs à l'épreuve. Si l'on compare les country clubs aux cours offerts au lycée, le tracé sud de Firestone est l'équivalent des maths sup. Autrement dit, ce parcours, surnommé le « Monstre », ne fait aucun cadeau.

Remarqué pour sa longueur, ce par 70 de 6 659 m comprend une série de longs pars 4 intimidants, ainsi que l'un des pars 5 les plus longs au monde.

Difficile de faire plus difficile que le n° 4, un monstre de 430 m qui piège souvent les joueurs. En effet, depuis le tertre de départ, on n'a pas l'impression de se trouver sur le trou le plus difficile au monde. De fait, il semble assez aisé, jusqu'au moment où l'on doit frapper la balle.

Un coup de départ précis est nécessaire pour rejoindre le fairway incliné de droite à gauche. On devra suivre d'une balle lobée sur le coup d'approche, afin qu'elle demeure sur le green à l'atterrissage. Plus facile à dire qu'à faire – expression qui constitue l'un des autres surnoms de ce parcours.

Après que Robert Trent Jones senior a remodelé le parcours en 1959 pour le transformer en « Monstre », réaliser le par sur ce trou est devenu non seulement acceptable, mais aussi très apprécié. **TJ**

Parcours : The Country Club

Situé à : Brookline, Massachusetts, États-Unis

Trou : n° 4

Longueur : 305 m

Par : 4

Architectes : Willie Campbell, William S. Flynn, Rees Jones

À savoir : C'est au Country Club que s'est déroulée l'une des Ryder Cups les plus controversées. En 1999, la victoire américaine fut célébrée de façon tapageuse, ce qui contraria de nombreux Européens, mais c'était bien après le quatrième trou, généreux en spectacles, car de nombreux joueurs essayèrent d'atteindre le green dès le coup de départ.

N° ❹ THE COUNTRY CLUB

Voici un trou … plus qu'intéressant.

À 305 m, c'est un par 4 incroyablement court. Le joueur moyen doté de tout son bon sens essaiera d'atteindre le green en 2 coups. Avec toutes les embûches parsemées en chemin, cela demeure dangereux et passionnant. Mais lorsque l'élite du golf visite le Country Club, le spectacle – et le plaisir – atteignent un tout autre niveau.

Les meilleurs joueurs au monde contemplent souvent le n° 4 qui s'étale à leurs pieds, sortent leur driver et visent directement le green. Ils sont parfois récompensés en obtenant la possibilité de réaliser un eagle sur un par 4. Mais le plus souvent, même les meilleurs et les plus courageux d'entre eux doivent se diriger humblement vers un rough où l'on s'enfonce jusqu'aux genoux, confronté à la réalité des lieux.

C'est « j'aurais dû jouer la sécurité » que l'on entend le plus souvent sur le tertre de départ du n° 4.

Les regrets ainsi exprimés s'expliquent facilement. Il est si tentant de se saisir du driver sur un trou aussi court, mais il y a tellement à perdre. Le coup est aveugle, forçant les plus puissants des joueurs à choisir une cible en espérant que tout se passe pour le mieux. La foi peut s'avérer fructueuse dans divers domaines, mais ne constitue généralement pas la meilleure voie vers le paradis sur le quatrième trou du Country Club…

Même si votre cible est la bonne, et votre trajectoire précise, la balle doit dépasser une crête. On peut donc avoir frappé le meilleur coup possible sans être sûr que la balle se comporte comme on le désire. On devra, encore une fois, en appeler à la prière. Vous vous tournez vers le caddie ou vers votre partenaire, qui vous renvoient votre regard. Nul ne sait si le coup est réussi. Un trou intéressant, sans doute, mais le mystère y est peut-être trop grand lorsque l'on essaie de rejoindre le green en un seul coup.

Nous n'avons jusqu'ici qu'évoqué le jeu des grands joueurs, ceux qui osent frapper des coups de 305 m. Mais le danger est présent sur le n° 4 même pour ceux qui frapperont un fer depuis le départ. Moins, peut-être, que si l'on vise directement le green, mais danger tout de même. Pas moins de 6 bunkers entourent le green, et le rough est si difficile qu'il garantit généralement un point supplémentaire.

Par ailleurs, le green ne mesure que 11 m de large, et donc, quelle que soit la manière dont vous le rejoigniez, il faudra faire preuve de précision. Au moins, sur ce trou aux embûches merveilleusement séduisantes, on devrait presque automatiquement n'avoir besoin que de 2 putts. Intéressant, non ? **JB**

N° 4   GOLF DU ROBINIE

Parcours : golf du Robinie
Situé à : Olona, Lombardie, Italie
Trou : n° 4
Longueur : 381 m
Par : 4
Architecte : Jack Nicklaus
À savoir : Le Robinie, situé à mi-chemin entre Milan et Varèse, est le seul parcours dessiné par Jack Nicklaus en Italie.

En Lombardie, région du nord de l'Italie, célèbre pour ses lacs miroitants et ses vins somptueux, Jack Nicklaus a créé une verte et paisible oasis au seuil de Milan l'affairée, au pied des magnifiques Alpes italiennes.

Nicklaus a appliqué de nombreuses techniques de l'architecture de golf américaine contemporaine à ce qui n'était jusque-là qu'un terrain assez plat. Après de considérables excavations, il a façonné un parcours doté de nombreux obstacles d'eau, bunkers et courbes, mais aussi d'amphithéâtres à l'aspect naturel autour de nombreux trous.

Le quatrième, le meilleur de Nicklaus au Robinie, possède tous ces éléments, et ce léger dogleg à droite propose aux joueurs un intéressant scénario, où la prise de risque est récompensée.

Le vrai risque, ainsi, intervient au cours du coup d'approche, car une série de profonds bunkers est située en terrasse tout près du green en cuvette, sur la droite. Les meilleurs joueurs montrent souvent une préférence pour le côté droit du fairway, car cela raccourcit le trou. Pour plus de sécurité, cependant, mieux vaut préférer le côté gauche, plus long, où l'on pourra éviter plus facilement les imposants bunkers. **KA**

N° 4   GOLF DE CASTEL GANDOLFO

Parcours : golf de Castel Gandolfo
Situé à : Castel Gandolfo, Lazio, Italie
Trou : n° 4
Longueur : 375 m
Par : 4
Architecte : Robert Trent Jones senior
À savoir : La petite ville médiévale de Castel Gandolfo, toute proche, est surtout connue pour être la résidence estivale du pape. Le palais d'origine fut construit en 1624, date à partir de laquelle les souverains pontifes ont commencé à y résider.

Ce parcours remarquable, dont le clubhouse est abrité par une villa du XVIIe siècle, a été tracé près de la ville perchée de Castel Gandolfo, à environ 20 km au sud-ouest de Rome. Robert Trent Jones senior, l'architecte américain, disposait de l'un des cadres les plus exceptionnels et les plus ravissants dans le monde du golf – un volcan qui, des millions d'années après s'être éteint, est devenu fertile et luxuriant. Le lac qui s'était formé dans son cratère a été asséché par les ingénieurs hydrauliques de la Rome ancienne, qui créèrent un réseau de canalisations encore en usage aujourd'hui.

Disposant de tous ces éléments, Jones n'a pas déçu, créant un merveilleux tracé parmi les oliviers centenaires, les pins, cyprès, mimosas et citrus.

Le quatrième trou de Castel Gandolfo est le plus ardu du parcours, mais aussi l'un des plus enchanteurs. On frappe le coup de départ en direction d'un fairway qui rétrécit progressivement, plusieurs arbres faisant obstacle sur la gauche. Deux lacs empiètent sur l'approche et le fairway, jusqu'à ce que seule une fine péninsule amène au green, une cuvette légèrement surélevée, défendue par une paire de dangereux bunkers. Assurez-vous de frapper un drive solide. Vous en aurez besoin pour pouvoir atteindre le green dès le deuxième coup. **KA**

N° ❹ FISHERS ISLAND CLUB

Parcours : Fishers Island Club
Situé à : Fishers Island, État de New York, États-Unis
Trou : n° 4
Longueur : 363 m
Par : 4
Architecte : Seth Raynor
À savoir : Bien que Fishers Island appartienne à l'État de New York, cette île est en réalité juste au large du Connecticut, près de New London.

Cela vaut la peine de prendre le ferry jusqu'au golf de Fishers Island, un lieu reculé entouré des eaux du détroit de Long Island, ne serait-ce que pour jouer son quatrième trou, considéré comme l'un des meilleurs de Raynor.

Dépourvu de bunkers et offrant le seul coup aveugle du parcours, son green, très intimidant, avance dans la mer. Il vaut peut-être mieux ne pas apercevoir tous les obstacles que l'on doit éviter au cours de l'approche, toute en montée. Le green, en creux, est immense – 1 115 m^2 – mais ce n'est que justice, car on utilisera toute sa surface. Le vent soufflant du détroit est souvent difficile à évaluer, ce qui rend le choix du club épineux. Que la balle soit trop courte, et elle redescendra la pente devant le green. Trop longue, et un destin encore pire l'attend de l'autre côté, où elle plongera dans l'océan.

On a baptisé le golf de Fishers Island « *Cypress Point* de la côte est », surnom que l'on ne confère pas à la légère. Grâce aux excellents trous de Raynor, Fishers Island s'en avère digne. Rares sont les îles – si elles existent – où les golfeurs préféreraient être abandonnés. **KA**

Parcours : Royal Dornoch	
Situé à : Dornoch, Sutherland, Écosse	
Trou : n° 4	
Longueur : 382 m	
Par : 4	
Architectes : Tom Morris senior, John Sutherland, George Duncan	
À savoir : Tom Watson, avant d'emporter le British Open à Muirfield en 1980, a traversé l'océan afin de jouer à Royal Dornoch. Une fois le parcours terminé, Watson déclara : « Je ne me suis jamais autant amusé sur un terrain de golf. »	

CI-CONTRE *Le quatrième trou de Royal Dornoch.*

N° 4 ROYAL DORNOCH

Bien que consacré comme l'un des grands parcours d'Écosse, certainement le meilleur des Highlands, le Royal Dornoch n'a jamais accueilli un British Open à cause de son éloignement. Cela ne signifie cependant pas qu'il manque de qualité : Dornoch est considéré comme l'un des meilleurs tracés au monde.

Ce par 4 est l'un des premiers trous que l'on joue après avoir découvert un panorama époustouflant. C'est le trou intermédiaire d'une série de 3 qui constitue peut-être l'un des meilleurs enchaînements de par 4 au monde.

Depuis l'aire de départ du n° 4, prenez pour cible la statue du duc de Sutherland au loin. Il est extrêmement important de frapper un drive droit. Même si vous êtes précis, la pente du fairway peut amener la meilleure des balles vers les obstacles qui le bordent.

Comme le reste de Dornoch, le n° 4 est difficile, mais on ne peut le qualifier de déloyal. Le green est vaste et ondoyant, la zone d'arrivée des drives est assez généreuse, mais les mauvais coups sont pénalisés à juste titre. Le vent, cependant, constitue un élément gênant qui entre souvent en jeu. Il ajoute souvent un tel degré de difficulté au n° 4 – et au reste de Dornoch – qu'on y frise l'injustice.

Mais qui a dit que le golf devait être juste ? Et qui blâmer pour un peu de vent ? **JB**

Parcours : The Dunes Golf Links	
Situé à : Rye, Victoria, Australie	
Trou : n° 4	
Longueur : 313 m	
Par : 4	
Architecte : Tony Cashmore	
À savoir : Au milieu de 150 ha de terrain vallonné sur la péninsule de Mornington, The Dunes Golf Links, le « golf des Dunes », offre de vrais links, avec des bunkers naturels, des herbes indigènes, des ondulations délicates et le genre de vent marin qui rend un parcours de bord de mer si agréable – et ardu.	

N° 4 THE DUNES GOLF LINKS

Le golf des Dunes a été conçu par Tony Cashmore en 1997 et s'est depuis établi comme l'un des meilleurs parcours auxquels le public ait accès en Australie. Dans son article dédié aux 50 meilleurs parcours du pays, le magazine *Golf Australia* le classait en 15e position.

Le n° 4 est un fabuleux par 4, court et ardu, prouvant encore une fois que la distance ne compte pas tant que cela au golf.

On frappe son drive depuis un départ surélevé jusqu'à un fairway en chiendent, et le coup idéal consiste à franchir les bunkers de fairway sur le côté droit, afin de rendre le deuxième coup le plus facile possible, utilisant en général un fer très court. Oui, on peut jouer la sécurité sur la gauche dès le premier coup, mais cela amènera un coup d'approche plus long – et souvent plus difficile – en direction d'un très petit green.

Il est aussi difficile d'y tenir la balle, car il est incliné et perché sur une saillie. On trouve de nombreux bunkers sur la gauche, et la pente raide à l'arrière semble attirer les balles comme par magie. **JS**

JOCKEY CLUB KAU SAI CHAU (PARCOURS NORD)

N° **4**

Parcours : Jockey Club Kau Sai Chau (parcours nord)

Situé à : Sai Kung, Nouveaux Territoires, Hong Kong, Chine

Trou : n° 4

Longueur : 366 m

Par : 4

Architecte : Gary Player

À savoir : Un conseil avant de vous attaquer au parcours de Kau Sai Chau : très complexe, il est aussi très difficile à parcourir à pied. Si vous n'êtes pas en forme, organisez-vous autrement, en engageant un caddie par exemple.

Situé à la pointe septentrionale de l'île de Kau Sai Chau, voici le seul parcours public de Hong Kong, et c'est l'un des plus enchanteurs d'Asie.

N'oubliez pas que l'on trouve ici un autre tracé, le parcours sud, un peu plus facile à jouer. Mais si vous désirez vous confronter à l'un des parcours les plus coriaces de Hong Kong, le parcours nord constitue un défi de choix.

Les n° 3 et 4 font un duo de choc. Le n° 3, un par 3, est l'un des plus difficiles mais aussi des plus beaux du parcours nord. Et lorsque l'on se dirige vers le n° 4, le 3ᵉ du parcours par ordre de difficulté, sa vue peut s'avérer très intimidante. Ce léger dogleg à gauche possède un bunker au niveau du coude. Les grands frappeurs devraient le dépasser sans problème – même depuis les départs arrière. Le fairway est assez large, tandis que le petit green est encerclé – littéralement – par 6 bunkers.

Déjà assez difficile, ce trou l'est plus encore lorsque le vent souffle. De fait, cela s'applique à la majorité du parcours. **TJ**

N° ❹ MYOPIA HUNT CLUB

Parcours : Myopia Hunt Club

Situé à : South Hamilton, Massachusetts, États-Unis

Trou : n° 4

Longueur : 358 m

Par : 4

Architecte : Herbert Leeds

À savoir : Ce qui suit n'est pas un renseignement, mais une mise en garde. C'est sur le green que ce trou se complique. Il est sévèrement incliné d'arrière en avant et de gauche à droite, et la plupart du temps, on aura besoin de frapper un wedge pour qu'il tienne la balle.

L'intérêt de ce parcours est varié. Tout d'abord, il est riche en histoire. L'US Open s'y est déroulé en 1898, 1901, 1905 et 1908. Ensuite, il est reconnu. C'est le seul parcours qui, selon *Golf Magazine*, possède 2 des 100 trous les plus spectaculaires des États-Unis (les n° 4 et 9).

C'est aussi ici qu'en 1901 Willie Anderson remporta l'US Open avec le score victorieux le plus élevé depuis que le tournoi a été étendu à 72 trous – un record qui tient toujours.

Myopia est cependant et avant tout un grand parcours de golf, dont le n° 4 est un parfait exemple. Baptisé *Miles River* en l'honneur de la rivière qui le borde, ce difficile dogleg à gauche a bien changé depuis la victoire en play-off d'Anderson. Oui, il est devenu un peu plus facile, bien que l'expression ne semble pas appropriée.

Depuis les départs arrière, le drive devra franchir 205 m afin d'atteindre le coude. On trouve la Miles et une zone marécageuse le long du côté gauche, puis, 45 m avant le green, une série de 5 bunkers.

Et pour mettre à nouveau l'accent sur la mise en garde précédente, jouez le coup d'approche en hauteur et essayez de le placer du côté droit. **TJ**

N° ❹ WHISPERING PINES

Parcours : Whispering Pines

Situé à : Pinckney, Michigan, États-Unis

Trou : n° 4

Longueur : 288 m

Par : 4

Architecte : Don Moon

À savoir : À quel niveau de difficulté s'attendre sur ce parcours ? On trouve d'excellents golfs dans le sud-est du Michigan, mais peu sont aussi ardus que Whispering Pines. De nombreux joueurs de la région affirment même qu'il est plus difficile que le TPC du Michigan, situé à Dearborn, près de là.

On trouve non seulement plus difficile que ce trou à Whispering Pines, mais aussi plus ravissant. Le n° 4 demeure pourtant inoubliable.

Situé au nord de la ville d'Ann Harbor, Whispering Pines est réputé pour ses fairways étroits bordés d'arbres. Vous découvrirez dès le premier départ que cette réputation est méritée, et le fairway du n° 4 est tout aussi complexe.

Votre coup de départ a intérêt à s'élever dans les airs sur le fairway de ce court, mais coriace, par 4. Ce léger dogleg à droite s'élève d'environ 23 m entre le départ et le green en hauteur.

On découvre de dangereux pins (*Whispering Pines* signifie « les pins qui murmurent ») des deux côtés du fairway, même s'ils ne sont pas aussi épais sur la droite. Le coup de départ idéal franchit de 165 à 183 m, pour être suivi d'un wedge jusqu'au green.

Le coup d'approche ne doit jamais être trop long. Une pente très raide est située juste à l'arrière du green. Le dénivelé est tellement important que l'on aura probablement besoin d'une autre balle si on y atterrit.

Le green est assez long, protégé par un bunker sur l'avant-gauche. On trouve aussi 5 m de faux green sur le devant, où la balle sera renvoyée en arrière si elle y atterrit. Le green est légèrement incliné, mais assez aisé.

Ce trou peut s'avérer très facile, ou gâcher votre carte de score. **TJ**

Parcours : golf de Valderrama
Situé à : Cadix, Espagne
Trou : n° 4
Longueur : 489 m
Par : 5
Architecte : Robert Trent Jones senior
À savoir : Le quatrième trou est sans nul doute le plus emblématique de Valderrama, un parcours ayant accueilli la Ryder Cup, le WGC-American Express Championship, et qui reçoit le Volvo Masters du PGA European Tour, chaque année.

N° ❹ GOLF DE VALDERRAMA

Ce célèbre n° 4 est le meilleur trou du meilleur parcours d'Europe continentale. Cela en fait-il le meilleur trou du continent ? On peut en débattre, mais lorsqu'on évoque le meilleur du golf européen, ce par 5 de Valderrama fait partie de la conversation. Forcément.

Les matchs de la Ryder Cup ne se sont déroulés sur le sol de l'Europe continentale qu'une fois – et c'était à Valderrama. Bien sûr, il existe un risque lorsque l'on frappe de toutes ses forces, mais la prise de risque est récompensée sur un parcours aussi merveilleux que Valderrama – particulièrement au n° 4.

Le quatrième trou est court – avec 489 m, la longueur ne constituerait pas un problème à elle seule pour les meilleurs joueurs au monde, visant le green en 2 coups. Mais, comme presque tous les pars 5 de Trent Jones senior, il exige beaucoup plus que de la puissance. Le danger se trouve sur le côté gauche du fairway, bordé par une série de bunkers terriblement attrayants. Une stratégie moins risquée consiste à viser le côté droit, mais on doit alors renoncer à rejoindre le green en 2 coups.

On devra donc oublier ce que l'on aperçoit depuis le tertre de départ. On y a l'impression tenace que l'on doit absolument viser la droite du fairway, dépourvue d'embûches. Mais si l'on pose la balle à droite, on sera bloqué sur le deuxième coup, le green étant protégé sur l'arrière et sur la droite par des obstacles d'eau. Aussi contre-productif que cela paraisse, les golfeurs doivent donc viser les bunkers sur la gauche. Si la balle s'approche de ces obstacles – sans y atterrir –, on pourra atteindre le green après un deuxième coup assez aisé. L'eau n'est alors plus en jeu, et un coup droit le long du fairway bordé de chênes est à portée de main – si vous le désirez.

Le chemin vers le green rétrécit désespérément vers la fin, mais ce n'est qu'en jouant depuis le côté gauche que l'on arrivera à trouver le green. Et même si on le rejoint dès le deuxième coup, le birdie n'est absolument pas garanti.

Tout comme la vue que l'on observe depuis le tertre de départ, la distance est trompeuse. Le n° 4 de Valderrama, bien que plutôt court, se joue comme un par 5. Il s'est révélé plus qu'à la mesure des meilleurs golfeurs. **JB**

CI-CONTRE *L'Écossais Colin Montgomerie joue son coup de départ sur le n° 4 de Valderrama, en novembre 2002.*

Parcours : National Golf Club of Canada

Situé à : Woodbridge, Ontario, Canada

Trou : n° 4

Longueur : 548 m

Par : 5

Architectes : George Fazio, Tom Fazio

À savoir : Lorsque le Canadian PGA s'est déroulé au National en 1979, Lee Trevino est arrivé en tête avec un score de 286, à 1 au-dessus du par. Cela faisait partie d'une impressionnante double victoire canadienne pour Trevino, qui remporta la même année l'Open à Glen Abbey.

N° ❹ THE NATIONAL GOLF CLUB OF CANADA

Considéré comme le meilleur parcours du pays, le National Golf Club, très fermé, abrite un tracé en terrain boisé et vallonné, au nord de Toronto.

Le n° 4, un long par 5, est un léger dogleg à gauche, que Tom Fazio rallongea de 17 m en 2004, 30 ans après avoir conçu ce parcours avec son oncle. Mais la longueur du trou (548 m) n'est que le cadet des soucis des golfeurs.

Un ruisseau traverse le fairway directement devant l'aire de départ et serpente le long du côté droit pour rejoindre un vaste étang à 237 m de là. La zone d'arrivée que l'on vise généralement ne mesure que 23 m de large à son endroit le plus étroit, entre l'eau à droite, un long bunker et deux saules un peu plus avant sur la gauche. Le ruisseau entre à nouveau en jeu sur le deuxième coup, traversant le fairway à 137 m du départ – mettant les joueurs au défi de le franchir ou les forçant à jouer court pour atterrir devant.

Le green n'est pas plus facile. Une série de 6 profonds bunkers (4 à gauche, 2 à droite) entourent un minuscule green qui, bien que ne mesurant que 18 m de profondeur, contient 3 plateaux.

Si vous réalisez le par ici, vous pourrez être sûr que ce n'est pas par chance. **KA**

Parcours : Atlantic Beach Golf Course

Situé à : Melkbosstrand, Le Cap, Afrique du Sud

Trou : n° 4

Longueur : 456 m

Par : 5

Architecte : Golf Data Inc.

À savoir : L'Atlantic Beach offre 2 parcours en 1. Par temps calme, on peut jouer des coups bombés normaux, tandis que, lorsque le vent souffle, on met le gazon ferme à profit en frappant des coups bas, sous le vent.

N° ❹ ATLANTIC BEACH GOLF COURSE

Situé au bord de l'anse de Table Bay, Atlantic Beach n'est qu'à 20 minutes du cœur de la ville principale d'Afrique du Sud. Et le voyage, le long de la côte, en vaut vraiment la peine. De fait, le n° 4 mérite à lui seul le déplacement.

C'est l'un des trous les plus difficiles du parcours. Ne vous laissez cependant pas déconcerter par le fait que le coup de départ est aveugle – visez légèrement à droite de la station du funiculaire, au sommet de Table Mountain, et vous devriez vous en sortir.

Jouez le deuxième coup à gauche du bunker de fairway, pour suivre d'un fer court jusqu'au green. Si la balle est au niveau du bunker, le troisième coup sera très en montée et l'on prendra donc un club de plus.

On vous pardonnera, bien évidemment, si votre concentration baisse un peu une fois sur le green. La vue magnifique, sur Table Mountain et Robben Island au-delà, attirera probablement votre attention.

Mais essayez de vous concentrer. Vous pourrez prendre des photos une fois la balle dans le trou. **TJ**

N° ❹ ROYAL MELBOURNE GOLF CLUB (PARCOURS OUEST)

Parcours : Royal Melbourne Golf Club (parcours ouest)

Situé à : Black Rock, Victoria, Australie

Trou : n° 4

Longueur : 432 m

Par : 5

Architecte : Alister MacKenzie

À savoir : Le quatrième trou de ce tracé classique est peut-être le plus beau par 5 d'Australie, amorçant ce que l'on considère souvent comme le meilleur segment du pays, les n° 4, 5 et 6. Aussi ravissants que difficiles, ses bunkers béants entourent le green rappellent ceux du chef-d'œuvre américain de MacKenzie, Augusta National.

Le drive doit, sur ce trou, franchir une série de 3 bunkers, dont le plus éloigné est à environ 150 m. Et les choix pour le deuxième coup sont nombreux sur ce dogleg à droite.

Les grands frappeurs peuvent rejoindre directement le green, mais la précision est essentielle, car celui-ci est bordé d'un vaste bunker sur la droite et d'un plus petit sur la gauche. Ceux qui joueront la sécurité devraient viser la droite, où 2 bunkers de fairway, merveilleusement réalisés par MacKenzie, ne sont qu'à un sand-wedge du green. Mais cela paraîtra très éloigné au golfeur qui aura le malheur de voir sa balle atterrir à cet endroit.

Et même ceux qui rejoignent le green en 2 ou 3 coups sont confrontés à 3 putts difficiles sur un green ne manquant ni d'ondulations, ni de positions de drapeau périlleuses.

La carte de parcours indique que le n° 4 du parcours ouest est le plus facile des 18 trous, et, au premier abord, on pense que ce sera une partie de plaisir. Rien ne pourrait être plus éloigné de la réalité. **JS**

CI-CONTRE Nick Faldo sur le quatrième trou du Royal Melbourne en février 2003.

N° ❹ OAKMONT COUNTRY CLUB

Parcours : Oakmont Country Club

Situé à : Oakmont, Pennsylvanie, États-Unis

Trou : n° 4

Longueur : 515 m

Par : 5

Architectes : Henry Fownes, William Fownes

À savoir : 7 US Opens se sont déroulés à Oakmont, plus que sur n'importe quel autre parcours américain. Baltusrol a lui aussi accueilli 7 US Opens, mais sur 3 parcours différents.

CI-DESSOUS *Le quatrième trou d'Oakmont.*

CI-CONTRE *Sortie de bunker pour l'Australien Greg Norman sur le n° 4 d'Oakmont, en juin 1994.*

Le country club d'Oakmont est devenu légendaire pour diverses raisons. On compte parmi celles-ci les championnats nationaux prestigieux s'étant déroulés sur ce tracé de Pennsylvanie, le panthéon de joueurs les ayant remportés, ainsi que les éléments architecturaux du parcours, plus particulièrement ses bunkers, et plus précisément encore un lieu de culte sablonneux surnommé les « bancs d'église ». C'est un surnom impropre bien sûr, car il existe peu d'endroits moins sacrés où atterrir. Les « bancs d'église » sont constitués de 8 bandes de terre recouvertes de gazon et séparées par le sable. Selon l'endroit où se trouve la balle, il faudra jouer vers le côté ou même vers l'arrière.

Et comme si se confronter à cet obstacle massif une fois ne suffisait pas, le duo d'architectes, plus ou moins sadique, le fait intervenir 2 fois au cours du parcours. On doit les éviter sur la gauche au n° 3, puis sur la droite une fois le n° 4 atteint.

Les « bancs d'église » représentent le plus grand danger sur ce trou, mais ils ne constituent certainement pas le seul obstacle. On trouve un essaim de bunkers coriaces de l'autre côté du fairway, sur un trou qui en abrite 16, éparpillés sur 515 m. On compte un total de 178 bunkers à Oakmont, les « bancs d'église » s'avérant les plus mémorables. Le tracé original, cependant, en comprenait plus de 300 il y a 100 ans, nombre qui a progressivement diminué depuis.

Le n° 4 exige de la précision, même si les joueurs dotés d'un faible handicap pourront y réaliser un birdie. On peut atteindre le green en 2 coups, mais si l'on dévie du fairway, on est presque assuré d'atterrir dans un bunker et de devoir renoncer à ce score. Si les joueurs évitent le sable, ils seront confrontés à un léger virage à droite qui descend vers le green.

Hogan, Nicklaus, Miller et Els ne sont que quelques-uns des grands joueurs ayant non seulement conquis les « bancs d'église », mais aussi remporté un tournoi à Oakmont.

C'est un lieu que l'on doit vénérer. S'il vous plaît, prenez place. **KA**

N° ❹ HÔTEL-CLUB DE DORADO
(PARCOURS EST)

Parcours : hôtel-club de Dorado (parcours est)

Situé à : Dorado, Porto Rico

Trou : n° 4

Longueur : 493 m

Par : 5

Architecte : Robert Trent Jones senior

À savoir : Le premier des 4 tracés que Robert Trent Jones a réalisés sur ce domaine, le parcours est a accueilli la Coupe du monde et le Senior Tour Tournament of Champions.

Lorsque *1 001 greens* a été publié pour la première fois en anglais, on trouvait 23 parcours de golf à Porto Rico, avec 6 autres en cours de construction. Le championnat mondial amateur par équipes s'est déroulé sur l'île, juste à temps pour la célébration du cinquantième anniversaire de son association de golf.

Au milieu de ce boom golfique, un tracé a résisté à l'épreuve du temps : le parcours est du Dorado – établi en 1958 – est toujours un must pour les golfeurs qui se rendent à Porto Rico.

Et son n° 4 en zigzag, pourvu de 2 obstacles d'eau, d'un double dogleg et d'une vue admirable sur la mer, est peut-être le plus mémorable de l'île et l'un des plus inoubliables des Caraïbes.

Selon la distance parcourue après les 2 premiers coups, vous pourrez négocier ou non le double dogleg. Les grands frappeurs peuvent franchir les 2 virages, réduisant ainsi la distance d'au moins 80 m, et pouvant atteindre le green en 2 coups. Cependant, la moindre erreur de calcul aura un prix. L'eau qui borde les deux côtés du fairway accueillera les balles déviantes. Et si vous n'essayez pas de franchir l'eau – jouant la sécurité au milieu du fairway et suivant le mouvement naturel du terrain –, il faudra 3 coups pour rejoindre le green. **JB**

Parcours : golf du Domaine impérial
Situé à : Genève, Suisse
Trou : n° 4
Longueur : 538 m
Par : 5
Architecte : Pete Dye
À savoir : Le magnifique clubhouse du Domaine impérial, qui date du XVIIe siècle, est l'ancienne demeure du prince Jérôme Napoléon, descendant de Napoléon Bonaparte.

N° ❹ GOLF DU DOMAINE IMPÉRIAL

Avec une situation exceptionnelle au bord du lac Léman et au pied des magnifiques Alpes suisses, c'est le seul parcours de golf que Pete Dye ait dessiné en Europe. S'il ne devait en réaliser qu'un, le légendaire architecte s'est assuré de sa qualité : son œuvre, de style américain, est considérée par beaucoup comme le meilleur tracé de Suisse. Et s'il ne fallait choisir qu'un trou du Domaine impérial, ce serait certainement le n° 4, un par 5 doté d'éléments qui mettront à l'épreuve chaque facette de votre jeu.

Le long dogleg à droite est pourvu d'un fairway qui rétrécit considérablement au niveau du coude, n'atteignant que 13 m de large au point le plus étroit, enserré par une haute bruyère d'un côté et le hors-limite de l'autre.

Une fois le tournant passé sans encombre, les golfeurs sont confrontés à une situation complètement différente, devant éviter un long bunker étroit sur le deuxième coup, pour rejoindre un green magnifiquement encadré d'arbres et défendu par un essaim de petits bunkers.

C'est là le meilleur de Dye, retors et merveilleux. **KA**

Parcours : golf des Lions
Situé à : Santiago, Chili
Trou : n° 4
Longueur : 512 m
Par : 5
Architecte : Alister MacKenzie
À savoir : Le golf des Lions, l'un des 58 terrains chiliens, a été inauguré en 1921.

N° ❹ GOLF DES LIONS (LOS LEONES)

Le golf fut importé par les Anglais au Chili au cours de la deuxième moitié du XIXe siècle. Il continua à se développer alors que de plus en plus d'entre eux s'expatriaient au Chili, notamment à Santiago, après Valparaiso. C'est là que les Lions (*Los Leones*) furent construits en 1921, constituant de loin le meilleur parcours du pays à l'époque. Après toutes ces années, il conserve toujours sa place parmi les plus grands du Chili.

Et en tête de la liste des plus beaux trous des Lions, on découvre le n° 4, un par 5 qui paraît à première vue simple et plutôt ordinaire, mais qui, après un examen plus approfondi, montre ses griffes.

Le trou, situé le long d'une des rues les plus passantes de Santiago, est droit, pourvu d'un seul bunker. Circulation mise à part, cela reste un bijou. Les hauts immeubles scintillants donnent l'impression qu'on joue au milieu de la ville. Un sentiment complètement différent de celui que l'on éprouve normalement au golf, mais la nature singulière de ce trou est assez mémorable pour qu'il fasse partie de notre liste.

Bien que l'eau et le hors-limite se trouvent à droite, c'est bien entendu ce côté-là que l'on veut viser depuis l'aire de départ. Le côté gauche paraît plus sûr, mais ne permet pas l'angle nécessaire au deuxième coup – que l'on veuille atteindre le green ou jouer la sécurité.

Les 58 parcours chiliens appartiennent à des complexes hôteliers où l'on doit demeurer si l'on veut jouer. Les droits de jeu sont raisonnables, environ 45 euros pour un 18 trous. **JB**

Parcours : Bukit Pelangi Resort (parcours de Rainbow Hills)

Situé à : Bogor, Indonésie

Trou : n° 4

Longueur : 491 m

Par : 5

Architecte : Robert Moore, JMP Golf Design

À savoir : On a baptisé Bogor la « capitale mondiale de la foudre », et vous devez donc vous assurer de vous mettre à l'abri si un orage éclate sur le Rainbow Hills. Le parcours est doté de douzaines de paratonnerres.

N° 4   BUKIT PELANGI RESORT
(PARCOURS DE RAINBOW HILLS)

Au milieu des montagnes vallonnées au sud de Jakarta, le parcours de Rainbow Hills est doté de nombreuses cascades, chutes d'eau et rochers – dont bon nombre sont intégrés aux trous de golf. Chose curieuse, le n° 4 ne comprend aucun de ces éléments, sauf un petit rocher sur le fairway. Mais estimez-vous heureux : ce par 5, un dogleg, est assez ardu sans eux.

Depuis le tertre de départ, les golfeurs peuvent contempler le trou dans son ensemble – s'ils réussissent à s'arracher à la contemplation des montagnes au loin. Les grands frappeurs peuvent atteindre le green en 2 coups, même si les bunkers rétrécissent le fairway sur les long drives. Le deuxième coup oblige à une décision où le risque est encore plus récompensé, car les joueurs peuvent choisir de frapper court, sur la droite et en hauteur vers un grand fairway, ou de frapper un coup plus droit vers le green en le faisant atterrir sur une partie étroite du fairway, plus en contrebas. Le risque ? La zone d'arrivée la plus basse longe un coteau qui plonge dans une rivière.

Avec tout cela, l'élément le plus intéressant du trou demeure son green, perché sur une corniche étroite, protégé par un faux collier et par un bunker sur la gauche. Le paysage n'est pas inintéressant à la fin du trou non plus. Par temps dégagé, on peut apercevoir Jakarta, à 60 km de là. **KA**

Parcours : World Woods (parcours des Landes de pins)

Situé à : Brooksville, Floride, États-Unis

Trou : n° 4

Longueur : 451 m

Par : 5

Architecte : Tom Fazio

À savoir : On trouve de nombreux pins sur le parcours de World Woods. Et la lande ne manque pas non plus. On a donc baptisé ce parcours *Pine Barrens*, soit les « Landes de pins » en anglais.

N° 4   WORLD WOODS
(PARCOURS DES LANDES DE PINS)

Selon les employés de la boutique de World Woods, le parcours des Landes de pins est « un mélange époustouflant de terrain naturel et d'architecture de golf ». C'est le moins que l'on puisse dire.

Un coup de départ spectaculaire, où la prise de risque est récompensée, vous attend sur ce par 5. On doit choisir entre sécurité en jouant court sur la gauche, et prise de risque en frappant un drive pour franchir la dépression naturelle sur la droite. Si on y arrive, on peut rejoindre le green en 2 coups.

Cette dépression naturelle est présente sur toute la longueur du trou, empiétant de façon importante sur le fairway, au début comme à la fin. Le coup de départ et le coup d'approche s'avèrent donc primordiaux.

Le côté gauche n'est pourtant pas sans danger. Une dépression naturelle pourrait là aussi entrer en jeu sur le premier ou le deuxième coup, ainsi qu'un bunker à l'approche du green.

Les 4 séries de départ sont situées de 371 m à 451 m lors des tournois. C'est un trou intéressant et ardu sur un parcours ne manquant ni d'intérêt, ni de difficulté. Il est aussi superbe. **TJ**

Parcours : Bethpage State Park (parcours noir)

Situé à : Farmingdale, État de New York, États-Unis

Trou : n° 4

Longueur : 477 m

Par : 5

Architectes : A. W. Tillinghast, Rees Jones

À savoir : L'US Open de 2002 s'est déroulé sur le parcours noir de Bethpage, et pourtant les green fees y sont inférieures à 50 dollars le parcours. L'Open de 2002 n'évita pas quelques tapages, mais fut considéré comme l'un des plus réussis que l'Association de golf américaine ait jamais organisés.

N° 4 BETHPAGE STATE PARK (PARCOURS NOIR)

Le parcours noir de Bethpage, inauguré en 1936, a rapidement acquis la réputation d'être l'un des plus ardus des environs de New York. Sa notoriété s'est progressivement étendue vers l'ouest, le reste du pays découvrant sa difficulté et sa beauté. Cette progression, réalisée grâce au bouche à oreille sur des décennies, s'est formidablement accélérée en 2002, lorsqu'un fantastique US Open s'est déroulé sur ce parcours purement public.

Le parcours noir est l'un des 5 qu'abrite ce golf, les 4 autres ont chacun leurs atouts propres. Mais le noir est l'un des meilleurs tracés jamais conçus. Et son quatrième trou, un par 5, représente un défi des plus remarquables. On trouve de nombreux pars 5 merveilleux autour du monde, mais ils doivent en général une partie de leur beauté aux montagnes ou à l'océan qui constituent leur cadre naturel. Le n° 4 du parcours noir est l'exemple le plus pur de parcours boisé – une beauté d'arrière-pays, exigeant à la fois une puissance athlétique et un esprit clair pour un jeu stratégique.

Le tertre de départ offre une vue magnifique. Nul coup aveugle ici : on découvre le défi qui attend droit devant. Le fairway est assez dégagé et encadré de grands arbres. Mais ce sont ses bunkers qui distinguent le n° 4, notamment le merveilleux bunker en croix, caractéristique de A. W. Tillinghast. On pourrait atteindre le green en 2 coups, mais on aura pour

cela besoin d'un long drive, et la seule trajectoire possible survole les difficiles bunkers entourant le green. Un pitch depuis la droite constitue le meilleur angle d'approche sur le troisième coup, mais il faudra pour cela jouer plus court sur le deuxième.

Le green, dominant le fairway de 10 m, descend en pente. Ce n'est donc pas une cible facile, et même si vous l'atteignez, mieux vaut y atterrir en douceur.

Puissance et stratégie sur un parcours boisé : le n° 4 du parcours noir de Bethpage est un endroit merveilleux où jouer. **JB**

Parcours : Castro Marim

Situé à : Castro Marim, Algarve, Portugal

Trou : n° 4

Longueur : 501 m

Par : 5

Architecte : Terry Murray

À savoir : Castro Marim est l'un des parcours de l'Algarve les plus à l'est, avec une vue dégagée sur l'Espagne voisine.

N° ❹ CASTRO MARIM

Au n° 4 de Castro Marim, on joue le coup de départ depuis une aire surélevée vers le fairway en contrebas. Ce scénario se reproduit souvent sur ce parcours concis, proche de la frontière espagnole.

On doit préparer son drive avec le plus grand soin. Le trou est un dogleg à gauche, mais contrairement à ce qui est le cas chez la majorité de ceux-ci, on ne peut y swinguer de toutes ses forces vers la partie la plus large du fairway. Un lac est situé au-delà du virage, sur la droite du fairway, et toute balle trop longue ou légèrement en push finira dans l'eau.

La ligne idéale consiste à rester aussi près de l'angle du dogleg que possible, pour atteindre le green plus facilement au deuxième coup.

Le problème, c'est que l'on devra alors jouer le second coup en montée, ce qui augmente sa longueur. Même ceux qui joueront la sécurité seront confrontés à ce problème, avant un green bien défendu par un bunker, de jeunes pins, et par son dévers.

Trouver le green n'est pas facile, priez donc pour que votre wedge soit au point une fois arrivé au n° 4 de Castro Marim. **AT**

Parcours : The Dunes de Maui Lani

Situé à : Kahului, Hawaï, États-Unis

Trou : n° 4

Longueur : 465 m

Par : 5

Architecte : Robin Nelson

À savoir : Situées sur la côte nord de Maui, les Dunes de Maui Lani sont des links de championnat inaugurés en janvier 1999. Le parcours est tracé sur des dunes naturelles formées en même temps que l'île de Maui.

N° ❹ THE DUNES DE MAUI LANI

C'est le premier des nombreux trous dynamiques des Dunes où l'apparence peut s'avérer trompeuse. Il est non seulement étroit sur toute sa longueur, mais la cible de chaque coup doit être étudiée.

Notre hôte au clubhouse le qualifie de « trou de golfeur suprême », car « on peut frapper un excellent coup de départ et réaliser un birdie, voire un albatros ».

Un bon premier coup devrait franchir environ 200 m afin de dépasser les bunkers de fairway sur la gauche ainsi que le vallon. Si on atterrit moins loin, on ne pourra atteindre le green au coup suivant. Toute balle atterrissant à gauche de cette série de 4 bunkers finira sa course dans les bois, et trop à droite, ce sera dans une dune escarpée…

Le deuxième coup doit se faufiler entre les *Prosopis* sur la gauche et un immense abîme sur la droite. Ceux qui frappent long seront tentés de viser le green, mais la pente de ce dernier, perché en hauteur, est dominée par de profondes dépressions herbeuses. Par ailleurs, sa surface est cachée, présentant une fausse bande qui peut s'avérer trompeuse. Si le coup d'approche y atterrit, la balle peut dévaler la pente et s'arrêter loin en arrière sur le fairway.

Notre hôte du clubhouse explique que les Dunes possèdent 18 trous emblématiques. « Nous offrons 18 types de trou très différents », conclut-il. **TJ**

Trou 5

L'une des règles que suivent presque invariablement les grands parcours internationaux consiste à regrouper plusieurs trous difficiles. Le segment n° 2-n° 5 est généralement ardu et, fermant la marche de cette suite de défis, le cinquième trou est donc souvent compliqué.

Le n° 5 du Mid Ocean Club aux Bermudes, par exemple, est le seul du parcours qui exige de porter la balle à la fois au-dessus de l'eau *et* au-dessus d'un sérieux dogleg, avant d'atteindre le green. Celui du Colonial Country Club de Fort Worth, au Texas, un par 4 de 430 m, est le troisième trou le plus difficile du parcours et le deuxième du premier 9.

CI-CONTRE *Le cinquième trou de Bethpage State Park, à Farmingdale dans l'État de New York, aux États-Unis.*

Parcours : Pumpkin Ridge (parcours du Creux de la Sorcière)

Situé à : North Plains, Oregon, États-Unis

Trou : n° 5

Longueur : 193 m

Par : 3

Architecte : Bob Cupp

À savoir : Pumpkin Ridge a accueilli le Nike Tour Championship en 1993 et 1994, ainsi que le championnat amateur américain en 1996, lorsque Tiger Woods remporta son troisième titre consécutif. L'US Open féminin s'y est aussi déroulé en 1997.

CI-CONTRE *Le cinquième trou de Pumpkin Ridge.*

N° 5 PUMPKIN RIDGE
(PARCOURS DU CREUX DE LA SORCIÈRE)

Le dernier 9 du Creux de la Sorcière est pourvu de 3 pars 3, et ses greens sont généralement très rapides. Mais c'est sur le premier 9 que l'on trouve ses trous les plus mémorables.

Le n° 5 est non seulement le plus photographié du parcours mais aussi le plus difficile. Avec 193 m, il est sacrément long pour un par 3. Mais la distance ne constitue pas son seul défi. L'eau entre en jeu devant le green, et si le drapeau est placé sur l'arrière à droite, la cible devient très réduite. Une série de bunkers et de mamelons à l'arrière rendent dangereuse toute balle trop longue.

Le green paraît facile, mais on doit y putter avec assurance. N'oubliez pas de prendre en compte sa pente douce. Si vous jouez trop long et que vous devez frapper depuis les monticules arrière, ce green peut se révéler extrêmement pénible.

Aucun spectacle n'est aussi beau à Pumpkin Ridge que celui de la balle qui s'élève au-dessus de l'eau, redescend avant 3 bunkers et atterrit sur le green.

C'est l'un de ces trous où le seul choix à faire est celui de son club. On doit s'aligner et viser le drapeau. Et espérer que tout se passe au mieux sur le plus beau des greens de Pumpkin Ridge. **TJ**

Parcours : Keystone Ranch (parcours du Ranch)

Situé à : Keystone, Colorado, États-Unis

Trou : n° 5

Longueur : 173 m

Par : 3

Architecte : Robert Trent Jones junior

À savoir : Ce parcours de montagne, qui fait partie de Keystone Resort, un complexe hôtelier situé à 2 835 m d'altitude, est le deuxième plus haut des États-Unis. Le parcours de la Rivière a été ajouté en 2000.

N° 5 KEYSTONE RANCH (PARCOURS DU RANCH)

Il est si facile de se laisser piéger par la carte de parcours ! Cela n'a pas l'air si compliqué sur le papier, n'est-ce pas ? Mais dirigez-vous vers le départ et voyons si votre opinion est toujours la même.

Bienvenue sur le n° 5, trou emblématique du parcours. Mais pourquoi ces tremblements ? On doit franchir une longue prairie avant d'atteindre un green en forme d'île, entouré de bunkers, dont un grand à droite, un à l'arrière et encore un autre, plus petit, sur le devant.

On trouve une partie de fairway devant le green que l'on peut viser, sinon, on devra être prêt à putter ou à affronter de gros ennuis.

Ce trou bénéficie aussi d'une jolie vue sur une vieille grange, mais essayez de ne pas y atterrir.

Serpentant parmi les pins, les prairies recouvertes de sauge, et un lac de 3,5 ha, ce parcours (par 72) est doté de dénivelés peu marqués et de nombreux bunkers. Dessiné par Robert Trent Jones junior, il imite les links écossais sur le premier 9, tandis que le dernier constitue un tracé de vallée montagnarde traditionnel.

Jouez les 18 trous et vous découvrirez ces deux styles. **TJ**

Parcours : Ballyliffin (Old Links)

Situé à : Ballyliffin, Inishowen, comté de Donegal, Irlande

Trou : n° 4

Longueur : 161 m

Par : 3

Architectes : Eddie Hackett, M. Lawrie et Pennick, Martin Hopkins

À savoir : Dame Nature est la principale architecte de ces links. Le parcours s'étend paisiblement entre l'océan, les collines et un nombre infini de dunes.

N° ❺ ## BALLYLIFFIN (OLD LINKS)

C'était autrefois le secret le mieux gardé du monde du golf, mais Ballyliffin est désormais décrit comme le « Ballybunion du Nord ».

Situé près de Malin Head, sur la péninsule d'Inishowen dans le Donegal, les plus septentrionaux des links irlandais s'étendent sur 147 ha de dunes. D'un côté on découvre les collines ondoyantes, de l'autre les rouleaux de l'Atlantique.

Le n° 5, surnommé le « Tank », est sans conteste l'un des trous les plus légendaires des Old Links de Ballyliffin. On s'aperçoit dès le départ que les embûches abondent. Tout trou baptisé de la sorte ne pouvait être facile. Faut-il se saisir d'un club ou d'un casque ?

Il inspire probablement autant d'amour que de haine aux golfeurs. Le camp que vous choisirez dépendra en grande partie du score que vous inscrirez sur votre carte. Une fois sur le green, on se croirait presque sur la scène d'un théâtre, perchée entre deux grandes dunes. Mais seul un coup de départ parfaitement évalué y trouvera refuge.

Le n° 7 est un autre par 3 splendide, que l'on joue depuis le haut d'une dune jusqu'à un green protégé par des bunkers sur trois côtés, et par un lac sur le dernier. **TJ**

Parcours : Gleneagles (parcours du Roi)

Situé à : Auchterarder, Perthshire, Écosse

Trou : n° 5

Longueur : 162 m

Par : 3

Architecte : James Braid

À savoir : Le n° 5 du parcours du Roi est surnommé *Het Girdle*, ce qui signifie « Poêle chaude ». Si on ne la frappe pas à la perfection, la balle peut en effet glisser du green comme l'huile de la poêle.

N° ❺ GLENEAGLES (PARCOURS DU ROI)

James Braid a baptisé ce 18 trous le parcours du Roi (*King's Course*) pour une bonne raison. Il a été conçu de façon à demander des efforts aux joueurs. Et ce sur chaque trou. Vous avez donc non seulement intérêt à être bon dès le départ, mais aussi solide sur le fairway et compétent sur les greens.

Le n° 5 est un trou où une simple erreur peut vous coûter plus d'un coup. Il est aisé de « glisser de la poêle ». On trouve 5 départs possibles, à partir de 104 m, et plusieurs sections de l'aire de départ ne font pas directement face au green. Bien sûr, ce n'est pas juste. Mais qu'est-ce qui l'est au golf ? C'est pour cela que l'on aime ce jeu. Il suffit simplement de s'aligner correctement. Vérifiez la position de vos pieds et laissez voler votre swing.

Mais l'aire de départ n'est que le dernier de vos soucis. Soit vous atteignez le plateau du green, bien protégé, soit la balle dévale la pente. Tout en bas. Pour atterrir en général dans l'un des bunkers.

Essayer de sortir de l'un de ces bunkers alors que le green est pratiquement juste au-dessus de soi s'avère très éprouvant pour les nerfs. On pourra être fier de finir en 2 coups depuis cette position. Ce green, étroit bien que long, descend en pente vers l'arrière, ce qui complique encore les choses. **TJ**

Parcours : Camargo Club

Situé à : Cincinnati, Ohio, États-Unis

Trou : n° 5

Longueur : 163 m

Par : 3

Architecte : Seth Raynor

À savoir : Le cinquième trou du club de Camargo, conçu sur le modèle du n° 11 de St Andrews, est l'un des plus ravissants de ce parcours de toute beauté. De nombreux trous imitent ceux des parcours écossais et irlandais.

N° ❺ CAMARGO CLUB

Ce n'est pas une cible facile à atteindre. Et mieux vaut placer la balle tout près du trou, ou elle roulera hors du green. Ce par 3 de 163 m est l'une des meilleures copies américaines de l'« Eden » de St Andrews. Son green, sur un plateau habituellement ferme et difficile, est protégé par un bunker « Strath » et par un autre, à flanc de colline, à 7 m environ en contrebas.

Un autre bunker s'enroule autour du côté droit jusqu'à l'arrière. Le green est plus large sur la gauche, et il faudra frapper un coup élevé pour pouvoir réaliser un birdie.

Construit en 1925, le parcours de Camargo est l'un des derniers de Raynor, et il y a certainement imprimé son empreinte. Il aimait concevoir des pars 3 de type similaire sur tous ses tracés, et ceux que l'on trouve ici sont réellement exceptionnels, offrant variété et caractère.

Raynor, qui travailla comme ouvrier pour le grand Charles Blair Macdonald, n'oublia jamais ses origines. De fait, il influença lui-même la carrière de Macdonald. Chacun de ses parcours, Camargo inclus, est pourvu d'une touche caractéristique.

Les membres du club préfèrent adopter une attitude discrète. En effet, si l'on révèle à tout le monde un secret bien gardé, ce n'est plus un secret. **TJ**

N° 5 — LOCH LOMOND

Parcours : Loch Lomond

Situé à : Luss, Dunbartonshire, Écosse

Trou : n° 5

Longueur : 173 m

Par : 3

Architectes : Tom Weiskopf, Jay Morrish

À savoir : Le clubhouse de Loch Lomond, Rossdhu, est un manoir géorgien construit en 1773, exactement 200 ans avant que l'architecte Tom Weiskopf n'emporte le British Open à Royal Troon.

CI-DESSOUS *Le cinquième trou de Loch Lomond.*

CI-CONTRE *L'Anglais Lee Westwood au départ du n° 5 de Loch Lomond en juillet 2003.*

Sur les rives du magnifique Loch Lomond, à 25 minutes seulement de Glasgow, ce parcours représente le meilleur de l'architecture américaine sur le sol natal du golf. L'enchanteur n° 5 offre aux golfeurs leur première vue dégagée sur le lac, décor spectaculaire depuis un green lui aussi spectaculaire.

Ce long green étroit, défendu sur les deux côtés par de vastes ensembles de bunkers, est à double plateau – élevé sur le devant, puis s'inclinant en descente à partir du milieu environ. À cause de sa longueur, selon l'emplacement du drapeau, le choix du club peut varier fortement, et lorsque le vent souffle fort depuis la mer, la sélection s'avère encore plus difficile.

Si vous manquez le green, ne le ratez pas à gauche. Il est pratiquement impossible de l'approcher depuis les bunkers de ce côté-là, à cause du dévers du green. Depuis la droite, on a au moins une chance.

Le Loch Lomond accueille tous les ans l'Open d'Écosse, précédant le Bristish Open au cours des dernières années. En tant que tel, il bénéficie d'une liste impressionnante de vainqueurs, dont Ernie Els (2000, 2003), Retief Goosen (2001), Colin Montgomerie (1999), Lee Westwood (1998) et Tom Lehman (1997). **KA**

Parcours : The National Golf Club (parcours Moonah)

Situé à : Cape Schanck, Victoria, Australie

Trou : n° 5

Longueur : 150 m

Par : 3

Architectes : Greg Norman, Bob Harrison

À savoir : Inauguré en 2000, le parcours Moonah du National Golf Club est pourvu d'un ensemble fabuleux de pars 3, le cinquième trou, long de 150 m, étant le plus beau d'entre eux.

CI-DESSOUS *L'Australien Craig Parry au départ du cinquième trou du National Golf Club en décembre 2003.*

N° ❺ # THE NATIONAL GOLF CLUB
(PARCOURS MOONAH)

Le parcours Moonah du National Golf Club est exceptionnel. Collaboration entre les architectes Greg Norman et Bob Harrison, et bien entendu Dame Nature elle-même, c'est l'un des parcours préférés des golfeurs du monde entier. Comme le dit Bob Harrison, « on découvrait des trous de golf naturels de toutes parts, et notre tâche fut de sélectionner les meilleurs et de les relier pour faire naître un parcours mémorable et stimulant ».

Le n° 5, situé au faîte d'une dune, constitue le point le plus élevé du parcours, ce qui le rend particulièrement vulnérable au vent de travers dominant, qui souffle souvent sur la péninsule, et s'avère particulièrement éprouvant même pour les joueurs à faible handicap.

Le green, fortement incliné à gauche, est défendu de ce côté-là par 4 bunkers, et toute erreur à cet endroit provoquera certainement un bogey – ou pire. Il est loin d'être aussi difficile de se remettre d'un mauvais coup à droite, mais tout chip frappé trop fort ricochera probablement sur le green et tombera dans l'abîme tant redouté, de l'autre côté. Même le paysage splendide que l'on découvre depuis ce spectaculaire par 3 ne peut calmer l'angoisse du golfeur qui échoue à poser son coup de départ sur le green. **JS**

N° 5 ROYAL LYTHAM & ST ANNES

Parcours : Royal Lytham & St Annes

Situé à : St Annes-on-Sea, Lancashire, Angleterre

Trou : n° 5

Longueur : 192 m

Par : 3

Architecte : Harry S. Colt

À savoir : Le Royal Lytham & St Annes a accueilli 10 Opens, le premier vainqueur étant Bobby Jones en 1926, et le plus récent David Duval en 2001. Deux Ryder Cups se sont aussi déroulées ici.

Ce parcours historique (mais existe-t-il un parcours en Angleterre qui ne le soit pas ?) est à moins de 2 km du centre de St Annes-on-Sea. Le Royal Lytham est un parcours en links avec deux caractéristiques étranges : on n'y aperçoit jamais la mer, et le parcours débute par un par 3.

Puisque le premier coup du parcours exige que l'on atteigne le green, vous devriez être au point lorsque vous atteindrez le n° 5, long de 192 m. Ce plus long des pars 3 du parcours exige un drive droit comme une flèche, afin d'éviter les bunkers réunis autour du green. On en trouve 4 sur la gauche et 2 sur la droite, ces derniers étant plus en avant. Parmi les 197 bunkers du parcours, 6 entourent donc le green du n° 5. On trouve de plus une « zone morte » trompeuse juste devant ce dernier, qui le fait paraître plus court qu'il ne l'est.

Grâce aux 4 départs possibles, débutant à 134 m, on peut choisir plusieurs options plus courtes, si on s'inquiète de la longueur depuis le départ pro.

Le Royal Lytham a beau être entouré de pavillons, les gens du cru sont fiers d'y jouer. Et il ne manque pas de charme. **TJ**

N° 5 — ROYAL WORLINGTON AND NEWMARKET GOLF CLUB

Parcours : Royal Worlington and Newmarket Golf Club

Situé à : Worlington, Bury St Edmunds, Suffolk, Angleterre

Trou : n° 5

Longueur : 143 m

Par : 3

Architecte : Captain A. M. Ross

À savoir : Le Royal Worlington and Newmarket accueille le club de golf de l'université de Cambridge. Leur association a débuté en 1896, 3 ans après l'inauguration du terrain, lorsque l'équipe de Cambridge se rendit à Worlington pour jouer contre le club. Le capitaine de cette équipe ? Bernard Darwin, journaliste de golf réputé.

Le Royal Worlington a été consacré meilleur 9 trous au monde, et qui pourrait le contester ? Ce bijou original possède un charme singulier – et fait partie des meilleurs parcours anglais.

Le n° 5, un par 3, est le plus célèbre des 9 délicieux trous du Royal Worlington, une terreur dépourvue de bunkers où le drive doit franchir le green du n° 4 pour atteindre un green long et étroit, à triple plateau, qui descend brusquement et dangereusement des deux côtés : à gauche vers une profonde fosse herbue, un ancien obstacle d'eau, et à droite vers un ruisseau sinueux. Frapper long peut aussi s'avérer problématique, car un bosquet de sapins se dresse derrière le green.

On atteindra difficilement celui-ci en 2 coups. Il faudra faire preuve d'un toucher léger pour que les chips frappés d'un côté ne roulent pas le long de la pente de l'autre. C'est peut-être Henry Longhurst, autre journaliste de golf célèbre, qui l'a exprimé le mieux : « Nombreux sont ceux qui, ratant leur pitch et voyant la balle rouler ignominieusement d'un côté à l'autre, ont décidé de viser le dessus du drapeau mais sont alors sortis du green, et ce, en balancier, une demi-douzaine de fois. » **KA**

N° 5 ROYAL MELBOURNE GOLF CLUB
(PARCOURS OUEST)

Parcours : Royal Melbourne Golf Club (parcours ouest)

Situé à : Black Rock, Melbourne, Australie

Trou : n° 5

Longueur : 161 m

Par : 3

Architectes : Alister MacKenzie, Alex Russell

À savoir : Le Royal Melbourne Golf Club, existant de façon ininterrompue depuis 1891, est considéré comme le club de golf le plus ancien d'Australie. La President's Cup s'y est déroulée en 1998.

CI-DESSOUS *L'Anglais Nick Faldo joue son deuxième coup sur le n° 5 du Royal Melbourne en février 2002.*

Le Royal Melbourne Golf Club possède une sorte de cahier des charges affiché dans le clubhouse, sur les prospectus et le site Internet du club. Sa formulation est simple : « L'objectif du Royal Melbourne est de préserver les caractéristiques et les défis du parcours qu'Alister MacKenzie dessina en 1926. » Le n° 5 du parcours ouest, un par 3, est l'un des trous qui permettent au Royal Melbourne d'accomplir sa mission.

MacKenzie accepta l'aide d'Alex Russell, vainqueur de l'Open d'Australie en 1924, pour dessiner le parcours ouest, inauguré en 1931 et constituant toujours l'un des meilleurs d'Australie. Avec ses buttes onduleuses, sa bruyère et ses chênes, ce trou compte parmi les plus beaux du parcours.

Il faudra faire preuve de précision et choisir le fer moyen approprié pour traverser le vallon et rejoindre le green, âprement défendu par 5 énormes bunkers. On doit porter la balle sur 155 m au-dessus du vallon, et si elle ne se pose pas sur le green, on aura probablement à affronter les fougères, le sable ou la bruyère – en aucun cas une balle facile.

Même si l'on atteint le green dès le coup de départ, il n'est pas garanti que la balle y reste. Le devant de celui-ci est incliné, et parce qu'il est habituellement tondu ras, les balles qui y atterrissent roulent le plus souvent en dehors. C'est l'un des tours préférés de MacKenzie. Heureusement, le collier est, lui, en gazon luxuriant, mais même ainsi, vous ne putterez pas pour un birdie. Si le drapeau est placé sur l'avant-droite, il ne reste que très peu d'espace entre celui-ci et les bunkers. Même avec un coup assez court, on se retrouvera à frapper la balle depuis les profondeurs ensablées face à une pente abrupte.

Le Royal Melbourne est un club privé, mais il est possible d'y accéder en étant membre d'un club reconnu, avec une lettre d'introduction de ce dernier. Cela semble beaucoup pour pénétrer sur un parcours, mais le Royal Melbourne en vaut la peine. **JB**

N° ❺ PARQUE DA FLORESTA

Parcours : Parque da Floresta

Situé en : Algarve, Portugal

Trou : n° 5

Longueur : 112 m

Par : 3

Architecte : Pepe Gancedo

À savoir : Le Parque da Floresta a beaucoup changé depuis son inauguration en 1987 : on a en partie adouci ce que bon nombre considéraient comme un parcours presque injouable.

Lorsque l'on parle de l'Algarve, on songe généralement à des plages isolées, à l'Atlantique transparent, au soleil qui brille et à une campagne vallonnée – le cadre parfait d'un parcours de golf.

Il est cependant difficile d'imaginer que l'Algarve possède son propre « Timbre-poste », similaire au n° 8 de Royal Troon en Écosse, mais tel est le cas à Parque da Floresta. On a du mal à déterminer lequel des deux est le plus difficile.

Le n° 5 ici ne mesure peut-être que 112 m, 4 de moins qu'à Royal Troon, mais exige l'un des coups de départ les plus intimidants au monde. Joué depuis une aire de départ en hauteur jusqu'à un green très en contrebas, et à califourchon sur la crête d'un monticule, ce drive est périlleux lorsque souffle le vent de travers. Trop longue ou trop à gauche, la balle est perdue. Heureusement, 4 bunkers encadrent le green pour l'arrêter, car sinon, elle disparaîtrait le long des pentes raides entourant le green. Mais il y a de l'espace sur son côté droit, et on sera sage de viser cet endroit, particulièrement lorsque le drapeau est à gauche. Comme pour son frère écossais, on gagne à poser la balle sur le green, jouer 2 putts et continuer vers le départ suivant. **AT**

N° ❺ LAHINCH GOLF CLUB

Parcours : Lahinch Golf Club

Situé à : Lahinch, comté de Clare, Irlande

Trou : n° 5

Longueur : 140 m

Par : 3

Architectes : Tom Morris senior, Alister MacKenzie

À savoir : Après avoir aidé à remodeler Lahinch en 1927, Alister MacKenzie a dessiné les parcours de l'Augusta National, de Pebble Beach et de Cypress Point, pour ne citer qu'eux aux États-Unis, ainsi que celui du Royal Melbourne en Australie.

Un seul architecte pouvait tracer les 18 trous de Lahinch. C'était Tom Morris senior, réputé pour avoir conçu St Andrews. Quel meilleur choix possible ?

Considéré comme l'un des meilleurs de son époque, Morris se mit au travail, mais s'aperçut vite que la plupart du parcours avait déjà été tracé. À la fin de son œuvre, il déclara : « Je considère ces links comme le plus beau des parcours naturels que j'aie jamais eu la chance de jouer. » Il voulait que l'honneur revienne à qui de droit.

Bien que de nombreux trous aient été remodelés depuis, le n° 5 est toujours emblématique du style de Morris. On ne change pas quelque chose d'aussi unique que le légendaire *Dell* (« Vallon » en français).

À 140 m, on n'a pas besoin d'exploser son coup de départ. Au contraire, ce trou exige du toucher, pas du muscle. On devra aussi sélectionner le bon club et montrer un petit peu de foi. On a beau essayer, on n'arrive pas à apercevoir le green depuis l'aire de départ.

Sur ce trou singulier, on doit viser le rocher blanc sur la colline et faire confiance à sa longueur de frappe.

Le green est profondément creusé dans les dunes environnantes. Certains rebonds favorables ne sont pas impossibles, mais il n'est pas non plus rare de trouver le bunker. Voici un trou que vous n'oublierez jamais. **TJ**

N° ❺ FORMBY GOLF CLUB

Parcours : Formby Golf Club
Situé à : Formby, Merseyside, Angleterre
Trou : n° 5
Longueur : 148 m
Par : 3
Architectes : Willie Park, Frank Pennink

À savoir : Quel passé on découvre ici ! Prenez le clubhouse par exemple. Une cabane fut transformée en clubhouse moderne avant de brûler en 1899. C'est alors que l'on construisit le clubhouse où l'on pénètre aujourd'hui.

Le Formby Golf Club, situé parmi les dunes et les pinèdes de Formby, dans le Merseyside, est un parcours digne que l'on s'en souvienne à jamais. C'est l'un de ceux qui forment l'aune à laquelle on mesure les autres.

Si votre jeu est précis, vous pourriez très bien vous débrouiller ici. Sinon, les embûches vous guetteront sur tout le parcours. La bruyère touffue du rough peut donner lieu à une carte de score rude elle aussi. Et ce n'est nulle part plus évident qu'au n° 5.

En ce qui concerne ce trou redoutable et enchanteur, les pros du club expliquent que « seul un drive parfait fera l'affaire ».

Autrement dit, il suffit de jouer impeccablement et tout ira bien. Malheureusement, ils ne plaisantent pas : que l'on dévie légèrement sur le coup de départ, et les problèmes surgissent.

Les festivités débutent dès le premier départ. On n'aperçoit généralement pas le bas du drapeau, et la distance devient donc problématique. Pourtant, ce n'est pas un très long trou, mais il vaut mieux frapper droit à cause des dunes à droite et des 2 bunkers à gauche. Le green est incliné en direction de pins splendides, le long du côté gauche. **TJ**

N° 5 ROYAL DORNOCH

Parcours : Royal Dornoch

Situé à : Dornoch, Sutherland, Écosse

Trou : n° 5

Longueur : 323 m

Par : 4

Architecte : Tom Morris senior

À savoir : Le Royal Dornoch est un club privé construit sur le domaine public, et les visiteurs sont donc les bienvenus. Il n'est pas rare d'y voir les gens promener leur chien, faire du vélo ou suivre le sentier qui domine le parcours.

CI-DESSOUS ET CI-CONTRE *Deux vues du cinquième trou du Royal Dornoch.*

Le secrétaire du club accueille les visiteurs avec les mots suivants : « Dornoch est considéré comme le meilleur parcours septentrional au monde, et aucun autre n'offre un sentiment aussi délicieux d'être loin de tout, ni ne propose autant de défis, de plaisir, de plus beaux coups, et une beauté naturelle aussi grande, en bord de mer. » Ce n'est pas rien. Mais le secrétaire sait bien, comme des millions de golfeurs, que Dornoch se montre à la hauteur.

Le cinquième trou, l'un des plus ravissants du parcours, est surnommé le « Hilton ».

Et en parlant de hauteur, l'aire de départ est perchée environ 12 m au-dessus du fairway, ce qu'il ne faut pas oublier lorsque l'on choisit son club. Mieux vaut ne pas se retrouver à flanc de coteau sur la gauche. Mais parce que le fairway est incliné de gauche à droite, on devrait frapper son drive le long du côté gauche, puis laisser rouler la balle. Attention aux 3 bunkers et aux monticules recouverts d'herbe rêche.

Le coup d'approche visera le green, un plateau en forme de haricot. Si l'on frappe trop court, on se retrouvera dans un bunker qui longe la pente avant. Mais ne frappez pas trop long non plus. À l'arrière, la pente finit dans l'herbe haute et mènera à deux coups difficiles. L'emplacement du drapeau peut modifier la façon dont on désirera approcher ce trou. **TJ**

N° 5 — YARRA YARRA GOLF CLUB

Parcours : Yarra Yarra Golf Club

Situé à : Bentleigh East, Melbourne, Australie

Trou : n° 5

Longueur : 402 m

Par : 4

Architectes : Alex Russell, Alister MacKenzie

À savoir : Dans la langue aborigène, *Yarra Yarra* signifie « qui coule-qui coule ».

CI-DESSUS *Sortie de bunker pour l'Australienne Alison Munt sur le n° 5 du Yarra Yarra, en mars 2001.*

Le nom du Yarra Yarra Golf Club provient de son ancien emplacement sur les rives de la rivière Yarra, près de Melbourne. Le club a déménagé dans les années 1920 dans le Sandbelt, région méridionale du pays où le sol était fertile, le sable abondant et le jeu florissant. Ce fut un bon choix. Yarra Yarra fait désormais partie des clubs privés les plus anciens et réputés d'Australie, doté de bunkers magnifiquement conçus, de fairways impeccablement entretenus, de greens aux contours audacieux et de plusieurs trous remarquables.

Le n° 5 possède tous ces attributs. Le coup de départ vole au-dessus d'un fairway qui monte en pente, pour redescendre vers un vallon relativement généreux. Un autre coup en montée est ensuite nécessaire afin de rejoindre un green surélevé. Divers bunkers se trouvent à 25 m environ de celui-ci, modifiant souvent la façon dont les joueurs perçoivent sa profondeur et leur choix de club. Un autre vaste bunker protège le côté gauche du green incliné.

Yarra Yarra a accueilli 7 Opens d'Australie féminins consécutifs (1994-2001), remportés entre autres par les superstars suédoises Annika Sorenstam (1994), Liselotte Neumann (1995) et Sophie Gustafson (2001), ainsi que par Jane Crafter (1997) et Karrie Webb (2000, 2002), enfants du pays. De fait, deux des meilleurs golfeurs au monde – Annika Sorenstam et Gary Player – ont remporté leur première victoire professionnelle à Yarra Yarra. **KA**

Parcours : golf de Cabo Real

Situé à : Los Cabos, Mexique

Trou : n° 5

Longueur : 415 m

Par : 4

Architecte : Robert Trent Jones junior

À savoir : Inauguré en 1993, le Cabo Real est devenu célèbre en 1999 en accueillant le Senior Slam. Les joueurs ont vanté la variété de coups qu'exige le parcours et ont particulièrement apprécié d'apercevoir les baleines pendant le tournoi, depuis le n° 15, en bord de mer.

N° 5 GOLF DE CABO REAL

La pointe méridionale de la Basse-Californie est émaillée de trous de golf apparemment conçus dans le seul but d'offrir aux joueurs des paysages dignes de cartes postales. Même si cela est louable en soi, étant donné le contraste saisissant entre l'océan et le désert, on manque parfois de trous mettant au défi le savoir-faire des golfeurs, ainsi que leurs sens. C'est cette particularité curieuse qui fait du cinquième trou du Cabo Real l'un des rares à se distinguer.

Ce par 4 en montée est difficile depuis le départ jusqu'au green. On est obligé de porter la balle au-dessus du désert, et pour cela, de frapper un long drive précis jusqu'à l'étroit fairway. Tout coup trop court est perdu. Les joueurs doivent aussi affronter un grand bunker de fairway en forme de trèfle sur la droite.

L'approche est longue depuis le fairway, et si le drapeau est placé à gauche, on doit porter la balle au-dessus d'une autre zone désertique jusqu'au green en creux. Mieux vaut rater à droite, car les joueurs auront droit à un chip relativement routinier, en montée, jusqu'à un green simple. C'est une chance rare, sur ce qui constitue autrement un trou exigeant.

Une fois sur le green, l'un des points les plus élevés du parcours, les joueurs sont récompensés par une vue presque à l'infini sur la mer de Cortez à l'est, et les montagnes à l'ouest. **RH**

Parcours : Thirteenth Beach Golf Links

Situé à : Barwon Heads, Victoria, Australie

Trou : n° 5

Longueur : 313 m

Par : 4

Architecte : Tony Cashmore

À savoir : Ce parcours est situé sur d'anciens champs d'asperges, transformés en ranch à bétail avant de devenir des links époustouflants grâce à l'architecte Tony Cashmore en 2001. Tom Watson fut si impressionné par le cadre qu'il le qualifia de « meilleur site de golf qu'[il ait] jamais vu ».

N° 5 THIRTEENTH BEACH GOLF LINKS

Thirteenth Beach (« la 13ᵉ plage » en français) doit son nom à une plage de surf voisine sur cette péninsule de la baie de Port Phillip, mais si le site crée des remous aujourd'hui, c'est pour une tout autre raison : il abrite un parcours de golf dont on chante les louanges.

Le cinquième trou, exigeant un drive superbe, compte parmi les favoris des joueurs. La tentation y est grande de swinguer un coup de départ monstre, sans doute à cause de la brise qui souffle souvent dans le dos des joueurs, mais aussi de l'ivresse que l'on ressent à la vue des splendides dunes qui s'étalent au loin. Un ruisseau ajoute une note pittoresque, tout comme les hauts brins d'herbe blanchis, à condition, bien entendu, que l'on ne s'approche pas de ces obstacles. Là encore, la précision est fondamentale, et on n'a pas besoin de plus d'un bois de parcours ou d'un long fer pour assurer, dans la plupart des cas, un pitching wedge de 105 m jusqu'au green, pourvu de plusieurs plateaux. **JS**

N° ❺ SUNNINGDALE GOLF CLUB
(VIEUX PARCOURS)

Parcours : Sunningdale Golf Club (vieux parcours)

Situé à : Sunningdale, Surrey, Angleterre

Trou : n° 5

Longueur : 375 m

Par : 4

Architecte : Willie Park junior

À savoir : C'est ici que fut joué l'un des parcours les plus parfaitement symétriques de l'histoire du golf. Au cours du British Open de 1926, Bobby Jones joua un splendide 66 : 33 à l'aller, 33 au retour, 33 pleins coups et 33 putts – avant de remporter l'Open.

CI-DESSOUS   *L'Anglaise Laura Davis sur l'aire de départ du n° 5 de Sunningdale, en août 2001.*

CI-CONTRE   *Le cinquième trou de Sunningdale.*

Il existe parfois un risque lorsque les grands joueurs se tournent vers l'architecture de golf. Certains d'entre eux ne sont tout simplement pas enclins à fournir les efforts nécessaires, se reposant plutôt sur leurs assistants ou se contentant d'accoler leur nom aux parcours. Cela n'a pas été le cas lors de la conception de Sunningdale, au début du XXe siècle. Le tracé d'origine du vieux parcours fut entrepris par Willie Park junior, un joueur talentueux 2 fois vainqueur du British Open. Il fut engagé par le club en 1900, et le parcours fut inauguré un an plus tard.

De toute évidence, Park a déployé un effort considérable à Sunningdale. Le vieux parcours n'a reçu ce nom (*Old Course* en anglais) que lorsque le nouveau (*New Course*), dessiné par Harry Colt, fut inauguré en 1923.

Les deux parcours possèdent certaines caractéristiques qui leur sont propres, mais ils forment un 36 trous parfaitement harmonieux. L'*Old Course*, avec ses 103 bunkers, est davantage bordé d'arbres, parmi lesquels des pins, bouleaux et chênes se détachant sur la bruyère. Il culmine avec le légendaire n° 18, dont le green est situé sous le « chêne de Sunningdale ».

Le n° 5 ne possède peut-être pas de chêne légendaire, mais avec ses plaques de bruyère que doit franchir la balle, il est parfaitement représentatif de Sunningdale, l'un des meilleurs parcours « à l'intérieur des terres ». Par leur nature, ces derniers ne peuvent faire entrer la mer en jeu, et Park a donc dû s'appuyer sur la beauté naturelle de l'arrière-pays. Le n° 5 n'en manque pas, et Park l'a parfaitement utilisée. La bruyère, d'un vert doré, est omniprésente, clairement visible sur le devant et les côtés depuis le green surélevé.

Après avoir franchi la bande de bruyère devant l'aire de départ, on apercevra cette même plante sur les côtés et, plus loin, un dense bois de chênes. On visera la moitié gauche du fairway, pour éviter les dangereux bunkers. Pour atteindre le trou en 2 coups, on doit jouer le coup d'approche soit comme un run-up à droite des bunkers, soit comme un pitch léger par-dessus une mare. De toutes façons, il faudra un toucher habile pour approcher suffisamment la balle du trou et pouvoir tenter un birdie. **JB**

N° ❺ BANDON DUNES
(PARCOURS BANDON DUNES)

Parcours : Bandon Dunes (parcours Bandon Dunes)

Situé à : Bandon, Oregon, États-Unis

Trou : n° 5

Longueur : 391 m

Par : 4

Architecte : David McLay Kidd

À savoir : Inauguré au printemps 1999, Bandon Dunes diffère assez des autres parcours de la côte ouest américaine, tels que Pebble Beach. Par exemple, on n'y trouve aucune voiturette. Dans la plus pure tradition golfique, les joueurs se déplacent à pied. Comme il se doit.

Citons tout d'abord l'architecte David McLay Kidd : « Dès que je me suis aventuré sur ces dunes sauvages, sculptées par le vent, j'ai su que c'était la chance de ma vie. Le propriétaire, Mike Keiser, voulait un tracé authentique, dans la tradition écossaise. Je lui ai répondu : pas de développement immobilier, pas de voiturettes, pas de clubhouse sur la plage. »

Le parcours de Bandon Dunes, ainsi que celui de Pacific Dunes qui appartient au même domaine, offrent des trous grisants le long du littoral (la mer joue un rôle essentiel sur 12 d'entre eux). Bandon Dunes est un parcours en links sur une merveilleuse étendue de dunes, à 30 m au-dessus du Pacifique dans le sud de l'Oregon.

La vue depuis ce par 4 peut être qualifiée de spectaculaire. Ou d'époustouflante ? Choisissez l'adjectif qui vous convient.

Mais retournons au golf. Si vous arrivez à vous arracher au paysage assez longtemps pour vous concentrer sur votre coup de départ, visez avec votre driver le côté droit du double fairway. Puisque l'on joue face au vent dominant, il faudra peut-être accepter d'atteindre le green en 3 coups, plutôt que de risquer un score encore plus élevé.

Le fairway est très étroit à l'approche du green, et les embûches sont légion. Mais le plus important ici n'est pas le golf. Quel que soit votre score, vous n'oublierez certainement pas ce trou. **TJ**

Parcours : golf de Cabo del Sol (parcours de l'Océan)

Situé à : Los Cabos, Mexique

Trou : n° 5

Longueur : 418 m

Par : 4

Architecte : Jack Nicklaus

À savoir : On a éliminé un gros monticule derrière le green, élargissant ainsi la vue sur la mer de Cortez et créant un cadre imposant pour les joueurs qui contemplent depuis un fairway surélevé un trou qui paraît se fondre dans les eaux transparentes.

N° 5 GOLF DE CABO DEL SOL (PARCOURS DE L'OCÉAN)

Jack Nicklaus, architecte de Cabo del Sol, a à juste titre qualifié le dernier segment de ce parcours de bord de mer de « plus beaux derniers trous de golf au monde ». Et bien qu'il soit difficile de contredire l'Ours blond, le directeur du club, Brad Wheatley, offre cette humble réplique : « le 16, le 17 et le 18 sont merveilleux, mais je pense réellement que le 5, le 6 et le 7 sont l'âme de Cabo del Sol ».

Les n° 6 et 7 de Cabo del Sol sont des pars 3 accolés à la mer de Cortez, et, selon le vent, ils exigent rarement plus d'un fer 7 pour atteindre le green. Le n° 5, un par 4, met à l'épreuve le jeu, les nerfs et les sens du joueur.

Le coup de départ doit porter la balle au-dessus d'une zone désertique jusqu'au fairway, protégé par un grand bunker situé directement devant l'aire de départ. Les coups visant la droite de cet obstacle menaçant réduisent de façon spectaculaire le risque de trouver la zone désertique. Bien que jouer à gauche du bunker de fairway soit plus sûr, cela laisse une longue approche, en descente, vers un vaste green onduleux. **RH**

Parcours : The Raven de South Mountain

Situé à : Phoenix, Arizona, États-Unis

Trou : n° 5

Longueur : 296 m

Par : 4

Architectes : Gary Panks, David Graham

À savoir : Le club de golf du Raven de South Mountain, à Phoenix, offre année après année l'une des meilleures expériences de golf dans l'Arizona. Ce tracé de 6 472 m jouit de fairways vallonnés et moelleux encadrés de milliers de pins adultes, importés de Géorgie en 1994.

N° 5 THE RAVEN DE SOUTH MOUNTAIN

Ce par 4 est l'un des trous les plus uniques d'un parcours unique en lui-même. Oubliez un moment son atmosphère de country club, ses excellentes conditions de jeu, et les températures agréables de l'Arizona. Éloignez-vous de l'aire de départ et examinez ce trou.

Son apparence est à la fois effrayante, intimidante, et grisante. Mais toujours attirante. C'est l'un des plus difficiles et l'un des plus emblématiques du parcours, bien que de nombreux trous puissent ici prétendre à ce titre.

Depuis l'aire de départ, la stratégie la plus sage sur ce dogleg à droite très marqué consiste à frapper un fer moyen pour placer la balle juste avant les bunkers de fairway.

Si l'on désire ajouter un birdie à sa carte de parcours, on jouera un fer long en visant la gauche des bunkers, essaimés sur tout le côté droit du fairway, depuis le départ jusqu'au green. Les embûches sont rares du côté gauche, mais le trou s'y révèle plus long.

Pour compliquer encore les choses – ce que l'on appréciera ou pas –, les architectes ont doté le green à double plateau d'un faux avant-green. Ne jouez donc pas trop court, ou la balle repartira vers le fairway – ou dans le bunker. **TJ**

N° 5 — MACHRIHANISH GOLF CLUB

Parcours : Machrihanish Golf Club

Situé à : Machrihanish, Campbeltown, Écosse

Trou : n° 5

Longueur : 352 m

Par : 4

Architecte : Tom Morris senior

À savoir : Décrit en 1878 par Tom Morris comme « tout spécialement conçu par le Tout-Puissant pour jouer au golf », le parcours exige des golfeurs un premier drive difficile et spectaculaire au-dessus de la baie de Machrihanish.

Surnommé le « Bol à punch », ce splendide par 4 de 352 m, l'une des nombreuses épreuves de Machrihanish, a fait voler en éclats nombre de scores.

Depuis le départ, un choix se présente : jouer de façon agressive et faire voler son drive vers une bande très étroite de fairway, ou jouer un bois 3 ou 5 vers une section plus large.

La vue intimidante devrait rendre la décision facile, mais comme le coup d'approche sera alors extrêmement difficile, les joueurs choisissent souvent de franchir les 25 m supplémentaires.

Le green est long et étroit. On voudra donc l'attaquer avec un fer 9 ou un wedge plutôt qu'un fer 6 ou 7.

Le trou exige que l'on travaille la balle de droite à gauche. Sur l'aire de départ, un bois 3 constitue un choix judicieux, sauf si vous vous sentez assez sûr de vous pour faire voler la balle.

Et les greens ? Il n'existe pas de règles à suivre pour les jouer à Machrihanish. De fait, vous ne verrez peut-être plus jamais un tel ensemble. Ils sont différents de ceux que vous avez pu jouer auparavant, et exigent de la concentration et de la réflexion. Ici, rien n'est jamais acquis. **TJ**

N° 5 BETHPAGE STATE PARK
(PARCOURS NOIR)

Parcours : Bethpage State Park (parcours noir)

Situé à : Farmingdale, État de New York, États-Unis

Trou : n° 5

Longueur : 412 m

Par : 4

Architectes : A. W. Tillinghast, Rees Jones

À savoir : On dit que Sam Snead, furieux et légèrement rabaissé, a quitté ce trou durant un match-exhibition dans les années 1940.

CI-DESSOUS ET CI-CONTRE *Deux vues du cinquième trou de Bethpage State Park.*

On dit souvent que le parcours noir de Bethpage est le meilleur rapport qualité-prix dans le domaine du golf. Et la beauté incroyable du n° 5 en fait l'affiche publicitaire parfaite. Cependant, après avoir joué ce trou splendide, mais traître, l'expression « bonne affaire » ne vous viendra peut-être pas à l'esprit. Rien ici n'est gratuit.

Le n° 5 est souvent considéré comme le meilleur du parcours. Et si c'est bien le cas, on pourrait affirmer que c'est aussi le meilleur trou des golfs publics américains, car le parcours noir de Bethpage, après avoir accueilli l'US Open de 2002, est devenu le terrain public le plus célèbre des États-Unis.

Comme le reste du parcours, ce trou est aussi attrayant qu'infernal. Frappez fort sur le tertre de départ, mais évitez les langues de sable dessinant des arabesques qui semblent attirer les balles déviant à droite. Si vous évitez ce danger, un coup très précis vous attend, où l'on doit viser au fer moyen un green qui paraît étranglé par les pentes et les bunkers.

La précision la plus parfaite portera ses fruits. Comme sur presque tout le parcours noir, les départs « féminins » sont utilisés par les joueurs masculins. Rien d'embarrassant à cela, sauf, bien entendu, si vous vous appelez Sam Snead, qui décida au cours d'une partie de passer au trou suivant sans compléter celui-ci. Incroyable non ?

Vous pouvez apercevoir le green au loin, c'est sûr. Mais le diable vous emporte si vous savez comment le rejoindre. Vous êtes sur un par 4, long bien entendu à 412 m. Mais il faut être réaliste, seuls les meilleurs parviendront à atteindre le green en 2 coups. Les joueurs « scratch » tenteront le coup. Tous ceux dotés d'un handicap supérieur à 5 devraient jouer ce trou comme un par 5.

Comme le reste du parcours, il est merveilleux à jouer. Mais la clé est là : on doit savoir bien jouer. Il était déjà difficile avant l'US Open de 2002, mais après les rénovations apportées, il est devenu presque insupportable.

Ce n° 5 est magnifique, presque parfait en réalité. Mais il est aussi monstrueux. On doit l'affronter en possession de tous ses moyens. Et en laissant son amour-propre à la maison. **JB**

N° ❺ **BLACKWOLF RUN GOLF CLUB**
(PARCOURS DE LA RIVIÈRE)

Parcours : Blackwolf Run Golf Club (parcours de la Rivière)

Situé à : Kohler, Wisconsin, États-Unis

Trou : n° 5

Longueur : 383 m

Par : 4

Architecte : Pete Dye

À savoir : Lorsqu'il accueillit son premier championnat, le parcours de la Rivière fut le théâtre d'un des play-offs les plus spectaculaires de l'histoire du golf féminin. Se Ri Pak et Jenny Chuasiriporn, une joueuse amateur, étaient *ex aequo* à 290 après avoir joué 72 trous, et firent toutes deux une partie de 73 au cours du play-off de 18 trous. Pak l'emporta finalement en réalisant un birdie sur le deuxième trou du play-off, en mort subite.

L'humour du Wisconsin est difficile à expliquer. Ses habitants, après tout, se parent de chapeaux imitant une tranche de fromage et bravent des températures polaires chaque hiver pour encourager une équipe qui n'a pas gagné le Super Bowl – le championnat de football américain – depuis 1996.

Illustrant le caractère fantaisiste du Wisconsin, le n° 5 de Blackwolf Run est curieusement surnommé « Fabriqué au paradis », alors que ce par 4 parsemé d'obstacles mériterait d'être baptisé « Produit au purgatoire ».

Depuis le tertre de départ, la Sheboygan, rivière qui serpente sur tout le parcours, borde le côté droit. Un bunker long de 45 m est situé juste à sa gauche. Ces dangers à l'esprit, mieux vaut frapper son drive sur la gauche en direction des bunkers plus petits, sculptés dans le flanc d'un fairway vallonné.

De même, la meilleure approche du green ovale, qui surplombe le fairway de 7 m, consiste à viser la gauche, mais toute balle trop longue amènera un chip difficile, en descente, vers un green incliné de gauche à droite et descendant abruptement vers la rivière. Si votre coup d'approche part trop à droite, la balle dégringolera dans un vallon profond, garantissant un bogey, ou pire. **RH**

Parcours : Nairn Golf Club
Situé à : Nairnshire, Écosse
Trou : n° 5
Longueur : 356 m
Par : 4
Architectes : Andrew Simpson, Tom Morris senior, James Braid
À savoir : En 1987, le club a célébré son centenaire et accueilli le championnat amateur masculin et féminin d'Écosse.

N° 5   NAIRN GOLF CLUB

Nairn est bien un parcours en links traditionnel, débutant par des trous le long du littoral. La précision compte beaucoup plus que la longueur sur ce chef-d'œuvre écossais. Le premier 9 est le plus court des deux, même s'il peut aussi être le plus difficile lorsque souffle le vent sud-ouest dominant. Le n° 5, un par 4 baptisé les « Filets », ne fait pas exception à la règle. Le vent peut facilement y emporter une bonne partie. C'est tout simplement un très bon court par 4.

C'est aussi sa difficulté qui fait sa qualité, et ce dès le départ. La mer bordant le côté droit et un bunker le côté gauche, on jouera au milieu du fairway.

Avec un bon drive dans la poche, un coup de fer court vous attend jusqu'à un petit green surélevé. Celui-ci est très bien gardé – une erreur ici, et vous ne vous limiterez pas à secouer la tête. Un conseil : ne frappez pas trop long.

Comme sur la majorité du premier 9, on bénéficie d'une vue spectaculaire sur la mer. Mais essayez de vous concentrer sur le parcours, ou vous ne vous souviendrez peut-être de rien d'autre que du score élevé sur votre carte. **TJ**

N° ❺ WALTON HEATH
(VIEUX PARCOURS)

Parcours : Walton Heath (vieux parcours)

Situé à : Walton-on-the-Hill, Tadworth, Surrey, Angleterre

Trou : n° 5

Longueur : 400 m

Par : 4

Architecte : Herbert Fowler

À savoir : Walton Heath est le seul club au monde dont l'un des capitaines ait été un souverain. En 1935-1936, le prince de Galles est devenu Édouard VIII alors qu'il était le capitaine des jeux du Walton Heath. On compte David Lloyd George et Winston Churchill parmi ses anciens membres.

CI-DESSOUS ET CI-CONTRE *Deux vues du cinquième trou de Walton Heath.*

On a commencé à jouer ici en 1904, au cours d'un match-exhibition disputé par un triumvirat légendaire, composé de Harry Vardon, J. H. Taylor et James Braid. Ce tracé, dessiné de façon experte sur la lande magnifique du Surrey, a toujours été considéré depuis comme l'un des meilleurs d'Angleterre.

Le fairway du n° 5 est entouré de bruyère, et forme un coude à gauche en approchant du green, de sorte qu'il vaut mieux viser son côté droit pour le coup d'approche. Légèrement surélevé, très sinueux, le green est défendu par 2 profonds bunkers (un à gauche et un à droite).

C'est à Walton Heath que s'est déroulée la Ryder Cup en 1981, où l'équipe américaine – considérée comme l'une des meilleures de tous les temps, accumulant à elle seule 36 titres majeurs – a battu l'Europe 18,5 à 9,5, la pire défaite de l'équipe européenne sur sol anglais. La manifestation devait à l'origine se dérouler au Belfry, mais celui-ci était en mauvais état ; Walton Heath servit donc de remplaçant sur le tard et remplit ses fonctions plus qu'admirablement.

Le club a aussi accueilli plusieurs Opens européens, dont l'épreuve d'ouverture, remportée par l'Américain Bobby Wadkins en 1978. **KA**

N° ❺ KAANAPALI GOLF COURSE
(PARCOURS NORD)

Parcours : Kaanapali Golf Course (parcours nord)

Situé à : Lahaina, Maui, Hawaï, États-Unis

Trou : n° 5

Longueur : 432 m

Par : 4

Architecte : Robert Trent Jones senior

À savoir : Bien qu'ayant dessiné certains des plus beaux parcours de golf au monde, Robert Trent Jones senior n'en a conçu que 2 à Hawaï, dont Kaanapali, inauguré en 1962. Le n° 5 est non seulement le trou emblématique de ce parcours, mais aussi le plus difficile.

Le parcours nord débute au niveau de la mer avec un par 5 s'étendant sur 503 m. Il suit le littoral, avant de s'enfoncer vers les contreforts des montagnes situées à l'ouest de l'île.

Et puisque nous parlons de littoral, dirigeons-nous vers le n° 5.

Ce léger dogleg à gauche est long, difficile et ravissant. On découvre l'océan à droite sur la deuxième moitié, et l'eau est encore présente à gauche du green. Son paysage se passe de commentaires, mais c'est aussi un superbe trou de golf.

On trouve des bunkers au niveau du coude du fairway. Ceux qui frappent long devraient pouvoir les dépasser et simplifier ainsi leur coup d'approche. Mais attention au vent. C'est un trou qui devient encore plus long lorsque l'on joue face à celui-ci.

Mieux vaut approcher le green depuis le côté gauche du fairway. Il est défendu sur le devant par des bunkers, à droite et à gauche, ainsi que par un autre sur l'arrière-gauche.

Même les professionnel du club jugent ce trou coriace : « Le par y est un bon score. » **TJ**

N° ❺ DURBAN COUNTRY CLUB

Parcours : Durban Country Club

Situé à : Durban, Afrique du Sud

Trou : n° 5

Longueur : 421 m

Par : 4

Architectes : George Waterman, Laurie Waters

À savoir : Gary Player, l'enfant du pays, a remporté le premier de ses 13 Opens d'Afrique du Sud en 1956 à Durban, pour ensuite établir le record du parcours, à 64, en 1969.

Peu de parcours débutent avec une série de trous aussi difficile que celle du Durban Country Club, un parcours prestigieux situé le long du littoral de l'océan Indien. On y découvre une végétation abondante, épaisse et colorée, abritant quasiment toutes les plantes tropicales imaginables, et de grands arbres – dont bon nombre sont remplis de singes. Le n° 5 est le dernier trou d'un trio éminemment respecté, comprenant le n° 3, un par 5 de réputation mondiale. Le 5 est peut-être le moins spectaculaire des 3 à première vue, mais ne vous y trompez pas : il peut s'avérer tout aussi ardu.

Plus long par 4 du parcours, il est protégé des vents marins par les arbres qui bordent le fairway. La zone d'arrivée du drive étant étroite et pleine de pentes et d'ondulations, il est difficile de trouver un lie plat pour le coup d'approche. Si l'on manque le fairway en déviant trop à droite, la balle dévalera de raides monticules pour finir sa course dans la forêt tropicale et y disparaître à jamais. Le green est défendu par 2 bunkers bien placés, mais si l'on frappe trop long pour éviter le sable, le danger guette : le green plonge brusquement dans une jungle épaisse. **KA**

N° 5   HYATT REGENCY COOLUM GOLF COURSE

Parcours : Hyatt Regency Coolum Golf Course

Situé à : Coolum Beach, Queensland, Australie

Trou : n° 5

Longueur : 319 m

Par : 4

Architecte : Robert Trent Jones junior

À savoir : Ce parcours de la côte du Queensland s'étend au pied du mont Coolum, qui, d'après la légende aborigène, fut créé par les dieux en l'honneur d'un guerrier du même nom, mort en combattant pour la main d'une jeune femme. Élément clé du Hyatt Regency Resort, un 5 étoiles, il accueille aussi le championnat PGA australien.

Le n° 5 de Coolum est l'un de ces courts pars 4 fantastiques qui semblent toujours plus difficiles en réalité que sur la carte de parcours. Dépourvu de bunkers et mesurant seulement 319 m depuis les départs arrière, il mettra cependant à rude épreuve votre précision et vos capacités stratégiques. La plupart des joueurs frapperont un bois 3 ou un long fer depuis l'aire de départ de ce dogleg à droite, dans l'espoir d'éloigner leur drive de la broussaille traîtresse à gauche, et de l'obstacle marécageux à droite.

Une fois ceci accompli, ils n'auront besoin que d'un petit fer pour atteindre un green relativement plat, protégé sur le devant par un obstacle d'eau qui ne fera qu'une bouchée d'un coup d'approche imparfait.

Le Hyatt Regency Coolum fait partie de la liste des 50 meilleurs parcours australiens établie par *Golf Magazine* – en compagnie de célébrités telles que le Royal Melbourne et Ellerston. Grâce à l'océan Pacifique scintillant d'un côté et au bush de l'autre (sans parler des températures subtropicales de la Sunshine Coast), on éprouve un réel plaisir à jouer ce parcours. **JS**

CI-DESSOUS   *L'Australien Adam Smith joue son deuxième coup sur le n° 5 de Coolum, en décembre 2003.*

N° **5**   **MID OCEAN CLUB**

Parcours : Mid Ocean Club

Situé à : Tucker's Town, archipel des Bermudes

Trou : n° 5

Longueur : 395 m

Par : 4

Architecte : Charles Blair Macdonald

À savoir : Bien que ne possédant que 8 terrains de golf, les Bermudes, un archipel peu peuplé, constituent l'endroit offrant le plus grand nombre de parcours par habitant.

Tout d'abord, rapidement : où se trouvent les Bermudes ?

Vous le saviez peut-être, mais il semble étrange de décrire cet archipel des colonies britanniques comme étant à quelques encablures de la Caroline du Nord. Lorsque Charles Blair Macdonald a conçu le Mid Ocean Club, cependant, les 772 km qui séparent la côte est américaine des Bermudes représentaient plus qu'un léger désagrément. On mettait alors un certain temps à atteindre les îles, et Macdonald voulait s'assurer que les golfeurs aient une raison de se déplacer jusque-là. Le Mid Ocean Club, avec son n° 5 comme phare, valait le voyage à lui seul.

Et aujourd'hui, avec le développement insulaire et l'avènement des voyages en jet, cette destination golfique magique ne représente plus qu'un saut de puce, et mérite largement qu'on s'y rende depuis la côte est.

Le n° 5 du Mid Ocean Club, pourvu d'une aire de départ surélevée, est majestueusement bordé d'eau sur toute sa longueur, et le premier défi consiste à survoler le Mangrove Lake dès le départ.

Le fairway s'enroulant autour de l'eau jusqu'au green, on pourra « mordre » le coude, au-dessus de l'eau, autant qu'on l'osera. Ses 395 m peuvent ne pas sembler intimidants, mais c'est un trou de décideur. Frapper en toute sécurité à droite et rendre le deuxième coup éternel… ou parier sur la gauche, rester au sec si l'on peut, et couper le virage ?

Sur l'aire de départ, contemplant le défi qui vous attend, la question est presque audible. Pouvez-vous couper le tournant ? De combien ? Comment vous sentez-vous aujourd'hui ? Pourquoi avoir fait le voyage ?

Nous employons peut-être un ton théâtral, mais vous voyez ce que nous voulons dire. Le trou est un vrai défi, depuis le moment où l'on pose le pied sur l'aire de départ.

Atterrir sur le fairway constitue évidemment un succès, mais ne garantit pas une victoire complète. Le green du 5 est bien protégé de chaque côté par 2 longs bunkers très profonds. À double plateau, sa forme inintelligible permet des positions de drapeau traîtres, en fonction de l'humeur du surintendant. Bonne chance ! **JB**

Parcours : Ellerston Golf Club

Situé à : Upper Hunter Valley, Nouvelle-Galles-du-Sud, Australie

Trou : n° 5

Longueur : 396 m

Par : 4

Architectes : Greg Norman, Bob Harrison

À savoir : Ellerston est non seulement considéré comme le parcours moderne le plus difficile d'Australie, mais c'est aussi le club le plus fermé. Appartenant à Kerry Packer, nabab des médias, réputé pour être l'homme le plus riche du pays, le parcours est tracé sur son domaine privé de 28 000 ha. On y enregistre environ 50 parties par an.

N° 5   ELLERSTON GOLF COURSE

Le parcours n'existe que depuis 2001, mais il est arrivé en tête de liste des meilleurs golfs d'Australie en un rien de temps, en compagnie de terrains aussi fantastiques que le Royal Melbourne, Kingston Heath et le New South Wales.

Ceux qui ont eu la chance d'y jouer ne contesteront pas ce classement. Il est surtout célèbre pour ses pars 4 brutaux, et son n° 5 est souvent considéré comme le meilleur du parcours, voire du pays tout entier.

Ce trou débute avec un drive assez simple, vers une vaste zone d'arrivée protégée à droite par un affluent du Pages Creek. Ce ruisseau dessine ensuite une série de virages en fer à cheval, pour finalement serpenter autour d'un green très ondoyant, où l'on putte invariablement juste et rapidement.

C'est la partie gauche de celui-ci qui constitue la surface la plus clémente, car très ouverte. Mais tout joueur visant la droite sera confronté à une zone d'arrivée bien plus étroite, ainsi qu'aux obstacles du ruisseau, qui posent problème à la moindre des balles errantes, à la fois sur l'arrière et sur l'avant. **JS**

Parcours : The Fortress

Situé à : Frankenmuth, Michigan, États-Unis

Trou : n° 5

Longueur : 322 m

Par : 4

Architecte : Dick Nugent

À savoir : Conçue en 1922, cette « forteresse » reflète les origines écossaises du golf. Des monticules recouverts de fétuque révèlent des greens divisés et bien défendus. Des tertres de départ, fairways et greens en agrostide entourent 75 bunkers.

N° 5   THE FORTRESS

Frankenmuth est une destination touristique très fréquentée du Midwest américain, célèbre pour ses origines allemandes, la façon fabuleuse dont on y accommode le poulet, ainsi que pour ses délicieux caramels. À ces attraits s'ajouta le golf en 1992, avec l'inauguration du parcours de la Forteresse.

Le cinquième trou, un par 4 de 322 m, est l'un des meilleurs de ce tracé aussi célèbre pour ses excellentes conditions de jeu que pour sa difficulté. Depuis l'aire de départ, on doit frapper un premier coup droit, du côté droit de ce fairway assez rectiligne. Le deuxième coup est plus long qu'il ne semble, et les embûches guettent au loin, en particulier avec un vaste bunker sur le côté gauche, qui empiète largement sur le fairway. On trouve aussi d'autres bunkers à gauche et à droite du green.

À quel niveau de difficulté doit-on s'attendre sur ce parcours ? Le n° 5 étant le plus facile de tous, nous vous laissons imaginer la suite. Ce trou offre 3 séries de départs, débutant à 251 m. The Fortress propose un golf redoutable sur un 18 trous de 6 230 m. Quelque 25 000 parties sont jouées chaque saison sur ce par 72. **TJ**

N° 5 — CRYSTAL DOWNS COUNTRY CLUB

Parcours : Crystal Downs Country Club

Situé à : Frankfort, Michigan, États-Unis

Trou : n° 5

Longueur : 322 m

Par : 4

Architecte : Alister MacKenzie

À savoir : Cela n'a rien à voir avec le golf, mais nous voulions vous signaler que vous n'êtes pas loin de la capitale mondiale de la cerise, Traverse City. Le Festival annuel de la cerise, en juin, constitue le meilleur moment pour la visiter.

Évoquant le nord du Michigan, les gens du cru disent : « Là-haut dans le Nord. » Ceux qui y ont habité puis l'ont quitté l'appellent : « le pays de Dieu ». Les golfeurs qui choisissent de se rendre dans le nord-ouest de cet État en forme de moufle sauront, eux, qu'ils ont visité l'une des Mecque du golf. Ne vous imaginez pas que nous vous menions en bateau. Ce n'est pas une exagération. On ne fait pas mieux que le n° 5 du Crystal Downs.

C'est le pinacle du golf dans le Michigan. Arbres et couleurs automnales font partie du plaisir, mais ce sont là des joies saisonnières. La vue depuis le tertre de départ, elle, demeure la même toute l'année : on voit à peine le haut du drapeau au-delà d'une crête épaisse abritant un périlleux bunker.

C'est un trou doté d'une bosse : on distingue le drapeau par-dessus cette dernière, mais on ne peut pas tout à fait l'atteindre. Et à cause des 3 bunkers à l'aspect négligé au flanc de cette bosse, la stratégie l'emporte sur la puissance.

MacKenzie était maître dans l'art de mettre le terrain à profit, lorsqu'il comprenait pentes et monticules. Les mouvements naturels du parcours font sa beauté, et pourtant, c'est de ses rudes défis dont on se souviendra.

Depuis le départ, la meilleure trajectoire survole un grand arbre à droite des bunkers, exigeant puissance, précision et hauteur. Un drive parfait permet un bon angle d'approche du green, incliné de gauche à droite en direction de 4 bunkers. Il est plat, exception faite d'une dépression très gênante au centre droit. Mecque ou pas, le n° 5 n'est pas une partie de plaisir. **JB**

Parcours : Colonial Country Club

Situé à : Fort Worth, Texas, États-Unis

Trou : n° 5

Longueur : 430 m

Par : 4

Architectes : John Bredemus, Perry Maxwell

À savoir : Après avoir réalisé 7 bogeys, Annika Sorenstam ne put accéder à la finale du Colonial de 2003. Elle joua le n° 5 deux fois pour écoper d'un bogey à chaque fois.

C'était la première épreuve du PGA Tour à laquelle participait une femme en 58 ans.

N° 5   COLONIAL COUNTRY CLUB

Ce trou est surnommé la « Vallée de la mort », et cela ne s'applique pas qu'au joueur lambda. Les meilleurs golfeurs au monde sont conscients de sa difficulté. C'est ici que viennent mourir les meilleurs coups au monde. Kenny Perry a remporté le Colonial de 2003 avec 6 coups d'avance, mais n'obtint un birdie au n° 5 qu'une fois au cours des 4 tours. Autrement dit, réalisez le par au n° 5, passez au trou suivant et estimez-vous heureux.

C'est ici que Ben Hogan se sentait chez lui. Si St Andrews a vu naître le golf et qu'Augusta est la vitrine du jeu, Fort Worth – en particulier le Colonial qu'adorait Hogan – en est l'âme. On doit son tracé original à John Bredemus, un original qui se réfugiait parfois à la cime des arbres, mais c'est Perry Maxwell qui lui a donné sa forme actuelle en 1940, 5 ans seulement après Bredemus.

Le bureau de Hogan, où une plaque à son nom est toujours là, est demeuré en l'état en son honneur. Ni la vénération ni le danger ne manquent ici, en particulier au n° 5.

Comme presque tous les trous de cette liste, il est source d'ennuis. Du début à la fin, de gauche à droite, des embûches qui ne devront pas vous empêcher de prendre du plaisir, mais qui incitent à la précaution. C'est un long trou, qui serait difficile pour les joueurs de handicap moyen même s'il était rectiligne. Mais ajoutez à cela un dogleg à droite, un fossé à gauche et des arbres où que l'on porte le regard, et on obtient un trou qui intimiderait même Ben Hogan.

Sa longueur et le dogleg suffiraient à en faire un défi. Mais prenez en compte le vent qui souffle presque constamment de gauche à droite, et la difficulté diabolique du n° 5 devient mythique. Lorsque c'est le cas, le coup de départ doit survoler les chênes centenaires sur la gauche, et être doté d'un léger effet de fade pour atteindre le milieu du fairway.

Puis vient le green. Si les greens constituent souvent une apothéose, ce n'est absolument pas le cas ici. Il déçoit, et s'avère traître. Il paraît innocent, mais son approche se révèle épineuse – c'est un coup dont semble avoir disparu toute sécurité. **JB**

Parcours : Pinehurst (parcours n° 2)

Situé à : Pinehurst, Caroline du Nord, États-Unis

Trou : n° 5

Longueur : 440 m

Par : 4

Architecte : Donald Ross

À savoir : Les départs que l'on rajouta pour l'US Open de 1999 ont transformé en monstre l'un des trous les plus cléments de Pinehurst. Payne Stewart remporta son deuxième US Open de la décennie lorsqu'il fut vainqueur ici en 1999. Il mourut la même année dans un accident d'avion.

CI-DESSOUS *La statue du petit putter de Pinehurst.*

CI-CONTRE *Le cinquième trou de Pinehurst.*

N° ❺ PINEHURST (PARCOURS N° 2)

Imaginez un parcours où, tout au long de la partie, on a l'impression de putter sur un dôme recouvert de la céramique la plus glissante qui soit, et sur les pentes les plus courbées que l'on puisse trouver : c'est le parcours n° 2 de Pinehurst ainsi que son cinquième trou.

Tommy Armour, l'un des grands champions de golf, a déclaré : « Celui qui ne se sent pas ému lorsqu'il joue à Pinehurst sous un ciel bleu et dégagé, respirant le parfum des pins, devrait bannir à jamais le golf de sa vie. C'est le genre de parcours qui fouette le sang d'un vieux soldat. »

Armour était l'un de ces grands et vieux soldats du golf. Et le deuxième parcours de Pinehurst appartient aux grands et vénérables tracés. Le domaine, qui compte 8 parcours, fut établi en 1894. Cependant, seul le deuxième d'entre eux est un must.

Le n° 5, un par 4 monstrueux de 440 m, compte parmi ses épreuves les plus rudes. Longueur mise à part, son défi demeure intact. Mais, à cause de cette même longueur, la plupart des joueurs ne le considèrent pas comme un vrai par 4. Sauf si vous êtes un joueur « scratch », si vous sauvez le par ici, considérez-le comme un birdie.

Oui, la zone d'arrivée de la balle paraît accueillante depuis le départ. Mais les apparences sont trompeuses. Il est vrai que l'espace ne manque pas où placer la balle, mais si elle n'atterrit pas du bon côté du fairway, on peut dire adieu à un angle d'approche acceptable sur le deuxième coup.

Même après des drives bien placés, les contours sinueux des greens du parcours vous attendent. Ils exigent les coups d'approche les plus difficiles qui soient, et le n° 5 ne fait pas exception à la règle.

Il illustre bien la difficulté du parcours. Ce fut le trou le plus ardu au cours de l'US Open de 1999, en grande partie parce que même un drive parfait et un coup d'approche bien frappé ne garantissent pas le par. **JB**

N° ❺   OLD MEMORIAL GOLF CLUB

Parcours : Old Memorial Golf Club
Situé à : Tampa, Floride, États-Unis
Trou : n° 5
Longueur : 420 m
Par : 4
Architecte : Steve Myers

À savoir : Pour respecter la tradition – le parcours s'appelle le Vieux Mémorial après tout –, les caddies sont ici obligatoires. Les voiturettes sont cependant disponibles pour les personnes handicapées.

Le cinquième trou est le plus difficile du parcours d'Old Memorial. Il est aussi joli grâce au lac qui borde son côté gauche. Mais ne vous attardez pas à admirer le paysage, vous avez des choses à accomplir.

Le coup de départ, depuis une aire surélevée, constitue votre premier défi. N'oubliez pas le lac sur la gauche, et le rough assez présent de l'autre côté. On compte environ 290 m entre le départ et le coude du dogleg.

Incroyable mais vrai, on peut rejoindre le green en 2 coups. Avec un bon vent dans le dos – ce qui est souvent le cas, lorsque le terrain est ferme, cela s'avère possible. Pour la plupart des joueurs, cependant, un drive de 245 m suffira, suivi d'un coup d'approche de 155 à 160 m en direction du green. Mais il devra franchir l'eau – eh oui, le lac est à nouveau en jeu.

Le danger ne manque pas à l'approche du drapeau : 3 bunkers vous escortent à partir de 80 m avant le green, et ils sont très profonds.

Ne jouez pas trop long, car on ne compte que 9 m environ entre la lèvre arrière du green et le hors-limite. Assurez-vous donc de franchir la bonne distance avec le club approprié.

Le tracé de ce club huppé est très dégagé et plat, et sa longueur mettra à l'épreuve même les grands frappeurs. Le n° 5 en est un parfait exemple. **TJ**

Parcours : The Homestead (parcours des Cascades)

Situé à : Hot Springs, Virginie, États-Unis

Trou : n° 5

Longueur : 525 m

Par : 5

Architecte : William S. Flynn

À savoir : On découvre de nombreux jolis points de vue sur le parcours des Cascades du Homestead, un complexe hôtelier des montagnes d'Allegheny. Mais c'est sur le fairway du n° 5, à environ 135 m du green, que l'on jouit d'un des spectacles les plus ravissants. Au sommet d'une colline, admirant le green en contrebas et son cadre naturel, vous désirerez vous emparer de votre appareil photo. Saisissez-vous plutôt d'un fer 8 et envoyez la balle sur le green.

CI-DESSOUS ET CI-CONTRE *Deux vues du cinquième trou du Homestead.*

N° ❺ # THE HOMESTEAD
(PARCOURS DES CASCADES)

The Homestead abrite 3 remarquables parcours de golf. Celui du bas offre des fairways dégagés et de vastes greens en agrostide. Le vieux parcours, lui, a été considérablement rénové par William Flynn, et plus récemment par Rees Jones, tandis que le parcours des Cascades, le joyau du domaine, a été remodelé par Robert Trent Jones senior en 1961. Le n° 5 est l'un de ses trous les plus difficiles. Ce par 5 de 525 m est surnommé le « Marathon », et c'est effectivement un long périple qui vous attend depuis le départ jusqu'au green.

On devra frapper un drive d'environ 245 m depuis l'aire de départ pour atteindre en toute sécurité la zone d'arrivée en contrebas. Le deuxième coup est primordial. Aveugle, en montée, il décidera de votre score. Il faudra swinguer fort, à 200 m environ afin de dépasser le rough qui sépare les 2 zones d'arrivée. Il suffira ensuite d'un chip de 75 m pour rejoindre le green. Celui-ci, doté d'une petite bosse au milieu, est en montée, et on n'y trouve que de rares endroits plats.

Le parcours des Cascades a accueilli 2 US Amateurs féminins, un match de la Curtis Cup et l'US Open féminin de 1967. **TJ**

N° ❺ GOLF D'AL BADIA

Parcours : golf d'Al Badia

Situé à : Dubaï Festival City, Ras Al Khor, Deira, Dubaï, Émirats arabes unis

Trou : n° 5

Longueur : 519 m

Par : 5

Architecte : Robert Trent Jones junior

À savoir : L'eau est l'une des préoccupations essentielles à l'Al Badia. On y trouve 11 lacs, et au moins une douzaine d'endroits où l'on doit porter la balle, dont un situé au n° 5.

De nombreux trous compris dans *1 001 Greens* sont chargés d'histoire, porteurs de traditions, et accueillent des tournois depuis des décennies, voire plus d'un siècle. Le cinquième trou d'Al Badia ne possède rien de tout cela, car cet hôtel n'a ouvert ses portes qu'en 2004. C'est peut être l'une des créations les plus récentes de l'ensemble que nous vous proposons, mais cela n'enlève rien à sa valeur. Car s'il est peut-être jeune, il s'est déjà fait remarquer.

Robert Trent Jones déclare qu'Al Badia est l'un des parcours les plus coriaces auxquels il ait jamais participé, et selon lui, le trou n° 5 illustre bien ce concept : « Il vous fait réfléchir. Vraiment réfléchir. C'est un fantastique par 5 qui se joue dans la montée, traversé par un cours d'eau que l'on retrouve tout du long et qui se jette dans un lac près du green. »

Le n° 5 est très représentatif du reste du parcours. La variété y est un motif constant. L'eau et le sable se côtoient, la végétation et le désert occupent le même terrain. Ses trous offrent un superbe golf. Et la diversité du tracé force les joueurs à demeurer vigilants. Jones qualifie ce concept de « rivières de sable ».

Le complexe a beau être récent, il mérite une place sur votre liste de parcours à visiter. **JB**

N° ❺ KAPALUA GOLF CLUB
(PARCOURS DE LA PLANTATION)

Parcours : Kapalua Golf Club (parcours de la Plantation)

Situé à : Kapalua, Maui, Hawaï

Trou : n° 5

Longueur : 486 m

Par : 5

Architectes : Ben Crenshaw, Bill Coore

À savoir : Le Mercedes Championships, un tournoi d'élite qui n'accepte que les vainqueurs du PGA Tour de l'année précédente, se déroule tous les ans à Kapalua.

CI-DESSOUS Tiger Woods sur l'aire de départ du cinquième trou de Kapalua en janvier 2004.

CI-CONTRE Le cinquième trou de Kapalua.

La plupart des trous situés sur des promontoires sont des pars 4, mais Crenshaw et Coore ont modifié ce concept sur le magnifique par 5 du parcours de Kapalua, un par 73 tracé au milieu des formations géologiques naturelles et des anciens champs d'une plantation d'ananas. Le coup supplémentaire rend le défi de ce promontoire – et ses frissons – encore plus attirant.

Une gorge débordant de végétation tropicale longe tout le côté droit d'un trou incliné de gauche à droite jusqu'au green. Le plus droit des drives peut donc aisément terminer sa course sur la droite, forçant à franchir l'abîme si l'on désire atteindre le green en 2 coups. Les joueurs ayant frappé un bon drive seront sans nul doute tentés de le faire, à cause de la distance relativement courte jusqu'au green, mais ils ont intérêt à faire preuve de précision : 2 coups parfaits sont nécessaires.

Ceux qui choisissent le chemin plus conventionnel viseront toujours à gauche, que ce soit sur le drive pour éviter la gorge, sur le deuxième coup, un fer long ou un bois de fairway, ou sur le coup d'approche, un fer court visant la gauche du green, protégé par des bunkers à l'arrière et à droite. **KA**

N° ⑤   NEW SOUTH WALES

Parcours : New South Wales

Situé à : La Pérouse, Sydney, Australie

Trou : n° 5

Longueur : 468 m

Par : 5

Architecte : Alister MacKenzie

À savoir : Greg Norman, membre du New South Wales, a invité Bill Clinton, l'ancien Président américain, à y jouer au cours d'une visite présidentielle en 1996. Clinton, impressionné par la beauté naturelle de ce parcours, insista pour terminer les 18 trous alors que la nuit approchait.

CI-DESSUS   *Le Suédois Robert Karlsson joue son deuxième coup sur le trou n° 5 du New South Wales en février 2003.*

Premier d'une série de trous splendides situés le long du Pacifique et des Cape Banks sur la spectaculaire côte orientale australienne, ce par 5 relativement court sert de digne introduction au n° 6 de New South Wales, un par 3 réputé.

Le coup de départ, aveugle, doit s'élever jusqu'au faîte d'une colline à environ 225 m de là. Une fois ce plateau atteint, on découvre une vue splendide sur le littoral du Pacifique, rocailleux et déchiqueté, et sur le green, à flanc de colline en contrebas. Selon la force du vent qui souffle de l'océan, les joueurs ayant joué un long drive ont l'opportunité d'atteindre le green en 2 coups, grâce à une approche en descente. Mais attention : on n'a pas vraiment droit à l'erreur. Le fairway rétrécit considérablement aux abords du green, et celui-ci, incliné d'avant en arrière, est férocement défendu par 2 bunkers, à droite et à gauche.

Délectez-vous de la vue et réjouissez-vous à l'idée de vous attaquer au trou suivant, que l'on aperçoit sur la droite. Mais gardez-vous de prendre le n° 5 pour acquis. Il suffit de relâcher légèrement sa garde, et on finira avec un score élevé. Et jouer le 6 s'avérera ensuite beaucoup moins agréable. **KA**

N° ❺ THE BOULDERS (PARCOURS SUD)

Parcours : The Boulders (parcours sud)

Situé à : Carefree, Arizona, États-Unis

Trou : n° 5

Longueur : 498 m

Par : 5

Architecte : Jay Morrish

À savoir : Ce domaine offrant 36 trous de golf doit son nom – The Boulders signifie « les Rochers » – aux formations rocheuses vieilles de 12 millions d'années qui parsèment, en équilibre précaire, le désert environnant.

Le cinquième trou de The Boulders, un parcours où l'on retrouve la sérénité propre au désert de Sonora, offre aux golfeurs la possibilité de jouer de manière conventionnelle, ou au contraire d'oublier toute prudence.

Le lit asséché d'un ruisseau traversant le fairway force à porter la balle sur au moins 210 m pour atteindre l'étroite zone d'arrivée de l'autre côté. Une autre zone d'arrivée, beaucoup plus proche, devant le ruisseau, permet de jouer plus sagement avec un fer, mais on renoncera alors à rejoindre le green en 2 coups. Et même cette stratégie est risquée : toute balle trop longue, trop à gauche ou trop à droite, atterrira dans cet obstacle d'eau.

Les choses ne se simplifient pas par la suite. Le fairway rétrécit considérablement à l'approche du green qui se détache contre divers amas de rochers s'élevant vers le ciel. Plus préoccupants encore, des bunkers entourent l'avant-gauche et tout le côté droit d'un green étroit et sinueux, même s'ils vous éviteront la sévérité du désert qui s'avance.

Afin de pouvoir se contenter de 2 putts, on doit atterrir sur le plateau où se trouve le drapeau. Sinon, un bogey – ou pire – est plus qu'envisageable. **KA**

N° ❺ MILLBROOK

Parcours : Millbrook

Situé à : Arrowtown, Nouvelle-Zélande

Trou : n° 5

Longueur : 503 m

Par : 5

Architecte : Bob Charles

À savoir : Charles a déclaré que ce par 4 de 396 m, doté d'un green surélevé et d'une excellente vue sur le massif des Remarkables, était son préféré. Mais le n° 5 est incontestablement le plus difficile.

Millbrook est pourvu de nombreux temps forts, mais rien ne surpasse l'impressionnant trio gagnant qui débute au n° 4 et finit au 6. Au milieu se trouve la pièce de résistance, le trou le plus long du parcours, 503 m depuis les départs pros. Sur ce dogleg à droite, 2 bunkers épineux défendent un raccourci tentant le long du fairway. Jouez trop court et vous atterrirez sur l'une des nouvelles plages à la mode de Nouvelle-Zélande. Et les choses ne vont pas s'arranger.

2 étangs, disons même 2 très grands étangs, attendent un deuxième coup qui s'égarerait sur la droite. Et une fois le green atteint, ce n'est toujours pas une partie de plaisir. On trouve un bunker le long du côté gauche, qui accueille souvent les balles qui dévalent la pente juste au-delà du green.

Charles, l'un des plus grands golfeurs australiens, déclare au sujet du chef-d'œuvre qu'il a contribué à concevoir : « Lorsque j'ai visité le site pour la première fois… j'ai réalisé que j'avais là quelque chose d'exceptionnel. Blotti dans le bassin du Wakatipu, entouré des spectaculaires Remarkables, le terrain se prêtait si naturellement au golf que l'on n'a dû remuer la terre que sur un seul trou. Et donc, comme la plupart des grands golfs, il s'est largement adapté au paysage naturel. » **TJ**

Trou 6

Si vous avez besoin d'une pause, d'une chance de vous ressaisir, le trou n° 6 vous en offre souvent la possibilité. Les architectes suivent généralement la règle selon laquelle les n° 2 à 5 sont les plus difficiles du premier 9, avant une paire plus facile sur les 6 et 7.

Le 6 du Seminole Country Club de Palm Beach, en Floride, par exemple, est l'un des meilleurs du parcours et appartient à notre liste de *1 001 Greens*, et pourtant ce n'est que le 7e par ordre de difficulté. Celui du Penha Longa de Lisbonne, au Portugal, bien que clairement emblématique du parcours, n'est que le 6e trou le plus difficile. Et, en règle générale, ces deux-là sont plus ardus que la plupart des n° 6.

Donc, si votre partie se passe bien, cela continuera probablement à ce trou. Sinon, voici l'occasion d'inverser la tendance.

CI-CONTRE   *Le sixième trou de Wasioto Winds, à Pineville, au Kentucky.*

N° ❻ WORTHINGTON MANOR GOLF CLUB

Parcours : Worthington Manor Golf Club

Situé à : Urbana, Maryland, États-Unis

Trou : n° 6

Longueur : 181 m

Par : 3

Architectes : Ault, Clark & Associates

À savoir : Ce parcours est une rareté à l'heure où règne la folie du golf. Son prix demeure raisonnable pour un tracé aussi prestigieux, de style professionnel. Si vous désirez jouer un excellent parcours sans pour autant vider votre tirelire, il conviendra parfaitement.

CI-DESSOUS *Le sixième trou de Worthington Manor.*

Le n° 6, un par 3 de 181 m, est le trou le plus mémorable de Worthington Manor, où l'on doit franchir l'eau sur le coup de départ pour rejoindre un green très bien protégé. Et nous ne plaisantons pas.

Voici l'un des pars 3 les plus imposants que vous jouerez. Son green n'est pas situé sur une île, mais il n'en est pas moins entouré d'eau sur trois côtés. La zone de sécurité est longue, même si les obstacles semblent éparpillés un peu partout, et 2 vastes bunkers guettent sur le devant.

Le green est assez grand, et, contrairement à beaucoup d'autres, n'est pas en pente. Le problème ici n'est toutefois pas de putter, mais de l'atteindre.

Le n° 6 fait partie d'une série de pars 3 fantastiques. Le n° 17, par exemple, où le coup de départ doit survoler un ravin, est spectaculaire.

Le parcours, désigné « parcours de l'année » au Maryland en 2000 par l'Association nationale des propriétaires de golf, accueille souvent les épreuves qualificatives de l'US Open. Worthington Manor est devenu célèbre dans la région pour son atmosphère de country club, son accueil exceptionnel et son parcours de premier ordre. **TJ**

Parcours : Yeamans Hall Club

Situé à : Hanahan, Caroline du Sud, États-Unis

Trou : n° 6

Longueur : 164 m

Par : 3

Architectes : Seth Raynor, Tom Doak

À savoir : Tom Doak ajouta environ 5 945 m² aux greens de Yeamans Hall, qui en totalisent désormais plus de 13 000.

N° 6 YEAMANS HALL CLUB

Au milieu des années 1980, le Yeamans Hall, un vieux tracé traditionnel situé en Caroline du Sud près de Charleston, dessiné par Seth Raynor, était relativement oublié. Au fil du temps – il fut inauguré en 1925 – et par manque d'attention, les contours du green et les emplacements de bunkers s'étaient estompés. Aujourd'hui, grâce à une transformation progressive qui commença à la fin des années 1980 pour s'achever avec les rénovations de Tom Doak en 1998, c'est devenu l'un des parcours de Raynor les plus vénérés.

Le n° 6 est un Redan classique qui exige un draw presque parfait pour rejoindre le green, incliné de droite à gauche, entouré de magnifiques magnolias et de chênes recouverts de mousse espagnole.

L'intervention de Doak fut primordiale sur le n° 6, où il redéfinit les contours du green et le ramena à sa longueur d'origine, qui avait disparu au cours des décennies précédentes. Cela permit d'intégrer à nouveau une série de 3 bunkers à l'arrière, la lèvre du green dégringolant vers le sable. Auparavant, une balle trop longue pouvait aisément éviter les bunkers ; c'est désormais rare, voire impossible. **KA**

Parcours : Thai Country Club

Situé à : Chachoengsao, Thaïlande

Trou : n° 6

Longueur : 199 m

Par : 3

Architecte : Denis Griffiths

À savoir : C'est sur le n° 6, le trou le plus emblématique du Thai Country Club, que le par fut le plus difficile à réaliser au cours de l'Asian Honda Classic de 1997.

N° 6 THAI COUNTRY CLUB

Le Thai Country Club, l'un des parcours les plus prestigieux et les mieux entretenus de Thaïlande, inauguré en 1996, a reçu des louanges généralisées après avoir accueilli 2 épreuves professionnelles au cours de ses deux premières années. Un jeune Tiger Woods y remporta de 10 coups l'Asian Honda Classic, à 20 sous le par de 268, et le parcours accueillit en 1998 le deuxième tour du Johnnie Walker Super Tour, remporté par Vijay Singh avec 66 coups – 2 de moins qu'Ernie Els et Jesper Parnevik.

Sur ce long par 3 enchanteur, mieux vaut frapper un drive rectiligne, pour éviter un lac scintillant et atteindre le coin gauche du green, incliné d'arrière en avant.

Si la balle part à gauche, diverses ondulations et dépressions rendront les 2 coups suivants difficiles. Si elle est trop longue, 2 bunkers l'attendent côte à côte, dont il sera excessivement difficile de sortir à cause du dévers du green. Frappez court et à droite, et elle atterrira dans un énorme bunker, si ce n'est dans l'eau – on choisirait alors volontiers le sable.

Le bunker sur le devant, à droite, est en forme de trèfle, et c'est une bonne chose, car sur ce trou, les golfeurs auront besoin de tous les porte-bonheur du monde. **KA**

Parcours : Ellerston Golf Course

Situé à : Upper Hunter Valley, Nouvelle-Galles-du-Sud, Australie

Trou : n° 6

Longueur : 150 m

Par : 3

Architectes : Greg Norman, Bob Harrison

À savoir : C'est à la longueur que la plupart des gens songent lorsque la conversation se dirige sur ce superbe tracé, mais les pars 3 d'Ellerston méritent tout autant attention et louanges, notamment le n° 6.

N° 6 ELLERSTON GOLF COURSE

On frappe son drive sur ce joyau enchanteur depuis une aire de départ surélevée, le massif d'Ellerston se dressant au loin. Les golfeurs devraient jouer leur coup, habituellement un fer court, le long d'un segment du ruisseau qui coule en biais, de droite à gauche, devant la zone d'arrivée et qui finit par s'enrouler autour du green, situé en contrebas, sur la gauche.

Le côté droit du fairway, moucheté d'un quatuor de traîtres bunkers, descend abruptement vers le green. Toute erreur de ce côté-là, et on aura du mal à conclure sur ce trou, notamment à cause de la vitesse des greens d'Ellerston et des ondulations épineuses qui conduiront souvent les balles dans l'eau.

Le plus éloigné des bunkers est le pire, et si l'on inscrit un 4 sur sa carte de parcours, on s'en tire assez bien. La stratégie la plus sûre consiste peut-être à frapper un fade en hauteur depuis l'aire de départ (pour les droitiers), évitant complètement les embûches du côté droit. **JS**

N° 6 — CROOKED STICK GOLF CLUB

Parcours : Crooked Stick Golf Club
Situé à : Carmel, Indiana, États-Unis
Trou : n° 6
Longueur : 167 m
Par : 3
Architecte : Pete Dye

À savoir : Ayant accueilli l'US Open féminin de 1993, le Crooked Stick est un long et difficile parcours en links, débordant de caractère, de terrain vallonné et de vastes greens. C'est, dit-on, l'un des meilleurs golfs des environs d'Indianapolis et l'un des meilleurs tracés de Pete Dye.

Le diabolique *Crooked Stick* (« Bâton tordu » en français) est certainement digne de la réputation de Dye. Demandez donc leur avis aux joueuses. Laurie Merten a remporté l'US Open féminin ici en 1993, en réalisant un birdie sur le dernier trou, pour un score final de 280 (70 en moyenne). Et il s'agit là d'une professionnelle, qui gagne sa vie en jouant au golf, ce qui n'est probablement pas votre cas.

Le n° 6 est aussi joli que difficile, et on y retrouve le style caractéristique de Dye. Depuis les départs arrière d'une aire légèrement surélevée, on doit franchir 167 m jusqu'au green en forme de haricot. On sera heureux d'apprendre que ce trou est dépourvu de bunkers. Malheureusement, un ruisseau et un grand arbre bordent le côté droit du fairway. Vous n'aurez aucune envie de vous retrouver dans le ruisseau, même si vous appréciez les traverses de chemin de fer (caractéristiques des parcours de Dye) qui bordent le muret, ou le pont couvert qui franchit le cours d'eau.

Plus le drapeau se rapproche de l'avant et plus la difficulté s'accroît, car l'eau sera davantage en jeu. Le green, traversé par une crête, est presque double.

Est-ce un trou difficile ? « Il peut l'être », déclare un de nos amis du clubhouse. **TJ**

N° ❻ WINGED FOOT GOLF CLUB (PARCOURS EST)

Parcours : Winged Foot Golf Club (parcours est)

Situé à : Mamaroneck, État de New York, États-Unis

Trou : n° 6

Longueur : 177 m

Par : 3

Architecte : A. W. Tillinghast

À savoir : Le parcours est a accueilli divers championnats nationaux : l'US Open féminin en 1957 et 1972, et le premier US Open senior en 1980.

Le parcours est est plus étroit et plus court que le parcours ouest de Winged Foot, qui est plus célèbre, et largement reconnu après avoir accueilli divers US Opens remportés par des champions populaires (Bobby Jones en 1929, Billy Casper en 1959, Hale Irwin en 1974 et Fuzzy Zoeller en 1984), ainsi que le championnat PGA en 1997, lorsque David Love III remporta son premier titre majeur. Malgré son manque de reconnaissance au niveau national, les membres du club vous affirmeront que le parcours est est aussi difficile. Ensemble, ces deux tracés composent ce que l'on appelle souvent « le meilleur 36 trous américain ». Ce que vous ne réfuterez pas après avoir joué le n° 6 du parcours, un diabolique par 3 qu'A. W. Tillinghast a baptisé *Trouble* (« Ennuis ») à juste titre.

Le green, surélevé, est protégé sur trois côtés (gauche, droite, arrière) par des bunkers – dont 2, béants, sur la gauche – et monte en pente pour un dénivelé d'au moins 1,20 m. Prenez soin de placer le coup de départ sous le drapeau, car il n'est pas rare de voir des putts frappés depuis l'arrière rouler en dehors du green. Même à seulement 60 cm, le succès n'est pas garanti, et on devra peut-être alors frapper le deuxième putt de plus loin. **KA**

CI-DESSUS *L'Américain David Love III sur le golf de Winged Foot en août 1997.*

N° 6   FOX CHAPEL GOLF CLUB

Parcours : Fox Chapel Golf Club

Situé à : Pittsburgh, Pennsylvanie, États-Unis

Trou : n° 6

Longueur : 175 m

Par : 3

Architecte : Seth Raynor

À savoir : Ce par 3 a constitué un moment décisif pour l'équipe américaine au cours de la Curtis Cup. Le score des Américains était de 1 au-dessus du par, alors que l'équipe britannique et irlandaise y a réalisé un point supplémentaire.

Dans une ville définie par son industrie de l'acier, le club de Fox Chapel rappelle une douceur de vivre révolue. Depuis son clubhouse au crépi blanc jusqu'à son tracé parfaitement organisé, le parcours de Seth Raynor contraste avec son environnement col bleu.

Peu de trous illustrent aussi bien la subtilité qui règne ici que le n° 6. Long de 175 m, c'est une copie du Redan original, le n° 15 du parcours ouest de North Berwick en Écosse.

Comme sur de nombreux trous du Fox Chapel, le temps avait estompé certaines difficultés apportées par Raynor, et le club chargea donc l'architecte Brian Silva de restaurer la forme originale du tracé avant la Curtis Cup de 2002. Le n° 6 fut au cœur des rénovations. Silva a redéfini les contours du profond bunker qui défend le côté droit du green surélevé, et a modifié la façon dont on tond autour du green, afin que la balle y rebondisse plus facilement, élément central des dévers des Redans.

C'est particulièrement sensible du côté gauche du green, qui s'élève vers le ciel de façon spectaculaire. **RH**

N° 6   GREYWOLF

Parcours : Greywolf

Situé à : Kamloops, Colombie-Britannique, Canada

Trou : n° 6

Longueur : 180 m

Par : 3

Architecte : Doug Carrick

À savoir : C'est pour une bonne raison que ce trou est surnommé le *Cliffhanger*. Et même, deux bonnes raisons. La première est évidente. Le green est perché sur une falaise (*cliff*) époustouflante. La deuxième est que ce trou n'est pas facile (*cliffhanger* peut se traduire par « moment d'angoisse ») : on ne fait pas plus spectaculaire au golf.

Parmi les mots qui volent au sein des vallées des monts Purcell canadiens lorsque les golfeurs évoquent Greywolf, on entend « spectaculaire », « enthousiasmant », « extraordinaire » et « époustouflant ». Ah oui, « difficile », aussi. Baptisé *Cliffhanger*, ce par 3 de 180 m vaut bien tous les dollars que vous dépenserez dans la boutique du professionnel.

Il démarre avec un spectaculaire porté de balle – on l'espère – au-dessus du canyon Hopeful. Aux falaises rocheuses verticales qui défendent l'avant et le côté gauche du green s'allie une pente plongeante à l'arrière.

Lorsque vous choisirez votre club sur l'aire de départ, mieux vaut prendre en compte les vents tourbillonnant à travers la vallée de Toby Creek. Si 2 de vos balles atterrissent dans le canyon, vous devrez, selon la règle, frapper votre troisième coup depuis l'aire d'allègement à droite du green, protégé à l'avant-droite par 2 bunkers.

Face au paysage, votre putting passera au second plan. Munissez-vous d'un appareil et prenez quelques photos spectaculaires.

En 2003, le magazine *Golf Digest* a sacré Greywolf meilleur parcours de Colombie-Britannique. Étant donné certains de ses voisins, c'est un honneur de premier plan. **TJ**

N° 6 — ROYAL DORNOCH

Parcours : Royal Dornoch

Situé à : Dornoch, Sutherland, Écosse

Trou : n° 6

Longueur : 150 m

Par : 3

Architecte : Tom Morris senior

À savoir : Tom Watson, aujourd'hui membre honoraire du Royal Dornoch, a joué ce parcours pour la première fois en 1980, l'année où il gagna le premier de ses 5 British Opens, et a déclaré : « Je ne me suis jamais autant amusé sur un terrain de golf. » Parmi les autres membres honoraires, on compte le prince Andrew et Ben Crenshaw.

Une fois sur l'aire de départ du n° 6 du Royal Dornoch, entouré de l'un des plus beaux paysages qu'offre l'Écosse, vous voici devant deux mers. Les eaux clapotantes de la mer du Nord sont visibles à l'horizon sur la droite, tandis que devant s'étend un océan spectaculaire d'ajoncs (leurs buissons produisent de splendides fleurs jaunes au printemps).

La première n'entre pas en jeu sur ce sournois chef-d'œuvre, judicieusement baptisé *Whinny Brae* (la « Pente aux ajoncs »), où l'on n'a droit qu'à 1 coup. La deuxième est indéniablement présente, formant une forteresse impénétrable sur la gauche et à l'arrière du green, établi sur le flanc d'une colline envahie d'une épaisse végétation.

Si l'on essaie de diriger son coup vers la droite, loin du danger manifeste, on découvrira que les ajoncs ne sont pas les seuls défenseurs de ce green fortement incliné de gauche à droite et se terminant par une pente plongeant de 4 m à l'arrière et sur la droite. Un grand bunker sur l'avant avale les balles trop courtes.

Mieux vaut viser la partie gauche du green, mais le moindre pull finira dans l'un des 3 petits bunkers. Que la balle termine sa course dans l'un d'entre eux, et le par s'avérera presque impossible, à cause du dévers du green. **KA**

N° NEW SOUTH WALES GOLF CLUB

Parcours : New South Wales Golf Club

Situé à : La Pérouse, Sydney, Australie

Trou : n° 6

Longueur : 176 m

Par : 3

Architectes : Alister MacKenzie, Eric Apperly

À savoir : Les pars 3 (y compris le n° 6, orienté à l'ouest) et les pars 5 sont orientés dans les 4 directions. 13 trous bénéficient de vues sur l'endroit où le Pacifique rencontre les Cape Banks – eaux dans lesquelles le capitaine Cook navigua alors qu'il se dirigeait vers Botany Bay.

CI-DESSOUS *L'Anglais Paul Casey joue son deuxième coup sur le n° 6 du New South Wales, en février 2003.*

Le pittoresque n° 6 du New South Wales Golf Club ne manque pas d'embûches à éviter. Faites attention au côté gauche incliné du green, ainsi qu'aux bunkers à gauche et à droite. Et soyez sur vos gardes du début jusqu'au green. L'aire de départ de ce par 3 est située sur un îlot du Pacifique et on doit donc porter la balle sur 176 m pour atteindre le « continent ». Mais, plus important encore, l'on ne doit pas manquer d'admirer le trou le plus époustouflant d'un parcours à la beauté unique.

Selon divers classements, le New South Wales fait partie des 3 meilleurs parcours d'Australie et des 100 meilleurs au monde. C'est l'un des grands tracés australiens depuis son inauguration, en 1928, et le n° 6 est sans conteste le plus mémorable de ses trous.

Ironiquement, ce dernier n'a pas été réalisé par l'architecte d'origine, Alister MacKenzie. Les photos montrent qu'au cours de ses 19 premières années, le n° 5 était suivi de ce qui constitue aujourd'hui le trou n° 7. Eric Apperly a conçu et ajouté le n° 6 en 1947, profitant d'une opportunité unique d'adjoindre une nouvelle parcelle au parcours. Il fit entrer en jeu la crique rocheuse pour donner naissance à un trou court, îlot de départ compris. Ce golfeur amateur australien fit preuve de génie en utilisant ce cadre naturel pour l'un des trous les plus singuliers et les plus magnifiques que l'on puisse trouver. Pour accéder à l'aire de départ, il faut traverser un pont jusqu'au récif. On découvre alors l'océan à gauche, et une zone de sécurité à droite. Cependant, si l'on joue trop prudemment et que l'on atterrit trop à droite, on se retrouve devant un green qui part en pente, et il devient presque impossible de maintenir le deuxième coup près du trou. On peut alors dire adieu au par.

Ce parcours, à 20 minutes seulement du centre-ville de Sydney, est un bijou en links avec des greens en agrostide et des fairways en chiendent, au milieu des collines et vallons jouxtant la côte pacifique australienne. **JB**

N° ❻   WASIOTO WINDS GOLF COURSE

Parcours : Wasioto Winds Golf Course
Situé à : Pineville, Kentucky, États-Unis
Trou : n° 6
Longueur : 236 m
Par : 3
Architecte : Michael Hurdzan

À savoir : Le tertre de départ du sixième trou fut découvert par accident. C'était autrefois une colline recouverte d'herbe, derrière un par 3 de 185 m. Grâce à une bonne dose d'imagination et à la volonté de rendre ce trou plus difficile à l'occasion d'une épreuve de la PGA du Kentucky, elle fut transformée en aire de départ, et ce long par 3 devint monstrueux.

Le Kentucky est célèbre depuis longtemps pour sa musique *bluegrass*, son bourbon, ses magnifiques montagnes et ses pur-sang. Et, grâce à un intérêt renouvelé de la part des services des parcs nationaux, le golf constitue désormais une attraction touristique importante.

On ne trouve pas de parcours plus splendide au Kentucky que celui de Wasioto Winds, sur les contreforts de Pine Mountain, près du col de Cumberland Gap, que franchissaient autrefois les pionniers qui traversaient les Appalaches. Ce parcours du parc national de Pine Mountain était autrefois un 9 trous, mais après 10 millions de dollars de travaux, c'est désormais un joyau.

« La région est merveilleusement adaptée au jeu, déclare Donnie Caldwell, professionnel adjoint du club. On aperçoit des montagnes où que l'on porte le regard, le parcours entier est recouvert d'agrostide – départs, fairways et greens – et l'entretien est excellent. »

Caldwell manque peut-être d'objectivité : c'est son frère aîné, Ronnie, qui supervise le Wasioto Winds.

On considère parfois que le n° 12 est le plus mémorable, et ce rude par 4 de 416 m est absolument splendide. Mais le n° 13 est lui aussi excellent. Depuis les départs arrière, ce par 3 de 236 m est doté d'un tertre de départ surplombant le fairway de 24 m. On trouve difficilement 2 trous consécutifs plus jolis et plus difficiles que les n° 12 et 13.

« Le parcours débute en douceur avec un court par 4, puis un par 5 sur le n° 2, explique Donnie Caldwell. Mais une fois les premiers trous dépassés, on sait que l'on sera mis à rude épreuve. »

Wasioto Winds propose un programme pour les jeunes joueurs et accueille régulièrement 450 d'entre eux. Un parcours de 4 trous, très bien entretenu, a été spécialement conçu pour ces derniers. **JB**

CI-CONTRE   L'Américaine Mollie Fankhauser sur le parcours de Wasioto Winds en août 2003.

À DROITE   Le sixième trou de Wasioto Winds.

Parcours : The Creek Club

Situé à : Locust Valley, New York, États-Unis

Trou : n° 6

Longueur : 414 m

Par : 4

Architectes : Charles Blair Macdonald, Seth Raynor

À savoir : Le n° 6 du Creek Club est non seulement l'un des plus ravissants du parcours, mais il offre aussi l'une des plus belles vues du détroit de Long Island.

N° 6 — THE CREEK CLUB

Après quelques trous plus cléments (les n° 1 à 5), les choses deviennent vraiment intéressantes au n° 6, pour le demeurer sur les 12 trous suivants. C'est un par 4 qui se joue en descente, avec un léger dogleg à gauche. Le drive est très important sur ce trou. Les joueurs devraient avant toute chose étudier le vent, car toute balle partant trop à droite trouvera une fétuque injouable ; sur la gauche, ce seront les arbres.

La plupart des joueurs joueront un fer moyen sur le coup d'approche, de 160 m ou moins. Il est primordial, car un coup précis en direction de ce green en creux, caractéristique du style de Charles Blair Macdonald et de Seth Raynor, sera récompensé. Les joueurs ont tendance à éviter le côté droit du green, car on trouve un grand bunker à proximité. Ses parois sont hautes d'au moins 3 m, et si votre balle y atterrit, réaliser le par sera un vrai miracle.

Le green lui-même est grand, et les balles y sont automatiquement ramenées vers le centre, où se trouve généralement le drapeau.

C'est, dans l'ensemble, un chef-d'œuvre classique, qui met tous les golfeurs à l'épreuve. **GE**

Parcours : Eagle Point Golf & Country Club

Situé à : Kamloops, Colombie-Britannique, Canada

Trou : n° 6

Longueur : 364 m

Par : 4

Architectes : Robert Heaslip & Associés

À savoir : Le parcours est blotti au sein d'une pinède, sur un terrain naturellement vallonné, dont il suit la topographie. Chaque trou offre de passionnants défis et une vue spectaculaire sur la mer.

N° 6 — EAGLE POINT GOLF & COUNTRY CLUB

C'est un par 4 assez simple, en montée, avec une grande mare qui empiète sur le fairway à environ 135 m du green. On trouve assez de fairway avant cet obstacle d'eau pour pouvoir le négocier. Il devient un peu étroit aux environs du green.

Selon le professionnel d'Eagle Point, « sauf si votre swing est très puissant, rangez vos bois. Il faut porter la balle sur environ 230 m pour franchir l'eau. Un fer assez long vous permettra de l'éviter avant de vous attaquer au green ».

L'obstacle d'eau est long d'environ 45 m, et on peut donc mouiller la balle dans la zone distante de 90 à 135 m du green. D'une bonne taille, ce dernier est protégé sur la gauche par un grand bunker, qui débute sur le fairway.

5 séries de départs permettent de satisfaire tous les niveaux de jeu. Les marques rouges sont à 296 m, tandis que les départs de championnat sont eux à 364 m.

Ce parcours, un par 72, couvre 66 ha pour une longueur totale de 6 183 m depuis les départs arrière. Avec un choix de 5 départs sur chaque trou, il offre défis et plaisir quel que soit votre handicap. Il a accueilli son premier tournoi en 1992, le championnat senior canadien. **TJ**

Parcours : Kingston Heath Golf Club

Situé à : Cheltenham, Melbourne, Australie

Trou : n° 6

Longueur : 394 m

Par : 4

Architectes : Dan Soutar, Alister MacKenzie

À savoir : Lorsque le Kingston Heath a ouvert en 1925, c'était, avec presque 6 035 m, le plus long parcours d'Australie. Ce par 82 abrite 12 pars 5 (un chiffre incroyable) et seulement 2 pars 3.

CI-DESSOUS *L'Australien Jason Norris sur le n° 6 du Kingston Heath, en janvier 2004.*

N° ❻   KINGSTON HEATH GOLF CLUB

Soutar a conçu et fixé la plupart du parcours, mais les magnifiques bunkers de Kingston Heath, comptant parmi les meilleurs au monde, ont été agencés par Alister MacKenzie. Ils sont certainement en jeu sur ce long par 4 – et menacent à la fois le drive et le coup d'approche. Le coup de départ, en montée, doit éviter un bunker de fairway sur la gauche et un épineux ensemble d'autres bunkers sur la droite. Un drive du côté gauche du fairway permet une approche qui échappera à une autre intimidante série de bunkers, qui empiètent sur le fairway et protègent l'avant et la droite d'un green très découpé. Un bunker en forme de fer à cheval vous attend aussi à quelques mètres à gauche du green, contrariant ceux qui pensaient jouer court pour éviter les difficultés sur la droite.

Le parcours a accueilli de nombreux Opens d'Australie, y compris en 2000, lorsque Aaron Baddeley, un enfant du pays, y a remporté son deuxième titre consécutif, aidé par le par qu'il réalisa au n° 6 au cours du dernier tour. Baddeley atterrit dans 2 obstacles, drivant dans le bunker de fairway gauche, puis envoyant la balle dans un autre obstacle près du green, mais réussit ensuite à rentrer la balle depuis une distance de plus de 3 m – une prouesse rare sur ce trou. **KA**

Parcours : San Lorenzo
Situé à : Almancil, Algarve, Portugal
Trou : n° 6
Longueur : 387 m
Par : 4
Architecte : Joseph Lee
À savoir : Situé sur le domaine de Quinta do Lago et construit en 1988, San Lorenzo doit sa réputation à l'entretien de son parcours et à son paysage attrayant, autour du lac que forme la Ria Formosa. Il a été classé dans le passé deuxième meilleur parcours européen.

N° 6 SAN LORENZO

Ce par 4 est un grand dogleg à gauche, l'eau bordant la deuxième moitié du fairway. On trouve aussi des pins sur la gauche, au niveau du coude. Le trou est assez ouvert sur la droite, sauf, bien sûr, si l'on considère la plage et les marais comme un problème. Certaines personnes aiment aller à la plage, et c'est exactement ce qui vous arrivera si vous frappez trop fort. On trouve un bunker sur l'avant-droite du green, et un autre à gauche qui s'étend presque jusqu'à l'arrière.

Comment aborder ce trou ? Il est important de jouer un drive précis depuis le tertre de départ. Essayez d'éviter la butte à l'intérieur du dogleg à gauche. Si votre balle l'atteint, elle roulera vers la gauche et le deuxième coup s'avérera très difficile. Si vous atterrissez en bonne position sur le fairway, vous pourrez atteindre le green en 2 coups. Mais prenez garde aux bunkers qui le protègent – un à gauche et un à droite.

Quoi que vous fassiez sur le coup d'approche, ne partez pas à droite. Vous voilà prévenu. Il n'est pas non plus facile de s'arracher au paysage et de se concentrer sur le jeu. **TJ**

CI-CONTRE *Le sixième trou de San Lorenzo.*

Parcours : Royal Antwerp
Situé à : Kapellen, Belgique
Trou : n° 6
Longueur : 387 m
Par : 4
Architectes : Willie Park junior, Tom Simpson
À savoir : Avec le golf de Pau, le Royal Antwerp est l'un des clubs les plus anciens d'Europe, datant de 1888. Il fut construit par Willie Park dans une zone boisée, à 20 km au nord d'Anvers.

N° 6 ROYAL ANTWERP

Les pros du club vous accueillent en général avec ce commentaire : « Les greens sont bien défendus et de taille relativement réduite, certains trous en dogleg, comme le 6, le 9, le 10 et le 14 étant particulièrement difficiles. Comme on peut aisément l'imaginer, ce parcours possède un charme considérable et offre aux joueurs une expérience agréable et stimulante. »

Du charme. Des défis. Un cadre agréable. Attrapez vos clubs et jouons 36 trous. De fait, un seul suffit pour apprécier l'ambiance de ce parcours. Vous aurez bien entendu envie ensuite de jouer le reste. Mais celui-ci, le n° 6, possède quelque chose de particulier. Ce dogleg à droite a beaucoup de mordant, y compris un long drive, nécessaire pour atteindre le coude. Il devrait aussi franchir un court bunker le long du côté gauche. Et un grand bunker est situé sur la droite du green.

Comme la plupart des trous de ce parcours de championnat, le vent entre en jeu. Prenez-le en compte au moment de choisir votre club.

Voici un parcours à l'ambiance classique. On y aperçoit de nombreux arbres. De nombreux bunkers. Et de nombreuses embûches. Un jeu précis y est très important. Ce vieux parcours vous oblige à un style franc. **TJ**

N° ❻ LAHINCH

Parcours : Lahinch

Situé à : Lahinch, comté de Clare, Irlande

Trou : n° 6

Longueur : 387 m

Par : 4

Architectes : Tom Morris, Alister MacKenzie

À savoir : Comme la plupart des parcours de son époque, Lahinch a subi de nombreux changements au fil des ans. Tom Morris a tracé le parcours original en 1892, mais il changea rapidement, dès 1907. En 1927, le club chargea Alister MacKenzie de réaliser certains changements majeurs.

Le n° 6 de Lahinch n'est éclipsé par aucun autre sur le parcours, y compris le « Dell », encore plus célèbre, juste avant lui. Ces 2 trous consécutifs offrent un jeu mémorable, le meilleur « une-deux » en Irlande.

Comme au n° 5, le coup de départ est aveugle, ici en montée. Vous devriez y être habitué à ce stade. Mais attendez un peu de voir ce qui vous attend. L'attente et les green fees en valent certainement la peine. Le fairway vire légèrement avant que l'on ne soit accueilli par le vent, les embruns, et une vue spectaculaire sur l'Atlantique. Le golf paraît presque futile à ce stade. Nous avons dit « presque ».

Ce par 4 offre 387 m face au vent, et nous ne parlons pas de brise estivale : il s'agit d'une bise mordante.

Le coup d'approche franchit une mine caverneuse et redescend vers le green, avec la mer comme toile de fond. C'est un paysage que vous n'oublierez pas de sitôt.

Le nouveau green offre une vue spectaculaire sur la mer, avec des monticules ondoyants et de profonds et dangereux bunkers (on en trouve auparavant des deux côtés du fairway).

Comme si ce légendaire tracé ne suffisait pas à étancher la soif des golfeurs irlandais, le Lahinch Golf Club a ajouté un autre 18 trous en 1975 – le parcours du Château, conçu par John D. Harris. **TJ**

Parcours : golf de Dinard

Situé à : Saint-Briac-sur-Mer

Trou : n° 6

Longueur : 310 m

Par : 4

Architectes : Tom Dunn, Willie Park junior

À savoir : Saint-Briac complète à ravir l'ambiance charmante du golf de Dinard. Ce village de pêcheurs pittoresque, aux ruelles étroites, a su préserver ses vieux quartiers.

N° ❻ **GOLF DE DINARD**

Lorsque l'on songe aux grands links européens, la France ne vient pas immédiatement à l'esprit. Mais une partie au golf de Dinard – le deuxième parcours français par son ancienneté – changera peut-être votre opinion.

Le parcours de Dinard, construit par l'Écossais Tom Dunn en 1887, n'est pas long : c'est un par 68 de seulement 5 256 m, mais il compense sa moindre taille par sa beauté, étant situé sur les falaises de la Côte d'Émeraude, rocailleuse et déchiquetée.

Le n° 6 possède l'une des vues les plus spectaculaires du parcours – et l'un des coups de départ les plus angoissants auquel tout golfeur s'attaquera jamais. On doit jouer le drive en descente, vers un fairway étroit et incroyablement onduleux. À cause de ses nombreux monticules et vallons, il est difficile de trouver une zone assez plate pour le coup d'approche. Cela vaut tout de même mieux que l'autre solution, qui consiste à frapper le coup de départ à droite de la barrière ferroviaire qui sépare du désastre : l'épaisse bruyère et de petites falaises contre lesquelles s'écrasent les vagues.

Le deuxième coup, court et en montée, exige lui aussi de la précision. Le green est doté d'un collier escarpé que l'on doit survoler, et est entouré d'un rough épais et d'ondulations supplémentaires. **KA**

Parcours : Newcastle Fern Bay

Situé à : Stockton, Nouvelle-Galles-du-Sud, Australie

Trou : n° 6

Longueur : 365 m

Par : 4

Architecte : Eric Apperly

À savoir : Situé à 2 h au nord de Sydney sur la côte est australienne, le Newcastle Fern Bay vaut le voyage. Pourquoi ? Bonne question. Parce qu'il est différent. Et unique : les parcours agréables ne sont pas toujours faciles à trouver.

N° ❻ **NEWCASTLE FERN BAY**

Le n° 6 du Newcastle est un trou exceptionnel sur un parcours exceptionnel. Cette merveille est désormais connue. On sait officiellement aujourd'hui que ce parcours – et ce trou en particulier – nous ramène au golf traditionnel.

La pression monte dès l'aire de départ. Le drive doit être très droit et à droite de la dune, de façon à éviter la colline escarpée et les arbres qui bordent le côté gauche, ainsi que la pente sur la droite qui ramène la balle vers le rough et d'autres arbres.

Le deuxième coup doit immédiatement se poser sur le green, en hauteur, afin d'éviter qu'une balle trop courte ne dévale la pente, sur 20 ou 30 m en arrière. On trouve aussi 2 bunkers le long du côté droit.

À une distance de 90 m ou moins, vous avez intérêt à être au milieu ou sur la gauche du fairway, sinon votre balle pourrait rouler dans le rough de droite. Le fairway est fortement incliné de gauche à droite.

Le dévers du green oblige souvent à putter 3 fois, mais malgré sa difficulté, il demeure l'un des préférés de nombreux membres et visiteurs.

Les fortes pentes du green et du fairway sont typiques de la topographie de Newcastle. **TJ**

Parcours : golf de Saint-Nom-la-Bretèche (parcours rouge)

Situé à : Saint-Nom-la-Bretèche, France

Trou : n° 6

Longueur : 401 m

Par : 4

Architectes : F. W. Hawtree, Pier Mancenelli

À savoir : Lors du Trophée Lancôme, appartenant à l'European Tour, le premier et le dernier 9 sont inversés et ce trou devient le n° 15. C'est Tony Jacklin qui a remporté le premier Trophée Lancôme en 1970.

CI-DESSOUS L'Anglais Justin Rose, l'Écossais Colin Montgomerie et Phil Mobley, un caddie, traversent un pont sur le n° 6 de Saint-Nom-La-Bretèche en septembre 2003.

À DROITE L'Écossais Colin Montgomerie sur le n° 6 de Saint-Nom-La-Bretèche en septembre 2003.

N° ❻ GOLF DE SAINT-NOM-LA-BRETÈCHE (PARCOURS ROUGE)

Si vous vous rendez à Paris, cela ne signifie pas que vous deviez laisser vos clubs à la maison. Visitez le Louvre et la tour Eiffel, mais le golf de Saint-Nom-la-Bretèche fait aussi le bonheur de ceux qui auront emporté leur sac de golf.

Le club est situé sur l'ancien domaine d'un manoir du XVIIe siècle, dont les bois et vergers ont été convertis en deux 18 trous. Le parcours rouge est le plus beau des deux et constitue l'un des meilleurs tracés d'Europe.

Saint-Nom-la-Bretèche n'est pas loin du château de Versailles. Le parcours fut dessiné en 1950, inspiré par les immenses terrains de golf en vogue aux États-Unis à l'époque. Il a accueilli les joueurs à partir de 1959 et a préparé le terrain pour les manifestations nationales et internationales de premier ordre. Le parcours rouge – œuvre de l'architecte anglais Fred Hawtree – a accueilli la Coupe du monde en 1963, l'Open de France en 1965 et 1969, et, plus important encore, le tournoi du Trophée Lancôme depuis 1970.

La liste de ses légendaires vainqueurs comprend Arnold Palmer, Johnny Miller, Gary Player, Lee Trevino, Seve Ballesteros et Nick Price.

La Française Catherine Lacoste, ayant remporté l'Open féminin américain en 1967, a joué un rôle clé dans la transformation de Saint-Nom-la-Bretèche en l'un des clubs français les plus importants.

Et le n° 6, bordé d'arbres, et virant à droite lentement mais sûrement, est l'un des meilleurs trous de cette vitrine du golf en France.

On doit impérativement frapper son drive vers la droite du fairway afin d'éviter les bunkers sur la gauche. Pourtant, il faut aussi jouer assez long pour dépasser le contrefort sur la droite.

Le green est entouré de profonds bunkers, de rough et de pins, et un drive bien placé entre 2 bunkers situés de façon stratégique permettra ensuite de jouer un fer court ou moyen pour atteindre un green long et étroit.

Le n° 6 est entouré d'une grande variété de feuillus, ainsi que d'arbres fruitiers qui datent des premiers temps du domaine. **JB**

N° 6 POHLCAT

Parcours : PohlCat

Situé à : Mount Pleasant, Michigan, États-Unis

Trou : n° 6

Longueur : 283 m

Par : 4

Architecte : Dan Pohl

À savoir : Le directeur du club, s'occupant de la promotion du parcours, mentionnait dans sa brochure que l'on y trouvait des chênes vieux de 100 ans, dont celui du n° 6. Quelques années plus tard, un expert se rendit sur le parcours et lui signala que ceux-ci avaient au moins 200 ans.

PohlCat, au cœur du Michigan, est un parcours de championnat que l'on joue au-dessus et autour de la rivière Chippewa, large de 30 m. Il a été dessiné par Dan Pohl, enfant du pays et ancien joueur du PGA Tour, qui a utilisé son statut professionnel ainsi que sa connaissance de la région pour le concevoir. On retrouve de nombreuses similarités entre les parcours du PGA Tour et PohlCat, mais ces 18 trous sont très représentatifs de Mount Pleasant.

Le n° 6 est un par 4 de 283 m, un dogleg à droite, représentatif du reste de PohlCat et de la qualité de jeu qu'on y trouve. Court mais difficile, il récompense la prise de risque. Vous pouvez tenter de rejoindre le green dès le coup de départ. Il faudra pour cela dépasser le chêne deux fois centenaire sur la droite et éviter l'eau du même côté, les 4 dépressions herbues sur le devant et les bunkers sur les côtés du green. Tout ceci pour atteindre un green minuscule, à triple plateau. On sort difficilement des dépressions, car l'herbe y est très épaisse et le club a du mal à trouver la balle.

Lorsque PohlCat fut inauguré en 1992, il fit immédiatement sensation au Michigan. On créait des golfs à la chaîne dans cet État américain à cette époque, et où que l'on se tournât on découvrait un nouveau tracé, de premier ordre en général, les meilleurs architectes montrant la voie. Le PohlCat occupe toujours une place digne de ce nom aujourd'hui. **TJ**

Parcours : Quaker Ridge Golf Club

Situé à : Scarsdale, État de New York, États-Unis

Trou : n° 6

Longueur : 408 m

Par : 4

Architecte : A. W. Tillinghast

À savoir : Bien que ce parcours, régulièrement classé parmi les meilleurs du pays par diverses publications, soit tout à fait digne d'accueillir un championnat majeur, cela n'a jamais été le cas. La Walker Cup, cependant, s'est déroulée à Quaker Ridge en 1997.

N° ❻ QUAKER RIDGE GOLF CLUB

John Duncan Dun conçut un 9 trous à Quaker Ridge, sur 45 ha boisés de l'État de New York, mais c'est le génie de A. W. Tillinghast qui, 3 ans plus tard, lui donna vie.

Tillinghast était un architecte brillant qui adorait la pureté du jeu. Il s'inspira des légendes de son époque, dont Tom Morris senior. Il écrivit au sujet d'une partie qu'il joua avec ce dernier : « En jouant le vieux parcours de St Andrews en compagnie de ce patriarche, j'avais l'impression que mon jeu devait lui paraître singulièrement novice, comme si je me dirigeais vers l'autel d'une église avec des chaussures neuves qui crissent, mais ce sentiment disparut rapidement. Nous nous sentions comme deux jeunes garçons ensemble, car c'est là la nature du jeu, et ainsi est fait Tom Morris senior. »

Tillinghast, engagé par le Quaker Ridge en 1916, remodela en profondeur 7 des trous originaux et en ajouta 9, dont le n° 6.

Le résultat est un parcours dynamique, inauguré en 1918 et désormais considéré comme œuvre originale de Tillinghast – tout comme Winged Foot, parcours voisin. Le célèbre architecte fit preuve de sévérité lorsqu'il conçut Quaker Ridge. Le n° 6 constitue le plus long et le plus coriace des pars 4 de ce tracé, réputés rigoureux.

Il est non seulement exigeant à cause de sa longueur, mais le drive s'y avère aussi le plus serré. Les pentes que l'on trouve sur le côté droit, recouvertes d'une herbe longue et périlleuse, et les arbres dont les branches se balancent à la limite du fairway, étranglent la zone d'arrivée de la balle, ne laissant apercevoir qu'une cible minuscule. Le fairway, large de 20 pas seulement, paraît encore plus étroit à cause des arbres et de l'herbe que l'on découvre sur les côtés.

Cette fine bande de fairway tient encore moins bien la balle et/ou est plus difficile à négocier à cause de son inclinaison de droite à gauche. Même si ce trou est relativement long à 408 m, il ne suffit pas de frapper le drive de toutes ses forces. On doit le contrôler pour qu'il n'atterrisse pas trop loin de peur de dépasser le fairway. On frappe généralement le coup d'approche à l'aide d'un fer moyen à long, sur un terrain inégal et jusqu'à un green qui n'est pas assez grand pour que l'on puisse jouer confortablement. On pourrait même dire qu'il est assez terrifiant. **JB**

N° 6   GOLF DE PONT ROYAL

Parcours : golf de Pont Royal

Situé à : Mallemort, Bouches-du-Rhône, France

Trou : n° 6

Longueur : 310 m

Par : 4

Architecte : Seve Ballesteros

À savoir : Seve Ballesteros, Espagnol truculent, fait partie des figures légendaires de l'European Tour. Il joua un rôle clé dans la popularisation de ce circuit à la fin des années 1970 et au début des années 1980. Si on en juge par le ravissant golf de Pont Royal, Ballesteros cherche désormais à être reconnu autant pour ses talents d'architecte que de joueur.

Le n° 6 de Pont Royal est extrêmement court pour un par 4, surtout si l'on tient compte de la technologie actuelle, qui permet de frapper des drives d'une longueur alarmante. Mais même s'il s'agit du plus court des pars 4 de cet ouvrage, on aurait tort de sous-estimer le défi qu'il représente.

Ce dogleg à gauche oblige à porter la balle sur 200 m afin d'atteindre le fairway, et un bunker est situé sur la droite, à 245 m approximativement. C'est l'un des 6 que compte le trou, tous placés de façon stratégique afin de protéger la totalité du par. Ce trou s'avère donc difficile, car le coup de départ doit être parfaitement exécuté si l'on désire éviter les ennuis.

Les grands frappeurs peuvent essayer de survoler le dogleg et de viser directement le green, mais ils devront pour cela jouer un coup presque parfait de plus de 270 m. Mieux vaut s'emparer d'un bois de parcours ou même d'un fer et viser le milieu du fairway, afin de permettre un coup d'approche plus clément, en direction d'un green en forme de haricot.

Mais avant de jouer, prenez un moment sur l'aire de départ, surélevée, pour profiter d'un panorama étonnant, à 360°. On aperçoit le village de Mallemort perché sur son piton, et la vallée de la Durance, les douces courbes du Luberon et la chaîne de la Trévaresse en direction d'Aix-en-Provence.

Le n° 6 de Pont Royal manque peut-être de longueur, mais assurément pas de défis, de beauté et de complexité. **JB**

N° ❻ **SEMINOLE GOLF CLUB**

Parcours : Seminole Golf Club
Situé à : North Palm Beach, Floride, États-Unis
Trou : n° 6
Longueur : 352 m
Par : 4
Architecte : Donald Ross

À savoir : Si le greenkeeper est particulièrement taquin ce jour-là, il peut placer le drapeau à l'arrière du green. Les joueurs, en l'apercevant, se demandent si le trou appartient réellement au green, car il paraît planté dans une parcelle sablonneuse.

Ben Hogan adorait le n° 6 de Seminole mais, sauf à soupçonner une touche de masochisme, on doit se demander pourquoi. C'est un par 4 court, mais diabolique.

Le green est incliné de gauche à droite, et on a l'impression, lorsque l'on aperçoit les bunkers qui le protègent, que la meilleure trajectoire suit le côté gauche du fairway. Mais les apparences peuvent être trompeuses.

Si l'on vise ce côté-là, il est presque impossible de demeurer à l'endroit voulu à cause de son inclinaison. Et même si la balle demeure sur la gauche, on devra adopter une position difficile à cause de cette même inclinaison. Si l'on décide de viser le côté droit, on pourra bénéficier d'un stance plat sur le coup d'approche. Mais la marge d'erreur est minuscule, le green étant disposé en biais depuis cette position et perdant toute perspective de profondeur.

Le n° 6 compte parmi les 14 trous adjacents aux 2 rangées de dunes du domaine. Ce parcours, dont la disposition illustre bien le génie de Donald Ross, exploite au maximum la série de dunes qui s'élève à l'ouest ainsi que celle qui borde l'Atlantique, à l'est. On a aménagé au milieu les étangs nécessaires à un bon drainage.

C'est un tracé original qui ne rappelle en rien d'autres parcours. L'architecte n'a pas imposé sa vision, mais s'est laissé inspirer par les mouvements naturels du terrain. C'est peut-être la raison pour laquelle Hogan aimait tant le n° 6. **JB**

N° 6 — THE BERKSHIRE GOLF CLUB
(PARCOURS ROUGE)

Parcours : The Berkshire Golf Club (parcours rouge)

Situé à : Ascot, Berkshire, Angleterre

Trou : n° 6

Longueur : 329 m

Par : 4

Architecte : Herbert Fowler

À savoir : Avant que le parcours ne soit complètement arrivé à maturité, les joueurs talentueux essayaient de couper l'angle sur ce trou, économisant ainsi 73 m de distance. Ceux qui possédaient un drive puissant pouvaient ainsi atteindre le green. Mais aujourd'hui, les pins ayant poussé sur la droite du dogleg à droite, l'angle est suffisamment défendu.

Herbert Fowler est un personnage souvent oublié dans le domaine de l'architecture de golf, même si, précurseur proposant des tracés plus naturels, il joua un rôle prépondérant à son époque. Son style, où le parcours s'adapte au terrain, faisait preuve d'assez d'imagination pour éloigner l'architecture de golf des créations rudimentaires du début du XIXe siècle.

Fowler vécut de 1856 à 1941, et son œuvre est toujours d'actualité. Walton Heath, en Angleterre, et Cruden Bay, en Écosse, constituent certaines de ses créations les plus célèbres. Berkshire, un parcours sur la lande, dans les terres, ressemble à son créateur : on l'oublie parfois.

Mais lorsque vous jouez son parcours rouge, il est un trou que vous n'oublierez pas – le 6, un court par 4. Certes, il n'est plus aussi court qu'avant, et on ne peut plus couper l'angle aigu du dogleg. Désormais, on doit frapper un coup de départ droit, au milieu du fairway. Le drive doit non seulement être assez puissant pour dépasser le coude du fairway bordé d'arbres, mais doit aussi survoler un fossé, si on veut éviter les vrais ennuis.

Ce trou, même joué ainsi, n'est pas très long, mais l'approche peut être ardue et beaucoup plus longue. L'impression de longueur entre en jeu parce que le coup d'approche se fait presque toujours face au vent, et celui-ci est

généralement plus fort qu'une simple brise. De plus, on joue en montée, et entre le vent et la configuration du terrain, on aura besoin de prendre 2 clubs de plus. La carte de parcours indique 329 m, mais vous aurez l'impression de vous être attaqué à plus, une fois sur le green.

Non content de respecter la beauté du paysage, Fowler recommandait de construire des parcours difficiles mais pas impossibles. Le n° 6 du Berkshire correspond à cette philosophie – difficile à cause du dogleg et du vent, mais pas entièrement impossible grâce à sa longueur raisonnable.

Fowler construisait des parcours dans l'espoir que les gens y joueraient régulièrement. Un trou pareil constitue une bonne raison de revenir. **JB**

N° ❻ ROYAL MELBOURNE GOLF CLUB (PARCOURS OUEST)

Parcours : Royal Melbourne Golf Club (parcours ouest)

Situé à : Black Rock, Melbourne, Australie

Trou : n° 6

Longueur : 391 m

Par : 4

Architectes : Alister MacKenzie, Alex Russell

À savoir : Lorsque des championnats importants se déroulent au Royal Melbourne, on utilise un parcours composite, comprenant 12 trous du parcours ouest et 6 du parcours est afin que les spectateurs n'aient pas à traverser la route. Le n° 6 du parcours ouest est aussi le n° 6 du parcours de championnat.

En 1926, MacKenzie fit un voyage de 6 semaines en Australie, établissant un patrimoine qui existe toujours 80 ans paprès. Il dessina et améliora 8 parcours au cours de son séjour. On compte le parcours ouest du Royal Melbourne pour son chef-d'œuvre.

CI-CONTRE *L'Australien Richard Green au Royal Melbourne en février 2004.*

Alister MacKenzie était sans conteste l'un des plus grands architectes de golf, mais il a toujours représenté une certaine énigme. Diplômé de la faculté de médecine, il n'exerça jamais. Il dessinait de merveilleux parcours, mais jouait comme un manche. Il compta parmi les meilleurs architectes de golf de tous les temps, créant chef-d'œuvre après chef-d'œuvre, mais était presque sans le sou à sa mort.

Tous ces mystères à part, cependant, une chose est sûre : Alister MacKenzie dessinait des parcours incroyables. Et le n° 6 du parcours ouest du Royal Melbourne, 391 m bordés d'arbres et remplis de bruyère, en est la preuve plus qu'irréfutable.

Invariablement classé parmi les meilleurs tracés au monde, le n° 6 est considéré en général comme son meilleur trou. Et donc, logiquement, voici l'un des meilleurs trous de golf au monde. Peut-être le meilleur par 4 de la planète.

L'aire de départ, située en hauteur et immergée dans les *Melaleucas*, procure une vue splendide du fairway qui descend abruptement et dessine un dogleg à droite juste après 180 m. Le dogleg est renforcé par une série de bunkers à l'ancienne, difformes et intimidants, que l'on doit absolument éviter.

Même avec un coup de départ parfait échappant aux bunkers, le joueur est confronté à une approche en montée jusqu'au green à plusieurs niveaux et entouré de bunkers – dont un monstrueux sur le devant. Le Royal Melbourne est légendaire pour la rapidité de ses greens, et celui-ci, avec ses dévers et ses plateaux, est l'un des plus difficiles d'un parcours débordant de défis.

Greg Norman, le meilleur golfeur ayant jamais vu le jour en Australie, a désigné le Royal Melbourne comme son préféré. **JB**

N° ❻ GOLF DE NAVATANEE

Parcours : golf de Navatanee

Situé à : Bangkok, Thaïlande

Trou : n° 6

Longueur : 417 m

Par : 4

Architecte : Robert Trent Jones junior

À savoir : Le premier parcours de golf thaïlandais dessiné par un étranger. Il fut spécialement créé pour la Coupe du monde de 1975 et c'est depuis devenu La Mecque du golf pour ceux qui visitent le pays pour la première fois.

Le Navatanee offre un refuge tranquille, rempli de hauts arbres et de merveilleux buissons. La végétation luxuriante est peut-être la première chose que remarquent les joueurs, mais ce parcours possède bien plus que feuilles et aiguilles.

Presque tous les greens sont très bien défendus par des bunkers, y compris celui de ce long et ondoyant par 4, dont les pentes qui l'entourent n'offrent que peu de répit.

On trouve ici une variété de fairways larges et étroits, et l'eau est en jeu sur 5 des trous, dont le n° 6. Les n° 6 et 9, un par 5 (511 m depuis les boules noires) de l'autre côté du lac, comptent parmi les meilleurs du pays.

Le parcours a rouvert en 1997 après des travaux de rénovation généralisés, destinés à améliorer le drainage. **TJ**

N° 6 — MAUNA KEA GOLF CLUB

Parcours : Mauna Kea Golf Club

Situé à : Kamuela, Hawaï, États-Unis

Trou : n° 6

Longueur : 314 m

Par : 4

Architecte : Robert Trent Jones senior

À savoir : *Mauna Kea* signifie la « montagne blanche » en hawaïen.

Ce parcours fut construit en 1964 comme attraction principale des visiteurs d'un complexe hôtelier financé par Laurence S. Rockefeller. C'était l'un des premiers vrais parcours de championnat d'Hawaï, établissant un modèle pour les excellents tracés qui virent ensuite le jour sur l'île.

Comptant toujours parmi les meilleurs de l'État, il est situé sur un terrain vallonné au bord de l'océan, qui offre une vue spectaculaire sur le Pacifique et sur le sommet enneigé du volcan de Mauna Kea.

Malgré sa longueur réduite, le sournois n° 6 ne manque pas de défenses. Depuis le départ, au lieu d'admirer le Pacifique au loin, les joueurs feraient mieux de se concentrer sur les exigences du premier coup, un drive en descente que l'on doit jouer avec précision sur ce court dogleg à gauche.

Le fairway – bordé sur la droite par une série de palmiers et sur la gauche par la lave noire et une végétation plus épaisse – dessine des méandres avant de rétrécir aux environs du tournant, des bunkers entrant en jeu des 2 côtés du fairway. L'approche, relativement courte et en montée, amène à un vaste green, pourvu de plusieurs niveaux et défendu sur le devant, à droite, par un vaste bunker ainsi que par un autre, plus petit, sur la gauche. **KA**

N° 6 ROYAL BIRKDALE

Parcours : Royal Birkdale

Situé à : Birkdale, Southport, Angleterre

Trou : n° 6

Longueur : 420 m

Par : 4

Architectes : George Lowe, F. F. Hawtree, F. W. Hawtree

À savoir : Le parcours est tellement ouvert que l'on n'y trouve aucun coup aveugle. Tracé au cœur de terres en friche abritant des dunes, son terrain est parfaitement adapté aux links. Et les dunes sont assez hautes.

Seuls Mark O'Meara (le vainqueur final) et Brian Watts, son adversaire au cours du play-off, furent capables de réaliser le par à l'issue des 4 tours du British Open de 1998, se déroulant sur l'exigeant parcours du Royal Birkdale, où grand vent, pluie torrentielle et soleil éclatant se succédèrent. Vous pouvez donc être sûr que votre jeu de golf sera ici mis à rude épreuve.

Et le n° 6 illustre parfaitement le challenge du parcours – même si la météo est de votre côté. Généralement considéré comme l'un des meilleurs trous de golf au monde, il demande à la fois de la distance et du jugement. Même un joueur complet y sera mis au défi.

On joue ce trou le long d'un vallon traversé par une crête un peu après mi-parcours, et qui abrite un grand bunker. Frappez long et vous atterrirez dans ce bunker, qui n'est pas difficile à trouver, mais dont la balle s'extraira difficilement. Tournez ensuite vers la droite. C'est là que vous trouverez le green, bordé à droite d'un bunker.

Ce nouveau green exige un bon placement dès le départ. Un long drive vers la gauche évitera le bunker de fairway, mais ne vous aidera pas sur le prochain coup. Mais un drive trop court amènera un deuxième coup aveugle.

Prenez votre temps. Préparez chaque coup et jouez intelligemment. Ce n'est pas ici que l'on doit s'en remettre au hasard. **TJ**

Parcours : Fancourt Country Club (parcours Montagu)

Situé à : Blanco, Afrique du Sud

Trou : n° 6

Longueur : 415 m

Par : 5

Architectes : Gary Player, David McLay Kidd

À savoir : Ernie Els possède une demeure en bord de mer, à un coup de driver de Fancourt, où il affronta Tiger Woods au cours du play-off de la Presidents Cup de 2003.

CI-DESSOUS Sortie de bunker pour Tiger Woods sur le sixième trou du Fancourt en novembre 2003.

N° ❻ FANCOURT COUNTRY CLUB
(PARCOURS MONTAGU)

Le domaine du Fancourt Hotel and Country Club, situé près du littoral de l'océan Indien, le long de la spectaculaire Garden Route en Afrique du Sud, s'est fait connaître lorsque son parcours Links accueillit la Presidents Cup en 2003. Mais ce n'est là que l'un des 4 parcours remarquables qu'abrite le domaine.

Le Montague, au pied des monts Outeniqua, dessiné à l'origine par Gary Player, a été largement rénové en 2004 par David McLay Kidd, architecte écossais réputé, et ce faisant, le n° 6, emblématique du parcours, est devenu encore plus difficile.

Ce trou fut rallongé de plus de 18 m, et le coup de départ, en descente – déjà éprouvant –, est désormais franchement rigoureux, 2 bunkers ayant été placés de façon stratégique sur un fairway déjà bordé de bois épais et d'un ruisseau sur la gauche.

Ce dernier traverse le fairway devant le green et a été augmenté de plus de 22 m. Cela rend le choix du club essentiel sur le deuxième coup, qui doit franchir le cours d'eau tout en évitant le feuillage et les bunkers derrière le green. **KA**

Parcours : golf d'El Saler
Situé à : Valence, Espagne
Trou : n° 6
Longueur : 404 m
Par : 4
Architecte : Javier Arana
À savoir : Situé près de Valence, El Saler est classé troisième du pays, et bien qu'il n'existe pas de vrai parcours en links en Espagne, c'est ce qui s'en rapproche le plus.

N° ❻ GOLF D'EL SALER

Le parcours d'El Saler est situé dans le parc d'Albufera, au bord de la Méditerranée, juste au sud de Valence.

Tracés sur un terrain parsemé de pins et de dunes, ses derniers trous ressemblent à un parcours anglais typique. Javier Arana a conçu ce 18 trous avec des fairways exceptionnels et de vastes greens. Divers magazines de golf l'ont classé parmi les meilleurs parcours européens, et il est classé 29e au plan mondial.

Lorsque le vent y souffle, il s'avère aussi difficile que de nombreux golfs écossais. C'est aussi un parcours retors avec des trous très serrés, et point de vue difficulté, on ne fait pas mieux que le n° 6.

C'est l'un des plus longs et des plus ardus d'El Saler. Vous devrez frapper un bon drive pour atteindre le coude de ce dogleg à gauche, et 2 bunkers vous attendent devant le green, à gauche et à droite, au cas où votre coup d'approche serait trop court.

L'entrée du green est très étroite et votre deuxième coup devra immanquablement être long sur ce trou ravissant.

El Saler a accueilli de nombreux Opens d'Espagne. **TJ**

Parcours : Ridgewood Country Club (parcours du milieu)
Situé à : Ridgewood, New Jersey, États-Unis
Trou : n° 6
Longueur : 266 m
Par : 4
Architecte : A. W. Tillinghast
À savoir : À l'époque, ce trou était encore plus ardu qu'aujourd'hui. Mais le club a décidé de tailler certains des arbres sur la droite du fairway et de dégager ce dernier. Ils demeurent cependant très présents sur la gauche.

N° ❻ RIDGEWOOD COUNTRY CLUB
(PARCOURS DU MILIEU)

Ce club propose trois 9 trous que l'on peut jouer en 18 trous selon 3 combinaisons possibles. Le parcours est/ouest est le plus difficile, mais la combinaison parcours du milieu/parcours ouest peut, elle aussi, se révéler ardue. Le n° 6 du parcours du milieu illustre bien ce dernier point. C'est le plus mémorable, un par 4 de 266 m tout en montée.

On doit s'arrêter un moment sur le tertre de départ, non pas pour une bière, mais pour y déterminer sa stratégie. Ceux qui frappent loin – ou avec le plus de cran – sortiront leur driver et viseront le green. Il est certainement tentant de putter pour un eagle.

Mais il faut pour cela survoler toute la pente pour rejoindre un tout petit green. Les 7 bunkers et le rough épais qui le protègent de tels actes héroïques constituent une autre distraction.

La stratégie la plus sage – pour les rares golfeurs qui choisissent de jouer intelligemment – est de frapper un fer vers le centre du fairway, bordé de bunkers des 2 côtés. De là, vous pouvez frapper un wedge pour rejoindre le green.

C'est là qu'attendent les vrais ennuis. C'est l'un des plus petits du parcours, et il est pourvu de nombreux mouvements. **TJ**

N° 6 — PUMPKIN RIDGE
(PARCOURS DU CREUX DE LA SORCIÈRE)

Parcours : Pumpkin Ridge (parcours du Creux de la Sorcière)

Situé à : North Plains, Oregon, États-Unis

Trou : n° 6

Longueur : 414 m

Par : 4

Architecte : Bob Cupp

À savoir : Certains trous de golf rendent fou. D'autres produisent angoisse et frustration. Mais le n° 6 de Pumpkin Ridge fait partie de ceux où l'on redécouvre l'amour du golf.

CI-DESSOUS *L'Américaine Nathalie Gulbis et son caddie sur le n° 6 de Pumpkin Ridge en juillet 2003.*

CI-CONTRE *L'Anglaise Alison Nicholas sur le sixième trou de Pumpkin Ridge en juillet 1997.*

C'est un trou difficile. Et si vous pensez que nous vous racontons des histoires, demandez donc aux joueuses. C'était le plus ardu durant l'US Open féminin de 1997, et pourtant, ce sont des professionnelles.

Les experts du club déclarent que si l'on « écoute le bunker » sur le fairway, on peut supprimer un club ou deux sur l'approche, en visant la gauche et en frappant assez loin. Si on coupe l'angle, on diminuera la distance à parcourir sur le deuxième coup. Le bunker juste à droite du coude du dogleg constitue le seul problème de ce coup de départ, dégagé dans l'ensemble.

Accordez-vous un moment de réflexion avant le deuxième coup. Depuis le fairway, on s'aperçoit que l'arrière du green s'élève abruptement. Il est aussi protégé par un petit étang sur le devant, à gauche, et par un bunker sur l'arrière, du même côté. Si vous ratez le green, assurez-vous que ce soit sur la droite.

Comme le reste du parcours, le n° 6 est joli, particulièrement depuis le milieu du fairway, avec son green entouré de hauts pins. Ayez confiance en vos capacités ou jouez la sécurité. Mieux encore, faites les deux. Et n'oubliez pas que ce trou est difficile. **TJ**

N° ❻ THE WILDS GOLF CLUB

Parcours : The Wilds Golf Club

Situé à : Prior Lake, Minnesota, États-Unis

Trou : n° 6

Longueur : 420 m

Par : 4

Architectes : Tom Weiskopf, Jay Morrish

À savoir : Situé dans un cadre naturel époustouflant de pins Ponderosa, de feuillus et de zones humides abritant une faune diverse, ce parcours est proche de Minneapolis. Et vous reconnaîtrez peut-être son sable pour l'avoir vu à la télévision : ses bunkers sont remplis du même sable blanc étincelant que l'Augusta National.

Le n° 6 de The Wilds est un par 4 de 420 m, le préféré de Tom Weiskopf sur ce parcours.

« Ce double fairway permet une merveilleuse stratégie, a-t-il déclaré. Le côté droit offre un drive plus facile, mais un coup d'approche plus compliqué. Le côté gauche est plus étroit au départ, mais permet un meilleur angle d'approche du green. » Vous avez donc le choix.

Le côté gauche du fairway est pourvu de bunkers sur la droite, débutant à environ 239 m des départs arrière. Le côté droit, lui, est bordé de bunkers sur la gauche.

Un peu plus loin, à environ 73 m, un vaste bunker, très profond, entre en jeu sur les 2 côtés, et on en trouve un autre à droite du green.

Ce trou, unique au monde et mémorable grâce à son double fairway, est aussi ravissant.

Weiskopf est devenu consultant en architecture de golf auprès de Jay Morrish en 1984. Cette équipe a conçu et construit des parcours de Scottsdale à Hawaï ou même en Écosse – 18 en tout –, dont bon nombre comptent parmi les 100 meilleurs au monde. **TJ**

Parcours : The Dunes à Kamloops

Situé à : Kamloops, Colombie-Britannique, Canada

Trou : n° 6

Longueur : 522 m

Par : 5

Architecte : Graham Cooke

À savoir : The Dunes à Kamloops est réellement le parcours de golf de Dame Nature. Des fairways verdoyants, en fétuque sauvage et en blé tendre, sont dessinés au milieu du sable qui constituait autrefois le lit de rivière du North Thompson – et les dunes ne manquent pas.

N° 6   THE DUNES À KAMLOOPS

Puissance et grâce seront nécessaires pour venir à bout de ce trou, l'un des nombreux souvenirs que vous emporterez de ce spectaculaire parcours de golf.

Ce fairway à 2 niveaux, doté d'innombrables hauts monticules, vous fera secouer la tête dès le départ. Et n'oubliez pas que 522 m séparent l'aire de départ du green, et qu'il ne faudra donc pas retenir votre drive.

Le fairway ne peut être qualifié de généreux, et la plupart des joueurs devront frapper 2 bons coups avant de se confronter aux défis de l'approche. La bonne nouvelle, c'est que vous n'aurez à vous préoccuper d'aucun bunker de fairway. Celui-ci n'est pas un vrai dogleg, mais il dessine sa course de gauche à droite. Le green surélevé exige de la précision et de la confiance en soi sur le coup d'approche. Ratez celui-ci, et les ennuis ne font que commencer. De profonds bunkers protègent ce green comme une mère son enfant. Et celui sur la gauche du collier n'est pas un ange. Il débute largement sur le fairway et s'étend jusqu'au milieu du green.

D'autres bunkers entourent le green sur la droite et sur l'arrière. On trouve ici 4 départs, débutant à 448 m (boules rouges). **TJ**

Parcours : NCR Country Club

Situé à : Dayton, Ohio, États-Unis

Trou : n° 6

Longueur : 501 m

Par : 5

Architecte : Dick Wilson

À savoir : Le NCR Country Club doit son originalité à son statut de coopérative. Même aujourd'hui, ses employés ne paient aucun droit d'admission.

N° 6   NCR COUNTRY CLUB

Malgré sa distance relativement courte, il est extrêmement difficile d'atteindre le green de ce par 5 en 2 coups, car il est entouré de bunkers ingénieusement placés par Dick Wilson. On n'en compte pas moins de 6, et il n'est donc pas aisé de rejoindre cette surface réduite à l'aide d'un bois de parcours ou d'un fer long.

Ajoutant à la difficulté, le fairway rétrécit considérablement à l'approche du green et dessine une pente raide, de droite à gauche, renvoyant les balles trop courtes et trop à gauche vers les arbres. Quant aux épais bosquets qui bordent tout le côté droit, ils empiètent sur le fairway juste devant le green. Pour faire bonne mesure, 2 bunkers sont situés au même endroit, même s'ils peuvent s'avérer les bienvenus, car ils empêchent certaines balles d'aller se perdre dans les bois. La stratégie la plus sage consiste à poser la balle bien avant tous ces obstacles et de suivre d'un fer court ou d'un wedge frappé haut jusqu'au green.

Le NCR a accueilli 2 championnats majeurs – celui de la PGA en 1969, remporté par Raymond Floyd, et l'US Open féminin en 1986, remporté par Jane Geddes – ainsi qu'un autre tournoi en 2005, l'US Open senior. **KA**

N° 6 — BAY HILL CLUB & LODGE

Parcours : Bay Hill Club & Lodge
Situé à : Orlando, Floride, États-Unis
Trou : n° 6
Longueur : 496 m
Par : 5
Architecte : Dick Wilson
À savoir : La difficulté de ce trou est prouvée. Si un professionnel peut y réaliser un score de 18 durant une épreuve de la PGA, les chances du commun des mortels sont réduites. Oui, c'est ici que John Daly, golfeur professionnel, a inscrit un 18 sur sa carte de score au cours du Bay Hill Invitational.

Arnold Palmer possède les parcours de Bay Hill dont il est aussi président. Tout comme son jeu, ces parcours sont l'étalon auquel on mesure les autres. Bay Hill accueille tous les ans un tournoi sur invitation.

Construit sur une ancienne plantation d'orangers près d'Orlando, ce parcours fut dessiné à l'origine par Dick Wilson. Palmer l'apprécia tant qu'il l'acheta. Puis, aidé d'Ed Seay, il le transforma en parcours exceptionnel.

Le n° 6, un par 5, illustre bien sa difficulté. C'est sur ce dogleg à gauche long de 496 m que John Daly réalisa un 18 en 1998. Même Arnold Palmer, surnommé « le roi », s'y est vu infliger un 10.

Le trou s'enroule dans le sens contraire des aiguilles d'une montre autour du plus grand lac du tracé. C'est l'exemple suprême du trou où l'eau est en jeu. Depuis le départ, on doit décider quelle distance d'eau on désire survoler. Un bon drive ferait environ 225 m, mais si vous atteignez 255 m, vous pouvez rejoindre le green en 2 coups.

La plupart des joueurs frapperont un second coup plus court, pour suivre d'un coup d'approche. L'eau est toujours en jeu sur la gauche, et on découvre des bunkers sur la droite. Si vous jouez la sécurité au deuxième coup, vous frapperez ensuite un wedge jusqu'au green, long et étroit, protégé par 2 bunkers sur le devant, des 2 côtés.

Le n° 6 est le plus difficile de Bay Hill, ainsi que l'un des plus satisfaisants – si vous évitez l'eau. **TJ**

Parcours : Carnoustie Golf Links
Situé à : Carnoustie, Angus, Écosse
Trou : n° 6
Longueur : 448 m
Par : 5
Architectes : Allan Robertson, Tom Morris senior, James Braid

À savoir : Carnoustie accueillera le British Open en 2007. C'est en 1999 qu'il s'y est déroulé la dernière fois, lorsque le Français Jean Van de Velde s'est effondré de façon légendaire et a perdu face à Paul Lawrie après un play-off en 4 trous.

N° ❻

CARNOUSTIE GOLF LINKS

Carnoustie n'est ni élégant, ni raffiné. C'est une rude épreuve de golf, où tous les éléments écossais sont déployés, forçant les golfeurs à puiser dans leurs réserves pour s'imposer. Songez plutôt que la dernière fois que le British Open s'y est déroulé en 1999, à la fin du jeu réglementaire, le score des 3 joueurs qui devaient s'affronter en play-off était de 6 au-dessus du par. Les meilleurs joueurs au monde. 6 au-dessus du par. Cela vous donne une idée de ce qui vous attend à Carnoustie.

Nulle part ailleurs que sur le n° 6 du parcours, baptisé le « Long », on n'en aura une meilleure image. Le Long s'est encore allongé pour l'Open de 1999. D'une distance normale de 448 m, les responsables ajoutèrent 80 m à ce trou qui était déjà coriace.

Mais la difficulté n'a rien de nouveau à Carnoustie. De fait, le parcours en général non plus. C'est l'un des sites golfiques les plus anciens au monde, où, d'après les documents, on jouait dès 1520. Les avis divergent sur l'endroit où l'on a joué au golf pour la première fois en Écosse, mais nul ne peut contester l'histoire et les traditions de Carnoustie, tracé il y a des siècles près de l'embouchure du Firth of Tay. Trois des sommités des débuts du golf furent impliqués dans la construction du parcours, y compris le premier professionnel de golf, Allan Robertson, l'un des premiers grands champions, Tom Morris senior, et l'un des architectes de golf écossais les plus prolifiques, James Braid.

Ils firent des merveilles au n° 6, où 2 énormes bunkers sont aux aguets à 180 m à gauche de l'aire de départ. De l'autre côté du fairway, on trouve une saleté de bunker épineux, dont les parois herbeuses et escarpées augmenteront automatiquement votre score si vous y atterrissez.

D'abominables bunkers, le Jockie's Burn, un ruisseau languide, et un green en biais n'offrant qu'un angle d'approche minuscule rendent le reste du trou aussi traître que le départ. Ajoutez à cela un vent omniprésent et un green en montagnes russes, rendant possibles certaines positions de drapeau diaboliques, et le Long devient aussi difficile qu'historique. **JB**

CI-CONTRE ET À DROITE *Deux vues du sixième trou de Carnoustie.*

N° 6   HIGHLANDS LINKS GOLF CLUB

Parcours : Highlands Links Golf Club

Situé à : Ingonish, Nouvelle-Écosse, Canada

Trou : n° 6

Longueur : 491 m

Par : 5

Architecte : Stanley Thompson

À savoir : En 2003, les golfeurs canadiens ont à nouveau désigné les Highlands Links comme le meilleur parcours du pays au cours du sondage organisé tous les 2 ans par *Golf Magazine*.

Stanley Thompson est considéré comme le meilleur architecte de golf canadien, mais on ne lui rend pas assez souvent hommage au niveau mondial. Entre 1920 et 1953, il conçut, remodela ou construisit 145 parcours au Canada, aux États-Unis, aux Caraïbes et en Amérique du Sud. En 1948, il fonda l'Association américaine des architectes de golf en compagnie de Donald Ross et de Robert Trent Jones senior.

Bradley S. Klein, grand spécialiste américain de l'architecture de golf, a déclaré après sa visite des Highlands Links : « De toutes façons, les Highlands Links ne constituent plus un secret. Ils peuvent de façon crédible revendiquer le titre de meilleur parcours canadien. »

Et le n° 6, classé par de nombreuses publications parmi les 100 ou les 500 meilleurs trous au monde, est le plus beau des Highlands Links. C'est un par 5 assez court, protégé par la pente naturelle du terrain – ce qui amène des lies délicats et des angles difficiles, où que l'on se trouve.

La rivière Clyburn coule à droite, un rough épais protège la gauche. L'approche vers le green se réduit presque à rien, et ce dernier épouse lui aussi la nature ondulée du terrain.

Ce pittoresque n° 6 n'est que le début d'une série de pars 5 qui comptent parmi les meilleurs de la planète. Suivent le n° 7, aux 521 m brutaux, le n° 15, avec son fairway ondulant qui plonge vers le littoral, et finalement le magnifique n° 16, qui vous prépare au finale.

Les Highlands Links furent ramenés en 1997 à leur tracé original, faisant renaître ainsi le génie de Thompson, qui créa ici un chef-d'œuvre – ce qui n'est plus un secret pour personne. **TJ**

N° 6 ROYAL TROON GOLF CLUB
(VIEUX PARCOURS)

Parcours : Royal Troon Golf Club (vieux parcours)

Situé à : Troon, Ayrshire, Écosse

Trou : n° 6

Longueur : 547 m

Par : 5

Architectes : Willie Fernie, James Braid

À savoir : Le vieux parcours de Royal Troon a accueilli 7 British Opens, remportés par Arthur Avers (1923), Bobby Lock (1950), Arnold Palmer (1962), Tom Weiskopf (1973), Tom Watson (1982), Mark Calcavecchia (1989) et Justin Leonard (1997).

CI-DESSOUS ET CI-CONTRE *Deux vues du sixième trou du Royal Troon.*

Le vieux parcours de Royal Troon se distingue par le fait qu'il possède à la fois le trou le plus long et le plus court des parcours accueillant le British Open. Le légendaire *Postage Stamp* (« Timbre-poste »), le n° 8 de 112 m, le plus court de tous, est presque inchangé, mais le n° 6, de 547 m, a dû s'adapter à l'époque pour demeurer le plus long de l'Open.

Il l'était à 527 m, mais le n° 6 de Carnoustie passa de 448 à 528 m pour l'Open de 1999. Le Royal Troon a désormais relevé le défi en atteignant les 547 m sur son n° 6. À quand 550 m ?

Un coup de départ intransigeant est nécessaire ici pour atterrir entre les bunkers de fairway à droite et à gauche. Si on échappe à ces fosses profondes tenant absolument à se faire remarquer, on est confronté à un deuxième coup, au bois de parcours, que l'on doit cibler légèrement à gauche pour éviter un bunker sur la droite, ce qui permet une situation parfaite pour pitcher en douceur vers un green long et étroit.

Celui-ci est magnifiquement encadré par des dunes sur deux côtés, avec un hors-limite à l'arrière. Inutile de s'aventurer dans le rough inextricable à droite du trou, car on ajouterait alors au moins un coup à sa carte de parcours.

C'est un trou long et difficile, et il n'est pas étonnant que le personnel du Royal Troon désire qu'il conserve son statut traditionnel de plus long du British Open. Au Royal Troon, tout est affaire de tradition.

Fondé le 16 mars 1878, par un petit ensemble de passionnés, le Troon Golf Club a vite dépassé sa réputation purement locale. N'offrant que 6 trous en 1880, c'était, dès 1888, un 18 trous mesurant – d'après les documents – « 3 miles, 1 furlong et 156 yards ».

C'est devenu l'un des parcours les plus difficiles de Grande-Bretagne. Il avait atteint pour l'Open de 1997 plus de 6 400 m. Et aussi ardu que se révèle le n° 6, le vrai défi de ce parcours attend quelques trous plus loin : le n° 9 est généralement considéré comme le plus difficile de tous les parcours de championnat. **JB**

N° 6 — PENHA LONGA (PARCOURS ATLANTIQUE)

Parcours : Penha Longa (parcours Atlantique)
Situé à : Lisbonne, Portugal
Trou : n° 6
Longueur : 458 m
Par : 5
Architecte : Robert Trent Jones junior
À savoir : Penha Longa est à 30 minutes de l'aéroport de Lisbonne et à 10 minutes d'Estoril et de Cascais. Ses 27 trous de golf exceptionnels sont situés au pied des collines de Sintra et appartiennent au parc naturel de Sintra Cascais.

CI-DESSOUS *L'Anglais Van Philips sort d'un bunker à Penha Longa en avril 99.*

Dépassant juste les 450 m, ce par 5 n'est pas très long. Mais ne vous laissez pas berner par le nombre inscrit sur la carte de parcours. Les chiffres ne disent pas toujours tout, et on peut être sûr que monsieur Jones a ajouté de nombreux défis.

Le danger guette constamment, depuis le départ jusqu'au green. De vastes bunkers sont prêts à accueillir un coup qui part en slice, et un grand lac est situé à gauche du green. Il est donc indispensable de rester à droite sur le deuxième coup si l'on ne vise pas directement ce dernier.

Comme la plupart des trous de Penha Longa, le n° 6 offre de nombreuses vues splendides des environs. Construit en 1992, le parcours Atlantique de Penha Longa met tous les golfeurs à l'épreuve, et on y découvre des panoramas époustouflants sur l'océan, avec Estoril et Cascais au premier plan, ainsi que sur les collines de Sintra.

Penha Longa, qui signifie « Roche longue », est accompagné d'un hôtel de 177 chambres. Le complexe comprend aussi un 9 trous, appelé le Mosteiro, aussi dessiné par Robert Trent Jones junior. Inauguré en 1995, il s'étend sur la partie ancienne du complexe, et complète parfaitement le parcours Atlantique. **TJ**

N° 6   SALGADOS

Parcours : Salgados
Situé à : Albufeira, Algarve, Portugal
Trou : n° 6
Longueur : 514 m
Par : 5
Architectes : Vasconselos, R. Muir-Graves
À savoir : Si vous avez l'impression de jouer en Floride, ne vous inquiétez pas. Vous n'êtes pas le premier. L'eau est en jeu de façon importante sur ce parcours plat, construit sur un terrain gagné sur la mer.

La clé principale sur le sixième trou de Salgados est de ne pas mouiller la balle. L'eau qui coule tout du long du côté droit du fairway peut faire le cauchemar de ceux qui frappent en slice.

Le fairway paraît assez généreux depuis l'aire de départ, mais l'eau sur la droite force les joueurs à viser à gauche. Ceux dotés d'un swing puissant peuvent atteindre le green en 2 coups s'ils partent des départs les plus courts. Cependant, cela exige un drive joué aussi près de l'eau que possible, suivi d'un coup au bois de parcours au-dessus de l'obstacle d'eau dans toute sa largeur, jusqu'au green qui part en biais.

Le choix le plus sûr consiste à traiter ce trou comme un par 5 dangereux, à jouer sur la gauche du fairway, pour finir par un fer court assez simple jusqu'au green.

Réaliser le par sur ce trou procurera un avantage psychologique énorme, car le suivant est un éprouvant par 4 de 415 m. Et le jouer avec un bogey ou un double bogey sur sa carte de score, telle une épée de Damoclès au-dessus de la tête, est bien la dernière chose que l'on vous souhaite. **AT**

N° 6   BALTIMORE COUNTRY CLUB
(PARCOURS EST)

Parcours : Baltimore Country Club (parcours est)
Situé à : Timonium, Maryland, États-Unis
Trou : n° 6
Longueur : 533 m
Par : 5
Architecte : A. W. Tillinghast
À savoir : Attention à la grange rouge ! C'est elle qui fait la renommée du n° 6 du country club de Baltimore, au virage du dogleg à gauche. Ce vieux bâtiment restauré est doté de quelques fenêtres, mais ne craignez pas de faire voler le verre en éclats : elles sont protégées des objets volants blancs non identifiés.

Rares sont ceux qui contesteraient au parcours est du country club de Baltimore son classement en tête des 18 trous du Maryland. Aussi baptisé les « Cinq Fermes », ce golf, situé au nord-ouest de Baltimore, fut dessiné en 1922 par A. W. Tillinghast, restauré par Brian Silva en 1991, et remodelé par Keith Foster en 2002.

La touche classique de Tillinghast est partout en évidence. Deux pars 5 (les n° 6 et 14), comptant parmi les meilleurs de l'architecte, constituent les temps forts du parcours. Le n° 6 est un dogleg à gauche offrant une cible merveilleuse depuis le tertre de départ : une grande grange rouge dans le virage. De fait, on ne trouve que 9 m de rough entre ce bâtiment et le fairway.

Les joueurs au swing puissant la survoleront dès le drive. On doit pour cela porter la balle sur 220 m. Vous pouvez atteindre le green en 2 coups, mais mieux vaut pour cela frapper long.

On découvre une série de bunkers au milieu du fairway, à environ 150 m du green. Celui-ci est très petit, étroit, et défendu par des bunkers des 2 côtés. Le vaste bunker de droite débute à environ 9 m devant le green pour s'enrouler jusqu'à l'arrière. Il faudra donc faire preuve de précision. **TJ**

N° 6 — LOCH LOMOND GOLF CLUB

Parcours : Loch Lomond Golf Club
Situé à : Luss, Dunbartonshire, Écosse
Trou : n° 6
Longueur : 571 m
Par : 5
Architectes : Tom Weiskopf, Jay Morrish
À savoir : Sur ce par 5 aux dimensions monstrueuses, même les meilleurs joueurs au monde ont réellement besoin de 3 coups avant d'atteindre le green. Durant l'Open d'Écosse de 2003 par exemple, le score moyen du n° 6 était de 5,007, et aucun joueur n'est parvenu à réaliser un eagle, tandis que 18 eagles furent obtenus sur les 2 autres pars 5 du Loch Lomond.

CI-DESSOUS   *Le sixième trou de Loch Lomond.*

CI-CONTRE   *Ernie Els sur le n° 6 de Loch Lomond en juillet 2003.*

Considéré comme le trou le plus long d'Écosse, l'enchanteur n° 6 du Loch Lomond s'étend le long de la rive, offrant de merveilleuses vues sur le lac éponyme et sur les splendides montagnes au loin.

Les golfeurs, cependant, devraient essayer de se concentrer sur le défi qui les attend, car il est de taille. Le coup de départ, frappé depuis une petite aire touchant presque le loch, n'est pas très difficile et devrait se limiter au côté droit du fairway, afin d'éviter de s'enchevêtrer dans les arbres qui empiètent sur la gauche.

Le deuxième coup, menacé par un redoutable bunker juste à droite du centre du fairway, procure une multitude de choix. Les joueurs peuvent essayer de le franchir, et donc de raccourcir leur coup d'approche, de viser une étroite bande de fairway à gauche du bunker, ou de poser la balle juste avant celui-ci pour jouer un coup encore plus long jusqu'à l'un des greens les plus petits de Loch Lomond. Légèrement surélevé, mais relativement plat, celui-ci est protégé par de profonds bunkers, devant à droite et à gauche sur l'arrière. Jouez trop long sur l'approche, et un chêne majestueux – l'un de ceux qui, nombreux, bordent le trou – entre en jeu.

Profitez du paysage spectaculaire, et, surtout, réjouissez-vous d'un par. **KA**

Parcours : Saucon Valley Country Club (vieux parcours)

Situé à : Bethlehem, Pennsylvanie, États-Unis

Trou : n° 6

Longueur : 532 m

Par : 5

Architectes : Herbert Strong, Perry Maxwell

À savoir : Le country club de Saucon Valley a accueilli l'US Open senior en 1992 et en 2000.

N° ❻

SAUCON VALLEY COUNTRY CLUB
(VIEUX PARCOURS)

Saucon Valley offre 54 trous de golf, et ses 3 parcours regorgent de caractère. Il est remarquable que, lorsque l'on se demande lequel d'entre eux se distingue le plus, ce ne soit pas le vénérable vieux parcours qui vienne à l'esprit. C'est en effet le parcours Grace qui arrive en tête, bien que le n° 6 du vieux parcours soit l'une des raisons pour lesquelles on ne peut ignorer ce tracé original datant de 1922. Trou substantiel, nul autre ne possède plus de caractère que lui sur ce parcours.

Le vieux parcours fut doté de greens vigoureux lorsque Perry Maxwell remodela ses trous, dont le n° 6. Les pars 5 se distinguent particulièrement ici, et le n° 6 explique parfaitement la renommée de Saucon Valley. C'est quasiment une forêt, exception faite du fairway d'un vert chatoyant qui s'avance au milieu des arbres. On dit que l'on trouve plus de 10 000 spécimens sur ce domaine, mais les golfeurs auront l'impression de tous les retrouver sur ce par 5 exceptionnel.

C'est un dogleg à droite très marqué, où il est essentiel de bien placer la balle sur le premier coup, de façon à pouvoir prendre le virage sur le deuxième. Celui-ci est aussi important, car il permettra un bon angle d'approche du green sur le troisième coup. Il doit dépasser une série de bunkers et de zones broussailleuses pour atteindre le côté gauche du fairway. De là, l'approche ne sera pas gênée par les arbres sur la droite.

Les arbres peuvent parfois poser problème sur les parcours de golf, mais le personnel d'entretien de Saucon Valley comprend qu'il est nécessaire de les maîtriser. Et les responsables du club s'engagent aussi à maintenir autant que possible le caractère original du parcours. En 2004, plus de 250 000 dollars ont été dépensés afin de stopper l'érosion que provoquait le ruisseau de Saucon Creek, qui traverse la propriété. Non content de compromettre l'intégrité du terrain, ce dernier transformait aussi le tracé.

Le personnel de Saucon Valley s'engage ainsi à protéger les divers éléments qui font des 3 parcours un cadre naturellement approprié au golf. Ils sont à la recherche de subventions qui permettraient de protéger les bancs de truites brunes qui abondent dans ce cours d'eau.

Vous penserez peut-être manquer de protection vous-même face au dogleg du n° 6, mais soyez assuré que Saucon Valley, lui, est entre de bonnes mains. **JB**

CI-CONTRE *Hale Irwin et son caddie traversent un pont à Saucon Valley en juillet 2000.*

Trou 7

Une fois le septième trou atteint, tout mystère devrait être levé. Vous savez désormais dans quelle forme vous vous trouvez, si vous pouvez réaliser un bon score ou s'il vaut mieux admirer le paysage sur le reste du parcours. Quel que soit le cas, vous attaquez le dernier segment du premier 9.

Le septième trou, comme le précédent, offre souvent un répit. Le n° 7 de Pebble Beach, à 97 m, est le plus court de notre liste. Avec le vent et la mer en jeu, ce n'est pas qu'une partie de plaisir, mais il procure un moment reposant ou deux. C'est aussi le cas de nombreux n° 7 de par le monde.

CI-CONTRE Le septième trou de Pebble Beach, en Californie.

Parcours : The Country Club (parcours Open)

Situé à : Brookline, Massachusetts, États-Unis

Trou : n° 7

Longueur : 177 m

Par : 3

Architecte : Willie Campbell

À savoir : Le n° 7 est ardu. Même les meilleurs joueurs au monde y éprouvent des difficultés. C'est là qu'ils eurent le plus de mal à réaliser le par au cours de l'US Open de 1988. Si vous y arrivez, vous aurez l'impression d'être un pro. Ou d'avoir de la chance.

N° ❼ THE COUNTRY CLUB (PARCOURS OPEN)

C'est pour une bonne raison que l'on surnomme ce par 3 « le plus vieux trou ». C'est le seul qui demeure des 6 trous originaux construits en 1893.

On jouera ce trou différemment selon l'emplacement du drapeau sur le green à double plateau. Depuis le départ, lorsqu'on aligne son approche, on s'aperçoit qu'il dessine un angle de 45° de gauche à droite. Si vous pouvez jouer un fade en hauteur, allez-y, c'est ce que ce trou exige.

Si le drapeau est placé sur le plateau avant, il faudra faire atterrir la balle devant le green. Ne vous inquiétez pas, le terrain est en général parfaitement entretenu et permettra à la balle de rouler jusqu'au trou.

Si vous êtes mal aligné sur le départ, vous devrez en revanche vous méfier de 2 bunkers, tous deux très dangereux. L'un, devant à gauche, est très grand. Le plus petit protège le côté droit.

Comme sur tous les trous de Brookline, de hauts arbres forment un joli cadre. Et n'oubliez pas l'histoire intéressante du club. Fondé en 1882, il accueillit l'US Open en 1913 (Francis Ouimet), 1963 (Julius Boros) et 1988 (Curtis Strange). **TJ**

Parcours : Nirwana Bali

Situé à : Bali, Indonésie

Trou : n° 7

Longueur : 169 m

Par : 3

Architectes : Greg Norman, Bob Harrison

À savoir : Le n° 7 ressemble beaucoup au troisième trou de Mauna Kea sur la grande île d'Hawaï (aussi inclus dans ce livre), même s'ils ont été conçus par des architectes différents, à des époques, et sur des continents différents.

N° ❼ NIRWANA BALI

Il s'agit certainement de l'un des trous les moins connus des 1 001 que décrit cet ouvrage. C'est à coup sûr l'un des plus éloignés, avec diverses conséquences. Oui, il faut faire un effort pour se rendre en Indonésie, afin de jouer le splendide trou du Nirwana Bali. Mais, pour cette même raison, vous demeurerez probablement au moins une semaine au Nirwana Resort, ce qui vous donnera la possibilité de jouer et rejouer ce trou.

Même après avoir joué le n° 7 plusieurs jours de suite, on ne s'en lasse pas – ni des autres trous du Nirwana Bali du reste. Greg Norman et Bob Harrison offrent la possibilité de stratégies et angles différents selon la position du drapeau sur pratiquement tous les trous, dont le n° 7. La brise océane rend ce trou plus épineux encore. Le vent y est en effet constant, seule sa force varie.

On découvre sur le n° 7 un paysage incroyablement enchanteur. L'aire de départ s'avance dans l'océan, et le drive doit survoler plage et mer jusqu'au green. Celui-ci est situé sur une falaise, avec en toile de fond un temple perché sur sa propre formation rocheuse surplombant la mer, à quelques centaines de mètres sur le littoral. **JB**

N° ❼ WHISTLING STRAITS
(PARCOURS STRAITS)

Parcours : Whistling Straits (parcours Straits)

Situé à : Kohler, Winsconsin, États-Unis

Trou : n° 7

Longueur : 195 m

Par : 3

Architecte : Pete Dye

À savoir : Ce parcours n'a pas tardé à être reconnu sur le plan national. Le parcours Straits fut sélectionné pour accueillir le championnat PGA 2004 2 ans seulement après son inauguration.

Surnommé le « Naufrage », ce par 3 longe sur la droite la rive du lac Michigan. Essayez d'admirer le paysage sans pour autant rejoindre le lac. Car s'il n'est pas nécessaire de survoler l'eau, elle s'avère très intimidante.

Un bunker est coincé entre la droite du green et la plage. Donc, de droite à gauche, on découvre l'eau, la plage et une plage artificielle. Viser à gauche est un peu plus sûr. Ce côté est protégé par un grand coteau parsemé de bunkers et compliquant le deuxième coup. Les hôtes du club suggèrent de « jouer court pour suivre d'un chip ». Ce n'est peut-être pas une mauvaise idée, mais à quoi bon jouer la sécurité sur l'un des plus beaux trous de golf au monde ? Le parcours se joue depuis les rives du lac jusqu'au sommet des falaises, à 15 m au-dessus des fairways. Les golfeurs ne pourront oublier la vue spectaculaire que l'on découvre sur le lac Michigan depuis les 18 trous, ainsi que sur des fairways de fétuque et des bunkers massifs, dans les dunes, particulièrement depuis ceux dans lesquels ils auront atterri... Le tracé comprend 14 trous, en une séquence presque ininterrompue, le long de 3 km de rive. Le magazine *Golfweek* l'a désigné meilleur parcours de complexe hôtelier du pays, et l'a aussi placé en onzième position de sa liste des « 100 meilleurs parcours modernes » en mars 1999. **TJ**

N° 7 PEBBLE BEACH GOLF LINKS

Parcours : Pebble Beach Golf Links

Situé à : Pebble Beach, Californie, États-Unis

Trou : n° 7

Longueur : 98 m

Par : 3

Architectes : Jack Neville, Douglas Grant, H. Chandler Egan

À savoir : Après avoir manqué le green du n° 7 de 23 m à cause du vent soufflant en tempête, Tom Kite joua dans le trou et réalisa un birdie avant de remporter l'US Open de 1992.

CI-DESSOUS ET CI-CONTRE *Le septième trou de Pebble Beach.*

Le n° 7 est non seulement le trou le plus court de Pebble Beach, mais aussi de toute notre liste, ce qui ne diminue en rien ses raisons d'appartenir à cet ouvrage. Voici en effet une petite merveille, souvent qualifiée de meilleur parcours d'Amérique, qui étincelle près de la mer.

C'est à Pebble Beach que se déroule le AT&T National Pro-Am, qui permet aux passionnés d'apercevoir tous les ans l'un des vrais trésors des États-Unis. Les US Opens qui se sont déroulés à Pebble Beach constituent aussi un événement pour les téléspectateurs, même si ce n'est pas sur petit écran que l'on peut se faire une réelle idée de Pebble Beach. Y jouer coûte une fortune, mais si vous pouvez vous le permettre (et que vous y accédez), c'est une expérience inoubliable, qui n'arrive qu'une fois dans la vie. Le parcours n'occupe qu'une minuscule parcelle de Pebble Beach, mais c'est une parcelle de premier ordre.

Après le long n° 6, le contraste que présente le n° 7 est à la fois intimidant et palpitant. Une fois sur le départ, les vagues de la baie de Monterey rugissent tout autour de vous. Elles s'écrasent en contrebas, à l'arrière et sur votre droite. Le green est petit avec ses 185 m^2 (seulement 7 m de large), mais paraît plus minuscule encore lorsqu'il se détache sur la baie. Complètement encerclé par 5 vastes bunkers, la précision y est primordiale.

Par temps calme, les joueurs pourront se gausser d'un trou de 98 m, sortir leur wedge et frapper un loft désinvolte pour approcher la balle du drapeau. Mais il est rare que le vent ne souffle pas en rafales. Et si c'est la tempête qui s'annonce, il faudra parfois prendre 4 ou 5 clubs de plus depuis le départ. Avec le green en timbre-poste devant et le danger tout autour, la marge d'erreur est inexistante. De fait, par conditions vraiment violentes, la stratégie la plus sage consiste à viser l'un des bunkers.

Ce trou forme un vrai contraste avec les autres, plus longs, du parcours, mais n'offre cependant aucune échappatoire. **JB**

Parcours : Royal Liverpool (Hoylake)

Situé à : Hoylake, Merseyside, Angleterre

Trou : n° 7

Longueur : 179 m

Par : 3

Architectes : Robert Chambers, George Morris

À savoir : Le Royal Liverpool Golf Club compte parmi les links de championnat les plus difficiles et les plus exigeants de Grande-Bretagne. Construit en 1869 sur ce qui constituait alors l'hippodrome du Liverpool Hunt Club, Hoylake est le plus ancien de tous les parcours anglais en bord de mer, exception faite du Westward Ho! dans le Devon.

N° 7 ROYAL LIVERPOOL (HOYLAKE)

Le Royal Liverpool offre à la fois une page d'histoire et un parcours de golf exigeant. Commençons par la première. C'est à Hoylake qu'en 1930 le légendaire Bobby Jones remporta la deuxième manche du grand chelem lorsqu'il gagna l'Open et le championnat amateur la même année, en Angleterre comme aux États-Unis.

Et maintenant le parcours. Ce par 3 de 179 m constitue l'un des meilleurs trous du Royal Liverpool – voire de toute l'Angleterre. Baptisé « Dowie », on a dit que ce trou « poussait à rejoindre le n° 18 ». C'est un exemple classique de la façon dont un architecte peut aujourd'hui transformer un terrain très plat et en faire un merveilleux par 3, tout en donnant l'impression que le trou a toujours été là.

Celui-ci est doté de 2 bunkers défendant, à droite et à gauche, l'avant d'un green long et étroit. Un vaste marécage, situé entre l'aire de départ et le green, ne devrait pas entrer en jeu. Mais les dunes sur la droite, les monticules et les dépressions omniprésents, ainsi que les jalons du hors-limite à gauche du green interviendront, eux.

Et si vous devez affronter ces éléments, vous vous consolerez peut-être en songeant que la raison d'être de ce trou est d'atteindre le n° 18.

Un autre détail historique pour finir. Au cours de ses 7 premières années d'existence, le terrain servait à la fois de golf et d'hippodrome. **TJ**

Parcours : San Francisco Golf Club

Situé à : San Francisco, Californie, États-Unis

Trou : n° 7

Longueur : 173 m

Par : 3

Architecte : A. W. Tillinghast

À savoir : Le San Francisco Golf Club, fondé en 1895 et faisant partie des 100 clubs les plus anciens des États-Unis, est l'un des rares de la côte ouest sur cette liste établie par l'Association de golf américaine.

N° 7 SAN FRANCISCO GOLF CLUB

Le n° 7 du San Francisco Golf Club – surnommé le « Duel » – possède une riche histoire, et pas seulement dans le domaine du golf. C'est dans une petite clairière au-delà de la rangée d'arbres bordant ce trou que deux plaques de granit marquent l'endroit où se tenaient David C. Broderick, sénateur américain, et David S. Terry, juge de la Cour suprême de Californie, lorsqu'ils s'affrontèrent au cours du dernier duel légal de cet État le 13 septembre 1859. Ces deux démocrates – qui se battaient à cause de remarques désobligeantes qu'ils avaient prononcées l'un sur l'autre – se tinrent dos à dos avant de franchir dix pas, de se retourner et de tirer. Le pistolet de Broderick déchargea une seconde trop tôt et Terry tira rapidement sur le sénateur, la balle perforant l'un de ses poumons. Celui-ci mourut 3 jours plus tard.

Le trou de golf est un joyau que cet événement historique n'arrive pas à éclipser. Sur ce par 3 en descente, le green est protégé par une série de bunkers sur la gauche et sur le devant, à droite. Comme il est aussi traversé au milieu par une crête, il est primordial de placer la balle sur la section abritant le drapeau. **KA**

Parcours : Kauri Cliffs

Situé à : Matauri Bay, Northland, Nouvelle-Zélande

Trou : n° 7

Longueur : 170 m

Par : 3

Architecte : David Harman

À savoir : « Dès le départ, nous savions que nous avions là un terrain très spécial. La beauté de son paysage est stupéfiante, et notre objectif était donc de concevoir un parcours de golf extraordinaire, que les gens du monde entier viendraient découvrir », déclara David Harman. Mission accomplie.

N° 7 KAURI CLIFFS

Kauri Cliffs est une ferme de 1 600 ha, et cet exceptionnel parcours de golf ne constitue qu'une parcelle de la propriété. Mais quelle parcelle ! Oubliez le paysage un moment, Kauri Cliffs est l'un des parcours les mieux entretenus du pays.

Pas moins de 15 de ses trous surplombent le Pacifique, et 6 d'entre eux sont collés aux bords de la falaise. Bienvenue au légendaire n° 7. Pebble Beach aimerait posséder un trou aussi spectaculaire.

Mieux vaut choisir le bon club ici, ou l'on finira avec un gros plan sur les falaises et la balle qui les dévale, pour tomber dans l'océan en contrebas. Ne passez pas trop de temps à admirer le spectacle impressionnant, car c'est un par 3 exigent.

Quelque 5 départs permettent de porter la balle au-dessus de la falaise sur une distance plus ou moins longue. Depuis le départ le plus proche (77 m), on ne devra franchir qu'une courte bande de falaise. Depuis les 4 autres, cependant, on ne peut frapper court. Pour compliquer encore les choses, on découvre 2 bunkers directement devant le green – juste entre celui-ci, qui est extrêmement difficile, et le bord de la falaise. Si le drapeau est à l'arrière, mieux vaut poser son coup de départ au fond du green.

D'ici plusieurs années, vous ne vous souviendrez probablement plus de votre score sur ce trou. Mais vous n'oublierez certainement jamais le paysage. **TJ**

N° 7 GOLF DE VALE DO LOBO
(PARCOURS ROYAL)

Parcours : golf de Vale do Lobo (parcours royal)

Situé à : Almancil, Portugal

Trou : n° 7

Longueur : 179 m

Par : 3

Architectes : Sir Henry Cotton, Rocky Roquemore

À savoir : Le septième trou du parcours jaune, le tracé original de Cotton, sert en réalité de n° 16 sur le parcours de championnat. C'est l'un des parcours les plus photographiés d'Europe.

Sir Henry Cotton tomba amoureux du littoral portugais – et de l'Algarve en particulier – la première fois qu'il découvrit cette région rocailleuse en 1966. C'était le meilleur golfeur anglais des années 1930-1940, devenu, des décennies plus tard, un architecte de golf réputé. On dit que ce parcours de l'Algarve constituait l'une de ses créations préférées, et le n° 7 du parcours royal de Vale do Lobo fait partie de ses chefs-d'œuvre.

Au milieu des figuiers, orangers et oliviers, avec la pinède d'un côté, l'océan et les falaises orange de l'autre, le premier par 3 du parcours royal n'arrive qu'au septième trou. Mais l'attente en vaut la peine. Il produit une forte impression dès le premier coup d'œil : c'est le trou emblématique du parcours.

Le parcours combine les 9 trous de l'ancien parcours jaune, dessiné par Henry Cotton, et 9 trous récents adaptés par Rocky Roquemore à partir des plans originaux de Cotton.

L'aire de départ, en bord de mer, est unique. Les vagues de l'Atlantique s'abattent sur la plage en contrebas et sur la gauche, là où les falaises plongent, entre le départ et le green.

Le n° 7 appartient à un trio de pars 3 qui n'ont pas leur égal dans la région. On a prêté une attention toute particulière aux détails et à l'environnement naturel dans le dessin du parcours royal, où des fleurs sauvages sont plantées autour des lacs et où la forêt naturelle a été préservée autant que possible.

Chaque trou de Vale do Lobo possède son propre caractère et offre une expérience mémorable distincte. Roquemore a intelligemment évité les images dissonantes, ce qui n'est pas le moindre défi sur un tracé pourvu d'autant de beauté paysagère singulière. Le parcours bénéficie d'hectares de terrain ininterrompus, de longs trous exigeants, de sable et d'eau en quantité.

Cotton n'a pas tardé à s'enthousiasmer pour l'Algarve lorsqu'il y est arrivé il y a près de 40 ans. Et les golfeurs qui ont visité la région depuis lui sont éternellement reconnaissants de ses contributions à la région. **JB**

Parcours : Mauna Lani Resort (parcours sud)

Situé à : Kohala Coast, Hawaï, États-Unis

Trou : n° 7

Longueur : 195 m

Par : 3

Architectes : H. Flint, R. F. Cain, R. Nelson

À savoir : On devrait distinguer « vue splendide » et « vue splendide à Hawaï », qui implique de placer haut la barre. Le n° 7 du parcours sud de Mauna Lani Resort ainsi que le n° 15 offrent une vue spectaculaire sur le Pacifique.

N° ❼ MAUNA LANI RESORT (PARCOURS SUD)

Durant l'hiver, on peut apercevoir depuis ce trou les baleines à bosse migrant au large, ce qui peut constituer une raison suffisante pour le visiter. N'oublions pas non plus le golf fantastique que l'on joue sur ce par 3.

Bien que la plupart des photographes se dirigent directement vers le légendaire n° 15 – l'un des plus photographiés au monde –, le n° 7, avec ses *Prosopis* balayés par le vent en toile de fond, vaut aussi le déplacement, sans parler d'une balle de golf ou deux.

C'est ce que les habitués qualifient de charmant par 3 en descente. Depuis les départs arrière, le premier coup doit franchir 180 m d'une falaise de lave, et mieux éviter les falaises, encore plus lorsqu'elles sont composées de lave. Un bon lie peut s'y avérer difficile.

Il est important d'étudier le vent, car il se manifestera probablement. Et une fois le green atteint, n'oubliez pas que ses ondulations rappellent les vagues de l'océan.

Un conseil : n'atterrissez pas à gauche de ce vaste green à double plateau. Parmi les obstacles du trou, on compte le sable, la lave et l'océan. Et, l'hiver, les baleines. **TJ**

Parcours : golf de Hubbelrath (parcours est)

Situé à : Düsseldorf, Rhénanie Nord-Westphalie, Allemagne

Trou : n° 7

Longueur : 160 m

Par : 3

Architecte : Bernhard von Limburger

À savoir : Le nombre d'adhérents de Hubbelrath a augmenté de façon constante depuis son inauguration en 1961. Le club compte actuellement environ 1 750 membres, ce qui en fait le plus important d'Allemagne.

N° ❼ GOLF DE HUBBELRATH (PARCOURS EST)

Commodément situé entre Düsseldorf, ville pleine d'animation, et le Bergland, le parcours est du golf de Hubbelrath a été créé dans le but d'offrir défis et divertissement, tout en respectant les contraintes d'un emploi du temps chargé.

L'économie de temps ayant constitué un facteur primordial lors de la formation du club, le parcours ouest d'Hubbelrath, un par 66, ne mesure que 4 000 m. Mais malgré sa réputation de parcours à la va-vite, les joueurs devraient ralentir le rythme sur le n° 7.

Ce par 3 offre un green protégé par 2 étangs profonds, ainsi que par un bois dense tout du long du côté gauche. Depuis l'aire de départ, la meilleure stratégie consiste à viser directement le green ondoyant, situé entre 2 profonds bunkers, ce qui, en fonction de la position du drapeau, n'amènera pas toujours les joueurs jusqu'au trou.

Bien que l'on risque de trouver un obstacle d'eau en visant la gauche du green, on doit se méfier des coups partant à droite, qui, s'ils sont trop forts, peuvent dévaler le dévers et s'arrêter dans une profonde dépression. Sauvegarder le par depuis cette dernière ou depuis l'un des bunkers pourra s'avérer impossible, et nous ne parlons même pas du temps que cela prendra. **RH**

N° 7 — REDTAIL GOLF CLUB

Parcours : Redtail Golf Club

Situé à : Port Stanley, Ontario, Canada

Trou : n° 7

Longueur : 201 m

Par : 3

Architecte : Steel & Associates

À savoir : Les architectes ont laissé le terrain dicter le parcours, où le par est notamment protégé par de simples et subtils greens. Le n° 7, par exemple, est le premier par 3 du parcours, accompagné de 3 autres au cours des 7 trous suivants. Les architectes n'ont pas imposé d'obstacles manquant de naturel. Redtail possède moins de 30 bunkers, et aucun d'entre eux n'est sur le n° 7.

Redtail Golf Club étant un parcours sculpté dans un terrain parsemé de profonds ravins et de bois vallonnés, il est logique de débuter une étude par sa topographie, aussi adaptée à l'observation de la nature qu'au golf.

Évoquez le n° 7 de Redtail, par exemple, et la conversation devrait s'orienter vers son ravin menaçant et les 182 m sur lesquels on doit porter la balle depuis l'aire de départ. Cependant, comme presque toujours sur ce tracé, le joueur n'est confronté à un vrai défi qu'une fois sur le green.

Bien que le ravin du n° 7, qui s'enroule autour du green depuis le collier jusqu'à l'arrière-droite, soit intimidant d'un point de vue visuel, l'éviter provoque souvent un danger plus grand encore. Les timorés essaieront de s'approcher le moins possible de cet obstacle, un instinct de survie les poussant probablement à frapper un pull depuis l'aire de départ. Conserver la balle sur le green oblique sera ensuite leur préoccupation principale.

Le green du n° 7 est en effet incliné de gauche à droite, ce qui transformera presque à coup sûr en bogey tout drive joué trop à gauche. Plus problématique encore, la position du drapeau à l'extrémité droite force les joueurs à flirter avec le ravin ou à confronter deux putts improbables depuis le côté gauche du green. **RH**

N° ❼ GOLF EL RINCÓN

Parcours : golf El Rincón
Situé à : Bogotá, Colombie
Trou : n° 7
Longueur : 163 m
Par : 3
Architecte : Robert Trent Jones senior
À savoir : Malgré de fortes inondations qui endommagèrent le n° 7 au cours de l'hiver 1980, les réparations furent terminées à temps afin d'accueillir la Coupe du monde cette même année. Jones remodela le trou à l'occasion de cette manifestation qui rassemble les golfeurs du monde entier.

En 1957, 8 Colombiens s'unirent afin d'établir un club de golf au milieu des Andes. Ils découvrirent 35 splendides hectares mis aux enchères dans la savane de Bogotá pour 4 245 pesos l'hectare. Le groupe acquit le terrain et offrit 26 000 dollars à Robert Trent Jones senior en 1963 pour qu'il dessine le parcours. Quatre décennies plus tard, on peut dire que ces visionnaires en ont eu pour leur argent.

Le club d'El Rincón, avec ses pins et ses sapins, ses bosquets d'eucalyptus, ses obstacles d'eau et ses merveilleux trous, constitue un remarquable tableau de golf. Et le n° 7 fait partie des touches de génie de l'artiste.

Ce trou teste la précision et l'exactitude des joueurs, exigeant un fin sens de la direction dans un cadre au vert si luxuriant qu'il en paraît pourvu de texture. Ce par 3 ne mesure que 163 m mais il paraît plus court encore car le parcours est à environ 2 500 m d'altitude. La balle vole beaucoup plus loin, et une erreur dans la sélection de votre club aura donc des conséquences accrues.

L'aire de départ est vaste, et, selon l'emplacement des marques, peut offrir plusieurs visions du green. Un lac sépare ce dernier du départ, et il faudra le franchir dans toute sa largeur. Une balle frappée trop timidement finira dans l'eau, loin du green soutenu par un muret de briques. Trop longue ou partant sur le côté, elle atterrira dans l'un des 3 bunkers entourant le green.

La rivière Bogotá marque la limite orientale d'El Rincón, et un pont fut construit en 1965 pour permettre d'accéder au golf. Attention quand vous le traversez. Une épreuve, rude mais splendide, vous attend de l'autre côté. **JB**

N° ❼ THIRTEENTH BEACH GOLF LINKS

Parcours : Thirteenth Beach Golf Links
Situé à : Barwon Heads, Victoria, Australie
Trou : n° 7
Longueur : 165 m
Par : 3
Architecte : Tony Cashmore
À savoir : Inauguré en 2003, le Thirteenth Beach est un parcours doté d'une double personnalité, se déroulant à travers pâturages et dunes sauvages. Les joueurs font l'éloge de ses pars 3, en particulier du n° 7, l'un des meilleurs trous du pays.

On frappe ici son drive depuis une aire de départ spectaculaire, sur une dune sauvage surplombant la lagune de Murtnaghurt.

À gauche du green se trouvent une petite dune ainsi que 2 bunkers creusés dans son flanc, et le côté droit est défendu par un autre ensemble d'obstacles, dont un vaste et profond bunker à l'arrière. Un étroit collier devant le green permet aux golfeurs de faire rouler la balle jusqu'au drapeau, mais le meilleur moyen d'assurer le par est de choisir un fer long et de poser la balle sur le green, en espérant suivre avec 2 putts.

Comme sur tout parcours en bord de mer, le vent entre souvent en jeu et, pour atteindre la cible, on peut jouer parfois un bois 3, comme une autre fois un fer 8. **JS**

N° 7 STOKE PARK GOLF CLUB

Parcours : Stoke Park Golf Club

Situé à : Stoke Poges, Buckinghamshire, Angleterre

Trou : n° 7

Longueur : 157 m

Par : 3

Architecte : Harry S. Colt

À savoir : Peu de clubs peuvent affirmer qu' « avec une histoire officiellement longue de plus de 900 ans, ce domaine de 141 ha offre les traditions d'un club privé de premier ordre alliées aux meilleures installations hôtelières, sportives, de loisirs et de divertissement ».

Avez-vous déjà joué le douzième trou d'Augusta National ? Si c'est le cas, le n° 7 de Stoke Park Club devrait vous paraître familier. « Lorsque Harry S. Colt conçut ce qui était encore Stoke Poges Club (inauguré en 1908), Alister MacKenzie était son assistant », expliqua Stuart Collier, le professionnel en chef de Stoke Park, à Tom LaMarre de worldgolf.com. « MacKenzie a utilisé le plan de notre n° 7 pour le n° 12 d'Augusta. »

« Si vous imaginez les trous côte à côte, vous verrez la ressemblance ou pas », continua Collier. « Mais on les joue de manière très similaire. C'est un green à 3 clubs, selon le vent, ce qui donne un coup de départ angoissant. Toute balle partant à droite finira dans le ruisseau, à gauche ce sera le bunker, et trop longue elle sera dangereuse, terminant sa course dans les buissons ou dans le bunker du fond, amenant une sortie de bunker en descente avec l'eau derrière. »

Si vous atterrissez dans le bunker de gauche, vous pouvez dire adieu au par. Et le green a l'air facile mais on doit se préoccuper de ses pentes subtiles. Estimez-vous heureux de réaliser le par ou même un bogey sur ce trou. **TJ**

Parcours : Hunter's Station

Situé à : Forest County, Tionesta, États-Unis

Trou : n° 7

Longueur : 152 m

Par : 3

Architecte : Jack Sherman

À savoir : Fred Birkmore, directeur des opérations de la compagnie Whole World Travel, a déclaré au sujet du n° 7 de Hunter's Station : « C'est le plus joli trou que j'aie jamais vu. »

N° ❼ HUNTER'S STATION

Si nous devions raccourcir notre liste et la ramener aux 101 meilleurs greens au monde, le n° 7 de Hunter's Station serait toujours inclus. Impossible de faire plus beau. Selon Chris Roddell de midatlanticgolf.com, « rares sont les trous de golf qui transcendent leurs origines utilitaires et se transforment en réelles attractions touristiques, un endroit que rejoindront même ceux qui ne jouent pas au golf pour s'émerveiller de sa beauté ».

Pas mal non ? Lorsqu'il est impossible d'exagérer la beauté d'un lieu, il est aussi impossible de rabaisser la confiance en soi de l'écrivain qui le décrit. Peu d'adjectifs rendent justice à ce trou.

Depuis le départ, on découvre un dénivelé de 51 m jusqu'au green. On doit aussi décider quel club utiliser sur ce trou de 152 m que l'on joue plutôt comme s'il avait 20 m de moins. Enfin, toujours depuis le départ, on devra réussir à s'arracher à la contemplation du paysage remarquable s'étalant devant soi.

Décrire le tableau ne lui rend pas justice. Comment décrire ce qu'on découvre depuis le sommet d'une colline, surplombant une vallée, où l'on aperçoit 16 km de la rivière Allegheny serpentant à travers une épaisse forêt ?

C'est impossible. Mais nous pouvons vous conseiller de ne pas jouer long sur ce trou. À 1 m seulement derrière le green, on découvre un ravin d'au moins 30 m. Les bois peuvent aussi entrer en jeu si la balle dévie à droite ou à gauche. **TJ**

Parcours : golf d'Alto

Situé en : Algarve, Portugal

Trou : n° 7

Longueur : 201 m

Par : 3

Architecte : Sir Henry Cotton

À savoir : Alto Golf est à proximité du site du premier parcours de golf portugais, un 9 trous qui a disparu depuis.

N° ❼ GOLF D'ALTO

Alto est constitué de 2 parcelles de terrain serrées l'une contre l'autre et contenant chacune 9 trous. C'est du pur golf de terrain boisé, et ses limites réduites exigent des drives et coups d'approche précis. Ce n'est nulle part ailleurs plus vrai qu'au n° 7. Si ce trou vous rappelle quelque peu Pinehurst, c'est à cause de son green.

Celui-ci, comme de nombreux autres du parcours, ressemble à une soucoupe retournée. Il tient difficilement la balle, en particulier après un drive de 201 m depuis les départs pros.

Ceux qui atterriront devant le green devront essayer d'éviter les bunkers, à droite et à gauche. À cause de sa configuration, il sera difficile de rentrer la balle en 2 coups depuis l'un d'entre eux. Toute personne ayant en elle un soupçon du talent de Phil Mickelson devrait s'en sortir. Les autres devraient se contenter d'un bogey et passer au trou suivant.

Le chipping constitue aussi un problème ici car la forme du green force les golfeurs à faire preuve d'imagination pour approcher la balle du trou. Le par est plus qu'acceptable ici, c'est même presque un bonus. **AT**

N° ❼ THE NATIONAL GOLF CLUB
(VIEUX PARCOURS)

Parcours : The National Golf Club (vieux parcours)

Situé à : Cape Schanck, Victoria, Australie

Trou : n° 7

Longueur : 139 m

Par : 3

Architecte : Robert Trent Jones junior

À savoir : Le septième trou du National était autrefois son n° 2 avant que l'on construise le nouveau clubhouse et que le parcours soit dérouté.

Situé sur des dunes sauvages, surplombant deux parcs nationaux le long de la péninsule de Mornington dans le Victoria, le National Golf Club offre de spectaculaires vues du littoral australien.

Rien n'est peut-être plus époustouflant que le panorama qu'offre l'aire de départ du n° 7, trou emblématique du National perché sur une falaise, depuis lequel les golfeurs découvrent le détroit de Bass, la baie de Port Phillip, et, les matins clairs, la ligne des toits de Melbourne.

Les joueurs doivent cependant rapidement tourner leur attention vers le coup de départ, en descente, que l'on doit frapper au-dessus d'un ravin empli d'arbres. La distance est relativement courte, mais la cible est réduite – un green large mais pas très profond. Celui-ci est défendu par un profond bunker et une épaisse végétation sur l'arrière, sans compter une crête qui parcourt tout son avant-droit.

Il est essentiel de bien sélectionner son club ici, car toute balle trop courte, trop longue ou trop à gauche sera perdue. Lorsque le vent dominant souffle, le trou devient plus difficile à jouer, et l'on devra prendre un fer de plus – ou 3. L'architecte Robert Trent Jones junior ne parlait pas que du n° 7 lorsqu'il déclara que le National pouvait ressembler « à un lion dans le vent ou un agneau par temps clair et ensoleillé », mais il aurait pu. **KA**

N° ❼ THE HILLS COUNTRY CLUB
(PARCOURS DES COLLINES)

Parcours : The Hills Country Club (parcours des Collines)

Situé à : Lakeway, Texas, États-Unis

Trou : n° 7

Longueur : 186 m

Par : 3

Architecte : Jack Nicklaus

À savoir : Lakeway, petite ville à 32 km au nord d'Austin, doit son nom à sa proximité de Lake Travis, un réservoir long de 103 km, couvrant 7 690 ha, conçu pour recevoir les eaux du Colorado.

Souvent considéré comme le meilleur par 3 du Texas, le n° 7 du country club The Hills est un trou ravissant, bénéficiant d'une cascade qui dégringole sur 7 m le long d'une falaise de calcaire située juste devant le green.

C'est du moins ravissant si vous jouez depuis les départs avancés (81 m), ceux du milieu (122 m) ou depuis les marques bleues (138 m). Depuis les départs arrière cependant (186 m), la vue est plus effrayante, notamment face au vent dominant. Assurez-vous de prendre autant de clubs que nécessaire. Même si vous arrivez à survoler la cascade, le par n'est pas garanti.

Le green, incliné de droite à gauche, est en creux et protégé par 2 bunkers à l'arrière qui forcent les golfeurs qui y atterrissent à un coup dans le sable intimidant en direction de la cascade.

Pour vous donner une idée de la difficulté du coup de départ, sachez qu'il a fallu poser du gazon artificiel sur l'aire d'allègement du n° 7. On y droppait tellement la balle qu'il était simplement impossible d'y faire pousser de l'herbe. **KA**

N° ❼ GOLF DE CASA DE CAMPO
(LES DENTS DU CHIEN)

Parcours : golf de Casa de Campo (Les Dents du chien)

Situé à : La Romana, République dominicaine

Trou : n° 7

Longueur : 205 m

Par : 3

Architecte : Pete Dye

À savoir : Le championnat mondial amateur par équipes s'est déroulé par le passé sur ce parcours.

Pete Dye, architecte de golf de réputation mondiale, a mis 2 ans pour dessiner « Les Dents du chien » avant qu'il n'ouvre en 1969. Le n° 7, un par 3 monstre, est l'un des 7 trous qui surplombent la mer des Caraïbes. C'est l'un des plus caractéristiques d'un des parcours préférés de Pete Dye.

Le nom « Dents du chien » provient des pointes tranchantes des formations de corail le long du littoral, comme celles que l'on trouve près du n° 7, mais cela pourrait tout aussi bien être lié à la difficulté du parcours.

Le n° 7, avec ses 205 m, est un long par 3, rendu angoissant par le fait qu'une partie de ces 205 m se trouve au-dessus de la mer. L'aire de départ est située au bord de la mer des Caraïbes, et le green est entouré de sable, ce qui donne l'impression qu'on l'a découpé dans la plage. On a ajouté à cela des fosses herbeuses, et le rough est tout simplement désagréable.

Les traverses de chemin de fer qu'affectionne Dye sont très peu présentes. De fait, on n'en trouve aucune au n° 7, mais nombre des autres éléments préférés de l'architecte entrent en jeu. Le n° 7 comprend des dépressions naturelles, un green surélevé et très découpé, et des arbres qui n'entrent pas complètement en jeu. Ajoutez à cela les alizés qui se lèvent sans préavis, et le niveau de difficulté s'accroît de façon spectaculaire.

A l'origine, le Casa de Campo ne devait accueillir qu'un 9 trous, mais lorsque Dye examina la propriété depuis une vedette dans la mer des Caraïbes, il la qualifia de « plus bel emplacement propre au golf en bord de mer que j'aie jamais vu », et le projet devint plus ambitieux. L'ambition de Dye – et sa patience – a porté ses fruits. Le n° 7 en est l'exemple parfait. **JB**

N° ❼ NEWCASTLE FERN BAY GOLF CLUB

Parcours : Newcastle Fern Bay Golf Club

Situé à : Fern Bay, Nouvelle-Galles-du-Sud, Australie

Trou : n° 7

Longueur : 141 m

Par : 3

Architecte : Eric Apperly

À savoir : Parcours classique d'un club fondé en 1905, le Newcastle Fern Bay est réputé pour ses petits greens, ses bunkers adroitement placés, et son charme. Le tracé est dessiné au milieu de dunes ondoyantes près du Pacifique.

L'aire de départ de ce trou de 141 m est située sur le point le plus élevé du premier 9 d'un parcours à proximité de la rivière Hunter et à 2 h de voiture de Sydney.

On aura besoin d'un fer court à moyen pour atteindre le green protégé sur la droite par 2 bunkers et considérablement incliné de l'avant vers l'arrière. Il est essentiel que le drive évite les dangers sur le devant, mais d'autres embûches attendent encore le joueur qui frapperait long et contemplerait alors sa balle dévaler l'arrière du green.

Faire rentrer la balle en 2 coups depuis cette position s'avérera alors l'une des entreprises les plus ardues de ce parcours réputé, et on devrait l'éviter à tout prix.

Le n° 7 est un trou emblématique, peut-être le meilleur du Newcastle Fern Bay, et il fait partie de la liste des 18 meilleurs trous au monde (États-Unis et îles Britanniques mis à part) établie par Tom Doak, architecte réputé. **JS**

N° ❼ GANTON GOLF CLUB

Parcours : Ganton Golf Club

Situé à : Ganton, North Yorkshire, Angleterre

Trou : n° 7

Longueur : 397 m

Par : 4

Architectes : Tom Chisolm, Harry Vardon, Ted Ray, James Braid, Harry S. Colt

À savoir : Dans cette crique de la mer du Nord, formée il y a des milliers d'années, le sous-sol, naturellement sablonneux, se prêtait de façon idéale à la construction d'un terrain de golf.

Quelques déclarations extraordinaires ont été faites au sujet de ce parcours, mais c'est Peter Aliss qui l'a le mieux décrit : « Rares sont les endroits offrant un meilleur golf que Ganton, avec sa remarquable qualité, son charme et ses défis. » Ceux qui ont joué ici – où la Coupe du monde s'est déroulée en 2003 – comprennent que ce parcours donne plus d'importance à la précision qu'à la longueur. Gardez donc votre driver dans votre sac.

Les bunkers de Ganton n'ont que peu de rivaux. Selon le site Internet du club, « un joueur qui atterrit dans un bunker paiera cher son erreur ». À l'heure où les architectes dessinent des bunkers moins punitifs, c'est une caractéristique que l'on apprécie.

Le sujet des bunkers nous amène tout droit au n° 7, que l'on décrit souvent comme possédant « les plus beaux bunkers au monde ».

L'intérieur de ce difficile dogleg à droite est protégé par 4 d'entre eux. On en trouve un à 50 m environ du green, que l'on devrait éviter autant que possible. 2 profonds bunkers empiètent sur la gauche du green tandis qu'un dernier défend le côté droit.

D'après *golfclubatlas.com*, les bunkers du septième trou de Ganton sont astucieusement placés, obligeant les golfeurs à adopter une stratégie où la prise de risque sera récompensée : « Exactement la façon appropriée de placer les bunkers sur un dogleg, car il existe un réel avantage, en termes de distance comme d'angle d'approche, à serrer les bunkers près du coude. » **TJ**

CI-DESSOUS *L'Américain Trip Kuehne joue une sortie de bunker sur le septième trou de Ganton en septembre 2003.*

N° 7 — ST GEORGE'S GOLF & COUNTRY CLUB

Parcours : St George's Golf & Country Club

Situé à : Toronto, Ontario, Canada

Trou : n° 7

Longueur : 407 m

Par : 4

Architecte : Stanley Thompson

À savoir : St George a accueilli 4 Opens du Canada, tournoi constituant la seule étape canadienne du PGA Tour. Lorsque le club de Glen Abbey fut construit à Toronto, c'était *a priori* pour que tous les Opens du Canada s'y déroulent. Mais les joueurs et les supporters regrettaient St George, qui rejoignit alors la liste des clubs accueillant le tournoi.

Avec plus de 650 parcours, l'Ontario est l'une des régions les plus riches en golfs d'Amérique du Nord. Le Canada ne reçoit peut-être pas la reconnaissance qu'il mérite à la fois pour son riche patrimoine golfique et pour la ferveur que montre actuellement ce pays pour le jeu.

Ce n'est nulle part plus évident qu'au Royal St George. En 1929, B. L. Anderson, directeur général de la Royal Canadian Golf Association, écrivit : « Le golf, comme la musique, ne peut être ni simulé, ni approximatif. On doit l'exécuter de façon correcte, et tout seul. Il faut se montrer à la hauteur ou cela ne marche pas. La chance est un facteur, mais ne vous permettra pas seule de franchir les 18 trous du Royal York [désormais baptisé St George]. Le parcours ne l'autorise pas. Dans tout domaine doit exister un étalon de mesure. Le Royal York est celui auquel vous mesurerez votre jeu. C'est une vraie épreuve de golf. »

C'est le n° 7, long de 407 m, qui constitue l'épreuve la plus difficile de toutes. La distance seule met la plupart des joueurs au défi, mais si l'on considère que l'on joue en montée depuis l'aire de départ jusqu'au green, cela devient un par 5 pour ceux dotés d'un handicap moyen ou élevé.

Des bunkers, qui ne devraient pas entrer en jeu, sont parsemés des deux côtés du fairway. Les fairways sont larges sur ce parcours ; ce sont sa longueur et sa pente qui défendent ce trou. Une fois sur le segment final, cependant, l'épreuve est loin d'être terminée. Le green est assez grand, mais fait partie des plus sinueux du parcours.

Au cours de ses 75 années d'existence, le n° 7 est demeuré le plus difficile de St George. En 1909, Robert Home Smith, entrepreneur accompli, commença à acquérir des terrains près des rives de la Humber afin d'y construire. Quelque 18 ans plus tard, il décida qu'un golf en augmenterait la valeur.

Smith fit venir Thompson, l'un des architectes de golf les plus réputés d'Amérique du Nord, pour concevoir un 18 trous de championnat. Celui-ci fut terminé en 1929, et demeure aujourd'hui l'un des plus chéris du Canada. **JB**

Parcours : Royal Troon Golf Club (vieux parcours)

Situé à : Troon, Ayrshire, Écosse

Trou : n° 7

Longueur : 368 m

Par : 4

Architectes : C. Hunter, W. Fernie

À savoir : Le Royal Troon est considéré comme le meilleur de tous les excellents parcours dessinés dans les dunes de la côte du Ayrshire. Il domine le cours inférieur du Firth of Clyde.

N° ❼ ROYAL TROON GOLF CLUB
(VIEUX PARCOURS)

Le septième trou du vieux parcours du Royal Troon est baptisé Tel-El-Kebir, en l'honneur d'une bataille qui se déroula en 1882, juste avant la création du trou. Et c'est bien une bataille qui vous attend ici. Le n° 7 est un trou magnifique, que l'on joue depuis une aire de départ perchée au sommet des dunes. Le fairway dessine un dogleg très anguleux à droite, abritant dans son coude une dune et un bunker.

Les bunkers sont situés des 2 côtés, à environ 219 m de l'aire. Un coup de départ d'environ 247 m vous donnera une chance d'atteindre le green. Si vous frappez un hook, vous pouvez vous attendre à atterrir dans l'un des bunkers sur la gauche du fairway. Un loft fera franchir une ravine à la balle avant d'atterrir sur un green bien protégé et situé entre deux imposantes dunes. Étroit, il est défendu par des bunkers et le danger ne manque pas à l'arrière.

Ce trou se joue plus facilement depuis les départs avancés, à 323 m. Les départs féminins sont à 318 m. Comme on le voit, c'est une bataille qui sera difficile à remporter quels que soient ceux qu'on choisisse. **TJ**

N° 7 BALLYBUNION GOLF CLUB
(VIEUX PARCOURS)

Parcours : Ballybunion Golf Club (vieux parcours)

Situé à : Ballybunion, comté de Kerry, Irlande

Trou : n° 7

Longueur : 395 m

Par : 4

Architectes : Tom Simpson, Molly Gourlay

À savoir : Considéré comme l'un des meilleurs parcours de golf au monde, Ballybunion est salué par les spécialistes pour la façon experte dont les ondulations naturelles du terrain ont été exploitées.

CI-DESSOUS ET CI-CONTRE *Deux vues du septième trou de Ballybunion.*

Les nouveaux venus essaient souvent de capturer la magie du vieux parcours de Ballybunion et échouent si souvent. Chef-d'œuvre au milieu des dunes vallonnées, c'est une merveilleuse épreuve de golf de purs links, un don inestimable qui nous est fait. Ces louanges se révèlent pourtant insuffisantes. Tom Watson, qui remporta 5 fois le British Open, a peut-être le mieux complimenté ce leader incontesté des links irlandais : « Ballybunion est un parcours sur lequel de nombreux architectes devraient vivre et jouer avant de construire le moindre golf », déclara celui que le club chargea en 1995 de donner un aspect plus contemporain au vieux parcours.

Par rapport à d'autres trous plus réputés de Ballybunion, on oublie souvent le n° 7, un par 4 se jouant sur une distance intimidante de 395 m, mais il aurait très bien pu provoquer le commentaire de Watson cité ci-dessus. C'est, de l'avis général, une merveille architecturale.

Sur ce subtil dogleg à droite, mieux vaut jouer son coup de départ en s'éloignant de l'océan qui borde tout le côté droit. Mais que l'on parte trop à gauche et l'on sera confronté à un deuxième coup plus exigeant, vers un green légèrement surélevé protégé par un grand monticule. Il est aussi dangereusement proche de la falaise, et un gros mamelon sur le fairway rend le deuxième coup encore plus ardu. **RH**

N° 7 CRYSTAL DOWNS COUNTRY CLUB

Parcours : Crystal Downs Country Club

Situé à : Frankfort, Michigan, États-Unis

Trou : n° 7

Longueur : 306 m

Par : 4

Architectes : Alister MacKenzie, Perry Maxwell

À savoir : Le Crystal Downs fut construit en 1933 sur une falaise dominant le lac Michigan et le lac Crystal. Ses fairways bordés d'arbres étant très vallonnés, les lies inégaux y sont aussi courants que les bogeys.

Le Crystal Downs est un important parcours en links. Le nord et l'ouest du Michigan abritent des golfs fantastiques, mais peu se targuent d'un passé aussi riche que le Crystal Downs. Bien que sa beauté soit époustouflante et ses conditions de jeu excellentes, ce sont ses greens qui le distinguent des autres. Celui du n° 7 en est un parfait exemple. On a utilisé de nombreux termes pour le décrire : en boomerang, en L, et autres mots que nous ne pouvons imprimer.

Golfclubatlas.com, un site fantastique dédié à l'architecture de golf, a écrit à son sujet : « Contrairement à quasiment tous les greens de ce genre conçus depuis, celui-ci fonctionne grâce aux contours dont l'a doté Maxwell. Depuis très loin, à gauche, on peut utiliser le talus sur le devant pour faire rebondir la balle vers le drapeau lorsqu'il est placé sur le devant, à droite. C'est aussi vrai s'il est à l'arrière, à gauche – depuis l'avant-droite, on peut utiliser le remblai pour éviter ces contours. »

Plusieurs options vous sont offertes avant d'atteindre le coude du boomerang. On peut jouer un coup de départ court puis suivre d'un wedge vers le green. Ou on peut exploser son coup de départ en direction du fond du vallon et risquer un court coup aveugle. Mais le plus sage est de jouer court et de voir où l'on se dirige. **TJ**

N° ❼ DOUBLE EAGLE GOLF CLUB

Parcours : Double Eagle Golf Club
Situé à : Galena, Ohio, États-Unis
Trou : n° 7
Longueur : 347 m
Par : 4
Architectes : Tom Weiskopf, Jay Morrish
À savoir : On a l'impression que ce golf offre 2 parcours en un. Construit sur 141 ha de terrain, il serpente parmi d'anciennes terres arables et les bois avant de retrouver les fairways dégagés des premiers trous.

Il y a quelques années, Tom Meeks, responsable de l'USGA (Association de golf américaine), est venu juger Double Eagle. Meeks déclara apprécier le parcours, mais selon lui le n° 7 devait subir des modifications pour accueillir des tournois. Il pensait que l'accès au green était trop étroit. Le propriétaire répondit que les arbres incriminés resteraient en place, même s'il devait renoncer aux manifestations de l'USGA. Moins de 2 semaines plus tard, une tempête abattit les trois arbres en question. Depuis, diverses épreuves qualificatives se sont déroulées à Double Eagle.

Le n° 7, un par 4 de 347 m, exige un coup de départ étroit, qu'il vaut mieux ne pas frapper trop long. Avec un swing puissant, il faudra faire en sorte d'atterrir avant le ravin se trouvant à 237 m des départs arrière. C'est l'emplacement du drapeau qui dictera l'endroit qu'on visera sur le drive. Placé du côté gauche du green, on visera le côté droit du fairway et inversement. Le trou se trouve dans une zone très boisée du parcours, qui était encore plus dense jusqu'à ce que Dame Nature (ou l'USGA) se charge d'abattre quelques arbres. **TJ**

Parcours : DragonRidge Golf & Country Club

Situé à : Henderson, Nevada, États-Unis

Trou : n° 7

Longueur : 403 m

Par : 4

Architecte : Jay Morrish

À savoir : Ne pariez avec aucun membre de ce club lorsque vous jouez ce parcours. Si l'on est familier avec ses doubles fairways incorporant le paysage des montagnes du désert du Nevada, et avec ses coups de départ aveugles, on possède un avantage certain sur ceux qui découvrent juste le parcours.

CI-CONTRE *Le septième trou du DragonRidge.*

N° ❼ DRAGONRIDGE GOLF & COUNTRY CLUB

Construit en 2000, le country club de DragonRidge a déjà rejoint les rangs des plus grands parcours de la région de Las Vegas. Son tracé a été façonné dans les montagnes McCullough, d'où, dit-on, on a la plus belle vue sur la vallée de Las Vegas.

Le n° 7 est non seulement magnifique mais aussi très difficile. Comptant parmi les plus ardus du parcours, ce par 4 emblématique qui mesure 403 m depuis les départs arrière s'avère intimidant du début à la fin. Un coup de départ bien placé dans une zone d'arrivée qui rétrécit progressivement est primordial si l'on désire y réaliser le par.

Le deuxième coup, en montée, rejoint un green en creux protégé par un bunker sur le devant et par un ruisseau sur l'arrière qui alimente l'obstacle d'eau sur la droite. On peut réduire la distance de ce par 4 en jouant depuis les départs plus avancés ou en visant le côté droit du fairway dès le départ.

De toutes façons, on devra se préoccuper de l'obstacle d'eau de ce côté. Le green étant profond, assurez-vous de prendre un club assez important sur le coup d'approche afin de compenser l'élévation de ce dernier. La fondation de Tiger Woods a sélectionné ce parcours plusieurs fois pour son événement annuel, le « Tiger Jam ». **TJ**

Parcours : golf de Tomson

Situé à : Pudong, Shanghai, Chine

Trou : n° 7

Longueur : 354 m

Par : 4

Architecte : Shunsuke Kato

À savoir : D'après le journal *Asia Times*, presque la moitié des 200 golfs chinois sont en déficit, car ils pâtissent d'un développement anarchique depuis que le pays s'est ouvert à ce sport.

N° ❼ GOLF DE TOMSON

Deux décennies après l'inauguration du premier parcours chinois en 1984, le pays est désormais en cinquième position mondiale en termes de nombre de parcours (et deuxième en Asie). Et le jeu gagne en popularité. Quelque 500 à 1 000 terrains de golf sont en construction et rejoindront les 200 déjà existants.

Le golf de Tomson, l'un des plus importants de Shanghai, montre combien l'économie du golf est difficile en Chine. Ses revenus annuels provenant des cotisations de ses membres, des droits de jeu ainsi que de la restauration n'atteignent qu'environ 20 millions de yuan, une faible marge de profit selon le journal *Asia Times*. Le golf de Tomson est l'un des meilleurs endroits où jouer en Chine – malgré cette difficile situation économique.

Ce par 4 de 354 m illustre bien la qualité et le niveau de difficulté du parcours. Sur un coup de départ étroit, on doit frapper la balle assez loin pour dépasser le sable et le ruisseau qui traverse le fairway à droite. La zone d'arrivée de la balle est assez importante, juste avant un vaste bunker sur la gauche. Le deuxième coup est encore plus difficile. Un bunker est situé devant le green, sur la droite, et le fairway devient aussi fin que la lame d'un rasoir juste avant celui-ci. Le vaste green est aussi protégé par de dangereux bunkers à l'arrière. **TJ**

Parcours : The Olympic Club (parcours du Lac)

Situé à : San Francisco, Californie, États-Unis

Trou : n° 7

Longueur : 263 m

Par : 4

Architecte : Sam Whiting

À savoir : Impossible de ne pas compter le green du n° 7 parmi les plus difficiles au monde. Demandez donc à John Daly. Au cours du dernier tour de l'US Open de 1998, il frappa un bois 3 en direction du green et termina avec un score de 6.

N° 7 THE OLYMPIC CLUB (PARCOURS DU LAC)

Ce club, qui accueillit l'US Open en 1955, 1966, 1987 et 1998, est légendaire pour sa vue spectaculaire sur le pont du Golden Gate. Mais nul besoin de porter le regard aussi loin pour un splendide spectacle. Le parcours qui s'étend devant vous remplit les conditions requises. Et le n° 7 est extraordinaire, mémorable, et très difficile. Il compte parmi ceux que l'on doit absolument jouer. Le dénivelé y est beaucoup plus important que ce que ne laisse deviner la télévision. Il mesure 263 m depuis les départs arrière, et se joue majoritairement en montée.

On devra frapper un drive d'environ 160 m pour atteindre un endroit plat sur le fairway. De là, on jouera en montée sans interruption. Le coup d'approche est primordial. On doit atterrir sur le plateau où se trouve le drapeau ou se retrouver dans une situation très difficile. Et ce n'est pas pour rien qu'on le qualifie de green à triple plateau. L'équivalent de 6 à 8 marches sépare les emplacements de drapeau des divers niveaux. Incliné vers l'arrière et descendant en pente du côté droit, il n'est pas rare d'expédier un putt en dehors du green. Ne vous laissez donc pas duper par la longueur de ce trou. Les vrais efforts débutent une fois sur le green. **TJ**

Parcours : golf de Morfontaine

Situé à : Mortefontaine, France

Trou : n° 7

Longueur : 393 m

Par : 4

Architecte : Tom Simpson

À savoir : Simpson fut chargé en 1910 de construire un parcours de 9 trous à Morfontaine par le duc de Gramont. Quelque 17 ans plus tard, après la Première Guerre mondiale, il dessina aussi le tracé du 18 trous.

N° 7 GOLF DE MORFONTAINE

Quel dommage que la vaste majorité des golfeurs ne puissent jouer ce parcours classique, qui procure à ses membres un refuge ultime au sein de la paisible beauté de la campagne française. Morfontaine fut conçu par Tom Simpson, un aristocrate britannique célèbre pour son œuvre à Chantilly, près de là, ainsi qu'à Ballybunion en Irlande, Cruden Bay en Écosse et au Royal Antwerp en Belgique. Seul parcours français régulièrement classé parmi les 100 meilleurs au monde, Morfontaine est l'un des clubs privés les plus fermés d'Europe, même s'il ouvre parfois ses portes aux meilleures des épreuves amateurs. Chef-d'œuvre de Simpson, il possède des fairways étroits, des bois épais et des bruyères, et n'a quasiment pas changé depuis sa création en 1927.

Sur le septième trou, un dogleg à gauche, on doit frapper le coup de départ, en partie aveugle, au-dessus d'une colline inclinée de gauche à droite. À cause d'elle, il est difficile de conserver son drive sur le fairway accidenté. Même si on y arrive, l'épreuve est loin d'être terminée. Le coup d'approche doit porter la balle au-dessus d'un faux collier sournois, avec une montée à laquelle se heurtent de nombreuses balles avant de la dévaler en direction du fairway. Le green est assez grand, mais très découpé, et protégé par un bunker sur sa gauche. **KA**

N° 7   CRUDEN BAY GOLF CLUB

Parcours : Cruden Bay Golf Club

Situé à : Cruden Bay, Aberdeen, Écosse

Trou : n° 7

Longueur : 358 m

Par : 4

Architecte : Tom Simpson

À savoir : On dit que l'on a joué au golf pour la première fois près du village de Cruden Bay en 1791, ce qui fait de ce terrain un site golfique plus que vénérable. Le parcours même a été inauguré en 1899, au cours d'un tournoi professionnel remporté par Harry Vardon.

CI-DESSOUS *Le septième trou de Cruden Bay.*

Sur ce par 4 de 358 m, un bunker a été placé juste au début du fairway. Un autre est situé au milieu, mais il est moins difficile de le survoler.

Les bunkers dont on doit s'inquiéter le plus sont ceux qui sont placés en série sur le côté gauche, au niveau du coude de ce dogleg à gauche, et juste là où les grands frappeurs essaieront de viser en essayant de tricher et de contourner les difficultés du dogleg. Le coup d'approche, lui, visera un green étroit et long au-delà de 2 grandes dunes pouvant s'avérer problématiques.

Ce trou est considéré par beaucoup comme le premier dogleg important du golf, et il est toujours aussi tentant. On doit rendre honneur à ce parcours car on n'y a pas planté d'arbres au niveau du coude, et l'idée de couper l'angle reste donc très présente.

Alors qu'il vaut mieux la plupart du temps jouer la sécurité, ici la prise de risque n'est pas une mauvaise idée. Utilisez donc un wedge ou un fer court si vous espérez poser la balle sur le green pour qu'elle y demeure.

D'une longueur totale actuelle de 5 847 m, Cruden Bay n'est pas un long parcours selon les normes actuelles. Mais les défis qu'il présente sont bien plus subtils qu'habituellement, et pourtant tout aussi dangereux. **TJ**

N° ❼ RIO SECCO GOLF CLUB

Parcours : Rio Secco Golf Club

Situé à : Henderson, Nevada, États-Unis

Trou : n° 7

Longueur : 381 m

Par : 4

Architecte : Rees Jones

À savoir : Ce 18 trous de championnat est principalement destiné aux clients du Rio All-Suite Hotel & Casino de Las Vegas, et n'est situé qu'à 12 minutes au sud de ce complexe hôtelier primé.

Le golf de Rio Secco est situé dans les contreforts du massif de Black Mountain, dans le Nevada, à 15 minutes du centre de Las Vegas, et on peut le jouer sur une difficile distance de 6 766 m. Il offre 4 séries de départ afin de permettre une expérience mémorable aux joueurs de tous niveaux. Rio Secco propose 6 trous à travers des canyons encaissés, 6 autres sur un plateau dominant la ville, et 6 encore dans un large lit de rivière asséché, dans le désert.

Le n° 7, un par 4 de 381 m, est emblématique du parcours. Ce léger dogleg à droite est l'un des plus ravissants d'un golf célèbre pour son cadre naturel. Et comme dans les casinos de la région, vos chances de réussite sont maigres sur ce trou. Depuis le départ, il faudra franchir environ 240 m. Le deuxième coup étant primordial, il faudra atterrir aussi loin que possible sur le fairway. Le green, situé à l'intérieur d'une caverne, se détache sur un mur de caliche haut de 12 m. 3 bunkers et un green coriace rendent ce trou encore plus ardu. Espérons que la chance sera de votre côté. **TJ**

Parcours : golf de Tong Hwa

Situé à : Lin Kou, Taipei, Taiwan

Trou : n° 7

Longueur : 406 m

Par : 4

Architecte : Sato Takeshi

À savoir : Tong Hwa a accueilli en 2000 le championnat de la PGA taiwanaise, appartenant au PGA Tour d'Asie.

N° 7 GOLF DE TONG HWA

Le golf est apparu à Taiwan durant la période coloniale japonaise, avec l'inauguration du parcours Tamsui (c'est aujourd'hui le parcours Tamsui du country club de Taiwan), un 3 trous construit en 1929.

Depuis, le golf a fait d'énormes progrès sur cette île, comme le montrent des clubs contemporains tels que celui de Tong Hwa Golf, construit dans les collines le long de la côte septentrionale. Tong Hwa est surtout réputé pour son n° 7, un difficile par 4 que les premiers golfeurs de Taiwan n'auraient probablement jamais pu imaginer.

On doit frapper le drive en descente, en visant la gauche d'un fairway incliné et plein de monticules, afin d'éviter les bunkers et les bosquets sur la droite. Mais ce n'est rien comparé à ce qu'on devra affronter au deuxième coup, où le lie de balle sera probablement inégal. Le green est férocement protégé sur la gauche et le devant par une mare et par un long bunker sinueux, exigeant un coup d'approche précis au fer moyen à long vers la moitié droite du green. **KA**

Parcours : Mill River Golf Course

Situé sur : l'île du Prince-Édouard, Canada

Trou : n° 7

Longueur : 383 m

Par : 4

Architecte : Robbie Robinson

À savoir : L'un des terrains de loisirs les plus fréquentés et les moins chers de l'île du Prince-Édouard, Mill River offre de larges fairways vallonnés, des greens aux bunkers bien placés, de subtils dénivelés et de nombreux lacs et ruisseaux.

N° 7 MILL RIVER GOLF COURSE

Le Rodd Mill River Resort, sur l'île du Prince-Édouard, est une vraie destination golfique grâce au Mill River Golf Course, salué par le public, et toujours classé comme l'un des meilleurs endroits où jouer au Canada. Vous n'oublierez pas ce complexe hôtelier de si tôt, et encore moins le septième trou du parcours. Et si vous avez du mal à frapper droit, vous adorerez ce trou.

Depuis l'aire de départ jusqu'au green, ce par 4 de 383 m est doté d'une série de mares au milieu du fairway. Vous pouvez viser à gauche. Vous pouvez viser à droite. Mais vous ne pouvez pas frapper droit. Les arbres bordant les deux côtés du fairway, ne vous imaginez pas que vos ennuis soient terminés si vous évitez l'eau. Le côté gauche est légèrement plus étroit.

Un bon coup de départ vous laisse environ 137 m et un léger dogleg à gauche avant le green surélevé. Nous avons bien dit surélevé. Il domine le fairway d'au moins 45 m, ce qu'on doit prendre en compte au moment de choisir son club. Il est aussi entouré de bosquets sur trois côtés.

Mill River a été construit en 1969 et a subi quelques modifications au fil des ans. Mais le n° 7 est presque le même que celui que Robbie Robinson a dessiné il y a des années de cela. **TJ**

N° 7   GOLF DE SOTOGRANDE

Parcours : golf de Sotogrande
Situé à : Cadix, Espagne
Trou : n° 7
Longueur : 385 m
Par : 4
Architecte : Robert Trent Jones senior
À savoir : Première œuvre de Robert Trent Jones senior en Europe continentale, il fut réalisé en 1964 et accueille tous les ans l'Open d'Espagne.

On qualifie souvent Sotogrande de grand frère de Valderrama. Pas une mauvaise famille, pour sûr.

Sotogrande est désormais reconnu comme l'un des meilleurs parcours d'Europe, et, avec son célèbre voisin Valderrama, il est aussi en général considéré comme le meilleur d'Espagne. Situé près de l'une des plus belles plages méditerranéennes, bordé par le fleuve Guadiaro, le parcours est antérieur à celui de Valderrama, sans que rien pourtant n'y soit démodé.

Le n° 7, comme le reste du parcours de Sotogrande, possède très peu de rough. Mais, comme sur le 1, le 12, le 13, le 14, le 16, le 17 et le 18 où elle entre en jeu, l'eau est située sur la droite du fairway. Le côté gauche, lui, est sans *agua*.

Ce côté n'est cependant pas dénué de danger sur le n° 7. Les joueurs doivent éviter la lisière de pins, chênes-lièges, palmiers, et eucalyptus. Si vous trouvez le fairway dès le coup de départ, vous ferez face à un coup

d'approche visant une fine bande de green, protégée par 4 bunkers sur tous les côtés. Ceux-ci sauvent en réalité les coups perdus, car ils empêchent la balle de terminer dans le petit étang à droite du green. Le fait que celui-ci descende en pente jusqu'à l'eau n'aide en rien, et le sable constitue donc le meilleur choix si vous n'atterrissez pas sur le green.

Le parcours est en réalité plus plat que la région environnante, abondant en falaises et contreforts vallonnés. Mais Sotogrande possède des marais salants et déborde de couleurs locales – violets, rouges – et de doux tons de rouille. Le climat de la région est parfait pour le golf, avec en moyenne 300 jours d'ensoleillement par an.

Le parcours de golf de Sotogrande est exceptionnel, et jouirait peut-être d'une plus grande réputation s'il ne vivait dans l'ombre de Valderrama. Nous vous conseillons de jouer les deux pour voir lequel vous plaît le plus. Mais quel que soit votre « frère » préféré, c'est une réunion de famille que vous n'êtes pas près d'oublier. **JB**

Parcours : Plainfield Country Club

Situé à : Plainfield, New Jersey, États-Unis

Trou : n° 7

Longueur : 419 m

Par : 4

Architecte : Donald Ross

À savoir : Le country club de Plainfield, situé à environ 40 km de New York, dans le nord du New Jersey, fut fondé en 1890 et appartient aux 100 clubs les plus anciens des États-Unis.

N° ❼   PLAINFIELD COUNTRY CLUB

Troisième trou le plus difficile du parcours, ce par 4 de 149 m est un défi du début jusqu'à la fin. Depuis l'aire de départ, on frappera droit au-dessus d'une légère dépression du fairway, avec des arbres sur la droite, l'objectif principal étant d'éviter les immenses bunkers sur la gauche. Profonds, pourvus de parois escarpées, il est difficile d'en sortir.

Un grand chêne se dresse sur la gauche, 27 m environ après les bunkers. Si l'on atterrit dans l'un d'entre eux, on devra donc frapper un pitch en arrière, vers le centre du fairway, car le drive y est impossible. Le fairway amorce une descente aux environs de la marque des 137 m, pour un dénivelé de 6 m jusqu'au green, en contrebas.

Les bunkers entrent à nouveau en jeu aux environs de ce dernier. On en trouve toute une rangée le long du côté droit, débutant à 27 m en avant. Ils n'atteignent pas le green, mais presque.

De 9 à 13 m de fairway séparent ces pièges du green. Celui-ci, comme c'est souvent le cas à Plainfield, est assez plat mais délicat. Ne vous laissez pas duper – il n'est pas aussi facile qu'il en a l'air. **TJ**

N° ❼ LAKEVIEW HILLS (PARCOURS NORD)

Parcours : Lakeview Hills (parcours nord)

Situé à : Lexington, Michigan, États-Unis

Trou : n° 7

Longueur : 420 m

Par : 4

Architecte : Jeff Gorney

À savoir : On peut atteindre ce trou en 2 coups, mais mieux vaut alors pouvoir compter sur son fer long. Il n'est pas aisé de faire atterrir la balle sur le green depuis 160 m de distance. La moindre erreur et l'on plongera la main dans le sac pour y pêcher une nouvelle balle. Mais bien sûr, si votre swing est assez puissant pour que vous tentiez d'atteindre le green en 2 coups, le manque de confiance en soi ne vous concerne probablement pas.

Le Michigan abrite autant de lieux saints du golf que de lacs. Et cet État en forme de pouce ne manque pas de parcours exceptionnels. Lakeview Hills, à une distance de chip de Port Huron et des rives du lac du même nom, peut rivaliser avec n'importe lequel d'entre eux. Ce complexe haut de gamme, abritant un hôtel, un bowling et un club de mise en forme a commencé à être reconnu dans le domaine du golf au Michigan avec l'inauguration de son parcours nord en 1991. Bordé de hauts pins et d'arbres indigènes, il est représentatif de cet État américain. L'eau est en jeu sur 8 de ses trous et les obstacles sont parfaitement placés aux « mauvais » endroits.

Ce par 4 de 420 m est l'un des plus mémorables de Lakeview Hills. Depuis le départ arrière, un bon drive franchira 250 m pour permettre de viser le green au coup suivant – qui sera long. C'est là que les choses se compliquent. Le green, entouré d'eau sur trois côtés, est traversé par une crête, et l'on se retrouve donc devant 2 greens distincts.

« C'est un trou difficile », déclare Dennis Fabbri, professionnel principal du club, une entreprise dont l'accueil et l'atmosphère reflètent l'« esprit de famille ». « Si le drapeau est à l'arrière, mieux vaut atterrir sur cette partie-là. S'il est sur le devant, mieux vaut atterrir sur le devant. » On trouve aussi des bunkers de fairway, un à environ 292 m du green, sur la droite, et un autre 50 m plus loin. On peut notamment les atteindre depuis les marques blanches. Bien que s'avérant difficile, c'est surtout pour la beauté de son cadre que l'on se souviendra de ce trou. De même, c'est son hospitalité qui rend Lakeview Hills mémorable. **TJ**

N° ❼ WOODLANDS GOLF CLUB

Parcours : Woodlands Golf Club

Situé à : Mordialloc, Victoria, Australie

Trou : n° 7

Longueur : 343 m

Par : 4

Architectes : R. S. Banks, S. Bennett

À savoir : Voici un autre joyau de la « couronne de sable » légendaire de Melbourne. Fondé en 1913, ce parcours est réputé pour ses pars 4 courts, particulièrement le n° 7 offrant de remarquables bunkers au bord du green, que l'on doit à l'ancien greenskeeper du Royal Melbourne, Mick Morcom.

Ce dogleg à gauche n'est pas forcément un trou sur lequel on veuille frapper un driver.

Bien entendu, on ne doit pas se battre avec d'épineux bunkers de fairway, mais la zone d'arrivée de la balle est réduite, et on n'a vraiment besoin que d'un bois de parcours ou d'un long fer pour atteindre le coude. Après cela, il suffit d'un wedge solide jusqu'au green, petit en taille mais subtilement pensé ; il est légèrement incliné de l'arrière vers l'avant, est protégé par des bunkers à gauche, sur le devant et sur l'arrière, et sa surface a aussi tendance à être très rapide en été.

Les membres du club déclarent que si un golfeur arrive à poser son deuxième coup sur le green et que celui-ci tienne la balle, il doit s'estimer très heureux. Et d'après l'opinion générale à Woodlands, réaliser le par sur le n° 7 est un excellent résultat. **JS**

N° 7 — THE EUROPEAN CLUB

Parcours : The European Club

Situé à : Brittas Bay, comté de Wicklow, Irlande

Trou : n° 7

Longueur : 430 m

Par : 4

Architecte : Pat Ruddy

À savoir : The European Club a été consacré l'un des 6 meilleurs parcours irlandais en 1995 – 2 ans après son inauguration –, rejoignant ainsi ceux de Portmarnock, Royal Portrush, Royal County Down, Ballybunion et Waterville.

CI-DESSOUS ET CI-CONTRE *Deux vues du septième trou de l'European Club.*

The European Club, qui a ouvert ses portes aux joueurs en 1993, n'est qu'un nouveau-né comparé au reste du golf européen. Entouré dans son propre pays et à travers le continent de parcours plusieurs fois centenaires dotés de traditions ancestrales, il a accédé au statut de club incontournable en un peu plus d'une décennie. Afin de gravir la hiérarchie d'un pays aussi riche en golfs, un parcours doit créer une impression immédiate. Et ce n'est ni avec du battage publicitaire ni avec des ruses ou des combines qu'on y arrive, mais plutôt grâce à la qualité. De profonds bunkers, des dunes sauvages, des brises marines et de vastes greens ondoyants forcent le golfeur à démontrer sa force de caractère, sa capacité à réfléchir, et la qualité de ses coups. C'est tout ceci qui fait du European Club une révélation.

Le n° 7, rude et sauvage, utilise tous ces éléments. Mais là où Ruddy aurait pu concevoir des coups aveugles, il a juste assez ouvert le fairway pour que les joueurs puissent apercevoir leur cible. Mais les zones d'arrivée sont entourées d'embûches paraissant plus proches qu'elles ne le sont, et porter le regard sur la cible est plus angoissant qu'avantageux. L'endroit ne manque pas où faire atterrir la balle mais les zones de sécurité paraissent disparaître sous les monticules, les roseaux et les collines.

Un ruisseau borde le côté droit du trou, tandis que le côté gauche est encadré par les monticules, les roseaux, un vaste marécage et un tapis d'une merveilleuse bruyère.

Le dessin du n° 7, et du reste du parcours, modernise les valeurs traditionnelles des links. Les coups aveugles, jugés surannés par beaucoup, sont limités, avec 14 trous sur lesquels on aperçoit le green depuis l'aire de départ, et 4 autres offrant une zone d'arrivée clairement visible. Le fairway rapide du n° 7 et son green qui invite les coups roulants, cependant, restent dans les limites traditionnelles du golf de links. Ruddy a conservé le meilleur du parcours et modernisé le reste. C'est une combinaison rare dont résulte un tracé réellement unique au monde.

Le n° 7 illustre bien ce que le parcours entier exige : il est conçu afin que les joueurs pensent et frappent la balle de la manière la plus épurée possible. **JB**

Parcours : Sand Hills Golf Club

Situé à : Mullen, Nebraska, États-Unis

Trou : n° 7

Longueur : 259 m

Par : 4

Architectes : Ben Crenshaw, Bill Coore

À savoir : Ce tracé est vallonné – y compris le n° 7 – mais pas au point qu'on ait du mal à le parcourir à pied. On y trouve de nombreux bunkers et pièges naturels, mais ni obstacles d'eau ni jalons de hors-limite.

N° ❼ **SAND HILLS GOLF CLUB**

Ce n'est probablement pas le nord du Nebraska, endroit reculé des États-Unis à 5 h de la ville importante la plus proche (Denver, au Colorado), qui vient tout d'abord à l'esprit lorsque l'on songe à construire un parcours de golf. Mais c'est cet isolement qui a permis un tracé splendide. Un terrain absolument parfait attendait Ben Crenshaw et Bill Coore lorsqu'ils examinèrent ce site de Sand Hills. Et ils exploitèrent au maximum ses dunes formées par le vent, sa bruyère et ses dénivelés, pour créer un chef-d'œuvre.

Les trous, éparpillés dans la nature, paraissent exister depuis toujours. Le n° 7, un très court par 4 de 259 m, illustre parfaitement la façon dont on a utilisé les mouvements naturels du terrain au lieu d'imposer un concept.

Il se fond merveilleusement à son cadre, récompensant les risques que prennent les grands frappeurs en visant le green dès le départ. Mais le vent du Nebraska, omniprésent, pourra pénaliser cette prise de risque. Oui, on

peut rejoindre le green dès le coup de départ, mais ce sera avec une balle très haute car l'avant est protégé des deux côtés par de gros monticules recouverts d'une bruyère où l'on s'enfonce jusqu'au genou et par des bunkers broussailleux. On pourra retrouver sa balle si elle y atterrit, mais la frapper s'avérera plus problématique.

Mieux vaut donc jouer plus court, mais en faisant preuve de précaution à cause de ces bunkers parfaitement placés.

Puis vient le coup d'approche vers un tout petit green, qui, tel une émeraude, émerge au milieu de la bruyère dorée. Spectacle splendide, il s'avère difficile à négocier. Le n° 7 n'est pas long, mais on doit y déployer toute son intelligence, du départ jusqu'au green. Une approche en douceur vous donnera la possibilité d'un birdie, mais atterrissez dans l'un des bunkers, monticules ou obstacles herbeux, et vous pourrez probablement dire adieu au par. **JB**

Parcours : Nantucket Golf Club

Situé à : Siasconset, Massachusetts, États-Unis

Trou : n° 7

Longueur : 430 m

Par : 4

Architecte : Rees Jones

À savoir : Les vents forts qui soufflent souvent sur Nantucket et ses environs ajoutent à la difficulté de ce parcours déjà ardu. Le n° 7 en est la preuve parfaite. Le vent y emporte parfois les chapeaux, sans compter les bons scores, entre le fairway et le green.

N° ❼ NANTUCKET GOLF CLUB

On ne tarde pas à saisir quels problèmes on devra affronter sur ce par 4 du prestigieux Nantucket Golf Club. À l'approche du fairway de ce dogleg à gauche, on sera probablement accueilli par le vent contraire de Nantucket.

Nul besoin d'expliquer que ce trou paraît bien plus long que ses 430 m.

N'essayez pas d'apercevoir le green depuis l'aire de départ, c'est impossible. Ce que l'on voit, en revanche, ce sont les bunkers le long du côté gauche et l'épaisse broussaille de Nantucket sur la droite. On trouve une dépression d'environ 6 m entre l'aire de départ et la zone d'arrivée de la balle sur le fairway.

Mieux vaut ne pas atterrir dans la broussaille, et on sortira difficilement des bunkers, distants de 220 à 256 m des départs arrière.

Le deuxième coup est l'un des plus difficiles de ce parcours. Le green surplombe le fairway de 3 m environ, et l'on frappe encore face au vent dominant. N'oubliez pas de le prendre compte au moment de choisir votre club.

Le green est lui aussi coriace. Rectangulaire, il est en creux et protégé par un vaste bunker sur la gauche. **TJ**

Parcours : Inverness Club

Situé à : Toledo, Ohio, États-Unis

Trou : n° 7

Longueur : 417 m

Par : 4

Architecte : Donald Ross

À savoir : Durant l'US Open de 2003, on joua une moyenne de 4,516 coups sur le n° 7 d'Inverness qui ne concéda que 20 birdies contre 146 bogeys et 34 doubles bogeys.

N° ❼ INVERNESS CLUB

Le golf d'Inverness a été remodelé plusieurs fois à l'occasion de divers championnats majeurs, dont en 1919 pour la première fois, lorsque Donald Ross transforma le 9 trous d'origine en 18 trous de championnat, digne d'accueillir l'US Open de 1920. Il fut aussi amélioré en 1978 par George et Tom Fazio, puis en 1999 par Arthur Hills qui l'allongea jusqu'à 6 634 m.

À travers ces diverses étapes, le n° 7 a toujours constitué l'une des épreuves les plus ardues d'Inverness. Après son extension, le ruisseau (à 219 m des départs arrière) et les monticules situés au tournant de ce dogleg à droite entrent désormais plus en jeu dès le coup de départ. C'est cependant à Ross que l'on doit la réelle difficulté de ce trou : un green très découpé, surélevé, où un putt en descente visant un birdie se transforme aisément en chip pour le par.

Le club d'Inverness a accueilli 4 US Opens (1920, 1931, 1957, 1979) et 2 championnats PGA (1986, 1993). Le plus mémorable ? Probablement l'Open de 1931 lorsque Billy Burke et George von Elm s'affrontèrent sur 144 trous (dont les 36 des deux play-offs) avant que Burke ne l'emporte d'un seul point, et le PGA de 1986, lorsque Bob Tway rentra une sortie de bunker au n° 18 pour vaincre Greg Norman. **KA**

Parcours : Wannamoisett Country Club

Situé à : Rumford, Rhode Island, États-Unis

Trou : n° 7

Longueur : 317 m

Par : 4

Architecte : Donald Ross

À savoir : Bien que ne disposant que de 42 ha, Donald Ross fut capable d'apporter une variété architecturale et des difficultés diverses à chacun des 18 trous. Il a conçu des parcours plus célèbres, mais a prouvé sur celui-ci qu'il pouvait offrir beaucoup à partir de peu.

N° 7   WANNAMOISETT COUNTRY CLUB

Les trous tels que celui-ci prouvent que la difficulté n'est pas toujours synonyme de distance. En examinant la carte de parcours, on penserait pouvoir y réaliser un birdie. Le trou n'est qu'à 317 m après tout. Mais de nombreux golfeurs finissent par inscrire un 5 et par qualifier Donald Ross de divers noms d'oiseau.

Le coup de départ doit éviter 5 bunkers assez importants afin de trouver un fairway merveilleusement vallonné. On doit réfléchir à sa stratégie sur l'aire de départ. On peut franchir 205 m pour atteindre le plateau du fairway qui part en pente des deux côtés. Ou on peut utiliser toute sa puissance pour amener la balle à un coup de wedge du green.

Le coup d'approche se joue en montée jusqu'à un long green étroit. Ses mouvements marqués suggèrent qu'un birdie n'est après tout pas acquis.

Quelle que soit la position du drapeau, visez le centre du green, protégé de bunkers sur le devant à droite et à gauche, et sur l'arrière. Il paraît peut-être grand depuis le fairway, mais est en réalité très réduit car il part en pente des quatre côtés.

Notre expert au clubhouse explique que c'est ce qui rend ce trou intéressant. Et ne pensez pas après avoir atteint le green en 2 coups que vous réaliserez le par. Tant de choses peuvent encore arriver. **TJ**

Parcours : The Golf Club Kennedy Bay

Situé à : Longbeach Key, Port Kennedy, Australie-Occidentale

Trou : n° 7

Longueur : 286 m

Par : 4

Architectes : Michael Coate, Roger Mackay, Ian Baker-Finch

À savoir : Le vent de la région est surnommé le « docteur de Freemantle » et contribue à l'atmosphère écossaise de ce parcours en links.

N° 7   THE GOLF CLUB KENNEDY BAY

La carte de parcours indique 286 m depuis les départs pros, et la tentation immédiate consiste à ne tenir compte ni de la difficulté de ce trou – construit dans les dunes de Port Kennedy, dans les environs de Perth –, ni des nombreuses manières dont le par peut échapper même aux meilleurs joueurs.

Surnommé « Tentation », c'est un merveilleux trou où la prise de risque est récompensée, et qui est censé « tenter » les joueurs qui sortiront leur driver et viseront le green ou joueront plus court avec un fer long ou un bois de parcours dans l'espoir de nicher un coup de fer court près du trou.

C'est un léger dogleg à gauche avec de profonds bunkers de chaque côté du fairway, l'un près du départ, à gauche, et l'autre plus éloigné, sur la droite. Frappez un grand drive en léger draw et vous pourrez atteindre le petit green surélevé, profond de 23 m seulement, où vous n'aurez tout au plus qu'à faire face à un très court pitch.

L'approche la plus sûre, cependant, consiste à jouer un coup de départ assez court vers la droite du fairway, et à rentrer la balle avec un wedge. **JS**

N° ❼ **LAKE NONA GOLF CLUB**

Parcours : Lake Nona Golf Club
Situé à : Orlando, Floride, États-Unis
Trou : n° 7
Longueur : 395 m
Par : 4
Architecte : Tom Fazio

À savoir : De nombreux grands joueurs internationaux sont basés à Lake Nona lorsqu'ils sont aux États-Unis, tels que Annika Sorenstam, Ernie Els, Retief Goosen et Nick Faldo qui y possèdent tous une demeure.

Le club de Lake Nona n'a pas tardé à établir sa réputation de parcours de championnat. 3 ans seulement après son inauguration, en 1989, ce tracé de Tom Fazio a accueilli la première Solheim Cup, où l'équipe américaine emmenée par Beth Daniel, Betsy King et Nancy Lopez vainquit l'Europe 11,5 à 4,5. La Coupe du monde de golf, une autre épreuve internationale par équipes, suivit en 1993, remportée par les Américains Fred Couples et Davis Love III pour la deuxième de leurs 4 victoires consécutives, un record.

Le n° 7 de Lake Nona a toujours constitué un défi, même pour les meilleurs joueurs du monde. Le drive doit survoler la partie avant du lac qui borde le côté droit, puis affronter une immense crête qui divise le fairway exactement au milieu, avec le rough et les arbres sur la gauche, et l'eau à droite. Quel que soit le fairway choisi, vous devrez vous approcher le plus possible du green sur le deuxième coup. Étroit, il est protégé par un profond bunker sur le devant, à gauche, et par de profonds sillons herbus à droite et à l'arrière-gauche. **KA**

Parcours : golf de Castelconturbia (parcours jaune)

Situé à : Agrate Conturbia, Lombardie, Italie

Trou : n° 7

Longueur : 350 m

Par : 4

Architecte : Robert Trent Jones senior

À savoir : Les documents montrent qu'un parcours de golf fut tracé en 1898 sur le même terrain qui accueille aujourd'hui le golf de Castelconturbia.

N° ❼ GOLF DE CASTELCONTURBIA
(PARCOURS JAUNE)

Cet impressionnant tracé de 27 trous, œuvre de Robert Trent Jones senior, situé dans une campagne doucement vallonnée, parsemée de petits lacs et d'arbres ancestraux, offre une vue spectaculaire sur le massif de Monta Rosa.

Le n° 7, considéré comme emblématique du parcours, est un dogleg à gauche pourvu d'une large zone d'arrivée pour le coup de départ mais exigeant un coup d'approche précis vers le green en forme d'île, avec le massif de Monta Rosa en toile de fond. Frappez le drive aussi loin que possible afin de réduire vos chances d'erreurs sur le deuxième coup. Le green étant peu profond, il faut judicieusement choisir son club : une balle trop courte ou trop longue se perdrait probablement et amènerait un double bogey – ou pire.

Castelconturbia a accueilli 2 fois l'Open d'Italie, avec des résultats radicalement différents. Patrick Sjoland l'a emporté ici en 1998, avec des rondes consécutives de 64, 65 et 66, pour un total de 21 sous le par à la fin de cette épreuve raccourcie par la pluie. Comparez avec la victoire de Craig Parry en 1991, à 9 sous le par, lorsqu'il n'accomplit qu'un 70 un jour – 67 pour la troisième partie. Durant ces manifestations, le n° 7 servait de seizième trou, offrant la possibilité d'un birdie critique tard dans le jeu – ou d'une erreur, elle aussi critique. **KA**

Parcours : Ellerston Golf Course

Situé à : Upper Hunter Valley, Nouvelle-Galles-du-Sud, Australie

Trou : n° 7

Longueur : 412 m

Par : 4

Architectes : Greg Norman, Bob Harrison

À savoir : Kerry Packer désirait qu'Ellerston soit un parcours ardu, conçu pour des joueurs d'un handicap de 12 au maximum.

N° ❼ ELLERSTON GOLF COURSE

La difficulté extrême de ce long par 4 en descente est évidente dès le départ surélevé, avec un drive spectaculaire qui longe Pages Creek, un ruisseau faisant partie intégrante du tracé, coulant le long du côté droit du n° 7, et intégré à pas moins de 9 trous du parcours. Ce drive a pour cible un petit îlot de *Cynodon dactylon* Santana sur le fairway, à 180 m de là.

Les golfeurs doivent se débrouiller pour que leur balle se faufile entre deux arbres et franchisse le ruisseau avant d'atteindre la zone d'arrivée. De là, ils doivent jouer leur coup d'approche jusqu'au green surélevé, en agrostide, situé sur la rive du Pages et protégé à droite et à gauche par des bunkers et par une pente qui enverra souvent les balles atterrissant à gauche du green directement dans les obstacles.

Les critiques de golf classent ce trou parmi les meilleurs pars 4 d'Australie, et considèrent généralement qu'il boucle ce qui constitue peut-être le plus beau trio de golf moderne du pays, les n° 5, 6 et 7. **JS**

N° ❼ GOLF DE CRANS-SUR-SIERRE

Parcours : golf de Crans-sur-Sierre

Situé à : Crans-sur-Sierre, Suisse

Trou : n° 7

Longueur : 301 m

Par : 4

Architectes : Sir Arnold Lunn, Seve Ballesteros

À savoir : Seve Ballesteros a considérablement remodelé Crans-sur-Sierre en 1999, rétrécissant les fairways et ajoutant des courbes aux greens. Cet Espagnol, 3 fois vainqueur de l'European Masters (1977, 1978, 1989), est tellement vénéré ici que le tracé est désormais baptisé le parcours Seve Ballesteros.

CI-DESSOUS *Le septième trou du Golf de Crans-sur-Sierre.*

CI-CONTRE *L'Écossais Dean Robertson joue son coup de départ sur le n° 7 de Crans-sur-Sierre, en septembre 2001.*

Ce trou offre quelques sensations fortes : une vue splendide sur les Alpes suisses, à l'est, au sud et à l'ouest depuis l'aire de départ, ainsi que la possibilité d'atteindre le green avec un drive sur ce trou court, en descente, permettant une multitude de choix où la prise de risque est récompensée.

Attention tout de même. Les derniers 70 m environ sont en montée, et un rough épais entoure le green. 5 bunkers sont éparpillés à gauche et à droite devant ce dernier afin de capturer les balles qui le manqueraient de peu. Pour plus de sécurité, mieux vaut jouer un drive plus court, et on aura encore toutes les chances de réaliser un birdie.

Le n° 7 offre des émotions en abondance au public du European Masters, épreuve qui se déroule tous les ans à Crans-sur-Sierre. C'est toujours l'un des trous les plus faciles. En 2003, par exemple, on y a joué 3,625 coups en moyenne, 12 eagles et 200 birdies y ont été réalisés, contre 200 pars et 34 bogeys seulement.

C'est pour cette raison – et pour le paysage spectaculaire des Alpes – que les meilleurs joueurs au monde l'adorent. « Même si on est à 2 au-dessus du par en atteignant le départ du septième trou, on est tout sourire », a déclaré le Suédois Robert Karlsson, vainqueur du European Masters en 2002. **KA**

N° 7 — OAK HILL COUNTRY CLUB (PARCOURS EST)

Parcours : Oak Hill Country Club (parcours est)

Situé à : Rochester, État de New York, États-Unis

Trou : n° 7

Longueur : 393 m

Par : 4

Architectes : Donald Ross, Robert Trent Jones senior, George et Tom Fazio

À savoir : Oak Hill, qui a accueilli le championnat PGA de 2003 (remporté par Shaun Micheel), avait aussi reçu l'US Amateur de 1949, l'US Open senior de 1984 et les US Opens de 1956, 1968 et 1989, le championnat PGA de 1980 et la Ryder Cup de 1995.

CI-DESSOUS *L'Espagnol Seve Ballesteros à Oak Hill en septembre 1995.*

CI-CONTRE *Le septième trou d'Oak Hill.*

Riche en histoire, Oak Hill offre un golf fantastique. Ces deux éléments entrent en jeu dans un alliage parfait au n° 7, ravissant mais aussi extrêmement ardu, de ce parcours créé par le légendaire Donald Ross. Le club, fondé officiellement en 1901, installa autrefois son clubhouse dans une vieille ferme. Aujourd'hui, cela demeure l'un des plus beaux tracés d'Amérique par l'un de ses plus grands architectes de golf. Le n° 7 d'Oak Hill compte parmi les plus réussis de Ross, dont l'œuvre ne manque pourtant pas de trous splendides.

Il n'est pas très long à 393 m, mais, à cause de son agencement, on doit frapper 2 coups presque parfaits pour pouvoir réaliser le par. Un ruisseau traversant le fairway en diagonale (plus court à droite, plus long à gauche), il faudra faire preuve d'intelligence dès le départ. Si vous choisissez une longue balle, mieux vaut éviter le côté gauche ou vous trouverez l'eau. Si vous frappez court intentionnellement, visant la zone d'arrivée sur la droite, le coup d'approche sera costaud.

Des arbres défendent le côté droit du green, et le trou est devenu encore plus difficile lorsque Robert Trent Jones senior remodela le devant de cette surface, ajoutant 2 bunkers qui empêchent désormais une approche roulée.

Le fait que ces « nouveaux » ajouts datent de 1995 montre bien le caractère vénérable d'Oak Hill, tout comme la liste des champions ayant remporté ici divers trophées. En 1941, on y découvrait des noms aussi célèbres que Walter Hagen l'enfant du pays, Sam Snead, Ben Hogan et Gene Sarazen. Snead l'emporta de 7 coups devant Hogan avec un score de 277. « Ce parcours est assurément l'un des meilleurs que j'aie jamais vus, parfait pour l'US Open comme pour le PGA », déclara Snead après sa victoire.

Hogan lui aussi adorait Oak Hill, et promit de revenir en 1942. Il tint parole et l'emporta, réalisant un premier tour de 64, le record du parcours à ce jour. Parmi les autres vainqueurs, on peut citer Lee Trevino ou Jack Nicklaus sans oublier la victoire surprise de l'équipe européenne au cours de la Ryder Cup de 1995.

En 1998, 49 ans après avoir accueilli son premier Amateur, Oak Hill ainsi que l'État de New York accueillirent leur deuxième. On voit donc que le parcours a résisté à l'épreuve du temps. La vieille ferme a depuis longtemps disparu pour être remplacée par un clubhouse majestueux. Le merveilleux tracé original de Ross a été légèrement modifié par de grands architectes, lui permettant, avec sa beauté et son jeu splendide, de demeurer une institution américaine. **JB**

N° 7 — WESTIN LA CANTERA GOLF CLUB (PARCOURS RESORT)

Parcours : Westin La Cantera Golf Club (parcours Resort)

Situé à : San Antonio, Texas, États-Unis

Trou : n° 7

Longueur : 287 m

Par : 4

Architectes : Tom Weiskopf, Jay Morrish

À savoir : 5 séries de départs sont offertes sur ce trou, les marques noires étant situées à 287 m. Suivent les dorées (281 m), les cuivres (280 m), les argentées (279 m) et les jades (229 m). 3 m séparent donc 3 séries de départ, ce qui est assez remarquable.

Niché dans les merveilleuses collines au nord de San Antonio au Texas, ce complexe hôtelier offre depuis l'un des pics les plus élevés de la région un panorama époustouflant sur lesdites collines mais aussi sur le parc d'attraction Six Flags Fiesta Texas et sur le centre de San Antonio.

Le même adjectif, « époustouflant », s'applique aussi aux 2 parcours de championnat de La Cantera. Le parcours Resort accueille l'Open du Texas tandis que le parcours Palmer offre beauté et défis.

Depuis l'aire de départ du n° 7, on découvre une vue splendide sur le parc d'attraction ainsi que sur les ennuis potentiels de ce par 4 de 287 m. Le dénivelé de 24 à 30 m pousse les grands frappeurs à essayer d'atteindre le green dès le coup de départ.

Ne vous laissez pas aveugler par le paysage. Une zone d'arrivée de bonne taille se trouve à environ 90 m du green. On trouve des bunkers des deux côtés du fairway, et un autre, très profond, au milieu à environ 180 m du départ.

Le green n'est pas facile. Doté d'un double plateau, il est gardé par 3 bunkers. Le drapeau est souvent placé sur le devant, constituant une bonne cible. Si vous voulez rejoindre le green dès le départ, vous pouvez choisir parmi 4 autres départs, le plus avancé n'étant qu'à 229 m. **TJ**

N° 7 — NORTH BERWICK (PARCOURS OUEST)

Parcours : North Berwick (parcours ouest)

Situé à : North Berwick, East Lothian, Écosse

Trou : n° 7

Longueur : 323 m

Par : 4

Architecte : David Strath

À savoir : Si l'on peut inventer le terme de « golf universel », c'est ici qu'il a son origine. Le Redan, un par 3 énormément copié, est né sur le parcours ouest et demeure le modèle de trous construits dans le monde entier. Ses greens ont été habilement dessinés il y a une éternité et présentent un défi intemporel et pernicieux.

Le n° 7, un Redan célèbre dans le monde entier et si souvent copié, est plus difficile qu'il ne paraît. On doit frapper la balle fort car le vent soufflant de la mer du Nord trompe de nombreux joueurs et envoie le moindre des coups errants dans l'eau. L'Eil Burn, un ruisseau sinueux, serpente autour du fairway jusqu'à presque toucher le green, ce qui rend l'approche périlleuse.

Le parcours date de l'époque où les joueurs l'affrontaient des clubs en hickory à la main, frappant des balles de cuir durci. Le parcours ouest est exigeant, parsemé de trous ingénieux et sortant de l'ordinaire, avec une vue sans égale sur l'océan. Il met l'habileté des joueurs à l'épreuve à tous les niveaux, mariant trous conventionnels et coups de départ aveugles devant franchir murs et dunes. Accolé au littoral sur sa partie arrière, le parcours ouest offre le meilleur des golfs écossais que l'on puisse imaginer en bord de mer.

De nombreux trous ne sont qu'à un chip de la mer. Ce n'est pas le plus long des parcours, mais il fait partie des plus épineux. Il exige une imagination absolue au service de coups ingénieux. Ses origines remontant à 1832, North Berwick est le 13e club de golf le plus ancien au monde. L'un de ses membres fondateurs s'est même battu à Waterloo. **KLL**

N° 7 — GRAND CYPRESS RESORT
(PARCOURS NORD)

Parcours : Grand Cypress Resort (parcours nord)

Situé à : Orlando, Floride, États-Unis

Trou : n° 7

Longueur : 385 m

Par : 4

Architecte : Jack Nicklaus

À savoir : Les deux 9 trous de Grand Cypress, les parcours nord et sud, ont accueilli de nombreux tournois au fil des ans, dont la Coupe mondiale du golf (1990), le Shark Shoot-Out de Greg Norman (1986-1990) et des épreuves de la LPGA en 1998, 1999 et 2001.

Le n° 7 est le trou le plus difficile du parcours nord de Grand Cypress, lui-même considéré comme abritant les 9 trous les plus difficiles des 45 qu'a dessinés ici Jack Nicklaus. Le parcours de championnat du complexe allie les parcours nord et sud. Privilégiant la précision, il est caractérisé par des fairways aux contours très marqués, par de hauts monticules, des ondulations et des greens surélevés dominant l'eau et/ou le sable.

On retrouve la plupart de ces éléments sur le n° 7, où, dans le style caractéristique de Nicklaus, on doit frapper un long fade depuis le départ car le fairway dessine un virage autour de l'immense lac qui le borde à droite jusqu'au green. L'eau peut aussi entrer en jeu sur le deuxième coup, tout comme le bunker directement situé devant un green large mais peu profond. D'énormes monticules guettent sur l'arrière et à gauche, tandis que le green descend abruptement en pente à l'arrière-droite.

Bernhard Langer a conduit l'équipe allemande à la victoire au cours de la Coupe du monde de 1999 à Grand Cypress. Se Ri Pak a remporté le premier tournoi du LPGA Tour en 2001, après les 2 victoires consécutives de Kelly Robins en 1998 et 1999. **KA**

N° ❼ BAY HARBOR GOLF CLUB
(PARCOURS LINKS)

Parcours : Bay Harbor Golf Club (parcours Links)

Situé à : Bay Harbor, Michigan, États-Unis

Trou : n° 7

Longueur : 455 m

Par : 5

Architecte : Arthur Hills

À savoir : Les promoteurs de Bay Harbor désiraient tant qu'Arthur Hills dessine leurs parcours qu'ils lui demandèrent de cesser ses travaux sur un projet jumeau, le Boyne Highlands Resort, après seulement 9 trous, afin de pouvoir se concentrer sur Bay Harbor.

CI-CONTRE *Le septième trou de Bay Harbor.*

Perché à 45 m au-dessus du lac Michigan, le n° 7 du parcours Links a été qualifié de trou le plus ravissant au monde, ce qu'il est difficile de contredire lorsqu'une brise fraîche souffle sur l'eau et qu'un soleil brillant illumine la scène.

Le fait qu'il suive le trou le plus pénible des Links, le monstrueux n° 6, long de 380 m, n'est pas négligeable non plus. Le n° 7, un par 5 de 455 m, offre un alliage parfait de difficulté et de beauté.

Depuis le départ, l'eau d'un bleu profond qui guette au-delà des falaises éloignera les joueurs du côté droit du fairway. On y trouve cependant plus d'espace que les apparences ne le laisseraient croire, ainsi que le meilleur angle d'où jouer la sécurité ou d'atteindre le green en 2 coups.

Mieux vaut placer le deuxième coup à gauche d'un bunker de fairway en forme de feuille, et suivre d'un fer court jusqu'au green, vaste et caractéristique des links.

Avec un long drive, les joueurs seront tentés de rejoindre le green en 2 coups, mais attention à ne pas partir trop à droite. Le green descend vers le lac, et les balles le dévalent aisément pour disparaître au-delà de la falaise. **RH**

N° ❼ DESERT FOREST GOLF CLUB

Parcours : Desert Forest Golf Club

Situé à : Carefree, Arizona, États-Unis

Trou : n° 7

Longueur : 507 m

Par : 5

Architecte : Red Lawrence

À savoir : Le club de Desert Forest est le seul de son genre dans l'Arizona, État qui abrite 350 des 17 000 golfs américains. Desert Forest est le seul d'Arizona à faire partie depuis 1966 de la liste des 100 meilleurs parcours choisis chaque année par le magazine *Golf Digest*.

Le septième trou de Desert Forest possède tous les éléments d'un grand trou de golf. Il est inoubliable, avec son lit de rivière asséché longeant tout le côté droit du fairway. Il est difficile : le double fairway vous pousse à la décision dès le départ. Frappez le moindre slice, push, hook ou n'importe quel coup s'éloignant de la ligne de jeu et les ennuis ne manqueront pas. On s'y divertit : ceux qui frappent court peuvent jouer la sécurité le long du côté gauche du fairway. Les grands frappeurs peuvent se lâcher et essayer de franchir la zone désertique les séparant du fairway droit. Il est joli : mais quel trou de ce parcours ne l'est pas ?

Ce trou ne s'avère pas si ardu si votre drive est bon. Si vous arrivez à placer celui-ci à 245 m, en franchissant le désert, vous pourrez suivre d'un fer court jusqu'au green. Le lit asséché qui borde le côté droit traverse ensuite le fairway entre son deuxième et son troisième segment.

Le green est défendu par un bunker sur la gauche, et par deux autres le long du côté droit. Fortement incliné de droite à gauche, il s'ouvre sur le désert à l'arrière. Le parcours est entièrement dépourvu de bunkers de fairway, d'obstacles d'eau ou de sentiers pour voiturettes. **TJ**

Parcours : Highlands Links

Situé à : Ingonish Beach, Nouvelle-Écosse, Canada

Trou : n° 7

Longueur : 521 m

Par : 5

Architecte : Stanley Thompson

À savoir : Highlands Links est un parcours très exigeant, en links bien entendu, doté de divers trous spectaculaires au bord de l'océan, et considéré comme l'un des meilleurs de Nouvelle-Écosse.

N° 7 HIGHLANDS LINKS

Le n° 7 de Highlands Links est un trou long et étroit, conçu pour ressembler au sentier écossais de Killiecrankie. De fait, chaque trou rappelle le patrimoine celte qui abonde autour du Cap-Breton.

Le n° 7 est le plus long du parcours et le second par 5 consécutif. Les professionnels du parcours le décrivent comme « un défilé long et étroit, de réputation notoire ». Et soyez assuré que c'est bien sa difficulté qui fait sa réputation. Les ennuis abondent sur ce trou, en particulier si l'on considère qu'il faut frapper long afin d'atteindre le green en 2 coups.

Depuis l'aire de départ, le coup le plus intelligent est un drive de 195 m, permettant à la balle d'atterrir juste avant l'endroit où le fairway monte un peu. Si vous pouvez la frapper à plus de 237 m, vous dépasserez cet obstacle et rencontrerez un fairway agréablement plat. Le bunker du côté gauche pourrait entrer en jeu lors de votre deuxième coup. Le fairway rétrécissant beaucoup à partir de ce point-là, la précision est importante. On trouve 3 autres bunkers de fairway sur la gauche, à 80 m du green environ. Un autre vaste bunker protège la gauche du green, ce dernier étant rendu difficile par une pente inclinée vers l'arrière-gauche. **TJ**

Parcours : golf de Saint-Omer

Situé à : Westbecourt, Lumbres, France

Trou : n° 7

Longueur : 525 m

Par : 5

Architecte : Joan Dudok van Heel

À savoir : Comme la plupart des parcours de qualité, le tracé a été conçu afin de satisfaire les golfeurs de divers niveaux. Le golf de Saint-Omer mérite un 20/20 dans ce domaine. Le n° 7 mesure 525 m depuis les départs arrière. Mais 3 autres départs rendent l'épreuve un peu moins ardue. Le départ le plus court est à 382 m.

N° ❼ GOLF DE SAINT-OMER

Dès que l'on arrive au clubhouse, on est impressionné par la vue, exceptionnelle. De fait l'Aa, rivière du Nord bien connue des passionnés de mots croisés, a donné son nom à la splendide vallée qui se déroule sur des kilomètres.

On trouve plusieurs trous exceptionnels sur ce parcours français enchanteur. Le n° 7 est un exemple parfait. De fait, comme sur divers trous du golf de Saint-Omer, vous y apprécierez le paysage autant que le golf. Ce long par 5 de 525 m longe des sous-bois qui se remplissent au printemps du bleu, jaune, blanc et violet des pervenches, primevères, violettes, anémones et jacinthes. Avec un peu de chance, vous rencontrerez un cerf ou deux sur le fairway, près du green.

Le n° 13, un par 4 de 401 m, est formidable lui aussi. C'est un dogleg à gauche où votre drive doit être long et précis si vous désirez approcher le green avec un fer. Ce coup devra survoler un vallon profond de 20 m, parsemé de taillis et d'un étang, avant d'atteindre le green à flanc de coteau. La bonne nouvelle, c'est que vous jouez ces 2 trous – et 16 autres de qualité – lorsque vous réservez un départ au golf de Saint-Omer. **TJ**

Parcours : Hollywood Golf Club

Situé à : Deal, New Jersey, États-Unis

Trou : n° 7

Longueur : 500 m

Par : 5

Architectes : Isaac Mackie, Walter Travis

À savoir : Walter Travis est souvent surnommé le « grand monsieur du golf », car, bien qu'il n'ait commencé à jouer qu'à l'âge de 36 ans, il avait déjà remporté 3 US Amateurs dès l'âge de 42 ans (en 1900, 1901 et 1903).

N° ❼ HOLLYWOOD GOLF CLUB

On n'exagère pas lorsqu'on dit que Walter Travis aimait le sable. Célèbre pour ses parcours aux nombreux bunkers au Garden City Golf Club et au country club de Westchester, dans l'État de New York, Travis inclut 220 de ces obstacles lorsqu'il remodela le Hollywood Golf Club – dont 57 sur le seul n° 12. Son ami, l'architecte A. W. Tillinghast, plaisanta une fois en disant que s'il frappait un mauvais coup sur un trou de Walter Travis, il n'avait pas besoin de demander à son caddie où était la balle. « Je sais qu'elle est dans un bunker », déclara-t-il.

Le n° 7 de l'Hollywood ne déroge pas à la règle, depuis le coup de départ jusqu'à l'approche, dangereuse, d'un green délicat à plusieurs plateaux.

Le fairway sinueux et parsemé de monticules est doté de divers bunkers bien placés, aux parois élevées, qu'un drive légèrement déviant trouvera facilement. Mieux vaut prévoir 2 coups le long du côté droit afin de permettre la meilleure approche possible.

Le green incliné, en biais, est très bien défendu par un immense bunker dessinant des méandres sur le devant, à gauche, rendant cet angle d'approche presque impossible. 2 autres bunkers protègent la droite et l'arrière. **KA**

Parcours : K-Club (parcours sud)

Situé à : Straffan, comté de Kildare, Irlande

Trou : n° 7

Longueur : 554 m

Par : 5

Architecte : Arnold Palmer

À savoir : Le parcours sud du K-Club a été décrit comme l'un des meilleurs d'Irlande situé à l'intérieur des terres. Il est considérablement différent du parcours nord et accueillera la Ryder Cup en septembre 2006.

CI-CONTRE *Le septième trou du K-Club.*

N° 7 K-CLUB (PARCOURS SUD)

Baptisé *Swallow Quarry* (la « Carrière aux hirondelles »), ce long par 5 est le plus emblématique et le plus ardu de ce parcours de golf. C'est non seulement l'un des meilleurs trous d'Irlande, mais probablement aussi l'un des plus spectaculaires d'Europe. On y découvre une série de cascades et d'éléments aquatiques qui le rendent ardu et magnifique en même temps. L'eau borde le fairway depuis l'aire de départ et presque jusqu'au green. Divers bunkers sont situés sur la droite, avant le green, et d'autres sont collés sur tout son côté gauche.

Au cours de la construction, on a abaissé le fairway de 18 m par rapport à son niveau original. Une vaste paroi rocheuse artificielle, rappelant une carrière, a été construite tout du long du fairway. Cela a été possible grâce à des technologies développées par une compagnie de Californie, Rock & Waterscape. Bien qu'une grande partie des chantiers de la compagnie soient liés aux terrains de golf, l'essentiel de leurs commandes proviennent de Seaworld, parc de Disney, et des studios Universal.

Le résultat est un trou unique, que vous n'oublierez probablement jamais. **TJ**

Parcours : Ekwanok Country Club

Situé à : Manchester, Vermont, États-Unis

Trou : n° 7

Longueur : 543 m

Par : 5

Architecte : Walter Travis

À savoir : Ekwanok a accueilli l'US Amateur en 1914, lorsque Francis Ouimet l'emporta sur Jerome D. Travers pour le premier de ses 2 titres. Ce fut la seule de ses 5 finales que perdit Travers.

N° 7 EKWANOK COUNTRY CLUB

Le n° 7 d'Ekwanok est l'un des trous les plus légendaires de Nouvelle-Angleterre. Il est surnommé la « Selle » pour des raisons évidentes, son aire de départ offrant une vue sur les montagnes englouties par la brume et sur une autre, plus petite mais vous concernant directement, au milieu du fairway.

L'élément dominant de ce trou est une monstrueuse colline recouverte de rough qui divise le fairway à environ 273 m du départ, forçant même les longs frappeurs à jouer plus court pour atterrir à son pied. Le deuxième coup devrait permettre de la franchir tout en évitant 2 bunkers juste à gauche de la zone d'arrivée. Ensuite, il suffira d'un coup d'approche en direction d'un green légèrement surélevé, protégé par le sable sur la gauche et par une pente très boisée à l'arrière et sur la droite. 3 coups excellents sont donc nécessaires pour réaliser le par (au cours des 100 premières années du club, personne n'a jamais atteint le green en 2 coups).

Ekwanok, inauguré en 1899, constitue le premier essai d'architecte de Travis, et rares sont les premières tentatives aussi réussies. Chose intéressante, le Gleneagles, un autre tracé légendaire du Vermont, que l'on trouve dans le club voisin, l'Equinox, fut le dernier de Travis. Suivant son souhait et de façon appropriée, il est enterré entre son premier et son dernier chef-d'œuvre. **KA**

Parcours : Capital Golf Club

Situé à : Melbourne, Victoria, Australie

Trou : n° 7

Longueur : 507 m

Par : 5

Architectes : Peter Thomson, Michael Wolveridge, Ross Perrett, Lloyd Williams

À savoir : Le Capital Golf Club abrite un parcours salué par la critique, remarquablement conçu et méticuleusement entretenu.

N° ❼ CAPITAL GOLF CLUB

Le Capital Golf Club, extrêmement huppé, est le projet personnel d'un homme d'affaires de la région, Lloyd Williams, et offre un somptueux refuge doté d'installations spectaculaires. Lorsque l'on joue le n° 7 pour la première fois, on est en général frappé par sa ressemblance avec le n° 13 d'Augusta National, un autre par 5 légendaire.

La comparaison est naturelle car ce par 5 est un dogleg à gauche, dont on peut atteindre le green en 2 longs coups. On trouve des bunkers à gauche au niveau du coude, de l'eau à gauche le long du fairway puis près du green, et les golfeurs peuvent souvent apercevoir des émeus qui déambulent à travers la réserve naturelle de ce même côté.

Williams a conçu des départs arrière afin que les professionnels en visite puissent jouer à Capital tout comme les golfeurs du dimanche, mais ils n'ont pas empêché Tiger Woods d'atteindre le green en 2 coups (avec un fer 6) lorsqu'il y a joué, ou Aaron Baddeley de rentrer un fer 2 il y a quelque temps pour réaliser un albatros. **JS**

Parcours : golf du mont Malarayat (parcours Makulot)

Situé à : Lipa City, Batangas, Philippines

Trou : n° 7

Longueur : 481 m

Par : 5

Architectes : Robert Moore, JMP Golf Design

À savoir : Lipa City a été baptisée la « Rome des Philippines » à cause du nombre de séminaires, couvents, monastères et lieux de retraite qu'elle abrite, sans parler de sa célèbre cathédrale.

N° ❼ GOLF DU MONT MALARAYAT (PARCOURS MAKULOT)

Le parcours de 27 trous de Mount Malarayat est situé sur une magnifique parcelle vallonnée, à environ 350 m d'altitude. C'est un site qui offre une vue captivante sur le massif de Malarayat et une profusion de manguiers et cocotiers.

Le très respecté septième trou du parcours Makulot, un 9 trous, est un dogleg à droite, en descente, 3 profonds bunkers placés à flanc de coteau servant de cible depuis l'aire de départ surélevée. La balle doit survoler un long bunker sinueux qui protège l'intérieur du coude si on désire atteindre le green en 2 coups. Mieux vaut donc frapper un long fade dès le départ. Il est donc possible d'atteindre le green en 2 coups parfaits, puis de putter pour un eagle, mais les dangers abondent, même pour ceux qui joueront la sécurité, sur la gauche du fairway, avant un coup d'approche beaucoup plus court.

Le green est abrité par une péninsule qui s'avance dans un petit lac. Il est entouré de 4 profonds bunkers, un muret de pierre au milieu de l'eau et de nombreuses plantations d'agrément procurant une jolie toile de fond. Il est aussi incliné de gauche à droite, et plus le drapeau est placé à droite, plus la cible devient angoissante. **KA**

Parcours : Butler National Golf Club

Situé à : Oakbrook, Illinois, États-Unis

Trou : n° 7

Longueur : 569 m

Par : 5

Architectes : George Fazio, Tom Fazio

À savoir : Certains des meilleurs joueurs au monde ont disputé un parcours ou deux au Butler National et en sont sortis impressionnés. Le n° 7 fait partie des trous les plus difficiles du parcours.

N° ❼ BUTLER NATIONAL GOLF CLUB

Considéré comme l'un des meilleurs parcours d'un État reconnu pour son excellent golf, le Butler National est majoritairement plat, avec des fairways bordés d'arbres, de l'eau en abondance et un cadre naturel splendide. Difficile de faire plus joli – ou plus ardu – que ce par 5 de 569 m. Oui, vous avez bien lu, 569 m depuis les départs arrière ; il faudra donc sortir la grosse artillerie. Le n° 7 est un dogleg à droite très marqué, le ruisseau de Salt Creek coulant sur la droite, du départ jusqu'au green. Comme il s'enroule même à l'arrière de celui-ci, on devra garder son ramasse-balles à portée de main.

Afin de pouvoir contourner le dogleg sur le deuxième coup, on aura besoin d'un coup de départ d'au moins 220 m. Essayez de viser le côté gauche du fairway sur les deux premiers coups. Le deuxième, en particulier, est le plus long et l'on doit absolument éviter un immense saule à environ 120 m du green sur la droite. Ce dernier est protégé de bunkers des 2 côtés. Considérez-vous chanceux si vous réalisez le par ici. Et doué.

Le Butler National a autrefois accueilli le Western Open du PGA Tour. **TJ**

Parcours : Hazeltine National Golf Club

Situé à : Chaska, Minnesota, États-Unis

Trou : n° 7

Longueur : 495 m

Par : 5

Architectes : Robert Trent Jones senior, Rees Jones

À savoir : Le club d'Hazeltine a accueilli le championnat PGA de 2002, la 84ᵉ édition de ce tournoi. Le n° 7 est le plus court des pars 5 du parcours.

N° ❼ HAZELTINE NATIONAL GOLF CLUB

La façon dont on joue désormais au golf a provoqué une certaine évolution. On a en effet dû rallonger de nombreux parcours de premier ordre ou du moins les rendre plus difficiles afin qu'ils demeurent intéressants. Ce n'est nulle part plus évident que sur le n° 7 d'Hazeltine, long de 495 m.

« Si vous pouviez le voir tel qu'il était autrefois, vous seriez surpris », a déclaré Rees Jones, qui remodela l'œuvre de son père avant le championnat PGA de 2002. « À l'origine, le coude formait un angle de 90°, et son caractère était complètement différent. »

Il n'a en effet plus rien à voir avec le trou que l'on joua au cours de l'US Open de 1970. Le départ a été déplacé vers la gauche afin de rendre le dogleg moins marqué, et on a rallongé le trou de 22 m. Bien que dépourvu de bunkers de fairway, il est désormais doté de dépressions problématiques.

Il est primordial de trouver le fairway dès le coup de départ si l'on veut atteindre le green en 2 coups. C'est en effet réalisable si le deuxième coup évite un grand étang. La précision – et la longueur – sont donc essentielles.

Rees Jones a ajouté un bunker sur la gauche du green, qui, long, est parallèle à l'étang. C'est un trou où l'on peut réussir un birdie même si l'on atterrit dans un bunker près du green. Les eagles sont cependant rares. **JB**

Trou ⑧

Une fois arrivé sur l'aire de départ du n° 8, vous êtes presque à la moitié du parcours. C'est là que l'épreuve peut redevenir difficile. De nombreux architectes désirent présenter leurs trous les plus coriaces du n° 8 au n° 13.

Le n° 8 d'Oxfordshire, en Angleterre, est l'œuvre parfaite d'un architecte diabolique attendant les golfeurs au tournant. Malgré ses 347 m, il demeure extrêmement difficile et trompeur, à cause d'un lac et d'un dogleg à 90° conduisant à un green faisant naître un sentiment de claustrophobie.

On peut se sentir attiré par la station de mi-parcours, mais ce n'est pas le moment de penser à l'avenir – en particulier si vous jouez bien.

CI-CONTRE *L'Anglais Ian Poulter sur le huitième trou du golf des Émirats, à Dubaï.*

N° ❽ SOUTHPORT & AINSDALE GOLF CLUB

Parcours : Southport & Ainsdale Golf Club

Situé à : Southport, Merseyside, Angleterre

Trou : n° 8

Longueur : 143 m

Par : 3

Architecte : James Braid

À savoir : La Ryder Cup de 1933, à Southport & Ainsdale, fut la dernière à laquelle Samuel Ryder assista. Il mourut en 1936.

Niché au milieu des dunes, sur la lande de la côte nord-ouest de l'Angleterre, le Southport & Ainsdale Golf Club n'est pas un parcours d'une longueur incroyable avec 6 114 m, mais ses fairways étroits exigent de la stratégie et de la précision dès le départ. Traditionnellement, le club accueille les dernières épreuves qualificatives du British Open tandis que son voisin, le Royal Birkdale, accueille ce tournoi.

Comme sur le reste du parcours, ce n'est pas la longueur du n° 8, un par 3, qui pose problème. C'est plutôt de faire en sorte que le green, incliné de droite à gauche et protégé par des monticules et des bunkers, tienne la balle. Si vous ne trouvez pas le green dès le premier coup, il sera difficile de rentrer la balle en seulement 2 coups supplémentaires.

Le Southport & Ainsdale a accueilli la Ryder Cup en 1933 et 1937 ; il était considéré à l'époque par de nombreux joueurs comme le parcours le plus difficile d'Angleterre.

En 1933, la Grande-Bretagne l'emporta de peu sur les États-Unis, 6,5 à 5,5 au cours d'une partie incertaine jusqu'au bout, mais en 1937 l'équipe américaine, menée par Walter Hagen et composée de Sam Snead, Gene Sarazen, et Byron Nelson, remporta les 4 derniers matchs pour triompher de 8 à 4, marquant la première victoire américaine sur le sol britannique. **KA**

Parcours : Benamor

Situé en : Algarve, Portugal

Trou : n° 8

Longueur : 195 m

Par : 3

Architectes : Sir Henry Cotton, Stuart Woodman

À savoir : Benamor était le premier parcours de l'Algarve oriental lorsqu'il ouvrit ses portes en 2000, bien que Cotton ait tracé le parcours dès 1980.

N° 8   BENAMOR

Le n° 8 de Benamor fait partie de 2 pars 3 exceptionnels sur ce parcours ravissant (bien que court), proche de la petite ville de Tavira. L'autre est le n° 17, long de 171 m.

On aura ici besoin de frapper en montée un fer long ou même un bois de parcours pour rejoindre un green bien protégé. Si le vent souffle, réaliser un bogey peut s'avérer un bon score.

Le coup idéal part en fade, du côté gauche du green. Un chêne-liège protège le côté droit et on doit y prendre garde si on désire conserver une chance de sauver le par.

Un bunker protège la gauche du green cependant, et le moindre pull finira dans le sable.

Le green est pourvu de plusieurs niveaux, et il est aisé de comprendre pourquoi on réalise plus de mauvais scores sur ce trou que sur n'importe quel autre du parcours. Si vous manquez le green, ses subtilités sont telles que vous serez confronté à n'importe quoi, sauf à un simple chip.

Les joueurs pouvant frapper très haut avec leurs fers longs devraient bien s'en sortir. Malheureusement, la plupart des golfeurs jouant ce trou ne disposeront pas de ce coup dans leur arsenal. **AT**

Parcours : Ballybunion Golf Club (vieux parcous)

Situé à : Ballybunion, comté de Kerry, Irlande

Trou : n° 8

Longueur : 141 m

Par : 3

Architectes : Tom Simpson, Molly Gourlay

À savoir : Près du premier départ du vieux parcours de Ballybunion se trouve un vieux cimetière. Les habitués déclarent qu'il s'agit d'un avertissement aux joueurs pour qui les 5 premiers trous se sont révélés aisés et qui sont soudain confrontés aux difficultés des n° 6, 8, 11 et 15.

N° 8   BALLYBUNION GOLF CLUB
(VIEUX PARCOURS)

« [Ballybunion] est un parcours qui mettra votre patience à l'épreuve », explique Tom Watson, qui compte ce tracé parmi ses préférés. « Ce n'est pas un parcours qui favorise un style de jeu particulier, mais il récompense simplement un jeu et des coups de qualité. Par exemple, le n° 8 ne mesure que 141 m et se joue presque entièrement en descente, mais il faut frapper ses coups à l'intérieur d'une zone ne mesurant que de 7 à 11 m si on ne veut pas prendre un bogey… ou un double bogey. Par jour de vent, c'est l'un des trous les plus exigeants auquel j'aie jamais été confronté. Et c'est la nature du parcours. »

Les arbres sont peu nombreux et on a écarté du parcours tout élément artificiel. Pourquoi intervenir face à la perfection ? Le parcours paraît intimidant, mais constitue une épreuve équitable. Les fairways sinueux et les minuscules greens donnent à Ballybunion son caractère unique. On doit bien aligner ses coups ici. La précision est la clé du succès, particulièrement sur les coups d'approche de cibles aussi réduites.

Bien qu'éclipsé par le vieux parcours, le parcours Cashen de Ballybunion, dessiné par Robert Trent Jones senior, est aussi un tracé de premier ordre. **TJ**

N° 8 ROYAL TROON GOLF CLUB
(VIEUX PARCOURS)

Parcours : Royal Troon Golf Club (vieux parcours)

Situé à : Troon, Ayrshire, Écosse

Trou : n° 8

Longueur : 118 m

Par : 3

Architectes : Willie Fernie, James Braid

À savoir : En 1973, 41 ans après avoir remporté le British Open à Royal Troon, Gene Sarazen, à 71 ans, a frappé un fer 5 parfait pour réaliser un trou en un sur le n° 8.

CI-DESSOUS ET CI-CONTRE *Deux vues du huitième trou de Royal Troon.*

Ce trou possède probablement le surnom le plus célèbre dans le monde du golf – *Postage Stamp*, le « Timbre-poste ». Ainsi baptisé à cause de son green minuscule, le huitième trou du vieux parcours de Royal Troon ne manque jamais de spectacle. À tout juste 118 m, sa difficulté est immense lorsqu'on essaie d'atteindre un green qui ne mesure que 23 m à son endroit le plus large.

Ajoutez à cela les changements de vent et la nécessité absolue d'atteindre le green dès le coup de départ, et le trou le plus court des parcours accueillant le British Open (en 1997 la dernière fois) se révèle aussi l'un des plus diaboliques.

« Spectaculaire » est peut-être l'adjectif qui décrit le mieux Royal Troon. Lorsque le vent souffle, d'étranges choses peuvent se produire sur ces links classiques ondoyants, pleins de bosses et de creux, classés parmi les meilleurs au monde. Fondé en 1874 par 24 passionnés de la région, ce parcours ne comprenait alors que 5 trous, mais prit rapidement de l'envergure et accueillit l'Open 5 fois entre 1923 et 1989. Les British Opens de Royal Troon semblent toujours offrir les moments les plus spectaculaires du championnat, comme en 1997 lorsque Justin Leonard dépassa Jesper Parnevik, qui menait de 5 coups, pour l'emporter de 3 coups.

En parlant de suspense, le n° 8 en offre à profusion. L'une des citations les plus célèbres le qualifie de « timbre le plus difficile au monde à lécher ». D'une architecture simple, on y a rasé de près le sommet de 2 dunes afin de créer l'aire de départ et le green. Entre les deux, aucune sécurité n'existe, d'épaisses et hautes herbes indigènes occupant chaque mètre carré. Une grande dune protège la gauche du green et un énorme bunker sa droite. Il est aussi entouré de 5 bunkers qui ne vous laissent aucun choix : vous devez simplement rejoindre directement le green.

Les golfeurs affichent des réactions diverses après avoir joué le vieux parcours de Royal Troon – du respect mêlé d'admiration devant la beauté et l'intelligence du parcours, jusqu'au découragement et à la déception, lorsqu'on s'avoue vaincu par sa complexité. Mais c'est peut-être la devise du club, *Tam arte quam marte*, qui signifie « autant par l'habileté que par la force », qui décrit le mieux ses défis. **JB**

Parcours : Waialae Country Club

Situé à : Honolulu, Oahu, Hawaï, États-Unis

Trou : n° 8

Longueur : 169 m

Par : 3

Architecte : Seth Raynor

À savoir : C'est à Waialae que s'est déroulé le PGA Sony Open de 2004, remporté par Ernie Els. Mieux vaut avoir des connaissances pour jouer ici. On ne peut y jouer que si l'on est accompagné d'un membre du club.

N° ❽ WAIALAE COUNTRY CLUB

Comme on pourrait s'y attendre à Hawaï, la vue est spectaculaire depuis le country club de Waialae. C'est d'ailleurs la raison pour laquelle on trouve autant de parcours mémorables dans ce paradis du Pacifique.

Certains endroits se distinguent tout de même tout particulièrement des autres : parmi eux le Waialae Country Club. Certains trous sont ainsi remarquables, comme le n° 8 de ce parcours.

Vous n'oublierez pas de sitôt l'impression ressentie sur son aire de départ. Vous perdrez peut-être votre balle sur ce par 3 de 169 m, mais le souvenir de l'imposant Pacifique demeurera intact.

Tournez-vous vers la droite et contemplez les montagnes. À gauche, on admire les nageurs et les pêcheurs. Droit devant, c'est le green où vous devrez placer votre balle.

Un petit torrent rejoint le fairway à environ 80 m du départ – il ne devrait pas entrer en jeu, mais ajoute au charme de l'ensemble. Le green est protégé par un grand bunker à gauche, un autre à droite, et 2 encore qui l'encerclent sur l'arrière.

Le vent en provenance des montagnes souffle habituellement de droite à gauche, ce qui constitue un avantage pour les joueurs. **TJ**

N° 8 KILSPINDIE GOLF CLUB

Parcours : Kilspindie Golf Club
Situé à : East Lothian, Écosse
Trou : n° 8
Longueur : 148 m
Par : 3
Architecte : Willie Park
À savoir : Le terrain sur lequel Kilspindie est construit est quasiment libre de tout élément naturel reconnaissable si ce n'est le Firth of Forth et Gullane Hill, ce qui rend le n° 8 complètement différent de son « jumeau », le n° 17 de Cabo del Sol au Mexique, situé entre l'imposante montagne et les eaux d'un bleu profond de la mer de Cortez.

Nous vivons une époque ahurissante où des drives de 274 m deviennent monnaie courante, et où la sagesse populaire impose la distance comme la meilleure défense du par.

Examinons le PGA Championship de 2005 et son n° 17, un par 5 qui se joue à travers champs sur 614 m. Et bien sûr, le Bethpage Black de New York, qui constitua une épreuve brutale avec ses 6 596 m au cours de l'US Open de 2002, même pour les joueurs dotés du swing le plus prodigieux.

La subtile simplicité des distances courtes se perd dans cet amour fou de la longueur. Simplement dit, vive la parcimonie, illustrée par quelques parcours disséminés dans le monde, comme le Kilspindie Golf Club.

L'un des tracés les plus astucieux que l'on puisse concocter, Kilspindie offre 5 029 m rudes, et 7 pars 4 mesurant moins de 275 m. 5 d'entre eux se jouent essentiellement sous le vent.

Pour dominer Kilspindie, un joueur a besoin d'habileté et de stratégie, pas de force. Le n° 8 par exemple, avec ses 148 m, n'exige en général pas beaucoup plus qu'un fer 8, et pourtant, lorsqu'on réalise le par sur ce trou, on a l'impression d'avoir remporté le concours du drive le plus long.

Le coup de départ survole la baie de Gosford pour atteindre un green diaboliquement encerclé de bunkers et d'un rough épais. Le vent dominant soufflant de droite à gauche exige un coup audacieux au-dessus de l'eau, et si l'on pense jouer la sécurité sur la gauche, on n'aura ensuite que peu de chances de sauver le par. **RH**

N° 8 HORIZONS GOLF RESORT

Parcours : Horizons Golf Resort
Situé à : Port Stephens, Nouvelle-Galles-du-Sud, Australie
Trou : n° 8
Longueur : 153 m
Par : 3
Architectes : Graham Marsh, Ross Watson
À savoir : L'Horizons a accueilli 3 des tournois de golf les plus prestigieux d'Australie : le NSW Open de 2002, l'ALPG Player's Championship de 2002 et 2003, et l'ANZ Championship de 2004.

Tracé près de la station balnéaire de Port Stephens, ce parcours est doté de lacs artificiels, de marécages, et de fairways bordés de *Melaleucas*, la plupart des trous étant séparés par de la végétation et des obstacles différents les uns des autres. Le principe, selon les architectes, est de donner ici l'impression de trous mémorables et singuliers, le genre d'expérience qu'attendent et désirent les clients du complexe hôtelier. Le n° 8 est probablement le trou le plus prisé du parcours.

Le green, assez petit et à double plateau, est entouré de zones humides, à la végétation épaisse, qui s'étendent aussi du côté droit : un obstacle latéral intimidant tout joueur qui enverrait sa balle dans cette direction.

Si votre coup de départ s'avère trop court, votre balle sera probablement engloutie par le sinistre bunker du devant, et le hors-limite attend sur la gauche ceux qui monteraient à l'assaut un peu trop fort. **JS**

Parcours : Valley Club of Montecito

Situé à : Santa Barbara, Californie, États-Unis

Trou : n° 8

Longueur : 140 m

Par : 3

Architecte : Alister MacKenzie

À savoir : Le Valley Club of Montecito a été rénové par Tom Doak dans les années 1990, faisant renaître de nombreux éléments architecturaux subtils qu'avait apportés MacKenzie.

N° 8 VALLEY CLUB OF MONTECITO

Club très fermé, le Valley Club of Montecito, inauguré en 1929, abrite probablement l'un des parcours les moins connus de MacKenzie, du moins des golfeurs ordinaires. C'est pourtant l'un des 3 superbes tracés que MacKenzie compléta en un peu plus d'un an alors qu'il était au sommet de son art. Vous aurez peut-être entendu parler des 2 autres : Cypress Point et l'Augusta National, réalisés en 1929.

Le Valley Club est situé dans un cadre naturel spectaculaire, à Santa Barbara, au pied des montagnes de Santa Ynez, non loin du Pacifique. Il offre des fairways étroits, des greens rapides, de nombreux bunkers ainsi que des chênes, sycomores, cyprès et eucalyptus vénérables, parsemés sur un parcours où souffle souvent la brise océane.

On retrouve la plupart de ces éléments sur le n° 8. Bien que le coup de départ ne soit pas long, on doit le frapper au-dessus d'un vallon en direction d'un green à double plateau protégé par des bunkers des 2 côtés. Afin d'éviter le dévers escarpé, sur la droite, qui descend vers un bosquet de chênes, visez plutôt le côté gauche du green, ou le bogey sera assuré. **KA**

N° ❽ LAKE JOSEPH GOLF CLUB

Parcours : Lake Joseph Golf Club

Situé à : Port Carling, Ontario, Canada

Trou : n° 8

Longueur : 144 m

Par : 3

Architecte : Tom McBroom

À savoir : Le parcours a été construit de façon à profiter au maximum de la vue spectaculaire du Lake Joseph, tout proche, mais ne vous laissez pas trop distraire par la beauté du paysage !

Ce n'est pas le trou le plus difficile du parcours. Il n'est cependant pas facile pour autant. Si vous frappez un mauvais coup sur n'importe quel trou, celui-ci devient tout de suite plus ardu.

Mais ce n'est pas pour le défi qu'il présente que l'on se souvient du n° 8 de Lake Joseph. Lorsque vous approcherez de l'aire de départ, vous découvrirez instantanément pourquoi ce par 3 de 144 m est le plus mémorable du parcours et pourquoi il fait partie de notre liste.

« C'est notre trou emblématique principalement pour son aspect ravissant et enchanteur », déclare notre guide professionnel, qui précise : « Avec son dénivelé et les vents qui y tourbillonnent parfois, il n'est en aucune façon facile. »

Le dénivelé, ainsi, est spectaculaire. On perd environ 24 m entre le départ et le green. Assurez-vous de prendre ceci en compte afin de choisir le bon club.

On trouve des bunkers à droite et près du green, celui-ci étant doté d'un précipice à l'arrière. Il est aussi légèrement incliné et pas très grand.

« Un green très équitable », dit notre guide. Mais pas facile. **TJ**

Parcours : golf de Gut Lärchenhof

Situé à : Pulheim, Cologne, Allemagne

Trou : n° 8

Longueur : 220 m

Par : 3

Architecte : Jack Nicklaus

À savoir : Lee Westwood a frappé un trou en un au fer 4 sur ce trou, au cours du dernier tour du Linde German Masters de 2003, où il a terminé à 9 sous le par, à 54.

CI-DESSOUS   *Le Suédois Jarmo Sandelin au départ du huitième trou de Gut Lärchenhof, en octobre 2001.*

N° ❽   GOLF DE GUT LÄRCHENHOF

Le n° 8 de Gut Lärchenhof est l'un des pars 3 les plus longs au monde. On doit frapper le coup de départ au-dessus de 2 petits étangs jusqu'à un green assez réduit, qui a du mal à tenir la balle si on la joue avec un fer long ou un bois. Un bunker en forme de fer à cheval constitue l'obstacle principal, à environ 14 m devant le green, même si un mauvais slice fera entrer en jeu un grand lac sur la droite. Dépassez ces 2 éléments et vous devriez pouvoir réaliser le par.

Le Linde German Masters, qui se déroule à Gut Lärchenhof depuis 1998, a été remporté par des joueurs aussi notoires que Colin Montgomerie (1998), Sergio Garcia (1999), Bernhard Langer, l'enfant du pays (2001), et K. J. Choi (2003). Choi a réalisé 26 sous un par de 262, établissant le record du tournoi au cours de son triomphe de 2003, avec un total de 1 sous le par au n° 8, en réalisant un birdie dès le premier tour.

La moyenne des scores de ce trou était au-dessus du par pendant 4 ans (1998-2001) durant le German Masters, avant de redescendre à 2,99 en 2002 et 2003. En 2003, il concéda 50 birdies, contre 304 pars et 46 bogeys. **KA**

N° ❽ CHÂTEAU WHISTLER

Parcours : Château Whistler

Situé à : Whistler, Colombie-Britannique, Canada

Trou : n° 8

Longueur : 194 m

Par : 3

Architecte : Robert Trent Jones junior

À savoir : Situé au pied des Blackcomb et des Whistler, massifs abritant deux des domaines skiables les plus fréquentés du Canada, Château Whistler possède un parcours unique au monde, bénéficiant de nombreuses sources alimentées par les glaciers et d'un terrain montagneux particulièrement accidenté.

Sans vouloir offenser Robert Trent Jones junior, ce n'est pas lui qui a dessiné ce parcours de golf. C'est une autre puissance qui a sculpté le terrain de Château Whistler. Jones a peut-être ajouté ses fairways et ses greens, mais la beauté de ce complexe hôtelier chic était présente bien avant que nul engin ne vienne remuer la terre.

Inauguré en 1993, ce 18 trous, un par 72, est doté d'un dénivelé de plus de 122 m.

Le n° 8, un par 3 de 194 m, est emblématique du parcours. Avant d'attaquer ce trou où beauté et défis se marient, examinez ce que déclarent les pros du parcours : « Soyez fier de tout par ou birdie ici. Le plus sûr est de jouer le milieu du green. Bonne chance. »

Lorsque le club qui vous accueille vous souhaite bonne chance, vous savez que vous allez affronter certaines difficultés. Ici, le coup de départ doit se jouer en hauteur, des rochers sont situés à droite et à l'arrière, et un vaste étang s'enroule du côté gauche jusque sur le devant. Au cas où vous franchiriez à peine celui-ci, un bunker est situé entre le collier gauche et l'eau.

Si vous atteignez le green, vous êtes en bonne voie. Jones a fait preuve de clémence en le dessinant relativement plat. **TJ**

N° ❽ CAPITAL GOLF CLUB

Parcours : Capital Golf Club

Situé à : Melbourne, Victoria, Australie

Trou : n° 8

Longueur : 190 m

Par : 3

Architectes : Peter Thomson, Michael Wolveridge, Ross Perrett, Lloyd Williams

À savoir : Attention au coup de départ sur ce trou, où il faut franchir un obstacle d'eau. Il a fait peau neuve depuis son ouverture, car une poignée de petits bunkers bordant la péninsule où se trouve le green ont été transformés en désert sablonneux.

Consacré par Michael Wolveridge comme « le secret le mieux gardé du golf australien », le Capital Golf Club constitue un splendide spectacle pour les rares privilégiés qui ont la chance de l'admirer. Inauguré en 1997, le club jouit des installations les plus luxueuses du pays, et on ne rend pas entièrement justice aux aires de départ, fairways et greens de ce parcours construit sur 121 ha lorsqu'on évoque leur douceur de velours.

La vue depuis le départ du n° 8 est à la fois attrayante et terrifiante. Une zone désertique encadrée d'herbe « kangourou », *Themeda trianda*, s'étend au-delà de l'obstacle d'eau, avec le green derrière (si votre drive y atterrit, vous serez confronté à un coup de repêchage brutal, presque certainement suivi d'un bogey). Le drapeau est souvent placé derrière les bunkers qui bordent le green sur la droite, ce qui rend les birdies excessivement difficiles. Le vent peut lui aussi poser d'énormes problèmes aux joueurs, et la sélection du club approprié devient alors essentielle.

Les balles trop courtes atterrissent en général dans la zone désertique ; trop longues, elles survolent le green et dévalent la pente à l'arrière pour atterrir dans l'eau. **JS**

N° 8 — UPLANDS GOLF CLUB

Parcours : Uplands Golf Club
Situé à : Thornhill, Ontario, Canada
Trou : n° 8
Longueur : 212 m
Par : 3
Architecte : Stanley Thompson
À savoir : Uplands a ouvert ses portes en 1922 en tant que 18 trous privé, mais s'est transformé en 9 trous en 1989, lorsque les 9 autres furent avalés par le développement urbain.

Les descriptions de fairway de par 3 sont rares, et pourtant celle du huitième trou d'Uplands, longtemps considéré comme l'un des plus difficiles du Canada, s'avérera nécessaire pour de nombreux joueurs. Cette splendide épreuve de golf exige à la fois de la distance et de la précision depuis le départ, à 18 m au-dessus du fairway, un toboggan étroit au cœur d'une vallée entourée d'épais bosquets et longée sur la gauche par un torrent. Le green est situé à 4,5 m au-dessus du fairway, et après une balle trop courte, on devra frapper un chip difficile depuis la pente raide qui aboutit au green.

Si vous pensez être capable d'atteindre celui-ci, frappez un long draw jusqu'à la colline sur la droite, et la balle sera canalisée vers le milieu du green. Mais attention, la marge d'erreur est réduite.

Sinon, il est intelligent de viser une zone d'arrivée légèrement plus large devant la pente escarpée menant au green, ce qui laisse la possibilité de rentrer la balle en 2 coups supplémentaires. Et si vous n'y arrivez pas, consolez-vous : sur ce trou, on peut faire pire qu'un 4. **KA**

Parcours : The Heathers Club

Situé à : Bloomfield Hills, Michigan, États-Unis

Trou : n° 8

Longueur : 320 m

Par : 4

Architecte : Bill Newcomb

À savoir : Depuis le huitième trou, on aperçoit de vieux arbres qui se sont effondrés dans le lac au fil des ans. Les tortues y ont élu domicile. Les professionnels de la boutique affirment que l'on peut parfois en apercevoir une trentaine alignée sur les arbres.

N° 8 — THE HEATHERS CLUB

Voici un 9 trous privé à Bloomfields Hills, banlieue riche de Detroit dans le comté d'Oakland. Ne vous laissez pas duper par l'absence de dernier 9. Les 9 trous existants satisferont n'importe quel joueur, à commencer par le n° 8.

Depuis l'aire de départ, on aperçoit ce qui ressemble à une pyramide inversée. Plus on frappe la balle loin et plus le fairway s'élargit. Ce trou récompense donc les joueurs puissants. Le centre de la pyramide se trouve à 192 m du départ.

Un accotement longe cette dernière sur la gauche, tandis qu'un grand lac se trouve sur la droite de ce trou ravissant, où l'on peut observer une grande variété d'oiseaux.

Il existe 2 façons d'atteindre le green en 2 coups. La première est de viser le sentier pour voiturettes sur le deuxième coup. La seconde, celle que nous recommandons, consiste à viser directement le green et d'y tenir la balle.

Attention cependant, car un profond bunker précède le green, un autre se trouvant à l'arrière. Mieux vaut donc faire preuve de précision, ou l'on pourrait se retrouver assis au milieu des tortues. **TJ**

Parcours : Rattle Run Golf Course

Situé à : St Clair, Michigan, États-Unis

Trou : n° 8

Longueur : 329 m

Par : 3

Architecte : Lou Powers

À savoir : Inauguré en 1977, Rattle Run vous laissera deux impressions inoubliables. On a tout d'abord le sentiment de se trouver dans le nord du Michigan plutôt que dans le sud-est. La deuxième : pas d'astuces ici. Tous les trous sont coriaces.

N° 8 — RATTLE RUN GOLF COURSE

Rattle Run est réputé pour compter parmi les parcours les plus difficiles du sud-est du Michigan. Si le défi vous attire, réservez un départ et vous jouerez le parcours de votre vie.

La première erreur que l'on puisse commettre est d'accorder foi à ce que les habitués déclarent au sujet de ce par 4 de 329 m. Par exemple, les professionnels du parcours affirment que si l'on « évite les arbres du côté droit, le trou s'avère facile ». Mais rien n'est aisé à Rattle Run.

Depuis les départs arrière, on aura besoin d'un drive d'environ 231 m pour permettre un bon deuxième coup en direction du green de ce dogleg à droite très marqué. Bien sûr, si vous jouez depuis les départs arrière, cette distance ne devrait pas vous poser de problème. Mais mieux vaut frapper droit.

Si la balle est trop longue, elle peut dépasser le fairway ; trop courte, il sera impossible d'atteindre le green en 2 coups.

Le fairway est assez étroit, bordé d'arbres des deux côtés. Les pros ont raison lorsqu'ils vous conseillent d'éviter la droite. On sera forcément confronté aux ennuis si l'on doit sortir la balle des arbres.

Si vous n'êtes toujours pas convaincu de la difficulté du parcours, examinez ses caractéristiques : Rattle Run est pourvu de 78 bunkers, d'étroits fairways bordés d'arbres et l'eau est en jeu sur 15 des 18 trous. **TJ**

N° **8**   **OXFORDSHIRE GOLF CLUB**

Parcours : Oxfordshire Golf Club
Situé à : Thame, Oxfordshire, Angleterre
Trou : n° 8
Longueur : 347 m
Par : 4
Architecte : Rees Jones
À savoir : L'Oxfordshire n'a pas mis longtemps à s'imposer comme digne d'accueillir des tournois. En 1995, 2 ans après son inauguration, les finales régionales européennes de l'Anderson Consulting World Championship of Golf et l'English Open féminin s'y déroulaient.

L'Oxfordshire Golf Club est situé dans la campagne vallonnée anglaise près d'Oxford, ville universitaire historique. Ce parcours boisé de style américain, dessiné par Rees Jones, a ouvert en 1993.

Son n° 8, un par 4 singulier, en dogleg à droite autour d'un immense lac, exige à la fois finesse et précision. Le coup de départ doit éviter l'eau sur la droite et trouver un fairway qui rétrécit considérablement au niveau de la zone d'arrivée que préfèrent les joueurs. La gauche n'offre pas beaucoup plus de sécurité, car un ensemble de monticules et de bunkers guettent de ce côté-là, à l'angle extérieur du dogleg qui dessine un virage marqué vers le green, situé sur une péninsule qui s'avance dans le lac.

Le green est incliné d'arrière en avant, et il faut donc s'assurer de poser son deuxième coup en dessous du trou si l'on veut pouvoir réaliser un birdie. Si l'on frappe trop court, trop long ou trop à droite, la balle pourrait finir dans l'eau.

Durant ses 4 années sur ce parcours, le Benson and Hedges International Open a produit un nombre de vainqueurs remarquables, dont Bernhard Langer (1997), Darren Clarke (1998) et Colin Montgomerie (1999). **KA**

N° 8 — CLUSTERED SPIRES GOLF COURSE

Parcours : Clustered Spires Golf Course

Situé à : Frederick, Maryland, États-Unis

Trou : n° 8

Longueur : 378 m

Par : 4

Architectes : Ault, Clarck & Associates

À savoir : Ce parcours fut construit sur 80 ha vallonnés par la ville de Frederick pour ses habitants. Tous les joueurs y sont les bienvenus, et on ne tardera pas à découvrir la chance qu'ont les golfeurs de Frederick.

Les responsables du Clustered Spires sont très fiers de leur parcours, et ce n'est que justice. Le terrain, le tracé et son exécution sont de premier ordre, mais ce sont les petites touches supplémentaires qui font sa particularité.

Prenons l'exemple du n° 8. On avait autrefois depuis son aire de départ une vue excellente de la rivière Monocacy, mais la végétation l'a cachée. Sortez votre appareil photo. Le club étant débroussaillé, on peut de nouveau admirer la rivière.

Retour sur le golf.

Le fairway de ce par 4 de 378 m est bordé d'arbres (et de hors-limite) sur la droite. On trouve à gauche un bunker de fairway qui constitue une cible parfaite. Non, on n'essaiera pas d'y atterrir, mais de le dépasser, et pour cela, de franchir environ 228 m depuis les départs arrière. Il faut compter 205 m pour atteindre l'avant du bunker.

Le fairway étant incliné de gauche à droite, le drive devrait viser le milieu du fairway si vous êtes capable de survoler les bunkers.

Le deuxième coup vise le green à double plateau protégé par un bunker sur la droite. À cause du dévers du green, l'emplacement de drapeau le plus difficile est l'arrière-droite. **TJ**

N° 8 — SHENANDOAH GOLF COURSE

Parcours : Shenandoah Golf Course

Situé à : West Bloomfield, Michigan, États-Unis

Trou : n° 8

Longueur : 324 m

Par : 4

Architecte : Bruce Matthews

À savoir : Ce splendide parcours public de West Bloomfield, riche banlieue de Detroit, ayant été construit au milieu des collines, attendez-vous à de nombreux lies inégaux. De hauts et vénérables érables et chênes bordent de nombreux fairways.

Shenandoah ne manque ni de trous difficiles, ni de trous ravissants. Le n° 8 est plus ravissant que difficile, mais mieux vaut frapper un bon coup de départ ou cela pourrait changer.

Le premier coup est absolument déterminant ici. Si c'est un joli coup, la moitié du travail est accomplie.

Semi-dogleg à droite, l'eau y entre en jeu sur la droite et les arbres sur la gauche. Préoccupons-nous tout d'abord de l'eau.

Elle apparaît à environ 165 m des départs arrière et ce jusqu'au green. On devra donc s'habituer à sa présence.

Sur la gauche, un coteau est recouvert de nombreux arbres et de broussaille. Le coup de départ idéal vise ce côté, mais si la balle dévie trop, on devra frapper le coup suivant depuis les arbres.

Le green pose quelques problèmes. Très incliné, il est flanqué de profonds bunkers des deux côtés. Il n'est pas improbable que vous ayez besoin de 3 putts pour rentrer la balle.

Jouez de façon intelligente et vous devriez au moins sauver le par. Mais n'oubliez pas les ennuis qui guettent, et profitez du paysage. **TJ**

Parcours : golf de Noordwijkse
Situé à : Noordwijk, Pays-Bas
Trou : n° 8
Longueur : 371 m
Par : 4
Architecte : Frank Pennink
À savoir : Noordwijkse est l'un des 3 magnifiques parcours en links – niché entre le Royal The Hague et Kennemer – situés le long de la côte hollandaise de la mer du Nord, entre Amsterdam et La Haye.

CI-DESSOUS *Le huitième trou de Noordwijkse.*
CI-CONTRE *L'Irlandais Padraig Harrington sur le n° 8 de Noordwijkse en juillet 2001.*

N° 8 GOLF DE NOORDWIJKSE

Le golf de Noordwijkse fut fondé en 1915, mais son 9 trous d'origine fut englouti en 1971 par le développement urbain de la station balnéaire de Noordwijk. Le club emménagea alors sur un autre site, à quelques kilomètres de là au bord de la mer du Nord, et le spectaculaire parcours de Frank Pennink fut inauguré en 1972. Ce changement n'a pas déçu les membres du club, car certains segments serpentent parmi les dunes, en bord de mer, et le parcours est considéré comme l'un des meilleurs d'Europe continentale.

Le n° 8 ramène les joueurs en bord de mer après une série de trous dans les terres boisées, et son coup de départ a pour cible un fairway étroit, bordé de bruyère, qui ondule parmi les dunes. Cela produit une approche délicate d'un green protégé de monticules et de profonds bunkers, la rude brise océane entrant presque toujours en jeu.

De 1978 à 2001, Noordwijkse a accueilli 9 fois l'Open des Pays-Bas, remporté par tout le gotha du golf, dont, par exemple, Graham Marsh (1979, 1985), Seve Ballesteros (1986), Payne Stewart (1991), Bernhard Langer (1992, 2001), Darren Clarke (1998) et Colin Montgomerie (1993). **KA**

N° ❽ **PEBBLE BEACH GOLF LINKS**

Parcours : Pebble Beach Golf Links
Situé à : Pebble Beach, Californie, États-Unis
Trou : n° 8
Longueur : 380 m
Par : 4
Architectes : Jack Neville, Douglas Grant
À savoir : Les architectes de golf mentionnent souvent la « valeur des coups » de leurs tracés. Cela désigne le degré de difficulté de l'exécution des coups auquel on est confronté sur l'aire de départ. On ne fait pas mieux que le n° 8 de Pebble Beach dans ce domaine.
CI-DESSOUS *Le huitième trou de Pebble Beach.*
CI-CONTRE *Jack Nicklaus sur le n° 8 de Pebble Beach en février 1993.*

De nombreux qualificatifs s'appliquent au n° 8 de Pebble Beach. Célèbre. Dangereux. Merveilleux. Et ce n'est qu'un début.

Sur ce par 4 de 380 m, on joue le deuxième coup depuis une falaise surplombant le Pacifique de 80 m. Avec un coup de départ en montée et un fer moyen à long sur le deuxième qui doit survoler fairway, falaise, mer et sable, peu de trous au monde s'avèrent plus pittoresques que celui-ci.

Les professionnels, qui prennent généralement pour cible l'une des 2 cheminées d'une demeure sur la colline, frappent souvent un bois 3 depuis le départ. Ils atterrissent devant la faille qui s'avance sur le fairway, puis s'élancent au-dessus de l'eau d'un bleu splendide au cours de ce que Nicklaus qualifie son « deuxième coup préféré » au monde.

Il apprit tôt dans sa carrière que le premier coup était lui aussi important. Au cours du quatrième tour de l'US Amateur de 1961, Nicklaus joua un bois 3, ce qui s'avéra excessif. Comme c'était un match-play, il ne perdit que sa balle et le trou avant de remporter la partie et le tournoi.

Les greens de Pebble Beach sont généralement petits, et celui-ci ne déroge pas à la règle. Il ne fait que 18 m de profondeur à gauche et 21 m à droite.

Sur ce classique, préoccupez-vous moins de votre score que de votre appareil photo. **TJ**

Parcours : golf d'Agile (parcours sud)
Situé à : Zhuhai, Guangdong, Chine
Trou : n° 8
Longueur : 431 m
Par : 4
Architectes : JMP Design Group
À savoir : Voici un trou plein de possibilités. C'est l'un des meilleurs de Chine, doté d'un double fairway, où la prise de risque est récompensée.

N° ❽   GOLF D'AGILE (PARCOURS SUD)

On a tendance à considérer le huitième trou du parcours sud d'Agile comme légèrement « schizophrène ». Depuis l'aire de départ, il offre soit un joli coup confortable sur la droite, soit un coup plus risqué et plus étroit sur la gauche. D'accord, le diagnostic de double personnalité est peut-être un peu exagéré, mais ce double fairway crée la surprise.

Quelle que soit la voie que vous choisissiez, la sécurité ou le risque, avec la rivière à gauche et le bosquet qui divise le fairway à droite, la vue sur le fairway et les montagnes est spectaculaire depuis le tertre de départ.

Le n° 8 est construit sur un terrain montagneux vallonné, voire parfois accidenté, qui influence les rebonds sur le fairway. Il n'est pas tout à fait aussi coriace que d'autres trous très en pente, virant nettement à droite ou à gauche. Mais le parcours représente un immense défi même pour les meilleurs joueurs, et ses fairways retors et parfois étroits ne facilitent pas les choses. C'est le cas du n° 8 : serré sur la gauche, difficile au milieu et sans danger à droite (si vous pouvez atteindre ce côté).

C'est aussi l'un des plus divertissants du parcours. Quelle que soit la trajectoire que vous choisissiez à partir du départ, vous pourrez examiner votre approche de haut. C'est l'une des nombreuses occasions que l'on a d'admirer le paysage. Et le green du n° 8, comme tous les autres du parcours, est en excellent état.

Le parcours sud borde le réservoir de Chang Jiang, l'un des plus jolis sites de Zhongshan. **JB**

Parcours : Leslie Park
Situé à : Ann Harbor, Michigan, États-Unis
Trou : n° 8
Longueur : 324 m
Par : 4
Architecte : Edward Lawrence Packer
À savoir : De très beaux pins noirs d'Autriche bordent les fairways de ce joli parcours. Construit sur un terrain vallonné, c'est l'un des 2 que possède la ville.

N° ❽   LESLIE PARK

Inauguré en 1968, c'est l'un des trésors cachés d'une région débordant de parcours de golf. En 1995, on chargea Arthur Hills d'y apporter quelques améliorations, notamment en modifiant le n° 8.

Mieux vaut placer son coup de départ bien au milieu du fairway. À droite se trouve un verger de poiriers, que l'on préférera éviter sauf si l'on prépare une salade de fruits. Des bois hors limite se trouvent de l'autre côté du fairway.

Depuis le tertre de départ, on frappe en descente vers un fairway incliné à gauche en direction d'un étang. Oh, nous avions oublié de mentionner ce dernier, situé sur la gauche à 265 m environ des départs arrière. Il s'étend jusqu'au green, détail qui pourrait vous être utile…

Le dévers de ce dernier n'est pas aussi important que celui d'autres greens du parcours, mais le n° 8 est l'un des plus jolis trous de Leslie Park.

Son trou emblématique est le n° 11, un par 5, difficile et très apprécié des joueurs. **TJ**

N° 8 — PRAIRIE DUNES COUNTRY CLUB

Parcours : Prairie Dunes Country Club

Situé à : Hutchinson, Kansas, États-Unis

Trou : n° 8

Longueur : 393 m

Par : 4

Architecte : Perry Maxwell

À savoir : Le Prairie Dunes accueillera l'US Open Senior en 2006. L'US Amateur féminin, les matchs de la Curtis Cup, l'US Mid-Amateur et l'US Open féminin s'y sont aussi déroulés.

Perry Maxwell, le légendaire architecte de golf américain, était convaincu que c'était le terrain qui dictait le tracé. Il aurait déclaré, alors qu'il n'en était qu'à la phase préparatoire de Prairie Dunes, que « le parcours de golf devait déjà se trouver là et non pas être imposé ». Il arpenta ces 195 ha pendant des semaines avant de décider de l'endroit et de la façon dont débuterait la construction. Après avoir admiré le terrain pour la première fois, il déclara : « Il y a 118 trous ici… il suffit que j'en élimine 100. »

Il choisit heureusement de conserver le n° 8 sur ce parcours en links au milieu de la prairie américaine. Cela ne faisait évidemment aucun doute. C'est le trou le plus célèbre de Prairie Dunes, et ce dogleg à droite qui serpente autour d'une poignée de dunes est très représentatif du reste du parcours : en montée depuis le départ jusqu'au green, chaque dune étant plus haute et plus périlleuse que l'autre. Lorsque les joueurs atteignent le green, ils ont certainement l'impression d'avoir effectué bien plus que 393 m.

Le n° 8 est aussi doté d'un élément que l'on retrouve constamment sur les 70 parcours au moins qu'a conçus Maxwell : un green ondoyant à double plateau.

On aperçoit les ondulations de loin depuis le fairway, mais il est de l'intérêt des joueurs de procéder avec calme. Afin d'atteindre cette surface aux abondants mouvements, le coup d'approche doit éviter les 2 bunkers qui l'entourent. Et, de crainte que les joueurs ne fassent preuve de trop de courage, l'herbe à l'arrière du green est aussi épaisse que punitive.

Le n° 8 est le plus mémorable de Prairie Dunes, ce qui n'est pas peu dire compte tenu des joyaux qu'abrite ce parcours. Voici quelques déclarations de grands joueurs au sujet de ce golf du Kansas :

« Une touche d'Écosse au pays d'Oz » – Tom Watson, originaire du Kansas.

« C'est un golf de premier ordre » – Ben Crenshaw, du PGA Tour.

« Ce n'est qu'au paradis que l'on peut jouer sur un parcours d'une telle qualité » – Judy Bell, seule femme ayant jamais présidé l'Association de golf américaine.

Le pays d'Oz… le paradis… on l'aura compris : si c'est le paradis sur un parcours de golf, le n° 8 est divin. **JB**

N° 8 — GOLF DES ÉMIRATS
(PARCOURS MAJLIS)

Parcours : golf des Émirats (parcours Majlis)

Situé à : Dubaï, Émirats arabes unis

Trou : n° 8

Longueur : 396 m

Par : 4

Architecte : Karl Litten

À savoir : Le golf des Émirats fut le premier parcours de championnat sur gazon de la région du Golfe, inauguré dès 1988.

CI-DESSOUS   L'Anglais Ian Poulter sur le huitième trou du golf des Émirats en mars 2004.

CI-CONTRE   L'Anglais Gary Evans sur le huitième trou du golf des Émirats en mars 2004.

Premier parcours sur gazon du Moyen-Orient, l'un des sites préférés du Dubaï Desert Classic, épreuve du PGA European Tour, le golf des Émirats est devenu l'un des endroits où les meilleurs joueurs au monde aiment venir jouer, notamment Ernie Els, qui détient le record du tracé avec un score de 61.

Inauguré en 1988, le bâtiment abritant le Majlis constitue l'une de ses particularités les plus importantes, entre le n° 8 et le n° 9.

Et le n° 8 est sans conteste l'un des trous les plus attrayants et les plus mémorables du parcours. Ce par 4 de 396 m a conservé une grande partie du caractère désertique et met réellement votre jeu à l'épreuve.

Troisième trou le plus difficile selon la carte de parcours, son fairway tourne vers la droite, offrant un joli coup à ceux qui préfèrent frapper légèrement en slice au départ. Le fairway monte rapidement, le vaste désert servant de bunker géant et piégeant ceux qui essaieraient de trop couper l'angle du dogleg. Depuis le fairway, seule la partie la plus avant du green est visible. Et celui-ci étant protégé, la précision est essentielle. La pente et le vent rendent le choix du bon club encore plus important. **TJ**

N° ⑧   CHERRY CREEK

Parcours : Cherry Creek

Situé à : Shelby Township, Michigan, États-Unis

Trou : n° 8

Longueur : 290 m

Par : 4

Architectes : Lanny Wadkins, Mike Bylen

À savoir : C'est un parcours qui met tous les joueurs à l'épreuve grâce à ses 4 séries de départ. Mesurant de 4 583 m à 6 203 m, il est doté d'un terrain légèrement vallonné et d'une variété de chênes, de frênes et de cerisiers.

Cherry Creek est un autre excellent parcours dans le sud-est du Michigan. Et son n° 8 allie défi et vue spectaculaire.

Ce par 4 de 290 m est un dogleg à gauche où le fairway est bordé d'une épaisse rangée d'arbres. Le fairway offrant de l'espace, frappez aussi loin que possible. L'aire de départ est située derrière l'un des 2 marécages, et l'on devra jouer un premier coup d'environ 190 m afin de les franchir tous les deux.

On découvre une série de bunkers à environ 80 m du green, sur la droite, d'autres étant situés sur le côté gauche du fairway.

Pour rendre ce trou plus facile, on peut jouer depuis les marques vertes car on ne doit alors franchir qu'une zone marécageuse, mais ce sont bien sûr pour ses défis que la plupart des joueurs jouent au golf.

Une fois les marécages dépassés, les ennuis ne sont pas terminés. Le green est situé dans un coin, avec un bunker à droite et un autre sur le devant. À double plateau, il est traversé d'une crête.

C'est un trou ravissant et difficile sur un parcours de premier ordre. **TJ**

N° ❽ **GARY PLAYER COUNTRY CLUB**

Parcours : Gary Player Country Club
Situé à : Sun City, Afrique du Sud
Trou : n° 8
Longueur : 394 m
Par : 4
Architecte : Gary Player

À savoir : Les golfeurs peuvent visiter la réserve naturelle de Pilanesberg, dans un ancien cratère volcanique près du parcours, abritant les « cinq grandes espèces de gibier » – éléphants, rhinocéros blancs et noirs (une espèce rare), buffles, lions et léopards – ainsi que des girafes, zèbres, hippopotames et nombre d'autres animaux, parmi lesquels plus de 300 espèces d'oiseaux.

CI-DESSOUS *L'Écossais Colin Montgomerie joue son troisième coup sur le n° 8 du Gary Player Country Club en novembre 2001.*

CI-CONTRE *L'Espagnol José María Olazábal sort du rough du n° 8 du Gary Player Country Club en décembre 2000.*

Constamment classé meilleur parcours d'Afrique du Sud, le Gary Player ne s'est pas contenté de relever le niveau du golf dans le pays mais a établi le modèle à dépasser.

Les défis qu'offre le parcours sont innombrables. Ne laissez pas l'époustouflant paysage, les excellentes conditions de jeu ou l'hôtel de premier ordre vous hypnotiser.

Même si l'on peut toujours débattre de son statut de meilleur parcours du pays, on ne peut contester que c'est là l'une des épreuves de golf les plus exigeantes, que ce soit en Afrique du Sud ou dans le reste du monde.

Le n° 8 en particulier, un par 4, illustre parfaitement la difficulté du terrain. Ce trou de 394 m a essuyé quelques critiques dans le passé. Certains professionnels n'aiment pas son coup de départ à moitié aveugle. Son green en trèfle ne les ravit pas non plus car il rend pour le moins ardu le deuxième coup, un fer 4 à 7 selon le vent.

À plus de 6 400 m depuis les départs arrière, sous un rude soleil africain qui cogne dur, on aura besoin d'un bon grand jeu et de réserves de patience.

C'est sans doute là le plus célèbre des parcours sud-africains, ayant accueilli le Nedbank Million Dollar Golf Challenge. Ses anciens vainqueurs comprennent Johnny Miller (pour le premier tournoi), Seve Ballesteros, Bernhard Langer, Ian Woosnam, David Frost, Nick Price, Colin Montgomerie, Ernie Els et Sergio Garcia.

Les fairways sont en herbe kikuyu. En 1996, Steve Jones, vainqueur de l'US Open, a déclaré que c'étaient les meilleurs sur lesquels il ait jamais joué. **TJ**

N° 8 — CARNEGIE CLUB DU CHÂTEAU DE SKIBO

Parcours : Carnegie Club du château de Skibo

Situé à : Dornoch, Sutherland, Écosse

Trou : n° 8

Longueur : 411 m

Par : 4

Architecte : Donald Steel

À savoir : Bien qu'Andrew Carnegie ait tout d'abord chargé John Sutherland de construire le parcours du château de Skibo, en 1883, il jouait la plupart du temps au Royal Dornoch, proche voisin. En 1991, Donald Steel a reconstruit le Carnegie Club sur le site du parcours d'origine.

Comparé à son « frère » plus âgé, le Carnegie Club est un bébé au milieu d'une forêt mature. Un nourrisson se mêlant à une foule âgée.

Situé à 6 km seulement du vénérable Royal Dornoch, il joue le rôle de petit dernier difficile au sein d'une telle famille.

L'erreur, bien sûr, consiste à considérer le tracé de Donald Steel comme trop moderne, voire même forcé. Sans un siècle de jeu derrière lui, qu'est-ce qu'un nouveau venu pourrait apporter au berceau du golf ?

La réponse est un merveilleux tracé varié. Un parcours qui se glisse entre les marécages et le long du Dornoch Firth et offre un stimulant mélange de coups longs et courts, de spectacle et de subtilité.

Comme sur tous les links écossais, le vent est au cœur du Carnegie Club. Selon sa direction et sa force, le n° 8 se transforme en trou de parieur, où l'on joue son va-tout, où les golfeurs sont tentés franchir le Loch Evelix. Les coups forts, bas et face au vent sont légion, et le par mérite d'être savouré.

Le trou vire sur la droite, autour du lac, la meilleure trajectoire vers le green partant du côté droit du fairway. Bien que moins risqués, les coups de départs visant l'extrême gauche font entrer en jeu les bunkers situés de ce côté-là du green. Celui-ci a été conçu de façon à recevoir un coup bas, roulant et sous le vent. **RH**

Parcours : Tangle Ridge Golf Club

Situé à : Grand Prairie, Texas, États-Unis

Trou : n° 8

Longueur : 525 m

Par : 5

Architecte : Jeff Brauer

À savoir : Ce parcours, construit sur un terrain vallonné, présente plusieurs dénivelés. Même si les fairways sont bordés de broussaille épaisse et d'arbres, ils offrent cependant des zones d'arrivée généreuses.

CI-CONTRE *Le huitième trou de Tangle Ridge.*

N° 8 TANGLE RIDGE GOLF CLUB

Considéré comme l'un des meilleurs parcours publics américains, ce tracé allie le paysage vallonné des collines texanes à des dénivelés spectaculaires et à des bunkers montant la garde sur chaque trou.

Le n° 8, de 525 m, est l'un des trous les plus difficiles du parcours, et ce sans prendre le vent en compte – ce que l'on devra presque toujours faire. Un ruisseau qui traverse le fairway en son milieu ne peut être atteint sur le coup de départ en descente qu'avec l'aide d'un fort vent du nord soufflant dans le dos. Le même ruisseau entre en jeu au cours du deuxième coup, en montée. On évitera donc le côté gauche.

Des ennuis guettent aussi du côté droit, dont le practice. Ne jouez pas la balle rayée si vous atterrissez à cet endroit-là.

La zone d'arrivée du deuxième coup, très important, est réduite, mais ne jouez pas trop court. Vous aurez besoin de vous approcher autant que possible du green avant le coup d'approche en montée. Un haut talus plongeant dans un étang protège le devant tandis qu'un bosquet d'arbres défend l'arrière. Derrière le green, des pentes escarpées pourraient ramener des balles trop longues vers le green, situé au-dessus de 2 grands monticules. **TJ**

Parcours : The Links à Challendon

Situé à : Mount Airy, Maryland, États-Unis

Trou : n° 8

Longueur : 491 m

Par : 5

Architecte : Brian Ault

À savoir : Inauguré en juin 1966, ce parcours en links où pousse la fétuque indigène accueille plus de 175 événements charitables ou d'entreprises.

N° 8 THE LINKS À CHALLENDON

C'est une jolie vue que l'on découvre depuis le départ du n° 8 des Links à Challendon. On découvre des maisons à droite du fairway et d'autres encore au loin. Quatrième trou le plus difficile du parcours, il est intéressant à jouer.

Le green est au loin, sur la droite, et le coup de départ est aveugle ou presque. Mieux vaut le jouer droit. Le fairway est incliné de gauche à droite, ce que l'on devrait garder à l'esprit. N'oubliez pas non plus que vous pouvez atteindre le green en 2 coups mais qu'il faudra alors être sûr de son jeu.

Un monticule recouvert de haute fétuque est situé sur le côté droit du fairway. C'est une herbe que l'on ne manquera pas d'apercevoir un peu partout à Challendon. Le sentier pour voiturettes se trouve sur la gauche, ainsi qu'une pente menant à de la fétuque supplémentaire, à 3,5 m environ du sentier. Jolie en apparence, il est difficile d'en sortir.

Si l'on frappe un bon coup de départ, on devra réfléchir avant de tenter de rejoindre le green en 2 coups. Examinez tout d'abord l'étendue d'eau que vous devrez franchir. La marge d'erreur est très réduite. Un bunker entre l'étang et le green guette toute balle trop courte.

On trouve aussi une zone d'arrivée à environ 80 m du green, que l'on peut viser si l'on choisit 3 coups au lieu de 2.

Le green est difficile. On y trouve 2 niveaux distincts, un talus de 60 cm séparant le niveau arrière. **TJ**

N° 8 — CRYSTAL DOWNS COUNTRY CLUB

Parcours : Crystal Downs Country Club

Situé à : Frankfort, Michigan, États-Unis

Trou : n° 8

Longueur : 503 m

Par : 5

Architectes : Alister MacKenzie, Perry Maxwell

À savoir : Le petit étang du n° 8 constitue le seul obstacle d'eau entrant en jeu sur le parcours de Crystal Downs.

Lorsque l'on aborde le sujet de Crystal Downs, la discussion débute par les greens. Leur vitesse, leurs dévers et leurs défis. Le green du n° 8 prouve que ces surfaces en pente, glissantes, sont dangereuses même lorsqu'on garde son putter dans le sac.

Si on l'approche du côté gauche, l'angle est tellement difficile que les coups d'approche trop faibles reviennent directement vers les golfeurs. On peut l'éviter si l'on joue depuis la droite.

Mais ne mettons pas la charrue avant les bœufs. On doit tout d'abord considérer les 503 m à parcourir jusqu'à ce green ondoyant. Ce par 5 part en descente puis dessine un dogleg à droite en montée avant d'atteindre le green, sur une saillie. Son fairway en montagnes russes est ardu du début à la fin, et l'on doit considérer chacun de ses mouvements avant de décider quelle cible on visera sur le premier et le deuxième coup. Même si la balle atterrit à l'endroit voulu, un lie inégal est quasiment assuré.

Si l'on arrive à frapper un long deuxième coup sur le côté droit du fairway, on sera récompensé d'une approche au même niveau que le green. Depuis la gauche, le coup d'approche est nettement plus en montée, et s'il est trop faible, la balle roulera de 9 à 18 m en arrière.

Cela devient encore plus compliqué si le coup d'approche dépasse le trou. Il n'est alors absolument pas improbable que le premier putt sorte du green. Si le coup d'approche est trop faible, la balle peut dévaler la pente. S'il est trop fort, elle pourra aussi dévaler la pente sur le putt. Il est impossible de négocier ce green en toute sécurité.

Ce sont les greens qui attirent l'attention à Crystal Downs, mais on devrait aussi mentionner la vue sur le lac Michigan depuis la falaise, son clubhouse de style anglais, ses bunkers caractéristiques, et son rough difficile. Tous ces éléments sont spécifiques à Crystal Downs, et on en retrouve la plupart sur le n° 8, depuis ses nombreuses bosses jusqu'à sa conclusion magnifique.

Lorsque le parcours fut inauguré en 1933, on considérait souvent le n° 8 comme le meilleur par 5 créé par Perry Maxwell comme par MacKenzie. C'est peut-être toujours vrai aujourd'hui. **JB**

N° ❽ PREDATOR RIDGE GOLF RESORT
(PARCOURS PEREGRINE)

Parcours : Predator Ridge Golf Resort (parcours Peregrine)

Situé à : Vernon, Colombie-Britannique, Canada

Trou : n° 8

Longueur : 466 m

Par : 5

Architecte : Les Furber

À savoir : Le complexe de Predator Ridge comprend trois 9 trous de premier ordre, très différents les uns des autres : l'*Osprey*, le *Peregrine*, et le *Red Tail* (le Balbuzard, le Faucon pèlerin et la Buse). Ils mesurent tous entre 2 375 et 3 200 m, et on peut donc choisir les départs qui correspondent à son jeu.

Visiter la vallée d'Okanagan revient à visiter une autre planète. On peut parier en toute sécurité que vous n'avez jamais rien vu de semblable à Predator Ridge auparavant, mais aussi que vous y reviendrez.

Sans vouloir donner l'air de parler pour le département marketing de l'hôtel, le Predator Ridge offre 27 trous de golf spectaculaires et d'innombrables splendides panoramas. Nul besoin d'un responsable du marketing trop zélé pour expliquer quel trou fantastique fait le n° 8. Une photo suffit. « C'est notre équivalent du n° 18 de Pebble Beach, mais dans les terres, l'eau étant en jeu sur la gauche depuis le départ jusqu'au green », disent les pros du club. Se comparer à Pebble Beach n'est pas rien. Mais dans ce cas, il ne s'agit pas d'une exagération.

Depuis le départ de ce dogleg à gauche, on vise l'arbre solitaire sur la droite du fairway. L'eau sur la gauche ne pardonne pas, tandis que le rough entre le fairway et l'eau est réduit, voire inexistant. On trouve des bunkers le long du côté gauche d'un fairway étroit.

La prise de risque est énormément récompensée sur ce trou. Quelle distance voulez-vous franchir au-dessus de l'eau ? C'est l'un de ces trous où l'on doit jouer intelligemment mais où l'on ne peut simplement pas résister à la tentation.

Bonne chance – il se peut que vous en ayez besoin. **TJ**

N° 8 GOLF LAS BRISAS

Parcours : golf Las Brisas
Situé à : Málaga, Andalousie, Espagne
Trou : n° 8
Longueur : 463 m
Par : 5
Architecte : Robert Trent Jones senior
À savoir : Le golf Las Brisas a accueilli 2 Coupes du monde (1972 et 1989), 4 Opens d'Espagne (1970, 1983, 1987 et 1991), 2 Coupes des nations (1985 et 1987), 1 Open de Méditerranée (1990) et 2 Opens d'Espagne Senior (1985 et 1987). Il a été inauguré en 1968, 4 ans après la première aventure européenne de Robert Trent Jones à Sotogrande. Comme sur la plupart des tracés de cet architecte, les pars 5 de Las Brisas et de Sotogrande sont remarquables. On se souviendra sans aucun doute du n° 8 de Las Brisas, notamment à cause de sa longueur. Mais il ne suffit pas de frapper fort ici car les embûches sont omniprésentes.

Au golf Las Brisas, 2 ruisseaux qui serpentent sur tout le domaine alimentent 10 lacs, la moitié d'entre eux sur le n° 8. La longueur du trou (463 m) ne paraît pas intimidante sur la carte de parcours, mais sa difficulté est multipliée par la présence de l'eau.

L'un des lacs servant d'obstacle d'eau sur le n° 7 est situé derrière le départ du n° 8. Les 4 autres plans d'eau de ce trou, cependant, présentent un réel danger, forçant les joueurs à éviter le côté droit du fairway et l'arrière-gauche du green.

L'eau joue ici un rôle plus qu'esthétique. On doit la prendre en compte sur les 3 premiers coups de ce par 5. Depuis le départ, on doit franchir un ruisseau qui coule avec vigueur le long du côté droit du fairway. Puis, sur le deuxième coup, il faudra demeurer assez près du lac, à droite, afin de profiter d'un bon angle d'approche du green, tout en évitant bien sûr de mouiller la balle.

Le coup d'approche doit franchir le lac, en arrière. On peut bien entendu essayer de rejoindre le green en 2 coups, mais on devra pour cela survoler une longue étendue d'eau et éviter une série d'arbres sur les rives du lac. On doit ensuite faire preuve d'assez de précision pour trouver l'ouverture étroite permettant d'accéder au green, juste à gauche d'un bunker.

Il est plus intelligent, plus sage et moins éclaboussant de choisir les 3 coups, en plaçant le deuxième juste devant l'eau, près du bosquet. On suivra d'un pitch délicat vers un green protégé de bunkers des deux côtés, mais c'est bien plus facile si l'on a un wedge entre les mains. **JB**

N° 8 PENINSULA COUNTRY GOLF CLUB (PARCOURS SUD)

Parcours : Peninsula Country Golf Club (parcours sud)
Situé à : Frankston, Victoria, Australie
Trou : n° 8
Longueur : 526 m
Par : 5
Architectes : Sloan Morpeth, Michael Clayton
À savoir : Morpeth a dessiné les parcours nord et sud de ce club proche de Melbourne en 1965, et ils comptent toujours parmi les 50 meilleurs d'Australie.

Les membres du club déclarent que le n° 8 du parcours sud, un par 72 mesurant plus de 6 035 m, est un vrai par 5, serré et mesurant 526 m depuis les départs arrière sur un terrain sablonneux et merveilleusement ondoyant.

Le drive, légèrement en montée, doit éviter un profond bunker sur la gauche, et le deuxième coup, un bois de parcours en général, devra franchir le sommet d'un mamelon pour atterrir dans un vallon. C'est de là que la plupart des joueurs frappent leur troisième coup, pour monter une petite colline et atteindre un green à double plateau défendu sur l'avant par 2 bunkers.

Il est important de trouver le bon plateau sur ce trou ou on devra très probablement suivre de 3 putts redoutables. **JS**

Parcours : Scioto Country Club
Situé à : Columbus, Ohio, États-Unis
Trou : n° 8
Longueur : 461 m
Par : 5
Architecte : Donald Ross

À savoir : Inauguré en 1916, le Country Club de Scioto a accueilli l'US Open de 1926, la Ryder Cup de 1931, le championnat PGA de 1950, l'US Amateur de 1968 et l'Open amateur de l'Ohio de 1994.

N° 8 SCIOTO COUNTRY CLUB

Lorsqu'on mentionne dans la même phrase Columbus dans l'Ohio et le golf, on songe souvent à la relation de Jack Nicklaus, diplômé de l'université d'État, avec la ville qui abrite cette même université. Cependant, bien avant que l'Ours blond n'y laisse son empreinte, l'un des vrais professeurs d'architecture de golf y donnait une leçon – le grand Donald Ross. C'est en 1916 qu'il déclara avoir terminé son œuvre au Country Club de Scioto, à Columbus, un parcours qui a depuis accueilli d'innombrables manifestations d'importance nationale.

Ross était l'un des membres fondateurs de la Société américaine des architectes de golf, et ses parcours, d'une simplicité trompeuse, exigent habituellement de faire preuve de stratégie. Entre 1912 et 1948, Ross fut très demandé, parcourant des sites et dessinant des parcours dans tout l'est des États-Unis.

Le Scioto Country Club, qui compte parmi les 400 à 600 tracés qu'aurait conçus Ross, illustre parfaitement sa philosophie. On doit jouer ce parcours de façon disciplinée, et le n° 8 mettra votre tempérament à l'épreuve tout autant que votre puissance. C'est du très beau Ross.

Si vous frappez un drive solide et trouvez le fairway du n° 8, une zone d'arrivée accueillante attend le deuxième coup, permettant lui-même un coup d'approche aisé et la possibilité d'un birdie. Le trou est cependant assez court pour que l'on rejoigne le green en 2 coups, et c'est là que l'aspect intellectuel du génie de Ross entre en jeu.

Les joueurs qui sauront freiner leur impulsion, et frapperont 3 coups seront souvent récompensés. Pour atteindre le green en 2 coups, il faut en effet faire rouler la balle entre les 2 bunkers qui le défendent ou survoler ceux-ci tout en atterrissant assez doucement pour que le green tienne la balle. Aucune des deux solutions n'est facilement réalisable. Il est beaucoup plus intelligent de jouer 3 coups jusqu'au green.

Ross fut l'un des premiers architectes américains à détailler le tracé et le jeu stratégique d'un trou plutôt que de se contenter de placer des tees, bunkers et greens. Et il aimait que son œuvre préserve une touche personnelle. La plupart de ses parcours furent construits manuellement, même après que l'on eut commencé à utiliser des bulldozers. **JB**

N° 8 — BRECKENRIDGE GOLF COURSE
(PARCOURS DES CASTORS)

Parcours : Breckenridge Golf Course (parcours des Castors)

Situé à : Breckenridge, Colorado, États-Unis

Trou : n° 8

Longueur : 530 m

Par : 5

Architecte : Jack Nicklaus

À savoir : La ville de Breckenridge, dans le ravissant État du Colorado, peut se vanter d'être la seule municipalité au monde à posséder un parcours dessiné par Jack Nicklaus, un 27 trous. Il a été ouvert aux joueurs pour la première fois en 1985.

Le parcours de Breckenridge est situé au cœur d'une magnifique vallée, son clubhouse étant à 2 842 m d'altitude – où la balle de golf vole plus loin et plus droit qu'à plus basse altitude, car la résistance de l'air y est moindre. On peut non seulement frapper plus long mais aussi bénéficier de températures très éloignées de la canicule estivale (entre 18 et 16 degrés en moyenne les jours d'été).

La photo de ce par 5 de 530 m orne la carte de parcours, l'emportant sur des adversaires de poids. Le coup de départ est droit mais très étroit avec un obstacle qui débute sur la gauche, traverse le fairway et termine à droite.

Vous ne devrez pas vous en préoccuper jusqu'au deuxième coup. Ce ruisseau qui finit par se jeter dans l'étang aux Castors (*Beaver Pond*) est situé à environ 315 m des départs arrière.

N'essayez même pas de rejoindre le green en 2 coups. Il est à 530 m des départs arrière et ce serait trop dangereux.

Le coup d'approche doit franchir l'étang. C'est un trou difficile sur un parcours ardu.

Depuis les départs arrière, ce parcours de 6 653 m est le deuxième plus difficile de l'État, avec un index de 73,3 et un slope de 150. **TJ**

CI-DESSOUS *Vue d'ensemble de Breckenridge.*

N° 8 — OCEAN EDGE

Parcours : Ocean Edge

Situé à : Brewster, Massachusetts, États-Unis

Trou : n° 8

Longueur : 549 m

Par : 5

Architectes : Geoffrey Cornish, Brian Silva

À savoir : L'Ocean Edge est un grand hôtel de la Nouvelle-Angleterre, au milieu de 160 ha s'étendant entre le parcours de golf de Cape Cod et l'océan, à Brewster, près de Chatam. Ce parcours a récemment été classé parmi les 10 meilleurs du Massachusetts par *Boston Magazine*.

Les responsables de la boutique d'Ocean Edge préviennent que l'on joue en général le n° 8 bien mieux la deuxième fois que la première. Pourquoi ? Parce qu'on le joue (avec un peu de chance) en suivant la bonne stratégie. Une stratégie erronée, voyez-vous, produira divers problèmes.

Trou emblématique du parcours, on n'oubliera pas de si tôt ce dogleg à gauche de 549 m. Depuis le tertre de départ, on sera confronté au hors-limite à droite et à un obstacle sur la gauche. N'oubliez pas ce dernier, situé à 210 m de là, car il est invisible depuis le départ.

C'est tout ou rien sur le deuxième coup.

Il est essentiel d'examiner la distance à parcourir au lieu de frapper de toutes ses forces. La plupart des joueurs s'emparent de leur bois 3 sur le deuxième coup, et c'est alors que les ennuis commencent.

Jouez ce coup comme un long par 3. Essayez de viser le fairway aux alentours de la marque des 135 m. Il est incliné de droite à gauche de 135 à 45 m du green, et un coup dépassant les 137 m ne ferait que vous compliquer la vie. Ce trou exige certains coups difficiles. Mais vous pouvez réduire le risque en jouant de façon intelligente. **TJ**

Parcours : Royal Liverpool Golf Club (Hoylake)

Situé à : Hoylake, Merseyside, Angleterre

Trou : n° 8

Longueur : 474 m

Par : 5

Architectes : Robert Chambers junior, George Morris

À savoir : Malgré un score de 8 sur ce par 5 relativement simple, Bobby Jones remporta le British Open ici en 1930, année durant laquelle il réalisa un grand chelem. Son troisième coup atteint la lisière du green mais il eut besoin de 5 autres afin de rentrer la balle.

CI-DESSOUS   Le n° 8 du Royal Liverpool.

N° ❽ ROYAL LIVERPOOL GOLF CLUB (HOYLAKE)

Le Royal and Ancient Golf Club a annoncé que le Royal Liverpool accueillerait le British Open en 2006, la première fois que celui-ci se déroulera à Hoylake depuis 1967, lorsque l'Argentin Roberto de Vicenzo remporta son premier et seul titre majeur.

Le British Open retourne au Royal Liverpool après 39 ans d'absence, mais le parcours n'a jamais été considéré indigne. Depuis la victoire de Vicenzo, les exigences de l'Open en termes d'espace, d'infrastructure et de contrôle du trafic avaient éliminé le Royal Liverpool comme site potentiel de l'Open. Aujourd'hui cependant, grâce à la signature d'un accord entre le Royal and Ancient Golf Club de St Andrews, le Royal Liverpool Golf Club et la municipalité de Wirral, l'Open y effectuera un retour attendu depuis longtemps.

Peter Dawson, responsable du R&A, a déclaré : « Le Royal Liverpool est un club doté d'une longue et brillante histoire, et nous sommes enchantés de pouvoir ramener l'Open sur le merveilleux parcours de Hoylake. »

Joe Pinnington, capitaine des jeux du Royal Liverpool, a ajouté : « Nous sommes ravis que la plus grande manifestation de golf au monde revienne à Hoylake. »

Le n° 8 ne paraît pas intimidant, mais il a donné une leçon d'humilité à Jones avant qu'il ne se reprenne et ne remporte l'Open il y a plus de 50 ans (voir encadré). Baptisé « Far » parce que c'est l'endroit du parcours le plus éloigné du clubhouse, c'est le bunker situé devant le green, à droite, qui constitue la meilleure défense du n° 8, car on s'y enfonce jusqu'à l'épaule.

Le rough et les dépressions que l'on découvrira au cours du prochain British Open ajoutent aussi à la difficulté.

Malgré son apparence quelque peu plate et inoffensive, il est plus coriace qu'il n'y paraît à cause des protections citées plus haut, sans parler des rafales de vent presque constantes. Les links de Hoylake font partie des plus difficiles et des plus exigeants de tous les parcours de bord de mer de Grande-Bretagne.

Hoylake représente l'essence même de l'histoire du golf de Grande-Bretagne. Construit en 1869 sur ce qui était alors un champ de course, Hoylake est presque le plus ancien des parcours de la côte anglaise – exception faite du Westward Ho ! dans le Devon, qui ne le précède que de quelques années. **JB**

N° 8 — KING'S CHALLENGE

Parcours : King's Challenge
Situé à : Cedar, Michigan, États-Unis
Trou : n° 8
Longueur : 501 m
Par : 5
Architecte : Arnold Palmer
À savoir : Bien jouer le n° 8 de King's Challenge représente un défi non négligeable. « On doit frapper 3 bons coups consécutifs. C'est un trou qui ne fait pas de cadeaux », déclare le professionnel principal du club, Chuck Olson.

Ce trou présente de nombreux dénivelés, dont un de 30 m depuis le départ. Celui-ci offre 5 séries de départ et une vue spectaculaire sur le comté de Leelanau.

Ce léger dogleg à droite parcourt divers vallons et plateaux, et il faudra jouer court sur le deuxième coup sauf si l'on peut frapper assez loin pour redescendre la colline – ce qui n'est pas facile. L'eau est en jeu sur les deuxième et troisième coups d'un des trous les plus difficiles du parcours.

Des arbres bordent les deux côtés du fairway, et attendez-vous à frapper au moins un lie en descente.

Le green, en forme de haricot, s'enroule autour d'un lac, l'eau étant située du côté droit. On trouve des bunkers sur la gauche, l'avant et l'arrière.

On frappe le plus souvent le coup d'approche au wedge, depuis une distance de 80 à 135 m, le danger ne manquant pas entre la balle et votre cible.

Ce parcours de 6 028 m, un par 71, a été conçu par Arnold Palmer qui a tiré le maximum d'un terrain luxuriant et vallonné et de son paysage. Le n° 8 illustre parfaitement son style. **TJ**

N° 8 — FOOTHILLS GOLF CLUB

Parcours : Foothills Golf Club
Situé à : Phoenix, Arizona, États-Unis
Trou : n° 8
Longueur : 466 m
Par : 5
Architectes : Tom Weiskopf, Jay Morrish
À savoir : Bien qu'en links, ce parcours du désert n'est pas représentatif de ce genre. En effet, les vrais links mettent souvent l'accent sur le golf de cible alors que les fairways du Foothills sont souvent larges – même si le désert constitue toujours un facteur important.

Avec ses larges fairways vallonnés d'un vert luxuriant, le club de golf de Foothills est un splendide domaine niché au milieu des crêtes et buttes de South Mountain. Munissez-vous de sa carte de parcours et vous apercevrez une photo de l'endroit où les n° 7 et 8 se rejoignent.

Difficile de trouver plus beau.

Le n° 8 est un dogleg à droite de 466 m, un par 5. Malgré la longueur du trou, on peut atteindre le green en 2 coups, 2 très bons et très longs coups bien évidemment.

Depuis le départ, le drive doit franchir un bunker sur la droite. Si vous réussissez, la balle devrait continuer à rouler un peu plus loin, un bonus qui facilitera le deuxième coup.

Notre expert à la boutique du club remarque qu'un vent de travers est généralement présent sur le coup d'approche, et qu'il faut donc s'assurer de s'emparer du club approprié. Le club décline toute responsabilité si vous avez fait le mauvais choix.

Le green, en montée, difficile, est contigu à celui du n° 1, ce qui vous permettra de bien l'examiner dès le début de votre parcours. On trouve des bunkers à gauche et un étang sur la droite, et le trou est particulièrement difficile lorsque le drapeau est situé à l'arrière-gauche du green. **TJ**

Trou 9

Vous avez atteint la moitié de votre partie, ce qui peut signifier deux choses, selon l'agencement du parcours que vous jouez.

S'il est relativement moderne (construit après 1960), après avoir fini le premier 9, vous vous trouvez probablement au clubhouse où vous prenez le temps d'un bref rafraîchissement avant d'attaquer le n° 10. Mais si vous jouez l'un des joyaux classiques, vous pourriez vous trouver à la moitié d'une longue boucle qui ne rejoint le clubhouse qu'au dix-huitième trou.

Comme le n° 9 est, sur les parcours modernes, toujours très visible du clubhouse, les architectes le conçoivent généralement comme le finale du premier 9 et désirent souvent en faire le trou le plus mémorable de cette moitié.

Il n'attire peut-être pas la même attention que le n° 18, mais, de plus en plus, le n° 9 devient un trou dont on se souvient.

CI-CONTRE   *Le neuvième trou du Gary Player Country Club, à Sun City, en Afrique du Sud.*

N° ❾ MOOSE RIDGE GOLF COURSE

Parcours : Moose Ridge Golf Course

Situé à : South Lyon, Michigan, États-Unis

Trou : n° 9

Longueur : 176 m

Par : 3

Architecte : Raymond Hearn

À savoir : Comme souvent sur les parcours de Raymond Hearn, c'est pour le golf de cible que l'on vient jouer ici. Et l'architecte n'a pas accordé une grande marge d'erreur aux joueurs, créant d'étroits fairways vallonnés aux lies souvent inégaux.

Ne demandez pas au personnel de la boutique du professionnel quel trou est emblématique du parcours. On vous répondra, sans plaisanter le moins du monde : « Ils le sont tous ».

Moose Ridge ne manque pas de concurrents lorsqu'on évoque les parcours de premier ordre du sud-est du Michigan, mais on ne peut mentionner « la crème de la crème » sans mentionner ce chef-d'œuvre.

S'il fallait choisir un seul de ses trous, le n° 9, un par 3, serait un prétendant sérieux. Depuis les départs arrière, 176 m pleins d'embûches vous séparent du drapeau. Les ennuis débutent avec un marécage, ou une zone humide, quel que soit le mot que l'on choisisse pour désigner cet endroit.

Depuis les départs arrière, le green paraît minuscule, et c'est bien le cas. Monsieur Hearn ne vous a pas procuré une grande cible. Il est bordé d'arbres à droite, et l'on sera forcé de prendre une nouvelle balle au cas où l'on atterrirait sur sa pente abrupte, sur la gauche.

Mais il existe une lueur d'espoir. Si l'on frappe à droite, la balle pourra souvent rebondir sur le flanc de la colline et rouler sur le green. Si l'on joue long, on atteindra une vaste zone de sécurité à l'arrière du green. **TJ**

N° ❾ ARCADIA BLUFFS

Parcours : Arcadia Bluffs

Situé à : Arcadia, Michigan, États-Unis

Trou : n° 9

Longueur : 185 m

Par : 3

Architectes : Warren Henderson, Rick Smith

À savoir : L'un des parcours les plus ravissants du Michigan, Arcadia Bluffs est en links, au sommet d'une falaise, et offre une vue spectaculaire sur le lac Michigan depuis chaque aire de départ.

Avec un peu de chance, une fois que vous aurez atteint le n° 9 d'Arcadia Bluffs, la vue ne vous distraira plus au point de ne pouvoir vous concentrer sur le golf. Et si vous n'accordez pas toute votre attention au challenge qui vous attend, ce parcours transformera votre carte de parcours en papier recyclé.

L'expert de la boutique du professionnel offre quelques conseils sur la façon de jouer ce difficile par 3 de 185 m : faites confiance à la longueur de vos coups et n'ayez pas peur de faire preuve d'agressivité.

Autrement dit, ayez foi en votre coup de départ et visez le green. Il n'existe aucun endroit où jouer la sécurité et les embûches guettent si vous le ratez.

Ne vous laissez pas duper par l'avant-green. Depuis le départ, on a l'impression qu'il fait partie de sa surface, alors qu'il renverra les balles trop courtes vers la zone d'approche, amenant un pitch difficile.

Le green a la forme d'un pied géant, la partie la plus large étant à droite. Il est défendu par un bunker sur le devant et un grand arbre rôde sur la droite, mais ne devrait pas entrer en jeu.

Construit en 1999, le parcours est doté d'un dénivelé de 68 m depuis son point le plus élevé jusqu'à la falaise, à 60 m d'altitude. Il longe aussi le littoral du lac Michigan sur 945 m. N'oubliez donc pas d'amener des balles en quantité. **TJ**

Parcours : Yale University Golf Course

Situé à : New Haven, Connecticut, États-Unis

Trou : n° 9

Longueur : 193 m

Par : 3

Architectes : Charles Blair Macdonald, Seth Raynor

À savoir : David Duval, lorsqu'il jouait dans l'équipe universitaire de Georgia Tech, réalisa un double bogey sur ce n° 9 au cours du NCAA Eastern Regional de 1991. Mais il termina tout de même sa partie à 65, la meilleure du tournoi, pour remporter ce championnat individuel régional.

CI-CONTRE *Le neuvième trou du golf de l'université de Yale.*

N° 9 — YALE UNIVERSITY GOLF COURSE

À quoi pense-t-on lorsqu'on évoque l'université de Yale ? Voyons… vie académique, campus serein propice à l'étude, étudiants parmi les plus intelligents au monde et futurs brillants contributeurs de la société ? C'est en effet le cas pour la plupart des gens. Cependant, songeant au parcours de golf de l'université, d'autres adjectifs devraient venir à l'esprit : coriace, ardu et éreintant. Et le n° 9, le deuxième trou le plus difficile d'un tracé incroyablement complexe, constitue l'un des plus grands défis que vous devrez jamais affronter au golf.

Tous les championnats importants du Connecticut s'y sont déroulés : 2 épreuves de l'US Golf Association Junior National, divers championnats NCAA régionaux de la côte est (dont celui de 2004), l'ECAC Men's Championship et l'ECAC Women's Championship. Au cours du dernier tournoi NCAA que ce parcours a accueilli, on n'enregistra que 21 parties médiocres parmi les 360 que l'on y joua en trois jours. C'est aussi ici que se déroule l'Open du Connecticut.

Vous avez compris. Ôtez vos lunettes en écaille et apprêtez-vous à relever vos manches, en particulier sur le n° 9 souvent considéré comme le meilleur « Biarritz » au monde. Ce modèle fut créé pour la première fois sur le n° 3 du golf de Biarritz par Willie Dunn. Une tranchée traverse le green exactement en son centre. À Yale, elle est profonde de près de 2 m, et comme vous pouvez l'imaginer, votre score peut incroyablement varier en fonction de la position du drapeau. Si votre putt doit franchir la tranchée, approcher la balle du trou s'avère presque impossible.

Le neuvième green de Yale constitue en réalité une assez grande cible, longue de 20 m : les joueurs de qualité ne devraient pas avoir de mal à le trouver. Mais il devient beaucoup plus difficile d'y atterrir si l'on considère que le coup de départ est frappé à 20 m au-dessus de l'étang de Greist Pond.

Charles Blair Macdonald a abandonné sa retraite afin de servir de consultant à Seth Raynor – diplômé de Princeton – sur le parcours de Yale. Lorsque ce dernier fut inauguré en 1926, ce n'était que la deuxième université majeure au monde, après celle de St Andrews en Écosse, à posséder un parcours de niveau international. Et le Biarritz du n° 9 était son trou emblématique. **JB**

N° 9   JUPITER HILLS CLUB
(PARCOURS DES COLLINES)

Parcours : Jupiter Hills Club (parcours des Collines)

Situé à : Tequesta, Floride, États-Unis

Trou : n° 9

Longueur : 175 m

Par : 3

Architecte : George Fazio

À savoir : Billy Mayfair, qui intégrerait peu après le PGA Tour, remporta l'US Amateur de 1987 à Jupiter Hills, à 4 et 3 respectivement devant Eric Rebmann au cours de la finale de 36 trous.

Depuis le départ du n° 9 de Jupiter Hills, les golfeurs sont confrontés à un défi unique dans le sud de la Floride : un par 3 en montée, effrayant par-dessus le marché. Il s'élève de 12 m depuis l'aire de départ jusqu'au green, situé au sommet d'une dune. C'est ce qu'il faudra accomplir pour le rejoindre qui est réellement difficile : franchir un ravin rempli de dépressions sablonneuses et d'une épaisse végétation ayant englouti de nombreuses balles. Et comme si l'on avait besoin de difficultés supplémentaires, la brise tourbillonnante soufflant depuis l'Atlantique peut aussi profondément transformer votre coup.

Bien que l'on trouve une petite zone d'arrivée juste à droite du green, il est pour le reste entouré d'une jungle, son côté gauche descendant en pente en direction du sable. La stratégie la plus sage consiste à viser son côté droit, et à espérer que tout se passe pour le mieux.

La victoire de Mayfair à Jupiter Hills durant l'US Amateur de 1987 en fit le premier joueur à triompher à la fois de l'Amateur et de l'US Amateur Public Links Championship. Il remporta ce dernier titre en 1986. **KA**

N° 9 ROYAL DAR-ES-SALAAM
(PARCOURS ROUGE)

Parcours : Royal Dar-Es-Salaam (parcours rouge)

Situé à : Rabat, Maroc

Trou : n° 8

Longueur : 182 m

Par : 3

Architecte : Robert Trent Jones senior

À savoir : Le parcours accueille tous les ans le Trophée Hassan II, tournoi de plus en plus fréquenté depuis sa création en 1971. Robert Trent Jones Senior dessina ce parcours pour le roi du même nom.

Lorsqu'un pays ne possède que 14 terrains de golf, il est plutôt étonnant que l'un des meilleurs trous au monde s'y trouve. Mais le parcours rouge du Royal Dar-Es-Salaam est l'un des plus spectaculaires au monde, et le n° 9 est le plus formidable du terrain.

Son green est situé sur une île, ce qui en soi est déjà intimidant, mais si l'on considère ses 182 m, cela devient encore plus effrayant. Le n° 9 illustre parfaitement bien les difficultés de ce genre de trou et met aussi en lumière ses possibilités naturelles. Oies, flamants roses, canards et autres animaux contribuent à son atmosphère et annoncent ce qui vous attend sur le reste du parcours.

Les caddies sont la norme au Royal Dar-Es-Salaam et, en bons juges des conditions pouvant influer sur la sélection du club quand on joue son va-tout, ils s'avèrent particulièrement utiles au n° 9. Et si vous avez la chance d'atteindre le green dès le coup de départ, ils vous aideront à lire ses ondulations. D'autres greens en île sont plus célèbres – le n° 17 du TPC de Seagrass, par exemple, ou le Golden Horseshoe de Williamsburg, en Virginie (le premier de la sorte, dit-on) – mais aucun n'égale la beauté du paysage ou la difficulté du n° 9 du Royal Dar-Es-Salaam.

Ce trou fait partie d'un magnifique tracé de 6 741 m, un par 73. Une partie inférieure à 70 représente un certain exploit, même pour les pros qui viennent chaque novembre disputer le Trophée Hassan II. Le tournoi se déroule sur 3 jours de jeu pro-am, accueillant environ 40 pros et 100 amateurs du monde entier. Suivent 2 journées de compétition pour les professionnels seulement, et le joueur affichant le score le plus bas sur 72 trous remporte le titre et le très convoité poignard en or incrusté de pierres précieuses qui l'accompagne.

CI-DESSOUS ET CI-CONTRE *Le neuvième trou du Royal Dar-Es-Salaam.*

Au fil des ans, les Marocains ont attiré ici certains des plus grands noms du golf, dont Nick Faldo, Vijay Singh, Payne Stewart, Gary Player, Billy Casper, Colin Montgomerie et Nick Price – notamment en récompensant leur présence par des milliers de dollars.

Le budget d'entretien du Royal Dar-Es-Salaam paraît illimité, et les conditions du parcours sont réellement exceptionnelles. On trouve partout des chênes-lièges – y compris autour de l'île du n° 9 – dont la plupart révèlent des troncs dénudés : leur écorce est utilisée pour les bouchons de bouteilles de vin. **JB**

Parcours : Myopia Hunt Club

Situé à : South Hamilton, Massachusetts, États-Unis

Trou : n° 9

Longueur : 123 m

Par : 3

Architecte : Herbert C. Leeds

À savoir : Construit en 1894, le Myopia fait partie des 100 clubs les plus anciens des États-Unis.

N° ❾ **MYOPIA HUNT CLUB**

Ce célèbre club était l'idée personnelle de Delano Sanborn, ancien joueur de l'équipe de base-ball de Harvard, l'un des quatre fils de Frederick Prince, alors maire de Boston. Le tennis sur gazon était autrefois l'activité principale du club, mais ce n'est plus le cas. Le Myopia est désormais un magnifique parcours de golf mature, doté de collines boisées et de greens ondoyants caractéristiques, donnant l'impression de jouer sur un classique du golf.

Les 2 trous les plus mémorables sont les n° 4 et n° 9. En réalité, le n° 9 est plus que mémorable. Un des joueurs rencontré déclare qu'ayant joué de nombreux golfs classés parmi les 100 meilleurs des États-Unis, le n° 9 compte parmi ses 5 trous préférés.

Ne vous laissez pas duper par ses 123 m, car si vous ratez le green, vous aurez des ennuis par-dessus la tête. Et ce n'est pas rare, même à une aussi courte distance. Le green du n° 9, l'un des plus insolites que vous jouerez jamais, mesure 30 m de profondeur, mais 5 m seulement de large.

Il est aussi entouré par 7 bunkers – le parcours en compte plus de 100 –, tous équipés d'une échelle pour vous aider à rejoindre votre balle. Essayez, si vous le pouvez, de ne pas passer la journée au fond, bien qu'il soit difficile d'en sortir une fois qu'on y a atterri.

L'eau que l'on aperçoit près du départ ne devrait pas entrer en jeu, ni les bunkers d'ailleurs si l'on rejoint directement le green.

Quel que soit le score que vous inscrirez sur votre carte, on peut aisément parier que vous n'oublierez pas ce joli petit trou. **TJ**

Parcours : Clearwater

Situé à : Christchurch, Nouvelle-Zélande

Trou : n° 9

Longueur : 171 m

Par : 3

Architecte : John Darby

À savoir : Ce tracé de championnat, un par 72, fait déjà tourner les têtes. Il a été conçu par John Darby en collaboration avec la légende du golf néo-zélandais, Sir Bob Charles.

N° 9 CLEARWATER

Clearwater marie des éléments de links classiques, inspirés par les grands parcours écossais, avec ceux de parcours boisés, rappelant plus ceux de Floride.

Arrivez plein d'assurance, car l'eau entre en jeu sur 14 trous, et si les lacs n'avalent pas les balles déviantes, des hectares de touffes d'herbe et d'*Ammophila* s'en chargeront.

On devine facilement pourquoi Clearwater a été classé en tête de tous les parcours du pays par l'Association de golf néo-zélandaise. Avec un index de 76,8 depuis les départs de championnat (marques noires), c'est le plus difficile du pays.

Tout ceci nous amène au n° 9.

Voici l'exemple parfait du mariage de l'eau et des embûches. On la retrouve tout du long du côté droit de ce magnifique par 3. De l'eau et encore de l'eau.

Ce trou n'a pas été baptisé « Challenge » pour rien. Quel que soit le départ choisi, on doit porter la balle au-dessus de l'eau afin de rejoindre le green. Pas moyen d'y échapper.

Des bunkers protègent l'avant et le milieu gauche du green.

N'oubliez pas de prendre un ou plusieurs fers de plus si le drapeau est à l'arrière. Et essayez d'éviter l'eau. **TJ**

Parcours : club de golf d'Ocean Dunes

Situé à : Phan Thiet, Viêtnam

Trou : n° 9

Longueur : 135 m

Par : 3

Architecte : Nick Faldo

À savoir : Phan Thiet est un village vietnamien traditionnel où les cyclo-pousses constituent encore l'un des modes de transport principaux.

N° 9 CLUB DE GOLF D'OCEAN DUNES

Le parcours d'Ocean Dunes a été dessiné par Nick Faldo au milieu des dunes de la côte du sud-est du Viêtnam, à environ 200 km au nord-est d'Hô Chi Minh-Ville. La région regorge de sites intéressants, y compris un vieux temple cham du xve siècle et le phare de Kega, le premier d'Asie du Sud-Est, édifié en pierre taillée dans les falaises par les Français en 1899.

Pour les golfeurs cependant, c'est le n° 9 d'Ocean Dunes qui constitue le clou de la région. Faldo a laissé ce paysage de dunes dicter la majorité du tracé et l'aspect de ces links. Le green, en creux, est en partie caché par 2 grandes dunes sur le devant, à gauche et à droite, le bunker taillé dans celle de droite constituant un obstacle supplémentaire. Pour ajouter encore à la difficulté, le trou est en légère montée depuis le départ jusqu'au green, assez fortement incliné d'arrière en avant. On peut admirer la mer à travers les arbres sur la droite, ce qui ajoute à la beauté du trou, mais rappelle aussi que la brise océane peut avoir une influence spectaculaire sur le coup de départ. **KA**

N° 9 — POINT O'WOODS COUNTRY CLUB

Parcours : Point O'Woods Country Club

Situé à : Benton Harbor, Michigan, États-Unis

Trou : n° 9

Longueur : 175 m

Par : 3

Architecte : Robert Trent Jones senior

À savoir : Le Western Amateur Championship, l'un des tournois amateurs les plus prestigieux des États-Unis, se déroule à Point O'Woods tous les ans.

Point O'Woods est plat et facile à parcourir à pied, mais cela n'en fait pas un parcours aisé. De profonds bunkers et des zones d'arrivée de la balle étroites compensent le manque d'ondulations. C'est un tracé au paysage splendide, avec des étangs sur presque tous les trous.

Le par n'est pas évident à réaliser sur de nombreux greens, le n° 9 en particulier. Des fairways bordés d'arbres forcent les joueurs à réfléchir, et une fois le n° 9 atteint, la stratégie deviendra plus importante encore. Ce n'est pas le par 3 le plus long du tracé, mais c'est le plus difficile. Des arbres flanquent le côté gauche, face au green large et peu profond : il vaut donc mieux manquer sur la droite si l'on doit rater ce dernier. Il est aussi protégé par 5 bunkers qui font le bonheur des joueurs frappant court, car ils leur évitent d'atterrir dans l'eau, sur le devant.

C'est grâce à des trous similaires que le parcours de Point O'Woods se montre digne d'accueillir le Western Amateur, une excellente compétition. Malgré son prestige, ce parcours n'est pas aussi onéreux que l'on pourrait s'y attendre. Les green fees sont raisonnables, le paysage et le tracé excellents : une affaire, même si le prix était beaucoup plus élevé.

Le terrain vallonné et les splendides vues que l'on découvre tout en rejoignant le n° 9 sont légendaires. **KLL**

Parcours : Stewart Creek

Situé à : Canmore, Alberta, Canada

Trou : n° 9

Longueur : 381 m

Par : 4

Architecte : Gary Browning

À savoir : Stewart Creek comprend plusieurs entrées d'anciennes mines, ce qui donne au parcours une réelle ambiance historique. Les golfeurs ne peuvent pénétrer à plus de 5 m à l'intérieur, ni espérer trouver de l'or dans ces montagnes. Mais on y découvrira peut-être quelques balles de golf.

N° ❾ STEWART CREEK

Le golf de Stewart Creek est situé à Three Sisters Mountain Village, un complexe de 930 ha à Canmore, au Canada. Ce 18 trous spectaculaire, un par 72, est riche en splendides paysages, et l'on vient y chercher la solitude. Sans parler d'un golf excellent.

Stewart Creek s'est rapidement transformé en l'un des parcours les plus appréciés du Canada. Dès son inauguration, le magazine *Golf Digest* le désignait deuxième meilleur nouveau tracé du pays.

Et le n° 9 est tout simplement l'un de ses plus beaux trous.

Le fairway disparaît à environ 210 m de l'aire de départ. Il vaut mieux donc frapper court ou apporter beaucoup de balles. Vous pourriez descendre chercher la vôtre mais vous retarderiez un grand nombre de personnes.

Depuis le fairway, on est confronté à un autre coup difficile, avec un fer moyen, jusqu'au green protégé par 2 énormes obstacles d'eau – gardant ses 2 côtés.

Rien ici n'est aisé, mais le trou abonde en panoramas qu'on oubliera difficilement. Pourquoi ne pas emporter un appareil photo dans votre sac – ainsi que de nombreuses balles ? Vous perdrez peut-être ces dernières, mais les photos resteront. **TJ**

Parcours : Kingston Heath Golf Club

Situé à : Cheltenham, Victoria, Australie

Trou : n° 9

Longueur : 332 m

Par : 4

Architectes : D. G. Soutar, Alister MacKenzie

À savoir : Ce classique de la « ceinture de sable », régulièrement classé parmi les 2 ou 3 meilleurs parcours du pays, a accueilli 6 Opens d'Australie au fil des ans, le dernier en 1995, remporté par Greg Norman, enfant du pays.

N° ❾ KINGSTON HEATH GOLF CLUB

Le n° 9 fait partie de ces pars 4 courts classiques, pleins de possibilités, que l'on éprouve un réel plaisir à jouer et où la prise de risque est récompensée. Dès lors, bien sûr, que l'on effectue le bon choix sur l'aire de départ.

Certains joueurs aiment frapper un drive puissant, faisant tourner la balle afin de n'avoir plus besoin que d'un wedge pour atteindre un green assez spacieux. Mais c'est une stratégie pleine de danger, en partie à cause de l'épais bosquet qui borde le côté droit du fairway, et des bunkers tout près, à gauche et plus loin à droite. C'est peu dire que la précision est essentielle sur ce coup, et de nombreux joueurs abandonneront volontiers leur driver pour un bois de parcours ou un fer long.

Puis vient le deuxième coup, qui lui aussi doit être précis, car un épouvantable ensemble de bunkers guette, sur la droite et près du green, tandis qu'un autre de ces obstacles, béant, monte la garde derrière, sur la gauche.

Le green même est spacieux, permettant des positions de drapeaux variées et fascinantes, faisant souvent usage des ondulations du terrain. **JS**

Parcours : Turnberry Golf Club (parcours Ailsa)

Situé à : Turnberry, Ayrshire, Écosse

Trou : n° 9

Longueur : 416 m

Par : 4

Architecte : Mackenzie Ross

À savoir : L'un des duels les plus célèbres de l'histoire du golf s'est déroulé ici, en 1977, lorsque Tom Watson emporta le British Open d'un seul point devant Jack Nicklaus. Leur face-à-face fit dire à Hubert Green qui finit troisième à 10 coups derrière Nicklaus : « C'est moi qui ai gagné l'Open – ces deux-là disputaient un tout autre tournoi. »

N° 9 TURNBERRY GOLF CLUB
(PARCOURS AILSA)

On trouve 2 parcours à Turnberry, et bien que celui d'Arran, un par 69, soit pittoresque et mérite une visite, il ne fait aucun doute que celui d'Ailsa constitue le joyau du club.

Cette partie du littoral appartenait à une compagnie de chemins de fer au début du XXe siècle avant d'être utilisée comme terrain d'aviation pendant la guerre. En 1946, abîmée par l'industrie et par le conflit, la propriété se trouvait au bord de la ruine. L'intervention de Mackenzie Ross, architecte de golf, sauva non seulement le terrain, mais le transforma aussi en l'un des meilleurs golfs au monde.

Plus entretenu que la plupart des parcours écossais, il comprend une étendue côtière parsemée de trous, de dunes turbulentes et de rochers escarpés, bref, tout ce que les links ont de mieux à offrir. Sur ce parcours qui doit son nom au rocher qu'abrite le terrain, l'« Ailsa Craig », les trous n° 4 à 11 se jouent en bord de mer et comptent parmi les plus beaux et les plus exigeants au monde.

Parmi eux, le n° 9, long de 416 m, est un trou enchanteur, dont la seule vue dégage une atmosphère particulière.

Les départs pros sont situés sur une fine langue de terre qui s'avance dans la mer, presque détachée du littoral. Ce trou presque parfait est idéalement situé sur une hauteur rocheuse. Depuis le départ, on doit porter la balle sur environ 180 m jusqu'au fairway, incliné à droite comme à gauche. Le rough et les rochers attendent ceux qui ne l'atteindraient pas ou dont la balle serait victime de la crête.

Au fur et à mesure que le fairway rétrécit à l'approche du green, vos chances de réussir, au cas où vous auriez raté ce dernier, diminuent elles aussi. Immense et vallonné, le green est impeccablement entretenu, comme le reste du trou et du parcours.

Le n° 9 est encadré de dunes et flanqué de rochers escarpés ; le phare de Turnberry qui se dresse, stoïque, au fond, nous rappelle les nombreux marins ayant trouvé une sépulture marine au large de cette côte déchiquetée. Les conditions météorologiques qui changent heure par heure ne font qu'accroître la difficulté de ce superbe trou.

Pour pouvoir jouer ici, on doit loger à l'hôtel Turnberry, situé au milieu de 320 splendides hectares et offrant une vue spectaculaire sur le Firth of Clyde, Arran, le Mull of Kintyre et Ailsa Craig. Le n° 9 fait partie des sites que l'on aperçoit depuis l'hôtel. **JB**

CI-CONTRE *Le neuvième trou de Turnberry.*

N° ❾ LAUREL VALLEY GOLF CLUB

Parcours : Laurel Valley Golf Club

Situé à : Ligonier, Pennsylvanie, États-Unis

Trou : n° 9

Longueur : 443 m

Par : 4

Architecte : Dick Wilson

À savoir : Construit en 1960 par Dick Wilson, Laurel Valley a été le témoin de nombreux changements au fil des ans. Le parcours fut redessiné par Paul Erath en 1965, puis par Arnold Palmer et Ed Seay en 1988.

On approche de ce par 4 en voiturette. On en sort. On attrape son club. On commence à se diriger vers le départ puis l'on marque une pause afin de s'imprégner du paysage. C'est un trou absolument splendide, méritant qu'on s'y arrête un instant.

Il est assez droit sauf à l'endroit où de hauts pins, près du green, le transforment en léger dogleg à droite. Mais on sera heureux d'apprendre qu'on peut laisser voler la balle sur le coup de départ légèrement en montée, en direction d'un fairway dégagé. N'essayez même pas d'apercevoir le green, c'est presque impossible à cause du dénivelé.

Le deuxième coup ne sera pas aussi facile que le premier. Un petit ruisseau entrant facilement en jeu coule à 80 m environ devant le green. C'est du côté droit qu'on le trouve mais, sauf si vous frappez un vrai slice depuis le départ, vous ne devriez pas vous en préoccuper avant le coup suivant. Et n'oubliez pas les arbres sur la droite.

Le green étant à double plateau, il est important de connaître la position du drapeau et d'utiliser le club approprié afin d'atterrir sur le bon plateau. Sinon, on aura peut-être besoin de 3 putts pour rentrer la balle. **TJ**

N° ❾ NEWPORT COUNTRY CLUB

Parcours : Newport Country Club

Situé à : Newport, Rhode Island, États-Unis

Trou : n° 9

Longueur : 409 m

Par : 4

Architecte : William Davis

À savoir : Son green surélevé constitue l'un des aspects intéressants du neuvième trou. De nombreux joueurs font l'erreur de ne pas prendre cet élément en compte au moment de choisir leur club. Le green, très incliné de droite à gauche, est profond de 29 m.

Un peu d'histoire. Le Country Club de Newport fait partie des 5 clubs fondateurs de l'USGA, l'Association de golf américaine. William Davis était son architecte originel, mais le parcours fut remodelé par A. W. Tillinghast en 1924. Tiger Woods remporta ici l'US Amateur en 1995. Le club accueillera aussi l'US Open féminin en 2006.

Et maintenant, jouons au golf.

Considéré comme le par 4 le plus difficile du parcours, ce léger dogleg à droite impose un coup de départ complexe, car un bunker se trouve sur la ligne de jeu à 198 m. Mieux vaut donc frapper à 210 m, en le dépassant sur la droite.

On peut aussi l'éviter en visant la gauche, mais cela allongera d'autant plus le deuxième coup. De plus, un autre bunker est situé de ce côté-là à environ 228 m du départ.

Si vous arrivez à franchir le premier bunker, vous devrez frapper un fer 6 ou 7 pour rejoindre le green. N'oubliez pas de prendre le vent en compte sur les 2 coups, car il peut jouer un rôle important.

Et essayez d'éviter tous les bunkers entourant le green. **TJ**

Parcours : Eastward Ho! Golf Club

Situé à : Chatham, Massachusetts, États-Unis

Trou : n° 9

Longueur : 361 m

Par : 4

Architecte : Herbert Fowler

À savoir : Baptisé Chatham Country Club lorsqu'il fut inauguré, ce club adopta le nom d'*Eastward Ho!* (« À l'est, toute ! » en français) en 1926, en hommage à Fowler qui avait dessiné le vénéré Westward Ho! en Angleterre (« À l'ouest, toute ! »).

N° ❾ EASTWARD HO! GOLF CLUB

Similaire au Westward Ho ! que Fowler construisit dans le Devon, le club d'Eastward Ho!, sur Cape Cod, oblige les golfeurs à inventer des coups depuis des lies inégaux, en dénivelé, et depuis des positions peu commodes, tout en bataillant contre les vents provenant de Pleasant Bay et de l'Atlantique au-delà, mettant à l'épreuve presque toutes les facettes de leur jeu. Pas étonnant que des golfeurs aussi réputés que Francis Ouimet et Bobby Jones aient passé autant de temps ici.

Grâce à son emplacement au bord de l'Atlantique, Eastward Ho! offre de vrais links, mais il se distingue aussi par son terrain unique, vallonné et rocailleux, créé par la fonte d'un glacier. Son neuvième trou, qui débute au point le plus haut du parcours, en offre un exemple particulièrement frappant. Il est situé sur une énorme crête le long de laquelle s'élance la deuxième moitié du fairway ainsi que le green.

Le coup de départ, en descente, visera la droite du plateau du fairway afin d'obtenir un lie plat pour le deuxième coup, toujours en descente, et souvent joué face au vent. Toute approche déviant à gauche ou à droite terminera sous le green, le fairway étant fortement incliné des 2 côtés. On devra alors suivre d'un chip difficile, et le par sera dur à sauver. **KA**

Parcours : Forest Highlands Golf Club (parcours du Canyon)

Situé à : Flagstaff, Arizona, États-Unis

Trou : n° 9

Longueur : 437 m

Par : 4

Architectes : Tom Weiskopf, Jay Morrish

À savoir : Le parcours du Canyon de Forest Highlands a été sélectionné pour accueillir l'US Mid-Amateur de 2006.

N° ❾ FOREST HIGHLANDS GOLF CLUB
(PARCOURS DU CANYON)

Le ravissant parcours du Canyon, un tracé de Weiskopf et Morrish éminemment respecté et souvent considéré comme le meilleur d'Arizona (État qui pourtant ne manque pas de golfs), est niché dans les montagnes, au pied des San Francisco Peaks, au sein de l'une des plus grandes forêts de pins Ponderosa au monde. Ses fairways sont bordés d'arbres, et ses étangs et ruisseaux entrent en jeu sur de nombreux trous.

Le n° 9, un long par 4, en est un exemple parfait. On doit frapper le coup de départ en descente, au-dessus d'un pin solitaire situé du côté droit du fairway, incliné de droite à gauche. Cela permet d'éviter un ruisseau et un bunker sur la gauche, mais aussi de canaliser la balle vers le centre pour un bon angle sur le deuxième coup, le trou virant très légèrement à gauche au niveau de la zone d'arrivée.

Le coup d'approche doit survoler la rive d'un petit lac et éviter 2 bunkers, devant à droite et derrière à gauche, pour atterrir sur le green, lui aussi incliné de droite à gauche, et que le n° 9 partage avec le n° 18. **KA**

N° 9 — ROYAL COUNTY DOWN

Parcours : Royal County Down

Situé à : Newcastle, comté de Down, Irlande du Nord

Trou : n° 9

Longueur : 443 m

Par : 4

Architectes : Tom Morris senior, Harry Vardon

À savoir : Les matchs de la Walker Cup, qui oppose les États-Unis à la Grande-Bretagne et à l'Irlande, se dérouleront au Royal County Down, les 8 et 9 septembre 2007. C'est la deuxième fois que ces matchs entre les meilleurs amateurs des nations participantes auront lieu en Irlande, après Portmarnock en 1991 (les États-Unis l'avaient emporté 14 à 10).

CI-DESSOUS *Jack Nicklaus dans le rough du neuvième trou du Royal County Down en juillet 2001.*

CI-CONTRE *Le n° 9 du Royal County Down.*

Le fait que les matchs de la Walker Cup ne se soient déroulés qu'une fois en Irlande et que le Royal and Ancient Club de St Andrews ait choisi de ramener cette compétition amateur au Royal County Down en 2007 témoigne de la qualité et de la splendeur des links d'Irlande du Nord. Lorsque les matchs se joueront sur ce parcours exigeant de Newcastle, les joueurs découvriront combien Tom Watson, qui joua de nombreuses fois au Royal County Down, avait raison.

« Le Royal County Down, ce sont des links absolus, dans le vrai sens du terme, déclara Watson. Mon conseil à tout golfeur, c'est de jouer très droit dès le départ – ne vous écartez du fairway qu'à vos propres périls. Et c'est une extraordinaire épreuve de golf ; le premier 9, en particulier, offre le meilleur 9 trous que j'aie jamais joué. »

Mieux vaut respecter l'avis de Watson, un homme qui s'y connaît un peu en links, ayant remporté 5 fois le British Open au cours de sa carrière légendaire.

Sur le n° 9, un coup de départ aveugle ne doit pas beaucoup s'éloigner de la grande dune, sur la gauche du fairway, afin de préparer la meilleure approche possible du green. Il n'y a aucune marge d'erreur sur la gauche, car tout coup déviant trop de ce côté-là se perdra dans une dune couverte de denses ajoncs. Ceux qui frappent court auront plus d'espace sur la droite, même si ce n'est pas le meilleur alignement pour le deuxième coup.

2 bunkers sont situés à environ 45 m du green. Attention à celui tout à côté du green et aux 2 autres, profonds, sur la gauche. Le green, quant à lui, est des plus ondoyants.

Les responsables du Royal County Down décrivent le n° 9 comme « l'un des trous les plus photographiés au monde ». C'est un titre que s'adjugent de nombreux clubs, et qui est impossible à vérifier, mais après avoir découvert le n° 9, il est difficile de ne pas attraper son appareil photo si on en a un sous la main. **JB**

N° 9   PABLO CREEK

Parcours : Pablo Creek

Situé à : Jacksonville, Floride, États-Unis

Trou : n° 9

Longueur : 409 m

Par : 4

Architecte : Tom Fazio

À savoir : Si vous appelez la boutique du professionnel et demandez si Pablo Creek est privé ou public, on vous répondra très certainement « très privé ». Et ne vous attendez pas à voir prochainement ce parcours à la télévision. Pablo Creek n'autorise pas les tournois externes.

Même si seuls les membres du club et leurs invités peuvent jouer à Pablo Creek, ce parcours mérite que nous le mentionnions. Alors attrapez vos clubs, fermez les yeux et imaginez que vous arrivez au départ du n° 9.

Quel trou splendide ! Il est vraiment dommage que peu de personnes puissent l'admirer. Considéré comme l'un des meilleurs trous du tracé, ce par 4 de 409 m débute sur une aire surélevée dominant le fairway de 50 m.

À droite se trouve un marécage menant vers une rivière qui conduit directement au green. Autrement dit, évitez ce côté.

Un autre obstacle d'eau et 2 bunkers sont situés à gauche, à 250 m du départ environ pour ces 2 derniers. Évitez donc aussi ce côté.

Où viser alors ? Loin, au milieu.

Après un bon drive, il restera environ 163 m jusqu'au green. La rivière ne devrait pas entrer en jeu sur le deuxième coup, sauf si on frappe un slice au-dessus des bunkers. Et quelle chance y a-t-il que vous fassiez quelque chose de ce genre ? 4 bunkers entourent le green, que l'on qualifiera de « subtil ». Autrement dit, il n'est pas très difficile.

Vous pouvez maintenant ouvrir les yeux. Notre jeu est terminé. **TJ**

N° ❾ COLLETON RIVER PLANTATION
(PARCOURS DYE)

Parcours : Colleton River Plantation (parcours Dye)

Situé à : Bluffton, Caroline du Sud, États-Unis

Trou : n° 9

Longueur : 363 m

Par : 4

Architecte : Pete Dye

À savoir : C'est sur le neuvième trou de Colleton River que se trouve le point le plus élevé du parcours, un énorme monticule, du côté droit du fairway, surnommé avec affection la « montagne de Dye. »

Presque trois décennies après que sa carrière d'architecte de golf ne s'envole grâce aux Harbour Town Golf Links, un tracé unique au monde, Dye est revenu en Caroline du Sud pour créer un nouveau chef-d'œuvre.

Il ne pouvait se permettre de décevoir : on allait comparer son parcours non seulement à ses joyaux (Harbour Town et Long Cove Club), mais aussi au tracé que Jack Nicklaus avait dessiné à Colleton River même, désigné « meilleur nouveau parcours privé américain » lorsqu'il avait été inauguré quelques années auparavant. Une fois de plus, Dye donna entière satisfaction, créant un parcours au parfum de links le long du détroit de Port Royal.

Le n° 9 illustre bien le génie de Dye. Depuis un tertre de départ d'où l'on aperçoit le détroit et l'Atlantique plus loin, les golfeurs doivent frapper leur drive au-dessus d'une courte étendue d'épais buissons pour atteindre un fairway bordé de sable des 2 côtés.

On visera préférablement le côté gauche de ce fairway sinueux, incliné de droite à gauche, mais un long bunker engloutira le moindre des pulls. Ce n'est rien comparé à ce qui vous attend sur le coup d'approche.

Un vaste complexe de bunkers, parsemé de monticules herbus, monte la garde devant un long green anguleux ainsi que sur sa droite, avalant les balles déviantes et rendant le par difficile si on y atterrit. **KA**

N° 9 SWINLEY FOREST

Parcours : Swinley Forest
Situé à : Ascot, Berkshire, Angleterre
Trou : n° 9
Longueur : 398 m
Par : 4
Architecte : Harry S. Colt
À savoir : Swinley Forest, bien que dépourvu d'un tournoi majeur, est invariablement classé parmi les meilleurs parcours anglais. Son agencement exclut la possibilité de parking, de tribunes et du reste, mais le parcours même est l'un des préférés des joueurs du European Tour durant leurs « jours de repos », lorsqu'ils recherchent un site demandant des coups variés.

Swinley Forest est sans aucun doute l'un des parcours les plus excellents des îles britanniques. Et, tandis que certains mettent en valeur la diversité de ses pars 3, les pars 4 – notamment le n° 9 – offrent de magnifiques défis. Le 6, le 12 et le 15 font tous d'excellents pars 4, mais le n° 9, long de 398 m, est souvent désigné comme le meilleur du parcours.

L'aire de départ domine le fairway de 18 m et procure une vue splendide sur ce trou époustouflant, sur la lande. Le fairway effectue un majestueux virage de droite à gauche, qu'il est impossible de couper. Les ajoncs et la fétuque accueillent les balles qui dévient trop à gauche, et l'on devra donc jouer autant à gauche que possible sans pour autant disparaître dans le fouillis qui attend juste au-delà du fairway.

Si vous visez la droite, vous éviterez les ennuis, mais serez ensuite confronté à un deuxième coup extrêmement long pour rejoindre le green. Vous pourrez peut-être atteindre celui-ci en 2 coups depuis le côté droit, mais vous aurez renoncé à la précision nécessaire pour pouvoir bien putter. Le green est petit mais dépourvu de bunkers. Si vous disposez d'un bon angle, c'est un trou où le birdie est possible. **JB**

N° 9 TRYALL CLUB

Parcours : Tryall Club
Situé à : Montego Bay, Jamaïque
Trou : n° 9
Longueur : 369 m
Par : 4
Architecte : Ralph Plummer
À savoir : Tryall a accueilli la LPGA ainsi que le Johnnie Walker World Championship, en 1995, remporté par Fred Couples.

Si vous avez visité la Jamaïque au cours des dernières années et trouvé par hasard le Tryall Club, il ne vous a peut-être pas impressionné. Il était parfois tombé dans un état moins que satisfaisant. Cependant, de l'argent et des efforts ont été injectés en quantité dans ce club qui se trouve désormais en parfaite condition. Certains de ses trous frôlent la mer des Caraïbes, et le n° 9 – où la vue est si belle qu'elle empêche de se concentrer – fait partie des plus caractéristiques.

Ce parcours mérite assurément une visite. De fait, il en mérite plusieurs.

L'aire de départ du n° 9, à flanc de coteau, offre une vue panoramique sur l'océan, les montagnes et la plantation de Tryall, qui date de 1834 et constitue le point de mire de ce domaine de 880 ha. On trouve un fossé sur la gauche mais si vous surcompensez en essayant de l'éviter, vous n'arriverez probablement pas à atteindre le green en régulation depuis le rough de droite. Le green est long et étroit, incliné d'arrière en avant.

La plantation, visible depuis plusieurs trous, offre à ses visiteurs des villas de une à deux chambres. D'autres, plus grandes et pourvues de personnel, sont éparpillées à travers le domaine. Tryall est célèbre pour sa mer et son golf, mais aussi pour ses caddies. Ils sont aimables, expérimentés et dévoués – avec une capacité troublante à dépister les balles perdues ou à lire le plus retors des greens. **JB**

Parcours : Maidstone Golf Club

Situé à : East Hampton, État de New York, États-Unis

Trou : n° 9

Longueur : 365 m

Par : 4

Architecte : Willie Park

À savoir : On oublie trop souvent Willie Park dans le domaine de l'architecture de golf. Il a réalisé la plupart de son œuvre avant ce qu'on appelle l'« âge d'or » de l'architecture, y compris le vieux parcours de Sunningdale en 1899 et Huntercombe en 1901. Mais son influence était encore grande durant l'époque dorée des années 1920, et elle n'est nulle part ailleurs plus évidente qu'au Maidstone Club, inauguré en 1922.

N° 9 MAIDSTONE GOLF CLUB

C'est ici le combat de l'homme contre le parcours de golf dans sa forme la plus pure – le golfeur faisant face à un terrain aussi chaotique que magnifique et sortant toutes ses griffes. Impossible de refuser le défi si l'on espère réussir de quelque manière que ce soit. Un mince filet de chance est tapi au milieu des horribles soubresauts que l'on aperçoit à gauche comme à droite. Des monticules de terre vous mettent au défi de rater le fairway, tandis que le ruban vert qui se faufile au milieu semble si désirable — et pourtant presque hors d'atteinte.

Ce n'est pas une exagération.

C'est le formidable n° 9 de Maidstone.

La vue de ce fairway isolé, entouré de sable et de pentes, avec l'Atlantique à droite et balayé par un vent n'offrant du répit que si rarement qu'on en rit pour ne pas en pleurer, laisse imaginer que même les meilleurs joueurs au monde risquent d'y perdre leur sang-froid. Les tertres de départ permettent souvent d'admirer la vue, mais sur ce par 4 complexe, on sera peut-être pris de l'envie soudaine de devenir aveugle.

Très simplement, seul un jeu parfait fera l'affaire. À gauche, une dune est ensevelie sous une végétation si épaisse que le seul fait d'y retrouver une balle serait un succès. Mais mieux vaut ne pas songer à jouer cette même balle depuis cet endroit. Les dunes recouvertes de bruyère sur la droite ne sont pas aussi touffues, mais, bien qu'il soit possible de jouer depuis ce duvet doré, la balle pourra suivre trop de trajectoires douteuses pour qu'on s'y sente à l'aise.

Un bunker, placé au milieu du fairway à 77 m devant le green, ne jouera qu'un rôle esthétique après un coup de départ parfaitement frappé. Si vous essayez cependant de vous dépêtrer d'un premier coup mal joué, cet obstacle vous rappellera qu'un retour vers le fairway, dans l'humilité, est nécessaire.

Même le plus parfait des drives devra être suivi d'un deuxième coup impeccable. Ne perdez pas espoir si vous avez raté à gauche. Le birdie est désormais un rêve oublié, mais vous pouvez encore sauver le par. Ratez à droite cependant et vous vous retrouverez dans le « bol de Yale », un bunker qu'a creusé le doigt de Dieu.

Le green est en hauteur, tout comme votre cœur qui s'envole, soulagé d'avoir rejoint cette surface. Ses dévers presque invisibles, sa déclivité constante à l'arrière et son exposition au vent ne vous facilitent pas la tâche. Mais au moins vous êtes sur le green.

Réjouissez-vous. **JB**

Parcours : Blackwolf Run Golf Club (parcours de la Rivière)

Situé à : Kohler, Wisconsin, États-Unis

Trou : n° 9

Longueur : 308 m

Par : 4

Architecte : Pete Dye

À savoir : Pete Dye a été aidé pour construire ce parcours. Un ancien glacier fut en réalité le premier architecte du site, sculptant des ravins profonds abritant des rivières, de vastes plaines recouvertes de prairies, de douces collines et des lacs à profusion. On trouve aussi bien entendu des bunkers, départs ou greens – Dye a, lui aussi, contribué au parcours.

N° ❾ BLACKWOLF RUN GOLF CLUB
(PARCOURS DE LA RIVIÈRE)

Le neuvième trou de Blackwolf Run est exceptionnel. Selon Pete Dye, ce par 4 de 308 m, surnommé les « Flèches de cathédrale », est le meilleur trou qu'il ait jamais conçu. Et si vous avez déjà joué sur des parcours de Dye, vous devinez qu'il doit être superbe.

Comment l'aborder ? Très prudemment.

Comme il n'est pas très long, emparez-vous d'un fer et visez à gauche des hauts arbres. Si vous pouvez les dépasser de 35 m sur la gauche, vous aurez une vue dégagée du green. Mais ne ratez pas à droite ou de profonds bunkers entreront en jeu. Le green n'est pas entièrement dégagé, ni aussi profond que certains autres à Blackwolf Run, mais il est large.

N'oubliez pas, lorsque vous putterez, qu'il est incliné en direction de la rivière. On peut aussi choisir de viser directement le green depuis le départ. Il est toujours tentant de putter pour un eagle, mais il n'est pas aisé de frapper son drive entre les arbres et la rivière.

Doté d'un slope de 151 – l'un des plus élevés du pays –, Blackwolf mesure 6 392 m depuis les départs arrière. L'eau, qu'elle coule en surface ou au fond de gorges, est en jeu sur 14 des 18 trous de ce parcours de championnat. **TJ**

N° 9   PHILADELPHIA CRICKET CLUB

Parcours : Philadelphia Cricket Club

Situé à : Flourtown, Californie, États-Unis

Trou : n° 9

Longueur : 419 m

Par : 4

Architecte : A. W. Tillinghast

À savoir : Fondé en 1901, ce club privé, où l'on joue au golf et au cricket, fait partie des 100 plus anciens des États-Unis.

Ce par 4 de 419 m est le trou le plus difficile du parcours. Donc, si vous n'êtes pas bon golfeur, ne vous attendez pas à y réaliser un bon score. Et si toutes vos tentatives échouent, il vous reste le cricket.

Mais puisque nous voici sur l'aire de départ, tentons le coup. Ça ne peut tout de même pas être aussi compliqué que cela. L'aire de départ, légèrement surélevée, vous permet de découvrir le défi qui vous attend. La voie de chemin de fer bordant tout le côté droit est hors limite.

On aperçoit un bunker à environ 250 m sur la gauche, ainsi qu'un autre, au milieu du fairway, à 220 m des départs arrière, l'objectif étant de le franchir tout en évitant celui de gauche – ainsi que la voie ferrée.

Le deuxième coup (ou le troisième, selon votre niveau de jeu) est très difficile. La majorité de la surface du green à triple plateau se trouve sur le gradin plus reculé, et c'est là qu'est généralement placé le drapeau. Ce coup est donc en montée alors que l'on joue généralement face au vent.

Et votre cible est toujours éloignée de 170 à 188 m. La sélection du club est assez ardue en elle-même. Jouer plus court n'est pas une mauvaise idée, mais attention au bunker au milieu, à 63 m devant le green.

Le niveau de difficulté vous satisfait ? **TJ**

Parcours : Metrowest Golf Club
Situé à : Orlando, Floride, États-Unis
Trou : n° 9
Longueur : 370 m
Par : 4
Architecte : Robert Trent Jones senior
À savoir : Ce parcours public a accueilli plus de 2 500 tournois de golf à Orlando depuis 1987, dont les épreuves qualificatives du Champion Tour et de l'US Open. À quelques kilomètres des studios d'Universal, ce parcours très bien entretenu est autant apprécié des touristes que des habitants de Floride.

N° ❾ **METROWEST GOLF CLUB**

Comme un pari de cour d'école, Metrowest pousse ses joueurs à affronter le « défi de John Daly » sur le n° 9. Le rugissement du Lion retentit encore autour des marques dorées, où une plaque informe les visiteurs que ce populaire joueur du PGA Tour fit atterrir son drive sur le green de ce mémorable par 4 – portant la balle sur 300 m au-dessus de l'eau.

On peut relever ce défi sur l'aire de départ et viser le drapeau, l'eau seule vous barrant la route. Les simples mortels, cependant, attaquent le trou de la façon imaginée par Robert Trent Jones senior, le long d'un exigeant dogleg à gauche.

La ligne de jeu idéale vise un chêne solitaire, et l'on donnera pour cela un léger effet de draw au drive. Une approche plus conventionnelle consiste à frapper un fer long ou un bois de parcours sur le côté droit du fairway. Un coup de départ précis est primordial, car quelques arbres essaimés le long du rough, à droite, peuvent bloquer le coup d'approche. Inversement, si l'on frappe trop à gauche, le fairway descend vers le lac de ce côté-là.

L'eau protège l'avant et la gauche du green, rendant le deuxième coup difficile. 2 bunkers pénalisent les joueurs choisissant la zone de sécurité à droite, tandis qu'un autre, profond et bien placé derrière le green, punira ceux qui choisissent un club trop important. Envie de relever le pari ? **BB**

N° 9 — PEBBLE BEACH GOLF LINKS

Parcours : Pebble Beach Golf Links
Situé à : Pebble Beach, Californie, États-Unis
Trou : n° 9
Longueur : 431 m
Par : 4
Architectes : Jack Neville, Douglas Grant, H. Chandler Egan
À savoir : Existe-t-il un segment plus difficile que ce célèbre trio du golf que sont les n° 8, 9 et 10 de Pebble Beach ? Remontons même un peu en arrière, et évoquons les trous 4 à 10. Comme Augusta et St Andrews, le simple nom de Pebble Beach suffit à vous fouetter le sang et vous incite à faire swinguer votre club.

CI-DESSOUS *Jack Nicklaus sur le n° 9 de Pebble Beach en juin 2000.*
CI-CONTRE *Joueurs puttant sur le n° 9 de Pebble Beach.*

Le huitième trou de ce parcours est l'un des plus spectaculaires au monde, mais le n° 9 est tout simplement fantastique à jouer.

Ne nous y méprenons pas. Prétendre que le n° 8 est meilleur que le n° 9, ou le n° 10 que le n° 7, ou encore que le n° 17 est tout aussi excellent que le n° 18, revient à affirmer qu'Elvis était aussi bon que les Beatles, ou que Ted Williams jouait mieux au base-ball que Ty Cobb, et ainsi de suite.

La notion de « meilleur trou » est très subjective, et ce n'est nulle part plus évident qu'à Pebble Beach. Tout le monde a raison et pourtant tout le monde a tort.

Le Pacifique se trouve sur la droite de ce long par 4. Le n° 9 serait le trou emblématique de la plupart des autres parcours de golf américains, mais à Pebble Beach, ce n'est que l'un des nombreux trous magiques.

Depuis le départ, 223 m vous séparent du bunker à gauche. Le drive visera juste sa lèvre. Le fairway étant sévèrement incliné vers la droite au niveau de la zone d'arrivée de la balle, il suffira de peu pour que celle-ci ne roule dans le rough.

Le deuxième coup est souvent en descente, visant une ouverture étroite protégée par un bunker profond devant le green, à gauche, et par l'océan, à droite. Le green, incliné de l'arrière-gauche vers l'avant-droite, descend vers l'océan et ne mesure que 22 m de profondeur. **TJ**

Parcours : Siena Golf Club

Situé à : Las Vegas, Nevada, États-Unis

Trou : n° 9

Longueur : 383 m

Par : 4

Architectes : Lee E. Schmidt, Brian Curley

À savoir : Adulé par les sportifs très actifs de Siena, le club de golf de la ville offre diverses vues panoramiques sur les montagnes voisines et sur les lumières de Las Vegas.

N° ❾ SIENA GOLF CLUB

Autrefois, le jeu et Elvis régnaient à Las Vegas. Le jeu est certainement toujours aussi important, que ce soit dans les casinos de l'artère principale de Las Vegas ou ailleurs, mais le golf a désormais remplacé le roi du rock and roll.

Dans les casinos, vous devrez vous débrouiller seul. Les employés ne sont pas vraiment là pour vous aider à gagner. Mais c'est tout autre chose sur les parcours de golf. Selon les bonnes âmes du club de Siena, « ce long par 4 exige un coup de départ précis. L'eau borde le côté gauche du fairway jusqu'au green. Si l'on joue la sécurité du côté droit, on pourra rencontrer les profonds bunkers protégeant le fairway. Le dernier trou du premier 9 mettra tous les joueurs à l'épreuve. »

Le golf de Siena possède 97 profonds bunkers et des greens massifs, à triple plateau. C'est aussi l'un des parcours les mieux entretenus du Nevada.

Et n'oublions pas la vue. Depuis certaines aires de départ, on découvre l'artère centrale de Las Vegas, tandis qu'ailleurs on admire le paysage spectaculaire des Red Rock Mountains, un massif de pierre rouge, ou encore de Spring Mountain. **TJ**

Parcours : Honors Course

Situé à : Ooltewah, Tennessee, États-Unis

Trou : n° 9

Longueur : 338 m

Par : 4

Architecte : Pete Dye

À savoir : Ce par 4 de 338 m n'est pas aussi difficile que d'autres trous d'Honors Course, et ne gâchera certainement pas votre carte de score. Mais on considère souvent que c'est le plus mémorable à cause de sa vue extraordinaire. On y joue en effet en direction d'un clubhouse très glamour.

N° ❾ HONORS COURSE

Le moment des décisions est venu une fois sur l'aire de départ, où l'on découvre ce trou ravissant appartenant à l'un des meilleurs parcours du Tennessee.

L'un des choix, bien entendu, consiste à faire exploser son drive pour essayer d'atterrir sur un fairway qui rétrécit de plus en plus à l'approche du green. L'espace ne manque cependant pas à environ 215 m du départ. C'est à partir de là que le fairway se resserre et rend le coup de départ plus complexe.

La stratégie la plus sage consiste à viser cette zone. C'est une cible importante qui permettra de bien préparer son approche. Cela ne vaut pas vraiment la peine d'essayer d'engranger 20 ou 30 m de plus – mais c'est à vous de voir. N'oubliez pas de prendre en compte le bunker sur la gauche.

Si vous jouez la sécurité, il vous reste entre 128 et 137 m jusqu'au minuscule green. On découvre un obstacle d'eau devant ce dernier et sur sa gauche – encerclé par les traverses de voie ferrée, bien sûr, de Pete Dye.

Le green est exceptionnellement ferme, en montée. Et on nous a affirmé que, si vous frappez trop court, la balle pouvait facilement être renvoyée dans l'eau. **TJ**

N° 9 — ROYAL ABERDEEN

Parcours : Royal Aberdeen
Situé à : Bridge of Don, Aberdeen, Écosse
Trou : n° 9
Longueur : 416 m
Par : 4
Architectes : Robert Simpson, James Braid

À savoir : Le Royal Aberdeen est l'un des 6 clubs de golf les plus anciens au monde. Cela vaut la peine de mentionner que la règle selon laquelle on dispose de 5 minutes pour retrouver une balle perdue a vu le jour ici.

Pour l'essentiel, le Royal Aberdeen effectue un aller-retour le long de la mer du Nord. Le premier 9 (on considère généralement qu'il offre certains des plus beaux links au monde) traverse de merveilleuses formations de dunes, le dernier parcourant, lui, un plateau.

Ces vieux links écossais traditionnels sont bien protégés de bunkers et dotés de fairways ondoyants. C'est un mélange de trous très équilibré, avec de solides pars 4, des pars 3 retors et 2 classiques pars 5.

Le n° 8 est le trou emblématique du Royal Aberdeen. Son minuscule green est défendu par 10 bunkers et constitue un spectacle remarquable. Mais, sans vouloir offenser le n° 8, nous avons choisi le n° 9. Pourquoi ?

Eh bien, il est établi qu'il s'agit du trou préféré de Tom Watson sur ce parcours. Nous suivrons donc sa recommandation.

Dogleg à droite classique, ce par 4 comprend nombre d'avertissements pour ceux qui désireraient sortir leur driver. Le fairway est plutôt étroit et tout le côté gauche est bordé de bunkers. Le green est plus loin, après le virage niché au sein des dunes.

Jouez intelligemment et satisfaites-vous du par. **TJ**

Parcours : Royal Birkdale
Situé à : Southport, Angleterre
Trou : n° 9
Longueur : 361 m
Par : 4
Architectes : George Lowe, F. F. Hawtree, F. W. Hawtree
À savoir : Il revient ! Le British Open se déroulera pour la neuvième fois au Royal Birkdale en 2008. Ce parcours du Lancashire a vécu de nombreux moments légendaires, dont la victoire d'Arnold Palmer en 1961.

CI-CONTRE *Le neuvième trou du Royal Birkdale.*

N° 9 ROYAL BIRKDALE

Ce par 4 enchanteur est l'un des trous remarquables du Royal Birkdale.

Le coup de départ étant aveugle sur ce dogleg à droite, votre swing et votre jeu devront être au point. Après 8 trous, espérons que ce soit le cas.

Avec des embûches en abondance sur la gauche, vous songez peut-être à viser la droite. Grosse erreur. Le bunker de droite est très profond.

Un bon coup de départ ne représente que la moitié du défi. Le deuxième coup est encore plus important, car si l'on rate le plateau du green, on ajoutera des coups indésirables à sa partie.

Et ne jouez pas trop long – nombre de dangers guettent derrière le green.

La clé du succès est simple. Vous aurez besoin d'un drive précis jusqu'à la zone d'arrivée. Comme il s'agit d'un coup aveugle, ce sera plus facile la seconde fois que vous jouerez ce parcours.

Il est aussi primordial de sélectionner le bon club pour le coup d'approche. Avec un green en hauteur, la distance devient problématique. Pour résumer, vous ne voyez pas votre cible sur le premier coup. Ni à quelle distance vous jouez sur le second.

Personne n'a jamais dit que le golf était aisé. Et l'historique Royal Birkdale ne sera pas facile à oublier. **TJ**

Parcours : golf d'Hossegor
Situé à : Hossegor, France
Trou : n° 9
Longueur : 385 m
Par : 4
Architecte : Tom Morrison
À savoir : C'est un trou donnant une impression de naturel, ce qui ne devrait pas vous étonner. Le terrain n'a en effet quasiment pas été remodelé à Hossegor. Morrison a presque entièrement fait usage des courbes naturelles de ce parcours inauguré en 1930.

N° 9 GOLF D'HOSSEGOR

Le n° 9 d'Hossegor est l'un de ces trous qui forcent à la stratégie. Depuis le départ jusqu'à l'approche et au dernier putt, on doit se demander si le par est toujours possible.

Ce n'est pas à cause de la longueur, ni même des courbes de ce trou relativement plat. Mais une vue aérienne vous permet de comprendre très clairement ses défis. Ils résident entièrement dans le sable.

On trouve, sur le n° 9, 5 bunkers de fairway – 2 de chaque côté à environ 228 m, un au centre à 283 m, et encore 2 de chaque côté juste avant d'atteindre le grand green. Lorsqu'on l'observe à vue d'oiseau, le fairway semble donc dessiner une étoile, chacune de ses pointes étant couronnée de sable.

La précision est essentielle sur le n° 9 comme sur le reste du parcours d'Hossegor – classé parmi les 50 meilleurs golfs européens. C'est l'un des grands classiques de la côte basque, son tracé rappelant les parcours traditionnels de l'arrière-pays anglais où les obstacles sont principalement constitués d'arbres et de bunkers.

Hossegor est bien plus difficile que sa longueur (5 920 m) ne le laisserait supposer et on prend un énorme plaisir à y jouer. **JB**

Parcours : golf de St Eurach
Situé à : Iffeldorf, Bavière, Allemagne
Trou : n° 9
Longueur : 397 m
Par : 4
Architecte : Donald Harradine
À savoir : Le BMW International Open du PGA European Tour s'est déroulé à St Eurach pendant 3 ans où il a été remporté par Mark McNulty (1994), Frank Nobilo (1995), et Marc Farry (1996).

N° ❾ GOLF DE ST EURACH

Ce parcours situé dans la campagne, au pied des Alpes, dans la haute Bavière, à environ 50 km au sud de Munich, bénéficie d'un terrain légèrement vallonné, de forêts, prairies et bassins bourbeux. St Eurach, qui offre une vue splendide sur le massif de Karwendel, se trouve dans la région des lacs d'Osterteen, 19 lacs glaciaires protégés, très riches sur le plan écologique.

Le n° 9 de St Eurach constitue une épreuve tellement rude qu'il servait de n° 18 lorsque le BMW International Open se déroulait ici. On découvre une vue des Alpes merveilleuse depuis l'aire de départ comme du green, mais les golfeurs feraient bien de se concentrer sur leur jeu. On doit frapper le coup de départ vers la gauche de l'étroit fairway de ce léger dogleg à droite. Sinon, un bosquet sur la droite empêchera une approche claire du green, en montée et défendu sur le devant par des bunkers, à gauche comme à droite.

Bernhard Langer, l'enfant du pays, a fini deuxième *ex æquo* durant le BMW de 1995, à 2 coups derrière le Néo-Zélandais Frank Nobilo. Cela demeure la seule manifestation importante du PGA European Tour que Langer n'ait pas remportée dans son pays. **KA**

Parcours : Shadow Creek Golf Club

Situé à : Las Vegas, Nevada, États-Unis

Trou : n° 9

Longueur : 373 m

Par : 4

Architectes : Tom Fazio, Andy Banfield

À savoir : La façon dont on rejoint Shadow Creek fait partie du plaisir que l'on prend à y jouer. Le périple débute lorsqu'on se présente sur l'une des propriétés du Mirage, où l'on devra loger. Une limousine vous conduira jusqu'au golf puis vous ramènera, et vous serez accueilli par un caddie qui vous guidera tout au long de votre parcours. La classe, tout du long.

N° 9   SHADOW CREEK GOLF CLUB

Ce parcours n'étant situé qu'à 20 minutes du centre de Las Vegas, il n'est pas étonnant qu'il ait attiré des noms aussi célèbres que Michael Jordan, Joe Pesci, Matt Damon, George Clooney et Michael Douglas.

Ce trou ravissant et difficile est l'un des plus mémorables du parcours – écoutons donc les commentaires des professionnels du club : « Sur le neuvième trou, le parcours est parallèle au ruisseau de Shadow Creek, et le fairway est orienté du sud au nord, en direction des montagnes. On peut alterner les départs, à droite ou à gauche, pour plus de variété, et le fairway paraît assez étroit, bien qu'il offre tout l'espace nécessaire pour atterrir. »

C'est bon à savoir. Mais ne pensez pas que les choses se simplifient par la suite. Où que soit le drapeau sur le green, le coup d'approche est difficile. S'il est à l'arrière, l'angle du green s'avérera problématique ; à l'avant, le coup devra être joué en hauteur afin de franchir les contours délicats du green.

Cette description ne constitue qu'un début. La seule solution consiste à découvrir en personne ce neuvième trou. Avec son fairway impeccable s'élançant vers un green surélevé parfaitement entretenu et protégé de bois denses d'un côté et d'un lac transparent de l'autre, sa splendeur est dans le plus pur style de Las Vegas. **TJ**

Parcours : Arabella Golf Course

Situé à : Kleinmond, Afrique du Sud

Trou : n° 9

Longueur : 271 m

Par : 4

Architecte : Peter Markovich

À savoir : Ici c'est l'équilibre qui règne. Le parcours est assez exigeant pour que vous reveniez y jouer, mais assez agréable pour ne pas vouloir quitter les lieux.

N° 9   ARABELLA GOLF COURSE

Peter Markovich a créé un parcours qui complète le cadre sans décevoir le golfeur, que celui-ci soit expert ou amateur.

Le paysage à lui seul mérite qu'on parcoure le terrain à pied. Même sans un club en main, cela vaut presque la peine de payer les green fees et de se promener parmi les 18 trous du Kleinmond enchanteur. Mais nous vous recommandons fortement de jouer.

Le parcours a été construit sur les contreforts de la réserve naturelle de Kogelberg, nichée entre des plaines sablonneuses et des collines verdoyantes et fertiles. La Bot River, la plus grande lagune du pays, offre un panorama époustouflant sur les alentours et leur incomparable beauté naturelle.

Et le n° 9 ? Demandons son avis à l'un des héros locaux. Ernie Els, l'un des meilleurs joueurs au monde, l'a décrit comme le plus beau par 4 de sa patrie.

Faites attention aux rafales de vent soudaines qui influent parfois de façon défavorable sur la trajectoire de la balle.

L'Arabella est toujours classé parmi les 10 meilleurs parcours d'Afrique du Sud. On parle d'y construire un deuxième 18 trous qui serait dessiné par Jack Nicklaus. **TJ**

N° 9 — PGA WEST (PARCOURS DU STADE)

Parcours : PGA West (parcours du Stade)

Situé à : La Quinta, Californie, États-Unis

Trou : n° 9

Longueur : 413 m

Par : 4

Architecte : Pete Dye

À savoir : Peu de golfs peuvent rivaliser avec la beauté spectaculaire du parcours du Stade, inspiré des links (parcours de bord de mer) écossais. Son tracé est lui aussi extraordinaire, et ne manquera de le placer en tête des meilleurs parcours du monde.

CI-DESSOUS ET CI-CONTRE
Le neuvième trou du PGA West.

Surnommé la « Réflexion », ce par 4 de 413 m est le plus difficile d'un 18 trous souvent considéré comme le plus ardu des parcours américains. On peut donc présumer sans risque de se tromper que le trou le plus difficile d'un parcours difficile sera… difficile, évidemment.

Depuis les départs arrière, on voit clairement quelles embûches guettent du côté droit. Le sable puis l'eau vous accompagneront tout le long du fairway. Leur seule présence est intimidante alors que l'on sort son driver du sac.

Pourquoi le driver ? Pourquoi ne pas jouer la sécurité et viser plus court ?

Vous ne pensiez tout de même pas que Pete Dye allait vous faciliter la tâche ? Vous souvenez-vous de ce que nous avons dit concernant le degré de difficulté du trou ? Si vous ne frappez pas assez loin sur ce léger dogleg, vous ne pourrez atteindre le green sur le deuxième coup.

Le danger abonde autour de celui-ci – jouer court n'est après tout peut-être pas une si mauvaise idée. Un haut rough, des bunkers et l'eau entourant le green, on aura l'impression d'avoir réalisé un birdie si on sauve le par.

Les n° 5 à 10 constituent l'un des segments les plus difficiles au monde. Et le reste du dernier 9 n'accorde guère de répit. **TJ**

Parcours : Silver Tip Golf Resort

Situé à : Canmore, Alberta, Canada

Trou : n° 9

Longueur : 423 m

Par : 4

Architecte : Les Furber

À savoir : Sculpté au sein de la beauté naturelle des Rocheuses canadiennes, le Silver Tip est un parcours de championnat de niveau international, long de 6 583 m.

N° ❾ **SILVER TIP GOLF RESORT**

Imaginez donc. Vous découvrez tout autour de vous l'un des paysages les plus spectaculaires au monde, comprenant d'immenses massifs et une nature complètement sauvage. Le chaud soleil de l'Alberta vous enveloppe. Et des instants de solitude sont brisés par les voix de la nature.

Le paradis sur terre dans l'Alberta, au Canada. Mais arrêtons là. Attrapez vos clubs et jouons au golf.

Le n° 9, comme le 4 et le 11, est l'un des trous les plus enchanteurs de ce couloir de la spectaculaire Bow Valley, enfoncée au cœur des époustouflantes Rocheuses canadiennes.

C'est aussi un trou assez coriace.

Ce dogleg à gauche descend une pente très inclinée, avec de l'eau à gauche du green et des arbres à droite.

Les joueurs puissants seront récompensés dès le départ. Si vous pouvez frapper votre drive à 235 m environ, vous arriverez à atteindre l'endroit où le fairway commence à plonger. La courbe verticale vous coupera le souffle à elle seule.

Mais ce coup de départ s'avère très intimidant. Et un bunker se trouve à environ 235 m du départ, du côté droit du fairway.

Le green, à triple plateau, penche d'arrière en avant. **TJ**

N° 9 — GOLF DE BUENOS AIRES
(PARCOURS JAUNE)

Parcours : golf de Buenos Aires (parcours jaune)

Situé à : Buenos Aires, Argentine

Trou : n° 9

Longueur : 417 m

Par : 4

Architecte : Kelly Blake Moran

À savoir : C'est à Buenos Aires, en 2000, que la World Golf Championship/ World Cup a été remportée la dernière fois par un Américain. Tiger Woods et David Duval se sont associés pour un total de 254 et une victoire en 3 coups de moins que les favoris de la région, Angel Cabrera et Eduardo Romero.

En 1987, un groupe d'hommes d'affaires argentins haut placés décida qu'il était temps que Buenos Aires possède un parcours de golf de niveau international. En résultèrent 27 trous au milieu de lacs, d'étangs et de ruisseaux qui constituent l'un des meilleurs tracés de la région.

Au cœur du parcours jaune se trouve le n° 9, un par 4 de 417 m que l'on joue face au vent dominant. Ce dogleg à droite effectue son virage autour d'un grand lac, le hors-limite guettant au loin, à gauche du fairway.

Même si les joueurs évitent l'eau et le hors-limite, une épaisse fétuque pousse le long du côté gauche du trou et pénalise particulièrement les drives ratés. Au cours de la World Golf Championship / World Cup, un nouvel ensemble de départ a été installé plus en arrière, rendant les obstacles encore plus punitifs qu'ils ne l'étaient.

Le coup d'approche se joue généralement avec un fer long, au-dessus de l'eau, vers un green long mais étroit situé en biais. Les deuxièmes coups capricieux risquent de trouver le bunker juste à gauche du green, tandis qu'un monticule attend les coups trop longs à l'arrière. Les joueurs doivent aussi éviter un autre bunker qui longe le côté droit, près du ruisseau qui se jette dans le lac. **RH**

Parcours : St Eugene Mission

Situé à : Cranbrook, Colombie-Britannique, Canada

Trou : n° 9

Longueur : 508 m

Par : 5

Architecte : Les Furber

À savoir : De nombreux greens de St Eugene Mission font plus de 27 m de profondeur, ce qui rend la sélection du club essentielle pour les coups d'approche les plus courts.

N° ❾ ST EUGENE MISSION

St Eugene Mission abrite un parcours de golf de premier ordre et un casino, ce qui rend encore plus excitante toute expédition de golf dans les Rocheuses de la Colombie-Britannique. Ce complexe de 42 millions de dollars propose un casino de 1 765 m^2 et un hôtel de 125 chambres.

On gagne sur les deux tableaux. On peut jouer au casino le soir et au golf pendant la journée. Ou on peut se livrer à des paris dans la journée, sur le parcours de golf. Bien entendu, le joueur qui prend des risques sera largement récompensé. Mais il existe aussi quantité d'embûches.

Voyons si le n° 9, qui longe la rivière St Mary, mérite qu'on se livre à des paris.

Souvent considéré comme l'un des meilleurs trous du parcours, le n° 9 ne manque ni de personnalité ni de singularité. Une rivière traverse la zone d'arrivée du premier coup en son milieu et emportera toute balle frappée à gauche.

Cependant, avec un long drive, on peut la franchir en grande partie et se préparer à un deuxième coup « de parieur » en direction du green.

Le plus sage est alors de jouer un fer moyen en visant la marque des 137 m, et de suivre d'un coup d'approche au fer court.

Le danger guette autour du green, et mieux vaut ne pas l'oublier. Ce dernier est très petit et étroit, protégé par le sable et par une mare. Ne le manquez pas ou vous aurez de réels ennuis. **TJ**

Parcours : Yarra Yarra Golf Club

Situé à : Bentleigh East, Victoria, Australie

Trou : n° 9

Longueur : 483 m

Par : 5

Architecte : Alex Russell

À savoir : Ce fabuleux club de la célèbre « ceinture de sable » de la capitale du Victoria a été inauguré en 1928 et doit son nom à la rivière Yarra, qui signifie « qui coule – qui coule » en langue aborigène.

N° ❾ YARRA YARRA GOLF CLUB

L'architecte Alex Russell a été formé par le grand Alister MacKenzie, et il est aisé de ressentir l'influence du maître à Yarra Yarra, particulièrement au n° 9. Ce par 5 substantiel est un dogleg à gauche et, depuis le départ, la meilleure stratégie consiste à frapper un drive vers le centre-droit du fairway : celui-ci est incliné vers la gauche et il est toujours possible qu'une balle bien frappée atterrisse dans le premier des bunkers qui bordent tout le côté gauche jusqu'au green.

Ce dernier n'est pas facile, même sur le plus court des coups d'approche. Oui, il est immense et possède assez d'espace sur la droite pour y faire rouler vos balles. Mais comme pour de nombreux autres trous de Yarra Yarra, le dévers et les ondulations rendent le plus simple des putts extrêmement difficile. **JS**

Parcours : Lake Nona Golf Club
Situé à : Orlando, Floride, États-Unis
Trou : n° 9
Longueur : 486 m
Par : 5
Architectes : Tom Fazio, Andy Banfield
À savoir : Dans une région où l'on trouve autant de parcours de golf que d'épiceries, Lake Nona offre l'un des meilleurs golfs d'Orlando. On dit que ses conditions de jeu sont toujours excellentes, et qu'il constitue l'une des épreuves de golf les plus ardues des environs.

N° 9 LAKE NONA GOLF CLUB

On a beaucoup débattu au fil des ans pour savoir quel trou de Lake Nona était le meilleur. On mentionnait toujours les n° 7 et 15 – tous 2 inclus dans cet ouvrage. D'autres aiment aussi son difficile dernier trou. Mais le par 5 de 486 m qu'est le n° 9 mérite aussi notre considération.

C'est l'un de ces pars 5 où l'on a la possibilité de rejoindre le green en 2 coups. Le fairway est assez dégagé sur le coup de départ et les grands frappeurs peuvent tirer profit d'une pente située à environ 270 m, où la balle peut rouler loin.

On découvre des arbres à droite de l'aire de départ, et le fairway du n° 1 au loin. Un bunker longe le côté gauche du fairway mais n'entre généralement pas en jeu.

Le deuxième coup s'avère le plus difficile – notamment si l'on vise le green. On devra alors dépasser des bunkers de fairway sur la gauche. On peut aussi jouer la sécurité et suivre d'un wedge aisé, à environ 90 m du green.

Ce dernier est aussi délicat. Il est parcouru sur la droite d'une crête marquée et il arrive souvent de putter hors du green. Attention aussi au bosquet sur la droite, ainsi qu'au bunker à gauche. **TJ**

Parcours : Ellerston Golf Course
Situé à : Upper Hunter Valley, Nouvelle-Galles-du-Sud, Australie
Trou : n° 9
Longueur : 509 m
Par : 5
Architectes : Greg Norman, Bob Harrison
À savoir : L'entretien d'Ellerston est une vraie merveille et ce parcours est peut-être le plus salué de tous ceux qu'a créés Greg Norman, ainsi que celui où on a le plus de mal à réserver un départ.

N° 9 ELLERSTON GOLF COURSE

Ce trou, appartenant à un parcours ultra-privé, débute avec un coup spectaculaire qui doit franchir un profond vallon jusqu'à une zone d'arrivée sur une colline. On trouve 4 bunkers dessinant des stries diagonales sur le côté gauche du fairway, et plus vous pourrez les dépasser dès le coup de départ, plus vous aurez de chances de placer votre deuxième coup sur le green.

Mais atteindre celui-ci n'est pas chose facile, car il est protégé par un fossé à environ 18 m en avant. Il est aussi incliné d'avant en arrière, de grands arbres s'élevant sur son collier gauche, gênant ceux qui essaieront de frapper un bois de parcours ou un long fer dans sa direction.

Toute erreur de ce côté vous bloquera pour la suite, et vous aurez les plus grandes difficultés à faire rentrer la balle en 2 coups (voire 3). Il vaut donc mieux viser depuis la droite sur le n° 9, de préférence avec une balle basse et roulante. **JS**

Parcours : Muirfield Golf Links
Situé à : Gullane, East Lothian, Écosse
Trou : n° 9
Longueur : 460 m
Par : 5
Architectes : Tom Morris senior, Harry S. Colt, Tom Simpson

À savoir : Muirfield est le siège de la Honourable Company of Edinburgh Golfers qui a tenu sa première rencontre sur le links de Leith en 1744.

CI-DESSOUS   *Le neuvième trou de Muirfield.*
CI-CONTRE   *L'Australien Robert Allenby sur le neuvième trou de Muirfield en juillet 2002.*

N° 9   MUIRFIELD GOLF LINKS

On sait que le futur d'un parcours s'avère prometteur lorsqu'une légende telle que Tom Morris senior attend son inauguration avec impatience. En mai 1891, 16 trous avaient été construits à la main et à l'aide de chevaux, et il n'en restait plus que 2 à terminer. Morris, cependant, insista pour que le parcours ouvre ses portes et les 2 derniers trous furent achevés alors que les golfeurs jouaient le reste des links, dès décembre 1891. Et l'ardeur de Morris s'avéra justifiée.

On considère souvent Muirfield comme le meilleur parcours de toute l'Écosse, et d'après certains, son statut s'étendrait au-delà des frontières et pourrait comprendre le continent européen tout entier. Désigner le meilleur parcours constitue toujours un exercice subjectif, mais Muirfield, novateur à l'époque de sa conception, prouve quel visionnaire était Tom Morris senior.

C'est le premier parcours composé de 2 boucles de 9 trous – la première suivant le périmètre du domaine dans le sens des aiguilles d'une montre, la deuxième à l'intérieur de la première, en sens inverse. C'est vraiment ingénieux ici parce que jamais plus de 3 trous consécutifs ne sont orientés de la même façon, et le vent, toujours problématique, est encore plus difficile à gérer car le joueur change constamment de cible.

Aucun trou ne titille plus l'esprit des golfeurs que le n° 9, parce qu'il est difficile, quelle que soit la direction du vent. Alors qu'on apprécie en général de l'avoir dans le dos, ici, plus la balle atterrit loin sur le fairway et plus on se sent claustrophobe dans la zone d'arrivée. Et face au vent, la

distance paraît monstrueuse. Dans tous les cas, si la balle trouve le rough, vous pouvez presque toujours dire adieu au birdie… et espérer le par.

Même sur le fairway, le coup d'approche doit franchir 5 bunkers sur le devant et sur la droite pour atterrir en douceur sur un green plutôt petit. Mieux vaut ne pas se montrer impudent à Muirfield, surtout au n° 9. La prudence n'est pas seulement recommandée : elle est indispensable. **JB**

N° 9 — NORTH BERWICK GOLF CLUB (PARCOURS OUEST)

Parcours : North Berwick Golf Club (parcours ouest)

Situé à : East Lothian, Écosse

Trou : n° 9

Longueur : 466 m

Par : 5

Architecte : David Strath

À savoir : Une partie opposant Willie et Mungo Park d'un côté, et Tom Morris senior et junior de l'autre fut brusquement interrompue en 1875 à North Berwick lorsque ce dernier reçut un télégramme lui annonçant que sa femme était gravement malade après la naissance de leur fils. Ils décédèrent tous les 2. Trois mois plus tard, Tom Morris junior mourait lui aussi de chagrin.

On joue au golf à North Berwick depuis 1832, ce qui en fait le deuxième club le plus ancien, derrière St Andrews, à recevoir les joueurs sans interruption. Parmi les membres d'origine du club, on trouve un soldat qui se battit à Waterloo, et le meilleur trou du parcours ouest, le 15, le premier Redan de l'Histoire, a été plus copié que les programmes de télé-réalité.

Ce coin tranquille du Firth of Forth ne manque pas d'histoire. Et pourtant, égaré dans ce long et vénérable passé, on découvre un trésor trop souvent oublié et sous-estimé.

Le n° 9 du parcours ouest a été qualifié de banal, un bref répit avant de s'attaquer à la dernière série classique de North Berwick. Il serait cependant erroné de ne pas saisir le caractère sans prétention de ce trou.

Son problème d'image auprès du public provient peut-être de sa situation dans une série bien particulière. Ce court par 5 (466 m) suit un par 5 encore plus court (452 m). Malgré son manque de distance selon les normes contemporaines, rien n'y est aisé lorsque le vent souffle.

Le coup de départ doit être parfaitement aligné sur un fairway vallonné si l'on veut atteindre le green en 2 coups. Mais comme sur presque tous les greens de North Berwick, c'est là que le vrai défi vous attend. **RH**

N° 9 — BLACKHORSE GOLF CLUB (PARCOURS SUD)

Parcours : Blackhorse Golf Club (parcours sud)

Situé à : Cypress, Texas, États-Unis

Trou : n° 9

Longueur : 473 m

Par : 5

Architecte : Jacobsen Hardy Golf Design

À savoir : Le club de Blackhorse, qui propose deux 18 trous (les parcours sud et nord), n'est qu'à un chip de Houston, au nord-ouest.

Selon le dicton, tout est plus grand au Texas. C'est certainement le cas pour les départs du Blackhorse Golf Club. Plus grand en quantité surtout. Incroyable mais vrai, on y trouve 8 séries de départ.

Les départs arrière sont surnommés « Big Jake ». Et ces derniers sont assurément destinés aux *big* frappeurs. Les départs de championnat sont à 457 m sur ce par 5, à 313 m pour les plus avancés.

C'est une différence non négligeable.

Mais dirigeons-nous vers les départs les plus arrière. Nul besoin de sortir votre driver. C'est sur les 2 premiers coups que la pression est la plus forte. D'après la carte de parcours, la précision règne sur ce par 5. Un bois 3 devrait suffire sur le coup de départ. Le fairway se resserre considérablement au niveau de la zone d'arrivée que l'on vise et un ruisseau le traverse mais ne devrait pas entrer en jeu, sauf, bien entendu, si vous frappez mal.

Le deuxième coup est lui aussi stressant. Ce n'est pas une mauvaise idée que de jouer la sécurité et de suivre d'un court coup d'approche. Le green est défendu par un bunker sur la gauche, devant et sur le côté. La carte de parcours suggère de les éviter. Comme s'il fallait qu'on vous le précise ! **TJ**

N° 9 — MONTEREY PENINSULA COUNTRY CLUB (PARCOURS DES DUNES)

Parcours : Monterey Peninsula Country Club (parcours des Dunes)
Situé à : Pebble Beach, Californie, États-Unis
Trou : n° 9
Longueur : 438 m
Par : 5
Architectes : Seth Raynor, Charles Banks, Robert Hunter, Rees Jones
À savoir : Seth Raynor est mort de pneumonie à l'âge de 51 ans, alors que le parcours des Dunes était encore en cours de construction. Son assistant, Charles Banks, et Robert Hunter, un architecte de la région, terminèrent le parcours en suivant les plans originaux.

Le parcours des Dunes du Monterey Peninsula est situé au cœur de l'une des régions golfiques les plus célèbres au monde, et grâce aux travaux de rénovation menés par Rees Jones à la fin des années 1990, il rivalise avec les plus grands.

Le manque de distance du n° 9 en fait un par 5 assez simple. La plupart des golfeurs sont cependant tentés de rejoindre le green en 2 coups – inspirés, peut-être, par l'océan qu'ils découvrent pour la première fois sur ce tracé et par le bruit des vagues s'écrasant derrière le green –, ce qui peut créer toute sorte d'ennuis.

Le coup d'approche doit franchir un talus de sable qui traverse la majorité du fairway, à environ 27 m devant le green, mais aussi éviter les bunkers sur l'avant, à gauche comme à droite, ainsi qu'un petit obstacle d'eau un peu plus à gauche. Ce remblai cache en partie le green depuis la plupart des angles, poussant de nombreux golfeurs à choisir sagement de jouer la sécurité en posant la balle devant la dune. Frappez un coup bien maîtrisé sur le troisième coup, et vous aurez encore toutes vos chances de birdie. **KA**

N° 9 — LOCHINVAR GOLF CLUB

Parcours : Lochinvar Golf Club
Situé à : Houston, Texas, États-Unis
Trou : n° 9
Longueur : 503 m
Par : 5
Architecte : Jack Nicklaus
À savoir : Nicklaus dessina ce parcours en 1980 mais plusieurs changements sont intervenus depuis. L'ordre des trous a été changé de façon à permettre aux joueurs de terminer leur parcours en face du clubhouse – procurant ainsi une vue agréable à ses visiteurs. Ces modifications ont rendu le premier 9 plus ardu que le dernier.

Le trou le plus mémorable de Lochinvar était autrefois le n° 12, qui constitue désormais le n° 3. Mais le n° 9 est aussi inoubliable et stimulant que n'importe quel autre trou de Lochinvar – et ce n'est pas peu dire !

C'est un trou franc, où, comme notre expert de la boutique du professionnel l'explique, « rien n'est caché ». Sans surprises donc, mais débordant d'embûches possibles.

Depuis le tertre de départ, on découvre que l'eau longe tout le côté gauche du fairway avant de traverser celui-ci juste avant le green. Mais vous ne devez pas vous en inquiéter sur le coup de départ.

Ce n'est pas le cas des pins âgés de plus de 16 ans se dressant sur la droite. Le sol y étant recouvert de nombreuses épines, il sera facile d'y retrouver la balle, mais beaucoup moins évident de la jouer.

On aperçoit aussi un bunker sur la gauche. À 205 m des départs arrière, on peut tout à fait l'atteindre.

Une fois sur le coup d'approche, souvenez-vous de l'eau. Le green, incliné d'arrière en avant, surplombe le fairway de 2 à 3 m. Il est gardé par un bunker sur l'avant-gauche et par de profondes dépressions herbeuses à l'arrière. **TJ**

Parcours : Victoria Golf Club

Situé à : Cheltenham, Melbourne, Australie

Trou : n° 9

Longueur : 535 m

Par : 5

Architectes : Alister MacKenzie, William Meader, Oscar Damman

À savoir : Durant l'Open d'Australie de 1961, Arnold Palmer frappa une balle qui se retrouva bloquée dans l'un des imposants gommiers juste au-delà du fairway. Palmer grimpa dans l'arbre, frappa la balle, et sauva le par.

N° ❾ VICTORIA GOLF CLUB

Le Victoria Golf Club, dont l'histoire remonte aux balbutiements du XXe siècle, est sans aucun doute empreint de tradition. Un seul coup d'œil au parcours permet de voir qu'il est en merveilleux état. Mais les membres du Victoria sont tout aussi fiers d'un détail que le simple observateur pourrait rater. « Nous bénéficions de superbes conditions de jeu et d'une merveilleuse ambiance chaleureuse dans notre vénérable clubhouse... » sont des mots qui peuvent surprendre, découverts dans les archives du Victoria. Bien que le tracé soit splendide, les trous ne sont pas les seuls à être importants. Le club est riche en histoire et, plus essentiel encore, son ambiance est chaleureuse.

« Nous devrions être reconnaissants à Billy Meader de nous avoir donné un lieu aussi merveilleux... », lit-on un peu plus loin. Vous avez compris. Les membres adorent leur club.

Grâce à l'initiative inspirée de Meader, un groupe d'hommes d'affaires influents de Melbourne se réunit un soir de 1903 pour parler de la création d'un club de golf de qualité sur un terrain propice aux links à Port Melbourne. Meader, un homme robuste et parfois froid, est le « père du golf au Victoria », ce que les membres du club ne risquent pas d'oublier grâce aux plaques et au portrait qu'on découvre en entrant dans le clubhouse.

Depuis cette réunion de 1903 et la formation du club en 1906, la réputation du Victoria Golf Club s'est imposée à travers le monde. Il a produit des joueurs de qualité qui ont fait la célébrité de l'Australie.

Les jours de gloire des membres du Victoria Golf Club débutèrent dès 1909, lorsque le grand Claude Felstead remporta l'Open d'Australie au Royal Melbourne. Les années suivantes, Peter Thomson, 5 fois vainqueur de l'Open d'Australie, 3 fois du British Open et 2 fois champion du monde, couvrit son club de gloire.

Le club au passé riche offre toujours autant aujourd'hui. C'est peu dire que son parcours est merveilleux, et le n° 9 est l'un de ses meilleurs trous.

C'est un par 5 légitime à cause de l'élévation très marquée depuis le départ. Un premier coup bien frappé peut franchir la colline, mais c'est là la clé : il doit être bien frappé. Si vous n'arrivez pas au sommet de la colline dès celui-ci, les 3 coups nécessaires pour rejoindre le green se transforment en 4. Puis, chose étonnante, on est confronté à une autre colline. Si vous passez la première, puis la seconde sur le deuxième coup, vous possédez un avantage énorme.

Les bunkers de fairway sont rudes, mais les dénivelés constituent ici votre plus grand défi. **JB**

Parcours : Congressional Golf Club

Situé à : Bethesda, Maryland, États-Unis

Trou : n° 9

Longueur : 555 m

Par : 5

Architectes : Devereux Emmet

À savoir : Le Congressional abrite deux 18 trous exceptionnels (le parcours bleu et le parcours doré). Ce club a accueilli l'US Open en 1964 et 1997, ainsi que l'US Open Senior en 1995.

N° ❾ CONGRESSIONAL GOLF CLUB

Les changements n'ont pas manqué au Congressional depuis son inauguration. Le parcours bleu y a été remodelé plusieurs fois, Rees Jones étant intervenu pour la dernière fois en 1989. Robert Trent Jones senior avait ajouté 9 trous à ce tracé en 1957, et le dernier 9 du parcours doré fut, lui, conçu par George et Tom Fazio en 1977.

Mais la qualité du golf qu'on y joue est demeurée constante. Le Congressional est un grand club, et cela ne changera jamais.

Le n° 9 en est un exemple, à la fois enchanteur et difficile, agréable et mémorable. Vous voilà face à un must du golf. Une fois que vous aurez fini d'acheter tee-shirts et chapeaux à la boutique du professionnel, consultez un livret de parcours et lisez ce qu'on y écrit au sujet du n° 9.

Juste après une phrase déclarant que c'est l'un des trous les plus exigeants de l'histoire de l'US Open, on vous suggère de ne surtout pas l'aborder en tentant de rejoindre le green en 2 coups.

S'il pose problème aux joueurs de l'US Open, quelle chance croyez-vous avoir ? En vous dirigeant vers le départ, n'oubliez donc pas que vous aurez besoin de 3 coups jusqu'au green.

Le fairway est assez droit et plat, flanqué de bunkers des 2 côtés, que l'on pourra dépasser avec un coup de 256 m. Vous serez ensuite bien placé pour un deuxième coup visant l'extrémité du fairway, à 73 m environ d'un green exigeant, à triple plateau et protégé par 5 bunkers. **TJ**

Parcours : The Gallery de Dove Mountain (parcours nord)

Situé à : Marana, Arizona, États-Unis

Trou : n° 9

Longueur : 663 m

Par : 5

Architectes : Tom Lehman, John Fought

À savoir : Ce club a accueilli en 2001, en compagnie de l'Omni Tucson National Resort, le Touchstone Energy Tucson Open, remporté par Garrett Willis. L'Open de Tucson se déroule désormais entièrement à l'Omni Tucson National Resort. Les joueurs n'appréciaient peut-être pas de devoir affronter un monstre tel que le n° 9, long de 663 m.

N° ❾ THE GALLERY DE DOVE MOUNTAIN (PARCOURS NORD)

On devrait examiner les données suivantes avant d'affronter le n° 9 du parcours nord de The Gallery à Dove Mountain : c'est le plus difficile du parcours, le dénivelé y est de 23 m, en descente, et le green mesure 733 m^2. Chiffres intéressants, évidemment, mais celui dont il faudra se souvenir est le suivant : six cent soixante-trois mètres.

Aucune erreur d'impression. C'est l'un des trous les plus longs au monde, conçu par Tom Lehman, joueur du PGA Tour, et son partenaire, John Fought. Lorsqu'on demande ses impressions à Tom Lehman, il indique que ce qu'il « préfère sur ce parcours, c'est que chaque trou possède sa propre personnalité. » Plus particulièrement, commentant le monstre qu'il créa pour terminer le premier 9, Lehman déclare : « Je voulais en faire un vrai par 5. »

Sans blague ?

La longueur est à elle seule étonnante, mais on ne doit pas négliger d'autres facteurs. L'air raréfié du désert permet à la balle de voler plus loin que ce à quoi vous êtes probablement habitué, et l'on doit aussi prendre en compte le dénivelé entre le départ et le green lorsqu'on juge de la distance à laquelle on veut frapper, la longueur demeurant, bien entendu, le problème principal.

Ce n° 9 gargantuesque exige 3 longs coups bien placés si l'on désire conserver tout espoir de birdie ou de par. On débute par un coup en descente, vers une zone d'arrivée généreuse dépourvue d'embûches, exception faite de 2 bunkers sur la gauche.

Le deuxième coup, très en descente, offre plusieurs choix, car on découvre un bunker à gauche, 2 au milieu, 2 à droite, et un large lac divisant le côté droit du fairway. Si l'on choisit de jouer la sécurité le long du centre droit du fairway, on devra suivre d'un long coup d'approche. Si l'on veut poser la balle plus près du green, on doit négocier un coup près du lac, en contournant les bunkers sur la gauche.

Le green est jalousement protégé par 5 bunkers placés au hasard, et par un petit oued qui traverse le fairway à 36 m, sur le devant.

On lit dans le prospectus du club que « ce trou compte certainement parmi les pars 5 les plus intéressants d'Amérique du Nord. » C'est peut-être l'une des plus grandes litotes du monde du golf. Le club le considère simplement intéressant ? Nous dirions plutôt fascinant, irrésistible, stimulant et imposant. **JB**

N° ❾ GARY PLAYER COUNTRY CLUB

Parcours : Gary Player Country Club
Situé à : Sun City, Afrique du Sud
Trou : n° 9
Longueur : 545 m
Par : 5
Architecte : Gary Player
À savoir : En 2003, 3 enfants du pays, David Frost, Nick Price et Ernie Els, se sont partagé 3 titres du Nedbank Golf Challenge, un record pour l'Afrique du Sud.

CI-DESSOUS *Le n° 9 du Gary Player Country Club.*
CI-CONTRE *L'Anglais Lee Westwood joue son deuxième coup sur le n° 9 du Gary Player en novembre 2000.*

Rares sont les pars 5 offrant plus de coups où la prise de risque est récompensée, ce qui offre un spectacle palpitant au public du Nedbank Golf Challenge annuel, le tournoi le plus riche du monde du golf.

Ce trou que Player décrit comme « un par 5 réellement héroïque » est si long que les meilleurs professionnels ne le jouent que rarement depuis les départs pros, à 545 m, afin de pouvoir rejoindre en 2 coups le green en forme d'île. Pour cela, on doit d'abord frapper un long coup de départ sur le côté droit d'un fairway étroit et bordé d'arbres, puis franchir un splendide lac à 2 niveaux dont la rive rocailleuse touche le bord du green surélevé.

C'est un risque qui allie une rare combinaison de puissance et de finesse, et qui, admet Ernie Els, « peut être intimidant » avec un bois ou un fer long à la main, en particulier lorsqu'un coup trop long finira dans l'eau à l'arrière du green. Même frapper plus court peut s'avérer difficile, particulièrement si le drapeau est à l'arrière-droite ou gauche du green. Jouez le tout pour le tout et vous pourriez putter pour un eagle. Jouez un coup moins que parfait cependant, et c'est un bogey ou pire qui vous attend. **KA**

N° 9 — BADLANDS GOLF CLUB
(PARCOURS DESPERADO)

Parcours : Badlands Golf Club (parcours Desperado)

Situé à : Las Vegas, Nevada, États-Unis

Trou : n° 9

Longueur : 493 m

Par : 5

Architecte : Johnny Miller

À savoir : Les trois 9 trous de ce club ont été tracés par Johnny Miller, mais il a été aidé. Dame Nature joua un rôle important, tout comme Chi Chi Rodriguez, consultant sur ce projet. Pas une mauvaise équipe.

Ce club de golf très fréquenté de Las Vegas est l'exemple même du parcours où l'on pratique un golf de cible. Offrant 4 séries de départs, le Badlands bénéficie d'un terrain spectaculaire et de vues époustouflantes.

De très bonne qualité à partir du n° 6, il ne fait que s'améliorer par la suite. Les 4 derniers trous du Desperado (un 9 trous) sont spectaculaires. Le n° 8, un par 3 ravissant et difficile, est le préféré de nombreux golfeurs. Mais le n° 9 est tout aussi mémorable – il est presque impossible de choisir un seul trou emblématique au Badlands.

Rejoindre le green du n° 9 est un défi, mais une fois qu'on l'aura atteint, on verra qu'il en valait la peine : il est situé au bord d'une falaise spectaculaire. La dépression que l'on aperçoit sur le devant mesure environ 10 m de profondeur et 27 m de large. Autrement dit, mieux vaut atteindre votre cible.

On aime souvent ce trou parce qu'on y joue un vrai golf du désert. D'autres l'aiment pour la simple beauté de son green et sa vue plongeante. Fort heureusement, si vous le jouez, vous bénéficierez de ces 2 aspects. **TJ**

Parcours : Black Mountain Golf and Country Club (parcours du Désert)

Situé à : Henderson, Nevada, États-Unis

Trou : n° 9

Longueur : 483 m

Par : 5

Architecte : Bob E. Baldock

À savoir : Construit en 1959, Black Mountain a été remodelé en 1990. Le parcours accueille chaque année le Las Vegas Qualifier ainsi que l'USGA Regulation Tournament.

CI-CONTRE *Le neuvième trou de Black Mountain.*

N° ❾ BLACK MOUNTAIN GOLF & COUNTRY CLUB (PARCOURS DU DÉSERT)

Réservé à ses seuls membres, le club de Black Mountain est fier d'annoncer le plus grand nombre d'adhérents de la vallée de Las Vegas. Situé au pied du massif de Black Mountains, entouré de la flore du désert de Mojave, il offre 27 trous de golf uniques au monde et abordables.

Il n'est pas aisé de ne sélectionner qu'un seul de ces trous. Nous avons finalement choisi le n° 9 du parcours du désert, et, de fait, ce n'était pas si difficile, car c'est simplement l'un des meilleurs de la région de Las Vegas.

On aperçoit un petit ravin au milieu du fairway à 256 m environ des départs. Le deuxième coup décidera en grande partie de votre réussite ou de votre échec. Les grands frappeurs peuvent atteindre le green en 2 coups, mais ce ne sera pas facile, même pour les plus précis d'entre eux.

On doit survoler l'eau que l'on aperçoit devant le green et sur la gauche. Un parking se trouve derrière le green tandis que le hors-limite flanque son côté droit. Ce green relativement petit est composé de 2 parties, et essayer d'atterrir sur celle de droite depuis 180 m ne s'avère pas aisé.

Vous pouvez jouer la sécurité et n'atteindre le green qu'au troisième coup, beaucoup plus facile. Mais on est à Las Vegas, ville de parieurs : n'hésitez pas à prendre des risques. **TJ**

Parcours : Royal Dornoch

Situé à : Dornoch, Sutherland, Écosse

Trou : n° 9

Longueur : 453 m

Par : 5

Architectes : George Duncan, John Sutherland

À savoir : Cet extrait provient du message de bienvenue du directeur du club sur son site internet : « Dornoch est considéré comme le meilleur parcours septentrional au monde, et aucun autre n'offre un sentiment aussi délicieux d'être loin de tout, ou une meilleure combinaison de beauté naturelle, défis, plaisir et coups de qualité. » Délicieux Dornoch. Ça sonne bien.

N° ❾ ROYAL DORNOCH

La mer du Nord vient s'écraser sur le littoral encadré, à droite, de montagnes majestueuses et, à gauche, d'ondoyantes collines. Si c'est là le paysage qui s'offre à vous, vous devez vous trouver au Royal Dornoch.

Face à 18 trous extraordinaires, en choisir un seul n'est pas chose aisée. Cela est aussi difficile que certains des coups de ce parcours.

Mais dirigeons-nous vers le n° 9. Et gardez votre appareil photo sur vous. Vous en aurez besoin une fois l'aire de départ atteinte.

Baptisé « Craiglaith », ce par 5 vous rappellera que vous vous trouvez en bord de mer, car la plage vous accompagne sur le côté gauche, depuis le départ jusqu'au green.

C'est de l'agrostide que l'on peut atteindre si l'on frappe son drive trop loin ou si l'on rate sa cible. Le rough est presque aussi dangereux que la plage. Presque.

Un défi encore plus complexe consiste à faire atterrir son coup d'approche sur le plateau du green. On y trouve 2 bunkers, l'un à droite et l'autre le long du côté gauche du green.

Et encore un mot d'histoire. Selon les archives, les trois premiers links écossais furent St Andrews en 1552, Leith en 1593 et Dornoch en 1616. N'oubliez pas, vous foulez un sol sacré. **TJ**

Parcours : San Francisco Golf Club

Situé à : San Francisco, Californie, États-Unis

Trou : n° 9

Longueur : 521 m

Par : 5

Architecte : A. W. Tillinghast

À savoir : Lorsque Tiger Woods jouait dans l'équipe de l'université de Stanford, il frappa un drive depuis le départ, un autre sur le deuxième coup et atterrit néanmoins à 13 m devant le green.

N° ❾ SAN FRANCISCO GOLF CLUB

Vous voulez savoir à quand remonte le club de San Francisco ? On dit que le dernier duel officiel de Californie, opposant le sénateur David S. Broderick à David S. Terry, juge de la Cour suprême de l'État, s'est déroulé sur le site du n° 7 en 1859. Le fait que quelqu'un ait payé de sa vie à cet endroit vous aidera peut-être à vous sentir moins impuissant 2 trous plus loin, lorsque vous serez confronté au traître n° 9.

Les puristes adorent le club de golf de San Francisco (fondé en 1895) pour son histoire, et les partisans de la vieille école apprécient cet autre bonus : on ne peut le parcourir qu'à pied. Seuls les membres souffrant d'un problème médical sont autorisés à y circuler en voiturette. C'est une politique qu'apprécie Bradley S. Klein, expert en architecture de golf réputé qui écrivit : « Si quelqu'un vous affirme qu'il est impossible de parcourir un certain golf à pied, vous devriez considérer que c'est un euphémisme pour insupportable, et vous diriger le plus vite possible dans la direction opposée. »

On peut parfaitement jouer le n° 9 à pied, mais on pourra le juger presque injouable si on a l'intention de rejoindre le green en 2 coups. La distance empêche efficacement à elle seule ce qui constituerait un coup d'approche brutal, mais ajoutez à cela des bunkers protégeant le côté droit depuis 45 m après le départ jusqu'au green, et il devient presque obligatoire de jouer la sécurité à gauche, en prévoyant 3 coups. Si même Tiger Woods après 2 drives consécutifs (voir encadré) ne peut toujours pas rejoindre le green, inutile de dire qu'il vous en faudra facilement 3.

Même alors on doit faire preuve d'intelligence. Si l'on vise trop à gauche afin d'éviter les bunkers de droite, d'autres bunkers guetteront la balle de ce côté-là, bien que plus près du green. On trouve une zone d'arrivée raisonnablement appropriée au troisième coup, mais on devrait là aussi faire preuve de prudence.

Le neuvième trou du club de San Francisco est magnifique, et constitue le meilleur des tests. Mais bonne chance pour accéder au parcours. Ce club est très fermé, n'accueillant que quelques membres et leurs invités.

Autre chef-d'œuvre d'A. W. Tillinghast, il offre des greens extrêmement rapides qui confinent presque au ridicule si vous vous trouvez du mauvais côté du trou. Les caddies sont obligatoires et leurs conseils s'avèrent judicieux – notamment sur les greens. **JB**

Parcours : Interlachen Country Club

Situé à : Edina, Minnesota, États-Unis

Trou : n° 9

Longueur : 483 m

Par : 5

Architectes : Willie Watson, Donald Ross

À savoir : Ce classique de Donald Ross (il remodela le parcours en 1919) est célèbre en tant que site de l'US Open de 1930. Ce fut le dernier tournoi majeur l'année où Bobby Jones remporta le grand chelem.

CI-DESSOUS L'Espagnole Paula Marti célèbre le birdie qu'elle vient de putter sur le n° 9 d'Interlachen en septembre 2002.

N° ❾ INTERLACHEN COUNTRY CLUB

Ce parcours ne manque pas d'histoire. Voici, par exemple, une anecdote. Durant l'US Open de 1930, Bobby Jones frappa sa balle au-dessus du lac et réalisa le fameux birdie qui assurerait sa victoire au grand chelem. Les joueurs des environs appellent cela un coup « en feuille de nénuphar ».

Ce par 5 de 483 m est le trou le plus mémorable d'Interlachen. C'est un dogleg droite dont l'angle intérieur abrite un lac, près du green.

C'est le deuxième coup qui déterminera votre score, mais il dépend lui-même du coup de départ.

Depuis le départ, on trouve des bunkers à gauche et de hauts arbres à droite. Vous pouvez couper légèrement l'angle du dogleg, notamment si vous désirez rejoindre le green en 2 coups. Mais attention à ne pas frapper trop loin ou la balle pourrait terminer sa course dans l'eau.

Un vaste étang est situé à 180 m environ du green. Le deuxième coup devra le survoler afin de trouver le green. Le fairway longe le côté gauche, mais jouer plus court s'avère aussi difficile.

Le green n'est pas très ardu même s'il est incliné vers l'eau. Ne vous en préoccupez pas jusqu'à ce que vous l'ayez rejoint. **TJ**

Trou ⑩

Le premier trou mis à part, l'aire de départ du n° 10 est probablement l'endroit du parcours où l'optimisme prévaut. On peut souvent déterminer s'il est justifié ou non dès le premier swing.

Un drive frappé de la façon la plus pure au n° 10 arrive parfois à effacer un premier 9 douloureux. Et si vous venez de jouer un premier 9 solide, un bon coup de départ au n° 10 renforcera immédiatement votre sentiment d'effectuer une partie décente.

Bien entendu, cet optimisme peut rapidement être étouffé par un drive déviant. Mais abandonnons bien vite cette dernière idée.

CI-CONTRE *Le dixième trou de Turnberry, en Écosse.*

N° ❿ SOUTH HEAD GOLF COURSE

Parcours : South Head Golf Course

Situé à : Kaipara Harbour, Nouvelle-Zélande

Trou : n° 10

Longueur : 159 m

Par : 3

Architecte : Jack Eccles

À savoir : Ce parcours fut dessiné en 1969 par Jack Eccles, une importante figure du golf néo-zélandais à l'époque.

Construit en terrain vallonné au sud de la péninsule de Kaipara, le South Head Golf Course est une épreuve de golf équitable pour les joueurs de tous niveaux, qui a résisté à l'épreuve du temps et s'améliore constamment. Grâce à ses fairways bien drainés et soigneusement entretenus, on peut jouer ce parcours presque toute l'année. Les greens sont assez vastes, dotés d'excellentes surfaces qui « tiennent » des coups d'approche bien frappés.

Le n° 10 de South Head est un par 3 de 159 m qui demande de gros efforts. Depuis le départ de championnat, on doit porter la balle sur environ 110 m au-dessus d'un étang enchanteur recouvert de nénuphars. Le green est bien défendu par des bunkers sur la gauche, la droite, l'avant et l'arrière. Autrement dit, tout autour.

On doit atteindre directement le green – un fer court à moyen devrait suffire – ou obtenir un rebond heureux depuis le collier. Vous ne serez pas étonné d'apprendre que nous recommandons la première solution. L'endroit étant incliné vers la gauche, si vous ratez le bunker du devant, votre balle dévalera une pente escarpée.

Ce trou n'est pas jugé difficile, mais la sérénité des environs et la beauté du paysage pourraient vous distraire. Concentrez-vous sur la tâche à accomplir et trouvez donc ce green. **TJ**

N° ❿ GOLF DE TÖREBODA

Parcours : golf de Töreboda

Situé à : Töreboda, Suède

Trou : n° 10

Longueur : 120 m

Par : 3

Architectes : les membres du club

À savoir : Le ferry de Töreboda est le plus petit de Suède et traverse le canal Göta en moins de 20 s.

À Töreboda, ville suédoise, tout est organisé autour de l'eau. Le légendaire canal Göta, un réseau de rivières, lacs et canaux qui relie Göteborg à l'ouest et Stockholm à l'est sur 482 km, serpente au centre de la ville. C'est le canal, inauguré en 1832 et doté de 58 écluses – dont plusieurs dans la région de Töreboda, y compris l'une des 2 dernières toujours opérées manuellement – qui donne son atmosphère à la ville, avec ses auberges, maisons d'hôtes, cafés, musées et autres sites historiques situés au bord de l'eau. La plus ancienne écluse du canal date de 1607 et la plus haute s'élève à 91 m au-dessus du niveau de la mer.

L'eau joue aussi un rôle important au golf de Töreboda, où de nombreux trous se jouent au-dessus et autour du ravissant lac de Mansarudssjön. Parmi eux se trouve le court mais traître n° 10, un par 3 que les golfeurs auraient tort de sous-estimer. Le choix du club approprié est essentiel sur le coup de départ, qui doit franchir le lac et souvent affronter des vents pouvant influer sur la trajectoire de la balle. Le green, une péninsule en forme de fer à cheval, est protégé sur le devant par un long bunker peu profond et par des arbres à l'arrière. **KA**

N° ⑩ HILLSIDE GOLF CLUB

Parcours : Hillside Golf Club

Situé à : Southport, Merseyside, Angleterre

Trou : n° 10

Longueur : 133 m

Par : 3

Architecte : Martin Hawtree

À savoir : À la fin des années 1970 se sont déroulés ici le British Ladies Championship (1977) et l'Amateur Championship (1979). Hillside a aussi accueilli le PGA Championship en 1982.

Le parcours d'Hillside voisine celui de Royal Birkdale, au milieu des dunes, près de Southport. Comme souvent sur les links de la côte nord-ouest, Hillside, tracé dans un cadre superbe, est exposé au vent provenant de la mer d'Irlande.

Ce court par 3 démarre un dernier 9 que l'on n'est pas près d'oublier. Le premier 9 est remarquable, mais le dernier est spectaculaire. Les 2 sont réputés pour leurs excellentes conditions de jeu.

La longueur de ce trou ne vous fera certes pas courir d'effroi vers le bar du clubhouse, mais son green est bien plus difficile à atteindre que la plupart, car il est protégé par une série de profonds bunkers.

Greg Norman, 2 fois vainqueur du British Open, a autrefois envoyé une lettre au club déclarant que les 9 derniers trous étaient les meilleurs de Grande-Bretagne. Un réel compliment de la part de quelqu'un qui a accès à quelques parcours de qualité. Le tracé mesure 6 263 m depuis les départs pros.

Les épreuves qualificatives du British Open s'y déroulent mais il n'a jamais accueilli la manifestation même. Certains membres du club déclarent que ce sont les meilleurs links à n'avoir jamais accueilli l'Open. **TJ**

N° ⑩ **PINE VALLEY GOLF CLUB**

Parcours : Pine Valley Golf Club

Situé à : Clementon, New Jersey, États-Unis

Trou : n° 10

Longueur : 133 m

Par : 3

Architectes : George Crump, Harry S. Colt

À savoir : Bien que n'ayant jamais conçu de parcours de golf auparavant, Crump engagea Colt comme consultant et créa ce que l'on considère parfois comme le meilleur parcours des États-Unis. Crump s'éteignit en 1918, alors que seuls 14 des trous de Pine Valley étaient ouverts aux joueurs. Les 4 derniers furent inaugurés l'année suivante.

Avec l'un des index et des slopes les plus élevés d'Amérique du Nord, Pine Valley est un parcours qui assume pleinement sa difficulté. Le danger n'est jamais plus omniprésent que sur le trou le plus court du tracé, le n° 10.

Son surnom évoque une partie de l'anatomie de Satan que nous préférons ne pas imprimer ; il suffit de savoir que c'est un endroit où l'on n'aimerait pas se retrouver. Comment un trou peut-il être aussi difficile lorsqu'il n'exige qu'un fer 7 ou 8 pour atteindre une zone de sécurité ? Les raisons se trouvent dans les zones qui, justement, manquent de sécurité. Et même ladite zone de sécurité – le green – part en pente sur les 4 côtés. Une balle frappant ses bords atterrira directement dans ces zones environnantes périlleuses.

D'où vient le danger ? Le trou est entouré d'une fosse sablonneuse artificielle escarpée qui paraît si naturelle que l'on a du mal à croire qu'elle n'existait pas avant que Pine Valley ne soit construit. Ce bunker sournois et profond, dont on ne peut sortir que vers l'arrière, constitue l'obstacle le plus punitif autour du green (il donne son surnom au trou). Autrement dit, si vous y atterrissez sur le coup de départ, vous ne pourrez rejoindre le green en 2 coups. Pine Valley est aussi doté d'une riche histoire. Lorsque ce domaine fut acquis en 1912, durant l'âge d'or de l'architecture de golf américaine, cela devint un lieu où de grands architectes du monde entier aimaient se retrouver pour échanger leurs points de vue. De grands noms tels que Hugh Wilson, Charles Blair Macdonald, Walter Travis, Alister MacKenzie, Donald Ross et tant d'autres firent partie de ces grands rassemblements de Pine Valley. Tom Fazio y redessina 2 trous en 1989, mais si les joueurs espéraient qu'il leur faciliterait la tâche, ils auront été déçus. Pine Valley est toujours aussi ardu.

Le n° 10 constitue l'une de ses épreuves les plus coriaces, même s'il mesure moins de 135 m. Il n'est pas inhabituel de trouver des trous courts difficiles sur des parcours aussi venteux que Pebble Beach ou Royal Troon, mais c'est rarement le cas à l'intérieur des terres. Le n° 10 de Pine Valley fait cependant exception. **JB**

N° ⑩ CHICAGO GOLF CLUB

Parcours : Chicago Golf Club
Situé à : Wheaton, Illinois, États-Unis
Trou : n° 10
Longueur : 127 m
Par : 3
Architecte : Charles Blair Macdonald
À savoir : Fondé en 1893, ce parcours en links a accueilli l'US Open en 1897, 1900 et 1911, remporté respectivement par Joe Lloyd, Harry Vardon et John McDermott.

Le Chicago Golf Club est célèbre pour son histoire, son présent et son avenir. Son histoire est riche de 4 US Opens et d'autres tournois qui s'y sont déroulés au fil des ans. Il bénéficie à présent d'une réputation de golf exceptionnel aux conditions de jeu inégalables, ce qui lui a permis d'accueillir la Walker Cup en 2005. Et le futur, nous n'en doutons pas, offrira de nombreuses autres épreuves prestigieuses.

Le n° 10 est un court par 3 qui ne manque nullement de caractère. C'est l'un des 2 trous du parcours où l'eau est en jeu. Le n° 9, un par 4, partage le même étang.

Le coup de départ doit franchir celui-ci pour rejoindre un green protégé de bunkers des 2 côtés. On en trouve un autre sur l'arrière, et encore un sur l'avant-gauche. Seuls 3 m séparant l'avant du green de l'eau, on ne devra pas jouer trop court.

Le green constitue la partie la plus délicate. Très ondoyant, en montée, il est plein de bosses et creux. « Difficile à négocier », décrit notre expert à la boutique du professionnel. Attention, il n'est pas impossible de putter la balle en dehors du green. **TJ**

Parcours : Winged Foot Golf Club (parcours ouest)

Situé à : Mamaroneck, État de New York, États-Unis

Trou : n° 10

Longueur : 173 m

Par : 3

Architecte : A. W. Tillinghast

À savoir : C'est Claude Harmon qui détient le record de ce parcours avec une partie en 61 coups. D'après la légende, il l'établit alors qu'il écoutait les résultats du championnat américain de base-ball à la radio.

N° ⑩ WINGED FOOT GOLF CLUB (PARCOURS OUEST)

Comme sur les 17 autres trous du légendaire parcours ouest de Winged Foot, pas une goutte d'eau n'entre en jeu sur le n° 10, un par 3. Il ne manque pourtant pas de défense, car c'est un Redan classique, inspiré par l'original de North Berwick, dessiné à la fin du XIXe siècle par David Strath.

« Redan » est un terme militaire, évoquant un type de défense où 2 parois ou 2 lignes dessinent un angle aigu, protégeant les fortifications et limitant les points d'attaque de l'ennemi. Contrairement au Redan de North Berwick, cependant, les défenses du n° 10 de Winged Foot sont clairement visibles depuis le départ. Cela ne les rend pas plus faciles à négocier pour autant.

Le green ne manque ni de largeur ni de profondeur, mais il est incliné vers l'avant et vers la droite. Il est aussi entouré de bunkers – 2 à droite qui avalent les balles dévalant le dévers du green, et un sur le devant qui crée une illusion d'optique et déconcerte les joueurs essayant de juger la distance à parcourir.

Même après être venu à bout des défenses du Redan, 2 putts ne suffiront pas toujours pour rentrer la balle. Le dévers du green est si sévère qu'un putt en descente mal frappé peut finir dans l'un des bunkers ou obliger pour le moins à un putt difficile, en montée, pour rentrer la balle.

Le n° 10 exige puissance et précision, comme la majorité du parcours de ce club fermé, offrant d'étroits fairways, un rough long et épais, et des greens très découpés. Il est important de frapper la plupart des coups de départ loin, mais aussi droit qu'il est humainement possible. Le parcours ouest n'est pas aussi serré que son jumeau de l'est, mais il exige tout de même un coup de départ précis – sans parler de la longueur requise. Même sur les longs coups de départ du parcours ouest, les joueurs utiliseront leurs fers moyens plus souvent qu'ils n'en ont probablement l'habitude. Ils devront aussi faire preuve de créativité autour des greens.

Bien que superbement entretenu, ce parcours est tracé sur un terrain assez ordinaire. Il déroge à la règle affirmant qu'un terrain fantastique est la condition préalable d'un grand parcours. Un architecte talentueux faisant usage d'un terrain acceptable produira peut-être un golf bien supérieur à ce que pourra dessiner un architecte moyen, échouant à tirer partie d'un très beau site. **JB**

Parcours : golf de Kasumigaseki (parcours est)	
Situé à : Saitama, Japon	
Trou : n° 10	
Longueur : 162 m	
Par : 3	
Architectes : Kinya Fujnta, Charles Alison	
À savoir : Toshi Izawa a remporté l'Open du Japon en 1995, lorsqu'il s'est déroulé à Kasumigaseki.	

N° ⑩ GOLF DE KASUMIGASEKI
(PARCOURS EST)

Inauguré en 1929, ce vénérable parcours à seulement 1 h 20 de Tokyo est peut-être l'un des plus renommés du Japon. Dessiné par Kinya Fujnta, il fut remodelé par l'Anglais Charles Alison, partenaire de Harry S. Colt, qui était l'un des architectes de golf les plus respectés de son époque.

Le n° 10 est emblématique de Kasumigaseki, et, comme de nombreux parcours conçus à l'origine par des architectes japonais, il contient 2 greens — l'un en herbe « korai » pour l'été et l'autre en agrostide pour l'hiver. Ce système était jugé nécessaire afin de pouvoir jouer ces parcours durant les 4 saisons, bien marquées, du Japon. Les coups de départ en direction des 2 greens, séparés par une ligne de hauts arbres, doivent franchir un lac et éviter de profonds bunkers sur le devant, baptisés en l'honneur d'Alison.

Le parcours est de Kasumigaseki a accueilli la Canada Cup en 1957 (rebaptisée World Cup en 1967), remportée par Torakichi Nakamura et Koichi Ono, duo japonais, face à Sam Snead et Jimmy Demaret, vedettes américaines. On accrédite souvent à cette victoire surprise sur le sol natal le début du boom golfique qui dura plus de 30 ans au Japon. **KA**

Parcours : golf de La Boulie (parcours La Vallée)	
Situé à : Versailles, France	
Trou : n° 10	
Longueur : 195 m	
Par : 3	
Architectes : Wilfrid Reid, Seymour Dunn, Willie Park junior	
À savoir : Le golf n'est que l'un des 17 sports offerts par le Racing Club de France, le premier club omnisport d'Europe.	

N° ⑩ GOLF DE LA BOULIE
(PARCOURS LA VALLÉE)

La Boulie vit le jour en tant que Société du golf de Paris au tout début du xxe siècle, et accueillit le premier Open de France en 1906. Les deux 18 trous (La Vallée et La Forêt) furent acquis par le Racing Club de France en 1951.

Le n° 10 de La Vallée est un long par 3 dont l'aire de départ en hauteur offre une vue agréable sur la forêt et sur la campagne. On frappe le coup de départ en direction d'un green relativement grand, incliné d'arrière en avant et bien protégé sur l'avant et sur les côtés par une série de bunkers.

Après avoir remporté le premier Open de France à La Boulie en 1906, Arnaud Massy devint le premier joueur étranger à remporter le British Open en 1907. La semaine suivante, il défendait son titre avec succès à La Boulie, qui accueillit l'Open de France durant ses 7 premières années, et 20 fois en tout, plus qu'aucun autre terrain. Le titre a aussi été remporté ici par John H. Taylor (1908-09), James Braid (1910), Walter Hagen (1920), Bobby Locke (1953), Byron Nelson (1955), Nick Faldo (1983) et Seve Ballesteros (1986). **KA**

N° ⑩ BRUDENELL RIVER GOLF COURSE

Parcours : Brudenell River Golf Course

Situé à : Charlottetown, île du Prince-Édouard, Canada

Trou : n° 10

Longueur : 123 m

Par : 3

Architecte : Robbie Robinson

À savoir : Le parcours ainsi que le complexe de Rodd Brudenell River Resort sont réputés pour leur organisation d'excellents matchs professionnels, notamment le Lorie Kane Island Challenge en 2000 – le premier jeu « skins » féminin – et de nombreuses autres épreuves du Tour canadien.

Parcours le plus apprécié de la ravissante île du Prince-Édouard depuis longtemps, ce tracé a aussi été classé parmi les 50 meilleurs du Canada.

Le n° 10 est le plus emblématique de Brudenell River. Jetez un coup d'œil sur la gauche et vous apercevrez l'Atlantique. Regardez à droite et vous verrez un grand étang que vous devrez franchir afin d'atteindre le green.

Et il n'existe aucun moyen de l'éviter. Estimez-vous heureux de ne pas devoir franchir l'Atlantique – imaginez le trou que cela ferait !

Le centre du green est surélevé, sa surface dégringolant de tous les côtés. Mais il tient bien la balle, même avec la pente. On trouve aussi 2 grands bunkers sur le devant.

La décision la plus importante ici est de savoir quel club utiliser au départ. Il y a toujours beaucoup de vent sur ce parcours, ce qui peut rendre ce choix délicat.

Bordé par la jolie rivière Brudenell, le parcours est situé au milieu de 607 ha de terrain vallonné, et offre des greens retors et merveilleusement entretenus. **TJ**

N° ⑩ WENTWORTH CLUB (PARCOURS OUEST)

Parcours : Wentworth Club (parcours ouest)

Situé à : Virginia Water, Surrey, Angleterre

Trou : n° 10

Longueur : 168 m

Par : 3

Architecte : Harry S. Colt

À savoir : Durant la Seconde Guerre mondiale, le parcours ouest fut surnommé la « Route de Birmanie » lorsqu'on y amena des prisonniers de guerre allemands, afin de débroussailler la végétation qui avait envahi les 6 derniers trous.

CI-DESSOUS *Le n° 10 de Wentworth.*

CI-CONTRE *Le Sud-Africain Gary Player sur le n° 10 de Wentworth en octobre 1974.*

Ah Wentworth ! Laissons la parole à l'une des grandes personnalités du golf : « Je place Wentworth tout en haut de ma liste d'endroits préférés, en compagnie d'Augusta. Le club est chaleureux et accueillant, et m'a toujours bien traité. J'ajouterai aussi que le parcours ouest constitue pour moi l'épreuve suprême », a déclaré Seve Ballesteros.

Le n° 10, long de 168 m, est l'un des plus jolis trous du parcours. Depuis le départ, on doit franchir un ravin et essayer d'éviter un bosquet protégeant le côté droit du green.

Celui-ci, avec des bunkers à l'avant et à l'arrière, peut être difficile à lire. Prenez votre temps et soyez sûr de bien vous aligner.

Un mot d'histoire : la Ryder Cup est née d'une partie amicale entre Américains et Britanniques, disputée à Wentworth en 1926.

Le lieu bénéficie de plus d'installations sportives que ses seuls parcours de golf. On peut profiter de son spa, de ses piscines, de son centre de fitness et de son tennis de niveau international. Wentworth n'est qu'à 15 minutes de l'aéroport d'Heathrow et à 1 h de celui de Gatwick. **TJ**

N° ⑩ CARNOUSTIE GOLF LINKS

Parcours : Carnoustie Golf Links
Situé à : Carnoustie, Angus, Écosse
Trou : n° 10
Longueur : 426 m
Par : 4
Architectes : Allan Robertson, Tom Morris senior

À savoir : Quelle concurrence dans les environs ! Carnoustie n'est qu'à un coup de pitching wedge de certains des meilleurs parcours de golf au monde. Mais lui qui a accueilli le British Open en 1931 pour la première fois et plus récemment en 1999 peut rivaliser avec n'importe lequel d'entre eux.

À 426 m depuis les départs arrière, ce par 4 est l'un des trous les plus ardus du parcours. On y retrouve aussi le Barry Burn, ruisseau tristement célèbre, que vous avez, nous l'espérons, seulement aperçu au n° 1. Ici, il s'avère cependant beaucoup plus menaçant, entourant presque complètement le green.

Il y a des façons de jouer ce trou et des façons d'y survivre. Vous déciderez de ce qui correspond le mieux à votre jeu.

Sur l'aire de départ, on est pour un moment protégé du vent, mais pas des difficultés. Un mur de bunkers étant situé le long du côté droit du fairway, alignez légèrement votre drive vers la gauche. Toute balle trop à droite apportera son lot d'ennuis. Mais lorsque nous disons légèrement à gauche, c'est exactement cela. Trop à gauche et la balle part dans le rough, épais et désagréable. On y trouve aussi un bunker que l'on voit mal depuis le départ. On vous aura prévenu.

Si vous frappez un bon drive, examinez vos choix. Ciblez la zone juste avant le ruisseau, puis suivez d'un chip et d'un putt pour réaliser le par. Ou prenez des risques en visant directement le green. Parfois, comme ici, cela n'en vaut toutefois pas la peine. Amusez-vous bien ! **TJ**

Parcours : San Francisco Golf Club

Situé à : San Francisco, Californie, États-Unis

Trou : n° 10

Longueur : 373 m

Par : 4

Architecte : A. W. Tillinghast

À savoir : Construit en 1915, le golf de San Francisco est l'un des plus anciens de Californie et fait partie des 100 premiers clubs établis aux États-Unis.

N° 10   SAN FRANCISCO GOLF CLUB

Ce trou n'est que difficulté, ou presque. On n'y trouve pas un seul coup aisé depuis le départ jusqu'au green, mais c'est bien pour cela qu'on le joue. Pour ses défis. Il est difficile de trouver plus ardu sur ce parcours historique de la magnifique baie de San Francisco.

L'aventure débute sur l'aire de départ. « Un bon drive vous placera en bonne position pour le reste du trou, mais un mauvais coup ne vous laissera que des choix limités », explique l'un des pros de la boutique.

Le bunker de droite est difficile à franchir depuis le départ, et vos chances de rejoindre le green sont réduites si vous y atterrissez. On trouve un autre bunker sur la gauche, dont on ne pourra sortir qu'avec un chip, car un arbre se dressera alors entre le green et vous.

Le fairway est très étroit dès le départ, mais le coup de départ idéal vise son milieu ou juste à droite. Les bunkers protégeant le green sur le devant, à gauche comme à droite, en font une cible difficile. Un autre bunker s'étalant au milieu du fairway, à 36 m devant le green, entre aussi en jeu et on ne s'en extraira qu'avec difficulté.

Le green est éprouvant, avec un dévers marqué du côté gauche, que la balle peut aisément dévaler pour terminer dans une pénible zone de chipping. **TJ**

Parcours : Glendower Country Club

Situé à : Edenvale, Afrique du Sud

Trou : n° 10

Longueur : 411 m

Par : 4

Architecte : Charles Alison

À savoir : En gagnant l'Open du Transvaal en 1939, qui s'est déroulé à Glendower 2 ans seulement après son inauguration, le Sud-Africain Bobby Locke a établi le record du monde de l'époque avec un score de 265, grâce à des parties de 66-69-66-64.

N° 10   GLENDOWER COUNTRY CLUB

Le Glendower Country Club a été déclaré réserve naturelle en 1973, afin de protéger sa végétation luxuriante et les nombreuses espèces d'oiseaux qui le fréquentent. Des obstacles d'eau sont situés sur 11 des 18 trous, et le tracé est pourvu de 85 bunkers au total.

Ces 2 genres d'obstacles sont très présents sur le difficile n° 10 de Glendower. On doit frapper le coup de départ en direction d'un fairway qui va en se rétrécissant, bordé d'arbres et flanqué de bunkers des 2 côtés. Mais le coup le plus difficile est le deuxième, qui doit franchir un étang et un étroit ruisseau situé sur la gauche et le devant du green. Rendant l'approche encore plus compliquée, 2 bunkers sont placés à l'avant du green, un à gauche et l'autre à droite. Si vous n'êtes pas sûr de pouvoir atteindre ce dernier en 2 coups, frappez un peu plus court pour atterrir devant le ruisseau. Vous ne le regretterez pas.

Vijay Singh joua 4 parties (69-66-66-69) en dessous des 70 avant de l'emporter d'un point devant le Zimbabwéen Nick Price durant l'Open d'Afrique du Sud qui se déroula à Glendower en 1997. Le parcours a aussi accueilli cette reine des épreuves professionnelles d'Afrique du Sud en 1989 et en 1993. **KA**

N° ⑩ SUNNINGDALE GOLF CLUB (VIEUX PARCOURS)

Parcours : Sunningdale Golf Club (vieux parcours)

Situé à : Sunningdale, Ascot, Berkshire, Angleterre

Trou : n° 10

Longueur : 403 m

Par : 4

Architecte : Willie Park junior

À savoir : C'est ici que Bobby Jones joua en 1926 sa légendaire partie de 66, 33 à l'aller et 33 au retour, se qualifiant pour l'Open qu'il remporta aussi.

Situé à 45 km à l'ouest de Londres et tout près de Heathrow, le vieux parcours de Sunningdale regorge d'histoire – et de 103 bunkers, pour ceux qui les compteraient. Le nouveau parcours est moins célèbre, bien que toujours très fréquenté.

Si nous parlons de fréquentation, le n° 10 du vieux parcours, un par 4 de 403 m, est aussi un site très apprécié. Les 2 parcours se croisent ici et vous pouvez vous arrêter un instant pour vous désaltérer à la station de mi-parcours.

Une fois la pause terminée, le trou, assez simple, débute sur une aire de départ élevée. Attention bien entendu à 1 ou 2 de ces fameux bunkers.

Le vieux parcours a été dessiné par Willie Park junior, grand joueur, 2 fois vainqueur de l'Open.

Ce tracé, inauguré en 1901, joue depuis lors un rôle majeur dans le monde du golf anglais, et est considéré comme l'un des meilleurs exemples de parcours de lande.

Gary Player y a remporté sa première victoire professionnelle, lors du Dunlop Masters de 1956. Il est revenu sur le nouveau parcours en 2000, à l'occasion de la célébration du centenaire du club, pour affronter Jack Nicklaus au cours des Shell's Wonderful World of Golf Series. **TJ**

Parcours : Maidstone Golf Club

Situé à : East Hampton, État de New York, États-Unis

Trou : n° 10

Longueur : 347 m

Par : 4

Architectes : Willie Park junior, John Park, William H. Tucker

À savoir : Le club de Maidstone, fondé en 1891, fait officiellement partie des 100 clubs les plus anciens des États-Unis.

N° 10 MAIDSTONE GOLF CLUB

Maidstone, club historique dont la majorité des trous sont situés le long de la péninsule Gardiner de Long Island, possède l'un des paysages les plus spectaculaires de la côte atlantique américaine, avec des étendues vierges de dunes, marécages, étangs, touffes d'herbes et sol sablonneux formant un cadre idéal pour des links.

Les n° 9 et 10 de Maidstone – 2 pars 4 où le vent souffle presque constamment depuis l'Atlantique – forment, en bord de mer, l'un des grands tandems du golf américain ; ces 2 merveilles revigorent les golfeurs et mettent leur jeu à l'épreuve au plus haut degré.

Bien que le n° 9 soit probablement le plus célèbre des deux, le n° 10 n'a rien à lui envier, avec son coup de départ vers un fairway, qui se termine de façon soudaine devant une colline recouverte d'une épaisse végétation. Le deuxième coup doit être assez puissant pour la survoler, mais frappé avec assez de finesse pour que la balle demeure sur un green offrant une marge d'erreur réduite. On y découvre une immense ondulation au centre, et un dévers marqué de l'arrière vers l'avant. Le green est aussi protégé par une descente brusque sur la droite comme sur l'arrière, et par d'effrayants bunkers sur la gauche.

Revigorant, non ? **KA**

Parcours : Sankaty Head Golf Club

Situé à : Nantucket, Massachusetts, États-Unis

Trou : n° 10

Longueur : 392 m

Par : 4

Architecte : Phil Wogan

À savoir : De bonnes nouvelles tout d'abord. Ce splendide parcours offre une vue sur l'Atlantique depuis 14 de ses trous. La mauvaise nouvelle, c'est que l'on y trouve de nombreuses collines qui se traduisent par d'innombrables lies inégaux.

N° 10 SANKATY HEAD GOLF CLUB

On aperçoit peu d'arbres à Sankaty. On peut probablement les compter sur les doigts d'une main, contrairement aux vues spectaculaires de ce parcours, ou aux coups mémorables que l'on vous demandera d'y jouer.

L'épaisse fétuque et le vent se chargent de défendre le tracé et constituent d'admirables adversaires. Le n° 10 est un léger dogleg à droite, avec une aire de départ surélevée et une vue formidable sur l'océan.

Des bunkers se trouvant sur le côté droit du fairway, au niveau de la zone d'arrivée, mieux vaut frapper droit. Le fairway vire ensuite un peu à droite avant de remonter vers un green en hauteur, sévèrement incliné de droite à gauche.

Frappez le deuxième coup en direction de son côté droit et laissez la balle rouler jusqu'au centre.

On trouve une fétuque profonde sur tout ce formidable parcours, notamment autour du green du n° 10. Il est aussi défendu par un bunker à gauche et à l'arrière-droite.

Vous jouerez rarement un parcours où chaque trou se distingue des autres. Celui-ci en fait partie. **TJ**

N° ⑩ TURNBERRY GOLF CLUB
(PARCOURS AILSA)

Parcours : Turnberry Golf Club (parcours Ailsa)

Situé à : Turnberry, Écosse

Trou : n° 10

Longueur : 413 m

Par : 4

Architecte : Mackenzie Ross

À savoir : Longtemps considéré comme l'un des meilleurs parcours au monde, l'Ailsa joua un rôle majeur au plan international au cours du célèbre duel entre Jack Nicklaus et Tom Watson durant les 4 jours de l'Open de 1977.

CI-DESSOUS *Le trou n° 10 de Turnberry.*

CI-CONTRE *L'Anglais Carl Mason joue son deuxième coup sur le n° 10 de Turnberry en juillet 2003.*

Entre le n° 4 et le n° 11, le parcours Ailsa de Turnberry suit un littoral spectaculaire. Le n° 10 est peut-être le meilleur de la série.

Baptisé « Dinna Fouteur », c'est un long par 4 en léger dogleg à gauche. On trouve un grand bunker à environ 50 m du green, au beau milieu de l'étroit fairway. Mais quelle vue sur l'océan, à gauche, depuis le fairway !

Même si vous frappez droit un drive de 275 m, vous devrez encore franchir 135 m sur le deuxième coup pour atteindre le green. Pour la plupart des golfeurs, ce deuxième coup sera encore plus long – et plus difficile.

Deux choses s'avèrent nécessaires pour trouver le green : talent et confiance en soi. Une seule d'entre elles ne vous permettra pas de réussir. L'eau sur la gauche ne devrait pas entrer en jeu, mais on doit frapper droit sur ce trou.

Le parcours Ailsa est splendide, alors profitez du paysage. Il est aussi riche d'une histoire que l'on doit reconnaître et honorer. Saluez les légendes qui vous y ont précédé, puis tentez ce que si peu ont réussi – battre Turnberry à son propre jeu. **TJ**

N° ⑩ LOCH LOMOND GOLF CLUB

Parcours : Loch Lomond Golf Club

Situé à : Luss, Dunbartonshire, Écosse

Trou : n° 10

Longueur : 416 m

Par : 4

Architectes : Tom Weiskopf, Jay Morrish

À savoir : Le Loch Lomond est le premier parcours écossais dessiné par un architecte américain. Weiskopf a déclaré qu'il considère Loch Lomond comme son « monument à la gloire du golf » et a qualifié le n° 10 de « l'un des pars 4 les plus enchanteurs et les plus exigeants au monde… »

CI-DESSOUS *L'Espagnol Sergio Garcia traverse un ruisseau sur le n° 10 de Loch Lomond en juillet 1999.*

Ce trou procure bien des soucis dès le départ.

Depuis celui-ci, on découvre un vilain rough à droite et à gauche, et il est donc essentiel que le drive trouve le fairway. Depuis le tertre de départ, la balle paraît suspendue, se dirigeant vers Glen Fruin, la montagne au loin, devant.

Si elle rate le fairway, on a quasiment perdu toute possibilité de birdie. Le par demeure possible, mais un coup de départ déviant n'amènera probablement pas un bon lie. Et si vous manquez de chance, vous pourrez finir par hacher de grands coups pour essayer de retourner sur le fairway. Un bois 3 peut constituer un bon choix au départ, non seulement pour jouer droit mais aussi parce que, si vous frappez votre drive de façon trop pure, vous courez le risque de terminer dans l'Arn Burn, ruisseau qui donne son nom au trou.

Celui-ci traverse le fairway en diagonale, et l'on doit donc prendre en compte direction et distance. Si vous envoyez la balle à la bonne distance mais ratez votre cible d'origine, elle finira peut-être dans le ruisseau. C'est un coup de départ délicat, et pourtant ravissant.

L'étang sur la gauche ne représente pas vraiment de danger sur le deuxième coup, car il est plus éloigné du vaste green qu'il n'y paraît. Après un solide coup de départ, un fer moyen suffit pour atteindre le green, incliné d'avant en arrière et de droite à gauche.

Le n° 10 illustre bien la beauté boisée du Loch Lomond Golf Club, niché sur les splendides rives du lac.

Le club est situé sur le domaine historique du clan Colquhoun, dont l'histoire en Écosse remonte au XIIe siècle. Le Loch Lomond jouit de l'histoire et des traditions que l'on associe au golf dans son pays d'origine, mais procure aussi une expérience unique. Son clubhouse, Rossdhu, est un manoir géorgien construit en 1773, exactement 200 ans avant que Tom Weiskopf ne remporte le British Open à Troon et 221 ans avant qu'il ne s'associe à Jay Morrish pour concevoir le parcours de Loch Lomond. **JB**

N° ❿ GOLF DE MANILA SOUTHWOODS (PARCOURS MASTERS)

Parcours : golf de Manila Southwoods (parcours Masters)

Situé à : Carmona, Cavite, Philippines

Trou : n° 10

Longueur : 392 m

Par : 4

Architecte : Jack Nicklaus

À savoir : Le Manila Southwoods fut le premier parcours d'Asie – et seulement le 3ᵉ en dehors des États-Unis – à être certifié réserve naturelle Audubon grâce à sa défense de l'environnement.

En tant qu'architecte, Jack Nicklaus est réputé pour ses difficiles pars 4, et le n° 10 du golf de Manila Southwoods, un léger dogleg à gauche, n'échappe certainement pas à la règle. Deuxième trou le plus difficile du parcours Masters, il est dépourvu de bunkers, mais de nombreux autres obstacles peuvent empêcher le par, à commencer par un mince ruisseau qui serpente le long du côté gauche, puis traverse le centre du fairway avant de former un étang à droite et devant le green. Les vents dominants influent aussi sur le jeu. Les joueurs devraient essayer de frapper leur coup de départ aussi près du ruisseau que possible, afin de permettre le meilleur alignement pour le coup d'approche, jusqu'au green légèrement surélevé, situé en biais par rapport au fairway.

Le Manila Southwoods a accueilli plusieurs tournois internationaux, dont le World Amateur Team Championship (remporté par l'Australie) en 1996, et plusieurs Opens des Philippines. Le tracé Masters, où l'eau est en jeu sur 15 trous, est l'un des plus remarquables d'Asie et fut consacré « terrain de l'année » par les pros du Tour d'Asie en 1999 et en 2000. **KA**

N° ❿ SHINNECOCK HILLS GOLF CLUB

Parcours : Shinnecock Hills Golf Club

Situé à : Southampton, État de New York, États-Unis

Trou : n° 10

Longueur : 373 m

Par : 4

Architecte : Willie Dunn junior

À savoir : Fondé en 1892, c'est l'un des 5 clubs fondateurs de l'Association de golf américaine. Il possède le premier clubhouse jamais construit dans le pays et fut le premier à accepter des membres féminins.

CI-DESSOUS *Le n° 10 du Shinnecock Hills Golf Club.*

CI-CONTRE *Le Sud-Africain Retief Goosen joue son coup de départ sur le n° 10 de Shinnecock Hills en juin 2004.*

Nous évoquons l'histoire du club dans notre encadré, mais tournons-nous vers des événements plus récents. Bienvenue à l'US Open de 2004. C'est le quatrième (et la huitième épreuve de l'USGA) qui se soit déroulé au Shinnecock Hills.

Les concurrents de l'US Open ont affronté nombre de défis et connu des moments mémorables. Ce sera aussi le cas pour tout golfeur jouant ce classique – dont le n° 10, un par 4 de 373 m.

C'est un trou unique, situé sur la partie la plus ondoyante du parcours.

On peut aborder ces montagnes russes de diverses manières, aucune stratégie ne s'imposant ici. La plupart des joueurs jouent un coup de départ en douceur afin d'obtenir un lie plat pour le coup d'approche – à environ 145 m du green. D'autres tentent leur chance avec le driver dans l'espoir de rejoindre le pied de la colline pour suivre d'un court pitch.

Ce green en hauteur est flanqué de bunkers sur la droite. On en trouve d'autres le long du côté gauche du fairway. **TJ**

Parcours : Quinta da Ria
Situé à : Tavira, Algarve, Portugal
Trou : n° 10
Longueur : 425 m
Par : 4
Architecte : Rocky Roquemore
À savoir : Roquemore s'est fait un nom dans l'Algarve. Ce parcours ne fait que rehausser sa réputation.

N° ❿ QUINTA DA RIA

Le n° 10 est de loin le trou le plus difficile de Quinta da Ria. Si un tracé a jamais nécessité de bien gérer son parcours et de savoir travailler la balle, c'est bien celui-ci.

Dans l'idéal, le drive, frappé depuis une aire de départ en hauteur, doit trouver le côté gauche du fairway pour la meilleure approche du green. Cette ligne de jeu élimine en grande partie l'eau qui protège l'avant du green.

Mais un bunker sur le côté gauche du fairway constitue le problème majeur de cette stratégie. Si la balle y atterrit, le par devient presque impossible. Les arbres de ce côté-là du fairway peuvent aussi faire obstacle à tout coup de départ parti en pull.

La plupart des joueurs préféreront le côté droit, plus large. Cependant, le deuxième coup devra alors franchir l'eau sur toute sa longueur. Un fer précis sera ensuite nécessaire pour trouver le green. Toute balle trop courte finira dans l'eau, trop longue, elle pourra dévaler le green. **AT**

Parcours : Garden City Golf Club
Situé à : Garden City, État de New York, États-Unis
Trou : n° 10
Longueur : 376 m
Par : 4
Architecte : Devereux Emmet
À savoir : Certains changements notables et légendaires sont intervenus au club de Garden City depuis son inauguration en 1896. Walter Travis remodela le parcours en 1926, et Robert Trent Jones senior lui apporta son empreinte en 1958. Il est désormais considéré comme l'un des 50 meilleurs au monde.

N° ❿ GARDEN CITY GOLF CLUB

Certains architectes, experts, désignent le n° 10 de Garden City, club ayant accueilli l'US Open de 1902, comme leur trou de golf préféré. Les golfeurs lambda s'en souviendront aussi sans aucun doute.

Garden City abrite l'un des parcours les plus uniques des États-Unis. Les experts se décarcassent pour qualifier ces 18 trous majestueux de façon appropriée.

On n'y trouve pas de vrais links, mais on ne peut non plus le décrire comme un parcours de lande, dans la tradition anglaise, car on ne trouve aucune bruyère à Garden City, plante caractérisant la lande anglaise.

Le n° 10, un par 4 de 376 m, illustre bien la particularité du tracé. On a l'impression que tout y est incliné de droite à gauche. C'est le cas des bunkers ainsi que du green. Pour compliquer les choses, ce dernier est aussi en montée.

Vous devrez tout d'abord tenter de placer la balle sur le côté gauche du fairway, ce qui vous rapprochera dangereusement des bunkers. Mais il est impératif de frapper le coup d'approche depuis cet angle-là à cause du dévers du green.

Dans des conditions particulièrement arides, nous vous conseillons de faire atterrir le coup d'approche à 36 m devant le green et de laisser la balle rouler doucement vers le trou.

Vous devez tout de même vous assurer qu'elle atteigne le green. Si vous devez rater celui-ci, mieux vaut frapper trop long que trop court. **TJ**

Parcours : Enniscrone

Situé à : Sligo, Irlande

Trou : n° 10

Longueur : 328 m

Par : 4

Architecte : Eddie Hackett

À savoir : Dès que vous approcherez du premier départ, vous comprendrez immédiatement pourquoi ce parcours a le droit d'être inclus avec Ballybunion, Connemara, Lahinch, Waterville et Bantry Bay parmi les meilleurs links de la côte occidentale irlandaise.

N° ⑩ ENNISCRONE

Si vous voulez retourner dans le passé, venez donc à Enniscrone. Ancré dans l'histoire irlandaise, c'est un tableau sauvage parmi les dunes, que le temps a apparemment laissé intact : celui de la plus belle plage d'Irlande, l'estuaire de la Moy, et de l'Atlantique. Ce ne sont que quelques-uns des éléments composant ce tableau époustouflant.

Le n° 10, long de 328 m, est l'un des préférés des habitués. Il n'est pas très long, et, une fois sur le tertre de départ, ravissant, vous sentirez peut-être votre confiance en vous s'accroître. Mais la réalité l'emporte rapidement. Le drive peut paraître facile, mais mieux vaut le frapper droit – ou votre assurance retombera rapidement.

On devra dépasser dès le coup de départ les monticules qui bordent les 2 côtés du fairway. Un drive droit et bien frappé suffira. Cela permettra aussi un bon second coup. Un bon drive est absolument essentiel, car le green à double plateau est protégé par 2 bunkers très profonds.

Lorsque Eddie Hackett fut invité à agrandir le modeste 9 trous qui seul existait jusqu'en 1974, voilà ce qu'il dit du terrain : « La variété est l'une des caractéristiques agréables ici. Il y aura non seulement des trous en terrain plat et dégagé, mais aussi d'autres au milieu des dunes, un dogleg renforçant l'attrait du parcours ici et là. » **TJ**

Parcours : Royal Melbourne Golf Club (parcours ouest)

Situé à : Black Rock, Victoria, Australie

Trou : n° 10

Longueur : 280 m

Par : 4

Architecte : Alister MacKenzie

À savoir : On dit que les greens de cet excellent club comptent parmi les plus purs et les mieux entretenus au monde ; généralement grands et magnifiquement découpés, ils peuvent mettre à rude épreuve aussi bien le pro disputant un tournoi que l'amateur du dimanche.

N° ⑩ ROYAL MELBOURNE GOLF CLUB (PARCOURS OUEST)

Difficile de ne pas s'enthousiasmer sur l'aire de départ de ce court par 4, l'un des réels chefs-d'œuvre d'Alister MacKenzie, particulièrement lorsqu'on a le vent dans le dos et que l'on sait que l'on peut travailler la balle de droite à gauche. Car il est entièrement possible d'atteindre le green dès le drive, ou du moins de frapper une balle assez longue pour n'avoir plus besoin que d'un coup d'approche roulé jusqu'au drapeau et assurer ainsi le par ou même réaliser un birdie.

Mais un grand swing avec le driver peut aussi ne produire qu'affliction et douleur, parce que la marge d'erreur est ici assez réduite. Il est tout d'abord essentiel de jouer le centre-droit du fairway, en dépassant une crête à environ 200 m et en évitant le bunker à l'angle du dogleg. Et quel bunker c'est là, gargantuesque d'apparence, selon certains le plus grand et le plus profond du pays !

On se préoccupe ensuite du green, bien lisse et protégé sur la droite par 2 bunkers. Toute balle jouée dans cette direction disparaît souvent dans le sable ; trop longue, elle dévalera la pente escarpée à l'arrière, pour rapidement faire entrer en jeu un double bogey – ou pire. **JS**

Parcours : Bel-Air Country Club

Situé à : Los Angeles, Californie, États-Unis

Trou : n° 10

Longueur : 183 m

Par : 4

Architectes : George C. Thomas, Jack Neville

À savoir : Bel-Air fut construit dans les années 1920, durant l'âge d'or de l'architecture de golf dans le sud de la Californie. En 1919, l'association de golf de la région comprenait 18 clubs et 1 371 membres. Dès 1925, ces chiffres étaient passés à 45 clubs et plus de 20 000 membres. Le country club de Bel-Air constituait l'une des attractions principales au cours de cet âge d'or, et le n° 10 était son trou le plus réputé.

N° 10 BEL-AIR COUNTRY CLUB

Divers architectes parmi les plus prestigieux ont apporté diverses modifications et modernisations au country club de Bel-Air, une merveille inaugurée après la Première Guerre mondiale. Mais la majorité des ajouts de Robert Trent Jones junior, George Fazio et autres se sont révélés minimes, car il est difficile d'améliorer une telle légende, invariablement classée parmi les meilleurs parcours américains.

Il doit en partie son statut à son n° 10, doté d'éléments que l'on ne rencontre habituellement que rarement au cours d'une partie, dont un pont suspendu traversant une gorge profonde qui sépare le départ du green. C'est bien entendu inhabituel, mais si on ajoute à cela 4 tunnels souterrains et un ascenseur permettant aux joueurs de passer du clubhouse à l'aire de départ du n° 10, ce trou devient assez extraordinaire.

La beauté du n° 10 de Bel-Air est elle aussi unique. On doit y porter la balle sur 137 m au-dessus de la gorge, puis traverser le pont suspendu pour rejoindre un vaste green débordant de dévers et protégé par 4 bunkers de diverses tailles et formes. Selon l'humeur du greenkeeper, ce trou peut s'avérer très difficile ou presque impossible. La position du drapeau peut être carrément traîtresse à cause de tous les dénivelés dont est pourvu le green. Celui-ci illustre le reste du parcours : splendide et regorgeant d'arbres, mais difficile et vallonné.

Le parcours est invariablement classé par le magazine *Golfweek* parmi les 100 meilleurs d'Amérique, et d'autres publications lui donnent aussi un classement élevé. Mais les chiffres ne suffisent pas à décrire ce bijou, dessiné par George C. Thomas au cours d'une brillante carrière d'architecte, ayant aussi produit Ojai Valley, Riviera, Stanford et Los Angeles North.

C'était un riche habitant de Philadelphie qui partit pour Los Angeles avec l'idée de se lancer dans le paysagisme, mais cet intérêt se transforma en passion pour l'architecture de golf, ce dont nous lui serons éternellement reconnaissants. Thomas a créé de splendides parcours, et le n° 10 de Bel-Air est l'un de ses trous les plus mémorables. **JB**

CI-CONTRE *Le n° 10 de Bel-Air.*

Parcours : Pine Knob

Situé à : Clarkston, Michigan, États-Unis

Trou : n° 10

Longueur : 319 m

Par : 4

Architectes : Leo Bishop, Lorrie Viola, Dan Pohl

À savoir : Pine Knob offre trois 9 trous en un seul parcours. Le parcours Eagle est très étroit à cause des demeures qui bordent bon nombre de ses fairways. Le Falcon est plus dégagé et plus long. Et le parcours Hawk, plus récent, est doté de nombreuses zones humides.

N° ⑩ PINE KNOB

Le n° 10 de Pine Knob est en réalité le premier trou du parcours Eagle de ce golf de 27 trous. Mais si vous jouez 18 trous, c'est le premier après le tournant – et nous lui donnons donc le titre de n° 10.

Nous pourrions aussi le qualifier de merveilleux trou de golf, bénéficiant d'une vue extraordinaire. Sauf en avion, il est difficile de se trouver plus haut que sur son aire de départ. Point le plus élevé du sud-est du Michigan, on y voit à 45 km à la ronde, selon notre expert de la boutique du professionnel.

Comme on le suppose, le green est loin là-bas, tout en bas. Une fois que vous aurez fini d'admirer le paysage, attrapez un club et visez-le. On peut très bien l'atteindre depuis l'aire de départ, mais attention aux demeures sur la droite, dont la valeur dépasse le million de dollars.

Le fairway dessine un dénivelé d'environ 30 m entre le départ et le green. Ce dernier est immense, avec plus de 800 m^2. Incliné d'arrière en avant, son dévers n'est pas trop sévère, mais il peut s'avérer trompeur.

Le « manoir » où le club organise banquets et mariages se trouve derrière l'aire de départ. **TJ**

N° ⑩ ROYAL ST GEORGE'S GOLF CLUB

Parcours : Royal St George's Golf Club
Situé à : Sandwich, Kent, Angleterre
Trou : n° 10
Longueur : 377 m
Par : 4
Architectes : Laidlaw Purves, Alister MacKenzie, J. J. F. Pennink
À savoir : Le surnom du Royal St George – du moins pour les gens de la région – est simplement « Sandwich », d'après la petite ville voisine.

CI-DESSOUS Sortie de bunker de l'Américain David Love sur le n° 10 du Royal St George en juillet 2003.

CI-CONTRE L'Américain Tiger Woods sur le green du n° 10 du Royal St George en juillet 2003.

Le Royal St George, qui a accueilli le British Open en 2003, est l'un des parcours les plus célèbres et les plus difficiles au monde. C'est aussi l'un des plus discutés. Certains joueurs ne l'aiment tout simplement pas. Jack Nicklaus ne paraît pas fan de l'endroit, mais d'autres adorent son espace et le fait qu'il soit un peu retiré. Le débat durera probablement aussi longtemps que le club existera. Et St George résiste assurément à l'épreuve du temps.

Le n° 10 n'attire pas immédiatement l'attention. Son fairway est droit et pas très passionnant, mais c'est sur le green que ce par 4 s'envole – littéralement. Ici, comme au n° 4, il est perché au sommet d'une dune et constitue un spectacle impressionnant.

On trouve des 2 côtés quelques bunkers gênants. Mieux vaut essayer de garder la balle sur le fairway, ou ce trou d'apparence agréable pourrait vite devenir menaçant.

Nombreux sont ceux qui pensent que c'est là l'un des pars 4 les plus dangereux d'Angleterre. Et il a ruiné toute chance de remporter le British Open pour Tom Kite en 1981. **TJ**

N° ⑩ GOLF DE NARUO

Parcours : golf de Naruo
Situé à : Hyogo, Japon
Trou : n° 10
Longueur : 439 m
Par : 4
Architecte : H. C. Crane

À savoir : Ce trou ne reçoit pas la reconnaissance qu'il mérite au plan international. De nombreux golfeurs, même les plus mordus, n'en ont peut-être jamais entendu parler. Mais il est constamment classé parmi les 100 meilleurs au monde, et ce long par 4 constitue le trou emblématique du parcours.

Parce que le n° 10 de Naruo se joue en descente du départ jusqu'au green, les 439 m qu'indique la carte de parcours peuvent exagérer son niveau de difficulté. Ce n'est pas tant sa longueur que la précision dont il faut faire preuve pour atteindre le green en régulation qui fait sa complexité.

Dès le coup de départ, la balle doit atteindre le milieu ou la gauche du fairway au risque d'atterrir, sinon, dans un bunker qui guette au sommet d'une colline. Et si votre balle y roule, n'espérez plus atteindre le green en 2 coups. Vous n'aurez pas le choix et devrez viser le devant du fossé qui protège le green. Le par demeure alors possible.

Afin d'y demeurer, la balle doit atterrir en douceur sur le green, protégé par ledit fossé ainsi que par un périlleux bunker de chaque côté. Si l'approche est courte, ce profond fossé, rempli de sable, d'ajoncs et autres horreurs, force à un troisième coup imprévisible mais certainement atroce. Les ennuis vous attendent dans toutes les directions si vous n'atteignez pas le green.

C'est un trou merveilleux lorsqu'on joue avec précision, mais des conséquences assez désagréables attendent tout jeu moins exact. **JB**

Parcours : St Andrews (nouveau parcours)

Situé à : St Andrews, Fife, Écosse

Trou : n° 10

Longueur : 423 m

Par : 4

Architecte : Tom Morris senior

À savoir : Juste pour vous donner une idée de la longue tradition de St Andrews, ce « nouveau » parcours fut construit à cause de la demande croissante dans le domaine du golf auquel le vieux parcours ne pouvait répondre à lui seul. Alors, de quand date ce nouveau parcours ? Il fut construit en 1895, juste après qu'une nouvelle ligne de chemin de fer eut amené les golfeurs aux portes de St Andrews.

N° ❿ ST ANDREWS (NOUVEAU PARCOURS)

Quand les membres du Royal and Ancient Golf Club de St Andrews, en Écosse, s'aperçurent que le vénérable vieux parcours ne pouvait satisfaire l'engouement pour le golf à la fin du XIXe siècle, ils chargèrent W. Hall Blyth, ingénieur civil, de construire un nouveau parcours, et en confièrent le tracé à Tom Morris senior et à son assistant, David Honeyman.

Ainsi naquirent ces links classiques, faisant usage des éléments naturels du terrain pour créer un défi de premier ordre. C'est un aller-retour traditionnel, le green du n° 18 étant juste à droite de l'aire de départ du premier trou. Dans la grande tradition de St Andrews, plusieurs trous se partagent certains de ses fairways ainsi qu'un green, qui sert au n° 3 et au n° 15. Parmi les autres similarités avec le vieux parcours, on peut citer de profonds bunkers, un rough périlleux fait d'herbes sauvages, d'ajoncs et de broussailles ainsi que des greens onduleux et généreux.

Mais tandis que le vieux parcours l'emporte sur le nouveau en termes de tradition, la plupart des joueurs saluent la difficulté ainsi que la précision et la variété des coups nécessaires sur le nouveau parcours. Les gens de la région affirment que le nouveau parcours, dans l'ombre de son illustre voisin, est le secret le mieux gardé de St Andrews.

Plus secret encore, le n° 10, un par 4 sans prétentions. Il n'est même pas classé parmi les trous vedettes dans le matériel publicitaire du nouveau parcours, mais après l'avoir joué, vous ne pourrez que penser que quelqu'un a gaffé.

Sérieusement long, il est plus difficile encore à cause du vent qui souffle en force depuis la mer du Nord. Il influe sur la trajectoire de la balle, mais la plupart des défis confrontant les joueurs proviennent du terrain accidenté.

Il est impossible de voir le fairway depuis l'aire de départ à cause d'un monticule à environ 80 m de là ; il est encore plus difficile à atteindre parce qu'il forme un S – connaître les lieux est donc primordial pour réussir. On ne trouve aucun autre obstacle ensuite – ni bunkers, ni eau – mais le coup d'approche exige un fade en douceur afin de garder la balle sur le green.

Le n° 10 du nouveau parcours est un challenge chargé de plus de 100 ans de tradition – malgré le nom du parcours. Ce trou, comme le parcours qui l'abrite, est une merveille. **JB**

N° ❿ BANDON DUNES

Parcours : Bandon Dunes
Situé à : Bandon Dunes, Oregon, États-Unis
Trou : n° 10
Longueur : 329 m
Par : 4
Architecte : David McLay Kidd
À savoir : Nul besoin d'ajouter quoi que ce soit à la déclaration de l'architecte du parcours : « J'adore regarder les gens jouer au golf de la façon dont on est censé y jouer, sur les plus beaux links que j'aie jamais vus en dehors des îles britanniques. »

Ses dunes de sable et sa végétation indigène donnent à Bandon Dunes une apparence très naturelle. C'est comme si le parcours était déjà là quand les premiers colons arrivèrent à cheval, leurs clubs dans leurs sacoches.

Son aspect rappelle la Grande-Bretagne, mais les conditions de jeu et les équipements sortent tout droit d'un manuel américain. Bien que d'autres trous soient ici plus difficiles, voire même pour certains plus mémorables, le n° 10 vaut la peine que l'on se retourne pour le contempler depuis le green. Il ferait la réputation de la plupart des autres parcours. On ne peut cependant pas comparer Bandon Dunes à la plupart des autres golfs.

C'est un dogleg à droite très marqué, offrant 2 choix depuis le départ. On peut driver la balle le long du côté droit du fairway afin de raccourcir au maximum le coup d'approche. On peut aussi viser le côté gauche pour un meilleur angle d'approche du green.

Le deuxième coup est habituellement aveugle, mais vous ne devez pas vous inquiéter. Faites confiance à la longueur de vos coups et à votre jeu. Ce n'est pas pour les timorés : faites preuve d'assurance et souriez de toutes vos dents si vous atterrissez sur le green. **TJ**

N° ❿ DEERHURST (PARCOURS HIGHLANDS)

Parcours : Deerhurst (parcours Highlands)
Situé à : Huntsville, Ontario, Canada
Trou : n° 10
Longueur : 423 m
Par : 4
Architectes : Bob Cupp, Thomas McBroom
À savoir : Le parcours d'origine de ce domaine, le Deerhurst Lakeside, fut dessiné par C. E. Robinson en 1966 puis remodelé par Thomas McBroom en 1990, afin d'offrir une partie modérée et pourtant étonnamment exigeante aux joueurs de tous niveaux.

On se souvient d'un trou de golf pour de nombreuses raisons : il était difficile, on y a réalisé un eagle, le paysage y était renversant. « Mémorable » peut avoir diverses significations.

Mais beaucoup de joueurs se souviennent du n° 10 du parcours Highlands de Deerhurst. Comment pourrait-on oublier une falaise de 23 m de haut longeant le fairway jusqu'à l'angle du dogleg à gauche ? Unique, non ?

Ce par 4 n'est pas seulement mémorable, c'est aussi l'un des trous les plus difficiles de Deerhurst. Et on prend certainement plaisir à y jouer alors que le danger guette à tous les tournants. Sur l'aire de départ, en hauteur, vous apercevez la falaise sur votre droite, et un étang qui n'entre pas vraiment en jeu sur la gauche. Ne cherchez pas le green, vous ne pouvez pas le voir. Vous devrez jouer de façon agressive ici et frapper la balle à environ 255 m pour atteindre le virage et pouvoir trouver le green en 2 coups.

Si vous atteignez l'angle du dogleg, il reste environ 137 m jusqu'au green, énorme et ondulant.

On trouve un bunker à environ 73 m devant le green, sur la gauche, et 3 autres à environ 45 m derrière sur la droite. **TJ**

N° ❿ BETHPAGE STATE PARK
(PARCOURS NOIR)

Parcours : Bethpage State Park (parcours noir)

Situé à : Farmingdale, État de New York, États-Unis

Trou : n° 10

Longueur : 450 m

Par : 4

Architecte : A. W. Tillinghast

À savoir : Ce n° 10 de 450 m était autrefois le deuxième plus long de l'histoire de l'US Open derrière le n° 12 de 456 m. Le parcours noir de Bethpage constituait alors le par 70 le plus long de l'US Open à 6 596 m.

Les joueurs trop lents ne sont pas les bienvenus ici et des pancartes avertissent les golfeurs de faire attention à chaque tournant. Conçu afin de mettre à l'épreuve les meilleurs joueurs de l'époque et de rivaliser avec Pine Valley, le parcours noir de Bethpage State Park se montre toujours à la hauteur de sa réputation d'origine.

Le reste du monde l'a officiellement découvert au cours de l'US Open de 2002, alors que ce championnat se déroulait pour la troisième fois sur un parcours réellement public. Le n° 10 fut au centre d'un tournoi spectaculaire.

Au cours de la semaine, on y joua en moyenne 4,99 coups, ce qui en fit le troisième plus difficile du parcours, derrière les n° 15 et 12. On compta au n° 10 plus de doubles bogeys (31) que de birdies (22), et après 72 trous, on avait enregistré le chiffre de 187 bogeys sur ce trou de 450 m.

Son étroit fairway est protégé de bunkers de part en part, et d'un rough où l'on s'enfonce jusqu'à mi-mollet. Depuis la nouvelle aire de départ, les joueurs doivent driver la balle à 225 m, jusqu'à l'étroit fairway.

Le green, en hauteur, est défendu par de profonds bunkers. Si la balle s'égare dans l'un d'entre eux, le coup suivant sera typique du parcours noir : un coup dans le sable qui devra être à la fois long et en hauteur. **TJ**

Parcours : Riviera Country Club

Situé à : Pacific Palisades, Californie, États-Unis

Trou : n° 10

Longueur : 283 m

Par : 4

Architecte : George C. Thomas junior

À savoir : Ben Hogan a remporté les 2 premiers de ses 4 Opens ici, et c'est aussi ici qu'il est retourné à la compétition après avoir failli mourir dans un accident de voiture.

N° ❿ RIVIERA COUNTRY CLUB

George C. Thomas junior, surnommé le « Capitaine », fut l'un des personnages les plus marquants de l'architecture de golf, mais on pense probablement rarement à lui lorsque l'on évoque les architectes de premier plan. Les étudiants en architecture connaissent ses œuvres, mais, sauf parmi les puristes, il demeure anonyme. C'est qu'il créa des parcours simplement parce qu'il le pouvait, et non pour la gloire, et qu'il adorait le faire. Lorsque l'on considère qu'il ne demanda jamais à être payé pour son travail, son dévouement à son art s'avère encore plus impressionnant.

Après avoir piloté un temps durant la Première Guerre mondiale, Thomas se lança dans l'architecture de golf pour de riches amis de la côte est. Il déménagea ensuite en Californie en 1920, où il dessina certains des parcours les plus importants et les plus esthétiques du pays : les country clubs de Los Angeles et de Bel-Air, le golf de l'université de Stanford et, bien entendu, le Riviera Country Club.

Thomas faisait partie des génies qui donnèrent naissance à « l'âge d'or de l'architecture de golf » des années 1920. Et le n° 10 constitue l'un de ses défis les plus alléchants et les plus stratégiques – court, mais diabolique tout du long. Il permet aux plus robustes d'atteindre directement le green, mais cela ne s'avère pas très réaliste si le vent ne souffle pas dans le dos. Même si vous le rejoignez, la trajectoire est telle qu'il est peu probable qu'il tienne la balle. Vous pouvez tenter le coup aidé par le vent, sinon mieux vaut jouer la sécurité.

Ce n'est pas que les zones de sécurité soient légion sur le n° 10. 2 bunkers divisent le fairway – à 195 m du départ sur la droite et à 236 m sur la gauche. Le coup de départ idéal franchit 218 m, suivi d'un deuxième coup qui doit éviter les 5 bunkers entourant un green sévèrement incliné de gauche à droite.

Thomas adorait la stratégie du golf, ce qu'illustre parfaitement ce trou, construit à une époque où on ne pouvait remuer la terre qu'avec des mules et des ouvriers. L'architecte a dû tirer profit au maximum des mouvements naturels du terrain. Rappelons que Thomas conçut ses parcours avant l'époque des cours en architecture de golf. Sa première passion était le jardinage, et les roses, sa spécialité. Il rédigea divers ouvrages à leur sujet, ainsi que l'un des manuels les plus intéressants sur l'architecture de golf : *Golf Architecture in America* (1927). George C. Thomas junior était l'un des meilleurs dans sa spécialité, et le n° 10 du Riviera témoigne durablement de son génie. **JB**

N° 10 COPPER CREEK GOLF CLUB

Parcours : Copper Creek Golf Club

Situé à : Copper Mountain, Colorado, États-Unis

Trou : n° 10

Longueur : 360 m

Par : 4

Architectes : Pete et Perry Dye

À savoir : En 1987, Perry Dye ajouta le dernier 9 et redessina les trous d'origine. On retrouve bien évidemment des traverses de chemin de fer sur ce tracé.

Vous risquez de tomber sur ces mots de bienvenue à Copper Creek : « Nous ne sommes pas submergés de règles. Mais une prévaut. On vous demande de passer un moment agréable. Obligatoirement. »

Ce n'est pas très difficile dans cet hôtel de luxe. Situé au pied du Copper Mountain Resort, le club de Copper Creek est le golf de championnat le plus élevé d'Amérique du Nord (à 2 900 m d'altitude).

Bien que l'on y découvre 4 séries de départ, il est impossible d'échapper à la difficulté au n° 10, un par 4 de 360 m. Frappez depuis les marques que vous voudrez (elles vont de 266 à 360 m), mais vous devrez de toutes façons franchir un grand lac afin de rejoindre le green – le fairway s'enroule autour de son côté droit, mais quel intérêt ?

Celui-ci étant assez généreux, visez quelque part au milieu. Plus vous vous approcherez de l'eau et plus le coup d'approche sera facile. Des bunkers protègent l'avant du green, à droite comme à gauche. **TJ**

N° 10 CAVES VALLEY GOLF CLUB

Parcours : Caves Valley Golf Club

Situé à : Owings Mills, Maryland, États-Unis

Trou : n° 10

Longueur : 327 m

Par : 4

Architecte : Tom Fazio

À savoir : C'est à Caves Valley que Don Pooley a établi le plus bas score sur 18 trous de l'US Open senior, jouant un troisième tour de 63 avant de l'emporter au cours du play-off.

Depuis son entrée anodine sur Park Heights Avenue jusqu'à son clubhouse accueillant, une élégance discrète règne au golf de Caves Valley. Le parcours, lui, n'a cependant rien de discret.

L'objectif des responsables du club, lorsqu'ils chargèrent Tom Fazio de construire Caves Valley au milieu des collines du Maryland, abritant domaines et terrains de chasse, était de créer l'équivalent d'un Pine Valley. Contrairement à son cousin du Nord, très réputé, Caves Valley a régulièrement ouvert ses fairways aux meilleurs joueurs du pays depuis son inauguration en 1991.

Le club a accueilli l'US Mid-Amateur en 1995, et l'un des US Opens senior les plus spectaculaires s'y est déroulé 7 ans plus tard. Le n° 10, un par 4, joua un rôle essentiel au cours des 2 épreuves. En 2002, Don Pooley y réalisa un birdie avant de remporter le play-off contre Tom Watson.

Depuis son aire de départ, il se déploie majestueusement en direction d'une grande colline, traversant un vallon avant de rejoindre le green. On joue généralement un fer moyen sur le premier coup afin d'éviter le premier des 2 bunkers sur la droite. On suivra d'un coup d'approche au fer court, vers un green en hauteur défendu par un grand bunker béant sur l'avant-gauche. **RH**

N° ⑩ **AUGUSTA NATIONAL GOLF CLUB**

Parcours : Augusta National Golf Club

Situé à : Augusta, Géorgie, États-Unis

Trou : n° 10

Longueur : 450 m

Par : 4

Architectes : Robert Tyre Jones, Alister MacKenzie

À savoir : Peut-être le trou le plus ardu du parcours le mieux entretenu au monde. Il conduit au légendaire « Amen Corner » de l'Augusta, se composant des trous n° 11, 12 et 13.

CI-DESSOUS ET CI-CONTRE *Le n° 10 de l'Augusta.*

Ne vous laissez pas berner par la douce consonance du surnom de ce trou, « Camélia ». Le n° 10 est l'un des plus difficiles de l'Augusta National, et fait partie des plus féroces que vous jouerez jamais.

Ce dogleg à gauche se jouant en descente et servant de premier trou de play-off, lorsque le titre du Masters s'attribue selon la technique dite de la mort subite, il est traditionnellement une rude épreuve pour les meilleurs joueurs au monde, chaque année en avril. Au cours du Masters de 2003 par exemple, ce par 4 était le troisième du parcours par ordre de difficulté, avec une moyenne de 4,33 coups, ne concédant que 21 birdies contre 84 bogeys.

La tradition règne à l'Augusta, mais le n° 10 a subi quelques modifications au fil des ans. C'était autrefois le n° 1 avant que l'on inverse les deux 9 en 1935, et, tout comme les autres greens du parcours, celui du n° 10 a été planté d'agrostide en 1981.

Il sert de rude introduction au dernier 9, et est devenu encore plus coriace en 2002, lorsque Hootie Johnson, président de l'Augusta National, mena une campagne pour allonger le parcours de 270 m. Le n° 10 fit partie de ceux que l'on modifia pour parer aux avancées technologiques du matériel. Seuls 9 m furent concernés, mais ils donnèrent encore plus de mordant à un trou qui était déjà monstrueux. **JB**

Parcours :	The Grand Golf Club
Situé à :	Gilston, Queensland, Australie
Trou :	n° 10
Longueur :	307 m
Par :	4
Architectes :	Greg Norman, Bob Harrison

À savoir : Construit à l'origine par Norman et Harrison pour un client japonais, prêt à accueillir les joueurs dès 1991, ce parcours fut baptisé Gilston Golf Club, mais jamais inauguré, après que le propriétaire réalisa un bogey dans ses affaires et traversa une période difficile. Il fut abandonné pendant 5 ans avant qu'un consortium de golfeurs de la région ne demande aux architectes de le ramener à la vie. C'est ce qu'ils firent, le rebaptisant le Grand Golf Club, et rouvrant ses portes en 1997.

N° ❿ THE GRAND GOLF CLUB

Lorsqu'il fut inauguré, le Grand Golf Club offrait des fairways et des greens très ondoyants, utilisant les contours naturels de la campagne du Queensland et rendant les joueurs fous avec ses bosses et creux exaspérants.

On y a construit des zones d'arrivée étroites et des bunkers profonds (pour la plupart), le tout étant entouré d'une végétation subtropicale épaisse. Les réactions initiales étaient tellement positives que l'Australian Golf Union décida d'y organiser l'Open d'Australie de 2001. Mais on entendit aussi bon nombre de plaintes après le tournoi, portant principalement sur la difficulté de 3 des derniers 9 trous, en commençant par le n° 10.

On n'imaginerait pas qu'il y ait tant que cela à critiquer sur ce trou, particulièrement si l'on prend en compte sa longueur modeste et son tracé relativement simple. Il exige simplement un drive précis qui doit se faufiler entre les arbres. Les joueurs n'ont plus ensuite qu'à frapper un fer court jusqu'au green.

Mais ce dernier est rude, et ce sont sa taille réduite et ses ondulations pernicieuses qui firent naître la controverse. Les bunkers, 2 profonds à l'arrière et 2 autres à gauche, posent aussi leur part de problèmes. De nombreux professionnels ont éprouvé des difficultés à réaliser le par sur ce trou, et bien que les amateurs subissent sans aucun doute le même sort chaque fois qu'ils le jouent, cela ne les empêche pas de le placer parmi leurs trous préférés. **JS**

Parcours :	Indianwood Golf & Country Club (vieux parcours)
Situé à :	Lake Orion, Michigan, États-Unis
Trou :	n° 10
Longueur :	319 m
Par :	4
Architectes :	Wilfrid Reid, William Connellan

À savoir : L'atmosphère du nouveau parcours diffère de celle du vieux parcours, bien qu'ils soient tous deux en links, à l'écossaise. Le plus récent des 2 offre un golf de cible, avec de nombreux lies inégaux, un haut rough de bruyère et des obstacles d'eau présents sur 14 de ses trous.

N° ❿ INDIANWOOD GOLF & COUNTRY CLUB (VIEUX PARCOURS)

On ne devrait pas se méprendre sur la signification de vieux parcours. Doté d'une riche histoire, sa beauté classique défie le temps.

Ce parcours est un vrai classique, réputé pour son splendide rough de fétuque et ses innombrables et profonds bunkers. Le terrain diffère ici de la majorité des parcours américains, et met à l'épreuve les meilleurs golfeurs.

Selon Marvin Stahl, ce par 4 de 319 m est non seulement « l'un des plus beaux trous du parcours, mais aussi l'un des plus passionnants ».

À environ 218 m du tertre de départ, la zone d'arrivée de la balle passe de 42 m à moins de 23 m à cause d'un obstacle d'eau empiétant sur la gauche. Les joueurs choisiront peut-être un fer long afin d'atterrir avant l'eau.

Certains emplacements de drapeau peuvent provoquer des putts déviant énormément de leur trajectoire, une fois les monticules et bunkers protégeant le green négociés.

Le club a accueilli l'US Open féminin sur le vieux parcours en 1994, et le championnat PGA du Michigan s'y déroule depuis longtemps. **TJ**

Parcours : Castle Pines Golf Club

Situé à : Castle Rock, Colorado, États-Unis

Trou : n° 10

Longueur : 441 m

Par : 4

Architecte : Jack Nicklaus

À savoir : Castle Pines accueille le Sprint International du PGA Tour depuis 1986. C'est une épreuve unique utilisant un système de pointage Stableford modifié.

N° 10 CASTLE PINES GOLF CLUB

Perché à 1 950 m d'altitude dans le nord du Colorado, Castle Pines offre de spectaculaires panoramas sur les Rocheuses. Ce parcours privé est situé dans la vallée de Crowfoot, dont les habitants bénéficient de 250 jours d'ensoleillement par an, avec une température moyenne de 30 degrés l'été et de 6 degrés l'hiver.

Ses fairways étroits sont bordés de pins et ses greens surélevés exigent de la précision. Ernie Els, vainqueur de l'International de 2000, loue le tracé de Nicklaus et compte Castle Pines parmi les parcours les mieux entretenus du Tour.

Le n° 10, un par 4, constitue le trou le plus exigeant de ce parcours vallonné. Depuis le tertre de départ, les joueurs doivent frapper un long drive précis, ce trou pouvant facilement passer pour un par 5. On vise le rocher de Castle Rock, la montagne miniature à laquelle la ville doit son nom.

Un solide drive de 228 m doit cependant encore être suivi d'un coup d'approche de 215 m, en descente. On devra jouer un fer long ou un bois de parcours pour atteindre un green ondoyant, gardé de près par un étang impitoyable et par 2 bunkers. On trouve une zone de sécurité plutôt réduite devant le green, à gauche. **BB**

Parcours : Lakewood Shores Resort (parcours Gailes)

Situé à : Oscoda, Michigan, États-Unis

Trou : n° 10

Longueur : 318 m

Par : 4

Architecte : Kevin Aldridge

À savoir : Le Lakewood Shores Resort constitue l'une des destinations golfiques de premier ordre les plus appréciées du nord du Michigan. Malgré une concurrence impressionnante, le parcours Gailes a été classé meilleur parcours de complexe hôtelier au Michigan par le *Detroit News* en 1997.

N° 10 LAKEWOOD SHORES RESORT (PARCOURS GAILES)

Le Michigan ne ressemble pas à la campagne écossaise, mais ce parcours du nord-est de l'État apporte une touche d'Écosse au Midwest américain. Le Gailes, l'un des trois 18 trous de championnat du Lakewood Shores Resort, fut conçu pour ressembler aux célèbres links de bord de mer écossais.

Le n° 10 du tracé, un par 4 de 318 m assez court et apparemment simple, résume l'essence même du golf sur links. On y trouve de profonds bunkers aux parois herbues prêts à engloutir tout coup moins que parfait visant le fairway ou le green, ainsi que des monticules recouverts d'une fétuque épaisse où l'on s'enfonce jusqu'au genou, prête elle aussi à avaler votre balle.

Jouez intelligemment, à la manière des golfeurs écossais. Ne sortez pas votre driver, car la précision compte plus que la distance.

À cause des bunkers sur la gauche d'un green en partie caché, visez le centre. Ne vous préoccupez pas de trouver le drapeau. Continuez plutôt à jouer un golf de cible intelligent et ce trou ne gâchera pas votre parcours.

Le vent soufflant du lac Huron et ce parcours spectaculaire vous feront imaginer que vous vous trouvez ailleurs. **TJ**

N° ⑩ CATTAILS GOLF CLUB

Parcours : Cattails Golf Club

Situé à : South Lyon, Michigan, États-Unis

Trou : n° 10

Longueur : 456 m

Par : 5

Architecte : John Williams

À savoir : Inauguré en 1991, Cattails a rejoint une série de parcours extraordinaires à un coup de wedge les uns des autres. La concurrence ne dérangeait pas le parcours de South Lyon, qui obtint rapidement la réputation d'appartenir aux meilleurs golfs de la région – ce qui n'est pas négligeable.

Le Michigan semble déborder de parcours où le premier 9 diffère du dernier. Au Cattails, les 9 premiers trous sont très dégagés, tandis que les derniers sont assez étroits, avec beaucoup plus d'arbres.

Fort heureusement, si vous payez les green fees des 18 trous, vous jouerez les 2 « parcours ». On ne perd pas de temps à attaquer le dernier 9 : le n° 10 est certainement le plus mémorable du tracé. On y trouve pourtant de nombreux autres trous excellents, mais vous n'oublierez pas de sitôt le n° 10, car ce dogleg à droite, un par 5, est l'un des plus appétissants que vous jouerez jamais. Il vous met presque au défi avant de vous mettre à mal.

Commençons par le coup de départ. Afin de franchir le mur d'arbres sur la droite et d'arriver en vue du green, on aura besoin de 210 m depuis les départs arrière. Si vous n'arrivez pas à dépasser les arbres, vous serez obligé de suivre le fairway qui dessine un virage autour du côté gauche d'un grand marécage.

Si vous dépassez les arbres, vous serez confronté à une difficile décision. Bien qu'elle soit ardue, tout le monde paraît choisir la même solution : survoler le marécage pour rejoindre le green. La marge d'erreur est réduite, car le green part en pente vers le marécage sur le devant comme sur la gauche, et un bunker est situé sur sa gauche. **TJ**

N° ⑩ WHITE WITCH

Parcours : White Witch

Situé à : Rose Hall, Montego Bay, Jamaïque

Trou : n° 10

Longueur : 568 m

Par : 5

Architectes : Robert Von Hagge, Rick Baril

À savoir : Le premier événement à s'être déroulé sur cette merveille des Caraïbes était un « Shell's Wonderful World of Golf », une épreuve organisée pour la télévision, opposant Hal Sutton à Notah Begay en 2000. Sutton et Begay ont chacun réalisé le par avec 71 coups.

Robert Von Hagge répertorie le White Witch, exploité par le Ritz Carlton Golf & Spa Resort, parmi ses plus grands défis d'architecte. Le parcours a été littéralement creusé à coups d'explosifs dans la montagne, afin de créer un majestueux tracé en bord de mer qui ne laisse pas imaginer ses origines. Il a été construit à l'intérieur, au-dessus et autour d'une roche solide. Von Hagge a déclaré : « Il n'y avait aucune couche arable. C'était bien entendu un domaine magnifique, mais on a du mal à expliquer comment il s'est transformé en terrain de golf. »

Avec dénivelés, vues sur l'océan et trous serpentant le long de la montagne, la beauté de White Witch est elle aussi difficile à expliquer.

Le n° 10, à l'origine le n° 1 avant que les deux 9 ne soient inversés en 2001, est un monstre de 568 m, distance qui s'avère un tant soit peu trompeuse. L'aire de départ domine le fairway de 30 m, ce qui réduit considérablement la longueur de jeu. Ce dogleg effectue un virage au bord d'un ravin, et si l'on coupe l'angle – ce qui n'est certainement pas dépourvu de risques –, on sera récompensé par la possibilité d'atteindre le green. Il est difficile d'imaginer que l'on puisse atteindre le trou de 568 m en 2 coups, mais c'est le cas ici grâce à l'énorme élévation du départ et à l'angle du dogleg que l'on peut couper. **JB**

N° 10   GOLF DE CABO REAL

Parcours : golf de Cabo Real

Situé à : Los Cabos, Basse-Californie, Mexique

Trou : n° 10

Longueur : 489 m

Par : 5

Architecte : Robert Trent Jones junior

À savoir : Le Senior Slam s'est déroulé 2 fois à Cabo Real, Ray Floyd le remportant en 1996 et Gil Morgan en 1999.

Le golf de Cabo Real est niché au sein d'un merveilleux paysage de montagnes, désert et plage, à la pointe de la péninsule que forme la Basse-Californie. Ses 6 premiers trous gravissent la montagne, entourés des collines et vallées s'étalant dans la sierra environnante. Le départ du n° 6 surplombe la mer de 140 m, et le parcours redescend ensuite vers la mer de Cortez, l'océan formant la toile de fond de presque chaque trou.

Le premier 9 de Cabo Real est généralement considéré comme le plus difficile des 2, mais les joueurs ne devraient pas prendre le n° 10 à la légère. On doit frapper le coup de départ en descente, vers la droite du fairway au milieu du désert. Même si le trou paraît plus court parce qu'il se joue en descente, le minuscule green est difficile à atteindre en 2 coups car il est légèrement surélevé et entièrement protégé sur le devant par une série de bunkers. De nombreux golfeurs préfèrent jouer court, puis essayer de faire atterrir un chip court près du drapeau pour putter un birdie facile. **KA**

Parcours : Pinehurst (parcours n° 2)

Situé à : Pinehurst, Caroline du Nord, États-Unis

Trou : n° 10

Longueur : 562 m

Par : 5

Architecte : Donald Ross

À savoir : Pas un seul joueur n'a pu rejoindre le green en 2 coups au cours de l'US Open de 1999.

N° 10 PINEHURST (PARCOURS N° 2)

En 2004, le complexe de Pinehurst et ses 8 magnifiques parcours possédaient le nombre le plus important de trous de golf au monde. Mais ce paradis des golfeurs de Caroline du Nord, fondé en 1894, ne doit pas sa réputation qu'à cette quantité. Chaque parcours bénéficie d'un rough bien défini le long de fairways bordés d'arbres, d'une pléthore de bunkers et d'arbres majestueux vous forçant à la réflexion sur presque chaque trou. C'est l'inauguration du parcours du Centenaire, en 1996, qui a permis à Pinehurst de posséder plus de trous que n'importe quel endroit au monde.

Chaque parcours possède sa propre beauté, mais le n° 2, créé par Donald Ross en 1907, est indubitablement le meilleur d'entre eux. D'après son architecte, c'est « l'épreuve de golf de championnat la plus équitable que j'aie jamais conçue ».

Le n° 2 constitue un défi non seulement à cause de son tracé sinueux, de sa longueur, des mouvements du terrain, des obstacles d'eau, de la taille et la surface glissante de ses greens – mais surtout grâce à la combinaison de facteurs ayant à la fois frustré et séduit les joueurs qui ont eu la chance d'arpenter ce terrain sacré.

On y trouve des greens ondoyants. Des bunkers soigneusement situés. Un tracé stratégique mettant à l'épreuve le petit jeu comme le grand. Il a accueilli plus de championnats que n'importe quel autre parcours américain, dont l'US Open de 1999 et 2005.

Et le trou n° 10, comme le reste du parcours, est une rude épreuve. Sa longueur provoque un phénomène rare pour les meilleurs joueurs au monde : c'est un par 5 où l'on a réellement besoin de 3 coups pour rejoindre le green.

D'une longueur prodigieuse, et en montée par-dessus le marché, la puissance seule ne suffit pas. Sur ce dogleg à gauche, couper l'angle s'avère si périlleux – et la chance d'une récompense si mince – qu'on ne peut échapper aux 3 coups. C'est donc un vrai par 5, confirmant la déclaration de Ross qui qualifiait le parcours d'épreuve équitable.

Le n° 10 est un trou magnifique et Pinehurst un complexe splendide. D'ailleurs, selon Tommy Armour, « celui qui ne se sent pas ému lorsqu'il joue à Pinehurst sous un ciel bleu et dégagé, respirant le parfum des pins, devrait bannir à jamais le golf de sa vie. C'est le genre de parcours qui fouette le sang d'un vieux soldat ». **JB**

N° ⑩ ROYAL MELBOURNE GOLF CLUB (PARCOURS EST)

Parcours : Royal Melbourne Golf Club (parcours est)

Situé à : Black Rock, Victoria, Australie

Trou : n° 10

Longueur : 457 m

Par : 5

Architecte : Alex Russell

À savoir : Même si l'on attribue généralement à Russell la conception du très respecté parcours est, c'est en réalité le greenkeeper Mick Morcom qui a construit ce parcours inauguré en 1932 et ayant à ce jour accueilli 2 Opens d'Australie.

Situé au cœur de la célèbre « ceinture de sable » du Victoria, qui est au golf australien ce que Reno, au Nevada, est aux chapelles nuptiales, le parcours est du Royal Melbourne, souvent oublié, est un must pour les fans de golf.

Et le n° 10, un par 5, est l'un des meilleurs trous de ce tracé. C'est un dogleg fabuleux, virant sur la droite, avec une paire de bunkers à l'angle qui force presque les golfeurs à jouer leur drive sur la gauche. Ce n'est pas vraiment un problème, car l'espace ne manque pas sur cette partie du fairway pour ceux qui désirent éviter le sable et le hors-limite qui longe le côté droit tout entier.

Oui, les grands frappeurs peuvent atteindre le green en 2 coups, mais mieux vaut jouer un deuxième coup solide suivi d'un simple chip pour atteindre en régulation ce green à double plateau.

Attention aux bunkers juste avant le green, sur la droite ; il est aussi important de frapper le coup d'approche en dessous du trou, afin d'éviter ces sinistres putts en descente qui peuvent passer juste à côté du trou lorsque la surface est très roulante. **JS**

N° ⑩ NEWCASTLE GOLF CLUB

Parcours : Newcastle Golf Club

Situé à : Fern Bay, Nouvelle-Galles-du-Sud, Australie

Trou : n° 10

Longueur : 480 m

Par : 5

Architecte : Eric Apperly

À savoir : Ce parcours australien peut s'avérer une révélation : souvent oublié par les étrangers, il est régulièrement – et à juste titre – considéré comme l'un des joyaux du pays.

Rien n'est plus agréable, lorsqu'on débute le dernier 9, que de trouver un par 5 où la prise de risque est récompensée. Les golfeurs ont ainsi la possibilité de démarrer la seconde manche en beauté, jouant de façon agressive ou sage.

Et c'est justement ce que l'on trouve au n° 10 de Newcastle, une sorte de trou en montagnes russes où 2 dunes créent 3 déclivités différentes et où le fairway est furieusement ondoyant. Il est tout à fait possible, si l'on frappe un drive parfait, de placer son deuxième coup sur le green.

Le problème est que chaque coup ici est potentiellement aveugle, au moins en partie, en fonction de votre position. Et le green est situé derrière la deuxième dune et généralement caché.

Les habitués disent que la meilleure façon de jouer ce trou, sculpté au milieu d'une forêt de gommiers et peuplé de kookaburras et de kangourous, est de jouer le premier et le deuxième coup court, puis de frapper un wedge jusqu'au green, de taille modeste, qui ne tient que difficilement les balles qui l'atteignent. **JS**

N° ⑩ DETROIT COUNTRY CLUB

Parcours : Detroit Country Club

Situé à : Grosse Pointe Shores, Michigan, États-Unis

Trou : n° 10

Longueur : 531 m

Par : 5

Architectes : Harry S. Colt et C. H. Alison

À savoir : Le 28 août 1954, Arnold Palmer remporta de façon spectaculaire l'US Amateur au country club de Detroit, revenant de loin pour l'emporter d'un point devant Robert Sweeny. Palmer qualifie cette victoire de moment décisif dans sa carrière de golfeur. Il revint sur les lieux de son premier triomphe en août 2004, présentant une manifestation de charité qui réunit 30 anciens vainqueurs de l'US Amateur et collecta 5 millions de dollars, un record.

Comme c'est le premier trou après avoir terminé la première moitié, prenez le temps de manger un sandwich et de vous rafraîchir. Le n° 10 est un par 5 monstre de 531 m, où vous aurez besoin de mobiliser toute votre énergie.

Depuis le départ, vous devrez frapper un drive solide et droit. À 218 m, vous atterrirez en toute sécurité sur le fairway, loin des 3 bunkers en bancs d'église. Demeurez à droite du centre car, si la balle se dirige vers la gauche, vous trouverez peut-être le hors-limite qui longe le côté gauche. Si vous arrivez à jouer un drive de 255 m, la distance à franchir sur le deuxième coup sera tout juste inférieure à 270 m, et si vous ne pouvez frapper aussi loin, vous devrez rejoindre le green en 3 coups.

Comme on trouve 9 fosses sur ce trou, la plupart le long du côté droit, il vaut mieux jouer au milieu. On trouve un bunker traditionnel devant le green, à droite comme à gauche. Ce dernier est grand, équitable, et nous vous conseillons d'en viser le centre. Le trou étant si long, le green est assez aisé, mais la rapidité de sa surface peut toujours entrer en jeu.

Très peu de joueurs arrivent à jouer ce trou en 2 coups, et nous ne vous le recommandons pas. Rejoignez le green en 3 coups, essayez de putter pour le birdie, et passez au suivant. **GE**

N° ⑩ ELLERSTON GOLF COURSE

Parcours : Ellerston Golf Course

Situé à : Upper Hunter Valley, Nouvelle Galles-du-Sud, Australie

Trou : n° 10

Longueur : 502 m

Par : 5

Architectes : Greg Norman, Bob Harrison

À savoir : Personne n'a jamais atteint en 2 coups ce monstrueux par 5 en montée, pas même son architecte principal.

Mettant à profit l'époustouflant terrain qu'ils trouvèrent à Ellerston, Norman et Harrison n'éprouvèrent aucun scrupule à construire 2 pars 5 consécutifs à la jonction des deux 9.

Le deuxième d'entre eux, le n° 10, est situé dans la partie la plus montagneuse de ce domaine, et exige un grand coup de driver qu'il vaut mieux travailler de gauche à droite pour éviter un grand eucalyptus au centre gauche du fairway. La stratégie la plus sage consiste ensuite à frapper court, au milieu du fairway, avec un fer long.

Puis vient l'approche, en général un pitch précis vers un green peu coopératif et onduleux qui monte vers l'arrière-gauche. Un fossé longe la gauche du fairway, environ à l'endroit où atterrit le deuxième coup, puis le traverse devant le green, l'un des 3 du parcours dépourvus de bunkers.

Si le drapeau est placé à droite, le troisième coup devient très étroit, alors que, s'il est à gauche, on peut frapper un peu long pour laisser la balle rouler doucement en arrière vers le drapeau. **JS**

Trou 11

Le parcours est plus qu'à moitié terminé lorsque vous approchez du 11e trou, ce qui signifie que cela fait environ 2 h 30 que vous êtes sur le parcours. Ce n'est cependant pas le moment de baisser la garde. C'est un trou où vous devez fermement vous imposer alors que vous vous éloignez du clubhouse.

Le vieux parcours de Ballybunion, au milieu des douces collines irlandaises, et Shinnecock à Southampton, dans l'État de New York, sont 2 parcours où le n° 11 se distingue. Il peut vous sembler qu'il est trop tôt dans la partie pour tant de théâtre, mais le n° 11 – particulièrement au cours de tournois – peut imposer un golfeur comme favori impossible à rattraper, ou montrer au contraire sa vulnérabilité.

CI-CONTRE *Le trou n° 11 du TPC de Sawgrass, en Floride.*

Parcours : Yarra Yarra Golf Club

Situé à : Bentleigh East, Victoria, Australie

Trou : n° 11

Longueur : 165 m

Par : 3

Architecte : Alex Russell

À savoir : Robert Allenby et Stuart Appleby, joueurs du PGA Tour, étaient membres du Yarra Yarra avant de passer professionnels.

N° ⓫ YARRA YARRA GOLF CLUB

Le Yarra Yarra est un merveilleux tracé d'Alex Russell rappelant l'œuvre de celui qui lui enseigna l'architecture de golf – Alister MacKenzie.

Et ce par 3, avec son green à triple plateau protégé par de profonds bunkers sur la droite, l'avant et l'arrière, est considéré comme sa création principale. Le grand Peter Thomson, 5 fois vainqueur du British Open, a qualifié le n° 11 de « trésor national », et le compte parmi les 18 meilleurs trous d'Australie.

Des critiques moins importants et connus déclarent simplement que c'est l'un de leurs trous préférés au monde, même s'ils regrettent la façon dont le par, qui paraît évident au n° 11, se transforme rapidement en bogey. Pour inscrire un 3, la clé, pensent-ils, consiste à frapper un fer droit jusqu'au plateau approprié du green, réputé pour ses mouvements violents et sa vitesse impardonnable lorsque le drapeau est placé dans les coins.

Il suffit alors d'approcher le premier putt du trou, puis de rentrer la balle avec le second. Cela peut sembler facile bien sûr, mais les habitués du Yarra Yarra admettent volontiers que se contenter de 2 putts est ici plus facile à dire qu'à faire. **JS**

Parcours : golf de Pula

Situé à : Son Severa, Majorque, Espagne

Trou : n° 11

Longueur : 201 m

Par : 3

Architecte : López Segalés

À savoir : Le golf de Pula a été fondé en 1995. Cependant, 12 trous furent remodelés en 2001 et 6 autres encore en 2002. Ces 18 trous forment désormais un nouveau tracé.

N° ⓫ GOLF DE PULA

Le golf de Pula, ayant accueilli en 2004 le Turespaña Mallorca Classic, est le parcours le plus long et le plus exigeant de Majorque – un par 70 de 6 207 m.

Sur 14 des trous, les joueurs peuvent apercevoir le green depuis le départ, et depuis le deuxième coup sur les 4 autres.

On le distingue clairement sur ce par 3 de 201 m, considéré comme le plus difficile du parcours, chose peu commune pour un trou aussi court.

Mais il est tout sauf habituel. On devra franchir le grand étang qui sépare le départ du green, mais on ne trouve que peu d'espace entre l'eau et le green.

Celui-ci est protégé à l'arrière par 2 bunkers. Il est large, mais très peu profond. C'est tout sauf une cible facile.

Le golf de Pula a accueilli de nombreux tournois importants, comme le Johann Cruyff Welfare Foundation (1996) et le Skins Game (1997), disputés par des professionnels tels que José María Olazábal, Bernhard Langer, Mark McNulty et Carlos Suneson. **TJ**

N° ⑪ FISHERS ISLAND CLUB

Parcours : Fishers Island Club

Situé à : Fishers Island, État de New York, États-Unis

Trou : n° 11

Longueur : 149 m

Par : 3

Architecte : Seth Raynor

À savoir : Quel niveau de qualité atteignent les courts trous de Fishers Island ? Cet extraordinaire par 3 n'est même pas le plus mémorable du parcours, honneur qui revient au n° 5, un autre par 3.

Fishers Island est un country club privé, et il est bien connu que les clubs privés huppés apportent une nouvelle dimension au terme « exceptionnel ». Fishers Island est effectivement exceptionnel de nombreuses manières, ce que l'on attend d'un country club de cette ampleur.

Le parcours est toujours impeccablement entretenu, ses trous sont difficiles, mais jouables. Fishers Island offre un trou mémorable après l'autre, le n° 11 en constituant l'exemple parfait.

Avec l'eau du détroit de Fishers Island sur la droite et la crique que l'on découvre derrière le trou, ce par 3 est aussi ravissant que possible.

L'aire de départ est surélevée, le milieu du fairway doté d'une déclivité importante. On trouve un bunker à droite à environ 2 m en dessous du green.

La fétuque pousse depuis le départ jusqu'à 27 m environ avant le green. Ce dernier n'est pas aisé, exigeant un bon œil et un bon coup.

Achevés en 1927 après le décès de Seth Raynor, ces vrais links de 18 trous semblent naître directement de l'Atlantique. **TJ**

N° ⑪ CHRISTCHURCH GOLF CLUB

Parcours : Christchurch Golf Club
Situé à : Shirley, Canterbury, Nouvelle-Zélande
Trou : n° 11
Longueur : 129 m
Par : 3
Architecte : Bob Charles
À savoir : Christchurch a accueilli en 1990 le trophée Eisenhower, remporté par le trio suédois composé de Mathias Grönberg, Klas Eriksson et Gabriel Hjertstedt. L'équipe américaine, avec Phil Mickelson, David Duval et Allen Doyle, a fini à la deuxième place.

Le Christchurch Golf Club a célébré son centenaire en 1973. Après 100 ans de golf, ce parcours court mais précis s'avérait toujours aussi difficile. Un quart de siècle plus tard, ces links demeurent une étude subtile en architecture de golf. La leçon de Christchurch : la sobriété est toujours plus efficace que la profusion.

Le 9 trous d'origine mettait à profit la topographie naturelle de la région. Ses petites bosses et ses creux encadrés de pins, ajoncs et genêts faisaient naître une épreuve spectaculaire. Avant le trophée Eisenhower de 1990, le club chargea Peter Thomson de perfectionner le parcours et les résultats furent remarquables.

De spacieux fairways d'un vert luxuriant s'allient à des greens remarquablement plats et à une série de bunkers profonds et menaçants.

Tout petit par 3 de 129 m, le n° 11 ne paraît constituer qu'une distraction temporaire au premier abord. Une halte fugace avant les exigeants n° 12 et 13. Mais ce petit trou est plein de mordant.

Selon le vent, les joueurs n'auront besoin que d'un fer 8 pour atteindre le green, petit et bien protégé, mais on doit jouer son coup de départ de façon parfaite si l'on veut pouvoir réaliser un birdie. **RH**

N° ⑪ TRICKLE CREEK

Parcours : Trickle Creek
Situé à : Kimberley, Colombie-Britannique, Canada
Trou : n° 11
Longueur : 156 m
Par : 3
Architecte : Les Furber
À savoir : Furber, qui a dessiné d'autres excellents parcours dans la région, est réputé pour ses greens ondoyants. Le n° 11 de Trickle Creek est parfaitement représentatif de son style. Au lieu d'être incliné d'avant en arrière, son green à double plateau dessine une pente d'un côté à l'autre.

Il y a des trous spectaculaires, impressionnants ou extraordinaires. Et puis il y a le n° 11 de Trickle Creek.

Vous ne vous souviendrez pas de votre score sur ce trou – sauf si c'est un trou en un – et vous ne vous souviendrez probablement pas beaucoup du trou lui-même. Mais vous n'oublierez jamais son cadre.

L'aire de départ de ce par 3 de 156 m domine la « vallée des 1 000 pics » et le panorama est vaste, profond et stimulant. Certains déclarent que l'on peut, par temps dégagé, apercevoir 2 provinces du Canada et 3 États – le Montana, l'Idaho et le Washington – aux États-Unis, ainsi que certaines montagnes de l'autre côté de la frontière. De là-haut, on voit à des centaines de kilomètres à la ronde.

Trickle Creek offre de sérieux dénivelés, 45 m séparant le départ le plus élevé du green le plus bas. Sur le n° 11, on observe une chute de 23 m et des bunkers des 2 côtés.

Le choix le plus difficile concerne ici le club. Si l'on a besoin d'un fer 7 pour frapper un coup de 137 m au niveau de la mer, il faudra alors un fer 8 à 1 150 m d'altitude, à cause de l'air raréfié. Mais, à cause du dénivelé de 23 m sur le n° 11, on frappera un fer 9 ou un pitching wedge. **TJ**

N° ⑪ ESSEX COUNTY COUNTRY CLUB

Parcours : Essex County Country Club

Situé à : West Orange, New Jersey, États-Unis

Trou : n° 11

Longueur : 183 m

Par : 3

Architecte : Donald Ross

À savoir : Ce parcours étant situé au-dessus de la nappe phréatique de West Orange, l'usage des pesticides et des engrais y est limité, provoquant une utilisation intensive de fétuques indigènes qui lui donne une apparence agréablement naturelle.

Le country club d'Essex County, c'est du Donald Ross à l'étouffée. C'est le produit de retouches perpétuelles apportées par le perfectionniste le plus célèbre de l'architecture de golf. Un chef-d'œuvre à l'élaboration interminable.

En 1909, 10 ans après son arrivée aux États-Unis, Ross fut chargé par le directeur d'Essex County de redessiner le parcours d'origine.

Ross emménagea dans une maison voisine des fairways des n° 15 et 16, et débuta sa longue histoire d'amour avec ce tracé. Il déménagea en 1913, et 4 années supplémentaires furent nécessaires pour compléter son œuvre.

Comme si souvent sur les parcours de Ross, c'est la variété de ses bunkers qui caractérise ce parcours, le n°11 illustrant parfaitement cette merveilleuse diversité. Le green est protégé sur la droite par de massifs et profonds bunkers remplis d'une végétation indigène. Ces fosses constituent un contraste parfait avec les obstacles tentaculaires traversant les n° 15 et 16, ou avec le long bunker qui s'étend depuis le green en direction des golfeurs sur le n° 6.

Le n° 11 se joue en montée sur 183 m et l'on découvre depuis le départ un green encadré de bosquets denses sur l'arrière comme sur la gauche. **RH**

N° 11 ST ANDREWS (VIEUX PARCOURS)

Parcours : St Andrews (vieux parcours)

Situé à : St Andrews, Fife, Écosse

Trou : n° 11

Longueur : 157 m

Par : 3

Architecte : Tom Morris senior

À savoir : Durant le British Open de 1933, Gene Sarazen dut frapper 3 coups depuis le bunker, finit par obtenir un 6 sur ce trou et rata le play-off d'un seul point.

CI-DESSOUS *Le onzième trou de St Andrews.*

CI-CONTRE *Sortie de bunker de l'Américain Payne Stewart sur le n° 11 de St Andrews, en octobre 1999.*

On compte 7 doubles greens sur le vieux parcours de St Andrews, mais lorsqu'on aborde le sujet du parcours constituant le « lieu de naissance du golf », nul partage n'est possible, un seul peut revendiquer ce titre. L'honneur revient au vieux parcours.

Le n° 11 est l'un des trous pourvus d'un double green, qu'il partage avec le n° 7. Selon les historiens, la parcelle sur laquelle le vieux parcours fut tracé était si étroite que les golfeurs jouaient les mêmes trous à l'aller comme au retour. Le nombre de joueurs augmentant, les encombrements étaient tels que l'on décida que 2 trous seraient construits pour chaque green – avec drapeau rouge pour le premier 9 et blanc pour le dernier, une tradition qui perdure.

Tom Morris senior rompit cependant une autre tradition lorsqu'il créa un green différent pour le premier trou et dessina le n° 18. Il devint possible pour la première fois de jouer le parcours dans la direction opposée à celle des aiguilles d'une montre, après avoir joué dans le sens inverse pendant des siècles. Durant de longues années, on joua dans un sens une semaine, et dans l'autre, la suivante.

Le n° 11 du vieux parcours est l'un des pars 3 les plus célèbres au monde. Mais c'est aussi le site d'énormes frustrations. Lorsque le grand Bobby Jones visita ce parcours pour la première fois en 1919, il atterrit dans le bunker « Hill », contigu au green du n° 11, où l'on s'enfonce à hauteur d'homme et eut besoin de 3 coups pour en sortir. Confronté à un court putt pour réaliser un triple bogey, Jones, frustré, ramassa sa balle et se retira de l'épreuve. Il qualifia souvent l'incident de « puéril ».

Il écrivit : « J'ai souvent souhaité pouvoir offrir des excuses généralisées… » Tel est le défi du n° 11 qui força l'un des meilleurs golfeurs de tous les temps à capituler.

En plus de ce bunker, profond et escarpé, la rivière Eden coule derrière le green, et ce dernier est incliné de façon à en être presque illisible. Éviter les obstacles ne garantit pas le par, car un putt en descente peut se révéler désastreux. **JB**

N° ⓫ ATLANTIC GOLF CLUB

Parcours : Atlantic Golf Club

Situé à : Bridgehampton, État de New York, États-Unis

Trou : n° 11

Longueur : 116 m

Par : 3

Architecte : Rees Jones

À savoir : Bien que l'on trouve d'excellents parcours dans les Hamptons – dont Shinnecock Hills, Maidstone et National, trio vénéré –, l'Atlantic Golf Club fut construit pour répondre à une demande croissante.

Un mot tout d'abord sur l'aspect général de ce parcours spectaculaire : ce tracé de Rees Jones, tout en offrant certains éléments typiques des links, n'appartient pas entièrement à ce genre. La plupart des trous sont entourés de monticules et bosses paraissant avoir été façonnés au fil des ans par Dame Nature.

Le terrain monte et descend, ses vagues rappelant celles de l'océan, avec un rough dont la haute fétuque se balance sous la brise omniprésente et miroite sous une lumière qui change constamment.

Une fois ce tableau établi, tournons-nous vers le n° 11. Ce par 3 de 116 m est l'un des trous les plus ravissants de ce parcours enchanteur. C'est aussi l'un des moins difficiles. « C'est peut-être le plus facile du parcours, mais il est tout sauf aisé », explique pourtant notre guide pour la journée. « On peut facilement y réaliser un 2 ou un 3, mais aussi un 5. »

On trouve un hors-limite sur la gauche, et le green est protégé par un vaste bunker débutant à 45 m sur le devant. 4 autres profonds bunkers entourent ce green étroit incliné de droite à gauche. **TJ**

Parcours : National Golf Club (parcours de l'Océan)

Situé à : Cape Schank, Victoria, Australie

Trou : n° 11

Longueur : 170 m

Par : 3

Architectes : Peter Thomson, Michael Wolveridge, Ross Perrett

À savoir : On retrouve sur ce parcours de championnat serpentant au milieu des dunes de Mornington l'atmosphère réconfortante des links écossais sauvages.

N° 11 NATIONAL GOLF CLUB
(PARCOURS DE L'OCÉAN)

L'élément le plus remarquable du n° 11 du parcours de l'Océan est aussi, pour de nombreux traditionalistes, ce qu'ils cherchent le plus à éviter : le bunker béant placé devant le green étroit, au milieu. Cet obstacle est inspiré par celui qui protège le Redan original (n° 15) de North Berwick en Écosse et donne une agréable touche historique à un tracé plutôt récent (inauguré en 2000).

Il inspire aussi une certaine peur aux golfeurs qui pénètrent sur l'aire de départ, située sur une crête offrant une vue spectaculaire. De toute évidence, le choix du club est primordial sur ce par 3, mais ce n'est pas chose aisée à cause des vents lunatiques de la péninsule de Mornington ; les gens du coin vous diront que, selon la force du vent du jour, on peut n'avoir besoin que d'un fer 9 ou, au contraire, d'un fer 3.

Et une fois le club approprié choisi, on doit alors soigneusement poser la balle sur un green de 45 m de large, célèbre pour ses emplacements de drapeau diaboliques. **JS**

Parcours : Southern Dunes Golf & Country Club

Situé à : Haines City, Floride, États-Unis

Trou : n° 11

Longueur : 196 m

Par : 3

Architecte : Steve Smyers

À savoir : Ce difficile tracé est le deuxième plus élevé du centre de la Floride. Il est doté de 186 bunkers, dont 18 sur le n° 11.

N° ⓫

SOUTHERN DUNES GOLF & COUNTRY CLUB

Vous sentez-vous à l'étroit chez Mickey ? Southern Dunes n'étant qu'à 25 km de Disney World, il offre aux touristes comme aux habitants de Floride la possibilité de jouer ailleurs que sur le golf d'un complexe hôtelier. Steve Smyers a dessiné en Floride des parcours aussi reconnus que l'Old Memorial de Tampa ou le Crescent Oak de Tarpon Springs, et a entièrement remodelé le country club d'Isleworth à Orlando, où sont basées de grosses pointures du PGA Tour telles que Tiger Woods, Lee Janzen et Mark O'Meara.

Smyers voulait ce parcours vallonné ferme et rapide. Southern Dunes occupe une ancienne orangeraie : c'est en effet dans un sol sablonneux que les orangers poussent le mieux, ce qui ne manque pas à Southern Dunes. De fait, Smyers et son équipe ont dû retirer du sable du terrain et ce qui restait a suffi à construire près de 200 bunkers.

Sur le n° 11, les joueurs de bon niveau peuvent attaquer en descente de diverses manières, en fonction de l'emplacement du drapeau. Les bunkers que l'on découvre des 2 côtés du fairway ne devraient pas entrer en jeu, car ils sont situés bien avant le green.

Si le drapeau est placé à gauche, visez l'avant du green, sur la gauche, et vous verrez votre balle rouler vers le trou. Pour rejoindre un drapeau placé à droite, on devra jouer un coup lobé tandis que, s'il est à l'arrière, on choisira une approche roulée.

Attention à ne pas prendre trop de clubs, car le green dessine une pente abrupte vers l'arrière, provoquant des chips difficiles. Ceux qui recherchent la facilité devraient viser loin du drapeau, afin d'éliminer la possibilité d'un chip suivi d'un putt. **BB**

Parcours : golf Las Brisas

Situé à : Málaga, Andalousie, Espagne

Trou : n° 11

Longueur : 192 m

Par : 3

Architecte : Robert Trent Jones senior

À savoir : Las Brisas s'appelait « golf Nueva Andalucia » jusqu'au début des années 1970.

N° ⑪ GOLF LAS BRISAS

Málaga est un port de la Costa del Sol en Espagne. Le judicieusement nommé golf Las Brisas (golf des Brises) est situé au pied du pic La Concha, et le vent qui parcourt la vallée influe souvent sur le vol de la balle. Le tracé contient de nombreuses espèces d'arbres de tous les continents, ainsi que de nombreux palmiers et espèces indigènes de la Méditerranée.

Le coup de départ du n° 11 doit franchir l'eau sur le devant et sur tout le côté gauche d'un green incliné d'avant en arrière, aussi protégé par des bunkers devant, à gauche et à droite, ainsi que par un bosquet sur la droite.

Las Brisas est rapidement devenu célèbre pour les épreuves professionnelles de premier ordre qui s'y déroulaient. Peu après son inauguration, il a ainsi accueilli l'Open d'Espagne de 1970, remporté par Angel Gallardo, enfant du pays. Les Opens de 1983 (Eamon Darcy) et de 1987 (Nick Faldo) s'y sont aussi déroulés, ainsi que 2 Coupes du monde : l'équipe américaine composée de Jack Nicklaus et Johnny Miller l'emporta en 1973, tandis que le duo australien formé par Peter Fowler et Wayne Grady triompha en 1989. **KA**

Parcours : Cordova Bay

Situé à : Victoria, Colombie-Britannique, Canada

Trou : n° 11

Longueur : 159 m

Par : 3

Architecte : Bill Robinson

À savoir : Étape fréquente du Tour canadien (dont le Victoria Open de 2005), le n° 11 de Victoria Bay fut autrefois désigné par 3 le plus difficile de ce circuit.

N° ⑪ CORDOVA BAY

Cordova Bay est l'un des parcours les plus fréquentés et les plus appréciés de l'ouest du Canada. Malgré l'afflux de joueurs, il est toujours en excellent état.

Et le n° 11 est tout simplement un excellent trou. L'un des plus agréables de Cordova Bay au plan esthétique, il fait aussi partie des plus difficiles.

On y vise un green en forme de sablier, large de seulement 6,5 m au point le plus étroit, et profond de 42 m. Les premiers 3 m du green sont faux – en clair, votre balle ne demeurera pas sur le green si elle y atterrit.

L'arrière du green est à double plateau, le plus élevé à gauche, l'autre légèrement moins à droite. Le drapeau n'est placé que rarement au milieu du sablier, mais les ennuis guettent si c'est le cas.

Le danger ne manque pas non plus autour du green, avec un vaste étang qui empiète à droite. Évitez donc de viser ce côté-là.

On trouve aussi 2 profonds bunkers sur la gauche. Il est difficile d'en sortir, surtout de celui du devant. 3 autres attendent derrière le green, mais ils ne sont pas aussi coriaces. **TJ**

N° ⑪ GOLF DE FALSTERBO

Parcours : golf de Falsterbo
Situé à : Falsterbo, Suède
Trou : n° 11
Longueur : 146 m
Par : 3
Architecte : Gunnar Bauer
À savoir : Une série d'obstacles d'eau appelés « Flommen » ainsi que des greens entièrement remodelés constituent certains des défis de Falsterbo. Le projet de rénovation de tous les greens du parcours a pris fin en 2001.

CI-CONTRE *Vue aérienne de Falsterbo.*

Dès que l'on arrive à Falsterbo, on devine à de multiples signes ce que l'avenir réserve, depuis le clubhouse qui paraît collé au sol pour résister au vent, jusqu'au drapeau qui semble danser tout en haut d'un poteau avec des rafales presque constantes.

Falsterbo – à environ 30 km au sud-ouest de Malmö – est un parcours en links dans tous les sens du terme. De fait, c'est le tracé suédois qui ressemble le plus aux links écossais.

L'œuvre de Gunnar Bauer est située à l'intérieur d'une réserve naturelle, à la pointe de la péninsule du sud-ouest de la Suède, où la Baltique et la mer du Nord se rencontrent. Les vents fantasques de la Baltique alliés au paysage vallonné et dépourvu d'arbres de Falsterbo constituent la meilleure défense du parcours.

Le n° 11, par exemple, est un par 3 plutôt court (146 m seulement depuis les départs pros), mais face au vent dominant, les joueurs devront prendre 2 ou même 3 clubs de plus que d'ordinaire.

Tout coup de départ trouvant le green exigeant du n° 11 constitue une sorte d'exploit, et pourtant, il n'est pas garanti que 2 putts suffisent à rentrer la balle. **RH**

N° ⑪ LOS ANGELES COUNTRY CLUB (PARCOURS NORD)

Parcours : Los Angeles Country Club (parcours nord)
Situé à : Los Angeles, Californie, États-Unis
Trou : n° 11
Longueur : 223 m
Par : 3
Architectes : Herbert Fowler, George C. Thomas junior, William P. Bell
À savoir : Dans un style typiquement hollywoodien, la villa Playboy, appartenant à Hugh Hefner, propriétaire du magazine du même nom, se trouve derrière le treizième green du parcours nord du country club de Los Angeles.

Situé au milieu de Beverly Hills, le très huppé Los Angeles Country Club compte depuis longtemps des membres prestigieux, dont Ronald Reagan en son temps, Richard Riordan, ancien maire de la ville, Keith Jackson, journaliste sportif, ou Fred Couples, joueur du PGA Tour.

Le parcours nord comprend certains des pars 3 les plus longs et les plus ardus au monde, 3 d'entre eux se trouvant entre les n° 7 et 11.

Le n° 11, un par 3 de 223 m, ferme la marche de ce trio. C'est un Redan inversé dont le tertre de départ offre une vue splendide sur la ligne des toits de Los Angeles. Le coup de départ, en descente, exigeant généralement un bois de parcours ou un fer long, se joue au-dessus d'un vallon pour rejoindre un green en hauteur, protégé par 2 immenses bunkers situés en biais qui s'étendent du fairway jusqu'à l'avant du green. Celui de gauche forme un faux collier car le green débute en réalité 27 m derrière lui. Cela permet aux joueurs astucieux de franchir le bunker pour atterrir devant le green, à gauche, en faisant rebondir la balle sur ce dernier, incliné d'arrière en avant. En supposant, bien entendu, qu'ils puissent y arriver. **KA**

N° ⑪ SHINNECOCK HILLS GOLF CLUB

Parcours : Shinnecock Hills Golf Club

Situé à : Southampton, État de New York, États-Unis

Trou : n° 11

Longueur : 143 m

Par : 3

Architectes : Willie Dunn, William S. Flynn, Howard Toomey

À savoir : Au cours de l'US Open de 1995, on joua une moyenne de 3,188 coups sur le n° 11 qui ne concéda que 56 birdies contre 107 bogeys t 17 doubles bogeys ou pire.

CI-DESSOUS *Le onzième trou de Shinnecock Hills.*

CI-CONTRE *Sortie de bunker sur le n° 11 de Shinnecock Hills en juin 2004 pour le Japonais Shigeki Maruyama.*

Ce bijou se jouant en montée exige une précision infaillible si l'on veut réaliser un birdie ou le par. Depuis les 3 profonds bunkers situés en biais à droite du green jusqu'à un autre, intimidant, devant à gauche, ou au dévers diaboliquement abrupt à l'arrière-gauche, ce trou déborde d'embûches.

Le coup de départ est relativement court, et le vent souffle souvent dans le dos des joueurs, mais tout cela ne fait qu'amplifier la difficulté. Visez le centre droit du green et croisez les doigts, parce que vos choix sont limités. Une balle trop courte ou un peu trop à gauche ou à droite trouvera très probablement l'un des bunkers, et il sera alors presque impossible de sauver le par.

Trop longue, elle se posera dans une dépression marécageuse, amenant un double bogey ou pire, à cause du dévers sévère du green, de l'arrière vers l'avant. Si vous frappez un chip trop court depuis cet endroit, la balle reviendra à vos pieds.

Au cours du dernier tour de l'US Open de 1995, Greg Norman arriva à sauver le par depuis cet emplacement, avant de terminer deuxième, à 2 coups du vainqueur, Corey Pavin. **KA**

N° ⑪ THE CREEK CLUB

Parcours : The Creek Club

Situé à : Locust Valley, État de New York, États-Unis

Trou : n° 11

Longueur : 178 m

Par : 3

Architectes : Charles Blair Macdonald, Seth Raynor

À savoir : Le n° 11 est le seul par 3 du Creek Club dépassant les 165 m.

Ce parcours ne mesure que 5 853 m depuis les départs arrière, mais les golfeurs jouant depuis ces marques-là n'en tireront aucun confort sur le ravissant n° 11, particulièrement lorsque le vent de Long Island se déchaîne.

Judicieusement surnommé l'« Île », on doit accéder au green de ce joyau par un long pont en bois, car il est entièrement encerclé par un bassin de marée, avec le détroit de Long Island au fond.

Heureusement, au moins à marée basse, les joueurs bénéficient souvent d'une deuxième chance lorsque leur balle s'égare dans les herbes marécageuses ou dans le sable.

Le green est vaste et, dans le style du golf de Biarritz, souvent imité par Macdonald et Raynor, il est divisé au centre par une énorme dépression. On devra absolument atterrir sur la partie contenant le drapeau. Il faut alors juger correctement le vent et choisir le club approprié afin d'inscrire un bon score sur ce trou. On pourrait sinon facilement frapper 3 putts, ce qui fera paraître la traversée du pont considérablement plus longue au retour. **KA**

Parcours : Royal Adelaide Golf Club

Situé à : Seaton, Australie-Méridionale, Australie

Trou : n° 11

Longueur : 355 m

Par : 4

Architectes : H. L. Rymill, C. I. Gardiner, Alister MacKenzie

À savoir : Rymill et Gardiner, membres du club, conçurent un premier parcours sur le site actuel du Royal Adelaide, puis MacKenzie redessina les 18 trous au cours d'une visite en 1926.

N° ⓫ ROYAL ADELAIDE GOLF CLUB

Cette merveille est affectueusement surnommée le « Cratère ». C'est un par 4 de longueur moyenne, où l'on doit jouer son drive depuis une aire de départ édifiée contre la limite occidentale du club, entre 2 bunkers, et viser un fairway qui s'élève jusqu'à une crête.

De là, les joueurs doivent frapper leur balle au-dessus d'un vaste cratère sablonneux jusqu'à un petit green situé devant une ravissante dune recouverte de pins, et protégé à l'avant par 2 bunkers. Si votre balle atterrit dans le cratère, les ennuis commencent. Le fairway se terminant à environ 256 m, les grands frappeurs devraient utiliser un bois 3 ou un long fer sur leur premier coup.

De fait, la stratégie la plus sage consiste probablement à contrôler son amour-propre avant de frapper à environ 180 m, pour faire atterrir le drive bien avant la fin du fairway, juste devant les bunkers. Il ne reste plus alors que 137 m jusqu'au drapeau et à un green qui pourrait amener 3 putts, si l'on n'y prend pas garde. **JS**

Parcours : Ojai Valley Inn & Spa

Situé à : Ojai, Californie, États-Unis

Trou : n° 11

Longueur : 271 m

Par : 4

Architectes : George C. Thomas junior, William P. Bell

À savoir : La vallée d'Ojai regorge de beauté naturelle et constitue le cadre parfait d'un parcours de championnat. Construit en 1923, ce tracé historique est un par 70, mesurant 5 765 m depuis les départs arrière.

N° ⓫ OJAI VALLEY INN AND SPA

Avant de frapper le premier coup sur le n° 11, voici quelques conseils. Tout d'abord, laissez votre driver là où il est. Vous aurez de nombreuses occasions de l'utiliser sur ce parcours, mais pas sur ce par 4.

Ici, nul besoin de puissance mais de précision. Jouez donc votre coup de départ intelligemment, en commençant par abandonner le driver. Nous vous conseillerons ensuite d'examiner le drapeau, car cela ne sera plus possible sur le deuxième coup. Il sera pourtant nécessaire de connaître son emplacement afin de préparer son coup d'approche. Comment sinon sauriez-vous à quelle distance viser ?

Tant que nous en sommes à donner des conseils, en voici un autre. Ne tenez pas ce trou pour acquis. La carte de parcours indique peut-être que c'est le 14e par ordre de difficulté, mais il demeure éprouvant.

Le coup de départ doit franchir un grand marécage, mais 192 m devraient suffire. Le fairway débute à 123 m du green.

Un bon drive assez précis devrait ne laisser que 90 m jusqu'au green. C'est le deuxième coup qui décidera de votre sort sur ce trou. **TJ**

OAKLAND HILLS COUNTRY CLUB (PARCOURS SUD)

N° **11**

Parcours : Oakland Hills Country Club (parcours sud)

Situé à : Bloomfield Hills, Michigan, États-Unis

Trou : n° 11

Longueur : 387 m

Par : 4

Architectes : Donald Ross, Robert Trent Jones senior

À savoir : Le saviez-vous ? C'est au cours de l'US Open de 1951 qu'Oakland Hills reçut son surnom, le « Monstre ». Seuls 2 golfeurs jouèrent cette année-là des parties sous le par. Ben Hogan l'emporta avec un total de 287 et déclara qu'il était heureux d'avoir « soumis ce parcours, ce monstre ».

Oakland Hills comprend des trous extraordinaires, dont certains excellents pars 4. Le n° 11 en est un parfait exemple.

Mesurant 387 m depuis les départs arrière, il est semé d'embûches. La zone d'arrivée est située dans un ensellement. Si l'on frappe un bon drive, la balle devrait se poser juste au-delà d'une crête sur le côté gauche du fairway. C'est l'endroit idéal. Le green, protégé par 4 bunkers sur le devant, est perché sur une autre crête.

Une série de petits monticules ornent le côté droit du fairway jusqu'au green. On trouve aussi quelques arbres dans cette zone, dont un juste à droite de l'avant-droite du green.

Oakland Hills a accueilli la Ryder Cup de 2004, 2 championnats PGA ainsi que 6 US Opens, dont le dernier en 1996. Le parcours ne manque donc pas d'histoire. 2 rapides anecdotes :

Robert Trent Jones senior redessina le parcours sud d'Oakland Hills avant l'US Open de 1952, puis à nouveau en 1972 et en 1984.

Le clubhouse, la deuxième structure de bois plus importante du Michigan, est une copie de la demeure de George Washington à Mount Vernon. **TJ**

N° ⑪ ROYAL TROON GOLF CLUB
(VIEUX PARCOURS)

Parcours : Royal Troon Golf Club (vieux parcours)

Situé à : Troon, Ayrshire, Écosse

Trou : n° 11

Longueur : 446 m

Par : 4

Architectes : Willie Fernie, James Braid

À savoir : Ce long n° 11 a été baptisé le « Chemin de fer », d'après la voie qui longe le fairway. La première fois qu'il l'a joué, Jack Nicklaus y a réalisé un score de 11.

Si vous voulez réaliser un bon score au Royal Troon, mieux vaut prendre de l'avance sur le premier 9, car le vent nord-ouest dominant qui vous attend sur le chemin du retour rend le dernier plus difficile.

Sur le n° 11, le vent – sans parler des presque 450 m que mesure ce par 4 – constitue la plus sévère des épreuves de ce parcours. C'est le trou le plus difficile du tracé, exigeant 2 coups frappés de la façon la plus pure si l'on veut pouvoir réaliser le par. De fait, certains membres le jouent comme un par 5. Cependant, au cours des tournois qui se déroulent ici, il se transforme rapidement en l'un des pars 4 les plus difficiles au monde. Il a même été consacré trou le plus difficile du British Open en 1997.

En s'approchant du n° 11, on aura le temps de méditer sur les obstacles de ce trou long et dangereux. C'est un spectacle monstrueux, splendide et classique, bien entendu, qui s'étend devant vous comme un défi effrayant. Pas de mystère ici : pas de coup aveugle. C'est le plus souvent une bénédiction, mais ce qui vous attend n'est pas aisé.

La voie de chemin de fer longe tout le côté droit, et les trains la parcourent en sens inverse de celui du jeu – un spectacle et un bruit intimidants lorsque l'on s'apprête à frapper. Si la balle part à droite, elle

CI-DESSOUS ET CI-CONTRE Deux vues du trou n° 11 du Royal Troon.

trouve la voie, et finira peut-être son voyage en Écosse du Sud. À gauche, elle pourrait tout aussi bien se trouver dans une autre région du pays, car les ajoncs y sont si épais qu'elle est presque certainement perdue à tout jamais. Même si vous la repérez, vos chances de la jouer sont quasiment nulles.

Le deuxième coup est long, la voie n'étant qu'à quelques mètres du green, à droite. Celui-ci est assez vaste, mais la voie ferrée peut cette fois encore s'avérer intimidante. C'est la conclusion quelque peu angoissante d'un trou assez terrifiant. Le n° 11 est le deuxième d'une série de 3 désignée la plus difficile au monde. Il n'y a pas de honte à finir à 3 au-dessus du par sur les n° 10 à 12. En fait, la plupart des joueurs seraient ravis de ce résultat. **JB**

N° ⑪ GLEN ABBEY GOLF CLUB

Parcours : Glen Abbey Golf Club
Situé à : Oakville, Ontario, Canada
Trou : n° 11
Longueur : 413 m
Par : 4
Architecte : Jack Nicklaus
À savoir : Ce parcours est célèbre pour diverses raisons, dont le fait qu'il s'agit là de la première œuvre que Jack Nicklaus ait réalisée seul. Un début plutôt solide.

Quel coup de départ a réalisé là Jack Nicklaus pour son premier parcours en solo ! Cela revient à remporter le Masters dès votre premier jeu.

Glen Abbey est l'un des terrains de golf les plus réputés et les plus appréciés du Canada. Le n° 11, un par 4 de 413 m, en est l'une des raisons qui l'expliquent. C'est le deuxième du parcours par ordre de difficulté, et l'un de ses meilleurs trous.

Le green a récemment été remodelé par Jack Nicklaus, et a tendance à être un peu ferme et très rapide, notamment lorsque l'on putte en direction du ruisseau. Le n° 11 est le premier des spectaculaires « trous dans la vallée », et est reconnu comme l'un des plus beaux du Canada.

Examinez le haut des arbres pour savoir d'où souffle le vent et faites de votre mieux pour éviter les bunkers de fairway sur la droite, à environ 159 m du green.

Souvenez-vous que le coup d'approche doit porter la balle sur toute la distance vous séparant du drapeau. Nous recommandons de prendre un club de plus, voire 2 si le drapeau est placé à l'arrière.

Et attention à ce grand bunker à droite du green. **TJ**

N° ⑪ LAUREL SPRINGS

Parcours : Laurel Springs
Situé à : Suwanee, Géorgie, États-Unis
Trou : n° 11
Longueur : 382 m
Par : 4
Architecte : Jack Nicklaus
À savoir : Les grands frappeurs devraient faire attention sur ce trou. Rentrez votre driver et saisissez-vous d'un bois 3 ou même d'un fer. Si vous frappez votre coup de départ trop loin, un bosquet vous empêchera de viser le green.

Jack Nicklaus, comme si souvent dans ses tracés, a parfaitement marié beauté et difficulté sur ce par 4 du spectaculaire parcours de Laurel Springs.

Le coup de départ idéal est long, parfaitement placé, et franchit les bunkers de fairway pour atterrir sur la gauche. Cela permet la meilleure approche possible d'un green difficile.

Mais pas si vite. On trouve énormément d'eau de ce côté-là. Un lac en forme de L longe le côté gauche puis le devant du green. Le coup de départ idéal est dangereux, car on doit affronter l'eau.

Il est aussi important de remarquer le pin géant se dressant au milieu – et nous insistons, au milieu – du fairway. À 180 m du green environ, il peut compliquer le deuxième coup. Le coup d'approche doit aussi franchir le ruisseau et atterrir sur un green long et étroit, pourvu au milieu d'une bosse retorse.

Cet excellent trou, emblématique du parcours, s'avère plus facile lorsque le drapeau est situé à l'avant, plus difficile s'il est à l'arrière.

C'est l'un des trous les plus ravissants d'un parcours, qui n'en manque pourtant pas. **TJ**

Parcours : Bethpage State Park (parcours noir)

Situé à : Farmingdale, État de New York, États-Unis

Trou : n° 11

Longueur : 398 m

Par : 4

Architecte : A. W. Tillinghast

À savoir : Tiger Woods s'est acheminé vers la victoire à tambour battant au cours de l'US Open de 2002, et il aura une chance de défendre son titre à Bethpage lorsque le tournoi y retournera en 2009. Le parcours noir, construit en 1936, est l'un des 5 du complexe.

N° ⓫ BETHPAGE STATE PARK (PARCOURS NOIR)

Le plus important sur ce trou est de placer le drive sur le fairway. Lorsque vous approchez du départ du n° 11, un trou paraissant plus simple qu'il ne l'est, le vent vous souffle généralement dans le dos. Vous aurez peut-être l'impression de faire face à une piste d'atterrissage depuis le départ, mais ne vous laissez pas duper. Depuis le green, on s'apercevra que le fairway n'est pas droit, mais aligné à gauche depuis le drapeau jusqu'au départ.

On aura un avantage sur les novices lorsqu'on le jouera pour la deuxième fois. L'expérience est importante à Bethpage. Le fairway est en effet plus étroit qu'il n'y paraît, une série de bunkers étant placés des 2 côtés à partir de 180 m après le départ et presque jusqu'au green. Ce dernier possédant un faux collier, prenez un club de plus si nécessaire afin d'atterrir au milieu.

Bien qu'on ne le considère pas comme le plus difficile du parcours, c'est le genre de trou qui peut se révéler problématique. Ne le tenez pas pour acquis, notamment parce que les très coriaces n° 12 et 15 vous attendent juste au tournant. **TJ**

Parcours : The National Golf Club (parcours Moonah)

Situé à : Cape Schanck, Victoria, Australie

Trou : n° 11

Longueur : 360 m

Par : 4

Architectes : Greg Norman, Bob Harrison

À savoir : On peut admirer le détroit de Bass derrière le green en creux, et on entend facilement les rouleaux au loin.

N° ⑪ THE NATIONAL GOLF CLUB
(PARCOURS MOONAH)

Le n° 11 du Moonah, un dogleg à droite, est considéré par de nombreux joueurs comme le trou le plus exceptionnel d'un parcours lui aussi exceptionnel, souvent salué pour ses herbes folles, ses dunes sauvages, et son vent soufflant parfois très fort.

Situé dans un recoin isolé, au nord-ouest du domaine, le trou débute par un coup qui, depuis les départs pros, doit franchir une série de crêtes afin d'atteindre un fairway en plateau entouré de sable. À environ 260 m, le terrain dessine un creux avant de s'élever vers une autre crête.

La plupart des golfeurs suivent un bon drive d'un fer court ou moyen (selon la position et le vent) jusqu'à un green en partie caché, creusé dans une dépression supplémentaire et défendu sur la droite par 2 bunkers.

On trouve aussi un hors-limite, fin prêt à avaler toute balle qui volerait au-delà du green de ce côté-là, provoquant des ennuis en quantité. **JS**

Parcours : Merion Golf Club (parcours est)

Situé à : Ardmore, Pennsylvanie, États-Unis

Trou : n° 11

Longueur : 337 m

Par : 4

Architecte : Hugh Wilson

À savoir : Merion abrite deux 18 trous offrant des greens rapides et des fairways étroits sur un terrain doucement vallonné. Pourvu de peu d'arbres, son rough sournois est très présent.

N° ⑪ MERION GOLF CLUB
(PARCOURS EST)

Il est difficile de jouer ce par 4 de 337 m sans s'accorder un moment de réflexion. Vous arpentez un terrain historique – et comment ne songeriez-vous pas à ce qui s'est produit exactement à l'endroit où vous vous tenez ? En 1930, Bobby Jones compléta son grand chelem légendaire à Merion.

Plaçant votre balle sur le départ, imaginez Jones faisant la même chose il y a 75 ans. Sa balle a terminé dans le livre des records. Avec un peu de chance, ce sera le green pour la vôtre. Le coup d'approche est déterminant. Mais celui de départ tout d'abord. À cause du ruisseau de Cobbs Creek, vous jouerez assez court. Un drive de 180 à 200 m devrait suffire. De là, vous suivrez d'un coup d'approche de 113 m, exigeant la perfection.

Le trou est aussi célèbre pour son rough épais autour d'un green qui s'avère particulièrement ferme. Il tiendra donc difficilement une balle jouée depuis le rough. Protégé par le ruisseau qui le longe sur la droite avant de s'enrouler sur l'arrière, il a aussi un bunker à gauche.

Le n° 11 est l'un des trous faisant la réputation de Merion, et l'un des plus jolis du parcours. **TJ**

BALLYBUNION GOLF CLUB
(VIEUX PARCOURS)

N° **11**

Parcours : Ballybunion Golf Club (vieux parcours)

Situé à : Ballybunion, comté de Kerry, Irlande

Trou : n° 11

Longueur : 408 m

Par : 4

Architectes : Tom Simpson, Molly Gourlay

À savoir : Watson a déclaré : « Ayant joué le vieux parcours de nombreuses fois depuis ma première visite en 1981, je suis désormais convaincu qu'il constitue l'une des meilleures et des plus belles épreuves au monde de golf en links. »

Tom Watson, 5 fois vainqueur du British Open, a fait du vieux parcours de Ballybunion son parcours de golf attitré lorsqu'il est loin de chez lui. De fait, Watson a été nommé capitaine du millénaire de Ballybunion et a déclaré qu'il avait rénové le vieux parcours en 1995 « pour le plaisir ». Il est difficile de blâmer son admiration, et aucun autre trou n'illustre mieux la beauté du lieu, son aspect sauvage et sa puissance maritime plus que le n° 11, un par 4 de 408 m périlleusement perché sur la falaise.

On a à peine la place de poser le pied en sûreté entre la mer et le green, protégé à gauche par un énorme monticule qui rend son approche presque impossible si votre drive dévie de ce côté-là. Le seul choix sur l'aire de départ est de viser la droite du fairway, et même là rien n'est aisé. Même après un drive parfait, on devra jouer un coup d'approche très étroit, car 2 dunes enserrent l'allée menant jusqu'au green en hauteur.

Ce trou est dépourvu de bunkers, ce qui surprend sur ces links traditionnels, au milieu des dunes les plus pures que la Nature puisse offrir. Mais, même sans le sable, jamais une approche n'a été plus périlleuse.

Ce trou, comme le reste du parcours, est accolé à l'Atlantique, et les golfeurs peuvent ressentir la présence de la mer tout en jouant. C'est un trou merveilleux sur un site irlandais exceptionnel. Mais un conseil : restez sur vos gardes. **JB**

N° 11   SHOREACRES GOLF CLUB

Parcours : Shoreacres Golf Club

Situé à : Lake Bluff, Illinois, États-Unis

Trou : n° 11

Longueur : 322 m

Par : 4

Architecte : Seth Raynor

À savoir : Shoreacres constitue un bon parcours de golf estival, mais si vous avez la possibilité d'y jouer lorsque le feuillage prend ses couleurs d'automne, vous vivrez une expérience inoubliable. Le n° 11, avec ses fairways bordés d'arbres et ses ravins, fait partie des plus beaux trous du parcours.

Chicago a abrité des célébrités de toutes sortes. On a compté parmi elles le gangster Al Capone et Richard Daly, le maire de la ville, Ernie Banks, légendaire joueur de base-ball, et Mike Ditka, célèbre footballeur américain. Mais un autre personnage arpentait Chicago avant que Scarface n'y laisse son empreinte : Seth Raynor, beaucoup moins célèbre, a pourtant marqué la région d'une façon toujours visible aujourd'hui. Sa rénovation du golf de Chicago en fit un parcours réputé au niveau national, et ce juste après sa création en 1917 d'un joyau américain – le Shoreacres Golf Club.

Le talent dont il faisait preuve pour mettre à profit le terrain n'est nulle part plus évident qu'à Shoreacres, où Raynor transforma les ravins naturels en obstacles redoutables. Le fait que l'on doive couper les fairways étroits en se faufilant au milieu des arbres donne aussi à ce parcours une ambiance très naturelle.

Les ravins ne sont nulle part plus présents que sur le n° 11. C'est un par 4 court à 322 m, et les 2 ravins qui traversent son fairway le rendent plus complexe que sa longueur ne laisserait supposer.

Depuis le départ, on doit franchir l'un de ces ravins sinueux. Un drive solide lui ôtera toute importance, mais il doit être bien frappé. Cela présente un dilemme, car il faut frapper assez loin pour survoler le premier ravin et atterrir sur le fairway, mais pas trop fort pour ne pas rouler dans le deuxième. Les grands frappeurs utilisent généralement un bois de fairway ou un fer long.

Le premier ravin peut s'avérer gênant, mais le deuxième provoque de gros dégâts. Situé directement devant un green plutôt petit, c'est un obstacle impitoyable pour les balles trop courtes. On ne peut pas non plus frapper de toutes ses forces pour éviter le deuxième ravin, car le green ne tient que les balles qui atterrissent en douceur.

Le n° 11 de Shoreacres illustre magnifiquement le génie de Raynor, qui travailla avec des architectes tels que Charles Blair Macdonald et Charles Banks. Raynor influença tous ceux avec qui il collabora, et son œuvre – particulièrement à Chicago – a résisté à l'épreuve du temps. **JB**

N° 11 — GOLF CLUB D'OKLAHOMA

Parcours : Golf Club d'Oklahoma

Situé à : Broken Arrow, Oklahoma, États-Unis

Trou : n° 11

Longueur : 412 m

Par : 4

Architecte : Tom Fazio

À savoir : La zone humide que l'on découvre sur ce trou rappelle plus un marécage de Floride que le centre de l'Oklahoma. Les membres du club disent souvent en plaisantant qu'ils s'attendent à voir en sortir un alligator un jour ou l'autre.

Voici le trou le plus difficile de ce tracé réputé, que Tom Fazio dessina en 1983 dans la banlieue de Tulsa. Il est long, en montée, et abonde d'obstacles qui contrarieront les golfeurs tout du long.

Le trou virant légèrement à gauche, le coup de départ devrait viser le côté droit du fairway. Mais attention à ne pas jouer trop à droite, où guettent un grand bunker et des zones humides. Si vous atterrissez dans l'un d'entre eux, le par sera probablement impossible à sauver. Si vous jouez trop à gauche, un bosquet de chênes et d'ormes vous bloquera l'accès au green, aussi protégé par un faux collier et par un profond et difficile bunker à gauche. Le green est assez étroit mais long, incliné de droite à gauche et doté de diverses ondulations. Visez son côté droit sur le coup d'approche, et espérez que tout se passe au mieux. **KA**

N° 11 — STONEBRIDGE GOLF CLUB

Parcours : Stonebridge Golf Club

Situé à : Ann Arbor, Michigan, États-Unis

Trou : n° 11

Longueur : 352 m

Par : 4

Architecte : Arthur Hills

À savoir : Le club de Stonebridge propose divers forfaits novateurs, dont le forfait « crépuscule » à l'automne, grâce auquel on peut jouer autant qu'on le désire à partir de 15 h.

Le club de Stonebridge est un classique d'Arthur Hills – qui a dessiné de nombreux parcours dans le sud-est du Michigan. C'est un tracé en links qui serpente au milieu d'un ensemble immobilier privé de luxe.

Pourvu de ponts en pierres, le parcours mesure 6 338 m depuis les marques bleues (de championnat), et traverse collines, bois et zones humides. L'eau entre en jeu sur au moins 11 trous, sous la forme de ruisseaux et étangs.

Comme si souvent sur les tracés de Hills, quelques trous se distinguent réellement des autres, notamment le n° 11, un par 4 de 352 m. C'est un vrai dogleg à droite, dessinant un angle de 90 degrés et dépourvu de toute facilité.

Le coup de départ le plus sage vise le moulin à vent, à 165 m environ. Tout coup plus long serait risqué. On devra franchir l'eau qui borde tout le côté droit, car elle finit par traverser le fairway juste devant le green. Le côté gauche est, lui, bordé d'arbres.

Depuis les départs arrière, il faudra frapper la balle à 237 m afin d'atteindre l'arrière du coude. On pourra aussi l'envoyer à 206 m pour qu'elle atterrisse juste avant une zone marécageuse. Le deuxième coup pourra franchir cette dernière ainsi que l'eau pour rejoindre le green, mais ce sera un coup difficile.

De toutes façons, il sera ardu d'où que l'on le joue. L'eau protège le green sur la droite comme sur l'avant, et ce dernier est aussi étroit et défendu par des arbres sur l'arrière. **TJ**

N° ⑪ AUGUSTA NATIONAL GOLF CLUB

Parcours : Augusta National Golf Club
Situé à : Augusta, Géorgie, États-Unis
Trou : n° 11
Longueur : 416 m
Par : 4
Architectes : Robert Tyre Jones, Alister MacKenzie

À savoir : Avant 1950, les concurrents du Masters devaient affronter le ruisseau de Rae's Creek sur leur coup d'approche, devant le green du n° 11. C'est désormais un étang, plus grand, qui les attend.

CI-DESSOUS *David Duval sur le n° 11 de l'Augusta en avril 1999.*

CI-CONTRE *Tom Watson dans l'eau sur le n° 11 de l'Augusta en avril 2001.*

L'Augusta National a toujours été marqué par la tradition, même si le changement a toujours aussi été dans l'air. De nombreux architectes célèbres, dont Perry Maxwell et Robert Trent Jones senior, ont apporté des modifications au parcours, et notamment au n° 11.

Son aire de départ a été reculée de 30 m environ en 2002 et de nouveaux arbres furent plantés à droite de la zone d'arrivée pour le tournoi de 2004. Ce par 4 fait partie de l'« Amen Corner », et le vent y joue souvent un rôle important. Le green est défendu par un étang sur la gauche, et par un bunker au centre droit.

Ce trou a décidé de tous les play-offs en mort subite sauf 2, y compris lors du triomphe étonnant de Larry Mize en 1987. Il déclara par la suite : « Tout le monde se souvient du chip de 42 m que j'ai rentré sur le n° 11 depuis le côté droit du green, pour remporter le titre après un play-off en 1987. Mais ce que l'on oublie souvent, c'est que j'avais raté un coup de 6 m qui m'aurait permis de sauver le par sur exactement la même ligne de jeu 2 h auparavant. Je devais absolument rentrer ce putt. J'avais obtenu un bogey au n° 10 et un autre pouvait vraiment diminuer mes chances de réussite. » **TJ**

Parcours : Garden City Golf Club

Situé à : Garden City, État de New York, États-Unis

Trou : n° 11

Longueur : 380 m

Par : 4

Architectes : Devereux Emmet, Walter Travis, Robert Trent Jones senior

À savoir : Ayant accueilli l'US Open de 1902, ces links classiques sont plus que centenaires. Ils sont caractérisés par de simples aires de départ carrées, de larges fairways et un rough épais. Le golf de Garden City est parsemé de profonds bunkers, et l'eau n'entre en jeu que sur 2 des 18 trous.

N° ⓫ GARDEN CITY GOLF CLUB

Angles. Ce sont les angles qui déterminent le jeu sur le n° 11 du club de Garden City. Sur ce trou ravissant, il vaut mieux rejoindre le green depuis le côté droit du fairway. Il n'est cependant pas aisé de négocier cette position de choix, à cause d'une rangée de bunkers en biais protégeant cette zone. La seule façon de décrocher le grand prix est de frapper soigneusement vers la gauche, en survolant le terrain accidenté et un bunker.

Le golf était plus simple lorsque le n° 11 fut conçu, mais quelle que soit la technologie que vous transportiez dans votre sac, ne soyez pas trop présomptueux. Ses greens rapides font paraître ce parcours plus moderne qu'il ne l'est, et cette architecture de golf minimaliste peut duper le plus futé des golfeurs.

Attention, ce parcours déborde d'embûches cachées et est plus coriace qu'il ne semble. Le n° 11 illustre parfaitement la façon dont un tracé sans prétention et discret s'harmonise avec son cadre naturel au lieu de rivaliser avec lui, présentant aux joueurs surprise après surprise.

Les vents qui le balaient et son rough épais lui donnent un air anglais exquis. Le n° 11 offre un golf pur – un trou difficile sur un parcours absolument intemporel. **KLL**

Parcours : Timber Trace

Situé à : Pinckney, Michigan, États-Unis

Trou : n° 11

Longueur : 272 m

Par : 4

Architecte : Conroy-Dewling Associates, Inc.

À savoir : Le n° 16, un par 5, est le trou emblématique de Timber Trace. C'est un autre trou excellent sur un parcours réputé pour ses conditions de jeu. On n'oublie cependant pas facilement le n° 11.

N° ⓫ TIMBER TRACE

Même les plus courageux devraient songer à faire preuve de modération ici.

Ah, vous sortez votre driver ? Dans quel but ? Seuls 272 m vous séparent du green ? Vous pensez donc pouvoir le rejoindre directement. Je sais que vous arrivez parfois à frapper à 272 m, mais c'est en frappant de toutes vos forces et vous ne jouez pas toujours droit.

Où allez-vous maintenant ? Qu'est-ce que c'est que ça ? Un fer 3 ? Je vois. Vous avez décidé de jouer intelligemment.

C'est un scénario qui se produit plusieurs fois par jour sur ce trou. Les grands frappeurs tentent cependant le plus souvent leur chance. On peut certainement atteindre le green dès le coup de départ, mais on doit pour cela frapper droit. Sinon, on aura transformé un trou relativement aisé en vrai cauchemar.

On trouve le hors-limite à droite, une bruyère retorse sur la gauche, et 5 bunkers tout du long, dont un très dangereux à l'avant du green.

Le côté gauche de ce dernier est incliné de droite à gauche, tandis que le côté droit est lui incliné de gauche à droite. Quelques bunkers profonds et de la bruyère supplémentaire guettent à l'arrière.

La stratégie la plus sage est de jouer un fer 3 ou 4 jusqu'à 73 m pour suivre d'un wedge jusqu'au green, sauf, bien sûr, si vous frappez loin et de façon très précise depuis le départ. **TJ**

N° ⓫ ROYAL JOHANNESBURG
(PARCOURS EST)

Parcours : Royal Johannesburg (parcours est)

Situé à : Johannesburg, Afrique du Sud

Trou : n° 11

Longueur : 457 m

Par : 4

Architecte : Robert Grimsdell

À savoir : Les améliorations apportées au clubhouse comme aux 2 parcours du Royal Johannesburg ont été essentiellement financées par la vente du domaine de Kensington. En résultent de superbes installations, avec 2 exceptionnels parcours boisés.

Un mot d'histoire si cela ne vous embête pas.

« Les membres du Johannesburg Golf Club, fondé le 6 novembre 1890, commencèrent à jouer "derrière la colline de l'hôpital", dans la zone qui deviendrait ensuite Clarendon Circle et Empire Road. La recherche d'un terrain plus approprié et le rapide développement de la ville forcèrent le club à déménager pas moins de quatre fois avant de finalement s'établir en 1909 sur le terrain qu'il occupe encore aujourd'hui. »

Le n° 11 est le trou emblématique du parcours. Ses gigantesques peupliers rendent les trous précédents spectaculaires. On trouve ici 5 séries de départ, qui influent sur votre façon de jouer ce trou, et transforment les monstrueux 457 m en 382 m plutôt faciles. Pour votre coup d'approche, un fer moyen devrait suffire. Assurez-vous que ce soit assez pour franchir l'eau.

Les n° 10 et 11 ont la réputation, triste ou pas, de constituer les 2 pars 4 consécutifs les plus longs au monde. Le parcours a été remodelé en 1998 par Mark Muller. Certains trous ont été modifiés, mais ce sont surtout les greens qui, tout en conservant leur atmosphère d'origine, ont été grandement améliorés. **TJ**

N° ⓫ PREDATOR RIDGE GOLF RESORT
(PARCOURS PEREGRINE)

Parcours : Predator Ridge Golf Resort (parcours Peregrine)

Situé à : Vernon, Colombie-Britannique, Canada

Trou : n° 11

Longueur : 440 m

Par : 4

Architecte : Les Furber

À savoir : Ce domaine huppé, situé au cœur de la vallée de l'Okanagan, est doté d'un tracé de championnat de 27 trous que les lecteurs du *Vancouver Reader* ont désigné comme leur parcours préféré en 2004.

CI-CONTRE *Le trou n° 11, à vue d'oiseau, à l'endroit appelé Peregrine Ridge.*

Désigner le 9 trous le plus apprécié du domaine s'avère une tâche difficile, mais nul ne peut s'opposer au choix du parcours Peregrine. Puisqu'il remporte les suffrages, nous jouerons ce 9 trous en dernier, transformant son n° 2 en n° 11 de notre 18 trous.

On peut débattre des trois 9 trous toute la journée, mais ce par 4 remporte de nombreux suffrages non seulement en tant que meilleur trou de Predator Ridge mais aussi de Colombie-Britannique.

Après avoir passé du temps sur les links, ce challenge de 440 m vous fait découvrir les bois du dernier 9.

Avec un dénivelé de 36 m entre son aire de départ et son green, il marque le début d'une palpitante série de 5 trous dans l'impitoyable forêt de Predator Ridge. Il ressemble au n° 10 de l'Augusta National.

Predator Ridge proposant 2 parcours en un, on éprouve l'impression d'être passé sur un terrain entièrement différent sur le départ de l'impressionnant n° 11.

Le fairway, étroit, serpente au milieu d'immenses arbres, plus agréables à contempler depuis le milieu du fairway que directement en dessous.

Les 3 parcours mesurent de 2 375 m à plus de 3 200 m, et chacun d'entre eux est doté de son propre style. Le n° 4 du parcours Peregrine offre une vue fabuleuse sur le lac d'Okanagan. **TJ**

N° ⓫ THE VINES GOLF & COUNTRY CLUB
(PARCOURS DES LACS)

Parcours : The Vines Golf & Country Club (parcours des Lacs)

Situé à : The Vines, Australie-Occidentale

Trou : n° 11

Longueur : 393 m

Par : 4

Architectes : Graham Marsh, Ross Watson

À savoir : The Vines Resort est un domaine à 56 km de Perth, au pied du massif des Darling Ranges et au cœur de la Swan Valley, région viticole réputée.

Wayne Smith, golfeur professionnel australien, désigne le n° 11 comme le meilleur trou du parcours des Lacs, l'un des deux 18 trous qu'abrite ce domaine de la superbe région viticole de l'Australie-Occidentale, niché au cœur de prairies doucement vallonnées.

C'est aussi l'un des préférés des professionnels européens et australiens qui l'ont joué lorsque The Vines accueillait le Heineken Classic. Et bien que cette manifestation se déroule depuis 2001 au Royal Melbourne, les critiques sont toujours aussi enthousiasmés par l'architecture du parcours des Lacs.

Mieux vaut jouer son coup de départ avec un driver pour franchir l'eau qui, selon Smith, le fait palpiter chaque fois qu'il prend position sur le départ.

Les joueurs seront ensuite confrontés à un coup d'approche plutôt long – les greens sont ici réputés pour leur taille énorme et leurs contours marqués – où 3 bunkers procurent toutes les embûches potentielles dont auront besoin les amateurs du dimanche. **JS**

Parcours : Singapore Island Country Club (parcours Bukit)

Situé à : Sime Road, Singapour

Trou : n° 11

Longueur : 388 m

Par : 4

Architectes : James Braid, J. J. F. Pennink

À savoir : On peut choisir parmi 3 parcours – le Bukit, le Sime et le parcours Island –, tous des pars 71.

N° 11 — SINGAPORE ISLAND COUNTRY CLUB (PARCOURS BUKIT)

On trouve bien 3 parcours au Singapore Island Country Club, mais sauf si vous avez des relations appartenant à ce club très fermé, inutile de songer à jouer 2 d'entre eux. Le Bukit et le Sime sont privés – très privés. Les visiteurs doivent être accompagnés par un membre s'ils désirent les jouer, et les membres ne sont autorisés à inviter qu'un visiteur par jour. Le parcours Island est public et décent. Mais nous sommes là pour parler du parcours Bukit – et plus particulièrement du trou n° 11, un par 4.

Le Bukit est construit autour de 2 grands réservoirs, ce qui est rafraîchissant, mais les brises qu'ils produisent peuvent s'avérer déconcertantes – surtout si vous découvrez ce parcours pour la première fois. Et, à cause du caractère très fermé de l'endroit, sauf si vous êtes membre, vous n'êtes probablement pas au courant de ses caractéristiques. Avantage à votre hôte.

Le n° 11 constituerait une épreuve difficile même par la plus belle des journées, mais un jour sans vent est assez rare au Singapore Island Country Club. Si on ajoute à cela la brise parfois retorse, ce trou de 388 m devient encore plus éprouvant.

L'aire de départ est enchâssée au milieu d'arbres majestueux, ce qui ne procure un sentiment de protection que de façon temporaire. À partir de là, on doit se débrouiller seul, en commençant par le coup de départ qui se révèle assez simple. Puis le trou devient plus complexe, tournant progressivement à droite.

Dans l'idéal, la première balle atterrira sur la moitié gauche du fairway afin de pouvoir couper l'angle, mais attention à ne pas viser trop à gauche, à cause d'une rangée d'arbres et d'un chemin de terre derrière. Le fairway étant incliné de droite à gauche, on devrait viser son centre en frappant légèrement en draw pour trouver la pente et terminer sur le côté gauche.

Le green est assez accueillant depuis cette position. Il est vaste, mais sa surface est dure et rapide – particulièrement lorsqu'elle est sèche, ce qui est le plus souvent le cas à cause du vent. Un bunker en forme d'haricot protégeant sa gauche, un drapeau placé sur la moitié gauche du green s'avérera très difficile, car c'est seulement depuis ce côté-là du fairway que l'on peut l'atteindre. On doit absolument franchir le bunker et arrêter la balle dans une zone réduite. **JB**

N° ⑪ QUAKER RIDGE GOLF CLUB

Parcours : Quaker Ridge Golf Club

Situé à : Scarsdale,
État de New York, États-Unis

Trou : n° 11

Longueur : 353 m

Par : 4

Architecte : A. W. Tillinghast

À savoir : Quaker Ridge offre 18 magnifiques trous de golf, mais 3 d'entre eux sont vraiment exceptionnels. Le n° 6, un dogleg à droite et un par 4 en montée, est le plus difficile. Le n° 12 est lui aussi très réputé. Enfin le n° 11 est l'un des plus beaux trous que l'on puisse trouver sur n'importe quel parcours.

Votre succès ici dépend de votre coup de départ. Ce dogleg à gauche n'est pas très long et on n'aura pas besoin d'un effort héroïque pour rejoindre son coude. Si vous pouvez frapper droit à environ 210 m, vous serez en excellente position.

On aperçoit un bunker sur le fairway à 137 m du départ que nous recommandons d'éviter. Essayez aussi de placer la balle sur le côté droit car un grand arbre centenaire gênera votre coup d'approche depuis la gauche. Il n'est pas prévu de l'abattre.

Faites donc une pause avant de jouer le deuxième coup. Admirez le paysage. Difficile de faire plus joli que le milieu du fairway du n° 11 de Quaker Ridge.

Mais mieux vaut désormais frapper car le préposé au départ s'approche.

On vise un green de bonne taille, incliné de gauche à droite avec un bunker sur la gauche. On en trouve d'autres à l'arrière – juste au cas où votre coup d'approche s'avérerait un peu trop puissant. **TJ**

Parcours : The Otago Golf Club

Situé à : Dunedin, Nouvelle-Zélande

Trou : n° 11

Longueur : 360 m

Par : 4

Architecte : J. Somerville

À savoir : Au cours d'un match-exhibition en 1966, Arnold Palmer fit exploser son drive à 343 m jusqu'au centre du green. Après avoir frappé 2 putts, il réalisa un birdie, partageant ainsi ce trou avec Bob Charles, son adversaire du jour.

N° 11 THE OTAGO GOLF CLUB

Surnommé le « Glen », ce trou est non seulement considéré comme l'un des meilleurs de Nouvelle-Zélande, mais aussi du monde entier. Même s'il ne représente plus un aussi grand défi qu'autrefois, cela demeure un trou spectaculaire. Et il n'a rien d'aisé.

Selon la légende, « la forêt d'ajoncs était une gueule sans fond ». Cela se traduit aujourd'hui par un simple rough, où l'on ne souhaite cependant toujours pas se retrouver.

La zone d'arrivée de la balle est « généreuse » comme on dit. Depuis le départ, le drive idéal sera long de 196 m sur ce dogleg à droite. Si vous désirez viser le côté gauche du fairway, vous pouvez. Mais sachez qu'un drive d'environ 90 m est ensuite nécessaire pour atteindre le green.

Ce dernier est long mais étroit et bien protégé. Il est flanqué de 2 bunkers à gauche, et d'un autre grand à droite.

En 1935, Gene Sarazen swingua 3 fois depuis le départ en direction du green. Contrairement à Palmer, il ne l'atteignit jamais, décidant finalement de jouer court avec un fer long. Mais il utilisait un driver en bois et vous ne devriez donc pas vous laisser intimider par cette histoire d'épouvante. **TJ**

Parcours : Bald Mountain

Situé à : Lake Orion, Michigan, États-Unis

Trou : n° 11

Longueur : 291 m

Par : 4

Architectes : Wilfrid Reid, William Connellan

À savoir : Dessiné en 1929, Bald Mountain est l'un des parcours les plus traditionnels des environs de Detroit.

N° 11 BALD MOUNTAIN

On ne confondra jamais Bald Mountain avec les parcours plus exigeants du Midwest. En effet, ses fairways offrent d'amples zones d'arrivée mais sont aussi bordés de nombreux arbres adultes.

On peut viser ces zones d'arrivées plates, mais le terrain abonde aussi en collines et dénivelés.

Bienvenue sur le n° 11. On peut atteindre le green de ce mémorable par 4 dès le coup de départ, notamment lorsque le vent est favorable. Si vous jouez depuis les marques blanches, seul un drive de 255 m vous sépare du green, et vous n'aurez aucune excuse si vous ne tentez pas le coup.

Emparez-vous de votre driver, c'est pour cela que vous êtes venu. N'oubliez pas, cependant, que le fairway prend fin à environ 35 m du green.

Le coup de départ survole une vallée présentant un dénivelé d'au moins 10 m. Le green se trouve à l'autre extrémité.

Ses 2 côtés étant bien gardés par des bunkers, si votre balle dévie légèrement vous devrez sortir votre sand wedge. Le côté droit du green s'incline fortement avant de s'aplanir. Vérifiez la position du drapeau. **TJ**

Parcours : Troon North Golf Club (parcours du Monument)

Situé à : Scottsdale, Arizona, États-Unis

Trou : n° 11

Longueur : 493 m

Par : 5

Architectes : Tom Weiskopf, Jay Morrish

À savoir : Le parcours du Monument offre de larges fairways serpentant au milieu d'une végétation de type désertique, des oueds et d'imposants cactus saguaros.

N° 11 TROON NORTH GOLF CLUB
(PARCOURS DU MONUMENT)

Abritant 2 parcours remarquables, le Monument et le Pinacle, le club de Troon North est l'un des meilleurs d'Arizona. Et bien que ces 2 tracés serpentent au milieu d'un lotissement élégant dont certaines demeures dépassent les 330 000 euros, on a toujours l'impression à North Troon de se trouver en plein désert.

Lorsqu'on tente de choisir le plus mémorable des trous de ce parcours, on se sent comme un enfant dans une confiserie : tous les trous étant excellents, cela s'avère presque impossible.

Surnommé la « Selle », celui-ci n'est pas aisé, mais on prend un grand plaisir à le jouer, exactement la raison pour laquelle on se rend dans ce complexe hôtelier de premier ordre. Autrefois désigné meilleur trou de l'État par le journal *Arizona Republic*, ce splendide par 5 est un dogleg à gauche dont le fairway, très spacieux, se faufile entre de spectaculaires formations de granit.

Vous pensez pouvoir atteindre le green en 2 coups ? Revoyez votre copie.

Un oued situé à 63 m devant le green forcera les grands frappeurs à repenser leur stratégie agressive. **TJ**

Parcours : Baltusrol Golf Club (parcours du haut)

Situé à : Springfield, New Jersey, États-Unis

Trou : n° 11

Longueur : 545 m

Par : 5

Architecte : A. W. Tillinghast

À savoir : Baltusrol, qui a accueilli 15 championnats de l'Association de golf américaine, n'est dépassé que par le Merion Golf Club (en Pennsylvanie) avec 16, mais peu de tournois ont été aussi spectaculaires que l'US Open de 1954. C'est durant ce tournoi qu'Ed Furgol, jouant le n° 18 du parcours du bas, utilisa le fairway du n° 18 du parcours du haut afin d'assurer sa victoire.

N° 11 BALTUSROL GOLF CLUB
(PARCOURS DU HAUT)

Parfois éclipsé par le parcours du bas, le parcours du haut de Baltusrol a un caractère qui, de diverses manières, fait pâlir son voisin plus réputé.

Concentré au pied de ce que les gens de la région appellent « les montagnes de Baltusrol », le parcours du haut met à profit les obstacles naturels du terrain (lacs, torrents et bosquets) et offre une épreuve exigeante.

Ses contours marqués requièrent la détermination d'un tacticien, un swing solide, et du courage en quantité.

Son n° 11, long de 545 m, représente son aspect le plus éprouvant. Le coup de départ vise le côté droit du fairway, loin des bunkers s'étendant sur 90 m le long du côté opposé.

Seuls ceux qui frappent long pourront atteindre le green en 2 coups, et ils devront pour cela éviter une légère dépression sur l'avant ainsi que les 2 bancs de sable des 2 côtés.

De profonds bunkers protègent aussi l'arrière du green, à gauche comme à droite. Et pourtant, comme si souvent sur les 2 vénérables parcours de Baltusrol, c'est sur le green qu'attend le véritable défi. Doté d'un gradin latéral incliné vers l'avant-gauche, toute possibilité de birdie ne pourra venir que d'en dessous du trou. **RH**

N° ⑪ WORPLESDON GOLF CLUB

Parcours : Worplesdon Golf Club
Situé à : Woking, Surrey, Angleterre
Trou : n° 11
Longueur : 475 m
Par : 5
Architectes : J. F. Abercromby, Willie Park junior, Harry S. Colt
À savoir : Pour rejoindre le n° 11, un par 5 très ouvert et accueillant, on doit traverser une route très fréquentée (on est surpris par le nombre de voitures qui s'arrêtent pour laisser passer les joueurs).

Le n° 11 de Worplesdon constitue un merveilleux trou de golf mais, une fois sur l'aire de départ, entouré par la lande apaisante, on ne peut s'empêcher de se demander comment on le jouait aux premiers jours du golf. Long de 475 m, on accède facilement au green en 2 coups grâce à la technologie moderne, mais même réduit de la sorte, il conserve son charme.

Les joueurs peuvent aujourd'hui franchir un grand bunker sur la droite qui de toute évidence faisait obstacle lorsque le trou fut dessiné. Une dépression du fairway offre au n° 11 une protection modérée, car le lie en descente influe sur la force du coup d'approche, mais ce n'est pas un obstacle suffisant pour que les grands frappeurs jouent la sécurité.

On doit éviter certains bunkers, mais ce n'est pas très difficile. Ne vous mettez cependant pas en tête que le birdie soit ici automatique. Le green étant incliné depuis l'avant jusqu'à l'arrière-gauche, une balle avec élan s'avère idéale et les bunkers doivent être pris en compte. Mais au total, c'est un trou merveilleusement stratégique, où l'on atteignait autrefois le green en 3 coups mais qui a changé de façon spectaculaire depuis sa conception. Willie Park junior serait sans aucun doute abasourdi par la façon dont on le joue aujourd'hui.

Et pourtant, il connaissait le golf sous toutes ses coutures.

Né à Musselburgh en 1864, Willie Park junior était le fils du « vieux » Willie, 4 fois vainqueur du British Open. Willie junior fut élevé dans le monde du golf et sa culture. Il dessinait non seulement des parcours, mais remporta aussi 2 British Opens et fabriquait certains des meilleurs clubs de son époque. C'est son oncle Mungo – vainqueur, entre parenthèses, du British Open de 1874 – qui lui décrocha sa première commande d'architecte, au club de Ryton dans le Northumberland anglais. Il fut aussi le premier professionnel du club.

Willie Park junior ne vivait que pour le golf. Il écrivit un manuel intitulé *The Game of Golf* (*Le Jeu du golf*, 1896). Très lu à l'époque, c'était le premier ouvrage de ce genre sur le golf. Mais la fabrication de clubs et la conception de parcours étaient ses réelles passions. Son influence atteint l'autre rive de l'Atlantique, et l'Olympia Fields North Course, dans l'Illinois, est le plus représentatif de ses parcours américains, ayant accueilli l'US Open, le PGA Championship et l'US Open senior.

Pour Willie Park junior, le golf était sa vie, et le n° 11 de Worplesdon – bien que transformé par les swings puissants d'aujourd'hui – témoigne toujours de sa vision. **JB**

N° ⑪ TPC DE SAWGRASS
(PARCOURS DU STADE)

Parcours : TPC de Sawgrass (parcours du Stade)

Situé à : Ponte Vedra Beach, Floride, États-Unis

Trou : n° 11

Longueur : 483 m

Par : 5

Architecte : Pete Dye

À savoir : Le TPC de Sawgrass offre deux 18 trous exceptionnels. Le parcours de la Vallée est un peu moins éprouvant que son célèbre jumeau, mais ses fairways sont plus vallonnés.

CI-DESSOUS Le onzième trou du TPC de Sawgrass.

CI-CONTRE L'Américain Fred Couples joue son coup d'approche sur le onzième trou du TPC de Sawgrass en mars 2003.

Le TPC de Sawgrass est peut-être réputé pour son célèbre n° 17, un par 3 dont le green est situé sur une île, mais il abonde aussi de pars 5 fantastiques, dont le n° 11.

De longueur moyenne pour un par 5, c'est l'un de ces trous où ça passe ou ça casse. On a la possibilité d'y réaliser un eagle, mais un 8 ou un 9 n'est pas impossible. Un vaste bunker à gauche de la zone d'arrivée avalera toute balle déviant de ce côté. On doit frapper à sa droite et aussi loin que possible.

Même si vous jouez droit sur le drive, vous pourriez terminer dans cette grande fosse si vous traversez le fairway. Nous n'impliquons pas que le côté droit soit dépourvu de risques. Certains arbres en surplomb peuvent présenter un réel danger.

Le fairway est divisé par un obstacle d'eau latéral et par 2 énormes bunkers. On peut viser à droite sur le deuxième coup et rejoindre le green depuis cet angle, ou essayer depuis le côté gauche, nettement plus difficile. Il faudra alors franchir un autre chêne et le bunker. Vous feriez mieux de vous habituer à sa présence : il s'étend jusqu'au green. **TJ**

N° ⑪ SKOKIE COUNTRY CLUB

Parcours : Skokie Country Club
Situé à : Glencoe, Illinois, États-Unis
Trou : n° 11
Longueur : 512 m
Par : 5
Architectes : Tom Bendelow, Donald Ross, William Langford, Ted Moreau, Ron Pritchard
À savoir : C'est à Skokie que s'est déroulé l'US Open de 1922 où Gene Sarazen l'emporta d'un seul point devant Bobby Jones et John Black, tous 2 amateurs. C'était le premier US Open pour lequel on vendait des billets au public.

Peu de parcours ont subi autant de transformations que le country club de Skokie, qui débuta en 1897 avec un 9 trous dessiné par ses membres, qui fut élargi à 18 trous par Tom Bendelow en 1905 avant d'être remodelé par Donald Ross en 1914. Plusieurs trous furent perdus au milieu des années 1930 suite à des problèmes de logement, et en 1938, William Langford et Ted Moreau, architectes de la région, construisirent 7 nouveaux trous pour remplacer ceux de Ross (les n° 3 à 6 et 11 à 13).

Au cours des 60 années suivantes cependant, le parcours fut rénové plusieurs fois. Certains bunkers furent éliminés ou atténués, la surface des greens diminuée et on ajouta des monticules. Finalement, en 1999, Ron Pritchard fut chargé de redonner toute sa gloire au parcours, et le résultat fut remarquable.

Sur le n° 11, Pritchard ramena les bunkers de fairway et en ajouta toute une série, dans le style de Ross, à l'arrière-gauche du green. Ce double dogleg (virant à gauche puis à droite) est doté d'un bunker, à gauche, à 220 m du départ et de 2 autres à droite à 130 m environ avant le green.

Le trou est bordé sur la droite par un ruisseau qui se jette dans un petit étang, du même côté, juste avant le green.

Pour compliquer encore les choses, le green est incliné d'avant en arrière et protégé par des bunkers des 2 côtés. **KA**

N° ⑪ GOLF DE PLÉNEUF-VAL-ANDRÉ

Parcours : golf de Pléneuf-Val-André
Situé à : Pléneuf-Val-André, Bretagne, France
Trou : n° 11
Longueur : 489 m
Par : 5
Architecte : Alain Prat
À savoir : La côte bretonne ne compte environ que 12 jours de gel par an, pas plus que la Côte d'Azur, ce qui permet d'y jouer au golf toute l'année.

Le golf de Pléneuf-Val-André est situé parmi les falaises, plages et baies des sauvages Côtes-d'Armor. (Armor signifie « la mer » en breton.) La Bretagne étant bordée au nord par la Manche et au sud par l'Atlantique, Pléneuf-Val-André bénéficie de paysages spectaculaires, que l'on dit comparables aux grands links des îles britanniques. La vue n'est nulle part plus belle que sur les 2 trous les plus emblématiques du parcours, les n° 10 et 11, tous 2 accolés à la falaise.

Le n° 11, un par 5, débute sur un départ surélevé, sur une falaise dominant la mer à gauche. Une maison de pierre solitaire et un seul arbre ornent le côté gauche du trou, mais l'espace ne manque pas à droite pour recevoir à la fois le drive et le deuxième coup.

C'est de toute évidence le côté du fairway que l'on préférera, car une longue rangée de dunes – avec rough, ajoncs et monticules retors – longe le côté gauche, débutant juste après la maison de pierre et allant jusqu'au green. Celui-ci, que l'on peut atteindre en 2 coups longs et précis, est protégé par 3 bunkers. **KA**

Parcours : Sporting Club Berlin (parcours Faldo)

Situé à : Bad Saarow, Brandebourg, Allemagne

Trou : n° 11

Longueur : 491 m

Par : 5

Architecte : Nick Faldo

À savoir : Le Sporting Club Berlin offre non seulement 63 trous de golf, mais aussi du sport équestre, de la voile, du tennis, du cyclisme et de la natation.

N° ⑪

SPORTING CLUB BERLIN
(PARCOURS FALDO)

Le parcours Faldo du Sporting Club Berlin est situé dans une vaste clairière au milieu d'un terrain boisé, ce qui a permis à Nick Faldo de créer des links rappelant ceux de son Angleterre natale. Le parcours comprend plus de 130 bunkers et des greens très découpés.

Le n° 11 est doté d'un fairway délimité par de hautes bruyères – qui peuvent s'avérer difficiles – et par une intimidante série de monticules, ondulations et profondes dépressions herbeuses que l'on trouve pratiquement tout du long, entre le départ et le green. Trouver un endroit plat d'où frapper vos deuxième et troisième coups relève de l'exploit. Le green, relativement grand, est protégé par un bunker sur le devant, à droite.

À cause de trous similaires à celui-ci, le parcours Faldo a vite établi sa réputation comme l'un des meilleurs d'Allemagne et d'Europe continentale. 2 ans après son inauguration en 1996, il a accueilli les 2 derniers Opens d'Allemagne (remportés par Stephen Allan en 1998 et Jarmo Sandelin en 1999). Des épreuves du European Tour senior et féminin s'y sont aussi déroulées, ainsi que le championnat mondial amateur par équipes de 2000, remporté par les Américains, devant la Grande-Bretagne et l'Irlande. **KA**

CI-CONTRE *L'Anglais Steve Webster sur le trou n° 11 du Sporting Club Berlin en août 1998.*

N° ⑪ HILLSIDE GOLF CLUB

Parcours : Hillside Golf Club

Situé à : Southport, Merseyside, Angleterre

Trou : n° 11

Longueur : 450 m

Par : 5

Architecte : Frederick William Hawtree

À savoir : Le Hillside a accueilli le Volvo PGA Championship en 1982, lorsque Tony Jacklin, joueur anglais, décrocha sa dernière victoire professionnelle significative.

Les links de Hillside sont souvent considérés comme les meilleurs qui n'aient jamais accueilli le British Open. C'est pourquoi ce splendide tracé n'est pas aussi connu que certains de ses voisins de la côte nord-ouest. Les épreuves qualificatives finales de l'Open s'y déroulent cependant souvent.

Hillside a pour voisin le Royal Birkdale, et grâce à son emplacement, parmi de hautes dunes, il offre des vues splendides sur l'océan, sur plusieurs trous de Birkdale et sur la campagne environnante. Aussi spectaculaire que soit le Royal Birkdale, de nombreux golfeurs ont déclaré qu'Hillside était d'aussi bonne qualité, voire supérieur. C'est particulièrement vrai de son dernier 9, conçu par Frederick Hawtree en 1967 et qualifié de meilleur 9 trous d'Angleterre par des experts tels que Greg Norman et Jack Nicklaus.

Grimper jusqu'à l'aire de départ du n° 11 en vaut largement la peine car ce par 5 offre une vue splendide sur la mer d'Irlande. On frappe le drive en descente, vers un fairway parsemé de monticules, qui parcourt un vallon bordé de dunes, à environ 30 m en dessous du départ. Même si le trou est assez court, de nombreux obstacles guettent, dont les ajoncs et les bruyères qui bordent le fairway ainsi qu'un profond bunker, devant le green, à droite. **KA**

N° 11   THE LINKS À CROWBUSH COVE

Parcours : The Links à Crowbush Cove
Situé à : Morell, île du Prince-Édouard, Canada
Trou : n° 11
Longueur : 516 m
Par : 5
Architecte : Thomas Broom
À savoir : Le Canada n'est pas aussi reconnu qu'il le devrait sur la scène internationale. The Links à Crowbush Cove fait partie des parcours démontrant son importance.

Le n° 11 de The Links à Crowbush Cove est un trou enchanteur et typiquement canadien. Ce parcours possède 5 trous au bord de l'océan, mais aucun n'est plus spectaculaire que le n° 11. Depuis les départs pros, ce par 5 mesure 516 m et compte tout un tas de marches.

On doit en effet gravir un escalier pour accéder à l'aire de départ, qui est surélevée de 55 m par rapport au green. Et n'oubliez pas d'admirer le paysage une fois en haut.

On ne découvre pas la plage d'un seul côté mais des 2. Et elle s'étend à perte de vue. Lorsque vous tournerez finalement votre attention vers le jeu, il faudra frapper votre drive droit, en direction du milieu du fairway.

Le vent constitue la grande variable ici. On découvre un grand marécage à environ 320 m du green. Avec le vent dans le dos, on peut franchir celui-ci dès le deuxième coup et suivre d'un chip jusqu'au green. Si l'on fait face au vent, mieux vaut ne pas y songer.

Une fois le marécage franchi, on aura besoin d'un court pitch depuis la zone d'arrivée de la balle jusqu'à un green légèrement en hauteur. Ce trou est considéré par de nombreux joueurs comme l'un des plus jolis du Canada. **TJ**

N° 11   ROSSLARE (VIEUX PARCOURS)

Parcours : Rosslare (vieux parcours)
Situé à : Rosslare, comté de Wexford, Irlande
Trou : n° 11
Longueur : 429 m
Par : 5
Architectes : F. W. Hawtree, J. H. Taylor
À savoir : Ouvert aux joueurs pour la première fois en 1905, le vieux parcours, un parcours en links classique de championnat, longe la mer d'Irlande et fut dessiné par Hawtree et Taylor.

Situé dans la région la plus ensoleillée d'Irlande, Rosslare, dont 7 trous viennent d'être rénovés, n'a jamais été en meilleure condition. Longtemps considéré comme l'une des merveilles secrètes d'Irlande, sa réputation de parcours exceptionnel est désormais reconnue.

Les links de Rosslare offrent 2 excellents 9 trous, le dernier étant probablement le meilleur des 2. On compte le n° 5, un par 4, et le n° 7, un par 5, parmi les plus beaux trous du premier 9. Le trio final débutant avec le n° 15 est aussi de premier ordre.

Mais le trou le plus remarquable ou le plus mémorable, selon de nombreux joueurs, est le n° 11, un par 5 long de 429 m extrêmement difficile. On le joue généralement face au vent dominant, le deuxième coup étant aveugle et franchissant une colline signalée par un poteau rouge et blanc.

D'où son nom, le *Barber's Pole* (l'« enseigne de coiffeur »).

Le vent du sud-ouest dominant sur ces links met les golfeurs à l'épreuve de façon à la fois stimulante et agréable. Lorsqu'on évoque des collines balayées par le vent et creusées de nombreux terriers, ce sont les links de Rosslare qui viennent à l'esprit.

C'est le célèbre architecte James Farrell, fondateur du club en 1905, qui a mis à profit tout le potentiel golfique qu'abritait ce terrain. Son empreinte est toujours perceptible aujourd'hui. **TJ**

N° ⑪ THE LAKES

Parcours : The Lakes
Situé à : Rosebury, Sydney, Australie
Trou : n° 11
Longueur : 526 m
Par : 5
Architectes : Robert Von Hagge, Bruce Devlin

À savoir : Ce par 5 est dessiné en forme de boomerang, ce qui paraît approprié pour un trou australien. On suppose, cependant, qu'une balle déviante ne reviendra pas automatiquement vers soi.

Ce long par 5 s'enroule parfaitement autour de l'un des nombreux lacs du parcours, d'où, on l'aura deviné, son nom de « The Lakes ». Ce lac constitue bien entendu la principale source d'ennuis sur le n° 11.

On est confronté à quelques bunkers de fairway – principalement un à gauche devant l'aire de départ, et 2 autres de chaque côté du deuxième coup – mais c'est à cause du lac que certaines parties semblent se volatiliser.

On fait face à ce vaste plan d'eau sur le troisième coup, et la balle doit franchir l'un de ses bras avant d'atteindre un green réduit et léché par ses eaux. Afin d'éviter l'eau sur le devant, d'innombrables coups dépassent le green, forçant les joueurs à 2 coups supplémentaires pour se contenter du par.

C'est le genre de duperie et de difficulté qu'avaient à l'esprit Bruce Devlin et Robert Von Hagge lorsqu'ils conçurent ce trou. Ils travaillaient en collaboration jusqu'à ce que Von Hagge décide de dessiner des tracés en solo.

Certains noms évoquent des images magiques dans le monde de l'architecture de golf moderne : Rees Jones, Pete Dye, Tom Fazio, et, peut-être pour son statut de légende autant que pour ses projets réalisés, Jack Nicklaus. Mais Von Hagge, après avoir créé plus de 200 parcours de par le monde à partir de terrains nus et de rochers, ne semble pas recevoir la reconnaissance qu'il mérite. C'est peut-être dû à son style accommodant ou à son approche discrète de l'architecture. La raison la plus probable cependant, c'est que pendant que les autres architectes s'occupent de relations publiques, il arpente le terrain : « C'est une vraie forme artistique si on le fait correctement », déclare Von Hagge. « J'adore me lever chaque matin, sachant que je me rendrai sur un site et réaliserai mes idées. » Et maintenant que l'idée du n° 11 en forme de boomerang a été réalisée, c'est un endroit superbe où jouer. **JB**

N° ⑪   ROYAL LYTHAM & ST ANNES

Parcours : Royal Lytham & St Annes

Situé à : St Annes-on-Sea, Lancashire, Angleterre

Trou : n° 11

Longueur : 493 m

Par : 5

Architecte : Harry S. Colt

À savoir : Sur la plupart des links britanniques, la précision est essentielle. C'est encore plus le cas au Royal Lytham & St Annes. Le parcours est doté de 197 bunkers, nombre impressionnant même dans cette région du monde.

Sur ce par 5 de 493 m, les grands frappeurs doivent décider s'ils préfèrent le chemin de gauche, où ils devront franchir les bunkers traversant le fairway, pour bénéficier d'une ligne plus directe et plus courte vers le green.

Cela amène de toute évidence un joli second coup jusqu'au green. Et rien n'est plus agréable que d'atteindre le green en 2 coups, particulièrement sur un long par 5. Mais les risques sont énormes car le rough peut s'avérer très délicat et la zone d'arrivée ne fait pas une cible facile.

Les bunkers que l'on essaiera de franchir sur la gauche empiètent largement sur le fairway, comme 2 autres, un peu plus en arrière sur la droite. Ce trou s'allonge soudain si l'on atterrit dans l'un d'entre eux.

D'autres bunkers de fairway sont situés plus près du green, protégé par d'autres encore sur le devant, à gauche et à droite.

On trouve au Royal Lytham & St Annes certains des links les plus importants au monde, ayant accueilli 10 Opens, 2 Ryder Cups et nombre d'autres tournois majeurs dont l'Open féminin et senior. **TJ**

Parcours : Waterville Golf Links

Situé à : Waterville, comté de Kerry, Irlande

Trou : n° 11

Longueur : 457 m

Par : 5

Architecte : Eddie Hackett

À savoir : Une statue grandeur nature de Payne Stewart, aujourd'hui décédé, se dresse à Waterville en hommage au lien particulier qui l'unissait au club.

CI-DESSOUS ET À DROITE *Deux vues du trou n° 11 de Waterville.*

N° ⑪ WATERVILLE GOLF LINKS

L'Irlande déborde d'histoire et de tradition, mais à Waterville et dans ses environs, cela atteint un niveau inégalé. D'après le *Livre des Invasions*, rédigé autour de l'an mil, Cessair, petite-fille de Noé, aurait débarqué à Ballinskelligs Bay, près de Waterville, après le Déluge. Et l'on dit que les Milésiens, qui ont laissé derrière eux de nombreux sites archéologiques, se seraient installés dans la région en 1700 avant J.-C.

Le golf de Waterville ne remonte peut-être pas à si loin, mais son histoire est loin d'être négligeable.

Le premier parcours date de 1889, et il faisait formellement partie de la vie du village dès 1900, lorsqu'il devint l'un des premiers clubs affiliés à la Société de golf irlandaise.

L'histoire de Waterville est bien documentée, mais ce sont ses conditions de jeu qui nous importent aujourd'hui. Ce sont là certains des meilleurs links au monde. Situés sur l'anneau du Kerry, le paysage environnant comme la qualité de ses trous sont époustouflants. Le n° 11, un par 5 surnommé « Tranquility », est l'un de ces trous de premier

ordre. Il occupe sur 457 m un étroit passage au milieu d'immenses dunes. Gary Player l'a décrit comme « le plus beau et le plus gratifiant des pars 5 ».

La concurrence est rude tout autour de Waterville, mais ses links soutiennent la comparaison. La côte sud-ouest irlandaise, parsemée de parcours aussi célèbre que Ballybunion, Tralee, Old Head, Kinsale et Killarney, vit une histoire d'amour avec le golf. Bon nombre de joueurs considèrent Waterville comme le meilleur d'entre eux.

Le club possédait une réputation extraordinaire aux environs de la Seconde Guerre mondiale, mais les links étaient quasiment en hibernation à la fin des années 1960 jusqu'à l'arrivée de John A. Mulcahy, un Américain né en Irlande qui désirait y construire les links les plus éprouvants au monde. Il s'associa à Hackett, un architecte irlandais, et on s'accorde à penser qu'ils réussirent dans leur difficile entreprise.

Depuis sa réouverture en 1973, Waterville a retrouvé son ancien éclat. Mulcahy mourut en 1994 et ses cendres furent enterrées sur « Mulcahy's Peak », le dix-septième trou de Waterville. **JB**

N° 11 — WALDEN ON LAKE CONROE GOLF & COUNTRY CLUB

Parcours : Walden on Lake Conroe Golf & Country Club

Situé à : Montgomerey, Texas, États-Unis

Trou : n° 11

Longueur : 538 m

Par : 5

Architectes : Bruce Devlin, Robert Von Hagge

À savoir : Ce trou est diabolique à cause de son double dogleg et de son green, quasiment en forme d'île.

Tout le monde connaît la célèbre île du 17e green du TPC à Sawgrass, mais au moins on la rejoint dès le coup de départ. Sur le n° 11 de Walden on Lake Conroe, on vous donne 2 coups pour vous préparer au coup d'approche, vers un green qui ne constitue pas entièrement une île mais presque. Et tout ceci termine un par 5 qui fait presque 540 m de long.

Bruce Devlin et Robert Von Hagge devaient être de mauvaise humeur le jour où ils ont conçu ce trou : il est éprouvant du début à la fin.

Vous n'avez aucune chance de rejoindre le green en 2 coups. La longueur à elle seule rendrait la chose difficile, même si les plus puissants des joueurs pourraient couvrir les 538 m si le vent soufflait dans la bonne direction.

Cela s'avère cependant impossible, notamment à cause du double dogleg – virant 2 fois à droite, tout d'abord autour d'un bosquet puis du lac Conroe – mais aussi parce que le green est situé sur une péninsule. L'ouverture étroite à l'avant n'est pas protégée par l'eau mais par un bunker qui rend toute approche roulée impossible.

Traître, depuis le départ jusqu'au green.

De nombreux pins majestueux, 9 bunkers et une eau oppressante s'avançant jusque sur le fairway donnent naissance à un trou qui donnerait envie de rejoindre le n° 12 aussi vite que possible si on ne prenait pas autant de plaisir à le jouer.

Il est tout aussi agréable à observer.

« Il est important qu'un parcours soit jouable, que ses trous soient intéressants et qu'on y trouve de la diversité, a déclaré Von Hagge. Mais on ne doit pas oublier que, pendant qu'une personne joue, trois autres l'observent. »

« Je ne voulais pas que ce soit du temps perdu. Je voulais leur procurer un spectacle intéressant. »

Von Hagge, mesurant 1 m 95, toujours vêtu avec élégance lorsqu'il ne travaille pas la terre, possède une présence imposante lorsqu'il pénètre dans une pièce. On retrouve ce style inné dans son œuvre, notamment sur le brutal et pourtant magnifique n° 11 qui serpente autour du lac Conroe. **JB**

Parcours : Golf Club de Géorgie (parcours du Lac)

Situé à : Alpharetta, Géorgie, États-Unis

Trou : n° 11

Longueur : 553 m

Par : 5

Architecte : Arthur Hills

À savoir : Ce parcours a accueilli le Nationwide Championship du PGA Tour senior de 1995 à 2000.

N° ⑪ GOLF CLUB DE GÉORGIE
(PARCOURS DU LAC)

Dès le deuxième coup, les golfeurs sont attirés par les eaux scintillantes qui emplissent l'horizon de façon spectaculaire derrière un petit green. On espère que cela ne sera pas le cas de leur balle en fin de course.

Mais chaque chose en son temps, la concentration étant primordiale depuis le tout début de ce monstrueux par 5, un léger dogleg à gauche où le coup de départ devrait viser le côté droit du fairway, et le deuxième se faufiler entre un trio de bunkers à droite et un bosquet à gauche. Frappez aussi loin que vous le pouvez sur les 2 premiers coups, car le coup d'approche devra être aussi court que possible : il se joue en descente, vers un green s'avançant dans le lac Windward et protégé par 3 énormes bunkers à l'avant-gauche et par un autre à l'arrière, juste devant le lac. Ceux qui atterriront dans ce dernier devraient s'estimer heureux. Mieux vaut cela que le lac.

Après avoir terminé à un seul coup du vainqueur en 1997 (derrière Graham Marsh) et 1998 (John Jacobs), Hale Irwin remporta les 2 derniers Nationwide Championships en 1999 et 2000. **KA**

Trou ⑫

Il suffit d'examiner l'une des cathédrales du golf, l'Augusta National Golf Club, pour comprendre l'importance du n° 12 dans une partie. Sur ce parcours, il s'agit d'un par 3 de 141 m au milieu d'une série de 3 trous baptisée *Amen Corner*, et il est souvent essentiel pour déterminer le vainqueur du Masters. Ce segment comprend 3 épreuves distinctes et constitue un microcosme de ce que les architectes ont essayé de réaliser sur les grands parcours internationaux.

En règle générale, les n° 8 à 13 constituent le tronçon le plus difficile du parcours. Il existe bien entendu des exceptions, mais si le terrain le permet, c'est là que les architectes aiment imposer les défis les plus rudes.

Le n° 12, comme le démontrent non seulement l'Augusta mais aussi Barsebäck en Suède ou Sotogrande en Espagne, est souvent le temps fort du tiers central de votre partie.

CI-CONTRE *L'Allemand Sven Struver frappe son coup de départ sur le n° 12 du golf de Barsebäck, à Landskrona en Suède.*

Parcours : Whistling Straits

Situé à : Kohler, Wisconsin, États-Unis

Trou : n° 12

Longueur : 151 m

Par : 3

Architecte : Pete Dye

À savoir : 6 années seulement après son inauguration, Whistling Straits a accueilli son premier championnat majeur, le championnat PGA de 2004.

N° ⓬ WHISTLING STRAITS

En visitant Whistling Straits aujourd'hui, on ne s'imaginerait jamais que ce chef-d'œuvre de Pete Dye, s'étendant sur 3 km le long des rives du lac Michigan, soit né d'un terrain plat et quelconque, qui abritait un aérodrome.

On est en effet enthousiasmé par ce que l'on y découvre aujourd'hui, un magnifique 18 trous créé par Dye en hommage aux links traditionnels du littoral britannique. On retrouve aussi cette influence dans d'autres domaines : on ne peut parcourir Whistling Straits qu'à pied, et les caddies sont obligatoires la plupart du temps.

Sur le n° 12, un par 3, on doit jouer le coup de départ en descente vers un long green en biais, ondoyant, entouré de bunkers traîtres creusés dans les dunes caractéristiques du parcours. Ce green offre de nombreuses positions de drapeau intéressantes.

De nombreuses balles, même si elles atterrissent sur le green, rebondissent dans les profonds bunkers, et si votre coup est trop court ou dévie à gauche ou à droite, les possibilités de rattrapage sont limitées face à une pente abrupte plongeant sur 12 m vers des dunes recouvertes d'herbe et de redoutables bunkers, et vers les eaux du lac Michigan.

Ajoutons à cela le vent souvent présent, qui peut influer de façon spectaculaire sur le choix de votre club. Visez la gauche du green et espérez que tout se passe pour le mieux. **KA**

N° ⑫ KO OLINA

Parcours : Ko Olina

Situé à : Kapolei, Oahu, Hawaï, États-Unis

Trou : n° 12

Longueur : 167 m

Par : 3

Architecte : Ted Robinson

À savoir : L'un des chefs-d'œuvre de Ted Robinson, Ko Olina a accueilli l'Orix Open féminin d'Hawaï de 1990 à 1995 ainsi qu'une épreuve du Tour Senior en 1992.

Difficile de se faire remarquer lorsque les parcours de la région sont construits sur des falaises, plages et champs de lave. Presque tous les golfs d'Hawaï jouissent de vues spectaculaires, de trous uniques et de surfaces bien entretenues. Partout, les mots « spectaculaire », « époustouflant » et « magnifique » viennent à l'esprit.

Bienvenue à Ko Olina. Spectaculaire. Époustouflant. Magnifique.

De nombreux trous sont ici mémorables. Le n° 8 est un ravissant par 3. Le n° 18 est un dernier trou difficile et aquatique. Mais le n° 12, le plus mémorable d'Hawaï, se distingue de tous les autres.

Sur combien de trous doit-on traverser une cascade pour rejoindre l'aire de départ ? Ils sont rares, et l'on n'oubliera pas de sitôt l'approche du n° 12.

Cette chute d'eau est située juste en dessous de l'aire de départ, sur la seule voie d'accès au trou. On prendra plaisir au voyage en voiturette avant de goûter le challenge lui-même. Tous les greens de Ko Olina sont à plateaux multiples, et l'on trouve plusieurs douzaines de profonds bunkers parsemés sur ce parcours. Le n° 12 ne déroge pas à la règle.

On en trouve un petit et profond à gauche, et un autre à droite d'un green à double plateau. Comme souvent à Ko Olina, le petit jeu est primordial. Ne pensez pas la tâche terminée une fois le green rejoint. On ne fait souvent que commencer. **TJ**

N° ⑫ MUIRFIELD VILLAGE GOLF CLUB

Parcours : Muirfield Village Golf Club
Situé à : Dublin, Ohio, États-Unis
Trou : n° 12
Longueur : 152 m
Par : 3
Architecte : Jack Nicklaus, Desmond Muirhead

À savoir : Ce trou fut le deuxième le plus difficile au cours du Memorial de 2003, avec une moyenne de 3,259 coups. Les joueurs n'y inscrivirent que 43 birdies contre 74 bogeys et 25 doubles bogeys ou pire.

CI-DESSOUS *Le douzième trou de Muirfield Village.*

Muirfield Village était le rêve de Jack Nicklaus au milieu des collines de l'Ohio, État où naquit celui que l'on surnomme l'Ours blond. Le parcours est réputé depuis son inauguration en 1972 et demeure le tracé le plus respecté et le plus connu de Nicklaus.

Le n° 12 est le trou le plus photographié de Muirfield. Le coup de départ se joue depuis un flanc de colline boisé, et survole le plus grand lac du parcours pour rejoindre un green placé en biais. Bien que n'étant pas très éloigné, ce green à double plateau, incliné d'arrière en avant vers le lac, est difficile à trouver. Des bunkers le protègent à l'avant-droite et à l'arrière-gauche. Tout coup moins que parfait finira probablement dans le sable ou dans l'eau.

Grâce à la réputation de Nicklaus et à la qualité du parcours, Muirfield a attiré toute une série d'épreuves importantes, dont le Memorial Tournament, accueillant certains des meilleurs joueurs de la saison. La Ryder Cup s'y est déroulée en 1987 (l'Europe battit les États-Unis 15 à 13, pour la première victoire européenne sur sol américain), l'US Amateur en 1992 (remporté par Justin Leonard) et la Solheim Cup en 1998 (les États-Unis battirent l'Europe 16 à 12). **KA**

Parcours : The Challenge de Manele

Situé à : Lanai, Hawaï, États-Unis

Trou : n° 12

Longueur : 184 m

Par : 3

Architecte : Jack Nicklaus

À savoir : Bill Gates, le milliardaire, s'est marié en 1994 sur l'aire de départ de ce mémorable par 3.

N° 12 THE CHALLENGE DE MANELE

Construit sur des coulées de lave, surplombant la baie d'Hulopo'e et le Pacifique, ce parcours vallonné de Jack Nicklaus regorge d'arbres indigènes d'Hawaï, et comprend aussi divers sites archéologiques protégés.

Depuis les départs arrière, spectaculairement situés au sommet d'une falaise, le coup de départ s'avère très intimidant, car on domine le green de très haut et les vagues du Pacifique s'écrasent à 45 m en dessous. Il est d'autant plus effrayant que les golfeurs doivent survoler un «fairway» d'océan, puis un ravin rocailleux rempli d'une épaisse végétation afin de rejoindre le green, la marge d'erreur étant très réduite. Même si les alizés aident souvent, les joueurs feraient bien de prendre un peu plus de club, car il vaut mieux ici jouer trop long que trop court.

Bien que ce trou s'avère monstrueux depuis les départs arrière, 5 séries de départ offrent diverses possibilités aux plus timorés, depuis les 169 m des marques dorées jusqu'aux 140 m de celles du milieu ou aux simples 59 m des départs avancés. Aucune d'entre elles, cependant, ne procurera autant de frissons – et de terreur – que celles que l'on a judicieusement baptisées « départs Nicklaus ». **KA**

Parcours : Waterville Golf Links

Situé à : Waterville, comté de Kerry, Irlande

Trou : n° 12

Longueur : 183 m

Par : 3

Architecte : Eddie Hackett

À savoir : L'architecte Tom Fazio a été chargé par le Waterville Golf Club de rénover le mémorable chef-d'œuvre de Hackett.

N° 12 WATERVILLE GOLF LINKS

Ce par 3 de 183 m est un merveilleux trou, qui ne manque pas d'histoire. Lorsque vous alignerez votre coup de départ, oubliez donc celle-ci un moment et examinez plutôt la direction du vent. Vous partez des dunes pour atteindre un green complètement dégagé où souffle un vent puissant, et devrez donc choisir votre club en conséquence.

Le green presque parfaitement circulaire est en hauteur, avec un escarpement marqué sur le devant. Mieux vaut ici une balle longue que courte. On aperçoit un seul bunker, devant à droite.

Quelques citations. Tout d'abord, celle de Tom Fazio qui a aidé à améliorer le tracé : « Tout ici est spectaculaire. Le cadre est l'un des plus adaptés au golf que j'aie jamais vus. » Une autre, de Raymond Floyd, professionnel et architecte de golf : « C'est l'un des plus beaux sites que j'aie jamais vus. Il offre certains des meilleurs trous en links que j'aie jamais joués. »

Fondé en 1889, Waterville est l'un des clubs irlandais les plus anciens, et constitue un terrain magique. Le parcours démarre en douceur avec de merveilleux trous dont vous vous souviendrez certainement, mais, le jeu progressant, il devient de plus en plus spectaculaire. On découvre à Waterville toute la beauté des links traditionnels. Impossible de faire mieux. **TJ**

Parcours : Royal Birkdale

Situé à : Southport, Merseyside, Angleterre

Trou : n° 12

Longueur : 167 m

Par : 3

Architectes : George Lowe, F. W. Hawtree, J. H. Taylor

À savoir : Le Royal Birkdale a accueilli des dizaines de tournois prestigieux, dont 8 British Opens, 2 Ryder Cups, la Walker Cup et la Curtis Cup. Le British Amateur Championship de 2005 est la dernière manifestation en date à s'être déroulée au Royal Birkdale.

CI-DESSOUS ET CI-CONTRE *Deux vues du douzième trou du Royal Birkdale.*

N° ⓬ ROYAL BIRKDALE

Lorsque l'on se demanda où organiser le centième British Open, le Royal Birkdale s'imposa naturellement. Naturel est d'ailleurs le parfait adjectif pour décrire ce parcours fantastique, qui s'étend le long de la côte du Lancashire. Parmi les beautés naturelles du Royal Birkdale, on compte le n° 12, doté de pittoresques rough, dunes, bunkers et bruyères.

Avec, dans les environs, des golfs de renommée internationale tels que West Lancashire, Hillside, le Royal Liverpool et d'autres encore, ce n'est pas le premier venu qui peut arriver en tête de liste. Et c'est bien au Royal Birkdale que revient cet honneur, incontestablement. Il se trouve non seulement en tête de cet illustre lot, mais également à part.

Le parcours se compose d'imposantes dunes et de fairways étonnamment larges et accueillants, comprenant des zones d'arrivée planes, des vallons et des coins aveugles. Les ennuis guettent, et ils seront sérieux si vous atterrissez au milieu des dunes ou des monticules. Les embûches sont tout à fait évitables, mais on risque dans le cas contraire d'être sévèrement puni. Même si on retrouve les dunes sur tout le parcours, elles ne s'avèrent généralement pas trop gênantes. Si vous êtes confronté aux ennuis, c'est que vous l'avez cherché. Le Royal Birkdale exige de la précision depuis ses départs en hauteur, nichés parmi les arbres et les buissons, ainsi que sur les plateaux de ses greens entourés de bunkers.

Le n° 12 ne fait pas exception. Le coup de départ doit franchir un vallon étroit jusqu'au plateau du green au milieu d'une série de collines. C'est un green étroit également, à demi caché par les monticules. 4 bunkers profonds le flanquent sur tous les côtés, renforçant sa protection, et les dunes recouvertes de broussailles dominent de chaque côté, ajoutant à la beauté de l'ensemble, mais forçant aussi à la précision. C'est un trou court très attrayant, demeurant assez long pour faire paraître le green minuscule depuis le départ.

De nouveaux greens furent installés avant le dernier British Open, en 1998, et on pense souvent qu'ils font partie des meilleurs d'Angleterre. Mark O'Meara l'emporta sur Brian Watts au cours d'un play-off en 3 trous durant cet Open. Parmi les autres pros ayant gagné ici, on compte Peter Thompson, Arnold Palmer, Lee Trevino, Johnny Miller et Tom Watson. **JB**

N° ⑫ CHAMPIONS GOLF CLUB
(PARCOURS DES CYPRÈS)

Parcours : Champions Golf Club (parcours des Cyprès)
Situé à : Houston, Texas, États-Unis
Trou : n° 12
Longueur : 212 m
Par : 3
Architecte : Ralph Plummer
À savoir : Durant le Tour Championship de 2003, qui se déroulait pour la cinquième fois sur ce tracé de Ralph Plummer, Chad Campbell remporta la victoire grâce à une solide performance sur le n° 12. Il y obtint un score de un sous le par pour la semaine avec 3 pars et un birdie (au troisième tour).

Lorsque Jack Burke et Jimmy Demaret décidèrent il y a près de 50 ans de construire le Champions, ils avaient un seul objectif en tête – combiner forme et fonction afin de créer une atmosphère de golf unique au monde.

Les 2 légendes, aidées de Ralph Plummer, architecte, réussirent sur les 2 fronts. Le terrain a été agencé de façon à développer au maximum le plaisir des joueurs : le clubhouse est en retrait de la route, et le premier et le dixième départ sont assez éloignés l'un de l'autre pour permettre des vues spectaculaires sur ce qui se passe sur le parcours depuis la confortable salle à manger.

Ce même détail a été utilisé sur le parcours des Cyprès, un tracé de 6 676 m qui met autant les prodigieux pros d'aujourd'hui à l'épreuve que ceux qui disputèrent ici la Ryder Cup en 1967. Un hors-limite profond et large, et plus de 70 000 arbres testent aussi bien le talent des joueurs que leur courage.

Comme souvent au Texas, le vent constitue ici le facteur le plus important, et ce n'est nulle part davantage le cas que sur le n° 12, un par 3. La plupart des joueurs frappent un fer long ou un bois de fairway en direction d'un green tentaculaire. Lorsque le vent, chaud et tourbillonnant, entre en jeu, le lac à gauche du green et le vaste bunker à droite encadrent ce qui peut s'avérer le coup de départ le plus exigeant du parcours. **RH**

N° ⑫ SHOREACRES CLUB

Parcours : Shoreacres Club
Situé à : Lake Bluff, Illinois, États-Unis
Trou : n° 12
Longueur : 116 m
Par : 3
Architecte : Seth J. Raynor
À savoir : Ses greens rapides solidement défendus par des bunkers font de Shoreacres un challenge, mais aussi un plaisir. Ses fairways étroits bordés d'arbres mettent à l'épreuve même ceux qui frappent droit, et on a incorporé de façon très créative divers ravins au tracé.

Après être venus à bout d'un terrain traître où menacent les profonds ravins et où les coups difficiles l'emportent, les golfeurs éprouvent un vrai plaisir en arrivant au n° 12, surtout s'ils possèdent un petit jeu magistral.

Ce trou court peut s'avérer particulièrement difficile, tout comme le reste du parcours. On doit frapper le coup de départ jusqu'au green, à 12 m en contrebas, de très grande taille et protégé sur l'avant par des bunkers. Il constitue une cible spectaculaire et il est quasiment impossible de réaliser le par si l'on atterrit en dehors de sa surface. Le rough qui encercle le green étant traître, les ennuis commencent si l'on rate son coup de départ.

Raynor a utilisé de façon stratégique les ravins, juxtaposant un tracé de premier ordre et une nature paisible. Les golfeurs du dimanche le considéreront peut-être comme une punition, mais ceux dotés d'un solide petit jeu seront aux anges sur ce trou, où les bunkers défendent le green de façon agressive et où la compétition est féroce.

C'est une culture du golf traditionnelle qui définit ce parcours et qui règne depuis près de 90 ans à Shoreacres. Ce club ultra fermé met à l'épreuve votre expertise, particulièrement au n° 12, 116 m de pur talent. Les 17 autres ne décevront pas non plus. **KLL**

N° ⑫ **FAIRMONT ALGONQUIN**

Parcours : Fairmont Algonquin

Situé à : St Andrews by-the-Sea, Nouveau-Brunswick, Canada

Trou : n° 12

Longueur : 140 m

Par : 3

Architecte : Thomas McBroom

À savoir : Les départs depuis lesquels on peut apercevoir un autre pays sont rares, mais le n° 12 du Fairmont Algonquin en fait partie. C'est le Maine, aux États-Unis, que l'on aperçoit au-delà de la rivière St Clair.

Les n° 11, 12, et 13 de ce parcours réputé et de grande beauté constituent un segment fantastique. On considère souvent le n° 12, d'un dénivelé supérieur à 73 m, comme l'équivalent septentrional du n° 7 de Pebble Beach.

Depuis l'aire de départ, on découvre l'eau sur la droite et, plus loin derrière, les buissons, la broussaille... et les ennuis sur la gauche. Si l'on frappe la balle vers la droite ou l'arrière-droite, on se heurte à un mur et on finit dans l'eau. Mieux vaut viser le green. C'est d'ailleurs le seul choix possible.

Sélectionner votre club sera l'une des décisions les plus difficiles de toute la journée – comme lorsqu'on doit choisir entre deux marques de bière.

Examinez tout d'abord le drapeau pour voir précisément d'où souffle le vent. Le départ est en partie abrité de ce dernier grâce aux arbres, mais le green est dégagé et on y rencontre de nombreux tourbillons. Notre expert du club déclare qu'il a tout utilisé sur ce trou, du wedge jusqu'au fer 3.

Le green est coriace. En forme de haricot, il est pourvu d'une bosse qui fait tout rouler à droite. Mais prenez votre temps ici. Admirez la vue, spectaculaire – si vous avez de la chance, vous apercevrez l'un de ces paquebots gigantesques qui se dirigent vers le port.

Et prenez 2 minutes de plus pour choisir le bon club. Simplement, ne visez pas la droite. **TJ**

N° 12 AUGUSTA NATIONAL GOLF CLUB

Parcours : Augusta National Golf Club

Situé à : Augusta, Géorgie, États-Unis

Trou : n° 12

Longueur : 141 m

Par : 3

Architectes : Alister MacKenzie, Robert Tyre Jones

À savoir : Le n° 12, trou intermédiaire d'une série de 3 baptisée *Amen Corner*, abrite le légendaire pont Ben Hogan.

CI-DESSOUS *Le douzième trou de l'Augusta.*

CI-CONTRE *L'Américain Arnold Palmer joue son coup de départ sur le n° 12 de l'Augusta en avril 2004.*

On pourrait presque couper au couteau la tension et le suspense qui règnent sur le départ du n° 12 de l'Augusta, trou central du célèbre trio composant l'*Amen Corner*. Site de nombreux moments d'angoisse au cours du Masters, c'est l'un des rares endroits du parcours où l'on aperçoit le trou que l'on vient de jouer ainsi que celui qui suit. Pouvoir contempler 3 trous de l'Augusta est agréable en soi à cause de leur beauté soigneusement entretenue, mais une fois sur l'aire de départ, qui évoque des images désormais légendaires, on vit une expérience mémorable.

Surnommé *Golden Bell*, la « Cloche dorée », le trou est protégé par le ruisseau de Rae's Creek et par un bunker sur le devant. 2 autres bunkers gardent côte à côte l'arrière de ce green étroit. On doit juger de façon précise la distance à couvrir, ce qui est difficile lorsque la bise souffle. Les pins entourant le trou participent à sa beauté, mais ne protègent que peu du vent.

Le green du n° 12 ressemble aux autres du parcours : suivant les mouvements naturels du terrain, il est pourvu de nombreuses pentes. On y trouve assez d'endroits plats pour y placer le drapeau, mais les zones traîtresses ne manquent pas non plus. Le n° 12 semble former un grand parc au milieu duquel serpentent ses fairways. Les pentes et collines du n° 12 n'entrent pas en jeu, car c'est un par 3, mais elles rappellent aux joueurs les longues marches parfois ardues que l'on effectue sur ce tracé plein de monticules.

Le trou n'est pas très long et ne paraît pas éprouvant, mais c'est le vent, imprévisible, qui le rend intimidant. Le choix du club, comme sur tous les pars 3, est primordial, mais il est difficile de sélectionner le bon fer, car le vent peut changer, le temps que l'on atteigne l'aire de départ.

De toute évidence, avec ses 141 m, ce n'est pas la longueur qui fait sa difficulté. De fait, on chargea Tom Fazio d'ajouter du mordant au parcours avant le Masters de 2002 et il ne toucha pas à ce trou. La moitié des trous furent allongés, y compris les 2 autres de l'*Amen Corner*, mais Fazio pensa qu'il valait mieux laisser le n° 12 tel qu'il était. **JB**

N° ⑫ SOMERSET HILLS COUNTRY CLUB

Parcours : Somerset Hills Country Club

Situé à : Bernardsville, New Jersey, États-Unis

Trou : n° 12

Longueur : 131 m

Par : 3

Architecte : A. W. Tillinghast

À savoir : Somerset Hills semble posséder une double personnalité, avec un dernier 9 naturel et très boisé qui contraste avec le premier, dégagé et en links, construit autour d'un vieux champ de course. Cela équivaut à jouer 2 parcours différents sur le même 18 trous, l'aller étant plat et le retour en montagnes russes – mais les 2 sont caractérisés par des coups d'approche difficiles, en descente ou en montée.

La beauté de ce parcours attire l'œil, mais les apparences peuvent être trompeuses : ses greens et ses fairways sont bordés de rough et de tabliers très épais, rendant le parcours à la fois difficile et équitable sur des greens découpés de façon créative. A. W. Tillinghast a mis à profit l'agencement naturel du terrain (et de l'eau), notamment dans le système de défense du green de ce par 3. Il a beau être court, la précision est ici primordiale.

Faites preuve d'une précaution toute stratégique. Si le coup de départ dépasse le green, la balle plongera dans un grand étang à l'arrière. Le lac à gauche et le dévers marqué, de droite à gauche, s'unissent pour protéger le n° 12, mais si vous utilisez la pente pour renvoyer la balle à gauche, selon l'emplacement du drapeau, vous pourrez vous approcher du trou. Restez à gauche, près de l'eau, et la victoire est à portée de main sur ce par 3 retors.

Somerset Hills est incroyablement varié. Des greens inclinés, des trous de diverses longueurs et des coups d'approche difficiles en font une partie exigeante et tout à fait à part. On devra jouer tout un éventail de coups afin de réaliser un bon score. On y trouve 109 bunkers et de l'eau tout du long. Votre patience et votre jeu de cible seront particulièrement mis à l'épreuve au n° 12. **KLL**

N° ⑫ WANNAMOISETT COUNTRY CLUB

Parcours : Wannamoisett Country Club

Situé à : Rumford, Rhode Island, États-Unis

Trou : n° 12

Longueur : 196 m

Par : 3

Architecte : Donald Ross

À savoir : Ce club propose des trous célèbres et appréciés, dont le n° 12, qui fait partie des meilleurs. Examinez le pommier près de l'aire de départ. C'est le vestige d'un verger qui recouvrait la plus grande partie du domaine jusque vers 1850.

Bienvenue dans le Sahara – ou dans le bunker du n° 12 de Wannamoisett. Oui, le Sahara s'étend jusqu'à Rumford dans l'État de Rhode Island, et on préférera le découvrir depuis l'extérieur.

Cet énorme bunker est situé à l'avant-droite du green, et le plus étonnant, c'est qu'on l'aperçoit à peine depuis l'aire de départ. Mais il est bien là. Mesurant 36 m de large et 27 m de long, il est assez grand pour abriter un petit village – bon, c'est peut-être un peu exagéré. On trouve aussi un autre bunker du côté gauche.

Vous pouvez faire rouler la balle entre les 2, mais la meilleure façon de les éviter est d'atterrir dès le coup de départ sur le green, surélevé par rapport aux fosses de sable.

Ce dernier, en creux, ramènera au centre toute balle trop longue, mais si vous manquez complètement sa surface, il sera difficile de le trouver au coup suivant, car il part en pente devant vous. **TJ**

N° ⑫ GOLF CLUB DE CINCO RANCH

Parcours : Golf Club de Cinco Ranch

Situé à : Katy, Texas, États-Unis

Trou : n° 12

Longueur : 174 m

Par : 3

Architecte : Carlton Gipson

À savoir : Ce club de golf est entouré des 2 000 ha du lotissement de Cinco Ranch, dans la banlieue ouest de Houston. Mais il ne correspond pas à ce à quoi on s'attendrait en lisant cette simple description. L'endroit est exceptionnel.

Le tracé de Carlton Gipson offre une quantité surprenante (et agréable) de collines et vallons, certains trous étant même dotés de dénivelés de 5 m. Cela permet une partie de golf intéressante – tout comme les 50 bunkers et obstacles d'eau entrant en jeu sur 16 des trous.

C'est en particulier le cas sur le n° 12, un par 3 de 174 m doté d'un dénivelé. Ce trou vous offre ainsi un aperçu du reste du parcours, dont un superbe paysage.

Le coup de départ survole l'eau pour rejoindre un green en hauteur, bien défendu par des bunkers. Il faudra franchir cet obstacle dans toute sa longueur, et il devrait vous être familier, car c'est le même étang que vous avez dû franchir au n° 11.

La marge d'erreur est inexistante sur ce trou si vous manquez le green. Vous devrez putter, ou jouer un nouveau coup si vous ne trouvez pas le drapeau. On trouve une petite zone de sécurité à droite du trou.

Ce dernier est situé sur un endroit dégagé du parcours, ce qui veut dire que le vent du sud jouera des tours à votre balle.

On doit aussi se préoccuper du triple plateau du green, mais estimez-vous simplement heureux d'avoir rejoint ce dernier. **TJ**

N° ⑫ THIRTEENTH BEACH GOLF LINKS

Parcours : Thirteenth Beach Golf Links
Situé à : Barwon Heads, Victoria, Australie
Trou : n° 12
Longueur : 156 m
Par : 3
Architecte : Tony Cashmore

À savoir : L'équipe composée de Cashmore, architecte de golf, et de l'entrepreneur Duncan Andrews, qui a aussi construit The Dunes de l'autre côté de la baie de Port Phillip, à Melbourne, a produit une fois de plus un parcours d'ordre supérieur avec Thirteenth Beach, salué par le public.

« Magnifique » est le premier mot qui vient à l'esprit des golfeurs jouant le n° 12 du Thirteenth Beach Golf Links, et ce par 3 en descente mérite indubitablement ce qualificatif, car c'est un trou exigeant, en bord de mer, au milieu de dunes splendides.

Le vent et la position du drapeau rendent le choix du club particulièrement difficile ici, et on observe souvent des joueurs se tracassant ouvertement au moment de frapper leur coup de départ, incertains d'avoir sélectionné le bon club.

Les habitués des lieux expliquent que la solution consiste à prendre un club de plus que ce que l'on penserait suffisant en temps normal et de viser résolument le centre du green.

On ne devrait pas vraiment s'inquiéter si l'on joue un peu trop long, car on peut utiliser une dune derrière le green pour arrêter les coups de départ trop puissants. Mais les rudes bunkers flanquant le green peuvent présenter plus que leur part de difficulté au cas où le fer moyen habituellement nécessaire pour atteindre le drapeau s'égarerait légèrement. **JS**

N° ⑫ **CHICAGO GOLF CLUB**

Parcours : Chicago Golf Club

Situé à : Wheaton, Illinois, États-Unis

Trou : n° 12

Longueur : 370 m

Par : 4

Architectes : Charles Blair Macdonald, Seth Raynor

À savoir : Durant la première Walker Cup s'étant déroulée au Chicago Golf Club, le capitaine, Bobby Jones, invaincu, mena les États-Unis à la victoire, infligeant un score de 11 à 1 à l'équipe irlando-britannique.

Le n° 12 du club de Chicago, surnommé le « Bol à punch », est un solide par 4 mettant tous les joueurs à l'épreuve, quels que soient les départs choisis, à cause d'une série de bunkers éparpillés des deux côtés du fairway jusqu'au green, où d'autres embûches guettent.

Le green est entouré de crêtes sur trois côtés, l'ouverture sur le devant étant protégée par un bunker aux parois profondes sur la droite. Un autre bunker problématique est situé plusieurs mètres en arrière, à gauche, constituant une sorte de faux avant-green et faussant la profondeur de champ.

Le club de Chicago accueille la Walker Cup en 2005, qui retrouve ses racines prestigieuses en retournant dans ce club privé très fermé, où ont eu lieu certaines des meilleures épreuves professionnelles ou amateurs.

L'US Open s'y est déroulé en 1897 (remporté par Joe Lloyd), en 1900 (Harry Vardon) et en 1911, lorsque la victoire de John McDermott marqua le premier succès américain dans ce championnat. Le club a aussi accueilli l'US Amateur – considéré à l'époque comme aussi important que l'Open, sinon plus – en 1897, 1905, 1909 et 1912. **KA**

N° ⑫ TROON GOLF & COUNTRY CLUB

Parcours : Troon Golf & Country Club

Situé à : Scottsdale, Arizona, États-Unis

Trou : n° 12

Longueur : 365 m

Par : 4

Architectes : Tom Weiskopf, Jay Morrish

À savoir : À 731 m d'altitude, Troon n'est que légèrement plus élevé que Royal Troon, le parcours écossais en l'honneur duquel il a été baptisé.

Le Troon Golf & Country Club a été baptisé en hommage au British Open que son architecte, Tom Weiskopf, remporta au Royal Troon, en Écosse, en 1973. Les 2 clubs maintiennent encore aujourd'hui une relation très cordiale.

Bien entendu, le tracé de Weiskopf, au milieu du désert de l'Arizona, ne partage que peu de caractéristiques avec son jumeau écossais, les montagnes et les cactus remplaçant les dunes et l'océan.

Le n° 12 exige un coup de départ puissant et précis afin de franchir une hauteur sur le fairway, bordé des 2 côtés par un paysage désertique traître. Si les joueurs atteignent le sommet de cette colline, ils éviteront un deuxième coup aveugle en direction d'un green large mais peu profond, avec de petites montagnes en toile de fond.

De nombreux joueurs utilisent un bois de fairway ou un fer long sur le premier coup, parce que, si la balle atterrit bien après la colline, ils seront confrontés à un lie en descente sur le deuxième.

Le green est protégé par 3 profonds bunkers – à droite, à gauche et à l'avant –, rendant l'approche encore plus difficile, et il est aussi divisé en 2 sections distinctes par un dévers très marqué au milieu. **KA**

N° ⑫ PELICAN WATERS GOLF CLUB

Parcours : Pelican Waters Golf Club

Situé à : Golden Beach, Queensland, Australie

Trou : n° 12

Longueur : 305 m

Par : 4

Architectes : Greg Norman, Bob Harrison

À savoir : Bob Harrison déclare que le n° 12 est l'un des meilleurs pars 4 que lui et Greg Norman aient jamais conçus.

Le vent peut faire faire bien des idioties aux golfeurs, c'est certain, et la tentation, pour les grands frappeurs qui jouent ce par 4, est de penser que la légère brise qui leur souffle dans le dos peut leur permettre d'atteindre le green dès le drive.

S'ils frappent une bonne balle, ils sont en général récompensés. Dans des circonstances habituelles, cependant, il vaut mieux prévoir 2 coups pour atteindre le green, le premier visant le côté gauche du spacieux fairway incliné de gauche à droite.

Fidèles à leurs habitudes, Norman et Harrison ont donné de nombreux choix aux joueurs sur cette aire de départ, et beaucoup d'espace pour faire atterrir leur drive. Mais un coup d'approche très précis est exigé par la suite, jusqu'à un green aux contours complexes, défendu par un énorme bunker tout près, à droite, et par un autre à l'arrière.

Les coups visant ce green ont pour habitude de terminer leur course dans le premier obstacle, et rentrer ensuite la balle en 2 coups peut s'avérer décourageant, surtout si l'on considère qu'une fois les pieds dans le sable du bunker, on ne peut plus apercevoir le green. **JS**

N° ⑫   HAZELTINE NATIONAL GOLF CLUB

Parcours : Hazeltine National Golf Club
Situé à : Chaska, Minnesota, États-Unis
Trou : n° 12
Longueur : 425 m
Par : 4
Architecte : Robert Trent Jones senior
À savoir : Hazeltine a accueilli l'US Open de 1991 pour lequel Rees Jones apporta certaines modifications au parcours. Le public le plus important de l'histoire du tournoi assista à un combat légendaire, lorsque Payne Stewart l'emporta sur Scott Simpson au cours du play-off.

CI-DESSOUS   L'Américain Justin Leonard joue depuis le rough du n° 12 d'Hazeltine National en août 2002.

Voici le par 4 le plus long d'Hazeltine. Et il est coriace.

On découvre un petit étang juste devant le green, à droite, mais il ne devrait entrer en jeu que si votre drive rate le fairway. L'espace ne manquant pas, sortez donc votre driver.

Le coup d'approche, se jouant habituellement au fer moyen, vise un green très ferme, en creux. Lorsque vous aurez fini de putter et que vous aurez inscrit un 3 sur votre carte de parcours (nous aimons nous montrer optimistes), retournez-vous vers le fairway. C'est un trou ravissant dans les deux directions.

Rees Jones déclara au sujet de ce trou splendide : « Avec le n° 12, nous nous éloignons des trous de prairie, plus dégagés, près du lac, pour retourner dans les bois. En 1997, les 3 bunkers de fairway alignés sur la droite ont été reconstruits plus près de la zone d'arrivée ; on a aussi approfondi les bunkers situés à l'avant du green et on les a encadrés pour les rendre plus visibles. Les arbres présents aux environs du green définissent naturellement le coup d'approche. » **TJ**

Parcours : ChampionsGate (parcours international)

Situé à : Davenport, Floride, États-Unis

Trou : n° 12

Longueur : 314 m

Par : 4

Architecte : Greg Norman

À savoir : Avec ses dépressions naturelles et ses greens rapides, ChampionsGate offre un coin d'Europe sous le soleil de la Floride. Ce 18 trous international est construit dans le style des links écossais et irlandais.

N° ⑫ CHAMPIONSGATE
(PARCOURS INTERNATIONAL)

Greg Norman étant responsable des plans, ChampionsGate a vite occupé une place de choix parmi les golfs de Floride. Doté d'une rude concurrence dans le voisinage, ChampionsGate offre d'excellentes conditions de jeu et un parcours unique, dont le n° 12, un par 4, est l'un des plus beaux exemples.

Sa conception a dû occuper longtemps Norman et son équipe. Il fallait créer un green, placer des bunkers et se livrer à une réflexion approfondie pour réussir un dogleg à gauche aussi spectaculaire.

Mais Norman et ses associés oublièrent la présence d'un arbre au milieu du fairway. Quelqu'un a probablement négligé de prévenir la compagnie qui devait l'abattre avant l'inauguration. Imaginez la tête de Norman lorsque le premier groupe s'est avancé vers le départ et a découvert un grand arbre au milieu du fairway, juste au niveau du coude.

Il s'est simplement ressaisi et a convaincu tout le monde que l'arbre faisait partie du plan. Que ce soit ou non la façon dont cela s'est passé, il est bien là et on doit l'éviter. À 217 m des départs arrière, le dépasser dès le drive s'avère risqué. Si vous essayez de couper le dogleg, vous affronterez un grand bunker sur le côté gauche du fairway ainsi qu'une série d'autres fosses de sable et un rough peu accueillant de l'autre côté. Les bunkers de droite sont à 250 m des départs arrière. Et ne sous-estimez pas ceux de droite, plus proches du départ. Le green, incliné d'arrière en avant, est traversé par une crête au milieu. **TJ**

Parcours : The Golf Club Kennedy Bay

Situé à : Longbeach Key, Port Kennedy, Australie-Occidentale

Trou : n° 12

Longueur : 332 m

Par : 4

Architectes : Michael Coate, Roger Mackay, Ian Baker-Finch

À savoir : Surnommé *Finchy's Folly* (la « Folie de Finch »), le n° 12 est baptisé en l'honneur de Ian Baker-Finch, légende du golf australien – et membre de l'équipe d'architectes.

N° ⑫ THE GOLF CLUB KENNEDY BAY

Ce trou représente en réalité moins une folie qu'une anomalie, car c'est un modeste par 4 jouissant d'un fairway à 2 niveaux, le côté droit dominant le gauche d'environ 7 m.

Vous choisirez de jouer l'un d'entre eux principalement en fonction de la position du drapeau sur le green surélevé, protégé par 2 bunkers sur la droite et par un autre à gauche, ainsi que par 2 zones de rejet en périphérie qui font payer leurs erreurs aux golfeurs. Les habitués des links de Kennedy Bay, dotés de 155 bunkers profonds, jouent généralement un fer moyen depuis le départ du n° 12, souvent un fer 5, puis frappent un fer court jusqu'au green.

C'est un trou de position, que la précision et la maturité nécessaires pour réaliser le par rendent plus complexe que sa longueur ne le laisserait supposer. Le Docteur Freemantle, le vent de sud-ouest qui souffle de façon ininterrompue sur ce parcours d'Australie-Occidentale, joue aussi un rôle essentiel et perturbe même les meilleurs coups. **JS**

N° ⑫ QUAKER RIDGE GOLF CLUB

Parcours : Quaker Ridge Golf Club

Situé à : Scarsdale, État de New York, États-Unis

Trou : n° 12

Longueur : 400 m

Par : 4

Architecte : A.W. Tillinghast

À savoir : Chad, le pro adjoint et notre guide à Quaker Ridge, déclare que les apparences peuvent être trompeuses sur le n° 12. « L'été, lorsque les arbres se couvrent de feuilles, on a l'impression de jouer dans un tunnel étroit depuis le départ. Cela paraît plus serré qu'en réalité. En fait, l'espace ne manque pas. »

Une fois sur l'aire de départ du n° 12, on découvre le trou tout entier. Pas de surprises ici. Ce trou se joue entièrement en montée.

Bien sûr, vous n'aimez peut-être pas ce qui s'étale devant vous.

Cela semble incroyablement difficile. La vue peut s'avérer intimidante, et à juste titre. Ce n'est pas une mince affaire que de jouer en montée cette piste bordée d'arbres, et il faudra frapper 2 coups très difficiles de la manière la plus pure possible si l'on veut rejoindre ce green en régulation.

Le fairway ne manque pas vraiment sur le coup de départ mais il rétrécit à l'approche du green. On aperçoit un ruisseau sur la droite près de l'aire de départ mais il n'entre pas en jeu. Il participe, cependant, à l'atmosphère de ce trou ravissant.

On trouve 2 bunkers de fairway sur la droite à environ 165 m du green que l'on peut atteindre depuis n'importe quel départ (il y en a 4, les marques rouges étant les plus avancées à 320 m).

On joue généralement le deuxième coup au fer long, et c'est là que le trou montre ses dents. Le green monte en pente, et c'est l'un des plus rapides de Quaker Ridge. Et au cas où vous manqueriez votre cible, 2 bunkers sont placés sur l'avant, légèrement à droite et à gauche. Il sera difficile de frapper un chip depuis l'arrière du green à cause des monticules qui s'y trouvent, particulièrement lorsque le green part en pente devant vous. **TJ**

N° ⑫ SOUTHERN HILLS COUNTRY CLUB

Parcours : Southern Hills Country Club

Situé à : Tulsa, Oklahoma, États-Unis

Trou : n° 12

Longueur : 416 m

Par : 4

Architecte : Perry Maxwell

À savoir : Ce club légendaire a accueilli 4 US Opens, 2 PGA Tour Championships ainsi que 5 championnats amateurs majeurs depuis 1946. Parmi les vainqueurs principaux, on compte Babe Zaharias, Tommy Bolt, Ray Floyd, Nick Price, Billy Mayfair, Tom Lehman et Retief Goosen.

CI-DESSOUS ET CI-CONTRE
Le douzième trou de Southern Hills.

Le prodigieux douzième trou du splendide Southern Hills se joue sur 416 m lors des championnats majeurs, mais on « facilite » la tâche des membres en le raccourcissant de 29 m – il demeure encore très coriace.

Ben Hogan et Arnold Palmer l'ont désigné comme l'un des meilleurs pars 4 d'Amérique, même si ni l'un ni l'autre n'y ont jamais remporté un tournoi. Ce léger dogleg à gauche exige un drive long et précis vers une zone d'arrivée aveugle afin de tirer profit de la pente du fairway, incliné de droite à gauche. Les grands frappeurs peuvent couper l'angle mais devront franchir le bunker qu'abrite le virage situé à 237 m du départ. S'ils y arrivent, la balle roulera sur une bonne distance le long d'un fairway impeccablement entretenu, amenant un coup d'approche tout à fait jouable.

Même ces joueurs-là seront confrontés à un deuxième coup nécessitant encore plus de précision que le premier. Le coup d'approche, au fer moyen ou long, doit être exact car on ne trouve aucune zone de sécurité hors du green.

Cette balle haute doit atterrir en douceur – de petits ruisseaux sur l'avant, à gauche, ainsi que sur la droite, de l'avant jusqu'à l'arrière, empêchent les coups roulés. 3 bunkers traîtres ajoutent au danger et au sentiment de claustrophobie devant et à gauche, et le green possédant un bord relevé, même les coups d'approche les plus précis peuvent amener des putts difficiles.

Comme sur presque tout le reste du parcours, on trouve ici des arbres, des arbres et encore des arbres. Ils protègent le dogleg sur la gauche, et bordent le fairway du départ jusqu'au green. D'épais bosquets de pins à gauche du green transforment ce trou en un toboggan au milieu des bois, avec par-dessus le marché du sable et des ruisseaux.

Le n° 12 est magnifique – c'est l'un des plus beaux trous de Perry Maxwell, qui conçut de brillants parcours dans le monde entier mais paraissait particulièrement fier de Southern Hills. Ce parcours fut construit durant la période économique américaine la plus difficile, et le fait que Maxwell, originaire de l'Oklahoma, ait tenté d'améliorer la situation de cet État durant la Grande Dépression a sans aucun doute accru son amour pour ce lieu. **JB**

N° ⑫ CAMARGO CLUB

Parcours : Camargo Club
Situé à : Indian Hill, Ohio, États-Unis
Trou : n° 12
Longueur : 377 m
Par : 4
Architecte : Seth Raynor

À savoir : Même si le tracé général du parcours était fermement établi, le décès de Seth Raynor en 1926 obligea les premiers dirigeants du club à régler quelques derniers détails. William Jackson, joueur professionnel et directeur, se chargea de bon nombre de ces ajouts de dernière minute, dont la construction de ponts au-dessus de ravins aux n° 3, 5, 9, 12 et 18. Dès 1940 cependant, ils avaient été remplacés par des passerelles.

Depuis 1927, date de l'inauguration du dernier 9, le Camargo Club a vécu dans un état de changement presque permanent. Le tracé originel de Raynor était un merveilleux alliage de trous longs et courts, subtils et sévères. Avec les années, cependant, il a plus changé qu'il n'est habituel.

Peu de trous originaux de Raynor ont subi autant de transformations que le n° 12, un par 4. Il était doté au départ de 2 fairways, que l'on rejoignait depuis 2 départs différents. Il copiait en cela le *Channel*, un trou construit au Lido Club par Raynor et Charles Blair Macdonald.

Afin de rejoindre l'un des fairways, petit et sur une île, on devait frapper un coup très précis, de plus de 180 m, au-dessus d'un ravin, pour atterrir sur une zone inclinée. Le deuxième fairway se trouvait à droite du trou actuel et était beaucoup plus clément mais éliminait toute possibilité de rejoindre le green en 2 coups. Le trou fut redessiné en ne conservant que le premier des fairways, le plus difficile.

Une série de bunkers situés en biais à environ 90 m d'un green surélevé complique encore les choses. On pourra tout de même sauver le par après un coup d'approche trop court, tandis que toute balle trop longue sera condamnée à dévaler une pente abrupte et ne laissera que peu de chances de rattrapage. **RH**

N° ⑫ PITTSBURGH FIELD GOLF CLUB

Parcours : Pittsburgh Field Golf Club
Situé à : Pittsburgh, Pennsylvanie, États-Unis
Trou : n° 12
Longueur : 427 m
Par : 4
Architecte : Alex Finley

À savoir : Finley était peut-être le premier architecte du Pittsburgh Field Club mais ce ne fut pas le dernier. 9 d'entre eux ont imprimé leur marque à ce fantastique parcours, dont A.W. Tillinghast et Donald Ross.

Ce par 4 de 427 m se déroule sous vos yeux. C'est un trou très droit avec un grand bunker sur la droite. Cet obstacle empiétant largement sur le fairway à environ 259 m, les grands frappeurs devraient faire attention.

On peut aussi, depuis le départ, atteindre un autre bunker à environ 241 m à gauche. Le fairway, incliné de droite à gauche, est tout petit, doté d'une zone d'arrivée difficile pour ceux qui peuvent frapper la balle loin.

On peut aussi se l'imaginer comme formant un S entre ces 2 bunkers, passant derrière puis à droite du premier avant de contourner le deuxième sur sa gauche.

Le coup de départ idéal mesurera donc moins de 259 m et visera le centre droit du fairway.

Le green est situé sur un vaste plateau qui se termine par un à-pic sur la gauche comme sur l'arrière. On découvre un bunker à droite et un autre, grand, à gauche.

Le Pittsburgh Field Golf Club est un parcours très boisé, pourvu de fairways étroits et de très peu d'eau. La clé du succès sur ce vénérable tracé réside dans la qualité des coups. On doit en effet bien placer sa balle si l'on veut réaliser un bon score. **TJ**

N° ⑫ ROYAL LIVERPOOL GOLF CLUB

Parcours : Royal Liverpool Golf Club

Situé à : Hoylake, Merseyside, Angleterre

Trou : n° 12

Longueur : 376 m

Par : 4

Architecte : Cameron Sinclair

À savoir : Si vous n'avez pas joué au Royal Liverpool Golf Club récemment, vous remarquerez peut-être un nouvel étang sur la gauche du green du n° 12. Il a été créé non seulement dans le but de pénaliser un coup mal frappé mais aussi pour établir un habitat naturel pour le crapaud calamite, espèce originaire de Hoylake. Il est aussi réputé être l'amphibien le plus bruyant d'Europe, son chant pouvant s'entendre à des kilomètres à la ronde.

Le n° 12, un par 4, constitue sans doute le plus beau trou de ces links – une prise de position audacieuse de notre part. Long de 376 m depuis les départs de championnat, il forme un dogleg à gauche marqué avec des embûches à profusion pour ceux qui essaieraient de couper l'angle un tant soit peu.

3 bunkers sont situés à droite du coude et seul un grand frappeur avec assez de clubs dans son sac devrait essayer de les franchir.

Il faut en effet plus de 275 m pour les dépasser depuis les départs pros et atterrir de façon à obtenir un coup d'approche droit et dégagé.

Il est donc plus sage d'atteindre le green en 3 coups. N'oubliez pas, le par ou même un bogey constituent ici un bon score. Un bon drive de 228 m, frappé au milieu du fairway, permettra un deuxième coup aisé d'environ 73 m, puis une ligne droite jusqu'au green.

On découvre à gauche de ce dernier un étang récemment aménagé – que l'on doit éviter à tout prix.

Hoylake occupe une place centrale dans l'histoire du golf en Angleterre. Construit en 1869, sur ce qui était alors le champ de course du Liverpool Hunt Club, c'est le plus ancien des parcours anglais de bord de mer, exception faite du Westward Ho! dans le Devon. **TJ**

N° ⑫ MONTEREY PENINSULA COUNTRY CLUB (PARCOURS DES DUNES)

Parcours : Monterey Peninsula Country Club (parcours des Dunes)

Situé à : Pebble Beach, Californie, États-Unis

Trou : n° 12

Longueur : 377 m

Par : 4

Architectes : Seth Raynor, Charles Banks, Rees Jones

À savoir : C'est un parcours ferme et rapide où plusieurs trous se jouent en montée, en s'éloignant de l'eau. Les vagues battent le littoral proche pour un effet visuel spectaculaire ; à cause du vent, féroce, il est essentiel sur ce parcours de savoir jouer des coups bas.

Le n° 12 du parcours des Dunes de Monterey est à la fois époustouflant, d'un point de vue visuel, et coriace. Rees Jones a reculé l'aire de départ, éliminé certains arbres afin de permettre aux joueurs de découvrir les eaux scintillantes du Pacifique, et construit 3 bunkers de fairway sur la gauche lorsqu'il remodela ce trou. Cette transformation, combinée à une approche en montée, a non seulement rallongé ce trou mais l'a aussi rendu plus sévère que la version originale de 1926. Son green, découpé, descend en pente raide sur la droite et est caractérisé par 2 profonds bunkers protecteurs.

Jones a imposé sa marque indélébile au parcours des Dunes en malmenant ses fairways plats et en ajoutant des monticules pour renforcer les lignes du tracé de Seth Raynor, déjà bien visibles. En résultent des greens retors dans un cadre remarquable.

C'est un 18 trous d'une beauté incomparable, bordé de pins et de dunes. C'est un joyau de la péninsule de Monterey – un classique remontant à 1926. **KLL**

Parcours : Bald Mountain

Situé à : Lake Orion, Michigan, États-Unis

Trou : n° 12

Longueur : 382 m

Par : 4

Architectes : Wilfrid Reid, William Connellan

À savoir : Bald Mountain, qui regorge de doglegs et de fairways étroits, parcourt un terrain vallonné. Ses trous courts sont impressionnants, dont les n° 13 et 14, 2 pars 3 consécutifs.

N° ⑫ BALD MOUNTAIN

Le n° 6 de Bald Mountain est le trou le plus difficile du parcours, le n° 15 le plus joli, mais c'est du n° 12 dont on se souvient le plus souvent. Suivi de 2 pars 3, c'est une bonne manière de s'entraîner au petit jeu.

À 382 m des départs arrière, ce par 4 n'est pas le plus long du tracé, mais on doit frapper un coup de départ long et droit si l'on ne veut pas aller examiner de plus près qu'on ne le désire les arbres du fairway.

Pour pouvoir couper l'angle du dogleg, on devra franchir environ 236 m depuis les départs arrière.

Le green, comme le plus souvent à Bald Mountain, est onduleux. Il est aussi défendu par de profondes fosses herbeuses. Aucun trou n'est réellement emblématique de Bald Mountain, mais les trous mémorables y abondent. Et vous n'oublierez pas facilement le n° 12. **TJ**

Parcours : Orange County National Golf Center (parcours du Chat courbé)

Situé à : Orlando, Floride, États-Unis

Trou : n° 12

Longueur : 419 m

Par : 4

Architectes : Phil Ritson, Dave Harman, Isao Aoki

À savoir : Rappelant de vrais links, le tracé dégagé et fluide du *Crooked Cat* (« Chat courbé » en français) offre peu d'arbres, et son rough est en bruyère. On y éprouve un sentiment similaire à celui que l'on retrouve à 4 800 km à l'est, dans les Highlands d'Écosse.

N° ⑫ ORANGE COUNTY NATIONAL GOLF CENTER (PARCOURS DU CHAT COURBÉ)

On devrait réexaminer le système de handicap de ce parcours, car il est difficile de concevoir qu'il puisse exister un trou plus ardu en Floride, et encore plus sur ce parcours. De nombreux golfeurs, même les meilleurs, devront fournir des efforts acharnés sur cette merveille du *Crooked Cat*.

Deuxième trou le plus difficile du parcours, il propose 4 séries de départ, dont aucun ne peut être qualifié de « facile ». Quel que soit l'endroit d'où l'on frappe son drive, ce trou est ardu.

Surnommé le *Sweep* (« Coup de balai »), il peut effectivement balayer une bonne partie en un rien de temps. L'idéal est de jouer les 2 premiers coups au centre gauche du fairway, le centre même ne convenant pas.

L'objectif est d'éviter l'eau à droite du fairway, depuis le départ jusqu'au green. On trouve une bonne zone d'arrivée du drive, mais le coup doit être assez long si l'on veut rejoindre le green sur le deuxième coup. Attention cependant, car le fairway disparaît presque – il se transforme en marécage.

Le green repose sur la droite, entouré d'eau de ce même côté, voire sur l'avant selon l'angle d'approche. C'est un coup difficile sur lequel vous devez faire preuve de précision.

Une fois sur le green, l'affaire est loin d'être bouclée. À double plateau, il peut vous poser de nombreux problèmes. **TJ**

N° ⑫ TORREY PINES (PARCOURS SUD)

Parcours : Torrey Pines (parcours sud)

Situé à : La Jolla, Californie, États-Unis

Trou : n° 12

Longueur : 458 m

Par : 4

Architectes : William F. Bell, Rees Jones

À savoir : Le n° 12 est le trou le plus difficile du parcours sud, où se déroule chaque année le Buick Invitational du PGA Tour, et qui accueillera l'US Open en 2008.

Ce trou, d'une longueur effrayante (458 m depuis les départs arrière), est un par 4 monstre. Et les joueurs doivent non seulement affronter la distance mais aussi un dénivelé de 7,5 m depuis le départ jusqu'au green, et le fait que l'on y joue souvent face au vent.

Depuis le départ, un long drive droit est nécessaire afin d'éviter 2 bunkers à gauche du fairway ainsi que 2 autres à droite, qui, sauf si vous êtes très puissant, ne devraient eux pas entrer en jeu. On découvre aussi la plage à gauche, un hors-limite, mais il faudrait vraiment mal jouer pour y atterrir.

Le deuxième coup exigera un fer long ou un bois de fairway pour jouer droit là aussi. Le fairway est assez plat, mais le coup d'approche vise un green à moitié surélevé, protégé par des bunkers à droite comme à gauche.

Certains des points du green sont très élevés, près du centre et de l'arrière-gauche. Sévèrement incliné vers la gauche, il a tendance à renvoyer la balle vers la droite, puis vire de façon marquée vers l'avant. On découvre un autre dévers au centre gauche, très glissant, et orienté vers l'avant-droite. Le green est toujours rapide, et l'on s'estimera très heureux si seuls 2 putts sont nécessaires.

N'oubliez pas que c'est le trou le plus difficile du parcours et qu'un bogey n'est donc pas un mauvais score. **GE**

CI-CONTRE *L'Américain Marco Dawson sur le n° 12 de Torrey Pines en février 2003.*

Parcours : The Homestead (parcours des Cascades)

Situé à : Hot Springs, Virginie, États-Unis

Trou : n° 12

Longueur : 433 m

Par : 4

Architecte : William S. Flynn

À savoir : Le parcours des Cascades du Homestead a accueilli le NCAA Division I Men's Championship en 2004, remporté par l'université de Californie avec un total de 14 au-dessus du par.

N° **12**

THE HOMESTEAD
(PARCOURS DES CASCADES)

Le légendaire Sam Snead, premier professionnel principal du parcours des Cascades, a déclaré au sujet de ce bijou dessiné dans les montagnes par William S. Flynn que « si vous jouez ici, vous pouvez jouer n'importe où », ce que de nombreux golfeurs professionnels et les meilleurs des amateurs ont eu la possibilité de vérifier. Les Cascades ont accueilli nombre d'épreuves importantes dont 7 championnats de l'Association de golf américaine.

Souvent désigné meilleur parcours de montagne américain, il a été construit sur un terrain si rocailleux et vallonné qu'au moins 2 architectes, dont le légendaire A. W. Tillinghast, l'ont déclaré inapte au golf.

Flynn ne partageait pas cet avis, et, en 1923, à l'aide de 20 t de dynamite et grâce à une équipe déplaçant des rochers pesant jusqu'à 20 t, il créa l'un de ses plus beaux parcours, au milieu des monts Allegheny de Virginie.

On considère souvent le n° 12 comme le plus beau de tout l'État. Ce long par 4 étroit est protégé par une crête bordée d'arbres sur la droite, et par un ruisseau qui serpente le long du côté gauche. L'approche est elle aussi difficile à cause de bunkers qu'il faut franchir à environ 80 m devant le green, long, étroit, et protégé de bunkers supplémentaires de chaque côté. **KA**

N° ⑫ THE NATURAL

Parcours : The Natural

Situé à : Gaylord, Michigan, États-Unis

Trou : n° 12

Longueur : 305 m

Par : 4

Architecte : Jerry Matthews

À savoir : Arriver dans la petite ville de Gaylord avec ses clubs de golf sur le siège arrière de la voiture équivaut à découvrir le menu d'un restaurant 3 étoiles. Que de choix ! Vous pouvez sélectionner plus d'un plat de résistance à Gaylord. The Natural n'attire pas autant l'attention que Treetops ou Garland (un peu plus loin sur la même route), mais c'est tout de même l'un des parcours les plus agréables de la région.

Gaylord, dans le nord du Michigan, regorge de parcours de golf. Mais ce ne sont pas des tracés ordinaires. Tous exceptionnels, ils possèdent leurs propres particularités. The Natural n'est que l'une des pièces du puzzle.

Une fois arrivé sur le n° 12, vous aurez eu le temps de découvrir que c'est bien un parcours extraordinaire, et ce par 4 de 305 m ne fera que vous conforter dans votre opinion. Vous découvrirez qu'il est non seulement difficile mais aussi intéressant à jouer. C'est bien pour cela que vous vous êtes rendu dans ce lieu saint du golf.

Une fois sur l'aire de départ, vous dominez le paysage, face à une vallée profonde de 21 m que l'on doit franchir dès le coup de départ. On vise un fairway qui dessine des zigzags marqués sur ce dogleg à droite.

La vallée ne devrait pas entrer en jeu sauf si vous frappez vraiment mal, mais elle rehausse la beauté du trou. Avec un peu de chance, le fairway, lui, entrera en jeu, ou ce trou deviendra encore plus difficile.

Le green étant encerclé d'arbres, si on coupe l'angle, on ne pourra plus l'atteindre. Autrement dit, jouez droit – c'est ce qui paraît le plus naturel. **TJ**

N° ⑫ PUMPKIN RIDGE (PARCOURS DE LA CRIQUE AU FANTÔME)

Parcours : Pumpkin Ridge (parcours de la Crique au fantôme)

Situé à : North Plains, Oregon, États-Unis

Trou : n° 12

Longueur : 404 m

Par : 4

Architecte : Bob Cupp

À savoir : Les 18 trous de Ghost Creek sont tous uniques et dotés de leurs propres caractéristiques, ce qui fait tout l'intérêt du parcours. Les 5 pars 3 offrent tous un défi, que ce soit par leur distance, les obstacles d'eau que l'on doit franchir ou le coup d'approche, en montée ou en descente.

On peut apercevoir la ligne de jeu à suivre depuis le départ du n° 12 de ce célèbre parcours de l'Oregon. Mais que se passe-t-il si vous coupez l'angle ? C'est une question qui se pose souvent au cours de l'été sur l'aire de départ de ce par 4 de 404 m. Peu de joueurs, cependant, font ce pari. Et le risque – très élevé – n'en vaut simplement pas la peine.

Saisissez-vous d'un fer moyen et atterrissez près de la série de bunkers sur le côté gauche du fairway – mais pas à l'intérieur. Cela fonctionne bien en général. N'oubliez pas lesdits bunkers, car il y en a tout un tas, et ils s'étendent depuis le coude du dogleg jusqu'au green.

Et ce dernier alors ? Un bunker et un monticule empiètent sur sa surface, créant un green avant et un green arrière. Observez l'emplacement du drapeau et visez le bon côté.

On ne doit pas non plus oublier que les bunkers et monticules entourant le green rendent le par très difficile si on manque son coup d'approche, sans parler de ce qui peut arriver si la balle atterrit dans les hautes herbes entourant les bunkers.

Viser le par grâce à une approche sans risque ne mettra à mal ni votre score ni votre fierté. **TJ**

N° ⑫ COYOTE GOLF CLUB

Parcours : Coyote Golf Club

Situé à : New Hudson, Michigan, États-Unis

Trou : n° 12

Longueur : 449 m

Par : 4

Architecte : Scott Thacker

À savoir : Comme de nombreux parcours du Michigan et des États-Unis, le Coyote Golf Club possède un excellent site Internet, offrant remises et renseignements.

On trouve divers trous splendides sur ce parcours, juste au nord d'Ann Arbor, dans le sud-est du Michigan. De nombreux membres du club aiment le n° 18, un excellent dernier trou.

Mais le n° 12, le deuxième par ordre de difficulté, pourrait s'avérer le plus impressionnant. Il est mémorable car il semble interminable.

Seuls quelques rares grands frappeurs peuvent tenter de rejoindre le green en 2 coups – particulièrement lorsque le vent souffle, ce qui n'est pas rare sur ce trou dégagé.

On aperçoit quelques arbres le long du côté gauche, mais ils sont là pour séparer les fairways des n° 12 et 13. Autrement dit, ils sont loin de constituer une épaisse forêt.

L'eau commençant à entrer en jeu à environ 90 m du green, on doit faire preuve de précaution sur le deuxième coup.

On trouve des bunkers derrière le green à double plateau.

La distance à couvrir sur ce trou pose à elle seule des problèmes aux joueurs. À 449 m, c'est déjà un long par 4, mais lorsque le vent se met de la partie, il semble encore plus long. **TJ**

N° ⑫ RIO FORMOSA GOLF CLUB

Parcours : Rio Formosa Golf Club

Situé en : l'Algarve, Portugal

Trou : n° 12

Longueur : 361 m

Par : 4

Architectes : William Mitchell, Joe Lee, Rocky Roquemore

À savoir : Même si le parcours est baptisé en l'honneur d'une réserve naturelle voisine, il est éloigné des marécages de la côte et seulement 2 de ses trous sont pourvus d'obstacles d'eau.

Le n° 12 est le plus mémorable des trous du Rio Formosa sur le plan esthétique, celui qui vous restera longtemps à l'esprit. Sa caractéristique principale est un grand lac autour duquel est dessiné un dogleg à gauche marquant un angle de 90°. On est tenté sur l'aire de départ de sortir son driver et d'essayer de frapper un long coup au-dessus de l'eau, pour permettre un coup d'approche plus court jusqu'au green. Bien entendu, cela fait entrer l'eau en jeu et c'est là que finissent bien des balles.

La stratégie la plus sage consiste à frapper un fer long sur le coup de départ pour trouver le fairway. Cela signifie cependant que l'on frappe un fer sur toute la longueur du lac. Fort heureusement, le green est assez ample et un coup d'approche précis devrait trouver sa surface. Bien entendu, vous serez d'avantage préoccupé par l'eau parce qu'elle n'entre pas en jeu sur les 11 trous précédents, contrairement à la plupart des autres parcours de l'Algarve. Ceux qui ratent le green peuvent se retrouver dans l'un des 3 bunkers qui l'entourent.

Il est essentiel ici d'avaler son amour-propre et de jouer la sécurité plutôt que d'essayer d'exploser la balle au-dessus de l'eau. La première solution devrait apporter sa récompense tandis que la deuxième peut entraîner un double bogey. **AT**

N° ⑫ THE DUNES GOLF LINKS

Parcours : The Dunes Golf Links
Situé à : Rye, Victoria, Australie
Trou : n° 12
Longueur : 540 m
Par : 5
Architecte : Tony Cashmore
À savoir : The Dunes s'étend sur un terrain de 97 ha qui accueillait autrefois le Limestone Valley Golf Club. Les nouveaux propriétaires l'achetèrent lorsque l'ancien club déposa son bilan en 1994, puis chargèrent Cashmore de transformer entièrement le parcours. On recommença à y jouer 3 ans plus tard.

L'architecte Tony Cashmore a désigné le n° 12 comme son préféré des Dunes, et, comme sur divers autres trous du parcours, on a dû apporter un certain nombre d'aménagements à ce qui n'était qu'une parcelle relativement plane et sans intérêt afin de donner naissance à un par 5 exceptionnel.

On ne le devinerait jamais à le voir, car il paraît aussi naturel que le reste de ces links au milieu des dunes de la péninsule de Mornington.

Les joueurs doivent frapper un long drive en visant le milieu de ce long dogleg à droite, s'ils désirent bénéficier d'un coup d'approche dégagé vers le green, caché derrière une étendue sablonneuse rappelant les merveilleuses zones désertiques de Pine Valley aux États-Unis.

De là, les très bons golfeurs devront porter la balle sur environ 137 m, puis frapper un fer court jusqu'au rude green en agrostide Cobra. **JS**

N° ⑫ WAIKOLOA BEACH (PARCOURS DE LA PLAGE)

Parcours : Waikoloa Beach (parcours de la Plage)
Situé à : Waikoloa, Hawaï, États-Unis
Trou : n° 12
Longueur : 457 m
Par : 5
Architecte : Robert Trent Jones Junior
À savoir : Ce complexe hôtelier abrite 2 parcours très différents l'un de l'autre. Bien que les 2 soient tracés au milieu de champs de lave, au bord de l'océan, celui de la Plage ressemble plus à un parcours d'hôtel, tandis que celui du Roi rappelle les links traditionnels.

Baptisé « Hemolele », ce par 5 de 457 m constitue l'un des challenges les plus difficiles d'un lieu où se lever le matin après avoir passé la nuit à festoyer au cours d'un *luau* traditionnel est aussi qualifié de « défi ».

C'est également un trou débordant de personnalité. Longeant le Pacifique jusqu'à un site depuis lequel on découvre souvent des baleines sautant hors de l'eau ainsi que les autres îles hawaïennes, la lave y est omniprésente.

L'aire de départ fait face à l'océan, et le fairway s'étend sur environ 227 m avant de virer à gauche. De là, 200 m vous séparent d'un très grand green situé en réalité un peu à droite du fairway.

Comme on se l'imagine, on découvre une jolie vue depuis divers endroits, ainsi qu'un lieu de pêche traditionnel entre le fairway et l'océan – une plaque sur le fairway renseigne les joueurs à son sujet.

Le deuxième coup exige longueur mais surtout précision. Le fairway part légèrement en descente avant de remonter un peu et de virer un peu à droite du green, protégé par 4 bunkers.

On joue depuis le départ face à une agréable brise tiède, mais cela signifie qu'il faudra prendre plus de club.

Inauguré en 1981 par Robert Trent Jones junior, le parcours de la Plage a littéralement été creusé dans une coulée de lave le long de la ravissante baie d'Aneho'omalu. **TJ**

N° ⑫ MACHRIHANISH GOLF CLUB

Parcours : Machrihanish Golf Club

Situé à : Campbelltown, Argyll, Écosse

Trou : n° 12

Longueur : 469 m

Par : 5

Architecte : Tom Morris senior

À savoir : En raison de son isolement sur la côte sud-ouest écossaise, les Navy Seals, corps d'élite de la marine américaine, s'entraînent souvent près de Machrihanish, sautant depuis un hélicoptère dans les eaux glacées du loch de Campbelltown pour une nage matinale de 5 km.

Le Kintyre Golf Club fut fondé en 1876, mais certains de ses membres pensaient que son nom était trop banal pour un parcours aussi spectaculaire. On proposa donc de changer son nom en 1888, « en conséquence de la préférence de certains membres pour la sonorité du mot Machrihanish ».

Les golfeurs ayant la chance de fouler ces links écossais le long du littoral isolé du sud-ouest de l'Écosse comprendront certainement leur raisonnement. Mais de toute façon, aucun mot n'est assez fort pour exprimer ce qu'est ce parcours grisant à la beauté nue.

Machrihanish s'avère sans aucun doute un peu excentrique. Son par 70 est composé d'un premier 9 comprenant 8 pars 4 et un seul par 3, le dernier 9 consistant lui en 3 pars 3 et 2 pars 5 (les n° 10 et 12), séparés par un seul trou.

Le n° 12, baptisé à juste titre *Long Hole*, est le plus long de Machrihanish, et on doit jouer toute sa longueur à cause de 2 profonds bunkers aux parois escarpées situés juste devant le green surélevé et incliné d'avant en arrière.

Les 2 premiers coups sont tout à fait ordinaires, mais ceux qui frappent long devront être absolument sûrs de pouvoir atteindre le green en 2 coups. Sinon, mieux vaut jouer la sécurité et essayer de décrocher un birdie de façon plus conventionnelle. **KA**

N° ⑫ INTERLACHEN COUNTRY CLUB

Parcours : Interlachen Country Club

Situé à : Edina, Minnesota, États-Unis

Trou : n° 12

Longueur : 492 m

Par : 5

Architectes : Willie Watson, Donald Ross

À savoir : Bobby Jones a remporté le troisième tournoi de son grand chelem à Interlachen, avec l'US Open de 1930.

Le n° 12 d'Interlachen est un éprouvant par 5 qui exige une combinaison parfaite de puissance et de finesse. Deuxième trou le plus difficile du parcours, c'est un dogleg à gauche exigeant un drive puissant si l'on veut rejoindre le coude et éviter les arbres sur la droite.

La zone d'arrivée du deuxième coup est protégée par un bunker à droite, même si c'est de ce côté que l'on trouve le meilleur angle d'approche du green. Celui-ci est retors, en hauteur, sévèrement incliné d'arrière en avant et protégé par des bunkers sur l'avant-gauche.

Au cours de la Solheim Cup de 2002 à Interlachen, les États-Unis ont remporté 8,5 points sur 12 au cours des matchs individuels pour remonter un retard de 2 points le dernier jour et battre l'Europe 15,5 à 12,5.

Le club a aussi accueilli une pléthore d'autres épreuves amateurs et professionnelles importantes, dont l'US Open de 1930, remporté par Bobby Jones, amateur légendaire, et la Walker Cup de 1993, au cours de laquelle les États-Unis triomphèrent 19 à 5 contre l'équipe irlando-britannique.

Ce vénérable tracé accueillera aussi l'US Open féminin de 2008. **KA**

N° ⑫ ROYAL MELBOURNE GOLF CLUB (PARCOURS OUEST)

Parcours : Royal Melbourne Golf Club (parcours ouest)

Situé à : Black Rock, Victoria, Australie

Trou : n° 12

Longueur : 437 m

Par : 5

Architecte : Alister MacKenzie

À savoir : C'est peut-être Gene Sarazen qui a le mieux évoqué le magnifique parcours du Royal Melbourne, en déclarant que, même avec les milliards de dollars dépensés au cours des 50 dernières années pour construire des golfs, tous les architectes de la terre n'auraient pu concevoir un autre Royal Melbourne.

Les membres du Royal Melbourne ont soigneusement maintenu le plan original de MacKenzie en l'état, et seuls 2 changements significatifs ont eu lieu en 70 ans. L'un d'entre eux est intervenu à la fin des années 1940, lorsqu'on a reculé le green du n° 12 plus à gauche, rallongeant ce par 5 de 30 m.

Transformer une telle légende peut paraître sacrilège, mais on s'accorde depuis longtemps à déclarer que cela n'a fait qu'accroître la qualité de ce léger dogleg à gauche mesurant 437 m depuis les départs arrière, et dont on peut atteindre le green en 2 coups.

On doit frapper son drive au-dessus du bunker de fairway de droite, que l'on peut apercevoir depuis le départ, en direction d'un deuxième obstacle situé à environ 274 m. La distance et la position du coup de départ déterminent ce que les joueurs doivent ensuite réaliser, mais quelle que soit la façon dont ils frappent leur coup d'approche, ils doivent se méfier d'un bunker sur le devant, à gauche, ainsi que d'un rough très difficile du même côté du green.

Toute balle partant en push peut très bien finir sa course dans le seul bunker protégeant le drapeau, un piège sablonneux béant placé au centre droit. Évitez-le à tout prix. **JS**

N° ⑫ BARSEBÄCK GOLF & COUNTRY CLUB (NOUVEAU PARCOURS)

Parcours : Barsebäck Golf & Country Club (nouveau parcours)

Situé à : Landskrona, Loddekopinge, Suède

Trou : n° 12

Longueur : 513 m

Par : 5

Architecte : Ture Bruce

À savoir : Nick Faldo, Colin Montgomerie et Jesper Parnevik ont tous remporté le Masters de Scandinavie à Barsebäck.

CI-DESSOUS   *L'Anglais Lee Westwood joue depuis le rough du n° 12 du Barsebäck en août 2001.*

CI-CONTRE   *L'Allemand Sven Struver frappe son coup de départ sur le n° 12 du Barsebäck en août 2003.*

Depuis peu, on a découvert le nouveau parcours de Barsebäck. Le Masters de Scandinavie de 2004 a marqué pour la septième fois la présence du PGA European Tour sur ce parcours de bord de mer situé à 30 km de Malmö.

Et pourtant, en dehors de la Scandinavie, peu de personnes savaient avant la Solheim Cup de 2003 qu'il pouvait constituer un cadre aussi superbe pour des épreuves de premier ordre. C'est à cette occasion que ces matchs bisannuels se déroulèrent pour la première fois en Suède, et ce parcours de 6 734 m répondit à toutes les attentes.

C'est à Barsebäck qu'Annika Sorenstam termina une saison historique. Elle devint en 2003 la première joueuse suédoise à participer à une épreuve du PGA Tour depuis 1945, se qualifia pour le LPGA Hall of Fame, et termina avec une victoire spectaculaire sur le sol natal face à l'équipe américaine.

Le n° 12 de Barsebäck, long de 513 m, s'avéra adapté au match play. La plupart des joueurs pouvaient atteindre le green en 2 coups, mais la zone d'arrivée étroite défendue des 2 côtés par un rough épais amplifia la moindre erreur. Les joueurs découvrirent que, même en rejoignant en 2 coups ce green doté d'une forte pente, le birdie n'était pas garanti. **RH**

N° ⑫ **PLAINFIELD COUNTRY CLUB**

Parcours : Plainfield Country Club
Situé à : Plainfield, New Jersey, États-Unis
Trou : n° 12
Longueur : 532 m
Par : 5
Architecte : Donald Ross

À savoir : L'histoire joue un rôle important au club de Plainfield. Appartenant aux 100 premiers clubs affiliés à l'Association de golf américaine, c'est son président, Leighton Calkins, qui inventa le système de handicap sur lequel se base toujours l'association aujourd'hui.

Depuis le départ, ce trou paraît assez simple. Oui, il est bordé d'arbres et un ruisseau serpente sur le côté droit du fairway, zone que vous pourriez viser sur le deuxième coup, mais il ne paraît pas pour autant ardu.

Cependant, une fois que vous en aurez terminé avec le n° 12 – ou qu'il en aura terminé avec vous –, vous comprendrez combien les apparences peuvent être trompeuses.

Les membres du club le surnomment le *Big One*, et il faudra 2 très longs coups, précis, et de la chance en quantité pour rejoindre le green en 2 coups. La stratégie la plus intelligente et la plus sage consiste à l'aborder comme un vrai par 5. Ce n'est pas le moment de se montrer trop gourmand. Les 2 premiers coups sont importants, mais si vous vous en accordez 3 pour atteindre le green et réduisez la distance à parcourir sur les 2 premiers, le trou est jouable. Pas facile, mais jouable.

Le deuxième coup doit atterrir à gauche du ruisseau qui sert de limite aux environs du green, typiques de Donald Ross : c'est là que le trou se perd ou se gagne. Même après 2 bons coups, il faudra jouer une approche parfaite.

On doit bien connaître ce trou pour y réussir car le coup d'approche est presque complètement aveugle. On aperçoit une lamelle du green, mais pas les embûches qui l'entourent. Il est petit, protégé par un fossé traître à gauche et par une rangée de bunkers difficiles à droite. Ajoutez à cela une crête parcourant son milieu, et le green keeper pourra placer le drapeau

en divers endroits intéressants, en particulier le dimanche de l'US Open.

C'est un trou fantastique sur un parcours difficile, élément précieux de l'histoire du golf américain. Pour les habitués, Plainfield est tout simplement « le club », et son parcours « le parcours ». Il n'y a rien à ajouter.

Toujours en excellente condition, difficile jusqu'à la fin, on se lasse rarement de le jouer car il varie en fonction des positions du drapeau, des conditions météorologiques, et de votre jeu ce jour-là. Il est à la fois gratifiant et punitif, splendide et brutal. **JB**

N° ⓬ GOLF DE SOTOGRANDE
(VIEUX PARCOURS)

Parcours : golf de Sotogrande (vieux parcours)

Situé à : San Roque, Cadix, Espagne

Trou : n° 12

Longueur : 523 m

Par : 5

Architecte : Robert Trent Jones senior

À savoir : Le parcours de Valderrama, près de là, fut construit par les propriétaires de Sotogrande en 1975, s'appelant tout d'abord Sotogrande New avant d'être vendu en 1985, remodelé et rebaptisé.

Sotogrande fait partie de ce qu'on appelle le triangle d'or du golf – constitué de Sotogrande, San Roque et Valderrama – sur la splendide Costa del Sol au sud de l'Espagne.

Sotogrande, inauguré en 1964, est le premier parcours européen dessiné par Robert Trent Jones senior, et est toujours considéré comme l'un des meilleurs du continent. Malgré son statut de club privé, quelques départs sont heureusement réservés aux visiteurs tous les jours, et les golfeurs visitant la région seraient sages d'en profiter.

Le n° 12, le plus long de Sotogrande, débute un féroce segment final où l'eau est en jeu sur 6 des 7 trous – et toujours sur la droite.

Bien que le hors-limite guette à gauche et qu'un ruisseau menace à droite, le fairway est relativement spacieux, permettant aux grands frappeurs de faire usage de leur swing. Après un bon drive, les meilleurs joueurs auront envie d'atteindre le green en 2 coups, mais prenez garde. Le fairway tourne brusquement à droite juste avant le green, où le ruisseau se transforme en étang. Si vous envoyez la balle trop loin, elle finira peut-être dans le hors-limite au-delà du green. **KA**

N° ⓬ GALLAGHER'S CANYON

Parcours : Gallagher's Canyon

Situé à : Kelowna, Colombie-Britannique, Canada

Trou : n° 12

Longueur : 503 m

Par : 5

Architectes : Billy Robinson, Les Furber

À savoir : Gallagher's Canyon est réputé au plan international en tant qu'impressionnante épreuve de golf, et a été classé par le magazine canadien SCORE Golf comme l'un des meilleurs parcours du pays.

Parmi les 18 trous de ce superbe parcours dominant Gallagher's Canyon et procurant une vue splendide de Kelowna, on trouve de tranquilles clairières au milieu des bois comme de véritables moments de suspense.

Quand le moment vient de choisir les meilleurs d'entre eux, il est difficile de faire mieux que le n° 12. Il est ardu d'y réaliser le par ou un birdie.

On ne le dirait pas depuis le sommet de la colline, mais ce long par 5 monte régulièrement. Il démarre droit avant de dessiner un léger dogleg à gauche suivi d'un dogleg à droite.

Et n'imaginez pas pouvoir atteindre le green en 2 coups. C'est simplement impossible, mettez-vous-le en tête avant le coup de départ.

La stratégie la plus sage consiste à frapper un bois 3 sur le coup de départ. Si vous jouez droit, vous devriez être en bonne position pour un fer 4 ou 5 sur le deuxième coup. Cela vous amenera un coup d'approche d'environ 83 m.

C'est maintenant que les choses se compliquent.

Vous devrez aligner le coup d'approche vers le côté droit du green. Celui-ci est fortement incliné d'arrière en avant et de gauche à droite. Il est important de connaître l'emplacement du drapeau.

On trouve un bunker sur la droite du fairway à environ 45 m du green et 2 autres, courts et profonds, juste devant le green, à droite.

Bien que long et ardu, c'est un joli trou de golf. Profitez-en. **TJ**

Trou ⑬

Treize. Superstition mise à part, ce chiffre paraît ne posséder aucun sens particulier dans votre partie. Il signifie cependant que, lorsque vous approchez de son aire de départ, vous avez effectué les deux tiers d'un 18 trous.

Après le n° 12, vous attaquez réellement la dernière partie de la journée. Un score solide au n° 13 prépare souvent à un sprint sur la dernière ligne droite.

Le merveilleux par 3 de 166 m du Crooked Stick Golf Club de Carmel, dans l'Indiana, et le monstre de 544 m de l'European Club de Brittas Bay, en Irlande, indiquent la diversité des n° 13. La longueur, le par et les défis peuvent s'y avérer différents à travers le monde, mais un fait demeure : après ce trou-ci, vous attaquez la dernière ligne droite, en route vers le clubhouse.

CI-CONTRE *Le treizième trou du Oak Hill Country Club, à Rochester, aux États-Unis.*

N° ⑬ PELICAN HILL (PARCOURS OCEAN SOUTH)

Parcours : Pelican Hill (parcours Ocean South)

Situé à : Newport Coast, Californie, États-Unis

Trou : n° 13

Longueur : 110 m

Par : 3

Architecte : Tom Fazio

À savoir : Ce par 3 compte 5 séries de départ, tous assez courts. Les marques dorées, de championnat, sont à 110 m, tandis que les départs avancés sont à 90 m.

Construit au-dessus de falaises dominant le Pacifique, le parcours Ocean South offre un terrain doucement vallonné, des coups de départ pleins de suspense au-dessus de canyons, des vues époustouflantes et une série de trous longeant le littoral.

Qualité n'est pas synonyme de longueur. Il n'y a pas que la taille qui compte. Le n° 13 de Pelican Hill, par exemple, est court mais mémorable.

Il est doté de 2 greens divisés par un vaste bunker et protégés par une autre fosse de sable sur l'avant. De fait, on aperçoit probablement plus de sable que de fairway et de green combinés. Le grand bunker s'étend presque tout du long entre le départ et le green.

Malgré la courte distance, la taille des greens et la diversité des départs font naître des angles de jeu intéressants, rendant ce trou très dangereux, quel que soit le green que l'on vise.

L'aire de départ permet une vue dégagée de la falaise rocheuse plongeant jusqu'à la plage. Le green se détache sur le port de Newport, au fond, et sur le littoral au premier plan. Si vous visez le green de gauche, évitez de viser ce côté-là. Ces falaises sont agréables à contempler, mais il est difficile de frapper un chip si on y atterrit. On trouve un peu de fairway devant le green de droite, mais les 2 sont entourés de sable. **TJ**

N° ⑬ DOOKS GOLF CLUB

Parcours : Dooks Golf Club

Situé à : Glenbeigh, comté de Kerry, Irlande

Trou : n° 13

Longueur : 137 m

Par : 3

Architecte : Eddie Hackett

À savoir : Bienvenue au Dooks Golf Club, un parcours traditionnel et exigeant dans l'un des coins les plus pittoresques du comté de Kerry.

Le Dooks Golf Club possède un charme particulier. On y éprouve le sentiment de se retrouver à une époque antérieure, dans un lieu où le golf se jouait comme il se devait.

C'est le n° 13 du Dooks, un par 3 de 137 m, qui illustre le mieux le caractère traditionnel et chaleureux de ce parcours enchanteur. Il nous ramène aux premiers temps du golf. Le green est situé là où Dame Nature l'entendait. On n'a ni remué la terre, ni remodelé le terrain. Le green était censé se trouver à cet endroit précis, et c'est donc là qu'il est.

Comme souvent sur ce parcours classique, il n'est pas très grand, mais très bien défendu. Donc, tout comme aux premiers temps, mieux vaut être précis. Le vent joue aussi un rôle important, rendant le jeu bien plus difficile.

Au sud-est, on aperçoit le célèbre massif des McGillycuddy's Reeks, au sud-ouest les ravissantes collines et combes de Glenbeigh, tandis qu'au nord, juste au-delà de la baie, on distingue les massifs de Slieve Mish et Dingle.

Pittoresque. Ardu. Traditionnel. Le golf tel qu'il est censé se jouer. **TJ**

N° 13 MUIRFIELD LINKS

Parcours : Muirfield Links

Situé à : Gullane, East Lothian, Écosse

Trou : n° 13

Longueur : 174 m

Par : 3

Architectes : Tom Morris senior, Harry S. Colt, Tom Simpson

À savoir : Lorsque Jack Nicklaus remporta le British Open ici en 1966, il rejoignit le club fermé des joueurs ayant remporté les 4 tournois majeurs, avec Gene Sarazen, Ben Hogan et Gary Player. Tom Watson gagna ici en 1980 le troisième de ses 5 British Opens. En 2002, lorsque le tournoi s'est déroulé ici pour la quinzième fois, c'est Ernie Els qui a remporté la Claret Jug.

CI-DESSOUS *L'Écossais Colin Montgomerie putte sur le n° 13 de Muirfield Links en juillet 2002.*

CI-CONTRE *Sortie de bunker en explosion pour le Sud-Africain Ernie Els sur le green du n° 13 de Muirfield Links en juillet 2002.*

Muirfield diffère des links typiques, car il dépend davantage du rough et des bunkers pour sa défense ; mais ce site accueillant régulièrement le British Open demeure un golf écossais exceptionnel, et le parcours n'est pas pour autant complètement dépourvu de dunes. Le n° 13, le joyau de Muirfield, illustre particulièrement ce dernier point. Entouré de dunes, on s'y sent presque submergé. Autre distorsion, littéralement, le n° 13 dessine un angle droit par rapport au reste du parcours. Le premier 9 suit le sens des aiguilles d'une montre, le dernier 9 le sens inverse, mais le n° 13 semble mener sa propre route, entre le n° 12 et le n° 14, pour un changement à 180°. Cela ne se limite pas à un simple virage. Le n° 13 altère la perception qu'a le joueur des conditions de jeu, et lorsque le vent souffle à Muirfield, celles-ci ne sont pas négligeables.

Après le n° 13, cependant, le parcours continue dans le sens contraire des aiguilles d'une montre jusqu'au clubhouse. Si cela ne donne pas le tournis aux joueurs, le green s'en chargera peut-être.

Après 174 m en montée et 3 rudes bunkers, le green, long et étroit, vous attend. Il est immense et rapide, et selon la position du drapeau, les putts peuvent s'y révéler absolument retors. Bien que les bunkers ne soient pas une mince affaire, il est parfois plus facile d'y frapper un coup que d'être confronté à un putt en descente sur le green.

Muirfield abrite le plus ancien club de golf au monde, l'Honourable Company Of Edinburgh Golfers, fondé en 1744. Le parcours, constamment classé parmi les meilleurs au monde, a été inauguré sous sa forme actuelle en 1891. Mesurant 6 219 m – assez court selon les normes actuelles –, il offre toujours toutes les difficultés requises aux meilleurs golfeurs du monde.

Si l'on n'est pas membre du club, on peut accéder à Muirfield en faisant une demande écrite. Il est aussi difficile d'y accéder que d'y jouer. Mais, en terme de tradition golfique, Muirfield – et sa merveille de n° 13 – offre peut-être plus d'histoire que n'importe quel autre lieu. **JB**

Parcours : Oak Tree Golf Club

Situé à : Edmond, Oklahoma, États-Unis

Trou : n° 13

Longueur : 156 m

Par : 3

Architecte : Pete Dye

À savoir : Les fairways sont ici agréables et spacieux, mais, sur de nombreux trous, il ne suffit pas d'y placer la balle. À cause des nombreuses pentes et monticules de ce terrain, mieux vaut trouver le bon côté du fairway si l'on ne veut pas affronter un lie difficile.

N° ⓭ OAK TREE GOLF CLUB

Oak Tree ne manque pas de trous ravissants, dont certains pars 3 remarquables. Mais c'est le n° 13 qui arrive en tête de liste des trous courts de ce golf, l'un des meilleurs d'Oklahoma.

Ne manquant aucunement de caractère, de difficulté ou de beauté, c'est aussi le plus court d'Oak Tree. Long de 156 m, baptisé *Postage Stamp*, le « Timbre-poste », on le considère souvent comme l'un des trous « à birdie » du parcours, sans que rien pourtant n'y soit aisé. On a besoin d'un bon coup de fer pour rejoindre le green, et l'on suivra de putts très précis.

On peut se sentir un peu effrayé une fois sur l'aire de départ. On découvre sur la gauche un ruisseau, parfois qualifié de splendide, parfois considéré comme un simple obstacle d'eau qui n'offre aucune marge d'erreur, car il est accolé au côté gauche du green. Ni fairway, ni rough, ni quoi que ce soit n'est là pour vous sauver si vous partez vers la gauche.

Un bunker, petit et profond, sur la droite, peut entrer en jeu, notamment lorsque le drapeau est placé sur l'avant. Le green est quelque peu inhabituel, car sa partie avant est très étroite – endroit où le personnel du club aime parfois placer le drapeau.

Sur un parcours débordant de coups intéressants et de vues spectaculaires, on ne fait pas mieux que le n° 13, ce qui n'est pas peu dire à Oak Tree. **TJ**

Parcours : Le Méridien Penina

Situé à : Penina, Portimão, Algarve, Portugal

Trou : n° 13

Longueur : 184 m

Par : 3

Architecte : Sir Henry Cotton

À savoir : Cotton a inclus 4 pars 5 dans le dernier 9 du Méridien Penina, un par 38 unique.

N° ⓭ LE MÉRIDIEN PENINA

Sir Henry Cotton fut le premier à comprendre tout le potentiel que possédait l'Algarve, au Portugal, comme destination de golf, et les golfeurs européens – du monde entier même – ne peuvent que s'en réjouir. L'intuition dont il fit preuve en construisant le Méridien Penina en 1966 lança la vague du golf le long de la côte portugaise, qui constitue aujourd'hui l'une des destinations golfiques les plus recherchées d'Europe.

Le n° 13, un exigeant par 3 dont le green est protégé par l'eau et dont le départ est situé en biais, était, dit-on, le préféré de Cotton. De récentes rénovations ont ajouté de l'eau autour du green, le transformant en petite île et rendant plus difficile encore un trou déjà coriace.

Le parcours a accueilli 9 Opens du Portugal : celui de 2004 fut remporté de 2 coups par Miguel Angel Jimenez, à 16 sous le par malgré un bogey sur le n° 13 au cours de la dernière partie (après 3 putts), le seul de l'Espagnol au cours des derniers 54 trous. On a frappé en moyenne 3,1876 coups ici au cours de cette épreuve du PGA European Tour, le trou concédant seulement 44 birdies par rapport à 79 bogeys et 24 doubles bogeys ou pire.

Le Méridien Penina a aussi accueilli en 1976 le championnat du monde amateur par équipe, remporté par la Grande-Bretagne et l'Irlande. **KA**

N° ⑬ WILD COAST SUN COUNTRY CLUB

Parcours : Wild Coast Sun Country Club

Situé à : Port Edward, Kwazulu-Natal, Afrique du Sud

Trou : n° 13

Longueur : 167 m

Par : 3

Architecte : Robert Trent Jones junior

À savoir : C'est au Wild Coast que se déroule le Nashua South African Masters, l'un des 3 tournois majeurs du Sunshine Tour d'Afrique du Sud.

Comptant parmi les 6 pars 3 de ce parcours de style américain sculpté dans un terrain sauvage et ondoyant le long de l'océan Indien, le n° 13 de Wild Coast Sun n'autorise qu'une marge d'erreur réduite.

Le coup de départ doit franchir un ravin impressionnant, à la végétation luxuriante, et doté d'une spectaculaire cascade. Le green est assez vaste, mais mieux vaut le trouver. Une balle trop courte ou trop à droite finira dans le ravin ou dévalera la cascade. Trop longue, et un bunker et autres buissons épais guettent à l'arrière. On découvre une petite zone de sécurité à gauche, mais nous mettons l'accent sur « petite ». Pour compliquer encore les choses, on joue face au vent dominant, et il est donc essentiel de bien juger la brise océane et de choisir le club approprié.

Ne laissez pas le par 70 et les 5 806 m du parcours vous duper. Hennie Otto, enfant du pays, remporta le SA Masters de 2003 sous le vent et la pluie, avec un score de 1 en dessous du par. Roger Wessels était en tête pendant une grande partie du dernier tour, à 1 coup devant Otto sur le n° 13. Mais il réalisa ici un double bogey pour laisser la première place à Otto. **KA**

N° ⑬ COLONIAL COUNTRY CLUB

Parcours : Colonial Country Club

Situé à : Fort Worth, Texas, États-Unis

Trou : n° 13

Longueur : 162 m

Par : 3

Architecte : Perry Maxwell

À savoir : L'un des parcours les plus réputés du Texas, le Colonial accueille une épreuve du PGA Tour chaque année depuis 1938. L'US Open s'y est déroulé en 1941, lorsqu'il fut remporté par Craig Wood.

Les passionnés de golf du monde entier connaissent assez bien ce parcours, qui fait chaque année une apparition télévisée pour mettre à l'épreuve les meilleurs joueurs au monde. Mais c'est aussi l'un de ces parcours auxquels le petit écran ne rend pas justice.

On ne peut sentir le vent tiède du Texas assis dans son salon. Il faudra attraper ses clubs et juger par soi-même. Une fois que vous l'aurez joué, vous connaîtrez la force du vent et comprendrez combien ce parcours peut s'avérer difficile.

Le n° 13, un par 3, mesure 162 m depuis les départs arrière, et il faudra porter la balle sur toute cette distance, au-dessus de l'eau. L'étang peut paraître intimidant depuis l'aire de départ, mais c'est pour de tels coups que l'on joue au golf.

On ne doit pas oublier le vent qui souffle toute l'année de 25 à 30 km/h. Il constitue donc un facteur sur tous les trous, y compris le n° 13.

La différence, ici, c'est le green. Il est divisé en 2 parties bien distinctes, et il est important de faire atterrir la balle dans celle qui comprend le drapeau. Celle de droite constitue une cible un peu plus grande et plus facile – si le drapeau y est placé, la tâche sera un peu plus aisée. Le green est très étroit, profond de 19 m et large de 38 m. Il est flanqué d'un bunker à l'arrière et de 2 autres à gauche.

C'est un joli trou qui s'intègre remarquablement au reste de ce parcours spectaculaire. **TJ**

CI-DESSOUS *L'Américain Kenny Perry joue son coup de départ sur le trou n° 13 du Colonial en mai 2003.*

N° ⑬ DEVIL'S PAINTBRUSH

Parcours : Devil's Paintbrush
Situé à : Caledon, Ontario, Canada
Trou : n° 13
Longueur : 206 m
Par : 3
Architecte : Dana Fry

À savoir : Bien que Dana Fry n'ait pas vraiment excavé pour construire le Devil's Paintbrush, de nombreux obstacles guettent les balles déviantes. Les joueurs doivent éviter les ruines d'une grange au milieu du fairway du n° 8, tandis qu'au n° 16, un gros monticule devant le green cache presque toutes les positions de drapeau.

Dépourvu d'arbres et presque constamment balayé par le vent, Devil's Paintbrush (le « Pinceau du Diable ») est à 56 km seulement de Toronto – mais d'un point de vue de golfeur, on pourrait aussi bien le trouver accroché à une falaise écossaise.

Le tracé de Dana Fry est ancré à un escarpement du Niagara et possède tout ce qu'exigent des links. Des fairways durs et rapides sont encadrés de collines recouvertes de fétuque, qui se couvrent de tons bruns au fil des saisons, formant un contraste spectaculaire avec le vert vif des zones de jeu.

Une série de coups aveugles complète obligatoirement l'ensemble, comme depuis l'aire de départ du n° 5, sans compter un ensemble presque désordonné de bunkers aux parois en bois.

Le coup de départ du n° 13, un par 3, a été décrit comme l'un des plus intimidants au golf. La plupart des joueurs se tracasseront au cours de l'approche, un coup énorme de 206 m, difficile même sans le vent constant. Le trou longe les bornes du domaine et le hors-limite menace à droite, tandis qu'un abîme profond engloutira toute balle trop courte.

Le vrai défi, cependant, se trouve sur le green. À double plateau, il est grand et très découpé. Seul un coup de départ placé avec une extrême précision garantira 2 putts. **RH**

N° ⑬ HARBOUR TOWN GOLF LINKS
(PARCOURS DES MARAIS SALANTS)

Parcours : Harbour Town Golf Links (parcours des Marais salants)

Situé à : Hilton Head Island, Caroline du Sud, États-Unis

Trou : n° 13

Longueur : 149 m

Par : 3

Architecte : George Cobb

À savoir : Le complexe de Sea Pines Resort, situé sur l'île de Hilton Head, abrite 3 parcours fantastiques, chacun avec une atmosphère qui lui est propre. On ne peut donc pas se tromper, mais le meilleur choix est probablement de les jouer tous.

CI-DESSOUS L'Américain Hal Sutton joue dans les épines de pin sur le n° 13 d'Harbour Town en avril 2003.

Le parcours des « Marais salants », représente, dit-on, « le meilleur du bas pays » de Caroline du Sud. Dessiné en 1967 par George Cobb et revitalisé par Clyde Johnston en 1990, il serpente dans une forêt luxuriante et le long de prés salés.

Mesurant 5 957 m depuis les départs arrière, il n'est pas excessivement long, mais ses fairways sont bordés d'arbres, et ses greens, bien protégés par des bunkers.

Bien qu'Harbour Town soit largement reconnu au niveau international, il est difficile d'imaginer trouver un meilleur trou sur toute l'île que le n° 13 du parcours des Marais salants. Impossible de trouver un coup qui fasse plus « carte postale » que celui que l'on frappe depuis son aire de départ. Le parcours est doté de nombreux autres trous mémorables, mais on n'oubliera ni celui-ci, ni le moment où l'on s'est approché du départ.

La carte de parcours qualifie ce par 3 de « spectaculaire », et ce n'est pas une plaisanterie. Présentons le tableau. Une grande lagune empiète sur le fairway et s'étend entre le golfeur, sur le départ, et le green. Le trou paraît avoir été découpé dans une forêt épaisse, les grands arbres qui l'entourent formant une toile de fond ravissante. Très simplement, un très joli trou, et spectaculaire.

Ne songez même pas à la zone de sécurité sur la droite, parce que, pour réussir ici, il faudra franchir l'eau. Elle est très jolie à contempler – jusqu'à ce que l'on attrape son club. Un dangereux bunker, à l'avant-gauche, sépare le green de l'eau. On en trouve 2 autres, un le long du côté droit du green ainsi qu'un très en arrière.

Le vent changeant et les nombreux emplacements du drapeau vous forceront à prendre quelques clubs de plus ou de moins d'un jour à l'autre. Examinez bien le vent. Le green mesure 30 m de profondeur et 3 séries de départ sont proposées. **TJ**

N° ⑬ CROOKED STICK GOLF CLUB

Parcours : Crooked Stick Golf Club
Situé à : Carmel, Indiana, États-Unis
Trou : n° 13
Longueur : 166 m
Par : 3
Architecte : Pete Dye

À savoir : Grâce à la percée extraordinaire de John Daly au cours du PGA Championship de 1991, on considère souvent que c'est le meilleur tournoi s'étant jamais déroulé à Crooked Stick, mais par son pur suspense, c'est la victoire de Lauri Merten, à 1 point devant Donna Andrews et Helen Alfredsson durant l'US Open féminin de 1993, qui constitue probablement le moment le plus mémorable du tracé.

Pete Dye a construit le club de Crooked Stick en songeant à l'avenir avec découragement, regrettant que même les joueurs moyens du PGA Championship frappent leur drive à plus de 275 m, et que les pars 5 où l'on atteignait le green en 3 coups ne constituent plus qu'un *post-scriptum* historique.

Afin d'y remédier, Dye dessina des fairways, certes accueillants et dégagés, mais où les coups de départ atterrissent sur des pentes raides. En résulta, du moins pour l'US Open féminin de 1993 et le PGA Championship de 1991, un parcours de championnat dans tous les sens du terme.

Même si John Daly, qui frappait loin, remporta le PGA de 1991, la plupart des observateurs affirment que c'est son toucher autour des greens, et non son drive puissant, qui s'avéra primordial à Crooked Stick.

Le n° 13, un par 3, illustre la façon dont Dye s'est efforcé de limiter les gains en distance. Ne mesurant que 166 m, le coup de départ s'y joue en montée vers un vaste green, et souvent face au vent dominant.

Il doit aussi franchir un obstacle avant de rejoindre le green, entouré d'arbres et d'une colline escarpée à l'arrière. Attention si le drapeau est à l'arrière-droite, car le green est très incliné vers l'arrière, et après un coup de départ trop long, les possibilités de sauver le par seront rares. **RH**

Parcours : Medinah Country Club (parcours n° 3)

Situé à : Medinah, Illinois, États-Unis

Trou : n° 13

Longueur : 200 m

Par : 3

Architecte : Tom Bendelow

À savoir : L'US Open s'est déroulé au Medinah en 1949, 1975 et 1990, et fut respectivement remporté par Cary Middlecoff, Lou Graham et Hale Irwin.

N° ⑬ MEDINAH COUNTRY CLUB
(PARCOURS N° 3)

Le green est tout petit, protégé par des bunkers. On doit franchir l'eau. Cela vous paraît intéressant ?

Bienvenue sur le n° 13 du légendaire parcours n° 3 de Medinah, remodelé par Roger Packard et Bob Lohmann. À 200 m depuis les départs arrière, vous devriez pouvoir atteindre le green. Sinon, avancez-vous vers l'un des autres départs (à 158 ou à 135 m), ou attendez-vous à utiliser un grand nombre de balles.

Frapper le drive à une distance importante n'est pas votre seule préoccupation sur ce trou d'une beauté saisissante. Vous devrez examiner l'emplacement du drapeau et la direction du vent avant de vous emparer du club de votre choix. Tous ces facteurs se combinent pour une mise en garde fondamentale : « Ne jouez pas trop court. »

L'avant-gauche du green présente un dévers assez marqué qui renverra la balle dans l'eau. L'avant-droit est protégé par un bunker, et 2 autres fosses entourent le green – à l'arrière-gauche, et directement à l'arrière. Des arbres défendent aussi l'arrière et vous causeront des ennuis si votre balle est trop longue. Le green, à double plateau, est sévèrement incliné en direction de l'eau. **TJ**

CI-CONTRE *L'Américain Hale Irwin sur le trou n° 13 du parcours n° 3 de Medinah en août 1999.*

N° ⑬ THE BROADMOOR GOLF CLUB (PARCOURS OUEST)

Parcours : The Broadmoor Golf Club (parcours ouest)

Situé à : Colorado Springs, Colorado, États-Unis

Trou : n° 13

Longueur : 338 m

Par : 4

Architecte : Donald Ross

À savoir : De 1988 à 1993, le Broadmoor a accueilli le GTE North Classic, appartenant au PGA Tour senior, Gary Player remportant le titre les 2 premières années.

Le parcours ouest du Broadmoor, un classique de Donald Ross construit en 1921, a préservé une grande partie du dessin original de l'architecte, y compris les contours audacieux de ses greens et l'essentiel de ses bunkers. On retrouve en effet 135 de ses 138 bunkers d'origine. Certains, cependant, n'entrent plus en jeu à cause des arbres que l'on a laissé pousser et qui bloquent désormais certaines voies de jeu. C'est pour cette raison que l'on a récemment mis en œuvre un plan quinquennal visant à éliminer une centaine d'arbres et à rendre leur taille d'origine aux bunkers.

Les bunkers et greens emblématiques de Ross sont en évidence sur le n° 13, un court dogleg à gauche. On y trouve les bunkers les plus spectaculaires du parcours, dont toute une série est située à l'angle du dogleg.

Le dessin unique du green fait aussi la particularité de ce trou. Protégé par des bunkers, il est beaucoup plus large que long, et chaque côté est plus élevé que le centre. Examinez la position du drapeau avant de frapper votre drive : cela déterminera souvent le côté du fairway à viser sur le coup de départ, afin de permettre le meilleur angle d'approche possible. **KA**

Parcours : golf national de Laguna (parcours classique)

Situé à : Singapour

Trou : n° 13

Longueur : 418 m

Par : 4

Architectes : Pete Dye, Andy Dye

À savoir : Au cours du Caltex Singapore Masters de 2003 qui s'est déroulé au Laguna National, Lian-Wei Zhang est devenu le premier Chinois à remporter une épreuve du PGA Tour européen, réalisant un birdie au n° 18 pour l'emporter d'un coup sur Ernie Els.

CI-DESSOUS   *Le Sud-Africain Ernie Els sur le n° 13 du golf national de Laguna en janvier 2003.*

N° ⓭ GOLF NATIONAL DE LAGUNA
(PARCOURS CLASSIQUE)

Le golf national de Laguna est un domaine de 36 trous composé du parcours Masters et du parcours classique. Le Masters est de style écossais, ses fairways étant parsemés de monticules prononcés, tandis que le classique possède un style plus américain, avec ses nombreux bunkers et ses greens sévèrement défendus. Le Caltex Singapore Masters se joue sur le premier, mais le second constitue aussi une épreuve de golf sérieuse grâce à des trous tels que le n° 13.

Ce dogleg à droite est baptisé *The Crossing*, la « Traversée », à cause du canal que le drive des joueurs doit franchir. Ce coup doit placer la balle sur un fairway bordé d'arbres sur la gauche et flanqué d'un vaste bunker sur la droite. Le canal suit le côté droit du fairway jusqu'au green, très découpé, incliné d'avant en arrière et protégé par un long bunker sur le devant à droite, et par un autre plus petit à gauche.

Le parcours classique a accueilli la Nations Cup de 2003, organisée par la PGA asiatique et remportée par l'équipe birmane composée de Kyi Hla Han et de Aung Win. **KA**

Parcours : Highlands Links Golf Club

Situé à : Ingonish Beach, Nouvelle-Écosse, Canada

Trou : n° 13

Longueur : 398 m

Par : 4

Architecte : Stanley Thompson

À savoir : Dans le plus pur style Thompson, le green du n° 13 était à l'origine construit dans un creux. Cependant, l'eau s'y accumulait et se transformait en glace durant les longs hivers du Cap-Breton. Il fut remodelé dans les années 1960 et c'est désormais le seul du parcours qui n'ait pas été construit par Thompson.

N° ⓭ HIGHLANDS LINKS GOLF CLUB

Perché à la pointe est de la Nouvelle-Écosse, le parc national du Cap-Breton est une oasis de 950 km² parcourue de sentiers de randonnées, de pistes de ski et de criques pour la pêche. Les imposantes falaises de Headland, surgissant des eaux glacées de l'Atlantique, constituent cependant le centre d'intérêt majeur du parc.

Les dénivelés spectaculaires de celui-ci attirent chaque année des milliers de visiteurs. C'est cette même topographie qui inspira Stanley Thompson lorsqu'il fut chargé de concevoir le parcours des Highlands Links.

Bien qu'il ait tiré profit du terrain escarpé du Cap-Breton à travers tout le parcours, peu de trous des Highlands Links sont aussi accidentés que le n° 13.

Suivant un coup de départ qui doit se faufiler entre une rangée d'arbres sur la droite et d'autres obstacles sur la gauche, le joueur sera confronté à un deuxième coup difficile si le lie de la balle est inégal. De fait, il est difficile de trouver un lie plat sur ce trou.

Mieux vaut aligner le coup de départ sur le centre droit du fairway. Cela permettra un coup d'approche au-dessus d'un gros monticule qui protège le green sur le devant et à droite, et qui renverra les balles vers celui-ci. Les coups d'approche trop courts ou trop à gauche seront suivis d'un chip difficile, en montée jusqu'au green sinueux. **RH**

Parcours : Falcon's Fire Golf Club

Situé à : Kissimmee, Floride, États-Unis

Trou : n° 13

Longueur : 360 m

Par : 4

Architecte : Rees Jones

À savoir : Les touristes du centre de la Floride disposant d'un budget modeste pourront économiser entre 5 et 10 dollars en réservant leurs départs sur Internet (www.falconsfire.com).

N° ⓭ FALCON'S FIRE GOLF CLUB

Hazeltine, Atlantic, Ocean Forest, Torrey Pines, Congressional, Bethpage, Black... tous parcours de championnat ayant un élément commun – Rees Jones. Que ce soit pour s'occuper d'un parcours original ou remodeler un classique, cet architecte a laissé son empreinte de la côte est à la côte ouest.

Falcon's Fire, que Rees a conçu à 5 km de Disney World, est un parcours public difficile, au sein d'un complexe hôtelier, illustrant le désir de cet architecte de récompenser les joueurs talentueux sans punir les novices.

Cette philosophie n'est nulle part plus évidente sur ces links que sur le n° 13. Ceux qui frappent long et sont dotés d'un faible handicap devraient pouvoir couper ce dogleg de façon considérable en jouant un drive solide au-dessus de l'eau, pour suivre d'un wedge jusqu'au green, de taille moyenne.

Les joueurs moyens qui choisiront d'éviter l'eau, cependant, doivent affronter Bunker Hill, une série de bunkers prenant naissance près de la marque des 135 m, du côté gauche du fairway, et s'étendant jusqu'au green.

Attention dans ce cas-là à ne pas trop frapper en draw sur le coup d'approche, car un vaste bunker, doté d'un intimidant rebord de plus de 1 m, vous attend près du green. Toutes les balles atterrissant sur le green seront canalisées vers l'avant-droite, rendant cette sortie de bunker en descente encore plus intimidante. **BB**

Parcours : Apache Stronghold Golf Club

Situé à : San Carlos, Arizona, États-Unis

Trou : n° 13

Longueur : 411 m

Par : 4

Architecte : Tom Doak

À savoir : 14 sites archéologiques ont été préservés durant la construction de l'Apache Stronghold Golf Club.

N° ⑬ APACHE STRONGHOLD GOLF CLUB

Selon la légende, c'est Usen, dieu indien, qui créa l'Apache Stronghold, une région où les Apaches trouveraient en abondance ce dont ils avaient besoin pour survivre. Protégé par les montagnes, ce « bastion apache » était un refuge mythique où les membres de cette tribu pouvaient parcourir, invisibles, les rangs de leurs ennemis. Lorsque cette réserve sauvage autrefois inhabitée fut libérée pour y construire un parcours de Tom Doak, sa beauté naturelle et ses trésors historiques furent préservés.

Commodément situé à 145 km au nord-est de Phoenix, et à 160 km au nord de Tucson, ce chef-d'œuvre se fond dans le terrain désertique qui l'entoure, un rare exemple de minimalisme golfique pour un tracé à 975 m d'altitude, offrant des vallées rocailleuses, des corniches recouvertes de sauge et de *Prosopis*, et des panoramas majestueux sur les massifs lointains.

Le treizième trou de l'Apache Stronghold est un dogleg à droite, où les joueurs sont mis au défi de franchir, dès le coup de départ, les bunkers situés au niveau du coude. Un drive précis sera récompensé par une vaste zone d'arrivée offrant la possibilité d'un deuxième coup réussi. Le coup d'approche, délicat, doit franchir une vallée pour rejoindre un green incliné, protégé par un bunker à l'avant-droite et par une crête à l'arrière. **KA**

Parcours : Thirteenth Beach Golf Links

Situé à : Barwon Heads, Victoria, Australie

Trou : n° 13

Longueur : 322 m

Par : 4

Architecte : Tony Cashmore

À savoir : Thirteenth Beach (la « Treizième plage » en français) doit son nom à une plage de surf voisine, baptisée à l'origine en l'honneur d'un trou de golf renommé du Barwons Head Golf Club voisin.

N° ⑬ THIRTEENTH BEACH GOLF LINKS

Les golfeurs feraient bien de s'arrêter un moment sur l'aire de départ étroite et surélevée du n° 13, après avoir parcouru les dunes qui le séparent du green du n° 12, afin de contempler le merveilleux panorama, au-delà du « toboggan » que dessine le fairway de ce par 4 plutôt court.

Ils doivent ensuite se consacrer sérieusement au coup qu'ils doivent frapper depuis cette aire de départ, car le par dépend ici de la précision de leur jeu. Le choix le plus sage consiste à frapper un bois 3 ou un fer long en visant la partie droite du fairway.

Et pourtant le danger ne manque pas de ce côté-là, notamment sous la forme de bunkers qui apparaissent à 200 m du green et bordent tout le reste du côté droit du fairway. Mais un drive bien frappé atterrissant dans cette zone offre la meilleure position sur le coup d'approche jusqu'au green retors, à 3 plateaux, incliné de gauche à droite.

Cela éliminera aussi toutes les embûches que l'on trouve à gauche, parmi lesquelles des touffes d'herbe et des dépressions sablonneuses. **JS**

N° ⑬ ROYAL OAKS COUNTRY CLUB

Parcours : Royal Oaks Country Club
Situé à : Dallas, Texas, États-Unis
Trou : n° 13
Longueur : 434 m
Par : 4
Architecte : Billy Martindale
À savoir : En février 2004, le *Dallas Morning News* a publié la liste des 18 meilleurs trous du Texas. Le n° 13 de Royal Oaks en faisait partie.

Ceux qui ont joué au Royal Oaks Country Club connaissent bien le n° 13. Il est difficile, joli, mémorable – bien que de nombreux golfeurs l'ayant joué aimeraient probablement l'oublier ou l'éliminer de leur carte de score.

C'est un dogleg à droite exigeant un long drive en fade. On doit atterrir sur le fairway, mais aussi sur son côté gauche. Cela permettra un coup d'approche bien plus aisé – un bien grand mot pour un trou où rien n'est facile.

Le fairway étant bordé d'arbres des deux côtés, il ne faudra pas s'en éloigner. À 434 m depuis les départs arrière, ce trou est assez long comme cela, sans que l'on doive en plus frapper depuis les arbres ou prendre 1 point de pénalité pour une balle perdue.

Il est essentiel de jouer un long coup de départ, car le coup d'approche est coriace. Il doit en effet franchir le ruisseau de White Rock Creek, qui coule de 27 à 90 m devant le green. Si vous choisissez de jouer la sécurité, il vous reste tout de même 100 m jusqu'au green – par-dessus le ruisseau.

On trouve juste derrière ce dernier un mamelon qui peut aisément renvoyer la balle dans l'eau, et on devra donc le franchir lui aussi.

Le green est étroit, en hauteur, difficile, et ne constitue pas une cible aisée lorsque l'on joue un fer long depuis une distance de 200 m. Aucun bunker ne protège l'avant, mais on en trouve un à l'arrière-droite. **TJ**

Parcours : Pine Valley Golf Club

Situé à : Clementon, New Jersey, États-Unis

Trou : n° 13

Longueur : 411 m

Par : 4

Architectes : George Crump, Harry S. Colt

À savoir : Crump est mort avant que Pine Valley ne soit achevé, mais il vécut assez longtemps pour jouer sur ce qui deviendrait le n° 13, et pour décider de son emplacement. Ce sont cependant Hugh et Alan Wilson, architectes de Philadelphie, qui terminèrent le n° 13 et le dotèrent de l'un des coups d'approche les plus célèbres au monde.

N° ⓭ PINE VALLEY GOLF CLUB

On dit souvent que Pine Valley est le parcours le plus difficile au monde, et c'est avec une fascination morbide que l'on remarque que son créateur s'éteignit avant qu'il ne fût achevé.

Mais on ne devrait accorder aucune signification au fait que le n° 13 – portant malheur – est l'un de ses trous les plus diaboliques. C'est l'une des épreuves les plus rudes, non seulement à Pine Valley, mais dans le domaine du golf en général. À cause de son niveau de difficulté, on éprouve rarement une satisfaction aussi grande que lorsqu'on y réussit un bon score.

Selon la carte de parcours, c'est un par 4. Mais seuls les plus courageux et les plus chanceux des joueurs jouant droit devraient l'aborder comme tel. Un 5 constitue un bon score ; un 4 est exceptionnel. Le green est invisible depuis le départ. Le drive, en montée, doit franchir une ornière caverneuse afin d'atteindre un plateau sur le fairway. On doit tout simplement atteindre le bon endroit depuis le départ. Si l'on n'y arrive pas, le par est pratiquement impossible.

Ce trou constitue une splendide épreuve du début à la fin. Cependant, lorsqu'il fait l'objet de discussions, la conversation tourne autour de son coup d'approche. C'est là que les choses se corsent et que l'on est poussé à la décision. L'amour-propre d'un golfeur pâtit s'il doit se résoudre à jouer la sécurité sur un par 4, mais, sauf si vous vous sentez absolument sûr de vous, mieux vaut jouer plus court du côté droit – en espérant suivre d'un pitch et d'un seul putt pour réaliser le par. Sinon, vous serez forcé de porter la balle sur une énorme distance, survolant un paysage qu'on ne peut qualifier que de lunaire – broussailles, sol éventré et brindilles écrasées –, un endroit où l'on n'imagine pas retrouver une balle de golf.

Quelle que soit la façon dont vous jouerez le deuxième coup, le green vous attend. C'est presque un Redan – protégé à l'avant, incliné vers l'arrière. À cause des obstacles l'entourant, c'est une péninsule périlleuse. La sécurité y est rare, et le birdie plus encore. **JB**

CI-CONTRE ET À DROITE *Le n° 13 de Pine Valley.*

N° ⑬ MOUNT JULIET GOLF CLUB

Parcours : Mount Juliet Golf Club

Situé à : Thomastown, comté de Kilkenny, Irlande

Trou : n° 13

Longueur : 396 m

Par : 4

Architecte : Jack Nicklaus

À savoir : Depuis l'inauguration du club en 1993, diverses épreuves de haut niveau s'y sont déroulées, dont 3 Opens d'Irlande (respectivement remportés par Nick Faldo, Bernhard Langer et Sam Torrance).

Jack Nicklaus, après avoir joué un match exhibition contre Seve Ballesteros au Royal Dublin, fut abordé par Tim Mahony, président de Toyota en Irlande, qui sponsorisait l'événement. Mahony demanda à Nicklaus s'il aimerait dessiner un nouveau parcours à Kilkenny. Nicklaus se montra intéressé et de cette rencontre naquit Mount Juliet.

On attribue à l'ouverture de Mount Juliet en 1991, ainsi qu'au K Club, la résurgence d'un golf de qualité en Irlande. Parmi les parcours de premier ordre qui suivirent peu après, on compte Mount Wolseley, Glasson, Adare et Esker Hills.

« Mount Juliet constitue un cadre magnifique pour un parcours de golf, a déclaré Nicklaus. Je suis fier du tracé et de mon travail ici. »

Le parcours représente un certain challenge, et le n° 13 est son trou le plus difficile. De nombreuses personnes considèrent le n° 10 comme emblématique du parcours, mais c'est peut-être parce que le n° 13 les effarouche.

L'eau est en jeu sur 7 trous, dont ce dernier. Un magnifique obstacle d'eau entoure ainsi son green surélevé. Ce dernier est soutenu par des briques à l'état brut, et l'obstacle dessine un fer à cheval au-dessous.

Un trou difficile, un parcours difficile, mais un pionnier du golf moderne irlandais. **JB**

N° 13 — NORTH BERWICK GOLF CLUB (PARCOURS OUEST)

Parcours : North Berwick Golf Club (parcours ouest)

Situé à : North Berwick, East Lothian, Écosse

Trou : n° 13

Longueur : 333 m

Par : 4

Architecte : David Strath

À savoir : North Berwick est le treizième club de golf le plus ancien, et c'est seulement à St Andrews que l'on joue depuis plus longtemps de façon ininterrompue sur le même parcours.

Le parcours ouest de North Berwick offre une expérience de golf unique, avec une variété de trous et d'obstacles impossible à reproduire, bien que de nombreux clubs aient essayé. On y trouve coups aveugles, murets de pierre, ruisseaux, profonds bunkers, greens sinueux et splendides vues sur le Firth of Forth et Bass Rock, dans une délicieuse combinaison d'excentricités.

Le n° 13 débute l'une des dernières lignes droites les plus stimulantes et vivifiantes du monde du golf, et peut certainement être compté parmi les défis novateurs de North Berwick.

Longeant la plage et la mer, le fairway est assez innocent, mais les golfeurs devront mettre toute leur énergie dans leur drive afin de se préparer à une approche délicate exigeant toute la finesse possible.

Le green étroit est en réalité une fosse, protégée par une dune sur la gauche, des monticules à l'arrière et – le plus impressionnant – par un mur de 1 m de haut qui borde entièrement le devant et le côté droit. Il est donc impossible de faire rouler la balle sur le green, un coup en hauteur et atterrissant en douceur est nécessaire. C'est difficile, bien sûr, mais plus encore, c'est un vrai plaisir. **KA**

N° ⑬ DRUIDS GLEN

Parcours : Druids Glen

Situé à : Newtownmountkennedy, comté de Wicklow, Irlande

Trou : n° 13

Longueur : 430 m

Par : 4

Architectes : Pat Ruddy, Tom Craddock

À savoir : Druids Glen, inauguré en 1995, a accueilli de 1996 à 1999 le Murphy's Open, l'épreuve la plus importante d'Irlande, l'une des plus richement dotées du PGA Tour européen. C'est aussi là que Sergio Garcia a remporté sa première victoire professionnelle.

CI-CONTRE *Le n° 13 de Druids Glen.*

CI-DESSOUS *L'Écossais Montgomerie et son caddie traversent le pont du n° 13 de Druids Glen en avril 2002.*

Même si Druids Glen n'est qu'un nourrisson, on l'a surnommé à juste titre l'« Augusta européen ». C'est une déclaration assez audacieuse, mais Druids Glen est un parcours assez audacieux.

Et en parlant d'audace, approchez-vous du n° 13. C'est un trou de golf unique au monde, avec un fairway en biais… comme si y placer la balle n'était déjà pas assez difficile.

Assurez-vous de bien aligner votre drive avant de débuter sur ce dogleg à gauche de 430 m. S'il part trop à gauche, vous pourriez manquer de terrain. L'autre côté est encore pire. C'est là que l'on trouve l'eau. La plupart des joueurs finiront probablement par frapper un long coup d'approche, au-dessus de l'eau, jusqu'au green très étroit.

Au pied du mont Rainier, ce parcours public huppé, long de 6 492 m, est dessiné au milieu de 93 ha de forêt secondaire, et doté d'aires de départ en agrostide, de fairways et de greens sculpturaux.

Avec plus de 60 bunkers placés de façon stratégique et 9 lacs, Druids Glen met à l'épreuve les golfeurs de tous niveaux.

Les greens y sont presque parfaits, peut-être les meilleurs d'Irlande. Le tracé suit les contours naturels du terrain. Peu d'aménagements ont été nécessaires ici. **TJ**

Parcours : The Homestead (parcours des Cascades)

Situé à : Hot Springs, Virginie, États-Unis

Trou : n° 13

Longueur : 402 m

Par : 4

Architecte : William Flynn

À savoir : Le parcours des Cascades est l'un des 3 affiliés au Homestead, l'un des lieux de villégiature les plus anciens d'Amérique.

CI-DESSOUS *Un bunker protège l'approche du n° 13 du parcours des Cascades.*

CI-CONTRE *Vue aérienne du n° 13 du parcours des Cascades.*

N° ⑬ THE HOMESTEAD
(PARCOURS DES CASCADES)

Le parcours des Cascades est un trésor rare, auquel, étonnamment, on n'a presque pas touché. D'après les historiens, deux architectes, Peter W. Lees et A. W. Tillinghast, déclarèrent le terrain impropre à la construction d'un golf au début du XXe siècle. Heureusement pour le Homestead, le troisième essai fut le bon. William Flynn déclara non seulement que c'était possible, mais que ce serait un parcours de championnat.

Après avoir affronté le monstrueux n° 12, un par 4 de 433 m, le n° 13 porte-bonheur paraît bien plus clément. Dévalant une montagne de Virginie, il suit le cours d'un torrent, virant doucement de droite à gauche. Ceux qui préfèrent jouer en draw trouveront ce cadre attirant, car le côté droit du fairway est parsemé d'arbres.

La sélection du club est primordiale sur le coup d'approche, car la pente est trompeuse. Une série de bunkers vous accompagne jusqu'au green, pénalisant les balles trop courtes. Les joueurs ayant pris trop de club, eux, s'apercevront que le trou se joue en descente tout du long, y compris sur le green, ce qui amènera un putt difficile, en arrière et en montée.

Le n° 13 n'est pas monstrueux, mais il ne manque pas de mordant. **BB**

Parcours : golf de Kawana (parcours Fuji)

Situé à : Kawana, Ito-Shi, Shizuoka, Japon

Trou : n° 13

Longueur : 361 m

Par : 4

Architecte : C. H. Alison

À savoir : Le parcours Fuji accueille tous les ans le Fuji-Sankei Classic, produisant souvent les scores les plus bas du Tour japonais. En 2003, Todd Hamilton a remporté le titre à 17 sous le par, et Paul Sheehan fut vainqueur un an plus tard avec le même score, grâce à un troisième tour à 62.

N° 13 GOLF DE KAWANA (PARCOURS FUJI)

Imaginez le n° 18 de Pebble Beach. Maintenant, visualisez ce vénérable par 5 sans la vue circulaire sur la baie de Carmel. Ou bien le *Road Hole* de St Andrews sans l'hôtel St Andrews montant la garde au coin. Ce sont 2 trous solides, rendus inoubliables par leur histoire, et, jusqu'à un certain degré, par leur cadre.

Comme dans l'immobilier, c'est l'emplacement qui prime dans l'architecture de golf. Et peu de parcours au monde peuvent se targuer d'une adresse plus attrayante que le parcours Fuji du Kawana.

Dès le coup de départ, le mont Fuji se dresse, imposant, et les joueurs bénéficient de vues sur l'île d'Hatsushima, l'océan Pacifique et une profusion d'étangs, vallons et bois.

Le n° 13, un par 4, est le point de mire du parcours Fuji. Bien que court selon les normes actuelles avec 361 m – seuls 3 autres pars 4 sont plus courts ici –, il constitue une rude épreuve au milieu d'un cadre impressionnant.

Le coup de départ exige beaucoup d'attention, ainsi qu'un alignement parfait pour permettre l'angle le plus clément jusqu'au green. Bien protégé par une série de bunkers et de dépressions, celui-ci demeure l'un des plus accessibles du parcours et concédera un birdie s'il est bien joué. **RH**

Parcours : Humewood Golf Club

Situé à : Port Elizabeth, Afrique du Sud

Trou : n° 13

Longueur : 407 m

Par : 4

Architectes : Colonel S. V. Hotchkin, Donald Steel

À savoir : Humewood est doté d'une telle profusion de pluviers, aussi connus sous le nom de *kiewietjies*, que l'un d'entre eux est dessiné sur le blason du club.

N° 13 HUMEWOOD GOLF CLUB

Balayés par le vent, les links du Humewood Golf Club, dans la ville de Port Elizabeth, bordent la baie d'Algoa et sont pourvus de fairways ondoyants, de greens rapides et de buissons épais. Ils ont souvent accueilli le South African Amateur, et l'Open d'Afrique du Sud à 4 reprises. Ces 2 tournois se sont déroulés ici en 1934, 3 ans seulement après l'inauguration du club.

Considéré comme l'un des pars 4 les plus difficiles d'Afrique du Sud, le n° 13 est un animal que peu de golfeurs arrivent à dompter. On attaque ce léger dogleg à droite face à un vent fort, qui rallonge le jeu, et le fairway est parcouru de nombreuses ondulations, ce qui signifie que seul un nombre réduit de drives trouvera un lie plat d'où frapper un coup d'approche primordial, doté d'une marge d'erreur quasiment inexistante. Le point d'entrée du green surélevé est étroit. Celui-ci est caché derrière une dune et protégé par une fosse naturelle à droite, par un profond bunker à gauche et par d'épais ajoncs à l'arrière.

Pas étonnant que le Sud-Africain Hendrik Buhrmann ait eu besoin de 14 coups sur ce trou au cours d'un tournoi. **KA**

Parcours : Princeville Resort Golf Club (parcours du Prince)

Situé à : Princeville, Kauai, Hawaï, États-Unis

Trou : n° 13

Longueur : 382 m

Par : 4

Architecte : Robert Trent Jones junior

À savoir : Le parcours du Prince est l'un des plus difficiles d'Hawaï, avec un index de 75,3 et une montée de 145 m. Le magazine *Golf Digest* l'a consacré meilleur tracé d'Hawaï.

N° ⓭ PRINCEVILLE RESORT GOLF CLUB (PARCOURS DU PRINCE)

Les parcours de la grande île d'Hawaï répondent aux attentes des joueurs. Des adjectifs tels que remarquable ou spectaculaire viennent à l'esprit.

Le Princeville Makai Golf Course rivalise avec n'importe lequel d'entre eux. On y trouve trois 9 trous, chaque tracé se révélant ravissant et ardu. Aucun de leurs trous ne s'avérant décevant, il est difficile d'en distinguer certains. Mais le n° 13 du parcours du Prince surpasse peut-être tous les autres grâce à son originalité.

Par 4 exigeant de 382 m, il est découpé dans la jungle. On s'y retrouve dans une vallée de montagne recouverte d'arbres, à la beauté hawaïenne.

On doit jouer la sécurité sur le coup de départ, car un torrent, parfaitement placé, coupe le fairway à 178 m des marques blanches et à 220 m des marques noires.

Seul un premier coup bien placé permettra l'une des approches les plus belles et les plus ardues de votre vie. Le green, difficile à atteindre, est coincé dans l'un des méandres du ruisseau naissant de la cascade, directement derrière.

Quel que soit votre score, cela restera l'un de vos trous préférés. Mais si vous jouez droit, de façon intelligente, le 4 que vous inscrirez sur votre carte de parcours le rendra encore plus agréable. **TJ**

Parcours : Elie Golf House Club

Situé à : Elie, Fife, Écosse

Trou : n° 13

Longueur : 347 m

Par : 4

Architecte : Tom Morris senior

À savoir : James Braid, joueur et architecte réputé, a déclaré que ce n° 13 était « le meilleur trou du pays ».

N° ⓭ ELIE GOLF HOUSE CLUB

16 excellents pars 4, seulement 2 pars 3 et aucun par 5. C'est Elie Golf House Club, un parcours légèrement excentrique tracé le long du Firth of Forth, et qui est demeuré en grande partie le même depuis que Tom Morris senior l'a rallongé en 1896, pour le transformer en 18 trous.

Contrairement à de nombreux links du Royaume-Uni, Elie ne contient que peu de dunes, mais est tracé sur un large terrain qui descend vers la mer. Le n° 13 longe le littoral sablonneux à gauche, et exige un drive précis vers un fairway sinueux bordé des 2 côtés par un rough épais.

Un coup d'approche délicat suit, jusqu'au green étroit mais profond, légèrement surélevé et placé en biais par rapport au fairway. La sélection peut varier de plusieurs clubs sur le deuxième coup en fonction de la force du vent marin.

La singularité d'Elie est illustrée par son premier drive, un coup aveugle qui doit franchir une énorme colline à environ 45 m devant l'aire de départ. Pour vérifier que le terrain est dégagé, les joueurs doivent utiliser un périscope près du premier départ. **KA**

N° ⑬ PARAPARAUMU BEACH GOLF CLUB

Parcours : Paraparaumu Beach Golf Club

Situé à : Paraparaumu Beach, Wellington, Nouvelle-Zélande

Trou : n° 13

Longueur : 373 m

Par : 4

Architecte : Alex Russell

À savoir : Russell, célèbre architecte australien, a visité Paraparaumu en 1949 pour la première fois et a déclaré à l'époque que ce site pourrait se transformer en l'un des meilleurs parcours de golf au monde.

Le n° 13 du Paraparaumu Beach Golf Club, comme tant d'autres de ce parcours, est considéré comme un classique. Mais il est aussi exceptionnel à divers titres et se détache parmi 18 trous spectaculaires.

Un bon drive est essentiel sur ce difficile par 4, car le deuxième coup s'avère le plus ardu. Le drive devra atterrir en sécurité sur le plateau du fairway pour préparer le deuxième coup, que, bon ou mauvais, vous n'êtes pas près d'oublier.

Le coup d'approche doit franchir l'eau pour atteindre un green long, étroit et en hauteur. Et si l'on est court de seulement la longueur d'un club, la balle roulera en arrière pour retrouver le fairway.

Le danger guette aussi derrière le green et sur les 2 côtés.

Vu l'importance de ce coup, nous vous offrons quelques conseils : examinez bien le vent, à la fois sa force et sa direction. On doit prendre conscience du fait qu'il entrera en jeu.

Le Paraparaumu Beach Golf Club met tout golfeur à l'épreuve. Même les plus grands ont trouvé le parcours difficile. Et le n° 13 – ainsi que les 5 premiers trous, entre autres – ne fait pas exception. **TJ**

N° ⑬ SALEM COUNTRY CLUB

Parcours : Salem Country Club

Situé à : Peabody, Massachusetts, États-Unis

Trou : n° 13

Longueur : 311 m

Par : 4

Architecte : Donald Ross

À savoir : Ce club, fondé en 1895, fait partie de la liste des 100 clubs les plus anciens des États-Unis établie par l'USGA, l'Association de golf américaine.

Avant de jouer le premier coup, rendons hommage à l'un des meilleurs architectes de golf ayant jamais vécu, Donald Ross. Pourquoi ? Parce qu'il dessina le parcours de Salem alors qu'il était dans la fleur de l'âge et que le résultat est toujours superbe.

Ross déclara même que Salem était l'un de ses « tracés les plus purs ». Il était particulièrement fier de ses bunkers, notamment sur le n° 13. Si jamais vous atterrissez dans l'un d'entre eux, « fier » n'est pas forcément le mot que vous utiliserez pour les décrire néanmoins.

Comment exprimer sa qualité ? On estime que Ross a conçu plus de 7 000 trous au cours de son illustre carrière. Ce par 4 fait partie des 5 meilleurs. C'est plus un fait avéré qu'une exagération.

Une fois sur l'aire de départ, vous saurez que vous vous trouvez en terre sainte. De nombreux monticules et bunkers sont à éviter, mais le fairway, en creux, est très accueillant. Si vous ratez votre cible, attendez-vous à un lie inégal ou sablonneux. De nombreux bois touffus peuvent aussi entrer en jeu.

Le green constitue cependant le temps fort de ce trou. L'avant constitue le seul emplacement de drapeau facile. S'il est situé ailleurs, il faudra déployer de nombreux efforts pour sauver le par. Ben Crenshaw l'a désigné comme l'un de ses greens préférés. **TJ**

N° ⑬ THE FORTRESS

Parcours : The Fortress

Situé à : Frankenmuth, Michigan, États-Unis

Trou : n° 13

Longueur : 403 m

Par : 4

Architecte : Dick Nugent

À savoir : Nugent vous pose une colle sur ce difficile par 4. Bien que cela ne soit pas évident depuis l'aire de départ, le fairway vire légèrement à gauche, ce que les grands frappeurs devraient prendre en compte, car le drive peut sortir du fairway si l'on n'y fait pas attention.

Bien que conçu en 1992, The Fortress reflète les origines écossaises du golf. Ses départs, greens et fairways en agrostide entourent 75 bunkers. Chacun des immenses greens mesure en moyenne 700 m^2.

Le n° 13, un par 4, illustre bien l'ensemble du parcours, à une exception près. Il est plus difficile que les autres trous, et le par y est plus gratifiant.

Attention au vent dominant, soufflant du sud-ouest, qui compliquera le coup de départ. Vous pouvez dire adieu à votre fade en hauteur, qui terminera automatiquement dans l'eau qui borde les 2 côtés du fairway.

Puisque l'on aborde le fairway, signalons qu'il n'est pas très abondant. L'eau embrasse les 2 côtés, et vous ne trouverez que très peu de rough pour vous sauver. C'est un trou difficile, car on doit frapper loin depuis le départ pour limiter le danger sur le deuxième coup. Mais il faut jouer droit et la marge d'erreur est réduite.

Le green ressemble à nombre d'autres de cette « forteresse ». Grand, il n'est doté que de peu d'ondulations. Mais il est à double plateau et encerclé d'embûches. On découvre un bunker à chaque coin, dont 2 grands à l'avant.

Pour compliquer encore les choses, de hautes herbes poussent près des bunkers. Le fairway et le green constituent donc les seules zones de sécurité de ce trou. Le danger guette partout ailleurs. **TJ**

Parcours : Fox Hills (parcours du Renard d'or)

Situé à : Plymouth, Michigan, États-Unis

Trou : n° 13

Longueur : 325 m

Par : 4

Architecte : Arthur Hills

À savoir : Fox Hills offre trois 18 trous, dont le Strategic Fox, un parcours de championnat uniquement composé de pars 3, inauguré en 2001 et dessiné par Ray Hearn. Il est réputé pour ses incroyables conditions de jeu.

N° ⓭ FOX HILLS
(PARCOURS DU RENARD D'OR)

Arthur Hills a créé de nombreux chefs-d'œuvre mémorables au Michigan, et le Renard d'or peut rivaliser avec n'importe lequel d'entre eux. Ce parcours très apprécié des environs de Detroit est aussi difficile qu'intéressant à jouer.

Le n° 13 est tout simplement un trou fantastique, illustrant bien le reste du parcours. À 325 m depuis les départs arrière, il n'est pas très long, mais constitue tout de même une bonne épreuve de golf.

Le coup de départ est droit, vers un fairway assez spacieux. Mais ne visez pas le côté gauche où un vaste bunker occupe presque toute la zone d'arrivée du drive, quel que soit le départ choisi. Ce bunker constitue votre préoccupation principale depuis le départ. Évitez-le et vous vous trouverez en bonne position. Le hors-limite bordant le côté droit, on ne pourra jouer que droit.

2 fosses de sable protègent un green de bonne taille. La crête qui le parcourt peut s'avérer problématique. Si l'on atterrit du mauvais côté, le putt devient pour le moins difficile. C'est l'un de ces trous où l'on peut réaliser un birdie un jour et un bogey le lendemain. Aucun raccourci au Golden Fox, mais si l'on joue droit, avec intelligence, on sera récompensé. **TJ**

N° ⓭ BALTUSROL (PARCOURS DU BAS)

Parcours : Baltusrol (parcours du bas)

Situé à : Springfield, New Jersey, États-Unis

Trou : n° 13

Longueur : 365 m

Par : 4

Architecte : A. W. Tillinghast

À savoir : Ce qui n'était autrefois qu'un 9 trous à Baltusrol a laissé la place à deux 18 trous de championnat, les parcours du haut et du bas.

Le ruisseau qui coule en diagonale sur ce par 4 fait du n° 13 un excellent et difficile dogleg. Le par devra se mériter ici, même pour les pros. Rien n'est jamais aisé à Baltusrol. C'est pour cela que c'est Baltusrol.

C'est au grand Bobby Jones que le n° 13 a porté malheur pour la première fois. Les passionnés d'histoire du golf se souviennent de ce trou comme celui où Jones essaya de porter la balle sur une trop grande distance et termina dans le ruisseau avec un gros « plouf » : un coup qui lui coûta la première place au cours de l'US Amateur de 1926.

Le n° 13 devint ensuite son porte-bonheur. Malgré ce premier revers, Jones admirait le tracé et respectait ses défis. Il aimait tellement le trou que lorsqu'il dut dessiner l'Augusta National, il l'utilisa comme modèle pour son propre n° 13.

De longs bunkers entourent le green des 2 côtés, le fairway se faufilant entre les deux. Et puisque nous évoquons le green, sachez qu'il forme un cercle presque parfait, mais est animé de nombreux mouvements.

Ne l'atteignez pas en 2 coups pour suivre de 3 putts, car vous auriez l'impression d'avoir gâché une opportunité en or. Vous pourriez même penser que le n° 13 vous porte malheur. **TJ**

Parcours : St Louis Country Club

Situé à : St Louis, Missouri, États-Unis

Trou : n° 13

Longueur : 519 m

Par : 5

Architecte : Charles Blair Macdonald

À savoir : L'un des meilleurs parcours de l'État, le country club de St Louis fut fondé en 1892 et appartient à la liste des 100 clubs les plus anciens d'Amérique établie par l'USGA, l'Association de golf américaine.

N° ⓭ ST LOUIS COUNTRY CLUB

Après avoir joué le n° 12, unique et mémorable, un par 3 regorgeant de difficulté, on s'avance vers ce par 5, lui aussi mémorable et difficile. On dit que le n° 13 du country club de St Louis compte parmi les meilleurs pars 5 de Macdonald, qui a pourtant conçu une quantité de longs trous inoubliables au cours de sa carrière.

Une fois sur l'aire de départ, admirez le tracé devant vous, le fairway se déroulant dans la paisible campagne du Missouri. C'est bien ainsi qu'un trou de golf devrait toujours se jouer.

Attrapez votre driver et visez à gauche, car le côté droit est le dernier endroit où l'on désire se retrouver. C'est pourtant là que terminent de nombreuses balles, le fairway étant très incliné dans cette direction.

Sur le deuxième coup, on doit affronter des bunkers empiétant sur le fairway – et interrompant cette sensation paisible que vous ressentiez sur le départ. C'est un autre adjectif qui vous viendra à l'esprit si vous atterrissez dans l'un de ces obstacles. Et attention aux serpents, c'est-à-dire aux bunkers serpentant entre les fairways des n° 13 et n° 5.

Le green constitue un défi et son faux avant-green peut aisément renvoyer la balle vers le fairway. **TJ**

Parcours : TPC aux Woodlands

Situé à : The Woodlands, Texas, États-Unis

Trou : n° 13

Longueur : 485 m

Par : 5

Architectes : Bruce Devlin, Robert Von Hagge

À savoir : Ce parcours public remarquable du sud-ouest du Texas fait partie du Woodlands Resort, Conference Center & Country Club, un complexe golfique abritant divers tracés.

N° ⓭ TPC AUX WOODLANDS

Ce qui frappe sur ce trou, ainsi que sur les 17 autres du TPC des Woodlands, c'est l'entretien impeccable du parcours. Et contrairement à de nombreux autres TPC, celui-ci est ouvert au public et largement joué.

TPC est peut-être le sigle de *Tournament Player Club* (« club des joueurs de tournois »), mais ici, cela pourrait aussi signifier « Totales et Parfaites Conditions de jeu ».

Fred Couples a déclaré que ses fairways étaient du niveau de ceux de l'Augusta National et ses greens du niveau de ceux du TPC de Sawgrass.

Avant de vous élancer, il est important d'examiner le green – ce que vous ferez en vous en approchant, car il est invisible depuis le départ. Remarquez la position du drapeau sur cette surface longue et étroite. Cela pourrait provoquer une différence de 2 clubs sur le coup d'approche.

Ce par 5 de 485 m est un dogleg à droite, le danger étant exactement là où l'on s'y attendrait. On trouve un immense bunker sur le côté droit du fairway, au niveau du coude. Le fairway est aussi vallonné.

On peut rejoindre le green en 2 coups en coupant une bonne partie du dogleg, mais les embûches abondent autour du green si l'on rate sa cible.

Son côté droit est bien protégé, et on aperçoit aussi un bunker à l'avant-gauche. Si le drapeau est à l'arrière-droite, visez le côté gauche sur le coup d'approche. **TJ**

N° ⑬   DESERT FOREST GOLF CLUB

Parcours : Desert Forest Golf Club

Situé à : Carefree, Arizona, États-Unis

Trou : n° 13

Longueur : 406 m

Par : 5

Architecte : Robert « Red » Lawrence

À savoir : Desert Forest est si fermé qu'il se limite à 250 membres, la période d'attente s'élevant en moyenne à 4 ans.

Laissez vos problèmes derrière vous lorsque vous pénétrez dans le club de Desert Forest. Toutes les routes menant à Carefree tiennent leurs promesses en drives solides et en putts adroits. C'est du moins ce qu'ont besoin de croire les 250 membres du club et leurs invités afin de s'attaquer à ce tracé exigeant de « Red » Lawrence.

Carefree, abritant 3 000 habitants environ, est situé au nord de Phoenix, et son altitude, élevée, permet d'échapper un peu à la chaleur du désert.

Lorsque Lawrence dessina les plans de Desert Forest en 1962, il prit la décision de préserver les pics et vallées naturels du terrain dont il disposait – contrastant avec les parcours plats alors en vogue dans le Sud-Ouest.

On remarque l'absence de 2 éléments sur ce tracé de 6 380 m : les sentiers pour voiturettes et les jalons du hors-limite. Les joueurs doivent simplement arpenter les fairways d'agrostide, et la broussaille naturelle et les rochers du désert pénalisent assez les balles déviantes.

La précision n'est jamais plus mise à l'épreuve que sur le n° 13, un par 5. Souvent considéré comme le trou le plus difficile de Desert Forest, son fairway rétrécit à 13 m de large aux environs de la marque des 135 m.

Les joueurs auront du mal à distinguer l'avant du green sur le deuxième coup, car on s'élève de 13 m pour rejoindre le green protégé par 3 bunkers. **BB**

N° ⑬ AUGUSTA NATIONAL GOLF CLUB

Parcours : Augusta National Golf Club

Situé à : Augusta, Géorgie, États-Unis

Trou : n° 13

Longueur : 464 m

Par : 5

Architectes : Alister MacKenzie, Robert Tyre Jones

À savoir : Au cours du Masters de 1937, le n° 13 joua un rôle capital. Byron Nelson venait de réaliser un birdie au n° 12, mais demeurait à un point derrière Ralph Guldahl. Nelson utilisa un bois de parcours sur le drive pour atterrir à 2,5 m du green, réalisa un eagle et endossa la célèbre veste verte pour la première fois. Depuis, on a baptisé un pont en son honneur sur l'aire de départ.

CI-DESSOUS Le n° 13 de l'Augusta, bordé d'arbres.

CI-CONTRE L'Américain Rich Beem joue son coup d'approche sur le n° 13 de l'Augusta en avril 2003.

Surnommé l'« Azalée », en hommage à la fleur la plus célèbre de l'Augusta, le n° 13 reflète parfaitement le caractère du parcours. Très méticuleusement entretenu, on y trouve environ 1 600 de ces fleurs et il s'avère équitable si on le joue convenablement.

Depuis 1942, année où l'on commença à enregistrer ses données, on y a joué une moyenne de 4,74 coups au cours du Masters. Selon les normes contemporaines, c'est un trou à birdie. Cependant, lorsque Phil Mickelson remporta son premier championnat majeur ici en 2003, cette moyenne s'éleva à 4,9 – les birdies n'étaient donc pas légion.

« À mon époque, il fallait faire un choix », expliqua Byron Nelson, vainqueur en 1937 et 1942. « Aujourd'hui, les joueurs rejoignent le green dès le deuxième coup en jouant au fer, mais autrefois, même avec un bon drive, il fallait décider si l'on voulait tenter le green ou jouer la sécurité. »

Le coup de départ doit être précis si l'on veut pouvoir rejoindre le green en 2 coups. Sur ce dogleg à gauche, il doit être assez long et viser le côté droit du fairway pour pouvoir négocier le virage. Mais si on le joue de façon trop pure, trop à gauche ou trop à droite, on atterrira dans la végétation. Les azalées sont peut-être ravissantes, mais elles paraissent moins attrayantes lorsqu'elles engloutissent votre balle. Un affluent du Rae's Creek serpente à l'avant du green et 4 bunkers enchâssent l'arrière. Pendant longtemps le Rae's Creek n'était au mieux qu'un filet d'eau, parfois même à sec. Cela permettait aux joueurs ayant la malchance de s'y retrouver de pouvoir

frapper la balle. Il y a quelques années cependant, les responsables du Masters ont décidé que l'eau devait y couler, augmentant ainsi la moyenne des coups en engloutissant les balles déviantes.

Byron, lui, fut ravi qu'il retrouve son caractère original.

« Lorsqu'il était plein d'eau, les joueurs ne pouvaient pas y descendre pour jouer la balle, déclara Nelson. Je pense que cela fait partie du charme du trou et je suis heureux de la décision du club. »

Presque rien d'autre n'a nécessité une intervention. Robert Trent Jones senior a qualifié le n° 13 de meilleur par 5 jamais construit. **JB**

N° **13** OAK HILL COUNTRY CLUB
(PARCOURS EST)

Parcours : Oak Hill Country Club (parcours est)

Situé à : Rochester, État de New York, États-Unis

Trou : n° 13

Longueur : 540 m

Par : 5

Architectes : Donald Ross, Robert Trent Jones senior, George Fazio, Tom Fazio

À savoir : Ernie Els était tellement emballé après avoir joué Oak Hill pour la première fois qu'il déclara : « Je dois dire qu'Oak Hill est le meilleur, le plus équitable et le plus difficile des parcours de championnat que j'aie joués durant toutes mes années en tant que professionnel du Tour. Il est vraiment génial. » C'est à Oak Hill que Jack Nicklaus remporta son cinquième PGA en 1980 et que Curtis Strange défendit avec succès son titre de l'US Open en 1989.

CI-DESSOUS *Sortie de bunker pour Phil Mickelson sur le treizième trou d'Oak Hill en août 2003.*

Depuis qu'Oak Hill est devenu une SARL en 1901, on a utilisé toutes sortes de superlatifs pour décrire ses défis et son équité, sa beauté et son élégance. C'est l'un des meilleurs parcours américains, accueillant nombre de championnats internationaux, du PGA Championship à la Ryder Cup.

Lorsque l'on étudie les architectes s'étant succédé pour améliorer et remodeler le parcours, on comprend facilement pourquoi les acclamations n'ont jamais cessé. Le tracé d'origine de Donald Ross était superbe et n'avait donc pas besoin de changements drastiques. Jones et les Fazio l'ont amélioré, mis à jour et y ont apporté leur touche personnelle. Le résultat est splendide.

On ne trouve nulle part ailleurs sur ce parcours sacré un cadre plus difficile que celui du n° 13. Le trou mesurant presque 550 m, un coup d'approche brutal semble nécessaire depuis le départ. On doit cependant tempérer cette nécessité de distance. Le ruisseau d'Allen Creek vous coupant la voie à environ 270 m, ceux qui frappent très long doivent faire preuve de prudence. Comme vous le voyez, c'est un vrai par 5 – une exception alors que la technologie transforme un jeu légendaire.

Depuis le départ, on doit s'approcher du ruisseau autant que possible. Si l'on y arrive, on s'emparera d'un bois de parcours, car on devra encore faire preuve de puissance et de précision. Le deuxième coup devrait atterrir sur la moitié droite du fairway pour permettre le meilleur coup d'approche possible, mais les bunkers situés de ce côté-là ne permettent aucune erreur.

L'approche du green n'est pas aisée. 8 bunkers le protègent, il est encerclé d'immenses chênes, et sa pente, d'arrière en avant, paraît accueillante mais met à mal non seulement les coups atterrissant devant le trou, mais aussi les putts se jouant en descente.

La célèbre *Hill of Fame* (« colline de la Gloire »), à gauche du green, offre la meilleure vue de ce dernier ainsi que du reste du parcours. Elle peut accueillir des milliers de spectateurs et constitue un endroit très apprécié depuis lequel suivre les tournois. Durant les temps morts, on peut examiner les nombreuses plaques fixées aux arbres de la célèbre colline, rendant hommage aux membres prestigieux de l'histoire d'Oak Hill. **JB**

N° ⓭ TOBACCO ROAD GOLF CLUB

Parcours : Tobacco Road Golf Club

Situé à : Sanford, Caroline du Nord, États-Unis

Trou : n° 13

Longueur : 521 m

Par : 5

Architecte : Mike Strantz

À savoir : Les départs arrière de Tobacco Road sont surnommés *The Ripper* (l' « Étrangleur »), non pas en référence aux grands frappeurs, mais à un outil qu'utilisent les cultivateurs de tabac pour labourer une terre durcie afin de l'ensemencer.

Situé au milieu des Sand Hills de Caroline du Nord, région splendidement adaptée au golf, le club de Tobacco Road est un domaine époustouflant aménagé dans une ancienne carrière de sable et autrefois décrit comme un « Pine Valley dopé aux stéroïdes ». Ne vous laissez pas duper par son manque de distance. Bien que ne mesurant que 5 964 m depuis les départs arrière, il est doté d'une montée de 150 m, l'une des plus élevées du pays.

Ce manque de longueur est notamment dû à toute une série de courts pars 3 et pars 4, mais certainement pas au n° 13, un par 5, le deuxième trou le plus difficile du parcours. Le fairway sinueux de ce dogleg à droite est bordé de sable des 2 côtés – parfois large et profond, parfois étroit – et exige de la précision à la fois sur le drive et le deuxième coup. C'est cependant le coup d'approche, en partie aveugle, qui déterminera votre score.

Les trois quarts du green approximativement sont cachés derrière un talus de sable, que seule une petite ouverture vers le green interrompt. Ce dernier ne mesure que 14 m de profondeur et présente une dépression naturelle en son centre. La clé du succès ? Ne placez pas votre deuxième coup trop près de l'énorme monticule, mais suivez d'un coup d'approche au wedge ou au fer 9, pour vous retrouver à la meilleure distance. **KA**

N° ⓭ STONEWATER GOLF CLUB

Parcours : Stonewater Golf Club

Situé à : Heighlands Heights, Ohio, États-Unis

Trou : n° 13

Longueur : 571 m

Par : 5

Architectes : Michael Hurzdan, Dana Fry

À savoir : Ce fantastique parcours, tracé au milieu de 72 ha de zones humides boisées, s'enorgueillit de causer des ravages dans le jeu des joueurs. L'eau est présente sur 16 de ses 18 trous et on y trouve 23 ponts de bois ainsi que 70 bunkers, dont certains parmi les plus vastes et les plus spectaculaires que l'on puisse imaginer.

Ce très long par 5 est le deuxième trou le plus difficile d'un parcours réputé pour ses défis. On a intérêt à savoir frapper, sur ce trou d'une beauté saisissante. Bien frapper et frapper long, mais, plus important encore, de manière précise. La marge d'erreur est simplement inexistante.

Les départs arrière pourraient tout aussi bien appartenir à un autre pays. Après avoir dépassé les aires de départ bordées d'arbres, le fairway devient légèrement dégagé au niveau de la zone d'arrivée. Quelque 296 m séparent les départs arrière du marécage, en passant par le fairway.

Le deuxième coup constitue un nouveau défi. On devra viser le côté gauche, à environ 90 m du green. On trouve 2 bunkers au même niveau, du côté opposé, ainsi qu'à 55 m du green.

On peut dire adieu au par si l'on rate le fairway sur l'un des 2 premiers coups. La taille du green est particulièrement réduite par rapport à la longueur du trou.

Le grand choix de départs possibles (5, à partir de 417 m) constitue l'un des attraits principaux de Stonewater. Mais quel que soit le départ choisi, ce trou vous mettra à l'épreuve. **TJ**

N° ⑬ THE DUNES GOLF & BEACH CLUB

Parcours : The Dunes Golf & Beach Club

Situé à : Myrtle Beach, Caroline du Sud, États-Unis

Trou : n° 13

Longueur : 537 m

Par : 5

Architecte : Robert Trent Jones senior

À savoir : Le club des Dunes a accueilli les épreuves finales du Q-School, tournoi du PGA Tour, ainsi que 6 Champions Tour Championships et l'US Open féminin. Parmi les vainqueurs de ces tournois, on peut citer Ray Floyd, Ben Crenshaw, Hale Irwin, Jay Sigel, Gil Morgan et Gary McCord.

Dans une zone qui abonde en parcours de golf, The Dunes, avec son élégance et son charme du Sud, est souvent considéré comme l'un des meilleurs de Myrtle Beach. Les meilleurs joueurs au monde ont arpenté ses fairways et ont affronté le plus difficile de ses trous – le majestueux n° 13.

Robert Trent Jones senior fit preuve de la plus extraordinaire des visions lorsqu'il dessina ce chef-d'œuvre. C'était en 1948, et pourtant, Jones a su se projeter dans le futur. Ses trous s'avérèrent tout à fait jouables à l'époque, mais il avait prévu assez d'espace derrière les aires de départ pour que l'on puisse les adapter plus tard. Tout comme aux premiers temps, cela demeure donc un vrai par 5 où l'on rejoint le green en 3 coups. Tenter d'atteindre le green en 2 coups s'apparente toujours à de la démence.

Jones créa The Dunes à la suite de la Grande Dépression et de la Seconde Guerre mondiale. Les événements de l'époque avaient mis au point mort sa carrière d'architecte et il était donc plus qu'impatient d'exercer son talent aux Dunes, un domaine regorgeant de chênes splendides et d'ondulations naturelles, au bord de l'océan.

« Papa adorait cet endroit », explique Rees Jones qui restaura les greens de son père 50 ans après leur construction. « C'était l'une des grandes chances de sa carrière et elle est intervenue au moment le plus opportun. »

Sa soif de création est évidente, notamment sur le n° 13. Ce sévère dogleg à droite qui vire abruptement autour de l'eau met les meilleurs au défi et titille les autres. Le « Waterloo » est le trou emblématique des Dunes.

On doit tenir compte du lac de Singleton, à la fois sur le coup de départ et sur le deuxième. C'est l'un des premiers obstacles d'eau d'Amérique. On peut rejoindre le green de diverses manières en 2 ou 3 coups au moins – et c'est la variété qui pique ici l'intérêt des joueurs. La prise de risque est récompensée et entre en jeu quelle que soit la stratégie choisie pour rejoindre le green, caractéristique qui s'imposa comme typique de Jones lorsque les affaires redémarrèrent après la guerre.

Le green, en hauteur, protégé de profonds bunkers, est séparé en 4 parties distinctes, et il est primordial d'atterrir sur celle qui abrite le drapeau ce jour-là. **JB**

Parcours : Fairmont Algonquin

Situé à : St Andrews by-the-Sea, Nouveau-Brunswick, Canada

Trou : n° 13

Longueur : 441 m

Par : 5

Architecte : Thomas McBroom

À savoir : Les débats ont fait rage parmi le personnel et les habitués de ce parcours classique en bord de mer, lorsqu'en 2004 ce trou de 441 m se transforma en par 5, alors que c'était jusque-là un par 4 très difficile.

N° ⓭ FAIRMONT ALGONQUIN

Ce dogleg à gauche de l'un des parcours les plus exceptionnels du Canada illustre parfaitement la façon dont la prise de risque est récompensée. C'est aussi l'un des trous à la beauté la plus époustouflante que vous découvrirez jamais. On a du mal à croire après avoir joué le n° 12 que le parcours peut s'améliorer. Mais il suffit de quelques pas pour s'apercevoir que c'est bien le cas.

Quelle vue offre le départ ! Si on le joue en fin de journée, on bénéficiera de spectaculaires couchers de soleil. En s'avançant vers le green, le long du littoral, on aperçoit le phare, l'hôtel et la baie.

On frappe généralement le deuxième coup avec un fer moyen ou long, en s'assurant de tenir compte du vent, souvent très présent. La cible n'est pas facile à atteindre. On a poussé le green sur la droite et si on le manque un tant soit peu, la balle peut terminer dans l'eau. On doit aussi absolument prendre en compte un fossé de 18 m entre les bunkers et le green. Il peut facilement changer la façon dont vous percevez la distance sur laquelle vous devez frapper la balle.

On trouve une série de 3 bunkers à droite sortant de l'eau. Le green descend vers l'eau et ne fait donc pas preuve d'une grande mansuétude.

Surtout admirez la vue spectaculaire, mais n'oubliez pas de garder la balle à l'œil. **TJ**

Parcours : Champions Golf Club (parcours des Cyprès)

Situé à : Houston, Texas, États-Unis

Trou : n° 13

Longueur : 484 m

Par : 5

Architecte : Ralph Plummer

À savoir : Fondé en 1958 par Jack Burke junior et Jimmy Demaret, aujourd'hui décédé, Champions Golf Club a accueilli toute une série d'épreuves de championnat, depuis la Ryder Cup (1967) jusqu'à l'US Open (1969), l'US Amateur (1993) et, plus récemment, le Tour Championship en 2003.

N° ⓭ CHAMPIONS GOLF CLUB
(PARCOURS DES CYPRÈS)

Le n° 13 du parcours des Cyprès est un par 5 équitable. Avec 2 excellents premiers coups, les joueurs de talent peuvent y réaliser un eagle, et le birdie est très certainement en jeu pour la majorité des autres. Le coup de départ est assez facile et le fairway très dégagé. Le ruisseau de Cypress Creek longe tout le côté droit, mais seule une balle très mal jouée y atterrira.

C'est sur le deuxième coup que l'on doit prendre une décision : tenter le green ou non ? Si vous choisissez d'essayer, il faudra frapper long et droit, mais toute balle ratée trouvera l'eau sur la droite ou l'un des 4 bunkers protégeant le green. Si vous choisissez de jouer la sécurité, n'oubliez pas les bunkers du côté droit du fairway, à environ 72 m du green. C'est l'option que choisissent la plupart des joueurs, pour suivre d'un court wedge.

Le green est très vaste, très rapide et très équitable. On n'y trouve pas de mouvements violents, ce qui permet aux joueurs de bien lire leur putt et de réaliser un bon score.

C'est l'un des pars 5 les moins exigeants et pourtant les plus agréables du parcours, où l'on devra mobiliser son meilleur jeu, car il constitue une occasion rare de birdie. **GE**

Parcours : The European Club

Situé à : Brittas Bay, comté de Wicklow, Irlande

Trou : n° 13

Longueur : 544 m

Par : 5

Architecte : Pat Ruddy

À savoir : Selon le magazine irlandais que vous consulterez, l'European Club arrive entre la 6ᵉ et la 10ᵉ place au niveau national.

CI-DESSOUS ET CI-CONTRE
Le treizième trou de l'European Club.

N° ⑬ THE EUROPEAN CLUB

Lorsqu'on cherche un endroit sûr sur le n° 13 de l'European Club, la réponse est à la fois simpliste et contraignante. Il n'existe qu'un seul endroit où le danger ne guette pas à tous les coins. Le fairway. On ne doit simplement pas le rater.

C'est simple en théorie, mais un peu plus complexe à réaliser.

Pat Ruddy, journaliste de golf devenu architecte se passionnant pour les projets situés en Irlande, a réalisé une combinaison étonnante de panoramas et de difficultés sur l'European Club. Dans un pays bénéficiant de traditions anciennes et de nombreux endroits où jouer, il est étonnant que le club ait acquis une telle célébrité depuis son inauguration en 1992. Le parcours s'étend sur presque 80 ha de dunes, le long de la côte orientale irlandaise, à 1 h de Dublin environ. Long, étroit, ardu, il est aussi équitable, car on y trouve des zones d'arrivée de la balle exactement là où elles devraient être. Les trouver, cependant, constitue un autre problème.

Le parcours est dépourvu de coups aveugles, habituellement un avantage. Mais sur le départ du n° 13, il vaudrait peut-être mieux ne pas voir ce qui vous attend.

La mer d'Irlande rugit à droite et une série de bunkers escarpés guettent sur la gauche. Les ajoncs, les dunes, la bruyère et les maux de tête attendent tous ceux qui s'écartent du chemin voulu. Aussi essentiel que ce soit, garder le cap devient extrêmement compliqué à cause de la mer d'Irlande. Elle se révèle non seulement redoutable pour les balles qui partent dans sa direction, mais on lui doit aussi un vent constant dont on doit tenir compte sur chaque coup.

Le n° 13 est le second de 2 trous consécutifs qui constituent sans soute  le temps fort du parcours. Le n° 13 et le n° 12, un par 4, sont les seuls trous où la plage est en jeu. Les joueurs ayant la malchance d'y atterrir peuvent jouer la balle là où elle se trouve et sont même autorisés à laisser reposer la tête de club dans le sable. Une concession du règlement local peut-être, mais si vous êtes sur la plage, cela ne rendra pas le par plus facile à réaliser. **JB**

Trou 14

Tout comme le n° 6 au cours du premier 9, le n° 14 permet souvent un léger répit si les architectes en trouvent le moyen. Ces derniers vous ont souvent infligé un segment ardu entre les n° 8 et 13, mais, plus important encore, il existe apparemment chez eux un besoin sadique de baisser légèrement la pression avant la dure dernière ligne droite.

Cependant, contrairement au n° 6, sur l'aire de départ du n° 14, vous approchez de la fin de votre partie. Mais la forte envie qu'on éprouve de se projeter sur les derniers trous, essentiels, doit être réprimée, car on doit faire preuve de respect même envers les trous paraissant moins difficiles. Sans quoi une partie peut être perdue à un endroit qui aurait sinon offert une belle occasion de briller...

CI-CONTRE *Le Cruden Bay Golf Club, en Écosse.*

N° ⑭ MAIDSTONE GOLF CLUB

Parcours : Maidstone Golf Club

Situé à : East Hampton, État de New York, États-Unis

Trou : n° 14

Longueur : 127 m

Par : 3

Architectes : Willie Park junior, John Park, William H. Tucker

À savoir : L'architecte du parcours de Maidstone, Willie Park junior, a remporté 2 fois le British Open – en 1887 et 1889 – sur les traces de son père, 4 fois vainqueur du tournoi.

Willie Dunn dessina un parcours de 7 trous pour les membres du club de Maidstone en 1894, mais c'est à un autre Écossais, Willie Park junior, que l'on doit le majestueux dernier 9, qu'il conçut en 1922 sur une étendue vierge du littoral atlantique.

Le n° 14 est le plus beau par 3 de ce magnifique segment, présentant de multiples dangers, mais aussi des sensations fortes. On y découvre l'un des plus beaux paysages de la côte atlantique américaine.

Depuis l'aire de départ, le green repose sereinement au milieu des dunes et d'une végétation épaisse, telle une oasis invitant les balles à atterrir sur sa surface, en toute sécurité. Pour la rejoindre, cependant, on devra affronter l'épreuve suprême, mettant en jeu talent, sang-froid et, plus que tout probablement, le choix du club approprié à cause de vents marins soufflant souvent avec force. Les divers petits bunkers placés de façon stratégique autour du green ainsi que la surface réduite de ce dernier, légèrement incliné d'arrière en avant, compliquent encore les choses.

Quel que soit l'endroit où atterrisse votre balle, la toile de fond que compose l'océan vous rappelle que vous vous trouvez dans l'un des endroits les plus spectaculaires du jeu et que ce moment doit être chéri. **KA**

N° ⑭ NEWPORT COUNTRY CLUB

Parcours : Newport Country Club
Situé à : Newport, Rhode Island, États-Unis
Trou : n° 14
Longueur : 193 m
Par : 3
Architectes : William Davis, Donald Ross, A. W. Tillinghast

À savoir : Ces links intemporels, en bord de mer, comprennent des trous courts et bombés et de longs trous inclinés sur des fairways étroits, exigeant une précision acérée si l'on veut y réaliser un birdie ou le par. Peu d'eau entre en jeu, mais le parcours étant parsemé de profonds bunkers, il n'est pas non plus si aisé que cela. C'est au country club de Newport que s'est déroulé le premier US Amateur ainsi que le premier US Open en 1895.

Le vent règne sur le parcours de Newport.

Si la balle dévie à gauche ou à droite, elle sera engloutie par de vastes et profonds bunkers, transformant le par en chimère – et, le vent soufflant depuis l'Atlantique, elle déviera très probablement. On joue un certain parcours le matin, mais il peut s'avérer complètement différent en fin d'après-midi lorsque le vent tourne.

Il faudra faire preuve de talent pour pouvoir déterminer depuis quelle direction attaque ce vent rugissant tout en décidant de la stratégie de chaque coup, et le n° 14 est le plus difficile des 18 – une balle dévalant le fairway dégagé et dépourvu d'arbres peut facilement devenir la proie d'un courant océan de 30 km/h.

Le trou est gardé de près. Un bunker protège son avant-gauche, et divers autres sont placés à l'arrière-gauche. Le green étant violemment incliné de droite à gauche, il est absolument essentiel de l'approcher depuis le bon angle.

Le n° 14 est un des trous dangereux sur ce par 72, reconnu pour sa tradition et son caractère vénérable. Le country club de Newport est l'un des plus anciens du pays et son clubhouse luxueux révèle ses origines de refuge de vieilles fortunes passant l'été sur Bellevue Avenue, toute proche.

Centenaire, le club rend hommage aux racines américaines classiques du jeu. **KLL**

N° ⑭ THE EUROPEAN CLUB

Parcours : The European Club
Situé à : Brittas Bay, comté de Wicklow, Irlande
Trou : n° 14
Longueur : 151 m
Par : 3
Architecte : Pat Ruddy

À savoir : Le tracé de l'European Club comprend en réalité 20 trous. Ruddy en a construit 2 de plus pour que les joueurs aient la possibilité de jouer 18 trous, même lorsque certaines parties du parcours sont fermées pour travaux d'entretien.

CI-DESSOUS ET CI-CONTRE *Le trou n° 14 de l'European Club.*

Le parcours de l'European Club, rêve de l'excellent journaliste de golf irlandais Pat Ruddy, est tracé au milieu de splendides dunes le long de la mer d'Irlande, à 56 km au sud de Dublin. Ruddy est l'architecte, le propriétaire et le dirigeant de ce parcours inauguré en 1993.

Le n° 14 apparaît au milieu d'un segment de 4 trous comprenant les n° 12 (par 4), 13 (par 5) et 15 (par 4). Après 2 trous difficiles souvent joués au milieu de fortes brises provenant de l'océan, cette merveille de par 3 offre un bref répit en terme de vent, si ce n'est en terme de difficultés.

Le green relativement vaste est entouré d'immenses dunes recouvertes d'herbe et autre végétation, et les golfeurs doivent s'efforcer d'éviter un profond bunker sur la droite. Si la balle atterrit juste en dehors du green, de n'importe quel côté, elle pourra tout de même rebondir sur l'une des dunes et rouler jusqu'au green. Mais si elle est juste un peu plus en dehors, il sera difficile de réaliser le par.

Un quatuor distingué, composé de Tiger Woods, David Duval, Mark O'Meara et Scott McCarron, a visité l'European Club juste avant le British Open de Muirfield en 2002. Woods a établi le record du parcours avec un score de 67. **KA**

N° ⓴ FURRY CREEK GOLF COURSE

Parcours : Furry Creek Golf Course

Situé à : Lion's Bay, Colombie-Britannique, Canada

Trou : n° 14

Longueur : 193 m

Par : 3

Architecte : Robert Muir Graves

À savoir : Construit en 1993, c'est à Furry Creek que se déroule la scène de combat entre Adam Sandler et Bob Barker dans le film *Happy Gilmore*.

À 45 min de Vancouver, ce 18 trous plutôt court, un par 72 de 5 487 m, ressemble à un terrain de jeu aménagé, doté de vues fantastiques sur les montagnes et sur l'eau. Ces 2 éléments sont en jeu sur de nombreux trous.

C'est l'eau que vous devrez éviter sur cet époustouflant par 3 de 193 m. Depuis les départs arrière, c'est l'un des plus grands défis que vous affronterez dans la journée. Le coup de départ sera le plus puissant de la partie.

Le fairway effectue un virage à gauche là où le green, en forme de péninsule, s'avance dans le détroit de Howe Sound et offre un panorama des montagnes se dressant tout autour. Le paysage est immense et, depuis les départs arrière, le green paraît minuscule.

Il est essentiel de choisir ici le bon club. Prenez-en un de plus ou de moins en fonction du vent. La stratégie la plus sage consiste à placer la balle à droite du green, où un chip puis un putt vous permettront de faire le par.

Le n° 1, doté d'un dénivelé de 50 m entre le départ et le fairway, est un autre trou mémorable de ce parcours incroyable.

Ce dernier représente une gageure sur l'ensemble, avec des coups par-dessus des ravins et une dernière ligne droite composée de trous étroits au milieu des bois. Le clubhouse offre tout ce que l'on attendrait d'un complexe de premier ordre, voire plus. **TJ**

N° ⑭ ROYAL PORTRUSH GOLF CLUB (PARCOURS DUNLUCE)

Parcours : Royal Portrush Golf Club (parcours Dunluce)

Situé à : Portrush, comté d'Antrim, Irlande du Nord

Trou : n° 14

Longueur : 192 m

Par : 3

Architectes : Tom Morris senior, Harry S. Colt

À savoir : C'est à Portrush, en 1951, que s'est déroulé le seul British Open jamais organisé en Irlande. C'est Max Faulkner qui remporta le titre avec un score final de 285.

CI-DESSOUS *Le trou n° 14 du Royal Portrush Golf Club.*

CI-CONTRE *Le Néo-Zélandais Bob Charles joue une sortie de bunker sur le n° 14 du Royal Portrush en juillet 1999.*

Cela va peut-être vous paraître un cliché, mais il est vraiment difficile de désigner le meilleur des trous du Royal Portrush. Les n° 5 et n° 7 sont des temps forts du premier 9, tandis que le n° 17, un par 5, constitue le joyau du dernier. Et le n° 14 du parcours Dunluce fait certainement partie des trous mémorables.

Mais il est difficile d'en désigner un en particulier, parce que le parcours entier, le quatrième plus ancien d'Irlande, reste gravé dans la mémoire de façon indélébile. Le n° 14 est réellement exceptionnel. Ce cinquième trou du dernier 9 est baptisé à juste titre *Calamity Corner*, mais ceux qui l'ont joué une fois ou deux se limitent à *Calamity*. On peut raccourcir son surnom, mais pas ses 192 m.

Le coup de départ doit franchir un profond ravin sur une longue distance afin d'atteindre le green. Si l'on juge mal sa balle, on aura besoin de 3 coups afin de trouver ce dernier. Un calcul correct s'avère peut-être essentiel, mais ce n'est pas facile avec le vent qui fait presque constamment rage depuis la mer d'Irlande. Un abîme de 24 m guette d'un côté du green, tandis que des monticules encadrent l'autre, et le seul choix possible est donc de trouver le green du premier coup.

Le parcours Dunluce du Royal Portrush offre certains des meilleurs links au monde, et le n° 14 ne déroge pas à la règle. Baptisé County Club lors de sa création en 1888, il devint le Royal County Club en 1892. Puis, fréquenté par le prince de Galles, il prit le nom de Royal Portrush Golf Club en 1895.

Le parcours Dunluce a subi plusieurs transformations depuis ses débuts. Le 9 trous d'origine fut transformé en 18 trous 1 an seulement après son inauguration, puis Harry Shapland Colt remodela le tracé de Tom Morris senior pour réaliser l'actuel. Une fois fini, Colt considéra le Royal Portrush comme la plus grande réussite de sa carrière.

Comme on s'y attendrait sur un parcours de niveau international, le Royal Portrush a accueilli de nombreux tournois marquants. Le premier Irish Amateur s'y est déroulé en 1892, et la première épreuve professionnelle en 1895. **JB**

N° ⑭ MONTEREY PENINSULA COUNTRY CLUB (PARCOURS DES DUNES)

Parcours : Monterey Peninsula Country Club (parcours des Dunes)

Situé à : Pebble Beach, Californie, États-Unis

Trou : n° 14

Longueur : 167 m

Par : 3

Architectes : Seth Raynor, Charles Banks, Robert Hunter, Rees Jones

À savoir : Les golfeurs jouant le quatorzième trou du Monterey Peninsula bénéficient souvent d'un public : les visiteurs ont tendance à se rassembler sur un poste d'observation près de là, sur la route baptisée 17-Mile Drive.

Franchement, il y a 10 ans, le n° 14 du Monterey Peninsula Country Club n'aurait pas rempli les conditions requises pour apparaître dans cet ouvrage. Mais les rénovations qu'a apportées Rees Jones ont pleinement mis à profit son cadre magnifique au bord du Pacifique et a rapproché autant que possible le green et une nouvelle aire de départ du littoral rocailleux sur lequel s'abattent les vagues. Seth Raynor avait été empêché de faire de même lorsque le parcours fut construit au milieu des années 1920, car l'équipement nécessaire pour creuser dans la roche n'existait pas encore.

Autrefois trou assez simple bénéficiant d'une vue splendide, c'est désormais une difficile épreuve, particulièrement depuis les départs arrière, les golfeurs devant frapper leur premier coup au-dessus des rochers et de l'océan afin de rejoindre un green bien gardé.

Ce dernier est incliné d'arrière en avant, protégé par un bunker sur l'avant-droite et par une série d'autres à gauche, éliminant efficacement toute zone de sécurité.

Grâce à l'intervention de Jones, le n° 14 est désormais considéré comme l'un des pars 3 les plus spectaculaires de cette légendaire péninsule, voire du pays, égalant le n° 7 de Pebble Beach ou le ravissant n° 16 de Cypress Point, parcours voisin. **KA**

N° ⑭ JOCKEY CLUB KAU SAI CHAU (PARCOURS NORD)

Parcours : golf du Jockey Club Kau Sai Chau (parcours nord)

Situé à : Sai Kung, Nouveaux Territoires, Hong Kong

Trou : n° 14

Longueur : 187 m

Par : 3

Architecte : Gary Player

À savoir : Kau Sai Chau est situé sur une île qui abritait autrefois un vaste cimetière, et des pierres tombales sont toujours éparpillées sur le parcours. Selon les règles locales, les joueurs dont les balles atterrissent près d'une tombe se voient accorder un free-drop.

Seul golf public de Hong Kong, inauguré en 1995, ce 36 trous est situé sur le littoral nord de l'île de Kau Sai Chau, dans une zone autrefois utilisée par l'armée britannique pour ses exercices d'artillerie. On y accède par bateau depuis le petit village de pêcheurs de Sai Kung. Le voyage en vaut la peine. Le parcours, l'une des plus belles réussites de Gary Player, offre des trous stimulants et une vue extraordinaire sur le port de Sai Kung et les collines majestueuses du continent. Certains ont qualifié Kau Sai Chau de deuxième meilleur golf public au monde après le vieux parcours de St Andrews.

Le n° 14 du parcours nord, un spectaculaire par 3 de 187 m situé sur une péninsule offrant une vue splendide sur le port, au loin, contribue certainement à cette réputation.

Le coup de départ en descente doit franchir presque 183 m au-dessus d'un ravin empli de rochers et de végétation, vers un green situé environ 12 m en contrebas. Celui-ci s'élève brusquement depuis le ravin, est protégé par un vaste bunker à gauche, et incliné de droite à gauche. Bien que l'on trouve une petite zone de sécurité à droite, il est presque impossible de rentrer la balle en 2 coups. **KA**

N° ⑭ GLENEAGLES (PARCOURS DE LA REINE)

Parcours : Gleneagles (parcours de la Reine)

Situé à : Auchterarder, Perthshire, Écosse

Trou : n° 14

Longueur : 196 m

Par : 3

Architecte : James Braid

À savoir : Gleneagles abrite 3 très bons parcours de golf, dont celui du Centenaire de la PGA, conçu par Jack Nicklaus. Mais les parcours du Roi et de la Reine, inaugurés en 1919, représentent ce qu'il y a de mieux dans l'architecture de golf « classique ». Le parcours de la Reine bénéficie d'un paysage spectaculaire ainsi que d'un tracé difficile.

CI-DESSOUS ET CI-CONTRE
Le trou n° 14 de Gleneagles.

Par où commencer ? Le n° 14 est exceptionnel en soi mais, tout aussi bon qu'il soit, il fait partie de 3 grands pars 3 du dernier 9 du parcours de la Reine. Le n° 13 et le n° 14 constituent 2 pars 3 consécutifs, concept fonctionnant exceptionnellement bien ici. Ils s'enroulent autour du Loch an Eerie – un lac et un îlot enchanteurs nichés dans les collines.

Commençons avec le n° 14, de 196 m et surnommé *Witches' Bowster*, le « Traversin des sorcières ». La vue sur les environs, que l'on admire depuis le départ et le green, s'avère d'une beauté terrifiante. Le lac, à droite du trou, peut être difficile à juger. Prendre un club de plus n'est pas une mauvaise idée.

Le green de ce long par 3 est à double plateau, avec un dénivelé d'1,5 m.

Le n° 13, un par 3 de 128 m, est lui aussi flanqué du lac à droite et d'un bunker que l'on aurait tort de sous-estimer. Le green est vaste et plat, mais peut s'avérer retors.

Le n° 17, un par 3 de 186 m, offre lui aussi un paysage fantastique. Mais ne ratez pas le green. Le fairway existe à peine et le terrain dessine une forte pente vers la droite. Sur le départ, prenez pour cible le côté gauche du green. Et au contraire de celui du n° 13, celui-ci est difficile, parsemé de creux et de bosses. Le parcours de la Reine, au cours de sa longue histoire, a accueilli certaines des manifestations les plus mémorables. **TJ**

N° ⑭   PEACHTREE GOLF CLUB

Parcours : Peachtree Golf Club
Situé à : Atlanta, Géorgie, États-Unis
Trou : n° 14
Longueur : 163 m
Par : 3
Architecte : Robert Trent Jones senior
À savoir : Les greens de ce parcours privé très huppé sont généralement rapides et ondoyants. Ils sont aussi bien gardés par nos amis sablonneux, les bunkers.

Le club affirme peut-être que le n° 14 est son trou emblématique (un terme si subjectif que les clubs devraient songer à le bannir de leur carte de parcours), mais ne nous voilons pas la face, tout trou doté d'un green en péninsule sera toujours mémorable.

Vous serez heureux d'apprendre qu'il n'est pas long du tout. Les départs arrière sont situés à 163 m, tandis que les marques bleues (150 m) et les blanches (139 m) offrent 2 options supplémentaires. Mais vous devriez peut-être vous munir de 2 balles, juste au cas où.

Ce parcours, inauguré en 1947, considéré depuis longtemps comme l'un des meilleurs des États-Unis, satisfait les joueurs de tous niveaux. On compte jusqu'à 10 greens à plateaux multiples, offrant de nombreux défis.

Avec 11 étangs et un ruisseau, l'eau peut entrer en jeu sur 14 trous, et vous devriez donc apporter toute une série de balles si vous ne jouez pas droit. **TJ**

N° ⑭ KAURI CLIFFS

Parcours : Kauri Cliffs

Situé à : Bay of Islands, Nouvelle-Zélande

Trou : n° 14

Longueur : 210 m

Par : 3

Architecte : David Harmon

À savoir : Dans son architecture, Harmon utilise autant que possible les éléments naturels du terrain. Il préfère un style plus traditionnel et ses parcours sont dépourvus des astuces et engouements du jour que l'on retrouve sur de nombreux tracés contemporains.

Perché sur un littoral déchiqueté, peu de parcours sont aussi difficiles à trouver que celui de Kauri Cliffs.

Et ce n'est pas par hasard qu'il se dresse seul – ou solitaire d'ailleurs – en un lieu unique et exceptionnel.

Essayer de sélectionner un ou deux trous particuliers pourrait provoquer le débat de toute une vie. On compte en réalité 18 trous emblématiques sur ce parcours. Quelques chiffres à prendre en compte : 6 trous se jouent le long de falaises qui plongent dans la mer, tandis que 15 en tout ont vue sur l'océan Pacifique, depuis les îles Cavalli jusqu'au cap Brett au sud.

Le quatrième trou est un par 5 très dangereux, que Michael Campbell, le pro du domaine, compte parmi les 5 meilleurs au monde. Et n'oublions pas le n° 15, où le green semble s'avancer jusqu'au bout du monde.

Mais c'est lorsque l'on franchit la crête qui mène au n° 14 que l'on découvre Kauri Cliffs dans toute sa gloire. Vous oublierez donc difficilement celui-ci, le début d'instants golfiques enchantés. C'est un par 3 de 210 m, avec des vents de 20 nœuds provenant de la droite, et la baie de Waiaua à 152 m plus bas sur la gauche.

C'est probablement le meilleur du parcours jusqu'à ce que l'on parvienne au trou suivant. Tout est affaire de perspective. **TJ**

N° ⓴ PINEHURST (PARCOURS N° 4)

Parcours : Pinehurst (parcours n° 4)

Situé à : Pinehurst, Caroline du Nord, États-Unis

Trou : n° 14

Longueur : 208 m

Par : 3

Architectes : Donald Ross, Tom Fazio

À savoir : Remodelé en 2000 par Tom Fazio, le parcours n° 4 de Pinehurst possède, depuis les départs arrière, le troisième index (74,5) et le deuxième slope (136) le plus élevé des 8 parcours du domaine.

Le domaine de Pinehurst est demeuré au pinacle du golf américain grâce à sa grande variété de parcours – 8 à ce jour – et aussi à sa décision de continuellement les mettre à jour. Au cours de la dernière décennie, Pinehurst a ajouté le merveilleux parcours n° 8, conçu par Tom Fazio, et remodelé de façon significative les parcours n° 2, n° 4, n° 6 et n° 7.

Le parcours n° 4, dessiné à l'origine en 1919 par Donald Ross, icône de Pinehurst, ouvrit à nouveau ses portes en 2000, totalement remodelé par Tom Fazio. Bien que la majorité du tracé de Ross soit demeurée intacte, plusieurs trous ont été spectaculairement redessinés, plus de 140 nouveaux bunkers ont été ajoutés, et un lac, agrandi, entre désormais en jeu sur les n° 13 et n° 14.

Le n° 14 constitue une sorte d'exception à Pinehurst : c'est un long par 3 où l'on est forcé de porter la balle sur une certaine distance. On trouve un obstacle d'eau directement devant l'aire de départ, qui longe ensuite le côté gauche avant de terminer derrière le green. Tout coup trop à gauche ou trop long aura un effet désastreux, tandis que divers petits bunkers sur la droite du green pénaliseront durement les joueurs tentant de trouver une zone de sécurité. **KA**

N° ⓴ KAITAIA GOLF CLUB

Parcours : Kaitaia Golf Club

Situé à : Ahipara, île du Nord, Nouvelle-Zélande

Trou : n° 14

Longueur : 164 m

Par : 3

Architecte : Goldie Wardell

À savoir : Le Kaitaia Golf Club est situé sur la plage de 90 Miles Beach, à Ahipara sur l'île du Nord. Ce 18 trous fut inauguré il y a 40 ans, et c'est l'un des golfs les plus appréciés de Nouvelle-Zélande.

Le n° 14, le dixième du parcours par ordre de difficulté, est un par 3 en montée que l'on joue face au vent du sud dominant qui peut faire varier votre sélection jusqu'à 4 clubs. C'est une différence importante, notamment sur un par 3 où la marge d'erreur est réduite.

Si vous choisissez le bon club en fonction des conditions du jour et trouvez le green, vous découvrirez qu'il est situé à flanc de colline, et domine un profond bunker, avec une descente à la verticale vers un obstacle (une rigole d'écoulement). La pente et le dénivelé rendent les 2 putts nécessaires difficiles. Une fois la balle rentrée, on est récompensé par une vue magnifique sur la plage de 90 Miles Beach depuis le départ suivant.

Ce 18 trous est sculpté dans les dunes voisines de cette plage. La côte élevée dont il bénéficie en fait un favori des golfeurs de tous niveaux. On y trouve aussi 2 séries de départs, pour les hommes comme pour les femmes. Mais, en dépit du caractère exceptionnel du parcours, c'est le paysage qui restera gravé dans votre mémoire. **TJ**

Parcours : Royal Dornoch

Situé à : Dornoch, Sutherland, Écosse

Trou : n° 14

Longueur : 420 m

Par : 4

Architectes : Tom Morris senior, John Sutherland, George Duncan

À savoir : Le Royal Dornoch constitue le troisième parcours le plus ancien au monde, après le vieux parcours de St Andrews et Leith.

N° ⑭ ROYAL DORNOCH

Le golf, dans son sens le plus pur, est un jeu d'origine divine.

C'est peut-être à Tom Morris senior et à ses amis que l'on attribue la conception du n° 14 du Royal Dornoch, mais on a le sentiment, lorsque, par-delà la bruyère et les dunes, on croit être revenu au XVIIe siècle, qu'il n'est pas beaucoup intervenu et a respecté ce qui existait déjà.

Bien entendu, cet Écossais légendaire a décidé de l'emplacement du green. C'est aussi lui qui a eu l'idée de l'aire de départ. Mais attribuer le dessin du n° 14 à une entité terrestre, c'est faire preuve d'une présomption dont l'impropriété serait aussi grande que ce trou est naturel. Le club de golf est né en 1877, mais on dit qu'on jouait au golf sur ce terrain dès 1616.

Surnommé *Foxy* (« Rusé ») à juste titre en l'honneur de ses exigences, c'est le seul du Royal Dornoch dépourvu de bunker. Morris semble avoir compris que cela constituerait une intervention malvenue sur le terrain. C'est comme s'il avait renoncé parce que ce qui existait déjà présentait un défi suffisant. À gauche du fairway, on découvre une étendue parsemée de monticules avec des étendues d'agrostide et de mousse. À droite, divers promontoires herbeux s'avancent vers le fairway et protègent la droite du green.

C'est un double dogleg, naissant naturellement des dunes. On part d'abord à gauche, puis à droite. La seule façon d'atteindre le green est de frapper en draw, puis en fade.

Le fairway semble accueillant, invitant les joueurs qui le découvrent à swinguer et laisser la balle atterrir n'importe où dans l'herbe courte. Mais la placer sur le fairway ne suffit pas. Si elle se pose sur la droite, on ne pourra pas voir le green. Il est caché derrière une dune qui empiète sur le fairway. Mieux vaut contrôler son swing, préférer la précision, et viser le côté gauche. On a alors plus de chance de trouver le green, sur un à-pic, à un angle de 90° par rapport au fairway.

Foxy représente le meilleur du golf naturel. Il exige pourtant un talent contre-nature pour faire le par et continuer sa partie. **JB**

CI-CONTRE ET À DROITE
Le trou n° 14 du Royal Dornoch.

Parcours : Cruden Bay Golf Club

Situé à : Cruden Bay, Aberdeenshire, Écosse

Trou : n° 14

Longueur : 363 m

Par : 4

Architecte : Tom Simpson

À savoir : Cruden Bay est situé au nord-est de la péninsule de Buchan, au bord de la mer du Nord, entre les ports de Peterhead et d'Aberdeen.

CI-DESSOUS   *Vue d'ensemble de Cruden Bay.*
CI-CONTRE   *Le n° 14 de Cruden Bay.*

N° 14   CRUDEN BAY GOLF CLUB

Tom Simpson a créé l'un des meilleurs et des plus beaux parcours d'Écosse, inauguré en 1899. C'est aussi l'un des plus mémorables.

Le n° 14 correspond tout à fait à cette description. Combien d'autres trous de golf sont équipés d'une échelle, à flanc de colline, permettant de rejoindre un green en contrebas ? Très peu, c'est sûr.

Il est difficile de trouver une vue plus belle que celle que l'on observe du départ, sur la mer du Nord bordant le côté droit du fairway. Renseignez-vous sur la position du drapeau une fois sur le départ. Vous avez intérêt à vous en souvenir parce que le coup d'approche est complètement aveugle.

On aperçoit 3 bunkers de fairway, tous le long du côté gauche, le plus proche du green empiétant le plus sur le milieu. Il est important de se souvenir, une fois sur le départ, que, bien qu'elle soit cachée, on trouve une partie du fairway sur la droite. Ce trou possède un certain nombre d'angles aveugles, et il ne faut pas hésiter à viser la droite depuis le départ.

Placer la balle sur ce green en creux est l'un des coups les plus satisfaisants que vous frapperez de la journée. **TJ**

N° ⑭ BALTUSROL GOLF CLUB
(PARCOURS DU HAUT)

Parcours : Baltusrol Golf Club (parcours du haut)

Situé à : Springfield, New Jersey, États-Unis

Trou : n° 14

Longueur : 359 m

Par : 4

Architecte : A. W. Tillinghast

À savoir : Parce que ce parcours réputé du New Jersey fut construit à flanc de montagne, son terrain est vallonné et ses greens, pas toujours faciles à lire. Demandez donc aux pros.

Ce classique des parcours américains s'enorgueillit d'impressionnants records, dont celui-ci, le plus frappant : Baltusrol a accueilli 7 US Opens, sur 3 parcours différents – record réellement unique.

Le parcours du haut, différant fortement de celui du bas, serpente le long des contreforts que l'on surnomme « Baltusrol Mountain ». Ses contours marqués et angulaires, ses lacs, ruisseaux et bois constituent autant d'obstacles naturels.

Le n° 14, un par 4 de 359 m, modifié avant l'US Open de 1936 sur la recommandation de Bobby Jones, constitue un défi depuis le départ jusqu'au green. Une fois sur l'aire de départ, l'examen du fairway qui s'élève vers le green peut s'avérer intimidant. L'essentiel ici est de jouer droit.

À environ 177 m, une fosse s'avance depuis le côté gauche du fairway. Si vous pouvez la survoler dès le coup de départ, vous serez en bonne position pour rejoindre le green à l'aide d'un fer court. Toute balle atterrissant à droite du fairway amènera un coup d'approche aveugle vers ce green étroit.

Celui-ci est incliné vers l'avant et protégé des 2 côtés. Mieux vaut ici atterrir sous le drapeau. **TJ**

Parcours : TPC Four Seasons Resort & Club de Las Colinas

Situé à : Irving, Texas, États-Unis

Trou : n° 14

Longueur : 372 m

Par : 4

Architecte : Jay Morrish

À savoir : Sergio Garcia mit fin au mauvais sort qui, durant 2 ans, le priva de victoire sur le PGA Tour en remportant ici le Byron Nelson Championship en mai 2004.

N° ⓮ TPC FOUR SEASONS RESORT & CLUB DE LAS COLINAS

Les joueurs du PGA Tour ne peuvent tenir la victoire pour acquise sur le n° 14 durant le dernier tour du Byron Nelson Championship se tenant chaque année au TPC de Las Colinas. Mais ils peuvent de toute évidence assurer leur défaite sur ce difficile par 4, au milieu du dernier 9.

Le drive est essentiel : des arbres empiétant sur la droite, mieux vaut atterrir sur le côté gauche d'un fairway onduleux, seul endroit depuis lequel les joueurs bénéficieront à coup sûr d'une vue dégagée du green.

Mais faites attention. Si la balle part trop à gauche, elle pourrait trouver la rive du lac entourant le green sur l'avant et sur la gauche. Le deuxième coup, lui, devra survoler l'eau, et négocier divers autres obstacles.

Un orme américain protège l'avant-droite du green, et 2 bunkers le côté arrière, contrariant de nombreux golfeurs qui jouent en puissance afin de franchir l'étendue d'eau.

Durant le dernier tour du Byron Nelson Championship de 2004, le plus important, ce trou fut le deuxième par ordre de difficulté avec une moyenne de 4,225 coups, ne concédant que 8 birdies contre 16 bogeys et 5 doubles bogeys. **KA**

Parcours : Olympia Fields Country Club (parcours nord)

Situé à : Olympia Fields, Illinois, États-Unis

Trou : n° 14

Longueur : 404 m

Par : 4

Architecte : Willie Park junior

À savoir : Inauguré en 1915, le country club d'Olympia Fields est rapidement devenu le plus grand club privé d'Amérique. Dès 1925, il possédait 4 parcours, et on prévoyait d'en construire un cinquième.

N° ⓮ OLYMPIA FIELDS COUNTRY CLUB (PARCOURS NORD)

Olympia Fields a accueilli l'US Open de 2003, remporté par Jim Furyk, qui déclara au sujet du n° 14 : « J'ai frappé un bois 3 depuis le départ et un pitching wedge à environ 1 m… La première chose que j'ai dite c'est : "ne te trompe pas", parce que je pensais que c'était un coup parfait et que j'espérais qu'il atterrirait près [du trou]. Et cela m'a donné la sécurité dont j'avais besoin pour le reste de la journée. J'ai joué de façon solide sur tout le reste du parcours. »

Une fois sur l'aire de départ, on aperçoit le ruisseau traversant le fairway en son milieu. Ne vous inquiétez pas. Il n'est qu'à 113 m devant. Ce dont vous devriez vous préoccuper, c'est qu'il tourne ensuite vers le trou le long du côté droit du fairway. Évitez donc de viser la droite depuis le départ.

Cependant, plus près du green, à environ 270 m du départ, le ruisseau change à nouveau de parcours pour traverser une nouvelle fois le fairway, et virer encore à droite. Autrement dit, attention aux méandres du cours d'eau.

Le coup de départ se joue entre les arbres et d'immenses chênes protègent aussi le fairway. La stratégie la plus sage consiste à jouer un bois 3 ou même un fer long. On suivra d'un fer court jusqu'au green, en creux. Les bunkers le protégeant causent parfois un bogey ou pire. **TJ**

N° 14   GLEN ABBEY GOLF CLUB

Parcours : Glen Abbey Golf Club
Situé à : Oakville, Ontario, Canada
Trou : n° 14
Longueur : 389 m
Par : 4
Architecte : Jack Nicklaus

À savoir : Glen Abbey a fait échouer un certain nombre des meilleurs golfeurs au monde – son architecte peut-être plus que tout autre. Jack Nicklaus est arrivé en seconde position de l'Open du Canada 7 fois, un record, sans jamais pouvoir le remporter.

CI-DESSOUS   *L'Américain Richard Coughlin à Glen Abbey, en septembre 1998.*

Site de première importance pour le Bell Canadian Open, ayant accueilli cette manifestation 22 fois en 24 ans, de 1977 à 2000, Glen Abbey est considéré comme le meilleur parcours public du pays, ancré dans l'histoire du golf canadien.

Première réalisation en solo de Jack Nicklaus, Glen Abbey est pourvu de greens très ondoyants et de bunkers escarpés qui font sa difficulté.

Tout ceci entre en jeu au n° 14, l'obstacle principal ici étant l'eau, encore et toujours, ce qui produit le drive le plus difficile du parcours. Un ruisseau prend naissance à gauche de l'aire de départ, puis traverse le fairway et longe tout le reste du côté droit.

Sur la gauche du fairway, on découvre un étang et un trio de bunkers, où certains joueurs seraient heureux d'atterrir lorsque leur balle a l'air de se diriger vers l'eau, un peu plus loin à gauche. Il est essentiel que le drive trouve le centre du fairway de ce léger dogleg à droite, afin de permettre un deuxième coup vers un green ondoyant, protégé sur l'arrière par un bunker solitaire. Si vous partez trop à gauche ou trop à droite sur le coup d'approche, les arbres entreront en jeu. **KA**

Parcours : Muirfield Village Golf Club

Situé à : Dublin, Ohio, États-Unis

Trou : n° 14

Longueur : 332 m

Par : 4

Architectes : Jack Nicklaus, Desmond Muirhead

À savoir : Ce parcours de Nicklaus est réputé pour être le site annuel du Memorial Tournament, mais il a aussi accueilli l'US Amateur de 1992, remporté par Justin Leonard, battant Tom Scherrer à plates coutures, de 8 et 7 points, au cours de la finale.

CI-DESSOUS ET CI-CONTRE *L'astucieux quatorzième trou de Muirfield Village.*

N° ⑭ MUIRFIELD VILLAGE GOLF CLUB

Jack Nicklaus a conçu des centaines de parcours de golf aux quatre coins de la planète. Il a disposé de terrains plus magnifiques que celui de Muirfield Village, acquis en 1966. Il a construit des parcours plus splendides. Mais certaines étapes de sa carrière d'architecte ont été marquées par des tentatives de réaliser des trous d'une difficulté trop solennelle, parfois caractérisés par des ficelles du métier qu'il aurait mieux fait de garder dans sa poche.

Aussi Muirfield Village, qui compte parmi les premières créations de Nicklaus, demeure-t-il l'une de ses meilleures. Pas retors, pas excentrique. D'une difficulté franche, il offre un golf splendide. La construction du parcours n'a commencé que 6 ans après l'acquisition du terrain, et le club ouvrit ses portes seulement 2 ans après. Mais lorsque l'inauguration officielle eut lieu avec un match exhibition entre Nicklaus et Tom Weiskopf le 27 mai 1974, presque tout le monde convint du fait que l'attente en valait la peine.

On ne trouve que peu d'astuces à Muirfield, ce qui ne signifie pas que l'on n'y soit pas confronté aux obstacles. L'eau s'avère problématique sur 11 des trous, et 69 bunkers sont éparpillés de façon stratégique tout du long. On retrouve sable et eau sur le n° 14 – ce trou, pour le coup très astucieux, est le par 4 le plus court du tracé.

Ne prenez pas la peine de sortir votre driver. Un bois de parcours ou même un fer long suffira, vous évitant de vous inquiéter du ruisseau au milieu du fairway. On a du mal à croire qu'un trou débutant par un coup de départ aussi simple s'avère intéressant. Cependant, son caractère stratégique et délicat se révèle sur le coup d'approche.

Le ruisseau qui forçait à la modération sur le premier coup s'enroule autour du côté droit du green. 2 longs bunkers protègent l'avant et la gauche. Seule une minuscule zone tout au fond à gauche ne pénalisera pas de façon mortelle une balle qui raterait le green, mais l'herbe épaisse qui y pousse complique les choses.

Le green est de plus très étroit, impression visuelle que renforce sa longueur. Ses obstacles alliés à sa surface réduite font de ce trou un endroit où même les meilleurs peuvent flancher. **JB**

N° ⑭ PETE DYE GOLF CLUB

Parcours : Pete Dye Golf Club

Situé à : Bridgeport, Virginie-Occidentale, États-Unis

Trou : n° 14

Longueur : 453 m

Par : 4

Architecte : Pete Dye

À savoir : Bienvenue sur ce parc d'attraction dédié à la mine. Le parcours entier a été construit sur une mine à ciel ouvert et on retrouve divers éléments de cet univers éparpillés sur les 18 trous.

Pete Dye a conçu d'impressionnants tracés au cours de sa carrière, et donc, lorsqu'il déclare publiquement que ce club présente « 18 des trous les plus mémorables et les plus passionnants que j'aie jamais construits sur un parcours », il est temps d'y prêter attention.

Il a dessiné ce tracé pour que l'on découvre une vue splendide depuis de nombreuses aires de départ, dont celle du n° 14. On découvre aussi une bonne partie de la vallée sur ce par 4, un dogleg à droite en descente.

Des bunkers sont situés du côté gauche du fairway et du côté droit, débutant à environ 218 m des départs arrière, tout comme les murets de pierre de 1 m de haut faisant l'originalité de ce parcours. Ils entreront en jeu, et s'y confronter n'est pas vraiment amusant, mais ils ajoutent une touche intéressante au paysage, ainsi que, parfois, des points à votre carte de score.

Le coup de départ idéal vise la droite du premier bunker de fairway, à gauche. Le fairway étant agréablement incliné, la balle devrait alors rouler vers le milieu. La plupart des joueurs frapperont un coup d'approche de 160 à 200 m, jusqu'à un green très large, aux nombreux mouvements. On devra aussi tenir compte d'un bunker plus profond, à droite du green. **TJ**

N° 14 — NEW SOUTH WALES GOLF CLUB

Parcours : New South Wales Golf Club

Situé à : La Pérouse, Nouvelle-Galles-du-Sud, Australie

Trou : n° 14

Longueur : 324 m

Par : 4

Architecte : Alister MacKenzie

À savoir : Construit sur une spectaculaire péninsule près du port de Sydney, le New South Wales Golf Club est considéré à juste titre comme le Cypress Point d'Australie.

Les golfeurs auront peut-être besoin de réservoirs d'oxygène en plus de leurs clubs et balles lorsqu'ils s'approcheront du départ du n° 14, tant la vue est époustouflante sur le fairway, le green et la crique de Cruwee Cove au loin.

Le choix le plus sage consiste à frapper légèrement en draw pour dépasser la seconde des 2 crêtes qui coupent le fairway en diagonale et pour permettre un coup d'approche court, jusqu'au green, dépourvu de bunkers et fortement incliné de l'arrière-droite à l'avant-gauche. Toute balle partant trop à gauche depuis le départ – ceux qui frappent en hook et dont le cœur bat trop vite sont souvent confrontés à ce problème – disparaîtra dans des broussailles emmêlées, tandis que les drives partant trop à droite rendront le deuxième coup jusqu'au green (qui dessine un léger dogleg à droite depuis cette position) considérablement plus difficile.

Les coups d'approche les plus courts sont les plus faciles ici, le green s'effondrant de façon marquée à l'arrière, et les balles atterrissant trop au fond dévalant cette pente herbeuse jusqu'à la végétation épaisse en contrebas.

Le départ du n° 14 bénéficie d'un panorama si fascinant que l'ancien greenskeeper Peter « Hirondelle » Lee venait fréquemment s'y asseoir sur un banc pour admirer la vue sur la mer. Il aimait tellement l'endroit que son banc est désormais baptisé le « Perchoir aux hirondelles ». **JS**

N° ⑭ ROYAL ADELAIDE GOLF CLUB

Parcours : Royal Adelaide Golf Club
Situé à : Seaton, Adélaïde, Australie
Trou : n° 14
Longueur : 407 m
Par : 4
Architecte : Alister MacKenzie

À savoir : 9 Opens d'Australie se sont déroulés au Royal Adelaide – le premier en 1910, le plus récent en 1998. Carnegie Clarke, un jeune Écossais, remporta le tournoi de 1910. Greg Chalmers réalisa le par à 288 pour remporter l'Open de 1998, devant Stuart Appleby et Peter Senior à 289.

L'Australie est un continent chargé d'histoire pour le golf, où la tradition du jeu est d'une importance extrême. Mais on délaissa un peu la tradition en ajoutant un départ de championnat au n° 14 du Royal Adelaide Golf Club.

Les obstacles habituels tels que bunkers et rough dominent au n° 14, mais on y découvre aussi un obstacle s'écartant plus que légèrement de la norme. Un tronçon de voie ferrée, situé derrière l'aire de départ avant que le trou ne soit allongé, est désormais placé entre celle-ci et le fairway. Bien que n'entrant pas en jeu, il fait partie du parcours.

Le fait qu'Alister MacKenzie fût expressément chargé de supprimer cette voie ferrée lorsqu'on lui demanda de remodeler le n° 14 en 1926 rend sa présence encore plus inhabituelle. Il s'exécuta, mais la technologie du golf obligea à allonger le trou pour maintenir son niveau de difficulté, et il fallut de nouveau intégrer la voie ferrée dans le parcours.

En supposant que votre balle ne frappe pas un wagon dès le coup de départ, elle pourra trouver d'autres obstacles plus communs. Un drive de 225 m permettra de franchir un groupe de 7 bunkers sur la droite – les 4 premiers, petits et profonds, suivis de 3 vastes cratères.

Le rough épais constitue un autre problème, non seulement sur le léger dogleg à droite du n° 14, mais aussi sur tout le reste du parcours. Selon la longueur de son herbe, les retours sur le fairway peuvent être extrêmement pénibles et faire perdre toute leur force aux swings vers le green.

Les bunkers sont à nouveau en jeu sur le deuxième coup, qui doit se faufiler par une ouverture étroite au sein d'un bosquet de pins. Le green est surélevé et protégé par 3 bunkers – 2 à droite et 1 à gauche. Une grande dépression sur le devant, et une autre, plus petite, à gauche, réduisent vos chances de réussite.

Le n° 14 offre tous les défis que l'on trouve au Royal Adelaide – comme le disait MacKenzie, « un mélange exquis de dunes et de sapins, alliage inhabituel même sur les meilleurs des parcours de bord de mer ». **JB**

Parcours : Walnut Lane Golf Club

Situé à : Philadelphie, Pennsylvanie, États-Unis

Trou : n° 14

Longueur : 306 m

Par : 4

Architecte : Alex Findley

À savoir : Le parcours de Walnut Lane comprend 10 pars 3, aucun par 5, et son par 4 le plus long ne mesure que 306 m. Le tracé, lui, ne mesure que 4 103 m depuis les départs arrière.

N° ⓮ WALNUT LANE GOLF CLUB

Les plus beaux trous de golf ne se limitent pas forcément aux parcours les plus réputés. Le Walnut Lane Golf Club, un tracé municipal original de Philadelphie, en est un parfait exemple. Ce par 62 fut dessiné par Alex Findley en 1940 et n'a que peu changé depuis.

Bien que celui-ci soit coincé dans la verdure du parc de Wissahickon Valley – où il cohabite avec des terrains de football et des sentiers de randonnée, de VTT et d'équitation –, Findley a su créer des trous intelligents, qu'il a cachés parmi collines et vallons.

Les golfeurs y découvrent non seulement des lies inégaux, mais se retrouvent aussi souvent à frapper la balle depuis divers obstacles sur les 8 pars 4 du parcours, où greens ondoyants et profonds bunkers les mettent à l'épreuve.

Le n° 14 illustre bien le caractère retors du tracé. Long de 306 m, il vire brusquement à gauche et gravit une colline pour rejoindre un green perché sur une saillie. Le fairway sinueux est bordé d'arbres sur la droite et s'incline vers la gauche en direction d'un précipice abritant des arbres supplémentaires. De nombreux joueurs sont tentés de frapper leur driver pour couper le dogleg autant que possible, mais attention : un hook peut provoquer un score élevé (et c'est souvent ce qui se produit). **KA**

Parcours : Pasatiempo Golf Club

Situé à : Santa Cruz, Californie, États-Unis

Trou : n° 14

Longueur : 387 m

Par : 4

Architecte : Alister MacKenzie

À savoir : Inauguré en 1929, ce parcours emblématique de Santa Cruz fut l'un des derniers que dessina MacKenzie avant de s'éteindre à l'âge de 63 ans. Difficile, c'est une merveille de la nature avec ses profondes gorges, notamment sur le dernier 9.

N° ⓮ PASATIEMPO GOLF CLUB

Depuis son aire de départ, ce par 4 de 387 m ne paraît pas très difficile. On voit ensuite sa balle disparaître sur une ondulation herbeuse qui serpente le long du côté gauche du fairway. Ne visez pas la gauche sur ce trou, sauf bien sûr si vous ne désirez pas trouver le green au deuxième coup. Il est toujours utile de voir la cible que l'on vise.

Le deuxième coup est assez difficile comme cela, se jouant souvent depuis un lie inégal. La clé ici est de frapper la balle en hauteur, car elle devra survoler quelques grands chênes qui s'avancent sur le fairway depuis le côté droit. Visez le côté gauche du green, non seulement pour éviter les arbres, mais aussi pour ne pas atterrir dans un large bunker accolé au côté droit de ce green plat et dégagé.

Le conseil du jour concerne le coup d'approche. La meilleure stratégie consiste souvent à frapper en fade, les bunkers de droite n'entrant alors plus en jeu.

Le green descend légèrement en pente d'avant en arrière, aidant ceux qui joueront une approche roulée. **TJ**

Parcours : Portmarnock Golf Club

Situé à : Portmarnock, comté de Dublin, Irlande

Trou : n° 14

Longueur : 352 m

Par : 4

Architectes : G. Ross, W. Pickerman

À savoir : Bernard Darwin, journaliste de golf réputé, déclara : « Je ne connais pas meilleure conclusion à un parcours que les 5 derniers trous de Portmarnock. »

CI-DESSOUS ET CI-CONTRE *Deux vues du n° 14 de Portmarnock.*

N° ⑭ PORTMARNOCK GOLF CLUB

Portmarnock est situé sur une petite péninsule qui pointe au sud, dans la mer d'Irlande. Ce parcours unique au monde, au tracé serpentin, est donc entouré d'eau sur 3 côtés.

Pourquoi unique ? On n'y trouve pas 2 trous consécutifs se jouant dans la même direction. Vous pouvez dire adieu aux balles faciles.

Le n° 14 dessine un léger dogleg à gauche, qui exige un bon coup de départ afin de bénéficier d'un bon angle sur le coup d'approche. On trouve un petit bunker le long du côté gauche du fairway, et il faudra porter la balle sur environ 226 m pour pouvoir ensuite atteindre le green.

2 bunkers de fairway étant situés près de celui-ci, il ne faudra pas jouer trop court sur le coup d'approche. Et en parlant de bunkers, mieux vaut les éviter à tout prix à Portmarnock, et pas seulement au n° 14.

Le green est assez long, étroit, et protégé sur la droite par l'un de ces fameux bunkers.

Admirez la vue splendide sur les îles d'Ireland's Eye et de Lambay – mais ne vous laissez pas distraire. **TJ**

N° ⑭ METACOMET COUNTRY CLUB

Parcours : Metacomet Country Club

Situé à : East Providence, Rhode Island, États-Unis

Trou : n° 14

Longueur : 409 m

Par : 4

Architecte : Donald Ross

À savoir : Lorsque Metacomet fut fondé en 1901, les noms indiens étaient à la mode dans les clubs de la Nouvelle-Angleterre. Metacomet était un grand chef de la tribu Wampanoag, ami des pèlerins du XVIIe siècle.

Le parcours d'origine de Metacomet ne comprenait que 6 trous et, lorsque le club fut fondé, aucun clubhouse n'était prévu. Ses membres se réunissaient simplement sous une vieille treille et suspendaient leurs vêtements à une branche de noyer blanc, avant que l'on ne décide de la nécessité d'installations plus appropriées. Le tracé fut finalement élargi à 9 trous, puis gagna son emplacement actuel près de la baie de Narragansett en 1919.

Ici, le premier parcours fut dessiné par Leonard Byles, mais les membres de Metacomet chargèrent rapidement Donald Ross de remodeler ses 18 trous en 1924. Le nouveau parcours fut inauguré en 1926 et son tracé est demeuré plus ou moins intact depuis.

Le quatorzième trou de Metacomet est le deuxième plus difficile du parcours, ainsi que le plus long du dernier 9, un par 34 dépourvu de pars 5. 2 collines y jouent un rôle essentiel, déterminant les chances de réussite des golfeurs.

Un coup de départ puissant dépassera l'énorme crête du fairway pour rejoindre une vallée plate derrière un autre imposant monticule. Un coup d'approche aveugle suit, vers un green ondoyant protégé par 2 bunkers sur l'avant-gauche et par des pentes abruptes à droite et à l'arrière. **KA**

Parcours : Troon Golf & Country Club

Situé à : Scottsdale, Arizona, États-Unis

Trou : n° 14

Longueur : 402 m

Par : 4

Architectes : Tom Weiskopf, Jay Morrish

À savoir : Parce que ce parcours est situé dans les collines de Scottsdale, on devra tenir compte de ses importants dénivelés. Il s'avère aussi difficile que splendide.

N° ⓮ TROON GOLF & COUNTRY CLUB

Il y a des coups fantastiques et d'autres que l'on prend plaisir à jouer. Le coup de départ de ce par 4 de 402 m au Troon Golf & Country Club est à la fois fantastique et agréable à jouer.

La plupart des bons golfeurs n'auront aucun mal à atteindre la zone d'arrivée, mais on peut dire adieu à sa balle si jamais elle la rate. Le coup de départ doit en effet franchir un canyon placé entre le départ et la zone d'arrivée. Il suffit de porter la balle sur 119 m pour trouver l'herbe, mais on ne peut se contenter de sortir son driver et de frapper de toutes ses forces.

On retrouve en effet le canyon de l'autre côté de la cible. Toute balle dépassant les 230 m sera perdue. On doit donc utiliser un club permettant de s'approcher des 230 m sans aller au-delà.

Baptisé *Cliff*, la « Falaise », pour des raisons évidentes, le n° 14 vous force à jouer non seulement un coup de départ solide, mais aussi un bon deuxième coup. Le coup d'approche se frappe en descente, vers un green bien gardé par un grand bunker à droite et par un autre à l'avant-droite. **TJ**

Parcours : Druids Glen

Situé à : Newtownmountkennedy, comté de Wicklow, Irlande

Trou : n° 14

Longueur : 365 m

Par : 4

Architectes : Pat Ruddy, Tom Craddock

À savoir : Le domaine de Druids Glen, de 161 ha, ainsi que Woodstock House datent du début du XVIIe siècle et ont eu d'éminents propriétaires, dont les Wentworth et les Tottenham. Woodstock House sert désormais d'élégant clubhouse.

N° ⓮ DRUIDS GLEN

À 30 minutes au sud de Dublin, au cœur du comté de Wicklow, le golf de Druids Glen, niché entre la mer d'Irlande et le splendide massif de Wicklow, est souvent considéré comme l'un des meilleurs parcours boisés d'Irlande, ancré dans l'histoire irlandaise : on trouve un ancien autel de druide sur son douzième trou.

Le n° 14 est un dogleg à gauche dont le coup de départ doit franchir l'eau pour atterrir sur un fairway étroit, où la zone d'arrivée de la balle est protégée par des arbres des 2 côtés, des bunkers de fairway entrant en jeu à gauche et à droite pour ceux qui frappent long et utiliseraient leur driver. Tenter le diable n'étant pas très avantageux ici, mieux vaut choisir un club vous permettant de franchir l'eau, mais d'atterrir avant le sable. On suivra par un coup d'approche en montée, vers un green incliné et protégé par 2 bunkers sur l'avant.

Druids Glen, inauguré en 1995, a accueilli l'Open d'Irlande entre 1996 et 1999, Colin Montgomerie remportant 2 titres consécutifs en 1996 et 1997 et Sergio Garcia obtenant sa première victoire du PGA European Tour en 1999, à l'âge de 19 ans. Le Seve Trophy s'y est aussi déroulé en 2002. **KA**

N° ⑭ FANCOURT COUNTRY CLUB
(PARCOURS DES LINKS)

Parcours : Fancourt Country Club (parcours des Links)

Situé à : George, Afrique du Sud

Trou : n° 14

Longueur : 330 m

Par : 4

Architecte : Gary Player

À savoir : André et Hélène Pieterse ont décidé en 1987 de transformer leur maison de campagne en hôtel et d'y construire un golf. L'hôtel Fancourt a ouvert en grande pompe en mars 1989.

CI-DESSOUS *Tiger Woods en train de putter sur le green du n° 14 à Fancourt en novembre 2003.*

Le parcours des Links est l'un des 4 qu'offre le domaine de Fancourt, et la President's Cup s'y est déroulée en 2003.

Conçu par Gary Player, offrant un terrain ondoyant, balayé par le vent, et un paysage de dunes, c'est le seul parcours de ce type en Afrique du Sud. Player a utilisé un terrain autrefois plat et l'a transformé en links traditionnels en déplaçant 700 000 m³ de terre.

Ce par 4 de 330 m est un trou fantastique. Le spectacle est au rendez-vous dès le départ. On aura besoin d'un bon drive si l'on veut y réaliser le par. Si vous arrivez à trouver le fairway et à insuffler de la distance à votre swing, vous serez récompensé par un pitch court jusqu'au tout petit green encerclé de dunes.

C'est l'un des trous les plus enchanteurs du parcours. Gary Player a déclaré à son sujet : « Il paraît avoir toujours existé. J'aurais parfois pu jurer me trouver en Écosse, parce que les trous mêmes ressemblent aux trous écossais ». **TJ**

N° ⑭ GOLF DE SAINT-GERMAIN-EN-LAYE

Parcours : golf de Saint-Germain-en-Laye

Situé à : Saint-Germain-en-Laye, France

Trou : n° 14

Longueur : 407 m

Par : 4

Architectes : Harry S. Colt, Charles Alison

À savoir : Grâce à sa proximité avec Paris, Saint-Germain-en-Laye constitue une destination idéale où jouer au golf dans la journée, avant de profiter de la vie culturelle de la capitale après le coucher du soleil.

Que dire d'une personne qui a convaincu un diplômé de la faculté de médecine d'abandonner cette voie pour se tourner vers l'architecture de golf ? Scénario inhabituel, bien entendu, mais c'est ce qui s'est passé lorsque Harry S. Colt a persuadé le jeune Alister MacKenzie de se salir les mains.

Comme le monde du golf l'a rapidement découvert, MacKenzie était un génie. Et tous les merveilleux parcours dus à son talent sont certainement redevables à Colt. Ce dernier était une légende britannique, déjà vénéré lorsqu'il arriva en France, et le golf de Saint-Germain-en-Laye est un des exemples de ce qu'il réalisa à son apogée. Quant au n° 14, un par 4, il constitue le pinacle d'un parcours illustrant tout son talent.

Lorsqu'il fut conçu dans les années 1920, ce trou donnait l'impression de jouer en bord de mer. Mais les arbres ayant poussé pendant des années et des années, il s'est éloigné de son caractère d'origine.

Cela reste un trou de golf solide, mais on ne peut s'empêcher de se demander ce qu'en penseraient Colt et Charles Alison, son partenaire, s'ils le voyaient aujourd'hui. Autrefois très ouvert, il est désormais étouffant. Les arbres sont ravissants bien sûr, mais ils n'étaient pas prévus. Oui, il est désormais plus difficile, mais les 7 bunkers de fairway, de chaque côté, paraissent avoir été ajoutés après coup.

Le fairway est défini par des monticules de chaque côté et par l'épaisse fétuque du rough. Si on le trouve dès le coup de départ, le reste est assez simple. Le green même est dépourvu de bunkers et l'on peut donc jouer un coup roulé jusqu'au trou ou frapper un coup d'approche en douceur. **JB**

N° 14 — SHOAL CREEK GOLF CLUB

Parcours : Shoal Creek Golf Club
Situé à : Birmingham, Alabama, États-Unis
Trou : n° 14
Longueur : 346 m
Par : 4
Architecte : Jack Nicklaus
À savoir : Sur ce parcours ravissant, on découvre l'une des plus belles vues des environs depuis le tertre de départ de ce par 4. Sortez votre driver et votre appareil photo une fois que vous atteindrez le départ.

Lorsque vous jouez aussi bien que Jack Nicklaus, il est facile de dessiner un parcours correspondant à vos standards de difficulté élevés. Mais Nicklaus se rend aussi compte que tout le monde ne peut pas – en fait, presque personne – jouer comme il jouait, lui, dans la fleur de l'âge.

Le n° 14 de Shoal Creek, l'une de ses créations légendaires, illustre parfaitement ce point. Ce par 4 de 346 m, un dogleg à droite, vous donne l'impression de flotter. Le départ surplombe le fairway d'au moins 45 m, offrant une vue spectaculaire sur le massif de Double Oak Mountain.

Le fairway ferait lui aussi une jolie carte postale. Les départs sont situés au milieu des arbres, offrant une vue agréable. M. Nicklaus vous demande de frapper un coup de départ difficile, récompensé par une fin assez facile. Le fairway ne constitue pas une cible aisée, avec un grand lac sur la gauche et des bunkers des 2 côtés. L'objectif est de garder sa balle droite et sèche.

Considéré comme l'un des rares trous à birdies de Shoal Creek, le n° 14 offre un green exigeant, incliné selon un angle de 30° de droite à gauche.

On trouve sur ce parcours des trous bien plus difficiles que celui-ci, mais peu d'entre eux offrent une vue aussi ravissante sur l'un des paysages les plus jolis de la région. **TJ**

N° 14 — KLUB GOLF RIMBA IRIAN

Parcours : Klub Golf Rimba Irian
Situé à : Papouasie, Indonésie
Trou : n° 14
Longueur : 350 m
Par : 4
Architectes : Ben Crenshaw, Bill Coore, Rod Whitman
À savoir : Klub Golf Rimba Irian est le premier parcours construit en dehors des États-Unis par Ben Crenshaw et Bill Coore, une équipe d'architectes réputée.

Situé de manière unique et spectaculaire en Papouasie, la partie la plus orientale d'Indonésie, en Nouvelle-Guinée, le Klub Golf Rimba Irian est aussi niché au milieu de ce qui ressemble à une jungle et qui était à l'origine un marécage tribal des Amungme.

Le parcours lui-même, œuvre de Ben Crenshaw et Bill Coore inaugurée en 1996, a été tracé au sein d'une luxuriante forêt vierge abritant d'innombrables espèces d'oiseaux, reptiles, serpents et plantes exotiques, que les golfeurs pourront observer au cours de leur partie.

Le n° 14, surnommé à juste titre le « Python de Boelen », serpente à travers la forêt vierge comme un reptile sur le point d'attraper sa proie – ici, les golfeurs qui ne se méfient pas.

Ce dogleg marqué à gauche est doté d'un ruisseau aux rives escarpées qui s'enroule autour du côté gauche, ainsi que d'un vaste bunker qui s'étend au milieu de la zone d'arrivée, accueillant la plupart des coups de départ.

Un drive atterrissant juste à droite du bunker constitue le coup idéal, car il permet le meilleur angle d'approche d'un green bien protégé par des arbres sur la gauche, par le ruisseau à gauche et à l'arrière, et par des bunkers sur la droite. **KA**

N° ⑭   GOLF DE CLEARWATER BAY

Parcours : golf de Clearwater Bay
Situé à : Clearwater Bay, Hong Kong
Trou : n° 14
Longueur : 315 m
Par : 4
Architectes : T. Sawai, A. Furukawa
À savoir : Le golf de Clearwater Bay a accueilli de 1995 à 1998 l'Omega PGA Championship, qui clôt la saison du PGA Tour asiatique.

CI-DESSOUS ET CI-CONTRE *Le trou n° 14 de Clearwater Bay.*

Situé sur l'époustouflante péninsule de Clearwater Bay et encerclé par les eaux de la mer de Chine, le Clearwater Bay – l'un des plus huppés de l'île – offre une vue splendide sur le port de Hong Kong.

Clearwater Bay, conçu par 2 architectes japonais et inauguré en 1982, ne mesure pas plus de 5 578 m depuis les départs arrière, et ce n'est pas de la distance dont l'on doive se préoccuper ici, mais de la précision de ses coups.

Le n° 14 illustre parfaitement ce point : c'est un court dogleg à droite qui s'enroule autour d'une paroi rocheuse plongeant dans la mer. Le coup de départ offre un pari attrayant aux golfeurs, les mettant au défi de frapper leur drive au-dessus des rochers, pour n'avoir plus qu'à suivre avec un court chip jusqu'au green. La brise océane, qui peut devenir forte, ajoute à leur dilemme, ainsi que les bunkers de fairway sur la gauche qui pourraient gêner les golfeurs qui n'y prêtent pas attention lorsqu'ils choisissent le chemin le plus long et le plus conventionnel. Même si le drive atterrit en sécurité, l'approche, courte, n'offre aucune garantie, car le green est protégé par des bunkers sur la gauche et est dangereusement proche du bord de la falaise sur la droite. **KA**

N° ⑭ CAPE KIDNAPPERS

Parcours : Cape Kidnappers

Situé à : Hawke's Bay, Nouvelle-Zélande

Trou : n° 14

Longueur : 318 m

Par : 4

Architecte : Tom Doak

À savoir : Si vous n'avez jamais entendu parler de Cape Kidnappers, c'est que vous aviez l'esprit ailleurs. C'est tout simplement l'un des meilleurs parcours de golf et l'un des endroits les plus magnifiques, non seulement de Nouvelle-Zélande, mais aussi du monde entier.

Ne vous laissez pas berner par la distance. Lorsqu'on lit 318 m sur la carte de parcours, on se surprend facilement à rêver d'un birdie : vous devriez pouvoir garder votre driver dans le sac tout en obtenant un coup d'approche court… un trou de 318 m ne peut pas être bien difficile. Du moins, c'est ce que vous croyez…

Malgré le défaut que représente sa longueur, cela peut s'avérer le par 4 le plus difficile du parcours. Il n'est pas si courant de réaliser le par ici. Faites très attention à votre coup de départ. Tom Doak suggère de « choisir une ligne sûre depuis le départ et de viser à 9 m à gauche de celle-ci, parce que le moindre fade fera rater le fairway ». Et il ne plaisante pas.

Les choses ne s'améliorent pas sur le green. Il est flanqué d'un profond bunker à l'avant-gauche, et d'un précipice à l'arrière. Le coup d'approche idéal vise le fond, à gauche. Assurez-vous d'avoir un club assez important, ou vous pourriez terminer dans le bunker.

La surface du green, comme celle du fairway, est très ferme, et, comme sur le reste du parcours, le vent joue un rôle très important.

Tournons-nous à nouveau vers Doak pour un dernier conseil. « Faites particulièrement attention autour du green, car le bunker est pourvu d'une force de gravitation bien plus importante que sa taille », déclare-t-il. **TJ**

Parcours : Vail Golf Course

Situé à : Vail, Colorado, États-Unis

Trou : n° 14

Longueur : 380 m

Par : 4

Architecte : Ben Krueger

À savoir : Comment ne pas aimer un parcours adapté à tous les niveaux de jeu ? Prenons l'exemple du n° 14. 5 séries de départ y sont proposées, depuis les diamants noirs (380 m) jusqu'aux marques rouges, pour les juniors (259 m).

N° 14   VAIL GOLF COURSE

Inauguré en 1963, ce parcours offre plus de paysages dignes d'être immortalisés que la mémoire d'un appareil photo numérique ne peut en enregistrer. Ne nous leurrons pas, tous les parcours de la région sont dotés de vues spectaculaires, mais celui de Vail peut rivaliser avec n'importe quelle œuvre paysagiste.

Ce parcours de montagne offre un panorama époustouflant sur le torrent de Gore Creek, et il faudra éviter de frapper sa balle dans l'un des étangs à castors.

On devra aussi éviter la gauche du fairway sur le n° 14 – vous pourriez vous retrouver trempé, ou au milieu des arbres. On ne fait pas mieux que ce très léger dogleg à gauche, ni plus difficile.

Il faudra frapper un long coup de départ afin de rendre le coup d'approche plus facile – mais jouer droit. On devra aussi tenir compte du fait que le green est surélevé pour choisir son club. Mais ne pas jouer trop court, car il faudra franchir le torrent afin de rejoindre le green.

Toute balle partant à gauche du green devrait tout de même trouver ce dernier, car un remblai la renvoie souvent sur sa surface. Mais ce trou ne vous aidera que rarement de la sorte. **TJ**

Parcours : Champions Golf Club (parcours des Cyprès)

Situé à : Houston, Texas, États-Unis

Trou : n° 14

Longueur : 400 m

Par : 4

Architecte : Ralph Plummer

À savoir : Diverses épreuves du PGA Tour se sont déroulées sur le parcours des Cyprès, célèbre pour ses immenses greens. Tandis que la taille moyenne de ceux du Tour est de 550 m^2, celle de ceux du Champions Club tourne autour de 930 m^2.

N° 14   CHAMPIONS GOLF CLUB
(PARCOURS DES CYPRÈS)

Pour réellement apprécier l'importance de ce tracé texan, on doit se familiariser avec les 2 « champions » qui l'ont rendu possible. C'est en effet l'idée personnelle de 2 éminents professionnels du PGA Tour, Jack Burke junior et Jimmy Demaret, aujourd'hui décédé. Demaret fut le premier à endosser 3 fois la veste verte lorsqu'il remporta le Masters autant de fois dans les années 1950. 6 années plus tard, Burke triomphait à Augusta et au PGA Championship pour être désigné « joueur de l'année ».

Il n'est donc pas étonnant que ces 2 golfeurs accomplis aient dessiné un parcours digne d'accueillir certains des tournois de golf les plus vénérés. Depuis son ouverture en 1959, le club a accueilli la Ryder Cup (1967), l'US Open (1969), l'US Amateur (1993), et de nombreux championnats du PGA Tour.

Greens massifs, fairways généreux et plus de 70 000 arbres ornent ce tracé de 6 583 m, un par 71, et le n° 14 ne fait pas exception à la règle. Depuis les départs arrière, on vise un « toboggan » entre les arbres. Les branches en surplomb sur le côté gauche du fairway encouragent les joueurs à viser le milieu dès le départ. Un étang profond de 52 m protégeant le côté gauche du green rend le deuxième coup difficile. Un trio de bunkers entoure le reste du green, qui s'incline vers l'eau. **BB**

N° ⓮ # CONGRESSIONAL GOLF CLUB
(PARCOURS BLEU)

Parcours : Congressional Golf Club (parcours bleu)

Situé à : Bethesda, Maryland, États-Unis

Trou : n° 14

Longueur : 401 m

Par : 4

Architectes : Devereux Emmet, Robert Trent Jones senior, George Cobb, Rees Jones

À savoir : Tom Lehman, qui avait parié qu'il dominerait Ernie Els durant l'US Open de 1997, en fut empêché par un bogey sur le difficile n° 14.

Le Congressional constitue depuis longtemps un endroit où l'élite de Washington se fréquente. C'est aussi ici que se réunit l'élite mondiale du golf, et le club semble avoir toujours produit des champions dignes des épreuves les plus prestigieuses.

Le parcours bleu du Congressional a accueilli 2 US Opens (en 1964 et 1997, remportés par Ken Venturi et Ernie Els), un PGA Championship (1976, Dave Stockton) et un US Open senior (1995, Tom Weiskopf). C'est aussi ici que s'est déroulé pendant 7 ans le Kemper Open (1980-1986, Greg Norman et Craig Stadler remportant chacun 2 victoires, Fred Couples l'emportant une fois).

On doit une partie de cette histoire à un contingent de pars 4 tels que le n° 14. Même si la zone d'arrivée des drives est relativement généreuse comparée au reste du parcours, le côté droit est protégé par une série de bunkers. Le deuxième coup se joue ensuite en montée jusqu'à un green bien protégé par des arbres et par un trio de bunkers sur l'avant-droite, ainsi que par un autre sur l'arrière-gauche.

Il n'est pas étonnant que Venturi ait réalisé ici 3 bogeys au cours des 4 parties de l'US Open de 1964. **KA**

Parcours : Shinnecock Hills Golf Club

Situé à : Southampton, État de New York, États-Unis

Trou : n° 14

Longueur : 408 m

Par : 4

Architectes : William Davis, William Flynn, Howard Toomey

À savoir : L'US Open s'est déroulé à Shinnecock Hills en 2004 pour la quatrième fois, après les éditions de 1896, 1986, et 1995. Le championnat national américain s'y est aussi déroulé en 1986 et 1985.

CI-DESSOUS ET CI-CONTRE *Sortie de bunker pour le Sud-Africain Retief Goosen, sur le n° 14 du club de Shinnecock Hills en juin 2004.*

N° ⑭ SHINNECOCK HILLS GOLF CLUB

Selon certains, le n° 14 de Shinnecock constitue l'exemple même du trou de golf parfaitement tracé. Il suit une vallée naturelle, et monte vers un green qui n'est entravé par aucun monticule artificiel. Propreté, fraîcheur. C'est un trou virginal s'il en est.

Cela ne signifie pas que l'on ne rencontre pas d'embûches en route. Le fairway est à certains endroits ridiculement étroit, mais il faut pourtant le trouver si l'on espère rencontrer le succès. On trouve à gauche une série de bunkers apparemment placés au petit bonheur la chance tout au long du rough, et pourtant situés exactement là où la balle semble destinée à atterrir. Si vous déviez à gauche et arrivez à éviter les bunkers, vous aurez peut-être la possibilité de rejoindre le green, mais la chance jouerait alors un rôle essentiel. Si vous ratez le fairway à droite, il n'existe pas assez de chance au monde pour vous sauver. La végétation y est menaçante, profonde, épaisse et brune. Si vous y atterrissez, le mieux que vous puissiez espérer sera un bogey.

Le vent rend l'étroit fairway presque impossible à trouver. Frappez un coup parfait depuis le départ, et si une rafale inattendue intervient, vos chances de par disparaissent quasiment. Et ce, même si vous frappez d'une manière pure.

Le n° 14 est un trou d'époque – libre de tout besoin de remise à jour. Quel plaisir ont dû prendre William Davis et William Flynn à le concevoir ! Pouvez-vous imaginer la réaction des 2 architectes la première fois qu'ils découvrirent une vallée si parfaite pour le golf, qu'il semble que le Créateur ne l'ait destinée qu'à cela ? Le n° 14 est surnommé *Thom's Elbow*, le « Coude de Thom », en l'honneur de Charlie Thom qui arriva à Southampton en 1906 à l'âge de 25 ans et y travailla comme professionnel pendant plus de 50 ans.

L'histoire ne manque pas ici. Elle fait partie intégrante des trous de Shinnecock, tout comme le rough, le vent et les embûches.

Le green du n° 14 est mince, mais sa profondeur en fait une cible attrayante. Vous devez jouer droit sur ce trou. À 408 m, c'est un par 4 substantiel, mais pas déraisonnable. La précision est donc essentielle. Si vous l'oubliez, vous pouvez dire adieu au par. **JB**

Parcours : Old Warson Country Club

Situé à : St Louis, Missouri, États-Unis

Trou : n° 14

Longueur : 329 m

Par : 4

Architecte : Robert Trent Jones senior

À savoir : Inauguré en 1954, ce parcours classique américain est l'un des meilleurs endroits où jouer au Missouri. Ses fairways sont bordés d'arbres et bon nombre de ses greens constituent des cibles de grande taille, très ondulées.

N° ⑭ OLD WARSON COUNTRY CLUB

Le mot « chef-d'œuvre » est aussi lié à Robert Trent Jones senior que Lennon l'est à McCartney. Et l'Old Warson est son *Hey Jude* – les reprises de ce classique ne s'avéreront jamais aussi bonnes que l'original.

Le n° 14 est un trou qui sonne juste, où l'on peut aisément réaliser un score de 3, mais tout aussi bien un score de 6. Il ne faut rien tenir pour acquis.

Ce court par 4 débute avec un coup difficile depuis une aire de départ surélevée. Tout ici sera déterminé par votre drive. Si vous frappez un coup de départ solide, vous êtes en bonne voie de décrocher un birdie. Si, en revanche, vous le ratez, un score de 6 devient une réelle possibilité.

Le grand lac s'étendant devant vous est cause de bien des problèmes. On doit frapper à 210 m afin de le franchir dès le coup de départ, et c'est beaucoup pour certains joueurs. On peut trouver une zone de sécurité légèrement à droite, mais les arbres bloqueront alors le deuxième coup. On découvre aussi l'eau un peu plus loin sur la gauche, et des bunkers des 2 côtés du fairway.

Le green est long et étroit, avec un double plateau sur les deux tiers arrière. Assurez-vous d'avoir établi votre ligne de jeu avant de frapper votre putt. Il est tout à fait possible de devoir en jouer 3 sur ce green. **TJ**

Parcours : Baltray

Situé à : Baltray, Drogheda, comté de Louth, Irlande

Trou : n° 14

Longueur : 303 m

Par : 4

Architecte : Tom Simpson

À savoir : Aussi connu comme le County Louth Golf Club, Baltray est à 6 km de Drogheda, une ville ancienne à l'embouchure de la Boyne, avec la rivière au sud et la mer d'Irlande à l'est.

N° ⑭ BALTRAY

Ce par 4 de 303 m serait jugé court dans n'importe quel pays. Mais quelle que soit votre langue, l'adjectif que vous utiliserez pour décrire cette merveille sera « mémorable ».

Considéré comme le meilleur trou du parcours, le n° 14 est célèbre pour la façon dont il tente les grands frappeurs. Le plus souvent, la tentation leur apporte un score de 6, plutôt qu'un score de 4. On peut rejoindre le green depuis l'aire de départ si l'on possède un swing puissant, mais c'est aussi un trou où le danger ne manque pas.

En 1985, l'ordre numérique selon lequel les trous étaient disposés a légèrement changé afin de permettre une nouvelle position de départ. À part cela, tout est resté à peu près intact depuis 1938, lorsque Tom Simpson traça ce magnifique parcours.

En 1993, la firme de Donald Steel and Company se chargea de le rénover, guidée par Tom MacKenzie, admirateur de l'œuvre de Simpson. Les changements, bien que minimes, ont eu un impact important sur le parcours et, avec l'ajout de nouveaux départs, Baltray mesure désormais plus de 6 400 m, ce qui correspond mieux à un jeu moderne. **TJ**

N° ⑭ YEAMANS HALL CLUB

Parcours : Yeamans Hall Club

Situé à : Hanahan, Caroline du Sud, États-Unis

Trou : n° 14

Longueur : 393 m

Par : 4

Architecte : Seth Raynor

À savoir : Souvent considéré comme l'un des meilleurs parcours de Caroline du Sud, ce tracé qui nous ramène à une autre époque est réputé pour ses profonds bunkers et ses fairways bordés d'arbres.

Certains clubs de golf transforment leur parcours pour le simple plaisir du changement, parce que leurs membres se plaignent, ou encore parce qu'ils pensent que c'est approprié. Souvent cependant, c'est une erreur. Il suffit d'examiner certains classiques de Donald Ross, détruits par manque de jugement.

Mais peu de parcours ont subi une transformation aussi spectaculaire que Yeamans Hall. Heureusement, le changement n'a pas été seulement nécessaire, il s'est aussi avéré positif. En mai 1998, le club chargea Tom Doak de le remettre à niveau. En 5 mois seulement, Doak mit les greens en pièces et rouvrit le parcours.

Le n° 14, toutefois, reste l'un des trous d'origine, datant de l'ouverture du club en 1925. Et si l'on réalisait un sondage parmi les membres au sujet de leur trou préféré, il bénéficierait probablement de quelques votes. C'est aussi l'un des plus exigeants – qui a dit que les golfeurs aimaient la facilité ?

Le coup d'approche déterminera votre réussite. De fait, cela pourrait être le coup le plus ardu de la journée. À cause d'une crête présente dans la zone d'arrivée, on doit souvent jouer dans une position déséquilibrée. Le green est perché sur une saillie et protégé à gauche par un bunker de 4 m. Putter peut y être très éprouvant pour les nerfs – comme sur la plupart des greens, on ne vous fait pas de cadeaux. **TJ**

Parcours : Oakland Hills Country Club (parcours sud)

Situé à : Bloomfield Hills, Michigan, États-Unis

Trou : n° 14

Longueur : 432 m

Par : 4

Architectes : Donald Ross, Robert Trent Jones senior

À savoir : Ben Hogan a remporté l'US Open de 1951 en réalisant un score de 67 sur le dernier tour, après quoi il aurait déclaré qu'il était « heureux d'avoir soumis ce parcours, ce monstre ». Ce surnom, le « Monstre », lui est resté depuis.

CI-CONTRE L'Espagnol Sergio Garcia joue son coup de départ sur le n° 14 d'Oakland Hills en septembre 2004.

N° ⑭ OAKLAND HILLS COUNTRY CLUB (PARCOURS SUD)

Si vous désirez un exemple de trou « monstre », ne cherchez pas plus loin que ce par 4 de 432 m. Ne nous leurrons pas, il n'existe aucun trou facile sur ce parcours, que ce soit pour les joueurs moyens comme pour les doués. Mais si vous dépassez le n° 14 sans inscrire un 6 ou un 7 sur votre carte de parcours, estimez-vous heureux.

Avec 432 m de long, c'est un merveilleux par 4, éprouvant et tout en descente. C'est aussi le deuxième trou le plus difficile du parcours.

La zone d'arrivée est située juste après une légère élévation du fairway. Le green est protégé par 3 bunkers sur l'avant, 2 à gauche, et 1 à droite.

Oakland Hills offre 4 séries de départ. Depuis les plus avancés, les marques rouges, à 385 m, il devient un par 5, le huitième plus difficile.

Le n° 14 appartient à ce que l'on appelle les « 7 Mercenaires » d'Oakland Hills, les 7 trous les plus magnifiques qui, avait prédit le *Detroit News*, pouvaient déterminer l'issue de la Ryder Cup de 2004. C'est l'équipe européenne qui vint à bout du « Monstre », infligeant un score de 18,5 à 9,5 à l'équipe américaine, au cours de cette 35e édition de la coupe. Selon son fils, Robert Trent Jones senior, architecte magistral, chargé de rendre le parcours plus sévère pour l'US Open de 1951, aurait été fier de son œuvre. **TJ**

Parcours : Long Cove Club

Situé à : Hilton Head Island, Caroline du Sud, États-Unis

Trou : n° 14

Longueur : 381 m

Par : 4

Architecte : Pete Dye

À savoir : Quel parcours mémorable fait le Long Cove Club ! L'eau et les marécages sont en jeu sur presque tous les trous, et l'on a du mal à sélectionner le plus mémorable d'entre eux – probablement parce qu'ils le sont tous.

N° ⑭ LONG COVE CLUB

Ce spectaculaire par 4 est protégé sur tout le côté gauche par un marécage, avec lequel vous aurez eu le temps de vous familiariser avant de le rejoindre. Qui sait, vous y aurez peut-être même déjà perdu une balle (ou 10) à ce stade.

On trouve plus d'espace sur la droite qu'il n'y paraît depuis l'aire de départ de ce sévère dogleg à gauche, mais jouer la sécurité rallonge considérablement le deuxième coup. Et si vous atterrissez dans le rough, rejoindre le green devient un défi extrêmement ardu.

On aperçoit une petite crête traversant le milieu du fairway. Le coup de départ idéal la dépassera et trouvera le milieu ou le côté gauche du fairway. Mais tout balle partant vers la gauche est un peu risquée et peut atterrir dans le marécage.

Les bunkers protègent à la fois l'avant et l'arrière du green. Sur ce deuxième trou le plus difficile du parcours, on s'estime heureux de réaliser le par, voire même, pour certains, de terminer avec la même balle qu'au départ.

Mais en découvrant une vue magnifique depuis le green, on se dit que tous ces efforts en valaient la peine. **TJ**

N° ⑭ CHERRY HILLS COUNTRY CLUB

Parcours : Cherry Hills Country Club
Situé à : Englewood, Colorado, États-Unis
Trou : n° 14
Longueur : 439 m
Par : 4
Architecte : William Flynn
À savoir : Jack Nicklaus a remporté son deuxième US Open senior à Cherry Hills en 1993 devant Tom Weiskopf, autre diplômé de l'université de l'Ohio.

Lorsque Cherry Hills fut choisi comme site de l'US Open féminin de 2005, cela ne fit qu'ajouter à la longue liste de manifestations prestigieuses s'y étant déjà déroulées. Mais quand les meilleures joueuses du monde se sont réunies à Englewood à cette occasion, c'était la première fois qu'un 18 trous pouvait s'enorgueillir d'avoir accueilli les 4 épreuves influentes de l'USGA, l'Association de golf américaine : l'US Open (1960), l'US Open féminin (2005), l'US Open senior (1993) et l'US Amateur (1990).

Le come-back d'Arnold Palmer, en 1960, est probablement l'événement le plus chéri de l'histoire de ce golf. Il rejoignit le green du n° 1, un par 4, dès le drive, pour démarrer un dernier tour qui lui permit de triompher de Ben Hogan et Jack Nicklaus. Bien entendu, y voir Phil Mickelson devenir le premier gaucher à jamais remporter l'US Amateur n'arrive pas loin derrière.

Le parcours compense son manque de distance (à cause de l'altitude, élevée) par la précision que ses greens, petits et rapides, exigent des joueurs.

Ne vous attendez tout de même pas à imiter Palmer sur chaque par 4 de Cherry Hills.

Avec 439 m, le n° 14 est le par 4 le plus long du parcours, des arbres bordant les 2 côtés du fairway. Le deuxième coup, cependant, le raccourcit, car le fairway descend en pente vers un green de taille moyenne. L'eau borde son côté gauche et s'enroule jusqu'à l'arrière, tandis que 2 bunkers sont placés à droite. **BB**

Parcours : Forest Highlands Golf Club (parcours de la Prairie)

Situé à : Flagstaff, Arizona, États-Unis

Trou : n° 14

Longueur : 551 m

Par : 5

Architectes : Tom Weiskopf, Jay Morrish

À savoir : Forest Highlands est situé à environ 2 130 m d'altitude, ce qui permet de frapper beaucoup plus loin qu'habituellement.

N° 14 FOREST HIGHLANDS GOLF CLUB (PARCOURS DE LA PRAIRIE)

Forest Highlands abrite 2 parcours exceptionnels, les parcours du Canyon et de la Prairie.

Le Meadow (la Prairie) est le plus récent des 2, et ses greens sont en général plus petits que ceux de son jumeau. On y trouve aussi plus d'eau. Tout ceci est cependant compensé par le fait qu'on le considère souvent comme légèrement plus facile.

Mais puisque nous évoquons l'eau, bienvenue au n° 14. Ce dogleg à gauche en est bordé sur tout un côté jusqu'au green, et on en trouve aussi sur le côté droit, une fois celui-ci atteint. Ce dernier est très difficile à rejoindre en 2 coups. Depuis les départs arrière, c'est quasiment impossible.

Avec ses 551 m, on ne sera pas surpris d'apprendre qu'il s'agit là du plus long parcours, et de loin. Le suivant est le n° 3, qui mesure 509 m. Le n° 14 est le deuxième trou le plus difficile du parcours de la Prairie. Si la longueur s'avère problématique, 5 séries de départ vous faciliteront peut-être les choses. Les marques rouges, les plus avancées, sont à 442 m. **TJ**

Parcours : The Golf Club

Situé à : New Albany, Ohio, États-Unis

Trou : n° 14

Longueur : 565 m

Par : 5

Architecte : Pete Dye

À savoir : Dye, qui a dessiné certains des trous les plus célèbres au monde, semblait rouspéter lorsqu'il évoqua ce par 5 monstre en ces termes : « Il occupe plus de fichu terrain que n'importe quel trou que j'aie jamais vu. »

N° 14 THE GOLF CLUB

Dans combien de temps les trous atteindront-ils 730 m pour constituer de légitimes pars 5 ? Grâce aux exercices de musculation, aux avancées technologiques dans le domaine des balles et clubs, et à une agronomie améliorée permettant aux balles de rouler sur des fairways immaculés, on n'en est pas si éloigné que cela. Pour le moment, les 565 m du trou de Dye suffisent pour que l'on ait besoin de 3 coups pour rejoindre le green.

Dye a montré une compassion inattendue en concevant une zone d'arrivée de presque 90 m pour le drive, permettant aux golfeurs de frapper de toutes leurs forces. On peut presque entendre l'architecte déclarer : « Ils auront besoin de distance, donnons-leur-en la possibilité. »

Dye se montra moins magnanime sur le deuxième coup, si l'on rate à gauche comme à droite. Il est pourtant essentiel – si vous le jouez bien, vous pourrez viser le drapeau sur le troisième coup, mais attention aux petits bunkers profonds encerclant le green. Pour y parvenir, il faudra viser le côté droit sur le deuxième, mais pas trop, car une fosse sablonneuse de la taille d'un assez large jardin guette de ce côté-là. Si l'on joue la sécurité, au milieu du fairway, on renonce à toute possibilité de birdie. On pourra rejoindre le green depuis cet angle, mais il faudra faire rouler la balle, car un énorme chêne protège le milieu et la gauche de ce dernier. Et si vous ratez ce dernier sur la gauche, dites adieu à votre balle : un lac l'attend. **JB**

N° ⑭ LINKS À SPANISH BAY

Parcours : Links à Spanish Bay
Situé à : Pebble Beach, Californie, États-Unis
Trou : n° 14
Longueur : 526 m
Par : 5
Architectes : Robert Trent Jones junior, Tom Watson, Sandy Tatum
À savoir : Selon Tom Watson, « Spanish Bay ressemble tant à l'Écosse qu'on entend presque les cornemuses ». Lorsque le crépuscule tombe sur la péninsule de Monterey, c'est bien leurs gémissements que l'on distingue, annonçant la fermeture des parcours pour la journée.

CI-CONTRE *Le n° 14 des Links de Spanish Bay.*

Les 3 architectes qui furent sélectionnés dans les années 1980 pour construire les Links à Spanish Bay partageaient un intérêt particulier pour les links écossais, notamment Tom Watson, 5 fois vainqueur du British Open.

Leur collaboration – et le climat humide, frais, et venteux de la péninsule californienne de Monterey – a produit un parcours, qui, plus que tout autre tracé américain peut-être, reproduit le mieux les conditions que l'on trouve tout au long de l'année sur les célèbres links de la côte écossaise.

Spanish Bay ne dépasse que légèrement les 6 200 m depuis les départs arrière, mais à cause du vent marin, constant et fort, il semble bien plus long. Le n° 14, le plus long par 5 de l'endroit, illustre bien ce dernier point.

Depuis son aire de départ offrant une vue splendide sur le Pacifique, le fairway est doté d'une zone d'arrivée des drives généreuse, mais devient beaucoup plus retors à l'endroit où atterrit le deuxième coup, 4 bunkers bien placés – dont un au milieu du fairway – provoquant des ravages. Le green, protégé par un autre bunker à plusieurs mètres devant et à droite, descend vers la mer. Frappez la balle depuis l'avant et laissez-la rouler jusqu'au trou. **KA**

N° ⑭ BALTIMORE COUNTRY CLUB
(PARCOURS EST)

Parcours : Baltimore Country Club (parcours est)
Situé à : Lutherville, Maryland, États-Unis
Trou : n° 14
Longueur : 551 m
Par : 5
Architecte : A. W. Tillinghast
À savoir : Ce parcours a accueilli 4 tournois majeurs, dont le PGA Championship de 1928, lorsque Leo Diegel l'emporta de 6 et 5 points devant Al Espinosa au cours de la finale en 36 trous.

Construit en 1898, le country club de Baltimore déménagea en 1922 sur des terres arables vallonnées au nord-ouest de la ville. Aussi perturbateur que se soit avéré ce déménagement pour les membres du club, le nouveau terrain, allié à la main sûre de A. W. Tillinghast, a plus que compensé les inconvénients possibles. Le parcours serpente à travers ce terrain vallonné, ses fairways possédant des contours marqués et ses greens des dévers importants. C'est l'un des rares parcours de la côte est à utiliser presque exclusivement de l'agrostide depuis le départ jusqu'au green.

Ce changement de terrain a procuré au club une toile vierge merveilleuse sur laquelle dessiner un nouveau parcours et en ont résulté des trous tels que le n° 14, un par 5 sinueux. Depuis le départ, il descend de façon dramatique, perdant 27 m d'altitude jusqu'au fairway et remontant ensuite de 12 m jusqu'au green. Une série de bunkers guettant à environ 265 m du départ, même jouer la sécurité s'avère intimidant. Le fairway de ce léger dogleg à gauche est quelque peu incliné vers la droite, et grâce en grande partie au dénivelé, on peut rejoindre le green en 2 coups.

Vaste, celui-ci est fortement incliné de l'arrière-gauche vers l'avant-droite, et protégé par un bunker à gauche. C'est lorsque le drapeau est situé à l'avant-gauche qu'il s'avère le plus éprouvant, mais on déclare le plus souvent qu'aucune position n'est en réalité facile. **RH**

N° ⑭ **ST ANDREWS** (VIEUX PARCOURS)

Parcours : St Andrews (vieux parcours)
Situé à : St Andrews, Fife, Écosse
Trou : n° 14
Longueur : 518 m
Par : 5
Architecte : Tom Morris senior
À savoir : Le « bunker de l'enfer », qui mérite bien son nom, mesure plus de 180 m² et presque 3 m à son point le plus profond.

Voici l'étalon auquel on compare tous les autres pars 5. Le n° 14 de St Andrews est un monstre, doté d'un bunker surnommé l'« Enfer » et de toute une autre cohorte de démons dotés de surnoms comparables.

Qualifié de meilleur long trou au monde par Bernard Darwin, le n° 14 exige 3 coups parfaits afin d'atteindre un green tout aussi redoutable que le reste du trou. On doit placer son drive précisément au milieu des champs élyséens, à droite des bunkers surnommés *beardies* – l'un grand et profond, les autres petits – et à gauche du mur terriblement sinueux qui marque les limites à droite. Le deuxième coup, lui, devrait atterrir à gauche du tristement célèbre bunker « de l'enfer », une vaste fosse cachée depuis le fairway, mais au premier plan des préoccupations des joueurs.

Permettant le meilleur angle d'approche du green, c'est aussi ainsi que l'on évitera le mieux les 2 bunkers sur l'avant-gauche ainsi qu'un autre, plus grand, à l'arrière, et la célèbre bosse du green, incliné d'avant en arrière.

On préférera les coups qui atterrissent après le drapeau, suivis d'un putt en montée – et peut-être d'un par bien mérité. **KA**

CI-CONTRE *Le n° 14 de St Andrews.*
À DROITE *L'Américain David Duval sur le quatorzième trou de St Andrews, en juillet 2000.*

N° ⑭ KINGSTON HEATH GOLF CLUB

Parcours : Kingston Heath Golf Club

Situé à : Cheltenham, Victoria, Australie

Trou : n° 14

Longueur : 503 m

Par : 5

Architectes : D. G. Soutar, Alister MacKenzie

À savoir : Peter Thomson, légende du golf australien ayant remporté 5 fois le British Open, déclare qu'il s'agit là du meilleur par 5 d'Australie.

Ce long trou droit partage une énorme – et intimidante – série de bunkers avec le n° 15, protégeant la droite du fairway du n° 14 comme le green du par 3 qui suit, salué par le public.

Peu de joueurs peuvent atteindre le green du n° 14 en 2 coups, et, selon de nombreux critiques, c'est l'un des éléments qui font de ce trou un tel classique. Il exige 3 bons coups afin d'atteindre le green en régulation, suivis de 2 très bons putts pour le par.

Un drive solide sera suivi d'un deuxième coup aveugle, en montée, que l'on doit placer de façon précise. Le danger ne manque pas des 2 côtés du fairway sous la forme de bunkers magnifiquement conçus par MacKenzie ainsi que d'arbres sur la gauche (et le hors-limite au-delà).

Des dépressions à l'avant et à l'arrière du green spacieux, tout comme ses ondulations subtiles et délicates à négocier, présentent de sérieux problèmes aux joueurs ne maniant pas particulièrement bien le wedge. **JS**

Parcours : Los Angeles Country Club (parcours nord)

Situé à : Los Angeles, Californie, États-Unis

Trou : n° 14

Longueur : 515 m

Par : 5

Architecte : George C. Thomas junior

À savoir : Comme il convient pour une ville abritant Beverly Hills, ce club de golf possède une renommée internationale et s'avère excellent. Le luxe est un mode de vie à Los Angeles, et c'est ce qu'on retrouve au country club de la ville.

N° ⑭ LOS ANGELES COUNTRY CLUB (PARCOURS NORD)

Imaginez la popularité dont pourrait bénéficier ce trou. Il est déjà excellent, et jouit d'un très joli cadre. Mais le paysage pourrait encore s'améliorer si la vue du manoir Playboy était un peu moins bouchée. On peut en apercevoir le faîte, mais imaginez un peu si vous aviez vue sur son jardin ou sa piscine. Les départs seraient alors réservés pour les cinquante prochaines années – et la file d'attente demeurerait interminable sur le n° 14, sans que personne, du reste, ne s'en préoccupe. On peut rêver.

Ce par 5 est tout de même une merveille. Les embûches parsèment le côté droit de ce dogleg à droite. Une grande pente termine sa course dans les arbres et la broussaille. Vous y retrouverez peut-être votre balle, mais elle sera injouable.

Le coup de départ joue un rôle primordial. Il devra franchir un bunker situé à 200 m environ à droite et empiétant de 27 m sur le fairway. Si vous n'y arrivez pas, vous ne pourrez rejoindre le green en 2 coups.

Celui-ci, entouré de bunkers, est très large, mais peu profond. Il descend en pente à l'arrière vers un rough difficile, et il n'est pas aisé de l'atteindre depuis une distance éloignée. Mieux vaut donc jouer la sécurité.

Et essayez d'oublier ce qui se passe de l'autre côté, dans le manoir. **TJ**

Parcours : Bel-Air Country Club

Situé à : Los Angeles, Californie, États-Unis

Trou : n° 14

Longueur : 539 m

Par : 5

Architectes : Billy Bell senior, George Thomas, Jack Neville

À savoir : C'est à Bel-Air que s'est produite l'une des victoires les plus inégales de l'US Amateur. Durant le seul tournoi qu'ait jamais organisé ici l'USGA, Bill Sander remporta facilement la victoire, triomphant de 8 et 6 points devant Parker Moore junior.

N° ⑭ BEL-AIR COUNTRY CLUB

De prime abord, on ne penserait pas découvrir à Hollywood certains des plus beaux exemples d'architecture de golf. Lorsque l'on évoque Los Angeles, c'est aux héros du grand et du petit écran que l'on songe, plutôt qu'aux lancers de balle héroïques et aux greens. Et pourtant, la ville ne manque pas de parcours de qualité et le country club de Bel-Air constitue un élément important de ce paysage depuis son inauguration en 1927.

Court d'après les normes contemporaines, avec 5 927 m depuis les départs arrière, Bel-Air est une combinaison enivrante de vues dégagées et de fairways étroits, bordés d'arbres, exigeant des coups purs et une certaine connaissance du terrain. Heureusement, son tracé magistral permet une magnifique promenade, et, plus important encore, la présence d'un caddie éclairé.

Les conseils seront les bienvenus sur le n° 14, seul par 5 du dernier 9. Billy Bell senior, George Thomas et Jack Neville voulaient que ce soit là pour les joueurs une occasion de réaliser un bon score, mais comme sur le reste du parcours, sans trop leur faciliter la tâche.

Le n° 14 est long, droit, avec une colline escarpée à droite du fairway et un ruisseau protégeant le côté gauche de la zone d'arrivée. Les plus puissants seront tentés de rejoindre le green en 2 coups, mais attention aux abondants bunkers qui le protègent et peuvent rapidement mettre fin à tout espoir. **RH**

HAIG POINT GOLF CLUB
(PARCOURS CALIBOGUE)

N° **14**

Parcours : Haig Point Golf Club (parcours Calibogue)

Situé à : Daufuskie Island, Caroline du Sud, États-Unis

Trou : n° 14

Longueur : 515 m

Par : 5

Architecte : Rees Jones

À savoir : Haig Point n'est qu'à 1 mille marin de l'île d'Hilton Head, et on aperçoit depuis certains de ses points un monument réputé, le phare des links d'Harbour Town.

Ce parcours très respecté de Rees Jones n'est qu'une partie de l'expérience que l'on vit à Haig Point. On débute la journée en s'embarquant sur le ferry d'Hilton Head Island, pour une traversée de 20 minutes qui permettra aux golfeurs de se délasser et de contempler le détroit de Calibogue, avant de débarquer sur l'île de Daufuskie, en songeant à la partie qui les attend.

La circulation automobile est interdite sur cette île que l'on ne peut rejoindre que par la mer, permettant à ses visiteurs d'oublier complètement le quotidien, au sein du paysage spectaculaire de la région marécageuse de la Caroline du Sud.

Le parcours même est un joyau, avec ses chênes et leur mousse espagnole, ainsi que ses marais salants avec l'Atlantique en toile de fond.

Mais les golfeurs feraient mieux de ne pas relâcher leur attention sur le n° 14. Ce long par 5 exige un drive solide et précis vers un fairway assez dégagé.

On sera confronté sur le deuxième coup au coude de ce dogleg à gauche, le fairway étant protégé par des arbres et par un bunker, avant de virer à nouveau à droite, empêchant ainsi quasiment d'atteindre le green en 2 coups. Le coup d'approche doit être précis, le green s'avançant dans les marais du détroit, et tombant à la verticale des 2 côtés. **KA**

N° ⑭ **PUMPKIN RIDGE**
(PARCOURS DU CREUX DE LA SORCIÈRE)

Parcours : Pumpkin Ridge (parcours du Creux de la sorcière)

Situé à : North Plains, Oregon, États-Unis

Trou : n° 14

Longueur : 430 m

Par : 5

Architectes : Bob Cupp, John Fought

À savoir : Tiger Woods a réalisé un eagle sur ce trou au cours de l'US Amateur, durant sa partie contre Joel Kribel en 1996.

Situé sur les contreforts du massif de Tualatin, entouré de denses bosquets d'érables, de chênes, de sapins et de frênes, ce tracé difficile est l'un des plus naturels qu'abrite l'Amérique. Et ceux qui le connaissent déclarent que le n° 14 de Pumpkin Ridge peut rivaliser avec les meilleurs.

Il ressemble aux n° 13 et 15 de l'Augusta National. C'est ce qu'on appelle un par 4 et demi. Vous pouvez y réaliser un birdie. De fait, vous devriez. Mais cela ne rend pas le trou moins intéressant à jouer.

C'est un trou que les très bons joueurs ne devraient avoir aucun mal à atteindre en 2 coups, et les pros, lorsqu'ils viennent y jouer, puttent souvent pour un eagle. Lorsque les simples mortels s'avancent vers l'aire de départ, ils ont donc une chance légitime de birdie. Quel mal y a-t-il à déclarer : « Annika et moi avons empoché un birdie sur ce trou » ?

C'est un dogleg à gauche, mais seul un drive gargantuesque pourra atteindre son coude. Après cela, il suffit d'un fer moyen pour rejoindre le green. C'est peut-être difficile pour les simples mortels. Un joueur de handicap moyen devra probablement jouer un fer long s'il atteint le coude.

C'est un trou merveilleux à jouer, mais ce n'est pas le plus difficile que vous ayez jamais à affronter. On y trouve de l'eau, du sable et des zones humides, mais leur rôle est plus esthétique que stratégique. L'approche du green est splendide, grâce à un bunker en forme de haricot sur le devant. Des arbres imposants encerclent l'arrière, mais ils ne devraient entrer en jeu que si vous évaluez horriblement mal la distance à parcourir.

Ce parcours, invariablement classé parmi les 50 meilleurs d'Amérique, a accueilli l'US Open féminin en 1997 et 2003. Et lorsque l'élite du golf vient y jouer, elle se sent flouée si elle s'éloigne du n° 14 avec moins qu'un birdie en poche. **JB**

Parcours : World Woods
(parcours des Landes de pins)

Situé à : Brooksville,
Floride, États-Unis

Trou : n° 14

Longueur : 500 m

Par : 5

Architecte : Tom Fazio

À savoir : Le parcours des Landes de pins est le joyau de World Woods, qui abrite 4 parcours, et il doit pourtant rivaliser avec le parcours d'entraînement pour le titre de « clou du domaine ». Ce dernier, comprenant des installations incontestablement dernier cri, a en effet été désigné comme le meilleur au monde par le magazine *Sports Illustrated*.

N° ⓴ WORLD WOODS
(PARCOURS DES LANDES DE PINS)

Le n° 14 du parcours des Landes de pins de World Woods peut donner aux joueurs l'impression de voir double. Et comme si jouer ce par 5 au tracé difficile au milieu d'une végétation indigène ne suffisait pas, le n° 14 vous propose un défi comprenant à la fois un double fairway et un green à double plateau.

On peut examiner cette situation sous 2 angles distincts (cela va de soi) : on fait face à des embûches multipliées par 2 dès le départ, ou, en étant plus optimiste, à toute une série de possibilités différentes. De toute façon, soyez prêt à jouer.

Avec ses 500 m, le trou n'est pas très long, mais quel que soit le fairway que vous choisissez – à droite ou à gauche –, il sera difficile de viser le green parce que la deuxième moitié du trou se joue très en montée. Même jouer la sécurité ne garantit rien, à cause du green à double plateau, flanqué d'énormes et profonds bunkers. Le terme « protection » s'avère faible face à l'arbre qui pousse dans l'un des bunkers, à gauche, et aux parois abruptes de ceux qui entourent le côté droit. Entre les bunkers et le double plateau, Fazio vous force à vous inquiéter du placement de la balle sur chaque coup.

Les joueurs devront jouer la sécurité autant à droite que possible, car là est le meilleur angle d'approche du green. Cependant, et ce n'est pas par hasard, c'est de ce côté-là qu'on trouve les bunkers les plus dangereux. Si vous choisissez d'éviter ces embûches et de viser le côté gauche, vous n'apercevrez plus qu'une fine tranche du green sur le coup d'approche. Choisissez votre côté, et espérez que la balle atterrisse sur le même plateau que le drapeau. Sinon, vous aurez à réaliser un très long putt, qui vous mettra au supplice.

Le n° 14 est rempli de pins, en l'honneur desquels on a baptisé le parcours. Sculpté dans une grande pinède, les dénivelés que l'on retrouve tout du long contrastent fortement avec les autres parcours de Floride.

Les pins vous obligent à rester sur le fairway et Fazio a parsemé le tracé de dépressions naturelles pour rendre la précision encore plus essentielle. Les golfeurs affrontant *Pine Barrens* découvriront qu'il teste tous les aspects du jeu, mentaux comme physiques. Il offre de nombreux trous intimidants certes, mais que l'on prend plaisir à jouer – notamment le n° 14. **JB**

N° ⑭ SPYGLASS HILL GOLF CLUB

Parcours : Spyglass Hill Golf Club

Situé à : Pebble Beach, Californie, États-Unis

Trou : n° 14

Longueur : 512 m

Par : 5

Architecte : Robert Trent Jones senior

À savoir : En 1996, ce parcours, l'un des meilleurs au monde, a subi de légères transformations. L'une des plus importantes s'est produite sur le n° 16. Son green fut agrandi pour devenir l'un des plus vastes du parcours, avec 204 m².

Les 5 premiers trous de Spyglass serpentent parmi les dunes, forçant les joueurs à choisir soigneusement le chemin le plus sûr. Mais les 13 trous suivants – dont le n° 14 – sont dessinés au milieu de pins majestueux, avec des greens en hauteur, des lacs et bunkers situés de façon stratégique, la précision s'avérant donc essentielle.

Ce trou n'est pas seulement long, mais aussi difficile, et, plus que tout, intéressant à jouer. Surnommé « Long John Silver », d'après le pirate de *L'Île au trésor*, c'est un double dogleg, virant à droite puis à gauche.

Le fairway est assez étroit, et le green de ce par 5 est difficile à atteindre en 2 coups. Mettez plutôt à profit votre golf de cible pour le rejoindre grâce à un troisième coup, court et aisé.

Un étang protège le côté droit de ce green, peu profond mais très large. On découvre aussi un bunker à droite de l'étang et un autre à l'avant-gauche du green.

Ceux qui le jouent de façon trop agressive ou choisissent le mauvais club et dépassent le green seront confrontés à un difficile chip en arrière. **TJ**

Parcours : Western Gailes Golf Club
Situé à : Gailes, Ayrshire, Écosse
Trou : n° 14
Longueur : 514 m
Par : 5
Architectes : Willie Park, F. W. Hawtree

À savoir : Ce parcours a accueilli la Curtis Cup ainsi que le prestigieux Scottish Amateur. C'est aussi là que se déroulent les épreuves qualificatives finales lorsque le British Open se joue à Turnberry ou à Royal Troon.

N° ⑭ WESTERN GAILES GOLF CLUB

Le Western Gailes était autrefois le trésor caché du golf écossais, ce qui paraît surprenant car cela fait plus de 100 ans qu'il accueille des manifestations de réputation internationale, en remontant jusqu'en 1903 lorsque le grand Harry Vardon y remporta son premier championnat majeur. Quelque 20 ans plus tard, Gene Sarazen jouait le parcours pour la première fois et le couvrait d'éloges, le qualifiant « d'une des meilleures épreuves auxquelles je me sois jamais confronté ».

Mais la réputation du Western Gailes s'est répandue. On découvre sur son premier départ des visiteurs du monde entier, avides de se frotter au défi que Sarazen jugeait si rude.

Le n° 14, comme le reste du parcours, est situé entre la voie ferrée et la mer. Et, comme sur tant d'autres trous, ces 2 éléments entrent ici en jeu. Parce que le parcours n'est jamais plus large que de 2 trous, la mer constitue un obstacle ou est visible de partout, tout comme la voie ferrée.

Lorsque l'on s'approche de l'aire de départ du n° 14, on peut trouver rassurant le fait que la mer ne posera plus problème pour le reste de la partie. Le n° 13 est le dernier en bord de mer, et le n° 14 amorce le trajet de retour vers le clubhouse. Cependant, ce n'est pas parce que la mer n'entre pas en jeu que l'on peut respirer librement. Le danger est toujours présent.

On a presque toujours le vent dans le dos au n° 14, et, à 514 m, cela s'avère très tentant pour ceux qui jouent long. Cependant, c'est un péril tout autant qu'une chance. Le trou est pourvu de nombreux bunkers, ceux-ci étant situés de façon que presque toutes les zones d'arrivée naturelles des longs frappeurs exigent une grande précision de leur part. Les bunkers s'avèrent particulièrement gênants lorsqu'on approche du green : 10 d'entre eux sont éparpillés dans des endroits stratégiques, et si vous essayez d'atteindre le green en 2 coups, vous devez faire preuve d'exactitude. Toute balle trop courte mettra le joueur devant des bunkers profonds et escarpés.

Le green est grand, relativement plat selon les normes écossaises, et tient donc bien la balle si vous tentez les 2 coups. Cependant, il est plus sage de jouer la sécurité, de réaliser un bon coup d'approche, puis de tenter le birdie. Si l'on se montre trop gourmand sur le deuxième coup, on termine souvent avec un score plus élevé. **JB**

N° ⑭ **ROYAL ST GEORGE'S GOLF CLUB**

Parcours : Royal St George's Golf Club

Situé à : Sandwich, Kent, Angleterre

Trou : n° 14

Longueur : 504 m

Par : 5

Architectes : Laidlaw Purves, Alister MacKenzie, J. J. F. Pennink

À savoir : Deuxième trou le plus difficile du Royal St George, le n° 14 n'est précédé que par le n° 8, un par 4 de 416 m.

Avant que le Royal St George's n'accueille son 13ᵉ British Open en 2003, les dirigeants du vénérable St Andrews, en Écosse, pensaient que le green de son n° 14 était trop facile à atteindre en 2 coups. Ses 464 m n'étaient pas négligeables, mais une fois rallongé de 40 m pour l'Open, il fut doté de tout le mordant nécessaire pour tenir tête aux meilleurs joueurs du monde.

Le hors-limite longeant la droite du fairway depuis le départ jusqu'au green, il est quasiment impossible d'envoyer la balle de ce côté-là. Les choses s'améliorent un peu près du green, mais pas beaucoup.

Le trou est surnommé le « Canal de Suez », à cause du ruisseau qui traverse le fairway à 300 m du départ. C'est une distance hors de portée du commun des mortels, mais les professionnels doivent se préoccuper du cours d'eau, particulièrement lorsque la surface du Royal St George s'avère rapide. Le meilleur choix consiste à franchir les bunkers au milieu du fairway, à 245 m, tout en arrêtant la balle à temps pour éviter l'eau.

Puis vient le temps de la décision. Si l'on désire atteindre le green en 2 coups, c'est possible. Mais mieux vaut passer une série de bunkers de fairway à environ 62 m du green et faire rouler la balle sur ce dernier. C'est faisable, mais évitez les bunkers qui vous pénaliseraient fortement. On doit s'inquiéter de 8 bunkers et dépressions sur le fairway, ainsi que d'autres encore autour du green.

La stratégie la plus sage consiste à frapper un deuxième coup jusqu'à environ 115 m, suivi d'un coup relativement confortable, en hauteur et atterrissant en douceur sur le green. Une balle roulante constitue toujours un choix possible, mais ce n'est pas nécessaire.

Le n° 14 a bien changé depuis le premier British Open s'étant déroulé ici en 1894. Mais heureusement, la rénovation et l'allongement dont il avait besoin pour présenter le même niveau de difficulté n'ont en rien diminué son charme. **JB**

N° ⑭ **BLACK DIAMOND RANCH & COUNTRY CLUB**
(PARCOURS DE LA CARRIÈRE)

Parcours : Black Diamond Ranch & Country Club (parcours de la Carrière)

Situé à : Lecanto, Floride, États-Unis

Trou : n° 14

Longueur : 483 m

Par : 5

Architecte : Tom Fazio

À savoir : À cause de ses dénivelés, le parcours de la Carrière (*Quarry Course* en anglais) n'est pas représentatif des golfs de Floride. Il est aussi complètement dépourvu d'obstacles d'eau, ce qui renforce cette impression.

Disséminé le long d'une mine depuis longtemps abandonnée, le parcours de la Carrière de Black Diamond allie un rare excès de dénivelés à la beauté sauvage de la Floride. Cette combinaison inhabituelle donne à ce parcours relativement récent un attrait classique, difficilement égalé par les autres de la région.

Tom Fazio a mis à profit la variété topographique de la carrière, traçant la majorité du parcours autour de son trou béant. Pourtant, peu d'entre eux sont aussi étroitement liés à la carrière que le n° 14. Ce léger dogleg à gauche vire en douceur le long du bord de la carrière et, comme c'est si souvent le cas chez Fazio, offre diverses possibilités de drive pour les fougueux comme pour les timorés.

Le fairway gauche offre aux grands frappeurs la meilleure chance d'atteindre le green en 2 coups, mais ils devront pour cela porter la balle sur 237 m au-dessus de la gorge. Si le coup est trop court ou part trop à gauche de la cible visée, la balle est vouée à atterrir dans les gouffres de la carrière.

Si l'on vise le fairway de droite, plus sûr, on sera confronté à un coup plus court, mais difficile, en direction d'une petite zone d'arrivée coincée derrière une grande colline sur la droite.

Une fois sur le green, les joueurs doivent négocier une crête qui le traverse de droite à gauche, et transforme en aventure tout putt du bord arrière vers l'avant. **RH**

Trou 15

Le quinzième trou peut s'avérer le plus important psychologiquement durant une compétition. Certains soutiendront que c'est plutôt le premier ou peut-être le dix-huitième qui joue ce rôle, mais le n° 15 est un trou de « transition » essentiel. On a déjà effectué la plus grande partie de sa partie, et on n'a pourtant pas tout à fait atteint les tout derniers trous. Il s'agit donc d'une passerelle.

Les architectes sont si résolus à rendre les 3 derniers trous mémorables (ce qui est souvent synonyme de grandes difficultés), que le n° 15 donne fréquemment la possibilité de prendre de l'avance avant que la pression ne se fasse trop forte à partir du n° 16. Profitez-en – c'est votre dernière chance avant que les difficultés ne s'accroissent.

CI-CONTRE *Le n° 15 du Desert Mountain Golf Club à Scottsdale dans l'Arizona.*

N° ⑮ TROON GOLF & COUNTRY CLUB

Parcours : Troon Golf & Country Club

Situé à : Scottsdale, Arizona, États-Unis

Trou : n° 15

Longueur : 127 m

Par : 3

Architectes : Tom Weiskopf, Jay Morrish

À savoir : Le n° 15 constitue un changement apprécié après les 3 autres pars 3 de Troon, mesurant respectivement 196 m, 189 m et 176 m.

Tout comme une oasis qui apparaît subitement à un voyageur assoiffé dans le désert, le green du n° 15, trou emblématique du Troon Golf & Country Club, attire les golfeurs à la recherche du par ou d'un birdie sur cet éprouvant parcours de Weiskopf et Morrish, dans l'un des clubs privés les plus importants de la région de Phoenix.

Baptisé « Troon Mountain » à cause des collines rocailleuses que l'on distingue au-delà du green, ce trou ressemble au premier abord à une simple oasis de verdure au milieu d'un paysage désertique austère, une cible attrayante pleine de promesse, et toute proche (à moins de 130 m depuis les départs arrière). Mais lorsqu'on l'observe d'un peu plus près, on s'aperçoit que sa simplicité trompeuse cache nombre d'embûches.

La distance est souvent difficile à évaluer à cause des montagnes au fond, mais aussi parce que le green est entouré de sable, rochers, cactus et autre flore du désert. À cela s'ajoutent les divers bunkers éparpillés sur le devant, la gauche et la droite, ainsi que le triple plateau du green, qui transforme chaque coup en aventure. Si l'on rate ce dernier, le par – et plus encore le birdie – ne sera peut-être qu'un cruel mirage. **KA**

N° ⑮ MALONE GOLF CLUB

Parcours : Malone Golf Club
Situé à : Belfast, Irlande du Nord
Trou : n° 15
Longueur : 131 m
Par : 3
Architectes : Cotton & Associates
À savoir : Le Malone Golf Club constitue l'un des plus beaux parcours de championnat d'Irlande du Nord, à 8 km de Belfast, dans un magnifique domaine boisé de 133 ha.

Le parcours original du club de Malone ne faisant pas usage ou presque du lac qui s'y trouve, il fut remodelé. L'eau entre désormais en jeu, tout d'abord sur le coup de départ du n° 13, puis sur celui du n° 15 ; nul ne peut ici ignorer sa présence.

Le n° 15 constitue un par 3 de rêve pour de nombreuses personnes. C'est un trou très court, où l'on est sévèrement puni dès que l'on rate légèrement sa cible. Depuis le départ, il faudra survoler une partie du lac pour atteindre le green, difficile et ondoyant ; mieux vaut ne pas partir à gauche, ou l'on aura besoin d'une nouvelle balle. Mais ne frappez pas à droite non plus. 2 bunkers guettent de ce côté-là, dont un qui s'enroule jusqu'à l'avant du green.

L'astuce ici est d'oublier l'eau et d'atteindre sa cible, qui n'est pas très éloignée. Les ennuis débutent si on se préoccupe trop de la première, que l'on compense trop, et que l'on atterrit dans le bunker.

Quelques mots de John Redmond pour finir, qui écrivit un remarquable ouvrage sur les grands parcours d'Irlande : « Dans toute discussion du 19e trou tentant de désigner le parcours par excellence de l'arrière-pays irlandais, on comprend parfaitement qu'il existe des arguments en faveur du Malone Golf Club. » **TJ**

N° 15 — KINGSBARNS GOLF LINKS

Parcours : Kingsbarns Golf Links
Situé à : Kingsbarns, Fife, Écosse
Trou : n° 15
Longueur : 194 m
Par : 3
Architecte : Kyle Phillips
À savoir : Les Kingsbarns Golf Links témoignent du riche patrimoine des links écossais. Site longtemps réputé pour ses relations étroites avec la mer, on y joue au golf depuis 1793, ce qui atteste sa valeur.

CI-DESSOUS *Le Gallois Philip Price sur le n° 15 de Kingsbarns en octobre 2002.*
CI-CONTRE *Le Suédois Niclas Fasth frappe son coup de départ sur le n° 15 des Kingsbarns Golf Links en octobre 2002.*

On découvre les Kingsbarns Golf Links à 10 km, le long de la côte, d'autres links qui sont les plus vénérés au monde – ceux du vieux parcours de St Andrews. Malgré son inauguration récente, en juillet 2000, Kingsbarns est présenté comme le dernier terrain encore aménageable en links en Écosse.

Comme on peut l'imaginer, de nombreux trous sont mémorables à Kingsbarns. Impossible d'oublier les n° 3, n° 12, n° 17 ou n° 18. Ils sont tous exceptionnels, mais le n° 15 peut leur tenir tête, voire les dépasser dans la catégorie du plus mémorable.

Long de 194 m, ce n'est pas seulement l'un des meilleurs pars 3 d'Écosse, c'est aussi l'un des meilleurs trous courts au monde.

Le green est perché en hauteur, au-dessus d'une falaise étroite sur un littoral déchiqueté. On ne trouve aucune zone de sécurité à gauche, et le seul espoir, si l'on part à droite, est de voir sa balle rebondir par miracle sur les rochers. Cela n'arrive pas très souvent, mais lorsque c'est le cas, c'est assez spectaculaire. Il suffit d'annoncer à son partenaire que c'est exactement ce qu'on avait prévu.

Le green est plus ou moins en forme de péninsule. L'eau empiète un peu sur le fairway, mais la balle devrait déjà voler à ce niveau-là. **TJ**

N° ⑮ PORTMARNOCK GOLF CLUB

Parcours : Portmarnock Golf Club

Situé à : Portmarnock, comté de Dublin, Irlande

Trou : n° 15

Longueur : 173 m

Par : 3

Architecte : W. C. Pickeman

À savoir : Comptant parmi les meilleurs parcours en links du pays, Portmarnock a accueilli l'Open d'Irlande et est considéré comme l'un des meilleurs au monde par de nombreux critiques.

L'un des meilleurs parcours en links d'Irlande, Portmarnock est situé sur une petite péninsule qui pointe au sud, dans la mer d'Irlande. Suivant un tracé serpentin, on n'y trouve pas 2 trous successifs se jouant dans la même direction.

Ce parcours de championnat est doté de nombreux trous splendides, à la fois pour leur paysage et leur niveau de difficulté. Le n° 15, un par 3 de 173 m, combine ces 2 éléments. Très ardu et ravissant, il voit son fairway longer le littoral sur la droite.

Ne craignez pas de devoir frapper la balle depuis la plage ou la mer si elle dévie à droite. Tout ceci est hors limite. L'espace ne manquant pas sur la gauche, mieux vaut rater de ce côté-là.

Depuis les départs arrière, on doit frapper la balle sur une distance de 160 m afin d'atteindre l'avant du green, bien protégé à ce niveau-là par 3 bunkers. Il est très difficile de rentrer la balle en 2 coups depuis l'un d'entre eux.

Le parcours dessine 2 boucles au milieu des dunes, ce qui signifie que le vent y souffle depuis toutes les directions. Et il ne manque pas sur le n° 15. **TJ**

N° ⑮ MAUNA LANI RESORT
(PARCOURS SUD)

Parcours : Mauna Lani Resort (parcours sud)

Situé sur : la côte de Kohala, Hawaï, États-Unis

Trou : n° 15

Longueur : 179 m

Par : 3

Architecte : Francis H. Brown

À savoir : Mauna Lani comprend 11 ha paradisiaques et colorés et offre des trous dignes de cartes postales, serpentant l'un après l'autre à travers un site historique d'Hawaï, soigneusement préservé. Où, sinon ici, peut-on frapper la balle autour de coulées de lave archaïques et d'habitations ornées de sculptures primitives, d'un ancien village de pêcheurs hawaïen et d'étangs à poissons exotiques ? C'est aussi ici qu'est né le PGA Senior Skins Tournament.

Les fairways que l'on découvre avant de rejoindre le légendaire n° 15 de Mauna Lani Resort s'avèrent assez accueillants et les greens, plutôt plats et à la vitesse changeante, procurent une variété agréable, mais la plupart sont bordés de rough naturel et de rochers de lave noire retors. Évitez-les, parce que votre balle sera grillée si elle y atterrit.

Quel par 3 mémorable ! Conçu d'après le n° 3 de Mauna Kea, plus au nord sur la côte de Kohala, c'est l'un des trous de golf les plus photographiés.

Ne vous laissez pas distraire par le soleil plongeant dans le Pacifique quand vous jouerez votre coup de départ au-dessus des vagues s'écrasant sur le littoral pour rejoindre le green à double plateau. Le vent marin rend ce trou encore plus intéressant – son vaste green est entouré de sable, et porter la balle au-dessus de l'eau sur presque 180 m constitue une belle épreuve.

Sur ce parcours exceptionnel, chaque coup représente un nouveau défi, mettant agréablement tous les niveaux de jeu à l'épreuve. La beauté du tracé est spectaculaire : il est parsemé de bunkers et longe l'océan scintillant. Si vous avez la chance de vous retrouver sur la côte de Kohala de la grande île d'Hawaï, le n° 15 du parcours sud de Mauna Lani représente le nec plus ultra du golf de complexe hôtelier. **KLL**

Parcours : golf de Valderrama

Situé à : San Roque, Cadix, Espagne

Trou : n° 15

Longueur : 205 m

Par : 3

Architecte : Robert Trent Jones senior

À savoir : Durant le Volvo Masters Andalucia de 2003, on a joué 3 222 coups en moyenne sur ce trou, le par 3 le plus difficile du parcours au cours de ce tournoi (et le cinquième de tous les trous). Il n'a concédé que 18 birdies durant toute la semaine, pour 60 bogeys et 4 doubles bogeys.

N° 15 GOLF DE VALDERRAMA

Avant que l'on n'inverse les deux 9 de Valderrama à la fin des années 1980, le n° 15 actuel était le n° 6. Il a beaucoup plus d'effet aujourd'hui, car ce par 3, le plus long de Valderrama, marque le début des 4 derniers trous spectaculaires d'un des parcours les plus célèbres d'Europe continentale.

Le n° 15 est l'un des endroits préférés du public, offrant des postes d'observation magnifiques au cours d'épreuves comme la Ryder Cup de 1997, les World Golf Championships-American Express Championship de 1999 et 2000, et le Volvo Masters Andalucia, qui clôt la saison du PGA European Tour.

Le green, placé en biais, est long et étroit, bien protégé par une rangée d'arbres sur la droite et par 3 énormes bunkers. L'emplacement du drapeau au fond à droite est le plus difficile, car il exige un coup de départ franchissant le bunker et atterrissant à l'arrière-centre du green, où la balle redescend la pente vers le drapeau. Durant la Ryder Cup de 1997, l'Américain Jim Furyk contrecarra la tentative de rattrapage de Nick Faldo sur ce trou. Après que ce dernier eut frappé son premier coup à 1 m du drapeau, Furyk rentra une sortie de bunker pour réaliser un birdie et partager le trou avec Faldo. Ce dernier ne s'en remit pas et succomba au trou suivant, concédant à Furyk une victoire de 3 et 2 points en individuel. **KA**

CI-CONTRE *Le quinzième trou de Valderrama.*

N° ⑮ CINNAMON HILL OCEAN COURSE

Parcours : Cinnamon Hill Ocean Course
Situé à : Montego Bay, Jamaïque
Trou : n° 15
Longueur : 157 m
Par : 3
Architecte : Robert Von Hagge

À savoir : Le James Bond *Golden Eye* a été tourné en partie à Cinnamon Hill, et on peut apercevoir dans quelques scènes la cascade du n° 15.

Si vous désirez épicer un peu votre golf, le parcours de Cinnamon Hill (la « Colline de cannelle » en français) fera l'affaire. Ce par 71 de 6 069 m offre une vue époustouflante sur la mer des Caraïbes et le massif des Blue Mountains.

Le tracé serpente à travers les ruines historiques de Cinnamon Hill – une plantation sucrière anglaise du XVIIe siècle – et permet d'apercevoir le manoir du domaine, refuge de Johnny Cash, chanteur aujourd'hui décédé.

Le n° 15 est un par 3 dont l'aire de départ est bordée par la mer des Caraïbes, mais est orientée vers les terres. Le trou se dirige vers une cascade naturelle, un cadre merveilleux au milieu duquel frapper ses putts. Celle-ci était cachée par des broussailles si épaisses, qu'avant une rénovation complète en 2001, même l'équipe architecturale de Robert Von Hagge n'en connaissait pas l'existence. Une fois découverte, elle fut rapidement incorporée au trou.

Si l'on désire continuer à jouer au golf à la Jamaïque, 3 des complexes les plus salués des environs se sont alliés pour créer le Rose Hall, l'association de golf de Montego Bay, qui comprend le parcours de l'Océan de Cinnamon Hill, ainsi que les parcours de White Witch et de Half Moon. Des accords tarifaires réciproques ont été passés entre les 3 parcours. **JB**

N° ⑮ TURNBERRY GOLF CLUB
(PARCOURS AILSA)

Parcours : Turnberry Golf Club (parcours Ailsa)

Situé à : Turnberry, Ayrshire, Écosse

Trou : n° 15

Longueur : 191 m

Par : 3

Architecte : Mackenzie Ross

À savoir : Le parcours Ailsa de Turnberry est baptisé en l'honneur d'Ailsa Craig, un énorme îlot en roche volcanique à environ 16 km au large de la côte d'Ayrshire. Cette formation granitique mesure à peu près 1 188 m de long, 823 m de large et 338 m de haut.

C'est le légendaire « duel au soleil » entre Tom Watson et Jack Nicklaus au cours du British Open de 1997 qui a placé Turnberry sur la scène internationale, et le n° 15 joua un rôle important au cours du fameux dernier tour.

Watson réalisa un birdie en rentrant un long putt d'environ 55 m depuis la lèvre du green, égalant ainsi le score de Nicklaus, pour se diriger vers la victoire à l'issue de l'une des grandes batailles de l'histoire des championnats. Tom Watson est revenu à Turnberry en 2003 et y a remporté le British Open senior, réalisant un birdie sur le n° 15 au premier tour.

Ce trou, baptisé *Ca'Canny*, ce qui signifie « Fais attention » en écossais, est considéré comme le meilleur du solide quatuor de pars 3 de Turnberry. C'est un conseil que l'on devrait suivre. Les joueurs faisant souvent face au vent, ils sont fréquemment contraints d'utiliser de longs bois ou même un driver afin d'atteindre le green. Mieux vaut vous saisir de ce dont vous avez besoin pour y arriver, car les coups de départ trop courts atterrissent dans un vallon diabolique, au rough épais, sous le green surélevé, un purgatoire d'où il s'avère quasiment impossible de sauver le par. 3 profonds bunkers à gauche et à l'arrière du green compliquent encore les choses. **KA**

Parcours : Sunningdale Golf Club (vieux parcours)

Situé à : Sunningdale, Surrey, Angleterre

Trou : n° 15

Longueur : 195 m

Par : 3

Architecte : Willie Park junior

À savoir : La Walker Cup s'est déroulée à Sunningdale en 1987. C'est la première fois que, alors qu'elle était organisée par la Grande-Bretagne et l'Irlande, elle se déroulait sur un parcours qui n'était pas en links. Les États-Unis remportèrent le titre, 16,5 à 7,5.

N° ⓯ SUNNINGDALE GOLF CLUB
(VIEUX PARCOURS)

Le vieux parcours de Sunningdale, considéré comme le meilleur parcours sur lande d'Angleterre, accueille les joueurs depuis 1901. 25 ans plus tard, ce fut là que Bobby Jones réalisa son score légendaire de 66 durant les épreuves qualificatives du British Open. Sa partie, souvent qualifiée de « partie parfaite », comprenait 33 coups, 33 putts et un score de 33 à l'aller comme au retour. Elle fut effectuée par un Bobby Jones de 24 ans, qui frappa un fer 2 ou un bois sur 10 des 18 trous. Il proclama par la suite son amour de ce parcours. Encouragé par cet exploit, il remporta l'Open au Lytham & St Annes.

Le n° 15, un long par 3, est protégé par de grands bunkers à droite et à gauche et par un vent de travers dominant qui pousse souvent les coups de départ dans le sable, à gauche, le par devenant alors difficile à sauver.

Le vieux parcours a accueilli diverses épreuves professionnelles et amateurs de premier ordre, remportées par certains des grands noms du golf. Parmi les vainqueurs de l'Open européen, qui s'est déroulé à Sunningdale 8 fois en 10 ans (1982-1992), on peut citer Nick Faldo, Ian Woosnam, Greg Norman et Bernhard Langer, tandis que Karrie Webb et Se Ri Pak y ont remporté le British Open féminin. **KA**

Parcours : Vale do Lobo (parcours de l'Océan)

Situé : en Algarve, Portugal

Trou : n° 15

Longueur : 192 m

Par : 3

Architectes : Sir Henry Cotton, Rocky Roquemore

À savoir : *Vale do Lobo* signifie « vallée du Loup ». Le dernier 9 du parcours de l'Océan est constitué des 9 trous de l'ancien parcours orange.

N° ⑮ VALE DO LOBO (PARCOURS DE L'OCÉAN)

Le n° 15 du parcours de l'Océan serait plus reconnu s'il n'était éclipsé par le n° 16 du parcours royal. Le n° 16 est peut-être le plus mémorable des 2 à cause de sa topographie, mais le n° 15 offre un défi singulier.

C'est un par 3 doté d'un grand green, simple et sans problème depuis le départ des visiteurs. Mais si l'on joue depuis les départs arrière par jour de vent, il semble soudainement avoir diminué. Atteindre le green en régulation ne constitue alors plus une simple formalité. C'est dans ce genre de moment que le vaste bunker qui le protège à l'avant entre en jeu.

L'Atlantique constitue un obstacle naturel sur la gauche et rien ne ressemble plus à de vrais links au Portugal que ce trou-ci. La plage est hors limite, mais semble attirer de nombreuses balles, car les golfeurs visent naturellement la droite puis produisent les hooks que cette position encourage.

Ceux qui arrivent à trouver la partie droite du green auront du mal à rentrer la balle en 2 coups lorsque le drapeau est à gauche, car la distance à parcourir s'avérera longue. Les plus prudents devraient essayer d'atterrir avant le green, légèrement à droite, et suivre d'un chip puis d'un putt pour réaliser le par. **AT**

CI-CONTRE *L'Anglais Graeme Storm putte sur le n° 15 de Vale do Lobo en avril 2002.*

N° ⑮ FAIRMONT JASPER PARK LODGE GOLF COURSE

Parcours : Fairmont Jasper Park Lodge Golf Course

Situé à : Jasper, Alberta, Canada

Trou : n° 15

Longueur : 126 m

Par : 3

Architecte : Stanley Thompson

À savoir : Comme la plupart des golfs de complexes hôteliers, Jasper Park fait preuve d'une architecture généreuse. Le paysage est spectaculaire, avec les montagnes en toile de fond sur chaque trou.

Le Fairmont Jasper Park Lodge, au cœur des Rocheuses canadiennes, a procuré des souvenirs inoubliables à des milliers de golfeurs depuis l'inauguration de son parcours en 1925.

Salué pour son tracé plein de défis et sa beauté spectaculaire, c'est, d'après le magazine *SCORE Golf*, le meilleur complexe de golf au Canada.

Baptisé *Bad Baby* à juste titre, ce par 3 de 126 m mettra votre petit jeu à l'épreuve. Ne prenez pas le drapeau en compte et visez le centre du green. Quel que soit l'endroit où la balle atterrit, il suffira alors d'un putt relativement court pour réaliser un birdie, mais si l'on rate le green, il sera très difficile ensuite de rentrer la balle en 2 coups. Et l'on pourra dire adieu au birdie.

On trouve des arbres sur la gauche et un bunker au milieu du fairway, mais tout ceci ne devrait pas entrer en jeu. Attention cependant aux bunkers à droite et à gauche du green qui pourraient, eux, intervenir.

Le green est incliné d'arrière en avant, et, généralement, de gauche à droite. Prévoyez 2 putts et réjouissez-vous si vous faites le par. **TJ**

Parcours : North Berwick (parcours ouest)

Situé à : North Berwick, East Lothian, Écosse

Trou : n° 15

Longueur : 175 m

Par : 3

Architecte : David Strath

À savoir : On dit que Winston Churchill se trouvait ici en 1911 lorsqu'on lui apprit qu'il avait été nommé premier Lord de l'Amirauté… c'est du moins ce que raconte la légende.

N° ⓯ NORTH BERWICK
(PARCOURS OUEST)

Le monde du golf déborde de « plus ». Le trou le plus photographié, le plus célèbre, le plus difficile, le plus enchanteur. Ces superlatifs sont subjectifs et bon nombre tendent à l'hyperbole, mais le n° 15 de North Berwick se montre certainement digne de sa réputation de trou le plus copié au monde.

Le « Redan » de North Berwick fut le premier au monde à suivre une formule spécifique. Afin de protéger le par, une stratégie militaire est adoptée, où l'on construit 2 lignes qui vont en s'éloignant de la zone protégée, afin de diminuer la ligne d'attaque de l'ennemi. L'on en trouve aujourd'hui des centaines, voire des milliers, aux 4 coins de la planète. Ces derniers ont clairement leur origine à North Berwick – un « plus » bien mérité.

Malgré son originalité, le n° 15 n'est probablement pas le plus intéressant du dernier 9. Cette distinction revient au trou suivant, le n° 16. Cependant, en terme d'innovation, rien de surpasse le n° 15.

Le premier élément de défense du Redan est le green, situé à un angle de 45° derrière un profond bunker. On aperçoit ce dernier, mais les autres défenses sont plus difficiles à apercevoir. Le deuxième élément est entièrement caché depuis le départ – le green descend en pente à l'arrière, ce que cache une crête placée à environ 32 m devant le green.

La distance est essentielle si l'on veut dépasser le bunker devant le green, tout en arrêtant la balle sur une surface qui part en pente. Cela peut amener divers coups en fonction du vent. Un draw efficace le matin peut s'avérer ridicule à midi.

North Berwick possède beaucoup d'autres traditions. Par exemple, en 1899, Harry Vardon et Willie Park y ont disputé une partie légendaire de 36 trous, devant se dérouler à l'origine à Ganton et à Musselburgh. Mais Vardon, ayant appris que les habitués de Musselburgh, parcours de Park, avaient la réputation de se mêler du jeu, refusa d'y jouer, et la partie eut donc lieu à North Berwick. La stratégie porta ses fruits. Vardon en sortit vainqueur. La tradition et un excellent golf récompensent toujours aujourd'hui les visiteurs de North Berwick. **JB**

N° ⑮ KINGSTON HEATH GOLF CLUB

Parcours : Kingston Heath Golf Club

Situé à : Cheltenham, Victoria, Australie

Trou : n° 15

Longueur : 142 m

Par : 3

Architectes : D. G. Soutar, Alister MacKenzie

À savoir : Tandis que MacKenzie s'est chargé de dessiner tous les bunkers de cet excellent tracé australien, il passe pour n'avoir conçu qu'un seul trou, le n° 15, qu'il remodela en 1926, 3 ans après que Soutar eut créé l'original.

Quelle transformation a effectué ici MacKenzie ! Ce qui était autrefois un par 4 aveugle est devenu un fabuleux par 3, désormais considéré comme le meilleur de ce genre dans les environs de Melbourne, voire d'Australie. Il marque le début d'un très difficile quatuor final.

Le n° 15 démarre avec un coup de départ légèrement en montée, sensible au vent retors qui souffle si souvent dans la région, et il doit franchir une série de bunkers complexe qui paraît contenir plus de sable que le désert australien. 2 de ces obstacles sont situés près du green et sur la gauche, avec un ensemble de 5 autres à droite.

Il semble donc que la stratégie la plus sage soit de jouer en puissance, mais toute balle trop longue atterrira dans une profonde dépression derrière le green, incliné d'arrière en avant, et dont la surface est souvent incroyablement dure et rapide. Les habitués déclarent que le trou peut concéder un birdie ou 2, mais que tout joueur sauvant le par peut s'estimer heureux, car il n'est pas difficile de faire bien pire. **JS**

Parcours : Cypress Point Club

Situé à : Pebble Beach, Californie, États-Unis

Trou : n° 15

Longueur : 127 m

Par : 3

Architecte : Alister MacKenzie

À savoir : Selon Robert Hunter, ami et partenaire en affaires de MacKenzie, le n° 15 « est le trou le plus spectaculaire au monde… dominant une mer sauvage et une côte rocailleuse ».

N° ⓯ CYPRESS POINT CLUB

Comment un trou minuscule mesurant moins de 130 m peut-il être désigné comme « l'un des meilleurs au monde » ? C'est tout simplement parce qu'il a été conçu par Alister MacKenzie, qu'il est situé sur ce qui constitue peut-être le golf le plus impeccablement entretenu de la planète, et qu'il débute ce que l'on qualifie souvent de plus beau trio de trous de golf au monde.

Selon George Fuller, de *travelgolf.com*, « les collines sablonneuses bordées de forêt de Cypress, qui mènent jusqu'au bord du Pacifique, les célèbres pars 3 que sont le n° 15, le n° 16 et le précaire n° 17 – tout le long d'une falaise du Pacifique – font paraître l'Augusta bien terne, sauf au printemps, lorsqu'il éclate de couleurs au moment des Masters ».

Le magnifique trio de Cypress Point débute par le n° 15, un minuscule par 3 certes, mais gigantesque par sa beauté et ses défis.

Le départ vous permet de découvrir ce qui vous attend, et pas seulement sur le n° 15. Haut de 59 m, il offre un panorama sur le trou et, au-delà, sur le golf, les falaises et le Pacifique. Une crique sépare le départ du green, accentuée par 3 imposantes formations rocheuses – une à droite du départ, une devant et une autre derrière le green. On trouve des endroits où atterrir si jamais le vent marin faisait dévier la balle de sa trajectoire, mais ces zones sont en général remplies d'herbe hirsute et de bunkers.

Une petite zone de sécurité est située derrière le green, mais un effort trop audacieux mènera à l'océan. Un épais rideau d'arbres – des cyprès bien entendu –, magnifique mais périlleux, se dresse à gauche du green. Les possibilités d'emplacement du drapeau sont nombreuses, la plus difficile étant à l'avant, où le drapeau se dresse sur une mince lamelle de green, coincée entre 2 profonds bunkers.

On imagine assez mal comment MacKenzie a pu incorporer autant de défis golfiques à un trou si petit, mais c'était un sculpteur de golf hors pair. Toutefois, il est peut-être injuste à l'égard des sculpteurs de comparer leurs œuvres à celles de MacKenzie. Ils démarrent en général avec une motte d'argile, alors que la matière brute dont bénéficia MacKenzie à Cypress Point – l'un des terrains les plus majestueux au monde – l'a avantagé dès le départ. **JB**

N° ⑮ FANCOURT COUNTRY CLUB
(PARCOURS MONTAGU)

Parcours : Fancourt Country Club (parcours Montagu)
Situé à : George, Afrique du Sud
Trou : n° 15
Longueur : 422 m
Par : 4
Architecte : Gary Player
À savoir : Les links sont l'un des 4 parcours du domaine de Fancourt et ont accueilli la Presidents Cup en 2003.

Gary Player n'hésita pas à transformer le terrain pour créer le parcours de ses rêves dans son Afrique du Sud natale. Il fit tout ce qu'il fallait pour réaliser un parcours de championnat qui rivaliserait avec les meilleurs.

Player transforma un terrain alors plat en links traditionnels en apportant 734 000 m^3 de terre. C'est désormais un terrain vallonné, balayé par le vent et parsemé de dunes, le seul parcours de ce genre en Afrique du Sud.

Ce dogleg à gauche de 422 m, un par 4, pousse le golfeur à essayer de franchir autant que possible le marécage qu'abrite le coude du trou, afin de pouvoir suivre d'un pitch très court jusqu'à la péninsule où se trouve le green.

Ce trou reflète une conception du golf où la prise de risque est récompensée. Plus le coup de départ est audacieux, plus le deuxième sera facile. Mais attention : ne frappez pas plus fort que vous ne pouvez maîtriser. Ne gâchez pas une bonne partie en vous montrant trop avide ou le n° 15 gâtera votre journée. Jouez de façon intelligente et visez le par.

Gary Player était le capitaine de l'équipe européenne au cours de la Presidents Cup de 2003, tandis que Jack Nicklaus menait l'équipe américaine. **TJ**

CI-CONTRE *Phil Mickelson sur les links de Fancourt, en novembre 2003.*

N° ⑮ BETHPAGE STATE PARK
(PARCOURS NOIR)

Parcours : Bethpage State Park (parcours noir)

Situé à : Farmingdale, État de New York, États-Unis

Trou : n° 15

Longueur : 400 m

Par : 4

Architectes : Joseph Burbeck, A. W. Tillinghast

À savoir : Le trou précédent, un court par 3, est l'un des plus faciles du parcours. Le n° 15, au contraire, est le plus difficile.

CI-DESSOUS *Le n° 15 du parcours noir de Bethpage State Park.*

CI-CONTRE *Tiger Woods sur le n° 15 du parcours noir de Bethpage State Park, en 2002.*

Le n° 15 est l'un des trous de Bethpage State Park où l'on sort son appareil photo, car on jouit d'une vue splendide depuis son aire de départ.

Ce dogleg à gauche se joue tout en montée. Le green est situé environ 12 m plus haut que le départ. Afin de pouvoir étudier la cible du deuxième coup, il faudra frapper loin depuis le départ. Il faudra gagner environ 240 m avec le drive, si l'on souhaite bénéficier d'un coup d'approche facile.

Si le coup de départ atterrit dans le rough, n'espérez plus rejoindre le green en 2 coups. C'est d'ailleurs le cas sur tout le reste du parcours, car il est difficile de jouer depuis son rough. Pour le coup d'approche, inutile de chercher à jouer court, à cause des bunkers sur l'avant.

Le green, ondoyant, est assez difficile. Il est incliné de la gauche vers la droite au centre, alors que sur la partie avant, la balle roule d'arrière en avant. Il n'est donc pas inhabituel d'y avoir besoin de 3 putts.

Jouez long sur le coup de départ, franchissez les bunkers devant le green – et évitez les 3 putts. Puis éloignez-vous aussi vite que possible et estimez-vous heureux – et assez bon joueur. **TJ**

N° ⑮ **WORLD WOODS**
(PARCOURS DES LANDES DE PINS)

Parcours : World Woods (parcours des Landes de pins)

Situé à : Homosassa Springs, Floride, États-Unis

Trou : n° 15

Longueur : 301 m

Par : 4

Architecte : Tom Fazio

À savoir : En avril 2001, un seul foursome réalisa sur le n° 15 un trou en un, un eagle, un birdie, et le par.

Ce par 4 de 301 m est l'exemple type du trou où la prise de risque est récompensée, et Tom Fazio pousse réellement à la réflexion dès l'aire de départ. Lorsque les joueurs contemplent le double fairway, ils doivent choisir l'un des côtés. Cette aire a été le témoin de débats interminables.

Si vous choisissez le côté gauche, souvent considéré comme le plus sûr des 2, vous affronterez un coup d'approche semi-aveugle et plus difficile. Cette voie, cependant, garantit presque le par, mais est-ce satisfaisant sur un trou de 300 m ? Si vous optez pour le coup de départ le long du côté droit, il faudra porter la balle sur 205 m au-dessus de l'eau. Avec un coup parfait, vous pourrez suivre d'un chip facile ou d'un putt pour un eagle. Mais si l'approche est moins que parfaite, elle empêchera toute possibilité de birdie.

Le green est assez large et tient bien la balle. Vous pouvez y attaquer le drapeau et, compte tenu de ce qui arriva à un foursome sur ce trou en 2001 (voir encadré), tout est possible. Ce trou est sans artifice, et vous pouvez y faire pression sur votre partenaire si vous l'avez déjà joué. **GE**

N° ⓯ **MOWBRAY GOLF CLUB**

Parcours : Mowbray Golf Club
Situé à : Le Cap, Afrique du Sud
Trou : n° 15
Longueur : 386 m
Par : 4
Architectes : S. V. Hotchkin, Robert Grimsdell

À savoir : Alors que l'on joue souvent face au vent sur la majorité des parcours de bord de mer, à Mowbray, les golfeurs se retrouvent rarement dans cette position ou avec le vent dans le dos. Pour y effectuer une bonne partie, on doit donc estimer correctement le vent de travers qui y souffle.

Le club de Mowbray fut établi en 1910 par des membres du club du Cap, après la fermeture du parcours de ce dernier à Rondebosch Common. N'importe quel autre parcours constituait une amélioration par rapport à celui de ce terrain communal, qui présentait, entre autres obstacles, des parties de rugby se jouant sur le n° 1 tous les samedis, un cimetière sur le n° 2, et, peut-être pire que tout, une décharge municipale sur le n° 4.

On peut aisément affirmer que le nouvel emplacement est bien meilleur. Aujourd'hui, les membres du Mowbray jouent sur l'un des plus beaux tracés du pays, ayant accueilli 7 Opens d'Afrique du Sud et tous les championnats amateurs nationaux d'importance.

Le n° 15, un par 4 emblématique et le deuxième plus difficile du parcours, est peut-être le plus célèbre de Mowbray.

Sur l'aire de départ, la stratégie la plus intelligente consiste à placer un drive solide sur la droite d'un fairway ondoyant et bordé d'arbres, en évitant un étang à gauche de la zone d'arrivée de la balle. Un coup d'approche semi-aveugle suit, jusqu'au vaste green défendu par un profond bunker à gauche. L'approche est magnifiquement encadrée d'arbres indigènes se détachant sur les cimes majestueuses de Devil's Peak et Table Mountain. **KA**

N° ⑮ SONNENALP À SINGLETREE

Parcours : Sonnenalp à Singletree

Situé à : Edwards, Colorado, États-Unis

Trou : n° 15

Longueur : 352 m

Par : 4

Architecte : Bob Cupp

À savoir : Situé à Singletree, à 5 minutes de Beaver Creek environ, ce parcours exceptionnel est semi-privé. Il vaut cependant certainement les cotisations du club.

Sonnenalp à Singletree ne manquant pas de rivaux dans les environs, il se doit de présenter un produit d'excellente qualité – ce qui est bien le cas.

Par exemple, le n° 15, un par 4 de 352 m virant légèrement à droite mais ne formant pas un vrai dogleg, en est un bon exemple. Les grands frappeurs peuvent rejoindre le green depuis le départ, mais le risque est élevé. Un membre nous a ainsi déclaré : « C'est folie de tenter le green. Beaucoup trop risqué, je ne sais pas combien de joueurs réussissent. »

La meilleure stratégie ici consiste à frapper un joli coup au fer 5, puis un wedge. Si l'on s'approche à 90 m du green, très protégé, on bénéficiera d'un coup d'approche plus facile. Il est aussi important de prendre garde au fossé rocailleux entrant en jeu sur le côté gauche du fairway.

La marge d'erreur étant réduite, mieux vaut s'approcher du green autant que possible. On découvre des bunkers sur la droite de ce dernier comme à l'arrière. 2 étangs protègent le côté gauche, l'un accolé au green, et l'autre juste un peu avant. En forme de haricot, le green s'enroule autour de l'eau. Il est aussi assez plat et simple, le problème étant plutôt de l'atteindre. **TJ**

N° ⑮ GOLF DE LA VILLA D'ESTE

Parcours : golf de la villa d'Este

Situé à : Montorfano, Côme, Italie

Trou : n° 15

Longueur : 424 m

Par : 4

Architecte : Peter Gannon

À savoir : Le golf de la villa d'Este comprend 6 pars 3, 3 pars 5 et 9 pars 4 pour un par final de 69.

La villa d'Este, l'un des parcours les plus anciens du pays, fait partie des joyaux du golf italien depuis son inauguration en 1926.

Il est situé à 365 m d'altitude au milieu des châtaigniers, bouleaux, frênes et pins, en terrain vallonné près du lac Montorfano, en Lombardie, dans le nord de l'Italie. Il a accueilli 12 Opens d'Italie, la dernière fois en 1972.

Le n° 15 fait preuve d'une longueur rare pour un tracé de par 69 (c'est de loin le par 4 le plus long de la villa d'Este), mais la distance n'est pas le seul défi de ce trou, le plus difficile du club. Le fairway dessine une forte pente de droite à gauche, ce qui garantit pour la plupart des joueurs un lie inégal sur le deuxième coup. Ce dernier est long, et de nombreux joueurs ont tendance à le faire partir en hook.

Conséquence : Peter Gannon, l'architecte du parcours de la villa d'Este, a situé la plupart des embûches à gauche du green, relativement petit et très découpé. Parmi celles-ci, un profond bunker sur l'avant-gauche, et une rangée d'arbres un peu plus loin, pour ceux qui frapperaient un vrai pull sur leur coup d'approche. Sur l'avant-droite, un autre profond bunker attend ceux qui essaieraient de trop compenser leur lie. **KA**

N° ⑮ GALLOWAY NATIONAL GOLF CLUB

Parcours : Galloway National Golf Club

Situé à : Galloway Township, New Jersey, États-Unis

Trou : n° 15

Longueur : 374 m

Par : 4

Architecte : Tom Fazio

À savoir : Le dessin original de Tom Fazio ne comprenait pas l'énorme dépression naturelle sablonneuse au centre du fairway, mais l'architecte pensait que le trou manquait d'un je-ne-sais-quoi. Il l'a trouvé.

Situé au milieu des bois et des marais le long de la baie de Reeds, juste à la sortie d'Atlantic City, le Galloway National Golf Club est un merveilleux tracé de Tom Fazio, né du sentiment de frustration d'un golfeur. Vernon Hills, l'un des propriétaires du club, venait de subir une partie de 5 heures sur un parcours voisin, et se jura de ne jamais répéter l'expérience. Aussi décida-t-il d'établir un club privé d'où serait bannie la lenteur du jeu. Les membres du Galloway lui sont reconnaissants d'avoir tenu sa promesse.

Le parcours commence et termine le long des marais et de la baie, d'où l'on aperçoit la ligne des toits d'Atlantic City ; mais certains trous boisés, fascinants, existent aussi en milieu de partie. Le n° 15, un par 4 se jouant en montée, en fait partie.

Les grands frappeurs devront se retenir à cause de la fosse sablonneuse gigantesque traversant le fairway à environ 250 m. Même si l'on trouve une petite zone de sécurité à droite du sable, nous ne vous recommandons pas de la viser, car un arbre solitaire monte la garde devant le green, à droite, bloquant toute approche depuis cet angle. Le green, surélevé, est aussi protégé par son inclinaison d'arrière en avant et par un vaste bunker à gauche. **KA**

Parcours : Honors Course

Situé à : Ooltewah, Tennessee, États-Unis

Trou : n° 15

Longueur : 407 m

Par : 4

Architectes : P. B. Dye, Pete Dye

À savoir : Ce parcours a accueilli de nombreuses épreuves importantes, dont le NCAA Championship de 1996, remporté par Tiger Woods, l'US Amateur de 1991, et la Curtis Cup de 1994. L'US Mid-Amateur s'y est aussi déroulé en 2005.

N° 15 HONORS COURSE

L'Honors Course est réputé pour son cadre naturel, et nul besoin de chercher plus loin que le n° 15 pour en comprendre la raison. Cette épreuve de 407 m est un vrai plaisir pour n'importe quel joueur, quel que soit son niveau de jeu. Pete Dye et son fils y ont instauré une harmonie parfaite.

Depuis l'aire de départ, un premier coup droit est essentiel. Ceux qui frappent fort devront réfléchir au deuxième coup dès l'aire de départ. Un drive puissant permet de suivre d'un fer court vers le green, mais ce n'est pas parce que l'on joue loin que tout danger est écarté : le deuxième coup doit s'avérer parfait pour demeurer sur le green. Les joueurs de talent adoreront le défi que cela représente, et ceux qui rateront le green seront confrontés à un chip et à un putt difficiles.

Ceux qui choisiront une stratégie moins risquée frapperont peut-être un fer long ou un bois de fairway depuis le départ, mais cela peut mal tourner, et ils se retrouveront alors dans une situation fâcheuse. On trouve une zone de sécurité à droite du green, qui accommodera parfaitement les rebonds d'une balle d'approche et récompensera la prise de risque.

Le green est engageant et comporte quelques ruptures. De nombreux joueurs ont tendance à trop y lire leur putt. Mieux vaut choisir sa ligne de jeu et s'y tenir. **GE**

Parcours : The Golf Club Kennedy Bay

Situé à : Longbeach Key, Port Kennedy, Australie-Occidentale

Trou : n° 15

Longueur : 349 m

Par : 4

Architectes : Michael Coate, Roger MacKay, Ian Baker-Finch

À savoir : Aux yeux de nombreux habitués des parcours de golf, c'est son emplacement aux environs de Perth, à la pointe occidentale de l'Australie, qui a empêché le Kennedy Bay de créer la sensation au plan national.

N° 15 THE GOLF CLUB KENNEDY BAY

Ce trou est baptisé le « Jugement » pour une raison assez simple : les joueurs doivent faire usage de bon sens – et de jugement – lorsqu'ils prennent position sur l'aire de départ de ce par 4, où la prise de risque est récompensée.

En réalité, 2 choix sont possibles pour le coup de départ. On peut frapper en s'alignant sur le « toboggan » qui dévale le côté droit et essayer de faire atterrir sa balle entre les monticules à l'extrémité du fairway et les 2 bunkers du milieu. Ou jouer la sécurité en visant une zone d'arrivée beaucoup plus large. C'est plus facile évidemment, mais cela amène un coup d'approche bien plus ardu, car il sera aveugle, en direction d'un long green ondoyant, entouré de broussailles et protégé par un bunker sur l'avant, à gauche.

Tout est canalisé vers le green même, ce qui signifie que l'on peut frapper un coup roulé depuis la droite, autre raison pour laquelle il est préférable de viser ce côté-là sur le coup de départ. **JS**

Parcours : Golf National (parcours de l'Albatros)

Situé à : Guyancourt, France

Trou : n° 15

Longueur : 365 m

Par : 4

Architectes : Hubert Chesneau, Robert Von Hagge, Pierre Thévenin

À savoir : Durant l'Open de France de 2003, on a frappé sur le quinzième trou une moyenne de 4,128 coups, pour un total de 25 double bogeys, ou pire.

CI-DESSOUS   Le n° 15 du Golf National de Guyancourt.

CI-CONTRE   L'Australien Robert Allenby joue son deuxième coup sur le n° 15 du Golf National en juin 2004.

N° ⑮   **GOLF NATIONAL**
(PARCOURS DE L'ALBATROS)

Le quinzième trou du Golf National, un par 4, marque le début de la version réduite de l'*Amen Corner* français. Trou le plus difficile du parcours, son aspect est impressionnant et intimidant depuis l'aire de départ, car il dessine un dogleg à droite autour d'un immense lac, du départ jusqu'au green.

Les golfeurs seraient sages de frapper leur coup de départ aussi loin que possible sur le côté gauche du fairway, ce qui leur permettrait d'éviter l'eau et de raccourcir autant que possible le coup d'approche, délicat.

On doit ensuite franchir un ruisseau au deuxième coup, pour atteindre un green assez petit, mais à triple plateau. Il ne faut absolument pas jouer court sur l'approche, car cela amènerait très probablement un score élevé, surtout si le drapeau est sur le devant. Mieux vaut jouer la sécurité en visant le niveau du milieu et se satisfaire d'un par bien mérité.

Le Golf National a accueilli tous les Opens de France depuis 1991 et certains des meilleurs joueurs au monde y ont été couronnés récemment, dont Retief Goosen (1997, 1999), Colin Montgomerie (2000), et José María Olazábal (2001). **KA**

Parcours : golf de Casa de Campo (parcours des Dents du chien)

Situé à : La Romana, République dominicaine

Trou : n° 15

Longueur : 351 m

Par : 4

Architecte : Pete Dye

À savoir : Le parcours des Dents du chien accueille régulièrement les tournois féminins de la NCAA Division I, et le championnat mondial amateur par équipes s'y est déroulé en 1974 pour être remporté par les États-Unis.

N° ⓯ GOLF DE CASA DE CAMPO
(PARCOURS DES DENTS DU CHIEN)

Bien avant que le premier débutant malheureux n'envoie sa première balle dans les eaux fraîches et transparentes de la mer des Caraïbes qui délimite le parcours des Dents du chien, les ouvriers dominicains avaient déjà attribué au tracé son surnom menaçant et tout à fait mérité.

Le terrain où Pete Dye modela ce parcours de 6 390 m fut surnommé *Dientes del perro* par les gens du cru à cause de ses rochers de corail acérés et, lorsque ce chef-d'œuvre fut achevé, le nom lui resta.

Les Dents du chien comptent 8 trous accolés à la mer des Caraïbes, mais aucun n'est aussi spectaculaire que le n° 15. Celui-ci débute un trio au bord de l'océan et prépare un finale plein de suspense. Sur ce par 4 de 351 m, dessinant un virage en douceur à droite depuis l'aire de départ légèrement en hauteur, le drive vise une zone d'arrivée étroite, inclinée vers la droite.

Une dépression naturelle menace sur le côté droit, avec la plage et les eaux bleues transparentes de la mer des Caraïbes juste au-delà, longeant le reste du trou. La plupart des joueurs n'auront pas besoin de plus d'un pitching wedge sur leur coup d'approche en direction du green, bien protégé par des bunkers, et qui paraît perché au bord d'une péninsule. **RH**

Parcours : Metropolitan Golf Club

Situé à : South Oakleigh, Melbourne, Australie

Trou : n° 15

Longueur : 427 m

Par : 4

Architectes : J. B. MacKenzie, Alister MacKenzie, Dick Wilson

À savoir : L'Open d'Australie, qui s'est déroulé au Metropolitan Golf Club en 1997, fut l'un des plus passionnants de tous les temps, l'Anglais Lee Westwood ayant eu besoin de 4 trous pour éliminer Greg Norman dans un play-off en mort subite.

N° ⓯ METROPOLITAN GOLF CLUB

Étonnamment, bien qu'environ la moitié de ce parcours ait été supprimée pour laisser la place à une école en 1960, le Metropolitan Golf Club demeure l'un des meilleurs d'Australie. Le n° 14, qualifié par Gene Sarazen « d'un des meilleurs au monde » après qu'il eut remporté l'Open d'Australie en 1936, est l'un des trous à avoir été sacrifiés.

Le parcours d'origine du Metropolitan fut construit en 1908 par J. B. MacKenzie, membre du club, et le premier 9, ainsi que les n° 17 et 18, demeurent presque intacts aujourd'hui.

On a cependant dû reconstruire les n° 10 à 16 sur une parcelle contiguë, et Dick Wilson, architecte américain, tira profit de cette situation malheureuse, créant 7 nouveaux trous qui se sont bien fondus au reste.

Le n° 15, un long dogleg à gauche flanqué d'un bunker à gauche de la zone d'arrivée, est le plus difficile de ces nouveaux venus. C'est cependant ce côté-là qui offre le meilleur angle de jeu vers le green, incliné de l'avant-gauche vers l'arrière-droite, et protégé par un énorme bunker sur l'avant-droite.

Le Metropolitan a accueilli de nombreux Victoria Opens, 7 Opens d'Australie, 5 PGA d'Australie et 5 tournois amateurs d'Australie. **KA**

N° ⑮ **BLACK DIAMOND RANCH & COUNTRY CLUB**
(PARCOURS DE LA CARRIÈRE)

Parcours : Black Diamond Ranch & Country Club (parcours de la Carrière)

Situé à : Lecanto, Floride, États-Unis

Trou : n° 15

Longueur : 339 m

Par : 4

Architecte : Tom Fazio

À savoir : Le magazine *Golfweek* a placé le parcours de la Carrière au quatorzième rang « des 100 meilleurs parcours modernes » en 1997 et au dix-septième en 1999. Black Diamond est niché dans les collines et vallons de Floride où l'on élève les chevaux dans des haras perdus au milieu de paysages et de dénivelés merveilleusement inhabituels.

Dan Jenkins, journaliste de golf américain légendaire, a couronné les n° 13 à 17 du parcours de la Carrière « meilleurs cinq trous de golf consécutifs au monde ». Il est difficile de s'opposer à ce jugement.

Le segment tout entier longe la mine de dolomite à laquelle le parcours doit son nom, et tandis que les n° 13 à 17 sont au cœur du parcours, c'est peut-être le n° 15, un par 4, qui constitue son âme. Il est considéré comme le trou emblématique du tracé, avec son aire de départ perchée au bord de la carrière et surplombant un double fairway ; celui-ci est protégé par un vaste bunker un peu plus loin à gauche, avec, au-delà, un lac longeant tout le trou.

Le fairway de droite domine d'environ 10 m la zone d'arrivée de gauche, et permet de jouer la sécurité, loin des obstacles les plus importants. Cependant, cette arrivée permet un coup d'approche plus facile.

Bien que relativement plat, le green est bien protégé. 2 bunkers défendent l'avant. Toute balle trop longue est condamnée à terminer dans le sable, car un grand bunker menace à l'arrière. La plupart des emplacements de drapeau sont accessibles, mais attention si le trou se trouve à l'arrière-droite, car l'eau entre alors en jeu.

Malgré toute cette série d'obstacles, le n° 15 est considéré comme un trou à birdies. On pourrait même dire que c'est le meilleur de ce que l'on décrit parfois comme une suite de trous sans rivale. **RH**

N° ⑮ ROYAL ST GEORGE'S GOLF CLUB

Parcours : Royal St George's Golf Club
Situé à : Sandwich, Kent, Angleterre
Trou : n° 15
Longueur : 437 m
Par : 4
Architectes : Laidlaw Purves, Alister MacKenzie, J. J. F. Pennink

À savoir : Au milieu d'une immense étendue de dunes le long de la mer du Nord, dans le Kent, se trouvent 3 parcours historiques et exceptionnels, le Royal St George, le Royal Cinque Ports et le Prince's Golf Club.

CI-DESSOUS ET CI-CONTRE *Le n° 15 du Royal St George's Golf Club.*

La carte de parcours ne rend pas justice à ce trou. De fait, elle donne une impression de facilité, renforcée par les déclarations des professionnels du club. Mais personne n'a su concevoir une carte de parcours indiquant le vent qui souffle sur chaque trou.

Jusqu'à ce que l'on soit sur l'aire de départ, en plein vent, on ne comprend pas le défi que propose ce trou – et, de fait, la plupart des autres du Royal St George. Car face au vent dominant, ce trou paraît bien plus long, et le coup d'approche joue un rôle d'autant plus essentiel.

2 bunkers sont placés sur la gauche du fairway, à environ 210 m du départ, et 2 autres plus petits le long du côté droit. On devrait donc frapper son drive au milieu, à environ 235 m. Cela laisse 180 m jusqu'à un green dangereux, protégé par 3 bunkers transversaux qui s'avancent jusqu'à sa lèvre et descendent en pente des 2 côtés. On aura besoin d'un fer long pour atteindre le green. **TJ**

N° ⑮ BANFF SPRINGS GOLF COURSE

Parcours : Banff Springs Golf Course
Situé à : Banff, Alberta, Canada
Trou : n° 15
Longueur : 376 m
Par : Stanley Thompson
À savoir : Le Banff Springs Resort, un domaine centenaire doté de 800 chambres, de 17 restaurants et d'un spa de 3 250 m², est d'une grande élégance. Il offre aussi un parcours de 27 trous en links de premier ordre.

«Chef-d'œuvre» constitue probablement la meilleure description de Banff Springs. C'est réellement un lieu de séjour dans la plus pure tradition. Son cadre, le long de la Bow, présidé par 3 massifs imposants, est magnifique.

Il est difficile de choisir un seul de ses 27 trous. En tant que visiteur de l'hôtel, vous aurez le droit de les jouer tous, mais c'est certainement du n° 15 dont vous vous souviendrez.

Le coup de départ doit franchir un ruisseau, ce qui n'est pas difficile. Mais on doit aussi frapper de droite à gauche en visant le centre du fairway, à 228 m du départ. Cela permettra un deuxième coup dégagé, en direction d'un green protégé par des bunkers à droite, à gauche et à l'arrière. On trouve aussi un long bunker le long du côté droit du fairway.

Le green monte en pente à l'arrière et est pourvu de nombreuses autres ondulations. Attention aux putts qui peuvent changer de direction, 2, voire 3 fois.

C'est un joli trou, mais ils le sont tous en montagne. Cependant, aucun d'entre eux n'est aussi extraordinaire que le n° 15. **TJ**

N° ⑮ ROYAL ST DAVID'S GOLF CLUB

Parcours : Royal St David's Golf Club

Situé à : Harlech, Gwynedd, pays de Galles

Trou : n° 15

Longueur : 398 m

Par : 4

Architectes : Harold Finch-Hatton, F. W. Hawtree

À savoir : Cecil Leitch a remporté son dernier British Open au Royal St David en 1926. Parmi les importantes manifestations s'étant déroulées ici, on compte le Home Internationals, le University Match, le British Ladies, British Youths, le Welsh Amateur, le Club Professionals Championship, le British Boys et le Ladies Home Internationals.

Son sens de l'histoire ainsi que la disposition naturelle de son terrain constituent les traits marquants du Royal St David. Montagnes et mer, orchidées et châteaux ne sont que certains des éléments caractéristiques du parcours n'ayant rien à voir avec le monde du golf. Cependant, comme on l'imagine aisément, ce dernier aussi y est excellent.

On aperçoit le château d'Harlech depuis de nombreux trous du parcours : un monument chargé d'histoire. Il fut construit en 1299 par Édouard Ier, et presque 650 ans plus tard, l'un des descendants de ce dernier, Édouard VII, devenait le capitaine de jeu du Royal St David's Golf Club alors qu'il n'était encore que prince.

Tout comme Royal Portcawl est considéré comme le plus beau parcours de Galles du Sud, le Royal St David est sans rival au Nord. On ne trouve pas paysage plus fascinant dans toute la Grande-Bretagne.

Le trou le plus célèbre du parcours est peut-être le n° 16, sur la péninsule de Lleyn de l'autre côté de la baie de Tremadog, mais le n° 15 est le deuxième des derniers 5 trous qui dessinent une boucle parmi les dunes, entre le château et la mer. Il constitue une épreuve difficile au pied des Snowdons.

Tout comme le reste du parcours, sa longueur n'est pas franchement intimidante. Occupant 398 m sur un total de 5 939 m, il présente pourtant d'autres difficultés. Oui, le parcours n'est qu'un par 69 au cours des compétitions. Il offre 5 trous relativement courts dotés de vastes greens, mais il est aussi réputé pour sa série de pars 4 éprouvants. La difficulté du n° 15 (l'un des courts pars 4) est accrue par le vent qui souffle souvent au visage et par un fairway qui se dirige vers la droite. 2 coups précis sont nécessaires, et si vous n'atteignez pas votre cible, les pénalités empêcheront probablement le par.

Le trou est dépourvu de bunkers, mais des collines sauvages, avec sable et broussaille, parsèment le paysage des 2 côtés, tout au long du fairway. Le green est difficile à atteindre, car les coups en hauteur sont confrontés au vent dominant, et une dépression juste devant gêne les coups roulés. **JB**

N° ⑮ RATTLEWOOD GOLF COURSE

Parcours : Rattlewood Golf Course

Situé à : Mount Airy, Maryland, États-Unis

Trou : n° 15

Longueur : 275 m

Par : 4

Architecte : Brian Ault

À savoir : Ce parcours est réputé pour de nombreuses raisons, mais ce sont ses vastes greens qui le distinguent vraiment des autres. Celui du n° 15 en constitue le parfait exemple.

Le Maryland n'est pas le plus grand des États américains, mais il s'avère important dans le domaine du golf. Il s'enorgueillit en effet d'excellents parcours, publics comme privés.

Le Rattlewood Golf Course fait partie de ces endroits formidables où tout le monde peut jouer. Aucune cotisation n'y est nécessaire, ce que la qualité du parcours ne laisse pas supposer. Pour lui rendre justice, on devrait le qualifier de country club public.

Le n° 15, un par 4 de 275 m, illustre le caractère exceptionnel du tracé. Nul besoin de voiturette pour découvrir ce joyau : on obtient une vue parfaite de ce trou ravissant depuis la boutique du professionnel.

Ne vous laissez pas duper par sa longueur. Depuis les départs arrière, on devra porter la balle au-dessus de l'eau sur une distance de 160 m, et donc s'attendre à en perdre quelques-unes.

Mais si vous y arrivez et que vous évitez les 2 bunkers de gauche, ainsi que celui de droite, vous serez en excellente position pour réaliser au moins le par. Attention néanmoins aux 2 bunkers à l'avant du green sur le coup d'approche.

Le green, d'assez bonne taille, est légèrement incliné de gauche à droite, et il est très difficile d'y putter pour un birdie. **TJ**

N° ⑮ SHADOW CREEK GOLF COURSE

Parcours : Shadow Creek Golf Course

Situé à : Las Vegas, Nevada, États-Unis

Trou : n° 15

Longueur : 400 m

Par : 4

Architectes : Tom Fazio, Andy Banfield

À savoir : Inutile de prendre votre appareil photo. Bien que la nature soit généreuse et que les vues ravissantes ne manquent pas, les photos ne sont pas autorisées. Vous êtes ici pour jouer au golf.

Le n° 15, orienté au nord, se joue sur 400 m le long du ruisseau de Shadow Creek, à gauche. Ce dernier traverse ensuite le fairway devant le green, avant de s'enrouler autour de son côté droit. Comme il s'interpose entre le fairway et le green, il faudra évidemment le franchir pour trouver le drapeau. Et attention à un bunker de bonne taille, sur le côté droit du fairway.

Le green est divisé en 4 parties, chacune dotée d'un spectaculaire dénivelé. Le coup de départ idéal vise le côté droit – prenez garde au bunker juste en dehors du fairway –, ce qui permet de bien apercevoir le green.

Autrefois parcours très privé, Shadow Creek est désormais ouvert aux clients des hôtels de la MGM. C'est une expérience luxueuse du début à la fin. Une limousine privée vous transporte à l'aller comme au retour… On fait pire comme moyen de transport. Le club promet que « votre caddie personnel vous accueillera et vous guidera au long d'une expérience de golf inoubliable ». Il tient en général sa promesse, et le golf y est fantastique. **TJ**

N° ⑮ HIGHLANDS LINKS GOLF CLUB

Parcours : Highlands Links Golf Club

Situé à : Ingonish Beach, Nouvelle-Écosse, Canada

Trou : n° 15

Longueur : 494 m

Par : 4

Architecte : Stanley Thompson

À savoir : En 2003, les lecteurs du magazine *SCORE Golf* ont à nouveau désigné Highland Links comme le meilleur parcours du pays. En 2002, les experts réunis par le même magazine l'avaient placé en tête des parcours publics canadiens.

En 1939, Stanley Thompson, architecte de golf de renommée internationale, fut invité par les parcs nationaux canadiens à créer un parcours dans un cadre magnifique, sur la côte, à l'intérieur du parc du Cap-Breton.

Le résultat ? Magistral.

Thompson a conçu et construit ce qu'il a appelé son « parcours des montagnes et de l'océan », une œuvre inspirée qui constitue l'un de ses accomplissements les plus remarquables.

Chaque trou est désigné d'un nom écossais folklorique, indiqué sur une pancarte en anglais comme en gaélique. Le n° 15 est baptisé *Tattie Bogle*. Ce nom inhabituel désigne les fosses à pommes de terre, où l'on entasse ces dernières sous forme de monticules recouverts de paille.

Ce par 5 de 494 m est extraordinaire. Et si l'on s'aligne sur la droite, on découvrira une vue admirable sur l'île d'Ingonish au fond. On peut donc prendre plaisir au paysage, quel que soit son score.

C'est un trou assez simple, avec des embûches limitées jusqu'au green – sauf si l'on compte les creux du fairway et les arbres qui bordent toute l'allée. On trouve 6 bunkers le long du côté gauche du green, à partir d'une distance de 146 m. 2 autres gardent le côté droit. **TJ**

CI-DESSOUS *Le trou n° 15 de Highlands Links.*

N° ⓯ WHISTLER GOLF CLUB

Parcours : Whistler Golf Club

Situé à : Whistler, Colombie-Britannique, Canada

Trou : n° 15

Longueur : 330 m

Par : 4

Architecte : Arnold Palmer

À savoir : En 2000, on dépensa 2,2 millions de dollars afin de rénover le Whistler Golf Club en profondeur, garantissant ainsi la tradition d'excellence de ce parcours.

Par 72 de 18 trous serpentant parmi les torrents et 9 lacs, le parcours du Whistler Golf Club dépasse aisément les espérances du plus averti des golfeurs. C'est le premier tracé canadien d'Arnold Palmer et cela demeure l'un de ses meilleurs.

Le n° 15 est un dogleg à gauche, où la précision peut vous valoir un birdie, ou au moins le par. On y joue un golf de cible plutôt que de distance.

Il faut viser le centre gauche ici, mais toute balle déviant trop de ce côté-là finira sa course dans l'eau ou dans le sable. Et comme on trouve un ruisseau à droite du sentier pour voiturettes, les amateurs de slice doivent faire attention.

Avec un drive d'environ 200 m placé au milieu du fairway, on sera en bonne position pour tenter d'atteindre le green, à environ 137 m.

Comme sur le reste de ce parcours, le vent joue un rôle important. Au n° 15, on lui fait généralement face.

Le green étant traversé d'un gradin plus élevé en son centre, vérifiez la position du drapeau avant de frapper le coup d'approche. Un bunker protège le côté droit du green et on retrouve le ruisseau derrière celui-ci. **TJ**

N° ⓯ OAKMONT COUNTRY CLUB

Parcours : Oakmont Country Club

Situé à : Oakmont, Pennsylvanie, États-Unis

Trou : n° 15

Longueur : 459 m

Par : 4

Architecte : Henry Fownes

À savoir : On ne devrait pas tarir d'éloges sur la façon dont Oakmont s'est tourné vers son passé. 1999 a en effet marqué la fin d'un programme de coupe de certains arbres afin de retrouver le tracé d'origine, beaucoup plus dégagé.

Comme tant de parcours exceptionnels, le country club d'Oakmont est doté de 18 trous offrant un golf mémorable et difficile. En sélectionner quelques-uns n'est donc pas une tâche aisée. Sur les parcours de ce genre, on peut trouver 4 trous préférés différents au sein d'un même foursome.

C'est l'un des meilleurs parcours classiques américains. Le n° 15 compte parmi ceux qui se distinguent souvent dans cet ensemble de trous prestigieux. Assez droit, il est cependant pourvu d'un léger virage à droite. Le green est situé légèrement à droite du fairway.

La réussite dépend ici de la distance. Tout par 4 dépassant les 459 m exige beaucoup de puissance. Ici, tout se résume au coup de départ. Si vous ne pouvez dépasser les 255 m depuis les départs arrière, vous pouvez dire adieu au birdie – et probablement au par.

Un deuxième coup long n'est pas dans les cartes. Le green étant retors et ne tenant pas bien la balle, plus on le joue de près et mieux c'est.

Les bunkers situés du côté droit du fairway sont invisibles depuis l'aire de départ, ce qui n'est pas le cas de ceux du côté gauche.

On devra tenir compte au moment de frapper le drive de l'inclinaison du fairway, de gauche à droite. **TJ**

N° ⑮ SOMERSET HILLS COUNTRY CLUB

Parcours : Somerset Hills Country Club

Situé à : Bernardsville, New Jersey, États-Unis

Trou : n° 15

Longueur : 360 m

Par : 4

Architecte : A. W. Tillinghast

À savoir : On pourrait dire que l'on trouve de drôles d'oiseaux à Somerset Hills, sans que les membres de ce club très fermé ayant accueilli de nombreux championnats majeurs ne se sentent insultés. De fait, ce serait un compliment, car ce golf est devenu en 1999 le 162e à être reconnu comme refuge ornithologique doté du label Audubon.

C'est d'abord sa variété qui caractérise Somerset Hills. Le premier 9 est dégagé et plat, tandis que le dernier est vallonné et bordé d'arbres. La longueur, le terrain, les diverses sortes de greens et de nombreuses approches et stratégies forment un ensemble de caractéristiques apparemment désordonnées, mais se mariant parfaitement.

La variété constitue aussi un élément central de nombreuses créations de Tillinghast, dont on reconnaissait le style, ironiquement, à son manque de caractéristiques. Il n'ajoutait que les touches nécessaires pour transformer une parcelle de terre en trou de golf. Selon certains critiques, on pouvait lui reprocher son manque de philosophie architecturale, mais ses admirateurs expliquent qu'il laissait le parcours s'imposer à lui, plutôt que l'inverse. Quelle que soit votre opinion à ce sujet, on ne peut nier la merveilleuse variété qui en a résulté sur de nombreux tracés de Tillinghast – et pas seulement entre différents parcours ou entre les deux 9 ; parfois, le contraste est frappant d'un trou à l'autre.

Sur le n° 15 de Somerset, souvent considéré comme le plus mémorable du tracé, ce concept va encore plus loin. Les choix varient à chaque coup et, selon celui que l'on adopte sur le départ, le coup d'approche peut s'avérer très différent. On peut jouer la sécurité, frapper un fer 2 ou un bois de parcours en visant le centre de ce trou de 360 m et suivre d'un fer court. Ou, si l'on est doté d'un swing puissant et que l'on cherche à rejoindre le green avec un demi-wedge, on peut sortir la grosse artillerie et frapper de toutes ses forces au-dessus de ce dogleg à droite.

Quelle que soit la stratégie choisie, vous aurez la possibilité d'obtenir un birdie après un coup d'approche solide. De toute évidence, si vous coupez le dogleg, cette possibilité est très réelle, bien que rien ne soit automatique. Les rideaux d'arbres, serrés, font naître un sentiment d'intimité sur ce trou, mais forcent aussi à la précision, même si le green du n° 15 est le plus spacieux de Somerset Hills. Il est entouré de divers bunkers, d'un ruisseau et d'une minuscule et attrayante cascade à moins de 2 m.

Tout ceci est caché depuis le départ, mais se révèle agréablement lorsqu'on dépasse le dogleg. **JB**

N° ⑮ HAPUNA GOLF COURSE

Parcours : Hapuna Golf Course

Situé à : Kamuela, grande île, Hawaï, États-Unis

Trou : n° 15

Longueur : 400 m

Par : 4

Architectes : Arnold Palmer, Ed Seay

À savoir : Ne gaspillez aucun coup sur ce parcours où Palmer a fait usage de dépressions naturelles.

Une fois que vous aurez rejoint le fairway du n° 15, vous devriez vous être habitué à la vue spectaculaire du Pacifique. Essayez de ne pas vous arrêter pour admirer le paysage – ce qui n'est pas si facile que cela.

Ce par 4 de 400 m est un léger dogleg à droite exigeant un coup de départ vers le centre gauche du fairway. Si l'on joue à droite, le coup d'approche sera difficile, car on sera forcé de viser une cible aveugle. 2 bunkers flanquent chaque côté du fairway, et l'on devra poser la balle entre ces 2 paires.

Le deuxième coup se joue en descente, un monticule important, à gauche, pouvant renvoyer la balle vers le green si l'on atterrit sur son côté droit. Ce dernier est de bonne taille et assez plat.

Le n° 12, un par 4, est un autre trou mémorable de ce paradis hawaïen en bord de mer. Et si vous aimez poser avec l'océan en toile de fond, 18 trous vous attendent. **TJ**

N° ⑮ NEW SOUTH WALES GOLF CLUB

Parcours : New South Wales Golf Club

Situé à : La Pérouse, Nouvelle-Galles-du-Sud, Australie

Trou : n° 15

Longueur : 374 m

Par : 4

Architecte : Alister MacKenzie

À savoir : Le PGA Championship australien s'est déroulé 4 fois au New South Wales dans les années 1990, le n° 15 s'imposant toujours comme le plus difficile du parcours.

Le coup de départ est aveugle sur cet éprouvant par 4, les joueurs frappant la balle en direction d'une crête qui traverse le fairway et donne son caractère à ce trou qui dessine un dogleg en douceur, de gauche à droite.

C'est un drive solide et droit, à travers une piste étroite au milieu des dunes et en direction de la crête du fairway, qui vous donnera la meilleure chance de réaliser le par – ou un birdie, mais ce doit être un coup franc, car les ennuis attendent toute balle déviant du fairway.

Mieux vaut approcher le green depuis la droite, car il est incliné d'arrière en avant et paraît long et assez étroit depuis cette position. Il est protégé par 2 bunkers à droite et par un autre à gauche. Un danger réel guette toute balle trop longue, car, une fois derrière le green, il sera très difficile de rentrer la balle en 2 coups.

Il est aussi impossible de prévoir la façon dont le vent peut gâcher un coup lorsqu'il souffle depuis l'océan avec sa férocité habituelle. **JS**

N° ⑮ GOLF DE SHAN-SHUI

Parcours : golf de Shan-Shui

Situé à : Sabah, Tawau, Malaisie

Trou : n° 15

Longueur : 382 m

Par : 4

Architectes : Robin Nelson, Neil Haworth

À savoir : Les trois quarts de Shan-Shui sont bordés par un parc national, et malgré son isolement, ce parcours accueille le Sabah Masters du Tour asiatique depuis 1998.

Le golf de Shan-Shui correspond à ce à quoi on s'attendrait d'un parcours taillé au milieu de 140 ha de forêt vierge : il est rude, sauvage, et absolument inoubliable.

Le n° 17 par exemple, un par 4, se fraie parmi une végétation luxuriante jusqu'à un green encerclé par la jungle sur 3 côtés, tandis que le n° 7, un par 5, paraît suspendu au flanc de la montagne.

Les architectes, Nelson et Haworth, ont su exploiter au maximum le terrain naturel de Shan-Shui, et peu de trous illustrent mieux ce point que le n° 15.

Ce par 4 de 382 m se joue en descente sur un fairway vallonné qui se dirige légèrement vers la gauche.

Mieux vaut placer le coup de départ sur le côté droit du fairway, afin d'éviter le ruisseau qui le traverse et serpente jusqu'au green. Mais les drives déviant trop à droite risquent de se perdre dans la jungle et conduisent aussi à l'approche la plus difficile, en direction d'un green surélevé.

Le côté droit de ce dernier plonge à la verticale jusqu'au ruisseau, 5 m plus bas, tandis que son côté gauche est protégé par un profond bunker.

La majorité des joueurs font l'erreur de jouer trop court et trop à gauche, position dont il est difficile de se dépêtrer. Le green exige une approche audacieuse, visant la droite de la plupart des positions de drapeau pour la moindre chance de birdie. **RH**

Parcours : PGA West (parcours du Nicklaus Tournament)

Situé à : La Quinta, Californie, États-Unis

Trou : n° 15

Longueur : 523 m

Par : 5

Architecte : Jack Nicklaus

À savoir : C'est tout simplement un parcours magnifique et il est juste qu'une partie sur ce parcours de tournoi se termine par un coup spectaculaire, au-dessus de l'eau, pour rejoindre le green que se partagent les n° 9 et n° 18. Le n° 15, lui, est peut-être le trou le plus exigeant.

N° **15**

PGA WEST
(PARCOURS DU NICKLAUS TOURNAMENT)

Chaque trou de ce parcours exige sa propre stratégie, surtout le n° 15, un par 5 de 523 m, culminant sur un green en forme d'île, peu profond et gardé par des bunkers. Ce n'est pas pour rien qu'on l'a surnommé *Long Island*. C'est un trou long, mais grâce à ses 5 séries de départ, on peut le raccourcir. Les départs « réguliers » sont à 431 m, tandis que les marques rouges, les plus avancées, sont à 381 m.

Nous ne recommandons pas de tenter de rejoindre le green en 2 coups. Vous savez ce que l'on dit des pars 5 : ils offrent un bonus d'un coup. Utilisez-le de façon intelligente. Le deuxième coup devrait viser le côté droit, et très précisément à droite de l'endroit où l'eau commence à s'avancer sur le fairway. Cela permettra la meilleure approche de ce green difficile.

Vous aurez besoin de 2 coups solides pour bénéficier d'une position vous permettant, avec un peu de chance, un coup fantastique. Le PGA West abrite 6 parcours de renommée internationale, mais peu de trous sont aussi mémorables que le n° 15 de Jack Nicklaus. Un merveilleux par 5 avec une récompense formidable au bout. **TJ**

N° ⑮ ROYAL BIRKDALE

Parcours : Royal Birkdale

Situé à : Southport, Merseyside, Angleterre

Trou : n° 15

Longueur : 496 m

Par : 5

Architectes : George Lowe, F. W. Hawtree, J. H. Taylor

À savoir : Lorsqu'une compétition se déroulant au Royal Birkdale se termine par un play-off, ce dernier démarre au n° 15. Il continue jusqu'au n° 18 et revient au n° 15 si nécessaire.

Ce trou de golf représente un défi de premier ordre, à la fois en terme de distance à couvrir et de placement de la balle. Avec ses 496 m, c'est le plus long du parcours, mais aussi l'un des plus difficiles à aborder. On doit négocier 13 bunkers sur ce trou étroit.

Il semble pourtant que ses architectes aient décidé de donner aux joueurs un faux sentiment de confort. Le coup de départ permet de donner libre cours à son swing. La zone d'arrivée est assez vaste et le coup doit être long, car plus on avance et plus le niveau de difficulté s'accroît.

On doit placer le deuxième coup sur l'extrême gauche du fairway, afin de permettre un coup d'approche dégagé. Ce n'est pas tâche facile cependant, parce que toute balle déviant trop à gauche disparaît dans les ajoncs. Toute chance de birdie disparaît en même temps. C'est un challenge très délicat, car il faut placer la balle le plus à gauche possible, le centre du fairway ne permettant qu'un coup extrêmement difficile jusqu'au green.

Si vous ne vous trouvez pas en bonne position pour le troisième coup, des bunkers vous bloqueront l'accès au green. On est alors obligé de frapper un loft très haut jusqu'au green ondulé, incliné et sinueux. Il est large, ce qui ici ne constitue pas une bénédiction. Les emplacements de drapeau peuvent s'avérer diaboliques avec tous ces dénivelés, et même si l'on atterrit sur le green, il n'est pas garanti de rentrer la balle en 2 putts. De fait, de nombreux joueurs préfèrent un chip court qu'un long putt sur ce green.

Le n° 15 est le trou le plus difficile du Royal Birkdale, ce qui n'est pas peu dire sur un parcours aussi respecté que celui-ci. Il accueille régulièrement les tournois majeurs de Grande-Bretagne. **JB**

CI-DESSOUS ET CI-CONTRE
Le quinzième trou du Royal Birkdale.

N° ⑮ PRINCEVILLE RESORT GOLF CLUB (PARCOURS DU PRINCE)

Parcours : Princeville Resort Golf Club (parcours du Prince)

Situé à : Princeville, Kauai, Hawaï, États-Unis

Trou : n° 15

Longueur : 526 m

Par : 5

Architecte : Robert Trent Jones junior

À savoir : Le parcours du Prince est jumelé avec celui de Makai à Princeville, les deux ayant été dessinés par Robert Trent Jones junior.

Les départements marketing et les architectes de golf font parfois trop facilement usage d'exagérations. « Le meilleur », « le plus beau » sont des termes si fréquemment employés qu'ils en sont devenus galvaudés. Voici, cependant, un parcours, et plus particulièrement un trou, qui mérite tous les compliments qu'il reçoit – à la fois de son architecte, Robert Trent Jones junior, et des employés de Princeville, payés pour chanter ses louanges.

Nous parlons du parcours du Prince, mêlant la perfection de la nature à la créativité du genre humain. Vous êtes ici entouré de beauté, quel que soit l'endroit où vous vous trouviez. Ses panoramas comprennent de verts promontoires à flanc de montagne ou surplombant le Pacifique, et la vue est ravissante où que l'on porte le regard. Considéré comme l'un des meilleurs, sinon le meilleur parcours d'Hawaï, c'est certainement celui qui vous mettra le plus à l'épreuve. Avec un index de 75,3 et un slope de 145, baptisé en l'honneur du prince Albert, fils unique du roi Kamehameha IV et de la reine Emma, ce parcours se joue en montée, avant de traverser des ravins puis de redescendre.

Selon Jones junior, le n° 15 est « l'un des meilleurs pars 5 que [j'aie] jamais dessinés ». Les architectes sont réputés pour la façon dont ils qualifient souvent leurs créations de « l'une des meilleures », mais dans ce cas, on peut difficilement accuser Jones d'exagération.

La beauté du lieu est sans rivale et la stratégie requise, presque aussi saisissante. Jones junior, comme son père, essaie de récompenser la prise de risque sur tous les trous, particulièrement sur les pars 5. Le n° 15 du parcours du Prince en constitue un parfait exemple, les ravins encerclant quasiment les zones d'arrivée, du départ jusqu'au green. On ne découvre aucun bunker jusque-là, mais toute balle trouvant l'un de ces ravins vous causera bien plus d'ennuis qu'elle ne l'aurait jamais fait depuis n'importe quelle fosse sablonneuse.

Le premier ravin que l'on rencontre est profond, protégeant l'avant du green, empêchant toute approche roulée pour ceux qui auraient le courage de tenter de rejoindre ce dernier en 2 coups. Si un seul trou pouvait illustrer le caractère du parcours tout entier, ce serait le n° 15. Il est magnifique, difficile et mémorable. **JB**

Parcours : Gorge Vale Golf Club

Situé à : Victoria, Colombie-Britannique, Canada

Trou : n° 15

Longueur : 495 m

Par : 5

Architectes : A. Vernon Macon, Norman Woods, Les Furber

À savoir : Les Furber a dirigé des travaux de rénovation en 2001-2002 qui ont fait passer le Gorge Vale de 5 834 m à 6 236 m.

N° ⓯ GORGE VALE GOLF CLUB

Bien qu'à quelques minutes à peine de la ville de Victoria, le golf de Gorge Vale transporte les joueurs dans un cadre empreint de sérénité au milieu des bois, sur un terrain vallonné.

Le n° 15, un joli par 5, est doté d'une aire de départ surélevée offrant une vue splendide de la campagne environnante. Le coup de départ doit être placé sur un fairway qui rétrécit au niveau de la zone d'arrivée de la balle, des bosquets guettant des 2 côtés les drives déviant un peu trop du centre.

Les grands frappeurs peuvent atteindre le green en 2 coups, mais c'est le plus petit du parcours, et il est entouré de bunkers à l'avant comme à l'arrière. Ceux qui décident de jouer plus court devraient placer la balle à gauche, afin d'obtenir le meilleur angle d'approche du green. Mais on doit faire preuve de prudence, car 2 bunkers attendent les balles errantes de ce côté-là.

Le Victoria Open s'est déroulé au Gorge Vale à de nombreuses occasions, car il fait partie des 4 parcours accueillant à tour de rôle cette épreuve annuelle. Parmi les joueurs ayant remporté ce titre ici, on compte Craig Parry (1987), Steve Stricker (1990) et Brandt Jobe (1993). **KA**

N° ⑮ GOLF DE PEVERO

Parcours : golf de Pevero
Situé sur : la Costa Smeralda, Sardaigne, Italie
Trou : n° 15
Longueur : 439 m
Par : 5
Architecte : Robert Trent Jones senior
À savoir : Dale Hayes, joueur sud-africain, a remporté l'Open d'Italie à Pevero en 1978.

CI-DESSOUS ET CI-CONTRE
Le quinzième trou du golf de Pevero.

Appartenant au luxueux Costa Smeralda Resort, lieu de villégiature des nantis, le golf de Pevero est largement considéré comme l'un des plus beaux endroits au monde pour une partie de golf.

Le tracé réputé de Robert Trent Jones senior est situé sur une péninsule vallonnée entre le golfe de Pevero et la baie de Cala di Volpe, offrant une vue circulaire sur ces 2 derniers ainsi que sur les eaux émeraude de la Méditerranée au-delà (*Costa Smeralda* signifie « côte d'émeraude » en italien).

Ce n'est pas un parcours très long, à 5 674 m seulement depuis les départs arrière. Le n° 15 est donc logiquement un par 5 relativement court, mais qui paraît beaucoup plus long, car il se joue presque entièrement en montée, offrant une vue magnifique sur la baie et les collines environnantes.

Le fairway est bordé des 2 côtés par un impénétrable maquis méditerranéen. On devrait mettre en garde ceux qui tenteraient d'atteindre le green en 2 coups. Les balles trop courtes ou partant sur les côtés trouveront probablement l'un des 4 bunkers situés devant le petit green ainsi que sur sa droite. **KA**

Parcours : golf de Hirono
Situé à : Kobe, Japon
Trou : n° 15
Longueur : 516 m
Par : 5
Architecte : Charles Alison
À savoir : Jack Nicklaus fut le premier à atteindre ce green en 2 coups au cours d'un match exhibition en 1963, en utilisant un bois 3. C'était évidemment bien avant les clubs en titane et graphite.

N° ⑮ GOLF DE HIRONO

Le golf de Hirono, tout en ondulations, est l'un des plus beaux du Japon, constituant ce que le pays a de mieux à offrir en tracé, architecture et diversité. Il est situé à Kobe, où est né le golf japonais, et le fait qu'il ait été dessiné par Charles Alison ajoute à son attrait.

Bien que Hirono ait été achevé et inauguré en 1932, il a échappé aux problèmes que rencontrent la plupart des parcours japonais construits avant 1985. Avant cette date, de nombreux tracés étaient fortement influencés par les propriétaires des clubs qui insistaient pour y avoir toute latitude. Cela produisait souvent des parcours manquant de vision architecturale et, franchement, offrant un golf peu intéressant.

Alison, cependant, exigeait d'être autonome lorsqu'il dessinait des parcours au Japon, et il put donc éviter le problème. 2 critères doivent donc être pris en compte lorsque l'on recherche un golf de qualité au Japon : soit on réserve un départ sur un parcours conçu après 1985, soit on trouve une œuvre de Charles Alison. Ce qu'il a accompli à Hirono est respecté dans le monde entier et le n° 15 en est l'une des raisons éclatantes.

De plus, le terrain naturel ressemble beaucoup à la lande de Grande-Bretagne. Alison s'en aperçut immédiatement et se saisit de la possibilité d'incorporer certains des éléments architecturaux britanniques à un trou situé sur un tout autre continent.

On pourrait couper l'angle de ce dogleg à gauche, s'il n'y avait un détail non négligeable : un pin haut de 30 m empêche les grands frappeurs de tenter de prendre ce raccourci. 3 bunkers retors sur la droite pénalisent, eux, les joueurs qui essaient d'éviter le dogleg sur le deuxième coup.

Sur le fairway, des bunkers transversaux et des ravins rappellent la lande, tout comme les bunkers supplémentaires protégeant le green du n° 15. La surface y est plus verte que celle de certains parcours de la lande britannique tels que Sunningdale ou Bershire, mais il est impossible de ne pas voir la ressemblance du n° 15 avec certains des trous classiques de ces tracés. **JB**

N° ⑮ WOODLANDS GOLF CLUB

Parcours : Woodlands Golf Club

Situé à : Mordialloc, Victoria, Australie

Trou : n° 15

Longueur : 514 m

Par : 5

Architectes : R. S. Banks, S. Bennett

À savoir : Banks et Bennett étaient tous 2 professionnels de golf dans la région. Banks dessina en 1913 le premier 9 trous de ce site, baptisé à l'origine le Mordialloc Golf Club, et Bennett ajouta les 9 autres trous 4 années plus tard.

Bien que recevant rarement les mêmes éloges que les parcours classiques, plus célèbres, de la « ceinture de sable » de Melbourne, Woodlands est très réputé parmi les joueurs de la région, et son n° 15 fait, dit-on, partie des meilleurs pars 5 des environs. C'est à cause de ses bunkers exceptionnels.

Les 2 premiers à entrer en jeu sont situés des 2 côtés du fairway : le coup de départ ne peut pas les atteindre, mais il faut absolument les franchir – et les éviter – sur le deuxième coup, afin de permettre un coup d'approche, jusqu'au green surélevé, assez petit, et protégé par un bunker sur la gauche.

Les joueurs ont énormément de mal à l'atteindre dès le deuxième coup – et à y garder la balle – à cause de sa taille réduite et de sa fermeté caractéristique. Peu d'entre eux arrivent à putter pour un eagle. Ils doivent généralement se contenter d'atteindre le green en 3 coups, même si les coups d'approche les plus courts s'avèrent presque aussi difficiles à arrêter sur le green si l'on manque d'adresse. **JS**

N° ⑮ PINE VALLEY GOLF CLUB

Parcours : Pine Valley Golf Club

Situé à : Clementon, New Jersey, États-Unis

Trou : n° 15

Longueur : 540 m

Par : 5

Architectes : George Crump, Harry S. Colt, Hugh Wilson

À savoir : Large d'environ 55 m au niveau de la zone d'arrivée des drives, le n° 15 de Pine Valley rétrécit progressivement jusqu'à ce qu'il n'atteigne plus que 15 m de large à l'approche du green.

Le n° 15 de Pine Valley ne ressemble pas tout à fait au reste du parcours, souvent considéré comme le plus difficile au monde, car son fairway est le seul à ne pas être balafré par de profonds bunkers aux bords irréguliers, par des broussailles et, ici et là, par un rough profond et épais. Ce trou ne manque cependant absolument pas de difficultés.

C'est le plus long de Pine Valley, doté d'une multitude d'obstacles, en commençant par le lac que l'on doit franchir sur le coup de départ. Le fairway s'élève progressivement et est incliné de gauche à droite au niveau de la zone d'arrivée, flanquée de poches de sable éparpillées des 2 côtés pour ceux qui rateraient leur drive.

Le fairway commence ensuite à rétrécir en s'approchant d'un green accessible par une ouverture étroite seulement car il est coincé par d'épais bosquets de pins à gauche comme à droite. Seuls les plus téméraires tenteront de le rejoindre en 2 coups. **KA**

N° ⑮ NEW SEABURY RESORT (PARCOURS DE L'OCÉAN)

Parcours : New Seabury Resort (parcours de l'Océan)

Situé à : New Seabury, Massachusetts, États-Unis

Trou : n° 15

Longueur : 493 m

Par : 5

Architecte : William F. Mitchell

À savoir : Ce parcours a été rallongé et on a ajouté des bunkers, dépressions et obstacles d'eau placés de façon stratégique afin de le rendre plus ardu que jamais.

New Seabury abrite 2 des meilleurs parcours de Nouvelle-Angleterre : celui de l'Océan et celui des Dunes, le premier offrant une vue spectaculaire sur le détroit de Nantucket et sur l'île de Martha's Vineyard.

Mais foin de paysages spectaculaires, intéressons-nous plutôt aux golfs, spectaculaires eux aussi, et notamment au n° 15 du parcours de l'Océan.

Il serait probablement inclus dans tous les « best of » de pars 5. C'est une affirmation qui peut paraître ambitieuse, mais le trou ne l'est pas moins. On doit viser la gauche depuis le départ et franchir l'eau. On aura pour cela besoin d'un drive de 195 m environ. Si l'on arrive à jouer entre 35 et 45 m de plus, on se retrouve en excellente position. Mais les choses ne font que commencer.

Le fairway vire ensuite à droite et l'on doit à nouveau survoler l'eau sur le deuxième coup. On trouve une sorte de « zone de sécurité » le long du côté gauche, mais le coup idéal se joue au-dessus de l'eau.

Le troisième coup devrait se jouer au fer court, vers un green de bonne taille.

Ce double dogleg – ne vous attaquez pas à plus que vous n'en avez les moyens – procure autant de plaisir que de difficultés. **TJ**

N° ⑮ TREETOPS RESORT
(PARCOURS SMITH SIGNATURE)

Parcours : Treetops Resort (parcours Smith Signature)

Situé à : Gaylord, Michigan, États-Unis

Trou : n° 15

Longueur : 443 m

Par : 5

Architecte : Rick Smith

À savoir : Ce ravissant complexe hôtelier, au milieu du lieu saint du golf du nord du Michigan, est doté de 81 trous. Tout comme le parcours Smith Signature, le parcours Treetops est un must, exclusivement composé de pars 3, dont les dénivelés atteignent les 30 m.

En se dirigeant vers l'aire de départ du n° 15, on songe à un eagle ou un birdie. La carte de parcours indique une distance de 443 m, courte pour un par 5. Le fairway paraît large et accueillant, vous donnant encore un peu plus confiance en votre drive.

Atteindre le green en 2 coups paraît simple. Mais attendez une seconde. Le danger guette plus avant. Alors patientez jusqu'à la fin pour inscrire un birdie sur votre carte. Quelques bunkers sont essaimés le long du côté gauche du fairway. On devra frapper un coup de départ de 263 m pour les franchir et de 210 m pour les atteindre.

Un drive solide atterrissant au milieu du fairway vous permettra un bon coup d'approche. Mais c'est alors que les choses se corsent.

Le trou se joue entièrement en montée, encore plus marquée sur les derniers 90 m, où l'on gagne au moins 15 m d'altitude.

Le green est très étroit : long de 30 m, il ne mesure que 7,60 m de large. Sculpté dans le flanc d'une colline généreuse en bunkers, sévèrement incliné, il est flanqué de rough des 2 côtés, depuis lequel il ne sera pas aisé de rentrer la balle en 2 coups. Il est donc important de trouver la cible. On découvre aussi un gradin marqué au milieu du green. **TJ**

Parcours : Harbour Town Golf Links

Situé à : Hilton Head Island, Caroline du Sud, États-Unis

Trou : n° 15

Longueur : 522 m

Par : 5

Architecte : Pete Dye

À savoir : Au cours du MCI Heritage de 2004, le n° 15 n'a concédé que 2 eagles, comparés aux 24 qui furent réalisés sur les 2 autres pars 5 d'Harbour Town.

N° ⑮

HARBOUR TOWN GOLF LINKS

Pete Dye a conçu Harbour Town pour les golfeurs qui font preuve de réflexion, plaçant l'accent sur la précision des coups, notamment au n° 15, le plus long et le plus difficile des pars 5 du parcours. On a toujours besoin de 3 coups pour rejoindre le green, même avec les avancées technologiques actuelles, à cause du virage à gauche très serré, se trouvant en fin de trou. À cause de la précision qu'une telle stratégie exigerait, peu de professionnels du PGA Tour tentent d'atteindre le green en 2 coups au cours du MCI Heritage, tournoi annuel.

Le coup de départ doit atterrir au centre ou au centre droit d'un fairway bordé d'arbres des 2 côtés, d'une longue et sinueuse dépression à gauche et de 2 bunkers à droite. On devrait placer le deuxième coup sur le côté droit, loin de la lagune qui serpente sur la gauche jusqu'au green.

Ce dernier, l'un des plus réduits du PGA Tour lorsque Harbour Town fut inauguré en 1969, a été agrandi depuis, mais il demeure aussi bien gardé que jamais, avec la lagune à gauche et des bunkers à l'avant, à gauche comme à droite. **KA**

CI-CONTRE L'Américain Ted Purdy sur le n° 15 d'Harbour Town Golf Links en avril 2004.

N° ⑮ LAKE NONA GOLF CLUB

Parcours : Lake Nona Golf Club

Situé à : Orlando, Floride, États-Unis

Trou : n° 15

Longueur : 528 m

Par : 5

Architecte : Tom Fazio

À savoir : 4 ans seulement après son inauguration, Lake Nona a accueilli la première Solheim Cup en 1990, le n° 15 jouant un rôle primordial au cours de divers matchs et les États-Unis l'emportant sur l'Europe de 11,5 à 4,5.

Ce parcours de Tom Fazio représente une splendide épreuve de golf. Certains des joueurs internationaux les plus célèbres, tels que Annika Sorenstam, Ernie Els, Retief Goosen, Nick Faldo, Sergio Garcia, Justin Rose et Trevor Immelman sont basés à Lake Nona lorsqu'ils sont aux États-Unis. Les meilleurs joueurs au monde ne pourraient se satisfaire de moins.

Lorsqu'ils y jouent, le n° 15 ne peut certainement pas les décevoir. Ce trou emblématique de Lake Nona, un par 5 virant de droite à gauche autour du lac Buck, représente un défi quel que soit votre niveau de jeu.

Comme seules des embûches vous attendent sur la gauche depuis le départ, nous vous recommandons de frapper votre drive vers le centre droit de la zone d'arrivée, afin d'éviter le lac et le long bunker qui débute à 160 m, à gauche, au bord de l'eau.

Cela permet aussi sur le deuxième coup de mieux apercevoir le green, dépourvu de bunkers et en forme de haricot, même si la majorité des golfeurs préfèrent jouer la sécurité, pour suivre d'un court pitch permettant un birdie bien mérité. **KA**

N° ⑮ ROYAL ADELAIDE GOLF CLUB

Parcours : Royal Adelaide Golf Club
Situé à : Seaton, Adélaïde, Australie
Trou : n° 15
Longueur : 456 m
Par : 5
Architecte : Alister MacKenzie

À savoir : Le tracé de MacKenzie a été rallongé et rendu plus difficile par Peter Thompson avant l'Open d'Australie de 1998 et certains pensent qu'il est allé trop loin. Thompson a tellement rétréci certaines zones que l'on avait dû poster des membres du service d'ordre le long du fairway pour s'assurer que le public avance bien en une seule file.

Le Royal Adelaide fait partie d'une série de parcours portant l'empreinte de MacKenzie. Le célèbre docteur, qui ne pratiqua jamais la médecine, fit un tour en Australie en 1926 et y laissa un héritage qui vit encore aujourd'hui. Bien que le parcours ait subi un certain nombre de rénovations depuis cette époque (le n° 3 est le seul trou demeurant intact), cela reste du pur MacKenzie. Juste un peu plus long et, pour les championnats, bien plus serré.

Peter Thomson, 6 fois vainqueur du British Open, a amélioré ces links de bord de mer avec son partenaire, Michael Wolveridge. Ils les ont rallongés et on a rajouté des bunkers et des pentes.

Il semblerait que le n° 15 présentait assez de difficultés pour qu'on n'y touche pas. C'est un double dogleg dont les obstacles sont visibles dès le départ. Il n'est pas entouré de mystère, aucun danger n'y est caché. Ce sont simplement 456 m de golf pur. Il zigzague légèrement peut-être, mais sans ruse. C'est une introduction aux derniers trous sortant de l'ordinaire, que MacKenzie a réussi à accomplir avec naturel.

Le coup de départ se faufile dans un tunnel d'arbres, qui le protège tout d'abord du vent puis s'ouvre aux caprices de ce dernier plus loin sur le fairway. Parce que l'aire de départ en est protégée, il est très difficile de savoir comment se comportera la balle une fois en terrain découvert.

Le trou tourne tout d'abord à gauche, puis à droite, et l'on doit rester sur le fairway afin d'éviter le rough de bruyère, qui paraît léger mais constitue un lie bien plus épais que ce que demande un coup contrôlé.

On peut atteindre le green en 2 coups, mais c'est difficile à cause des 2 bunkers de droite. Le green est petit et ondoyant, et le défi continue donc jusqu'à ce que la balle soit au fond du trou.

Lorsque MacKenzie vit le Royal Adelaide Golf Club pour la première fois, il déclara qu'« on y trouve la combinaison la plus ravissante de dunes et de sapins, très inhabituelle même sur les meilleurs parcours de bord de mer. Aucun de ceux que j'ai vus ne possède des cratères de sable aussi magnifiques que ceux du Royal Adelaide ». L'impact le plus marquant de MacKenzie aura été d'incorporer ces dunes au parcours. **JB**

CI-CONTRE *Le trou n° 15 du Royal Adelaïde.*

N° ⑮ SHOREACRES GOLF CLUB

Parcours : Shoreacres Golf Club

Situé à : Lake Bluff, Illinois, États-Unis

Trou : n° 15

Longueur : 476 m

Par : 5

Architecte : Seth Raynor

À savoir : Il y a de cela quelques années, Shoreacres a décidé d'ajouter quelques mètres à sa carte de parcours. 5 trous furent allongés pour offrir un défi plus important aux grands frappeurs. Le n° 15 passa de 437 m à 476 m grâce à son nouveau départ arrière.

Depuis l'aire de départ de ce trou ravissant appartenant à l'un des tracés prestigieux de l'Illinois, on a du mal à imaginer qu'il ne soit pas considéré comme le plus difficile du tracé.

Depuis les départs arrière, on doit en effet frapper un coup de 210 m afin de franchir un ravin mesurant 73 m de long. Il longe le centre gauche du fairway et il faudra le dépasser si l'on veut pouvoir rejoindre le green en 2 coups.

On peut jouer la sécurité le long du côté droit, le ravin n'entrant alors plus en jeu, mais rejoindre le green en 2 coups s'avérera alors très difficile.

Le deuxième coup n'est pas aisé non plus. Les embûches abondent. Le fairway plonge dans un ravin au fond duquel coule un ruisseau, à 164 m environ du green.

Ce dernier, flanqué de bunkers des 2 côtés, est une cible substantielle, et l'on devra tenir compte au moment d'aligner son putt de son inclinaison assez importante, d'arrière en avant. **TJ**

Parcours : golf d'Olivos
Situé à : Buenos Aires, Argentine
Trou : n° 15
Longueur : 439 m
Par : 4/5
Architectes : Luther Koontz, Emilio Serra
À savoir : Ce 27 trous accueille régulièrement l'Open d'Argentine et surpasse même le Jockey Club – un parcours argentin encore plus réputé – dans le classement de nombreuses publications de golf.

N° ⓯ GOLF D'OLIVOS

On oublie souvent l'Argentine en tant que destination de golf. La majorité des golfeurs ignorent non seulement combien de parcours splendides abrite le deuxième pays d'Amérique du Sud, mais aussi que l'une des histoires les plus intéressantes du golf professionnel s'est déroulée en Argentine.

Angel Cabrera, quand il était jeune, était le caddie d'Eduardo Romero à Cordoue. Romero devint professionnel, rencontrant le succès en Europe comme aux États-Unis, et aida suffisamment Cabrera financièrement pour que ce dernier poursuive une carrière sur le PGA European Tour.

Après y avoir gagné décemment sa vie sans jamais pourtant être vainqueur, Cabrera se révéla finalement en remportant l'Open d'Argentine en 2001. Bien que ces 2 Argentins soient désormais unanimement salués sur la scène internationale, ils sont toujours très présents dans leur pays.

Qui pourrait les en blâmer ? L'Argentine possède plusieurs merveilleux parcours, et les 27 trous d'Olivos comptent parmi les meilleurs du pays. Le tracé abonde en bunkers, est bordé d'arbres et attire les meilleurs joueurs du monde lors de manifestations internationales. Le n° 15 étant emblématique d'Olivos, il est donc en tête des plus beaux trous argentins.

On le joue comme un long par 4 au cours des compétitions, mais il demeure un par 5 difficile, bien que court, pour les membres du club. Il correspond tout à fait au modèle d'Olivos : il n'exige pas une énorme puissance, mais il faut constamment y faire preuve de stratégie. C'est un dogleg à droite, bordé de près par des arbres imposants empêchant que l'on ne coupe son angle, bien que celui-ci soit à proximité de l'aire de départ. On pouvait suivre une ligne directe jusqu'au trou dans les premiers temps, mais c'est impossible depuis que les bois se sont développés.

Une mare protège l'avant du green, mais pas entièrement. Pour ceux qui essaieraient de faire rouler la balle sur le green, son entrée, fine comme une lame de rasoir, ne mesure que 4,5 m – c'est peu si l'on ne peut pas faire atterrir son coup d'approche en douceur. Mieux vaut jouer la sécurité si l'on doit jouer plus qu'un fer moyen pour atteindre le green.

Et si la mare n'était pas suffisante, des bunkers protègent les 2 côtés. C'est donc soit le green – plat et de taille modérée –, soit les ennuis.

Il s'agit là d'un trou et d'un pays que l'on ne devrait pas oublier au moment de choisir où jouer. **JB**

CI-CONTRE *Le quinzième trou d'Olivos.*

N° ⑮ NATIONAL GOLF CLUB
(PARCOURS MOONAH)

Parcours : National Golf Club (parcours Moonah)

Situé à : Cape Schanck, Victoria, Australie

Trou : n° 15

Longueur : 526 m

Par : 5

Architectes : Greg Norman, Bob Harrison

À savoir : Les golfeurs ne tarissent pas d'éloges sur les bunkers du Moonah et son aspect sauvage et balayé par le vent, ainsi que sur la façon subtile dont il se fond aux anciennes terres arables de Mornington, en bord de mer.

Le tertre de départ de ce long par 5 est situé au sommet d'une dune derrière le green du n° 14 et offre une vue fabuleuse sur les links modernes dessinés par Greg Norman et Bob Harrison, duo d'architectes talentueux et prolifique.

Ce trou représente aussi l'un des plus grands défis du Moonah, débutant par un drive précis – et semi-aveugle – vers un fairway pourvu d'ondulations très marquées, et bordé sur la gauche par des herbes très pénalisantes.

Les joueurs découvriront que la clé consiste, sur ce léger dogleg à gauche, à placer son coup de départ légèrement à droite, car on élimine ainsi le rough et on facilite le deuxième coup. Le fairway plonge dans un vallon peu profond avant de s'élargir et de monter un peu vers la gauche.

Sur le deuxième coup, un fer moyen à long est en général nécessaire, et est suivi d'un coup d'approche assez court vers un green bien protégé par des bunkers sur la gauche comme sur l'avant, à droite. **JS**

Parcours : Desert Mountain Golf Club (parcours Cochise)

Situé à : Scottsdale, Arizona, États-Unis

Trou : n° 15

Longueur : 499 m

Par : 5

Architecte : Jack Nicklaus

À savoir : Desert Mountain est la seule communauté américaine bénéficiant de 6 parcours dessinés par Jack Nicklaus.

CI-CONTRE *Le n° 15 de Desert Mountain.*

N° ⓯ DESERT MOUNTAIN GOLF CLUB (PARCOURS COCHISE)

Lorsqu'il accueillait, de 1989 à 2001, le Champions Tour's Tradition, l'un des championnats majeurs du circuit senior, le parcours Cochise de Desert Mountain offrait un par 5 substantiel en fin de partie, le n° 15 mettant invariablement à l'épreuve le talent et le courage des participants.

Les golfeurs doivent franchir un énorme bunker de fairway dès le coup de départ, et la vaste majorité d'entre eux choisissent de jouer la sécurité sur le deuxième coup afin de permettre un coup d'approche court. Cela s'avère un choix intelligent, car le green est non seulement presque entièrement encerclé d'eau, mais aussi protégé par des bunkers et divers amas de rochers des 2 côtés. Si la balle frappe ces derniers, elle finira probablement dans l'eau. De plus, ce green en forme de sablier est très serré au centre, les emplacements de drapeau au milieu et à l'arrière s'avérant les plus difficiles.

Nicklaus est certainement fan du parcours qu'il créa dans le désert. Il y remporta le Tradition 4 fois – plus que n'importe quel autre joueur –, dont 2 fois 2 titres consécutifs (1990-91 et 1995-96). En plus de l'« Ours blond », le parcours Cochise a produit des champions tels que Lee Trevino (1992), Ray Floyd (1994), Gil Morgan (1997-98), Graham Marsh (1999) et Tom Kite (2000). **KA**

Parcours : golf de Kawana (parcours Fuji)

Situé à : Kawana, Ito-shi, Shizuoka, Japon

Trou : n° 15

Longueur : 430 m

Par : 5

Architecte : Charles H. Alison

À savoir : Kawana a accueilli la Coupe mondiale du golf en 1962, remportée par l'équipe américaine qui devança les Canadiens de 8 coups.

N° ⓯ GOLF DE KAWANA (PARCOURS FUJI)

Le golf de Kawana, surnommé le « Pebble Beach japonais », est l'un des plus prestigieux du pays. Surplombant la baie de Sagami et l'océan Pacifique, il offre une vue du mont Fuji et de l'île d'Hatsushima. Il est construit le long d'un spectaculaire littoral, au milieu de falaises rocheuses et de forêts de pins. Tous ces éléments entrent en jeu sur le n° 15, trou emblématique. Ce dernier longe une falaise qui plonge dans l'océan de façon spectaculaire.

La prise de risque peut être récompensée sur le coup de départ, pour ceux qui osent porter la balle sur 210 m au-dessus d'un ravin où poussent les pins, pour la poser sur le fairway, étroit, sinueux et en montée, obtenant la possibilité d'atteindre le green au prochain coup. Ceux qui choisissent une voie moins périlleuse, à droite, auront probablement besoin de 3 coups pour rejoindre ce green qui offre une vue splendide sur l'océan.

Kawana accueille depuis longtemps le Fujisankei Classic, remporté par Mark O'Meara en 1985. Le Japonais Masashi Ozaki arriva alors en deuxième position, avant de l'emporter les années suivantes pour se saisir du titre en 1986, 1987, 1989, 1990 et 1993. **KA**

Trou 16

Avec un peu de chance, vous êtes de bonne humeur en vous approchant de l'aire de départ du n° 16. Un birdie au n° 15, peut-être, ou une partie qui vous a trouvé en bonne forme tout du long. Parce que vous devez vous sentir prêt cette fois. C'est souvent là que les architectes ajoutent un peu de mordant à leurs trous.

Les tournois (pour les grands joueurs) et les paris se décident si souvent sur les 3 derniers tours que ceux qui les dessinent tiennent à mettre votre talent à l'épreuve. Le n° 16, en tant que premier trou du *triumvirat* final, peut représenter un défi effrayant. Oakland Hills, près de Détroit, Wentworth, dans le Surrey anglais, et Carnoustie, en Écosse, sont dotés de n° 16 légendaires. Et ce n'est que le début de la liste.

CI-CONTRE   *Le n° 16 du Sleepy Hollow Country Club, dans l'État de New York, aux États-Unis.*

Parcours : Clustered Spires Golf Course

Situé à : Frederick, Maryland, États-Unis

Trou : n° 16

Longueur : 211 m

Par : 3

Architectes : Ault, Clark & Associates

À savoir : Le parcours de Clustered Spires fut construit en 1991 par la municipalité de Frederick, constituant une nouvelle attraction appréciée dans les environs.

N° ⓰ CLUSTERED SPIRES GOLF COURSE

Ce parcours de golf, très apprécié du public grâce à ses conditions de jeu et ses green fees abordables, est tracé au milieu de 80 ha vallonnés, le long de la rivière Monocacy. Clustered Spires est aussi réputé pour ses greens en hauteur et ses fairways aux nombreux monticules.

On bénéficie d'une bonne vue sur la rivière depuis ce long par 3. Avec un peu de chance, vous ne serez pas forcé d'aller la voir de trop près – à moins que vous ne deviez jouer l'un de vos coups depuis ce cours d'eau qui longe le côté gauche du n° 16.

Depuis une aire de départ surélevée d'au moins 6 m, il faudra éviter le vaste bunker à l'avant-gauche du green ainsi que le bosquet. Essayez aussi d'éviter le bunker, petit et profond, situé à l'avant-droite du green.

Ce dernier n'est pas facile. De taille moyenne, il est assez ondoyant, et comme on y trouve un double plateau, on devra s'assurer de l'emplacement du drapeau avant de choisir son club.

C'est un joli trou non dépourvu de danger, mais si vous atterrissez sur le green, vous vous contenterez de contempler la rivière au lieu d'aller y chercher votre balle, et tout ira bien. **TJ**

Parcours : The Golf Club

Situé à : New Albany, Ohio, États-Unis

Trou : n° 16

Longueur : 185 m

Par : 3

Architecte : Pete Dye

À savoir : Vous avez déjà entendu parler du concept de 2 parcours en un. Et 3 parcours en un ? The Golf Club offre des fairways traditionnels sur ses 6 premiers trous, qui deviennent étroits et bordés d'arbres sur les 6 suivants, avant de terminer par 6 trous en links.

N° ⓰ THE GOLF CLUB

C'est l'un de ces pars 3 que l'on adore détester. Bien sûr, il est ravissant. Le trou de golf parfait. Mais il faut ensuite le jouer et le spectacle s'avère moins joli. De fait, il devient rapidement horrible.

Après avoir joué un mauvais coup, il est réellement impossible de se rattraper facilement. Si vous ratez le green, vous devrez affronter un deuxième coup ardu – si vous retrouvez votre balle.

Depuis une aire de départ surélevée, vous devez franchir une vallée afin de rejoindre un green en hauteur. Un ruisseau coule le long du côté gauche et des chênes, assez grands, se serrent sur le côté droit.

Si vous frappez trop court, vous devrez jouer parmi de hautes herbes bien ennuyeuses depuis lesquelles vous ne pourrez probablement pas apercevoir le drapeau. Ou vous atterrirez dans l'un des 2 grands bunkers sur le devant.

Un autre vaste bunker guette à l'arrière du green au cas où vous auriez pris trop de clubs.

Le green, incliné d'arrière en avant, mesure 26 m de long et 13 m de large. Il est difficile à lire, car la balle n'y suit pas la trajectoire à laquelle on s'attendrait. **TJ**

N° 16 — KANANASKIS COUNTRY GOLF COURSE (PARCOURS MONT KIDD)

Parcours : Kananaskis Country Golf Course (parcours Mont Kidd)

Situé à : Kananaskis Village, Alberta, Canada

Trou : n° 16

Longueur : 192 m

Par : 3

Architecte : Robert Trent Jones senior

À savoir : Les pics déchiquetés des alentours s'élèvent à 2 926 m d'altitude, et les 2 parcours sont situés à presque 1 525 m d'altitude. En toile de fond inoubliable, la Kananaskis et ses rapides accompagnent agréablement le parcours.

Divers endroits du Kananaskis Country Golf Course offrent des panoramas spectaculaires. Après un moment, ils se ressemblent tous et cette beauté se fane très légèrement. Puis vous approchez du tertre de départ du n° 16 du parcours Mont Kidd et soudainement vos exclamations prennent une tout autre signification. La vue vous saute aux yeux et vous réalisez que vous vous trouvez dans un lieu exceptionnel.

La vue embrasse toute la vallée. On aperçoit les monts Kidd, Lorette et Fortress. Cela mérite que l'on sorte son appareil photo, mais ce sont les souvenirs qui s'avéreront inoubliables.

Lorsqu'on frappe son coup de départ sur ce par 3 de 192 m, on voit sa balle s'envoler contre le mont Kidd en toile de fond, puis redescendre contre son flanc, magnifique. C'est un coup que l'on n'oublie pas facilement. Avec un peu de chance, la balle a atterri sur le green.

Il existe un dénivelé de 18 m entre le départ et le green. Le vent joue toujours un rôle important et on devra prendre un club ou 2 de plus lorsqu'on lui fait face. Souvent cependant, le vent et le dénivelé s'annulent mutuellement.

On doit frapper de manière pure, ou le vent jouera des tours à la balle. **TJ**

N° ⓰ **CYPRESS POINT CLUB**

Parcours : Cypress Point Club
Situé à : Pebble Beach, Californie, États-Unis
Trou : n° 16
Longueur : 210 m
Par : 3
Architecte : Alister MacKenzie

À savoir : C'est Seth Raynor qui devait dessiner à l'origine le parcours de Cypress Point, mais il mourut avant de pouvoir mener à bien sa tâche. Selon ses plans, le n° 16 devait être un court par 4, mais MacKenzie, sous la pression de Marion Hollins, fondateur du club, le transforma en long par 3.

La région de Pebble Beach bénéficierait, dit-on, du climat le plus adapté à l'établissement de greens. Il suffit pour s'en convaincre d'examiner ceux de Cypress Point. Mais rejoindre le green du n° 16 exige son tribut : un lancer de balle de 210 m au-dessus du Pacifique.

C'est une tâche laborieuse car les eaux bleues de l'océan attendent tout coup de départ déviant à droite ou à gauche. L'effort en vaut la peine si l'on atteint le green, doté de 5 bunkers protecteurs et de rochers déchiquetés, et contre lequel s'écrasent les vagues. On peut jouer la sécurité devant le green, à gauche, mais cela ne constitue pas le chemin le plus recommandé.

Puisque nous parlons de chemins vers le green du n° 16, on dit qu'Alister MacKenzie, après avoir dessiné le trou, le trouvait trop sévère pour les joueurs à handicap moyen ou élevé. Cependant, l'un des amis de MacKenzie aurait perdu un pari après avoir envoyé sa balle dans l'eau tandis que son partenaire aurait utilisé un putter pour jouer sur la gauche de l'océan jusqu'au green, et rentrer la balle en 4 coups.

Personne ne sait si cette histoire tient la route, mais MacKenzie avait raison de s'inquiéter pour les joueurs. Souvent, sur les trous où l'on doit porter la balle au-dessus de l'eau, on trouve des départs avancés diminuant la distance séparant le départ du green ou coupant au moins l'angle de façon que ce porter de balle soit moins sévère. Ce n'est cependant pas le cas sur le n° 16 de Cypress Point. On n'y trouve qu'un départ. Aucun choix doré/bleu/blanc/rouge. 210 m vous séparent du trou, un point c'est tout.

C'est l'un des 3 trous de Cypress Point que borde la mer, participant à la variété d'un parcours comprenant trous en links et trous boisés. Les joueurs trouveront un peu de tout ici – mais toujours à un haut niveau de qualité.

Autre particularité attrayante de Cypress Point : on ne peut le parcourir qu'à pied, et on ne trouve pas meilleure destination de promenade que le fairway du n° 16, entre les cyprès et le Pacifique. Le club étant très fermé, si on vous offre la possibilité d'effectuer cette promenade, nous vous conseillons de libérer votre emploi du temps. **JB**

CI-DESSOUS ET CI-CONTRE *Le seizième trou du Cypress Point Club.*

N° ⑯ BROOK HOLLOW GOLF CLUB

Parcours : Brook Hollow Golf Club
Situé à : Dallas, Texas, États-Unis
Trou : n° 16
Longueur : 201 m
Par : 3
Architecte : A. W. Tillinghast
À savoir : Brook Hollow devint le premier club à installer un système d'arrosage complet de ses fairways en 1925.

Brook Hollow, club très privé de Dallas, fut construit en 1919 et a accueilli depuis des épreuves prestigieuses. En 1946, Ben Hogan réussit le pas de deux texan du PGA Tour en remportant la même année le Colonial et le Dallas Open qui se déroulait à Brook Hollow.

Parce que seuls 400 membres environ peuvent se réclamer de ce club, on ne joue en moyenne que 20 000 parties sur ce parcours chaque année. Il n'est pas inhabituel pour les habitants de Dallas de devoir attendre 10 ans avant de se voir conférer le statut de membre.

Ce sont ses bunkers éprouvants, situés des 2 côtés du green, qui constituent la plus grande difficulté de ce par 3. Ces bunkers escarpés que l'on retrouve sur tout le parcours sont propres au Sud-Ouest américain.

Le long green, de taille moyenne, est incliné d'arrière en avant, et a tendance à renvoyer la balle vers un bunker sur la droite. À cause des ondulations subtiles recouvrant toute sa surface, tous les emplacements de drapeau mettront votre talent à l'épreuve d'une façon rigoureuse.

Selon la carte de parcours, ce par 3 est le 16e du parcours par ordre de difficulté. Mais les membres et leurs invités soutiennent que c'est l'un des plus difficiles, et sont en train de réexaminer son classement. **BB**

Parcours : Sleepy Hollow Country Club

Situé à : Scarborough-on-Hudson, État de New York, États-Unis

Trou : n° 16

Longueur : 137 m

Par : 3

Architectes : Charles Blair Macdonald, A. W. Tillinghast, Rees Jones

À savoir : Les pars 3 sont les temps forts de Sleepy Hollow, chacun constituant une épreuve différente, et leur longueur varie agréablement. Le n° 16 est le meilleur trou court au monde.

CI-CONTRE *Le n° 16 du Sleepy Hollow Country Club.*

N° 16 SLEEPY HOLLOW COUNTRY CLUB

Si l'on doit en croire l'ancienne parabole de Washington Irving au sujet d'Halloween, l'une des apparitions les plus célèbres du folklore américain, un cavalier décapité, a galopé à travers la vallée de l'Hudson, sur ce site, à minuit. Nous espérons que cet écuyer impitoyable galopait avec des clubs décents et qu'il maîtrisait les lies inégaux.

Ce parcours est l'une des plus belles épreuves des environs de New York, et on a du mal à trouver un lie plat sur les fairways vallonnés qui constituent Sleepy Hollow. Surtout sur son trou emblématique. Si vous ratez le green depuis le départ, vous serez sans aucun doute confronté à un lie inégal.

Le terrain est accidenté tout du long, et ce trou ne procure aucun répit – et certainement pas sur le coup de départ. Un fort vent de travers tournoie au-dessus d'un green surélevé défendu par 6 bunkers pour faire de ce coup une vraie mise à l'épreuve.

Avec les eaux scintillantes de l'Hudson en toile de fond, ce spectaculaire tracé s'intègre parfaitement dans la nature. Le n° 16 est ravissant, mais restez concentré et visez bien. La cible est protégée et le chemin qui y mène assez difficile. Seuls les coups les plus soigneusement placés vous permettront de ne pas jouer un lie en dessus ou en dessous de vos pieds.

Ce trou peut procurer un grand plaisir, mais ses embûches sont aussi effrayantes que le légendaire cavalier d'Halloween. **KLL**

Parcours : Terrace Downs

Situé à : Rakaia Gorge, Darfield, Nouvelle-Zélande

Trou : n° 16

Longueur : 201 m

Par : 3

Architectes : David Cox, Sid Puddicombe, Noel Bain, Fin Hobbs

À savoir : Le Terrace Downs est l'un des meilleurs endroits de Nouvelle-Zélande où jouer au golf. Situé au pied des Alpes du Sud néo-zélandaises, il est entouré d'un paysage de montagne époustouflant.

N° 16 TERRACE DOWNS

Après avoir conduit pendant 50 minutes, au pied du massif de Canterbury, depuis l'aéroport international de Christchurch sur l'île du Sud de la Nouvelle-Zélande, on découvrira l'un des plus beaux parcours de golf du pays.

Le n° 16 est l'un des trous les plus intéressants de ce tracé unique au monde.

Le départ surplombe une gorge, et l'on aperçoit, 200 m plus bas, une eau turquoise, le massif de Mount Hutt dominant la scène. Le green n'est qu'à un coup de wedge de là, mais il faudra franchir 2 ravins s'enfonçant jusqu'à la rivière et recouverts d'une épaisse broussaille. Le coup de départ doit aussi survoler un profond bunker devant le green et en esquiver un autre à gauche.

Inutile de jouer court, car la balle sera alors automatiquement perdue.

Rendant ce trou encore plus palpitant, le green suit une pente spectaculaire, de gauche à droite et d'avant en arrière. Les timorés découvriront une zone de sécurité sur le devant, à gauche, mais on devrait éviter de placer la balle à hauteur du drapeau, à gauche, car un chip traversant le green, dans la direction de la rivière, peut s'avérer traître.

Quel niveau de qualité atteint ce parcours ? Jim Webster, rédacteur en chef de *Golf Australia*, déclarait : « Terrace Downs est enchanteur, un parcours que l'on peut jouer jour après jour. » **TJ**

N° ⑯ **CARNOUSTIE GOLF LINKS**

Parcours : Carnoustie Golf Links
Situé à : Carnoustie, Angus, Écosse
Trou : n° 16
Longueur : 224 m
Par : 3
Architectes : Allan Robertson, Tom Morris senior, James Braid
À savoir : Jouant face à un vent de nord-est durant la dernière partie du British Open de 1968, Jack Nicklaus fut le seul à dépasser le drapeau avec son coup de départ au n° 16. Il avait frappé un driver.

Selon la légende locale, on jouait au golf sur le terrain accidenté en bord de mer qui accueille aujourd'hui Carnoustie bien avant que Christophe Colomb ne découvre l'Amérique. Le club de golf de Carnoustie fut officiellement fondé en 1839 et le premier clubhouse était établi 3 ans plus tard.

Bien que les parcours ayant bien vieilli ne soient pas rares dans le pays où est né le golf, c'est le mystère tactique du tracé qui surprend le plus à Carnoustie. Bien que le vent dominant souffle de l'ouest, on ne trouve jamais 2 trous consécutifs orientés dans la même direction, et les joueurs sont souvent déconcertés par les rafales tourbillonnantes et par le dilemme que constitue le choix du club.

Malgré ses trésors architecturaux, Carnoustie n'a commencé à accueillir le British Open que sur le tard, en 1931 la première fois. Depuis cependant, peu de parcours se sont autant illustrés dans l'histoire du grand chelem.

Carnoustie doit une grande partie de son statut à ce que l'on considère souvent comme la meilleure dernière ligne droite du golf de championnat. Trou colossal encore aujourd'hui, le n° 16 se joue sur 224 m.

Lorsque le vent souffle depuis la mer du Nord, même les grands frappeurs peinent à atteindre le green, très découpé et profond de presque 38 m. De profonds bunkers protègent aussi sa gauche et sa droite. **RH**

N° ⑯ CAPITAL GOLF CLUB

Parcours : Capital Golf Club

Situé à : Melbourne, Victoria, Australie

Trou : n° 16

Longueur : 177 m

Par : 3

Architectes : Peter Thomson, Michael Wolveridge, Ross Perrett, Lloyd Williams

À savoir : Ouvert en 1997, on a comparé le Capital au Shadow Creek de Steve Wynn, aux environs de Las Vegas, car c'est l'entreprise d'un seul homme – ici Lloyd Williams, homme d'affaires de Melbourne – désireux de créer un chef-d'œuvre golfique, moderne et très fermé.

Le n° 16 du Capital, considéré comme emblématique de ce club très respecté, est entouré d'eau sur 3 côtés et protégé par 2 grands bunkers sur l'avant. Un troisième, invisible depuis le départ, garde le côté gauche d'un green fortement incliné d'arrière en avant.

Le coup de départ doit franchir l'eau sur l'avant, et l'on bénéficie habituellement d'un vent favorable, qui donne l'impression de jouer moins long que les 177 m indiqués par la carte de parcours. Une fois de plus, il est important que le drive atterrisse non seulement sur le green mais aussi sous le trou, car cette surface peut s'avérer rapide.

Les joueurs doivent aussi s'efforcer de ne pas se laisser impressionner par le cadre somptueux, sur un terrain réellement magique comprenant 14 ha de lacs artificiels, de nombreuses réserves naturelles et quelque 500 000 arbres plantés durant la construction du parcours. **JS**

N° ⑯ THIRTEENTH BEACH GOLF LINKS

Parcours : Thirteenth Beach Golf Links

Situé à : Barwon Heads, Victoria, Australie

Trou : n° 16

Longueur : 117 m

Par : 3

Architecte : Tony Cashmore

À savoir : Il est difficile de ne pas songer au fantastique n° 7 de Pebble Beach devant ce trou court éprouvant, qui ne demande souvent pas plus qu'un pitching wedge mais s'avère tout de même capable de créer toutes sortes d'ennuis pour les joueurs.

Les golfeurs australiens affirment que le n° 16, construit parmi les dunes de la péninsule de Bellarine et souvent secoué par un vent féroce, est le trou emblématique du parcours.

On joue jusqu'à un green surélevé, de style timbre-poste, en partie caché derrière une dépression sablonneuse, entouré de pentes retorses ainsi que d'un rough épais et d'un petit bunker à l'arrière. Autrement dit, la précision s'avère essentielle depuis l'aire de départ.

Les conditions météorologiques déterminent le choix du club, et l'on peut utiliser un club aussi important qu'un dur fer 4 ou aussi réduit qu'un sand wedge, selon la force du vent marin et le genre de coup que l'on veut jouer au départ, sec ou en hauteur. Même une balle bien frappée peut apporter des ennuis, et faire en sorte qu'elle demeure sur le green n'est pas aisé, particulièrement lorsqu'on doit utiliser un fer moyen.

Les habitués déclarent que la clé du succès consiste ici à garder la balle en dessous du trou, faute de quoi on doit être prêt à affronter 3 putts. **JS**

N° 16 — GOLDEN HORSESHOE GOLF CLUB (PARCOURS DORÉ)

Parcours : Golden Horseshoe Golf Club (parcours doré)

Situé à : Williamsburg, Virginie, États-Unis

Trou : n° 16

Longueur : 153 m

Par : 3

Architectes : Robert Trent Jones senior, Rees Jones

À savoir : Jack Nicklaus détient toujours le record professionnel du parcours Gold du Golden Horseshoe avec une partie de 67.

Situé dans l'une des régions américaines les plus riches en histoire, le parcours doré du Golden Horseshoe a été tracé sur le site qui abritait au XVIIIe siècle les 230 ha de la plantation de John Saunders. Durant la construction du parcours doré, inauguré en 1963, on mit au jour ce qui restait des fondations de la demeure.

Encore un mot d'histoire. Avant que n'existe le n° 17 du TPC à Sawgrass, dessiné par Pete Dye, le n° 16 du Golden Horseshoe avait déjà été conçu. Même si aujourd'hui le green en forme d'île de Robert Trent Jones senior n'est pas aussi célèbre que celui de Dye, il s'avère tout aussi difficile – peut-être même davantage, parce qu'il mesure 34 m de plus.

Rees Jones a rénové le tracé de son père, y compris les bunkers, les départs et les greens. Le n° 16 a lui aussi été transformé – on a ajouté 4 bunkers rien qu'autour du green. Ce dernier, dont la forme est demeurée intacte, fut construit bien moins profond et plus large que le cercle presque parfait de Dye, offrant ainsi la possibilité d'emplacements de drapeau plus difficiles.

Pour atterrir en sécurité, on doit choisir le club approprié et juger correctement de la force et de la direction du vent. Si vous y arrivez, vous pourrez traverser, le sourire aux lèvres, le pont de bois menant au green. **KA**

Parcours : golf de Halmstad (parcours nord)

Situé à : Halmstad, Suède

Trou : n° 16

Longueur : 164 m

Par : 3

Architectes : Rafael Sundblom, Donald Steel

À savoir : Halmstad, qui appartenait alors au Danemark, à la frontière de la Suède, était une ville fortifiée de grande importance au début du xviie siècle, lorsque le roi Christian IV y fit édifier un château et entourer le centre historique de remparts. La ville fut cédée à la Suède en 1645.

N° 16   GOLF DE HALMSTAD (PARCOURS NORD)

Le club de golf de Halmstad, l'un des plus éminents de Suède, est le siège de la PGA suédoise et a accueilli le championnat européen amateur en 1985. Bien que se trouvant à environ 450 m de la mer du Nord, son parcours est de style boisé plutôt qu'en links et presque tous les trous sont bordés d'arbres.

On a simplement baptisé le trou n° 16 du parcours nord le « Ruisseau », mais il ne constitue pas une tâche aisée pour les golfeurs qui jouent leur partie en sachant ce que ce dangereux par 3 leur réserve.

Un ruisseau aux rives rocailleuses serpente devant l'aire de départ, puis coule jusqu'au trou et traverse de nouveau le fairway devant le green avant de finalement s'éloigner le long de son côté droit. Pour les golfeurs qui s'imagineraient jouer la sécurité à gauche, 2 bunkers protègent ce côté du green, qui est aussi défendu par une forêt épaisse à l'arrière. Le vent dominant complique encore les choses, car il souffle de gauche à droite et peut envoyer même les balles bien frappées dans le ruisseau, à droite. Lorsqu'il est présent, visez l'extrême gauche du green et faites une courte prière. **KA**

Parcours : La Quinta Resort (parcours de la Montagne)

Situé à : La Quinta, Californie, États-Unis

Trou : n° 16

Longueur : 153 m

Par : 3

Architecte : Pete Dye

À savoir : Après des études à l'université de Houston, Fred Couples travailla brièvement à La Quinta en tant que ramasseur de balles avant de débuter sa carrière professionnelle.

N° 16   LA QUINTA RESORT (PARCOURS DE LA MONTAGNE)

Le parcours de la Montagne de La Quinta Resort est littéralement creusé dans le massif de Santa Rosa, offrant une vue remarquable et exigeant une précision parfaite de la part des golfeurs. Il abrite aussi un trou mémorable de Pete Dye, en forme d'île, avec un pourtour inattendu. Cette île est en effet entourée de rochers et de désert plutôt que d'eau.

Le trou n° 16 se trouve au milieu de rochers éparpillés, au pied d'une petite montagne dans le désert. Il faudra donc s'assurer de placer la balle au centre du green dès le coup de départ, qui se joue en descente. On trouve un profond bunker et l'épaisse végétation du désert à gauche, et la montagne à droite. Si vous ratez le bunker ou le green, il est impossible de prévoir où terminera la balle, ou quel genre de rebonds fous elle effectuera sur les rochers – dans certains cas, très chanceux, elle se retrouve même sur le green !

Le parcours de la Montagne a accueilli certaines des meilleures épreuves amateurs et professionnelles. Non seulement de nombreux PGA Club Professional Championships s'y sont déroulés, mais ce fut aussi le cas de la Coupe mondiale de 1985 (remportée par Dave Barr et Don Halldorson) et du Skins Game senior de 1989 (remporté par Chi Chi Rodriguez). **KA**

N° 16   PORT ROYAL GOLF COURSE

Parcours : Port Royal Golf Course

Situé à : Southampton, archipel des Bermudes

Trou : n° 16

Longueur : 161 m

Par : 3

Architecte : Robert Trent Jones senior

À savoir : De spectaculaires falaises plongeant dans l'océan procurent une vue époustouflante sur ces ravissants 18 trous à la pointe sud-est de cette minuscule et luxuriante île des Bermudes. Les Bermudes possèdent une atmosphère très caribéenne, mais ne sont qu'à 1 450 km à l'est de la Caroline du Nord à vol de mouette. Ses greens en hauteur et ses coups en montée font de Port Royal un golf public, un parcours agréablement intimidant pour les joueurs qui frappent court comme pour les golfeurs puissants.

CI-DESSOUS *Sortie de bunker sur le n° 16 de Port Royal.*

On trouve une généreuse collection de balles au fond de l'Atlantique près du n° 16 de Port Royal et, si vous n'y faites pas attention, la vôtre pourrait rejoindre ce cimetière marin.

Le départ et le green du n° 16 sont tous 2 situés au bord d'une falaise escarpée, au-dessus des vagues, et, bien entendu, la mer constitue un redoutable obstacle d'eau. Réputé pour son mélange de splendeur visuelle et de difficultés, ce par 3 constitue une épreuve remarquable.

Son tracé fait preuve de génie : le vent qui balaie le trou complète le panorama spectaculaire qui fait le délice des golfeurs et des photographes de golf. C'est l'un des trous les plus représentés dans les magazines de golf.

Selon les conditions météorologiques, on pourra utiliser depuis le départ un pitching wedge comme un bois 3. La balle survole falaise et océan avant de trouver sa récompense sur le green retors. En vous avançant vers celui-ci, vous pourrez vous délecter des fairways sinueux qui serpentent au-dessus des falaises de corail de Southampton. Comme sur de nombreux autres trous de Port Royal, l'océan de saphir sert de toile de fond.

Le n° 16 est situé à proximité de la batterie de Whale Bay, datant de 1876, qui faisait partie du système de défense encerclant l'arsenal de la marine royale. On dit que Robert Trent Jones s'en est inspiré pour son légendaire n° 3 de Mauna Kea, sur la côte de Kohala de la grande île d'Hawaï.

Les Bermudes rappellent les Hamptons, avec un accent britannique et une touche tropicale. Ce parcours est exigeant et intimidant – Jones a certainement imposé sa marque au paysage vallonné de Port Royal.

Le n° 16, qui est son temps fort, est à la fois mortel et ravissant. **KLL**

Parcours : golf de Moliets
Situé à : Moliets, Landes, France
Trou : n° 16
Longueur : 133 m
Par : 3
Architecte : Robert Trent Jones senior
À savoir : Le golf de Moliets offre non seulement un 18 trous de championnat mais aussi un 9 trous très respecté et doté de 6 pars 3, 2 pars 4 et un par 5.

N° 16 GOLF DE MOLIETS

Le golf de Moliets, considéré comme l'un des plus beaux tracés d'Europe occidentale, présente de nombreux bunkers en dents de scie autour de ses greens et comprend 13 trous nichés dans la magnifique pinède des Landes, ainsi que 5 autres le long de la côte atlantique.

Le n° 16 est le dernier d'une série de 5 joués parmi les dunes, tandis que les n° 17 et 18 se jouent dans les terres et dans la forêt. Ce court par 3 peut paraître beaucoup plus long, à cause du vent qui souffle et tourbillonne depuis l'océan, rendant le choix du club difficile, mais capital.

Le green, peu profond, est protégé par un long bunker en dents de scie qui s'enroule sur tout son côté gauche tandis qu'un autre, plus petit, est situé directement sur l'avant, ce qui rend une balle roulée (qui permettrait d'échapper au vent) quasiment impossible. Si l'on joue trop long, les ajoncs impénétrables bordant les dunes dressent leur tête juste derrière le trou.

À cause de l'agréable climat de la région, la Fédération française de golf a choisi d'installer son centre d'entraînement national hivernal à Moliets. De plus, l'European Challenge Tour y organise souvent son tournoi qualificatif annuel. **KA**

Parcours : Royal Melbourne Golf Club (parcours est)
Situé à : Black Rock, Victoria, Australie
Trou : n° 16
Longueur : 152 m
Par : 3
Architecte : Alex Russell
À savoir : Morcom fut chargé de la construction du parcours une fois que l'architecte Alex Russell, ancien champion d'Australie et ami proche d'Alister MacKenzie, l'eut dessiné.

N° 16 ROYAL MELBOURNE GOLF CLUB (PARCOURS EST)

Le greenskeeper du Royal Melbourne, Mick Morcom, était réputé posséder un talent extraordinaire dans le domaine des bunkers, qu'il montra pour la première fois en dirigeant la construction du légendaire parcours ouest du Royal Melbourne, 2 ans avant de commencer à s'occuper du parcours est.

Ce n'est nulle part plus visible qu'au n° 16, considéré comme l'un des meilleurs pars 3 des environs de Melbourne. Situé sur une parcelle relativement plate (la meilleure partie de Black Rock fut réservée au parcours ouest), on y a fait usage de nombreux bunkers pour lui donner un aspect unique et spectaculaire.

Comme pour tous les pars 3 du Royal Melbourne, le n° 16 est orienté au nord. Son petit green est traversé d'un remblai peu commode et entouré de 7 bunkers au total, chacun pouvant présenter de sérieux problèmes à ceux qui frappent leur coup de départ ne serait-ce que légèrement en pull ou en push.

Un fer moyen bien placé fera l'affaire la plupart du temps, mais on devra jouer un club plus long lorsque l'on joue contre le vent, ce qui accroît la probabilité d'un bogey, ou pire. **JS**

Parcours : The Golf Club Kennedy Bay

Situé à : Longbeach Key, Port Kennedy, Australie-Occidentale

Trou : n° 16

Longueur : 138 m

Par : 3

Architectes : Michael Coate, Roger Mackay, Ian Baker-Finch

À savoir : Michael Coate fut assisté dans la création de ce parcours en links par Roger Mackay, golfeur professionnel, et par Ian Baker-Finch, ancien vainqueur du British Open. Cette collaboration produisit un tracé au caractère naturel et sûr.

N° ⑯ THE GOLF CLUB KENNEDY BAY

Les grands architectes semblent prendre un grand plaisir à placer des pars 3 en fin de parcours, forçant les joueurs à mettre leur talent à l'épreuve en jouant un coup de départ plus court une dernière fois au cours de la partie. Et le n° 16 de Kennedy Bay démontre parfaitement pourquoi cette idée fonctionne aussi bien.

Il n'exige généralement pas plus d'un fer 7 ou 8 depuis les départs arrière, mais le vent qui souffle depuis l'océan peut faire échouer cette stratégie et forcer à prendre un club beaucoup plus long. Puis se pose le problème de trouver le green, qui est presque placé en diagonale, depuis le coin gauche supérieur jusqu'au coin droit inférieur. Il est aussi défendu par un bunker sur l'avant, au centre, ainsi que par 2 autres à l'arrière. Le sol dessine une pente abrupte tout autour du green, ce qui offre la possibilité de superbes chips depuis les côtés du green, dans la grande tradition de Donald Ross. Cela signifie, bien entendu, que l'on ne peut pas placer son coup de départ trop à droite, trop à gauche, ou trop loin derrière. C'est évidemment plus facile à dire qu'à faire. **JS**

Parcours : golf de Casa de Campo (Les Dents du chien)

Situé à : La Romana, République dominicaine

Trou : n° 16

Longueur : 169 m

Par : 3

Architecte : Pete Dye

À savoir : Avant la construction de l'aéroport international voisin, une piste d'atterrissage traversait 2 des trous des Dents du chien et retardait régulièrement le jeu durant les atterrissages.

N° ⑯ GOLF DE CASA DE CAMPO (LES DENTS DU CHIEN)

Tout à Casa de Campo est influencé par la mer des Caraïbes. Depuis le paysage violemment escarpé au sein duquel on a bâti le parcours jusqu'au vent imprévisible qui souffle depuis ses eaux tempérées, le chef-d'œuvre tropical de Pete Dye est défini par cette étendue turquoise.

Même l'itinéraire de Dye rend hommage aux Caraïbes. Parmi les 7 trous des Dents du chien situés au bord de l'océan, 4 – les n° 5 à 8 – sont encadrés par l'eau sur la gauche et orientés à l'ouest, tandis que les 3 derniers – les n° 15 à 17 – sont bordés d'eau sur la droite et orientés à l'est. Cette juxtaposition géographique apporte aux Dents du chien des paysages et des conditions de vent merveilleusement variés.

Ces contrastes ne sont jamais plus évidents que sur le n° 16. Ce par 3 se joue sur 169 longs mètres, face au vent dominant, tandis que le n° 5, emblématique du parcours, ne mesure que 140 m et se joue en général sous le vent en direction d'un green accueillant.

Le coup de départ du n° 16 doit survoler la mer jusqu'au green surélevé et descendant vers la mer de façon spectaculaire. La plupart des joueurs utilisent un fer long ou un bois de parcours, en fonction du vent. Les arbres protègent le côté gauche du green tandis que des bunkers menacent toute balle trop courte. **RH**

N° ⑯ EAGLE RANCH

Parcours : Eagle Ranch
Situé à : Invermere, Colombie-Britannique, Canada
Trou : n° 16
Longueur : 158 m
Par : 3
Architecte : Bill Robinson
À savoir : On a mis à profit le cadre naturel autant que possible lors de la conception et de la construction d'Eagle Ranch – le parcours est entouré d'un ensemble de falaises abruptes et de vallées enchanteresses.

Certains parcours ont établi leur réputation en confrontant les golfeurs à des ravins et des plans d'eau, mais rares sont ceux qui font un usage aussi intelligent des canyons. Sur chaque coup, la balle s'élève contre les Rocheuses en toile de fond. Ce parcours de 6 035 m qui serpente au milieu des ravins offre d'époustouflants panoramas sur les environs. Le n° 16 est très spectaculaire. Il offre non seulement une vue fantastique, mais le défi golfique qu'il représente le distingue des autres trous du parcours et de la région. Ce par 3 de 158 m suit un dénivelé d'un peu plus de 15 m entre le départ et le green difficile. De plus, on joue au-dessus d'un ravin protégé qui ne fait qu'accroître la beauté du trou. Mais assez parlé de paysage. C'est le genre de trou où il faut absolument placer la balle sur le green.

Autour de ce dernier sont disposés ce que les gens du cru appellent des « porte-guignes », des formations de terre. Il n'est pas facile de jouer une balle qui y aurait atterri et il vaut mieux les éviter. Le green est aussi défendu par des tanières d'ours abandonnées, mais pas d'inquiétude : les ours sont partis depuis longtemps. Eagle Ranch est non seulement célèbre pour sa beauté, mais aussi pour ses conditions de jeu, qui lui ont valu divers prix. **TJ**

N° ⑯ COBBLESTONE GOLF COURSE

Parcours : Cobblestone Golf Course

Situé à : Acworth, Géorgie, États-Unis

Trou : n° 16

Longueur : 121 m

Par : 3

Architectes : B. Spann, K. Dye, J. Finger

À savoir : Ce parcours ayant la réputation d'engloutir les balles, mobilisez votre talent (c'est-à-dire votre précision). Conçu et construit en 1993, Cobblestone, l'un des meilleurs golfs de l'État, a été primé de nombreuses fois.

Considéré comme l'un des meilleurs parcours des environs d'Atlanta, Cobblestone offre un terrain plein de bosses et de creux, des fairways étroits, des greens à multiples plateaux, de nombreuses fosses de sable et un rough épais.

Compte tenu de toutes ces embûches, particulièrement autour du green, mieux vaut jouer de bons coups d'approche ou votre carte de parcours s'en ressentira.

Ce n'est pas sa difficulté qui rend le n° 16 mémorable, mais sa beauté. C'est tout simplement un trou de golf splendide à contempler. Il peut aussi aider votre carte de score si vous arrivez à placer la balle sur le green.

Ne vous laissez pas duper par les 121 m depuis les départs arrière. Si le drapeau est placé à l'arrière du green, ce trou se joue en réalité sur 137 m.

Depuis le départ, on doit franchir le lac qui s'interpose entre les joueurs et le drapeau. On peut jouer court car le green est disposé en biais de façon que l'on trouve un peu d'espace sur le devant.

2 bunkers sont situés à droite de ce green incliné d'arrière en avant, très étroit et réduit. Traversé par 3 crêtes, il est aussi difficile à lire. Le rejoindre ne garantit donc pas le par. **TJ**

N° ⑯ GOLF DE PLAYACAR

Parcours : golf de Playacar
Situé à : Riviera Maya, Mexique
Trou : n° 16
Longueur : 429 m
Par : 4
Architecte : Robert von Hagge
À savoir : Lorsque l'on visite ce complexe hôtelier, on devrait apporter quelques balles avec soi. Et on aura probablement de la place dans ses valises au retour, car on aura certainement dû abandonner quelques balles en route.

Le golf de Playacar, un parcours de championnat particulièrement difficile, découpé dans la luxuriante jungle maya – un cadre idéal –, constitue facilement l'un des plus beaux endroits où séjourner au Mexique.

Le parcours est doté de longs et étroits fairways et de greens ondulants protégés par de très grands bunkers de sable blanc. Et les bunkers ne manquent pas autour de ces 18 merveilleux trous.

Situé sur la splendide Riviera Maya mexicaine, à environ 64 km au sud de Cancún dans le couloir de Tulum, ce 18 trous doit sa beauté, mais aussi sa difficulté, à la végétation de la péninsule du Yucatán.

Pour le défi suprême, rendez-vous sur ce par 4 de 429 m. C'est, d'après certains, l'un des trous les plus difficiles du Mexique. Voire du monde.

Si le vent souffle, on peut dire adieu au birdie. On y joue en montée et souvent face au vent, pour un challenge qui ne ressemble à aucun autre sur le parcours. On aperçoit la forêt vierge à droite et à gauche de l'étroit fairway.

Le club offre un practice de premier ordre, avec un terrain d'entraînement au drive spectaculaire, et un vaste green accompagné de zones de chipping et de putting ainsi que de bunkers.

Les panoramas sont époustouflants. On aperçoit partout des ruines maya et des fissures s'étant formées naturellement dans le calcaire, baptisées cenotes. **TJ**

N° ⓰ FAIRMONT JASPER PARK LODGE GOLF COURSE

Parcours : Fairmont Jasper Park Lodge Golf Course
Situé à : Jasper, Alberta, Canada
Trou : n° 16
Longueur : 347 m
Par : 4
Architecte : Stanley Thompson
À savoir : En 1984, utilisant les plans originaux de Thompson, le Fairmont Jasper Park Lodge s'est lancé dans un projet qui devrait ramener le parcours à son tracé d'origine en prêtant une attention particulière aux bunkers et aux aires de départ.

CI-CONTRE *Le seizième trou du Fairmont Jasper Park Lodge.*

Depuis l'étroite aire de départ, on vise une zone d'arrivée dans la vallée, avant de franchir une péninsule et d'atteindre un green à moitié caché par un bosquet de pins. Ouah ! Et maintenant que nous avons votre attention...

Ce par 4 de 347 m est surnommé la « Baie ».

Depuis le départ, on vise le centre du fairway, raison pour laquelle il vaut mieux frapper droit – même si l'on doit pour cela se saisir d'un club différent, que l'on soit sûr de contrôler.

Si la balle part à gauche, elle pourrait très bien terminer dans l'eau. Trop à droite et on pourrait se retrouver bloqué par les arbres. Assurez-vous aussi que votre coup d'approche soit assez long pour franchir le « lac Beauvert » qui protège l'avant du green. Il est difficile de putter sur ce dernier car il monte très en pente de l'avant vers l'arrière. Les putts latéraux sont très difficiles à juger et, ici, la clé est la vitesse.

Autrement dit, prenez garde aux séries de 3 putts. Après avoir réalisé le par, remerciez les dieux du golf et dirigez-vous vers les 2 derniers trous, eux aussi difficiles. N'oubliez pas d'en informer vos amis. On a le droit de s'en vanter – avec un peu de chance, autour d'un verre au 19ᵉ trou. **TJ**

N° ⓰ GOLF DU CLUB ZUR VAHR (GARLSTEDTER HEIDE)

Parcours : golf du Club zur Vahr (Garlstedter Heide)
Situé à : Garlstedt, Brême, Basse-Saxe, Allemagne
Trou : n° 16
Longueur : 397 m
Par : 4
Architectes : August Weyhausen, Bernhard Von Limburger
À savoir : Au cours de l'Open d'Allemagne, qui s'est déroulé au Club zur Vahr en 1971, Arnold Palmer a réalisé une partie de 69 coups – l'une des 10 seules sous le par au cours de ce tournoi de 72 trous. Le lendemain, il réalisa un score de 83 pour finir avec un total de 21 au-dessus du par.

Le Garlstedter Heide, parcours de championnat du Club zur Vahr, est considéré comme l'un des meilleurs et des plus difficiles d'Allemagne. Il serpente au sein d'une épaisse forêt puis sur la lande, et, de nombreux obstacles naturels étant déjà en place, les architectes n'en ont rajouté que peu.

Le n° 16 illustre bien ce point, ce par 4 étant dépourvu de bunkers, et ne présentant qu'un seul arbre sur la droite du fairway, que le coup de départ doit éviter.

Les golfeurs doivent donc frapper un long fade et dépasser l'arbre afin de permettre le meilleur angle d'approche du green. Le deuxième coup doit aussi franchir un ruisseau qui traverse le fairway pour atteindre un green vaste et relativement plat.

Jouez 2 coups solides et bien placés, et vous aurez une bonne chance de réaliser le par, voire même un birdie. Et pourquoi en irait-il autrement ?

La difficulté du Club zur Vahr fut prouvée lorsqu'il accueillit l'Open d'Allemagne en 1971 et que l'Anglais Neil Coles fut le seul à finir sous le par, à 1 sous 279. L'Australien Peter Thomson arriva en deuxième position à 3 au-dessus du par. **KA**

N° ⑯ **COG HILL GOLF CLUB**
(PARCOURS DUBSDREAD)

Parcours : Cog Hill Golf Club (parcours Dubsdread)

Situé à : Lemont, Illinois, États-Unis

Trou : n° 16

Longueur : 363 m

Par : 4

Architectes : Dick Wilson, Joe Lee

À savoir : Tom Watson, ayant remporté le Western Open en 1974, 1977 et 1984, considère que ce trou fait partie des 2 où l'on devrait jouer la sécurité sur ce parcours, le n° 8 étant le deuxième.

Malgré sa longueur assez courte, le n° 16 devient l'un des pars 4 les plus difficiles lorsque les meilleurs professionnels viennent disputer tous les ans le Western Open du PGA Tour sur le parcours Dubsdread de Cog Hill. On y a joué une moyenne de 4,116 coups au cours du tournoi de 2003. Il ne concéda qu'un eagle et 53 birdies par rapport à 80 bogeys et 10 doubles bogeys ou pire.

Ce dogleg à gauche est doté d'arbres et d'un bunker sur la droite, côté qui constituera la zone d'arrivée préférée des drives à cause de l'inclinaison du fairway, de droite à gauche. Votre balle pourrait sinon terminer sa course dans le rough de gauche, l'un des pires endroits possibles d'où jouer le coup d'approche, en montée, vers un green très protégé. Et si votre drive part réellement en pull, les arbres et le ruisseau entrent en jeu sur la gauche.

Cette approche exige de la précision car le green – bien qu'assez plat comparé au reste du parcours – est entouré de bunkers sur l'avant-gauche, la droite et l'arrière-droite. Il descend aussi à pic à gauche, renvoyant les deuxièmes coups frappés en pull vers le ruisseau et les bois au-dessous. **KA**

N° 16 — LOS ANGELES COUNTRY CLUB (PARCOURS NORD)

Parcours : Los Angeles Country Club (parcours nord)

Situé à : Los Angeles, Californie, États-Unis

Trou : n° 16

Longueur : 407 m

Par : 4

Architectes : George Thomas, William P. Bell, Robert Muir Graves

À savoir : Le parcours nord du country club de Los Angeles a accueilli 5 Opens de Los Angeles, la dernière fois en 1940, mais aucune épreuve majeure, amateur ou professionnelle, ne s'y est déroulée depuis l'US Amateur junior de 1954.

Le country club de Los Angeles représente le comble de l'ironie. Malgré sa situation au cœur de Beverly Hills, le club fuit la publicité à tout prix – ce qui est rare à Hollywood. Et parce qu'il n'a pas accueilli de championnat professionnel majeur – les membres ont refusé à plusieurs reprises les propositions de l'Association de golf américaine qui désirait y organiser l'US Open –, le club est peu connu des passionnés de golf contemporains.

Mais il est certainement digne d'intérêt.

De fait, il est très dommage que ces passionnés n'aient jamais pu assister à la lutte entre joueurs d'un championnat majeur sur la difficile dernière ligne du parcours, de longs pars 4 débutant avec le n° 16. Celui-ci est situé au sommet d'une colline dominant le n° 10 sur la droite et le n° 11 sur la gauche.

Le coup de départ doit éviter un vaste bunker de fairway à gauche et un bosquet qui s'avance sur la droite. Cela permet un coup d'approche qui doit passer près d'un grand bunker profond, situé à environ 9 m devant l'avant-droite du green. Pour compliquer encore les choses, celui-ci est sévèrement incliné de l'arrière-gauche vers l'avant-droite. **KA**

N° 16 — BIG SKY GOLF & COUNTRY CLUB

Parcours : Big Sky Golf & Country Club

Situé à : Pemberton, Colombie-Britannique, Canada

Trou : n° 16

Longueur : 370 m

Par : 4

Architecte : Bob Cupp

À savoir : De la mi-avril à la mi-octobre dans cette région presque tropicale, la saison du golf est purement et simplement longue d'après les normes de l'intérieur de la Colombie-Britannique.

Le Big Sky Golf & Country Club abrite un parcours qui s'enroule autour de 7 lacs et d'un torrent à 183 m d'altitude, environ 487 m plus bas que Whistler, station de sports d'hiver voisine.

Bob Cupp, architecte de golf ayant excavé au bulldozer 267 000 m³ de terre afin de donner du mouvement à un site autrefois réputé pour ses pommes de terre de semence, a construit une digue autour du terrain pour faciliter son irrigation. Il a limité le nombre d'arbres plantés afin de ne pas bloquer le panorama spectaculaire sur les Coast Mountains, et notamment sur le mont Currie, haut de 2 575 m.

Cupp savait mettre ses atouts à profit, et le paysage en était certainement un.

Le n° 16 est un par 4 de 370 m qui s'élance vers la droite autour d'un lac magnifique. Ce dogleg est splendide depuis le départ mais constitue un vrai défi, notamment depuis les départs pros.

Le coup de départ idéal vise le côté gauche du fairway, à environ 238 m. Cela permet un coup d'approche d'environ 105 m jusqu'à un green de bonne taille et dépourvu de bunkers.

C'est un trou où la prise de risque est traditionnellement récompensée. **TJ**

Parcours : The Vintage Club (parcours de la Montagne)

Situé à : Indian Wells, Californie, États-Unis

Trou : n° 16

Longueur : 367 m

Par : 4

Architecte : Tom Fazio

À savoir : Ce parcours est invariablement classé parmi les meilleurs de Californie et le n° 16 constitue son trou emblématique.

N° ⑯

THE VINTAGE CLUB
(PARCOURS DE LA MONTAGNE)

C'est pour des trous tels que le n° 16 du parcours de la Montagne du Vintage Club que l'on a inventé l'appareil photo. Il est particulièrement ravissant grâce à ses nombreuses fleurs et à sa vue splendide sur la montagne.

Mais revenons au jeu. Le coup de départ de ce trou emblématique est le plus important. Les joueurs doivent franchir l'eau pour rejoindre le fairway de ce dogleg à droite, ce qui peut s'avérer problématique pour certains. Si vous travaillez bien la balle, vous pouvez utiliser la grosse artillerie et frapper de toutes vos forces. Dans le cas contraire, la stratégie la plus sage consiste à frapper un fer. Le trou n'est pas très long et même un fer 3 vous permettra de viser le green au coup suivant.

On peut facilement rater ce tout petit green. L'approche la plus sûre consiste à viser son centre et non pas le drapeau. Il est un peu ondoyant mais sa surface s'avère clémente dans l'ensemble. Presque chaque putt ici vous donne la possibilité d'un birdie, et si vous échouez, admirez le paysage. **GE**

N° ⑯ GOLF DE BALI

Parcours : golf de Bali
Situé à : Nusa Dua, Bali, Indonésie
Trou : n° 16
Longueur : 420 m
Par : 4
Architectes : Robin Nelson, Rodney Wright
À savoir : Nick Faldo a établi le record du Bali Golf & Country Club au cours de l'Alfred Dunhill Masters en réalisant une partie de 54 sur ce par 63.

Il semble juste que cette petite île dotée d'un ensemble varié de montagnes imposantes et de plages sablonneuses possède un parcours de golf serpentant dans un décor tout aussi changeant.

Depuis le premier départ du golf de Bali, les joueurs découvrent une boucle à l'intérieur des terres, au sein d'une dense végétation tropicale au-delà de laquelle on aperçoit parfois l'océan Indien. Le parcours revient ensuite vers l'océan en traversant une plantation de cocotiers, avec des palmiers s'élançant à 30 m dans les airs.

Le n° 16 est un substantiel par 4 se jouant sur 420 m et introduisant la spectaculaire dernière ligne droite, sur la plage au bord de l'océan Indien.

Considéré comme le plus ardu du parcours, il exige un léger draw depuis le départ (pour les droitiers) afin de couper le dogleg. Une dépression naturelle court le long du côté gauche du fairway tandis que des monticules et palmiers protègent son côté droit. Toute balle atterrissant avant le dogleg amènera un coup court, collé au côté gauche du fairway.

On devra frapper un fer long ou un bois de fairway sur le coup d'approche, pour atteindre un green profond de 16 m et protégé par un bunker sur la droite. Toute balle trop longue finira dans une dépression naturelle directement derrière le green. **RH**

N° ⓰ BALTUSROL GOLF CLUB
(PARCOURS DU HAUT)

Parcours : Baltusrol Golf Club (parcours du haut)

Situé à : Springfield, New Jersey, États-Unis

Trou : n° 16

Longueur : 408 m

Par : 4

Architecte : A. W. Tillinghast

À savoir : Le n° 16 marqua le point culminant de l'US Open de 1936. Alors qu'il lui restait encore 3 trous à jouer, Tony Manero rentra un putt pour le birdie depuis une distance de 4 m sur le n° 16, pour dominer de 2 points.

CI-DESSOUS Le n° 16 de Baltusrol.

CI-CONTRE L'Américain Lee Janzen célèbre le chip qu'il vient de rentrer sur le n° 16 du parcours du haut de Baltusrol en janvier 1993.

En règle générale, les sites de championnats majeurs sont choisis pour le niveau de difficulté de leur parcours. Le raisonnement est le suivant : plus dur est le parcours, plus il mérite d'accueillir une manifestation très en vue. Selon cette philosophie, peu de tracés en sont plus dignes que Baltusrol.

Ses 2 parcours, constituant l'un comme l'autre des épreuves de qualité, ont accueilli 15 championnats nationaux. Durant l'US Amateur de 2000, un score de 4 au-dessus du par (145) suffisait à se qualifier pour le match play et, au cours de l'US Open féminin de 1961, Mickey Wright l'emporta (ou conserva la première place, pour être plus proche de la vérité) avec un total de 293, à 5 au-dessus du par.

Peu de trous ici ont le niveau de difficulté du n° 16 du parcours du haut.

Le côté droit de son fairway relativement généreux est protégé par un grand chêne pouvant bloquer l'approche, tandis que des bunkers de fairway guettent plus loin à gauche.

Le green penche très nettement dans la direction opposée à Baltusrol Mountain et est encadré de 3 profonds bunkers à l'avant, à droite comme à gauche. S'ils désirent préserver leur chance de birdie, les golfeurs doivent approcher le trou depuis la droite. **RH**

N° ⓰ ELLERSTON GOLF COURSE

Parcours : Ellerston Golf Course

Situé à : Upper Hunter Valley, Nouvelle-Galles-du-Sud, Australie

Trou : n° 16

Longueur : 417 m

Par : 4

Architectes : Greg Norman, Bob Harrison

À savoir : Norman s'est déclaré « follement heureux » du travail accompli à Ellerston et pense qu'il s'agit là d'un des meilleurs parcours qu'il ait jamais réalisés.

Le danger est immédiatement visible depuis l'aire de départ de ce trou, lorsque l'on aperçoit le ruisseau de Pages Creek qui court le long du côté gauche. Après un drive de 251 m placé au centre du fairway, les joueurs affrontent un coup d'approche sur toute la longueur du ruisseau, jusqu'à un green perché dans un méandre de ce dernier et derrière lequel s'élèvent une falaise abrupte et le massif si caractéristique – et si beau – d'Ellerston.

Selon les rares et heureux joueurs ayant joué ici, c'est un coup où l'on joue son va-tout, enchantant ceux qui le réussissent et forçant les autres à piocher une autre balle dans leur poche.

Le fairway s'élance à l'assaut d'une colline sur la droite puis la redescend et repart vers la gauche en direction du green. On peut donc jouer ce trou comme une sorte de par 5, frappant court le deuxième coup, près du green, puis suivant d'un chip et d'un putt. **JS**

N° ⑯ **BANDON DUNES**
(PARCOURS BANDON DUNES)

Parcours : Bandon Dunes (parcours Bandon Dunes)
Situé à : Bandon, Oregon, États-Unis
Trou : n° 16
Longueur : 332 m
Par : 4
Architecte : David McLay Kidd
À savoir : Ne songez même pas à louer une voiturette. On ne peut se déplacer qu'à pied à Bandon Dunes, dans la pure tradition des links écossais, à environ 160 km de la frontière californienne.

Bandon Dunes a été construit le long des falaises du Pacifique, sur un littoral vierge, et sa beauté époustouflante peut rivaliser avec celle de n'importe quel parcours au monde.

Le vent, la mer, les grands espaces et le brouillard rappellent souvent l'Écosse et l'Irlande. Ses conditions de jeu sont impeccables. C'est le meilleur de ces 2 univers.

Vous jouerez probablement sous le vent dominant sur ce par 4 de 332 m qui longe l'océan. Il est beaucoup plus facile de placer le drive sur le fairway supérieur qu'il ne le paraît. Ne visez pas la droite sauf si vous désirez examiner le Pacifique d'assez près pour goûter à l'eau salée.

Depuis le fairway supérieur, le coup d'approche est beaucoup plus court et permet de bien apercevoir le green.

N'attaquez pas le drapeau s'il est situé à droite, car les ajoncs sont beaucoup plus proches qu'il n'y paraît depuis le fairway. Le green est situé dans un coin, à droite, les vagues de l'océan à deux pas de sa lisière.

Les 2 parcours du domaine sont construits au milieu des dunes et perchés à environ 30 m au-dessus de l'océan. On trouve environ une douzaine de trous longeant les falaises qui dominent la courbe majestueuse du littoral sur 37 km. **TJ**

N° ⑯ BLACK DIAMOND RANCH GOLF & COUNTRY CLUB
(PARCOURS DE LA CARRIÈRE)

Parcours : Black Diamond Ranch Golf & Country Club (parcours de la Carrière)

Situé à : Lecanto, Floride, États-Unis

Trou : n° 16

Longueur : 398 m

Par : 4

Architectes : Tom Fazio, Andy Banfield

À savoir : Le parcours de la Carrière est doté de 2 lacs entrant en jeu et abrite 5 trous autour d'une carrière, d'où son nom.

Le Black Diamond Ranch offre 45 trous de golf exceptionnels. Un an après son inauguration en 1987, le parcours de la Carrière était classé 24e des 100 meilleurs parcours américains selon le magazine *Golf Digest*.

Les n° 14, n° 15 et n° 16 sont réputés constituer l'un des meilleurs segments de golf au monde. Dirigeons-nous donc vers le n° 16, un par 4 de 398 m. C'est un dogleg à gauche effectuant un ample virage et ne faisant preuve d'aucune clémence. Les départs arrière sont réellement très reculés et mettent même les meilleurs joueurs au défi de couper l'angle du dogleg autant que leur driver le leur permet.

Mais si vous n'y arrivez pas, vous ne pouvez pas jouer.

Qu'observons-nous en nous rapprochant du côté gauche ? Un bunker est situé à proximité du milieu du fairway, suivi d'un autre, plus grand, avant le green. Une immense falaise s'élève à gauche des bunkers. Elle n'est pas hors-limite, elle est hors du comté. Même si c'est là un par 4, attaquer le green en 3 coups ne constitue pas une mauvaise idée. Le deuxième coup pourrait s'avérer assez long, vers un green étroit, la falaise étant toujours à gauche. L'espace est assez dégagé à droite. **TJ**

N° 16 — HAZELTINE NATIONAL GOLF CLUB

Parcours : Hazeltine National Golf Club

Situé à : Chaska, Minnesota, États-Unis

Trou : n° 16

Longueur : 367 m

Par : 4

Architectes : Robert Trent Jones senior, Rees Jones

À savoir : Ce site choisi pour la Ryder Cup de 2016 a aussi accueilli l'US Open, le PGA Championship, l'US Open féminin et senior, l'US Amateur et les NCAA Championships.

CI-DESSOUS ET CI-CONTRE *Le n° 16 du Hazeltine National Golf Club.*

Pas besoin de chercher plus loin que la déclaration d'intention de l'Hazeltine National Golf Club : « La mission des membres fondateurs d'Hazeltine était de construire et d'entretenir un parcours de golf digne d'accueillir des championnats nationaux. Une partie importante de cette mission consistait à enrôler des membres qui soutiendraient ce concept – qui se sentiraient responsables envers le jeu du golf, ses règles et ses traditions. De même, cela exige un comportement irréprochable de la part des membres et de leurs invités lorsqu'ils jouent ici. » Vous l'avez compris. À Hazeltine, des employés de la boutique aux membres ou aux groundskeepers, on se préoccupe du golf de la plus haute qualité.

« Les épreuves passées et les championnats déjà programmés, jusqu'à la Ryder Cup de 2016, témoignent de notre fidélité à cette mission, déclara Bob Muschewske, président d'Hazeltine National, mais Hazeltine, c'est plus que cela. C'est aussi un endroit particulier parce que nous avons édifié et maintenu une culture mettant l'accent sur la passion du golf et le respect de ses règles et traditions. La seule question que nous posons à nos membres potentiels, c'est : "Soutenez-vous cette œuvre et partagez-vous cette passion ?" »

On associe aisément ce mot, « passion », à un club de golf et un parcours aussi sacrés qu'Hazeltine. Si, étrangement, vous n'éprouviez pas un grand enthousiasme pour le jeu avant de jouer ici, vous seriez certainement converti une fois votre partie finie. C'est l'un des joyaux des États-Unis, et le n° 16 est son trou emblématique, ce qui est étrange car, jusqu'en 1970, c'était un par 3. Mais il s'est transformé en l'un des plus beaux pars 4 moyens de championnat lorsqu'on découvrit une parcelle plate derrière le green du n° 15. Au pied d'un monticule, elle devint le green du n° 16, et le par 3 un par 4.

D'autres changements furent apportés en 1991, lorsque Rees Jones perfectionna l'œuvre de son père, transformant une rigole d'irrigation en ruisseau sur le côté gauche. Chaque coup ici peut se révéler désastreux. Le coup de départ doit franchir le lac d'Hazeltine sur 200 m afin de rejoindre le fairway, bordé d'eau des 2 côtés. Les joueurs les plus talentueux utiliseront probablement un bois de fairway, ce qui ne laissera plus qu'environ 135 m jusqu'au green.

« Le green est une petite péninsule dans le lac, prévient Rees Jones. C'est une cible intimidante. » **JB**

N° ⑯ ROYAL CANBERRA GOLF CLUB

Parcours : Royal Canberra Golf Club
Situé à : Canberra, Australie
Trou : n° 16
Longueur : 395 m
Par : 4
Architectes : John Harris, James Scott
À savoir : Construit dans le splendide bois de Westwood de la capitale australienne, le Royal Canberra se classe régulièrement parmi les 10 meilleurs golfs du pays.

Ce parcours a souvent été baptisé l'Augusta National d'Australie, en grande partie à cause de sa flore variée et parce qu'il est situé dans l'ancien arboretum de la ville de Canberra – le parcours accueillant le Masters, lui, fut tracé dans une ancienne pépinière.

Mais la qualité du tracé incite aussi les comparaisons favorables, et aucun trou n'est plus respecté que le n° 16. Ce substantiel par 4 est un léger dogleg à droite, où l'on frappe son drive depuis une aire de départ en hauteur afin de franchir un petit vallon avant d'atterrir sur un fairway bordé de cyprès.

Mieux vaut donner un léger effet de fade à la balle, avant de frapper le coup d'approche qui devra lui aussi franchir une dépression jusqu'au green, encore en hauteur, incliné d'arrière en avant et encerclé de 4 bunkers.

Il est assez vaste, d'une profondeur de 30 m, mais les golfeurs ne devraient pas se laisser berner par un faux sentiment de sécurité, car il n'est pas garanti que 2 putts suffisent ici, et mieux vaut donc placer le coup d'approche bien en dessous du drapeau. **JS**

N° ⑯ COMMONWEALTH GOLF CLUB

Parcours : Commonwealth Golf Club
Situé à : South Oakleigh, Victoria, Australie
Trou : n° 16
Longueur : 365 m
Par : 4
Architectes : Sam Bennett, Charles Lane, Sloan Morpeth
À savoir : Le Commonwealth fut fondé en 1920 et son premier professionnel, Sam Bennett, dessina les 12 premiers trous tandis que l'architecte Charles Lane compléta le tout, en profitant pour ajouter sa touche personnelle à certains des greens et des bunkers.

D'une certaine manière, c'est le drive qui détermine tout au n° 16 – probablement le meilleur trou de ce vénérable parcours longiligne de la « ceinture de sable » australienne – et notamment le degré selon lequel le joueur désire s'approcher du lac qui longe ce dogleg à gauche.

On doit faire attention à ne pas frapper son coup de départ en hook jusque dans cet obstacle, même si un drive placé sur le côté gauche du fairway permet une meilleure approche du green. Ce dernier peut s'avérer difficile, car il est incliné non seulement de droite à gauche mais aussi d'arrière en avant.

Déplacez votre balle légèrement à droite et vous éviterez plus facilement le lac, mais vous serez alors confronté à la possibilité de traverser le fairway pour finir dans le rough, ou de devoir frapper un deuxième coup bien plus difficile depuis l'herbe rase.

C'est en grande partie parce que tout coup d'approche depuis ce côté du trou doit franchir un bunker à droite du green, et la moindre erreur produira souvent 2 coups suivants difficiles pour rentrer la balle. **JS**

N° ⓰ HALF MOON BAY GOLF LINKS
(PARCOURS DE L'OCÉAN)

Parcours : Half Moon Bay Golf Links (parcours de l'Océan)

Situé à : Half Moon Bay, Californie, États-Unis

Trou : n° 16

Longueur : 354 m

Par : 4

Architecte : Arthur Hills

À savoir : Comme souvent sur les parcours de cette partie de la Californie, le paysage est exceptionnel. Le parcours de l'Océan abrite de vrais links – complètement dégagés, le long du Pacifique, bénéficiant d'un panorama remarquable.

Lorsqu'un trou chevauche le bord du Pacifique, on est sûr qu'il sera mémorable. Depuis l'aire de départ, on s'imagine facilement à une autre époque, dans un autre lieu – en Écosse par exemple.

Le fairway, dessinant un léger virage à droite, offre une zone d'arrivée agréablement dégagée – même lorsque le vent joue des tours à la balle.

Visez le bunker de gauche sur le coup de départ. Vérifiez la longueur à parcourir et saisissez-vous du bon club. N'oubliez pas qu'on n'a pas besoin de jouer très long pour permettre une bonne approche. Si l'on atterrit juste avant le bunker de gauche qui montre le bout de son nez sur le fairway, on sera en bonne position – à 110 m environ du green. Mieux vaut en revanche ne pas se retrouver à gauche du sentier, sauf bien sûr si on est muni d'un appareil photo plutôt que d'un club de golf... L'océan longe tout le côté gauche et l'on y jouit d'une très belle vue sur l'hôtel perché sur la falaise, un peu plus loin.

Le deuxième coup doit franchir la gorge pour rejoindre un green peu profond. Si vous devez rater, jouez long.

Le paradis terrestre ? Oh oui. **TJ**

N° ⑯ OAKLAND HILLS COUNTRY CLUB (PARCOURS SUD)

Parcours : Oakland Hills Country Club (parcours sud)

Situé à : Bloomfield Hills, Michigan, États-Unis

Trou : n° 16

Longueur : 371 m

Par : 4

Architectes : Donald Ross, Robert Trent Jones senior, Arthur Hills

À savoir : Le n° 16 est le trou emblématique du parcours sud, site de la Ryder Cup de 2004.

CI-DESSOUS *Luke Donald et Paul McGinley sur le n° 16 au cours de la Ryder Cup en septembre 2004.*

CI-CONTRE *Darren Clarke sur le n° 16 au cours de la Ryder Cup de la même année.*

Le pedigree d'Oakland Hills est ahurissant. 6 US Opens pour commencer. Sans parler des autres épreuves majeures, nationales et internationales, dont le PGA Championship de 1972, durant lequel le n° 16 joua un rôle déterminant lorsque Gary Player, vainqueur cette année-là, y réalisa un birdie lui permettant de dépasser Gary Jamieson qui ne réussit que le par.

Même si la réputation d'Oakland Hills a attiré certaines des plus belles épreuves dans le sud-est du Michigan, les responsables du club ne se reposent pas sur leurs lauriers. Robert Trent Jones senior a redessiné le parcours sud avant l'US Open de 1952, et à nouveau en 1972 et 1984. Arthur Hills l'a aussi remodelé en 1987.

Sa riche histoire, l'attention portée aux détails, et un merveilleux tracé amélioré au fil des ans ne sont que quelques-unes des raisons pour lesquelles on a choisi d'organiser la Ryder Cup de 2004 sur son parcours sud.

D'après le capitaine de l'équipe américaine, Hal Sutton, « chaque fois que je franchis les portes d'Oakland Hills, je "ressens" le golf ».

Cette « sensation » n'est nulle part plus forte qu'au n° 16.

Ce dogleg dessine presque un angle droit autour d'un obstacle d'eau, en forme de coude, qui commence en faisant saillie sur le fairway et termine à droite du green. Un saule pleureur, splendide mais périlleux, se dresse dans le rough de droite et s'avère plus dangereux que l'herbe épaisse pour les joueurs qui dévieraient de côté-là.

Le green du n° 16 est très petit, protégé à gauche comme à l'arrière par des bunkers, à droite et à l'avant par l'eau. Le n° 16 est le trou intermédiaire d'une série de 5 trous surnommés les « 5 redoutables ».

Lorsque vous en aurez fini avec ce parcours (ou qu'il en aura terminé avec vous), vous pourrez enfin vous rafraîchir au clubhouse, la deuxième plus grande structure en bois du Michigan (le Grand Hôtel de l'île Mackinac arrive en tête). C'est aussi la copie exacte de la demeure de George Washington à Mount Vernon. Nous ne pouvons mentir : le parcours sud mérite son surnom, le « Monstre », que lui donna le légendaire Ben Hogan, après l'avoir conquis. **JB**

Parcours : Pasatiempo Golf Club

Situé à : Santa Cruz, Californie, États-Unis

Trou : n° 16

Longueur : 363 m

Par : 4

Architecte : Alister MacKenzie

À savoir : MacKenzie a dessiné certains des plus beaux parcours au monde, mais choisit de résider au Pasatiempo lorsqu'il était aux États-Unis. Sa demeure est toujours là.

N° 16 PASATIEMPO GOLF CLUB

La demeure où résidait MacKenzie lorsqu'il ne parcourait pas le monde pour établir des parcours splendides est située au bord du fairway du n° 6 du golf de Pasatiempo. Mais c'est 10 trous plus loin que l'on trouve ce qu'il avait désigné comme son « par 4 préféré au monde ».

MacKenzie a dû donner libre cours à ses pulsions sadiques lorsqu'il fit cette déclaration car le n° 16 est le trou le plus ardu d'un parcours fort difficile. Très simplement, il terrifie la plupart des joueurs.

Un coup de départ aveugle, au-dessus d'un drapeau de signalisation, exige une stratégie intelligente, sans parler d'un placement de balle précis à l'aide d'un draw. Cela demande aussi une grande familiarité avec le terrain. Si votre partenaire n'a jamais joué ce trou ou s'il choisit de ne pas partager sa science avec vous, mieux vaut employer les services d'un caddie car les ennuis guettent si vous jouez de façon imprudente. Par exemple, même si vous savez devoir frapper en draw, si cet effet est trop marqué, la balle terminera dans un ravin à gauche. Si vous visez le centre droit ou, pire, jouez en fade, c'est le hors-limite qui vous attend à droite. Si vous faites preuve d'une grande précision mais ne jouez pas en draw, vous pouvez placer votre drive légèrement à gauche du drapeau de signalisation sur la colline.

Même le meilleur des drives est suivi d'un long coup d'approche, en descente, en direction d'un green surélevé, à triple plateau, jalousement gardé par une série de bunkers et par un ruisseau en contrebas. Même si l'on découvre 3 plateaux, la balle n'arrête jamais sa course sur celui du bas.

Lorsque le drapeau blanc est situé à droite, sur la mince portion de green au-dessus du bunker gauche, le coup d'approche devrait viser le panneau de signalisation jaune au fond, et la balle devrait atterrir au-delà du trou sur le plateau le plus élevé. Il est plus aisé de putter légèrement en descente qu'en montée depuis le niveau intermédiaire.

« Vous devez tout simplement atteindre votre cible sur ce trou, déclare Ken Woods, professionnel principal du club. Sinon, vous serez très sévèrement puni. » **JB**

N° 16 — OCEAN FOREST GOLF CLUB

Parcours : Ocean Forest Golf Club

Situé à : Sea Island, Géorgie, États-Unis

Trou : n° 16

Longueur : 360 m

Par : 4

Architecte : Rees Jones

À savoir : Comme on s'y attendrait, le vent joue un rôle déterminant sur ce parcours en links à la vue spectaculaire où l'océan entre en jeu sur les 3 derniers trous.

C'est un dogleg à gauche, un par 4 ravissant – comme tous les autres trous d'Ocean Forest d'ailleurs.

Le drive idéal se joue du côté droit. On y trouve divers monticules dont on peut tirer avantage. Si vous frappez leur côté droit, ils renverront la balle sur le fairway. En revanche, si vous frappez le mauvais côté, ils peuvent la faire rebondir dans un obstacle.

On doit tenir compte des pins et des chênes qui ne manquent pas du côté droit. Ils sont jolis, mais si la balle y atterrit, ils s'avèrent moins agréables.

Les grands frappeurs peuvent essayer de couper le dogleg, mais il faudra pour cela franchir au moins 270 m depuis les départs arrière.

Si l'on atterrit à 228 m, au milieu ou à droite du fairway, on aura joué un très bon premier coup, laissant 135 m pour rejoindre le green, protégé par des bunkers à l'avant, à droite comme à gauche.

Le green, à triple plateau, est traversé par une crête en son milieu, et protégé par un vaste marécage à l'arrière.

À cause de ce dernier, on a du mal à juger de la distance. Faites confiance à celle qu'indique la carte de parcours, car la vue depuis le fairway peut s'avérer trompeuse. **TJ**

N° ⓰ WENTWORTH CLUB (PARCOURS OUEST)

Parcours : Wentworth Club (parcours ouest)
Situé dans : le Surrey, Angleterre
Trou : n° 16
Longueur : 440 m
Par : 4
Architecte : Harry S. Colt
À savoir : Wentworth offre trois 18 trous ainsi qu'un 9 trous compact. Le parcours ouest compte parmi les meilleurs au monde, avec un tracé exceptionnel et une certaine fluidité.

Le parcours ouest, inauguré en 1926, se déploie au cœur d'un domaine très boisé. Une fois que l'on a quitté le clubhouse, il n'existe aucun raccourci pour y revenir. Le parcours est célèbre d'un point de vue historique. Il fut en effet surnommé la « Route de Birmanie » au cours de la Seconde Guerre mondiale. Les prisonniers de guerre allemands devinrent les jardiniers du club lorsqu'on leur donna l'ordre d'éliminer la végétation qui avait envahi le parcours, alors fermé.

Le n° 16, un monstrueux par 4 de 440 m, débute un tronçon final très difficile. Ce pourrait facilement être un par 5, mais c'est déjà le cas des 2 derniers trous.

La réussite dépend ici du drive. Il est essentiel de rester à gauche, car le trou dessine un léger dogleg vers la droite et il vaut mieux ne pas frapper le coup de départ en pull. Pourquoi ? 3 bunkers n'attendent que ça.

Attention au bunker à droite du green, incliné de droite à gauche. Un birdie constitue ici un événement digne d'être célébré. Le par ou même un bogey est considéré comme un bon score dont on devrait se réjouir. **TJ**

CI-DESSOUS ET CI-CONTRE *Le seizième trou de Wentworth.*

N° ⑯ GANTON GOLF CLUB

Parcours : Ganton Golf Club

Situé à : Ganton, North Yorkshire, Angleterre

Trou : n° 16

Longueur : 410 m

Par : 4

Architecte : Tom Chisholm

À savoir : On joua au golf à Ganton pour la première fois durant l'été 1891, sur un parcours dessiné par Tom Chisholm, de St Andrews, assisté de Robert Bird, le premier professionnel du club et greenskeeper principal.

Lorsqu'il évoquait les bunkers de Ganton dans son ouvrage *A Round of Golf Courses*, Patric Dickinson les décrivait comme s'il voulait leur dire « Bien le bonjour, j'espère qu'on nous présentera ».

Ganton est réputé pour ses bunkers. Ils sont grands. Ils sont bien situés. Et il est très difficile d'en sortir. Le plus grand du parcours est sur le n° 16. Ce monstre est à 164 m de l'aire de départ environ, et s'étend sur toute la largeur du fairway.

La plupart des joueurs le franchiront sans problème, mais n'oublieront pas aisément la taille de la chose.

Des arbres bordent tout le côté droit du fairway. Le côté gauche est assez dégagé, mais on y trouve un bunker qui empiète sur le fairway près du green, ainsi qu'un autre à gauche.

Le vent joue toujours un rôle à Ganton, ce dont on devra se souvenir au moment de choisir son club.

Les n° 15 et n° 16 constituent 2 rudes pars 4 exigeant des coups parfaitement frappés jusqu'à des greens subtils. **TJ**

N° 16 — GULF HARBOUR COUNTRY CLUB

Parcours : Gulf Harbour Country Club

Situé à : Whangaparaoa, Auckland, Nouvelle-Zélande

Trou : n° 16

Longueur : 405 m

Par : 4

Architecte : Robert Trent Jones senior

À savoir : Ayant accueilli la Coupe du monde de golf en 1998, Gulf Harbour peut défier même les meilleurs joueurs au monde. Mais avec 5 séries de départs, on peut y jouer quel que soit son niveau.

CI-DESSOUS Colin Montgomerie putte sur le green du n° 16 du Gulf Harbour en novembre 1998.

Ce par 4 de 405 m appartient à une catégorie à part à Gulf Harbour, un parcours doté de nombreux trous mémorables. Mais le n° 16, où la prise de risque est traditionnellement récompensée, est exceptionnel.

C'est non seulement le plus spectaculaire mais aussi le plus difficile du parcours. Une telle combinaison est rare dans le domaine du golf, et on peut le comparer au n° 8 de Pebble Beach ou au n° 17 de Cypress Point.

On joue le coup de départ au-dessus d'un ravin sauvage jusqu'à un fairway vallonné tournant naturellement vers la droite. Ceux qui frappent loin peuvent choisir de survoler le terrain en bord de mer afin de raccourcir considérablement leur approche. C'est bien évidemment risqué et toute balle moins que parfaite sera perdue.

Le green est situé à la pointe d'une étroite péninsule et offre une vue panoramique, à 270°, sur l'océan. Ce trou peut s'avérer effroyablement long lorsqu'on joue face au vent et il est impossible à atteindre sous certaines conditions. Une fois sur le green, on est confronté à la pente raide qu'il dessine d'arrière en avant.

Rien ici n'est aisé. Mais rien n'est aussi joli non plus. Profitez-en. **TJ**

N° ⑯ COLLETON RIVER PLANTATION
(PARCOURS NICKLAUS)

Parcours : Colleton River Plantation (parcours Nicklaus)

Situé à : Bluffton, Caroline du Sud, États-Unis

Trou : n° 16

Longueur : 400 m

Par : 4

Architecte : Jack Nicklaus

À savoir : Ce parcours, où l'on découvre des marais naturels sur 12 trous, a impressionné bon nombre de joueurs. Greg Norman a déclaré que c'était le meilleur qu'ait jamais construit Nicklaus.

Toute conversation portant sur les parcours de golf exceptionnels devrait inclure le Colleton River Plantation. On y trouve 2 parcours fantastiques, dont celui que dessina Jack Nicklaus. Et celui qu'on surnomme l'« Ours » a laissé sa marque (ou ses griffes ?) sur ce splendide terrain.

Les premiers trous sont dessinés parmi des chênes et des pins imposants avant de s'acheminer vers les marais. Puis, au n° 14, le parcours débute son segment final à travers les dunes balayées par le vent, au bord de la rivière Colleton.

Bienvenue sur l'un de ces derniers trous, le n° 16, long de 400 m. Depuis son aire de départ surélevée, ce par 4 descend en pente jusqu'à la rive puis vire à gauche autour d'une série de bunkers, que l'on doit absolument éviter. Ce n'est pas le moment d'aller faire des châteaux de sable.

Même si les dunes longent le côté droit et vont jusqu'à s'avancer devant le green, le coup de départ idéal vise ce côté-là, dépassant les bunkers de gauche, et permettant de rejoindre le green droit devant. On fera face au vent d'ouest sur le long deuxième coup, ce qui le rend encore plus difficile. Le green est blotti à l'arrière, au milieu d'une série de dunes naturelles. **TJ**

N° ⑯ KITTANSETT CLUB

Parcours : Kittansett Club

Situé à : Marion, Massachusetts, États-Unis

Trou : n° 16

Longueur : 365 m

Par : 4

Architectes : William Flynn, Fred Hood

À savoir : Souvent classé parmi les meilleurs parcours d'un État qui pourtant n'en manque pas, Kittansett est un parcours plat près de la baie de Buzzard.

Pour apprécier le Kittansett Club à sa juste valeur, on doit tout d'abord comprendre ses environs. Kittansett est en effet l'un des rares vrais parcours de bord de mer de Nouvelle-Angleterre.

Situé à la pointe de Butler Point qui s'avance sur plusieurs kilomètres dans la baie de Buzzard, Kittansett constitue un défi, même pour les excellents golfeurs. Les eaux entourant cette péninsule faisant naître un climat humide, le parcours est rarement ferme et rapide. Le vent peut s'élever dans diverses directions, provoquant parfois des conditions de jeu difficiles. Il existe peu d'endroits où l'on bénéficie d'une telle vue d'ensemble que sur le n° 16, un par 4. C'est l'un de ces trous où l'on se moque de la façon dont on joue. Parce que, franchement, qui se soucie de votre score ?

Du départ, on obtient une jolie vue de la baie, une haute fétuque se balançant sous le vent le long du fairway et près du green. On trouve des fosses à environ 18 m devant le green qui se dresse, isolé, sur une petite colline.

Une fois sur ce dernier, on découvre toute la baie et la plus grande partie du cap Cod. C'est l'un des trous les plus enchanteurs que vous jouerez. **TJ**

N° ⑯ CHERRY HILLS COUNTRY CLUB

Parcours : Cherry Hills Country Club

Situé à : Englewood, Colorado, États-Unis

Trou : n° 16

Longueur : 396 m

Par : 4

Architecte : William Flynn

À savoir : Cherry Hills a accueilli 8 épreuves de l'Association de golf américaine, l'US Open féminin de 2005 constituant la plus récente d'entre elles.

Les beaux jours où Cherry Hills accueillait les championnats masculins arrivent peut-être à leur fin, mais cela ne devrait pas empêcher les joueurs, amateurs ou dotés d'un handicap élevé, d'apprécier ce tracé historique.

Lorsque Arnold Palmer y disputa l'US Open de 1960, il fit les gros titres en l'emportant devant Ben Hogan et Jack Nicklaus. L'altitude élevée du Colorado fait toujours paraître le tracé plus court que ses 6 547 m, mais les progrès technologiques et des joueurs plus athlétiques ne permettent plus au tracé de William Flynn d'accueillir des championnats masculins.

Sur le papier, des trous tels que le n° 16 paraissent plus que suffisants pour le joueur lambda d'Englewood. Les joueurs de talent, cependant, laissent souvent leur driver dans leur sac lorsqu'ils attaquent ce dogleg à gauche, car un ruisseau serpentant le long du côté droit traverse le fairway à environ 270 m du départ.

On devrait viser le côté droit à l'aide d'un bois de parcours ou d'un fer long, car les branches se balançant au-dessus du côté opposé gênent les coups d'approche. Une fois le fairway trouvé, on aura besoin d'un fer moyen à court afin de rejoindre le green de taille moyenne protégé par des bunkers des 2 côtés.

Altitude et progrès technologiques mis à part, le tracé de Flynn ne manque toujours pas de punch. **BB**

N° ⓰ **MERION GOLF CLUB** (PARCOURS EST)

Parcours : Merion Golf Club (parcours est)
Situé à : Ardmore, Pennsylvanie, États-Unis
Trou : n° 16
Longueur : 391 m
Par : 4
Architecte : Hugh Wilson
À savoir : Le golf de Merion a accueilli plus de championnats nationaux de l'Association de golf américaine (16) que n'importe quel autre club d'Amérique.

Pour une vie définie par une seule œuvre, c'en est une ! Hugh Wilson est en effet le plus bel exemple de l'histoire du golf. Cet émigrant écossais remporta à 18 ans, alors qu'il étudiait à l'université de Princeton, le premier championnat de club au golf d'Aronimik à Philadelphie en 1897. Puis il s'intéressa à l'architecture de golf après son 31e anniversaire. Son premier projet, le parcours est du Merion Golf Club, est devenu l'un des plus respectés d'Amérique. Wilson aida aussi à dessiner Cobbs Creek et intervint à Pine Valley en tant que consultant, mais il mourut à 46 ans, avant d'avoir eu le temps de terminer un autre tracé en tant qu'architecte principal. Ce parcours est donc le seul qu'on puisse lui reconnaître.

Wilson a certainement mis cette chance unique à profit, et tiré le maximum du terrain, limité. Il a fait tenir 18 merveilleux trous sur 51 ha, ce qui s'avère très serré – certains parcours pouvant occuper jusqu'à 120 ha. Ces trous sont équitables, compacts et coriaces. On prend aussi un grand plaisir à les jouer, et aucun n'est plus mémorable que le n° 16.

Il débute par un départ dominant la vallée du fairway qui vient mourir à l'entrée d'une ancienne carrière de calcaire. C'est désormais une fosse remplie de sable, rochers, taillis et fourrés, que l'on doit éviter à tout prix. La meilleure stratégie consiste à viser droit, en direction de la carrière qui se trouve sur la même ligne de jeu que le green, et à atterrir juste devant celle-ci. Cependant, si vous manquez de confiance en vous, vous trouverez une zone de sécurité sur la droite permettant d'éviter la carrière, bien que cela amène un angle d'approche plus difficile sur le deuxième coup.

Si vous choisissez la ligne droite et avez la chance de placer la balle devant la carrière, vous devrez jouer en montée pour rejoindre le green, à la même altitude environ que le départ. Vous ne pouvez l'apercevoir sur l'approche, et devrez jouer au jugé. Sa surface est longue et étroite, et il est gardé par 3 bunkers sur l'avant. **JB**

N° ⑯ BARTON CREEK
(PARCOURS DES CONTREFORTS DE FAZIO)

Parcours : Barton Creek (parcours des Contreforts de Fazio)

Situé à : Austin, Texas, États-Unis

Trou : n° 16

Longueur : 384 m

Par : 4

Architecte : Tom Fazio

À savoir : Même s'il n'a été inauguré qu'en 1986, le parcours des Contreforts de Fazio a déjà eu sa part de tournois. Il constitue une étape régulière du Tour canadien et a accueilli l'Amateur féminin senior de l'Association de golf américaine.

CI-DESSUS *Golfeur puttant sur le green du n° 16 de Barton Creek.*

C'est le terrain varié de Barton Creek qui surprend les joueurs qui ne se méfient pas. Des fairways bordés de falaises escarpées laissent la place à des grottes de calcaire, des cascades et des dénivelés spectaculaires.

Barton Creek a procuré à Tom Fazio un cadre naturel éclectique et celui-ci a tiré profit de cette diversité pour créer un parcours difficile et ravissant.

Cependant, après le choc que l'on ressent initialement face à la topographie des lieux, ce sont les étroites zones d'arrivée qui occupent le devant de la scène. Au moins pour ceux qui dévient depuis l'aire de départ. Le n° 16, un par 4, illustre l'importance des drives précis.

Depuis le départ, on est confronté à un long lancer de balle avant de rejoindre le coude de ce dogleg à droite. Toute balle partant à gauche sera bloquée par des arbres sur le deuxième coup. Trop à droite, et l'on verra la difficulté de ce dernier augmenter de façon exponentielle.

Le green, petit et parcouru de petits monticules, est défendu à l'avant par une dépression et par l'une des cascades qui caractérisent ce tracé, tandis que tout coup trop long provoquera un chip délicat, en descente.

Lorsque le drapeau est placé à l'avant-droite, l'eau et divers fourrés entrent en jeu, et toute balle atterrissant à l'arrière-gauche roulera probablement hors du green. **RH**

Parcours : The Glades Golf Club (parcours de la Côte d'Or)

Situé à : Robina, Queensland, Australie

Trou : n° 16

Longueur : 307 m

Par : 4

Architectes : Greg Norman, Bob Harrison

À savoir : Construit sur une ancienne ferme laitière et inauguré en 2000, The Glades est un classique moderne caractérisé par les zones humides que l'on retrouve sur tout le site et procurant des vues splendides ainsi que des obstacles épineux sur certains des trous.

N° ⓰ THE GLADES GOLF CLUB
(PARCOURS DE LA CÔTE D'OR)

Ce court par 4, qui dessine un dogleg à gauche autour d'un lac, tire sa beauté du fait que l'on doit faire preuve de jugement dès l'aire de départ, lorsqu'on sélectionne son club.

Le driver est le premier qui vient à l'esprit – de façon assez naturelle – et après une balle bien frappée, on n'aura plus besoin que d'un pitch de 45 m environ jusqu'à un petit green protégé par 4 bunkers et placé en biais, vers la gauche. Mais c'est un trou étroit avec une zone de sécurité très limitée, où un fer long fera l'affaire pour la plupart des golfeurs – et leur procurera un coup d'approche d'environ 90 m. Cela paraît le choix le plus logique mais c'est aussi l'un des plus difficiles sur ce tracé, notamment parce que les golfeurs de tous âges et de tous niveaux préfèrent frapper un drive et, selon l'expression locale, « essayer pour voir ».

C'est du moins ce qui se passe au n° 16 selon les habitués, et un score au-dessus du par résulte souvent de ce choix. **JS**

Parcours : Golf Club d'Uruguay

Situé à : Punta Carretas, Uruguay

Trou : n° 16

Longueur : 308 m

Par : 4

Architecte : Alister MacKenzie

À savoir : On peut apercevoir depuis le n° 16 les 26 étages du Palacio Salvo de Montevideo, bâtiment le plus haut d'Amérique du Sud lorsqu'il fut construit en 1926.

N° ⓰ GOLF CLUB D'URUGUAY

Inauguré en 1923, le Golf Club d'Uruguay est l'un des 3 parcours conçus au début du xxe siècle par Alister MacKenzie, architecte de golf légendaire chargé avec succès par des entrepreneurs britanniques et américains d'importer ce sport dans ce minuscule et dynamique pays, la plus petite nation hispanique d'Amérique du Sud.

Le club est situé le long de la côte sud-est uruguayenne, à 5 minutes de la capitale, Montevideo. Bien que les golfeurs puissent admirer la vue magnifique de sa ligne des toits, ils auront tout de même l'impression d'être à mille lieues de tout, le tracé se trouvant en terrain boisé face à la mer.

Le n° 16 est un court par 4 qui paraît plus long car il se joue en montée du départ jusqu'au green. La zone d'arrivée de la balle est bordée d'arbres et d'autre végétation des 2 côtés, ce qui signifie qu'un drive précis est primordial.

Placez ce dernier au centre du fairway et le coup d'approche, court mais délicat, atteindra plus facilement le green, doté de dénivelés, ondoyant, protégé par de profonds bunkers sur le devant et d'où l'on aperçoit la ville, au loin. **KA**

N° ⓰ GOLF DE FUJIOKA

Parcours : golf de Fujioka
Situé : dans la préfecture d'Aichi, Japon
Trou : n° 16
Longueur : 553 m
Par : 5
Architectes : Peter Thomson, M. Wolveridge
À savoir : Une partie du terrain sur lequel Fujioka fut construit était autrefois une plantation de thé.

Le golf de Fujioka, reconnu comme l'un des meilleurs parcours d'Asie, a été tracé sur 72 ha vallonnés comprenant un grand lac, un ruisseau sinueux et de nombreux pins.

Ce club privé a ouvert ses portes en 1971. Son architecte était l'Australien Peter Thomson, l'un des rares étrangers à travailler au Japon à l'époque, où il dessina plus d'une douzaine de parcours. Fujioka est considéré comme le meilleur d'entre eux, et son n° 16, un trou monstrueux, est peut-être le plus beau du tracé. C'est un par 5 tellement long et difficile qu'on ne joue normalement depuis les départs arrière – 553 m – qu'au cours des épreuves professionnelles.

Le coup de départ, en montée, devrait viser la droite d'une zone d'arrivée étroite, même si un talus escarpé peut renvoyer certains slices vers le centre du fairway.

Ce dernier, bordé d'arbres, serpente jusqu'au troisième coup, en descente, vers un vaste green posé en biais, incliné de droite à gauche et protégé sur l'avant-gauche par un petit étang. **KA**

N° ⓰ DISNEY'S OSPREY RIDGE

Parcours : Disney's Osprey Ridge

Situé à : Lake Buena Vista, Floride, États-Unis

Trou : n° 16

Longueur : 495 m

Par : 5

Architecte : Tom Fazio

À savoir : Ce complexe appartenant à Disney abrite 99 trous de golf conçus par certains des plus grands noms du jeu. Chaque parcours est unique, mais ils bénéficient tous de conditions de jeu exceptionnelles tout au long de l'année, correspondant à celles d'un championnat.

Les parcours de golf de complexe hôtelier sont parfois trop aisés. Désireux de voir leurs clients revenir, les responsables évitent de les contrarier en leur offrant un parcours trop difficile.

Ce trou illustre bien la façon dont on peut satisfaire à la fois les golfeurs lambda et ceux qui souhaitent être mis à l'épreuve.

Tout d'abord, le parcours d'Osprey Ridge offre sur ce par 5 4 séries de départs, de 419 m à 495 m. Puis vient votre plan d'attaque. Sur le n° 16, vous pouvez rejoindre le green en 2 coups mais la possibilité de jouer la sécurité ne manque pas non plus.

Depuis le départ, on découvre une zone d'arrivée de bonne taille après laquelle le fairway rétrécit et est parsemé de nombreux bunkers des 2 côtés. Les grands frappeurs songeant à tenter le green en 2 coups devront essayer d'atterrir sur le fairway après avoir franchi toutes ces fosses.

Les très bons joueurs devront ensuite porter la balle au-dessus de l'eau sur une longue distance. Un bunker, situé entre l'eau et le green, entre en jeu si la balle est trop courte.

Le fairway vire autour de l'eau et rejoint le green. C'est la voie la plus sûre et souvent la plus intelligente.

Le green est assez vaste, avec un énorme bunker à l'arrière. **TJ**

N° ⓰ EAGLE CREST GOLF CLUB

Parcours : Eagle Crest Golf Club

Situé à : Ypsilanti, Michigan, États-Unis

Trou : n° 16

Longueur : 475 m

Par : 5

Architecte : Karl Litten

À savoir : Ce golf s'appelait autrefois le Huron Golf Club, mais est devenu depuis l'Eagle Crest Golf Club. Il appartient à l'université de l'Est du Michigan qui, elle aussi, renonça à surnommer ses équipes sportives les « Hurons ».

Même si ce parcours est situé aux environs de l'I-94, autoroute très fréquentée de Détroit, il offre un refuge loin du tourbillon quotidien. Les golfeurs y bénéficient aussi d'une vue splendide sur le lac Ford, près de là, et sur ses alentours.

On découvre de nombreux trous exceptionnels sur ce parcours vallonné doté de dénivelés surprenants. Et n'oublions pas la présence de l'eau. Tout ceci nous amène au plus beau trou du tracé – aussi considéré comme le deuxième le plus difficile.

Il exige un long drive précis afin de survoler une zone marécageuse devant l'aire de départ. Les arbres qui poussent le long du côté gauche et jusqu'au lac sur la droite représentent un obstacle supplémentaire. Si l'on joue la sécurité sur le deuxième coup, on devrait atterrir devant le plan d'eau protégeant le green. Celui-ci est très étendu de droite à gauche mais doté d'une zone d'arrivée étroite d'avant en arrière. **TJ**

N° ⑯ LYON OAKS

Parcours : Lyon Oaks

Situé à : Wixom, Michigan, États-Unis

Trou : n° 16 (c'est aussi le n° 7 du parcours est)

Longueur : 525 m

Par : 5

Architecte : Arthur Hills

À savoir : Lyon Oaks est l'un des 4 parcours opérés par le comté d'Oakland qui en est aussi propriétaire. Leur nom se termine toujours par « Oaks », mais un seul d'entre eux se distingue des autres en tant que réel chef-d'œuvre – Lyon Oaks.

L'une des règles tacites de Lyon Oaks constitue à laisser son driver dans sa voiture. C'est en effet un parcours étroit où la précision des coups est essentielle et où les balles bien placées sont récompensées.

À 6 251 m depuis les départs arrière, il n'est pas d'une longueur exceptionnelle, ce qui ne le rend pas pour autant aisé.

Le n° 16, un long par 5 de 525 m, constitue une exception. C'est non seulement le plus long du parcours mais aussi le plus difficile. Ce dogleg à droite s'enroulant autour d'un marécage du départ jusqu'au green, toute balle partant à droite sera soit perdue, soit source de gros ennuis.

Le fairway est étroit tout du long, et l'on est toujours tenté de couper au-dessus du marécage. C'est possible évidemment, mais nous vous conseillons plutôt de jouer la sécurité. La prise de risque ne se justifie pas ici. Mieux vaut viser le par ou même un bogey.

Un bunker de fairway s'étend à gauche à environ 284 m des départs arrière. Si vous pouvez frapper à 270 m, il constitue une bonne cible dès le départ. Si l'on atterrit au niveau de la marque des 230 m, on devra ensuite franchir 160 m pour dépasser la dépression herbeuse au milieu du fairway.

Comme sur la plupart des trous de Lyon Oaks, le niveau de difficulté du n° 16 ne dépend que de vous. **TJ**

Parcours : Gleneagles Golf Club (parcours du Centenaire de la PGA)

Situé à : Auchterarder, Perthshire, Écosse

Trou : n° 16

Longueur : 496 m

Par : 5

Architecte : Jack Nicklaus

À savoir : Pour jouer sur l'un des parcours de Gleneagles, pas besoin de réserver un départ, il suffit de se présenter à la réception.

CI-DESSOUS *Sortie de bunker pour le Danois Søren Kjeldsen au n° 16 de Gleneagles en juin 2003.*

N° ⓰ **GLENEAGLES GOLF CLUB**
(PARCOURS DU CENTENAIRE DE LA PGA)

Jack Nicklaus a pris en compte les joueurs de tous niveaux sur ce trou. Pour les professionnels, il a placé des départs à 496 m, mais le reste des mortels peut choisir parmi 4 autres ensembles de marques.

Ces 18 trous du plus récent des parcours de Gleneagles sont toujours très bons. Mais pouvait-on attendre autre chose de l'« Ours blond » ?

On devrait, dans l'idéal, placer son coup de départ juste à gauche du bunker de fairway. C'est de là que l'on apercevra le mieux le green.

Le deuxième coup sera droit, la balle atterrissant juste avant le lac. Jouez intelligemment et ne vous laissez pas emporter. Si vous frappez un pitch pour atteindre le green, vous ajouterez plusieurs points à votre carte de score. Le green s'élève dans le coin arrière-gauche, et l'on doit donc examiner soigneusement l'emplacement du drapeau.

Comme de nombreux trous ici, le n° 16 offre une vue splendide sur la campagne. Mais ne passez pas trop de temps à l'admirer – le golf vous attend. **TJ**

N° ⑯ PENNARD GOLF CLUB

Parcours : Pennard Golf Club

Situé à : Southgate, Swansea, pays de Galles

Trou : n° 16

Longueur : 452 m

Par : 5

Architecte : James Braid

À savoir : Le Pennard Golf Club abrite plusieurs monuments historiques, dont les ruines d'un château normand et le site d'une église médiévale.

Fondé en 1896, le Pennard Golf Club est l'un des plus anciens du pays de Galles, dans l'un des cadres les plus spectaculaires des îles Britanniques. C'est un parcours classique, en links, offrant une vue époustouflante sur les baies d'Oxwich et de Three Cliffs, et les golfeurs peuvent s'attendre à voir leur jeu gêné par le vent qui souffle avec force depuis le canal de Bristol.

Grâce à son emplacement sur les falaises de la péninsule de Gower, Pennard présente une topographie remarquablement vallonnée – certains diraient même accidentée. Ses bunkers sont assez simples et ses greens un peu quelconques. Mais le vent et les mouvements naturels du terrain présentent un défi plus que suffisant. Et le paysage est tout simplement envoûtant, notamment sur la dernière ligne droite, entre les n° 16 et n° 18.

Le n° 16 est un court par 5 qui se joue le long de la côte. Le coup de départ doit franchir une étendue d'ajoncs et de rough jusqu'à un fairway fortement incliné de droite à gauche, qui dégringole de l'autre côté de la ligne d'horizon, là où ce léger dogleg vire à droite.

On peut atteindre le green en 2 longs coups, mais, celui-ci étant situé sur une saillie, les balles trop courtes rouleront probablement en arrière pour rejoindre le fairway. **KA**

N° 16 — DESERT DUNES GOLF COURSE

Parcours : Desert Dunes Golf Course

Situé à : Desert Hot Springs, Californie, États-Unis

Trou : n° 16

Longueur : 484 m

Par : 5

Architecte : Robert Trent Jones senior

À savoir : Débutants, attention. Ce parcours possède tout ce qu'il faut pour mettre à l'épreuve les meilleurs joueurs au monde – depuis ses dénivelés jusqu'à ses fairways étroits, ses greens inclinés et rapides et ses obstacles d'eau.

C'est l'un de ces trous fantastiques qui peut déterminer l'issue d'une partie. Il offre la possibilité de réaliser le par, ou mieux, mais on peut aussi aisément s'acheminer dans la direction contraire. Un par 5 assuré peut se transformer en par 7 plus rapidement qu'un putt dévalant un green très incliné.

Essayez donc de rester concentré, ce qui peut s'avérer difficile au milieu d'un paysage aussi incroyable. On y jouit de très belles vues sur les massifs de Big Bear Mountain (une station de sports d'hiver très appréciée des habitants de Los Angeles) et de Jacinto Mountain. Les deux s'élèvent à plus de 3 000 m et leur pic demeure enneigé la majorité de l'année.

On a aussi l'occasion de découvrir de nombreux cactus, des Fouquieria et autres plantes du désert en s'acheminant vers le n° 16.

Bien, retour au trou.

Le coup de départ doit être long et droit, une série de bunkers guettant du côté droit.

À environ 180 m du drapeau, l'eau entre en jeu le long du côté droit. Si vous désirez rejoindre le green en 2 coups, il faudra la franchir. Le green est étroit mais profond, avec un bunker à gauche.

C'est un trou époustouflant que l'on prend un grand plaisir à jouer. **TJ**

N° 16 — CANTERBURY GOLF CLUB

Parcours : Canterbury Golf Club

Situé à : Beachwood, Ohio, États-Unis

Trou : n° 16

Longueur : 558 m

Par : 5

Architecte : Herbert Strong

À savoir : L'un des meilleurs parcours d'Ohio, réputé pour ses fairways étroits et les nombreux coups aveugles du dernier 9, Canterbury a accueilli l'US Open en 1940 et 1946.

Les gens du lieu ont un dicton selon lequel si, pendant un tournoi, vous arrivez au point où l'on traverse la route, c'est que vous avez survécu jusque-là. Pourtant, de l'autre côté de cette route se trouve l'une des meilleures épreuves de golf au monde. On comprend aisément pourquoi ces derniers trous sont réputés constituer le trio le plus difficile de l'Ohio, des États-Unis, et même du monde. On ne trouve simplement pas plus ardu.

Le n° 16, débutant ce segment, peut certainement faire grimper votre score de quelques crans. À 558 m depuis les départs arrière, il est long, et on aura besoin de 3 très bons coups pour y réaliser un birdie ou même le par.

Le coup de départ doit se jouer droit ou le long du côté droit du fairway. À gauche, le deuxième coup sera bloqué par des arbres. On y trouve aussi un haut rough. Le deuxième coup est aveugle et se joue en montée. Si vous maîtrisez bien votre bois 3, vous pouvez atteindre le bas du plateau. Le haut est situé à environ 119 m du green.

Le coup d'approche est lui aussi aveugle, en direction d'un green profond d'environ 25 m et incliné d'arrière en avant.

Ne jouez pas trop long sur l'approche, car des bunkers protègent l'arrière du green et il est très difficile de rentrer la balle en 2 coups depuis cet endroit-là. **TJ**

Parcours : TPC de Sawgrass (parcours du Stade)

Situé à : Ponte Vedra Beach, Floride, États-Unis

Trou : n° 16

Longueur : 454 m

Par : 5

Architecte : Pete Dye

À savoir : Le TPC de Sawgrass est célèbre pour le Players Championship qui y est organisé chaque année, mais il a aussi accueilli des épreuves prestigieuses dont les prix ne s'élèvent pas à des millions de dollars. Tiger Woods y a remporté l'US Amateur en 1994, où il avait un retard d'un point au n° 15 qu'il rattrapa au n° 16.

N° 16 TPC DE SAWGRASS
(PARCOURS DU STADE)

On dit que tous les grands trous de golf possèdent leur propre parfum, un certain caractère. Si c'est le cas, on peut aller un peu plus loin et imaginer que le n° 16 du parcours du Stade du TPC de Sawgrass subit un léger complexe d'infériorité. Trou fantastique à part entière, il précède tout de même l'un des plus célèbres au monde, ce qui peut lui donner le sentiment de manquer quelque peu de mérite. Durant le TPC du PGA Tour, le n° 17 est l'un de ceux que l'on suit le plus, mais personne ne regarde jamais ce qui se passe sur le n° 16. Tous les spectateurs sont regroupés sur la colline de l'autre côté de l'étang, pour observer le légendaire par 3 qu'est le n° 17. On ne se préoccupe de ce qui s'est déroulé au n° 16 qu'après coup.

Cependant, pour ceux qui se gausseraient de ce concept de spiritualité golfique et pour qui un trou de golf n'est qu'un fairway, du rough et un green, le n° 16 du parcours du Stade vaut le voyage à lui seul.

C'est une chose rare dans le domaine du golf contemporain, influencé par les tournois – un par 5 de moins de 460 m dont le green est pourtant difficile à atteindre en 2 coups. De toute évidence, ce n'est pas la distance qui pose problème – les joueurs de haut niveau, armés de clubs en alliage de pointe au noyau solide, peuvent aisément franchir 454 m.

Les affectations du trou, ne paraissant que d'ordre esthétique au premier abord, sont en réalité très liées à la difficulté qu'on y éprouve à réaliser un birdie. L'eau bordant le côté droit du fairway du départ jusqu'au green, les joueurs ont tendance à viser la gauche. Cependant, si la balle dévie trop de ce côté-là, 2 palmiers bloquent l'accès au drapeau. Et si l'on décide de se coller à l'eau afin de les éviter, un grand arbre à tronc double constitue un obstacle à 82 m, à droite devant le green. Ces arbres ne sont pas seulement agréables à regarder. Ils forcent à une exactitude extrême si l'on vise le birdie, bien que le trou ne mesure que 454 m.

Les angles sont importants sur tout le fairway et une distance appropriée devient essentielle sur ce green qui s'avance dans l'étang, soutenu par les traverses de chemin de fer caractéristiques de Pete Dye. 1 m à peine sépare la lèvre arrière de l'eau. Ce n'est donc pas la distance qui compte sur le n° 16, mais la précision et une bonne évaluation de la distance.

Un trou inférieur ? Nous en doutons. **JB**

Parcours : Turnberry Golf Club (parcours Ailsa)
Situé à : Turnberry, Ayrshire, Écosse
Trou : n° 16
Longueur : 374 m
Par : 5
Architecte : Mackenzie Ross
À savoir : Le club de Turnberry propose des ramasse-balles à long manche aux nombreux golfeurs qui envoient leur balle dans le ruisseau du n° 16.

CI-DESSOUS ET CI-CONTRE
Le n° 16 du Turnberry Golf Club.

N° ⑯ TURNBERRY GOLF CLUB
(PARCOURS AILSA)

Avec le n° 15 de Turnberry Golf Club, un par 3 difficile, le n° 16 est le second de 2 trous superbes pouvant signifier victoire certaine ou défaite imminente pour les joueurs lorsque le British Open se déroule sur la côte d'Ayrshire.

Baptisé *Wee Burn* (le « Petit Ruisseau »), c'est le seul trou du parcours où l'eau traverse le fairway. Mais quel obstacle d'eau on a là ! Le ruisseau, qui s'écoule juste devant le green surélevé, n'est pas large mais s'avère intimidant – à cause de ses rives escarpées, une balle qui y atterrit devient quasiment impossible à sortir sans coup de pénalité.

Le trou possède seulement 2 bunkers – un à gauche de la zone d'arrivée du coup de départ et un à gauche du green –, un endroit approprié pour ceux qui swinguent un peu trop rapidement dans l'espoir de franchir le ruisseau. De fait, les joueurs ont toujours ce cours d'eau à l'esprit dès le départ, ce qui prouve qu'il n'est pas si *wee*, ou petit, que cela.

Le n° 16 constitua le moment décisif de la Walker Cup de 1963, lorsque les Américains prirent la tête à l'issue de 2 parties en foursome durant la première journée. **KA**

Parcours : Southport & Ainsdale Golf Club

Situé à : Southport, Merseyside, Angleterre

Trou : n° 16

Longueur : 464 m

Par : 5

Architecte : James Braid

À savoir : Durant les matchs de la Ryder Cup de 1937 à Southport & Ainsdale, les États-Unis remportèrent la coupe sur sol britannique pour la première fois.

N° ⑯ SOUTHPORT & AINSDALE GOLF CLUB

Le Grosvenor Golf Club fut fondé en 1904 par environ 50 membres. Cela représentait un nombre assez classique pour créer un club, mais celui-ci se distinguait des autres car les hommes et les femmes y étaient représentés à égalité. On construisit un 9 trous rudimentaire et l'on jouait au bridge dans le clubhouse de ce club singulier.

Rebaptisé Southport & Ainsdale en 1907, ses membres construisirent un nouveau parcours en 1923, conçu par James Braid, à quelques kilomètres du site d'origine. On édifia aussi un nouveau clubhouse. Le club s'est illustré depuis ses débuts en accueillant de nombreux tournois anglais prestigieux, même s'il connut de sérieuses difficultés durant la Seconde Guerre mondiale. Son existence fut alors menacée, mais grâce à leur persévérance, les membres le sauvèrent de ses difficultés financières.

Ceux qui jouent aujourd'hui au Southport leur en sont reconnaissants.

Le n° 16 est emblématique du tempérament dont firent preuve les premiers membres. Il est doté d'un bunker en traverses de chemin de fer, dont l'usage était relativement rare à l'époque de Braid. Le fait que ce bunker ait survécu est une indication de l'indépendance d'esprit qui règle au Southport.

Et vous qui pensiez que Pete Dye avait inventé la traverse de voie ferrée !

Le trou, avec ses 464 m, n'est pas si long pour un par 5 mais, comme pour de nombreux tracés britanniques, la longueur indiquée sur la carte de parcours compte moins que la direction du vent. Sur le n° 16, on lui fait habituellement face.

On devrait placer le drive sur le côté gauche du fairway, après avoir franchi un premier immense bunker puis 2 autres, plus petits. Le deuxième coup est le plus important car c'est là qu'intervient ce fameux bunker bordé de traverses. Le vent aurait pu amoindrir ce dernier au fil des ans, si l'on n'avait pas renforcé les traverses. Le danger d'y atterrir est donc aussi grand qu'en 1923.

Ce deuxième coup doit aussi franchir d'énormes dunes et éviter 2 petits bunkers qui se trouvent sur la trajectoire de la balle mais demeurent cachés par une dune.

Le trou se simplifie après cela. Si vous sortez indemne du second coup, et que vous vous trouviez en bonne position pour le troisième, le birdie est à portée de main. Mais évitez ce bunker ou il éliminera toute possibilité de bon score sur ce trou. **JB**

Parcours : Paiute Resort
(parcours Sun Mountain)

Situé à : Las Vegas,
Nevada, États-Unis

Trou : n° 16

Longueur : 482 m

Par : 5

Architecte : Pete Dye

À savoir : Paiute abrite 3 excellents parcours découpés dans le désert non loin de l'artère centrale de Las Vegas. Le parcours Sun Mountain, inauguré en 1996, abrite 4 lacs entrant en jeu sur 4 trous.

N° ⓰ PAIUTE RESORT
(PARCOURS SUN MOUNTAIN)

Les parcours de golf de ce complexe se sont vu décerner plus de prix qu'un film classique durant la cérémonie des oscars. Depuis le directeur général jusqu'au clubhouse, aux professeurs et, bien entendu, aux parcours eux-mêmes, tous possèdent la quincaillerie et les certificats qui prouvent leur appartenance à l'élite du golf de Las Vegas.

Une fois que vous aurez quitté l'autoroute et aperçu le fairway luxuriant se détachant dans le désert, vous comprendrez de vous-même pourquoi il mérite toutes ces marques d'approbation.

On pourrait décrire le n° 16 comme un trou qui donne un peu pour reprendre un peu. Pete Dye vous offre le coup de départ ici. Le fairway est complètement dégagé et on peut frapper de toutes ses forces sur le départ. À 482 m depuis les départs arrière, on a une grande distance à parcourir.

Mais c'est sur le deuxième coup que Dye reprend tout cela. C'est un coup difficile, notamment à cause d'un profond bunker en plein milieu du fairway que l'on serait avisé d'éviter.

On devra franchir une petite étendue désertique afin de rejoindre en 2 coups un green coincé au fond à gauche. Le fairway vire légèrement à gauche avant d'atteindre ce green difficile. **TJ**

Parcours : Mullingar Golf Club

Situé à : Mullingar,
West Meath, Irlande

Trou : n° 16

Longueur : 457 m

Par : 5

Architecte : James Braid

À savoir : Fondé en 1884, le club de Mullingar abrite un parcours irlandais très fréquenté, près d'un lac. Il fut remodelé par James Braid en 1937.

N° ⓰ MULLINGAR GOLF CLUB

Mullingar constitue une épreuve de grande qualité pour ceux qui frappent droit, dans un cadre boisé splendide. Le parcours est réputé dans toute l'Irlande pour ses excellentes conditions de jeu, et ses fairways sont tout simplement sensationnels.

En parlant de frapper droit, le n° 16 illustre parfaitement l'importance d'un bon drive à Mullingar. Ce par 5 est un dogleg à droite qui s'achève par un green surélevé – un élément que l'on retrouve aussi couramment à Mullingar.

Le coup de départ doit éviter un grand fossé qui traverse le fairway à environ 200 m. Les balles des joueurs qui essaient de jouer la sécurité y atterrissent souvent. Le fossé a d'ailleurs été qualifié d'aimant attirant les balles, et le par sera difficile à réaliser si vous y atterrissez. On doit donc soit le franchir, soit s'assurer de ne pas frapper trop long.

Si l'on arrive ensuite à gagner de la distance et à frapper droit, on pourra atteindre le green en 2 coups.

Le coup d'approche est alors relativement simple, mais mieux vaut ne pas frapper trop long. Le green descend en pente à l'arrière et il s'avère presque impossible de rentrer la balle en 2 coups supplémentaires face à ce genre de configuration. **TJ**

Parcours : Walton Heath (vieux parcours)

Situé à : Walton-on-the-Hill, Tadworth, Surrey, Angleterre

Trou : n° 16

Longueur : 466 m

Par : 5

Architecte : Herbert Fowler

À savoir : Le seizième trou du vieux parcours est légendaire avec son immense bunker près du green qui engloutit le moindre fade.

N° ⓰ WALTON HEATH (VIEUX PARCOURS)

Situé à 36 km au sud de Londres, à proximité des aéroports internationaux de Gatwick et d'Heathrow, le Walton Heath est le seul club d'Angleterre dont le capitaine des jeux soit monté sur le trône. C'est en effet lors de son capitanat de 1935 à 1936 qu'Édouard VIII, alors prince de Galles, devint roi.

Sur le seizième trou de ce parcours parfois décrit comme paisible, le coup de départ idéal atterrit à environ 290 m des départs pros, juste avant que le fairway ne rétrécisse jusqu'à presque en disparaître.

Après avoir réalisé ce coup de 290 m, vous devriez vous trouver en bonne position pourvu que vous évitiez les bunkers sur la droite. Il est difficile d'en sortir, mieux vaut donc prendre note de leur emplacement et de leur distance.

On trouve un bunker de fairway à environ 132 m devant le green. On doit franchir cette zone au cours du deuxième coup avant de frapper un coup d'approche d'environ 90 m jusqu'au green. **TJ**

Parcours : golf de Sperone
Situé à : Bonifacio, Corse, France
Trou : n° 16
Longueur : 530 m
Par : 5
Architecte : Robert Trent Jones senior
À savoir : Falaises et mer. Cela vous rappelle quelque chose ? Ce trou en bord de mer ressemble au n° 18 de Pebble Beach, même s'il a été dessiné par un architecte différent, à l'autre bout du monde.

N° ⑯ GOLF DE SPERONE

Lorsqu'on établit une liste de 1 001 greens, on devrait de toute évidence se concentrer sur les caractéristiques marquantes des trous, c'est-à-dire la stratégie à adopter, la façon dont on doit frapper, et bien entendu... le golf. Mais il existe des parcours et même des trous dont la sérénité, la beauté et l'isolement paisible rendent le sport presque secondaire. C'est cette atmosphère que l'on découvre au golf de Sperone.

C'est bien entendu pour jouer une partie de golf que l'on se rend ici, mais les agences de voyage de la région organisent aussi des promenades au crépuscule. Que l'on ait un club ou un bâton de marche à la main, peu de spectacles sont aussi apaisants que ce terrain de golf, perché sur de blanches falaises et surplombant une mer émeraude ainsi que les îles Lavezzi. Dessiné par Robert Trent Jones senior, s'étendant sur 36 ha, il constitue en réalité un parc aménagé, avec des cèdres, des pins centenaires, et des sentiers de découverte. Comme l'explique une brochure de voyage, c'est le lieu préféré des yachtmen en excursion.

On ne trouvera aucune caravane ici. L'isolement du golf est tel que les hordes de badauds, appareil photo autour du cou, sont presque inexistantes. Les touristes de ce genre apprécient rarement le long voyage nécessaire pour atteindre Sperone. Le parcours échappe donc à leur intrusion.

Bien, parlons un peu de golf. Et, plus particulièrement, du splendide n° 16 de Sperone.

Les falaises blanches mentionnées ci-dessus dressent un mur de 30 m entre la mer et le tracé, le fairway du n° 16 courant le long de ce mur. En contrebas de cette paroi scintillante se trouve le détroit de Bonifacio. L'aire de départ de ce trou de 530 m est une fine bande sauvage, à côté de la mer, qui permet de viser une vaste zone d'arrivée. Si vous adoptez la stratégie la plus périlleuse et visez le bord du littoral, vous pourrez atteindre le green en 2 coups. Si, cependant, vous vous laissez guider par la raison, vous pouvez viser le centre du fairway et rejoindre le green en 3 coups.

Même le plus parfait des drives amène une question : mon prochain coup peut-il être aussi bon ? Puis-je survoler cette crique, dépasser les falaises blanches comme neige et atterrir sur le green ? Ce sont ces questions qui ont rendu Robert Trent Jones senior célèbre. On peut l'imaginer, souriant, surveillant votre jeu. **JB**

N° ⑯ DESERT FOREST GOLF CLUB
(PARCOURS NORD)

Parcours : Desert Forest Golf Club (parcours nord)

Situé à : Carefree, Arizona, États-Unis

Trou : n° 16

Longueur : 478 m

Par : 5

Architecte : Red Lawrence

À savoir : Lawrence a réalisé certaines de ses meilleures œuvres dans le Sud-Ouest américain durant la dernière partie de sa carrière, gagnant ainsi le surnom de « renard du désert ».

Desert Forest fut l'un des premiers parcours modernes du désert de l'Arizona adaptés au golf de cible, et les golfeurs qui ont pris plaisir à jouer des parties dans cet État doivent énormément à Red Lawrence qui montra la voie. Malheureusement, peu d'entre eux ont pu en prendre conscience car Desert Forest est strictement privé, acceptant 250 membres seulement.

Situé au nord de Phœnix, à 1 000 m d'altitude, ce chef-d'œuvre n'a que peu changé depuis son inauguration en 1962. Son coût ? 275 000 dollars environ (225 000 euros au taux de change actuel), dont 16 000 à Lawrence. Comparez cela au prix très élevé des golfs d'Arizona aujourd'hui, dont bon nombre dépasse le million de dollars ou plus – par trou.

Unique de nombreuses manières, Desert Forest ne comprend aucun bunker de fairway, obstacle d'eau, sentier pour voiturettes ou hors-limite, ce qui signifie que l'on peut jouer les balles atterrissant dans le désert.

Les longs frappeurs ayant l'intention de rejoindre le green du n° 16 en 2 coups doivent frapper leur drive jusqu'à une zone d'arrivée étroite, bordée par le désert des 2 côtés. Sur ce par 5 bénéficiant d'une vue exceptionnelle sur Black Mountain, le deuxième coup, long, doit dépasser un immense *Prosopis* dont les branches penchent au-dessus du côté gauche du green, aussi défendu par des bunkers sur l'avant, à droite comme à gauche. **KA**

Parcours : Mission Hills Golf Club (parcours de la World Cup)

Situé à : Guanlan, Shenzhen, Chine

Trou : n° 16

Longueur : 478 m

Par : 5

Architecte : Jack Nicklaus

À savoir : La Coupe du monde de golf qui s'est déroulée à Mission Hills en 1995 a attiré plus de 120 000 spectateurs, 3 fois plus que ce qu'avaient prévu les organisateurs du tournoi.

N° 16 — MISSION HILLS GOLF CLUB (PARCOURS DE LA WORLD CUP)

Le n° 16 de Mission Hills était à l'origine le n° 7, avant que les deux 9 ne soient inversés plusieurs années après l'inauguration du parcours. Cela permet une dernière ligne droite plus difficile, débutant avec l'un des pars 5 les plus coriaces d'Asie.

Depuis l'aire de départ, le trou est enchanteur mais effrayant, 2 vastes obstacles d'eau s'emparant immédiatement de l'attention des golfeurs. On doit frapper le drive au-dessus d'un large ruisseau traversant le fairway et ceux qui veulent atteindre le green en 2 coups doivent aussi franchir un grand lac sur la gauche au deuxième coup.

Pour jouer la sécurité, on visera le ruban de fairway qui s'étend sur la droite, mais il faudra tout de même franchir l'eau sur le coup d'approche en direction d'un vaste green ondoyant protégé à l'arrière par 2 bunkers.

Le premier – et le plus respecté – des parcours de ce qui constitue désormais le plus grand domaine de golf au monde (dix 18 trous), le parcours World Cup de Jack Nicklaus, fut ainsi baptisé car il accueillit la Coupe du monde en 1995. Remportée par l'équipe américaine composée de Davis Love III et Fred Couples, ce fut la première compétition internationale de ce type organisée en Chine. **KA**

Parcours : PGA West (parcours du Stade)

Situé à : La Quinta, Californie, États-Unis

Trou : n° 16

Longueur : 517 m

Par : 5

Architecte : Pete Dye

À savoir : Le bunker surnommé la « Faille de San Andreas » a réussi à laisser sans voix Tip O'Neill, ancien président de la chambre des représentants américaine, durant la partie pro-am du Bob Hope Chrysler Classic de 1967. Après avoir tenté plusieurs fois en vain d'en sortir en explosion, O'Neill s'est finalement saisi de sa balle et l'a jetée sur le green.

N° 16 — PGA WEST (PARCOURS DU STADE)

Le parcours du stade du PGA West est célèbre pour ses nombreux obstacles d'eau, mais on n'en trouve aucun sur le n° 16. C'est plutôt le sable qui constitue ici l'obstacle primordial – et omniprésent.

De longues dépressions protègent la majorité du côté gauche sur ce long dogleg à gauche, mais ils ne forment qu'un prélude au bunker d'une profondeur diabolique qui défend tout le côté gauche du green.

Surnommé la « Faille de San Andreas », ce long bunker étroit est pourvu de son propre escalier et repose à plus de 6 m en dessous du green. Assurez-vous de l'éviter à tout prix sur l'approche, car si vous y atterrissez, nul ne sait combien de coups seront nécessaires pour en sortir.

Si vous vous retrouvez dans ces profondeurs infernales, cependant, contemplant la pente escarpée menant au green qui semble à des kilomètres de là, consolez-vous en vous souvenant que certains des meilleurs joueurs au monde ont été victimes de cet obstacle. De nombreuses épreuves professionnelles de premier ordre se sont en effet déroulées sur le parcours du Stade, dont le Skins Game, le Bob Hope Chrysler Classic, le Liberty Mutual Legends of Golf du Champions Tour et le grand chelem de la PGA. **KA**

Parcours : Firestone Country Club (parcours sud)
Situé à : Akron, Ohio, États-Unis
Trou : n° 16
Longueur : 571 m
Par : 5
Architectes : Bert Way, Robert Trent Jones senior
À savoir : À 5 coups derrière Bruce Crampton durant le PGA Championship de 1975, Jack Nicklaus réalisa un par incroyable sur le n° 16, amorçant un retour qui se terminerait par sa victoire, pour son quatrième titre du championnat PGA.

N° ⑯ FIRESTONE COUNTRY CLUB (PARCOURS SUD)

Arnold Palmer a qualifié de « monstre » le n° 16 du parcours sud de Firestone, et ce surnom lui est resté. Nul ne sait si c'est parce que Palmer y réalisa un triple bogey durant le PGA Championship de 1960, ou parce que d'innombrables autres joueurs y subirent un sort au moins aussi sombre au cours des décennies suivantes.

C'est bien un monstre, et ce, sur ses 571 m tout entiers. Mais les passionnés de golf ont au moins la possibilité d'observer le trou même avant de se rendre à Akron, dans l'Ohio, pour se confronter à son défi. C'est parce que c'est le seul parcours au monde à accueillir dans l'année 3 manifestations télévisées : l'American Golf Classic, le CBS Golf Classic et les World Series of Golf. Le coup légendaire que frappa Tiger Woods dans l'obscurité et qui lui permit de remporter le WGC-NEC Invitational fut lui aussi télévisé.

Mais le petit écran ne rend pas justice à ce monstre. On doit le découvrir en personne. Force, finesse, et une bonne dose de duplicité. Depuis le départ, ce qu'on aperçoit est plus que légèrement effrayant, même si l'on peut penser que la descente offrira un peu de répit. Mais 571 m restent 571 m, même si le trou se joue dans la descente d'une falaise. Cela demeure un vrai par 5 où 3 coups sont nécessaires pour rejoindre le green.

C'est devenu un défi encore plus important après l'intervention de Robert Trent Jones senior en 1960. Jones force à jouer long et avec précision depuis le départ. Un deuxième long coup est nécessaire pour rejoindre un double fairway afin de pouvoir s'approcher du drapeau sur le coup d'approche.

Le green, bien que vaste, est protégé sur tous les côtés par le sable ou par l'eau. L'emplacement du drapeau et les conditions météorologiques peuvent dicter votre vitesse sur le putt (ainsi que la peur que vous éprouverez).

Il est rare que l'on considère le par comme un bon score sur un par 5. Ce sont sur ces trous que les meilleurs des golfeurs essaient de rattraper leur retard. Mais réaliser le par sur le monstrueux n° 16 du parcours sud de Firestone est bien la preuve que vous avez relevé son défi. Acceptez-le avec joie et passez au suivant. **JB**

CI-CONTRE *Darren Clarke, d'Irlande du Nord, vise le green du n° 16 du country club de Firestone en août 2003.*

Parcours : Oak Tree Golf Club

Situé à : Edmond, Oklahoma, États-Unis

Trou : n° 16

Longueur : 438 m

Par : 5

Architecte : Pete Dye

À savoir : Lorsque le PGA Championship se déroula à Oak Tree en 1988, le parcours possédait un index de 76,9, le plus élevé du pays.

N° ⓖ OAK TREE GOLF CLUB

Si on joue ici 2 très bons coups, ce sera un birdie facile – peut-être même un eagle – mais si l'on fait la moindre erreur sur l'un d'entre eux, de nombreux ennuis suivront.

Le coup de départ doit éviter un ruisseau serpentant sur la droite, la zone d'arrivée préférée des joueurs se trouvant à droite d'un grand chêne du côté gauche du fairway. Cela laisse environ 205 m jusqu'au green, à triple plateau, protégé à gauche par le ruisseau ainsi que par un bunker.

Se dressant au milieu du sable, un arbre solitaire symbolise avec pertinence le sort des joueurs dont le coup d'approche atterrit dans le cours d'eau – un nœud coulant pend de l'une de ses branches. Et comme le club aime à l'expliquer, la « corde du pendu » est là pour une bonne raison.

Jack Nicklaus peut en témoigner. Même si ce trou concéda 9 eagles durant le second tour du PGA Championship de 1988 (remporté par Jeff Sluman), Nicklaus inscrivit un 9 sur ce trou, atterrissant dans le ruisseau dès le coup de départ, puis perdant son coup d'approche, au bois 3, dans les arbres situés à droite du green. C'était la première fois que Nicklaus perdait 2 balles sur le même trou au cours d'une compétition, qu'elle soit amateur ou professionnelle. **KA**

Parcours : St Enodoc Golf Club (parcours de l'Église)

Situé à : Rock, Cornouailles, Angleterre

Trou : n° 16

Longueur : 452 m

Par : 5

Architecte : James Braid

À savoir : Le n° 16 est l'un des 2 seuls pars 5 du parcours de l'Église de St Enodoc, un par 69. Il comprend aussi 11 pars 4 et 5 pars 3.

N° ⓖ ST ENODOC GOLF CLUB (PARCOURS DE L'ÉGLISE)

Fondé en 1890, le St Enodoc fait partie des tracés originaux des îles Britanniques que l'on prend un plaisir immense à jouer. La caractéristique la plus singulière de ce parcours judicieusement baptisé est l'église du XIIe siècle autour de laquelle se jouent les trous n° 10 à n° 15 et où John Betjeman, ancien poète lauréat anglais et membre de St Enodoc, est enterré. Certains de ses poèmes, comme *By the Ninth Green* et *St Enodoc*, témoignent de sa passion pour ce parcours.

Construit sur l'un des terrains les plus inspirants ayant jamais accueilli des links, St Enodoc est tracé au milieu des dunes et offre une vue splendide sur l'estuaire de la Camel et sur l'océan au-delà. Le parcours de l'Église est aussi complété par le célèbre bunker de l'Himalaya sur le n° 6, mesurant 18 m de haut, par des haies, des murs de briques et du bétail qui déambule.

Le n° 16, un court par 5 que l'on joue parfois sous le vent, n'est pas connu pour sa difficulté. De fait, c'est le quinzième de St Enodoc par ordre de difficulté. Mais sa beauté pure, notamment en fin de journée lorsque le soleil est sur le point de se coucher sur l'estuaire de la Camel, en fait l'un des sites les plus magiques dans le domaine du golf. **KA**

Parcours : Shinnecock Hills Golf Club

Situé à : Southampton, État de New York, États-Unis

Trou : n° 16

Longueur : 495 m

Par : 5

Architectes : William Davis, William Flynn, Howard Toomey

À savoir : Phil Mickelson termina deuxième de l'US Open qui se déroula à Shinnecock en 1995. Son score final total fut de 6 au-dessus du par sur le n° 16, et il finit à 4 coups du vainqueur.

N° ⓰ SHINNECOCK HILLS GOLF CLUB

Ceux qui ont suivi à la télévision l'US Open de 2004 à Shinnecock Hills ont pu être surpris par les conditions de jeu effroyables et par le fait que seuls 2 joueurs aient réussi un score en dessous du par. On peut s'avouer légèrement intimidé car Shinnecock Hills constitue une réelle épreuve. Cependant, une fois que l'Association de golf américaine eut quitté les lieux, Mark Michaud, le directeur du club, diminua la vitesse des greens, fit tondre le rough et rendit le parcours jouable pour les simples mortels.

C'est Jeff Babineau, chroniqueur du magazine *Golfweek*, qui a le mieux décrit les conditions de l'Open de Shinnecock, les qualifiant de « fête foraine sur un parcours de golf »... De nombreux golfeurs ont déclaré que le parcours était incontrôlable, signalant notamment le green du n° 7, incliné et très glissant. Mais ce ne fut pas la seule source de consternation. Le n° 16, un par 5, fit lui aussi naître certaines réactions.

« Les greens ont l'air un peu assoiffés », commenta Mark Calcavecchia après le premier tour. « Celui du n° 16 est déjà violet. À 16 h, il sera probablement presque mort. Mais les responsables savent ce qu'ils font. Ils veulent les pousser jusqu'à la limite. Si le vent soufflait en rafales, ce serait de la folie. »

De la folie très certainement. Mais le n° 16, bien que difficile, a retrouvé ses conditions habituelles. Autrement dit, il n'est plus aux portes de la mort.

Il n'est pas long selon les normes contemporaines, mais le vent rend parfois ce par 5 impossible à atteindre, même pour les joueurs puissants. Les plus prudents n'essaieront pas de rejoindre ce green en 2 coups. Le fairway est ultra mince et les zones d'arrivée des 2 premiers coups sont pourvues de creux et de pentes. Mieux vaut sacrifier un peu de distance et mettre l'accent sur la précision afin de trouver un lie plat.

Le troisième coup, en direction d'un petit green étroit, incliné d'arrière en avant, et protégé par 5 bunkers, est déterminant. Le majestueux clubhouse, le premier d'Amérique, construit en 1892, est visible depuis le green.

On ne peut que s'interroger sur les commentaires des premiers membres s'ils avaient pu observer leur parcours au cours de l'US Open de 2004. L'auraient-ils même reconnu ? **JB**

Trou 17

Il y a 2 façons de considérer le trou n° 17, selon le niveau de jeu que l'on possède. Dans un tournoi, la pression est forte, mais lors d'une partie informelle, on ressent peut-être une touche de tristesse à l'idée que la journée est sur le point de s'achever.

On néglige souvent un point pourtant important sur le n° 17, particulièrement si l'on termine sa partie en soirée : on peut y jouer le soleil dans l'œil. Les architectes évitent en général d'orienter le n° 18 à l'ouest, et le n° 17 est souvent orienté dans la direction inverse du trou final.

Mais le n° 17 est surtout une introduction pleine de suspense au dernier trou. Celui du TPC de Sawgrass, un par 3 sur une île, à Ponte Vedra, en Floride, est peut-être l'exemple le plus célèbre, mais ce n'est pas le seul. Pebble Beach (États-Unis), Waterville (Irlande), Nagoya (Japon) et le Jockey Club (Argentine) prouvent aussi le talent de leurs architectes.

CI-CONTRE *Joueurs se dirigeant vers le green du n° 17 au Sahalee Country Club, dans l'État de Washington, aux États-Unis.*

Parcours : Stonewall Golf Club

Situé à : Gainesville, Virginie, États-Unis

Trou : n° 17

Longueur : 170 m

Par : 3

Architecte : Tom Jackson

À savoir : La communauté de Lake Manassas s'est développée selon un schéma directeur autour du Stonewall Golf Club, dont le parcours mesure 6 400 m depuis les départs arrière.

N° 17 STONEWALL GOLF CLUB

Ce parcours est baptisé en l'honneur de Tomas J. « Stonewall » Jackson, général de brigade de l'armée confédérée, figure légendaire de la région. Puisque nous parlons de légende, si vous réalisez un birdie au n° 17, vous pourrez le signaler sur votre CV. Ce trou de 170 m correspond à ce à quoi on s'attendrait d'un par 3 classique sur un tracé classique lui aussi. Le coup de départ doit franchir l'eau et de nombreux bunkers protègent le green de tous côtés, ne permettant qu'une marge d'erreur réduite.

Bienvenue sur le départ du n° 17, baptisé les « 7 Pins ». Faites preuve d'assurance, et prenez aussi un club de plus car le coup de départ se joue en montée. Le green est grand, et parce qu'il est incliné d'arrière en avant, vous devrez placer la balle devant le trou.

2 grands bunkers se trouvent à l'avant du green, à gauche comme à droite, et d'autres guettent à l'arrière au cas où l'on jouerait un club trop important. 5 séries de départ permettent aux golfeur de choisir leur niveau de difficulté et les départs arrière proposent un défi certain. L'eau et le paysage font de ce trou un endroit ravissant. Si l'on y réalise un bon score, on aura remporté une victoire majeure, mais on devra surmonter de nombreux obstacles avant de pouvoir la célébrer. **TJ**

Parcours : Old Tabby Links

Situé à : Spring Island, Caroline du Sud, États-Unis

Trou : n° 17

Longueur : 187 m

Par : 3

Architectes : Arnold Palmer, Ed Seay

À savoir : Arnold Palmer fut tellement séduit par Spring Island qu'il acquit une parcelle de terrain aux abords du n° 18.

N° 17 OLD TABBY LINKS

Spring Island, situé au sein des ravissantes terres basses de Caroline du Sud, possède une histoire riche, construite au fil des siècles par la tribu indienne Yemassee, les explorateurs espagnols et français du XVIe siècle, et les planteurs de coton avant la guerre de Sécession. Old Tabby Links est baptisé en l'honneur des ruines que l'on trouve à côté du neuvième green. Ces tronçons de murs à base de sable et de coquilles d'huître (matériau de construction appelé *tabby* en anglais) proviennent d'une ancienne plantation de coton dont les 120 ha étaient exploités aux XVIIe et XVIIIe siècles, avant que les soldats de l'armée du Nord n'y mettent le feu durant la guerre de Sécession.

Aujourd'hui, Spring Island est une communauté privée où l'environnement est protégé, avec, comme joyau, le magnifique parcours dessiné par Arnold Palmer et Ed Seay.

Malgré sa proximité avec Hilton Head Island, l'un des lieux saints du jeu, le n° 17 est considéré comme l'un des meilleurs pars 3 de la côte de Caroline du Sud, riche en parcours de golf. Situé sur une étroite péninsule, le green est défendu par un étang naturel que nourrit une source, par un profond bunker à l'avant-droite, et par les spectaculaires marais salants de la rivière Chechessee. Il n'est pas facile à jouer, mais on prend un grand plaisir à essayer. **KA**

N° 17 — KEMPER LAKES GOLF CLUB

Parcours : Kemper Lakes Golf Club

Situé à : Hawthorn Woods, Illinois, États-Unis

Trou : n° 17

Longueur : 185 m

Par : 3

Architectes : Ken Killian, Dick Nugent, Jeffrey Brauer

À savoir : L'image de Payne Stewart, aujourd'hui décédé, changea à Kemper Lakes lorsqu'il remporta le PGA Championship de 1989. Il finissait régulièrement à la deuxième place jusque-là, et la victoire lui échappait toujours. Kemper Lakes marqua la fin de ce cycle.

Les fairways plats et étroits de Kemper Lakes paraissent innocents, mais des rideaux d'arbres serrés et un nombre stupéfiant d'obstacles obligent à frapper un long drive droit sur ce parcours tentaculaire.

Et l'eau direz-vous ? Ce parcours représente le rêve des amoureux de la nature, sculpté au milieu d'une vaste zone lacustre – 600 ha de lacs, étangs, zones humides et bois. Kemper Lakes est grand, mais équitable – l'eau fait un pied-de-nez aux golfeurs sur la grande majorité des 18 trous, mais sur certains d'entre eux, ceux qui ne peuvent la franchir peuvent la contourner.

Sur le n° 17, emblématique du tracé et flanqué de digues sur 3 côtés, c'est le lancer de balle au-dessus de l'eau qui prime. 2 bunkers défendent le côté gauche de son époustouflant green, en demi-île. À double plateau, c'est le plus long du parcours à 48 m, permettant de placer le drapeau à des myriades d'endroits. Le trou mesure 185 m depuis ses départs arrière, 119 m depuis les départs masculins, et 75 m depuis les départs féminins.

Les greens sont rapides et le rythme de jeu animé sur ce 18 trous de l'Illinois situé en pleine nature. Kemper Lakes a accueilli le championnat amateur féminin de 1992, et le championnat de la PGA pour l'Illinois s'y déroule tous les ans depuis 1979. **KLL**

Parcours : golf de Nagoya
Situé à : Aichi, Japon
Trou : n° 17
Longueur : 156 m
Par : 3
Architecte : M. Otani
À savoir : Au cours de l'édition 2004 du tournoi de Chunichi Crowns, on a joué sur le n° 17 une moyenne de 3,069 coups, et 44 birdies y furent réalisés contre 64 bogeys et 2 doubles bogeys.

N° ❶⓻ GOLF DE NAGOYA (PARCOURS WAGO)

Le n° 17 du golf de Nagoya, un par 3 difficile à affronter si tard dans la partie, joue souvent un rôle déterminant lors du Chunichi Crowns, l'une des plus anciennes et des plus prestigieuses épreuves du Tour japonais, réunissant certains des meilleurs joueurs au monde. Le coup de départ doit franchir un lac pour atteindre un green en hauteur, protégé par plusieurs bunkers. Mais les golfeurs résolus à dépasser tous ces obstacles doivent s'assurer de ne pas jouer trop long, car les ennuis surgiraient alors, le green descendant en pente vers un épais bosquet, depuis lequel il est difficile de rentrer la balle en 2 coups.

Le parcours Wago, accueillant depuis longtemps le Chunichi Crowns, a produit de dignes vainqueurs, dont Masashi Ozaki (1987, 1992, 1995, 1996, 1997), Greg Norman (1989), Seve Ballesteros (1991), David Love III (1998), Darren Clarke (2001) et Justin Rose (2002). Clarke réalisa un bogey sur ce trou en 2001 au cours de la première partie, puis un birdie les 2 derniers jours avant de remporter le tournoi de 4 coups. Shingo Katayama remporta le titre en 2004, avec 2 coups d'avance, à 16 sous le par, malgré 4 bogeys sur les 5 derniers trous, dont un sur le n° 17. **KA**

Parcours : Wade Hampton Golf Club
Situé à : Cashiers, Caroline du Nord, États-Unis
Trou : n° 17
Longueur : 179 m
Par : 3
Architecte : Tom Fazio
À savoir : Même si ce parcours se joue en montagne, il est inutile d'apporter vos chaussures de randonnée. Chose étonnante, la plupart de ses trous se jouent en descente et le dénivelé n'atteint que 33 m environ.

N° ❶⓻ WADE HAMPTON GOLF CLUB

Avant de vous élancer, vérifiez votre choix de club 2 fois plutôt qu'une. Souvenez-vous de la règle générale qui veut que l'on prenne un club de moins lorsque l'on joue en descente. C'est certainement nécessaire sur ce par 3 de 179 m, en descente bien entendu.

Tout cela à l'esprit, ne jouez néanmoins pas trop court. Un ruisseau court devant le green, avant de s'enrouler autour de son côté droit. Un bunker protège aussi le côté gauche.

2 grands sapins du Canada encadrent les 2 côtés de ce qui constitue l'un des plus grands greens de Wade Hampton, incliné d'arrière en avant. Comme il se rétrécit à l'arrière, on pourrait souhaiter pire qu'un emplacement de drapeau à l'avant.

Mais c'est probablement de sa vue impressionnante sur le massif de Chimney Top dont on se souviendra le plus. Le n° 13 se joue juste à son pied, mais c'est sur le n° 17 qu'il fait le plus d'effet.

Ce parcours privé offre 5 séries de départ dotées de noms uniques. Par exemple, sur le n° 17, les départs arrière (Fazio) se jouent depuis 179 m. Parmi les autres départs, on compte les McKee (173 m), les Wade Hampton (156 m), les Founder (128 m) et les Chimney Top (122 m). **TJ**

Parcours : TPC de Tampa
Situé à : Lutz, Floride, États-Unis
Trou : n° 17
Longueur : 198 m
Par : 3
Architectes : Bobby Weed, Chi Chi Rodriguez
À savoir : Le dernier 9 constitue la partie la plus difficile du parcours. Souvenez-vous du score de 45 qu'y réalisa Isao Aoki, golfeur professionnel de la PGA, durant le GTE Classic de 1996. Son effondrement spectaculaire permit à Jack Nicklaus de remporter l'épreuve.

N° ⓱ TPC DE TAMPA

Commençons par citer l'un des meilleurs golfeurs de tous les temps, qui s'y connaît un tant soit peu en architecture de golf : « C'est un merveilleux parcours, a déclaré Tom Weiskopf, vainqueur de l'US Open senior de 1995 et architecte du TPC de Scottsdale. Nous (les joueurs du Champions Tour) ne jouons que très rarement des parcours entretenus à ce point et offrant ce genre de défi. Ce n'est pas une expérience ordinaire. »

Si l'on rate le green, on ne trouve que de rares zones de sécurité. Un bunker est accolé à son côté droit, devant une étendue d'eau, et un autre longe son côté gauche. Les arbres, à l'arrière, peuvent sévèrement punir ceux qui jouent long, mais on trouve un peu de fairway juste devant le green. Attention aussi au petit bunker sur l'avant-droite.

Un long coup de départ s'approchant du drapeau sera récompensé sur ce green de 1 022 m^2. Il est difficile d'y lire les putts à cause des ondulations qui le parcourent, et les birdies étant rares, plus on s'approche du drapeau sur le coup de départ, mieux c'est.

4 séries de départ permettent aux joueurs de choisir leur niveau de difficulté. Sur le n° 17, cela va des marques rouges, à 93 m, aux départs de championnat, éloignés de 198 m. **TJ**

Parcours : Scioto Country Club
Situé à : Columbus, Ohio, États-Unis
Trou : n° 17
Longueur : 174 m
Par : 3
Architecte : Donald Ross
À savoir : Construit en 1916, ce country club historique a accueilli de nombreuses manifestations importantes, dont l'US Open de 1926, le PGA Championship de 1950, l'US Amateur de 1968, l'US Open senior de 1986 et l'Open amateur de l'Ohio de 1994.

N° ⓱ SCIOTO COUNTRY CLUB

Ce par 3 est assez simple. Donald Ross a gardé ses astuces dans sa poche lorsqu'il a construit celui-ci. Rien n'y est dissimulé. Cela dit, le n° 17 demeure un merveilleux trou court de ce classique de l'Ohio.

On joue le coup de départ en descente – ce dont on devra se souvenir au moment de choisir son club – en direction d'un petit green. Cela commence à paraître plus difficile ?

Un petit étang se trouve devant cette minuscule cible. Oui, l'eau menace les coups de départ trop courts. La simplicité n'est pas toujours synonyme de facilité. M. Ross n'allait pas vous délivrer un simple laissez-passer.

Des bunkers protègent aussi l'avant et le côté droit du green.

À 174 m, c'est l'un des trous courts les plus difficiles de Scioto. Le green ne posera pas vraiment de problème à ceux qui puttent bien, car il n'est pas très difficile à lire, et si l'on y atterrit, le birdie est tout à fait possible.

4 séries de départ offrent la possibilité d'attaquer le parcours aux joueurs de tous niveaux. Au n° 17, on peut jouer depuis les départs arrière à 174 m ou ceux, plus avancés, à 119 m. **TJ**

N° 17 OAKLAND HILLS (PARCOURS SUD)

Parcours : Oakland Hills (parcours sud)

Situé à : Bloomfield Hills, Michigan, États-Unis

Trou : n° 17

Longueur : 184 m

Par : 3

Architectes : Donald Ross, Robert Trent Jones senior

À savoir : C'est Ben Hogan qui surnomma le premier ce parcours le « Monstre », au cours d'une épreuve en stroke-play, il y a 40 ans de cela. Le parcours sud se montra tout aussi monstrueux durant la Ryder Cup de 2004. Demandez donc à l'équipe américaine.

CI-DESSOUS *Le n° 17 d'Oakland Hills.*

Les mots de Ben Hogan ont immortalisé le parcours sud d'Oakland Hills et lui infligèrent un surnom qui lui est resté. Il le qualifia de « Monstre » après avoir remporté l'US Open de 1951, parfois abominable, avec un total de 287 après un dernier tour de 67. C'était un tracé brutal, où seules 2 parties furent jouées en dessous du par durant tout le tournoi.

L'US Open de 1951 était le troisième des 5 qui se déroulèrent à Oakland Hills et Robert Trent Jones senior parsema le tracé de bunkers, lorsqu'il en accrut les difficultés pour cette compétition. Oakland Hills a aussi accueilli 2 PGA Championships depuis son inauguration en 1918.

Le n° 17 est un classique, un sensationnel par 3 plutôt long. Son green est très incliné, traversé par une crête de l'avant-droite jusqu'à l'arrière, au milieu. Pour réaliser le par, la meilleure stratégie consiste à frapper un fer 4 ou 5 jusqu'au green, un plateau complètement encerclé d'énormes bunkers et dominant le départ de 10 m. Si le trou est placé à l'arrière-droite, il provoquera l'un des coups de départ les plus difficiles du jeu.

Les greens d'Oakland Hills sont grands, souvent surélevés, avec des fairways très fuselés et un haut rough. Célébré pour sa difficulté, Oakland Hills est l'un des parcours les plus prestigieux et les plus majestueux jamais modelés dans les anciennes terres arables vallonnées du Michigan. **KLL**

N° ⑰ WHISTLER GOLF CLUB

Parcours : Whistler Golf Club

Situé à : Whistler, Colombie-Britannique, Canada

Trou : n° 17

Longueur : 165 m

Par : 3

Architecte : Arnold Palmer

À savoir : Le Whistler Golf Club constitue la première œuvre de Palmer au Canada. Et les membres du Whistler rendirent hommage au « roi » pour son 75e anniversaire le 10 septembre 2004. On disposa dans chaque voiturette une carte commémorant ce jalon dans la vie de Palmer, et l'on distribua des pâtisseries au clubhouse.

Whistler, splendide destination de golf où les montagnes se dressent en toile de fond sur presque tous les trous de golf des environs et où des torrents dévalent les pentes avant de se jeter dans des lacs, abrite une merveille : le Whistler Golf Club. Son n° 17 est à la fois magnifique et ardu.

Les massifs de Whistler et de Blackcomb encerclent le parcours tout entier, et les 9 lacs du domaine, tout en rendant l'expérience encore plus agréable, mettent aussi les balles de golf en péril. L'un d'entre eux est situé entre le départ et le green du n° 17 et, même s'il faut vraiment mal jouer pour y faire atterrir sa balle, il a donné son surnom au trou, *Birdbath*, la « Vasque aux oiseaux ».

Le faux collier du green représente une difficulté bien plus importante. On a l'impression qu'un coup de 150 m suffit pour atteindre le green, mais c'est en réalité 165 m qu'il faut franchir pour atterrir au centre. Ne vous laissez pas duper par cette illusion d'optique. Des bunkers protègent les 2 côtés du green, et de majestueux pins et cèdres bordent les 2 côtés du fairway. Ici, ces bois abritent ours noirs, coyotes, castors et autres animaux. Le green est spacieux, mais ondoyant. Ce trou est un challenge, mais c'est de son cadre majestueux dont on se souviendra. **JB**

Parcours : TPC Four Seasons Resort & Club de Las Colinas

Situé à : Irving, Texas, États-Unis

Trou : n° 17

Longueur : 179 m

Par : 3

Architecte : Jay Morrish

À savoir : Le EDS Byron Nelson Classic fut le premier tournoi à se dérouler au TPC Four Seasons Resort de Las Colinas en mai 2002, après 2 ans de rénovations, et fut remporté par Shigeki Maruyama.

N° 17 TPC FOUR SEASONS RESORT & CLUB DE LAS COLINAS

Le n° 17, un par 3 de 179 m, est le trou le plus ravissant du parcours – qui ne manque pourtant pas de joyaux.

On débute au milieu des nuages, sur une aire de départ surélevée orientée au sud-est, depuis laquelle on découvre non seulement un trou de golf fantastique, en contrebas, mais aussi une vue circulaire sur le domaine et sur le n° 18, au loin.

Une fois que vous aurez fini d'admirer le paysage, assurez-vous de prendre note du petit lac à droite du green. C'est le cauchemar de ceux qui jouent en fade, mais il se transforme aussi en sérieux obstacle lorsque le vent souffle depuis le sud ou le nord. Un bunker ondoyant montant la garde à l'avant-gauche du green peut aussi facilement provoquer un bogey.

Au cours du Byron Nelson Classic de 2001, Robert Damron et Scott Verplank jouèrent ce trou ensemble 3 fois au cours du dernier tour de la compétition. C'est Damron qui remporta ce championnat lorsqu'il rentra un putt de 38 m pour le birdie au cours d'un passionnant play-off de 4 trous.

Même sans téléspectateurs ni public, ce trou s'avère tout aussi captivant. Et n'oubliez pas que, vous vous trouvant sur un TPC, vous pouvez vous attendre à des conditions de jeu exceptionnelles. **TJ**

Parcours : The Dunes Golf Links

Situé à : Rye, Victoria, Australie

Trou : n° 17

Longueur : 179 m

Par : 3

Architecte : Tony Cashmore

À savoir : Selon les brochures de marketing décrivant ce tracé de Mornington, « c'est Dieu qui l'a créé, nous nous contentons de le tondre ».

N° 17 THE DUNES GOLF LINKS

Tom Watson a qualifié le n° 17 des Dunes d'« exquis », et il est vrai que ce trou de 179 m, qui se joue depuis un départ surélevé jusqu'à un green surélevé lui aussi, sur l'autre flanc d'une vallée peu profonde, possède un caractère exceptionnel.

Si la balle part trop à gauche, là où se trouvent de nombreux bunkers, on sera probablement confronté à un sinistre coup dans le sable vers un green moyennement grand, doté d'une « épine dorsale » qui le divise en 2. Si l'on joue trop court, on verra vraisemblablement sa balle rouler doucement le long d'un tablier dont l'herbe a été tondue à la hauteur de celle du fairway, tandis que toute balle trop longue dévalera une pente escarpée jusqu'à une zone de chipping.

Le drapeau est placé à l'arrière-gauche durant les championnats, ce qui fait indéniablement entrer en jeu les bunkers situés de ce côté-là pour ceux qui jouent en draw. Le vent face auquel on joue souvent accroît encore la difficulté du n° 17, qui peut alors dépasser de 2 clubs la distance indiquée sur la carte de parcours. **JS**

N° ⑰ PINHEIROS ALTOS

Parcours : Pinheiros Altos

Situé à : Quinta do Lago, Algarve, Portugal

Trou : n° 17

Longueur : 124 m

Par : 3

Architecte : Ron Fream

À savoir : Le parcours de Pinheiros Altos est l'un des 3 qu'a créés dans l'Algarve Ron Fream, architecte californien réputé.

Qui aurait pensé que l'on pouvait trouver dans l'Algarve un petit coin de Floride, et plus précisément, du TPC de Sawgrass ? C'est au n° 17 du TPC que l'on songe immédiatement dès que l'on s'approche du départ du n° 17 de Pinheiros Altos, dans le domaine de Quinta do Lago. Il ne mesure que 124 m, mais on joue son va-tout dès le coup de départ. Soit l'on atteint le green, soit l'on termine avec un score élevé qui peut gâcher une bonne carte de score. Le green s'incline à certains endroits en direction de l'eau, où peut terminer toute balle dotée de trop d'élan.

Tout comme sur le n° 17 du TPC, si l'on joue lorsque le vent souffle, le choix du club approprié peut s'avérer cauchemardesque. Par vent de travers, on devra peut-être frapper en fade afin de « tenir » la balle dans le vent, particulièrement s'il souffle depuis la droite, tandis que ce sera un léger draw s'il souffle depuis la gauche. Si vous ne maîtrisez aucun de ces coups, frappez la balle et faites une prière. Le trou est doté d'un bunker très profond, qui semble attirer naturellement les balles. Il vaut tout de même mieux jouer depuis le sable que devoir dropper une nouvelle balle. **AT**

N° ⑰ THE EAGLES GLEN

Parcours : The Eagles Glen

Situé à : Charlottetown, Île du Prince-Édouard, Canada

Trou : n° 17

Longueur : 160 m

Par : 3

Architecte : Graham Cooke

À savoir : Désigner son trou favori constitue toujours une tâche ardue. The Eagles Glen offre de nombreux candidats au poste. Mais ce sont les n° 8 et n° 17 qui obtiennent le plus de suffrages. Heureusement pour vous, vous jouerez les 18 trous lorsque vous y réserverez un départ.

Un par 3 qui se joue au-dessus de l'eau offre toujours le coup de golf le plus mémorable. Bien entendu, c'est intimidant, très éprouvant pour les nerfs et stressant. Mais c'est cela le golf. C'est pour cela qu'on aime le jeu.

Ce par 3 de 160 m d'Eagles Glen est supérieur aux autres, et de loin. C'est un coup fantastique. Un swing unique où l'on joue son va-tout. Une énorme pression, mais un immense plaisir.

Depuis une aire de départ surélevée, on contemple un green, en hauteur lui aussi, et dont un étang atteint la lisière. On trouve aussi un bunker retors entre le green et l'eau.

Ne frappez pas trop fort dans votre tentative de franchir l'eau. L'arrière du green n'est absolument pas agréable, car il est protégé de ce côté-là et à gauche par d'immenses monticules et une haute fétuque.

Une saillie en pierre rouge qui borde le green et l'eau rend le trou digne d'une carte postale. Il constitue un spectacle remarquable depuis le départ.

Si ce coup est trop effrayant, les départs avancés éliminent l'obstacle d'eau et vous permettent un bon angle d'approche du green. Si vous commencez à manquer de balles, cela constitue peut-être un bon choix.

Vous pouvez aussi jouer un peu plus en sécurité en demeurant à gauche. **TJ**

N° 17 ROYAL TROON GOLF CLUB
(VIEUX PARCOURS)

Parcours : Royal Troon Golf Club (vieux parcours)
Situé à : Troon, Ayrshire, Écosse
Trou : n° 17
Longueur : 203 m
Par : 3
Architectes : C. Hunter, W. Fernie

À savoir : Royal Troon, l'un des plus beaux des nombreux parcours de championnat que compte l'Écosse, offre de spectaculaires paysages marins et une vue remarquable sur les îles d'Aran et sur Ailsa Craig.

L'histoire joue un rôle important sur ce parcours que l'on doit respecter, que l'on réussisse son coup ou que l'on rate son putt. Fondé en 1878, le Troon Golf Club a rapidement dépassé sa réputation locale. Le vieux parcours représente aujourd'hui l'une des plus belles épreuves de golf au monde. Son dernier 9 pourrait bien s'avérer le plus difficile d'Europe.

Surnommé le « Lapin » (les membres de la famille des *Leporidae* semblent apprécier ce trou plus que n'importe quel autre du parcours), ce par 3 de 203 m possède tous les ingrédients nécessaires à un trou difficile. C'est le sommet de Royal Troon. Réaliser le par ici mérite une pinte de bière plus tard. À cause du vent – qui semble se renforcer au n° 17 –, il n'est pas inhabituel de frapper un drive sur le départ, et certains joueurs auront besoin de mobiliser toutes leurs forces dans leur swing afin de rejoindre le green.

Difficile, en plateau, avec des bunkers à proximité, celui-ci est très incliné des 2 côtés. Il faut franchir 190 m (qui paraissent plus longs lorsque le vent souffle) pour rejoindre sa partie avant, et de nombreuses fosses sablonneuses sont prêtes à engloutir toute balle errante. Si vous jouez droit, ne vous préoccupez pas de jouer trop court : ce n'est pas une mauvaise stratégie. **TJ**

CI-CONTRE ET À DROITE *Royal Troon, dans l'Ayrshire, en Écosse.*

Parcours : Shadow Creek Golf Club

Situé à : Las Vegas, Nevada, États-Unis

Trou : n° 17

Longueur : 141 m

Par : 3

Architecte : Tom Fazio

À savoir : Afin de pouvoir jouer à Shadow Creek, on doit résider au Mirage, hôtel appartenant à la MGM – et avoir les moyens de débourser des droits de jeu qui peuvent dépasser 500 dollars (420 euros environ).

N° ⑰ SHADOW CREEK GOLF CLUB

Shadow Creek est peut-être le plus beau golf qu'ait jamais créé la main de l'homme. C'est un endroit où jardins luxuriants, ruisseaux scintillants, cascades et oiseaux exotiques semblent avoir surgi comme par magie de l'aride désert du Nevada. Ce n'est bien entendu pas le cas. Non, ce tracé a été construit à la fin des années 1980 grâce au talent de l'architecte Tom Fazio et au financement de Steve Wynn, nabab de Las Vegas. Même aujourd'hui, plus de 15 ans après son inauguration, Shadow Creek jouit d'une réputation nimbée de mystère à cause de son caractère très fermé – son parcours, creusé dans le désert, demeure caché derrière un grillage de 3 m de haut – et de la longue liste de célébrités qui le fréquentent.

Le n° 17 est à n'en pas douter l'un des plus spectaculaires de Shadow Creek. On frappe le coup de départ depuis une corniche, au-dessus d'un lac, vers un minuscule green entouré d'énormes rochers et de 4 profonds bunkers – 2 à droite, un à l'avant-gauche et un à l'arrière. Mais l'élément le plus fabuleux du trou est sa grande cascade qui plonge dans un petit étang derrière le green. **KA**

Parcours : White Columns Golf Club

Situé à : Alpharetta, Géorgie, États-Unis

Trou : n° 17

Longueur : 215 m

Par : 3

Architecte : Tom Fazio

À savoir : L'un des plus beaux parcours de la région d'Atlanta (et on en compte quelques-uns), White Columns, célèbre pour ses conditions de jeu toujours parfaites, exige de la distance plus que de la précision.

N° ⑰ WHITE COLUMNS GOLF CLUB

Le n° 17, un spectaculaire par 3 de 215 m, est le trou le plus mémorable de White Columns, sujet de longues discussions. C'est non seulement l'un des trous courts les plus difficiles du parcours, mais il est aussi simplement remarquable, et on se doit de l'admirer avant le coup de départ. C'est l'un des rares trous où l'on se moque de devoir attendre que le groupe devant soi ne joue.

On découvre un important dénivelé entre le départ et le green. Il est tellement draconien que les employés du club n'osent deviner à combien il s'élève, mais il permet aussi l'une des vues les plus ravissantes du parcours.

Un ruisseau court devant le green, d'une extrémité à l'autre. Il est tout à fait possible d'y faire atterrir sa balle, notamment depuis les départs arrière. Un bunker est situé entre le ruisseau et le green, tandis qu'un autre longe tout l'arrière de ce dernier.

Rejoindre le green constitue un défi de taille, mais le travail n'est pas terminé une fois qu'on y est. La division qui le parcourt fait naître 2 niveaux, à droite et à gauche, et il s'incline vers l'eau. C'est le par 3 le plus difficile du parcours. **TJ**

N° 17   GOLF DE CABO DEL SOL
(PARCOURS DE L'OCÉAN)

Parcours : golf de Cabo del Sol (parcours de l'Océan)

Situé à : Los Cabos, Mexique

Trou : n° 17

Longueur : 162 m

Par : 3

Architecte : Jack Nicklaus

À savoir : Le n° 17 fait partie d'un segment de 6 trous situés le long de 2,4 km de littoral, et c'est celui où la mer s'approche le plus du jeu – trop, pour certains.

C'est le trou le plus mémorable du parcours de Jack Nicklaus. Il n'exige qu'un coup de départ de 162 m, mais ce ne sont pas les points de départ et d'arrivée qui attirent l'attention, c'est la splendeur qui les sépare.

Le n° 17 du parcours de l'Océan de Cabo del Sol flirte avec les vagues, même si ce n'est pas à un flirt que l'on songe en écoutant le Pacifique s'écraser sur les rochers qui bordent tout le côté droit de ce merveilleux trou. Le coup de départ survole une plage de sable et des affleurements rocheux en direction d'un petit green, encadré de bunkers d'un côté, et d'un à-pic vers l'océan de l'autre.

Le n° 17 explique parfaitement pourquoi de nombreux habitués de Los Cabos considèrent le parcours de l'Océan comme le plus intimidant de la région. Personne ne peut nier que le n° 17 offre ainsi un échantillon de l'architecture spectaculaire et des défis palpitants de ce parcours.

Selon le *Pacific Golf Magazine*, c'est « l'une des plus belles créations de Nicklaus » et « l'équivalent d'un Pebble Beach mexicain ». Mais nul besoin de se tourner vers les experts. Nicklaus lui-même, lorsqu'il évoque le n° 17 et les autres trous s'avançant tout au bord du Pacifique, considère ce segment de Los Cabos comme « le plus beau du monde entier ». **JB**

N° **17** # SAHALEE COUNTRY CLUB

Parcours : Sahalee Country Club

Situé à : Redmond,
État de Washington, États-Unis

Trou : n° 17

Longueur : 196 m

Par : 3

Architectes : Ted Robinson,
Robert Muir Graves

À savoir : *Sahalee* signifie
« haut terrain paradisiaque »
en langue chinook.

CI-DESSOUS ET CI-CONTRE
Le n° 17 du Sahalee Country Club.

Le Sahalee Country Club a été construit au sein d'une forêt de sapins et de cèdres sur le plateau de Sammamish près de Seattle. L'un des plus beaux trous de ce ravissant parcours, le n° 17, un par 3, est situé au milieu de douzaines d'arbres.

Le coup de départ, en descente, doit franchir un étang qui s'enroule depuis l'avant du green sur tout le côté droit. Un fin ruban d'herbe entre la lisière avant du green et l'eau est habituellement tondu de près, renvoyant les balles trop courtes dans l'eau. Un bunker est parfaitement situé, à gauche du green, afin de récupérer les coups cherchant la sécurité de ce côté-là, tandis qu'un autre monte la garde à l'arrière.

Durant le PGA Championship de 1998, on joua ici une moyenne de 3,19 coups, le trou concédant 61 birdies contre 72 bogeys et 34 doubles bogeys ou pire. Steve Stricker termina en deuxième position, à 2 coups derrière Vijay Singh, probablement à cause du n° 17. Il y réalisa un double bogey au cours du deuxième tour, et son bogey ici au cours du dernier tour le fit passer à 2 coups derrière Singh, alors qu'il ne restait plus qu'un trou à jouer. **KA**

Parcours : Woodlands Golf Club

Situé à : Mordialloc, Victoria, Australie

Trou : n° 17

Longueur : 154 m

Par : 3

Architectes : R. S. Banks, Sam Bennett

À savoir : Construit en 1913 sur l'ancien domaine de Mayfield, aux environs de Melbourne, le parcours d'origine du Woodlands était dépourvu de bunkers jusque dans les années 1920, lorsque Mick Morum, directeur du Royal Melbourne, surveilla leur construction.

N° ⑰ WOODLANDS GOLF CLUB

La distance peut certainement s'avérer trompeuse sur les pars 3. En découvrant la longueur modeste du n° 17 de Woodlands, par exemple, les golfeurs s'imaginent que réaliser le par sera une vraie partie de plaisir.

Le plus souvent cependant, ils finissent par se traîner, découragés, jusqu'au départ suivant, car il s'agit là d'un trou étroit avec un tout petit green, peut-être le plus difficile à atteindre du parcours. De fait, cela pourrait constituer le par 3 le plus ardu de la « ceinture de sable » de Melbourne.

Un fer 5 ou 6, net et précis, aidera certainement à faire le par, mais les balles trop courtes ou trop à droite finiront dans des bunkers si profonds que l'on pourrait y accéder par un escalier.

Les coups déviant à gauche, eux, dévaleront probablement une pente escarpée avant de s'arrêter dans des endroits depuis lesquels même les spécialistes du petit jeu auront du mal à réaliser le par. **JS**

Parcours : White Witch

Situé à : Montego Bay, Jamaïque

Trou : n° 17

Longueur : 147 m

Par : 3

Architecte : Robert Von Hagge

À savoir : White Witch (la « Sorcière blanche » en français) est baptisé en l'honneur d'Annie Palmer, qui, selon la légende jamaïquaine, était une propriétaire d'esclaves qui tua 3 maris et plusieurs esclaves. On dit qu'elle hante les environs et elle a été « aperçue » plusieurs fois au cours des siècles.

N° ⑰ WHITE WITCH

Robert Von Hagge étant d'une stature imposante – 1 m 96 –, il semble naturel que son tracé s'avère intimidant lui aussi. Mais qu'on ne s'attende pas à des excuses de sa part. « Je pense que nous avons atteint exactement le niveau de difficulté requis, a-t-il déclaré. Nous voulions qu'il soit ardu, mais l'on y assiste aussi à un merveilleux spectacle. »

Le n° 17, le par 3 emblématique de White Witch, se joue en descente, 147 m étant nécessaires pour rejoindre le tapis vert du green entouré de bunkers d'un blanc neigeux. La mer des Caraïbes constitue une splendide toile de fond, et les grands arbres indigènes montant la garde autour du green ajoutent à son atmosphère.

Le n° 17 est magnifique, tout comme le reste du parcours, qui peut néanmoins s'avérer intimidant au premier coup d'œil. Plusieurs trous sont visibles depuis le clubhouse, en hauteur, et peuvent effrayer les golfeurs moyens. Mais c'est une illusion, tout comme lorsque certains passants affirment avoir vu le fantôme d'Annie Palmer, la « Sorcière blanche », à la fenêtre de son manoir.

Une fois sur le parcours, toutes les peurs des joueurs devraient se dissiper. Jouez vos coups, et délectez-vous de la beauté environnante au lieu de la craindre. Les zones d'arrivée sont vastes, les départs moyens et avancés permettent aux joueurs dotés d'un handicap moyen de réussir tous leurs lancers de balle, et l'on ne trouve que 3 coups aveugles sur ce tracé.

Le White Witch offre donc son lot de mystères et de mirages. La seule question est de savoir si vous avez le courage de les affronter. **JB**

N° ⑰ KIAWAH ISLAND (PARCOURS DE L'OCÉAN)

Parcours : Kiawah Island (parcours de l'Océan)

Situé à : Kiawah Island, Caroline du Sud, États-Unis

Trou : n° 17

Longueur : 193 m

Par : 3

Architecte : Pete Dye

À savoir : Ce sont ses nombreuses dunes, ses marécages et les bunkers éparpillés tout du long qui font la difficulté du parcours de l'Océan, où s'est déroulée la Ryder Cup de 1991.

CI-DESSOUS *Sortie de bunker pour le Gallois Ian Woosnam sur le n° 17 de Kiawah Island, en septembre 1991.*

Vous voici arrivé au paradis des golfeurs. Ne vous attendez pas à trouver parcours plus spectaculaire ou plus parfait.

Ce par 3 vous met au défi de frapper droit. Si vous déviez à droite, vous vous retrouvez dans l'eau, à gauche, vous atterrissez dans un grand bunker. On trouve aussi un autre petit bunker sur l'avant-gauche du green.

Éétudiez le vent, il devrait déterminer le choix de votre club.

Les 2 départs arrière (180 m et 193 m) exigent un swing complet au-dessus de l'eau, et le trou se révèle très différent depuis ces 2 départs. On doit s'avancer sur la promenade en bois au-dessus de l'eau pour rejoindre les marques bleues alors que les rouges, elles, vous trouvent de l'autre côté de ce plan d'eau. Ce dernier menace cependant toujours du côté droit.

Ne vous souciez pas de l'emplacement du drapeau. Visez le centre du green et estimez-vous heureux si vous faites le par sur ce trou difficile.

Considéré comme l'un des meilleurs endroits au monde où jouer au golf, le Kiawah Island Golf Resort est le seul complexe du pays dont 3 parcours appartiennent à la liste des « 75 meilleurs parcours de complexes hôteliers » établie par le magazine *Golf Digest*. **TJ**

N° ⑰ PEBBLE BEACH GOLF LINKS

Parcours : Pebble Beach Golf Links

Situé à : Pebble Beach, Californie, États-Unis

Trou : n° 17

Longueur : 162 m

Par : 3

Architectes : Jack Neville, Douglas Grant

À savoir : Ce par 3 se joue face au vent marin et au soleil couchant. C'est l'un des trous les plus célèbres et les plus ravissants au monde. Le n° 17 de Pebble Beach se passe simplement de commentaires.

CI-DESSOUS Sortie de bunker pour l'Américain Rocco Mediate sur le n° 17 du Pebble Beach Golf Links.

C'est son histoire qui définit le mieux ce trou de golf de réputation mondiale. Durant l'US Open de 1972, Jack Nicklaus frappa l'un des coups les plus spectaculaires jamais joués sur ce par 3. Menant de 3 coups, il se préparait à jouer un fer 1. Mais le vent ferma la face du club plus qu'il n'en avait l'intention, le forçant à ajuster son impact en une fraction de seconde. Le résultat : un coup qui défia le vent, frappa le drapeau et roula pour s'arrêter à 13 cm du trou. Le birdie qui s'ensuivit assura à Nicklaus une victoire de 3 coups. Parfois, un coup qui vous déplaît produit d'excellents résultats.

Durant l'US Open de 1982, Nicklaus participa une fois de plus à un moment mémorable sur le n° 17. Déjà rentré au clubhouse, il était à égalité avec Watson, qui se trouvait en amont d'un green rapide. Il semblait qu'il serait difficile à ce dernier d'approcher suffisamment son chip du drapeau pour pouvoir réaliser le par. C'est ce que pensait son caddie, Bruce Edwards, lorsqu'il lui recommanda de placer la balle aussi près que possible. Watson répondit : « Je ne vais pas m'approcher, je vais la rentrer ! » Après quoi, son coup roulé et rapide se heurta au drapeau et tomba dans le trou, lui procurant une avance d'un coup et faisant du n° 18 une partie de plaisir. **TJ**

Parcours : Blue Canyon Country Club (parcours du Canyon)

Situé à : Phuket, Thaïlande

Trou : n° 17

Longueur : 193 m

Par : 3

Architecte : Yoshikazu Kato

À savoir : Étape régulière du Tour d'Asie, le parcours du Canyon a accueilli 3 championnats depuis 1988 (le Johnnie Walker Classics de 1994 et 1995, et le Honda Invitational de 1996).

N° 17 — BLUE CANYON COUNTRY CLUB
(PARCOURS DU CANYON)

Des images de pousse-pousse fonçant à travers la foule tandis que des commerçants marchandent bruyamment : voilà ce qui vient à l'esprit lorsque l'on évoque la Thaïlande, une terre qui peut apparaître à certains comme prise entre le Moyen Âge et l'ère de la révolution numérique.

Ici, la tradition épouse la modernité. Comment, sinon, expliquer qu'on ait curieusement baptisé une petite parcelle au large de la côte sud-ouest : l'« île de James Bond » ? Non loin de là, dans les terres, s'élève le Blue Canyon Country Club, nouveau venu lui aussi détonnant dans ce lieu vénérable.

Inauguré en 1988, le Blue Canyon fut construit sur un site qui abritait autrefois une mine d'étain et une plantation d'hévéas. Conçu et tracé selon une philosophie minimaliste, le parcours du Canyon constitue, selon l'avis général, un joyau dépouillé. Peu d'endroits illustrent mieux que le n° 17 la dichotomie de ce lieu exotique.

Consacré « l'un des meilleurs pars 3 au monde » par Fred Couples, il jouit d'une beauté sans prétentions, formant un contraste parfait avec la précision qu'il exige.

La plupart des joueurs s'empareront instinctivement d'un bois de parcours ou d'un fer long sur le départ, mais le trou se joue en descente en direction d'un green incliné d'avant en arrière, et nécessite donc moins de club que ne le suggère la distance.

Toute balle trop courte ou déviant à droite garantit un bogey ou pire, tandis qu'un coup de départ volant trop loin et à gauche laissera un mince espoir de réaliser le par. **RH**

Parcours : George Golf Club
Situé à : George, Afrique du Sud
Trou : n° 17
Longueur : 166 m
Par : 3
Architecte : Charles Molteno Murray
À savoir : Le George Golf Club fut fondé en 1906 et demeura quasiment intact jusqu'à des rénovations importantes en 1994, comprenant un nouvel ensemencement des 18 greens.

N° ⓱ GEORGE GOLF CLUB

En 2003, le monde découvrit de façon royale le golf sud-africain. Le parcours en links du Fancourt Hotel & Country Club Estate accueillait en effet la cinquième édition de la Presidents Cup – et quelle scène c'était là ! Les caméras et les médias internationaux passèrent cependant à côté de son parcours jumeau, peu connu.

Le George Golf Club occupe le même terrain vallonné que les links de Fancourt, et si vous effectuiez un sondage parmi les joueurs de cette petite ville de la province du Cap-Ouest il pourrait être préféré à son voisin plus réputé.

Situé au cœur de la route des Jardins, au pied du massif d'Outeniqua, il abrite un parcours boisé qui met à profit le paysage plein de vitalité de la région et ses rudes dénivelés.

Le parcours entier est considéré comme l'un des plus ravissants au monde, et le n° 17, un par 3, en est l'une des raisons majeures. La beauté du tracé n'est cependant pas purement décorative. Les arbres majestueux encadrant le n° 17 sont placés de façon stratégique et forcent à la précision. Le green, bien qu'accessible, n'accepte que des balles jouées de façon parfaite. Il n'est pas rare d'avoir besoin de 3 putts, et l'on doit absolument placer la balle en dessous du trou pour toute possibilité de birdie. **RH**

Parcours : golf de Puerto Azul
Situé à : Ternate, Cavite, Philippines
Trou : n° 17
Longueur : 214 m
Par : 3
Architectes : Gary Player, Ron Kirby
À savoir : L'île de Corregidor, que l'on aperçoit depuis le n° 17 de Puerto Azul, fut livrée au Japon par les forces alliées le 6 mai 1942. Elle fut reprise en mars 1945.

N° ⓱ GOLF DE PUERTO AZUL

Le golf de Puerto Azul est réputé abriter l'un des meilleurs parcours de complexe hôtelier des Philippines, bénéficiant d'une vue excellente sur la mer de Chine méridionale et tracé dans un cadre vallonné et boisé le long du littoral. On a même comparé son paysage à celui de Pebble Beach, aux États-Unis. Le n° 17 de Puerto Azul offre un magnifique panorama sur l'île de Corregidor, petite et rocailleuse, courageusement défendue par les forces américaines et philippines contre les Japonais durant la Seconde Guerre mondiale.

Ce par 3 est si coriace et intimidant que les membres du club et les visiteurs de l'hôtel le jouent parfois comme un par 4. Durant les tournois majeurs, cependant, il redevient un par 3 monstre, dont le coup de départ doit survoler le littoral de la mer de Chine méridionale. Le vent y souffle souvent en rafales, forçant parfois même les grands frappeurs à sortir leur driver. Le green est à double plateau, incliné d'avant en arrière et de droite à gauche, et défendu par 2 bunkers à droite.

Pour vous donner une idée du niveau de difficulté de ce trou, sachez que son architecte, le légendaire Gary Player, y réalisa une fois un par 7. **KA**

N° ⓱ MID OCEAN CLUB

Parcours : Mid Ocean Club

Situé à : Tucker's Town, archipel des Bermudes

Trou : n° 17

Longueur : 201 m

Par : 3

Architectes : Charles Blair Macdonald, Robert Trent Jones senior.

À savoir : Étonnamment, le n° 17 n'est pas le par 3 le plus long du dernier 9 de Mid Ocean. Cet honneur revient au n° 13, long de 217 m.

Le Mid Ocean Club, sur la côte nord-est de cette ravissante île, a procuré une merveilleuse toile vierge à Charles Blair Macdonald, lequel n'a pas déçu. Le long d'une série de falaises longeant l'Atlantique, il a donné naissance à un splendide parcours qui, plus de 80 ans après son inauguration en 1921, compte toujours parmi les meilleurs.

Le n° 17 de Mid Ocean, souvent considéré comme le plus beau trou du tracé, est un Redan se jouant en descente, chose rare, et qui offre une vue splendide du green en contrebas et du bleu profond de l'océan sur la gauche. Bien entendu, le paysage devient un peu moins agréable lorsqu'on découvre une série de bunkers encerclant le green en forme de soucoupe, très ondoyant. On devra les éviter sur le coup de départ qui se joue habituellement face au vent, rendant ce monstrueux par 3 plus long encore.

Les golfeurs ayant la chance de jouer au Mid Ocean Club appartiennent à une certaine élite. Ce parcours privé a eu l'honneur d'accueillir, entre autres, Dwight Eisenhower, Winston Churchill, le duc de Windsor et Babe Ruth. **KA**

Parcours : TPC de Sawgrass (parcours du Stade)

Situé à : Ponte Vedra Beach, Floride, États-Unis

Trou : n° 17

Longueur : 125 m

Par : 3

Architecte : Pete Dye

À savoir : Le green en forme d'île de l'avant-dernier trou permet un finale plein de suspense chaque année durant le Players Championship du PGA Tour. Fred Couples joua une fois son coup de départ dans l'eau, se dirigea vers l'aire d'allègement, et rentra aussitôt un wedge pour un par sortant de l'ordinaire.

CI-DESSOUS ET CI-CONTRE
Le n° 17 du TPC de Sawgrass.

N° 17 — TPC DE SAWGRASS
(PARCOURS DU STADE)

Dans le domaine du golf, un trou âgé de 24 ans seulement n'est qu'un nouveau-né face aux trous légendaires datant généralement de plusieurs décennies. Mais, lorsque apparaît un trou aussi spectaculaire que le n° 17 du TPC de Sawgrass, même dans un jeu qui s'enorgueillit à juste titre de ses traditions, les puristes les plus fervents ne peuvent que le saluer.

Au cours de son histoire, courte mais mouvementée, ce trou de 125 m est devenu l'un des plus célèbres au monde. Il est un parfait exemple du golf de cible que permettent les parcours légendaires de Pete Dye. Ce trou est court, mais si vous ratez l'île du green, vous êtes presque assuré d'obtenir 1 point de pénalité... sauf si vous atterrissez sur un nénuphar.

Ce green est grand, mais rétrécit du côté droit. Ce dernier est d'ailleurs défendu par un petit bunker, qui s'avère providentiel pour les rares joueurs qui arrivent à atterrir ailleurs que sur le green tout en restant au sec. Le sable n'a jamais procuré autant de soulagement.

Le choix du club est essentiel sur le n° 17 de Sawgrass. Un mauvais choix peut signifier qu'au lieu de putter pour un birdie, on devra plonger la main dans son sac près de l'aire d'allègement. Cela peut aussi jouer un rôle déterminant le dimanche du Players Championship, tournoi se déroulant annuellement au quartier général du PGA Tour. Et le vent, toujours imprévisible ici, rend le choix du club encore plus ardu.

Aucun trou n'est plus mémorable, plus photographié ou plus célèbre que ce par 3 du parcours du Stade. Et dire que ce n'est qu'un nouveau-né ! **JB**

Parcours : Hualalai Golf Club

Situé à : Kailua Kona, Hawaï, États-Unis

Trou : n° 17

Longueur : 150 m

Par : 3

Architecte : Jack Nicklaus

À savoir : La lave est omniprésente ici. Le parcours en est en effet bordé des 2 côtés, et des champs de lave entrent en jeu sur chaque trou. Les gens du coin les considèrent comme des obstacles d'eau.

N° ⓱ HUALALAI GOLF CLUB

N'oubliez pas que la lave est considérée comme un obstacle latéral.

La lave ? Ne vous inquiétez pas, elle a eu le temps de refroidir, mais peut encore vous faire bouillir si votre coup de départ s'y dirige. Mieux vaut dans ce cas-là ne plus songer à revoir sa balle.

Le regard est sans cesse attiré sur ce trou, par la lave, mais aussi par l'océan, au loin. C'est en fait lui que l'on vise depuis le départ, car le green se découpe sur les vagues. Mieux vaut cependant atterrir sur celles du green plutôt que celles de l'océan. Attention, un bunker longe tout le fairway.

Le coup d'approche doit se jouer en direction du green, vaste, en hauteur, et bien défendu par des bunkers. Alors que la plupart des greens de ce parcours sont plats, celui-ci est incliné d'arrière en avant et de gauche à droite.

Comme on l'imagine, le vent joue un rôle important. Il souffle habituellement de gauche à droite, mais les alizés peuvent se lever à n'importe quel moment et jouer des tours à la balle.

Serpentant sur plus de 6 500 m, ce parcours soigneusement entretenu débute au sein d'une luxuriante oasis se détachant sur le noir de la lave. Le tracé retourne à l'océan sur la fin, les derniers trous capturant la beauté du golf de bord de mer. **TJ**

Parcours : Industry Hills (parcours Babe Zaharias)

Situé à : City of Industry, Californie, États-Unis

Trou : n° 17

Longueur : 181 m

Par : 3

Architecte : William Bell

À savoir : Ce complexe hôtelier abrite 2 excellents parcours de golf s'avançant en terrain vallonné. Le parcours Babe Zaharias est considéré comme le plus difficile des 2, car ses greens sont plus petits et ses fairways plus étroits.

N° ⓱ INDUSTRY HILLS
(PARCOURS BABE ZAHARIAS)

Quel trou ravissant ! Il est aussi difficile à jouer, peut-être le par 3 le plus ardu du parcours Babe Zaharias.

C'est la distance que l'on affronte ici. Ce par 3 paraît gigantesque sur la carte de parcours où l'énormité est pourtant de mise.

Le coup de départ, en descente, doit franchir un immense lac devant le green. Celui-ci est aussi monumental, le plus grand de ce complexe de luxe abritant 2 parcours exceptionnels.

Attention aux énormes bunkers à droite, à gauche et à l'arrière du green. Le trou devient beaucoup plus difficile à jouer si l'on atterrit dans l'un d'entre eux.

N'oubliez pas que vous vous trouvez au sommet d'une colline au moment de choisir votre club. D'autres variables doivent aussi être prises en compte, en commençant par l'emplacement du drapeau. Le green est si grand qu'il existe une différence de trous ou 4 clubs entre l'avant et l'arrière. Le vent peut lui aussi entrer en jeu. En fin d'après-midi, soit il souffle de gauche à droite, soit on lui fait face, ce qui peut compliquer les choses. **TJ**

N° 17 — GOLF D'EL SALER

Parcours : golf d'El Saler
Situé à : Valence, Espagne
Trou : n° 17
Longueur : 196 m
Par : 3
Architecte : Javier Arana
À savoir : Situé à l'intérieur du parc naturel d'Albufera, El Saler constitue une étape régulière de l'Open d'Espagne.

CI-DESSOUS *L'Anglais Paul Casey réussit sa sortie de bunker sur le n° 17 d'El Saler en novembre 2003.*

Avec El Saler, Javier Arana, architecte espagnol renommé, a créé un parcours combinant le meilleur des links et des parcours boisés. Même si le résultat final manque parfois d'authenticité, c'est certainement un mariage magique.

Tandis que plus de la moitié des trous de El Saler serpentent dans une pinède, ce sont les segments finaux des deux 9 (les n° 7-9 et n° 17-18) s'avançant vers la Méditerranée qui évoquent l'Écosse.

Modelé dans les dunes et les herbes profondes, El Saler offre tout ce que l'on peut attendre de la part de links. Ces étendues en bord de mer proposent du vent en quantité ainsi que des fairways fermes et rapides, et, comme sur le n° 17, un par 3, des choix difficiles.

Selon le vent, on peut choisir de faire voler son coup de départ sur 196 m jusqu'à un vaste green flanqué d'un bunker de chaque côté.

Ou, comme c'est souvent la coutume sur des links, un coup sec peut se faufiler entre les bunkers. Si on le frappe face au vent, ce qui est habituellement le cas, mieux vaut jouer près du sol. **RH**

GOLF DU JOCKEY CLUB
(PARCOURS ROUGE)

N° **17**

Parcours : golf du Jockey Club (parcours rouge)

Situé à : San Isidro, Argentine

Trou : n° 17

Longueur : 164 m

Par : 3

Architecte : Alister MacKenzie

À savoir : Le Jockey Club a accueilli la Coupe mondiale du golf en 1970. L'Australie l'emporta par équipe (David Graham et Bruce Devlin), tandis que Roberto de Vicenzo, enfant du pays, s'emparait du titre individuel.

Lorsque le Jockey Club de Buenos Aires fut fondé en 1882, sa mission était d'organiser et de diriger des activités hippiques au niveau national, mais aussi de servir de lieu de rencontre pour l'élite du pays, imitant ainsi les meilleurs clubs européens. Cela devint un centre de golf lorsque Alister MacKenzie, architecte légendaire, y dessina 2 parcours à la fin des années 1920. Ils comptent toujours aujourd'hui parmi les meilleurs d'Amérique du Sud. Le club abrite aussi piscines, terrains de polo et courts de tennis.

Le n° 17 du parcours rouge, un par 3, présente un green long et étroit, jalousement protégé à gauche par 2 bunkers situés en biais par rapport au départ, ce qui rend le trou particulièrement difficile lorsque le drapeau est placé à l'arrière-gauche.

Angel Cabrera ravit ses compatriotes lorsqu'il s'empara de son premier titre du PGA European Tour au Jockey Club en 2001, avec l'Open d'Argentine, reconnu pour la première fois par le Tour cette année-là. Le club a accueilli cette épreuve à de nombreuses reprises, avec des vainqueurs tels que Mark Calcavecchia en 1993 et 1995 et Jim Furyk en 1997. **KA**

N° ⑰ BLAIRGOWRIE GOLF CLUB
(PARCOURS ROSEMOUNT)

Parcours : Blairgowrie Golf Club (parcours Rosemount)

Situé à : Blairgowrie, Perthshire, Écosse

Trou : n° 17

Longueur : 150 m

Par : 3

Architecte : James Braid

À savoir : C'est sur le parcours Rosemount de Blairgowrie que Jack Nicklaus remporta sa première victoire du PGA European Tour, avec le Martini International de 1977.

Le parcours Rosemount de Blairgowrie est tellement impressionnant qu'il ne cesse d'inciter les passionnés des 4 coins de la planète à sauter dans un avion à destination de l'Écosse. Situé à environ 40 km de Dundee, dans l'arrière-pays, c'est la solitude qu'on y trouve plutôt que le littoral. Ce tracé de 6 024 m est autant balayé par le vent qu'accueillant.

Ce parcours de James Braid gambade au milieux de bois denses, ses fairways étant bordés de pins, de bouleaux argentés et de bruyère. Le génie du Rosemount réside dans son architecture astucieuse et son abondance de couloirs naturels. Chaque trou semble s'éloigner du précédent sans être affecté ni par celui-là ni par aucun autre. La sensation générale est celle d'isolement. Les joueurs auront cependant probablement envie de compagnie une fois le n° 17 atteint.

Avec 150 m, ce n'est pas le plus long des pars 3 du tracé, mais c'est le plus intimidant. Surnommé le « Plateau », il semble plus long qu'en réalité, et nous conseillons aux golfeurs de prendre plus de club.

Un grand monticule s'avance jusqu'au centre de ce green en forme de larme, autorisant une pléthore d'emplacements de drapeau, dont très peu permettront de réaliser un birdie. 2 bunkers sont perchés à droite tandis qu'un autre, solitaire, guette à gauche. Les longs coups risquent de rouler en dehors de ce green en hauteur, tandis que toute balle trop courte amènera un pitch délicat par-dessus le monticule. **RH**

N° ⑰ CLUB WEST GOLF CLUB

Parcours : Club West Golf Club

Situé à : Phoenix, Arizona, États-Unis

Trou : n° 17

Longueur : 196 m

Par : 3

Architecte : Brian Whitcomb

À savoir : En 1993, durant sa première année d'existence, ce parcours fut classé parmi les 20 meilleurs de l'État par le quotidien The Arizona Republic. C'était seulement le deuxième parcours entièrement en herbe dans le désert de l'ouest des États-Unis.

En arrivant près du départ du n° 17, il est important de se souvenir que c'est là un difficile par 3. Mais la vue étant très impressionnante, vous devrez tout d'abord l'admirer aussi longtemps que possible.

L'aire de départ domine le reste du parcours d'au moins 30 m. Depuis ce promontoire, on aperçoit le massif de South Mountain d'un côté et celui d'Estrella de l'autre. La plus belle vue cependant est droit devant. Les choix ne manquent pas non plus sur ce trou époustouflant et ardu, un par 3 à double green. Mais ne passez pas trop de temps à admirer le paysage ou votre carte de score pourrait s'en ressentir.

Vous devrez faire preuve d'une extrême précaution en choisissant votre club. Prenez le temps de noter la distance indiquée par le marqueur sur le départ une fois que vous aurez choisi votre green. Prenez un autre moment pour étudier le vent. N'hésitez pas à prendre un club de plus ou de moins en fonction de ce dernier et visez le centre du green.

Selon les départs choisis, le parcours peut s'avérer aussi court que 4 558 m ou aussi long que 6 530 m. **TJ**

Parcours : Waterville Golf Links

Situé à : Waterville, comté de Kerry, Irlande

Trou : n° 17

Longueur : 179 m

Par : 3

Architectes : Eddie Hackett, Tom Doak

À savoir : Ray Floyd, un golfeur américain, a déclaré que Waterville faisait partie de ses 5 parcours préférés au monde. Augusta National, Cypress Point, Pebble Beach et St Andrews complétaient la liste.

N° 17 WATERVILLE GOLF LINKS

Situé au milieu des collines sablonneuses d'une péninsule s'étendant entre la rivière Inny et la baie de Ballinskelligs, près d'un village de pêcheurs isolé dans le sud de l'Irlande, Waterville séduit tous ceux qui y jouent.

Le golf remonte ici à 1889, lorsque les membres du Waterville Athletic Club jouaient sur un 9 trous modeste, tracé dans la partie est des links contemporains. Lorsque John Mulcahy, Irlandais nationalisé américain, retourna dans son pays natal pour y construire le parcours de ses rêves, il acheta ce terrain et, avec l'aide d'Eddie Hackett, agrandit et remodela le parcours d'origine sur lequel est basé le premier 9 de Waterville Golf Links, inauguré en 1973. Le départ du n° 17, surélevé de 6 m et surnommé « Mulcahy's Peak », constitue le point le plus élevé du parcours à 76 m d'altitude, offrant aux joueurs une vue splendide sur la baie et sur les montagnes au loin. Il n'est pas étonnant que Mulcahy ait désiré que l'on enterre ses cendres ici après sa mort en 1994. Lorsque le vent marin souffle vers les terres, le trou paraît beaucoup plus long et il est encore plus difficile d'atteindre la lamelle de green entre les collines recouvertes de rough à l'avant et l'épaisse végétation indigène à l'arrière. **KA**

CI-CONTRE ET À DROITE *Deux vues du n° 17 du Waterville Golf Club.*

N° ⑰ GOLF CLUB DU MOON PALACE

Parcours : Golf Club du Moon Palace

Situé à : Cancún, Mexique

Trou : n° 17

Longueur : 137 m

Par : 3

Architecte : Jack Nicklaus

À savoir : Ce par 72 de 6551 m est un vrai parcours de championnat. Son tracé dynamique force les golfeurs à se frayer un chemin à travers la végétation indigène maya, ainsi que parmi de nombreux marécages et des bunkers placés de façon stratégique.

Avec le club du Moon Palace, Jack Nicklaus a laissé son empreinte sur le paysage golfique de la riviera maya. Appartenant au consortium hôtelier Palace Resorts, le Moon Palace sera apprécié par les golfeurs de tous niveaux.

Ce tracé fantastique exige d'eux qu'ils négocient non seulement la végétation maya mais aussi de nombreux bunkers constitués de zones humides naturelles. Parmi ses trous remarquables, le n° 17, un par 3 de 137 m, se joue en direction d'un green en forme d'île. En l'absence de zone de sécurité, on doit trouver le green ou boire la tasse.

Prenez un club de moins que ce que vous pensez nécessaire. Le vent semble se lever dans votre dos au plus mauvais moment pour donner un élan supplémentaire à la balle. Selon le directeur du club, on trouve de nombreuses balles dans l'eau derrière le trou.

Des bunkers flanquent les 2 côtés du green, mais ce n'est pas un mauvais endroit où se retrouver, compte tenu de l'alternative. Au moins, on peut jouer dans le sable.

Le green est délicat, à triple plateau. Ne songez pas à atterrir sur celui de droite. Contentez-vous de rejoindre le green et estimez-vous heureux.

Les marques rouges réduisent un peu la prise de risque à 93 m, mais ne vous évitent cependant pas de franchir l'eau. **TJ**

N° ⑰   HARBOUR TOWN GOLF LINKS

Parcours : Harbour Town Golf Links

Situé à : Hilton Head Island, Caroline du Sud, États-Unis

Trou : n° 17

Longueur : 169 m

Par : 3

Architecte : Pete Dye

À savoir : Le faux hibou que l'on a perché sur les traverses de chemin de fer à l'arrière du bunker gauche du n° 17 de Harbour Town a vu plus que sa part de birdies et bogeys (ou pire). Ce leurre a pour objectif d'effrayer les pélicans.

Pour réussir sur ce par 3, il faut choisir le club approprié et bien juger du vent soufflant depuis le détroit de Calibogue. Si on lui fait face, il faudra peut-être prendre 3 clubs de plus sur le départ. C'est cependant habituellement un vent de travers, soufflant de droite à gauche, qui s'avère le plus problématique sur ce trou doté d'une marge d'erreur réduite.

Le coup de départ doit franchir un marécage pour rejoindre un green étroit et long, protégé par un bunker de 80 m qui débute sur l'avant avant de longer tout le côté gauche. Le sable peut en réalité s'avérer le meilleur ami des golfeurs, sauvant certains coups d'un sort plus aquatique, un peu plus loin sur la gauche. Et on ne trouve quasiment pas de zone de sécurité à droite, où guettent 2 profonds bunkers, ni derrière le green où une pente escarpée mène à des souffrances assurées dans les marécages de Calibogue.

C'est un coup de départ qui n'est pas toujours facile à jouer durant le MCI Heritage, tournoi du PGA Tour se tenant tous les ans à Harbour Town. Au cours de l'édition de 2004, on joua sur ce trou une moyenne de 3,056 coups, pour exactement le même nombre de birdies que de bogeys : 59. On y réalisa aussi 10 doubles bogeys ou pire. **KA**

Parcours : Sand Hills Golf Club

Situé à : Mullen, Nebraska, États-Unis

Trou : n° 17

Longueur : 153 m

Par : 3

Architectes : Ben Crenshaw, Bill Coore

À savoir : Lorsque vous vous rendez à Sand Hills, vous vous retrouvez en pleine nature. La grande ville la plus proche est Denver, à 5 h de voiture environ, à l'ouest.

N° 17 — SAND HILLS GOLF CLUB

Sand Hills Golf Club représente le paradis terrestre des passionnés du golf. Pas d'habitations, de courts de tennis ou de piscine, mais de merveilleux trous de golf au milieu des magnifiques dunes du centre nord du Nebraska qui s'étendent à perte de vue. Malgré son isolement, Sand Hills n'a pas tardé à se faire remarquer. Quelques années seulement après son inauguration, en 1995, ce tracé de Ben Crenshaw et Bill Coore était considéré comme l'un des meilleurs du pays.

Le parcours est remarquable d'un point de vue esthétique. Des rubans verts serpentent parmi les vagues d'un brun doré que forment les hautes herbes dans le sable blanc, guidant les joueurs à travers un pays des merveilles du golf en commençant par 1,5 km en voiturette pour rejoindre le premier départ.

Une fois sur le n° 17, touchant à la fin de votre visite de l'un des lieux saints du jeu, vous désirerez probablement que votre partie ne se termine jamais – en tout cas pas avant un coup solide sur ce par 3 stimulant se jouant en descente. Ne vous laissez pas duper par sa courte distance. Le vent omniprésent et le green minuscule entouré de bunkers et d'herbe épaisse compliquent le coup de départ. **KA**

Parcours : Nicklaus North Golf Course

Situé à : Whistler, Colombie-Britannique, Canada

Trou : n° 17

Longueur : 206 m

Par : 3

Architecte : Jack Nicklaus

À savoir : Même si Nicklaus a conçu plus de 150 parcours dans le monde entier, celui de Nicklaus North est le seul à porter son nom. Les golfeurs qui le jouent comprennent pourquoi il fait sa fierté.

N° 17 — NICKLAUS NORTH GOLF COURSE

Le magazine *Golf Digest* a consacré le Nicklaus North « meilleur nouveau parcours canadien » en 1996. « Nous avons essayé de tirer profit sur ce tracé du lac Green et du ruisseau de Fitzsimmons Creek », a déclaré Nicklaus. « Notre objectif n'était pas de construire un parcours qui allait éreinter tout le monde, mais qui procurerait du plaisir aux golfeurs. »

Le n° 17 se mérite. Tandis que les 16 autres trous sont impressionnants, le n° 17 est spectaculaire depuis le départ, le fairway et le green. Sa beauté vous coupe le souffle tout en rechargeant vos batteries pour les 2 derniers trous. Tandis que l'œil passe de façon ininterrompue de l'eau aux galets de la rivière et aux montagnes, mieux vaut se concentrer sur le jeu et sur la cible.

Non content d'être l'un des plus ravissants du lieu, le n° 17 est aussi l'un des plus difficiles. Il faudra viser directement le drapeau pour tout espoir de par. Les risques sont omniprésents, avec un énorme bunker débutant à l'avant du green et s'enroulant le long du côté gauche jusqu'à l'arrière.

Seul cet obstacle sépare le green du lac. Un petit bunker profond défend l'avant-droite du green. Bien qu'il ne faille pas le viser, le drive peut atterrir dans des endroits bien pires. Au moins, on distingue la balle dans le sable, contrairement à d'autres endroits où elle demeure introuvable. **TJ**

N° ⑰ BAY HILL CLUB AND LODGE

Parcours : Bay Hill Club and Lodge
Situé à : Orlando, Floride, États-Unis
Trou : n° 17
Longueur : 204 m
Par : 3
Architecte : Dick Wilson
À savoir : Tiger Woods s'est emparé de 4 titres consécutifs du Bay Hill Invitational entre 2000 et 2003.

En 1970, le King lui-même a situé son palace à 15 km du château de Cendrillon et le Bay Hill Club and Lodge n'a jamais été le même depuis.

Après avoir joué un match exhibition 5 ans plus tôt, Arnold Palmer, amoureux du lieu, décida d'acquérir 108 ha dans le centre ensoleillé de la Floride. Tout au long du règne de Palmer, ce club semi-privé a prospéré, accueillant le Bay Hill Invitational du PGA Tour à chaque printemps depuis 1979. Palmer s'associa à Ed Seay pour redessiner le tracé en 1989.

Bay Hill doit une partie du succès de ses tournois à ses fascinants derniers trous. Le n° 17, un par 3, constitue une introduction parfaite à l'exigeant n° 18. Depuis un départ surélevé, ce trou de 204 m est intimidant du point de vue visuel car l'eau l'occupe en grande partie, du départ jusqu'au green. Le choix du club est essentiel car un trio de bunkers défend l'avant du green tandis que l'eau s'enroule du côté droit jusqu'à l'arrière.

Un fade en hauteur est le plus approprié sur ce green ondoyant. Ce dernier étant en contrebas par rapport au départ, attendez-vous à ce que la balle atterrisse en douceur et à l'avant.

Et n'oubliez pas d'ouvrir l'œil au cas où passerait une procession royale – le King pourrait jouer une de ses parties ! **BB**

Parcours : Bethpage State Park (parcours noir)

Situé à : Farmingdale, État de New York, États-Unis

Trou : n° 17

Longueur : 193 m

Par : 3

Architectes : Joseph Burbeck, A. W. Tillinghast

À savoir : Bethpage State Park est le lieu saint du golf public, offrant cinq 18 trous en régulation dont le parcours noir, de réputation mondiale. Site de l'US Open de 2002, il accueillera à nouveau ce tournoi en 2009.

CI-DESSOUS   *Le n° 17 du parcours noir de Bethpage State Park.*

N° ⑰ BETHPAGE STATE PARK
(PARCOURS NOIR)

Tout tourne autour du green sur ce par 3 d'un célèbre parcours de ce parc tout aussi célèbre. Mais y parvenir n'est pas une tâche facile.

À 193 m depuis les départs arrière, c'est un lointain défi. Il faut tout d'abord dépasser les bunkers protégeant l'avant-gauche et l'avant-droite du green. Même si vous le trouvez, votre angle d'ouverture doit être assez important pour qu'il puisse tenir la balle – ce qui n'est pas facile, particulièrement lorsque les conditions météorologiques sont contre vous.

Le green tient en effet assez bien la balle avec un fer 3 ou 4 lorsque le parcours est humide. Mais s'il est ferme, et c'est le plus souvent le cas, c'est une tout autre histoire.

Une fois sur le green, le jeu se complique. Surélevé, il est long mais pas très profond. Il mesure environ 23 m de profondeur et 53 m de large. On découvre une grande dépression naturelle en son centre, et selon l'emplacement du drapeau, on pourrait se retrouver avec un putt en montée ou en descente.

Les putts s'avèrent plus ardus sur le côté gauche que sur le côté droit. **TJ**

Parcours : Highlands Links

Situé à : Ingonish Beach, Nouvelle-Écosse, Canada

Trou : n° 17

Longueur : 174 m

Par : 3

Architecte : Stanley Thompson

À savoir : En hommage au patrimoine celte de la région, chaque trou des Highlands Links porte un nom écossais. Celui du n° 17, *Dowie Den*, est le titre d'une ancienne ballade au sujet d'un massacre dans une prairie.

N° 17 HIGHLANDS LINKS

Stanley Thompson était un naturaliste. Lorsqu'il traçait un nouveau parcours, l'un des principes essentiels de la philosophie de ce Canadien exigeait que le terrain, et non son propriétaire, serve de guide ultime. « La nature doit toujours servir de modèle à l'architecte », disait Thompson.

C'est cette approche simple qui a donné naissance au n° 17 du parcours des Highlands Links. Certains architectes éviteraient de placer un par 3 assez court si tard dans la partie, songeant que sa sobriété ne correspond pas aux actes de bravoure qu'on attend de la dernière ligne droite.

Mais Thompson a laissé le terrain vallonné du Cap-Breton lui dicter la majorité du tracé, d'où ce par 3 parfaitement placé. Depuis le départ surélevé, la majorité des joueurs se laissent duper par le faux sentiment de sécurité que dégage ce trou. Le green est dégagé sur l'avant-gauche, avec un seul bunker accolé à son avant-droite, sur un tiers de la surface.

La plupart des joueurs ne réalisent pas en effet quel angle exigeant a créé Thompson. Le green, ovale, est incliné de l'avant-gauche à l'arrière-droite, seuls 18 m séparant la lisière avant de l'arrière. Ce sont les coups de départ courts qui permettent le mieux de sauver le par, tandis que les balles trop longues amènent soit un difficile chip en descente, soit un coup dans le sable, délicat lui aussi, depuis le bunker arrière. **RH**

N° ⑰ DOUBLE EAGLE CLUB

Parcours : Double Eagle Club
Situé à : Galena, Ohio, États-Unis
Trou : n° 17
Longueur : 324 m
Par : 4
Architectes : Tom Weiskopf, Jay Morrish
À savoir : Le Double Eagle a accueilli non seulement certaines épreuves qualificatives de l'US Open, mais aussi, en 2002, une édition spéciale du Shell's Wonderful World of Golf avec Tom Weiskopf et Gary Player.

Il n'est pas surprenant que, parmi les dizaines de parcours qu'il a créés, Tom Weiskopf désigne celui du Loch Lomond, en Écosse, comme son préféré. Après tout, c'est en Écosse, à Troon, que Weiskopf dépassa Johnny Miller dans la dernière ligne droite afin de remporter le British Open de 1973.

Le parcours arrivant en deuxième position, cependant, est situé en territoire plus familier. Originaire de l'Ohio, Weiskopf s'est associé à Jay Morrish en 1992 pour créer le Double Eagle Club. Situé à Galena, il n'est qu'à quelques minutes de l'université d'État de l'Ohio où Weiskopf fit ses études aux côtés d'une autre légende du golf, Jack Nicklaus.

Spectaculairement bien entretenu, ce parcours possède assez de caractère pour que même les plus talentueux des golfeurs prennent plaisir à y jouer. Le n° 17 par exemple, un par 4, offre 2 voies différentes depuis la plus grande aire de départ du tracé. L'approche conventionnelle consiste à jouer le dogleg à droite autour d'un empoisonnant trio d'arbres au centre du fairway.

Les grands frappeurs, cependant, peuvent éviter les arbres et jouer directement au-dessus d'un lac situé à droite du fairway. Cela élimine environ 59 m de la distance totale à parcourir. Ceux qui osent viser le green à l'aide du driver ne manquent pas d'espace. Mesurant approximativement 55 m de long, il est 3 fois plus profond que la moyenne des greens de Double Eagle. Une dépression de 1 m de profondeur le traverse, créant une myriade d'ondulations, subtiles ou non, qui rendent les birdies encore plus rares. **BB**

CI-CONTRE *Le n° 17 du Double Eagle Club.*

N° ⑰ GOLF DE ZAUDÍN

Parcours : golf de Zaudín
Situé à : Tomares, Séville, Espagne
Trou : n° 17
Longueur : 425 m
Par : 4
Architecte : Gary Player
À savoir : On présente le golf de Zaudín comme l'une des plus belles œuvres architecturales de Gary Player. C'est une opinion que partage ce dernier, pourtant habituellement réservé, en dépit du nombre de parcours fantastiques qu'il a dessinés au fil des ans.

Lorsque vous jouez aussi bien et aussi longtemps que Gary Player, vous savez comment terminer une partie. Les grands joueurs n'apprennent cette leçon que lorsqu'ils gagnent – et si vous n'arrivez pas à conclure, vous ne pouvez pas gagner. Player a désormais prouvé qu'il était un grand architecte de golf et qu'il savait mener sa tâche à bien.

Les 2 derniers trous du golf de Zaudín rivalisent avec les 16 précédents, et les dépassent même. Ce sont les 2 meilleurs trous consécutifs au monde – devançant même ceux qu'on trouve sur 17 Mile Drive, à Pebble Beach.

Le n° 17 est époustouflant. L'un des meilleurs trous d'Espagne, voire du monde entier. Player a même indiqué qu'il comptait parmi ses préférés.

Depuis un départ surélevé, on découvre dans son entier le danger qui menace sur ce dogleg à droite. Très joli d'un point de vue visuel, il est moins agréable sur la carte de score. Le coup de départ doit franchir l'eau afin de rejoindre la minuscule île abritant le green. À cause de toute cette eau, les bunkers de droite accueillent régulièrement les balles. **TJ**

Parcours : St Louis Country Club

Situé à : St Louis, Missouri, États-Unis

Trou : n° 17

Longueur : 344 m

Par : 4

Architectes : Charles Blair Macdonald, Seth Raynor

À savoir : Ce club très huppé accueille l'élite des environs de St Louis. Mais il a parfois aussi ouvert ses portes au public, notamment pour l'US Open de 1947 et au cours de diverses épreuves amateurs masculines et féminines.

N° 17 ST LOUIS COUNTRY CLUB

Si vous pouvez jouer ce parcours, considérez-vous chanceux. Le St Louis Country Club n'attire peut-être pas autant l'attention qu'Oak Hill, Oakland Hills ou l'Olympic Club, mais il peut rivaliser avec n'importe quel golf au monde.

Et n'oubliez pas que les country clubs ne cherchent pas particulièrement à attirer l'attention.

Les n° 17 et n° 18 constituent 2 derniers trous très solides. Le premier, un par 4 de 344 m, est assez simple, ravissant, et doté de très bonnes conditions de jeu depuis le départ jusqu'au green.

Le danger menace cependant, sous la forme d'un bunker de fairway à 119 m du départ à droite. Votre réussite ici dépend du drive. Si vous le jouez bien, avec un léger effet de fade, vous serez en excellente position pour un birdie.

Les très bons joueurs frapperont un bois 3 sur le départ puis un fer 8 vers le green. Cela paraît facile n'est-ce pas ?

Et maintenant les ennuis. Un petit bunker protège l'avant-gauche et un autre l'arrière-droite. Comme ils peuvent gâcher votre carte de score en un instant, notez leur emplacement.

Le green est aussi sévèrement incliné de droite à gauche. **TJ**

Parcours : County Sligo Golf Club

Situé à : Rosses Point, Sligo, Irlande

Trou : n° 17

Longueur : 416 m

Par : 4

Architecte : Harry S. Colt

À savoir : Avec tous les excellents parcours qu'abrite l'Irlande, établir la liste des meilleurs d'entre eux devient très subjectif et sujet à de longs débats. Mais le club du comté de Sligo, situé au pied du Benbulben, est un must, le plus souvent classé parmi les 10 meilleurs.

N° 17 COUNTY SLIGO GOLF CLUB

Le County Sligo Golf Club offre certains des plus beaux links de championnat irlandais, sur la péninsule de Rosses Point, à 6 km de Sligo.

Établi en 1894, le 9 trous d'origine fut tracé par George Combe. C'était le secrétaire fondateur de la Société irlandaise de golf. Vous foulez donc un sol sacré.

Les links de championnat actuels furent dessinés en 1927 par Harry S. Colt, lui-même architecte légendaire. Colt créa toute une variété de trous mettant au défi les golfeurs de tous niveaux.

Le plus célèbre et le plus mémorable du parcours, le n° 17, est surnommé la « Galerie ». Avec 416 m, c'est le par 4 le plus long du tracé. C'est aussi un dogleg à gauche exigeant un excellent coup de départ.

Visez le côté droit du fairway. Si vous placez bien votre drive, attendez-vous à l'un des coups les plus difficiles de la journée. Le deuxième coup exige en effet distance et précision.

Tenez compte de l'avant du green, très escarpé. Toute balle trop courte causera ici de gros ennuis. De fait, l'avant du green est surnommé la « vallée du Péché », ce qui ne devrait pas manquer de vous rappeler de ne pas jouer court. **TJ**

N° 17 CYPRESS POINT CLUB

Parcours : Cypress Point Club

Situé à : Pebble Beach, Californie, États-Unis

Trou : n° 17

Longueur : 359 m

Par : 4

Architecte : Alister MacKenzie

À savoir : Le AT&T Pebble Beach National Pro-Am fut disputé à Cypress Point de 1947 à 1990, avant de rejoindre Poppy Hills, l'un des 3 parcours accueillant ce tournoi à tour de rôle.

Si vous vous rendez à Cypress Point, assurez-vous d'emporter un ballon d'oxygène. Tracé sur les falaises, il peut littéralement couper le souffle.

Situé au milieu du célèbre 17 Mile Drive, Cypress Point est quasiment en tête de tous les classements de parcours. En 1928, avant d'assurer sa postérité grâce à l'Augusta National, parcours fétiche de l'Amérique, Alister MacKenzie sculpta un joyau sur la côte ouest, un chef-d'œuvre sublime.

Après avoir aiguisé l'appétit des golfeurs avec le premier 9, dans les terres, ce parcours de 5 965 m se dirige vers l'océan sur tout le dernier 9. Après avoir achevé le n° 16, légendaire, les golfeurs, tout ébaubis, se dirigent directement vers le départ du n° 17, derrière le green.

Là, ils doivent décider de la voie à suivre sur ce dogleg à droite de 359 m. Tout en franchissant une fine avancée du Pacifique, on peut réduire la distance à parcourir en s'approchant autant que possible du littoral rocailleux. Viser le côté gauche peut paraître plus sage mais amènera un deuxième coup plus long, au-dessus de l'océan. Les bunkers protégeant le green ondoyant ne font qu'ajouter aux exigences de Dame Nature.

En vous éloignant du green du n° 17, prenez une grande goulée d'air. Cypress Point vous doit bien ça. **BB**

N° ⑰ CONGRESSIONAL COUNTRY CLUB
(PARCOURS BLEU)

Parcours : Congressional Country Club (parcours bleu)

Situé à : Bethesda, Maryland, États-Unis

Trou : n° 17

Longueur : 439 m

Par : 4

Architectes : Devereux Emmet, Robert Trent Jones senior, George Cobb, Rees Jones

À savoir : Lorsque Ken Venturi remporta l'US Open de 1964, le n° 17 servait de dernier trou à la partie, car l'Association de golf américaine ne souhaitait pas que le tournoi se termine par un par 3, cas du n° 18.

CI-DESSOUS *Tiger Woods récupère sa balle sur le n° 17 du Congressional Country Club en juin 1997.*

CI-CONTRE *Harrison Frazier putte sur le green du n° 17 du Congressional Country Club en juin 2004.*

Ce qu'on apprécie, dans les grands clubs de golf, c'est leur attachement constant à maintenir le niveau de difficulté du tracé d'origine, ce qui est compliqué face à la technologie et au niveau des golfeurs contemporains. Et il ne s'agit pas que de le rallonger, ce qui est souvent le plus facile. Les vrais bons clubs demeurent aussi fidèles que possible au tracé d'origine tout en apportant des changements qui forcent même les meilleurs joueurs à demeurer alertes. C'est le cas du Congressional Country Club.

Rees Jones lui a apporté des transformations considérables en 1990, 1995 et 1997. Il intervint sur le tracé original de Devereux Emmet (modifié par son père, Robert Trent Jones, en 1957) et reconstruisit tous les greens et bunkers, renivela des fairways afin d'éliminer certains endroits aveugles et ajouta un grand nombre de monticules. Certains de ces changements compliquèrent le parcours, d'autres lui donnèrent un aspect plus contemporain, mais aucun n'en fit un parcours radicalement différent de la vision d'Emmet.

Le n° 17 est un trou qui a été considérablement modifié. L'Association de golf américaine, comme elle en a l'habitude, ordonna les changements sans se préoccuper autant que les membres du Congressional des traditions du club et du tracé original. Lorsque le Kemper Open se déroula ici dans les années 1980, les joueurs pouvaient ne pas tenir compte de la crête du

fairway, qui, à l'origine, devait constituer la zone d'arrivée du coup de départ. Les pros la dépassaient en effet très facilement pour rejoindre la pente, la péninsule abritant le green n'étant alors plus qu'à un court fer.

Mais avant l'US Open de 1997, l'USGA ordonna à Jones de reculer le départ de 36 m, forçant les joueurs à frapper un club plus important sur le deuxième coup. Cela rendit le trou plus difficile mais changea aussi son apparence, à tel point que Emmet aurait probablement du mal à le reconnaître.

Il n'y a pas que la distance qui compte ici. Il est essentiel de placer le coup de départ du côté gauche du fairway, où les lies sont relativement plats. Les balles atterrissant du côté droit, elles, amènent des lies qui compliquent énormément le coup d'approche. Le green est incliné de l'avant-droite vers l'arrière-gauche, et un monticule qui divise quasiment le green accroît encore le niveau de difficulté. Si l'on atterrit du mauvais côté, on sera confronté à des putts peu souhaitables. **JB**

N° 17 — GOLF DE SEIGNOSSE

Parcours : golf de Seignosse
Situé à : Seignosse, Landes, France
Trou : n° 17
Longueur : 353 m
Par : 4
Architecte : Robert Von Hagge
À savoir : Le n° 17 de Seignosse est le seul par 4 du parcours dépourvu de bunker.

Le golf de Seignosse, dessiné par Robert Von Hagge, architecte américain, est situé au sein d'un ravissant domaine vallonné près de Biarritz, sur la côte landaise. Ses 18 trous se frayent parmi les pins et les chênes-lièges et de nombreux bunkers et obstacles d'eau très bien conçus. Bien qu'il mesure à peine plus de 5 760 m depuis les départs arrière, ses étroits fairways, ses pentes raides et ses greens très découpés exigent un jeu stratégique, au fer, d'une précision extrême.

Le n° 17 est un dogleg à gauche qui s'enroule autour d'un énorme lac débutant au niveau de la zone d'arrivée des drives et s'étendant jusqu'au green. Si l'on place le coup de départ du côté gauche du fairway, on permet un meilleur angle d'approche et une distance légèrement réduite sur le deuxième coup, mais l'eau empiétant sur la zone d'arrivée de ce côté-là, cette stratégie peut s'avérer risquée. Si l'on joue un tant soit peu en draw, on trouvera l'eau à coup sûr. Le même problème existe sur le coup d'approche, car le lac vient lécher le green, long, étroit, et défendu par des arbres aux branches basses à droite. **KA**

N° 17 — TURTLE BAY (PARCOURS PALMER)

Parcours : Turtle Bay (parcours Palmer)
Situé à : Oahu, Hawaï, États-Unis
Trou : n° 17
Longueur : 413 m
Par : 4
Architectes : Arnold Palmer, Ed Seay
À savoir : Situé sur le littoral nord d'Oahu, le Turtle Bay Resort, domaine de 356 ha, a récemment achevé un projet de rénovation de 50 millions d'euros et offre presque 8 km de plage comprenant les baies de Kawela et de Kulima, et bien entendu, Turtle Bay, la baie des Tortues.

Turtle Bay, le seul golf-hôtel de 36 trous sur l'île d'Oahu, possède 2 parcours de championnat exceptionnels conçus par 2 architectes, Arnold Palmer et George Fazio. Les 2 parcours s'avancent dans un paysage tropical et offrent des panoramas spectaculaires de la côte septentrionale.

Le parcours Palmer propose 2 tracés en un. Le premier 9 est plutôt en links tandis que le second serpente autour du marais Punaho'olapa, une réserve naturelle ornithologique. Le green du n° 17 est situé au bord de l'océan, près de la pointe de Kahujku, la plus septentrionale d'Oahu.

C'est l'un des fairways les plus singuliers que vous verrez jamais. Arnold Palmer a encadré ses pars 4 de bunkers, et ce, de tous les côtés.

Ici, un ensemble de 10 bunkers débute du côté gauche, pour traverser le fairway et rejoindre le côté droit à mi-distance avant de retraverser le fairway près du green et de terminer à gauche de ce dernier.

Vous devrez viser au-delà du deuxième bunker de gauche sur le coup de départ. Lorsqu'on vous alignerez votre coup d'approche, il est absolument essentiel de ne pas oublier que le green tient facilement la balle, et que l'on peut donc utiliser autant d'angle de face que possible puis croiser les doigts. Si la balle est trop longue, elle rejoint le hors-limite – ce dont on doit aussi se souvenir. Encore une chose : il est bien plus agréable de contempler les bunkers que d'essayer d'en sortir. **TJ**

N° ⑰ FOREST HIGHLANDS GOLF CLUB
(PARCOURS CANYON)

Parcours : Forest Highlands Golf Club (parcours Canyon)

Situé à : Flagstaff, Arizona, États-Unis

Trou : n° 17

Longueur : 356 m

Par : 4

Architectes : Tom Weiskopf, Jay Morrish

À savoir : Forest Highlands est situé à environ 2 130 m d'altitude, ce qui permet aux golfeurs de frapper beaucoup plus loin que d'habitude.

Ce trou offre dès l'aire de départ un dilemme intéressant aux golfeurs ayant déjà leur driver en main. Un large ruisseau aux rives broussailleuses traversant le fairway en diagonale à mi-distance du green, ils peuvent choisir de tenter de survoler cet obstacle pour s'approcher le plus possible du green, ou, rentrant leur driver dans leur sac et s'emparant d'un fer moyen, d'atterrir devant le ruisseau pour suivre d'un coup d'approche beaucoup plus long.

Selon vous, quelle solution les grands frappeurs préfèrent-ils ?

À cause de l'altitude élevée de Forest Highlands, sur les hauts plateaux de l'Arizona, certains d'entre eux peuvent tout à fait rejoindre le green dès le coup de départ, même à 356 m de distance. Il faudra cependant trouver le côté gauche du fairway, en évitant les arbres qui empiètent de ce côté-là mais en tirant profit de son inclinaison qui fera rebondir la balle sur le green. Cette option amène évidemment la possibilité d'un score élevé, procurant aux golfeurs le frisson d'excitation caractéristique de la prise de risque.

La question demeure : tenterez-vous ce coup ? **KA**

N° ⑰ CARNOUSTIE GOLF LINKS

Parcours : Carnoustie Golf Links
Situé à : Carnoustie, Angus, Écosse
Trou : n° 17
Longueur : 419 m
Par : 4
Architectes : Allan Robertson, Willie Park junior, James Braid

À savoir : Au cours du British Open de 1931, Jose Jurado envoya son coup de départ dans le ruisseau de Barry Burn, et termina avec un score de 6 sur ce trou, ce qui mit fin à toute possibilité de victoire. C'est Tommy Armour qui remporta le titre cette année-là. Mac Smith réalisa aussi un double bogey sur le n° 17 au cours de la même épreuve, bien que sa balle n'ait jamais atterri dans un obstacle.

CI-DESSOUS ET CI-CONTRE *Deux vues du n° 17 du parcours de championnat du Carnoustie Golf Links.*

Les links de Carnoustie sont réputés former l'un des parcours les plus difficiles au monde et certains des moments forts du golf s'y sont déroulés. La plus belle des performances appartient probablement au grand Ben Hogan. Les links de Carnoustie représentent l'apogée de sa carrière – c'est au cours de son dernier championnat majeur qu'il joua peut-être le mieux. Il remporta ici le British Open en 1935, la première fois qu'il participa à l'épreuve, et le record qu'il établit sur ce parcours, à 68 (5 en dessous du par) au dernier tour, constitue peut-être la partie de golf la plus parfaite jamais jouée. Et bien qu'ayant promis de revenir, il ne le fit jamais. Il pensait peut-être n'avoir plus rien à prouver.

Hogan conquit Carnoustie au cours de cette journée historique et quitta les lieux en sachant qu'il venait de soumettre l'un des géants du golf. Mais pour les simples mortels, et même pour les grands joueurs, cela représente souvent une leçon d'humilité. Le n° 17 illustre le genre de défis que proposent les links – ardu, exigeant, mais équitable si votre jeu est précis.

Surnommé l'« Île », le n° 17 n'en est pas exactement une, mais le sinueux Barry Burn semble inévitable dans quelque direction que dévie la balle.

On doit jouer le coup de départ au-dessus des méandres du ruisseau qui dessinent un S et demeurer du côté droit du fairway. Toute balle partant trop à gauche terminera dans l'eau, tandis que, trop à droite, c'est un rough épais qui l'attend, ou dans le pire des cas, le hors-limite.

Le caractère inévitable du ruisseau devient rapidement évident. Bien que vous veniez juste de le franchir, vous devez renouveler cette traversée sur votre coup d'approche. Le green étant incliné de gauche à droite, il guide souvent des coups en apparence solides vers les cratères désignés sous le nom de bunkers et bordant le côté droit.

Ce trou a réussi à gâcher la carte de score de certains des meilleurs joueurs au monde. Mais si vous vous éloignez du n° 17 avec un mauvais score que vous attribuez au vent, vous pouvez vous consoler en songeant que le n° 18 se joue dans la direction opposée. Si le vent était votre ennemi au n° 17, il sera votre allié sur le dernier trou. **JB**

N° 17 ROYAL LYTHAM & ST ANNES

Parcours : Royal Lytham & St Annes

Situé à : St Annes-on-Sea, Lancashire, Angleterre

Trou : n° 17

Longueur : 422 m

Par : 4

Architecte : George Lowe

À savoir : Une plaque toute simple indique sur le n° 17, à 160 m environ du green, l'endroit où Bobby Jones joua un coup magnifique, lui permettant de se reprendre, avec un mashie (l'équivalent d'un fer 4 aujourd'hui), et de se diriger vers la victoire au cours du British Open de 1926.

CI-DESSOUS *Le dix-septième trou du Royal Lytham & St Annes en Angleterre.*

CI-CONTRE *Sortie de bunker pour la Coréenne Se Ri Pak sur le green du n° 17 au Royal Lytham & St Annes.*

Le Royal Lytham a été le témoin d'innombrables temps forts, avec, en tête de liste, l'année 1926, lorsque le roi George V lui conféra le titre de « royal », et lorsque il accueillit son premier British Open.

Bobby Jones – appartenant à l'aristocratie du golf – remporta le titre.

Il fallut attendre 70 ans et 8 autres British Opens pour qu'un Américain (Tom Lehman) gagne à nouveau le British Open à St Annes-on-Sea, et ce après avoir établi un nouveau record pour le parcours avec une troisième partie de 64. Lehman joua un dernier tour de 73 qu'il qualifia de «courageux, mais pas très beau », mais qui lui permit néanmoins de remporter le tournoi.

Niché entre 2 stations balnéaires très fréquentées, le Royal Lytham est l'un des parcours les plus caractéristiques de ceux qui accueillent le British Open. En links dans tous les sens du mot, on y trouve un sol sablonneux et le vent y souffle depuis la mer d'Irlande.

Exposés aux éléments, les arbres du parcours sont toujours penchés, et le vent s'avère souvent un adversaire redoutable sur les 5 derniers trous. Le tracé est situé de façon insolite au milieu d'un lotissement victorien, sur une parcelle limitée, les maisonnettes de briques rouges pleinement visibles. La gare de St Annes se trouve non loin de là, la voie ferrée longeant les 9 premiers trous.

Le n° 17 compte parmi les 5 trous composant l'un des finales les plus difficiles du golf anglais. C'est un dogleg à gauche assez plat, mais des grappes de bunkers à l'intérieur du coude accroissent sa difficulté. Si vous demeurez au milieu du fairway, vous serez confronté à un long coup, dans le vent, mais jouable. Sauf si vous êtes aussi doué que Bobby Jones, vous devrez cependant probablement abandonner tout espoir de par si vous atterrissez dans le rough.

Le n° 17 est un trou monstrueux, mais au moins il vous permet de vous rapprocher du majestueux clubhouse victorien et de sa salle à manger aux lambris de chêne. Débordant d'histoire, c'est un lieu depuis lequel on a assisté à d'innombrables manifestations internationales. Les 9 British Opens et la Ryder Cup de 1961, la première d'Arnold Palmer, ne sont que quelques-unes des épreuves s'étant déroulées au Royal Lytham & St Annes Golf Club. **JB**

Parcours : Philadelphia Country Club

Situé à : Gladwyne, Pennsylvanie, États-Unis

Trou : n° 17

Longueur : 431 m

Par : 4

Architectes : William S. Flynn, Howard C. Toomey

À savoir : Ce club abrite 3 parcours de 9 trous. 2 d'entre eux se combinent en général pour former un 18 trous, tandis que le troisième (le parcours du Centenaire) se joue séparément. Les 2 parcours offrent un terrain vallonné et des fairways dégagés.

N° 17 — PHILADELPHIA COUNTRY CLUB

Le country club de Philadelphie a engagé en 2004 une nouvelle professionnelle qui confesse que, lorsqu'elle réalise le par sur ce trou, elle se retient pour ne pas bondir d'excitation. Et c'est une pro !

Deuxième trou le plus difficile du parcours (mais le plus ardu d'après cette professionnelle), il débute par une montée et vire légèrement à droite. On trouve un rideau d'arbres dense le long du côté droit du fairway (ce qui réduit la possibilité de couper l'angle) et une haute fétuque qui pousse en abondance le long du côté gauche. Ni l'un ni l'autre ne s'avèrent attrayant.

Le fairway est parcouru en son milieu par une grosse bosse, avant de repartir en montée vers le green. Le coup de départ devrait dépasser cette bosse et redescendre la colline si l'on désire rejoindre le green en 2 coups.

Le coup d'approche est difficile, en particulier avec un bois 3. Le green descend sévèrement en pente du côté droit, tandis que l'on découvre une montée raide sur sa partie gauche.

Il est courant d'avoir besoin de 3 putts sur ce green retors. **TJ**

Parcours : Carne

Situé à : Carne, Belmullet, comté de Mayo, Irlande

Trou : n° 17

Longueur : 365 m

Par : 4

Architecte : Eddie Hackett

À savoir : Carne fut le dernier parcours en links conçu par Eddie Hackett, et de nombreux golfeurs y ayant joué le considèrent comme son plus grand défi.

N° 17 — CARNE

Baptisé *An Muirineach*, le n° 17 est un par 4 de 365 m souvent considéré comme le plus grand défi qu'ait jamais conçu Eddie Hackett, notamment depuis les départs arrière.

Son surnom signifie littéralement « agrostide », herbe qui ne manque pas sur ce trou. Les coups difficiles y sont aussi nombreux.

Nous vous conseillons de jouer intelligemment ici. Visez le par et non pas un birdie, et estimez-vous heureux après un bogey. On peut attaquer certains trous sur ce parcours tandis que l'on doit se retenir sur d'autres. Ce trou appartient à la deuxième catégorie.

Si vous le pouvez, réservez un départ en deuxième partie de journée afin de vous approcher du fairway du n° 17 au coucher du soleil. Vous ne serez pas déçu par la lumière mordorée qu'offre Dame Nature.

Carne propose 4 séries de départ. Sur le n° 17, les départs arrière sont à 365 m tandis que les marques rouges, les plus avancées, sont à 310 m.

La compagnie *Tusaroireacht Iorrais* (« Tourisme d'Erris ») est chargée de développer et promouvoir le tourisme dans la région. Qu'est-ce qui peut s'avérer plus attrayant qu'un grand parcours de golf ? **TJ**

Parcours : Cape Kidnappers

Situé à : Hawke's Bay, Nouvelle-Zélande

Trou : n° 17

Longueur : 423 m

Par : 4

Architecte : Tom Doak

À savoir : Tous les trous de Cape Kidnappers jouissent d'une vue sur la baie, et sur les n° 6 et 15, il est possible de rejoindre le bout du monde sur le coup d'approche, même si la balle devra flotter dans les airs environ 10 s avant d'atteindre l'océan, 152 m plus bas.

N° ⓱ CAPE KIDNAPPERS

Vous penserez peut-être avoir quitté le green du n° 16 pour atterrir à Shinnecock Hills, à Long Island, aux États-Unis. C'est évidemment impossible, mais le parcours de Shinnecock Hills pourrait, lui, avoir rejoint la Nouvelle-Zélande. Julian Robertson, propriétaire de Cape Kidnappers, étant membre de Shinnecock Hills, on l'excusera s'il a été influencé par ce classique américain.

Ici, cependant, le terrain l'emporte largement en splendeur. Et Robertson a aussi fait venir Tom Doak.

Le n° 17 est un trou inoubliable sur un parcours qui abonde pourtant en trous mémorables. Ce par 4 de 423 m est un léger dogleg à droite doté d'un green surélevé.

Les herbes sauvages poussant devant le green participent à la beauté du paysage que l'on ne se lasse pas de contempler. Il est difficile de rester concentré sur le golf sur tout le parcours et sur ce trou en particulier.

Tom Doak conseille de jouer le n° 17 « sans se retenir. Il faudra jouer 2 de vos meilleurs coups afin de rejoindre le green en régulation sur ce par 4 en montée. Ceux qui doutent de pouvoir franchir les bunkers bordant le green peuvent jouer la sécurité à droite. Si votre drive atterrit dans le rough, mieux vaut jouer droit devant sur le deuxième coup puis suivre d'un pitch au-dessus des bunkers ». **TJ**

Parcours : Capital Golf Club

Situé à : Melbourne, Victoria, Australie

Trou : n° 17

Longueur : 400 m

Par : 4

Architectes : Peter Thomson, Michael Wolveridge, Ross Perrett, Lloyd Williams

À savoir : Les visiteurs louent les installations 5 étoiles du Capital, dont un clubhouse splendide et un practice d'un tel niveau que c'est ici que de nombreux pros préfèrent travailler leur jeu lorsqu'ils se trouvent dans les environs de Melbourne.

N° ⓱ CAPITAL GOLF CLUB

C'est le sable qui domine ici, sous la forme d'une douzaine de bunkers que l'on devine depuis l'immense aire de départ. Si l'on ajoute à cela un lac qui entre presque immédiatement en jeu, le n° 17 donne l'impression d'une oasis du Sahara.

Sans les chameaux bien sûr.

Sur ce trou que l'on considère comme le plus difficile d'un parcours merveilleusement conçu et incroyablement bien entretenu, le drive idéal frôle l'obstacle d'eau pour rejoindre une zone d'arrivée extrêmement étroite.

Les bunkers de fairway situés des 2 côtés forcent à la précision, et il est important que les golfeurs dépassent sur le deuxième coup ceux qui sont placés à l'avant du green. Une petite brèche permet des coups d'approche roulés précis depuis diverses positions sur le côté gauche du fairway, mais c'est une stratégie très difficile dans la plupart des cas.

Mieux vaut jouer un fer long en hauteur jusqu'au centre du green et essayer de s'approcher en douceur du trou. **JS**

ERINVALE GOLF COURSE

N° **17**

Parcours : Erinvale Golf Course

Situé à : Somerset West, Afrique du Sud

Trou : n° 17

Longueur : 440 m

Par : 4

Architecte : Gary Player

À savoir : Ce parcours est situé sur l'ancienne ferme d'Erinvale, au pied du massif d'Helderberg. La vue y est spectaculaire, notamment sur la splendide baie de False et le massif d'Hottentots Holland à l'est.

CI-DESSOUS ET CI-CONTRE *Deux vues du n° 17 sur le parcours d'Erinvale.*

Les montagnes entourant Erinvale constituent non seulement un splendide paysage, mais s'avèrent aussi les complices des golfeurs. Erinvale est en effet assez difficile à jouer sans que l'on doive en plus y affronter le vent, mais grâce à l'écran qu'elles forment, les golfeurs sont épargnés.

Erinvale, de fait, propose 2 parcours en un. Les 9 premiers trous, paisiblement situés au sein d'une vallée, offrent une première moitié assez facile malgré les nombreux bunkers et obstacles d'eau entrant en jeu. Les n° 10 à n° 18, quant à eux, se déroulent dans la montagne et à son pied, offrant un défi digne d'un parcours de championnat.

Le n° 17 représente l'épreuve suprême – quel que soit votre niveau de jeu. C'est un long par 4 où le hors-limite, proche du côté droit du fairway, s'étend tout du long, jusqu'au green. Le fairway est incliné de droite à gauche et peut guider la balle jusqu'à une rangée de pins si l'on tire trop à gauche.

Une pente assez étroite entre 2 bunkers amène à un green ondoyant qui exige concentration et assurance. N'oubliez pas que le sang-froid compte.

Erinvale a accueilli la Coupe mondiale de golf en 1996, et c'est le site de l'Open d'Afrique du Sud, appartenant à l'European Tour. **TJ**

N° 17 BRORA

Parcours : Brora
Situé à : Brora, Sutherland, Écosse
Trou : n° 17
Longueur : 393 m
Par : 4
Architecte : James Braid
À savoir : Sur ce site blotti contre la mer du Nord, le grand James Braid a mis à profit le cadre naturel pour créer un parcours qui résistera à l'épreuve du temps.

Peu de trous exigent un tel drive que le n° 17 de Brora, baptisé en l'honneur du phare de Tarbetness. C'est un trou aussi adapté à la photographie qu'au golf.

James Braid l'a conçu de façon qu'on y frappe 2 drives. Le premier, depuis le départ, doit trouver un étroit tronçon de fairway. Ce n'est pas une grande cible, mais elle est essentielle. On suivra d'un deuxième drive visant le côté droit du green.

C'est l'un des trous les plus ardus du tracé, et les choses peuvent rapidement dégénérer. Face au vent – qui souffle habituellement fort –, le fairway s'avère étroit. On doit parfaitement réussir son drive, en le plaçant entre une colline à droite et des séries de bunkers à gauche. Le green est protégé par des bunkers, et l'on sera aux prises avec son inclinaison marquée.

Braid a déclaré que le n° 17 était son préféré sur ce parcours. Débutant sur une aire de départ surélevée qui offre une vue splendide de tout le tracé, c'est aussi l'un des favoris des Écossais.

Mais ne vous laissez pas distraire par le paysage. Restez concentré et demandez à votre caddie de prendre les photos. **TJ**

N° 17 ROYAL MELBOURNE GOLF CLUB (PARCOURS OUEST)

Parcours : Royal Melbourne Golf Club (parcours ouest)
Situé à : Black Rock, Victoria, Australie
Trou : n° 17
Longueur : 403 m
Par : 4
Architecte : Alister MacKenzie
À savoir : On notera avec intérêt que MacKenzie ne vit jamais le parcours ouest qu'il dessina pour le Royal Melbourne, ne demeurant que 2 mois dans la région en 1926 avant de passer à d'autres projets, dont la construction de Cypress Point et d'Augusta National.

La conclusion de ce beau tracé, inauguré en 1931, compte parmi les meilleures du pays, en commençant par ce difficile par 4, un dogleg à gauche.

Il est essentiel de placer le drive sur le côté droit du fairway afin d'éviter un bunker dans le tournant, à gauche. On doit aussi s'assurer que la balle ne dévie pas trop dans cette direction car cela amènerait un coup d'approche difficile, devant franchir un bunker époustouflant, situé à l'avant et à droite d'un green légèrement surélevé et mesurant 32 m de profondeur. C'est cet obstacle, ainsi qu'un autre à l'arrière-droite, qui fait toute la difficulté du trou – et sa grâce – car ce sont là des exemples du talent diabolique de MacKenzie magnifiquement réalisés.

Les coups un peu trop courts peuvent terminer dans une série de petites dépressions à l'avant du green, forçant les joueurs à démontrer leur maîtrise du chipping au coup suivant, avant de réaliser le par puis de passer au n° 18, un autre long par 4. **JS**

N° 17 TRALEE GOLF CLUB

Parcours : Tralee Golf Club

Situé à : Ardfert, comté de Kerry, Irlande

Trou : n° 17

Longueur : 323 m

Par : 4

Architectes : Arnold Palmer, Ed Seay

À savoir : Une grande partie des scènes les plus mémorables de *La Fille de Ryan*, film ayant reçu divers oscars et datant de 1970, ont été filmées sur la plage qui borde le n° 17 de Tralee.

Ce club déborde d'histoire. Fondé en 1896, il a possédé 3 parcours précédents à Tralee, petite ville proche, souffrant tous d'une forte pluviométrie et s'avérant injouables l'hiver. Le site qui fut choisi pour le quatrième parcours – une splendide étendue, en links, le long de l'Atlantique – possède lui aussi un riche passé.

On dit que Brendan le Navigateur débuta sa traversée vers l'Amérique depuis ces rives balayées par le vent, 1 000 ans avant Christophe Colomb, et c'est aussi ici que se déroula le débarquement malheureux de Roger Casement à bord d'un sous-marin allemand en 1916. Il fut pendu pour trahison quelques mois plus tard. On trouve sur le n° 3 une tour du XIVe siècle, ainsi que les ruines d'un château du XIIe près de là.

Le parcours le plus récent de Tralee, inauguré en 1984, entre aussi dans l'histoire comme l'un des meilleurs tracés irlandais, grâce à des trous de la qualité du n° 17. Sur ce dogleg à droite, le coup de départ doit franchir une gorge pour rejoindre un fairway sauvage et ondulant, tandis que le coup d'approche se joue en direction d'un green perché en hauteur et se détachant sur un décor de montagne. Étudiez bien le vent, évitez de trop vous concentrer sur le paysage, et vous réaliserez peut-être le par. **KA**

N° ⑰ GOLDEN HORSESHOE GOLF CLUB (PARCOURS DORÉ)

Parcours : Golden Horseshoe Golf Club (parcours doré)

Situé à : Williamsburg, Virginie, États-Unis

Trou : n° 17

Longueur : 398 m

Par : 4

Architecte : Robert Trent Jones senior

À savoir : Le parcours doré a bénéficié d'un programme de rénovation s'élevant à 3,65 millions d'euros en 1997, mené par Rees Jones, fils de l'architecte du parcours, Robert Trent Jones senior.

À Williamsburg la coloniale, les visiteurs se retrouvent dans une ville restaurée, datant de la guerre d'indépendance américaine, fonctionnant toujours comme au XVIIIe siècle.

De même, le parcours doré du Golden Horseshoe demeure fidèle aux traditions du jeu. Inauguré en 1963, c'est l'un des meilleurs exemples au monde d'architecture de golf traditionnelle, et Robert Trent Jones senior, architecte réputé, le considérait comme sa « plus belle création ». De fait, le n° 17 de ce parcours n'est en rien sophistiqué. C'est simplement un long par 4 très bien conçu exigeant 2 coups droits et solides si l'on veut atteindre le green et tenter le par.

Le coup de départ doit rejoindre un fairway étroit bordé d'arbres des 2 côtés, qui punira probablement toute balle déviante. Le deuxième coup, en montée, rejoint un green protégé par des arbres à gauche et par de vastes bunkers à l'avant, à droite comme à gauche, pénalisant tout coup d'approche imparfait. Le green est incliné d'arrière en avant, et comme les balles atterrissant près de la lisière avant rouleront en arrière, les golfeurs devraient prendre un club de plus et viser son centre. **KA**

Parcours : Wild Dunes Golf Links (parcours Links)

Situé à : Isle of Palms, Caroline du Sud, États-Unis

Trou : n° 17

Longueur : 370 m

Par : 4

Architecte : Tom Fazio

À savoir : Les links du golf de l'hôtel de Wild Dunes furent fermés au public pendant 9 mois après que l'ouragan Hugo eut dévasté la côte de Caroline du Sud en septembre 1989.

N° 17 WILD DUNES GOLF LINKS
(PARCOURS LINKS)

Le parcours Links du golf de l'hôtel de Wild Dunes est le premier effort en solo de Tom Fazio lorsqu'il fut inauguré en 1980, et ce fut une tentative réussie, aidant à catapulter la carrière de celui que l'on considère désormais comme l'un des meilleurs architectes de tous les temps. Fazio a déclaré que la plupart des éléments nécessaires à un grand parcours étaient déjà présents sur cette parcelle de bord de mer près de Charleston. « On y trouvait tous les éléments dont on pouvait rêver – arbres, eau, dunes et littoral », expliqua Fazio.

La plupart d'entre eux entrent en jeu sur le n° 17, un par 4 qui amène les golfeurs pour la première fois jusqu'à l'Atlantique. Le trou est dépourvu de bunkers – sauf si l'on prend en compte l'immense étendue de dunes longeant tout le côté gauche, recouvertes d'épaisses touffes d'hautes herbes marines prêtes à engloutir tout hook.

Des palmiers parsèment le côté droit de la zone d'arrivée, mais c'est le vent qui constitue l'obstacle essentiel sur ce trou car il souffle souvent en fortes rafales depuis l'océan, et peut influer sur les coups d'innombrables manières. Le fairway, aux ondulations subtiles, rétrécit aux abords du green, rendant le choix du club primordial sur le coup d'approche, tandis que la plage guette à quelques mètres seulement sur la gauche. **KA**

Parcours : St Andrews (vieux parcours)

Situé à : St Andrews, Fife, Écosse

Trou : n° 17

Longueur : 421 m

Par : 4

Architecte : Tom Morris senior

À savoir : Le vieux parcours a évolué au fil du temps et a été remodelé par divers architectes. On compte parmi ces derniers Daw Anderson (années 1850), Tom Morris senior (années 1860-1900) et Alister MacKenzie (années 1930).

N° ⑰ ST ANDREWS (VIEUX PARCOURS)

Le *Road Hole*, le « trou de la Route » en français.

Le trou le plus célèbre du parcours le plus légendaire au monde.

Le n° 17 du vieux parcours de St Andrews.

Le plus vieux tracé au monde est doté de diverses caractéristiques le rendant exceptionnel auprès des golfeurs de toute la planète qui viennent en pèlerinage sur ce sol sacré. C'est parfois le temps fort de toute une vie de golf. D'autres effectuent ici une visite annuelle en terre sainte du golf.

Même si l'on joue au golf ici depuis plus de 600 ans, le vieux parcours est bien plus qu'une relique d'antan. Cela demeure une redoutable épreuve. Il suffit de jouer le n° 17 pour en saisir la raison.

Il jouit depuis longtemps du titre de trou de golf le plus célèbre au monde. D'autres peuvent s'en approcher mais il ne fait aucun doute que le *Road Hole* préservera ce titre, au moins dans un avenir prévisible. C'est un très long par 4, à 14 m seulement en dessous des 435 m, longueur généralement acceptable pour un court par 5.

Sauf si vous êtes extrêmement doué, mieux vaut, une fois sur l'aire de départ, vous imprégner de l'histoire qui vous entoure, et jouer comme si c'était un par 5. Même si vous vous avérez un golfeur accompli, il vaut mieux frapper un troisième coup en pitch plutôt que de terminer dans le légendaire *Road Bunker* sur l'approche. Si cela se produisait, selon la distance séparant la balle de la paroi, vous seriez confronté à divers choix – y compris essayer de frapper vers l'arrière pour échapper au bunker.

Le coup de départ devrait survoler les abris vert sombre à droite grâce à

un léger effet de draw, et franchir environ 165 m. Vous devrez ensuite viser l'avant-droite du green, mais ne vous désolez pas si vous jouez trop court. Il est presque impossible de garder la balle sur le green lorsqu'on frappe depuis une telle distance, ce qui signifie qu'un coup roulé constitue la seule option possible. Mais n'oubliez pas que si la balle roule trop loin, à gauche, les insatiables bunkers guettent.

C'est un trou légendaire, historique, mais aussi d'une cruelle difficulté. **JB**

Parcours : Devil's Pulpit Golf Club
Situé à : Caledon, Ontario, Canada
Trou : n° 17
Longueur : 417 m
Par : 4
Architectes : Michael Hurdzan, Dana Fry
À savoir : Le golf de Devil's Pulpit, composé du parcours de *Devil's Pulpit* (la « Chaire du diable » en français) et de son jumeau tout récent, *Devil's Paintbrush* (le « Pinceau du diable »), fut établi par Chris Haney et Scott Abbott, inventeurs du jeu Trivial Pursuit.

N° ⑰ DEVIL'S PULPIT GOLF CLUB

Situé sur l'escarpement du Niagara, le parcours de Devil's Pulpit a été modelé par Michael Hurdzan, qui excava près de 50 000 m^3 afin de créer son chef-d'œuvre sur une rangée de collines glaciaires appartenant aux spectaculaires Caledon Hills et offrant une vue circulaire sur le centre de Toronto et sa campagne environnante.

Le n° 17 est un long par 4 exigeant un long coup de départ précis, en montée. Même les coups bien frappés, cependant, échouent à rejoindre la cime de la colline, forçant un coup d'approche de plus de 180 m.

Plus le drive s'approche du bunker de fairway, à droite, et meilleur sera l'angle d'approche du green, incliné d'arrière en avant et protégé par un profond bunker à l'avant-gauche.

Le parcours est baptisé en l'honneur d'un rocher des environs surnommé Devil's Pulpit parce qu'il ressemble à une chaire. D'après la légende, après qu'un guerrier indien eut kidnappé une jeune fille d'une autre tribu, le dieu de la foudre sépara le rocher d'une haute falaise bordant la rive sud de la rivière Credit, le guerrier se retrouvant alors coincé dans son tipi et mourant seul sur son rocher. **KA**

Parcours : Olympic View Golf Club
Situé à : Victoria, Colombie-Britannique, Canada
Trou : n° 17
Longueur : 381 m
Par : 4
Architecte : Bill Robinson
À savoir : Le clubhouse est situé sur le point le plus élevé du parcours, ce qui signifie que le premier 9 se joue en descente tandis que le dernier est en montée.

N° ⑰ OLYMPIC VIEW GOLF CLUB

Imaginez-vous au milieu du cadre que forment les Olympic Mountains, un massif splendide, 2 spectaculaires cascades rugissantes et 12 lacs sereins. Mais pourquoi faire appel à son imagination puisque l'on peut contempler tout cela en réservant un départ à l'Olympic View Golf Club ?

N'oubliez pas de vous munir d'un appareil photo pour pouvoir partager une partie de votre expérience avec famille et amis, et gardez de la pellicule en quantité pour le n° 17.

C'est le plus photographié du parcours grâce à son jardin japonais et à sa majestueuse cascade s'élançant d'une hauteur de 18 m derrière le green.

Un coup de départ placé au milieu d'un fairway étroit permet la position idéale depuis laquelle attaquer le drapeau sur le deuxième coup. Si vous ratez, mieux vaut tirer à droite car un obstacle d'eau protège la gauche.

Le coup d'approche se joue en légère descente, ce qu'il faudra prendre en compte au moment de choisir son club. Ne jouez pas trop long, car la cascade est là pour qu'on la photographie, pas pour qu'on aille y chercher sa balle. La photo sera d'ailleurs bien plus réussie si elle vous représente en train de putter pour un birdie avec la magnifique cascade au fond, plutôt que si vous êtes en train d'essayer de sauver un bogey. **TJ**

N° ⑰ BARSEBÄCK GOLF & COUNTRY CLUB (NOUVEAU PARCOURS)

Parcours : Barsebäck Golf & Country Club (nouveau parcours)

Situé à : Landskrona, Suède

Trou : n° 17

Longueur : 402 m

Par : 4

Architecte : Ture Bruce

À savoir : N'ayant besoin que de 5 points au cours du dernier tour afin de s'emparer à nouveau de la Solheim Cup, la Suédoise Catriona Matthew termina sa partie contre Rosie Jones sur le n° 17 pour sceller la victoire. Elle plaça son coup d'approche à moins de 3 m du trou et le birdie fut concédé lorsque Jones rata le par.

Un épais rideau d'arbres encadre chaque trou au Barsebäck Golf, créant des couloirs de jeu bien définis qui semblent guider les joueurs en douceur du départ au green. Ces imposants murs végétaux font aussi office d'écran, masquant l'élément le plus intimidant de Barsebäck, le vent.

Cachée derrière ce rideau de verdure, à tout juste un court par 4, à l'est de ce parcours de 6 735 m, se trouve la Baltique. Les intempéries que génèrent ses eaux fraîches sont légion et le vent naissant de ses remous domine le jeu à Barsebäck.

Les concurrentes européennes de la Solheim Cup de 2003 connaissaient déjà le secret de ce parcours de bord de mer, y ayant disputé le Compaq Open du European Tour féminin en 1998 et en 2000. Les Américaines, cependant, n'avaient pas la moindre idée de son existence.

Peu de trous sont autant dominés par le vent que le n° 17. On lui fait en effet face sur ce par 4 de 402 m qui exige un long drive bien placé pour permettre un deuxième coup difficile.

Le green est assez vaste pour accepter un coup d'approche au fer long, mais toute balle déviée provoquera un chip éprouvant vers un green ondoyant. **RH**

N° ⑰ DESERT HIGHLANDS GOLF CLUB

Parcours : Desert Highlands Golf Club

Situé à : Scottsdale, Arizona, États-Unis

Trou : n° 17

Longueur : 521 m

Par : 4

Architecte : Jack Nicklaus

À savoir : Le parcours de Desert Highlands a accueilli les 2 premiers Skins Games, en 1983 et 1984.

Lorsque Desert Highlands a ouvert ses portes au début des années 1980, il était éloigné de tout développement urbain, une oasis golfique dans les contreforts du désert de Sonora, non loin de Phoenix. De nombreuses manières, il a montré la voie du golf haut de gamme dans la région de Scottsdale et est désormais entouré de douzaines d'autres excellents parcours au milieu du désert.

Desert Highlands compte cependant toujours parmi les meilleurs, grâce aux fantastiques trous de Nicklaus comme par exemple le n° 17. Même si le terrain, en descente, pousse les golfeurs à tenter de rejoindre le green en 2 coups, ils feraient peut-être mieux d'attendre et de viser ce green retors sur le troisième coup. Le drive doit éviter des groupes de petits bunkers profonds et ceux qui désirent rejoindre le green dès le deuxième coup devront franchir un vif cours d'eau traversant le fairway tout en évitant divers bunkers protégeant le green peu profond, incliné de gauche à droite.

Durant les premiers Skins Games qui se sont déroulés à Desert Highlands en 1983, Gary Player joua un court putt pour le birdie sur le n° 17, d'une valeur de 150 000 dollars, au cours du dernier tour. Cela lui permit de décrocher le titre (la récompense s'élevant à 170 000 dollars) devant Jack Nicklaus, architecte du parcours, Arnold Palmer et Tom Watson. **KA**

N° ⑰ COMMONWEALTH GOLF CLUB

Parcours : Commonwealth Golf Club

Situé à : South Oakleigh, Victoria, Australie

Trou : n° 17

Longueur : 308 m

Par : 4

Architectes : Sam Bennett, Charles Lane, Sloan Morpeth

À savoir : On compte Sloan Morpeth, secrétaire du club de longue date, parmi les architectes de ce parcours de Melbourne, car il remodela les n° 10 et n° 11 lorsque le Commonwealth acquit des terrains supplémentaires il y a environ 40 ans. Il rénova aussi un certain nombre de greens.

Ce trou se joue en très légère montée, et complète parfaitement le par 4 qui le précède, car il est considérablement plus court, à 308 m, et bien plus simple.

On frappe souvent un driver depuis le départ, bien qu'un bois 3 ou un fer long fonctionne tout aussi bien. Il ne restera plus ensuite qu'à jouer un pitch vers le green ondoyant qui a tendance à transformer les putts mal joués en 3 putts obligatoires, sans présenter la moindre excuse, et qui exige un positionnement habile si l'on désire réaliser le par.

Il est donc essentiel de bénéficier d'un bon angle d'approche du green, ce qui constitue l'un des éléments architecturaux caractéristiques du Commonwealth. Les golfeurs doivent faire preuve d'une stratégie intelligente sur ce parcours, et ceux qui ne songent qu'à se retrousser les manches et frapper leur driver de toutes leurs forces en paieront probablement le prix. **JS**

N° ⑰ CARNEGIE CLUB DU CHÂTEAU DE SKIBO

Parcours : Carnegie Club du château de Skibo

Situé à : Dornoch, Sutherland, Écosse

Trou : n° 17

Longueur : 278 m

Par : 4

Architecte : John Sutherland

À savoir : Selon Willie Newlands du *Financial Times*, le Carnegie Club constitue « une réplique réussie et extraordinaire du style de vie de Carnegie, le multimillionnaire, et l'un des meilleurs golfs que l'on puisse trouver au monde ».

À 6 100 m depuis les départs arrière, ce tracé n'est pas long selon les normes contemporaines. La carte de parcours ne tient cependant pas compte du vent qui le rend difficile, quels que soient les critères que l'on utilise.

Il est aussi très joli, permettant aux golfeurs d'avancer au sein d'une nature soigneusement préservée. Apportez un appareil photo pour en saisir toute la beauté. On aura beau essayer, on aura du mal à trouver un cadre plus approprié au golf partout ailleurs dans le monde.

Les 2 derniers trous des links de Carnegie constituent un splendide finish.

Depuis l'aire de départ en hauteur du n° 17, on aperçoit non seulement le fairway en contrebas mais aussi l'estuaire du Dornoch et les collines au-delà.

Vous apprécierez cependant peut-être moins la vue qu'offre le fairway, car vous devrez éviter 5 profonds bunkers sur le premier coup.

À seulement 278 m d'un départ en hauteur, la question se pose fréquemment et rapidement : peut-on rejoindre le green dès le coup de départ ? Un solide drive de 223 m constitue la seule réponse possible. Si l'on joue trop court en effet cela sera impossible – et on terminera le plus souvent dans un bunker. **TJ**

Parcours : The Country Club

Situé à : Brookline, Massachusetts, États-Unis

Trou : n° 17

Longueur : 348 m

Par : 4

Architecte : Willie Campbell

À savoir : The Country Club constitue tout simplement le modèle d'origine. Ce fut l'un des premiers refuges des Américains nantis qui s'y réunissaient, s'y faisaient des amis et y jouaient. C'est en son honneur que des milliers d'autres parcours ont été baptisés « country club ».

CI-DESSOUS ET CI-CONTRE *Le n° 17 du Country Club.*

N° ⓱ **THE COUNTRY CLUB**

Puisque nous voici dans un lieu historique, il semble approprié de débuter par une leçon d'histoire. Au cours de l'US Open de 1913 au Country Club, Francis Ouimet, ancien caddie du parcours alors âgé de 20 ans, l'emporta devant 2 des meilleurs joueurs de l'époque à l'issue du play-off, aidant ainsi à établir la réputation des golfeurs américains.

Le parcours de championnat, qui n'existait pas encore en ce temps-là, dérive du parcours de base que jouent les membres du club auquel on ajoute certains trous du parcours Primrose, un autre 9 trous.

Le plus historique des trous, le n° 17, est le seul du dernier 9 à ne pas atteindre 365 m. Ce par 4 est un court dogleg à gauche, simple, considéré comme l'un des trous à birdies du club – au grand bonheur de ses membres.

Mais il possède aussi sa part d'ennuis. On a baptisé le bunker situé au niveau du coude en l'honneur d'Harry Vardon, car c'est cet obstacle qui ruina ses espoirs de victoire face à Ouimet en 1913. C'est aussi le même bunker qui empêcha Jackie Cupit de remporter l'Open 50 ans plus tard.

Trouve-t-on nulle part ailleurs qu'au Country Club de meilleurs parcours avec de plus beaux pars 4 ? Si c'est le cas, la liste n'est pas longue. **TJ**

N° ⑰ TPC DES WOODLANDS

Parcours : TPC des Woodlands

Situé à : The Woodlands, Texas, États-Unis

Trou : n° 17

Longueur : 349 m

Par : 4

Architectes : Bruce Devlin, Robert Von Hagge

À savoir : Ce parcours public attrayant a accueilli pendant 17 ans le Shell Houston Open du PGA Tour. Son dix-septième trou est classé parmi les plus difficiles du Texas.

Le n° 17 de ce TPC s'avère réellement ardu. Bien que ne mesurant que 349 m, les risques y sont omniprésents, et ce sur chaque coup.

Le drive de ce par 4 retors est essentiel. On trouve l'eau à gauche et le rough à droite. De nombreux joueurs jouent un fer tout en finesse jusqu'au petit fairway, alors que d'autres essaient de frapper un drive aussi loin que possible. Le fer constitue tout de même le choix le plus sage.

Selon votre coup de départ, il peut vous rester entre 90 et 160 m jusqu'au green, mais il faudra de toute façon porter la balle au-dessus de l'eau. De plus, le vent soufflant souvent plus fort qu'on n'en a l'impression, on doit prendre assez de club, notamment si le drapeau est situé à droite.

Le green est encerclé d'eau à l'avant et un bunker guette à l'arrière, au centre droit. C'est l'emplacement du drapeau qui déterminera la stratégie adoptée sur le deuxième coup. Situé à l'avant ou à l'arrière-gauche, il fait entrer l'eau en jeu, tandis qu'à l'arrière-droite, c'est le bunker qui devient problématique.

Quant au green, il ressemble à une flèche émoussée dont la pointe est dirigée vers la droite. Tout comme le reste du trou, il est retors. Si l'on se contente de 2 putts, on devra s'estimer heureux ; de nombreux joueurs puttent ici pour un birdie et s'éloignent avec un bogey. **GE**

N° ⑰ GOLF DE BARBAROUX

Parcours : golf de Barbaroux

Situé à : Brignoles, Var, France

Trou : n° 17

Longueur : 478 m

Par : 5

Architectes : Pete Dye, P. B. Dye

À savoir : Barbaroux est invariablement classé parmi les 15 meilleurs parcours d'Europe et constitue la première collaboration entre Pete Dye, célèbre architecte américain, et son fils, P. B.

Il est rare qu'un par 5 soit le deuxième trou le plus difficile d'un parcours. Le n° 17 du golf de Barbaroux déroge à la règle générale, et ce pour nombre de raisons.

Tout d'abord, le drive doit franchir et négocier une série de monticules si marqués qu'ils rappellent les vagues de l'océan. L'élément aquatique n'est bien sûr qu'un mirage. Il entre pourtant réellement en jeu avec les 3 obstacles d'eau qu'abrite ce trou. Si l'on considère que le parcours tout entier n'en compte que 7, on commence à saisir le niveau de difficulté du n° 17.

On doit absolument demeurer du côté droit du fairway sur le coup de départ, non seulement pour éviter l'obstacle d'eau qui guette à gauche, mais aussi pour permettre un angle approprié sur le coup suivant. Sur ce deuxième coup, on aperçoit un deuxième obstacle d'eau à gauche dont on doit s'approcher autant qu'on l'ose. On peut ainsi établir l'angle d'approche approprié en direction du green, ce qui permet d'éviter l'eau qui borde tout le côté droit de ce dernier.

Le n° 17, comme le reste des trous de ce parcours situé à 45 km de Toulon, est intégré à un merveilleux paysage boisé. Inauguré en 1988, Barbaroux n'a depuis cessé de grandir en popularité et prestige par rapport aux autres parcours français. **JB**

N° ⑰ **NATIONAL GOLF LINKS OF AMERICA**

Parcours : National Golf Links of America

Situé à : Southampton, État de New York, États-Unis

Trou : n° 17

Longueur : 329 m

Par : 4

Architecte : Charles Blair Macdonald

À savoir : Le green du n° 17 est l'un des 2 seuls du parcours que l'on ne trouve plus à leur emplacement d'origine (l'autre est celui du n° 14). On recula ce green de 32 m dans les années 1920 afin d'allonger le trou et de maintenir son niveau de difficulté. Étonnamment, il est toujours aussi magnifiquement épineux aujourd'hui.

Il est d'usage courant pour un architecte de golf de visiter à diverses reprises le domaine à aménager, d'arpenter le terrain, et d'imaginer le parcours avant de se diriger vers la planche à dessin. D'autres visites sont effectuées durant la construction afin de s'assurer que les plans sont correctement exécutés, puis on passe au projet suivant. Mais lorsque Charles Blair Macdonald débuta son œuvre au National Golf Links of America en 1906, ce fut le préambule d'une histoire d'amour de 30 ans, de modifications et remaniements constants pour dresser un monument à la gloire du golf.

Après avoir voyagé en Grande-Bretagne afin d'y étudier les plus beaux éléments du jeu, Macdonald rentra aux États-Unis pour s'attaquer à cette œuvre. Il n'est donc pas étonnant que le National, comme on le surnomme désormais, comprenne un Redan (inspiré par North Berwick), un Sahara (Royal St George) et enfin une réplique des Alpes de Prestwick.

Il s'inspira aussi de St Andrews, où il avait étudié et qu'il visita à diverses reprises, et dont le vieux parcours l'influença grandement. Les larges fairways et les grands greens ondoyants qu'il y observa furent incorporés au National.

Le National Golf Links of America est un joyau américain, mais c'est bien plus qu'un site historique. Grâce aux éléments qui en firent un grand parcours à l'époque de Macdonald, c'est toujours un tracé exemplaire. Macdonald souhaitait créer un « parcours éternel », et il y est parvenu. Nul autre trou que le n° 17 ne s'avère plus impérissable et plus naturel.

Ce court par 4 l'était encore plus avant les rénovations des années 1920, mais que ce soit à sa longueur actuelle de 329 m ou à celle, antérieure, de 297 m, ce n'a jamais été la distance que l'on devait conquérir sur ce trou. Ici, les angles ont toujours primé. Et Macdonald, retors, ne s'est jamais vraiment efforcé d'aider les joueurs dans leurs décisions.

Devraient-ils placer leur coup de départ à l'extrême droite afin de bénéficier d'un solide angle d'approche vers le green ? Bien entendu direz-vous, sauf que la balle doit alors atterrir un peu trop près d'une série de bunkers empoisonnants. On peut aussi viser le milieu du fairway depuis le départ, ce qui permet un coup d'approche moins long. Ce n'est cependant pas synonyme de facilité, car le coup d'approche est alors quasiment aveugle.

Ces décisions sont fortement influencées par le vent. Selon sa direction, qui peut être variée, le choix du jour peut s'avérer très différent de celui de la veille. **JB**

Parcours : Paraparaumu Beach Golf Club

Situé à : Wellington, Nouvelle-Zélande

Trou : n° 17

Longueur : 404 m

Par : 4

Architecte : Alex Russell

À savoir : Paraparaumu Beach, un club privé de 906 membres masculins, féminins et juniors, a été le site de 12 Opens de Nouvelle-Zélande et de nombreux autres tournois majeurs.

N° ⑰ PARAPARAUMU BEACH GOLF CLUB

C'est comme si Alex Russell, vainqueur de l'Open d'Australie de 1924 qui jouit ensuite d'une carrière d'architecte de golf de 23 ans, avait voulu démontrer son talent en une dernière salve. Le club de Paraparaumu est sa dernière création et il a tiré profit de cette dernière chance en concevant un parcours en links, achevé en 1949 et qui est demeuré quasiment intact à ce jour. Il était autrefois souvent désigné comme le meilleur du pays, mais Cape Kidnappers et d'autres sont apparus depuis pour le supplanter. Bien qu'il ne constitue plus le parcours absolu de Nouvelle-Zélande, il compte toujours parmi les 3 meilleurs. Et Russell aurait indubitablement été fier d'apprendre que son tracé a dominé les parcours néo-zélandais pendant plus de 50 ans.

Ces links traditionnels ont été construits sur le site d'un ancien 9 trous établi en 1929 et auquel on avait ajouté 9 autres trous en 1937. Des fairways ondoyants et bien drainés, un rough féroce, des greens rapides et des bunkers intimidants s'allient aux conditions météorologiques naturellement venteuses de la côte pour créer un vrai défi.

Le caractère spécifique des links n'est nulle part plus marqué que sur le n° 17 où 21 bunkers surgissent aux endroits les plus inopportuns, s'emparant de balles qui auraient d'ordinaire été parfaitement placées. On n'est pas là sur un trou de style Augusta, d'un vert luxuriant, mais ne pensez pas que cela provienne d'un manque d'entretien. On retrouve ici l'essence du golf de links, où le sol brun et ferme, le vent que l'on devra juger correctement, le sable et l'herbe épaisse que l'on devra éviter contribuent tous au défi.

Paraparaumu n'est pas en règle générale un tracé terriblement long et il paraît encore plus court que ce qu'indique la carte de parcours à cause de la vitesse des fairways. Mais le n° 17 déroge à la règle. Avec 404 m, il atteint la taille moyenne d'un par 4 et se joue habituellement face au vent, ce qui compense la fermeté du sol.

Il offre aussi 2 choix depuis le départ, où les joueurs contemplent un double fairway. On peut raccourcir le trou en utilisant celui de droite, mais on sera alors confronté à un deuxième coup bien plus difficile, sauf si l'on frappe naturellement en fade et que l'on peut éviter les bunkers de fairway jusqu'au green. La voix de la raison recommande le fairway de gauche, exigeant un long drive si l'on désire rejoindre le green en régulation.

Le green est incliné vers l'extérieur à gauche, à l'arrière-droite et à l'arrière, et ne tiendra donc pas la balle si elle arrive en force.

Joli retour sur la scène du golf, Alex Russell. Vous avez certainement marqué le jeu de votre empreinte. **JB**

N° ⑰ BEL-AIR COUNTRY CLUB

Parcours : Bel-Air Country Club

Situé à : Los Angeles, Californie, États-Unis

Trou : n° 17

Longueur : 428 m

Par : 4

Architectes : Billy Bell senior, George Thomas, Jack Neville

À savoir : On dit que Ben Hogan considérait le n° 17 du club de Bel-Air comme l'un des meilleurs pars 4 au monde. Cette légende a provoqué un intéressant débat parmi ses membres car certains considèrent le dernier trou, un autre par 4, comme le meilleur du tracé.

Dans le domaine du recrutement, l'entraîneur de l'équipe universitaire d'UCLA, O. D. Vincent, dispose d'un atout n'ayant rien à voir avec la proximité des vedettes hollywoodiennes ou une table réservée à Spago's.

Depuis plus de 20 ans, les Bruins affûtent leur jeu au country club de Bel-Air, un parcours exigeant qui leur donne un léger avantage une fois en compétition et permet à Vincent d'attirer des joueurs potentiels. « C'est un élément que les joueurs examinent de près lorsqu'ils choisissent leur université, parce que c'est un parcours exceptionnel », a déclaré Vincent.

Bel-Air s'avère persuasif dans son intégralité, mais si Vincent ne disposait que d'un seul argument pour convaincre les joueurs de rejoindre UCLA, il amènerait directement ces étudiants athlètes sur le n° 17 de Bel-Air.

Ce léger dogleg à droite débute par une aire de départ surélevée offrant une vue dégagée sur Los Angeles. Mieux vaut jouer le coup de départ de gauche à droite afin d'éviter un bunker du côté gauche du fairway, et de permettre le meilleur angle d'approche d'un green bien défendu.

Celui-ci est légèrement incliné vers la gauche. Toute balle tirant trop à gauche, cependant, rebondira le long d'une colline escarpée. 2 bunkers protègent la droite du green et la brèche qui permet d'accéder à ce dernier est très étroite, rendant toute approche difficile. **RH**

Parcours : golf de Quinta do Lago
Situé à : Almansil, Algarve, Portugal
Trou : n° 17
Longueur : 513 m
Par : 5
Architectes : William Mitchell, Joseph Lee , Rocky Roquemore
À savoir : L'Open du Portugal s'est déroulé 7 fois à Quinta do Lago et, lorsque c'est le cas, le n° 17 devient le n° 8 du parcours composite établi pour les épreuves de championnat.

N° ⑰ GOLF DE QUINTA DO LAGO

Le golf constitue un style de vie à Quinta do Lago – et à juste titre. De nombreuses épreuves portugaises importantes s'y sont déroulées et on considère généralement qu'il compte parmi les meilleurs parcours de l'Algarve, une splendide région.

Appartenant à un parc naturel de réputation internationale, Quinta do Lago abrite des pinèdes parfumées centenaires ainsi que des lacs d'eau douce et d'eau salée, cadre naturel d'hectares de fairways luxuriants et de greens impeccables. Le trio d'architectes américains qui dessina le parcours tira profit des éléments naturels du terrain à la perfection, et un entretien minutieux permet des conditions de jeu de qualité tout au long de l'année. Le golf est l'un des attraits principaux de la région, mais le climat, radieux, s'avère tout aussi important. L'Algarve est de plus proche de divers aéroports, et tout ceci en fait une destination de golf en plein essor. Quinta do Lago compte parmi les meilleurs parcours que puisse offrir la région.

Le n° 17, un par 5, est l'un de ses joyaux. Le coup de départ se joue dans un cadre ravissant, avec des lacs devant et à gauche du départ, mais la beauté ne suffit pas à faire un trou de golf. On doit y ajouter des défis et une exigence de stratégie. Le n° 17 possède tout cela.

Il exige un long drive droit, qui, s'il est réussi, amène un deuxième coup en direction d'un fairway généreux, placé à gauche si possible. Cela permet un bon angle d'approche du green, et on évite ainsi les bunkers bordant le côté droit de ce green légèrement en hauteur.

Il n'est pas très découpé, ce qui peut parfois constituer un avantage. Ce n'est malheureusement pas le cas de sa surface, pleine de mouvements qui influeront sur les putts. Même si les dévers sont très subtils, sauf si vous avez déjà joué ce parcours, ou que votre partenaire de jeu le connaisse bien (ou mieux encore, si vous bénéficiez de l'aide d'un caddie), le green vous dupera sûrement, et vous aurez tendance à trop y lire les putts. Et chaque coup compte lorsqu'il ne reste plus qu'un trou à jouer. **JB**

Parcours : Royal Portrush Golf Club
Situé à : Portrush, Irlande du Nord
Trou : n° 17
Longueur : 501 m
Par : 5
Architecte : Harry S. Colt
À savoir : Royal Portrush, qui abrite 2 parcours de 18 trous et un *pitch and putt* de 9 trous, s'appelait simplement le Country Club lorsqu'il fut établi en mai 1888.

CI-DESSOUS L'Australien Graham Marsh joue son deuxième coup sur le n° 17 du Royal Portrush en juillet 2004.

N° 17   ROYAL PORTRUSH GOLF CLUB

Sa philosophie est à la portée de tout golfeur débutant, si simple. Mais pour une raison ou une autre, même les plus intelligents des joueurs ne prêtent aucune attention aux avertissements. Sur ce par 5 de 501 m, les experts suggèrent de garder la grosse Bertha et autres drivers dans votre sac. Il suffit de jeter un coup d'œil au fairway pour comprendre que cela semble sensé. Puis sortez votre driver et frappez de toutes vos forces.

Ce par 5 exige de la finesse plutôt que de la puissance. Le fairway est assez droit mais se rétrécit aux abords du green. On doit donc jouer droit sur le coup d'approche.

On trouve un bunker sur la droite à environ 214 m du départ. Le risque continue de ce côté-là, presque jusqu'au green. Le drive doit donc être droit et dépasser les 225 m afin de franchir la pente sévère que suit le fairway.

Si vous frappez à une distance de 228 à 237 m, il vous reste environ toujours 180 m pour rejoindre le green, très étroit et encerclé de bunkers.

La stratégie idéale consiste à jouer court et à atterrir juste avant un bunker, à gauche, à environ 73 m du green. Puis rejoignez ce dernier d'un coup de wedge. **TJ**

N° ⑰ **WENTWORTH CLUB** (PARCOURS OUEST)

Parcours : Wentworth Club (parcours ouest)

Situé à : Virginia Water, Surrey, Angleterre

Trou : n° 17

Longueur : 522 m

Par : 5

Architecte : Harry S. Colt

À savoir : C'est peut-être le seul parcours au monde qui accueille chaque année 3 tournois professionnels : le Cisco World Match Play Championship, le Volvo PGA Championship et l'Energis Senior Masters (qui se dispute sur le parcours Edinburgh, le plus récent).

Le n° 17 est dépourvu de bunkers, mais les défenses artificielles sont inutiles sur ce trou emblématique du parcours, construit en 1927. Il dessine un dogleg marqué, à gauche, à travers les arbres, et exige un jeu précis. Le drive est une réelle épreuve car on trouve le hors-limite à gauche et le fairway est très incliné vers la droite. Tout coup tirant légèrement à droite depuis le départ provoque une course irrépressible de la balle jusqu'au rough épais et aux arbres. Si elle part à gauche, cela sera aussi désastreux.

Nous vous conseillons donc de garder un alignement très précis, du côté gauche du fairway, mais si vous n'arrivez pas à dépasser le coude, il faudra jouer la sécurité sur le deuxième coup. On suivra ensuite d'un draw depuis un lie en dénivelé jusqu'à un green trompeur. Il est parfois presque impossible d'approcher la balle du trou.

Le n° 17 est suffisamment difficile en soi, mais lorsqu'on considère qu'il suit un monstrueux par 4 de 440 m et précède un par 5 de 485 m, les golfeurs ont intérêt à avoir préservé la pleine possession de leurs moyens alors qu'ils s'apprêtent à terminer leur partie.

Parmi ceux qui ont résisté à la dernière ligne droite tumultueuse de Wentworth, on compte Arnold Palmer, Jack Nicklaus, Tom Weiskopf, Hale Irwin, Bill Rogers, Corey Pavin et Mark O'Meara – ayant tous remporté ici le championnat mondial de match play. **JB**

N° 17   GULF HARBOUR COUNTRY CLUB

Parcours : Gulf Harbour Country Club

Situé à : Whangaparaoa, Auckland, Nouvelle-Zélande

Trou : n° 17

Longueur : 592 m

Par : 5

Architecte : Robert Trent Jones junior

À savoir : Gulf Harbour combine 2 sports favoris des Néo-Zélandais. Le parcours offre en effet une vue splendide sur les eaux où se déroulent les courses à la voile de l'America's Cup.

Situé sur la ravissante péninsule de Whangaparaoa surplombant les eaux du golfe d'Hauaki, le Gulf Harbour Country Club, fondé en 1997, est rapidement devenu le tracé le plus célèbre de Robert Trent Jones junior.

Whangaparaoa signifie la « baie des Baleines » en langue indigène, et le n° 17 de Gulf Harbour, l'un des plus longs au monde avec ses 592 m, est surnommé *Taniwah*, ce qui signifie « Être surnaturel ». C'est une désignation que ne contesteront pas la plupart des joueurs s'étant attaqués à cet exigeant par 5.

Sur le côté du trou faisant face aux terres, on trouve une longue crête qui le sépare du reste du parcours, tandis qu'à droite se dressent des arbres indigènes éparpillés devant le golfe, splendide. Le fairway de ce dogleg à droite vire ensuite entre les 2 grands groupes de bunkers qui bordent les 2 côtés de la zone d'arrivée du deuxième coup. Suit un coup d'approche en montée, vers un green à divers plateaux situé dans l'un des cols de la crête.

Un an après son inauguration, le Gulf Harbour accueillit en 1998 la Coupe du monde de golf, remportée par les Anglais Nick Faldo et David Carter, au cours de laquelle on enregistra sur le monstrueux n° 17 presque 2 fois plus de bogeys que de birdies – ce qui est rare pour un par 5. **KA**

Parcours : Baltusrol Golf Club (parcours du bas)

Situé à : Springfield, New Jersey, États-Unis

Trou : n° 17

Longueur : 576 m

Par : 5

Architecte : A. W. Tillinghast

À savoir : John Daly fut le premier joueur à rejoindre le green du n° 17 en 2 coups, à l'aide d'un drive puis d'un fer 1 lors de l'US Open de 1993.

N° 17 BALTUSROL GOLF CLUB
(PARCOURS DU BAS)

À l'heure où nous écrivons cet ouvrage, le n° 17 de Baltusrol demeure le plus long trou jamais joué au cours d'un US Open. Cependant, compte tenu du penchant que montre l'Association de golf américaine à se dépasser constamment en exigeant que les parcours soient aussi difficiles que possible lors des championnats, on risque de dépasser rapidement les 576 m.

Cela demeure un long trou, exigeant bien plus que de la simple puissance. Oui, votre drive doit être monstrueux pour tout espoir de birdie ici, mais précis aussi si vous espérez vous retrouver en bonne position pour le deuxième coup.

Si vous arrivez à le placer à environ 270 m du départ, directement au centre du fairway, un autre coup gigantesque vous attend. Si vous ne vous appelez pas John Daly, vous aurez besoin de 3 coups pour rejoindre le green, ce qui signifie que vous devrez franchir tout une série de bunkers de fairway (surnommée le « désert du Sahara ») au niveau de la marque des 385 m environ, avant de vous préparer à l'approche.

Le troisième coup n'est pas long mais doit échapper à 5 grands bunkers et à 2 petits qui encerclent le green, petit, circulaire, et en hauteur. Lorsqu'on étudie ce trou, il est difficile d'imaginer comment un être humain, même un joueur bénéficiant du talent et de la puissance de John Daly, a pu l'atteindre en 2 coups.

Cet exploit compte parmi les moments les plus mémorables de Baltusrol, mais les prouesses ne manquent pas. L'US Open s'y est déroulé 7 fois (et, chose étonnante, sur 3 parcours différents), et comme vous l'imaginez, on compte les coups spectaculaires par douzaines.

Les personnages historiques importants de Baltusrol ne se limitent pas aux concurrents. Certaines des figures les plus célèbres du jeu – Bobby Jones, Francis Ouimet, Joe Dey et P. J. Boatwright – ont été chargées de critiquer les parcours et ont participé à leur rénovation.

Dès le départ, Baltusrol semblait destiné à la grandeur. Lorsqu'il fut inauguré le 19 octobre 1895, il ne comptait que 30 membres. Dès 1898 leur nombre dépassait les 400 et on prévoyait déjà un deuxième parcours. Son premier championnat majeur fut l'US Open féminin de 1901, suivi par son premier US Open et son premier US Amateur en 1903. **JB**

Parcours : golf de Hambourg (parcours Falkenstein)

Situé à : Hambourg, Allemagne

Trou : n° 17

Longueur : 439 m

Par : 5

Architectes : Harry S. Colt, Charles Alison, John S. F. Morrison

À savoir : Bernhard Langer, l'enfant du pays, remporta sa deuxième victoire du PGA European Tour avec l'Open d'Allemagne de 1981, à Hambourg : le premier de ses 5 titres de ce tournoi.

N° ❿ GOLF DE HAMBOURG
(PARCOURS FALKENSTEIN)

Le 9 trous d'origine du club de golf de Hambourg fut construit en 1906 et accueillit les championnats internationaux d'Allemagne en 1914, que l'on dut interrompre après le premier tour lorsque la Première Guerre mondiale éclata. Après la guerre, le club fit l'acquisition d'une nouvelle parcelle et chargea 3 architectes anglais réputés, Colt, Alison et Morrison, de construire le 18 trous actuel qui fut inauguré en 1930.

Le parcours et le paysage environnant furent endommagés par des bombardements au cours de la Seconde Guerre mondiale. Le club ne fut ensuite rendu à ses membres qu'en 1950, mais il se rétablit sans problème et son tracé est toujours considéré comme l'un des plus beaux du pays.

Tout comme le reste du parcours, le n° 17, un par 5, n'est pas très long, mais il constitue un défi psychologique. On doit placer le coup de départ dans une zone d'arrivée protégée de bunkers de chaque côté et marquant le virage de ce dogleg à gauche, à environ 200 m du green. Le deuxième coup force à une importante décision.

On doit tenter de rejoindre le green en franchissant 90 m d'une épaisse végétation appelée *heide*, ou jouer plus court et suivre d'un coup d'approche plus aisé en direction d'un green protégé par un long bunker à gauche. KA

Parcours : Oxfordshire Golf Club

Situé à : Milton Common, Oxfordshire, Angleterre

Trou : n° 17

Longueur : 548 m

Par : 5

Architecte : Rees Jones

À savoir : Durant le Benson & Hedges Open de 1996, appartenant au PGA European Tour, alors que le vent hurlait dans l'Oxfordshire, on enregistra des scores allant de 3 à 13, et ce, de la part des meilleurs professionnels européens.

N° ⑰ OXFORDSHIRE GOLF CLUB

L'Oxfordshire Golf Club est situé dans la campagne anglaise, à 1 h de Londres, à la périphérie de la ville universitaire d'Oxford. Lorsqu'il ouvrit ses portes, son architecte, Rees Jones, déclara : « Je voulais que ce soit un parcours offrant variété et défis, jour après jour, aux joueurs de tous niveaux. »

Rees a réussi. Mais l'expression « joueurs de tous niveaux » est légèrement exagérée sur le n° 17, trou en forme de bréchet. Il retourne littéralement les joueurs à cause de la forme de son fairway, autour d'un lac, et si l'on n'est pas talentueux, il peut décimer une carte de score de façon ahurissante.

C'est cependant un merveilleux trou, et on devrait prendre plaisir à le jouer quel que soit le chiffre inscrit sur sa carte. Ce par 5 en descente exige concentration et prise de décision depuis le départ jusqu'au green, et si l'on ne fait pas preuve de réflexion, il peut s'avérer injouable. Mais si l'on est attentif, c'est peut-être ici que l'on éprouvera le plus de plaisir sur le tracé.

On doit jouer un drive long et droit, il n'y a pas d'autre choix ici. On est ensuite confronté à 3 possibilités sur le deuxième coup. On peut essayer de franchir l'eau pour atterrir dans une petite zone d'arrivée protégée par de

CI-CONTRE *Le green du n° 17 à l'Oxfordshire Golf Club, en Angleterre.*

profonds bunkers, mais la stratégie la plus sage consiste à jouer autour du lac et exige un coup plus long, en partie au-dessus de l'eau. Ceux qui frappent loin pourront tenter d'atteindre le green en 2 coups, mais attention, car on doit alors franchir l'eau dans toute sa longueur, et le green est aussi défendu par du sable.

L'un des aspects intéressants de l'Oxfordshire est la façon dont le parcours a été tracé en fonction du vent. Tous les pars 3 et pars 5 se jouent dans différentes directions, et si l'on est pénalisé par le vent sur un trou, on peut se rattraper sur l'autre. Cela ne semble pas une concession majeure de la part de l'architecte, mais lorsqu'on sait que le n° 17 attend, on accepte n'importe quelle aide.

Quelques mots encore de Rees Jones : « Le tracé de l'Oxfordshire, où l'on a conservé les arbres déjà présents, se fond naturellement dans un terrain aux contours magnifiques. Cela donne un cadre où les joueurs seront capables de distinguer et de comprendre l'architecture en jeu. » Un autre tracé classique inspiré par Dame Nature elle-même. **JB**

N° ⑰ PELICAN HILL
(PARCOURS OCEAN NORTH)

Parcours : Pelican Hill (parcours Ocean North)

Situé à : Newport Coast, Californie, États-Unis

Trou : n° 17

Longueur : 496 m

Par : 5

Architecte : Tom Fazio

À savoir : Pelican Hill a accueilli des stars de la PGA, de la PGA senior, et de la LPGA au cours des matchs du Diners Club de 1999.

CI-CONTRE *Le n° 17 du parcours Ocean North du Pelican Hill.*

Offrant des vues splendides sur la baie de Newport et sur le Pacifique, dessiné par l'un des plus grands noms de l'architecture de golf, le Pelican Hill n'a pas tardé à s'imposer en tête de liste des destinations de golf publiques les plus prisées du sud de la Californie.

Un seul coup d'œil au n° 17 du parcours Ocean North suffit à comprendre pourquoi. Ce trou exige 3 coups terrifiants si l'on désire réaliser le par. Le drive doit être solide, évitant un bunker tentaculaire sur le côté droit du fairway, sur lequel empiète aussi une crique du Pacifique. Le deuxième coup doit se cantonner au côté gauche de ce fairway qui se rétrécit, juste après l'endroit où il dessine un dogleg à droite, évitant là aussi les bunkers que l'on retrouve des 2 côtés afin de permettre le meilleur angle d'approche du green.

Le troisième coup est extrêmement périlleux, présentant une certaine illusion d'optique à cause d'un arbre solitaire à gauche et du bleu profond du Pacifique à l'horizon. Quoi que vous fassiez, ne ratez pas à droite, car cette partie du green surélevée descend en pente vers de profonds bunkers et une végétation épaisse qui mène, elle, aux vagues en contrebas. **KA**

N° ⑰ ESTANCIA CLUB

Parcours : Estancia Club

Situé à : Scottsdale, Arizona, États-Unis

Trou : n° 17

Longueur : 512 m

Par : 5

Architecte : Tom Fazio

À savoir : Comme de nombreux golfs de l'Arizona, l'Estancia Club a été conçu en fonction de son environnement naturel. L'un des plus ravissants de l'État, il est aussi généreux avec des fairways larges et des greens de bonne taille.

L'Estancia Club est un golf privé, huppé, au pied de Pinnacle Peak à Scottsdale, dans l'Arizona. Ce parcours au milieu du désert, au pied d'une montagne, offre des vues assez époustouflantes. Mais ce par 5 serait remarquable même sans ces panoramas dignes de cartes postales.

Le départ est perché sur une corniche et dessine un coude à gauche vers un petit canyon. Les grands frappeurs peuvent atteindre le green en 2 coups, mais ils devront être de qualité. Comme on ne doit couper aucun dogleg, on peut réaliser un swing complet et cogner la balle.

Le côté droit du fairway constitue la cible idéale, car il offre le meilleur angle d'approche du green, que l'on a intérêt à trouver si on veut éviter les ennuis. Le côté gauche du green s'incline en direction du désert tandis que le droit descend en pente vers un bunker.

Le deuxième coup se joue en descente, ce qui peut amener une différence d'un club et permettre d'accéder au green plus facilement.

Les golfeurs moyens feraient mieux de jouer la sécurité. Le deuxième coup devrait viser la surface plane que l'on trouve à 100 m du green. Si on la dépasse, on sera confronté à un difficile coup en descente sur un fairway incliné.

Le green est très étroit et fortement incliné d'arrière en avant. On trouve aussi un bunker tellement en dessous du green que, si on y atterrit, on ne distinguera même pas le trou. **TJ**

N° ⑰ OLD HEAD GOLF LINKS

Parcours : Old Head Golf Links

Situé à : Kinsale, comté de Cork, Irlande

Trou : n° 17

Longueur : 578 m

Par : 5

Architectes : Paddy Merrigan, Liam Higgins, Joe Carr

À savoir : Le *Lusitania*, à la fois cargo et navire de passagers, fut coulé par une torpille allemande le 7 mai 1915, à plusieurs kilomètres au large du phare situé à l'arrière du 17ᵉ green d'Old Head.

L'Old Head Golf Links, inauguré en 1997, ne compte pas parmi les courts parcours en links à l'ancienne dont la longueur est limitée par leur emplacement sur le littoral, et que le rude vent marin fait de toute façon souvent paraître plus longs. Ne vous y trompez pas, l'Old Head bénéficie toujours de vues spectaculaires, mais le parcours s'étend sur 6 584 m depuis les départs arrière, ce qui en fait une épreuve particulièrement difficile pour les grands frappeurs d'aujourd'hui.

Le n° 17, un par 5, est le plus long du tracé. Situé sur une falaise dominant les vagues de l'Atlantique, il se joue en direction d'un phare vieux de 150 ans, situé sur une colline derrière le green. Le coup de départ doit franchir un gros rocher au milieu du fairway, tandis que le deuxième doit éviter les falaises à droite. Si l'on fait cependant preuve de trop de précaution et que l'on joue trop à gauche, on provoquera un coup d'approche aveugle.

160 m avant le green, le fairway commence à descendre une pente sévère. On joue le troisième coup en descente, vers un green situé près du bord de la falaise à droite et protégé par un grand bunker à l'avant-gauche. **KA**

CI-CONTRE ET À DROITE *Deux vues du dix-septième trou de l'Old Head Golf Links.*

N° 17 — CHERRY HILLS COUNTRY CLUB

Parcours : Cherry Hills Country Club

Situé à : Englewood, Colorado, États-Unis

Trou : n° 17

Longueur : 507 m

Par : 5

Architecte : William Flynn

À savoir : Ce parcours a accueilli divers US Opens. Ralph Guldahl (1938), Arnold Palmer (1960) et Andy North (1978) ont tous remporté ce titre ici. L'US Open féminin s'y est aussi déroulé en 2005.

Le n° 17 du Cherry Hills Country Club, un par 5 de 507 m, force les golfeurs à bien réfléchir. Ce trou assez long leur donne en effet 2 choix : tenter d'atteindre le green en 2 coups ou s'estimer satisfait d'en jouer 3.

Le coup de départ est probablement le plus facile. Un drive droit rejoindra une vaste zone d'arrivée sur le fairway. Pour être complètement en sécurité, visez le centre droit, car une rangée d'arbres se dresse à gauche, bien qu'il faille vraiment mal jouer pour l'atteindre.

Le deuxième coup – c'est là que la prise de décision intervient – devrait atteindre les 220 m ou plus, en direction d'un green encerclé par l'eau. Pour les grands frappeurs, un fer long ou un bois devrait suffire, mais attention là encore à l'eau à l'arrière, à droite et à gauche.

Ceux pour qui la longueur s'avère problématique devraient jouer un fer moyen vers une zone d'arrivée à environ 45 m du green. C'est la stratégie la plus sûre, et en suivant d'un joli coup de wedge, on a une bonne chance de réaliser un birdie.

Le green est petit et parcouru de certaines ondulations. De nombreux joueurs affirment que l'alignement et la vitesse appropriés déterminent ici la réussite. Les greens s'avérant en général rapides, on doit trouver la bonne allure pour obtenir un birdie. **GE**

N° ⑰ GLASGOW HILLS RESORT & GOLF CLUB

Parcours : Glasgow Hills Resort & Golf Club

Situé à : Hunter River, île du Prince-Édouard, Canada

Trou : n° 17

Longueur : 459 m

Par : 5

Architecte : Les Furber

À savoir : Situés dans les collines de New Glasgow, sur l'île du Prince-Édouard, le Glasgow Hills Resort & Golf Club offre un paysage spectaculaire caractéristique de cette région.

Qu'aperçoit-on ici qui coupe le souffle ? Tout un tas de choses, dont le golfe du Saint-Laurent, au fond, lorsqu'on observe les golfeurs depuis le majestueux clubhouse situé en hauteur dans les collines.

Glasgow Hills abrite un parcours de niveau international mesurant entre 4 827 et 6 323 m, par 72 offrant 4 séries de départ qui permettent aux golfeurs de tous niveaux d'y jouer. L'architecte Les Furber a créé un tracé spectaculaire dans un cadre extraordinaire. Ses dénivelés s'avèrent aussi impressionnants que la vue, immense, mais c'est du parcours lui-même dont on se souviendra.

Le golf de Glasgow Hills est un must sur l'île du Prince-Édouard, le n° 17 constituant son temps fort. Sur l'aire de départ surélevée de ce trou spectaculaire, on obtient une vue dégagée de son fairway accueillant. Attrapez votre club et allons-y.

La cible que l'on vise se trouve à gauche du bunker de droite. Le deuxième coup, préparant le coup d'approche, est le plus important. Ne refusez aucune aide ici car le troisième coup est difficile. Le green est surélevé et ne tiendra la balle que si vous jouez un coup bombé. **TJ**

N° ⑰ ROYAL MELBOURNE GOLF CLUB (PARCOURS EST)

Parcours : Royal Melbourne Golf Club (parcours est)

Situé à : Black Rock, Victoria, Australie

Trou : n° 17

Longueur : 510 m

Par : 5

Architecte : Alex Russell

À savoir : Le n° 17 est d'un tel niveau qu'il appartient au parcours combiné du Royal Melbourne, un 18 trous de rêve salué par la critique, alliant 12 trous du parcours ouest à 6 du parcours est. On l'utilise depuis 1959 pour les épreuves les plus importantes, et les critiques de golf le classent parmi les meilleurs tracés au monde.

Sur ce par 5 substantiel, les joueurs sont tentés de sortir leur driver sur l'aire de départ et de rejoindre le green en 2 coups, particulièrement si leur coup de départ est réussi.

Une barrière de bunkers traversant le fairway à la diagonale, de gauche à droite, en direction du green, peut engloutir tout coup d'approche déviant – et agressif. Si l'on ajoute à cela le hors-limite, à droite, on est soudain pris de doutes.

En conséquence, les membres du Royal Melbourne pensent que la stratégie la plus sage pour la majorité des joueurs implique 3 coups précis – et relativement sûrs – permettant de rejoindre le centre du green. Ils conseillent de laisser les stratégies plus complexes aux professionnels.

C'est leur caractère relativement intact, leur fidélité au tracé et aux intentions de MacKenzie, qui constituent l'un des aspects les plus agréables des parcours du Royal Melbourne. Le n° 17 est l'un des rares que le club ait dû modifier, mais les changements ne furent que mineurs. On le rallongea légèrement avant la coupe du Canada (désormais baptisée Coupe du monde) de 1959, et le bunker de fairway fut rapproché du green. **JS**

Parcours : club d'Eaglebrooke

Situé à : Lakeland, Floride, États-Unis

Trou : n° 17

Longueur : 470 m

Par : 5

Architecte : Ron Garl

À savoir : Le club d'Eaglebrooke a servi de site officiel du Futures Tour – le tour junior de la LPGA – de 1998 à 2003.

N° ❿ CLUB D'EAGLEBROOKE

Du Costa Rica à la Thaïlande jusqu'à… Lakeland, Ron Garl a laissé son empreinte aux 4 coins du monde. En 1997, ce diplômé de l'université de Floride fut chargé d'un projet qui lui tenait à cœur : le club d'Eaglebrooke, situé à quelques minutes seulement de son bureau de Lakeland.

Ses pars 5 accessibles, son paysage vallonné, ses vastes greens, et son fairway en île, unique, font de ce difficile parcours un vrai plaisir esthétique. Sur le n° 17, un par 5, comme sur de nombreux autres trous d'Eaglebrooke, la gestion du parcours compte autant que le talent.

Ce dogleg à droite de 470 m dessine un virage marqué autour d'un obstacle d'eau que l'on retrouve sur les 2 difficiles derniers trous. Une fois sur le tertre de départ, on doit étudier le vent avant de choisir son club.

Lorsque l'on joue face au vent, on doit garder son driver dans son sac car le fairway se rétrécit à 180 m du départ pour n'atteindre plus que 27 m de large. C'est aussi à partir de là que l'eau entre en jeu. Tout en vous efforçant d'éviter l'eau, essayez de ne pas trop frapper la balle en draw, le hors-limite débutant juste à gauche du sentier pour voiturettes. De là, c'est un vrai par 5 car un bois 5 au-dessus de l'eau sera suivi d'un wedge jusqu'au green.

Si, au contraire, on joue sous le vent, on frappera un drive doté d'un léger effet de fade, en visant le côté gauche du fairway. On devra s'assurer de continuer à viser légèrement à gauche sur le deuxième coup, car si la balle atterrit en descente ou en dénivelé, elle roulera jusqu'à l'eau.

Le green n'offre aucun putt facile. Mais si l'on quitte le n° 17 un birdie en poche, le n° 18, exigeant, aura perdu un peu de son mordant. **BB**

Parcours : Stanwich Club

Situé à : Greenwich, Connecticut, États-Unis

Trou : n° 17

Longueur : 519 m

Par : 5

Architectes : William Gordon, David Gordon

À savoir : En s'emparant du Mid-Amateur de 2002, George Zahringer est devenu le premier médaillé en stoke-play à remporter le titre général.

N° ❿ STANWICH CLUB

Réputé pour ses fairways étroits, bordés d'arbres et pour ses greens rapides, le Stanwich Club a déboulé sur la scène américaine en 2002, en accueillant sa première manifestation amateur majeure, le championnat Mid-Amateur américain. Le titre fut remporté par George Zahringer, New-Yorkais de 49 ans, membre du club, qui vainquit Jerry Courville, 43 ans, du Connecticut, par une marge de 3 et 2 au cours de la finale de 36 trous.

Le n° 17 de Stanwich, un par 5, présenta cette semaine-là un certain défi aux concurrents. Ce dogleg à gauche est bordé par l'eau à gauche et par d'épais bosquets de pins à droite. Le drive devrait donc être placé au centre droit du fairway, tout comme le deuxième coup si l'on désire bénéficier du meilleur angle en direction d'un green protégé par des bunkers à gauche et à l'avant-droite. Le coup d'approche devrait demeurer en dessous du trou afin d'éviter un difficile putt en descente, le green étant incliné d'arrière en avant.

Les rares grands frappeurs essayant d'atteindre le green en 2 coups devront franchir l'eau au cours du deuxième – ce qui n'est pas une mince affaire. **KA**

N° ⑰ GOLF DE VALDERRAMA

Parcours : golf de Valderrama
Situé en : Andalousie, Espagne
Trou : n° 17
Longueur : 448 m
Par : 5
Architecte : Robert Trent Jones senior
À savoir : En dépit de tous les débats que cette affirmation suscite, le n° 17 est le quatrième trou le plus facile du parcours. Au cours du championnat mondial de stroke-play, on joua sur ce trou une moyenne de 4,817 coups. Seuls 3 autres trous s'avérèrent plus faciles.

Les États-Unis possèdent l'Augusta National, l'Écosse St Andrews, et l'Espagne Valderrama. L'adjectif « classique » est réservé à une certaine élite et convient parfaitement à ce tracé andalou. Le n° 17 n'était autrefois qu'un très long par 5. Mais les choses ont changé. L'approche de ce trou aussi.

Le deuxième coup présente un dilemme intéressant : doit-on essayer de franchir l'eau pour s'emparer d'un birdie, voire d'un eagle, ou doit-on jouer intelligemment et plus court ?

La réponse dépend habituellement du genre de joueur que vous êtes et de ce qu'abrite votre sac. La plupart du temps, la sécurité l'emporte.

Au cours des Volvo Masters de 1995, Miguel Angel Jimenez réalisa ici le premier albatros de sa vie, et le premier qu'ait jamais vu Valderrama.

Le haut mur de pierre à droite de la zone d'arrivée du deuxième coup est un vrai gabion, tel qu'on les construisait il y a des siècles, habituellement comme composante d'une fortification. Il sert de mur de soutènement, mais offre aussi une estrade spectaculaire au public.

Seve Ballesteros fut chargé d'améliorer le tracé de Jones et de le remodeler. Il y laissa son empreinte, notamment au n° 17. Les débats sont désormais ouverts, mais les chiffres ne mentent pas. **TJ**

Trou 18

Dernier acte. Le rideau tombe. Pour un joueur en difficulté, la vue du 18e départ peut être la bienvenue, mais pour les golfeurs en bonne forme, cela représente la conclusion d'une partie qu'ils aimeraient ne jamais voir prendre fin.

Les architectes tiennent là leur dernière chance d'impressionner les joueurs, et gardent souvent le meilleur pour la fin. Les n° 18 du monde entier offrent ce que l'on fait de mieux en matière de spectacle golfique. Parmi les 1 001 entrées que comptent ces pages, 108 concernent le n° 18 – bien plus que n'importe quel autre trou.

Que le n° 18 soit le plus difficile, le plus beau, le plus singulier ou une combinaison de tout cela, c'est souvent le plus mémorable.

C'est aussi le merveilleux épilogue de 4 h 30, rappelant tristement que le monde n'est pas un parcours de golf. Mais, même si la partie se termine, vous jouerez à nouveau un jour prochain.

CI-CONTRE *Le n° 18 du Bay Hill Club & Lodge, à Orlando, en Floride.*

Parcours : Desert Mountain Golf Club (parcours Geronimo)

Situé à : Scottsdale, Arizona, États-Unis

Trou : n° 18

Longueur : 180 m

Par : 3

Architecte : Jack Nicklaus

À savoir : Scottsdale bénéficie de l'un des taux d'ensoleillement annuel les plus élevés des États-Unis – une bonne nouvelle pour ceux qui désirent profiter au maximum de Desert Mountain.

CI-CONTRE *Le n° 18 du parcours Geronimo du Desert Mountain Golf Club.*

N° ⓲ DESERT MOUNTAIN GOLF CLUB (PARCOURS GERONIMO)

Avec 108 trous mémorables de Nicklaus à leur disposition, les membres de Desert Mountain, dont le nombre s'élève environ à 2 500, ne manquent jamais de variété. Parmi ces 6 parcours du haut désert de Sonora, les parcours Outlaw et Geronimo sont considérés comme les plus exigeants.

Son légendaire dernier trou, un par 3, est l'une des caractéristiques uniques du Geronimo. Se détachant sur fond d'un magnifique clubhouse, la beauté de ce trou de 180 m est tout simplement époustouflante.

Il est intimidant par son aspect depuis le départ, et les joueurs doivent y porter la balle au-dessus d'un canyon déchiqueté, vers un vaste green. Même s'il est classé 16e du parcours par ordre de difficulté, on ne peut pas le considérer comme un trou aisé. Lorsque le vent se lève l'après-midi, de nombreux joueurs peinent à trouver son green, profond de 27 m.

Seuls des rochers et un terrain sauvage protègent ce green à double plateau, exception faite des 2 bunkers défendant ses côtés. Les balles trop courtes atterrissent souvent dans le bunker de l'avant-gauche, situé à 4,5 m en contrebas du green et depuis lequel il est quasiment impossible de distinguer la surface de ce dernier. Cependant, ceux qui prendront trop de club afin de franchir le canyon atterriront dans les rochers et les buissons, débutant à moins de 2 m derrière le green. **BB**

Parcours : Lindrick Golf Club

Situé à : Worksop, Nottinghamshire, Angleterre

Trou : n° 18

Longueur : 192 m

Par : 3

Architectes : Tom Dunn, F. W. Hawtree

À savoir : Les derniers changements majeurs sont intervenus sur le parcours de Lindrick il y a plus de 70 ans, en 1932. Seuls les n° 11 à n° 13 ont subi depuis quelques transformations.

N° ⓲ LINDRICK GOLF CLUB

Le Lindrick Golf Club débuta avec un 9 trous, tracé en 1892, qui fut transformé en 18 trous 2 années plus tard. Il est assez rare de terminer par un par 3, mais le n° 18 de Lindrick s'avère aussi difficile qu'il convient à un trou final. On ne relève aucun tape-à-l'œil sur ce long par 3, bénéficiant de la présence imposante du majestueux clubhouse au fond, mais le coup de départ doit être solide afin d'éviter des séries de profonds bunkers à l'avant-gauche comme à l'avant-droite.

Lindrick a accueilli la Ryder Cup en 1957, après que Sir Stuart Goodwin, industriel du Yorkshire, eut fait don de 10 000 livres à l'équipe britannique. Perdant 3 à 1 à l'issue des foursomes de la première journée, la Grande-Bretagne et l'Irlande se reprirent pour remporter 6 des 8 matchs individuels et gagner de 7,5 à 4,5 contre l'équipe américaine. Ce fut la dernière victoire des Irlandais et des Britanniques contre les Américains. La victoire suivante – après 13 défaites consécutives – n'intervint que lorsque des joueurs d'autres pays européens furent autorisés à rejoindre l'équipe.

Parmi les autres épreuves majeures s'étant déroulées au Lindrick Golf Club, on compte la Curtis Cup de 1960, le British Open féminin de 1988 et le British amateur féminin de 2003. **KA**

N° ⑱ KILLARNEY GOLF & FISHING CLUB
(PARCOURS MAHONY'S POINT)

Parcours : Killarney Golf & Fishing Club (parcours Mahony's Point)

Situé à : Killarney, comté de Kerry, Irlande

Trou : n° 18

Longueur : 179 m

Par : 3

Architectes : Henry Longhurst, sir Guy Campbell

À savoir : Le Killarney Golf Club abrite 2 tracés dignes d'une partie. Le parcours Killeen comme celui de Mahony's Point comptent parmi les 100 meilleurs des îles Britanniques. Le parcours Lackabane, le plus récent du club, est en passe de devenir très réputé.

Le 9 trous d'origine de Killarney a été étendu à 18 en 1939, lorsque Henry Longhurst et sir Guy Campbell établirent ce qui constitue désormais la base de Mahony's Point, le premier de 3 parcours arborés près des splendides et célèbres lacs de Killarney et des pics majestueux de Mcgillicuddy's Reeks, le massif le plus élevé d'Irlande.

Comme le prouve le n° 18 de Mahony's Point, un par 3 peut couronner en beauté une partie de golf.

Le long coup de départ doit survoler le lac de Lough Leane sur 137 m avant de rejoindre un green bien protégé, magnifiquement encadré de pins adultes et de massifs de rhododendrons, la brise soufflant depuis le lac influant de temps en temps sur la balle. Gratifiant, certes, mais possiblement désastreux pour votre carte de score. Si l'on termine en réalisant le par, on flottera sur un petit nuage.

Si vous n'êtes toujours pas convaincu de la qualité de ce joyau, écoutez donc Gene Sarazen qui déclara que « lorsque le vent souffle depuis le lac, même le meilleur joueur au monde aura du mal à passer en dessous de la barre des 80. Le n° 18, en particulier, est l'un des trous de golf les plus mémorables au monde ». **KA**

Parcours : Marriott Forest of Arden (parcours Arden)

Situé à : Meriden, Warwickshire, Angleterre

Trou : n° 18

Longueur : 193 m

Par : 3

Architecte : Donald Steel

À savoir : Le golf de Forest of Arden est depuis longtemps associé à l'European Tour, et le parcours Arden a accueilli en 2003 sa dixième épreuve du Tour.

N° ⓲ MARRIOTT FOREST OF ARDEN (PARCOURS ARDEN)

Le parcours Arden, qui a accueilli toute une série de tournois internationaux majeurs, dont le British Masters 2003, constitue l'une des épreuves les plus spectaculaires d'Angleterre.

Tout unique, difficile et plein de suspense qu'il soit, c'est son dernier trou qui se distingue comme l'un des plus mémorables que vous jouerez jamais en Angleterre, voire dans le monde entier.

Tout d'abord, le parcours Arden se conclut par un par 3, ce qui est en soi assez intrépide. On ne trouve pas sur tout le parcours épreuve plus difficile que ce trou. Même si l'on mène au cours d'un tournoi, on ne peut jamais être sûr de son avance jusqu'à ce qu'on s'éloigne de ce green.

Avec 193 m, c'est le par 3 le plus long du tracé. On peut, si on le désire, s'avancer à 189 m (marques blanches), 177 m (jaunes) ou 137 m (rouges).

L'un des plus mémorables des trous emblématiques de l'European Tour, ce par 3 domine les lacs et l'hôtel, offrant une vue époustouflante et un coup de départ non moins extraordinaire, où l'on doit survoler l'eau.

Si l'on réalise le par ici, on mérite bien des compliments.

Ce par 72 mesure 6 595 m depuis les départs arrière. **TJ**

Parcours : Country Club de Yomiuri

Situé à : Tokyo, Japon

Trou : n° 18

Longueur : 205 m

Par : 3

Architecte : Seichi Inoue

À savoir : Yomiuri accueille depuis longtemps le championnat clôturant la saison du Tour japonais, la Nippon Series JT Cup.

N° ⓲ COUNTRY CLUB DE YOMIURI

Le country club de Yomiuri, qui a ouvert ses portes en 1964, offre un terrain montagneux, des greens glissants, et divers coups aveugles, le vent jouant aussi souvent un rôle important.

Le n° 18, un par 3, constitue une splendide épreuve finale au cours de la Nippon Series JT Cup, championnat du Tour japonais qui se déroule tous les ans au Yomiuri. Comme si souvent sur les parcours japonais, le trou bénéficie de 2 greens, utilisés alternativement au fil des saisons. Celui que l'on vise la majorité du temps – et durant les tournois – est situé derrière un immense complexe de 5 bunkers que l'on doit franchir dès le coup de départ.

Au cours de la Nippon Series JT Cup 2003, le n° 18 s'avéra de loin le plus difficile, avec une moyenne de 3,37 coups sur les 4 tours, seuls 43 % des joueurs atteignant le green en régulation. Le trou ne concéda que 5 birdies durant toute la semaine, aucun d'entre eux n'étant réalisés au cours des 2 derniers jours.

Durant le 3ᵉ tour, il s'avéra particulièrement coriace, avec une moyenne de 3,56 coups, les 25 joueurs ne réussissant que 11 pars contre 14 bogeys.

Ce prestigieux tournoi a été remporté par des golfeurs japonais tels que Masashi Ozaki (1995, 1996), Shigeki Maruyama (1997) et Shingo Katayama (2000, 2002). **KA**

Parcours : Pierce Lake Golf Club

Situé à : Chelsea, Michigan, États-Unis

Trou : n° 18

Longueur : 214 m

Par : 3

Architecte : Harry Bowers

À savoir : Vous avez intérêt à affûter votre jeu sur le premier 9, aux fairways larges et attrayants, car le dernier 9 s'avère considérablement plus étroit, et fait chèrement payer hooks et slices.

N° ⑱ PIERCE LAKE GOLF CLUB

Les bois, marécages et fairways étroits font du dernier 9 du Pierce Lake Golf Club un redoutable défi. Dans une région – à un chip d'Ann Harbor – où une concurrence phénoménale existe à presque chaque sortie d'autoroute, Pierce Lake divise ses 18 trous selon 2 catégories : jouables et difficiles. Tous les joueurs y trouveront leur compte.

Ici, on cherche à vous désarçonner en fin de partie : plutôt que de terminer par un par 4 ou un par 5, plus traditionnels, Pierce Lake vous offre un par 3, et pas des plus commodes.

À 214 m depuis les départs arrière, vous avez intérêt à bien maîtriser votre bois 3. Il faudra cogner la balle (tout en jouant droit) pour rejoindre le green.

On trouve ici 5 séries de départ (souvenez-vous, le parcours est jouable quel que soit votre niveau de jeu), et l'on peut donc choisir les marques rouges (162 m) ou les blanches (167 m) si on le désire.

Non seulement une grande distance sépare le départ du green, mais on joue de plus face au vent, ce qui allonge le trou. Le green est aussi singulier : très long et très étroit.

On sera heureux d'apprendre que le drapeau est habituellement situé à l'avant du green. **TJ**

Parcours : East Lake Golf Club

Situé à : Atlanta, Géorgie, États-Unis

Trou : n° 18

Longueur : 212 m

Par : 3

Architectes : Donald Ross, George Cobb, Rees Jones

À savoir : Le dernier trou d'East Lake s'est avéré décisif pour Bubba Dickerson au cours de la finale en 36 trous de l'US Amateur 2001. Il joua ce trou à 1 au-dessous du par alors que son adversaire, Robert Hamilton, atteignit difficilement les 3 au-dessus du par, perdant ainsi de 1 point, avec un double bogey sur le 36ᵉ trou.

N° ⑱ EAST LAKE GOLF CLUB

C'est l'une des conclusions les plus curieuses de tout le jeu. L'équivalent d'un ornithorynque en architecture de golf.

Loin de nous l'idée de critiquer le n° 18 d'East Lake, un par 3. Au contraire, c'est un trou substantiel, exigeant autant de force que d'adresse et de courage, mais sa position dans la partie est curieuse. C'est une conclusion courte, mais classique, à l'une des plus belles parties de golf du monde.

East Lake est un parcours renommé, peut-être le plus vénérable de son genre. Il a accueilli divers championnats majeurs, dont l'US Amateur de 2001 et la Ryder Cup de 1963.

À travers son histoire légendaire, le n° 18 s'est avéré parfaitement adapté aux moments spectaculaires et éblouissants.

Le coup de départ se joue en montée sur ce trou de 212 m, habituellement face au vent. Même durant le PGA Tour Championship de 2002, de nombreux joueurs ont fait usage de fers longs ou de bois de parcours.

2 profonds bunkers, à l'avant-gauche et à l'avant-droite, protègent le green de près, et on peut parfois plus facilement sauver le par depuis leurs profondeurs sablonneuses que si l'on atterrit au-dessus du trou. Les coups de départ trop longs forcent à jouer de longs putts depuis le plateau supérieur du green, tout en négociant une pente glissante. **RH**

Parcours : Doral Resort & Spa (parcours bleu)

Situé à : Miami, Floride, États-Unis

Trou : n° 18

Longueur : 407 m

Par : 4

Architectes : Dick Wilson, Robert Von Hagge

À savoir : Que pourrait-on attendre du dernier trou d'un parcours surnommé le « Monstre bleu » ? C'est bien un trou monstrueux, l'un des plus difficiles qu'affrontent les joueurs du PGA Tour chaque année lorsqu'ils disputent le Ford Championship en mars.

N° ⑱ DORAL RESORT & SPA
(PARCOURS BLEU)

Le Doral Resort & Spa constitue depuis longtemps une étape du PGA Tour et c'est l'un des parcours les plus respectés du circuit professionnel. Les joueurs ne déclarent peut-être pas publiquement qu'ils l'adorent, mais ils respectent les défis qu'offre ce Monstre bleu. Selon Ben Crenshaw, « pour bien jouer ici, un golfeur doit pouvoir maîtriser toutes sortes de coups. »

On juge souvent les parcours de Floride banals à cause de leur terrain naturellement plat. C'est démenti par le Doral depuis sa naissance en 1962.

Et même si ce tracé est admiré, il ne se repose pas sur ses lauriers. De fait, en 1996, Raymond Floyd a dirigé des rénovations et Jim McLean a ramené les bunkers aux plans originaux de Dick Wilson en 1999. L'objectif n'était pas seulement de restaurer les éléments d'origine du parcours mais aussi de renforcer le défi du Monstre bleu.

L'eau est toujours l'obstacle le plus constant et le plus craint du tracé, le n° 18 ne faisant pas exception à la règle. Comptant parmi les trous les plus reconnaissables au monde, il est souvent désigné comme le trou final le plus difficile de tous les parcours du PGA Tour.

On y fait presque toujours face au vent, ce qui, bien que cela paraisse étrange, constitue presque un avantage. En effet, il soufflerait sinon probablement de gauche à droite, ce qui provoquerait d'énormes difficultés à cause du lac longeant tout le côté gauche du fairway et s'avançant devant le green. Si ce vent de travers se lève, on doit frapper la balle en direction du lac pour qu'il la ramène vers le fairway. Cela met les nerfs à rude épreuve.

Si le lac vous intimide et que vous tirez trop à droite, vous rencontrerez un rough profond et des arbres serrés, sans compter un angle d'approche difficile en direction d'un green aussi fin qu'une lame de rasoir. Ce dernier est bordé à gauche par le lac que l'on semble avoir toujours à l'esprit, du coup de départ au dernier putt. Les emplacements de drapeau peuvent être brutaux les dimanches de compétition. Monstrueux même. **JB**

N° ⑱ LOCH LOMOND GOLF CLUB

Parcours : Loch Lomond Golf Club

Situé à : Luss, Dunbartonshire, Écosse

Trou : n° 18

Longueur : 393 m

Par : 4

Architectes : Tom Weiskopf, Jay Morrish

À savoir : Inauguré en 1994, le joyau arboré qu'est le Loch Lomond Golf Club est blotti le long des rives du lac éponyme, et constitue un vrai chef-d'œuvre contemporain.

Ce club occupe l'ancien domaine du clan Colquhoun, ancré dans l'histoire écossaise depuis le XIIe siècle. L'Écosse étant reconnue comme terre natale du golf, le Loch Lomond jouit de la longue tradition associée à ce sport tout en procurant aux joueurs une expérience qui lui est propre.

Tom Weiskopf considère le Loch Lomond comme la plus réussie de ses créations, et soutient que le terrain qui lui servit de toile vierge était le plus beau au monde.

Le n° 18 complète à merveille le reste du parcours et conclut parfaitement la journée. Ce par 4 de 393 m met au défi les meilleurs des golfeurs, qui doivent décider à quel point ils peuvent s'y montrer audacieux.

Selon Weiskopf, le n° 18 « est un merveilleux trou où driver la balle, avec de l'eau tout du long du côté gauche de ce dogleg virant de droite à gauche. Les joueurs doivent décider à quel point ils osent couper l'angle. Des bunkers traîtres protègent le côté droit du fairway qui ne mesure que 38 m de large, et le green n'est pas aisé ».

Ce n'est pas le par 4 le plus long du parcours, mais il est certainement éprouvant. Le fairway étroit vous force à jouer droit et l'on doit éviter les bunkers de droite. **TJ**

CI-DESSOUS Le Sud-Africain Ernie Els joue son dernier coup vers le green du n° 18 au Loch Lomond Golf Club en juillet 2003.

N° 18 GREYSTONE GOLF CLUB

Parcours : Greystone Golf Club

Situé à : Romeo, Michigan, États-Unis

Trou : n° 18

Longueur : 412 m

Par : 4

Architecte : Jerry Matthews

À savoir : Le Michigan est réputé abriter d'excellents et difficiles parcours, mais on ne trouve pas plus ardu dans tout l'État que les 3 derniers trous de Greystone – y compris le n° 18.

Désigné comme l'un des meilleurs nouveaux parcours américains en 1992 par le magazine *Golf Digest*, ce tracé comprend des centaines de monticules, de bunkers aux contours bien définis et de panoramas uniques. Durant la construction, on n'a quasiment pas touché aux marécages, fragiles, et aux chênes plus que centenaires.

Le n° 18 est assurément le plus difficile des 3 derniers trous – surnommés « trous de la Carrière », car ils en encerclent une. On doit frapper un drive long et droit depuis le départ. On trouve de petites hauteurs sur le côté gauche – il est sage de les viser pour que la balle ricoche sur le fairway.

On essaiera aussi de ne pas atterrir derrière le grand arbre qui se dresse à environ 114 m du green.

Le coup d'approche se joue en descente, l'eau étant présente au-devant.

Le green est large mais pas très long, sauf sur la droite où il est encerclé d'eau. Si le drapeau est placé dans la partie la plus large, le coup n'est pas très difficile. **TJ**

N° 18 GOLF DE CHANTACO

Parcours : golf de Chantaco

Situé à : Biarritz, France

Trou : n° 18

Longueur : 334 m

Par : 4

Architecte : Harry S. Colt

À savoir : Un excellent parcours que l'on saluerait encore plus si le club éliminait le practice, dangereusement proche du n° 16. Nul souci de cet ordre cependant sur le merveilleux n° 18.

Le golf de Chantaco abrite un parcours d'une beauté extraordinaire. Avec 6 331 m, il est un peu court selon les normes en vigueur. C'est un par 70, mais le chef-d'œuvre d'Harry S. Colt est un peu démuni face à la technologie contemporaine. Ce n'est jamais plus évident que sur le trou final de Chantaco. C'est un joli dogleg à gauche qui concluait autrefois la partie de manière éprouvante. Aujourd'hui, vous pouvez viser directement le trou et éliminer le dogleg en frappant un drive solide, ou la balle sera engloutie par les arbres ou par 2 vastes bunkers situés à gauche du fairway.

Le n° 18 de Chantaco, comme la majorité du parcours, est doté d'étroits fairways et de nombreuses collines. Il compense son manque de longueur par la possibilité d'un lie dénivelé. C'est un trou exigeant un jeu précis. Les bunkers jugulent aussi l'enthousiasme des golfeurs désirant cogner la balle.

Le green, de taille réduite, participe au défi. C'est un trou exigeant stratégie, angles appropriés, et une bonne dose de jugeote si l'on veut en venir à bout.

Possédant une merveilleuse ambiance ainsi qu'une tradition sportive, le parcours de Chantaco est l'un des plus réputés de la côte basque. On trouve d'autres tracés dans la région, dont ceux de Seignosse et d'Hossegor, mais celui-ci, très vallonné – dont le n° 18, aux monticules abondants – rivalise aisément avec n'importe lequel d'entre eux. **JB**

Parcours : Southern Hills Country Club

Situé à : Tulsa, Oklahoma, États-Unis

Trou : n° 18

Longueur : 393 m

Par : 4

Architecte : Perry Maxwell

À savoir : Southern Hills a accueilli 8 championnats de l'USGA, dont 3 US Opens (1958, 1977, 2001). Le Tour Championship s'y est déroulé en 1995 et 1996, tandis que le PGA Championship, lui, s'y est tenu en 1970, 1982 et 1994. L'US Amateur féminin de 1946, remporté par Babe Zaharias, constitue cependant le premier championnat d'importance nationale qui se soit disputé ici.

N° ⑱ SOUTHERN HILLS COUNTRY CLUB

La liste des épreuves d'importance majeure s'étant déroulées au Southern Hills Country Club est vieille de 60 ans environ et le parcours peut s'enorgueillir d'avoir vu passer certains des meilleurs joueurs de l'histoire du golf. Un événement de taille se produira aussi à Tulsa en 2007, lorsque le Southern Hills accueillera son quatrième PGA Championship. Et ce n'est pas par hasard que les meilleurs golfeurs au monde et les manifestations les plus célèbres rejoignent régulièrement les plaines de l'Oklahoma.

Ce parcours, établi en 1936, a résisté à l'épreuve du temps. Lorsque le marché s'effondra en 1929, la fortune de Waite Phillips, magnat du pétrole, qui s'élevait à 50 millions de dollars, fut presque entièrement épargnée, car elle se composait en grande partie de liquidités. Il fit don du terrain où l'on traça ce parcours dont la construction dura 2 ans, de 1935 à 1936.

Sans la vision originale de Perry Maxwell cependant, le Southern Hills n'aurait pu résister au défi que représente la technologie contemporaine. Il y est pourtant parvenu.

Conclusion impressionnante du tracé, le trou final est un par 4 éprouvant, notamment lorsqu'un titre est en jeu. Ce dogleg à droite exige non seulement que l'on place le drive sur le fairway, mais aussi sur le plateau qu'on trouve du côté gauche. Pour y parvenir, le coup de départ doit éviter 2 étangs puis 2 bunkers, mais c'est sur le plateau que l'on doit se trouver pour bénéficier d'un bon angle d'approche du green. On est cependant encore confronté à un long deuxième coup.

On utilisera un fer long sur ce dernier, et même si l'on a atteint sa cible sur le premier coup, il est possible que la balle ne soit pas à la même hauteur. Compte-tenu du défi que représente l'approche, un lie inégal constitue un fardeau supplémentaire.

Le green est en hauteur, incliné, et bien défendu par 2 grands bunkers (à l'avant-gauche et à droite). Les putts peuvent représenter une corvée sur des pentes parfois accentuées, et on ne s'étonne plus que cela amène le par le plus difficile du parcours. **JB**

CI-CONTRE *L'Américain Stewart Cink joue son premier putt sur le green du n° 18 à Southern Hills en juin 2001.*

À DROITE *Le n° 18 du Southern Hills Country Club.*

Parcours : Old Memorial Golf Club
Situé à : Tampa, Floride, États-Unis
Trou : n° 18
Longueur : 412 m
Par : 4
Architecte : Steve Smyers
À savoir : Ce parcours se marie bien à son environnement. C'est Dame Nature qui a dicté son tracé. Mais, avec une longueur de 6 616 m, il met même les grands frappeurs au défi.

N° ⑱ OLD MEMORIAL GOLF CLUB

De nombreux membres de l'Old Memorial classent le n° 18 parmi les trous les plus difficiles du parcours. Certains affirment même que c'est le plus ardu d'entre eux.

Ce léger dogleg à droite est dépourvu de bunkers depuis le départ, mais on trouve des 2 côtés des zones dont l'environnement est protégé. Depuis l'aire de départ, visez le grand chêne et essayez de le survoler. Ou frappez votre drive légèrement en fade, du côté gauche.

Si vous pouvez jouer l'un de ces coups, le deuxième, un fer de 165 m environ, sera agréablement dégagé. Cela peut sembler facile, mais ce n'est pourtant pas le cas.

À environ 45 m du green, sur le côté droit du fairway, se trouvent des bunkers. D'autres encore protègent les 2 côtés du green, une cible de bonne taille, et assez plat.

Une grande partie des greens de l'Old Memorial sont rapides, mais vous devriez bien maîtriser leur vitesse une fois le n° 18 atteint. Sinon, quoi que vous réalisiez sur ce trou, cela ne changera pas grand-chose.

C'est un joli trou, comme les 17 précédents de ce tracé de Tampa. Mais celui-ci se distingue peut-être des autres par son niveau de difficulté. **TJ**

Parcours : Country Club de Detroit
Situé à : Grosse Pointe Shores, Michigan, États-Unis
Trou : n° 18
Longueur : 388 m
Par : 4
Architectes : Harry S. Colt, Robert Trent Jones senior, Arthur Hills & Associates
À savoir : Si Arnold Palmer fait partie de l'aristocratie du golf, ce 18 trous est l'un de ses palais. Un jeune Arnold Palmer est apparu sur la scène golfique en remportant l'US Amateur de 1954, au Country Club de Detroit.

N°  COUNTRY CLUB DE DETROIT

C'est un tracé plat parsemé de bunkers profonds et traîtres. Les arbres bordent les fairways des trous qui mènent à cette apothéose, et le vent qui balaie le lac St Clair fait du n° 18 le plus difficile du parcours.

Le coup de départ vise le fairway de ce dogleg à droite. On joue un coup d'approche très en montée vers un green surélevé, bien protégé de bunkers, avant d'effectuer une prière. C'est un dernier trou très costaud, un par 4 assez court selon les normes contemporaines, paraissant cependant bien plus long à cause de la montée.

Une manifestation célébrant les 50 ans d'un pionnier du jeu s'est déroulée ici en 2004, l'Arnold Palmer Turning Point Invitational. 30 anciens vainqueurs de l'US Amateur (dont le vainqueur du Masters 2004, Phil Mickelson) se réunirent pour ce gala de bienfaisance.

Prestigieux, huppé, privé, ce parcours compte parmi les plus anciens des États-Unis. C'est l'un des emblèmes du golf du Midwest depuis 1897. **KLL**

N° ⑱ LEVEN LINKS

Parcours : Leven Links
Situé à : Leven, Fife, Écosse
Trou : n° 18
Longueur : 416 m
Par : 4
Architecte : Tom Morris senior

À savoir : Selon le rédacteur en chef du magazine *Golf Monthly*, les zones les plus anciennes de Leven Links offrent « les meilleures étendues d'agrostide et de fétuque d'Écosse – c'est l'endroit où, l'été, on range sa balle compacte, on laisse son wedge aux vestiaires, et on affûte son coup d'approche roulé car c'est sur ce dernier que se joue vraiment la partie ».

Quelques mots d'histoire pour commencer, parce que celle-ci joue un rôle important à Leven Links. On commença à jouer à l'ancien Leven Golf Club dès 1846, au milieu des « agrostides, des dunes et des herbes sèches ».

Au début, seuls 9 trous étaient proposés, entretenus par les joueurs et leur famille. Selon les documents, il fallut attendre 1876 pour voir apparaître un greenskeeper à Leven. Les membres de l'Innerleven Golf Club rejoignirent ceux de Leven en 1867 pour former la société de golf de Leven, qui se targue du titre d'onzième club le plus ancien au monde. Leven a accueilli à partir de 1820 des compétitions sur les links de Dubbleside, aujourd'hui disparus, et qui se trouvaient de l'autre côté de la rivière Leven.

Dirigeons-nous maintenant vers le n° 18.

Le trou débute en plein centre du parcours et se dirige vers la ville, dans un cadre ravissant, inégalé pour ces links.

Le green est protégé à l'avant par un ruisseau intimidant, qui a la réputation d'avoir gâché de nombreuses parties. Le n° 18 est un par 4 de 416 m exigeant 2 coups très bien joués.

Il constitue le parfait dénouement d'une partie jouée dans le vent, près de la mer, sur un parcours ancré dans l'histoire. **TJ**

Parcours : Golf National (parcours Albatros)

Situé à : Guyancourt, France

Trou : n° 18

Longueur : 430 m

Par : 4

Architecte : Hubert Chesneau

À savoir : C'est sur le parcours Albatros que se déroule l'Open de France, tournoi ayant accueilli sa part de talents internationaux.

N° ⓲ # GOLF NATIONAL
(PARCOURS ALBATROS)

Ce trou est source de suspense non seulement au cours de l'Open de France, épreuve du PGA European Tour se disputant au Golf National, mais aussi chaque fois qu'un foursome y joue.

Tout d'abord, ce long par 4 exige un coup de départ précis et, bien que l'eau ornant le côté gauche du fairway n'entre jamais réellement en jeu, c'est là que terminent de nombreuses balles. À cause de sa longueur, de nombreux joueurs désirent franchir autant de distance que possible dès le départ. Cela leur permet de suivre d'un fer moyen, mais ce n'est pas toujours le cas. On sera en bonne position après un drive droit de 230 à 275 m.

Le deuxième coup s'avère très intimidant et les joueurs doivent franchir entre 137 et 230 m pour rejoindre le green, assez vaste. Il est essentiel ici de prendre assez de clubs car si l'on joue court, on terminera dans l'eau et on devra s'efforcer de la franchir à nouveau. On aperçoit un bunker à droite du green, qui n'entre en jeu que lorsque le drapeau est placé au fond ou au milieu à gauche. Quant au green même, il est parcouru de nombreux accidents de surface. La pente dirige en général la balle vers le milieu, mais en fonction de l'emplacement du drapeau, il faudra aligner très soigneusement son approche du trou avant de frapper son putt. **GE**

N° ⑱ PABLO CREEK

Parcours : Pablo Creek

Situé à : Jacksonville, Floride, États-Unis

Trou : n° 18

Longueur : 423 m

Par : 4

Architecte : Tom Fazio

À savoir : Sur ce parcours entièrement privé, les visiteurs doivent être accompagnés par un membre s'ils désirent jouer. On y trouve de l'eau et du sable en quantité – ce qui n'est pas étonnant en Floride.

Pablo Creek est un parcours splendide. Et quoique son vaste marécage et son ruisseau chantant ne s'avèrent pas les alliés des golfeurs, ils forment un cadre paisible et ravissant.

On ne trouve pas plus pittoresque ici que le n° 9. C'est, selon de nombreux avis, le plus mémorable du parcours. Le n° 18, bien que moins joli, est tout aussi difficile. C'est un très bon trou de golf sur un excellent tracé.

Depuis les départs arrière, vous aurez besoin d'un coup solide pour arriver à rejoindre le fairway. Vous terminerez dans le marécage si votre drive ne franchit pas au moins 225 m. Un agréable plateau, juste avant une forte pente en descente, constitue la zone d'arrivée idéale.

Le marécage longe tout le côté gauche, du départ jusqu'au green, même si des arbres le cachent en partie.

La partie du fairway qui s'étend de 165 m à 55 m du green est entièrement en descente, mais il commence ensuite à remonter vers le green. 2 bunkers protègent l'avant-gauche de ce dernier et on en trouve un autre à droite.

Le green étant à triple plateau, prêtez attention à l'emplacement du drapeau. **TJ**

N° ⑱ THE NATURAL

Parcours : The Natural

Situé à : Gaylord, Michigan, États-Unis

Trou : n° 18

Longueur : 407 m

Par : 4

Architecte : Jerry Matthews

À savoir : Le Natural constitue un choix tout naturel dans le lieu saint du golf que constitue Gaylord au Michigan. De nombreux parcours de resort de luxe se trouvent à un chip du Natural, mais on ne peut se tromper en sélectionnant ce dernier. C'est un parcours que l'on prend un grand plaisir à jouer.

Selon les responsables du club, « chaque trou du Natural s'intègre parfaitement au terrain existant, ce qui lui donne l'apparence d'exister depuis des années. » Le n° 18 en effet s'inscrit parfaitement dans le reste du parcours. Ravissant, mais aussi très difficile. Depuis l'aire de départ, on aperçoit le marécage qui longe le côté droit du fairway. On comprend ainsi pourquoi ce trou, qui se dirige vers le clubhouse, est désigné comme le plus difficile par la carte de score.

Depuis le départ de ce par 4, vous devrez frapper légèrement en draw pour bien mettre en place le deuxième coup. Celui-ci doit être long et franchir le marécage pour atterrir sur un green étroit. Ce n'est pas une mission facile, même pour les meilleurs des golfeurs.

Le green est très allongé, à double plateau, des bunkers protégeant son arrière. Il est caractéristique des greens du Natural, assez plats, où l'on ne trouve pas beaucoup d'accidents de surface. Celui-ci s'avérant équitable, faites confiance à votre jugement. C'est un trou final fantastique sur l'un des joyaux du nord du Michigan. **TJ**

N° ⑱ THE DE VERE BELFRY
(PARCOURS BRABAZON)

Parcours : The De Vere Belfry (parcours Brabazon)

Situé à : Sutton Coldfield, Warwickshire, Angleterre

Trou : n° 18

Longueur : 433 m

Par : 4

Architectes : Peter Alliss, Dave Thomas

À savoir : Le parcours Brabazon a accueilli sa quatrième Ryder Cup en 2002. Les matchs étaient programmés à l'origine pour septembre 2001 mais furent repoussés d'un an après les attaques terroristes sur le World Trade Center de New York.

CI-DESSOUS L'Espagnol José María Olazábal putte sur le n° 18 du parcours Brabazon au Belfry en mai 2000.

CI-CONTRE Le n° 18 du parcours Brabazon au Belfry.

On dit que le n° 18 du parcours Brabazon du Belfry constitue l'un des meilleurs trous de match play au monde. C'est peut-être parce que 4 Ryder Cups ont été disputées sur ce tracé, se terminant par ce trou, créant les souvenirs d'une vie. La plupart des golfeurs cependant, après avoir apprécié son écrasante difficulté et sa vue majestueuse, le décriront comme l'un des meilleurs trous au monde, un point c'est tout. Match play, stroke-play, détente, peu importe. C'est tout simplement un trou fantastique.

Dave Thomas, architecte du Brabazon, a déclaré qu'il désirait y favoriser un golf spectaculaire lorsqu'il le dessina. Il y est indubitablement parvenu, particulièrement sur le n° 18, où l'on doit franchir l'eau 2 fois et affronter une myriade d'autres difficultés. « Le Brabazon a toujours été reconnu comme une bonne épreuve de golf, un parcours où les meilleurs joueurs sont récompensés pour leurs coups de qualité… c'est l'une des scènes sportives les plus célèbres au monde », a déclaré Thomas.

Selon les responsables du club, le n° 18 est l'un des plus ardus dans le domaine du golf, ce que l'on peut difficilement contester une fois sur l'aire de départ. Le vent est le premier facteur à prendre en compte, ce qui ne devrait surprendre personne. Nous sommes en Angleterre après tout. Et, assez naturellement, il vous souffle le plus souvent au visage, légèrement en biais depuis la gauche. Cela force à porter la balle au-dessus de l'eau et des arbres sur 238 m, face au vent. Tout drive en pull ou trop court terminera dans l'eau. Si l'on part trop à droite, on sera là confronté à un

deuxième coup à nouveau au-dessus de l'eau, atteignant parfois 210 m pour rejoindre un green sévèrement incliné, à triple plateau, protégé par de profonds bunkers de chaque côté.

Le green correspond au rêve d'un responsable de parcours. Extrêmement long, il est incliné d'arrière en avant, et une différence de 4 clubs sépare un emplacement de drapeau au fond d'un autre à l'avant.

Thomas souhaitait faire naître le spectacle, une scène dont les golfeurs s'éloigneraient avec des souvenirs exceptionnels. Il y est entièrement parvenu sur le superbe parcours de Brabazon, particulièrement sur le n° 18, où le rideau tombe. **JB**

Parcours : Pete Dye Golf Club

Situé à : Bridgeport, Virginie-Occidentale, États-Unis

Trou : n° 18

Longueur : 434 m

Par : 4

Architecte : Pete Dye

À savoir : *Simpson Creek* (le « ruisseau de Simpson » en français) entre en jeu sur de nombreux trous du Pete Dye Golf Club. Ce n'est pas vraiment un ruisseau, mais plutôt une rivière. Lorsqu'il pleut, il se gonfle et son débit est assez rapide. Ne vous laissez donc pas duper par son appellation.

N° ⓲ PETE DYE GOLF CLUB

Un dernier trou mémorable sur un parcours qui l'est tout autant.

À la fin de la plupart des grands parcours de golf, on désire encore en découdre, et l'on repart donc avec une impression durable. Ce trou difficile vous comblera.

Comme on débute du côté gauche du cours d'eau qui peut atteindre 45 m de large à certains endroits, on doit s'assurer de le franchir. Seuls les départs les plus avancés vous épargnent ce défi.

Le fairway est incliné et le danger guette des 2 côtés, avec un muret de pierre à droite et l'eau à gauche. Une épaisse fétuque complique encore les choses. Et juste comme vous pensiez avoir passé le pire, cela continue. Une montée au milieu du fairway vous empêche de distinguer le green, et mieux vaut s'avancer un peu en voiturette pour étudier la cible visée. Ce coup aveugle fait tout l'intérêt du finale.

Le green, parcouru de nombreux mouvements, mesure 40 m de profondeur. On découvre un ruisseau à gauche et un profond bunker à droite. Le tiers arrière du green est presque hors jeu si la balle n'arrive pas avec assez de hauteur. Le green tient très difficilement la balle qui peut très rapidement rouler jusque dans le ruisseau. **TJ**

Parcours : Capitol Hill (parcours du Sénateur)

Situé à : Prattville, Alabama, États-Unis

Trou : n° 18

Longueur : 418 m

Par : 4

Architecte : Robert Trent Jones senior

À savoir : Capitol Hill appartient à la légendaire route des golfs de Robert Trent Jones, une série de parcours dans l'Alabama, tous conçus par cet architecte. Le n° 18 du parcours du Sénateur de Capitol Hill est souvent considéré comme le plus difficile du tracé.

N° ⓲ CAPITOL HILL (PARCOURS DU SÉNATEUR)

Le parcours du Sénateur mérite à lui seul une visite. Lorsqu'on considère que ce n'est qu'une des étapes de la route des golfs de Robert Trent Jones, cela devient une vraie aventure golfique de 10 jours. Et le n° 18 du Sénateur est à la fois le dernier trou et le temps fort de votre partie à Prattville.

C'est non seulement le meilleur trou du parcours mais aussi le plus difficile. Il est également classé parmi les 50 trous les plus ardus que l'on joue chaque année dans le cadre du Nationwide Tour. Ce circuit junior du PGA Tour organise son championnat sur le parcours du Sénateur et, en 2002 par exemple, ce trou ne concéda que 9 birdies contre 50 bogeys. On joua cette année-là une moyenne de 4,316 coups sur ce par 4, et ce, de la part de joueurs à la limite de se qualifier pour une carte du PGA Tour.

C'est un trou à la fois ardu et magnifique. Sur ce dogleg à gauche, la zone d'arrivée du coup de départ est protégée par 3 bunkers à gauche. De là, un grand lac longe le côté gauche du fairway jusqu'au green.

Celui-ci est immense, et si l'on atterrit sur la partie avant alors que le drapeau est placé au fond, on pourrait avoir à affronter un putt de 45 m. Chris Couch, qui remporta le championnat du Nationwide Tour en 2003 malgré une aventure similaire au n° 18, déclara au cours de la conférence de presse qui suivit : « J'étais sur le green mais je me disais, "Putter ? Il me reste encore un demi-wedge". » **JB**

N° ⑱ KILLARNEY GOLF & FISHING CLUB
(PARCOURS KILLEEN)

Parcours : Killarney Golf & Fishing Club (parcours Killeen)

Situé à : Mahony's Point, Killarney, Irlande

Trou : n° 18

Longueur : 376 m

Par : 4

Architectes : Eddie Hackett, Dr W. O'Sullivan

À savoir : Le club de Killarney abrite 2 tracés remarquables, le parcours Killeen et le parcours Mahony's Point, comptant tous 2 parmi les 100 meilleurs des îles Britanniques. Le parcours Lackabane est le plus récent du lieu.

Parcours phare de ce complexe, Killeen est l'un des plus beaux du pays. Mesurant 6 474 m, il mettra au défi même les grands frappeurs, et l'eau étant présente sur la plupart des trous, la précision s'avère essentielle.

Les parcours Killeen et Mahony's Point sont à la fois similaires et différents. Tous 2 se terminent par d'excellents trous mais, alors que le n° 18 de Mahony's Point est un par 3, celui du Killeen est un éprouvant par 4 de 376 m.

On aura besoin d'un solide drive, droit, depuis l'aire de départ surélevée. Il est important d'être bien placé pour le coup d'approche car la marge d'erreur est réduite et l'on doit franchir l'eau pour rejoindre le green, difficile lui aussi.

Le parcours Killeen est doté de nombreux trous fantastiques, et tous les golfeurs désignent un trou différent comme leur préféré. Vous verrez que le choix est ardu face à une telle abondance.

Ce tracé est immanquablement classé parmi les meilleurs au monde et a accueilli de nombreux championnats majeurs, dont l'Open d'Irlande en 1991 et 1992, remporté ces 2 années-là par le grand Nick Faldo. La Curtis Cup s'y est aussi déroulée en 1996. **TJ**

Parcours : Gary Player Country Club
Situé à : Sun City, Afrique du Sud
Trou : n° 18
Longueur : 441 m
Par : 4
Architecte : Gary Player
À savoir : Ernie Els joua 28 parties consécutives en dessous du par durant le Nedbank Golf Challenge avant que sa baraka ne prenne fin durant le premier tour de cette épreuve en 2003.

CI-DESSOUS *Le Zimbabwéen Nick Price joue son deuxième coup sur le n° 18 du parcours Gary Player en décembre 2000.*

CI-CONTRE *Le n° 18 du parcours Gary Player.*

N° 18 GARY PLAYER COUNTRY CLUB

L'éprouvant coup de départ du n° 18 du Gary Player Country Club, en forme de boomerang, a donné des sueurs froides à de nombreux joueurs au cours du Nedbank Challenge se déroulant ici tous les ans. La marge d'erreur est en effet réduite quant à la distance que doit parcourir ce drive. S'il est trop court, la balle ne rejoindra pas le coude de ce dogleg marqué à gauche et l'angle du deuxième coup s'avérera encore plus délicat. S'il part droit mais trop loin sur le fairway, on atterrira dans les arbres et dans un rough épais. Trop à gauche, on trouvera des arbres supplémentaires ou l'étang que l'on devra franchir sur le coup d'approche.

Où que le drive atterrisse, l'approche ne sera pas aisée. En plus de l'étang, la balle doit aussi éviter des bunkers autour du green, petit et ondoyant.

Ernie Els, 3 fois champion du Nedbank Challenge, s'empara de la victoire en 2002 avec une avance de 8 coups et un dernier tour en 63 comprenant 4 birdies sur les 5 derniers trous, dont un au n° 18. Els découvrit cependant au cours de l'édition 2003 les risques que posait ce dernier, lorsqu'il y réalisa un bogey au cours des 2 derniers tours. **KA**

N° ⑱ GOLF DE FRÖSAKERS
(PARCOURS OUEST)

Parcours : golf de Frösakers (parcours ouest)

Situé à : Västeras, Västmanland, Suède

Trou : n° 18

Longueur : 381 m

Par : 4

Architecte : Sune Linde

À savoir : Le golf de Frösakers a accueilli une épreuve de l'European Challenge Tour au milieu des années 1991, le n° 18 servant de rude épreuve finale pour les golfeurs essayant d'accéder au PGA European Tour.

Le golf de Frösakers est situé à Västeras, ville de l'est de la Suède de plus de 125 000 habitants. Située à l'embouchure de la Svart, près des rives du lac Mälaren, elle est au cœur d'une région industrielle, ses usines produisant de l'électroménager, du fer et de l'acier, des générateurs, des moteurs et des locomotives. Centre commerçant et culturel au Moyen Âge, ses attractions touristiques comprennent un château du XIIe siècle et une cathédrale gothique abritant la tombe d'Erik XIV, roi de Suède.

Frösakers, souvent classé parmi les 5 meilleurs parcours de Suède, constitue l'un des autres attraits de Västeras. Situé en terrain vallonné, le n° 18, son trou emblématique, constitue une épreuve finale difficile, présentant diverses options aux golfeurs dès le coup de départ. Quelle que soit la voie qu'ils sélectionnent sur ce dogleg à droite, ils ne pourront pas en deviner les conséquences. Ils peuvent frapper un driver pour dépasser l'arbre solitaire du côté droit du fairway et risquer un fade ou un slice atterrissant dans le grand étang, ou ils peuvent jouer la sécurité en frappant un fer court atterrissant devant le plan d'eau, pour suivre d'un coup d'approche beaucoup plus long, au-dessus de l'eau, vers un green à multiples plateaux. **KA**

N° ⑱ SHOAL CREEK GOLF CLUB

Parcours : Shoal Creek Golf Club

Situé à : Birmingham, Alabama, États-Unis

Trou : n° 18

Longueur : 407 m

Par : 4

Architecte : Jack Nicklaus

À savoir : Shoal Creek a accueilli l'US Amateur en 1986 et le championnat de l'US PGA en 1990. Lors de ce dernier, le n° 18 était classé comme le plus difficile du parcours.

Niché entre les massifs de Oak Mountain et de Double Oak Mountain, parmi les collines et vallées des environs de Birmingham, dans l'Alabama, existe un parcours de golf immanquablement classé parmi les meilleurs d'Amérique. Il a accueilli de nombreux championnats et a résisté à la grande polémique que provoqua son refus d'admettre les femmes (depuis rectifié), tout en maintenant une riche tradition de golf d'excellence.

Ce tracé de Jack Nicklaus offre un défi naturel tout du long, tandis que le massif de Double Oak, au fond, constitue un spectacle impressionnant.

Votre expérience au Shoal Creek Golf Club débute même avant de poser le pied sur le parcours. Le clubhouse est construit selon le style colonial de Williamsburg, jusqu'à l'authentique appareil flamand de ses briques. Le clubhouse, la boutique, la salle de réunion et les cottages des visiteurs sont disposés comme au sein d'un village, rappelant la ville de Williamsburg. Et l'écusson au-dessus de la porte d'entrée du clubhouse est la copie exacte de celui du palais du gouverneur de Williamsburg.

La tradition golfique est aussi riche ici que le style architectural de ce bâtiment. On débute peut-être sa visite par le clubhouse, mais sa conclusion – le n° 18 – est elle aussi mémorable.

L'aire de départ du n° 18 est engloutie par les arbres, à gauche, à droite et à l'arrière. On a l'impression de frapper la balle au milieu d'une épaisse forêt. Mais échapper à ce tunnel naturel d'arbres ne s'avère pas si difficile

que cela. Il suffit de frapper droit et bas. Mais c'est là que finit la facilité.

On doit faire preuve d'une grande précision sur le coup d'approche, car le danger est omniprésent. Le green est en hauteur, ses 2 côtés surélevés par rapport à son centre. On trouve quelques petits bunkers à droite et un autre, à la forme étrange et allongée, longe le côté gauche. Un peu plus loin du même côté se trouve un obstacle d'eau, mais la balle doit vraiment dévier pour qu'il entre en jeu.

Le green offre la possibilité d'emplacements de drapeau très tentants. On y découvre 3 niveaux distincts, et le coup d'approche doit atterrir sur celui où se trouve le drapeau ou l'on aura besoin d'au moins 2 putts. **JB**

N° ⑱ SEMINOLE GOLF CLUB

Parcours : Seminole Golf Club

Situé à : Palm Beach, Floride, États-Unis

Trou : n° 18

Longueur : 381 m

Par : 4

Architecte : Donald Ross

À savoir : Le prestigieux George Coleman Invitational, réservé à l'élite des golfeurs mid-amateurs et seniors, se déroule tous les ans au Seminole.

Lorsque l'on évoque Donald Ross, les palmiers et les vagues ne sont probablement pas les premières choses qui viennent à l'esprit. Mais le Seminole Golf Club – l'un des plus prestigieux du pays – compte parmi les 2 ou 3 chefs-d'œuvre les plus importants du célèbre architecte.

C'est notamment grâce à son dernier trou, offrant un finale en puissance. Son aire de départ est située au sommet de dunes offrant une vue époustouflante sur l'Atlantique. Celle du fairway de ce dogleg à gauche est nettement moins agréable car le coup de départ doit se faufiler entre 2 rangées d'arbres vers une zone d'arrivée protégée par des bunkers tentaculaires.

Cela laisse les golfeurs face à un coup d'approche difficile, en montée, vers un green étroit défendu par un profond bunker à droite, et par les dunes à gauche. Comme toujours sur de vrais links, le vent peut influer de façon spectaculaire sur les coups et les distances d'une partie à l'autre. La sélection du club approprié devient alors déterminante.

À l'apogée de sa carrière, Ben Hogan passait souvent plusieurs semaines par an au Seminole afin de préparer le début de saison. Il ne fait aucun doute que le n° 18 constituait un excellent entraînement. **KA**

N° ⑱ THE OLYMPIC CLUB
(PARCOURS DU LAC)

Parcours : The Olympic Club (parcours du Lac)

Situé à : San Francisco, Californie, États-Unis

Trou : n° 18

Longueur : 317 m

Par : 4

Architecte : Sam Whiting

À savoir : On dit que c'est l'un des plus beaux trous d'arrivée au monde. C'est certainement l'un des plus photographiés et des plus peints.

CI-CONTRE *Le n° 18 du parcours du Lac de l'Olympic Club.*

Presque un tiers des concurrents réalisa un bogey ou pire sur ce trou d'arrivée, le deuxième par 4 le plus court du parcours, durant le deuxième tour de l'US Open de 1998, à l'Olympic Club.

Les joueurs n'apprécièrent pas. L'USGA non plus. L'Olympic Club en paiera peut-être le prix dans le futur. David Fay, alors président de l'USGA, déclara l'année suivante : « Il est clair que si l'US Open retourne un jour à l'Olympic, il faudra intervenir sur ce green. »

Et bien l'Olympic a déjà transformé sa pente.

Mais quelle serait votre prestation ici ? Ce green est toujours ardu, particulièrement si l'on appartient pas au PGA Tour. Les putts s'y avèrent problématiques à cause de sa topographie. D'une surface très réduite, étroit, il est sévèrement incliné d'arrière en avant, et lorsque le drapeau est placé sur les 2 tiers arrière le jeu devient très complexe.

Depuis le départ, ce trou assez droit ne semble pourtant pas très difficile. Il est joli, mais pas intimidant. La clé du succès ici est de placer le deuxième coup en dessous du trou. Le green est non seulement petit, mais aussi flanqué de bunkers des 2 côtés. **TJ**

N° ⑱ LAKESIDE COUNTRY CLUB
(PARCOURS OUEST)

Parcours : Lakeside Country Club (parcours ouest)

Situé à : KyungKi Do, Séoul, Corée du Sud

Trou : n° 18

Longueur : 375 m

Par : 4

Architectes : Nakano Ryu, Iksung Yoon

À savoir : Juli Inkster a rentré un putt de 3,6 m sur le n° 18 du Lakeside pour remporter le Samsung World Championship de 1997, battant Helen Alfredsson et Kelly Robbins à l'issue d'un play-off en mort subite.

Comme de nombreux trous de la région, en particulier au Japon, le dernier trou du parcours ouest du Lakeside Country Club est doté de 2 greens que l'on utilise alternativement, selon la saison. On joue sur celui de droite la plus grande partie de l'année, et l'on doit alors placer le drive sur le côté gauche du fairway. Cela permet d'éviter un arbre qui empiète sur le côté droit de la zone d'arrivée et qui bloque efficacement le coup d'approche depuis cet angle. L'avant du green est aussi protégé par un petit bunker que l'on doit habituellement franchir sur le deuxième coup, assez court.

Le parcours ouest du Lakeside, qui s'avère généralement difficile, a accueilli diverses épreuves professionnelles importantes, dont le Samsung World Championship of Women's Golf, en 1997, l'Asian Tour's SK Telekom Open et le Maekyung Open du PGA Tour coréen.

Mark Calcavecchia, joueur américain, était l'un des 6 concurrents en dessous du par à l'issue de la semaine du Maekyung Open de 2004, tournoi qu'il remporta avec un score de 6 en dessous du par. Et durant le Samsung World Championship de 1997, Juli Inkster, joueur américain, termina en première place *ex aequo* avec un score de 8 sous le par après 72 trous, puis remporta le play-off. **KA**

N° ⓲ **GOLF DE SAN ROQUE**
(VIEUX PARCOURS)

Parcours : golf de San Roque (vieux parcours)

Situé à : San Roque, Espagne

Trou : n° 18

Longueur : 391 m

Par : 4

Architecte : Dave Thomas

À savoir : Dans les contreforts de la Sierra Bermeja, la beauté paisible de l'Andalousie abrite un refuge de style, où des infrastructures 5 étoiles et deux 18 trous de championnat s'allient à une atmosphère chaleureuse.

Entre Jerez et Marbella, presque à la pointe de la péninsule Ibérique, se trouve le golf de San Roque. Il est peut-être isolé mais son parcours est facile à repérer lorsqu'on est à la recherche des meilleurs d'Europe.

Où le trouvera-t-on ? En tête de liste évidemment.

Abritant 2 parcours (le plus récent fut inauguré en 2003), San Roque offre à la fois la beauté et le challenge que l'on s'attend à trouver dans un club aussi prestigieux.

Conçu par Dave Thomas, avec des bunkers remodelés par le héros du golf espagnol, Seve Ballesteros, son premier parcours est classé parmi les plus beaux d'Europe.

Les derniers trous dominent en qualité le reste du tracé, le n° 18 étant probablement le plus beau de tous.

Ce par 4 est un dogleg à gauche dont le côté droit est bordé d'eau. On profitera ici d'un fairway assez généreux. Un arbre se dressant près du green, à gauche, entre en jeu si l'on atterrit dans le rough situé du même côté.

Le centre et le côté droit offrent un excellent angle d'approche de ce green défendu par l'eau à droite et par un bunker à l'arrière-gauche. Il est caractéristique de ceux qu'on trouve sur ce parcours : rapide, découpé et équitable, récompensant les putts bien jugés et punissant tout le reste. **TJ**

N° ⑱ HALF MOON BAY GOLF LINKS (VIEUX PARCOURS)

Parcours : Half Moon Bay Golf Links (vieux parcours)

Situé à : Half Moon Bay, Californie, États-Unis

Trou : n° 18

Longueur : 398 m

Par : 4

Architectes : Arnold Palmer, Frank Duane, Arthur Hills

À savoir : Le vieux parcours de Half Moon Bay, autrefois baptisé parcours des Links, fut conçu en 1973. Il fut remodelé par Arthur Hills en 2000.

Le n° 18 d'Half Moon Bay est un trou splendide, une difficile épreuve offrant un panorama époustouflant sur le Pacifique, un vent marin retors, et un lancer de balle obligatoire sur le dernier coup d'approche de la partie.

Le trou domine le littoral rocailleux et accidenté s'étalant sur tout le côté droit, et le vent qui souffle en général très fort depuis l'océan aidera en réalité les golfeurs en éloignant leur balle des falaises. Si l'on frappe son drive trop loin, cependant, un large ravin traversant le fairway peut engloutir la balle. On doit franchir ce ravin sur le deuxième coup pour rejoindre le green, niché entre les falaises à droite et le flanc d'une colline à l'arrière. Il est aussi protégé de bunkers sur 3 côtés – arrière, gauche et droite. Le bunker placé à l'avant-gauche n'est qu'un ajout récent, empêchant les joueurs de jouer la sécurité sur l'approche.

L'arrière du green était autrefois encadré par une végétation épaisse, mais c'est le Ritz-Carlton de Half Moon Bay, une bâtisse impressionnante et huppée, qui se dresse désormais à sa place, offrant souvent un public aux golfeurs jouant leurs derniers coups de la journée. **KA**

Parcours : Fox Meadow Golf & Country Club

Situé à : Stratford, Île du Prince-Édouard, Canada

Trou : n° 18

Longueur : 497 m

Par : 4

Architectes : Robert Heaslip & Associates

À savoir : Ce parcours est d'une telle qualité que l'on n'a pu choisir un seul trou emblématique. Cette distinction revient donc aux n° 7 et 18, et d'autres s'en montrent tout aussi dignes.

N° ⑱ FOX MEADOW GOLF & COUNTRY CLUB

Ce trou d'arrivée est considéré comme le quatrième le plus difficile du parcours. 4 séries de départ vous facilitent la tâche si vous n'êtes pas le golfeur le plus doué au monde. Depuis les marques rouges, le n° 18 ne mesure plus que 410 m.

Un par 5 difficile offrant de la distance constitue une fin de partie fantastique. Et Fox Meadow vous propose un trou épatant. Avec un peu de chance, vous avez réglé tous vos problèmes de slice parce que des arbres bordent tout le côté droit du fairway.

2 bunkers étant situés à gauche, la ligne droite constitue votre meilleure option. Ce sera aussi le cas sur le deuxième coup. Si vous décidez de jouer la sécurité, attention à un bunker à droite, à environ 90 m du départ.

Si vous visez le green, vous affronterez un difficile coup en montée, les embûches (oui, encore des arbres) guettant des 2 côtés du fairway. On trouve aussi 2 bunkers retors à droite, et un autre à gauche du green.

Ce dernier ne fait pas de cadeaux. On sera heureux d'y parvenir en 2 coups, sauf si c'est pour suivre de 3 putts. Votre gloire se ternirait alors quelque peu. **TJ**

Parcours : Honors Course

Situé à : Ooltewah, Tennessee, États-Unis

Trou : n° 18

Longueur : 412 m

Par : 4

Architectes : P. B. Dye, Pete Dye

À savoir : Ce club a accueilli l'US Amateur en 1991, la Curtis Cup en 1994, et le championnat NCAA en 1996, remporté par Tiger Woods.

N° ⑱ HONORS COURSE

Le dernier trou de l'Honors Course est un léger dogleg à droite. Depuis le départ, on doit viser le centre gauche du fairway. Si l'on tire trop à droite, on trouve des arbres et on perd tout espoir de birdie.

Le deuxième coup de ce long par 4 exige une extrême précision – sauf si vous appartenez au PGA Tour, vous devrez réellement vous concentrer.

À droite se trouve un incroyable bunker, de 3 à 4,5 m en contrebas du green. C'est un endroit où l'on ne souhaite vraiment pas se retrouver, car cela limiterait considérablement la possibilité de sauver le par. À gauche se dresse un grand arbre qui entre en jeu et a tendance à bloquer les balles, tel un défenseur de la NBA. Vous pouvez éviter cet obstacle si vous visez sa gauche, mais cela implique un peu de chance, et il vaut mieux donc viser directement le centre du green.

Celui-ci est assez grand et quelque peu rapide. Comme sur tous les parcours de Pete Dye, les balles sont naturellement renvoyées à droite. Ne vous imaginez donc pas que n'importe quel putt fera l'affaire.

C'est un trou final classique sur un tracé classique lui aussi, créé en priorité pour les joueurs de style... classique. **GE**

N° ⓲ COLLETON RIVER PLANTATION
(PARCOURS DYE)

Parcours : Colleton River Plantation (parcours Dye)

Situé à : Bluffton, Caroline du Sud, États-Unis

Trou : n° 18

Longueur : 403 m

Par : 4

Architecte : Pete Dye

À savoir : Tandis que le parcours Nicklaus de Colleton River bénéficie d'énormément d'attention, le parcours Dye mérite tout autant d'être salué. Ce joyau de 18 trous est tracé près d'un marécage, le long de la Colleton.

C'est un lieu sans égal. En 1999, *Golf Magazine* établit une liste des 100 meilleurs parcours américains qui comprenait celui de Dye à Colleton River, en en faisant la seule enclave résidentielle protégée à posséder 2 parcours sur cette liste. Le plus étonnant est que le parcours Dye n'avait alors que 6 mois. C'est ce qu'on appelle grandir à toute vitesse.

Le n° 18 offre une vue spectaculaire et un finale en beauté, débordant de suspense. Ce par 4 de 403 m, un dogleg à gauche, offre tout le nécessaire pour une fin de partie palpitante. Le fairway vire lentement à gauche, l'eau longeant de près ce côté-là du départ jusqu'au green. On trouve des bunkers très difficiles entre le fairway et l'eau, toujours à gauche. Ils ne constituent pas l'endroit idéal où se retrouver mais vous évitent au moins de terminer dans l'eau. Les arbres peuvent entrer en jeu sur le coup de départ si vous le jouez en slice. Mieux vaut donc frapper droit.

Un coup de départ solide permet de jouer un fer en direction du green. Celui-ci est le plus profond du parcours Dye, mais comme la plupart des autres, il est défendu de près par des bunkers. **TJ**

Parcours : Inverness Club
Situé à : Toledo, Ohio, États-Unis
Trou : n° 18
Longueur : 323 m
Par : 4
Architecte : Donald Ross

À savoir : Lorsqu'il remodela Inverness en 2000, Arthur Hills restaura sur ce trou de nombreux éléments du tracé original de Ross, récupérant 4,5 m de green, incluant à nouveau un bunker à l'arrière-gauche du green et remplaçant le premier bunker de droite par 3 autres, plus petits mais profonds.

N° ⑱ **INVERNESS CLUB**

La distance réduite de ce trou a toujours offert la possibilité d'un héroïque birdie, scellant une victoire en apothéose au cours des nombreux championnats majeurs se déroulant à Inverness. Ne vous laissez cependant pas duper : une courte distance n'est pas synonyme de facilité. Des bunkers bordent les 2 côtés de la zone d'arrivée de la plupart des drives, sur un fairway sinueux, et l'avant du green, tout proche, est lui aussi bordé de ces fosses sablonneuses qui créent un spectacle saisissant depuis le départ. Comme si cela ne suffisait pas, le green est aussi fortement incliné d'avant en arrière et il doit son surnom de « vallée de la Mort », entièrement justifié, à une petite dépression à sa droite. Jack Nicklaus, autorité en la matière, a déclaré que le n° 18 d'Inverness était « le trou "soi-disant facile" le plus difficile qu'il ait jamais joué. »

Un coup bien particulier fit évidemment entrer Inverness dans la légende. À égalité avec Greg Norman sur le 72e trou, Bob Tway paraissait vaincu par le sable au dernier tour du championnat PGA de 1986 lorsqu'il atterrit dans le bunker à droite du green, se retrouvant en position difficile. Il rentra sa sortie de bunker en explosion, réalisa un birdie, et l'emporta sur Norman pour qui débutait alors toute une période de malchance au cours des majeurs. **KA**

N° ⑱ TROON NORTH GOLF CLUB (PARCOURS DU MONUMENT)

Parcours : Troon North Golf Club (parcours du Monument)

Situé à : Scottsdale, Arizona, États-Unis

Trou : n° 18

Longueur : 406 m

Par : 4

Architectes : Tom Weiskopf, Jay Morrish

À savoir : Avec la silhouette de Pinnacle Peak et des McDowell Mountains en toile de fond, le Monument est un parcours typique du désert, modelé dans un terrain spectaculaire, et où l'on joue un golf de cible.

Le sable entourant les trous qui précèdent le n° 18 entre fréquemment en jeu, et l'on bénéficie de vues spectaculaires depuis divers points élevés.

Distance et exactitude seront vos alliées sur le n° 18. 2 longs coups précis sont en effet indispensables pour assurer le par. Le coup de départ se joue habituellement face au vent et sous un soleil brûlant, et doit viser le centre gauche du fairway, en évitant les 2 grands bunkers au niveau du coude que dessine le trou, à gauche en direction du clubhouse. Le coup d'approche doit franchir un ravin pour rejoindre un vaste green protégé de sable des 2 côtés. C'est la conclusion classique d'un parcours original au cœur du haut désert de Sonora.

Des crêtes et pics harmonieux se dressent en toile de fond, la végétation et la faune sont abondantes, les lapins, les lézards et parfois même un coyote traversent le fairway à toute allure. Ce parcours est caractérisé par des trous serpentant autour de cactus saguaros imposants, où l'on doit porter la balle au-dessus d'oueds asséchés.

Ce tracé récent constitue déjà une référence parmi les parcours du désert. Tout simplement, ce 18 trous existe en complète harmonie avec son milieu naturel. **KLL**

N° ⑱ GOLF DE VALDERRAMA

Parcours : golf de Valderrama
Situé à : San Roque, Cadix, Espagne
Trou : n° 18
Longueur : 415 m
Par : 4
Architecte : Robert Trent Jones senior
À savoir : Au cours du Volvo Masters Andalucia de 2003, on joua sur le n° 18 une moyenne de 4,111 coups, le trou concédant 36 birdies contre 55 bogeys et 3 doubles bogeys.

Le n° 18 de Valderrama a mis fin aux chances de nombreux concurrents durant le flot d'épreuves professionnelles de haut niveau qui se sont déroulées ici depuis que la Ryder Cup de 1997 a apporté la notoriété à ce club.

Ce redoutable dernier trou est un dogleg à gauche étroit, bordé de chênes-lièges et d'un rough épais. Les golfeurs éprouveront la tentation de frapper un fer depuis le départ à cause de la zone d'arrivée étroite, mais cette stratégie amène un long coup d'approche vers un green légèrement en hauteur, protégé par des bunkers à l'avant-droite, à l'avant-gauche et à l'arrière. Ceux qui osent frapper leur drive au-dessus des arbres à gauche peuvent bénéficier d'un meilleur angle d'approche.

Miguel Angel Jimenez, joueur espagnol qui essaya courageusement de vaincre le meilleur joueur du monde devant un public de supporters, compte parmi ceux que le n° 18 a mis à mal. Il réalisa 2 bogeys sur ce trou au cours du championnat mondial de golf en 1999 – une fois sur le dernier trou en régulation et une autre au cours du play-off en mort subite – pour voir Tiger Woods s'emparer de la victoire. En 2000, le Canadien Mike Weir remporta l'American Express Championship de 2 coups à Valderrama. **KA**

Parcours : Butler National Golf Club

Situé à : Oak Brook, Illinois, États-Unis

Trou : n° 18

Longueur : 426 m

Par : 4

Architectes : George Fazio, Tom Fazio

À savoir : Peu de joueurs ont autant été mis à mal par le dernier trou du Butler National que Peter Jacobsen. Il rejoignit le n° 18 avec la possibilité de remporter le Western Open 2 années de suite, mais réalisa un double bogey à chaque fois, terminant toujours en deuxième position.

N° 18 BUTLER NATIONAL GOLF CLUB

Le Butler National Golf Club accueillit pendant 17 ans le Western Open et, durant toute cette période, ce tracé de George et Tom Fazio fut témoin de duels comptant parmi les plus épiques du jeu.

En 1979, Larry Nelson stupéfia Ben Crenshaw au cours d'un play-off classique, et 6 ans plus tard, Scott Verplank devint le premier joueur de l'époque moderne à remporter le Western en tant qu'amateur. Au fil des ans, le Butler National a constitué le cadre idéal pour ces affrontements classiques, dont la plupart semblent s'être décidés sur le n° 18, un par 4.

Ce trou de 426 m effectue un premier virage à droite avant un second à gauche plus près du green. Le drive se joue depuis une aire de départ surélevée et doit être précis, évitant le ruisseau s'écoulant à gauche de la zone d'arrivée.

On a besoin d'un fer long sur le coup d'approche pour rejoindre un petit green encadré par le cours d'eau sur 3 côtés. Seul l'avant n'est pas défendu, offrant une brèche étroite à travers laquelle faire rouler un coup d'approche bas.

Le green est incliné d'arrière en avant et, comme plus d'un vainqueur potentiel l'a appris à ses dépens, ce n'est pas sur ce trou qu'il faut escompter un birdie. **RH**

N° ⑱ MOUNT JULIET GOLF CLUB

Parcours : Mount Juliet Golf Club

Situé à : Thomastown, comté de Kilkenny, Irlande

Trou : n° 18

Longueur : 396 m

Par : 4

Architecte : Jack Nicklaus

À savoir : Mount Juliet a ouvert ses portes en 1991 avec un match opposant 2 légendes du golf, Jack Nicklaus et Christy O'Connor.

Le domaine de Mount Juliet abrite 600 ha d'une élégance irlandaise traditionnelle, où l'on trouve un harmonieux manoir géorgien entouré de verts pâturages et de bois vallonnés, le long de la rivière Nore. On peut y chasser, y pêcher ou y faire de l'équitation mais les golfeurs seront principalement attirés par le parcours de Jack Nicklaus que l'on a intégré à ce cadre spectaculaire.

Le n° 18 est l'un des trous arborés les plus ravissants – et périlleux – qu'abritent les îles Britanniques tout entières. Ce sont les joueurs qui placent un long coup de départ au centre du fairway qui auront le plus de chance de réussir sur le coup d'approche qui s'avère au mieux difficile. On doit en effet souvent jouer un lie en descente, et ce deuxième coup doit franchir l'étang situé directement devant un green incliné, soutenu par un mur de pierre et splendidement encadré par un bosquet d'arbres à fleurs.

Mount Juliet a accueilli en 2002 le championnat American Express, une étape du championnat du monde, remporté cette année-là par Tiger Woods avec un incroyable 25 en dessous du par. Ce tournoi s'y déroula à nouveau en 2004, ainsi que l'Open d'Irlande, de 1993 à 1995, remporté par 3 dignes champions : Nick Faldo, Bernhard Langer et Sam Torrance. **KA**

CI-DESSOUS *Tiger Woods joue son deuxième coup sur le n° 18 de Mount Juliet en septembre 2002.*

N° ⑱ SAN LORENZO

Parcours : San Lorenzo

Situé à : Quinta do Lago, Algarve, Portugal

Trou : n° 18

Longueur : 349 m

Par : 4

Architecte : Joe Lee

À savoir : La population aviaire que l'on trouve sur les eaux entourant le n° 18 est spectaculaire. Ce n'est pas plus mal, car pour de nombreux joueurs, c'est la seule chose qui puisse racheter ce difficile par 4.

Le dernier trou de San Lorenzo est défendu par les eaux de la réserve naturelle de Rio Formosa que Joe Lee, architecte, a mis à profit pour rendre son parcours encore plus difficile.

Le n° 18 est un dogleg à gauche, où les 2 premiers coups doivent franchir l'eau. Si jamais un trou avait besoin d'une aire d'allègement, c'est bien celui-ci – et elle est considérablement utilisée.

Comme sur la plupart des doglegs, plus on peut couper l'angle et plus le coup d'approche est réduit. Le danger est que la balle termine alors dans l'eau. Si l'on vise la partie la plus large du fairway, on devra suivre d'un long coup vers le green, ce qui constituera bien le dernier de vos souhaits sur ce trou.

Encore un détail. Si vous avez jamais joué un trou où vous deviez augmenter d'un club, c'est bien celui-ci. Mieux vaut se retrouver au fond du green prêt à affronter un long putt, plutôt que de risquer un coup parfait pour terminer dans l'eau.

Le n° 18 est un trou à suspense qui peut gâcher une carte de score. Il ne devrait pas s'avérer problématique pour ceux dotés d'un faible handicap, mais les autres pourraient se retrouver en train de perfectionner la technique qu'ils utilisent pour dropper la balle. **AT**

N° ⑱ BAY HILL CLUB & LODGE

Parcours : Bay Hill Club & Lodge
Situé à : Orlando, Floride, États-Unis
Trou : n° 18
Longueur : 403 m
Par : 4
Architectes : Dick Wilson, Arnold Palmer

À savoir : Au cours du Bay Hill Invitational de 2001, Tiger Woods bénéficiait d'une avance de 1 point au n° 18 lorsque son drive, frappé en hook, sembla se diriger tout droit vers le hors-limite. Mais sa balle rebondit de façon fortuite sur un spectateur et carambola vers le fairway. Woods catapulta ensuite un fer 6 vers le green du n° 18 et rentra son putt pour le birdie qui lui offrit son deuxième titre consécutif du Bay Hill Invitational.

CI-DESSOUS ET CI-CONTRE *Deux vues du n° 18 du Bay Hill Club & Lodge.*

Arnold Palmer, qu'on surnomme le « King », tomba sous le charme d'Orlando en 1965, au cours d'un match exhibition qu'il disputa contre un jeune joueur, Jack Nicklaus. Palmer réalisa un 66 ce jour-là et s'enthousiasma pour ce parcours. Il décida de prendre ses quartiers d'hiver à Bay Hill et acheta le club et son hôtel avec divers partenaires en 1970.

Bien que cette destination du centre de la Floride ne soit désormais plus secrète, Palmer n'a pas changé d'avis quant à sa ville adoptive. « J'ai éprouvé un coup de foudre pour Bay Hill et j'adorais les environs », a déclaré Palmer. « Orlando est une ville fantastique et une merveilleuse destination de golf. »

Le club est désormais baptisé l'Arnold Palmer's Bay Hill Club & Lodge, et de luxueuses maisons ainsi qu'un hôtel élégant ont remplacé les arbres qui bordaient les fairways. Mais, principalement grâce à l'intervention de Palmer, Bay Hill a préservé son charme et sa beauté. Palmer est à l'heure actuelle le principal actionnaire en compagnie de 2 de ses partenaires.

Lorsque le joueur acquit ce terrain, il apporta sa touche d'architecte au tracé d'origine. Il dota notamment le n° 18 d'un peu plus de mordant. Un fairway étroit force à viser le côté gauche sur le coup de départ pour permettre un coup d'approche en direction d'un green en forme de croissant, protégé à l'avant-droite par un étang et par 2 bunkers à gauche.

Le n° 18 a été témoin de nombreux derniers coups spectaculaires durant les tournois du PGA Tour. L'un des plus inoubliables intervint en 1990, lorsque Robert Gamez rentra sa balle depuis le fairway, avec un fer 7, réalisant un eagle qui lui permit d'emporter ce que l'on appelait encore le Nestlé Invitational.

Chaque année, le monde entier peut admirer le type de golf que l'on joue à Orlando durant le Bay Hill Invitational. Et le n° 18 est le trou d'arrivée du « parcours le plus célèbre » des environs. La ville est désormais captivée par le jeu et peut à juste titre se targuer de constituer une destination de golf de premier ordre. Vous faut-il d'autres arguments ? Demandez donc à Arnold Palmer. Il vous dira que cette ville et le n° 18 de son Bay Hill Club adoré sont dignes d'un roi. **JB**

Parcours : Cypress Point Club
Situé à : Pebble Beach, Californie, États-Unis
Trou : n° 18
Longueur : 316 m
Par : 4
Architecte : Alister MacKenzie
À savoir : Comme la plupart des parcours de golf situés le long de 17 Mile Drive, le vent joue ici un rôle important. Les trous sont déjà difficiles par temps calme, mais lorsque le vent se lève, votre carte de score peut commencer à ressembler à une caravane après un ouragan.

N° ⑱ CYPRESS POINT CLUB

Lorsqu'un parcours de golf est considéré comme le meilleur au monde par de nombreux golfeurs, il est impossible d'y trouver un « mauvais » trou. C'est bien le cas de Cypress Point, auquel de fins observateurs du sport confèrent ce statut. De fait, le mot « mauvais » ne semble exister sous aucune forme dans ce domaine enchanteur du bord du Pacifique. Parmi ses 18 trous, cependant, certains se distinguent indubitablement.

Bienvenue sur l'un de ces trous d'exception. Tandis que les n° 15, 16 et 17 sont plus célèbres, le n° 18, un par 4 de 316 m, contribue à compléter une fantastique série de trous. La plupart des amateurs en ont entendu parler et les ont sans aucun doute admirés de nombreuses fois sur le petit écran. Mais on doit les jouer pour les apprécier à leur juste valeur.

Le n° 18 est un dogleg à droite qui se joue en direction d'un green surélevé. On doit placer son drive à droite d'un bosquet de cyprès afin de bénéficier d'une vue dégagée du green. Sinon, on devra jouer la sécurité et viser plus court.

Le coup d'approche est déterminant. Il doit survoler un grand cyprès se penchant sur le fairway tout en atterrissant en dessous du trou car le green, suivant les mouvements naturels du terrain, est fortement incliné d'arrière en avant.

Si cela semble difficile, c'est que ça l'est. **TJ**

Parcours : Bulle Rock
Situé à : Havre de Grace, Maryland, États-Unis
Trou : n° 18
Longueur : 443 m
Par : 4
Architecte : Pete Dye
À savoir : Bienvenue sur l'un des meilleurs parcours non seulement du Maryland mais aussi de toute la côte est. C'est du moins ce qu'affirment la plupart des magazines de golf.

N° ⑱ BULLE ROCK

Joe Logan, du *Philadelphia Inquirer*, écrit au sujet de Bulle Rock : « Si j'apprenais que je ne pouvais plus jouer qu'un seul parcours pour le reste de ma vie, et que je doive choisir entre Pine Valley, de réputation mondiale, et Bulle Rock, eh bien, j'aurais besoin d'y réfléchir à deux fois. »

Ce parcours est spectaculaire. Il n'existe simplement aucun autre mot pour le décrire. Et son trou d'arrivée est solide comme un « roc ». On ne fait pas mieux que ce dogleg à gauche dont le côté gauche est bordé d'eau.

On retrouve cet élément en quantité à Bulle Rock, qui est doté de 3 lacs. Ceux-ci sont approvisionnés par une canalisation de 5 km construite expressément à cet effet et qui s'alimente dans la Susquehanna.

Depuis les départs arrière, on doit franchir 195 m juste pour rejoindre le fairway, et environ 256 m pour se retrouver à 180 m du trou. Le fairway est étroit, avec des arbres à gauche au début du trou et longeant tout le côté droit.

Un bunker est aussi situé de ce côté-là, à 90 m du green environ. Ce dernier est étroit et s'avance dans l'eau. Toute balle trop longue boira la tasse, sauf si elle roule en dehors du green pour rejoindre les rochers qui l'entourent. **TJ**

Parcours : golf de Chantilly-Vineuil
Situé à : Chantilly, France
Trou : n° 18
Longueur : 368 m
Par : 4
Architecte : Tom Simpson
À savoir : Le parcours Vineuil du golf de Chantilly a accueilli l'Open de France à 10 reprises, un record. La dernière fois fut en 1990, lorsque l'Irlandais Philip Walton l'emporta sur l'Allemand Bernhard Langer à l'issue d'un play-off.

N° 18   GOLF DE CHANTILLY-VINEUIL

Si un historien partait à la recherche des parcours de golf les plus sacrés, il passerait indubitablement la majorité de son temps à parcourir les links d'Écosse, d'Angleterre et d'Irlande. Certains tracés, cependant, démentent cette tendance générale.

Prenons l'exemple du parcours Vineuil de Tom Simpson. Situé à Chantilly – à une courte distance de Paris, au nord-est –, ce joyau est aussi exigeant et gratifiant aujourd'hui que lorsqu'il fut inauguré, en 1906.

Même s'il ne mesure que 6 386 m, il possède tous les éléments d'un tracé classique. Ce parcours arboré dispose de fairways sinueux où la stratégie se révèle plus utile que la puissance, et de greens en biais exigeant des drives bien placés pour tout espoir de birdie.

Le n° 18 du parcours Vineuil illustre parfaitement la simplicité de Simpson, et constitue l'une des raisons principales pour lesquelles ce parcours centenaire est souvent comparé aux plus vénérables du jeu.

Depuis le départ, la distance (368 m) pousse les golfeurs à frapper leur driver, mais c'est pourtant l'exactitude et non la puissance qui s'avère primordiale ici. Mieux vaut viser le centre droit de ce fairway bordé d'arbres afin d'avoir l'angle d'approche le plus clément vers le green, ondoyant.

On devrait porter une attention toute particulière à la partie du green où est situé le drapeau. En effet, si l'on ne place pas correctement son coup d'approche, 3 putts s'avéreront probablement nécessaires. **RH**

Parcours : Royal Lytham & St Annes

Situé à : St Annes-on-Sea, Lancashire, Angleterre

Trou : n° 18

Longueur : 375 m

Par : 4

Architecte : Harry S. Colt

À savoir : Les fairways sont étroits, les greens de taille réduite, en général surélevés, et le vent souffle sur la plupart des trous. La bonne nouvelle, c'est que vous jouez au Royal Lytham & St Annes.

CI-DESSOUS   L'Irlandais Michael Hoey joue son 2ᵉ coup sur le n° 18 du Royal Lytham & St Annes en juillet 2001.

CI-CONTRE   L'Américain David Duval joue dans le trou sur le n° 18 du Royal Lytham & St Annes en juillet 2001.

N° 18   ROYAL LYTHAM & ST ANNES

Les n° 16, 17 et 18 ont été témoins de certains des moments les plus mémorables de l'histoire des championnats. Mais il suffit de se tenir sur l'aire de départ du n° 18, près de l'imposant clubhouse victorien, pour vivre un moment inoubliable. L'histoire a parcouru ce fairway dans tous les sens, ce que vous ne manquerez pas d'apprécier tant que vous le pourrez.

Prenez un moment de plus pour revenir quelques années en arrière, en 1969. L'endroit où vous vous trouvez est celui où Tony Jacklin frappa cette année-là son drive « parfait », au cours du British Open. La victoire de Jacklin était la première d'un joueur anglais depuis 1951 et permit un renouveau du jeu dans le pays.

Vous voilà prêt à affronter un dernier trou. Et quelle façon d'en terminer ! Votre drive doit voler droit et éviter les bunkers des 2 côtés. On en trouve aussi d'autres au milieu du fairway.

Plus le drive sera bon et plus ce sera aussi le cas du coup d'approche, qui s'avère généralement déterminant sur ce trou. Le green est très bien défendu par des bunkers.

Ce classique offre 4 séries de départ. Les plus avancés sont à 282 m tandis qu'on trouve les plus reculés à 375 m. **TJ**

Parcours : Quinta do Lago
Situé en : Algarve, Portugal
Trou : n° 18
Longueur : 379 m
Par : 4
Architecte : William Mitchell
À savoir : Quinta do Lago se traduit par la « Ferme du lac ». Ce parcours a accueilli l'Open du Portugal à 8 reprises.

N° ⓲ QUINTA DO LAGO

Quinta do Lago serpente à travers une jolie campagne vallonnée, pour terminer en hauteur sur ce dernier trou. Ce dogleg à gauche, un par 4, exige un coup de départ précis si l'on espère assurer le par. Si l'on tire trop à droite depuis le départ, la balle peut sortir du fairway pour terminer sous les arbres.

On doit aussi frapper loin, car plus on joue un fer court pour rejoindre le drapeau et mieux c'est. Le green est sévèrement incliné de droite à gauche et bien protégé de bunkers. Si le drapeau est placé à droite et que l'on frappe son coup d'approche en push, on sera confronté à un chip diabolique.

Ceux qui ratent le green prieront pour que les greenskeepers aient tondu le rough, car le dernier coup que l'on veuille jouer ici est bien un coup en explosion, du type sortie de bunker, depuis une herbe haute vers un green rapide et incliné.

Même pour ceux qui trouvent le green, il n'est pas aisé de rentrer la balle en 2 putts, car le dévers du green est si marqué que l'on n'y arrivera que si la balle est très proche du trou. Le par constitue ici un excellent score. **AT**

N° ⑱ **HARBOUR TOWN GOLF LINKS**

Parcours : Harbour Town Golf Links

Situé à : Hilton Head Island, Caroline du Sud, États-Unis

Trou : n° 18

Longueur : 437 m

Par : 4

Architectes : Pete Dye, Jack Nicklaus

À savoir : Le Harbour Town Golf Links est souvent classé le meilleur de Caroline du Sud, l'une des régions les plus saturées d'Amérique dans le domaine du golf.

Le Harbour Town Golf Links possède une beauté trompeuse. C'est un parcours relativement court selon les normes contemporaines, à 6 376 m depuis les départs arrière. Et lorsqu'on apprend qu'il accueille chaque année le MCI Heritage, on s'imagine que les pros le démolissent.

Pas vraiment.

N'oubliez pas que, bien qu'en dessous des 6 400 m, c'est un par 71. Ce n'est pas la distance qui compte à Harbour Town, mais le placement de la balle, et si l'on ne joue pas droit, on comprendra rapidement pourquoi le tracé possède un slope élevé, à 146. La puissance est parfois un plus, mais elle n'est pas nécessaire sur ce tracé.

Une constance inébranlable et une précision infaillible sont primordiales pour venir à bout de Harbour Town. Si vous avez gardé votre sang-froid et joué une partie décente avant de rejoindre le n° 18, ne vous réjouissez pas encore. Un dernier trou diabolique vous attend.

On y trouve l'un des points de repère les plus célèbres dans le domaine du golf, un phare aux rayures rouges et blanches. Ceux-ci, majestueux, semble monter la garde, ce qui paraît approprié sur un trou où l'on aura peut-être besoin de secours. Sur un parcours où la distance ne s'avère pas problématique, le n° 18 fait exception. C'est un par 4 imposant qui s'allonge encore plus si on joue la sécurité.

La zone d'arrivée de droite est plus dégagée, mais l'approche la plus directe passe par le côté gauche et par une zone d'arrivée qui s'avance dans le détroit de Calibogue, qui longe le fairway du départ jusqu'au green. Oui, il faudra jouer long – comme sur le reste du parcours – mais aussi droit. De

CI-DESSOUS   *Le n° 18 du Harbour Town Golf Links.*

CI-CONTRE   *L'Américain Ted Purdy joue son coup de départ sur le n° 18 du Harbour Town Golf Links en avril 2004.*

façon appropriée, si l'on choisit la stratégie la plus risquée, près de l'eau, c'est le phare que l'on prendra pour cible. Il est cependant fortement recommandé de jouer la sécurité, sauf si vous faites partie des joueurs d'élite.

Le green est protégé par le détroit à gauche et par un fin et long bunker à l'avant. Il est risqué de viser le centre ou d'attaquer directement le drapeau. Où que soit situé ce dernier, mieux vaut viser le côté droit du green. Cela vous permet d'éviter le danger et, si vous ratez à droite, vous trouverez une zone de sécurité. C'est la merveilleuse conclusion d'un parcours fantastique. **JB**

Parcours : golf de Vale do Lobo (parcours royal)

Situé à : Vale do Lobo, Algarve, Portugal

Trou : n° 18

Longueur : 330 m

Par : 4

Architectes : Sir Henry Cotton, Rocky Roquemore

À savoir : Le n° 18 de Vale do Lobo est le trou le plus photographié du Portugal, voire de l'Europe continentale.

N° 18 — GOLF DE VALE DO LOBO (PARCOURS ROYAL)

Si un trou a jamais prouvé que les pars 4 n'ont pas besoin de dépasser les 400 m pour être difficiles, c'est bien le n° 18 du parcours royal de Vale do Lobo. Il devrait rappeler à tout architecte de golf que le manque de longueur peut être synonyme de danger. Sur la carte de parcours, ce trou final paraît offrir un par aisé. Il suffit de le jouer pour réaliser que c'est tout le contraire.

Tout d'abord, les pins qui bordent les 2 côtés du fairway compliquent le coup de départ. On a naturellement tendance à essayer de guider la balle à travers les arbres. On se raidit en conséquence et on se retrouve souvent à jouer le deuxième coup sur les aiguilles de pin, sous les arbres. Même ceux qui trouvent le fairway n'ont pas la garantie que la balle y demeure. Ce dernier étant en effet incliné de gauche à droite, le coup idéal vise la droite mais est frappé en draw pour revenir au centre du fairway et atterrir dans l'herbe courte.

Il n'est pas non plus aisé de garder la balle sur le green car il dessine une pente accentuée, de gauche à droite. Tout coup d'approche manquant de conviction roulera en arrière et hors du green, provoquant un chip difficile, en montée, vers ce green incliné. Ne sous-estimez ce trou qu'à vos risques et périls. **AT**

Parcours : Clustered Spires Golf Course

Situé à : Frederick, Maryland, États-Unis

Trou : n° 18

Longueur : 428 m

Par : 4

Architectes : Ault, Clarck & Associates

À savoir : L'un des plus beaux parcours du Maryland, Clustered Spires met l'accent sur l'accessibilité. Il offre plaisir du jeu et défis aux joueurs de tous niveaux.

N° 18 — CLUSTERED SPIRES GOLF COURSE

C'est un long trou. À 428 m, on peut frapper un drive de 270 m tout en se retrouvant toujours loin du green. Et depuis les départs arrière, 228 m au moins sont nécessaires pour rejoindre le fairway.

Si l'on atterrit dans le rough qui sépare le départ du fairway, on débute vraiment dans la difficulté. Mais si l'on n'arrive pas à frapper un drive de 230 m, on ne devrait probablement pas jouer depuis les départs arrière. On trouve aussi le hors-limite à gauche et 2 grands sycomores à droite.

Depuis le départ, on devrait viser le côté droit du fairway. De là, le green paraît dégagé et constitue une cible de taille considérable.

Mais le fairway étant incliné de droite à gauche, il n'est pas facile de faire en sorte que la balle demeure de ce côté-là. Depuis la gauche du fairway, le green paraît petit et le coup d'approche devient bien plus difficile.

Le green est défendu par 2 petits bunkers à droite et par un autre, grand, tout du long du côté gauche – qui entre en jeu lorsqu'on vise depuis ce côté-là.

Sur ce green à double plateau, il est fréquent d'avoir besoin de 3 putts. **TJ**

N° ⑱ PINEHURST (PARCOURS N° 2)

Parcours : Pinehurst (parcours n° 2)

Situé à : Pinehurst, Caroline du Nord, États-Unis

Trou : n° 18

Longueur : 381 m

Par : 4

Architecte : Donald Ross

À savoir : *Golf Magazine* a classé le parcours n° 2 en quatrième position de sa liste des « 100 meilleurs parcours que l'on peut jouer aux États-Unis ».

CI-DESSOUS *Jack Nicklaus joue son coup de départ sur le n° 18 du parcours n° 2 de Pinehurst en juillet 1994.*

Donald Ross, le grand architecte de golf, a déclaré que le parcours n° 2 de Pinehurst constituait « l'épreuve de golf la plus équitable » qu'il ait jamais conçue.

Le n° 18 est le trou final fantastique de ce parcours extraordinaire. Le fairway part en montée et vire légèrement de gauche à droite. Ne considérez pas la tâche accomplie si vous le trouvez dès le drive. De fait, il faudra faire mieux encore, en plaçant la balle du bon côté, celui-ci dépendant de l'emplacement du drapeau.

Si le trou est situé à gauche, on sera avantagé si l'on place le drive à droite. En effet, la profonde dépression que l'on trouve sur le green de Ross entrera alors moins en jeu – ce qui constitue une bonne chose. Inversement, si le drapeau est situé à droite, on visera la gauche sur le coup de départ. Mais attention au danger que représente le profond bunker de fairway.

Le parcours n° 2 de Pinehurst a accueilli plus de championnats que n'importe quel autre aux États-Unis. **TJ**

N° ⑱ **SUNNINGDALE GOLF CLUB**

Parcours : Sunningdale Golf Club

Situé à : Sunningdale, Ascot, Berkshire, Angleterre

Trou : n° 18

Longueur : 375 m

Par : 4

Architecte : Willie Park

À savoir : Datant de 1910, les 2 parcours de Sunningdale sont privés. Les visiteurs doivent posséder un handicap de 18 ou moins, certifié, et présenter une lettre d'introduction de leur propre club s'ils désirent y jouer.

Le gazon souple de Sunningdale est remarquable et la combinaison de bruyères, fougères, pins et bouleaux argentés constitue un cadre d'une beauté extraordinaire. Comme souvent sur les parcours historiques, il est important de s'accorder quelques instants pour évoquer les grands joueurs ayant foulé ce sol sacré et les souvenirs inoubliables qu'ils ont fait naître.

Le trou final est lui aussi mémorable. Les n° 5, n° 10 et n° 15 sont peut-être plus célébrés, mais ce dogleg à droite de 375 m compte parmi les meilleurs trous d'Angleterre. Il est incliné vers la droite où guettent le rough et d'abondants ajoncs. On devra oublier tout espoir de birdie si on y atterrit. Le rough menace aussi à gauche, prêt à engloutir tout drive manquant de fade. C'est là aussi une importante source d'ennuis.

Avec le clubhouse en toile de fond, les joueurs devront franchir des bunkers qui interrompent le fairway à 90 m du départ. Le green n'est pas non plus une partie de plaisir. Il est incliné de gauche à droite avec de coûteux bunkers à droite.

C'est la conclusion fantastique d'une partie mémorable. Une fois que vous en aurez terminé, dirigez-vous vers le clubhouse et offrez une tournée générale afin de commémorer cet instant. **TJ**

Parcours : Colonial Country Club

Situé à : Fort Worth, Texas, États-Unis

Trou : n° 18

Longueur : 397 m

Par : 4

Architectes : John Bredemus, Perry Maxwell

À savoir : Durant le Colonial de 1971, le vainqueur, Gene Littler, fut le premier à jamais réaliser un eagle sur le n° 18.

N° 18 COLONIAL COUNTRY CLUB

Le trou final d'*Hogan's Alley* (l'« Allée d'Hogan » en français) offre une dernière possibilité de birdie aux concurrents du Colonial, tournoi annuel du PGA Tour ayant été remporté par tout le gotha du golf. Ce dogleg à gauche est bordé d'arbres des 2 côtés, qui peuvent se révéler lourds de conséquences pour les balles errantes. On doit faire preuve de précision sur le coup d'approche afin de rejoindre un green protégé par un étang à gauche, par un profond bunker à l'avant-gauche, ainsi que par 2 autres, retors, à droite.

En 1995, Tom Lehman rentra un putt de 7 m sur le n° 18, l'emportant de 1 point sur Craig Parry. C'était la troisième fois en 49 ans qu'un birdie sur le 72e trou permettait de remporter la victoire. En 2000, Phil Mickelson y confirma sa victoire en 2 points, grâce à un long putt qui lui valut un birdie.

Bien entendu, ce trou offre la possibilité d'un score élevé. En 1973, Bruce Crampton, qui était en tête depuis le début du tournoi, inscrivit un double bogey sur le n° 18, perdant d'un point derrière Tom Weiskopf.

En 2003, Annika Sorenstam, alors classée première joueuse au monde, fit son entrée sur le PGA Tour au Colonial, assurant le par sur le n° 18 au cours des 2 tours qu'elle disputa. **KA**

Parcours : Wildhorse Golf Club

Situé à : Henderson, Nevada, États-Unis

Trou : n° 18

Longueur : 364 m

Par : 4

Architectes : Bob Cupp, Hubert Green

À savoir : Ce parcours, ayant autrefois accueilli des épreuves du PGA Tour, n'est peut-être plus le meilleur d'Henderson mais il est toujours très agréable. Les golfeurs de la région semblent l'apprécier, ce qui est toujours très bon signe.

N° 18 WILDHORSE GOLF CLUB

Même les grands parcours ont parfois besoin de transformations. Un site aussi vénérable que l'Augusta National, par exemple, requiert certains ajustements aux conditions actuelles afin d'améliorer la « jouabilité » générale du parcours.

Le Wildhorse Golf Club a fait une entrée en scène fracassante en 1959, mais on ne reconnaîtrait pas ce parcours aujourd'hui. Aussi bon qu'il ait été le jour de son inauguration, il s'avère désormais encore meilleur.

Hubert Green et Bob Cupp l'ont remodelé en 1987, pour un résultat spectaculaire. L'association de golf du sud du Nevada le plaça en tête de liste en 1993. Mais ce n'était pas terminé. La première position ne s'avérant peut-être pas satisfaisante, le parcours fut encore amélioré en 1996, notamment avec un clubhouse de presque 1 400 m^2.

En parlant de première position, tournons-nous vers le n° 18. Ce par 4 de 364 m est bordé à droite par un grand obstacle d'eau que l'on doit affronter dès le coup de départ pour rejoindre le fairway.

Ne vous précipitez pas sur le deuxième coup. Faites une pause pour contempler le paysage et le défi qui vous attend. On trouve de l'eau à l'avant et à gauche du green, avec un bunker entre l'eau et l'avant du green. **TJ**

Parcours : Oak Hill Country Club (parcours est)

Situé à : Rochester, État de New York, États-Unis

Trou : n° 18

Longueur : 439 m

Par : 4

Architecte : Donald Ross

À savoir : Le country club d'Oak Hill est situé à Pittsford, banlieue chic de Rochester dans l'État de New York. La compagnie Eastman Kodak est installée dans cette ville, et l'on peut être sûr que l'on a utilisé des mètres de pellicule sur ce classique de Donald Ross.

N° ⑱ OAK HILL COUNTRY CLUB
(PARCOURS EST)

Donald Ross a conçu de nombreux trous remarquables sur le parcours est du country club d'Oak Hill – les n° 7 et n° 13 viennent immédiatement à l'esprit, mais le n° 18 constitue un trou final classique.

Lorsqu'ils apprirent que le championnat PGA s'y déroulerait en 2003, les responsables décidèrent d'ajouter 27 m à ce dogleg à droite.

Le n° 18 est tout sauf facile. Au cours des 2 majeurs précédents d'Oak Hill, il s'est classé respectivement deuxième et troisième par ordre de difficulté. Les ennuis abondent : profonds bunkers à droite, collines et arbres à gauche.

Les bunkers sont exactement là où l'on s'attendrait à les trouver : à droite du coude du dogleg. C'est le pire des endroits pour les golfeurs jouant en slice.

Le coup de départ devra donc se jouer de gauche à droite, et un long drive sera nécessaire pour ne frapper qu'un fer moyen à long sur le coup d'approche.

Le green, bien que large, est peu profond, au flanc d'une colline très escarpée. Toute balle trop courte ne pourra ensuite gravir cette pente.

Une série de bunkers protège le côté droit. On trouve aussi un de ces obstacles à gauche. **TJ**

N° ⑱ THE COUNTRY CLUB

Parcours : The Country Club

Situé à : Brookline, Massachusetts, États-Unis

Trou : n° 18

Longueur : 399 m

Par : 4

Architectes : Willie Campbell, Rees Jones

À savoir : Le Country Club accueille depuis longtemps des épreuves majeures, dont l'US Open en 1988, la Ryder Cup de 1999, remportée par les Américains, et le championnat PGA en 2005.

Une fois sur l'aire de départ du n° 18, face au clubhouse, observez ce qui vous entoure, prenez une grande goulée d'air et essayez de vous remémorer tous les coups fantastiques qui furent joués ici.

Ce dogleg à gauche exige un long drive frappé droit. Depuis le départ, seul le hors-limite de gauche et un groupe de bunkers sont un réel danger. La meilleure stratégie consiste à viser le centre du fairway. Ce dernier étant plat, si l'on frappe une balle basse et puissante, elle devrait rouler loin.

Le deuxième coup est éprouvant. Il doit franchir un grand bunker à l'avant d'un green, surélevé et très ferme. On devra aussi éviter les profonds bunkers qui entourent ce dernier. Si vous atterrissez dans l'un d'entre eux, jouez les coups suivants comme si vous débutiez sur un par 3, et si vous réussissez un chip suivi d'un putt, le par vous procurera autant de plaisir qu'un birdie. Le green, toujours rapide, est incliné d'arrière en avant et, en fonction de l'emplacement du drapeau, on peut y affronter des accidents de surface retors.

Sur ce trou légendaire où de nombreux rêves se sont brisés, ne vous en veuillez pas trop si vous ne sauvez pas le par. **GE**

N° ⑱ MERION GOLF CLUB (PARCOURS EST)

Parcours : Merion Golf Club (parcours est)

Situé à : Ardmore, Pennsylvanie, États-Unis

Trou : n° 18

Longueur : 423 m

Par : 4

Architecte : Hugh Wilson

À savoir : Le Merion a accueilli 17 championnats de l'USGA, plus que n'importe quel autre parcours. La Walker Cup de 2009 amènera ce chiffre à 18.

Sur ce n° 18 le coup de départ doit franchir une carrière de calcaire envahie de végétation qui entre aussi en jeu sur les 2 trous précédents. On suit d'un deuxième coup qui viendra peut-être mourir près de l'endroit où fut joué l'un des coups d'approche les plus mémorables de l'histoire du golf.

Le dernier trou du Merion a été immortalisé par la célèbre photo de l'incroyable coup que joua Ben Hogan au fer 1, en direction d'un green surélevé, protégé par des bunkers à gauche et à l'avant-droite. Il lui assura le par sur le 72e trou au cours de l'US Open de 1950. Hogan, souffrant toujours des nombreuses blessures dues à un grave accident d'automobile l'année précédente, jouait son 36e trou de la journée et avait vu son avance de 3 coups réduite à néant, mais parvint pourtant à sauver le par sur le n° 18, pour facilement remporter le play-off le lendemain. Ce coup et la victoire qui s'ensuivit cimentèrent son statut de légende du golf.

Les divers championnats nationaux s'étant déroulés ici ont produit d'autres moments historiques : Bobby Jones y compléta son grand chelem en remportant l'US Amateur de 1930, tandis que Lee Trevino vainquit Jack Nicklaus au cours de l'US Open de 1971, à l'issue d'un play-off de 18 trous, et ce alors qu'il l'avait taquiné en jetant un serpent en plastique dans sa direction avant le début de la partie. **KA**

N° ⑱ WINGED FOOT GOLF CLUB (PARCOURS OUEST)

Parcours : Winged Foot Golf Club (parcours ouest)

Situé à : Mamaroneck, État de New York, États-Unis

Trou : n° 18

Longueur : 409 m

Par : 4

Architecte : A. W. Tillinghast

À savoir : Ce parcours accueillera l'US Open pour la cinquième fois en 2006.

Ce n° 18 est considéré comme le meilleur dernier trou d'arrière-pays aux États-Unis. Ravissant, il est aussi ardu, mais on ne peut s'en éloigner sans songer à tous les coups fantastiques qui y ont été joués.

Sur ce dogleg à gauche, le drive doit être long et droit. On doit trouver le fairway dès le départ, à cause de ce qui attend un peu plus loin. Si vous déviez trop à gauche ou trop à droite, vous trouverez le rough ou les arbres, et un coup sec et bas représentera alors votre meilleure chance. On aperçoit aussi un bunker à droite, presque à l'endroit exact où le trou vire à gauche. Bien que le vénérable clubhouse de pierre constitue une vue ravissante depuis le fairway, on doit se concentrer en priorité sur son coup d'approche.

Si l'on dévie à gauche, on trouvera le bunker près du green, dont il est difficile de sortir, tandis qu'à droite, on sera confronté à un coup presque aussi difficile, depuis la pente.

Quant au green, considéré comme l'un des plus ardus au monde, c'est une beauté. Il est non seulement doté de sévères accidents de surface, mais il est aussi très rapide. Selon le moment de la journée où vous le rejoignez (il est toujours exposé au soleil), il sera peut-être intelligent de régler vos paris dès l'aire de départ, afin de pouvoir pleinement profiter de ce trou. **GE**

Parcours : New St Andrews Golf Club

Situé dans : la préfecture de Tochigi, Japon

Trou : n° 18

Longueur : 388 m

Par : 4

Architecte : Jack Nicklaus

À savoir : Jack Nicklaus, l'architecte de ce parcours, a déclaré au sujet du n° 18 : « C'est un trou que vous devriez gagner sans problème si vous avez réalisé le par tous les jours durant un tournoi. Parce que vous savez alors que votre jeu est tout à fait au point. »

N° ⑱ NEW ST ANDREWS GOLF CLUB

Invoquer St Andrews pour un nouveau parcours de golf peut s'avérer risqué. C'est bien entendu un nom qui attire l'attention, ce qui réjouit les responsables du plan marketing du domaine. Cependant, si l'on s'identifie à l'un des noms les plus sacrés du jeu, on a intérêt à offrir un produit extraordinaire. Jack Nicklaus savait, lorsqu'il conçut le New St Andrews Golf Club, qu'il devait lui donner un caractère exceptionnel.

Il y est parvenu de façon splendide, notamment sur le dernier trou.

Le n° 18 fait partie de ces trous qui semblent bien plus longs que ce qu'indique la carte de parcours. Il ne mesure pourtant que 388 m, ce qui est raisonnable, mais le vent et diverses astuces donnent une impression bien différente. Tout simplement, ses monticules et ses bunkers déconcertants en font un défi plus important que sa distance ne le laisserait prévoir.

La puissance ne constitue pas un avantage sur le n° 18. En réalité, il faudra y faire preuve de retenue et de discipline pour réussir. Vous vous imaginez peut-être qu'un long coup de départ vous facilitera la tâche sur le coup d'approche. Ce serait une erreur, car vous dépasseriez alors la crête du fairway et obtiendriez un lie peu commode, en descente. De fait, vous seriez certainement confronté à une situation gênante, si ce n'est désastreuse. Il faudra probablement vous dépatouiller d'un lie inégal, même si vous ne franchissez pas cette crête car le fairway est incliné vers la gauche.

Parce que vous avez dû jouer la sécurité depuis le départ, il vous reste encore au moins un fer moyen à jouer jusqu'au green, même si le trou ne mesure que 388 m. Ce n'est pas une situation idéale, parce que vous devez poser une balle haute en douceur sur un green surélevé. Un coup roulé est hors de question à cause du paysage lunaire que constituent 7 énormes bunkers sur le devant. Une balle basse ne convient pas non plus, parce qu'elle roulerait hors du green pour gravir un monticule à l'arrière, provoquant un chip en descente (qui courrait le risque de rouler dans un des bunkers à l'avant). **JB**

N° ⑱ JUPITER HILLS CLUB
(PARCOURS DES COLLINES)

Parcours : Jupiter Hills Club (parcours des Collines)

Situé à : Tequesta, Floride, États-Unis

Trou : n° 18

Longueur : 394 m

Par : 4

Architecte : George Fazio

À savoir : On peut choisir ici parmi 2 parcours exceptionnels. Les très bons joueurs voudront cependant essayer de gravir le parcours des Collines (Hills Course en anglais), plus long, et où l'eau joue un rôle plus important que sur le parcours du Village.

Bienvenue sur les montagnes russes de Jupiter Hills. Ce par 4 de 394 m est ravissant mais difficile. Depuis l'aire de départ, le dénivelé est de 12 m, et on devra frapper un drive d'au moins 270 m depuis les départs arrière. Le fairway amorce ensuite une remontée en direction du green. Mais tandis que la pente est douce depuis le départ, la montée est abrupte.

À 394 m, ce par 4 est déjà assez long, mais en Floride cela ne semble jamais satisfaisant. À cause du sol sablonneux, la balle ne roule pas très loin, et c'est donc dans les airs que le drive devra franchir ses 270 m.

On trouve des bunkers autour du green, à l'avant-droite comme sur la colline. Un grand arbre protège le côté droit, mais ne devrait entrer en jeu que si vous atterrissez dans le rough, du même côté.

On devrait jouer le coup d'approche depuis le centre ou le côté gauche du fairway.

Le green est doté de 3 sections progressives. Celle de l'avant-gauche est la plus basse, celle de droite est un peu plus élevée et celle de l'arrière domine le tout. **TJ**

Parcours : Spring City Golf & Lake Resort (parcours de la Montagne)

Situé à : Kunming, Chine

Trou : n° 18

Longueur : 431 m

Par : 4

Architecte : Jack Nicklaus

À savoir : En 2004, le parcours de la Montagne de Spring City comptait parmi les 219 conçus par Jack Nicklaus, et la Chine était l'un des 27 pays en abritant au moins un.

N° ⑱ SPRING CITY GOLF & LAKE RESORT
(PARCOURS DE LA MONTAGNE)

Kunming, la capitale du Yunnan, en Chine, abrite des lacs transparents au milieu de ses collines et vallons. La ville même possède 3 millions d'habitants, ce qui paraît beaucoup, mais elle n'est pas si congestionnée que cela comparée au reste du pays. Et compte tenu du fait que le Yunnan est la sixième province de Chine par la taille, avec une population d'environ 36 millions, les 3 millions de Kunming paraissent étonnamment bas.

Tout de même, lorsque l'on compte en millions, on ne s'attend pas à trouver l'ambiance sereine nécessaire au golf. Il suffit cependant de s'éloigner de 50 km, à l'est de la ville (45 minutes depuis l'aéroport), pour échapper aux gens, au bruit et au tohu-bohu. C'est ici que l'on trouve le Spring City Golf & Lake Resort, l'endroit idéal où vous adonner à votre jeu préféré au sein d'un paysage époustouflant.

Ce domaine abrite 2 parcours, celui d'origine dessiné par Jack Nicklaus et celui de Robert Trent Jones junior, ajouté en 1998. C'est le parcours de la Montagne, de Nicklaus, qui attira tout d'abord les golfeurs dans ce complexe touristique s'étendant sur des centaines d'hectares, offrant des hôtels 5 étoiles et toutes les installations dont on pourrait rêver – y compris un golf exceptionnel.

« Nous voulions concevoir un parcours qui s'adapterait au climat de la région, permettant aux golfeurs d'apprécier sa splendeur toute l'année, a expliqué Nicklaus. Spring City met à profit les ondulations naturelles du terrain qui est assez spectaculaire. »

Cette beauté naît de fairways d'un vert luxuriant encadrés de pins indigènes et d'affleurements rocheux, des montagnes au loin et du lac Yang Zong Hai.

Nicklaus, qui, en tant que joueur, gardait souvent ses meilleurs coups pour la fin des tournois, a fait de même sur le parcours de la Montagne qu'il a doté d'un trou final plein de suspense.

Le n° 18 est aussi beau que le reste du parcours, mais il s'avère plus ardu – forçant les joueurs à terminer leur partie par le trou le plus difficile. Long de 431 m, sa difficulté est accrue par une rangée de bunkers du côté droit du fairway, sans parler d'un ravin sinueux.

On perd le plus souvent sa balle si l'on affronte cette gorge profonde, mais on peut l'éviter si l'on joue droit. Le ravin n'entre en effet en jeu que si le coup de départ atterrit dans l'un des bunkers. Même un drive précis, cependant, est suivi d'un coup d'approche intimidant. Il est long, et divers bunkers entourent le green, sévèrement incliné d'arrière en avant. **JB**

N° ⑱ BLACKWOLF RUN GOLF CLUB
(PARCOURS MEADOW VALLEYS)

Parcours : Blackwolf Run Golf Club (parcours Meadow Valleys)

Situé à : Kohler, Wisconsin, États-Unis

Trou : n° 18

Longueur : 419 m

Par : 4

Architecte : Pete Dye

À savoir : Terminant *ex aequo*, à 290, après 72 trous au cours de l'US Open féminin de 1998, Se Ri Pak et Jenny Chuasiriporn retournèrent sur le parcours le lundi pour toujours se retrouver à égalité (73). Pak finit par remporter le titre sur le deuxième trou d'un play-off en mort subite et devint la plus jeune gagnante de ce championnat.

Les 2 parcours de Blackwolf Run, celui de Meadow Valleys et celui des Rivières, sont, selon toutes les estimations officielles, 2 entités complètement indépendantes. Tant du point de vue de leur architecture que de leur géographie, ces 2 tracés forment un contraste total.

Le parcours des Rivières est arboré tandis que le Meadow Valleys est défini par un premier 9 au parfum de links écossais.

Pourtant, lorsque l'Association de golf américaine décida d'organiser l'US Open féminin à Blackwolf Run, c'est une combinaison des 2 parcours, merveilleusement créative, qui fut utilisée. Les responsables débutèrent avec le dernier 9 de Meadow Valleys, comprenant le n° 10 d'origine qui n'est désormais plus en usage, et terminèrent avec un assortiment des deux 9 du parcours des Rivières.

L'USGA s'était simplement rendue à l'évidence. Les 2 parcours sont inexplicablement liés, ce qui n'est nulle part plus visible que sur le n° 18 de Meadow Valleys, un par 4. Ce trou exigeant se termine avec un green en T qu'il partage avec le n° 18 du parcours des Rivières.

Mais rejoindre ce green imposant ne constitue pas une partie de plaisir.

Une rivière longe le côté droit du trou et l'avant du green, rendant le placement du coup de départ essentiel. Le green mesure 45 m de profondeur du côté droit, un petit bunker le protégeant sur le devant. **RH**

Parcours : golf de St Leon-Rot (parcours St Leon)

Situé à : St Leon-Rot, Bade-Wurtemberg, Allemagne

Trou : n° 18

Longueur : 405 m

Par : 4

Architectes : Hannes Schreiner, Dave Thomas

À savoir : Tiger Woods réussit sur toute la ligne les 3 premières années où le Deutsche Bank-SAP Open se disputa à St Leon (1999, 2001, 2002) : 3 tournois, 3 victoires.

CI-DESSOUS *Tiger Woods sur le n° 18 du parcours St Leon en mai 1999.*

CI-CONTRE *Le n° 18 du parcours St Leon.*

N° ⓲ GOLF DE ST LEON-ROT
(PARCOURS ST LEON)

Ce trou constitue un final approprié lors du Deutsche Bank-SAP Open TPC d'Europe qui se déroule souvent à St Leon. Le drive doit trouver un fairway étroit et sinueux tout en évitant un trio de bunkers à gauche et un vaste étang à droite. Celui-ci s'étend depuis la zone d'arrivée généralement visée jusqu'à l'avant du green. Le fairway dessine un virage à droite aux environs du green et le coup d'approche doit à nouveau éviter l'eau ainsi qu'un bunker, placé de façon stratégique à l'avant-gauche du green.

Le trou était autrefois le n° 9 du parcours rouge, dessiné par Hannes Schreiner, mais devint en 2002 le trou final du parcours St Leon, conçu par Dave Thomas. Ce dernier apporta quelques changements au fairway et aux bunkers situés près du green, mais le reste est tel que l'avait dessiné Schreiner.

Tiger Woods s'empara de la victoire en 2002 à l'issue d'un play-off contre Colin Montgomerie, sur le n° 18, lorsque sur ce troisième trou du play-off, le drive de Montgomerie atterrit dans l'un des bunkers de fairway, et son coup d'approche dans l'eau. Au cours de la semaine, on joua une moyenne de 4,089 coups sur ce trou qui concéda 1 eagle et 57 birdies contre 76 bogeys et 12 doubles bogeys. **KA**

N° ⑱ GOLF NATIONAL DE LAGUNA
(PARCOURS MASTERS)

Parcours : golf national de Laguna (parcours Masters)

Situé à : Laguna, Singapour

Trou : n° 18

Longueur : 376 m

Par : 4

Architectes : Dye Designs

À savoir : Le golf national de Laguna est considéré comme l'un des plus beaux clubs de Singapour et a accueilli de nombreux tournois, dont le Caltex Masters de 2004, remporté par Colin Montgomerie, l'Open féminin amateur de la Singapore Ladies Golf Association en 1997, et le Canon Singapore Open de 1996.

Les 2 derniers trous de ce parcours remarquable sont exceptionnels. Après le n° 17, un par 3 exigeant de porter la balle au-dessus de l'eau, on frappe le dernier coup de départ de la journée sur le n° 18, un par 4.

L'eau clapote le long du côté droit, depuis le départ jusqu'au green. On l'a toujours à l'esprit, car elle ne cesse de menacer la balle. Essayez de ne pas lui prêter attention et de demeurer sur le fairway.

La zone d'arrivée des coups de départ est assez généreuse. Profitez de son hospitalité, car le fairway se rétrécit sur le reste de ce dogleg à droite au green difficile.

Les parcours de ce club offrent une variété de styles. Le parcours Masters rappelle les anciens parcours écossais avec ses fairways vallonnés et ses monticules. Le parcours Classic est plus dans la lignée des tracés américains. Un peu plus court que le Masters, on y trouve moins d'obstacles d'eau et moins de relief sur les fairways. L'accent est mis ici sur les coups d'approche, essentiels, car les greens sont défendus de façon stratégique.

On trouve sur ces 2 tracés une série de départs convenant aux joueurs de tous niveaux. **TJ**

N° ⑱ ROYAL BIRKDALE

Parcours : Royal Birkdale

Situé à : Southport, Merseyside, Angleterre

Trou : n° 18

Longueur : 434 m

Par : 4

Architectes : George Lowe, F. W. Hawtree, J. H. Taylor

À savoir : C'est sur ce trou qu'eut lieu un acte sportif désormais simplement baptisé la « Concession ». Après avoir assuré le par grâce à un putt de 1,20 m sur le dernier trou au cours de la Ryder Cup de 1969, Jack Nicklaus concéda un putt de 60 cm à Tony Jacklin. En résulta un *ex aequo*, le premier de l'histoire de cette coupe.

Le Royal Birkdale organisera son neuvième British Open en 2008, et ce après avoir accueilli en 2005 le British Amateur, ainsi que le British Open féminin. Hommes, femmes et enfants – Birkdale attire tous les golfeurs, quel que soit leur âge ou leur sexe.

Plusieurs raisons expliquent que l'on ait choisi ce club pour autant de manifestations majeures. Presque tous les championnats britanniques d'importance s'y sont déroulés, notamment, bien entendu, le plus prestigieux de tous – le British Open –, qui s'y est tenu à 8 reprises. L'histoire, l'ambiance, le suspense constituent les raisons principales de la présence régulière de ces épreuves. Une autre raison ? Le n° 18.

Le n° 18 du Royal Birkdale est l'un des trous finaux les plus réputés d'Angleterre, ce qui signifie bien entendu que c'est l'un des plus célèbres et des plus reconnaissables au monde. Avec 434 m, c'est un très long par 4, qui offre cependant aux meilleurs joueurs au monde une possibilité décente de terminer leur partie par un birdie lorsqu'ils se réunissent ici. Enfin s'ils jouent droit.

On a tendance à jouer en push sur ce trou, mais c'est bien la dernière chose que l'on souhaite faire, car cela complique énormément le coup d'approche. Les fairways sont vos alliés sur presque tous les parcours de golf, mais c'est encore plus vrai ici. Ils sont étonnamment plats pour un tracé anglais, tandis que les dunes qui les bordent des 2 côtés, comme au n° 18, sont aussi traîtres que belles.

Si vous trouvez le fairway dès le départ, un coup au fer long reste à faire, en visant les fenêtres de la salle à manger du clubhouse. 6 bunkers encerclent le green, et l'on doit se préoccuper en priorité des 3 de l'avant. Ils permettent un coup roulé qui doit cependant s'avérer précis, car l'ouverture d'accès au green est étroite.

Si vous jouez droit, frappez de longues balles et faites ce qu'on vous recommande, ce trou s'avère équitable. Sinon, il peut vous faire passer un mauvais moment. Que vous réalisiez le par ou non, prenez un moment pour contempler l'un des trous d'arrivée les plus majestueux du golf. **JB**

CI-CONTRE *Le n° 18 du Royal Birkdale Golf Club et son green au cours du British Open de 1998.*

N° ⑱ RIVIERA COUNTRY CLUB

Parcours : Riviera Country Club
Situé à : Pacific Palisades, Californie, États-Unis
Trou : n° 18
Longueur : 412 m
Par : 4
Architecte : George Thomas junior
À savoir : L'un des meilleurs coups d'approche au monde. Imaginez 5 000 spectateurs sur la grande colline derrière le green alors que vous alignez votre coup en direction de celui-ci. Même sans le public, cela reste un très beau coup.

D'où est-ce que ça sort ?

C'est une question fréquente sur le départ du n° 18 du Riviera Country Club. « Ça » désigne une colline. Ce parcours est en effet généralement plat, mais sur le n° 18, on doit affronter une hauteur de bonne taille dès le coup de départ.

On débute en descente sur le n° 1 et l'on joue 17 trous relativement plats avant de gravir une colline sur le n° 18. La distance est grande entre les pics de ces montagnes russes.

On ne peut pas qualifier le dogleg du n° 18 de marqué, mais le fairway vire tout de même à droite aux environs de la marque des 135 m.

On fait face sur le départ à un petit arbre et le drive idéal devrait atterrir à gauche de ce dernier, à une distance de 9 à 13 m. Si vous arrivez à frapper légèrement en fade, vous atterrirez au centre du fairway et permettrez un joli coup d'approche.

On trouve 2 bunkers à environ 63 m avant le green, à droite. **TJ**

N° ⑱ CANTERBURY GOLF CLUB

Parcours : Canterbury Golf Club

Situé à : Beachwood, Ohio, États-Unis

Trou : n° 18

Longueur : 400 m

Par : 4

Architecte : Herbert Strong

À savoir : Depuis une distance de 3,66 m, Ben Hogan eut besoin de 3 putts pour rentrer la balle sur le dernier trou au cours de l'US Open de 1946, à Canterbury. Il ne put disputer le play-off avec Vic Ghezzi, Byron Nelson, et le vainqueur, Lloyd Mangrum.

Cela fait déjà 30 ans que le Canterbury Golf Club a accueilli son dernier championnat majeur du PGA Tour. Ce joyau, dessiné par Herbert Strong, est une victime de plus de la technologie qui a transformé les drivers en fusées de lancement en titane et les balles de golf en missiles à couches multiples, les joueurs s'avérant aussi désormais plus athlétiques.

Ce tracé de 6 265 m fut jugé démodé après la victoire de Jack Nicklaus au cours du championnat PGA de 1973, et pourtant, depuis l'aire de départ du n° 18, on s'imagine mal comment les drives puissants ou les pros musclés ont pu terrasser ce mammouth.

Depuis le départ, ce trou de 400 m grimpe une pente escarpée vers un fairway sur lequel empiètent 2 bunkers, à droite. Le trou vire subtilement vers la gauche et les coups de départ déviant trop de ce côté-là seront bloqués par des arbres. Même les frappeurs les plus prodigieux devront jouer leur coup d'approche au fer long, en direction d'un green protégé de bunkers sur tous les côtés, exception faite d'une ouverture étroite à l'avant.

Bien qu'étant l'un des plus plats du Canterbury, le n° 18 est incliné d'arrière en avant et ses bords, arrondis, descendent en pente depuis le centre. Le moindre effet de spin sur le coup d'approche poussera la balle vers l'une de ces pentes et la fera rouler hors du green. **RH**

Parcours : golf de Chiberta
Situé à : Anglet, France
Trou : n° 18
Longueur : 398 m
Par : 4
Architecte : Tom Simpson
À savoir : Ce n°18 est un trou arboré sur un splendide parcours, invariablement classé parmi les 10 meilleurs de France.

N° ⑱ GOLF DE CHIBERTA

Le golf de Chiberta est très varié. À certains endroits, on trouve des links naturels sur lesquels on joue un golf âpre ; à d'autres, l'ensemble ressemble à un parcours américain boisé. Avec 6 de ses trous au bord de l'Atlantique, il possède aussi de nombreux éléments d'un parcours de bord de mer.

Et n'oublions pas son histoire. Il fut non seulement dessiné par Tom Simpson, architecte légendaire, mais il est aussi situé à Anglet, près de Biarritz, station balnéaire sophistiquée de la côte basque, rendue populaire par Napoléon III et par l'impératrice Eugénie. C'est la région de France à la tradition golfique la plus établie, qui offre la combinaison la plus attirante de parcours anciens ou plus récents. Chiberta est un parcours à l'élégance exceptionnelle, fondé en 1927 par Albert Lowenstein, banquier belge jouissant d'une immense fortune.

Le n° 18, bien que différant entièrement des trous qui le précèdent, exige la même précision extrême et un petit jeu très maîtrisé. La beauté de Chiberta réside dans sa variété. Les trous exigent pourtant tous exactitude et intelligence. Le n° 18 vous mène directement à un palais de style mauresque et, après une journée emplie de beauté, on n'est en aucun cas déçu par ce que l'on découvre depuis son fairway. C'est un trou final gratifiant, comme il se doit. Le dénouement d'un parcours aussi remarquable que Chiberta doit en effet se montrer à la hauteur. **JB**

Parcours : Ocean Hammock Golf Club
Situé à : Palm Coast, Floride, États-Unis
Trou : n° 18
Longueur : 428 m
Par : 4
Architecte : Jack Nicklaus
À savoir : À un court coup de wedge au sud de St Augustine, le Palm Coast Golf Resort abrite 5 splendides 18 trous : Cypress Knoll, Matanzas Woods, Ocean Hammock, Palm Harbor et Pine Lakes.

N° ⑱ OCEAN HAMMOCK GOLF CLUB

En 2000, Jack Nicklaus franchit un jalon de plus dans sa carrière, à l'aide d'une pelle et non d'un club de golf cette fois-ci. Le parcours qu'il conçut pour l'Ocean Hammock fut le premier à être construit en bord de mer en Floride depuis les années 1920.

Et quel parcours c'est là ! Il se joue parmi les dunes, 6 trous surplombant l'océan, dont le n° 18, un par 4 de 428 m.

Les 4 derniers trous de ce par 72 de 6 584 m ont été surnommés la « Griffe de l'ours » et comptent parmi les trous de fin de parcours les plus mémorables au monde.

Sur le trou d'arrivée, on trouve l'océan à gauche, les ennuis à droite, et la cible que l'on vise droit devant. Le green est légèrement en biais à gauche, mais cela ne constitue absolument pas un dogleg.

Un large bunker à droite, à mi-distance du trou, peut entrer en jeu. Il faudra essayer de le dépasser dès le coup de départ. De là, vous bénéficiez d'une belle vue sur l'océan, et, peut-être encore plus belle, sur le green.

On trouve un bunker à l'avant-droite du green et un autre, grand et retors, le long du côté gauche.

Attention au vent sur le coup d'approche. **TJ**

N° ⑱ CROOKED STICK GOLF CLUB

Parcours : Crooked Stick Golf Club
Situé à : Carmel, Indiana, États-Unis
Trou : n° 18
Longueur : 418 m
Par : 4
Architecte : Pete Dye

À savoir : On considère ce parcours comme l'un des plus beaux de Dye. Il le conçut pour qu'il soit digne d'accueillir les compétitions de niveau international, et une longue tradition d'épreuves d'importance majeure prouve que l'architecte a réussi. Crooked Stick a accueilli l'US Open féminin de 1993. L'organisation de la Solheim Cup de 2005 n'entache en rien la réputation de Crooked Stick.

Le n° 18 de Crooked Stick est devenu légendaire grâce à John Daly, encore un bleu à l'époque. Joueur inconnu, il entra en tant que remplaçant dans la compétition, et sa victoire pleine de suspense, sur le dernier trou, lors du championnat PGA de 1991, le fit connaître instantanément.

Cette scène mémorable mise à part, ce dogleg à droite, un par 4 de 418 m, constitue toujours un défi fantastique. Si vous déviez trop à droite, votre balle plongera dans un lac aux dimensions monstrueuses, tandis qu'à gauche, vous vous retrouverez dans un ravin ou pris au piège d'un profond bunker. Viser le par s'avère très risqué sur le n° 18 – les golfeurs précautionneux n'en ont presque pas la possibilité.

Mais sauver le par vous permet dès lors une avance de 1 point par rapport au reste des joueurs.

Pete Dye a modelé sur ce terrain vallonné 18 trous en links de type écossais. Il a apporté au parcours son empreinte typiquement novatrice en le dotant de greens spacieux et de diaboliques bunkers, petits et profonds, qui font sa célébrité. Leurs ondulations rendent aussi les greens ardus. **KLL**

N° ⑱ WILSHIRE COUNTRY CLUB

Parcours : Wilshire Country Club
Situé à : Los Angeles, Californie, États-Unis
Trou : n° 18
Longueur : 401 m
Par : 4
Architecte : Norman Macbeth
À savoir : Un canyon parcourt tout ce tracé et entre en jeu sur 13 de ses trous, particulièrement sur le n° 18. Par temps dégagé, on peut apercevoir depuis ce trou la ligne des toits de Los Angeles.

Ce trou d'arrivée est assez schizophrène. Il est très agréable à l'œil, mais s'avère aussi très éprouvant.

C'est le drive qui vous permettra ou non de réaliser un birdie sur ce dogleg à droite de 401 m. Une balle sévèrement coupée (pour les droitiers), en hauteur, constitue la meilleure stratégie.

Le canyon large de 4,5 m longe le côté droit du trou, avant de traverser le fairway à environ 135 m du green, de courir de long du côté gauche jusqu'à l'arrière du green, puis de terminer à nouveau du côté droit. Bref, évitez-le à tout prix.

Si l'on frappe trop loin depuis le départ, on termine dans l'eau, ce qui sera aussi le cas si l'on part à gauche.

Quant au deuxième coup, il se joue souvent à l'aide d'un fer moyen, et de nombreux joueurs essaient de viser le centre gauche du green. Tout coup trop long, trop à gauche ou trop à droite forcera à dropper la balle.

Le green du n° 18 est un vrai joyau parce que son inondation annuelle crée de nouveaux accidents de surface. Il est toujours rapide et, si l'on parvient à ne pas mouiller la balle et à l'atteindre en régulation, on pourra peut-être rejoindre le 19ᵉ trou un sourire aux lèvres. **GE**

N° ⑱ THE LEGENDS

Parcours : The Legends
Situé à : Kebun Sedenak, Malaisie
Trou : n° 18
Longueur : 402 m
Par : 4
Architecte : Jack Nicklaus
À savoir : Le n° 18 appartient aux 2 trous du parcours permettant 2 approches du green différentes. Même la carte de parcours indique ces 2 voies distinctes. Le n° 6 est le deuxième de ces trous.

Le n° 18 de The Legends vaut peut-être à lui seul le voyage en Malaisie. C'est un trou merveilleux, avec un fairway incroyablement large attirant les golfeurs curieux. Le fairway mesure en effet 110 m de large, mais cela ne rend son défi que plus embarrassant.

On peut jouer du côté gauche et éviter les bunkers de droite qui s'étendent depuis la marque des 180 m à celle des 230 m. C'est une stratégie sûre depuis le départ, mais qui provoque un très long coup d'approche. Si vous avez envie de taper comme une brute et que vous avez été en forme sur les 17 premiers trous, vous pouvez porter la balle au-dessus de ces bunkers, suivre d'un court coup d'approche, et tenter le birdie.

On a donc matière à réfléchir sur le départ de ce qui constitue l'un des trous d'arrivée les plus inventifs au monde. Et ce sur un parcours débordant d'éléments uniques. Le premier 9 s'élance confortablement en terrain vallonné tandis que le dernier se glisse le long d'une vallée, à l'étroit.

Les deux 9 sont distincts mais leurs greens sont en harmonie. Leur minuscule surface atteint en général à peine 550 m². Et sur un parcours de plus de 6 400 m, des greens de cette taille confinent à la torture. **JB**

Parcours : Ocean Forest Golf Club

Situé à : Sea Island, Géorgie, États-Unis

Trou : n° 18

Longueur : 418 m

Par : 4

Architecte : Rees Jones

À savoir : Sur ce parcours en links, le dernier 9 s'ouvre sur l'océan. Le vent joue un rôle déterminant sur les 3 derniers trous où l'océan entre aussi en jeu.

CI-DESSOUS *Jamie Elson, de l'équipe irlando-britannique, joue son coup de départ sur le n° 18 d'Ocean Forest en août 2001.*

N° ⓲ OCEAN FOREST GOLF CLUB

Essayez donc de vous arracher à la contemplation de l'océan. Ce n'est pas facile. Quelle vue offre ce trou où l'on est escorté par l'Atlantique du départ jusqu'au green !

Et même si vous l'avez déjà aperçu au cours de votre partie, vous ne vous lasserez jamais de sa vue. À un moment donné cependant, il faudra bien jouer un peu au golf, ou le groupe qui vous suit pourrait montrer son mécontentement.

Une fois sur le départ, mettez à profit le puissant vent marin. Visez la gauche du fairway et laissez-le ramener la balle vers le milieu.

Un bunker est situé du côté droit du fairway, à environ 210 m des départs arrière. Long de 36 m, il peut entrer en jeu. Essayez de l'éviter si possible.

La zone d'arrivée idéale est située du côté droit du fairway. C'est celle qui permet le meilleur angle d'approche du green. Celui-ci est défendu par un bunker à gauche et par un autre à droite, qui s'enroule jusqu'à l'arrière.

Ne jouez pas trop long ici. Une descente abrupte débute à l'arrière du green, et à cause de l'inclinaison de ce dernier (d'arrière en avant), le par serait difficile à réaliser depuis cet emplacement. **TJ**

N° ⑱ BELFAIR GOLF CLUB (PARCOURS OUEST)

Parcours : Belfair Golf Club (parcours ouest)

Situé à : Bluffton, Caroline du Sud, États-Unis

Trou : n° 18

Longueur : 410 m

Par : 4

Architecte : Tom Fazio

À savoir : Inauguré en 2000, le Players Amateur de Belfair s'est rapidement transformé en l'une des épreuves amateurs estivales les plus importantes des États-Unis, remportée par des joueurs tels que Ben Curtis, Bill Haas et Camilo Villegas.

Belfair, communauté privée à plusieurs kilomètres du pont menant à Hilton Head Island, une île obsédée par le golf, abrite deux 18 trous (les parcours ouest et est) que Tom Fazio considère comme 2 de ses meilleures créations.

Le parcours ouest, inauguré en 1996, bénéficie de nombreux chênes et magnolias majestueux, de fairways vallonnés et, particulièrement sur le dernier 9, de panoramas sur les marais salants et sur la rivière Colleton.

Le n° 18 du parcours ouest, un dogleg à gauche exigeant que l'on frappe son drive au-dessus d'une vaste étendue de marécages, conclut dignement ce tracé. Mieux vaut placer le coup de départ sur le côté droit de la zone d'arrivée, coincée entre 2 énormes bunkers et un ruban de marécage empiétant sur le côté gauche du fairway. Plus on ose couper l'angle et moins on devra franchir de distance sur le coup d'approche. Difficile, celui-ci vise un green surélevé protégé par le marais à gauche, des bunkers à l'avant-gauche et à l'arrière-droite, et par une profonde dépression à l'avant-droite.

Ce trou garantit à lui seul que le vainqueur du Players Amateur, tournoi se déroulant tous les étés au Belfair, mérite son titre. **KA**

N° ⑱ MUIRFIELD LINKS

Parcours : Muirfield Links
Situé à : Gullane, East Lothian, Écosse
Trou : n° 18
Longueur : 409 m
Par : 4
Architectes : Tom Morris senior, Harry S. Colt, Tom Simpson

À savoir : L'un des coups les plus mémorables jamais joués sur le n° 18 du Gullane fut le génial coup d'approche de Nick Faldo, un fer 5, au cours du British Open de 1987 qui lui permit de l'emporter d'un coup sur Paul Azinger.

Pensez-vous que ce club jouisse d'une certaine tradition ? Ses 16 premiers trous furent construits de la main de l'homme (et avec des chevaux) et inaugurés le 3 mai 1891 – et ce, 147 années après que l'Honorable Compagnie des golfeurs d'Édimbourg (établie à Muirfield) organise sa première assemblée sur les links de Leith. Bien entendu, le n° 18 est carrément moderne en comparaison. Comme le n° 17, il ne fut inauguré qu'en décembre 1891.

Raillerie mise à part, vous voyez ce que nous voulons dire. C'est un grand parcours, au passé légendaire. Sans parler de son dernier trou, merveilleux.

La zone d'arrivée est très étroite sur le n° 18, et met les nerfs des concurrents à rude épreuve au cours du British Open. Ils ont le monde entier pour public, disputent le championnat de golf le plus ancien, et ne peuvent viser qu'une mince bande de sécurité.

Pour compliquer un peu les choses, ils doivent jouer en draw afin que la balle roule vers le green. La pression devient alors palpable, même si on se contente de regarder le championnat sur petit écran plutôt que sur place. On trouve 3 bunkers à gauche de l'endroit où l'on aimerait faire atterrir son drive, mais si l'on compense trop, on trouvera un rough bourru à droite.

Le green est assez profond pour paraître confortable, mais aussi assez étroit pour provoquer l'inquiétude la plus vive. Ajoutez à cela la crête qui parcourt son milieu et il devient essentiel de faire atterrir son coup d'approche sur la partie abritant le drapeau. **JB**

Parcours : Victoria National Golf Club

Situé à : Newburgh, Indiana, États-Unis

Trou : n° 18

Longueur : 395 m

Par : 4

Architecte : Tom Fazio

À savoir : Golf Digest a placé ce joyau de Tom Fazio en tête de sa liste des « meilleurs parcours privés » de 1999.

N° ⑱   VICTORIA NATIONAL GOLF CLUB

De nombreux membres du club aiment le n° 16, un par 3 à la marge d'erreur réduite. D'autres préfèrent le n° 9, un par 5 à double fairway. Et le n° 17 mérite certainement qu'on le mentionne. Tous peuvent briguer le statut de trou le plus mémorable du parcours, personne ne contestera aucun de ces choix. Le n° 18, un par 4 de 395 m, constitue le dénouement idéal de ce débat. Il ne l'emporte cependant pas haut la main. C'est simplement un autre concurrent de poids.

Ce dogleg à droite représente la difficile conclusion d'une journée formidable passée sur les links. Comme sur le n° 17, l'eau borde tout le côté droit. L'emplacement de la balle est déterminant ici. Si vous jouez la sécurité depuis le départ, vous n'aurez pas à franchir les profonds bunkers se trouvant à gauche du green, mais vous allongerez le coup d'approche. Si vous visez le green depuis la droite, vous pouvez jouer un coup d'approche roulé. Quoi que vous fassiez, évitez le lac. C'est le pire des choix (ou des résultats).

Il est difficile de faire mieux que les 5 derniers trous du Victoria National, offrant variété et défis en quantité. C'est tout simplement la conclusion fantastique de l'un des plus beaux parcours d'Indiana. **TJ**

Parcours : Ala Wai Golf Course

Situé à : Honolulu, Oahu, Hawaï, États-Unis

Trou : n° 18

Longueur : 342 m

Par : 4

Architecte : Donald MacKay

À savoir : Si vous désirez jouer ici, vous n'êtes pas le seul. Assurez-vous de réserver un départ car c'est l'un des parcours les plus fréquentés d'Hawaï. On y joue environ 500 parties par jour.

N° ⑱   ALA WAI GOLF COURSE

La popularité de l'Ala Wai peut être attribuée à divers facteurs, dont ses green fees raisonnables, son emplacement exceptionnel et le nombre de touristes logeant tout près de là, à Waikiki.

On pourrait le qualifier de parcours plat mais sportif. Son emplacement, cependant, à la périphérie de Waikiki le long du canal d'Ala Wai, est spectaculaire. La vue comprend Diamond Head, le massif de Koolau et la ligne des toits de Waikiki (entre autres).

On trouve d'autres trous exigeants sur ce parcours, mais ne comptant certainement pas parmi les plus difficiles d'Hawaï. Ils sont cependant ravissants et l'on éprouve un grand plaisir à les jouer.

Le n° 18 est pourvu de toutes ces qualités – difficile, ravissant, procurant du plaisir. Dernier trou du parcours, c'est celui qui offre les moments les plus mémorables. Les visiteurs et/ou les touristes se souviendront longtemps de leur passage sur les îles légendaires, y compris du n° 18 d'Ala Wai.

C'est le départ qui présente le premier défi. On ne trouve ici fairway plus étroit. Le green est lui aussi très étroit et un ruisseau le traverse en son centre.

Si vous réalisez ici le par ou un birdie, vous mériterez de passer de longs instants sur le 19ᵉ trou – ou sur la plage. **TJ**

N° 18   GOLF DE FRANCFORT

Parcours : golf de Francfort
Situé à : Francfort, Hesse, Allemagne
Trou : n° 18
Longueur : 395 m
Par : 4
Architectes : Harry S. Colt, Charles Alison, John S. F. Morrison
À savoir : Après avoir été très endommagé au cours de la Seconde Guerre mondiale, le golf de Francfort est demeuré sous contrôle américain de 1945 à 1955, avant d'être finalement rendu à ses membres.

Lorsque le golf de Francfort accueillait régulièrement l'Open d'Allemagne, le n° 18 forçait les concurrents à jouer un dernier beau coup d'approche s'ils désiraient s'emparer du titre.

Le fairway offre une zone d'arrivée du drive relativement large, défendue par un seul bunker à gauche. Mais le trou exigeait un deuxième coup, précis comme un rayon laser, à cause d'un dernier drapeau difficile, situé tout à côté d'un grand et profond bunker, à l'avant-droite d'un green sévèrement incliné d'arrière en avant.

L'Open d'Allemagne se déroula pour la première fois ici en 1938, lorsque Sir Henry Cotton s'empara du titre. Le parcours accueillit aussi ce tournoi 3 années consécutives, de 1987 à 1989, et ce pour la dernière fois. Le Zimbabwéen Mark McNulty y gagna son deuxième titre en 1987, suivi de Seve Ballesteros en 1988 et de Craig Parry, l'Australien, en 1989. Parry triompha de l'Anglais Mark James au cours d'un play-off en mort subite, lorsque ce dernier plaça son deuxième coup au-dessus du trou. Confronté à un difficile premier putt en descente, il finit par en jouer 3 pour offrir à Parry sa deuxième victoire du PGA European Tour. **KA**

N° ⓲ TPC DE SAWGRASS
(PARCOURS DU STADE)

Parcours : TPC de Sawgrass (parcours du Stade)
Situé à : Ponte Vedra Beach, Floride, États-Unis
Trou : n° 18
Longueur : 402 m
Par : 4
Architecte : Pete Dye
À savoir : Le parcours du Stade du TPC de Sawgrass accueille le Players Championship du PGA Tour, regroupant les joueurs les plus talentueux de ce circuit. En 2004, Adam Scott, joueur australien de 23 ans, est devenu le plus jeune champion du TPC.

On penserait qu'après en avoir terminé avec l'un des trous de golf les plus célèbres, après avoir survécu au légendaire green en forme d'île, après avoir franchi un fairway d'eau, on vous offrirait un peu de répit. On aurait tort.

On n'a même pas le temps de pousser un soupir de soulagement après avoir joué le n° 17 du parcours du Stade du TPC de Sawgrass. Le n° 18 attend, et il n'existe aucun endroit où se détendre. De fait, si vous ne continuez pas à vous tenir sur vos gardes, vous pourriez mal terminer votre partie.

Le n° 18 est le troisième trou consécutif du parcours du Stade à apparaître dans cet ouvrage, ce qui donne une idée du défi qu'il constitue. On ne fait pas plus exigeant que ce trou de golf. C'est l'une des raisons pour lesquelles le PGA Tour organise ici son Player's Championship.

Le n° 18 s'est avéré le facteur déterminant de nombreux championnats du TPC, notamment quand Jerry Pate y réalisa un birdie en 1982, durant la première édition de ce tournoi. Lorsqu'il plongea dans le lac bordant le green, de nombreuses personnes s'imaginèrent que c'était de joie. Mais, après avoir joué les n° 16, 17 et 18 et avoir survécu à leur épreuve abominable, il recherchait peut-être simplement un peu de répit.

C'est un dogleg à gauche génialement conçu, qui force les joueurs à faire preuve de précision, puissance et stratégie jusque sur le dernier coup de leur partie. L'exactitude est nécessaire ici, car l'eau longe tout le côté gauche du trou tandis que des monticules (couverts de spectateurs durant le TPC) et des arbres bordent le côté droit.

Diverses dépressions herbeuses protègent l'avant-droite du green, tandis qu'un bunker en forme de fer à cheval guette les balles trop longues ou déviant à gauche. L'herbe est assez épaisse derrière le green, et on ferait mieux de l'éviter. Un nouveau monticule se dresse aussi de ce côté-là ; envoyer la balle dans cette zone peut s'avérer imprudent, que l'on soit un pro disputant le TPC ou un golfeur lambda qui a la chance de jouer le Nassau d'une vie. **JB**

CI-DESSOUS *Le n° 18 du parcours du Stade du TPC de Sawgrass.*

CI-CONTRE *L'Américain Jeff Maggert joue son coup de départ sur le n° 18 du parcours du Stade au TPC de Sawgrass en mars 1994.*

N° ⑱ WESTIN MISSION HILLS RESORT
(PARCOURS PETE DYE)

Parcours : Westin Mission Hills Resort (parcours Pete Dye)

Situé à : Rancho Mirage, Californie, États-Unis

Trou : n° 18

Longueur : 352 m

Par : 4

Architecte : Pete Dye

À savoir : Au cœur de la vallée de Coachella, entouré de montagnes, le parcours Pete Dye offre des panoramas spectaculaires qui ne constituent pourtant qu'une partie de son plaisir. Ses greens surélevés, ses bunkers et l'eau qu'on y trouve en abondance peuvent aisément ajouter des points à votre carte de score. Attention, donc.

Pas très éloigné du centre de Palm Springs, le Westin Mission Hills Resort est un paradis de 145 ha à Rancho Mirage où le soleil brille presque toujours.

Pendant que Dye construisait son parcours, Gary Player concevait aussi un incroyable défi de 18 trous, mais l'on s'accorde en général à considérer le parcours Dye comme la plus belle épreuve de golf de la vallée de Coachella.

Le n° 18 du parcours Dye constitue l'épilogue parfait d'une partie parfaite elle aussi. On retrouve ici tout ce qu'on serait en droit d'attendre – et même plus – d'un golf de complexe hôtelier. Ce trou final est un par 4 de 352 m. Il n'est pas très long mais très aquatique. Le fairway est étroit, son côté gauche tout entier bordé par l'eau, et l'on trouve un bunker profond sur la droite. Le coup de départ sera suivi d'un fade. Le trou est assez droit, dessinant un léger dogleg à gauche. Le green est défendu par l'obstacle d'eau à gauche et à l'arrière. Il n'est entouré d'aucun rough, mais on y trouve un tablier et les traverses de chemin de fer caractéristiques de Dye. Si l'on joue trop long ou trop à gauche, on s'attirera donc des ennuis. On doit aussi se préoccuper d'un profond bunker à droite du green.

Avec son lac, son green et son fairway impeccablement entretenus, le n° 18 compte parmi les trous les plus ravissants au monde. **TJ**

N° ⑱ ARBUTUS RIDGE GOLF & COUNTRY CLUB

Parcours : Arbutus Ridge Golf & Country Club

Situé à : Cobble Hill, Colombie-Britannique, Canada

Trou : n° 18

Longueur : 389 m

Par : 4

Architecte : Bill Robinson

À savoir : Même si le jeu du golf présente ses difficultés et ses plaisirs, il abonde aussi en paysages ravissants. Depuis ces links, on peut admirer le mont Baker et Salt Spring Island.

Reconnu comme l'un des meilleurs parcours de la ravissante île de Vancouver, ce tracé a tendance à être témoin d'embouteillages provoqués par des joueurs hésitant entre divers choix très difficiles.

Comme il n'existe aucun plan ou instructions précises à suivre sur ce parcours, jouez-le en fonction de vos points forts. Les occasions de prise de risque ne manqueront pas. Jouer la sécurité s'avère souvent intelligent, mais n'hésitez pas à prendre des raccourcis si c'est dans vos cordes.

Le n° 18 conclut magnifiquement une splendide partie de golf. Ce par 4 de 389 m comprend, entre autres défis, un green surélevé de 36 m doté de 5 plateaux et flanqué d'un étang à gauche. Le fairway est principalement droit, avec le green légèrement à gauche, où il s'avance dans l'eau. On trouve des bunkers de fairway de chaque côté, qui entrent en jeu dès le coup de départ, particulièrement le plus éloigné, à droite.

3 bunkers bordent le côté droit du green, le premier prenant naissance sur le fairway.

Ce parcours de championnat, un par 71 ardu de 18 trous, doté de 5 669 m de fairways impeccablement entretenus, est jouable à peu près toute l'année grâce au climat tempéré du sud de l'île de Vancouver. **TJ**

Parcours : golf de Hong Kong (parcours Eden)
Situé à : Hong Kong, Chine
Trou : n° 18
Longueur : 381 m
Par : 4
Architectes : Michael Wolveridge, John Harris
À savoir : Durant la construction du parcours Eden, on découvrit autour du n° 18 des douzaines de tombes que l'on dut déplacer.

N° ⑱

GOLF DE HONG KONG
(PARCOURS EDEN)

Le golf de Hong Kong, fondé en 1889, compte parmi les 100 clubs les plus anciens au monde, et c'est sur cette île que l'on joua pour la première fois au golf en Extrême-Orient. Le parcours Eden, construit en 1970, est le plus récent des 3 tracés du club.

Le trou d'arrivée de l'Eden fait partie des plus beaux d'Asie. Depuis une aire de départ surélevée, les golfeurs doivent frapper leur drive en direction d'une zone d'arrivée étroite entourée d'un trio de bunkers. Il est suivi d'un deuxième coup devant franchir un grand étang afin de rejoindre un green difficile, qui descend en pente de chaque côté.

L'Open de Hong Kong, une épreuve internationale reconnue par les PGA Tours asiatique et européen, se déroule au golf de Hong Kong depuis ses débuts et a été remporté par des champions tels que Peter Thomson, Greg Norman, Bernhard Langer, Tom Watson et José María Olazábal. Le parcours du tournoi combine des trous du nouveau parcours et du parcours Eden. Le golf de Hong Kong a aussi accueilli le premier Johnnie Walker Classic en 1990, remporté par Nick Faldo, ainsi que le championnat mondial amateur par équipes en 1984, année où le Japon l'emporta. **KA**

N° ⑱ OAKMONT COUNTRY CLUB

Parcours : Oakmont Country Club

Situé à : Oakmont, Pennsylvanie, États-Unis

Trou : n° 18

Longueur : 414 m

Par : 4

Architecte : Henry Fownes

À savoir : Ce parcours est célèbre pour diverses raisons, tandis que ce trou l'est pour un moment historique unique. Comment pourrait-on oublier la dernière fois où Arnold Palmer s'approcha du n° 18 au cours de son dernier US Open ?

Tant de grands joueurs ont parcouru ce fairway sous les applaudissements !

Depuis le départ, le n° 18 ne ressemble à aucun autre trou de ce parcours. Ce par 4 droit est long et difficile, et les bunkers semblent avoir été placés à tous les bons endroits. Le green est lui assez inhabituel tandis que le célèbre clubhouse procure une touche de sérénité à l'ensemble.

Si l'on joue un mauvais coup de départ, on sera confronté à une décision. Rejoindre le green en 2 coups depuis n'importe quel endroit du fairway s'avère déjà assez ardu, mais essayer de frapper ce deuxième coup depuis un bunker ou depuis le rough confine à l'impossible.

Un bunker situé à 55 m devant le green rend cette décision encore plus difficile. Jouez court si vous ne voulez pas risquer de terminer dans un bunker – tout en devant encore franchir 55 m pour rejoindre le green.

On doit donc indubitablement frapper un coup de départ droit, avec le fairway dans la ligne de mire.

Le green du n° 18 n'est pas aisé non plus, car il n'est ni facile à lire, ni à négocier. Attention donc aux 3 putts parfois nécessaires. **TJ**

N° ⑱ ATLANTA COUNTRY CLUB

Parcours : Atlanta Country Club

Situé à : Marietta, Géorgie, États-Unis

Trou : n° 18

Longueur : 465 m

Par : 5

Architectes : Williard Byrd, Joe Finger

À savoir : Lorsque John Daly remporta le BellSouth Classic en 1994, son caddie lui conseillait de frapper un fer 1 depuis le départ du n° 18, au cours du dernier tour. « Long John », comme on le surnomme, choisit plutôt un bois de parcours qu'il joua au-dessus des chênes le long du côté gauche du fairway. Pour son deuxième coup, il sélectionna un fer 8, suivi d'un chip et d'un putt pour réaliser un birdie et l'emporter d'un point devant Nolan Henke et Brian Henninger.

Interrogez n'importe quelle personne connaissant bien le country club d'Atlanta, et la conversation portera invariablement sur le n° 13, un par 3 majestueux. La cascade et les bois denses ont dû inspirer plus d'un artiste et ont fait se retourner nombre de golfeurs abasourdis devant tant de beauté.

Le n° 13, digne d'une carte postale, offre de nombreux emplacements de drapeau. Cependant, d'un point de vue tactique, le trou d'arrivée, un par 5, évoque des images complètement différentes.

Le n° 18 dessine un virage marqué, à gauche, depuis le départ, et avec 465 m, on pourrait le considérer comme un jeu d'enfant pour les prodigieux joueurs d'aujourd'hui. La stratégie s'avère pourtant plus importante ici que la force.

2 lacs menaçants bordent le côté gauche de la zone d'arrivée des coups de départ, et pourtant s'il l'on s'écarte trop de ces obstacles d'eau, on devra contourner ou survoler un bosquet de chênes centenaires sur la droite.

L'espace ne manque pas pour jouer la sécurité à droite, et cela sera peut-être le meilleur choix possible si le drapeau est planté à l'avant-gauche et accessible seulement à l'aide de coups d'approche en hauteur. Lorsque le trou est placé à l'arrière-droite de ce green divisé en 2, il permet un coup d'approche plus long, favorisant les grands frappeurs. **RH**

CI-CONTRE *L'Américain Steve Lowery sur le green du n° 18 du country club d'Atlanta en octobre 2002.*

Parcours : Wild Dunes Golf Links (parcours Links)

Situé à : Isle of Palms, Caroline du Sud, États-Unis

Trou : n° 18

Longueur : 458 m

Par : 5

Architecte : Tom Fazio

À savoir : Le parcours Links de Wild Dunes représente la première création en solo de Tom Fazio. Il en a conçu ensuite un autre au même endroit, le parcours Harbour et, bien entendu, en a depuis dessiné de nombreux autres.

N° ⓲ WILD DUNES GOLF LINKS (PARCOURS LINKS)

Avec ses fairways sereins encadrés de chênes majestueux et de larges palmiers, le parcours Links de Wild Dunes constitue tout autant un trésor visuel qu'un défi de golf. C'est un tracé débordant de dunes menaçantes, menant toutes au n° 18, au bord de l'océan. Tom Fazio a incontestablement réussi avec ces links sa première création en solo. Sa carrière est désormais vieille de plus de trente ans.

« On attendait beaucoup de moi et de mon œuvre et c'était très flatteur, a déclaré Fazio il n'y a pas très longtemps. Mais nous essayons toujours de faire du mieux possible, dès le premier jour d'ouverture du parcours. »

C'est une parcelle de terrain riche d'histoire pour Tom Fazio, mais c'est aussi le site de célèbres batailles. Par-dessus tout, cependant, le n° 18 de Wild Dunes est l'apothéose d'une belle partie de golf.

Juste au-dessus des 450 m, même les joueurs de handicap moyen peuvent atteindre ce trou en 2 coups. Cela, bien sûr, provoque des actes de bravoure gratuits chez la plupart des joueurs de cet acabit. La sagesse voudrait pourtant qu'on le considère comme un vrai par 5, 3 coups relativement aisés permettant de rejoindre le green. On assurerait ainsi le par, et un coup d'approche solide pourrait même offrir un birdie. Le plus souvent cependant on essaie de l'atteindre en 2 coups. Ce n'est pas un problème si on y arrive, mais les conséquences sont assez dramatiques dans le cas contraire.

2 bunkers très profonds gardent jalousement l'avant du green, et la bruyère pousse dangereusement près de ses bords.

La distance ne constitue donc pas un défi sur ce trou, mais si l'on échoue à rejoindre le green en 2 coups, le par se retrouve inutilement en péril.

Le n° 18 constitue la première tentative de Tom Fazio de construire un trou d'arrivée classique, une réussite qui annonçait la suite de sa carrière. Il dessina par la suite des parcours aussi prestigieux que Shadow Creek, le Dallas National, Barton Creek, le Honors Course, certains parcours de Pinehurst et de nombreux autres.

Et tout ceci débuta sur ce site historique de Caroline du Sud. **JB**

N° ⑱ BROWN DEER PARK GOLF CLUB

Parcours : Brown Deer Park Golf Club

Situé à : Milwaukee, Wisconsin, États-Unis

Trou : n° 18

Longueur : 509 m

Par : 5

Architecte : George Hansen

À savoir : Accueillant l'Open de Milwaukee du PGA Tour, Brown Deer Park est sablonneux (des bunkers à chaque trou), très aquatique (l'eau entre en jeu sur 10 trous) et difficile (même pour les pros qui y jouent).

Construit en 1929, ce parcours a été remodelé par Andy North et Roger Packard qui ont transformé un grand tracé en un parcours encore plus fabuleux. Mais son histoire à elle seule est incroyable.

Le clubhouse est un monument historique et des joueurs tels que Greg Norman, Mark O'Meara, Corey Pavin et Scott Hoch ont tous remporté une victoire ici. Tiger Woods a débuté sa carrière professionnelle à Brown Deer Park, site de l'Open de Milwaukee, tournoi du PGA Tour existant depuis 37 ans. Le n° 18 a laissé perplexe plus d'un professionnel. C'est un trou où, bien qu'il soit difficile de grappiller des points, cela demeure possible.

On peut rejoindre le green en 2 coups, ce qui s'avère évidemment plus facile si on est joueur professionnel. On doit tout d'abord franchir le ruisseau. Si l'on y parvient, on a la possibilité d'atteindre le green au coup suivant.

Si ce n'est pas dans vos cordes, prévoyez de jouer court. C'est la stratégie la plus intelligente – sauf si vous avez un coup de retard lors du dernier tour et que vous deviez rattraper le joueur en tête.

Le green est protégé par 5 bunkers à l'avant, juste au cas où vous tenteriez de rejoindre le green et que vous ratiez votre cible de peu.

C'est un trou que l'on prend un grand plaisir à jouer sur un parcours du même acabit. **TJ**

SHADOW CREEK GOLF CLUB

N° ⑱

Parcours : Shadow Creek Golf Club
Situé à : Las Vegas, Nevada, États-Unis
Trou : n° 18
Longueur : 482 m
Par : 5
Architecte : Tom Fazio
À savoir : C'est à Shadow Creek que les célébrités viennent jouer. Michael Jordan, George Clooney, Reggie Jackson, Michael Douglas et Joe Pesci comptent parmi les nombreuses personnalités ayant affronté ce joyau de Las Vegas.

L'élégance discrète ne rencontre jamais le succès à Las Vegas. Dépourvu de glamour et de paillettes, de lustre et d'éclat, vous passerez simplement inaperçu dans cette « cité du péché ». Steve Wynn, nabab de Las Vegas, le savait lorsqu'il construisit ce terrain de jeu privé pour ses amis intimes et pour les gros parieurs fréquentant ses casinos. Il investit donc 60 millions de dollars (environ 48 millions d'euros) dans ce parcours impeccablement entretenu, doté de collines, arbres, et autres extravagances imaginables sur un golf. Voire même certaines auxquelles on ne songerait jamais.

Bon, il n'est pas vraiment traditionnel, mais, comme nous l'avons déjà signalé, si l'on ne fait pas preuve de décadence à Las Vegas, mieux vaut ne pas venir. Les puristes se détourneront peut-être lorsque les admirateurs de Shadow Creek commenceront à louer ce club opulent, mais c'est un magnifique endroit où jouer au golf.

Tom Fazio bénéficia de tout le terrain dont il avait besoin ainsi que d'un budget illimité pour ce parcours s'étendant sur 141 ha au milieu du désert. Tous ses ruisseaux, lacs, collines et cascades ont été méticuleusement conçus et soigneusement construits. On trouve ici plus de 150 espèces d'arbres, et il est presque impossible d'accepter que l'on se trouve en plein désert, encore moins à proximité de Las Vegas.

Il est difficile de savoir quel trou s'avère le plus mémorable. Certains désignent le n° 4, le n° 9, le n° 15 ou le n° 17, mais le n° 18, long de 482 m, rivalise aisément avec n'importe lequel d'entre eux.

L'aire de départ est perchée sur une crête, et un ruisseau coule du green vers le départ, mais doit franchir 3 cascades avant de se jeter dans un lac. Une crête remonte le côté gauche depuis le départ, avant que le trou ne dessine un virage au niveau de la zone d'arrivée, à 7 m au dessus de l'eau.

Dans l'idéal, le deuxième coup atterrit juste au début d'un second virage vers le lac. Tenter de rejoindre le green en 2 coups implique un long porter de balle au-dessus de l'eau tout en parvenant à stopper la balle sur le green. Ce dernier est long et étroit, encadré de fleurs, de monticules et d'arbres.

C'est un trou d'arrivée dynamique, couronnant l'une des expériences de golf les plus uniques au monde. **JB**

N° ⑱ GLEN ABBEY GOLF CLUB

Parcours : Glen Abbey Golf Club

Situé à : Oakville, Ontario, Canada

Trou : n° 18

Longueur : 479 m

Par : 5

Architecte : Jack Nicklaus

À savoir : Billy Andrade remporta l'Open du Canada de 1998 à Glen Abbey, bien qu'il ait atterri dans l'eau sur le n° 18 au cours des 2 derniers tours.

Le n° 18 du Glen Abbey Golf Club constitue un trou final fantastique, où les golfeurs prenant des risques sont récompensés. Ce fut notamment le cas lors des nombreux Bell Canadian Opens s'étant déroulés ici. Sur ce par 5, court selon les normes actuelles, le coup de départ doit trouver une zone d'arrivée qu'entourent pas moins de 9 bunkers. On est ensuite confronté à une décision : jouer la sécurité à gauche ou frapper au-dessus du lac et essayer d'atteindre le green, bien protégé, dès le deuxième coup. Si l'on choisit de jouer court pour suivre d'un troisième coup, on découvre 3 bunkers flanquant le green à gauche et l'eau, omniprésente, menace toujours à droite.

Au cours de l'Open de 2000, Tiger Woods trouva l'un des bunkers de fairway sur le coup de départ, mais en sortit avec un fabuleux fer 6, pour atterrir à 200 m de là, au fond du green. Il réalisa ensuite un chip s'arrêtant à 30 cm du drapeau et réussit un birdie pour l'emporter d'un point devant Grant Waite, joueur néo-zélandais. Cela lui permit de décrocher la difficile Triple Couronne – que l'on obtient en remportant l'US Open, le British Open et l'Open du Canada la même année. C'était seulement le deuxième joueur à accomplir cette prouesse (après Lee Trevino, en 1971). **KA**

Parcours : Carlow Golf Club

Situé à : Deerpark, comté de Carlow, Irlande

Trou : n° 18

Longueur : 440 m

Par : 5

Architectes : Cecil Barcroft, Tom Simpson

À savoir : Le golf est profondément ancré dans la tradition en Irlande. « Célèbre », « historique » et « excellent » sont des adjectifs que l'on peut utiliser pour décrire de nombreux parcours irlandais. Le n° 18 de Carlow est cependant souvent considéré comme le meilleur trou d'arrivée du pays.

N° ⑱ CARLOW GOLF CLUB

Situé dans la magnifique campagne verte des Midlands, le Carlow Golf Club allie links et terrain boisé spectaculaire pour créer une partie de golf difficile mais unique au monde.

Le Carlow Golf Club, au sein d'une réserve naturelle de cerfs, est réputé pour ses doglegs, capables de mettre au défi les meilleurs des golfeurs.

En 1998, le spectaculaire n° 18 s'est allongé et, en conséquence, est devenu beaucoup plus ardu. Seuls les plus grands frappeurs peuvent désormais couper l'angle, car cela exige un porter de balle de 228 m.

Lancez-vous et essayer de couper ce virage car sinon vous regretteriez peut-être de ne pas avoir tenté le coup. Mais si vous atterrissez dans le rough de gauche, il est inutile de songer à rejoindre le green en 2 coups. Mieux vaut alors viser le par.

Si vous trouvez le fairway, prenez pour cible ce qui constitue le plus grand green du parcours. Mais attention : 2 bunkers protègent les côtés, et 2 autres montent la garde à l'avant, sur le fairway.

Tom Simpson a redessiné 10 greens et de nombreux bunkers, mais le reste du parcours est demeuré à peu près fidèle au plan original, offrant une fantastique partie de golf. **TJ**

Parcours : Laurel Valley Golf Club

Situé à : Ligonier, Pennsylvanie, États-Unis

Trou : n° 18

Longueur : 491 m

Par : 5

Architectes : Dick Wilson, Arnold Palmer, Ed Seay

À savoir : Laurel Valley a été remodelé en 1988 par Arnold Palmer et Ed Seay, ayant rallongé le parcours de façon spectaculaire et continuant toujours à l'améliorer. Palmer appartient aussi au conseil d'administration de Laurel Valley, inauguré en 1958.

N° ⑱ LAUREL VALLEY GOLF CLUB

Ancien par 4, le dernier trou du Laurel Valley Golf Club fut transformé en par 5 par Arnold Palmer et Ed Seay au cours de l'allongement du parcours.

Un coup de départ solide le long du côté droit du fairway donnera aux grands frappeurs l'occasion de rejoindre le green en 2 coups, mais ils devront pour cela frapper un bois de parcours, en hauteur, survolant un grand lac avant d'atterrir en douceur sur un green large mais peu profond et protégé par des bunkers. N'hésitez pas à prendre ce risque mais sachez que l'on peut en payer les conséquences. Les joueurs choisissant la sécurité frapperont un fer moyen pour atterrir devant les bunkers que Palmer et Seay ont placé sur le côté gauche du fairway.

Situé au milieu des époustouflants Laurel Highlands de l'Ouest de la Pennsylvanie, Laurel Valley a accueilli certaines des épreuves professionnelles les plus importantes. Palmer, capitaine, mena l'équipe américaine à la victoire (21 à 11) face à l'équipe irlando-britannique au cours de la Ryder Cup de 1975. Dave Marr l'emporta de 2 points devant Jack Nicklaus et Billy Casper durant le PGA Championship de 1965. L'US Open senior de 1989 lui, fut remporté par Orville Moody. Ce parcours a aussi été sélectionné pour accueillir le PGA Championship senior de 2005. **KA**

N° ⑱ NANTUCKET GOLF CLUB

Parcours : Nantucket Golf Club

Situé à : Siasconset, Massachusetts, États-Unis

Trou : n° 18

Longueur : 539 m

Par : 5

Architecte : Rees Jones

À savoir : Lorsqu'il ouvrit ses portes en 1998, le Nantucket Golf Club demandait les droits d'adhésion les plus élevés des clubs privés américains – 200 000 dollars à ce que l'on dit.

Pour apercevoir le très privé Nantucket Golf Club, jouez une partie au Siasconset Golf Club voisin, un 9 trous remontant à 1894.

Plus de 100 ans plus tard, Rees Jones dessina le parcours de championnat du Nantucket Golf Club, inauguré en 1998 avec des critiques dithyrambiques. Mais de nombreuses manières, le Nantucket correspond aux parcours traditionnels de Nouvelle Angleterre, construits au début du xxe siècle, dotés d'aires de départ carrées, dépourvus de sentiers pour voiturettes et où seule une courte distance sépare les greens des départs suivants. On n'y trouve ni court de tennis, ni piscine, ni habitations, sauf pour le clubhouse et les cottages de quelques membres.

Situé le long de la pointe sud-est de la minuscule île de Nantucket, ce parcours est parsemé de nombreux bunkers de fairway, uniques et sauvages, ainsi que de hautes herbes folles, une combinaison permettant des zones d'arrivée étroites au milieu de la lande. Le vent constitue un autre obstacle et complique souvent la sélection du club. C'est d'ailleurs pour cela que ce tracé encourage les coups d'approche bas et roulés.

Ceux qui ont la chance de jouer au Nantucket y affrontent un trou d'arrivée monstrueux, où le fairway, naturellement ondoyant, est doté de bunkers et de grands monticules à droite, mais offre une vue spectaculaire sur une réserve naturelle à gauche. **KA**

N° ⑱ PEBBLE BEACH GOLF LINKS

Parcours : Pebble Beach Golf Links

Situé à : Pebble Beach, Californie, États-Unis

Trou : n° 18

Longueur : 496 m

Par : 5

Architectes : Jack Neville, Douglas Grant, Chandler Egan

À savoir : Si Jack Nicklaus pouvait choisir le dernier trou de sa vie, ce serait le n° 18 de Pebble Beach : « Si je n'avais plus qu'une partie à jouer, a déclaré Nicklaus, je choisirais Pebble Beach. J'ai adoré ce parcours dès que je l'ai aperçu pour la première fois ».

CI-CONTRE Vue du n° 18 de Pebble Beach, montrant combien le trou est accolé au rivage de Carmel Bay.

Depuis 1919, le n° 18 constitue le couronnement, le sommet d'un joyau américain. Les débats sont inévitables lorsqu'on doit désigner le meilleur parcours d'Amérique, mais nul ne contesterait la présence majeure de Pebble Beach Golf Links au sein de ces discussions. Non content d'accueillir l'AT&T Pebble Beach National Pro-Am chaque année, ce club a aussi organisé 4 US Opens. Il occupe aussi une place à part, tenace et constante, dans le cœur des golfeurs du monde entier.

Les 17 premiers trous sont si spectaculaires et offrent un tel suspense qu'il semble presque impossible que le n° 18 se montre à la hauteur ou les surpasse. Mais ce trou d'arrivée explose dans un crescendo golfique, répondant largement aux attentes de ceux qui ont la chance de découvrir Pebble Beach.

C'est un parcours situé sur l'un des plus beaux littoraux au monde, auquel le n° 18 est accolé du début jusqu'à la fin. Votre carte de score peut être parsemée de bogeys et pire alors que vous approchez du n° 18, mais même si une rude épreuve vous attend, vous découvrirez un spectacle qui demeurera en vous indéfiniment, où que vos voyages vous mènent après cela.

Paysage mis à part, prenez une grande bouffée d'air et apprêtez-vous à jouer. C'est un vrai par 5, et la stratégie la plus sage consiste à placer votre coup de départ juste à gauche de 2 grands arbres au milieu du fairway. On joue depuis une aire de départ s'avançant dans le Pacifique, vers un fairway qui longe la baie de Carmel. Ce dernier étant incliné vers la droite au niveau de la zone d'arrivée, mieux vaut viser les arbres et laisser Dame Nature guider votre balle vers la baie.

Le deuxième coup devrait viser le côté gauche du fairway, ce qui permet d'éviter ensuite un arbre se penchant sur la partie droite du green. Cela s'avère cependant périlleux car cela vous amène au bord de la baie, les vagues s'écrasant en contrebas. Mais c'est ici que l'on doit se trouver si l'on veut pouvoir rejoindre le green sur le troisième coup.

Ce coup d'approche doit franchir le bunker situé à l'avant, qui s'enroule autour du côté gauche, entre le green et l'eau, où il rencontre un deuxième bunker qui débute au milieu du côté droit et continue jusqu'à l'arrière du green. On trouve enfin un troisième bunker, coincé entre l'eau et le green du côté gauche, mais si votre balle y atterrit cela s'avérera une bénédiction, particulièrement si cela interrompt sa course vers Carmel Bay.

Une fois sur le green, gardez à l'esprit tout ce que vous appris sur Pebble Beach, notamment que les putts roulent ici vers l'eau. Mais prenez un instant pour lever les yeux vers les cieux. **JB**

N° ⑱ TABOO GOLF COURSE

Parcours : Taboo Golf Course

Situé à : Gravenhurst, Ontario, Canada

Trou : n° 18

Longueur : 515 m

Par : 5

Architecte : Ron Garl

À savoir : Parcours où s'entraîne Mike Weir, vainqueur du Masters de 2003, le Taboo offre 6 583 m soigneusement aménagés au sein du majestueux Bouclier canadien. En résulte un magnifique et difficile parcours.

Selon les responsables marketing du Taboo Golf Course, l'endroit abrite « un magnifique et difficile parcours en train de devenir très apprécié des golfeurs avisés du monde entier. » Ici, cette affirmation est en dessous de la vérité. Le n° 18 compte parmi les meilleurs nouveaux trous de golf au monde. Ce par 5 est un double dogleg, qui multiplie par 2 non seulement le plaisir qu'on prend à le jouer, mais aussi les difficultés qu'on y affronte. On ne fait pas plus difficile – particulièrement depuis les départs arrière.

Le premier objectif est de franchir la formation rocheuse s'élevant au milieu du fairway. Attention aux gros rochers sur le côté droit du fairway.

On aperçoit aussi un bunker à gauche qui peut engloutir votre balle si vous jouez trop long.

On peut essayer de rejoindre le green en 2 coups si l'on joue un coup de départ parfait et que l'on réussit le suivant, difficile et devant couper l'angle du second dogleg. Le fairway ne manque pas pour ceux qui ne pourraient jouer autant de club.

4 séries de départs permettent aux golfeurs de sélectionner leur degré de difficulté. Le n° 18 mesure 515 m depuis les départs de championnat, mais seulement 421 m depuis les marques rouges, les plus faciles. **TJ**

N° ⑱   AL BADIA GOLF RESORT

Parcours : Al Badia Golf Resort
Situé à : Dubaï, Émirats arabes unis
Trou : n° 18
Longueur : 490 m
Par : 5
Architecte : Robert Trent Jones junior
À savoir : Ce resort est flambant neuf, et le parcours – surtout son dernier trou – attire déjà l'attention. Jones a déclaré que le n° 18 d'Al Badia compte « parmi les plus difficiles qu'[il ait] jamais conçus. »

On n'imaginerait jamais que tout ceci n'était autrefois qu'une parcelle désertique et plate.

Le n° 18, un par 5, s'enroule sur tous ses 490 m autour d'un grand lac central, et la tâche des golfeurs est simple : s'approcher autant qu'ils l'osent de ses rives. C'est non seulement une oasis dans le désert mais aussi un trou qui abonde en périls.

Le n° 18 d'Al Badia, récemment inauguré, est un dogleg à gauche en forme de boomerang qui force à jouer un jeu tout en stratégie et en puissance.

Le vent dominant soufflant généralement dans le dos des golfeurs, on peut rejoindre le green en 2 coups. Mais on devra faire attention car ils se jouent tous 2 au-dessus de l'eau. De plus, le green est protégé à l'arrière par un bunker sinueux qu'il partage avec le n° 9.

Pour Robert Trent Jones junior, ce trou situé sur la rive de la Dubaï Creek est l'un des plus ardus qu'il ait jamais dessinés. Et ce de la part d'un visionnaire dont la compagnie a conçu plus de 220 parcours dans 38 pays.

Jones explique que la conception de ce parcours comme sur le rude n° 18 par exemple, a imposé ses propres exigences. « Le défi était de créer un parcours fidèle à la richesse et aux détails du projet, mais qui s'intègre aussi au développement urbain de Dubaï Festival City » a dit-il déclaré.

Jones est heureux du résultat et dit que le parcours d'Al Badia diffère énormément des autres tracés de cette terre aride.

« Les parcours déjà existants aux Émirats sont soit entièrement verts, soit un mélange de verdure et de désert. L'eau que l'on trouve à Al Badia Golf Resort crée des dénivelés et a un effet apaisant, comme une oasis. »

Certains des éléments uniques au monde du n° 18 (mais pas si apaisant que cela) sont des « rivières de sable » qui « s'écoulent » à travers tout le parcours, en ajoutant texture et couleur, et créant des dénivelés.

Elles constituent un obstacle épuré, qui, au contraire d'un obstacle d'eau, donne aux joueurs la possibilité de sauver une balle errante.

Vous aurez peut-être la chance de vous remettre d'un coup atterrissant dans l'une de ces rivières de sable, mais vous tarderez plus à revenir de votre surprise lorsque vous réaliserez que vous êtes réellement au milieu du désert. **JB**

Parcours : Club de Carlton Woods

Situé à : Woodlands, Texas, États-Unis

Trou : n° 18

Longueur : 501 m

Par : 5

Architecte : Jack Nicklaus

À savoir : Nicklaus a conçu ce parcours pour quelques rares élus. Le club de Carlton Woods appartient à une enclave résidentielle protégée de Woodlands, au Texas, juste au nord de Houston. Si vous avez la chance d'y jouer, vous bénéficierez d'un paysage spectaculaire.

N° ⑱ CLUB DE CARLTON WOODS

On peut être en train de jouer une partie de golf formidable au club de Carlton Woods sans pouvoir jamais baisser la garde avant de s'éloigner de son dernier green. On a toujours le n° 18 à l'esprit alors que l'on progresse sur ce classique de Nicklaus.

Chaque trou est difficile, ravissant, et agréable à jouer. Mais le n° 18 se dessine au loin – et l'on sait que l'on doit au moins le tenir en échec si l'on désire terminer avec une bonne carte de score.

Depuis le départ, c'est un dogleg à droite où l'on doit placer le coup de départ sur une zone d'arrivée en hauteur, juste à gauche d'un bunker s'avançant le long du côté droit du fairway. Si vous arrivez à frapper un drive de plus de 270 m, considérez-vous autorisé à tenter de rejoindre le green en 2 coups. Sinon, jouez la sécurité.

Si on choisi la première option, on doit franchir le lac autour duquel s'enroule le fairway, puis éviter un petit bunker situé entre l'eau et le green.

Pour ceux qui choisissent la stratégie la plus sûre, le trou se transforme en dogleg à gauche, puisque l'on suit le fairway le long de la rive droite du lac. Un grand bunker protège l'avant-droite du green et on doit placer le deuxième coup sur un fairway qui se rétrécit.

C'est un trou très difficile, mais il bénéficie de vues magnifiques. **TJ**

Parcours : golf de Bangkok

Situé à : Pathumthanee, Thaïlande

Trou : n° 18

Longueur : 505 m

Par : 5

Architecte : Arnold Palmer

À savoir : Trou d'arrivée classique où le suspense abonde, c'est sur le n° 18 du golf de Bangkok que s'est déroulé l'un des finales les plus mémorables du Tour d'Asie. Nécessitant au cours du Volvo Masters d'Asie de 2003 un eagle pour provoquer un play-off avec Thongchai Jaidee, joueur thaïlandais, Lin Keng-chi, lui aussi thaïlandais, le rata de justesse.

N° ⑱ GOLF DE BANGKOK

Sur ce parcours où l'on retrouve tous les trucs et astuces de l'architecture de golf contemporaine, il semble approprié que l'élément le plus enthousiasmant du golf de Bangkok soit son dernier trou, qui charme et met au défi à la fois.

Le golf est doté de cascades spectaculaires et d'un système d'éclairage puissant permettant de jouer la nuit, mais ce dont les joueurs se souviendront le plus (et la raison pour laquelle ils reviendront), c'est du n° 18 de 505 m qu'a dessiné Arnold Palmer.

Il serpente en direction du clubhouse – véritable palais – s'acheminant d'abord vers la droite puis virant à gauche. Avant de rejoindre le green, cependant, on doit éviter un lac longeant le côté gauche ainsi que 2 grands bunkers de fairway languissant au fond de la zone d'arrivée à droite.

L'atmosphère épaisse de Bangkok et une série d'obstacles empêcheront la plupart des joueurs de rejoindre le green en 2 coups – mais il n'est pas non plus aisé de jouer la sécurité.

Un autre bunker de fairway est placé à l'angle gauche du dogleg et le green est encerclé par un foursome menaçant : un trio de bunkers situés à l'avant, à gauche et à l'arrière, complété par un étang qui définit et défend le côté droit. **RH**

Parcours : Wade Hampton Golf Club

Situé à : Cashiers, Caroline du Nord, États-Unis

Trou : n° 18

Longueur : 507 m

Par : 5

Architecte : Tom Fazio

À savoir : Ce parcours est baptisé en l'honneur du général Wade Hampton III, décrit comme un « gentilhomme respecté et apprécié de tous qui se distingua durant la guerre de sécession ». Hampton fut élu par la suite sénateur et rejoignit le gouvernement du président Grover Cleveland.

N° ⑱ WADE HAMPTON GOLF CLUB

Depuis le début du XIXe siècle, on se réfugie l'été dans cette minuscule enclave de Cashiers, à 1 112 m d'altitude, pour échapper à la chaleur caniculaire des Terres Basses de Caroline. Depuis 1987, Cashiers possède un attrait de plus – un parcours paisible et élégant du nom de Wade Hampton.

Ce parcours de montagne n'a peut-être pas encore 20 ans mais il a attiré l'attention des experts dès son inauguration. Il fut classé parmi les meilleurs parcours d'Amérique dès sa première année et continue à appartenir aujourd'hui à la grande majorité des classements.

Ce sont des louanges non négligeables pour un tracé qui n'est même pas considéré comme le meilleur de l'État, mais lorsque l'on apprend que Wade Hampton est classé en deuxième position, juste après le légendaire parcours n° 2 de Pinehurst, cela permet de garder le sens des proportions. Tout simplement, Wade Hampon constitue un magnifique parcours de montagne. Assurez-vous tout de même de prévoir le temps nécessaire pour une promenade paisible en montagne… les Smokies sont proches, et de l'autre côté on découvre Gatlinburg, au Tennessee.

Cette promenade, bien entendu, aura lieu après votre partie à Wade Hampton, et après le défi du n° 18, un par 5 de 507 m.

Une fois sur le départ du n° 18, on se sent écrasé par le massif de Chimney Top Mountain, en l'honneur duquel sont baptisés tous les départs avancés du parcours. Si vous choisissez les plus arrières, vous jouerez depuis les départs Fazio, baptisés eux en l'honneur de l'architecte du tracé. C'est un magnifique trou final qui, avec les imposantes montagnes se dressant dans le dos des joueurs, ne fait qu'ajouter à la majesté des lieux. Il est peut-être magnifique mais aussi réellement difficile. Le rough de droite est parsemé de 8 bunkers, soigneusement disposés l'un après l'autre, et inévitables pour toute balle déviant dans cette direction. Au cas où l'on compenserait trop par peur des bunkers, un ruisseau gazouille à gauche. Même si vous l'évitez depuis le départ, il entre à nouveau en jeu 2 coups plus loin, lorsqu'on doit le franchir afin de rejoindre le green.

Ce dernier est aménagé à flanc de colline et encerclé par 4 bunkers. **JB**

N° ⑱ ROYAL WOODBINE

Parcours : Royal Woodbine
Situé à : Toronto, Ontario, Canada
Trou : n° 18
Longueur : 535 m
Par : 5
Architectes : Michael Hurdzan, Dana Fry
À savoir : Vous feriez mieux de vous habituer à présence de la rivière. La Mimico serpente au milieu de ce ravissant parcours et entre en jeu sur tous les trous.

Selon le magazine *Golf Digest*, le Royal Woodbine constitue « une bonne épreuve, et il est toujours très bien entretenu... bon tracé, de l'eau et des greens difficiles... excellent, un vrai plaisir. » Royal Woodbine, dessiné de façon très astucieuse par Michael Hurdzan, mesure 5 894 m depuis les départs arrière, et ses deux 9 serpentent d'un côté de la Mimico puis de l'autre.

C'est un cliché, mais c'est pourtant vrai ici : vous aurez besoin de tous les clubs qu'abrite votre sac pour négocier avec succès ce parcours aussi réputé pour ses conditions générales que pour son tracé difficile.

Comme de nombreux grands parcours, le Royal Woodbine réserve le meilleur pour la fin. Le n° 18 est un par 5 de 535 m exigeant de jouer un coup de départ droit en direction d'une zone d'arrivée étroite. Si votre balle dévie, vous pouvez dire adieu au birdie. Le deuxième coup doit lui franchir la rivière. Si vous n'y arrivez pas, c'est au par que vous pouvez dire adieu.

Le troisième coup survole un étang pour rejoindre un green gardé par divers bunkers, et vous aurez besoin de toute l'aide possible afin de franchir l'eau. On peut se réjouir que la boutique du professionnel vende des balles et que le clubhouse serve sa bière bien fraîche. **TJ**

N° ⑱ **TAIHEIYO CLUB GOTEMBA (PARCOURS EST)**

Parcours : Taiheiyo Club Gotemba (parcours est)

Situé à : Gotemba-shi, Shizuoka, Japon

Trou : n° 18

Longueur : 473 m

Par : 5

Architecte : Shunsuke Kato

À savoir : Le parcours ouest du club de Taiheiyo a accueilli le World Golf Championships-EMC World Cup en 2001, les Sud-Africains Ernie Els et Retif Goosen l'emportant à l'issue d'un play-off de 4 trous. Els et Goosen ainsi que Tiger Woods et David Duval, composant l'équipe américaine, réalisèrent tous un eagle sur le n° 18, ce qui leur permit d'accéder au play-off.

Certains diront que le n° 18 s'avère trop aisé pour les concurrents du Sumitomo Visa Taiheiyo Masters, un tournoi du Tour japonais se déroulant tous les ans sur le parcours est. Mais ce n'est pas l'essentiel. Ce trou offre au public tout le spectacle et toute l'émotion nécessaires tout en permettant aux concurrents de se transformer en héros – ou de se couvrir de ridicule – lorsque la victoire est en jeu.

Le coup de départ doit se faufiler entre 2 bunkers si l'on veut pouvoir rejoindre le green en 2 coups – ce qui est tout à fait à la portée des grands frappeurs. S'il n'est pas joué à la perfection cependant, le drive peut vous apporter de gros ennuis – en atterrissant soit dans un étang à l'avant du green, soit dans un trio de bunkers à son arrière-gauche.

Le trou, qui offre une vue splendide du Mont Fuji au fond, demeure aisé pour les joueurs de niveau international. C'était le plus facile au cours du Taiheiyo Masters de 2003, où l'on joua une moyenne de 4,592 coups sur le n° 18 qui concéda plus de birdies (141) qu'il n'infligea de pars (106) et bogeys (29) combinés. Le fait qu'il récompense la prise de risque est peut-être mieux illustré par les 8 eagles et les 5 doubles bogeys qu'on y inscrivit.

Spectacle, frissons et Mont Fuji. On ne peut rien lui reprocher. **KA**

Parcours : Rancho La Quinta (parcours Jones)

Situé à : La Quinta, Californie, États-Unis

Trou : n° 18

Longueur : 513 m

Par : 5

Architecte : Robert Trent Jones junior

À savoir : Il existe plusieurs façons de découvrir le massif de Santa Rosa. On peut grimper dans une voiture et parcourir les routes, ou l'on peut attraper ses clubs de golf et jouer le parcours de Rancho La Quinta.

N° 18 — RANCHO LA QUINTA (PARCOURS JONES)

Cela vaut parfois la peine d'appartenir à un club. C'est le cas du Rancho La Quinta, sur le parcours Jones. Ne vous imaginez pas que ce soit une partie de plaisir, mais ce tracé n'est pas vraiment conçu dans le but de pénaliser une petite erreur, ni un léger hook ou slice. Il faudrait vraiment mal jouer pour en payer le prix.

Cela constitue un avantage sur le n° 18, un long et difficile par 5. On peut vraiment faire voler la balle depuis le départ, et même si l'on songe à rejoindre le green en 2 coups, on a intérêt à frapper un bon drive.

La plupart des joueurs choisiront la sécurité. Rejoindre le green en 2 coups n'en vaut pas la peine. Trop dangereux. C'est peut-être un parcours ménageant les membres du club, mais le par se mérite sur ce trou.

Le green s'avançant dans un étang, on trouve l'eau sur l'avant. On peut dépasser le green sur le coup d'approche sans se retrouver en difficulté, même si l'on aperçoit un bunker à l'arrière.

Ovale, le green est doté d'une grosse bosse au milieu et met à l'épreuve même les très bons putters. La meilleure stratégie consiste à jouer court sur le coup de départ et à le rejoindre en 3 coups. Les 2 putts qui suivront vous offriront le par. **TJ**

Parcours : Delta Rocky Crest Golf Club

Situé à : Mactier, Ontario, Canada

Trou : n° 18

Longueur : 515 m

Par : 5

Architecte : Thomas McBroom

À savoir : Ce parcours de golf arboré, très apprécié des joueurs, offre des fairways vallonnés, bordés d'arbres, et parsemés des affleurements rocheux du Bouclier canadien.

N° 18 — DELTA ROCKY CREST GOLF CLUB

Le 18 trous de championnat de Rocky Crest, dessiné par Thomas McBroom, a reçu des critiques dithyrambiques pour ses affleurements de granit, son tracé fluide et son clubhouse imitant une cabane en rondins.

Il a débuté à la quatrième place des meilleurs parcours d'Ontario en 2001. Le n° 18, un par 5, est un trou d'arrivée difficile, s'ouvrant par un coup de départ au-dessus d'un marécage fleuri en direction d'un fairway généreux.

On peut ici atteindre le green en 2 coups, mais ceux-ci devront être d'excellente qualité. Même si vous jouez le drive idéal, franchissez les affleurements rocheux et placez la balle parfaitement sur le fairway, il reste tout de même 238 m jusqu'au green. C'est long.

Les deuxième et troisième coups, en direction d'un green incliné, bénéficient d'une vue du clubhouse perché sur d'immenses affleurements qui s'avancent le long du trou depuis son patio pour former une sorte d'amphithéâtre naturel.

Ce dogleg à droite n'est pas le trou le plus difficile du parcours (c'est le 12e), mais il punira les golfeurs se montrant trop gourmands ou rêvant d'une bière fraîche dans le patio. **TJ**

N° ⑱ RUSH CREEK

Parcours : Rush Creek

Situé à : Maple Grove, Minnesota, États-Unis

Trou : n° 18

Longueur : 520 m

Par : 5

Architectes : Bob Cupp, John Fought

À savoir : Ayant accueilli l'US Amateur Public Links Championship en 2004, Rush Creek est souvent considéré comme l'un des 10 meilleurs parcours de l'État. En 1996, *Golf Digest* l'a consacré quatrième meilleur parcours du Minnesota.

On garde le meilleur pour la fin ?

Rush Creek possède un tel nombre de trous remarquables et pleins de suspense qu'il n'est pas aisé d'en choisir un seul. Mais si l'on ne considère que leur caractère mémorable, ce par 5 de 520 m de Rush Creek apparaît sur n'importe quelle liste des plus beaux trous du Minnesota.

Pour vraiment l'apprécier, on doit le découvrir à vue d'oiseau. Il intimide et intrigue simultanément. Mais puisque nous ne pouvons trouver un hélicoptère, restons les 2 pieds sur terre. Et oui, cela permet malgré tout de saisir la beauté et le caractère unique de ce par 5.

À 520 m depuis les départs arrière, il ne manque pas de longueur. On devra franchir le lac et les marécages depuis le départ – et à nouveau sur le deuxième coup. Le fairway est assez large sur le premier, mais bien plus étroit sur le deuxième. On y trouve des collines rappelant le reste des fairways de Rush Creek.

Atteindre le green en 2 coups exige un long coup au-dessus de l'eau et des marais pour rejoindre un green protégé par un bunker à l'avant et par l'eau de la gauche jusqu'à l'arrière.

Et ne jouez pas trop long. Il serait alors très difficile de retourner sur le green. **TJ**

Parcours : golf de Los Naranjos

Situé à : Marbella, Andalousie, Espagne

Trou : n° 18

Longueur : 527 m

Par : 5

Architecte : Robert Trent Jones senior

À savoir : Marbella signifie « mer belle », un nom approprié au site où se trouve ce splendide parcours.

N° ⑱ **GOLF DE LOS NARANJOS**

Parmi de ravissantes orangeraies et palmeraies, au milieu de la célèbre « vallée du golf » de Marbella, Los Naranjos, dessiné par Robert Trent Jones senior et inauguré en 1977, est doté de nombreuses aires de départ surélevées, de grands greens ondoyants et d'un trou d'arrivée de style américain.

Le n° 18, un par 5 et long dogleg à gauche, est doté de 2 obstacles d'eau pouvant en théorie entrer en jeu sur les 3 coups. Le coup de départ doit éviter un bunker situé au coin extérieur du dogleg, et les joueurs seront tentés de couper l'angle autant que possible, mais ceux qui frapperont leur drive en long pull pourraient atterrir dans un grand lac débutant dans le coin intérieur et longeant tout le côté gauche du trou.

Un large cours d'eau traverse le fairway à quelques mètres du green, décourageant tous les golfeurs (sauf les grands frappeurs) de tenter de le rejoindre en 2 coups.

La plupart des joueurs choisissent la sécurité et jouent un court coup d'approche au-dessus de l'eau, en direction de ce green en hauteur, se détachant sur le clubhouse de style andalou et de majestueuses montagnes. Il est incliné vers la droite et protégé par un bunker tentaculaire à gauche. **KA**

Parcours : Kapalua Golf Club (parcours de la Plantation)

Situé à : Lahaina, Maui, Hawaï, États-Unis

Trou : n° 18

Longueur : 606 m

Par : 5

Architectes : Bill Coore, Ben Crenshaw

À savoir : Inauguré en 1991, le parcours de la Plantation compte parmi les 3 tracés, difficiles et divertissants, que l'on peut jouer dans ce resort primé. Le parcours de la Plantation, en links, est le plus long de tous, à 6 641 m.

N° **18**

KAPALUA GOLF CLUB
(PARCOURS DE LA PLANTATION)

Le parcours tout entier a été conçu en fonction de ce trou final. Et une fois sur les départs arrière, le driver à la main, vous devez vous poser une seule question. Est-ce là un par 6 ?

À 606 m, c'est de loin le plus long par 5 du parcours. Le précédent mesure presque 90 m de moins. On peut aussi jouer depuis les départs réguliers (535 m) ou avancés (447 m).

Et, croyez-le ou non, on peut rejoindre le green en 2 coups. Vous disposez ici de 2 avantages. Ce trou se joue en grande partie en descente et sous le vent, mais on devra tout de même frapper 2 coups très puissants.

Le fairway, assez généreux, vous permet de cogner la balle. Le green est lui aussi très grand, mais le vent joue un rôle déterminant sur les 2 coups. C'est non seulement le trou le plus long mais aussi le plus spectaculaire de par son paysage. Le cadre est pour le moins incroyable.

Les grands frappeurs devront trouver le côté droit du fairway tandis que les plus timorés prendront le clubhouse pour cible sur le deuxième coup. Le green, lui, descend en pente devant vous, en direction de l'océan. **TJ**

N° ⓲ CHERRY HILLS COUNTRY CLUB

Parcours : Cherry Hills Country Club

Situé à : Englewood, Colorado, États-Unis

Trou : n° 18

Longueur : 449 m

Par : 5

Architecte : William Flynn

À savoir : Le Cherry Hills Country Club a accueilli au fil des ans de nombreux tournois et championnats, dont l'US Open en 1938, 1960 et 1978. Arnold Palmer remporta l'US Open en 1960, durant lequel son drive atteint le green du n° 1, mesurant 369 m.

Cela peut s'avérer le trou le plus facile du tracé ou bien l'un des plus ardus. Tout dépend de qui vous êtes. Pour Tiger Woods, Ernie Els et Phil Mickelson, c'est un trou difficile. Pour les membres du club, c'est l'un des plus faciles.

Le n° 18 de Cherry Hills est un par 5 la plupart du temps. C'est alors le 16ᵉ du parcours par ordre de difficulté, et c'est celui que jouent les membres.

Lorsque les professionnels débarquent cependant, cela devient un par 4, ce qui le transforme du tout au tout.

Cela demeure un par 5 même pour les joueuses professionnelles. C'est en tous cas ce qu'indiquait la carte de score de l'US Open féminin de 2005.

L'eau longe le côté gauche du départ jusqu'au green, et le fairway s'incline vers la gauche. Le drive idéal s'approche autant que possible de l'eau sur cette partie plate du fairway.

Le deuxième coup se joue en montée, vers un green protégé par des bunkers gigantesques à droite comme à gauche. Il est aussi incliné de l'arrière-droite vers l'avant-gauche. **TJ**

N° ⓲ GLEN EAGLES GOLF CLUB
(N° 9 DU PARCOURS ROUGE)

Parcours : Glen Eagles Golf Club (n° 9 du parcours rouge)

Situé à : Bolton, Ontario, Canada

Trou : n° 18

Longueur : 594 m

Par : 5

Architecte : René Muylaert

À savoir : Toronto est une ville en expansion, jouissant de l'un des taux de croissance les plus élevés au monde. Et le nombre de parcours de la région est lui aussi en augmentation. Glen Eagles, un parcours public de 27 trous, se trouve à seulement 80 km au nord de Toronto et vaut certainement le déplacement.

Apprenez tout d'abord qu'il est impossible de rejoindre le green en 2 coups. Vous avez beau vous appeler John Daly ou Tiger Woods, vous ne pouvez l'atteindre en moins de 3 excellents coups.

Le départ est situé en retrait, au milieu des arbres, sur ce très difficile dogleg à gauche. Parmi les 27 trous de Glen Eagles, c'est sans conteste le plus coriace. Dans ce domaine, on distingue le n° 9 du parcours rouge, puis, loin derrière, tous les autres. Choisissez donc ce parcours pour dernier 9 et finissez votre partie en fanfare.

Des arbres bordent les 2 côtés du fairway. On n'aperçoit aucun bunker, mais leur présence ne s'avère simplement pas nécessaire. Le fairway mesure seulement 77 m de large, après lesquels on trouve 9 m de rough, puis les arbres.

Croyez-le ou non, mais ce trou dépasse en réalité les 594 m si l'on considère que l'on joue généralement face au vent.

Une balle droite de 256 m constitue un bon coup de départ. Cela laisse encore 155 m pour rejoindre le dogleg et l'endroit où le fairway amorce sa descente. Cette dernière finit par s'estomper et rejoindre un très grand green. Un trou aussi imposant mérite un green d'une telle taille.

Celui-ci est assez plat, mais retors, et mieux vaut ne pas le prendre à la légère. **TJ**

N° ⑱ THE BROADMOOR GOLF CLUB
(PARCOURS OUEST)

Parcours : The Broadmoor Golf Club (parcours ouest)

Situé à : Colorado Springs, Colorado, États-Unis

Trou : n° 18

Longueur : 505 m

Par : 5

Architectes : Donald Ross, Robert Trent Jones senior

À savoir : On a rallongé le n° 18 avant les matchs de la PGA Cup de 1998, épreuve de match-play opposant les professionnels de la PGA américaine contre leurs homologues européens.

CI-DESSOUS *Vue aérienne du parcours ouest du Broadmoor.*

Le parcours ouest du Broadmoor n'a pas besoin de battage médiatique. Considérez le seul fait que Donald Ross dessina ce parcours en 1918 et que Robert Trent Jones senior y ajouta sa patte en 1955, et vous saurez que ce mariage de talents est rare au sein d'un même domaine. Ce que ce duo a produit à 37 ans d'intervalle constitue toujours un chef-d'œuvre de golf.

Le terrain dont disposait Ross puis Jones était spectaculaire mais difficile. Pentes escarpées et collines onduleuses permettent de merveilleux trous de golf si on les utilise de manière adéquate, mais leur conception ne manquait pas de défis. Les fairways suivent les courbes naturelles des collines, divers doglegs s'enroulent autour d'épais bosquets, et de nombreux greens sont sévèrement inclinés, en accord avec la configuration naturelle du terrain. Et tout ceci offre une rare combinaison de vues sur la ville comme sur les montagnes. Le parcours ouest s'avère généralement étroit depuis les départs et on y trouve de nombreux bunkers. Le n° 18

constitue un microcosme du tracé tout entier, offrant une grande variété depuis son départ jusqu'au green final. L'aire de départ, surélevée, domine une zone d'arrivée manquant de générosité et rendue encore plus étroite par les herbes folles et les bunkers qui flanquent ses 2 côtés. Les pins et le sable l'accompagnent jusqu'au bout, et l'on doit simplement demeurer sur le fairway. Il est douteux que de nombreux golfeurs puissent rejoindre en 2 coups le green de ce trou de 505 m, mais si vous en avez la capacité, lancez-vous, car on découvre une ouverture à l'avant du green.

Le reste de sa surface est encerclée de bunkers, à droite, à gauche et à l'arrière. L'hôtel Broadmoor se dresse majestueusement au fond, mais on serait avisé de ne pas se laisser distraire par le paysage et de rester concentré sur le jeu. Le green étant à double plateau, il est essentiel d'atterrir sur celui qui abrite le drapeau. Sinon, on sera confronté à un putt qui conclurait la partie de manière très déplaisante. **JB**

N° ⑱ EDGEWOOD TAHOE GOLF CLUB

Parcours : Edgewood Tahoe Golf Club
Situé à : Stateline, Nevada, États-Unis
Trou : n° 18
Longueur : 523 m
Par : 5
Architecte : George Fazio
À savoir : L'US Amateur Public Links de 1980, remporté par Jodie Mudd, était le premier championnat national de l'Association de golf américaine à se dérouler au Nevada.

Site depuis longtemps de l'American Century Celebrity Golf Championship, Edgewood Tahoe se termine sur la rive sud du lac Tahoe, par un trou procurant des instants palpitants – et embarrassants – à certaines des célébrités sportives et cinématographiques américaines les plus connues.

Un long drive du côté gauche du fairway permet aux grands frappeurs de rejoindre le green en 2 coups, mais ils doivent éviter un étang à l'avant-gauche du green, et ce alors qu'ils ne disposent que de très peu d'espace à droite pour échapper à l'eau. Même jouer la sécurité n'amène aucune garantie.

Demandez donc à Bill Laimbeer, ancien basketteur des Detroit Pistons qui avait la possibilité de remporter le Celebrity Golf Championship en 1991 avant qu'il n'envoie 3 balles dans l'eau. Depuis lors, l'étang est surnommé lac Laimbeer avec affection.

L'US Open senior s'est déroulé à Edgewood Tahoe en 1985. Miller Barber remporta à cette occasion son deuxième titre consécutif et demeura le seul en dessous du par sur ce tracé éprouvant, terminant avec un score de 3 en dessous du par, à 4 points devant Roberto De Vincenzo. L'Edgewood Tahoe Club demeure le seul parcours du Nevada ayant accueilli un championnat national de l'USGA. **KA**

N° ⑱ THE HARVEST GOLF CLUB

Parcours : The Harvest Golf Club

Situé à : Kelowna, Colombie-Britannique, Canada

Trou : n° 18

Longueur : 477 m

Par : 5

Architecte : Graham Cooke

À savoir : On peut découvrir une vue admirable depuis ce parcours qui serpente à travers un verger de pommiers, à flanc de colline, et surplombe le lac Okanagan, ainsi que des vignobles.

Des fairways d'agrostide parfaitement entretenus contribuent au caractère unique de ce parcours, ravissant mais éprouvant. Le Harvest Golf Club représente un défi même pour les meilleurs des golfeurs, mais il n'est pas conçu de façon à intimider les débutants. Difficile mais équitable.

Cooke a procuré tout un assortiment de friandises aux joueurs, dont des greens ondoyants plus vastes que d'ordinaire et des dénivelés spectaculaires. Il a même ajouté en prime quelques poignées de sable et plus d'une mesure d'eau afin d'en faire une vraie épreuve.

Et que sert-on pour clôturer ce banquet golfique ? Le n° 18. Et comme nous sommes au Canada, on le sert parfois froid.

Visez le côté gauche du fairway. On retrouve partout ici des « bunkers placés de façon stratégique », dont une série de 3 à droite, au niveau du virage.

Ceux qui préfèrent jouer la sécurité bénéficient d'une zone d'arrivée de bonne taille. N'oubliez pas qu'il n'est pas très sage de tenter de rejoindre le green en 2 coups, particulièrement parce que 2 grands bunkers protègent sa gauche et sa droite.

Le green ne manquant pas de dévers, on ne tiendra rien pour acquis. **TJ**

N° ⑱ LOOKOUT MOUNTAIN GOLF CLUB À TAPATIO CLIFFS

Parcours : Lookout Mountain Golf Club à Tapatio Cliffs

Situé à : Phœnix, Arizona, États-Unis

Trou : n° 18

Longueur : 468 m

Par : 5

Architecte : Bill Johnston

À savoir : Appartenant au complexe touristique de Tapatio Cliffs, ce 18 trous, considéré comme l'un des 25 meilleurs d'Arizona, bénéficie d'un cadre ravissant.

Quelle fin de partie! Un long et éprouvant par 5. Une dernière possibilité de sortir son driver et de jouer en puissance. Une dernière chance de voir son drive s'envoler dans le ciel bleu de l'Arizona pour atterrir avec force sur l'épais tapis vert du fairway.

Attention cependant au sable, à l'eau et au danger qui menace dans le désert. Et prêtez une attention particulière aux montagnes, une dernière fois. « Attention » semble être le mot d'ordre sur le n° 18.

L'aire de départ surélevée du trou final procure l'une des vues les plus époustouflantes du complexe de Tapatio Cliffs, avec les montagnes au fond. On s'en souviendra pour le restant de ses jours.

Si vous pouvez vous séparer de votre appareil photo assez longtemps pour vous emparer d'un club de golf, c'est vers le driver que vous tendrez la main, parce que vous avez la possibilité de rejoindre le green en 2 coups avec un solide et long coup de départ.

Le fairway est agréable, droit, doté d'une zone d'arrivée du drive de bonne taille. C'est là que les choses se compliquent. Le green s'avance dans l'eau, un bunker étant placé à la pointe, du côté droit. Sur ce green en péninsule, la marge d'erreur est inexistante. **TJ**

N° ⑱ PALM MEADOWS GOLF CLUB

Parcours : Palm Meadows Golf Club

Situé à : Carrara, Gold Coast, Queensland, Australie

Trou : n° 18

Longueur : 523 m

Par : 5

Architectes : Robin Nelson, Graham Marsh

À savoir : Durant la Palm Meadows Cup de 1990, Greg Norman était en tête à l'issue des 2 premiers tours mais se disqualifia de lui-même après avoir droppé la balle de façon illégale depuis un obstacle d'eau au cours du premier tour.

Trou emblématique du Palm Meadows Golf Club, l'un des premiers parcours de golf construits le long de la ravissante Gold Coast australienne, le n° 18 récompense la prise de risque caractéristique qui rend de tels trous d'arrivée passionnants, à la fois pour les golfeurs et pour le public.

C'est un long dogleg à droite, un par 5 qui dessine un virage autour d'un immense lac tout en offrant la possibilité aux grands frappeurs de rejoindre le green en 2 coups. Ils seront récompensés par une possibilité d'eagle, mais risquent de frapper trop court et de voir leur balle atterrir dans la partie du lac qui s'avance directement à l'avant du green. Ceux qui placeront leur deuxième coup à gauche de l'eau bénéficieront d'un coup d'approche bien plus court, en direction d'un green défendu par 3 grands bunkers à l'avant-droite, à l'avant-gauche et à l'arrière-gauche.

Durant le play-off en mort subite de la Palm Meadows Cup de 1990, Curtis Strange, qui défendait son titre, choisit la voie la plus sûre tandis que son concurrent, Roger Davis, tenta de rejoindre le green en 2 coups. Son pari s'avéra payant et Davis réalisa un eagle qui lui offrit la victoire. **KA**

INDEX DES ARCHITECTES

A
Abercromby, J. F. 504
Aldridge, Kevin 461
Alison, Charles 432, 437, 467, 580, 626, 696, 706, 843, 923
Alliss, Peter 137, 870
Aoki, Isao 542
Apperly, Eric 245, 253, 296, 466
Arana, Javier 68, 142, 265, 797
Ashe, Geoff 61
Ault, Brian 362, 683
Ault, Clark, and Associates 110, 238, 351, 710, 898

B
Bain, Noel 155, 711
Baker, Ted 42
Baker-Finch, Ian 319, 536, 675, 722
Baldock, Bob E. 420
Ballesteros, Seve 257, 322
Banfield, Andy 403, 409, 683, 735
Banks, Charles 413, 541, 604, 788
Banks, R. S. 313, 697
Barcroft, Cecil 934
Baril, Rick 462
Bauer, Gunnar 480
Bell, Billy, Sr. 108, 543, 644, 796, 837
Bell, William P. 480, 484, 729
Bendelow, Tom 55, 508, 566
Bennett, Sam 313, 697, 738, 788, 831
Bishop, Leo 449
Bowers, Harry 860
Braid, James 150, 199, 219, 270, 272, 340, 338, 399, 437, 486-7, 500, 606, 716, 757, 762, 763, 770, 799, 816, 824
Brauer, Jeffrey 362, 775
Bredemus, John 227, 901
Brown, Francis H. 659
Browning, Gary 383
Bruce, Ture 550, 830
Burbeck, Joseph H. 670, 806
Bylen, Mike 359
Byrd, Willard 929

C
Cain, R. F. 290
Campbell, Sir Guy 858
Campbell, Willie 112, 176, 282, 832, 903
Carr, Joe 848
Carrick, Doug 243
Cashmore, Tony 180, 211, 292, 532, 547, 570, 717, 780
Chambers, Robert 38, 286, 370
Charles, Bob 235
Chesneau, Hubert 676, 868
Chisolm, Tom 150, 297, 745
Clayton, Michael 366
Coate, Michael 319, 536, 675, 722

Cobb, George 564, 631, 812, 860
Colt, Harry S. 18, 19, 28, 34, 52, 74, 122, 138, 150, 203, 293, 391, 410, 428, 459, 467, 504, 513, 558, 572, 602, 626, 698, 744, 810, 839, 840, 843, 863, 866, 894, 921, 923
Combe, George 810
Connellan, William 460, 502, 542
Conroy-Dewling Associates, Inc. 496
Cooke, Graham 62, 268, 781, 951
Coore, Bill 45, 232, 316-17, 627, 804, 946
Cornish, Geoffrey 369
Cotton and Associates 655
Cotton, Sir Henry 76, 288, 294, 339, 560, 664, 898
Cotton, Penning Steel & Partners 53
Cox, David 155, 711
Craddock, Tom 576, 624
Crane, H. C. 451
Crenshaw, Ben 45, 232, 316-17, 627, 804, 946
Crump, George 29, 428, 572, 698
Cupp, Bob 96, 196, 266, 454, 545, 646, 673, 729, 901, 947
Curley, Brian 398

D
Dale, Harry 61
Damman, Oscar 414
Darby, John 381
Davis, William 386, 599, 632, 771
Devlin, Bruce 135, 512, 516, 586, 834
Doak, Tom 239, 570, 629, 800, 821
Duane, Frank 881
Duncan, George 180, 420, 610
Dunn, Seymour 432
Dunn, Tom 253, 856
Dunn, Willie, Jr. 444, 482
Dye, Andy 568
Dye Designs 911
Dye Designs International 171
Dye, K. 724
Dye, P.B. 675, 882
Dye, Perry 457
Dye, Pete 23, 46, 59, 85, 101, 153, 170, 190, 218, 241, 283, 296, 390, 393, 398, 404, 457, 506, 520, 560, 565, 568, 618, 636, 641, 675, 678, 700, 710, 719, 722, 759, 763, 767, 770, 789, 794-5, 803, 834, 872, 882, 883, 892, 896, 909, 911, 917, 924, 926

E
Eccles, Jack 426
Egan, Chandler 284, 396, 936-7
Emmet, Devereux 54, 415, 446, 496, 631, 812

F
Faldo, Nick 381, 509
Fazio, George 45, 186, 324, 335, 377, 590, 887, 907, 950

Fazio, Jim 45
Fazio, Tom 80, 186, 320, 324, 335, 389, 403, 409, 457, 493, 556, 590, 609, 647, 651, 671, 674, 679, 683, 701, 730, 735, 751, 754, 776, 784, 827, 846, 869, 887, 920, 922, 930, 932, 940
Fernie, Willie 272, 299, 340, 384, 486-7, 662, 782
Finch-Hatton, Harold 682
Findlay, Alex 621
Finger, Joe 724, 929
Finley, Alex 540
Flint, H. 290
Flynn, William 109, 112, 176, 230, 482, 544, 578, 632, 639, 749, 771, 820, 850, 939
Fought, John 416, 646, 947
Fowler, Herbert 67, 154, 220, 259, 387, 480, 764
Fownes, Henry 118, 188, 703, 928
Fownes, William 118, 188
Fream, Ronald 56, 781
Fry, Dana 563, 829, 941
Fujnta, Kinya 432
Furber, Les 365, 406, 408, 472, 498, 553, 693, 851
Furukawa, A. 173, 628

G
Ganceda, José « Pepe » 51, 120, 206
Gannon, Peter 673
Gardiner, C. I. 484
Garl, Ron 852, 952
Gibson, Charles 63
Gibson, George 124
Gipson, Carlton 531
Golf Data Inc. 186
Gordon, David 79, 852
Gordon, William 79, 852
Gorney, Jeff 313
Gourlay, Molly 64, 300, 339, 491
Graham, David 214
Grant, Douglas 284, 354, 396, 790, 936-7
Graves, Robert Muir 601, 729, 786
Green, Hubert 901
Griffiths, Denis 240
Grimsdell, Robert 497, 672

H
Hackett, Eddie 125, 198, 447, 514-15, 523, 557, 800, 820, 873
Hagge, Robert Von 135, 162, 462, 512, 516, 586, 661, 676, 725, 788, 814, 834, 861
Hansen, George 931
Harman, David 287, 542, 608
Harradine, Donald 402
Harris, John 738, 927

Harrison, Bob 59, 82, 114, 174, 202, 225, 240, 282, 321, 409, 460, 467, 490, 534, 705, 733, 752
Hawtree, F. F. 263, 400
Hawtree, F. W. 254, 263, 400, 510, 511, 524-5, 649, 682, 690, 856, 912
Hawtree, Martin 124, 427
Hearn, Raymond 374
Heaslip, Robert, & Associates 248, 882
Heel, Joan Dudok van 331
Henderson, Warren 375
Hewson, Captain L. L. 339
Higgins, Liam 848
Hills, Arthur 68, 79, 328, 493, 517, 584, 739, 755, 881
Hills, Arthur, and Associates 866
Hobbs, Fin 155, 711
Hood, Frederick C. 109, 748
Hopkins, Martin 198
Hotchkin, S. V. 580, 672
Hunter, C. 299, 782
Hunter, Robert 413, 604
Hurdzan, Michael 246, 563, 829, 941

I
Inoue, Seiche 859

J
Jackson, Tom 774
Jacobsen Hardy Golf Design 412
JMP Golf Design 153, 191, 334, 356
Johnston, Bill 951
Jones, Bob 90
Jones, Rees 66, 108, 112, 176, 192, 216, 308, 318, 335, 350, 413, 476, 541, 543, 569, 604, 631, 645, 714, 736, 743, 812, 844-5, 860, 903, 919, 935
Jones, Robert Trent, Jr. 8, 86, 196, 211, 223, 231, 260, 274, 295, 347, 479, 463, 547, 581, 650, 692, 746, 841, 938, 952
Jones, Robert Trent, Sr. 44, 60, 70, 88, 90, 98, 127, 148, 164,175, 178, 184, 189, 222, 262, 292, 310-11, 321, 324, 335, 366, 378, 382, 395, 479, 485, 496, 535, 553, 590, 592, 607, 631, 636, 638, 648, 660, 694, 715, 718, 720, 721, 736, 740, 758, 765, 768, 778, 793, 812, 826, 853, 866, 872, 886, 945
Jones, Robert Tyre 40, 434, 494, 528, 588

K
Kato, Shunsuke 942
Kato, Yoshikazu 791
Kidd, David McLay 166, 213, 264, 454, 734
Killian, Ken 775
Kirby, Ron 792
Koontz, Luther 704
Krueger, Ben 630

953

L

Lane, Charles 738, 831
Langford, William 508
Lawrence, Robert « Red » 328, 587, 766
Lawrie, Charles 104
Lawrie and Pennick, Messrs 198
Lee, Joseph 148, 250, 546, 728, 838, 889
Leeds, Herbert C. 183, 380
Lehman, Tom 416
Limburger, Bernhard Von 290, 726
Linde, Sune 875
Litten, Karl 358, 754
Longhurst, Henry 858
Lowe, George 18, 263, 400, 524-5, 690, 818, 912
Lunn, Sir Arnold 322

M

Macbeth, Norman 918
McBroom, Thomas 345, 454, 511, 527, 593, 943
Macdonald, Charles Blair 20, 26, 43, 58, 101, 126, 152, 172, 224, 248, 429, 483, 522, 586, 714, 793, 810, 835, 376
MacKay, Donald 922
Mackay, Roger 319, 536, 675, 722
MacKenzie, Alister 22, 40, 80, 120, 124, 130, 138, 168, 187, 190, 205, 206, 210, 226, 234, 245, 249, 252, 260, 302, 344, 364, 383, 414, 434, 447, 484, 494, 528, 549, 588, 619, 620, 634, 640, 643, 667, 668, 678, 688, 702, 712, 742, 752, 798, 811, 824, 851, 892
MacKenzie, J. B. 678
Mackie, Isaac 331
Macon, A. Vernon 693
Mancenelli, Pier 254
Marsh, Graham 343, 498, 943
Martindale, Billy 571
Matkovich, Peter 403
Matthews, Bruce 351
Matthews, Jerry 136, 545, 863, 869
Maxwell, Perry 20, 22, 57, 81, 227, 278, 302, 357, 364, 538-9, 562, 864, 901
Meader, William 414
Merrigan, Paddy 848
Miller, Johnny 419
Mitchell, William 546, 838, 895
Moon, Don 183
Moore, Robert 153, 191, 334
Moran, Kelly Blake 407
Moreau, Ted 508
Morpeth, Sloan 366, 738, 831
Morris, George 38, 286, 370
Morris, Old Tom 28, 30, 33, 36, 96, 121, 124, 129, 132, 154, 160, 180, 206, 208, 215, 219, 244, 252, 270, 388, 410, 437, 474, 548, 452, 558, 581, 602, 610, 716, 828, 867, 921

Morrish, Jay 134, 157, 200, 235, 267, 276, 303, 304, 326, 371, 387, 442, 503, 534, 614, 624, 641, 654, 780, 809, 815, 862, 885
Morrison, John, S. F. 843, 923
Morrison, Tom, 400
Muir-Graves, R. 275
Muirhead, Desmond 532, 616
Mulcahy, John A. 125
Murray, Charles Molteno 792
Murray, Ted 193
Muylaert, René 167, 947

N

Nelson & Haworth 688
Nelson, R. 290
Nelson, Robin 193, 952
Nelson, Rodney 731
Nelson, Verner 171
Neville, Jack 284, 354, 396, 448, 644, 790, 837, 936-7
Newcomb, Bill 349
Newcome, Bob 111
Nicklaus, Jack 19, 23, 100, 125, 178, 214, 295, 327, 346, 368, 413, 433, 461, 488, 523, 532, 574, 615, 616, 627, 689, 706, 747, 756, 767, 785, 796, 802, 805, 830, 856, 876, 888, 896, 906, 908, 916, 918, 933, 939
Norman, Greg 46, 59, 62, 82, 114, 174, 202, 225, 240, 282, 321, 409, 460, 467, 490, 534, 536, 705, 733, 752,
Nugent, Dick 225, 583, 775

O

Olazábal, José Maria 97
O'Meara, Mark 82
O'Neil, George 73
O'Sullivan 873
Otani, M. 776

P

Packer, Edward Lawrence 356
Palmer, Arnold 84, 90, 102, 103, 114, 158, 332, 371, 684, 687, 774, 779, 814, 825, 881, 890, 934, 944
Panks, Gary 214
Paris, Scott 72
Park, John 439, 598
Park, Willie 343, 649
Park, Willie, Jr. 117, 131, 207, 212, 250, 253, 392, 432, 438, 439, 504, 598, 614, 663, 816, 900
Pate, Jerry 96
Pennink, Frank 37, 158, 168, 207, 352, 640
Pennink, J. J. F. 500
Perrett, Ross 42, 167, 334, 347, 477, 717, 821
Phillips, Kay 656
Pickeman, W. C. 622, 658
Player, Gary 182, 264, 360, 418, 605, 625, 669, 792, 809, 822, 874

Plummer, Ralph 391, 526, 593, 630
Pohl, Dan 255, 449
Powers, Lou 349
Prat, Alain 508
Prichard, Ron 508
Puddicombe, Sid 155, 711
Purves, Laidlaw 34, 168, 450, 640, 680

R

Ray, Ted 150
Raynor, Seth 58, 73, 101, 172, 179, 199, 239, 243, 248, 342, 376, 413, 471, 483, 492, 522, 526, 540, 541, 604, 635, 703, 810
Reid, Wilfrid 432, 460, 502, 542
Ritson, Phil 542
Robertson, Allan 129, 270, 437, 716, 816
Robinson, Bill 479, 553, 723, 829, 926
Robinson, Robbie 309, 443
Robinson, Ted 521, 786
Rodriguez, Chi Chi 777
Roquemore, Rocky 288, 446, 546, 664, 838, 898
Ross, Captain A.M. 204
Ross, Donald 32, 66, 78, 105, 107, 115, 128, 143, 162, 167, 228, 258, 312, 318, 319, 324, 367, 423, 464, 473, 485, 548, 508, 531, 552, 567, 582, 590, 599, 609, 623, 636, 740, 777, 778, 860, 877, 884, 899, 902, 948-9
Ross, G. 622
Ross, Mackenzie 384, 440, 662, 760
Ruddy, Pat 128, 314, 576, 594, 600, 624
Russell, Alex 24, 205, 210, 260, 408, 466, 470, 592, 721, 836, 851
Rymill, H. L. 92, 484
Ryu, Nakano 878

S

Sawai, T. 173, 628
Schmidt, Lee E. 398
Schreiner, Hannes 910
Scott, James 738
Seay, Ed 102, 103, 774, 814, 825, 934
Segalés, López 470
Serra, Emilio 704
Sherman, Jack 294
Silva, Brian 106, 369
Simpson, Andrew 219
Simpson, Robert 399
Simpson, Tom 28, 64, 136, 154, 250, 300, 306, 307, 339, 410, 491, 558, 612, 638, 893, 916, 921, 934
Sinclair, Cameron 541
Skold, Nils 106
Smith, Rick 375, 699
Smyers, Steve 229, 478, 866
Somerville, J. 502
Soutar, D. G. 130, 249, 383, 643, 767
Spann, B. 724

Steel & Associates 291
Steel, Donald 39, 361, 580, 719, 859
Strantz, Mike 591
Strath, David 326, 412, 575, 666
Strong, Herbert 26, 278, 758, 915
Sundblom, Rafael 719
Sutherland, John 180, 420, 610, 831

T

Takeshi, Sato 309
Tatum, Sandy 650
Taylor, J. H. 511, 524-5, 690, 912
Thackher, Scott 546
Thevenin, Pierre 676
Thomas, Dave 137, 870, 880, 910
Thomas, George C., Jr. 159, 448, 456, 480, 484, 644, 729, 837, 914
Thompson, Stanley 69, 156, 271, 298, 330, 348, 569, 665, 681, 684, 726, 807
Thomson, Peter 42, 167, 334, 347, 477, 717, 753, 821
Tillinghast, A. W. 29, 116, 146, 192, 216, 242, 256, 265, 275, 287, 394, 422, 430, 436, 455, 489, 501, 503, 530, 537, 585, 599, 613, 650, 670, 686, 713, 714, 732, 806, 842, 905
Toomey, Howard C. 482, 632, 771, 820
Travis, Walter 54, 76, 331, 332, 496
Tucker, William H. 89, 439, 598
Tumba, Sven 102

V

Vardon, Harry 150, 388
Viola, Lorrie 449

W

Wadkins, Lanny 359
Wardell, Goldie 609
Waterman, George 50, 140, 222
Waters, Laurie 50, 140, 222
Watson, Ross 343, 498
Watson, Tom 491, 650
Watson, Willie 127, 423, 548
Way, Bert 175, 768
Weed, Bobby 54, 777
Weiskopf, Tom 134, 200, 267, 276, 303, 326, 371, 387, 442, 503, 534, 624, 641, 654, 809, 815, 862, 885
Weyhausen, August 726
Whitcomb, Brian 799
Whiting, Sam 127, 174, 306, 878
Whitman, Rod 116, 627
Williams, John 462
Williams, Lloyd 334, 347, 717, 821
Wilson, Dick 268, 269, 385, 678, 728, 808, 861, 890, 934
Wilson, Hugh 490, 698, 750, 904
Wogan, Phil 439
Wolveridge, Michael 42, 167, 334, 477, 717, 753, 821, 927
Woodman, Stuart 339
Woods, Norman 693

Y

Yoon, Iksung 878

INDEX GÉNÉRAL

A

Adare 574
Afrique du Sud 50, 140, 186, 222, 264, 360, 403, 418, 437, 497, 561, 580, 625, 669, 672, 792, 822, 874
Agile (golf d') (parcours sud) 356
Al Badia 231, 938
Ala Wai Golf Course 922
Alabama 627, 872, 876
Alfredsson, Helen 106, 565, 878
Allan, Stephen 509
Allemagne 290, 346, 402, 509, 726, 843, 910, 923
Allenby, Robert 410, 470, 677
Alliss, Peter 297
Aloha 68
Alto 294
Alwoodley Golf Club 138
Anderson, Daw 828
Anderson, Willie 183
Andrade, Billy 933
Andrew, Prince 244
Angleterre 18, 34, 38, 52, 67, 104, 122, 137, 138, 150, 168, 203, 204, 207, 212, 220, 259, 263, 286, 293, 297, 338, 350, 370, 391, 400, 427, 438, 450, 459, 504, 510, 513, 524, 541, 663, 680, 690, 744, 745, 762, 764, 770, 818, 840, 844, 856, 859, 870, 894, 900, 912
Aoki, Isao 777
Apache Stronghold Golf Club 570
Appleby, Stuart 470, 620
Arabella Golf Course 403
Arbutus Ridge Golf & Country Club 926
Arcadia Bluffs 375
Argentine 407, 704, 798
Arizona 2, 80, 134, 214, 235, 328, 371, 387, 416, 503, 534, 570, 587, 624, 639, 654, 706, 766, 799, 815, 830, 846, 856, 885, 951
Armour, Tommy 74, 228, 816
Aronimink Country Club 32
AT&T National Pro-Am 284
Atlanta Country Club 929
Atlantic Beach Golf Course 186
Atlantic Golf Club 476
Augusta National Golf Club 40, 458, 494, 528, 588
Aung Win 568
Australie 24, 42, 59, 82, 92, 114, 120, 130, 174, 180, 187, 202, 205, 210, 211, 223, 225, 234, 240, 245, 249, 253, 260, 295, 296, 313, 319, 321, 334, 343, 347, 366, 383, 408, 409, 414, 447, 450, 466, 467, 470, 477, 484, 490, 498, 512, 532, 534, 536, 547, 549, 570, 619, 620, 643, 667, 675, 678, 688, 697, 705, 717, 721, 722, 733, 738, 752, 780, 788, 821, 824, 831, 851, 943
Avers, Arthur 272
Aviara Golf Club 103
Azinger, Paul 921

B

Babineau, Jeff 771
Baddeley, Aaron 249
Badlands Golf Club (parcours Desperado) 419
Bald Mountain 502, 542
Bali 731
Ballesteros, Seve 52, 104, 254, 257, 324, 352, 360, 432, 459, 776, 853, 880, 923

Ballybunion Golf Club (vieux parcours) 64, 300, 339, 491
Ballyliffin (Old Links) 198
Baltimore Country Club (parcours est) 275, 640
Baltray (Le) 136, 634
Baltusrol Golf Club
parcours du bas 116, 146, 585, 842
parcours du haut 503, 613, 732
Bandon Dunes Golf Resort 454
parcours Bandon Dunes 213, 734
parcours Legends 166
Banff Springs Golf Course 144–145, 156, 681
Bangkok 944
Barber, Miller 950
Barbaroux 834
Barlow, Dave 61
Barr, Dave 719
Barsebäck Golf & Country Club (nouveau parcours) 518–19, 550, 830
Barton Creek (parcours des Contreforts de Fazio) 751
Bay Harbor Golf Club
parcours Links 328
parcours The Preserve 68
Bay Hill Club & Lodge 269, 890
Beem, Rich 589
Begay, Notah 367
Bel-Air Country Club 448, 644, 837
Belfair Golf Club (parcours ouest) 920
Belgique 250
Bell, Judy 357
Benamor 339
Bennett, Sam 738
Berkshire Golf Club (The) (parcours rouge) 259
Bermudes 224, 720, 793
Bethpage State Park (parcours noir) 192, 194–5, 216, 455, 489, 670, 806
Betjeman, John 770
Biarritz 376, 483
Big Sky Golf & Country Club 729
Bird, Robert 745
Bjorn, Thomas 38, 60, 102
Black Diamond Ranch & Country Club (parcours de la Carrière) 651, 679, 735
Black Mountain Golf & Country Club (parcours du Désert) 420
Blackhorse Golf Club (parcours sud) 412
Blackwolf Run Golf Club
parcours de la Rivière 46, 218, 393
parcours Meadows Valley 909
Blairgowrie Golf Club (parcours Rosemount) 799
Blue Canyon Country Club (parcours du Canyon) 791
Blyth, W. Hall 452
Boatwright, P.J. 842
Bolt, Tommy 538
Boros, Julius 112, 282
Boulders (The) (parcours sud) 235
Braid, James 220, 432, 581
Breckenridge Golf Course (parcours du Castor) 368
Broadmoor Golf Club (The) (parcours ouest) 567, 948–949
Brook Hollow Golf Club 713
Brora 824
Brown Deer Park Golf Club 931
Brudenell River Golf Course 433
Buenos Aires (parcours jaune) 407
Buhrmann, Hendrik 580

Bukit Pelangi Resort (parcours de Rainbow Hills) 191
Bulle Rock 892
Bunkers en bancs d'église 118–119, 188
Burke, Billy 318
Burke, Jack 526
Burke, Jack, Jr. 593, 630
Butler National Golf Club 335, 887
Byles, Leonard 623

C

Cabo del Sol (parcours de l'Océan) 214, 785
Cabo Real 211, 463
Cabrera, Angel 407, 704, 798
Calcavecchia, Mark 272, 771, 798, 878
Caldwell, Donnie 246
Californie 44, 70, 80, 103, 108, 127, 158, 159, 164, 174, 284, 287, 306, 344, 354, 396, 404, 413, 422, 448, 456, 463, 480, 484, 541, 543, 556, 604, 640, 644, 648, 689, 712, 719, 729, 730, 739, 742, 767, 790, 796, 811, 837, 846, 878, 881, 892, 914, 918, 926, 936, 952
Calkins, Leighton 552
Camargo Club 199, 540
Campbell, Chad 526
Campbell, Ian 133
Canada 42, 69, 74, 116, 125, 148, 156, 167, 186, 243, 268, 271, 291, 298, 309, 330, 345, 347, 348, 365, 383, 406, 408, 433, 454, 472, 479, 488, 498, 511, 527, 553, 563, 569, 593, 601, 615, 665, 681, 684, 685, 693, 723, 726, 729, 781, 804, 807, 829, 851, 882, 926, 933, 941, 943, 947, 951, 952
Canaries (îles) 120
Canterbury Golf Club 26, 758, 915
Cape Kidnappers 629, 821
Capital Golf Club 334, 347, 717, 821
Capitol Hill (parcours du Sénateur) 872
Carlow Golf Club 934
Carlton Woods 939
Carne 820
Carnegie Club 831
Carnegie Club du château de Skibo 361
Carnoustie Golf Links 129, 270, 716, 816
Caroline du Nord 78, 107, 115, 128, 228, 464, 591, 609, 776, 899, 940
Caroline du Sud 23, 85, 170, 239, 390, 564, 592, 635, 636, 645, 700, 747, 774, 789, 803, 827, 883, 896, 920, 930
Carriedo, Raquel 120
Carter, David 841
Casa de Campo (« Les Dents du chien ») 296, 678, 722
Casey, Paul 245, 797
Cash, Johnny 661
Casper, Billy 242, 378, 934
Castelconturbia Golf Club (parcours jaune) 321
Castel Gandolfo 178
Castle Pines Golf Club 461
Castro Marim 193
Cattails Golf Club 462
Caves Valley Golf Club 457
Celtic Manor (parcours de Wentwood Hills) 48–49, 86
Challenge de Manele (The) 523
Chalmers, Greg 620

Champions Golf Club (parcours des Cyprès) 526, 593, 630
Championsgate (parcours international) 536
Chantaco 863
Chantilly-Vineuil 893
Charles, Bob 381, 502, 603
Château Whistler 347
Cherokee Run Golf Club 102
Cherry Creek 359
Cherry Hills Country Club 638, 749, 850, 947
Chiberta 916
Chicago Golf Club 58, 429, 533
Chili 190
Chine 114, 173, 182, 304, 354, 605, 628, 767, 908, 927
Choi, K.J. 346
Christchurch Golf Club 472
Chuasiriporn, Jenny 218, 909
Chung Shan Hot Springs 114
Churchill, Winston 67, 220, 666, 793
Cink, Stewart 864
Cinnamon Hill Ocean Course 661
Clarke, Carnegie 620
Clarke, Darren 112, 124, 142, 350, 741, 769, 776
Clearwater 381
Clearwater Bay 173, 628
Clinton, Bill 234
Clooney, George 403, 932
Club West Golf Club 799
Clustered Spires Golf Course 351, 710, 898
Cobblestone Golf Course 724
Cochran, Mrs. 36
Cog Hill Golf Club (parcours Dubsdread) 718
Coles, Neil 726
Colleton River Plantation
parcours Nicklaus 747
parcours Dye 390, 883
Colombie 292
Colonial Country Club 227, 562, 901
Colorado 196, 368, 457, 461, 567, 630, 638, 673, 749, 850, 947, 948
Colt, Henry 63
Coltart, Andrew 86
Commonwealth Golf Club 738, 831
Concession (La) 912
Congressional Country Club (parcours bleu) 415, 631, 812
Connecticut 20, 172
Copper Creek 457
Cordova Bay 479
Corée du Sud 878
Cotton, Henry 923
Coughlin, Richard 615
Country Club (The) 112, 176, 282, 832, 903
Country Club de Detroit 467, 866
County Sligo Golf Club 810
Couples, Fred 320, 391, 480, 507, 586, 631, 719, 791, 794
Coyote Golf Club 546
Crafter, Jane 210
Crampton, Bruce 768, 901
Crans-sur-Sierre 322
Creek Club (The) 248, 483
Crenshaw, Ben 244, 357, 582, 592, 861, 887
Crooked Stick Golf Club 241, 565, 917
Crown Colony Country Club 135
Cruden Bay Golf Club 154, 307, 596–597, 612

955

Crystal Downs Country Club 22, 226, 302, 364
Cupit, Jackie 832
Curtis, Ben 920
Cypress Point Club 668, 712, 811, 892

D

Daly, John 269, 306, 565, 842, 917, 929
Damon, Matt 403
Damron, Robert 780
Daniel, Beth 320
Darcy, Eamon 479
Darwin, Bernard 131, 204, 622, 642
Dassu, Frederica 106
Davis, Roger 952
Dawson, Marco 543
De Vicenzo, Roberto 950
De Vere Belfry (The)
  (parcours Brabazon) 137, 870
Deerhurst (parcours Highlands) 454
Delta Rocky Crest Golf Club 943
Demaret, Jimmy 432, 526, 593, 630
Desert Dunes Golf Course 758
Desert Forest Golf Club 328, 587, 766
Desert Highlands Golf Club 23, 830
Desert Mountain Golf Club 652–653
  parcours Cochise 706
  parcours Geronimo 856
Desert Pines Golf Club 171
Devil's Paintbrush 563
Devil's Pulpit Golf Club 829
Devlin, Bruce 798
Dey, Joe 842
Dickerson, Bubba 860
Dickinson, Patric 745
Diegel, Leo 640
Dinard 253
Disney's Osprey Ridge 754
Doak, Tom 140, 296, 344, 635
Domaine Impérial (golf du) 190
Donald, Luke 740
Dooks Golf Club 557
Doonbeg 46
Doral Resort & Spa 861
Double Eagle Golf Club 303, 809
Douglas, Michael 403, 932
Doyle, Allen 472
Dragonridge Golf & Country Club 304
Driscoll, James 116
Druids Glen 576, 624
Dubaï 231, 358, 938
Dunbar Golf Club 96
Dunes à Kamloops (The) 268
Dunes de Maui Lani (The) 193
Dunes Golf & Beach Club (The) 592
Dunes Golf Links (The) 180, 547, 780
Dunn, John Duncan 256
Dunn, Willie 376, 598
Durban Country Club 50, 140, 222
Duval, David 102, 203, 376, 407, 472, 494, 600, 642, 895, 942

E

Eagle Crest Golf Club 754
Eagle Point Golf & Country Club 248
Eagle Ranch 723
Eaglebrooke 852
Eagles Glen (The) 781
East Lake Golf Club 860
Eastward Ho! Golf Club 387
Écosse 28, 30, 33, 36, 96, 129, 131, 132, 154, 180, 199, 200, 208, 215, 219, 244, 270, 272, 276, 299, 326, 340, 343, 361, 384, 399, 410, 412, 420, 436, 440, 442, 452, 474, 486, 548, 558, 575, 581, 606, 610, 612, 642, 649, 656, 662, 666, 716, 756, 760,
782, 799, 816, 824, 828, 831, 862, 867, 921
Edgewood Tahoe Golf Club 950
Édouard VII (roi) 63, 67
Édouard VIII (roi) 63, 220, 682, 764, 793
Edwards, Bruce 790
Eisenhower, Dwight 793
Ekwanok Country Club 332
El Saler 142, 265, 797
Elie Golf House Club 581
Ellerston Golf Course 225, 240, 321, 409, 467, 733
Elmbrook Golf Course 171
El Rincòn (golf) 292
Els, Ernie 120, 140, 188, 200, 240, 277, 320, 342, 360, 403, 418, 558, 559, 568, 590, 631, 701, 862, 874, 942, 947
Émirats (golf des) (parcours Majlis) 336–337, 358
Enniscrone 447
Erath, Paul 385
Eriksson, Klas 472
Erinvale Golf Course 822
Esker Hills 574
Espagne 51, 60, 68, 83, 97, 142, 184, 265, 310, 366, 470, 479, 553, 660, 797, 808, 853, 880, 886, 945
Espinosa, Al 640
Essex County Club 94–95, 143
Essex County Country Club 473
Estancia Club (The) 846
Etats-Unis d'Amérique voir états
European Club (The) 314, 594, 600
Evans, Gary 359

F

Fabbri, Dennis 313
Fairmont Algonquin 527, 593
Fairmont Jasper Park Lodge Golf Course 665, 726
Falcon's Fire Golf Club 569
Faldo, Nick 104, 205, 320, 378, 432, 479, 550, 574, 660, 663, 701, 731, 841, 873, 888, 921, 927
Falsterbo 480
Fancourt Country Club
  parcours Links 625
  parcours Montagu 264, 669
Fankhauser, Mollie 246
Farrell, James 511
Farry, Mark 402
Fasth, Niclas 657
Faulkner, Max 602
Fazio, George 29, 318, 415, 448
Fazio, Tom 29, 318, 415, 428, 523, 528
Fédération italienne de golf 45
Felstead, Claude 414
Firestone Country Club (parcours sud) 175, 768
Fishers Island Club 179, 471
Fleck, Jack 127
Floride 19, 62, 167, 191, 229, 258, 269, 320, 327, 377, 389, 395, 409, 478, 506, 536, 542, 569, 647, 651, 671, 679, 701, 735, 754, 759, 777, 794, 808, 852, 861, 866, 869, 877, 890, 907, 916, 924
Floyd, Raymond 54, 268, 463, 523, 538, 592, 706, 861
Foothills Golf Club 371
Forest Highlands Golf Club
  parcours Canyon 387, 815
  parcours de la Prairie 639
Formby Golf Club 207
Forsbrand, Anders 45
Forsman, Dan 147
Fortress (The) 225, 583
Fowler, Peter 479
Fox Chapel Golf Club 243
Fox, Geoff 80
Fox Hills
  parcours du Renard d'or 584
  parcours du Renard rusé 584
Fox Meadow Golf & Country Club 882
France 253, 254, 257, 306, 331, 400, 432, 508, 626, 676, 721, 765, 814, 834, 863, 868, 893, 916
Francfort 923
Frazier, Harrison 812
Frösakers Golf Club (parcours ouest) 875
Frost, David 360, 418
Fujioka 753
Furgol, Ed 503
Furry Creek Golf Course 601
Furyk, Jim 614, 660, 798

G

Gallagher's Canyon 553
Gallardo, Angel 479
Gallery de Dove Mountain (The)
  (parcours nord) 416
Galloway National Golf Club 674
Gamez, Robert 890
Ganton Golf Club 150, 297, 745
Garcia, Sergio 346, 360, 442, 576, 624, 637, 701
Garde (golf de) 53
Garden City Golf Club 54, 446, 496
Gary Player Country Club 360, 372–3, 418, 874
Gates, Bill 523
Geddes, Jane 268
George Golf Club 792
Georgie 40, 90, 102, 458, 488, 494, 517, 528, 588, 607, 724, 743, 784, 860, 919, 929
Ghezzi, Vic 915
Glades Golf Club (The) (parcours de la Côte d'Or) 752
Glasgow Hills Resort & Golf Club 851
Glasson 574
Glen Abbey Golf Club 488, 615, 933
Glen Eagles Golf Club
  parcours bleu 167
  parcours rouge 947
Glendower Country Club 437
Gleneagles
  parcours du Centenaire de la PGA 606, 756
  parcours de la Reine 606
  parcours du Roi 199
Golden Horseshoe Golf Club
  parcours doré 718, 826
Golf Club (The) 101, 639, 710
Golf Club d'Oklahoma 493
Golf Club d'Uruguay 752
Golf Club de Cinco Ranch 531
Golf Club de Géorgie (parcours du Lac) 517
Golf Club du Moon Palace 162, 802
Golf Club Kennedy Bay (The) 319, 536, 675, 722
Golf del Sur
  Campo Norte 120
  Parcours sud 51
Golf du Club zur Vahr (Garlstedter Heide) 726
Golf National (Le) (parcours Albatros) 676, 868
Golf National de Laguna
  parcours classique 568
  parcours Masters 911
Gonzalez, Ricardo 97
Goosen, Retief 200, 320, 445, 538, 633, 676, 701, 942
Gorge Vale Golf Club 693
Grady, Wayne 479
Graham, David 798
Graham, Lou 566
Grand Cypress Resort 19, 327
Grand Golf Club (The) 460
Grandview Golf Club
  (parcours Mark O'Meara) 82
Green, Hubert 384
Green, Richard 261
Greenbrier 16–17
Parcours Greenbrier 73
Vieux parcours blanc 26
Greens en île 378, 516, 794–795
Greystone Golf Club 148, 863
Greywolf 243
Grönberg, Mathias 472
Gulbris, Natalie 266
Guldahl, Ralph 588, 850
Gulf Harbour Country Club 746, 841
Gullane Golf Club (parcours n° 1) 131
Gustafson, Sophie 210
Gut Lärchenhof 346

H

Haas, Bill 920
Hackett, Eddie 800
Hagen, Walter 324, 338, 432
Haig Point Golf Club
  (parcours Calibogue) 645
Half Moon Bay Golf Links
  parcours de l'Océan 739
  vieux parcours 881
Halldorson, Dan 719
Halmstad (parcours nord) 719
Hambourg (parcours Falkenstein) 843
Hamilton Golf & Country Club
  (parcours sud) 74
Hamilton, Robert 860
Hamilton, Todd 580
Hanse, Gil 109
Hapuna Golf Course 687
Harbour Town Golf Links 23, 700, 803, 896
  parcours des Marais salants 564
Harmon, Claude 29, 430
Harrington, Padraig 124, 353
Harris, John D. 252
Harvest Golf Club (The) 951
Haskins, Steve 92
Havre de Grace 892
Hawaï 98, 193, 222, 232, 262, 290, 342, 521, 523, 547, 581, 659, 692, 796, 814, 922, 946
Hayes, Dale 694
Hazeltine National Golf Club 335, 535, 736
Hearn, Ray 584
Heathers Club (The) 349
Hefner, Hugh 480
Highlands Links Golf Club 69, 271, 330, 569, 684
Hills, Arthur 318, 517, 740, 884
Hills Country Club (The)
  (parcours des Collines) 295
Hillside Golf Club 427, 510
Hirono 696
Hjertstedt, Gabriel 472
Hoch, Scott 931
Hoey, Michael 894
Hogan, Ben 127, 159, 188, 227, 258, 324, 456, 485, 538, 558, 636, 638, 713, 740, 778, 816, 877, 904, 915
Hollywood Golf Club 331
Home Internationals 63
Homestead (The) (parcours des Cascades) 230, 544, 578
Honeyman, David 452

Hong Kong (golf de)
(parcours Eden) 927
Honors Course 398, 675, 882
Honourable Company of Edinburgh
Golfers 410, 558, 921
Horizons Golf Resort 343
Hossegor 400
Hôtel-club de Dorado
(parcours est) 189
Hualalai Golf Club 796
Hubbelrath (parcours est) 290
Humewood Golf Club 580
Hunter, Robert 668
Huntercombe 392
Hunter's Station 294
Huntsville Golf Club 66
Hyatt Regency Coolum
Golf Course 223

I

Illinois 55, 58, 117, 335, 429, 492,
508, 526, 533, 566, 614, 703,
728, 775, 887
Immelman, Trevor 701, 822
Indiana 241, 565, 917, 922
Indianwood Golf & Country Club
nouveau parcours 96
vieux parcours 460
Indonésie 191, 282, 627, 731
Industry Hills (parcours Babe
Zaharias) 796
Inglis, David 150
Inkster, Juli 80, 878
Interlachen Country Club 423, 548
Inverness Club 162, 318, 884
Irlande 46, 64, 90, 100, 121, 124, 125,
128, 136, 198, 206, 252, 300, 314,
332, 339, 447, 491, 511, 514, 523, 557,
574, 576, 594, 600, 622, 624, 634,
658, 763, 800, 810, 820, 825, 848,
858, 873, 888, 934
Irlande du Nord 19, 160, 388, 602,
655, 839
Irwin, Hale 278, 517, 566, 592, 840
Italie 45, 53, 178, 321, 673, 694
Izawa, Toshi 432

J

Jacklin, Tony 18, 254, 510, 894, 912
Jackson, Reggie 932
Jackson, William 540
Jacobs, John 517
Jacobsen, Peter 887
Jamaïque 391, 462, 661, 788
James, Mark 104, 923
Jamieson, Gary 740
Janzen, Lee 478, 732
Japon 432, 451, 580, 696, 706, 753,
776, 859, 906, 942
Jenkins, Dan 679
Jimenez, Miguel Angel 77, 560, 853,
886
Jobe, Brandt 693
Jockey Club (parcours rouge) 798
Jockey Club Kau Sai Chau (parcours
nord) 182, 605
Johansson, Per-Ulrik 45
Johnnie Walker Super Tour 240
Johnston, Clyde 564
Johnstone, Tony 48, 87
Jones, Bobby 212, 242, 286, 370, 423,
438, 474, 490, 533, 548, 585, 613,
663, 818, 842, 904
Jones, Rees 230, 415, 592, 826
Jones, Robert Trent, junior 448, 908
Jones, Robert Trent, senior 26, 146,
271, 339, 415, 446, 588
Jones, Rosie 830

Jones, Steve 360
Jordan, Michael 403, 932
Jupiter Hills Club (parcours
des Collines) 377, 907
Jurado, Jose 816

K

K-Club (parcours sud) 332
Kaanapali Golf Course
(parcours nord) 222
Kaitaia Golf Club 609
Kananaskis Country Golf Course
(parcours du mont Kidd) 148, 711
Kansas 20, 57, 357
Kapalua Golf Club (parcours
de la Plantation) 232, 946
Karlsson, Robert 234, 322
Kasumigaseki Golf Club
(parcours est) 432
Katayama, Shingo 776, 859
Kauri Cliffs 287, 608
Kawana (parcours Fuji) 580, 706
Kemper Lakes Golf Club 775
Kennemer 34
Kentucky 246
Keystone Ranch
(parcours du Ranch) 196
Kiawah Island (parcours
de l'Océan) 85, 170, 789
Killarney Golf & Fishing Club
(parcours Killeen) 873
Killarney Golf & Fishing Club
(parcours Mahony's Point) 858
Kilspindie Golf Club 343
King, Betsy 920
King's Challenge 371
Kingsbarns Golf Links 656
Kingston Heath Golf Club 130, 249,
383, 643, 667
Kite, Tom 284, 450, 706
Kittansett Club (The) 109, 748
Kjeldsen, Søren 756
Klein, Bradley S. 271, 422
Klub Golf Rimba Irian 627
Ko Olina 521
Kooyonga Golf Club 92
Kribel, Joel 646
Kuehne, Trip 297
Kuo Chie Hsiung 55
Kyi Hla Han 568

L

La Boulie (parcours La Vallée) 432
La Quinta Resort (parcours
de la Montagne) 719
Lacoste, Catherine 254
Lahinch Golf Club 124, 206, 252
Laimbeer, Bill 950
Lake Joseph Golf Club 345
Lake Nona Golf Club 320, 409, 701
Lakes (The) 512
Lakeside Country Club
(parcours ouest) 878
Lakeview Hills (parcours nord) 313
Lakewood Shores Resort
(parcours Gailes) 461
Langer, Bernhard 327, 346, 350, 352,
360, 402, 470, 574, 663, 843, 888,
893, 927
Las Brisas (golf) 366, 479
Laurel Springs 488
Laurel Valley Golf Club 385, 934
Lawrie, Paul 270
Lee, Peter "Hirondelle" 619
Lees, Peter W. 578
Legends (The) 918
Lehman, Tom 200, 538, 818, 901
Leitch, Cecil 682

Leith 420
Lema, Tony 52
Leonard, Justin 272, 340, 522, 535, 616
Leslie Park 356
Leven Links 867
Lian-Wei Zhang 568
Lin Kengchi 944
Lindbergh, Charles A. 125
Lindrick Golf Club 856
Links à Challedon (The) 362
Links à Crowbush Cove 511
Links à Spanish Bay 640
Linville Golf Club 128
Lionhead Golf & Country Club
(parcours Legends) 42
Lions (golf des) 190
Littler, Gene 901
Lloyd George, David 67, 220
Lloyd, Joe 449, 652
Loch Lomond Golf Club 200, 276,
442, 862
Lochinvar Golf Club 413
Locke, Bobby 272, 432, 437
Lohmann, Bob 566
Long Cove Club 23, 636
Longhurst, Henry 204
Lookout Mountain Golf Club à
Tapatio Cliffs 951
Lopez, Nancy 82, 320
Los Angeles Country Club
(parcours nord) 480, 644, 729
Los Naranjos 945
Love, Davis, III 242, 320, 450, 776
Lowery, Steve 929
Lyle, Sandy 104
Lyon Oaks 755

M

McCarron, Scott 600
McCord, Gary 592
McDermott, John 429, 532
Macdonald, Charles Blair 428, 540
McGinley, Paul 55, 124, 740
Machrihanish Golf Club 36, 215, 548
MacKenzie, Alister 24, 283, 428,
626, 828
McLean, Jim 861
McNulty, Mark 104, 402, 470, 923
Maggert, Jeff 925
Maidstone Golf Club 89, 392,
439, 598
Malaisie 56, 688, 918
Malone Golf Club 655
Manero, Tony 732
Mangawhai Golf Club 61
Mangrum, Lloyd 915
Manila Southwoods
(parcours Masters) 443
Maroc 378
Marr, Dave 934
Marriott Forest of Arden
(parcours Arden) 859
Marsh, Graham 352, 517, 706, 839
Marti, Paula 423
Maruyama, Shigeki 483, 780, 859
Maryland 110, 148, 238, 275, 351, 362,
415, 457, 631, 650, 683, 710, 812,
892, 898
Mason, Carl 441
Massachusetts 32, 84, 106, 109,
112, 143, 176, 183, 282, 318, 369,
380, 387, 439, 532, 682, 698, 748,
832, 903, 935
Massy, Arnoud 432
Matthew, Catriona 830
Mauna Kea Golf Club 98, 262
Mauna Lani Resort (parcours sud)
290, 659

Mayfair, Billy 377, 538
Mediate, Rocco 790
Medinah Country Club
(parcours n° 3) 55, 566
Meeks, Tom 303
Méridien Penina (Le) 76–77, 560
Merion Golf Club (parcours est) 116,
490, 750, 904
Merten, Lauri 241, 565
Metacomet Country Club 623
Metropolitan Golf Club 678
Metrowest Golf Club 395
Mexique 162, 211, 214, 725, 785, 802
Michaud, Mak 771
Micheel, Shaun 324
Michigan 22, 68, 79, 96, 111, 136, 171,
183, 225, 226, 255, 302, 313, 328,
349, 351, 356, 359, 364, 371, 374,
375, 382, 449, 460, 461, 462, 467,
485, 493, 496, 502, 542, 545, 546,
583, 584, 636, 699, 740, 754, 755,
778, 860, 863, 866, 869
Mickelson, Phil 40, 120, 472, 588, 590,
638, 669, 771, 866, 901, 947
Mid Ocean Club 224, 793
Middlecoff, Cary 566
Mill River Golf Course 309
Millbrook 235
Miller, Johnny 118, 254, 360, 479, 525
Million Dollar Golf Challenge 360
Minnesota 267, 335, 423, 535,
548, 736
Mission Hills Golf Club (parcours
World Cup) 767
Missouri 101, 586, 638, 810
Mize, Larry 494
Mobley, Phil 254
Moliets 721
Monterey Peninsula Country Club
(parcours des Dunes) 413, 541, 604
Mont Malarayat (golf du)
(parcours Makulot) 334
Montgomerie, Colin 31, 86, 102,
120, 122, 123, 200, 254, 255,
346, 350, 352, 360, 378, 550,
558, 576, 624, 676, 746, 910, 911
Moody, Orville 934
Moonah Links (parcours Open) 42
Moore, Parker, Jr. 644
Moose Ridge 374
Morcom, Mick 313, 466, 721
Morfontaine 306
Morgan, Gil 463, 592, 706
Morris junior, Tom 33, 412
Morris senior, Tom 256, 412
Morse, S.F.B. 70
Morum, Mick 788
Moseley, Jarrod 93
Mount Juliet Golf Club 100, 574, 888
Mount Wolseley 574
Mowbray Golf Club 672
Mudd, Jodie 950
Muirfield Links 28, 150, 410, 558, 921
Muirfield Village Golf Club 522, 616
Mulcahy, John A. 515, 800
Muller, Mark 497
Mullingar Golf Club 763
Munt, Alison 210
Myopia Hunt Club 183, 380

N

Nagoya Golf Club (Wago Course) 776
Nairn Golf Club 219
Nakamura, Torakichi 432
Nantucket Golf Club 318, 935
Nagoya (parcours Wago) 776
Nairn Golf Club 219
Nakamura, Torakichi 432

Nantucket Golf Club 318, 935
Naruo 451
National Golf Club (The)
   parcours de l'Océan 477
   parcours Moonah 82, 114, 174, 202, 490, 705
   vieux parcours 295
National Golf Club of Canada (The) 186
National Golf Links of America 43, 126, 152, 835
Natural (The) 545, 869
Navatanee 260
NCR Country Club 268
Nebraska 45, 316, 804
Nelson, Byron 338, 432, 588, 915
Nelson, Larry 887
Neumann, Liselotte 210
Nevada 54, 157, 171, 304, 308, 398, 403, 419, 420, 683, 763, 784, 901, 932, 950
New Jersey 29, 72, 79, 116, 146, 265, 312, 331, 428, 473, 503, 530, 552, 572, 585, 613, 674, 686, 698, 732, 842
New Seabury Resort (parcours de l'Océan) 698
New South Wales Golf Club 234, 245, 619, 688
New York 29, 43, 54, 76, 89, 126, 152, 179, 192, 216, 242, 248, 256, 324, 392, 430, 439, 444, 446, 455, 471, 476, 482, 483, 489, 496, 501, 537, 590, 598, 632, 670, 714, 771, 806, 835, 902, 905
New St. Andrews Golf Club 906
Newcastle Fern Bay Golf Club 253, 296, 466
Newport Country Club 386, 599
Nicholas, Alison 46, 267
Nicklaus, Jack 23, 29, 101, 146, 175, 188, 324, 354, 355, 367, 384, 388, 390, 396, 403, 438, 440, 450, 479, 486, 510, 558, 590, 606, 638, 662, 669, 696, 716, 718, 768, 770, 777, 790, 840, 888, 890, 899, 904, 912, 934, 936
Nicklaus North Golf Course 804
Nirwana Bali 282
Nobilo, Frank 402
Noordwijkse 352
Nouvelle-Zélande 61, 155, 235, 287, 381, 426, 472, 502, 582, 608, 609, 629, 714, 746, 821, 836, 841
Norman, Greg 189, 234, 260, 318, 327, 383, 427, 482, 510, 631, 663, 678, 747, 776, 799, 884, 927, 931
Norris, Jason 249
North, Andy 850, 931
North Berwick (parcours ouest) 326, 412, 575, 666

O
Oak Hill Country Club 554-555
   parcours est 324, 590, 902
Oak Tree Golf Club 153, 560, 770
Oakland Hills Country Club 485, 636, 740, 778
Oakmont Country Club 118, 188, 685, 928
Ocean Dunes 381
Ocean Edge 369
Ocean Forest Golf Club 743, 919
Ocean Hammock Golf Club 916
O'Connor, Christy 888
Ohio 26, 66, 101, 162, 175, 199, 303, 318, 367, 522, 540, 591, 616, 639, 710, 758, 768, 777, 808, 884, 915

Ojai Valley Inn & Spa 484
Okanagan Golf Club (parcours de l'Ours) 125
Oklahoma 81, 153, 493, 538, 560, 770, 864
Olazábal, José Maria 120, 361, 470, 676, 870, 927
Old Head Golf Links 848
Old Memorial Golf Club 229, 866
Old Tabby Links 774
Old Warson Country Club 634
Olivos 704
Olson, Chuck 371
Olympia Fields Country Club (parcours nord) 117, 614
Olympic Club (The) (parcours du Lac) 127, 174, 306, 878
Olympic View Golf Club 829
O'Meara, Mark 82-83, 263, 478, 525, 600, 706, 840, 931
Ono, Koichi 432
Ontario 82
Open de Tenerife 120
Orange County National Golf Center (parcours du Chat courbé) 542
Orebro 106
Oregon 166, 196, 213, 266, 454, 545, 646, 734
Otago Golf Club 502
Otto, Hennie 561
Ouimet, Francis 112, 282, 332, 832, 842
Oxfordshire Golf Club (The) 350, 844-845
Ozaki, Masashi 706, 776, 859

P
Pablo Creek 389, 869
Packard, Roger 566, 931
Packer, Edward Lawrence 356
Packer, Kerry 225
Painted Desert Golf Club 157
Paiute Resort (parcours Sun Mountain) 763
Palm Meadows Golf Club 952
Palmares 37
Palmer, Arnold 23, 118, 254, 269, 272, 385, 400, 467, 502, 525, 529, 538, 639, 726, 749, 768, 779, 808, 818, 830, 840, 850, 866, 928, 939
Panks, Gary 23
Paraparaumu Beach Golf Club 582, 836
Park, Mungo 412, 504
Park, Willie 412, 504, 666
Parnevik, Jesper 102, 240, 340, 550
Parque da Floresta 206
Parry, Craig 25, 202, 321, 693, 901, 923
Pasatiempo Golf Club 80, 621, 742
Pate, Jerry 924
Pavin, Corey 482, 840, 931
Pays-Bas 34, 352
Pays de Galles 63, 86, 682, 757
Peachtree Golf Club 90, 607
Pebble Beach Golf Links 280-1, 284, 354, 396, 790, 936
Pelican Hill
   parcours Ocean North 846
   parcours Ocean South 556
Pelican Waters Golf Club 59, 534
Penha Longa
   parcours Atlantique 274
   parcours Mosteiro 274
Peninsula Country Golf Club (parcours nord) 366
Pennard Golf Club 757
Pennsylvanie 32, 66, 118, 188, 243, 278, 294, 385, 394, 490, 540, 621, 685, 750, 820, 904, 928, 934

Perry, Kenny 562
Pesci, Joe 403, 932
Pete Dye Golf Club 59, 618, 872
Pevero 694
PGA West
   Parcours du Stade 404, 767
   Parcours du Nicklaus Tournament 689
Philadelphia Country Club 820
Philadelphia Cricket Club 394
Philippines 334, 443, 792
Philips, Van 274
Phillips, Waite 81
Pierce Lake Golf Club 860
Pine Knob 449
Pine Needles Lodge & Golf Club 107
Pine Valley Golf Club 29, 428, 572, 698, 892
Pinehurst
   parcours n° 2 78, 115, 228, 464, 899
   parcours n° 4 609
Pinheiros Altos 781
Pittsburgh Field Golf Club 540
Plainfield Country Club 72, 312, 552
Playacar 162, 725
Player, Gary 23, 52, 140, 150, 210, 222, 254, 434, 438, 515, 558, 567, 669, 740, 830
Pléneuf-Val-André 508
Pohlcat 255
Point O'Woods Country Club 382
Pont Royal 257
Pooley, Don 457
Port Royal Golf Course 720
Portage Lake 111
Portmarnock Golf Club 622, 658
Portsalon Golf Club 128
Portugal 37, 39, 76, 158, 193, 206, 250, 274, 275, 289, 294, 339, 446, 546, 560, 664, 781, 838, 889, 895, 898
Potter, C.K. 63
Poulter, Ian 103, 336, 358
Prairie Dunes Country Club 20, 57, 357
Predator Ridge Golf Resort (parcours Peregrine) 365, 498
Presidio Golf Course 158
Prestwick Golf Club (vieux parcours) 33, 132
Price, Nick 35, 254, 360, 378, 418, 437, 538, 874
Price, Philip 656
Princeville Resort Golf Club
   parcours du Prince 581, 692
   parcours Makai 692
Puerto Azul 792
Puerto Rico 189
Pula 470
Pumpkin Ridge
   parcours de la Crique au fantôme 545
   parcours du Creux de la sorcière 196, 266, 646
Purdy, Ted 700, 897

Q
Quaker Ridge Golf Club 256, 501, 537
Querce (Le) 45
Quill, Mrs. 36
Quinney, Jeff 116
Quinta do Lago 838, 895
Quinta da Ria 446

R
Rajapruek Club à North Park 153
Rancho La Quinta
   parcours Jones) 943
Rattle Run Golf Club 349
Rattlewood Golf Course 683
Raven de South Mountain (The) 214

Raynor, Seth 712
Reagan, Ronald 480
Rebmann, Eric 377
Redan 152, 239, 243, 326, 430, 477, 666, 835
Redtail Golf Club 291
République dominicaine 296, 678, 722
Rhode Island 105, 319, 386, 531, 599, 623
Ridgewood Country Club (parcours du milieu) 265
Rio Formosa Golf Club 546
Rio Secco Golf Club 308
Riordan, Richard 480
Ristell, Tom 111
Riviera Country Club 159, 456, 914
Robbins, Kelly 327, 878
Robertson, Dean 323
Robinie (golf du) 178
Robinson, C.E. 454
Rodriguez, Chi Chi 419, 719
Rogers, Bill 840
Romero, Eduardo 407, 704
Rose, Justin 254, 701, 776
Ross, Donald 54, 271, 428, 540, 635
Rosslare (vieux parcours) 511
Royal Aberdeen 399
Royal Adelaide Golf Club 120, 484, 620, 702
Royal Antwerp 250
Royal Belfast 19
Royal Birkdale Golf Club 150, 263, 400, 524-525, 690, 854-855, 912
Royal Canberra Golf Club 738
Royal County Down (parcours de championnat) 121, 160
Royal Dar-es-Salaam (parcours rouge) 378
Royal Dornoch 180, 208, 244, 420, 610
Royal Hua Hin Course 153
Royal Johannesburg (parcours est) 497
Royal Liverpool Golf Club (Hoylake) 38-39, 286, 370, 541
Royal Lytham & St. Annes Golf Club 18, 203, 513, 818, 894
Royal Melbourne Golf Club
   parcours est 24, 466, 721, 851
   parcours ouest 24, 187, 205, 260, 447, 549, 824
Royal Oaks Country Club 571
Royal Porthcawl Golf Club 63
Royal Portrush Golf Club 839
   parcours Dunluce 602
Royal St David's Golf Club 682
Royal St George's Golf Club 34, 168, 450, 640, 680
Royal Troon Golf Club (vieux parcours) 272, 299, 340, 486-487, 782
Royal Woodbine 941
Royal Worlington & Newmarket Golf Club 204
Royaume-Uni voir Angleterre ; Écosse, Irlande du Nord ; pays de Galles
Rulewich, Roger 55
Rush Creek 944
Ruth, Babe 793
Ryder, Samuel 52, 338

S
Sahalee Country Club 772-773, 786
Saint-Germain-en-Laye 626
Saint-Nom-la-Bretèche (parcours rouge) 254
Saint-Omer 331
Salem Country Club 32, 582
Salgados 275
San Francisco Golf Club 287, 422, 436
San Lorenzo 250, 889

San Roque Golf Club (vieux parcours) 880
Sand Hills Golf Club 45, 316–317, 804
Sandelin, Jarmo 346, 509
Sander, Bill 644
Sankaty Head Golf Club 439
Sarazen, Gene 324, 338, 340, 474, 502, 549, 558
Saucon Valley Country Club
  parcours Grace 79
  parcours Weyhill 79
  vieux parcours 79, 278
Saujana Golf Club (parcours des Palmiers) 56–57
Schaub, Corey 62
Scherrer, Tom 616
Scioto Country Club 66, 367, 777
Scott, Adam 924
Se Ri Pak 218, 327, 819, 909
Seay, Ed 269, 385
Seignosse 814
Seminole Golf Club 167, 258, 877
Senior, Peter 620
Séville 97
Shadow Creek Golf Club 403, 683, 784, 932
Shaker Hills 106
Shan-Shui 688
Sheehan, Paul 580
Shenandoah Golf Course 351
Shinnecock Hills Golf Club 444, 482, 632, 771
Shinty 36
Shoal Creek Golf Club 627, 876
Shoreacres Golf Club 492, 526, 703
Siena Golf Club 398
Sigel, Jay 592
Silva, Brian 243, 775
Silver Tip Golf Resort 406
Simpson, Scott 535
Simpson, Tom 63
Singapore Island Country Club (parcours Bukit) 500
Singapour 500, 568, 911
Singh, Vijay 240, 378, 437, 786
Sjoland, Patrick 321
Skokie Country Club 508
Sleepy Hollow Country Club 708–709, 714
Sluman, Jeff 770
Smith, Adam 223
Smith, Mac 816
Smith, Wayne 498
Snead, Sam 20, 26, 73, 101, 216, 324, 338, 432, 544
Somerset Hills Country Club 530, 686
Sonnenalp à Singletree 673
Sorenstam, Annika 18, 210, 227, 320, 550, 791, 901
Sotogrande 88, 310–311, 553
South Head Golf Course 426
Southern Dunes Golf & Country Club 478
Southern Hills Country Club 81, 538–539, 864
Southport & Ainsdale Golf Club 338, 762
Sperone 765
Sporting Club Berlin (parcours Faldo) 509
Spring City Golf & Lake Resort (parcours de la Montagne) 908
Spyglass Hill Golf Club 44, 70, 164, 648
St Andrews 19, 172, 420
  parcours Balgrove 30
  nouveau parcours 452
  vieux parcours 30, 58, 474, 642, 828

St Enodoc Golf Club (parcours de l'Église) 770
St Eugene Mission 408
St Eurach Golf & Country Club 402
St George's Golf & Country Club 298
St Leon-Rot (parcours St Leon) 910
St Louis Country Club 101, 586, 810
Stadler, Craig 631
Stanley, Ian 160
Stanwich Club 852
Steel, Donald 63
Stewart Creek 383
Stewart, Payne 228, 352, 475, 514, 535, 775
Stockton, Dave 631
Stoke Park Golf Club 293
Stonebridge Golf Club 493
Stonewall Golf Club 774
Stonewater Golf Club 591
Storm, Graeme 664
Strange, Curtis 82, 112, 282, 590
Strath, David 430
Stricker, Steve 693, 786
Struver, Sven 518–519, 551
Sun Rivers Golf Resort 63
Suneson, Carlos 470
Sunningdale Golf Club 392, 900
  nouveau parcours 212
  vieux parcours 212, 438, 663
Sutherland, John 361
Sutton, Hal 462, 564, 740
Suède 102, 106, 426, 480, 550, 719, 830, 875
Suisse 190, 322
Sweeny, Robert 467
Swinley Forest 391
Sycamore Hills (parcours sud) 136

T
Taboo Golf Club 937
Taiheiyo Club Gotemba (parcours est) 942
Taiwan 309
Tangle Ridge Golf Club 362
Taylor, John H. 220, 432
Tennessee 398, 675, 882
Terrace Downs 155, 711
Texas 135, 227, 295, 326, 362, 412, 413, 516, 526, 531, 562, 571, 586, 593, 614, 630, 713, 751, 780, 834, 901, 939
Thai Country Club 240
Thaïlande 153, 240, 791, 944
Thirteenth Beach Golf Links 211, 292, 532, 570, 717
Thom, Charlie 632
Thomson, Peter 130, 414, 470, 472, 525, 643, 702, 726, 927
Thongchai Jaidee 944
Thoroughbred Golf Club 79
Tiburon (parcours noir) 62, 63
Tillinghast, A.W. 331, 386, 540, 544, 578
Timber Trace 496
Tobacco Road Golf Club 591
Tomson 304
Tong Hwa 309
Töreboda 426
Torrance, Sam 574, 888
Torrey Pines (parcours sud) 108, 543
Tournament Players Club (TPC) 54, 84
TPC aux Canyons 54
TPC aux Woodlands 586, 834
TPC de Boston 84
TPC de Sawgrass 378, 468–9
  parcours du Stade 102, 506, 759, 794–5, 924
TPC de Tampa 777

TPC Four Seasons Resort and Club à Las Colinas 614, 780
Tralee Golf Club 90, 825
Travers, Jerome D. 332
Travis, Walter 428, 446
Treetops Resort (parcours Smith Signature) 699
Trevino, Lee 104, 186, 254, 324, 525, 706, 904, 933
Trickle Creek 472
Troon Golf & Country Club 534, 624, 654
Troon North Golf Club (parcours du Monument) 134, 503, 885
Tryall Club 391
Turnberry Golf Club (parcours Ailsa) 384, 424–5, 440, 662, 760
Turtle Bay (parcours Palmer) 814
Tway, Bob 74, 75, 318, 884

U
Ullna Golf Club 102
Uplands Golf Club 348
Uruguay 752

V
Vail Golf Course 630
Valderrama 60, 184, 660, 853, 886
Vale do Lobo Golf Club
  parcours de l'Océan 664
  parcours royal 288, 898
Valley Club of Montecito 344
Vardon, Harry 220, 429, 533, 649, 666
Velde, Jean van de 270
Venturi, Ken 631, 812
Vermont 332
Verplank, Scott 780, 887
Vicenzo, Roberto de 370, 798
Victoria Golf Club 41
Victoria National Golf Club 922
Vietnam 381
Vila Sol 39
Vilamoura (vieux parcours) 158
Villa d'Este (golf de la) 673
Villegas, Camillo 920
Vines Golf & Country Club (The) (parcours des Lacs) 498
Vintage Club (The) (parcours de la Montagne) 730
Virginie 230, 544, 578, 718, 774, 826
Virginie-Occidentale 26, 59, 73, 618, 872
Von Elm, George 318

W
Wade Hampton Golf Club 776, 940
Wadkins, Bobby 220
Waialae Country Club 342
Waikoloa Beach
  (parcours de la Plage) 547
Waite, Grant 933
Walden on Lake Conroe Golf & Country Club 516
Walnut Lane Golf Club 621
Walton Heath (vieux parcours) 67, 220, 764
Walton, Philip 893
Wannamoisett Country Club 105, 319, 531
Washington 786
Wasioto Winds Golf Course 236–7, 246
Waterville Golf Links 125, 514–15, 523, 800
Watson, Lee 525
Watson, Tom 23, 57, 64, 78, 101, 180, 211, 244, 272, 300, 339, 357, 384,

388, 399, 440, 495, 558, 662, 728, 790, 830, 927
Watts, Brian 263, 525
Webb, Karrie 107, 210, 663
Webster, Jim 155
Webster, Steve 509
Weir, Mike 164, 886, 952
Weiskopf, Tom 272, 631, 639, 777, 840, 901
Wentworth Club (parcours ouest) 52–3, 122, 459, 744, 840
Wessels, Roger 561
Westchester Country Club (parcours ouest) 76
Western Gailes Golf Club 649
Westin La Cantera Golf Club (parcours Resort) 326
Westin Mission Hills Resort (parcours Pete Dye) 926
Westwood, Lee 200, 201, 346, 419, 550, 678
Wheatley, Brad 214
Whispering Pines 183
Whistler Golf Club 685, 779
Whistling Straits 520
  parcours Straits 283
White Columns Golf Club 784
White Witch 462, 788
Wild Coast Sun Country Club 561
Wild Dunes Golf Links (parcours des Links) 827, 930
Wildhorse Golf Club 901
Wilds Golf Club (The) 267
Williams, Steve 84
Willis, Garrett 416
Wilshire Country Club 918
Wilson, Alan 572
Wilson, Hugh 428, 572
Winged Foot Golf Club
  parcours est 242
  parcours ouest 29, 430, 905
Wisconsin 46, 218, 283, 393, 520, 909, 931
Woburn Golf Club (parcours du Duc) 104
Wolf Creek (parcours est) 116
Wolveridge, Michael 702
Wood, Craig 562
Woodlands Golf Club 313, 697, 788
Woods, Tiger 84, 102, 107, 196, 232, 240, 264, 334, 386, 407, 422, 451, 478, 489, 600, 625, 646, 675, 759, 768, 808, 812, 882, 886, 888, 890, 910, 931, 933, 939, 942
Woodward, Karl 51
Woosnam, Ian 85, 104, 360, 663, 789
World Woods (parcours des Landes de pins) 191, 647, 671
Worplesdon Golf Club 504
Worsham, Lew 101
Worthington Manor Golf Club 110, 238
Wright, Mickey 146, 732

Y
Yale University Golf Course 20, 172, 376
Yarra Yarra Golf Club 210, 408, 470
Yeamans Hall Club 239, 635
Yomiuri Country Club 859

Z
Zaharias, Babe 538, 864
Zahringer, George 852
Zaudin 809
Zoeller, Fuzzy 242

CRÉDITS PHOTOGRAPHIQUES

Barton Creek Resort & Spa : 751
Bay Harbor Golf Club : 329
Alan Birch Photography : 15, 139, 286, 338, 370, 427, 510, 816, 912(h)
Breckenridge Golf Course : 368
Broadmoor Golf Club : 567, 948
Brudenell River Golf Course : 433
Cherry Hills Country Club : 638, 749, 850
ClubLink Corporation : 933
Cobblestone Golf Course : 724
Crooked Stick Golf Club : 565, 917
Cruden Bay Golf Club : 613
Crystal Downs Country Club : 22, 226, 302, 364
Devil's Paintbrush Golf Club : 591
Joann Dost : 641, 648, 739
Double Eagle Golf Club : 303, 809
DragonRidge Golf & Country Club : 305
Eagle Ranch : 773
edg-e.com : 417
Essex County Country Club : 473
Fairmont Jasper Park Golf Course : 665
The Fortress : 583
Fox Hills : 584
Ganton Golf Club : 151
Getty Images : 2, 16, 18, 21, 24, 25, 28, 31, 33, 35, 36, 37, 38, 39, 40, 41, 43, 44, 48, 53, 55, 56, 57, 60, 61, 63, 65, 71, 73, 75, 77, 78, 83, 84, 85, 86, 88, 90, 92, 93, 97, 99, 100, 103, 104, 105, 106, 108, 112, 113, 115, 117, 118, 119, 121, 123, 124, 129, 130, 131, 133, 137, 142, 147, 150, 152, 154, 159, 160, 161, 164, 165, 168, 169, 175, 177, 185, 187, 188, 189, 194, 200, 201, 202, 203, 204, 205, 207, 209, 210, 212, 223, 224, 228, 229, 232, 233, 234, 241, 242, 244, 245, 246, 249, 251, 254, 255, 261, 263, 264, 266, 267, 270, 271, 272, 273, 274, 276, 277, 279, 280, 289, 297, 315, 320, 322, 323, 324, 327, 333, 336, 341, 346, 352, 355, 359, 360, 361, 372, 378, 379, 388, 389, 396, 397, 401, 405, 410, 411, 419, 423, 424, 431, 434, 436, 441, 442, 445, 449, 450, 451, 458, 459, 465, 475, 483, 485, 486, 487, 494, 495, 497, 504, 507, 509, 513, 514, 515, 518, 522, 524, 525, 529, 535, 539, 543, 550, 554, 558, 562, 564, 566, 568, 572, 576, 577, 589, 590, 594, 600, 602, 603, 606, 611, 615, 616, 617, 618, 622, 623, 625, 631, 632, 633, 637, 642, 650, 656, 657, 660, 664, 668, 669, 671, 677, 680, 681, 682, 689, 691, 694, 695, 700, 712, 716, 720, 733, 736, 737, 740, 741, 745, 746, 756, 760, 761, 764, 769, 771, 772, 775, 782, 783, 786, 789, 790, 791, 793, 794, 795, 797, 800, 801, 806, 807, 812, 813, 817, 818, 819, 825, 828, 832, 833, 839, 844, 848, 849, 853, 862, 864, 867, 868, 870, 871, 874, 876, 880, 884, 886, 888, 889, 890, 894, 895, 897, 899, 905, 910, 912 (b), 914, 919, 921, 924, 925, 929, 937, 938, 942, 945, 946
Golf de Bali : 731
Golf de Clearwater Bay : 173, 628, 629
Golf de Falsterbo : 481
Golf de Francfort : 923
Golf de Hong Kong : 927
Golf de Noordwijkse : 352
Golf de St. Eurach : 402
Golf de Saint-Germain-en-Laye : 626
Golf Club de Géorgie : 517
Golf Marketing International : 421
Scott A. Miller/Golfweek : 144, 163, 342, 382, 395, 527, 659, 687, 725, 727, 802
Gorge Vale Golf Club : 693
©2005 Robin Moyer/www.golfing-asia.com : 443
Hamilton Golf and Country Club : 74
Matthew Harris — The Golf Picture Library : 170, 310, 325, 512, 575, 662, 667, 672, 753, 757, 778, 785, 811, 822, 875, 893
Highlands Links : 69, 330, 684
Johnson Design Golf Marketing : 149, 197, 230, 231, 356, 362, 453, 521, 537, 544, 571, 578, 579, 635, 646, 692, 711, 713, 728, 787, 896, 902, 915, 928, 931, 932
Jockey Club Kau Sai Chau : 182, 605

Kauri Cliffs : 608
Kohler Co. : 46, 218, 283, 393, 520, 909
Lake Joseph Golf Club : 345
LC Lambrecht Photography : 30, 58, 64, 72, 89, 94, 109, 126, 132, 146, 166, 172, 179, 181, 192, 198, 208, 215, 216, 236, 252, 258, 269, 284, 299, 300, 301, 312, 314, 340, 354, 375, 377, 380, 385, 386, 390, 394, 404, 407, 415, 428, 429, 440, 444, 455, 468, 471, 474, 482, 489, 491, 501, 528, 530, 533, 557, 561, 573, 574, 585, 588, 592, 595, 598, 599, 601, 604, 607, 610, 643, 645, 651, 655, 658, 666, 670, 674, 679, 686, 701, 705, 708, 718, 732, 734, 735, 743, 747, 748, 750, 798, 803, 805, 823, 826, 835, 854, 858, 861, 873, 877, 881, 883, 903, 904, 920, 935, 944
Le Golf National : 676
Grant Leversha : 50, 141, 552
Lyon Oaks : 755
Olympic Club : 879
Moose Ridge Golf Course : 374
The National Golf Club : 477
Nevada Advertising : 308
New South Wales Golf Club : 619
Palm Meadows Golf Club : 952
Pelican Hill : 556, 846
Redtail Golf Club : 291
Robert Trent Jones II, LLC : 5
Tony Roberts Photography : 135, 262, 549, 587, 654, 699, 730, 766, 815, 837, 841, 885, 887, 907, 950
Royal Aberdeen : 399
Royal Adelaide Golf Club : 620, 703
Royal Woodbine : 941
Sand Hills Club : 316
Paul Sievers Photography : 52, 65, 122, 155, 213, 219, 220, 221, 259, 307, 350, 435, 438, 663, 744, 840, 900
Silver Tip : 406
Southern Dunes Golf & Country Club : 478
Southern Hills Country Club : 81, 538, 865
St. George's Golf & Country Club : 298
Stefan von Stengel : 843, 910
Stoke Park Golf Club : 293
Lana Tucker : 652, 857
Uplands Golf Club : 348
Valley Club of Montecito : 344
Wild Dunes Golf Links : 827
Worthington Manor Golf Club : 110, 238
Woodlands Golf Club : 697
Gordon Wylie : 365, 498

En couverture :
Grant Leversha : plat 1
Golf de Pont Royal (crédit R. Zbinden) : quatrième de couverture (voir aussi p. 257)
Cruden Bay Golf Club : dos

L'éditrice tient à remercier très chaleureusement François Iselin pour ses conseils lors de la réalisation de cet ouvrage.